송대 동아시아의 국제관계와 외교의례

宋代東亞國際關係與外交儀禮

김성규 지음

신아사

머리말

본서는 10~13세기의 동아시아 세계에서 중국 왕조 송과 그에 이웃한 여러 국가 간에 전개된 상호 교섭과 사절의 왕래, 그리고 외교 의례 등을 주제로 연구해온 필자의 그동안의 연구 성과를 바탕으로 엮어진 단행본이다. 이미 공표한 글을 추후에 다시 편집해 단행본으로 출간하는 사례는 학계에서 보기 어렵지 않으며 본서 또한 형식면에서 그러한 유에 속한다.

본문에서는 27편의 기존 발표 논문을 5개의 영역으로 나누어 배열하였다(각 논문의 '초출' 상황은 본서 말미의 「초출 일람표」 참조). 헤아려보면 필자는 학위 취득 후 지금까지 20년 남짓 동안 '송대 외교사'를 주제로 연 평균 2편 꼴의 논문을 발표하였는데 본서는 그러한 성과의 반 정도를 수록한 셈이 된다. 여기에 포함되지 않은 글들은 대부분이 주제에서 벗어나거나 내용이 중복되기 때문이며, 따라서 본서는 '송대 외교사'에 관한 필자의 그동안의 주요 성과를 대부분 담은 '중간 결산'이라 할 수 있다.

이 방면의 연구는 앞으로도 이어지겠지만, 최근 필자의 관심 주제와 범위에 다소의 변화가 생기기도 하여 그 동안의 성과를 한곳에 모아 정리해 볼 필요를 느끼게 되었다. 기존의 글들이 학술지의 여기저기에 흩어져 있어 자신조차 계통이 서지 않는 가운데 책으로 묶어 동료 연구자에게 편의를 주는 것이 어떻겠냐는 주위의 권유가 이 작업을 결심하는 데에 용기를 주었다.

그럼에도 불구하고 이전 글을 다시 대해보면 거칠고 의미가 통하지 않거나 비약이 있는 등 불만족스러운 곳이 많아 이들은 마땅히 다시 고쳐 써야 된다고 생각했다. 하지만 거기에 일단 수정을 가하기 시작하면 그 범위가 한 없이 늘어나 언제 끝날지 엄두가 나지 않을뿐더러, 그것은 그것대로 또 다른 문제를 낳을 수 있다는 염려에 결국은 '중간 결산'에 충실한 형태로 원문의 기본 틀을 그대로 유지하기로 했다.

책을 출판하는 이상 소소한 내용 수정과 형식상의 재편은 불가피했다. 본문 중에 자주 보이는 표와 그림, 인용문, 각주 등의 형식을 통일적으로 조정하려 했고, 본래 한문 사료만을 제시했던 곳에서는 한글 번역문을 추가하여 한글·한문이 병기된 인용 형식으로 바꾸었다. 또한 이 과정에서 오탈자의 정정, 표현상의 수정, 한자의 한글 변환 등을 위한 작업이 병행되었고, '머리말'과 '맺음말' 등 내용상 중복하거나 번쇄한 부분을 삭제하기도 하였으나, 간과하거나 적절히 조정되지 못한 곳은 여전히 남아 있을 것이다. 본서에서는 일본어로 된 두 편의 논문이 있는데, 이는 번역을 하지 않고 애초의 논문을 그대로 전재한 결과이다. 한글 논문과 섞여 어색한 느낌에 위치를 본서 말미로 잡으려고도 했으나 결국 내용의 흐름에 따른 자리에 놓이게 되었다.

필자가 학위 논문을 준비하던 90년대의 중국사학계, 특히 송대사 분야에서 동아시아 관계사는 '비주류' 내지 '비인기' 영역이었다. 그 속에서 필자가 찾아낸 나름의 연구 의의는 그동안 '송대사'에 대해 강하게 드리워진 '사회경제사적' 이미지에 비해 상대적으로 등한시되어온 '국제정치'에 대한 주목이었다. 즉 '동아시아사' 연구를 오랫동안 선도해 온 당시의 일본 학계에서도 중국 대외관계사 연구의 주 관심은 수·당과 명·청사 쪽에 놓여 있었고, 그 사이에 개재한 송대는 상대적으로 저조한 실정이었다. 이 현상은 수·당이나 명·청 시대에 잘 드러나는 책봉과 조공 등의 중국적 질서가 송대는 오히려 해체 내지 약화하는 시기에 해당하고, 따라서 아마도 송대에 나타난 이러한 소위 중국 중심의 '일원적' 질서의 부재 등이 종전과 같은 국제 관계의 역동성을 위축시켰다는 '선입관'을 낳은 영향이 아닌지 필자는 생각한다.

하지만 역동성은 오히려 힘의 균형이 무너질 때 나타나기 쉬운 법이며, 송대의 동아시아 세계야말로 그러한 역동성이 분출하는 시대였다. 절대 강자가 존재하지 않는 이 시기의 동아시아에서 중원 왕조에 필적하는 여러 왕조가 서로 대등함을 주장하였고 그에 상응하는 국제 관계가 전개되었다. 미국의 로사비(Morris Rossabi)가 '대등한 국가들 가운데의 중국'(China among Equals)이라고 묘사하거나, 도진생(Jin-Shen Tao)이 '두 명의 天子'(Two Sons of Heaven)라고 한 것은 모두가 송조 이전의 중국 왕조에서는 인정되기 어려웠던 달라진 상황을 상징적으로 표현한 것이다.

이 속에서 국가 간의 새로운 교섭 방식과 분쟁 해결 방안의 창출, 사절을 정기적으로 교환하는 새로운 외교 관례의 출현, 그리고 외교 의례까지 외교 각 방면에서 활발하고 다양한 교류와 그를 뒷받침하는 장치들이 정비되어 갔다. 동아시아 세계는 이에 따라 이전 어느 시기보다 풍부하고 활발한 상호 접촉을 더해갔고, 상호 이해가 증진되면서 한층 성숙되고 일체성이 강화된 국면을 맞이하고 있었다.

최근 한국을 포함해 중국과 일본에서 동아시아사에 대한 연구가 과거 어느 때 못지않게 각광을 받고 있고 송대사 분야 역시 마찬가지이다. 이 분야에 관심을 가진 연구자의 수가 점차 늘어나 '비주류'이던 연구 주제가 '주류'의 자리를 넘보는 형세를 보이는 듯하다. 늦은 감이 없지 않으나 한국사와 중국사 연구자 간의 학문적 교류도 과거보다 활성화되고 있다. 이러한 시류에 편승해 본서가 동료 연구자들에게 작은 편익이나마 줄 수 있다면 다행이라 생각한다.

말미를 빌려 본서가 수익을 내기 어려운 순수 학술서임에도 불구하고 출판의 기회를 주신 신아사의 정현걸 대표님께 감사드린다. 또한 지금까지 필자의 연구 활동에 힘의 원천이 되어준 가족의 성원을 포함해, 원고의 수정 검토와 편집 과정에서 요구된 제반 업무에 협조해준 순천향대학의 임상훈 교수, 전북대학의 유빛나 선생, 그리고 중국 유학 중인 안현재와 양세빛 학생에게도 노고에 고마움을 표하고 싶다.

2020년 2월

김 성규

목차

IV 고려사의 국제 환경과 대응

V 해외의 동아시아 연구

I

국제환경과 책봉·조공 질서의 변모

1 10~12세기 동아시아의 국제환경

머리말

지금까지 중국의 국제 관계를 이해하는 데에 중요하고 또 유효한 틀로 오랫동안 이용되어 온 것이 '책봉체제론' 또는 '조공체제론'이다. 이 이론들은 중국의 다른 왕조들보다 비교적 힘이 강했던 한·당·청 등의 대형 왕조에 전형적으로 나타났다고 이해되며, 따라서 이들 왕조와 관련된 책봉체제 내지 조공시스템에 대한 연구가 종래 활발했다. 특히 송에 바로 앞서는 唐代의 국제 관계에서는 이상의 체제가 절정에 달했고, '화려한 대당세계제국', '국제 도시 장안' 등은 그 결과에 대한 수식어로 다용된다.

이에 반해 송대는 당대와는 전혀 다른 국제환경에 놓이게 되고, 그 정도는 송의 역사 자체가 당의 역사와 대비되는 만큼의 것으로 볼 수 있다. 중국사에서 '당송변혁'이라는 커다란 전환이 일어나고 있을 무렵 동아시아의 외교 환경에도 그에 버금가는 변화가 生起하고 있었다. 현재 '당송변혁'에 대한 상대화의 필요가 한편으로 제기되고 있지만, 당에서 송으로의 질적인 전환은 국제 관계를 포함해 거의 역사 전반에서 그 의의를 유지하고 있다고 할 수 있다.

다만 이 시대의 상황을 구체적으로 보면 송은 결코 책봉과 조공이라는 전대 이래의 이념을 포기했다고 보기 어렵다. 달라진 역학관계에 맞추어 송조가 현실과 타협하여 종래의 외교 방식에 수정을 가했다고 보는 것이 사실에 가까울 것이다. 즉 송대의 국제 관계는 전대 이래의 질서와 완전히 단절된 것이 아니며 계속적으로 그 전통을 남긴 채, 새로운 관계에 적응한 또 다른 방식의 관계를 잉태하고 있는 시대였다. 이 시대의 국제 관계에는 북송의 역사 그 자체가 그러한 것처럼 과도기적인 면을 농후히 남기고 있다.

당에서 뚜렷했던 중국 중심의 일원적 질서가 해체된 송대의 국제 관계는 언뜻 복잡하게 보일 수 있지만, 그 양상은 전체적으로 더 역동적이며 그 속에서 새롭고 다양한 관계가 繼

起하였다.

본 장에서는 이상과 같은 취지를 바탕으로 필자가 이제까지 이해해 온 관점에서 송대의 국제 환경·국제 관계·국제 교섭 등의 특징을 정리해보기로 한다.

1. 북송대 국제 관계의 大勢

본 절에서는 송대 국제 관계의 기본형을 필자 나름의 관점으로 간략히 정리해 두고 싶다.

가운데 나라로서의 '中國'의 역대 왕조들은 언제나 동서남북에서 여러 나라들과 국경을 접하고 있었다. 송대에는 북방의 요(거란), 서방의 서하, 남방의 베트남과 접경하고 있었고, 고려와는 요의 개재로 맞닿은 것은 아니지만 중요한 이웃나라로 인식되었다. 그 밖에 티베트 방면의 靑唐 정권과 운남 지역의 大理 등이 역시 송과 접하고 있었다. 그러나 송조의 현실에 비추어 볼 때 가장 중요했던 상대는 요, 서하, 그리고 베트남과의 관계였다. 이들 3국과는 모두 군사적인 충돌 내지 긴장관계가 반복되고 있었기 때문에 그 의미가 송조에게 한층 중요했던 것은 당연할 것이다. 송조가 이들을 가리켜 소위 '三方의 急'[1]이라 칭한 것도 이 때문이었다.

하지만 국제 관계가 '접경' 내지 '충돌'의 유무로만 결정되는 것이 아니며, 고려, 청당 등의 의미도 후술하는 것처럼 송조에게는 컸다. 특히 고려와의 관계는 송의 입장에서 요와 서하 등에 대비하기 위한 전략적 의미가 컸지만, 고려에게는 문화적, 경제적 면에서의 필요가 강했음은 잘 알려진 사실이다.[2] 이하에서는 요, 서하, 베트남, 고려에 대한 송조와의 관계를 중심으로 서술하기로 한다.

1) 對遼 관계의 대세

송조의 국제 관계의 대세는 거란과의 초기 관계에 의해 결정된 점이 크다. 전국 통일

1)『송사』 권317, 錢彦遠傳에 "惟陛下(즉 仁宗)念此三方之急, 講長久之計."라고 있다.

2) 송조는 고려 뿐 아니라 조선시대에도 한국 왕조에게 하나의 文治 왕조의 전형으로 비추어졌다. 예를 들어『宋史筌』卷首에 "若有宋矩矱, 文物之盛, 與夫學術之眩性理, 士習之重 名節, 卽我朝之所尤尙者." 라고 보인다.

의 여세를 몰아 연운 16주의 失地를 회복하려는 신생 왕조 송과 五代 이래로 획득한 長城 이남의 漢地를 계속 확보하려는 요는 당시의 형세에서 볼 때 전면전을 피하기 어려웠지만, 극적으로 '전연의 맹약'(1004년)을 체결함으로써 충돌의 회피는 물론, 이후의 관계를 크게 보아 '대립에서 안정'으로 선회시키게 되었다. 이 맹약의 주요 내용은,

① 송에서 요에게 비단 20만 필과 은 10만 량을 세폐로 증여한다.

② 송의 眞宗이 형, 요의 聖宗이 아우가 되는 형제 관계를 맺는다.

③ 국경을 조정한다.

였다.[3]

송이 돈으로 평화를 샀다는 등 평가에 득과 실은 있으나, 이후의 송의 북방 문제에 대한 긴장이 대체로 완화된 것은 틀림없다. 그러나 송조만이 아니라 요 왕조에서도 和約의 필요성이 강하게 작용했던 점을 홀시할 수 없다. 당시 내정은 물론 송 이외 국가와의 외교에 현안이 많았던 요에게도 화의의 필요성은 송 못지않게 컸다.[4]

맹약 이후 양국의 관계는 여진족의 金이 출현하여 양국의 운명 자체가 파탄으로 끝나는 시점까지는 대체로 평화 체제를 이어갔다고 볼 수 있다. 그렇기 때문에 대부분의 개설서는 이 이후의 양국 관계를 거의 다루지 않다가 말기의 대립을 곧바로 설명하는 경우가 많다. 하지만 이 사이에도 양국 사이에 교섭이 없던 것은 아니며, 때로는 더욱 흥미로운 면모들이 보인다.

전연의 맹 이후의 양국 관계에 대해서는 예를 들어 陶晋生과 王民信이 편찬한 『李燾續資治通鑑長編宋遼關係史料輯錄』(中央研究院歷史語言研究所刊行 1~3, 1974년)의 다음과 같은 시기 구분이 하나의 기준이 될 것이다.

(1) 전연의 맹약 이전의 송요 관계(960~1003)

(2) 전연의 맹약

(3) 송요 대등외교의 개시 : 전연의 맹약에서 增幣 교섭까지(1005~1041)

(4) 增幣 교섭(1042)

---

3) 후술하는 송과 西夏 또는 베트남 등과의 사이에 체결된 조약에서는 '포로 교환' 등의 내용이 보이지만, '전연의 맹'에서 그것이 돋보이지 않는 것은 이 문제가 중대한 현안을 차지하지는 않았기 때문일 것이다.

4) 衣川 强, 「兩宋王朝をめぐる國際關係」(『宋元時代史の基本問題』, 汲古書院, 1996), pp.48~49.

(5) 宋遼夏 교섭(1043~1049)

(6) 송요 화평기(1050~1073)

(7) 劃界 교섭(1074~1076)

(8) 劃界 교섭 이후 송요 관계(1077~1116)

(9) 북송의 聯金滅遼 외교(1117~1125)

여기서 보는 것처럼 전연의 맹약은 송·요 양국이 이후에 '대등 교섭'을 가능하게 해준 轉機였으며, 그 의미는 이전까지의 전통적 관념에 비추어 볼 때 특히 송조에게 컸다고 할 수 있다. 중국 왕조가 외국과 '형제 관계'[5]를 통해 대등 관계를 명확히 선언 내지 인식한 것은 漢代 이래로 없던 일이기 때문이다. 실제로 이 이후 송과 요의 관계에서 나타나는 '대등'은 오늘날의 역사에서 보는 '균등(equality)'에 가까운 것이라는 지적이 있다.[6] 또한 송의 이 같은 입장은 한대에서 무제가 즉위하기 전에 흉노와 '형제'의 대등 관계의 기조 위에 다수의 贈與를 통해 유지된 화평책과 유사하다.[7] 한에서는 이 같이 대등한 존재로서의 흉노를 '隣對國', 또는 '敵國'이라 불렀다. '敵'은 현재와 같은 의미('enemy')라기 보다, 중국의 禮法 내지 황제의 德治가 미치지 않는, 더 직설적으로는 중국 왕조의 통제력이 작용하지 않는 완전한 독립국, 따라서 대등한 존재였다.[8] 이 같은 漢의 흉노에 대한 표현을 그대로 사용한다면 송조에게 거란은 바로 隣對國(=敵國), 즉 이웃하는 대등국으로 존재했다고 이해할 수 있다. 다만 송대에는 '인대국'이라는 표현 대신 요가 송을 '南朝', 송은 요를 '北朝'라 칭하는 것이 보통이었고,[9] 이 표현은 주변의 나라들에게도 이용되었다.

대등관계 속에서 전개된 양국의 교섭으로 특색 있는 것은 增幣 교섭(위 표의 (4)), 宋·遼·夏의 교섭(5), 劃界 교섭(7)이었다. 이들 각 문제는 專論할 만한 주제이며, 실제로 선행 연구도 존재한다. 그 요점을 소개하면 (4)와 (5)는 송이 서하와 전쟁을 벌이는 사이에, 요가 南征을 선언했기 때문에 송이 세폐를 증액해 주는 대신 요는 서하를 설득하여

5) 양국 간의 '형제관계' 및 稱謂 변화와 관련해서는 陶晋生, 『宋遼關係史研究』(聯經出版事業公司, 1986) 관련 부분 참조.

6) Morris Rossabi ed., *China among Equals* (University of California Press, 1983), p.55.

7) 『한서』 권94上, 匈奴傳에 "孝文前六年, …. 漢與匈奴約爲兄弟, 所以遺單于甚厚."고 있다.

8) 栗原朋信, 「漢帝國と周邊諸民族」(『岩波講座 世界歷史 4 古代 4』, 岩波書店, 1973).

9) 도진생, 앞 책, 관련 부분 참조.

終戰을 중재한 사건이고, (7)은 송·요 간에 河東 지방을 놓고 벌인 국경 분쟁이었으나, 송이 왕안석의 결정으로 700里를 할양했다는 사건이었다. 이들 (4)와 (5), 그리고 (7)은 송대 외교에서 보이는 중요한 특징들이며, 뒤에서 다시 후술하기로 한다.

2) 對西夏 관계의 대세

서하는 송의 외교에서 가장 다루기 어려운 상대였다. 탕구트족이 세운 유일한 왕조 서하는 강국 송과 요 사이에서 소국의 입장에서 때로는 송에, 또 때로는 요에 신속하는 태도를 취하는 등 '叛服無常'하였다. 서하 측에서 볼 때 이 같은 자세는 최선의 생존 전략이었지만, 송에게는 요보다 더 다루기 어려운 상대로 비추어졌고, 이 때문에 양국 관계에 기복이 심했음은 필지의 형세였다.

서하의 대외 관계 전반에 대해서는 별도의 구분이 있겠으나, 송과의 관계에 대해서는 다음과 같은 분기 설정이 가능할 것이다.

〈표 1〉 宋·西夏 關係 大勢 略年表

기간	982~	1005~	1038~	1044~	1067~	1072~	1081~	1086~	1095~	1099~	1105~	1106~	1114~	1119~1127
기본 관계	대립~	화평~	대립~	화평~	대립~	화평~	대립~	화평~	대립~	화평~	대립~	화평~	대립~	화평~
관계 변화의 계기	李繼遷의 독립운동 개시	景德 화의 성립	李元鎬의 칭제건국	慶曆 화의 성립	綏州事件 등 발생	熙寧 화의 성립	靈武의 役 발생	元祐 화의 교섭개시	元祐 화의 교섭결렬	元符 화의 성립	西夏의 실지 회복 운동 등	崇寧 화의 성립	西夏의 실지 회복 운동 등	宣和 화의 성립

이 〈표 1〉에서 알 수 있는 것처럼 송조와 서하의 관계는 1戰1和를 거듭하며 전개되었다. 이것은 송이 요와 '전연의 맹약'을 맺은 뒤, 비교적 큰 충돌 없이 그 관계가 지속되었던 것과 비교할 때, 송·서하 사이에서는 '화평' 관계가 성립되어도 그것이 충분히 보장되지 못하고 군사적 충돌이 자주 있었음을 뜻한다. 강국 사이에서는 상호간에 체결된 화약을 강하게 의식하여 전쟁 등의 분쟁으로 비화되는 일이 간단치 않았던 반면, 송과 서하 사이에서는 주로 서하가, 그리고 송 후기에는 송조가 자국의 이익에 따라 화의를 어기고 공격을 하는 일이 벌어졌다.

그럼에도 불구하고 양국의 관계는 형식상으로는 '군신 관계'가 유지됐다. 이 관계가 확정된 계기는 위의 〈표 1〉에 소개된 여러 화의 중에서도 가장 대표적이며 유명한 慶曆 화의를 통해서였다. 양국은 이 과정에서 '11事'[10]를 협상했지만, 결국 3년의 교섭을 벌인 끝인 경력4년(1044) 연말에,

(1) 서하의 李元昊를 夏國主로 책봉

(2) 송이 서하에 絹 15만필, 은 7만량, 茶 4만근을 歲幣로 제공

(3) 保安軍과 高平寨에 榷場을 두어 교역함

(4) 이원호는 칭신하고 송의 正朔을 奉行함

(5) 국경 교섭을 추진함[11]

등의 협정이 이루어졌다.[12]

여기서 보이는 책봉, 歲賜, 稱臣, 正朔 등은 분명한 책봉관계, 즉 송과 서하의 상하관계가 성립된 것을 의미한다. 송은 거란에 이어 서하에 대해서도 경제적 대가를 통해 명분을 얻은 점이 강했다.

그런데 서하는 송의 책봉국이기는 하지만, 송의 또 다른 책봉국이던 베트남이나 고려 등보다 한 단계 위의 대우를 받았던 것이 경력화의에서 주어진 '夏國主'라는 표현 등에서 암시된다. 즉 필자는 별도의 구체적 논고를 준비하고 있지만 베트남은 安南國王,[13] 고려는 高麗國王으로 칭해진 데에 반해, 서하가 '하국주'로 표현된 것은 그 차별성을 나타내는 것으로 이해된다. 송의 책봉 제도 하에서 서하의 우월적 지위는 다른 측면에서도 인정된다.[14] 따라서 경력화약에서 송조가 서하를 '하국왕'에 봉했다는 일부의 설명은 잘못된 것으로,[15] '하

10) 『西夏書事』 권16, 경력3년 6월조에, "(西夏)要請如歲賜, 割地, 不稱臣, 弛鹽禁, 至京市易, 自立年號, 更兀卒稱爲吾祖, 巨細凡十一事, 朝議不决."고 있다.

11) 김성규, 『宋代の西北問題と異民族政策』(汲古書院, 2000), p.54.

12) 『송사』 권485, 外國1 夏國 上, 『장편』 권153, 慶曆4년 12월 乙未 등에 의함.

13) 다만 이 칭호는 남송시기에 들어 처음으로 송조로부터 부여된 爵號였다(후술).

14) 예를 들어 송과 서하 사이에 타결된 경력화의의 내용 중에는 『장편』 권153, 慶曆4년 12월 乙未에 "約稱臣, 奉正朔, 改所賜敕書爲詔而不名, 許自置官屬. 使至京, 就驛貿易, 燕坐朵殿. 朝廷遣使至其國, 相見以賓客禮."처럼 서하에 대한 송의 배려가 엿보인다.

15) 衣川 强, 앞 논문, p.50 참조.

국주'와 '하국왕'은 구별되어야 할 것이다. 『송사』, 『장편』, 『宋大詔令集』 등에도 대부분이 '하국주'라는 표현을 쓰고 있다.[16] 아울러 본서에서 후술하는 賓禮 등에서도 그 같은 서하의 지위는 증명된다.

그러나 서하는 "급하면 遼에 투항하고, 느슨하면 송을 가지고 논다("急則投遼, 緩則玩宋")"[17]는 식의 자세를 앞세워 자신의 지위에 만족하지 않고 기회 있을 때마다 송조에 도발을 계속했다. 이 점에서 서하는 송조에게 사실상의 敵國에 가까운 존재였다. 따라서 양국 간의 화의는 '전연의 맹약'만큼 안정적이지 못했다. 『송사』 권486, 外國2 夏國 下의 논평 중에,

> 258년간의 역사를 통해 (서하가) 비록 송에게서 책봉을 받았고 송도 歲幣나 誓詔의 答을 주었다고는 해도, 要는 모두가 한 때의 말뿐으로 그 마음에 臣順하는 진실함이 있은 적이 없었다(概其歷世二百五十八年, 雖嘗受封冊于宋, 宋亦稱有歲幣之賜, 誓詔之答, 要皆出於一時之言, 其心未嘗有臣順之實也.).

라고 있음은 화의를 통한 양국의 신뢰가 형성되지 못했음을 지적한다. 원래 경력화의에서 "서하는 (和議를) 世世遵承하여 만일 臣子로서의 마음에 渝變이 있으면 宗祀가 영원치 않고 자손이 재앙을 받을 것이다"라 했고, 송조도 화의를 "日月과 귀신에 맹세"했으나,[18] 약속은 오래가지 않았다. 화의 결렬의 책임은 서하에게만 있던 것은 아니었다. 송조에서는 특히 神宗 이후에 '西北 開邊策'이 추진되는 속에서 서하의 국정 혼란을 틈타 먼저 공격하는 사례도 적지 않았다.

3) 對베트남(安南) 관계의 대세

요와 서하처럼 송조의 베트남과의 관계도 군사적인 충돌이 있은 후에 확정되었다고 할 수 있다. 송조는 중국이 한대 이래로 1000년 이상 군림했다는 전통적인 인식을 바탕으

16) 예를 들어 慶曆和議와 관련한 『송사』 권485, 外國1 夏國 上에 "(慶曆)四年, ……, 十二月, ……. 仍賜, ……金塗銀印, 方二寸一分, 文曰, 夏國主印, 錦綬, ……. 約稱臣, 奉正朔, 改所賜敕書爲詔而不名. ……."고 보인다.

17) 楊家駱 主編, 『西夏史』, p3.

18) 『장편』 권152, 경력4년 10월 己丑朔 및 庚寅 조.

로 베트남을 屬國視하는 경향이 있었다. 하지만 베트남은 당말 오대부터 민족 부흥운동에 성공하여 황제를 칭하는 등, 사실상 중국으로부터 독립된 자세를 취했다.

이 때문에 초기의 양국 관계는 비교적 긴장된 것이었으나, 그 관계가 이윽고 결정되는 것은 송 태종의 베트남 침공 이후의 일이었다. 마침 내분 양상을 보이는 베트남에 대해, 기구관에서 요에 패배를 맛보았고 또 중국 통일의 여세를 몰아 국세를 선양하려는 태종은 980년 7월경에 베트남을 공격했으나, 다음 해에는 패하여 철수하게 되었다. 이후 송은 명분 쌓기로 베트남의 화해 교섭을 거절하다가 986년 9월 태종의 생일(乾明節)에 맞추어 온 베트남 사절에 그 국왕 여환을 정식으로 책봉하기에 이른다.[19]

이 때 송과 베트남 사이에서는 송조가 과거에 요 또는 서하와 이미 경험했던 전후처리 방식이 다시 나타나기도 했으나, 양국 사이에 중요했던 것은 그러한 통상적 과정 이외에 전형적인 책봉 관계의 틀이 강하게 유지되고 있던 점이다. 그것은 송조가 서하와 고려 등 기타 외국에 비해 베트남에 대해 훨씬 많은 기회를 통해 책봉을 반복하고 있는 점에서도 잘 드러난다.

이후 베트남에서는 여환의 黎朝(前黎朝 980~1009)를 대신해 李公蘊이 李王朝(1010~1225)를 건국하였지만, 양국의 관계는 계속해서 평화 기조를 유지해 갔다.[20] 송의 진종과 인종의 외교 자세는 '무사주의'적인 경향이 강했고, 베트남 측에서도 내치와 남방의 참파(占城) 등에 주력함으로써 송과의 큰 충돌을 피하려 했다. 물론 이 사이에 국경 선상에서의 국지적인 소요와 農智高의 반란도 있었지만, 양국의 직접적인 충돌은 일어나지 않았다.

양국 사이에 다시 한 번 충돌이 발생하는 것은 송 神宗의 熙寧 후기였다. 송조에서는 원래 남방에 대한 원정을 계획하고 있었고, 여기에 베트남이 먼저 공격을 감행했기 때문에(희령 8년, 1075년) 송조가 군대를 출동시켰는데, 송군이 이건덕의 항복을 받기는 했지만, 사상자가 많아 철수하는 모양새였다. 이 이후 베트남은 송에게 점령지의 반환을 요청하고, 일부를 반환한 송조는 베트남과 國界 교섭을 갖게 된다.

이 충돌에서는 양국간에 화의 교섭이 있었던 것이 확인되고, 그 내용은 국경 교섭과 포

---

19) 송조는 여환 책봉 이전에 베트남의 실력자 丁部領(968~979)을 책봉한 적이 있지만 정부령은 5년 만에 사망하기 때문에 송조와 베트남의 본격적인 책봉관계는 黎氏 왕조 이후의 일이다.

20) 송과 베트남의 관계에 대해서는 徐玉虎, 「宋朝與安南之關係」(『中華文化復興月刊』 4-9, 1971); 呂士朋, 「宋代之中越關係」(『東海學報』 22, 1981); 河原正博, 『漢民族華南發展史硏究』(吉川弘文館, 1984); 李富森 및 董利江, 「李朝與交趾的朝貢貿易」(『新鄕敎育學院學報』 18-1, 2005) 등 참조.

로 반환 등의 문제가 주였다. 다만 책봉을 둘러싼 논의는 보이지 않으며, 따라서 베트남 국왕의 종전의 지위는 그대로 계승된 것으로 보인다. 베트남 국왕 이건덕은 이때의 충돌이 있기 전과 그 후의 책봉호가 '交趾郡王'으로 변함이 없었다. 이 봉호는 이후 북송대에도 계속되고, 이것은 서하의 '하국주'보다 훨씬 낮은 지위이다.[21]

4) 對高麗 관계의 대세

북송·고려의 分期에 대해서는 徐連達,[22] 朴龍雲,[23] 楊渭生[24] 등의 견해가 이미 존재하고, 필자도 이들을 참고해 다음과 같이 획기를 시도해보았다.[25]

제1기 : 962년(송의 고려국왕 책봉) ~ 994년(요의 압력으로 송·고려 관계가 중단)
제2기 : ~ (송·고려의 접촉 중단)
제3기 : 1068년(송·고려의 책봉을 매개로 하지 않는 접촉 재개)~1126년(북송의 멸망)

송·고려의 관계를 책봉을 매개로 생각할 때, 송조의 고려 책봉은 제1기, 그것도 그 일부 기간에서만 행해졌고, 제2기는 물론 제3기에서 양국의 접촉이 재개되어도 이루어지지 않았다. 여기서 특기할 만한 것은 고려가 요의 방해를 받아 송과의 관계를 의도대로 갖지 못한 제2기에서 나타나는 양국의 왜곡된 형태의 관계이다. 즉 그것은 이 시기 동안의 불과 7년간의 일이지만, 고려가 자청하여 송의 연호와 정삭을 사용했다는 사실이다. 책봉을 전제로 하지 않은 이 같은 고려의 움직임은 이례적으로, 요에 대한 반발인 동시에 송에 대한 심정적 유대감의 표출로 생각된다.

이 심정적인 고려의 親宋策, 그리고 송조에서도 그것을 이용한 고려에의 접근 강화가 제3기의 기조라고 생각된다. 이 시기에는 양국의 접촉이 오히려 제1기를 능가할 정도로 빈번해지는 양상이었고, 그에 따라 송은 고려의 지위를 눈에 띄게 격상시키는 조치를 취

---

21) 베트남이 송조로부터 '國王'의 지위를 획득하는 것은 1174년(淳熙1)의 일이다.

22) 동, 「10世紀中葉到11世紀初北宋與高麗王朝的友好關係」(復旦大學 『韓國研究論叢』 1, 上海人民出版社, 1995).

23) 동, 「高麗與宋朝交聘問題探討」(北京大學 『韓國學論文集』 4, 社會科學文獻出版社, 1995).

24) 동, 『宋麗關係史研究』(杭州大學出版社, 1997).

25) 본서 제IV부 제1장 「고려 전기의 여·송 관계」 참조.

해갔다. 또 이 시기에 고려는 외교 문서 등에 甲子紀年을 사용함으로써 송과 요 측을 모두 의식하는 절충적인 입장을 취했다.[26]

이처럼 송대의 중국적 질서에서 볼 때 고려의 위치는 매우 미묘한 것이 된다. 제2기 이후 고려는 송조의 冊封圈 밖으로 밀려났음에도 불구하고 일시적으로 송의 연호를 쓰고 있었다거나, 제3기에는 그 대우가 전통의 책봉국인 서하 이상으로 파격적이었던 점은 고려의 위상이 특이한 것임을 나타내고 있다. 즉 고려는 외형적으로는 송조의 책봉국이 아닌 시기가 대부분이었지만, 사실상은 책봉국 이상의 대우를 받았다는 점에서 그 위치를 한마디로 쉽게 규정하기 어려운 측면을 갖는다.[27]

이상은 송조와 그를 둘러싼 주요 인근 국가들과의 관계를 개별적으로 약술해 본 것이지만, 송의 실제 외교는 이들을 제외한 기타 여러 국가들과의 관계까지가 복합적으로 맞물리며 전개되는 것이 현실이었다. 즉 어느 두 특정 국가의 관계는 당사자 간의 문제로 해결되는 것이 아니라 항시 그에 이웃하는 나라의 이해관계가 결부되는 경우가 많았다는 것이다. 레디어드(Gari Ledyard)가 10~14세기 동아시아 국제 관계의 틀 속에서 중국-만주-한국 사이에 존재하는 3각 관계(Triangular Relationship)를 매우 중시한 것은 그 사례이다.[28]

사실 송은 동서남북 거의 모든 곳에서 이 같은 상황에 놓여있었다. 먼저 송의 서북 지방에서 서하를 놓고 송과 요가 대립한 것은 가장 좋은 예이다. 이곳에서는 송, 서하, 요의 3국이 저마다의 국익을 앞세운 입장에서 제휴와 대립을 반복하는 전형적인 모습이 간취된다. 이 점은 이미 많은 학자들이 강조한 부분이며[29] 서북방의 국제 관계를 이해하는 데에 불가피한 부분이다. 또한 이 지역에서는 티베트 방면의 靑唐(宗哥族)을 놓고서도 송과 서하가 대립하였고, 여기에 청당의 입장이 작용하여 결과적으로 3각 관계가 연출되었다.[30]

동북방면에서도 고려를 사이에 놓고 송과 요가 똑같은 3각 관계를 전개했다. 이곳의 3각 관계는 위에서 소개한 레디어드의 분석 대상이 된 곳으로, 그는 중국이 동아시아에서

---

26) 이상은 본서 제IV부 제1장 참조.

27) 이상은 본서 제IV부 제1장 참조.

28) Gari Ledyard, Yin and Yang in the China-Manchuria-Korea Triangle(Morris Rossabi ed., *China among Equals*, University of California Press, 1983).

29) 杜建錄, 『西夏與周邊民族關係史』(甘肅文化出版社, 1995), 제3장, '夏遼關係'; 李華瑞, 『宋夏關係史』(河北人民出版社, 1998), 제10장, '宋夏與遼的三角關係' 등의 연구를 소개할 수 있다.

30) 榎 一雄, 「王韶の熙河路經略について」(『蒙古學報』 1, 1940); 祝啓源, 『唃厮囉-宋代藏族政權』(青海人民出版社, 1988).

매우 중요한 부분이나 그 세계의 일부 이상은 아니고 그 역사를 바르게 파악하기 위해서는 그 밖의 동아시아 국가들과의 관계에 대한 이해가 중요하다고 한 다음, 여기서 특히 동북지방의 관계를 강조하여 그 관계의 강약이 미치는 중국사의 영향을 분석했다.[31]

서남부에서는 농지고를 둘러싼 송·베트남, 또는 참파를 둘러싼 송·베트남의 관계 속에서 3각 구도를 발견할 수 있다.[32] 이 부분도 송대 서남부의 국제 관계를 생각할 때 고려해야할 중요한 사항에 속한다.

송대 중국의 변경지대에서는 그 밖에도 群小의 민족 집단이 송, 요, 서하, 베트남, 고려 등 큰 세력 사이에 놓여 그들을 둘러싼 주변 세력의 각축이 거의 언제나 벌여지고 있었고, 그것이 비화되어 전쟁으로 발전하는 경우가 적지 않았다.[33] 라티모아(Owen Lattimore)는 그의 저서 『만주: 갈등의 요람』(*Manchuria: Cradle of Conflict*)에서 중국 내지와 동북방 초원지대의 사이에 해당하는 내몽골 일대의 중간 지역을 '리저버(Reservoir)'라 칭하여, 이곳에 중국을 크게 변화시키는 에너지가 늘 담겨져 있다고 보았다.[34] 이 같은 '리저버'는 동북지방 뿐만이 아니라 중국을 둘러싼 도처에 존재하여, 송대에도 중요한 작용을 했던 것이다.

2. 宋代에서 대외 인식의 변화와 국제 교섭의 새로운 양상

1) 국제 인식의 변화

전대와 달라진 국제 환경이 송조의 대외 인식에 변화를 일으켰고, 외국과의 교섭에도 새로운 자세로 임하게 만든 것은 당연한 일이다.

송조의 대외 인식과 관련한 가장 큰 변화는 외국에 대해 평등관계를 인정한 부분을 들 수 있다. 타이완의 陶晋生, 그리고 로사비(Rossabi)를 중심으로 하는 미국 측 연구자들

---

31) 레디어드, 앞 논문; 金在滿, 『契丹·高麗關係史研究』(국학자료원, 1999)도 참조.

32) 河原正博, 앞 책, 第3章, '宋朝とベトナム李朝との關係' 참조.

33) 송, 서하의 국경 상에서 벌어졌던 적지 않은 분쟁들, 그리고 요와 서하 사이에 11세기 초반에 있던 군사충돌도 그 사이에 개재한 소수민족 문제에 촉발된 것이었다. 김성규, 앞 책, 第7章, '宋朝における蕃兵制の成立' 참조.

34) '리저버' 이론에 대한 구체적 분석과 의의에 대해서는 石見淸裕, 「ラティモアの邊境論と漢~唐間の中國北邊」(『東アジアにおける國家と地域』, 唐代史研究會編, 1999) 참조.

이 이 문제에 대해서 거의 같은 시기에 비슷한 생각을 보인 것이 주목된다.[35] 도진생은 송과 요의 관계를 분석하여 양국이 각각 '一國'이라는 인식을 갖고 있었고, 또 國界(=국경)의 존재를 통해 자신을 상대화하고 있음을 인정하였다고 보고, 그로부터 '多元國際系統'의 관념이 형성되었다고 보았다.[36] 한편 로사비(Morris Rossabi) 역시 송대를 중심으로 하는 10~14세기의 중국과 그 주변 국가들의 관계를 주제로 한 China among Equals[37]라는 상징적인 제목의 책을 편집하였다.

이 제목은 역시 미국의 맹콜(Mark Mancall)이 淸朝를 대상으로 한 연구서의 제목을 *China at the Center*[38]라고 붙인 것과 좋은 대비를 이룬다. 즉 양자의 서명 중 후자는 '중심으로서의 중국', 전자는 '대등한 존재들 가운데의 중국' 정도의 의미가 되지만, 이 표현은 송대의 국제 환경이 그 후의 청대와, 그리고 청과 대체로 비슷한 국제적 위상을 갖고 있던 唐代와도 크게 다른 느낌을 적절하게 표현했다고 보인다.

한편 중국인들의 내면적 변화를 지적한 설명이 일찍부터 존재한다. 이에 대해서도 여러 설명이 있으나, 가장 대표적인 것의 하나는 傅樂成의 관점이다. 그는 당과 송의 문화 차이를 논하는 속에서 '唐型 國家'와 '宋型 國家'라는 범위를 설정하고, '송형 국가'를 형성하는 3대 요소로 민족의식, 유교사상, 과거제도를 들은 다음, 당·송문화의 상위는 결국 대외 인식에 대한 차이에서 온다고 보고, 그 전환점을 안사의 난 이후로 보았다.[39] 주자학의 탄생 배경에도 역시 송대의 국제 환경과 그로 인한 중국 중심의 민족의식이 작용했다는 것은 잘 알려진 사실이다.

妹尾達彦도 부락성의 관점을 발전시켜 당형 문화에서 보이는 중화사상과 송형 문화에서 보이는 화이사상의 차이를 구별하여, "德化·王化에 의한 華人문화의 보편성을 강조하는 중화사상은 華와 夷를 모두 감싸는 포괄성·보편성에 특징이 있고, 타자에 대한 인식 자체가 희박한데 비해, 화이사상은 華人과 夷狄 간의 문화적 차이를 강조하고, 대외

---

35) 다만 도진생은 로사비가 편집한 책의 집필진이기도 하여 이것은 공동 연구의 측면을 갖지만, 도진생은 이 무렵에 이미 前揭한 자신의 책을 별도로 출판하고 있다.

36) 도진생, 앞 책, 제5장, 「北宋朝野人士對於契丹的看法」; 로사비 편, 앞 책에 수록된 Tao jingshen, Barbarians or Northerners: Northern Sung Images of the Khitans 참조.

37) 로사비 편, 앞 책.

38) Mark Mancall, *China at the Center: 300 Years of Foreign Policy*, The Free Press, New York, 1984.

39) 傅樂成, 「唐型文化與宋型文化」(『唐代研究論集』 1, 新文豊出版公司, 1992, 原載는 1972년).

관계에서 배타성을 특징으로 한다"[40]고 설명한다. 송대에는 화이사상을 기저로 하는 민족의식과 대외관의 변화가 중요한 특징으로 출현한 것이지만, 이와 관련된 지적과 의의는 이미 宮崎市定,[41] 近藤一成[42] 등에 의해서도 강조된 바였다.

2) 현실적·실용주의적 국제 교섭의 제상

이상의 인식 전환은 다음과 같은 내용의 현실적인 변화를 수반하고 있었다.

(1) 화의 체제와 국경 문제

먼저 송의 대외 관계에서는 '화의', '맹약', '화약' 등으로 불린 외국과의 협정이 자주 진행되었다. 송대에는 전쟁 등의 충돌이 일어난 뒤에 해당국과 전후처리 교섭을 하게 되는데, 이미 개관한 거란과의 '전연의 맹'을 시작으로, 서하와는 적어도 6회(앞 〈표 1〉 참조), 베트남과는 1회 화의를 체결했고, 이러한 관행은 『三朝北盟會編』의 내용에 잘 보이듯이 북송 말에서 남송 초에 이르는 사이에 金과도 있었다. '唐蕃會盟碑'의 존재가 말하듯이 중국의 외국과의 和約은 이미 당 후기에도 보이지만,[43] 그것이 송대에는 거의 전시기를 통해 주변 諸國과의 사이에 일상적으로 발전하게 된 것이다. 송조는 국가 간의 약속인 '화의' 협상과 또 그를 통한 비준서를 확보함으로써 장래에 있을 수 있는 분쟁에 합리적으로 대비할 수 있게 되었고,[44] 이 같은 자세를 통해서도 그들의 현실적이고 실용적인 태도를 볼 수 있다.

그러한 화약의 개략은 다음의 〈표〉를 통해 알 수 있다.[45]

---

40) 妹尾達彦,「都市の生活と文化」(『魏晋南北朝隋唐史の基本問題』, 汲古書院, 1997), p.408.

41) 宮崎市定,『東洋的近世』(教育タイムス社, 1950).

42) 近藤一成,「宋代永嘉學派葉適の華夷觀」(『史學雜誌』 88-6, 1979).

43) 『구당서』 권196下, 吐蕃下 및 『新唐書』 권216下, 吐蕃下 참조.

44) 도진생, 앞 책, 제5장「北宋朝野人士對於契丹的看法」 참조.

45) 이하 和議와 관련한 내용은 필자의 선행 연구 『宋代の西北問題と異民族政策』(汲古書院, 2000)의 내용을 토대로, 일부 새로운 설명을 추가해 정리한 것이다.

〈표 2〉 송이 외국과 맺은 화의에서 확인 가능한 주요 협상 주제

상대국	和議名(연도)	誓詔	誓表	歲與	교역	포로	영토	劃界
요	澶淵의 맹약(1004)	○	○	○	○	○	○	○(?)
서하	景德화의(1005)	○	○	○	○	○	○	○
	慶曆화의(1044)	○	○	○	○	○	○	○
	熙寧화의(1072)	○	○	○	○		○	○
	元祐화의(실패)			○	○	○	○	○
	元符화의(1099)	○	○	○		○	○	○
	崇寧화의(1106)	○	○				○	○
	宣和화의(1119)	○	○					
베트남	熙寧화의(1077)	○	○	○	○	○	○	○

화의 과정에서는 경제적인 문제로 歲與와 교역, 전후처리와 직결되는 포로와 영토, 그리고 국경선의 획정 작업인 劃界 등의 문제가 논의되었고, 이들에 대해 합의가 이루어지면 송조의 誓詔와 상대국의 誓表가 교환됨으로써 화의가 최종적으로 타결되는 수순을 밟는 것이 보통이었다. 〈표 2〉 중에 '○' 표시가 없는 것은 사료 부족으로 확인이 되지 않는 부분으로, 그러한 논의가 없었다고 단정할 수는 없다.

그러나 여기서 검토되는 문제들은 모두 자국의 이익에 중대한 의미를 갖기 때문에 협상에는 수년이 걸리는 경우가 있고, 그 뒤에도 元祐화의처럼 결국 誓詔와 誓表의 교환이 이루어지지 않는, 즉 협상이 결렬되는 예가 있었다. 요와 서하에게 제공된 '평화의 대가'였던 歲與와 주로 교역장 수의 증설을 놓고 논의된 교역 문제는, 송조가 상대의 요구를 받아들여 歲與를 증액하거나, 반대로 송의 입장을 상대측이 받아들여 교역장 수가 유지되는 식으로 해결되어, 이 문제로 인해 협상이 결렬되는 경우는 없었다. 포로와 영토의 경우도 화의가 성립된 후까지 계속 문제로 남아 협상을 벌이는 경우는 있었으나, 화의의 성립과 직결하는 요소는 아니었다.

획계야말로 화의의 成否를 결정짓는 중요한 문제였다.[46] 元祐화의가 그 예에 해당하며, 이때는 다른 문제에 관한 협상이 이미 거의 끝난 뒤임에도 획계가 타결되지 않았기 때문에 결국 화의는 성립되지 못하고 오히려 전쟁으로 발전하였다. 당사국들이 이처럼 획계 문제에 집착한 것은 더 많은 영토의 확보라는 이해관계 이외에, 그 결과 여하가 그 뒤의

46) 이하 劃界 문제와 관련한 내용도 필자의 선행 연구『宋代の西北問題と異民族政策』(汲古書院, 2000)의 내용을 토대로, 일부 필자의 새로운 설명을 추가해 정리한 것임을 밝혀둔다.

전략 지리에 많은 영향을 주었기 때문이었다.

전쟁 후에 이루어진 잦은 획계 교섭이 당시의 국경을 좀 더 명확하게 만드는 효과를 가져왔다. 그 결과 송의 국경지대에는 西方(서하)에서 東方(遼)을 향해, 陝西路 일대를 주로 하는 '邊壕地帶', 그 이동에서 太行山脈 일대에 이르는 '禁地(=兩不耕地地帶)', 다시 그 以東에서 界河 등을 따라 바다에 이르기까지 '界河·塘濼地帶'가 전개되는 경관을 보였다. 이러한 국경의 형태는 각지의 지형 등을 고려하면서 송이 서하, 또는 요와 협상해 설정한 것으로 송대에 존재한 국경의 형식이 여기에 모두 보인다. 그 밖에 송과 요 사이에는 '兩屬地'라 불리는 특이한 국경 형태도 존재했다.

그렇지만 송대의 길고 긴 북방 국경선상에는 소위 '犬牙相錯'[47]하는 지역이 적지 않고, 이러한 곳에서는 국경 분쟁이 자주 일어났다. 국경이 애매한 곳을 파고들어 경작하는 소위 '侵耕' 현상이 서하를 포함해 특히 요와의 사이에 자주 발생했다. 앞서 소개한 도진생·왕민신의 송·요 시기 구분 중의 하나에 해당하는 '(7)劃界交涉(1074~1076)'은 바로 이 같은 '침경' 문제에 발단한 교섭이었으며, 이 문제는 이 시기를 전후해서도 송과 요, 송과 서하 사이에서 자주 보인다. 이는 화의 체결 과정에서 제기된 국경 문제와는 성격이 다른 것으로, 송대 대외 문제의 특색을 반영한다.

이 '侵耕' 문제까지 점차 해결됨으로써 송대에서 국경 명확화의 추세는 한층 뚜렷해지게 된다. 왕안석이 『주례』에 보이는 '溝塗經界法'[48]을 송과 서하의 국경 전역에 적용하여 국경 정비를 시도한 것은 송대 중국인들 중에 국경 명확화의 필요성을 보인 대표적인 예이다. 이상과 같은 화의 체제의 유지와 국경의 명확화는 '華와 夷의 엄별',[49] 또는 '夷를 하나의 독립된 대상으로 인식하게 된'[50] 송대 화이사상의 명백한 표현이며, 동시에 송대 중국인의 현실주의와 실용주의이기도 하다.

(2) 迎賓시설의 분화와 새로운 賓禮의 제정

'다원적 국제 체계' 속에서, 또는 '대등한 존재'들 가운데 놓인 송은 중국을 찾아온 외

47) 『장편』 권228, 熙寧4년 12월 甲寅.

48) 『周禮』 권3, 地官을 참조.

49) 妹尾達彦, 앞 논문, 참조.

50) 近藤一成, 앞 논문, 참조.

국 사절에 대해서도 실용적이고 현실적인 태도로 임했다. 그들의 숙소 등으로 마련된 영빈시설의 존재 방식은 그러한 사례의 하나이다.[51] 무엇보다 당의 경우 외국사절에 대한 접대가 鴻臚寺를 중심으로 이루어진 데 비해,[52] 송대에는 그 사무를 방문한 사절의 지역이나 국가 별로 나누어 취급하는 경향, 즉 전문화와 조직화가 진전되고 있었다.

즉 송대 전기에는 이미 기능이 정지된 당의 홍로시를 客省이 대신하여 그 아래 都亭驛(遼使의 숙소), 懷遠驛(군소 蕃部, 交州, 大食, 西域諸國의 숙소), 禮賓院(回鶻, 吐蕃, 黨項 등의 숙소) 등을 거느렸고, 송의 후기가 되면 다시 唐의 관제로 복귀해 홍로시를 부활시키고 지금 열거한 시설들을 신설한 同文館(고려의 숙소) 및 都亭西驛(서하의 숙소)과 함께 배속시켰다.

관련국 사신의 숙소로서 개봉성 안에 산재한 이들 시설에 송의 관리들이 배속되어 필요한 업무를 처리했다. 당의 경우 홍로시에 속한 영빈 시설이 홍려객관과 예빈원 이외에는 없었고, 따라서 외국사신은 이 둘 중의 어느 한 기관에 배정되고 있었다. 이에 비해 송에서는 외국의 사자를 출신 지역이나 지역 별로 나누어 관리하였다. 이것은 송조가 판단한 해당 국가의 세력이나 중요도에 따라 응대 방식을 달리한 것이며,[53] 거기에는 현실적이고 실용적 면모가 엿보인다.

이러한 실용적 측면은 영빈 시설의 용도를 신축적으로 조정한 점에서도 감지된다. 당대의 양상은 정확히 알 수 없지만, 송대에는 예를 들어 都亭驛에서 封禪 연습을 거행하거나, 同文館에서는 元祐시기 구법당 인사를 대상으로 그 죄상을 심문한 소위 '同文館의 獄'이 집행되는 등, 다른 용도로 사용된 사례가 있다. 당보다 융통적인 송대 도시의 이미지와도 부합하지만, 무엇보다 장안보다 비좁은 개봉의 공간 문제가 엿보인다.

---

51) 이하 영빈 시설과 관련한 내용은 필자의 선행 연구「宋代迎賓機關의 性格을 중심으로 본 唐宋變革의 一面」(『中國學報』 41, 2000) 및 본서 제II부 제4장 참조.

52) 石見淸裕, 『唐の北方問題と國際秩序』, 제3부 제3장「鴻臚寺と迎賓館」참조.

53) 石見淸裕에 따르면 당에서는 諸外國의 使者를 5등급으로 나누어 대우에 차등을 두었는데 이러한 등급을 '蕃望'이라 했다. 송대에는 '번망'이라는 표현 자체는 보이지 않지만 내용상 유사한 점이 많으며, 영빈 시설을 세분해 차별적으로 제공하는 것도 그러한 예의 하나이다. 당 이전에도 상대국의 威勢를 고려해 영빈 기관을 제공한 조치가 보이나 송과 같은 세심한 배려는 보이지 않는다. 예를 들어 『南齊書』 권58, 東夷 高麗國 조에,「亦使魏虜, … 虜置諸國使邸, 齊使第一, 高麗次之」고 보이고, 같은 내용이 『삼국사기』 권18, 고구려 본기 장수왕 72년(484)조에도 "冬十月, 遣使入魏朝貢, 時魏人, 謂我方强, 置諸國使邸, 齊使第一, 我使者次之."고 보인다. 漢代에는 '蠻夷邸'가 있었고 당초의 顔師古는 이를 당의 鴻臚客館과 같은 것으로 설명했다(『한서』 권9, 元帝 본기 建昭3년 秋 부분에 대한 안사고 注文).

영빈 시설의 분화와 함께 영빈 의례가 같은 맥락에서 정비되었다.[54] 즉 外國使의 숙박 장소를 국가나 지역에 따라 구별한 것처럼, 송조는 황제에 대한 外國使의 알현(=見儀)과 귀국 인사(=辭儀), 즉 賓禮를 국가나 지역별로 내용에 차이를 두어 마련하였다.

다음 두 〈표〉의 비교를 통해 알 수 있는 것처럼, 당의 빈례에서는 그 대상이 외국의 군주 = 蕃主인지, 아니면 使者 = 蕃使인지만을 구별해 禮를 규정하였고, 따라서 국가나 지역이 다르더라도 황제에 대한 알현 의식은 내용에 큰 차이가 없는 것이 된다. 중국 중심의 세계관이 반영된 것으로 이해된다.

〈표 3〉 당대 賓禮의 내용(『大唐開元禮』)

구분	所載卷數	편목명
(a)	79	蕃主來朝遣使迎勞
(b)	79	皇帝遣使戒蕃主見日
(c)	79	蕃主奉見
(d)	79	皇帝受蕃使表及幣
(e)	80	皇帝宴蕃國主
(f)	80	皇帝宴蕃國使

〈표 4〉 송대 賓禮의 내용(『政和五禮新儀』)

구분	所載卷數	편목명
I	150	(a) 紫宸殿大遼使朝見儀
	151	(b) 紫宸殿正旦宴大遼使儀
	152	(c) 紫宸殿大遼使辭朝儀
	153	(d) 崇政殿假日大遼使朝見儀
	154	(e) 崇政殿假日大遼使朝辭儀
II	155	(f) 夏國進奉使見辭儀
	155	(g) 高麗國進奉使見辭儀
	155	(h) 交州進奉使見辭儀
	155	(i) 宜州西南蕃黎州等處進奉使人見辭儀
	155	(j) 海外進奉蕃客見辭儀

하지만 송대의 빈례에서는 禮의 연출자가 蕃主인지 蕃使인지를 따지는 것이 아니라, 초점을 어느 나라, 어느 지역인지에 맞추어 빈례의 내용에 차이를 두고 있는 것이 특징이다. 즉 〈표 4〉는 遼를 대상으로 한 I 부분과 그 밖의 국가 또는 지역을 대상으로 삼은 II의 부분으로 구분되는데, 이것은 송조가 대등국과 '下等國'으로 범주를 나누어 예를 차등적으로 설정한 것을 말한다. 그 내용을 들여다보아도 I의 부분이 가장 격식과 정중함을 풍기고 있고, II는 그에 미치지 못한다.

물론 같은 II 안에서도 상호간의 내용의 차이가 존재하며, 여기서도 그 차이를 결정하

54) 이하 賓禮와 관련한 내용은 본서 제III부 제2장 참조.

는 것은 송조가 바라본 해당국(지역)의 중요도이다. 필자의 분석에 의하면 II의 (f)~(j) 중에서도 빈례는 (f), (g), (h), (j), (i)의 순으로 예제에서 외국사의 지위가 높고, 이 순서는 그대로 송조에 의해 부여된 각국의 국제 지위가 된다. 이 같은 빈례 제정의 경위에도 그 배후에는 당과 다른 '다원적 국제 體系' 또는 '대등한 존재들 가운데' 선 송조의 입장이 반영된 것이다.

맺음말

송대의 국제 환경은 분명히 '다원적 국제 體系'나 '대등한 존재들 가운데의 중국'이라는 환경에 처해 있었고, 그 속에서 이전에는 보기 어려운 새로운 양상의 국제 교섭이 전개되고 있었다. 제2장에서 분석한 국경 교섭과 외국사에 대한 새로운 대응 방식 등은 그 대표적인 사례들이고, 그 속에서 중국의 대외관에도 변화가 따른 것은 불가피한 일이었다.

본 장에서는 가장 대표적인 부분만을 들어 송대 국제 관계의 특징으로 제시하였다. 그 밖에 이 시대에는 형식과 내용이 달라진 조공과 책봉의 문제, 사절들의 송조에서의 활동, 송조 사절의 외국에의 파견 등 여러 문제들이 남아 있고, 이들은 모두 본서에서 다룰 과제이기도 하다.

2 3개의 '트라이앵글': 북송시대 동아시아 국제 관계의 大勢와 특징

머리말

송대는 중국의 역대 왕조에서도 복잡하고 역동적인 국제 관계가 연출되던 시기였다. 종전의 唐 중심의 질서가 송과 요로 대표되는 이원적 국제 관계로 재편된 상황에 더해, 서하, 고려, 토번, 베트남 등 각국의 이해까지가 복잡하게 얽혀 있었기 때문이다. 거기에는 각 왕조의 명운을 걸고 전개된 놀라울 정도의 치열한 외교전이 포착되며, 송조의 苦戰은 단순한 군사적 부진 이외에 이 같은 외교전의 실패에도 원인이 없지 않았다.

본 장의 목적은 북송 시대(960~1127년)에 나타난 동아시아 여러 나라 간의 관계를 거시적으로 파악하고, 그 특징이 무엇인지를 조망해보는 데에 있다. 지금까지 송대의 국제 관계에 대해서는 상당한 연구의 축적이 존재한다.[1] 이들의 대부분은 국가와 국가 간의 관계를 해명한 작업으로, 보다 '거시적'이고 '통사적'인 관점에서의 연구는 아직 활발하지 않다.[2]

그 속에서 이 시대에 나타난 여러 '삼각관계' 즉 〈그림 1〉의 A: 송－요－서하, B: 송－요－고려, C: 송－서하－토번 등의 관계를 개별적으로 분석하는 연구가 주의를 끈다. 예

1) 송의 국제 관계와 관한 본격적 문헌 목록은 아니지만 遼史와 韓中관계사의 입장에서 제작된 연구 목록으로 遠藤和南, 『契丹(遼)史硏究文獻目錄(1892~1999)』(自家出版, 2000); 고구려연구재단 편, 『한중관계사 연구논저 목록(중세)』(고구려연구재단, 2004)를 소개해 둔다.

2) 송대 국제 관계에 관한 거시적 담론으로 최근에 吳曉萍은 宋의 외교에 크게 3개의 層次가 존재한다고 보았다. "하나는 遼로 송조와 대등한 지위를 지닌 국가이고, 둘째는 地緣 관계가 밀접한 서하와 고려로서 이들은 地緣 정치에 근거하여 외교 정책과 그 방법을 부단하게 조정해야 하는 국가이고, 셋째는 大理, 于闐, 回鶻, 吐蕃 및 東南亞 諸國으로 地緣 관계가 비교적 약한 주변 국가이다"고 하였다. (吳曉萍, 「略論地緣政治與北宋外交」(『安徽大學學報』 28-3, 2004) 참조.

를 들어 레디어드(Gari Ledyard)는 B에서 존재한 송－요－고려의 삼각관계를 '트라이앵글'의 역학관계로 보고 그 특성을 파악하였다.[3] 이러한 '트라이앵글'의 역학관계는 송대 중국에서 동방에서만이 아니라 서방이나 남방 등에도 공존하는 양상이었다.

본론은 A, B, C 등 지역에 있던 복수의 '트라이앵글'에 대한 개별적 연구는 존재하지만 이를 종합적으로 파악한 연구가 없다는 점에서 연구 의의를 발견하였다. 물론 〈그림 1〉에 보이는 삼각관계들 중에는 외부의 영향을 받지 않고 해당 圈域 내에서 '자기 완결적'으로 전개된 사례도 있고, 그런 경우는 그 자체의 분석만으로 의미가 있을 것이다. 다만 송조의 입장에서 볼 때 A, B, C는 결코 개별적으로 고립된 것이 아니며, 다른 지역의 국제관계와 송조의 외교정책에 밀접한 관련을 갖고 회전하고 있었다. 송대 국제 관계의 한 가지 특징은 이 같은 다양한 삼각관계의 병존에 있으며, 이들의 여러 관계가 중층적으로 맞물린 데에서 연유되는 전체적인 흐름의 파악은 중요한 해명 과제이다.

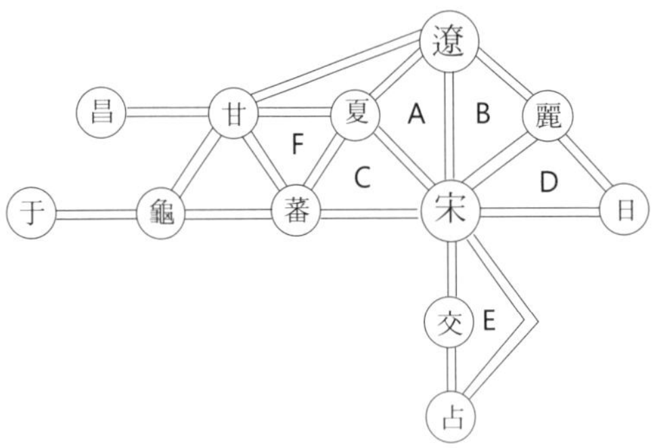

〈그림 1〉 북송시대 동~북~중앙아시아 각국 간에 보이는 다양한 삼각관계들 (김성규 案)

(약어 : 麗 → 고려, 日 → 일본, 交 → 交趾, 占 → 占城, 夏 → 서하, 蕃 → 土蕃, 甘 → 甘州, 龜 → 龜玆, 昌 → 高昌, 于 → 于闐)

송대의 '트라이앵글'은 A, B, C 이외에도 D: 송－고려－일본, E: 송－交趾(베트남)－占城, F: 서하－토번－위구르 사이에 보이며, 고려 내지 일본, 또는 교지, 위구르 등의 문제를 생각할 때는 이 관계에 유의할 필요가 있다. 다만 D와 E, F는 A, B, C에 비해 상대적으로 '자기 완결적'인 측면이 강하며, A, B, C와 직접적인 관련은 적다. 따라서 본 장은 송대 국제 관계의 핵심을 이루는 동시에 불가분의 관계로 서로 연동되어 있는 A, B, C에 초점을 맞추었고, D와 E, F에 대해서는 A, B, C와 관련이 있는 범위 안에서 논하였다.

3) 이하 본 장에서 소개하는 많은 연구들은 적어도 A, B, C의 어느 한 곳에서 삼각관계가 존재한다는 인식을 보인다. 특히 B와 관련해서는 Gari Ledyard, "Yin and Yang in the China-Manchuria-Korea Triangle", in *China among Equals* (Edited by Morris Rossabi, University of California Press, 1983)의 논문이 눈을 끈다. 본 장의 제목은 여기서 시사를 받았다.

아울러 본 장은 대상이 되는 시기와 공간이 매우 넓고, 또 그것을 시론적으로 개관하는 작업이므로, 속성상 많은 부분에서 기존의 연구 성과에 입각하였다. 또한 이 같은 작업은 송대의 국제 관계 연구에 종사하는 필자 자신에게 전체적 시야를 확보해 둘 필요성이 중요하다는 인식에서 출발한 것이기도 하다.

송대에도 국제 관계를 지배한 요소는 결국 '힘의 우위'가 어디에 있었는가의 문제였다. 그에 따라 당시의 외교 방식이었던 책봉과 조공 관계가 결정되고, 전쟁과 평화의 향방도 좌우되었다. 〈표 1〉은 그와 같은 세력 관계가 반영된 결과 북송 一代에 나타난 송조와 여러 외국 간의, 또는 여러 외국 상호간의 '대립(전쟁 포함)'과 '화평' 관계가 시기적으로 어느 정도 지속되었고, 또 그것이 전체적으로 어떠한 추이를 보였는지를 나타낸 것이다. 이 표를 통해서는 당시의 복잡하고 미묘한 관계까지를 표시할 수 없지만, 그 대세를 파악하기에 충분할 것이다. 본 장에서는 이를 토대로 북송시대 국제 관계의 흐름을 전기, 중기, 후기의 세 시기로 나누어 개관할 것이다.

1. 북송시대 '전기'의 국제 관계

당시의 동아시아는 물론 중앙아시아와 북아시아에 이르는 광범한 지역의 국제 관계에 가장 큰 영향을 미친 것은 송과 요[4]의 관계였다. 이 양국의 관계가 정상화되기 이전, 즉 송의 건국 초부터 '澶淵의 盟'(1004년) 무렵까지(〈표 1〉의 '전기'에 해당)는 동북아의 국제 관계가 전체적으로 매우 불안정한 것이었다.

송이 건국된 당초, 송·요 간의 대립은 아직 본격적이지는 않았다. 송은 국내 통일을 위해 남방 경영에 주력하고 있었고, 요에서는 世宗 이래로 목종, 경종에 걸쳐 烏古(북몽골리아 동부의 타타르), 阻卜(중부 몽골리아의 타타르) 등과의 항쟁과 왕실 내부의 분열 등으로 국력이 부진한 '中衰期'[5]에 해당하여 中原에 대해 적극적이지 못했다. 이 무렵의 송·요 관계는 양자가 직접 부딪히기 보다는 北漢을 사이에 놓고 대립한 측면이 있다. 송은 통일 정책의 마지막 단계에서 북한과 충돌하게 되었고, 북한은 이를 막아내기 위해 신속하

4) 遼는 국호를 '契丹'과 '요'로 여러 차례 개칭하지만, 본 장에서는 '요'로 통일하였다.

5) 聶崇岐, 『宋史叢考』(華世出版社, 1986), p.283; 島田正郎, 『契丹國』(東方書店, 1993), p.18 참조.

〈표 1〉 '대립'과 '화평' 관계를 중심으로 본 북송 왕조의 국제 관계 흐름도

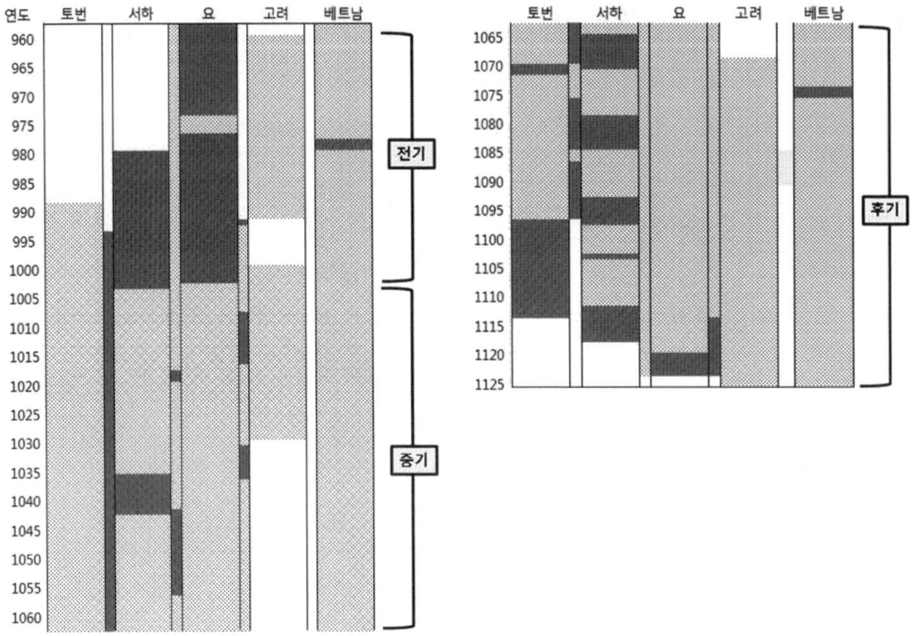

* 세로 방향의 넓은 칸 속에 표시한 색깔은 송조와의 관계를 대략적으로 나타낸 것으로 '옅은 회색'은 '和平', '진한 회색'은 '대립', 그리고 '백색'은 '沒交涉' 상태를 뜻한다.

* 세로 방향의 좁은 칸은 그 좌우 국가와의 관계를 나타낸다.

* '대립' 기간은 주로 전쟁 기간에 해당하고, '화평' 기간에는 '긴장' 국면을 포함시켰다. 전쟁은 아니지만 상호 간의 냉각 상태를 '대립'으로 표시할지, '화평'으로 표시할지는 논자에 따라 다를 수 있고, '대립'과 '화평'의 시간적 범위도 마찬가지로 관점에 따라 다를 수 있다. 예를 들어 본 〈표〉에서는 서하와 요 간에 존재한 '中期'의 '대립' 기간을 주로 전쟁 상태에 있던 10여 년으로 표시했지만, 논자에 따라서는 이를 30년으로 보는 경우가 있다(뒤에 인용하는 杜建祿의 책, 제3장 참조).

고 있던 요의 후원을 필요로 했으며, 요 역시 북한을 지원해 송을 견제하는 것이 득책이었다. 이처럼 북송 초기에 북한이라는 완충 세력을 사이에 놓고 송과 요가 대립하는 형세는 일종의 삼각관계이며, 이 관계는 얼마 후에 나타나는 송·하·요의 관계와 흡사한 것이었다.[6]

그러나 일시 해빙기(975년~)까지 누리고 있던 송－요의 관계는 송의 태종이 북한을 병합하여 전국을 통일함으로써(979년) 냉전기로 급전하였다. 태종은 여세를 몰아 요를 공격하

6) 이 같은 삼각관계는 五代十國 시기에도 중요한 국제구도로서 존재한다. 예를 들어 南唐과 요는 각기 중원 왕조들(후진, 후주)을 견제하기 위해 원거리 동맹관계를 모색하였고, 다시 남당은 후주와 대립하자 북한과도 동맹을 추진했다. 日野開三郎, 「五代史概說」(『日野開三郎東洋史學論集』 2, 三一書房, 1980) 참조.

였으나 대패하였고(高粱河 전투), 이후 쌍방의 공방전이 이어졌다.

이 기간 동안에는 양국의 대결 이외에 제3국을 끌어들인 외교전이 가미된 것이 주목된다. 먼저 송 태종은 요를 독력으로 대항하기 어렵다고 판단해, 주변 세력에 적극적으로 동맹 관계를 타진하였다. 그가 高昌 위구르에 사신을 파견한(981년) 것은 유명한 사건이며,[7] 태종은 요의 배후에 있는 阻卜과도 제휴를 모색했다.[8] 또 동방으로는 당시 송에 적극적으로 접근하고 있던 女眞과 결탁하려 하였고,[9] 거란에 멸망한 발해 유민이 세운 定安國과의 접촉을 시도[10]한 것도 對遼 정책을 위한 포석이었다. 송의 사신 韓國華가 고려를 직접 찾아 군사 동맹을 요구한 것(985년)도 같은 맥락에서였다.

이러한 일련의 사실에서 볼 때 당시 송의 태종은 대외정책에 매우 적극적이었고, 특히 그에게는 요에 빼앗긴 失地 회복의 염원이 컸다. 북방 문제와 직결되지는 않지만, 태종이 이 무렵 戰線의 확대를 무릅쓰고 남방의 交趾에서 발생한 정변을 틈타 군대를 발동시킨 사건(980년) 역시 이 지방에서 오랫동안 유지되어 오던 중국의 패권을 다시 만회하려는 의도가 강하게 반영된 사건이었다.[11]

그러나 태종의 교지 침공은 실패로 돌아갔고, 그에 이어 감행된 요에 대한 두 번째 대규모 공세(岐溝關 전투, 986년)에서도 패하였다. 이것은 주변 세력과의 동맹에 진전이 없다고 판단한 송이 요의 國主(聖宗)가 어린 것을 호기로 여겨 단독 침공한 결과였으나, 이 같은 송조의 동맹 실패에는 요의 견제가 있었기 때문으로 보인다. 즉 송의 주변 세력과의 연계 움직임을 전후해서 요의 동향이 함께 포착되는데, 그것은 대체로 송의 상대를 응징하는 군사 행동이었다. 聖宗이 즉위하는 해(983년)를 전후해서부터 阻卜 토벌전이 계속 벌어졌고,[12] 그와 동시에 행해진 여진 토벌은 定安國 토벌과도 관련이 있는 것으로 보인다.[13] 한편 고창 위구르는 송과 요의 사이에서 추이를 관망하고 있었고, 기구관 전투의 결과 요에 대한 접근이 눈에 띄게 증가한 사실이 돋보인다.[14] 이상은 당시의 북~동아시아의 세력 판도가 송과 요

---

7) 江上波夫編, 『中央アジア史』(山川出版社, 1990), p.414.

8) 島田正郎, 『契丹國』(東方書店, 1993), p.19.

9) 竺沙雅章, 『宋の太祖と太宗』(清水書院, 1975), p.168.

10) 李符桐, 「遼與高麗之關係」(『國立臺灣師範大學歷史學報』 3, 1975); 竺沙雅章, 앞 책, p.168.

11) 河原正博, 「宋の太宗のベトナム出兵」(『漢民族華南發展史研究』, 吉川弘文館, 1984) 참조.

12) 崔明德, 「遼朝和親初探」(『民族研究』 2004-4), pp.75~76.

13) 島田正郎, 앞 책, p.175; 李符桐, 앞 논문.

14) 華濤, 「高昌回鶻与契丹的交往」(『西域研究』 2000-1).

를 중심으로 전개되었지만, 한편으로 송과 요에게도 外勢와의 제휴가 중요한 사안이었음을 말한다.

기구관 전투의 결과가 가져온 가장 큰 영향은 李繼遷(西夏 태조)이 親遼 정책을 취하게 된 사실이다. 族兄 李繼捧의 송조 투항(980년)을 불만으로 反宋 투쟁을 벌이던 이계천은 때마침 요가 송을 격파한 것을 보고 요에 투항하였다. 이로써 미미한 세력에 불과하던 서하는 요의 위세를 빌려 송에 대한 항쟁을 계속하였고, 또 거취를 정하지 못하고 있던 탕구트의 결집에도 성공하여 세력을 확대할 수 있었다.[15] 요도 서하를 최대한 이용해 송조에 매우 유리한 정책을 전개시켜 나갔다. 이후 '前期'에서 보이는 요와 서하의 對宋 작전에는 우연적인 것보다도 일정한 내재적 관계를 갖는 것이 많았다.[16] 이것은 송조가 당시의 국제 관계에서 중요한 핵으로 부상하기 시작한 A 지역에서 '一身二病'의 상태 내지 "서쪽을 벌하면 北이 돕고 北이 조용하면 西가 움직이는"[17] 매우 불리한 형세에 놓이게 된 것을 말한다.

이 무렵 동방에서 고려를 둘러싼 송과 요의 삼각관계, 즉 B의 구도가 자리를 잡기 시작하였다. 여기서도 요의 외교적 성공에 반해 송의 태도는 소극적이었다. 當初 송의 고려 관계는 고려의 적극적 태도로 인해 강한 편이었고 對遼 군사 동맹의 움직임도 있었다(985년). 따라서 요는 이를 경계하면서 처음에는 송과의 대립과 후방의 불안정 등을 감안해 고려와의 충돌을 피하였다. 하지만 기구관 전투 이후 힘의 우위를 갖게 된 요는 고려에 대해서도 군사 행동을 전개하였다. 여기서 송은 고려에게 관망에 가까운 자세를 보였고, 고려의 援軍 요청을 거절하였다(994년).[18] 요를 공동의 적으로 놓고서도 송과 고려는 어느 쪽도 과단성을 보이지 않음으로써 결국 B의 상황도 요에게 유리하게 되었다. 고려는 바다 건너 송과는 더욱 멀어지고, 국경을 맞대고 압박을 가한 요의 위세는 절박해 그 연호를 사용하는 등 遼의 영향권으로 급속히 빠져들었다.

---

15) 복잡한 민족 분포를 보인 송대의 서북지대의 群小 세력들은 주위의 큰 세력, 특히 송과 요, 서하의 움직임에 민감히 반응하면서 이합집산을 되풀이했다. 이와 관련해서는 藤枝晃, 「李繼遷の興起と東西交通」(『羽田博士頌壽記念論叢』, 東洋史硏究會, 1950)에 뛰어난 묘사가 보인다. 김성규, 『宋代の西北問題と異民族政策』(汲古書院, 2000)은 이와 관련한 宋代 소수민족의 동향을 분석하였다.

16) 李華瑞, 「論西夏聯遼, 聯吐蕃抗宋」(『固原師專學報』 1998-5), p.3.

17) 『장편』 권150, 慶曆 4년 6월 戊午.

18) 송은 이미 991년에 여진의 거란 협격 제안을 거절하였다. 『송사』 권5, 太宗 二 참조.

2. 북송 시대 '중기'의 국제 관계

1) '전연의 맹'에서 慶曆和約 이전까지

이상과 같이 '전기'의 국제 관계는 A, B 두 지역 모두 송에게는 매우 불리한 형세로 돌아가고 있었다. 북벌 실패로 태종 말년에 일기 시작한 염전 분위기와 그에 따른 보수적 대외 정책은, 태종의 말년은 물론 송의 眞宗과 仁宗 시대를 일관하는 기조가 되었다.[19]

이것은 송의 라이벌인 요가 국제 관계의 주도권을 쥐게 된 것을 의미한다. A와 B에서 서하와 고려를 모두 복속시킨 요가 송에 못지않은 '중화의식'을 표출한 것은 자연스러운 일이며, 나아가 그 자신감은 요로 하여금 서하 및 고려와 제휴하여 송을 병합하려는 전략마저 갖게 한 것으로 보인다.[20] 하지만 현실적으로 그러한 공동 작전이 실현되기는 쉬운 일이 아니며, 결국 요는 자신의 전략을 단독으로 추진함으로써 결과적으로 송과 '전연의 맹'을 맺게 된다(1004년).

'전연의 맹'이 송과 요는 물론 A와 B의 세력 관계 등 당시의 국제 정세에 미친 영향은 결정적이었다.[21] 먼저 이 사건으로 송·요 두 나라가 대등한 지위를 공식적으로 확인하게 된다. 이후 양국은 서로를 '남조'·'북조'로 부르기도 한다. 그런데 '남·북조'는 양국이 친선을 강조하기 위해 사용한 우호적 표현으로, 쌍방의 실제 정치관계를 반영한 것은 아니다. 필자는 이 점에서 양국의 관계를 당시의 용어를 이용해 '隣敵國'(또는 '隣對國')으로 규정하고 싶다. '인적'은 본래 禮的으로 길항한다는 뜻으로 일찍이 漢이 흉노에게 부여한 개념이지만,[22] 한대에 있던 그 같은 관계가 송·요 사이에서도 닮은 점이 있고, 또 실제로

19) 이 같은 송의 입장을 '守內虛外' 정책으로 부르는 논자도 있다. 杜建祿, 「夏宋關係」(『西夏與周邊民族關係史』, 甘肅文化出版社, 1995) 참조.

20) 『장편』 권150, 慶曆4년 6월 戊午조의 富弼의 상주문 일부에 "臣又嘗聞契丹議曰, 我與元昊, 高麗橫連攻中原, 元昊取關西, 高麗取登, 萊, 沂, 密諸州. …… 我則取河東三十六州軍, 以河爲界."고도 보인다. 이것은 요의 전략이 어느 정도는 달성되었으나 송의 영토를 직접 취하는 부분에 대해서는 실현되지 못했음을 말한다.

21) '전연의 맹'이 요·송 양국의 관계는 물론 그 후 유라시아 동방의 외교관계의 모델로서 영향을 준 획기적 의의를 부정할 수 없다는 입장에서, 이를 '澶淵體制' 또는 '澶淵시스템'이라는 용어를 사용하는 논자들이 있다. 杉山正明, 『中國の歷史 8』(講談社, 2005); 古松 崇志, 「契丹·宋間の澶淵體制における國境」(『史林』 90-1, 史學硏究會, 2007) 참조.

22) 栗原朋信, 「漢帝國と周邊諸民族」 『岩波講座世界歷史』 古代4(岩波出版社, 1970).

宋人들에 의해 '인적국'의 개념이 자주 사용되었다. 예를 들어 『泊宅編』(권10)에,

> 富韓公이 말하기를, 거란은 실로 강성하여 奚, 渤海, 黨項, 高麗, 女眞, 新羅, 黑水達靼, 回鶻, 元昊 등 10국이 모두 이에 役服하여 貢奉이 끊이지 않고, 오직 中原과 敵國이 될 뿐이다고 하였다. (사료①)
> (富韓公曰, 契丹正强盛, 奚, 渤海, 黨項, 高麗, 女眞, 新羅, 黑水達靼, 回鶻, 元昊凡十國皆役服之, 貢奉不絶, 唯與中原爲敵國.)

라는 富弼의 말이 보이고, 『장편』(권150, 慶曆4년 6월 戊午)에도 역시 그의 상주문의 일부로,

> 조정은 서쪽으로 羌人의 患이 있으나 족히 대처할 역량이 되어 外援을 구하지 않아도 스스로 해결할 수 있다. 단지 北敵이 강성하여 羌人의 10배에 달한다, …. 지금 거란은 諸蕃을 모두 복속시켜 元昊, 回鶻, 高麗, 女眞, 渤海, 蔑惹, 鐵勒, 黑水靺鞨, 室韋, 達靼, 步奚 등 중 약자는 그 토지를 바치고 강자는 貢賦를 바친다. 홀로 고려가 복속하고 있지 않다. …. 거란이 用兵하여 고려를 力制하니 고려도 力戰하였으나 그 뒤 어쩔 수 없이 臣事하였다. 하지만 거란은 이것이 고려의 本意가 아님을 알고 자못 그를 制禦하는 데에 노력하였다. 고려에게는 역시 조정에 귀순할 마음이 있다. …. 지금 거란이 諸蕃을 모두 倂呑하여 힘으로 雄盛을 일삼아 홀로 중원과 敵國이 된다. (사료②)
> (朝廷西有羌人之患, 力足備御, 不假求外援以自助. 惟北敵强盛, 十倍于羌人, …. 今契丹自盡服諸蕃, 如元昊, 回鶻, 高麗, 女眞, 渤海, 蔑惹, 鐵勒, 黑水靺鞨, 室韋, 達靼, 步奚等, 弱者盡有其土, 强者止納其貢賦. 獨高麗不伏. …. 契丹用兵, 力制高麗, 高麗亦力戰, 後不得已而臣之. 契丹知其非本意, 頗常勞其制禦. 高麗亦終有歸順朝廷之心. …. 今契丹盡呑諸蕃, 事力雄盛, 獨與中原爲敵國.)

고 있다. 여기서의 '敵國'은 단순한 적대국(enemy)이 아니라 '敵'이라는 字意 그대로 중국의 입장에서 '중국적 질서에 따르지 않는 존재', 즉 대등한 존재를 말한다.[23] 아울러 이들 사료들은 동북아의 세력 관계가 비록 이원적이라 하더라도, 실제는 요에게 주변국들이 다수 신속하고 있고, 송의 위상이 상당히 위축된 점을 송 측이 자인하고 있음을 보여준다.

---

23) 『三朝北盟會編』 권16, 政宣上帙16에도 『北征紀實』의 설명을 인용해 "約旣定, 索禮數, 因盡還其待大遼敵國之禮"고 보이고, 『朱子語類』 권133, 本朝7 夷狄에도 "高麗自是臣屬之國, 如何比得契丹, 契丹自是敵國"고 있다.

'전연의 맹'은 서하와 고려에게도 큰 영향을 주었다. 먼저 요는 송에 대한 '南顧'의 우려 없이 고려를 공략할 수 있는 전략적 여유가 생겨났다. 고려는 비록 '전기'에 요에 신속하는 입장이었으나, 그것은 사료②가 말하듯 진정성이 결여된 것이었고 요도 그것을 잘 알고 있었다. 따라서 고려를 제압해둘 필요가 있던 요는 맹약 분위기를 해치고 싶어 하지 않는 송의 심정[24]을 파악한 뒤 고려 공략에 나섰다. 1010년부터 여러 차례 감행된 요의 침공에 독력으로 맞선 고려는 결국 굴복하여 요에 대한 신속의 정도를 높이게 되었다.

그렇지만 고려는 그 후도 송과의 교류를 당분간 유지하였고(〈표 1〉 참조), 이 점에서 요와 송에 '兩屬'하는 입장을 취한 셈이다.[25] 고려가 송에 대해 '中國', 요에 대해서는 '大邦'이라 부른 호칭 속에서도 양강의 틈에서 압력을 분산시켜 보려는 대응 자세를 엿볼 수 있다.[26] 그러나 이에 대해 요가 견제를 강화한 것은 당연한 일이며, 고려는 저항도 보였으나 결국 1031년 이후에는 '中期' 내내 송과의 교류를 중단한 채 요에 신속하게 된다.

서하에게 '전연의 맹'은 송과의 화해를 도모하게 만들었다. 그 배경으로 서하의 국내외 사정이 모두 고려되어야 하겠지만,[27] 무엇보다 가장 큰 것은 송과 요가 화해로 돌아선 상황에서 서하가 홀로 송에 항전을 지속할 역량과 명분이 모두 부족해진 점이다. 요 측에서도 송과의 맹약으로 서하를 지원할 명분은 이미 사라져 버렸다.

서하가 매년 歲賜를 받는 조건으로 송에게 臣事하는 '景德和約'이 성립된 것은 그 결과였다(1005년). 이로써 서하는 형식면에서 요와 송에 모두 책봉을 받는, 즉 '兩屬'적인 입장에 서게 되고, 이것은 고려가 요에 보였던 태도와 유사한 것이었다. 물론 서하 또한 송에 대한 진정성은 박약하였다.

이 무렵 두 개의 화약이 연이어 체결됨으로써 송의 국제 관계는 북송시기에서도 가장 평온한 상태를 맞고 있었고, 그것은 〈표 1〉을 보더라도 확인된다. 하지만 중요한 것은 이를 전후해 F지역(河西地域)의 움직임이 활발해지고, 그것이 이후의 송대 국제 관계에서 큰 축의 하나를 이룬 점이다. 이 지역은 무엇보다 서하에게 국세 확장을 위한 '必爭의 地'이

24) '전연의 맹'이 초래한 송의 소극적 태도에 대해서는 張希淸 등 編, 『澶淵之盟新論』(上海人民出版社, 2007), p.3 참조.

25) 楊渭生, 『宋麗關係史硏究』(杭州大學出版社, 1997), p.170; 본서 제IV부 제1장 「고려 전기의 여·송 관계」 참조.

26) 예를 들어 『송사』 권487, 外國3 高麗에 "…. 高麗表謝, 其略曰, 中國, 三甲子方得一朝, 大邦, 一周天每修六貢."고 보인다.

27) 杜建祿, 앞 책, pp.50~51.

며, 서하가 송과 화해한 이유 중의 하나도 이 지역의 경영에 전념하기 위한 것이었다.

다만 甘州 등의 河西 지역에는 당 말기 이래로 위구르가 세력을 부식하고 있었고, 西涼府에서도 潘羅支 중심의 토번이 세력을 형성해,[28] 서하의 작전은 결코 순탄하지 않았다. 무엇보다 이들 세력은 경제적 생명선인 실크로드를 사수해 송과의 교역을 유지하려 한 점에서 親宋 정책을 일관했기 때문에 실크로드에 눈독을 들이는 西夏와 대립하였다. 감주 위구르와 반라지는 서하에 대항하기 위해 통혼 관계를 통한 군사협력[29]도 이룬 위에 송조에 공동 전선을 제안하기도 했다. 그러나 송은 서하와의 '화약'을 해치고 싶어 하지 않는 생각에서 동맹 제안에 소극적이었고, 오히려 '以夷制夷'를 득책으로 여겨 관망에 가까운 자세를 유지하였다.

이에 반해 서하는 F에 요를 끌어들임으로써 甘州 공략에 성공을 거둔 것으로 보인다. 아직 해명되지 않은 점이 있지만, 요는 서하의 감주 공략에 공동 작전을 펴고 있었던 것으로 보인다.[30] 다급해진 감주 위구르는 송조에 연이어 사절을 파견하지만 송의 태도는 여전히 변함이 없었다. 이처럼 F에서 나타난 송과 요의 대조적인 태도는 당시의 국제 관계에서 요의 '雄盛'과 송의 '守內虛外'의 입장을 반영하는 또 하나의 사건이었다. 이 같은 환경 속에서 결국 서하는 西涼府와 甘州, 다시 沙州(敦煌)까지 함락시킴으로써 1030년대 후반까지 河西를 석권하게 된다.

2) 慶曆和議에서 宋 神宗의 등장 이전까지

河西를 제압해 "後顧의 患을 없앤"[31] 서하는 송조와 전면 대립함으로써 동북아 국제 관계의 초점을 다시금 A지역으로 이동시켰다. 민족의식이 강렬한 이원호의 최대 목적은 송은 물론 요로부터도 벗어나 독립국의 지위를 확보하는 것이었다. 그는 송과 요의 '南

---

28) 潘羅支 정권에 대해서는 岩崎力, 「西涼府潘羅支政權始末考」(『東方學』 47, 東方學會, 1974) 등 참조.

29) 錢伯泉, 「一場喀喇汗王朝和宋朝聯兵進攻西夏的戰爭——藏經洞封閉的眞正原因和确切時間」(『敦煌研究』 2000-2)에 의하면 구자 위구르의 카한 祿勝은 감주 위구르 카한인 夜落과 동맹하여 서하에 승리를 거둔 적이 있다(1008년)고 설명한다.

30) 彭向前, 「試論遼聖宗遣軍遠征甘州回鶻的戰略意圖」(『內蒙古社會科學』 24-2, 2003); 朱悅梅, 「甘州回鶻与周邊政權的關系及其特点」(『敦煌研究』 2007-1) 등 참조.

31) 『東軒筆錄』에 "元昊未叛時, 先以兵破回鶻, 擊吐蕃, 修築邊陣, …. 世人每見夷狄自相攻討, 以爲中國之和, 不知其絶後顧之患, 然後悉力犯我."고 보인다.

北朝' 체제에 개입해 자신을 '西朝'로 불러 천하를 三分하려는 의도를 비추었고,[32] 송에게 '황제' 칭호를 인정할 것을 요구하였다. 이것이 거절되자 서하는 송에 7년간에 걸친 파상적 공세를 퍼부었고, 사실상의 승리를 거둔 속에서 요의 중재를 통해 송과 화약을 이룬 것은(1044년: 慶曆和議) 유명하다.

이 화약을 전후한 송, 서하, 요 3국간에 존재한 첨예한 이해관계와 그 경위에 대해서는 이미 많은 연구가 존재한다. 그 중에서 필자가 주목하고 싶은 부분은 화의 추진 과정에서 서하와 요의 관계에 심각한 균열이 발생하였고, 그로 인해 일어난 국제 관계의 변화이다. 요컨대 요는 서하에 고전을 면치 못하던 송의 처지를 이용해 과거에 빼앗긴 '關南十縣'을 요구한 결과, 송으로부터 서하를 송에 칭신시키는 중재 대가로 增幣의 이익을 얻어, 송·서하 전쟁의 사실상의 최대 수혜자가 되었다.[33]

그런데 이원호는 요의 이 같은 어부지리와 자신에 대해 종주국으로 군림하려는 자세에 반발해 처음에는 송에의 칭신을 거부하기도 하였다. 여기에는 서하가 요에 제안했던 송에 대한 공동 작전이 거부당한 불편한 심정이 작용했다고 보인다.[34] 또 양국 간에는 쌍방 간에 개재한 黨項族을 자기 쪽으로 유치하려는 신경전이 일찍부터 있었는데, 당시 이 문제가 또다시 불거져 요로 하여금 서하 공격을 결행시킨 직접적인 계기가 되었다. 이 싸움에서 요는 서하의 반격으로 패하였으나(1044년), 몇 년 뒤에는 이원호가 살해되고 어린 아들 李諒祚(毅宗)가 즉위한 서하의 혼란을 틈타 보복전을 감행해 항복을 받아낸다(1049년). 이후에도 양국의 관계가 곧바로 정상화된 것은 아니며, 〈표 1〉에서 보는 것처럼 '中期'의 상당 기간 동안 긴장 관계가 지속되었다.[35]

요·서하 간에는 이전에도 불편한 시기가 있었지만, 그것이 이처럼 장기간 계속되면 국제 관계에 주는 영향이 클 수밖에 없었다. 먼저 주의를 끄는 것은 요가 토번 세력과 연합을 모색한 움직임이다. 당시 토번 지역에는 青唐을 중심으로 唃厮囉 정권이 서하에 패퇴한 西涼府의 잔당(潘羅支 정권의 후예)까지를 흡수해 새로운 세력을 형성하고 있었다. 이들

32) 彭向前, 「試論遼對西夏的遏制政策」(『西北民族硏究』 2003-4).

33) 彭向前, 앞 논문.

34) 陶晉生, 「余靖與宋遼夏外交」(『食貨月刊』 復刊』 10, 1972).

35) 서하와 요의 불화는 외형적으로 1053년에 서하가 요에 '求和'함으로써 끝났지만, 이후도 앙금이 남아 서하에서 새 國主인 秉常(惠宗)이 즉위하는 1067년까지 불편한 관계가 계속되었다고 볼 수 있다. 두건록, 앞 책, pp.126~128; 劉建麗, 「西夏与遼朝關系述論」(『遼宁大學學報』 2005-2, 2005) 참조.

은 서하와 대립한 반면 송에는 우호 관계를 유지하는 전통적 입장을 갖고 있었고, 이 때문에 송은 과거의 반라지에게 기대한 것처럼 각시라를 서하에 대항시키는 '以夷制夷' 책을 강구하고 있었다.

요는 이 관계를 이용해 서하 배후에 있는 토번에 접근하여, 각시라의 아들(董氈)에게 공주를 시집보내게 된다(1058년). 이것은 요가 외국에 청혼한 유일한 예에 속하며, 또 서하가 관계 회복을 위해 청혼한 것을 요가 거절하고 난 뒤의 일이라는 점에서 주목된다. 이 사건이 '藩屬'의 지위에서 벗어나려는 서하를 견제하기 위한 대응이었다는 점은 명백하다.[36] 각시라도 요와 혼인관계를 맺기 전에 이미 3차례나 요에 사자를 파견한 점에서,[37] 서하의 압박에서 벗어나려는 방도를 다각적으로 찾고 있던 것으로 보인다. 요－각시라 간에는 실제로 군사적인 연락 관계가 있던 것으로 보인다.[38]

위기감을 느낀 서하는 요－각시라 간의 교통을 방해하는 한편,[39] 각시라 정권 내부에서 각시라와 대립하는 세력과 연결을 모색하였다. 당시 각시라 정권에서는 계승권을 둘러싼 불화가 발생하였는데,[40] 서하는 그 이탈자를 도와 각시라를 공격하거나(1058년),[41] 蘭州 지역 전체와 함께 투항해온 각시라의 장군을 받아들여 그에게 종실의 딸을 주어 협력관계를 맺었다(1063년).[42] 그 사이(1061년) 서하는 송조에 청혼까지 타진하는 이례적 행동에도 나섰으나 성사되지는 않았다.[43] 이처럼 '중기'에서는 '전기'의 구도보다 더 복잡한 형세가 A,

---

36) 『涑水記聞』 권13에서 사마광은 요의 움직임을 "以女妻董氈, 與之供圖夏國"이라 평했다. 아울러 이상과 같은 요의 움직임에 대해서는 崔明德, 「遼朝和親初探」(『民族研究』 2004-4)에 상세하다.

37) 杜建祿, 「西夏與吐蕃, 回鶻關係」(『西夏與周邊民族關係史』, 甘肅文化出版社, 1995), p.145.

38) 『장편』 권188, 嘉祐3년 9월 乙亥에는 양자 간의 군사 작전이 결국 실패로 돌아갔지만, 그것이 충분히 논의된 것을 암시하는 "契丹旣與唃厮囉通姻, 數遣使由回鶻路至河湟間, 與唃厮囉約擧兵取河西, 河西謂夏國也, 欲徙董氈涼州, 與之相近. 唃厮囉辭以道遠兵難合, 乃止."라는 설명이 보인다.

39) 『요사』 권16, 聖宗7, 開泰7년(1018) 윤4월 戊午에 "吐蕃王幷里尊, 凡朝貢, 乞假道夏國, 從之."고 있어, 각시라의 실력자 里尊(李立尊)이 요에게 서하의 길을 빌려서 조공하기를 청해 동의를 얻었으나, 『西夏書事』 권10, 같은 해, 春3월조에 의하면 결국 서하가 이 제안을 뿌리친 것을 알 수 있다.

40) 李華瑞, 앞 논문 참조.

41) 앞에서 인용한 『장편』 권188, 嘉祐3년 9월 乙亥에는 "先是, 唃厮囉杢羅部阿作等叛歸夏國, 諒祚乘此引兵攻掠境上, 唃厮囉與戰敗之."고 보인다.

42) 『서하서사』 권20, 嘉祐8년(1063) 2월조에는 "西蕃禹藏花麻來降. 夏四月, 以宗女妻之"고 보인다.

43) 『서하서사』 권20, 嘉祐6년(1061) 秋7월조에 "諒祚聞, 契丹約唃厮囉兵共取河西, 思結中朝爲援, 使祖儒嵬名聿入貢, 請尙公主, 仁宗答以昔嘗賜姓, 不許"고 보인다.

C, F 지역을 중심으로 전개하였고, 국제 관계에서 각시라 정권이 중요성을 더하고 있었다. 하지만 각시라는 親宋 노선을 중시했기 때문에 서하는 물론 요와의 사이에서도 동맹은 유지되지 않았다.[44]

송조도 거듭되는 외환을 국가적 위기로 인식하기 시작하였다. 당시의 외환이 결국 내치에 문제가 있다는 인식에서 내정 개혁을 통한 국력의 충실을 의도한 '慶曆 改革'이 추진된 것은 이러한 상황에서였다.[45] 하지만 시급한 서하 대책으로서는 국력의 부족을 통감하여 군사상의 모험보다 외교 수단을 통한 해결을 원하는 목소리가 많았다.[46]

여기서 관심의 대상으로 떠오른 것의 하나가 '聯蕃策'의 강화였다. 그동안 서하와 요의 토번 접근을 알고 있던 송조는 토번의 전략적 가치를 재인식하여 더 적극적인 '聯蕃策'을 강구하려 하였다. 송은 두 차례나 靑唐의 토번에 사신을 보내 그 역할을 요구하였으나, 군사 제휴를 직접적으로 실행하는 데에는 이르지 못했다.[47] 송조에서는 '聯麗策'을 주장하는 자도 나타났으나 이 역시 실행되지 못했다.

이처럼 송조에서는 경력화의 이후 英宗朝에 해당하는 '중기' 말기까지에 걸쳐 '전기'에 비해 한층 적극적인 논의가 나왔으나,[48] 대외정책의 실질은 서하와의 화의 체결 이후 특별히 달라진 것이 없었다.

---

44) 遼와 吐蕃의 관계에는 명료하지 않은 부분이 많은데, 杜建祿은 앞 책, p.145에서 양자의 관계 결렬을 1062년으로 보고 있다. 이것은 『서하서사』 권20, 嘉祐7년 8월조 注文에 "初"에 입각한 것으로 보이나, 양자의 결렬은 조금 더 빨랐을 가능성도 있다.

45) 慶曆개혁의 배경에 대해서는 近藤一成, 「北宋慶曆の治小考」(『史滴』 5, 1984); 陶晉生, 「北宋慶曆改革前後的外交政策」(『宋遼關係史研究』, 聯經出版事業公司, 1985) 등 참조.

46) 陶晉生, 앞 논문.

47) 그 대표적 결과가 1040년에 劉渙을 직접 靑唐의 각시라에 파견에 군사동맹을 타진해본 것이었으나 실현되지는 못했다. 『송사』 권324, 劉渙傳 참조. 아울러 두건록은 "송조의 각시라 이용은 거란의 서하 이용에 比肩되는 것"이라 평가하였다(두건록, 앞 책, p.111).

48) 李華瑞, 「宋夏對吐蕃, 黨項諸族的爭奪」(『宋夏關係史』, 河北人民出版社, 1998).

3. 북송 시대 '후기'의 국제 관계

1) A와 C 지역을 중심으로

동아시아의 국제 관계는 송조에서 神宗이 즉위한(1060년대 후반) 이후 다시금 큰 변화를 맞게 된다. 이 변화는 A 지역을 시작으로 인근의 C와 밀접한 관련 속에 전개되었고, 나아가 그 밖의 송을 둘러싼 여러 지역과도 직·간접의 연관을 갖는 광범한 것이었다. 또 이 변화는 송의 神宗이 평소 갖고 있던 강렬한 夷狄 타도의 숙망에서 기원하지만,[49] 이후 신법당은 말할 것도 없고 구법당 집권기까지도 적극적 대외관계의 태도는 크게 후퇴하지 않는 양상을 보인다.

송의 신종에게 타도할 최종의 목표는 요였다. 그러나 요는 여전히 강적이었고, 이 때문에 신종과 왕안석은 먼저 서하 타도를 수순으로 삼았다. 이로써 신종 즉위 직후 서하의 한 장군이 투항한 것을 송조가 받아들인 것을 발단으로 시작된 송·하의 분쟁은 〈표 1〉에서 보는 것처럼 그 후 사이사이 '和平期'가 개재하기는 했으나 기본적으로 계속되었다. 이 화평기는 사실상은 '휴전기'라 할 수 있고, 이 휴전기는 서하 측에 정국 불안 등이 나타나면 송의 침공을 불러 다시 전쟁 상태로 이어지는 사례가 비일비재했다.

신종의 정치를 '紹述한다'는 이념을 내건 哲宗과 徽宗期에도 송조는 對서하 관계에서 주도권을 유지하였고, 반대로 서하는 수세적 입장에 있었다.[50] 이것은 '후기'에 들면서 점차 뚜렷해진 서하의 국력 하강세와, 그에 비해 新法의 효과가 어느 정도 반영되어 나타난 송조의 상대적 국세 상승이라는 양국의 당시 사정과도 관련이 있어 보인다.

서하가 무엇보다 위기감을 느낀 것은 송조가 양방향에서 자신에 대한 협격을 추진하려 한 전략이었다. 즉위 직후 서하와의 대결을 시작한 신종은 거의 동시에 토번의 河湟 경략에도 착수하였다. 이것은 서하를 타도하기 위해서는 그 "오른팔을 단절해야 한다"는 王韶의 유명한 '平戎策'을 왕안석이 적극 후원하였고, 신종이 동감을 보인 결과였다. 그 때까지 송조가 '以夷制夷'의 대상으로만 여기던 河湟(토번) 지역을 서하의 손이 미치기 전에 內地(=郡縣)로 편입해야 한다는 이 정책은 특히 송조 '후기'에 전개된 적극적 대

49) 東一夫, 「宋神宗論」『王安石新法の研究』(風間書房, 1970); 이범학, 「王安石의 對外經略策과 新法」『역사와 인간의 대응』, 고병익선생 회갑기념 사학논총간행위원회, 1984) 등 참조.

50) 이상의 송－서하 관계에 대해서는 김성규, 앞 책 참조.

외 경략을 상징하는 사업이었다. 다만 송이 처음부터 각시라 정권(토번)을 적으로 삼으려 한 것은 아니었다.[51] 송은 왕소로 하여금 처음에는 하황 지구의 일부인 熙州와 河州만을 건설(1072~73년)하려 했으나, 그 후 철종조에서 王贍이 湟州의 青唐을(1099년), 휘종조에서는 王厚가 湟, 鄯, 廓州를 수복함으로써(1103~04년) 각시라 정권을 붕괴시키는 결과를 만들었다.[52]

송조의 이 같은 정책의 대전환이 당시의 국제 정세에 지대한 영향을 미친 것은 말할 나위 없다. 먼저 다급해진 서하가 요에 구원을 청하고 나섰다. 요는 일단 서하에 원군 파견을 약속하였고, 막 즉위한 서하의 惠宗(李秉常)에 대해서도 책봉을 행해 송을 경계했다. 그러나 요는 실제로는 군대를 보내지 않았을 뿐더러, 송에 사신을 보내 그 공세를 늦추게 해달라는 서하의 요청에 그다지 적극적이지 않았다. 요의 이 같은 애매한 태도는 이후도 지속되었고, 그 속에서 서하의 영토는 송에 계속 잠식되고 있었다. 요는 서하에서 외척 梁氏가 보인 정치적 전횡이 종주국인 자신을 무시한 점에 불만을 갖고 있었을 뿐 아니라, 송·하 양국의 전쟁을 좌시하는 것이 자신에게는 오히려 득이 될 수 있다고 판단한 것으로 보인다.[53]

서하는 이 때문에 발 빠르게 토번에 접근하였다. 왕소의 희하로 경략에 青唐의 각시라 정권이 불안감과 배신감을 가진 것은 당연하며, 각시라와 서하 사이에는 정략결혼까지 성립하였다. 하지만 각시라의 董氈은 송과의 장기 대치가 경제적으로 득이 아니라고 판단해 다시 송에 접근하였고, 서하의 정변으로 송이 대규모 토벌군을 발동시켰을 때는(1081년) 이에 가담하기도 했다. 서하는 이후에도 각시라에 관계 회복을 타진하였고, 이때는 요도 청당에 사자를 파견해 서하를 도운 것으로 보이지만, 각시라는 끝내 이들의 요구를 모두 거절하였다. 토번 측의 뿌리 깊은 중원 왕조에 대한 回歸性과 함께, 토번을 둘러싸고 돌아가는 당시의 긴박하지만 실리를 앞세운 외교전의 실태를 여실히 볼 수 있다.

그러나 청당에서는 阿里骨이 집권한 뒤, 다시 '依夏抗宋' 책으로 선회하여 송에게 빼앗긴 실지를 회복하려 하였다(1087년). 정통성을 인정받지 못한 아리골이 청당 내부의 모순을 밖으로 돌리려 한 결과였다. 두 세력은 다시 혼인관계를 형성한 위에 공동으로 실지

51) 李華瑞, 앞 책, 제11장 참조.

52) 왕소의 소위 '희하로 경략'에 대해서는 榎一雄, 「王韶の熙河路經略について」(『蒙古學報』 1, 몽고학회, 1940) 참조. 또한 이를 포함한 송조와 토번의 전반적인 관계사에 대해서는 祝啓源, 『唃厮囉－宋代藏族政權』(青海人民出版社, 1988)이 있다.

53) 杜建祿, 앞 책, pp.129~132.

탈환을 노렸으나 송의 반격으로 실패하였다.[54]

夏·蕃 연합이 결렬한 뒤, 靑唐이 또다시 송에 복속한 반면, 요에게서 만족할만한 후원을 얻어내지 못한 서하는 한층 어려운 입장에 처하였다. 그러나 송조의 계속되는 강경책은 요에게도 결국 위협이 될 수밖에 없었다. 먼저 아리골 死後(1097년), 토번에서 생긴 지배자간의 대립이 다시 한 번 宋軍의 개입을 불러 邈川(湟州)과 靑唐城이 일시 함락되었고(1099년), 휘종조에는 각시라 정권의 전 지역이 최종적으로 송의 영토에 편입되었다(1104년). 이로써 북송 중기 이래의 각시라 정권이 멸망하게 되고, 송조는 이 사건을 한·당시대에도 이루지 못한 쾌거로 자평하였다.[55]

요와 서하의 결합이 급속히 진전된 것은 이 무렵이었다. 그 계기는 요가 서하에 자객을 보내 권신 梁氏를 살해하고 崇宗(李乾順)의 親政을 실현(1099년)시킨 것에서 찾는 것이 일반적이지만,[56] 이 무렵은 송이 토번의 심장부를 함락시키는 등 그 위력을 서하는 물론 요도 충분히 감지했을 것이므로, 이러한 동향이 요·서하의 결속을 재촉한 배경이 되었을 것이다. 즉 이 무렵이 되면 요도 '순망치한'의 위기감으로 서하를 돕지 않으면 안 될 상황을 인식했을 것이다. 이를 좌시한다면 송이 서하를 멸망시키고 자신과 직접 충돌할 날이 멀지 않을 것이기 때문이다. 따라서 요의 송에 대한 중재는 적극적일 수밖에 없고, 그 결과 송은 서하에 대한 압박을 늦추고 그 '侵地'도 돌려줄 것을 고려하게 되었다.[57]

다만 송조의 이 같은 태도가 비록 요를 의식한 것이라 하더라도 그 입장은 과거와는 다른 것이었다. 즉 과거의 송은 서하·요 양면으로부터의 공격을 가장 우려해, 요가 송·하의 대립을 이용해 위압적으로 나올 경우, 왕안석조차 "장차 이(=요)를 取하려면 반드시 이(=侵地)를 주어야 한다"고 하여, 요에게 700里를 할양하는 등의 소극적 입장을 보인 적이 있었지만,[58] 이제 북송 말기에는 송이 소극적이었다기보다 요의 거듭되는 요청에 대해 일시 강경 자세를 완화시킨 것으로 보인다. '침지' 반환의 교섭 과정에서 송의 使者가 遼主를 격노시켰다든지, 송의 철종이 반환에 동의하지 않았던 것도 그러한 송의 자세

54) 이상의 각시라 정권과 관련된 동향에 대해서는 祝啓源, 앞 책 참조.

55) 祝啓源, 앞 책, 제3장 참조.

56) 杜建祿, 앞 책, p.132.

57) 이상의 과정에 대해 『장편』의 기사는 소략하며 『서하서사』 권30~권31을 참조하였다.

58) 이 무렵의 왕안석의 국경문제와 관련한 對遼 입장은 많은 연구가 있으나, 張雅琴, 「沈括與宋遼劃界交涉」(『史繹』, 1975); 朱斯白, 『王安石與宋遼之劃界交涉』(臺灣大學學士論文, 1953) 등을 소개해 둔다.

를 보여준다.

단지 송은 휘종의 독자적 판단으로 휘종대에 획득한 '침지'의 일부를 반환한 것으로 보인다. 그럼에도 불구하고 송에서는 권신 蔡京이 강경한 태도를 보이는 등 서하에 대한 공세를 중단하지 않았다. 하물며 이 무렵의 요는 국내외적으로 어려움이 산적해, 국세는 서하와 마찬가지로 전반적으로 하강세를 나타내고 있었다.[59] 송은 아마도 이 같은 여러 동향을 판단해 A 지역에서 계속적으로 적극적 자세를 견지하였다고 보인다.

2) A, C 이외 지역의 동향

당시 송조는 A와 C 지역 이외 나라들에 대해서도 이전에 비해 적극적 관계를 갖고 있었고, 이 점은 송조가 '夷狄' 타도 정책을 추진하는 데에 더 폭 넓은 구상을 갖고 있었음을 암시하는 듯하다. 먼저 가장 잘 알려진 사실은 송이 고려와의 교류를 재개한 점이다. '전기'에 '聯麗制遼'에 실패한 바 있는 송조는 40년간의 공백기가 지난 神宗 시기에 상인의 알선을 통해 고려와 공식적으로 사절 왕래를 재개하는 데에 성공하였다. 이에 따라 송조가 고려 사신에 보인 접대 수준은 매우 각별해져, 신종과 철종을 지난 휘종 조에는 그것이 요에 필적하는 수준으로 격상되는 것이다. 이 무렵 송은 "東聯高麗, 西激黨項, 北征契丹"[60]이라는 구상을 확실히 갖고 있었다.

고려의 연장선에서 신종이 일본과도 관계를 모색한 사실도 주목할 만하다. 중국은 일본과 9세기 말 이래로 공식 관계가 두절된 상태였으나, 송의 신종은 고려의 경우처럼 상인을 통해 접촉을 타진하려 했다. 신종은 송대에서 가장 빈번히 일본에 공문서를 발송한 황제로, 그 내용을 명기한 자료는 현존하지 않지만 시대적 배경에서 볼 때 자신의 '夷狄'

59) 요의 역사가 道宗 이후, 특히 天祚帝 시기에 쇠락기에 접어들었다는 것은 많은 연구자들이 지적하는 사항이다. 특히 이 시기에는 통치 집단 내부의 불화, 불교 과신에 따른 재정의 궁핍, 궁중의 풍기 문란 등이 문제로 부각되지만, 대외적으로는 阻卜(몽골계의 케레이드) 등의 반란과 저항이 위협적이었기 때문에 요가 송에 군대를 효과적으로 집중시킬 수 없었을 개연성이 크다. 이상과 관련해서는 關樹東, 「澶淵之盟后遼朝社會與文化的若干變化」『澶淵之盟新論』(張希淸 등 主編, 上海人民出版社, 2007); 馮繼欽 등, 『契丹族文化史』(黑龍江人民出版社, 1994), pp.10~11; 島田正郞, 앞 책, pp.22~24 등 참조.

60) 梁利, 「從"聯麗制遼"到"聯金滅遼"」(『河南大學學報』 45-2, 2005) 참조. 여기서 양리는 宋 神宗의 정책에 대해서 "이 계획은 송조가 燕雲지구를 취하려는 諸種의 정책 중에서 실제적이고 유효한 방책이었다"고 평했다.

타도 계획과 무관하지 않아 보인다.[61]

한편 '후기'에 들어 송조가 서역의 국가, 특히 카라한 왕조(于闐)와 적극적인 동맹 관계를 맺은 것도 전에 없는 움직임이었다. 서역의 여러 나라들처럼 카라한은 송과의 지속적인 교역을 원했기 때문에, 송이 C 지역에서 서하 타도를 위한 군사 활동을 전개하자 동참을 송에 청했다. 錢伯泉의 연구에 따르면 불확실한 부분은 남지만, 카라한은 송조가 靑唐의 동전에게 협력해 서하 정토군을 발동했을 때 동참한 것을 비롯해, 1093년과 1097년에도 송과 함께 연합군을 이루어 서하와 善戰하였다.[62]

아울러 신종은 베트남 방면으로도 군대를 출병시켰다가 패퇴한 적이 있다. 이것은 송의 북방정책과 궤를 달리하는 것이기는 하지만, 신종의 적극적 대외 자세를 반영하는 것이다.

이상의 내용으로 송은 '후기'에 들어 '夷狄' 타도를 위한 목적 달성을 위해 군사 행동만이 아니라, 외교적 수단도 다방면으로 동원하고 있었음을 알 수 있다. 그것은 A에서부터 B, C, D 그리고 서역 지역에 걸치는 송조의 역량이 미치는 거의 모든 방면의 외교력이었고, 그 기세는 장차 요와도 대결할 날이 멀지 않은 것처럼 보였다. 하지만 송조가 염원한 그 '夷狄(요)'은 결국 자신이 찾아낸 또 하나의 '이적' 동맹자인 金에 의해 타도되는 결과를 맞게 되지만, 자기 자신도 그로부터 얼마 후는 金에게 멸망하는 것이다.

북송시대 국제 관계에 보이는 여러 특징들 :결론에 대신해서

본 장에서 다룬 주요 내용을 토대로 송대 국제 관계의 개략을 정리해 맺음말로 대신하면 다음과 같다.

송의 국제 관계에서 가장 중요한 무대는 송－요－서하가 공존한 A 지역이며, 이와 이웃한 B, C 지역의 문제가 그 다음으로 중요했고, 그 밖의 D와 E 등은 부차적 위치에 있었다. 또한 시간적으로 송은 '전기'에서 맛본 북방 공략의 실패로 당분간 외교에 보수적

61) 이 무렵의 일본과 송의 관계에 대해서는 森克己, 『日宋貿易の研究: 森克己著作選集第一卷』(國書刊行會, 1975), pp.120~126: 동, 「日宋貿易に活躍した人々」『續日宋貿易の研究: 森克己著作選集第二卷』(國書刊行會, 1975) 참조.

62) 錢伯泉, 「一場喀喇汗王朝和宋朝聯兵進攻西夏的戰爭 — 藏經洞封閉的眞正原因和确切時間」(『敦煌研究』 2000-2).

자세를 띠었으나, '후기'에는 국제 관계의 주도권을 되찾아 서하와 요를 압박하는 형세였다. 송의 공세는 서하와 요의 국세가 하강 기미를 보이던 당시의 상황과 무관하지 않다.

이 속에서 諸國 간에 이합집산을 되풀이 하는 치열한 외교전이 전개되었다. 먼저 송은 '전기'와 '중기'에는 '以夷制夷'를 능사로 여겼지만, '후기'의 대부분에서는 외국과의 연합에 강한 의지를 나타냈다. 북송 전체를 볼 때 송이 연합을 모색한 나라(내지 세력)는 高昌 위구르, 阻卜, 여진, 定安國, 토번의 반라지, 각시라 정권, 카라한 왕조(우전), 고려, 일본, 금 등으로 그 폭이 넓었다. 송의 자세가 적극적일수록 외교 관계를 맺은 나라의 수도 확대되었다.[63]

그러나 공동전선의 구축에는 자국의 실리가 앞섰기 때문에 송이 실제로 동맹에 성공한 것은 토번, 카라한 왕조(우전), 금 정도였다. 고려와는 원군을 요청하고 또 요청을 받기도 하였으나 양국은 모두 자신의 처지를 내세워 상대의 제안을 거절했다. '전기'에서 송의 외교가 실패로 돌아간 데에는 송의 소극적 자세 이외에, 특히 요의 견제가 작용했다.

요에게도 외국과의 연합 전선은 중요한 문제였다. 요는 서하와 고려를 복속시킴으로써 서하와는 군사 동맹을 실현하고, 고려에게는 송과 제휴하지 못하도록 견제하였다. 요가 외교 관계에 기민했던 점은 慶曆연간에 있어난 송·서하 대립관계를 이용해 송으로부터 增幣에 성공하고, 또 그 과정에서 서하와의 관계가 악화되자 송에게 서하와의 화의 체결 보류를 요청하거나, 나아가 스스로 서하의 배후에 있던 토번과의 관계를 개선하려 한 움직임에서 충분히 포착된다.

서하는 국제 관계의 변동에 가장 민감한 나라의 하나였다. 이는 송과 요 양강 사이에 놓인 숙명적인 것으로, 처음에는 오래 동안 '聯遼抗宋' 책을 취하였다. 그러나 국익 우선의 국제 관계에서 요와의 관계도 흔들릴 수밖에 없는 것으로, 서하가 자신의 처지와 필요에 따라 요에 대해 태도를 바꾼 것은 본 장에서 확인하였다. 李華瑞는 서하의 요에 대한 사신 파견의 회수를 검토한 위에, "파견 횟수가 많던 이계천 시대(28회)와 마지막 단계인 李建順 시대(26회)는 서하의 힘이 약해 요에 대한 의존이 필요한 시기이였으나, 이덕명시대(10회)나 이원호 시대(10회)에는 국제 지위가 향상되었기 때문에 그 파견 횟수가 감소했다"[64]고 평가하

63) 대표적인 一例로 『玉海』 권153, '元豊佛泥來朝'조에 "佛泥不與中國通者九百餘年, 元豊四年八月二十八日遣使來朝."라고 있어, 동남아의 佛泥(부르네이)가 神宗의 元豊4년(1081)에 900년 만에 중국을 찾았다고 보인다.

64) 李華瑞, 앞 논문, p.7.

였다. 이것은 또한 杜建錄이 "일반적으로 夏·宋 관계에 문제가 없을 때는 夏·遼 관계는 긴장되고, 하·송의 모순이 격화되면 하·요의 관계는 그에 따라 和好한다."[65]고 한 설명과 상응한다. 이들은 A 지역의 특색을 잘 표현하고 있고, 특히 송과 요 사이에서 '遊泳'하는 서하의 입장이 잘 보인다.

토번 역시 전통적으로 親宋的 자세를 견지하였으나, 송의 공격을 받아 安危에 심각한 위협이 일어나자 계속 적대 관계에 있던 서하와 협력하지 않을 수 없었다. 토번과 서하는 특히 '후기'에서 자신이 각기 송 또는 요와의 관계에서 불리함을 느낄 때 상대방에 접근해 동맹 관계를 모색하였다. 이 또한 '兩强'(송과 요) 사이에 놓인 '兩弱'(서하와 토번)이 취할 수밖에 없는 필지의 형세였다. 즉 C 지역에서는 "서하와 토번의 관계가 밀착될 때는 송에 대한 항쟁이 서로 필요하다고 판단되었을 때이고, 송과 토번의 관계가 발전할 때는 서하와 토번의 관계는 악화된다"[66]는 경향이 보인 것이다.

한편 송대에는 국가 간에 협력 관계가 이루어질 경우 通婚이 수반되는 경우가 많았다. 중국에서는 이미 漢代부터 이민족 회유의 수단으로 북방 민족에게 소위 '和蕃公主'를 보내는 방안을 이용하였고, 특히 唐代에 크게 유행하였다.[67] 그런데 송대에도 이 현상이 지속되기는 했지만, 그것은 유독 송조만을 제외한 주변 국가들, 특히 북방과 서방 국가 사이에서 행해지고 있었다. 이 관계는 요, 서하, 토번, 위구르, 구차(?) 등의 사이에서 자주 보이고, 이는 쌍방 간의 和親이나 동맹을 전제로 한 것이었다.[68] 송조도 요와 통혼 관계를 고려한 적이 있으나[69] 성립되지는 못했고, 서하에게는 통혼 요청을 받았으나 거절하였다.[70] 또 요와 고려 사이에서도 혼인 관계가 실제로 있었다.[71]

---

65) 杜建祿, 앞 책, p.128.

66) 李華瑞, 앞 논문, p.9.

67) 日野開三郎, 「唐代和蕃公主の眞假制と資裝費」 『隋唐帝國と東アジア世界』(唐代史硏究會編, 汲古書院, 1979); 布目潮渢, 「隋の大義公主について－隋唐世界帝國の指標としての和蕃公主」(같음).

68) 이상의 통혼 문제와 관련해서는 孟楠, 「略論唃厮囉吐蕃政權与周邊民族的聯姻」(『青海社會科學』 1998-4); 孟楠, 「略論西夏与周邊民族的聯姻」(『民族硏究』 1998-6); 崔明德, 「遼朝和親初探」(『民族硏究』 2004-4); 彭向前, 「遼蕃和親初探」(『青海民族學院學報』 34-3, 2008) 등 참조.

69) 송－요 사이의 增幣 교섭 시기에 관한 설명으로 『장편』 권137, 慶曆2년 7月 壬戌에 "初, 富弼, 張茂實以結婚及增歲幣二事往報契丹, 惟所擇."고 보인다.

70) 『서하서사』 권20, 嘉祐6년(1061) 秋7월조에 "諒祚聞, 契丹約唃厮羅兵共取河西, 思結中朝爲援, 使祖儒嵬名聿入貢, 請尙公主, 仁宗答以昔嘗賜姓, 不許."고 보인다.

71) 『고려사』 권3, 成宗 乙未 14년(995) 是歲에 "遣左承宣趙之遴如契丹請婚以東京留守駙馬蕭恒德女許

중국 왕조에서 이처럼 당과 송이 외국과의 통혼에 대해 태도가 서로 달랐던 것은 흥미로운 사실이다. '和蕃'을 북방민족의 "침략 방지의 외교수단으로 등장한 것"[72]이라고 볼 때, 당이 송에 비해 '화번'이 더 성행했던 것은 그 국세가 강했다는 일반적 관념에도 불구하고 북방민족에 대한 대책에 부심한 정도가 적지 않았음을 드러낸다. 반대로 당보다 국세가 약했다고 하는 송이 '화번'을 외교수단으로 고려하지 않은 것은 이 시기에 발달하고 있던 주자학적 '華夷觀念' 등이 작용한 것으로 생각된다.

송대에 가속화된 실리 우선의 국제 관계는 동아시아의 전통적 국제질서인 '책봉관계'의 내용에도 큰 영향을 미쳤다. 송과 요의 두 축을 중심으로 중층적으로 나타난 다원적 국제 관계의 출현에 따라 '책봉'의 형식과 내용도 다양화했다.

송의 입장에서 볼 때, 먼저 라이벌인 요는 '隣敵國'의 위치에 있었기 때문에 모든 면에서 자신과 대등한 禮가 적용되었고, 책봉과 관련한 이해 충돌은 없었다. 송은 요를 제외한 타국과는 가능한 책봉 관계를 형성해 종주국의 입장을 유지하고 싶어했다. 그러나 송의 이러한 희망은 실력으로 보증될 수 없는 것이었기 때문에 현실적으로는 기형적인 책봉관계가 나타났다고 할 수 있다.

대표적 사례에 속하는 서하는 송의 피책봉국이었으나 그것은 다분히 명목적인 것이었다. 서하가 '경덕화약'과 '경력화의'에서 모두 송에 신속하는 형식으로 화해한 것은 송의 위세에 진심으로 굴복했다기보다는 요를 포함한 A 지역의 정세를 감안한 전략적 판단의 결과였다.[73] 이 때문에 서하와 송 간에는 책봉이라는 형식은 유지되고, 피책봉국의 책봉국에 대한 최소한의 형식도 요구되었지만, 그 內實은 진정성이 떨어지는 準敵對國에 가까웠다. 게다가 서하는 요에게서도 책봉을 받았고, 그것은 그 國主가 요의 공주를 맞아들인 駙馬國의 입장에서 이루어진 것이었다. 이 같은 서하의 태도는 양강 사이에서 자립하려는 능란한 외교술인 동시에, 특히 송의 책봉관계를 역으로 이용해 요와의 사이에도 일정한 거리를 유지하려 한 것처럼 보인다.[74]

嫁"고 보이고, 『요사』 권13, 본기13 聖宗4 統和14년(996) 3월 壬寅에는 "高麗王治表乞爲婚, 許以東京留守, 駙馬蕭恒德女稼之"고 보인다. 하지만 이 사건은 결국 고려의 성종이 죽으면서 무산되었다.

72) 日野開三郎, 앞 논문.

73) 李元昊의 경우 요에게서는 '夏國王', 송에게서는 '夏國主'라는 칭호를 거의 동시에 받았다. '王'과 '主'에 미묘한 뉘앙스의 차이가 느껴지지만, 송은 적어도 서하를 이념상으로는 신하국으로 취급할 수 있었다.

74) 송대 동아시아 제국 간의 책봉 관계에 대한 이용과 역 이용은 尹英寅, 「10~13세기 동북아시아 다원적 국제질서에서의 冊封과 盟約」(『東洋史學硏究』 101, 동양사학연구회, 2007) 참조.

A 지역에서 나타난 송·서하의 허구적 책봉 관계는 B에서 나타난 요·고려 간에서도 엿보인다. 고려는 1020년대가 되면 요의 책봉국의 일원이 되지만, 요에 대한 충성의 결여는 서하의 송에 대한 것보다 못지않았다. 이것은 고려가 우호 관계를 유지하고 싶어 한 송과의 연결이 요의 방해로 이루어지지 못하고, 오히려 경계와 '멸시'의 대상이던 요에 臣事할 수밖에 없게 된 고려의 욕구 불만에서 기인한 것이었다. 원하지 않는 상대에게 책봉의 굴레를 씌였다는 점에서 고려와 서하는 같은 입장에 놓인 것이며, 이들은 송대에 나타난 국제 관계의 특수성을 잘 나타낸다.

하지만 고려는 요에게만 책봉을 받고, 송으로부터는 책봉을 받지 않은 점에서 서하와 입장이 달랐다. 고려는 요의 영향권으로 편입되기 직전인 1010년대에 요와 交戰하면서 한편으로 송에게는 그 연호를 사용하는 등 접근을 시도하였으나, 송은 요를 의식해 고려와의 밀착을 경계하였다.[75] 그런데 송조가 이와는 달리 서하에게는 요를 통해 자신에게 칭신할 것을 설득하였고, 그 결과 요도 이를 거들어 송의 의도가 이루어짐으로써, 송이 고려에 대한 책봉국의 지위를 간단히 포기한 반면 서하에 대해서는 그 지위를 고집하려 한 의도는 무엇인지 생각해볼 필요가 있다. 적어도 요의 관점에서 볼 때, 요는 송·서하의 대립을 이용해 자신의 이익을 취한 것이지만, 송·고려 간의 책봉 관계의 문제는 고려가 서하와 달리 자신에게 敵意를 가진 태도를 보였기 때문에 용인하기 어려웠을 것은 분명해 보인다.

이렇게 됨으로써 송은 고려에 대해서 10세기 후반 이후 책봉국의 지위를 잃게 되었을 뿐 아니라, 적어도 1031년부터는 양국의 공식적 교류도 약 40년간 일체 중단되는 '沒交涉' 상태에 빠진다.[76] 한·중 교류사에서 보기 드문 공백기이다. 이 공백 상태는 송 신종의 '聯麗制遼' 책의 결과 고려에서 사절이 오랜만에 송을 방문하는 1071년에 이르러 끝이 난다.

75) 陶晉生,「宋, 高麗與遼的三角外交關係」(『宋遼關係史研究』, 聯經出版事業公司, 1985).

76) 송과 고려 간의 교섭 중단에 대해, 楊渭生은 "거란의 군사 압력과 견제로 고려 顯宗 22년(1031, 송 仁宗 天聖9년)에서 文宗25년(1071, 송 神宗 熙寧4년)까지, 宋麗의 정식 사절의 왕래는 40년이나 중단되었다. 이 기간 동안에 宋麗 쌍방의 최고층은 모두 이 같은 교착 상태를 타개하고자 하였고" (양위성, 앞 책, pp.152~153)라고 설명한 반면, 陶晉生은 "992년에 宋使 劉式, 副使 陳靖이 고려에 입국한 이후, 정식의 사신이 더 이상 고려에 가지 않았고, 國信이 있을 경우는 모두 高麗使가 가지고 돌아갔다. 이 때(1071년: 필자)이르러 이미 85년이 지났다. 宋人이 이때에 거란의 猜疑를 꺼리지 않은 점도 주의할 만하다."(도진생,「宋, 高麗與遼的三角外交關係」, 앞 책)고 설명한다.

그런데 신종 시기 이후의 송·고려 간의 교류는 책봉 관계가 배제된 형식으로 추진된 점에서 '전기' 때와 성격이 다르다. 따라서 이때의 교류를 대등국 간의 교섭으로 보는 관점도 있을 수 있다.[77] 하지만 이때의 실제 교류 내용에서 볼 때, 고려는 송에 대해 '中國'이라는 전통적 事大 자세를 유지하고 있었기 때문에,[78] 송조 입장에서 바라본 고려는 정식의 '책봉국'은 아니나 그렇다고 '정치'적 관계가 완전히 배제된 단순한 '조공국'의 지위도 아닌, 말하자면 '책봉국'과 '조공국'의 중간쯤의 위상을 갖는 존재였다고 생각된다.[79] 즉 송대의 국제 관계에서의 고려의 지위는 B 지역의 국제 환경의 조건에 따라 처음에는 '책봉국'에 있다가, 그 다음에는 '沒交涉國'으로, 그리고 다시 마지막에는 '책봉'을 수반하지는 않으나 최소한 심정적으로 상하관계가 배제되지 않은 기형적인 상대국으로 변화해 갔다고 할 수 있다.

이에 반해 송조가 가장 전형적인 책봉관계를 형성한 나라는 交趾(베트남)였다. 교지와는 군사적 충돌도 있었으나, 戰後에는 군신관계를 회복하는 데 큰 무리가 없었고, 그 후도 책봉을 매개로 한 양자의 관계는 지속되었다. 송은 국경절 등의 여러 계기를 통해 베트남의 國王과 그 일족에 책봉을 거듭 행하였고, 관위와 훈작 및 하사물의 수여를 통해 위세를 보이려 했다.

---

77) 周立志, 「宋神宗·高宗朝與高麗關係的幾点思考」(『中韓第三回宋遼夏金元史國際學術研討會』, 河北大學, 2009).

78) 고려는 당시 요를 '大邦', 송을 '中國'이라 칭하고 있었다. 『송사』 권487, 外國3 高麗 참조.

79) 본서 제IV부 제1장 참조. 이는 漢代의 중국 왕조가 생각한 천하질서로서는 '客臣'의 지위에 해당한다. 栗原朋信의 앞 논문 참조. 또한 보통 '조공국'이라고 하면 책봉을 받은 국가도 포함되지만, 송조는 책봉관계를 갖지 않는 순수한 교류국도 '조공국'으로 취급했다.

3 송대에서 조공질서의 재편과 그 양상

머리말

왕조시대 중국사의 한 가지 특질은 그 역사가 '중국' 내부에서 완결되지 못하고 별도의 광역적인 질서가 존재하는 점이며, 이 광역질서의 기본 특징은 '中華'와 '夷狄'의 상하관계를 축으로 하는 일원적이고 차등적인 구조를 갖는 것이다.[1] 중국의 정점에 있는 황제, 그리고 그의 입장을 절대시하는 중국사의 전개는 이 광역질서와의 관련 없이 이해하기 어렵고, 이 점에서 중국의 국제 관계는 현대의 '외교'와 성격상 거리가 있다.

종래 이 같은 광역질서에 대한 연구는 주로 漢代와 수·당시대, 그리고 명·청시대를 대상으로 활발한 연구가 이루어져 왔다. 전자는 소위 책봉체제의 형성과 완성이라는 관점에서 특히 일본에서 성행했고,[2] 후자는 현대 중국의 이해 또는 동아시아 경제에 대한 고유한 질서 창출이라는 관점에서 조공시스템과 관련해 미국과 일본, 중국에서 많은 연구가 이루어졌다.[3]

이들 사이에 개재한 송대에 대한 이미지는 상대적으로 선명하지 않다. 이 시대에 대해서도 관련 연구는 적지 않지만, 당시의 송조에게 절실했던 북방민족과의 교섭에 대한 것이 주를 이루고, 그보다 한발 들어가 송조의 '四夷'(외국) 전체를 상대로 한 고유한 질서나 정책의 실체는 충분히 규명되지 않았다. 이 시대 국제 관계의 또 다른 주요 대상인 '南海' 諸國, 또는 東方 및 西域 諸國 등에 대한 연구도 적지 않지만, 이들에 대해서도 송조와

---

1) 岸本美緒,「東アジア·東南アジア傳統社會の形成」(『岩波講座 世界歷史』13, 동경, 岩波書店, 1998).

2) 대표적인 것으로 西嶋定生,『中國古代國家と東アジア世界』(동경, 東京大學出版會, 1983); 唐代史研究會編,『隋唐帝國と東アジア世界』(동경, 汲古書院, 1979)를 들 수 있다.

3) 대표적인 것으로 John K. Fairbank ed., *The Chinese World Order*(Cambridge, Harvard University Press, 1968)와 濱下武志,『朝貢システンと近代アジア』(동경, 岩波書店, 1997)를 들 수 있다.

의 개별적 관계를 넘어 전체를 종합화하려는 관점은 부족하다. 필자의 관심은 중국과 중국을 둘러싸고 있는 특정 국가간의 '1:1'적인 관계보다, 중국과 여러 외국 간의 '1:多'적인 관계 속에서 나타나는 특징을 종합해 분석·비교하는 데에 있다.

이제까지 송대의 이미지는 "정치에서 경제로",[4] "陸路의 봉쇄와 海路의 대대적 개발", "(사)무역에 의한 조공제도의 쇠퇴(the eclipse of the tribute system by trade)"[5] 등의 표현이 먼저 강조되어왔다. 이는 그동안 막연하나 일반화된 설명, 즉 정치보다 경제, 재정국가, 국제 위상의 왜소화 등을 대변하지만, 충분한 검증을 거친 것이 아니었다. 이러한 관점에는 이미 부분적인 비판이 존재하며,[6] 또 이 '선입관'을 가지고 송대의 이미지를 단순화시킬 수는 없을 것이다.

본 장은 이러한 '선입관'을 비판적으로 재검토하는 입장에서 '북송시대 조공질서'의 특징과 관련한 몇 가지 주요 문제점을 분석하려 한다. 즉 그것은 여전히 송대의 국제 관계에서 중요한 의미를 지닌 '조공'이라는 의미와 양상이 唐의 그것과 비교해 어떻게 다르고 같은지에 대한 문제, 송대의 조공관계를 이루는 조공국의 분포와 조공 회수의 추이, 그리고 그러한 조공 행위 방식과 국제 관계와의 상관관계는 어떠한 것인지, 등에 대한 것이다. 이들 문제를 송조가 관계한 '외국' 모두를 포괄한 입장에서 시도된 연구는 아직 존재하지 않는다.

한마디로 '조공'이라고 하지만 그것은 매우 복잡하고 다기로운 문제로 구성된 종합적인 과제이다. 대략적인 것만을 들어도 거기에는 조공을 수행하는 입장(외국)과 그것을 받아들이는 입장(송조) 및 양자 간의 상호 관계, 조공 사절단 자체를 둘러싼 제반 문제(규모와 인적 구성 등), 교통로, 入出國 과정의 수속 문제, 송조의 관리체계, 외교 儀禮(賓禮), 그리고 조공과 回賜를 중심으로 그에 부수하는 여러 형태의 교역 내지 私貿易과의 관계 등이며, 모두가 개별적인 분석이 요구되는 과제이다.

이들은 모두 저자의 장래 과제이기도 하지만, 본 장에서는 그에 선행하는 작업으로서 약간의 문제들을 필자가 모은 자료와 데이터에 입각해 분석하기로 한다.

---

4) 西嶋定生, 앞 책, pp.610~634.

5) Fairbank, 앞 책, pp.3~4.

6) 佐佐木揚, 「清代の朝貢システンと近現代中國の世界觀(一, 二)」(『佐賀大學教育學部研究論文集』 34-2, 35-2, 1987, 1988); 山內晉次, 「東アジア海域における海商と國家」(『歷史學研究』 681, 1996) 등.

1. '宋的 국제환경'의 형성과 '조공'의 의미

1) '송적 국제환경'의 형성

중국사의 질적 전환을 초래한 安史亂의 발발(755년)과 거의 동시에 동투르키스탄 일각에서 일어난 탈라스 전투(751년)는 아시아적 대변동의 신호탄이 되었다. 거시적으로 이 이후 중앙아시아에서는 당 세력의 후퇴를 대신해 남하하는 위구르와 북상하는 티베트(吐蕃)의 각축에 들고, 다시 그 뒤에 키르기즈에 패한 위구르가 동투르키스탄 각지에 四散(839년) 할거하여 고창위구르, 사주·감주 위구르, 탈라스·베라사군의 카라한 정권 등을 만들었다. 이로써 민족과 종교 양면에서 소위 '투르크·이슬람화'라는 물갈이가 이루어지면서 향후 송조와 교섭하는 서역 제국의 중요 멤버들이 여기에 출현했다.[7]

북아시아의 몽골리아에서도 위구르의 빈자리를 타타르(韃靼), 室韋, 奚, 거란 등이 채우며 분열과 힘의 공백 상태가 한동안 연출되었으나 이 분열은 종국적으로 거란에 의해 수렴된다. 또 오르도스 방면에서는 티베트계의 탕구트(西夏)가 흥기해 송대의 서북방을 가로막게 된다. 이들이야말로 송의 최대 외환으로, 거란의 위압과 난적 서하의 도발에 대한 위기는 송의 국제 지위의 동요, 즉 唐과 같은 종전의 일원적인 책봉체제를 유지하기 어렵게 만들었고, 또한 육상 교통로의 진출과 서역 제국과의 조공 관계에서도 후퇴하게 만들었다.[8]

이 같은 조건은 동서교통로에서 해로 개발에 박차를 가하는 형세를 조장했다. 8세기 중엽 이후 탈라스전투의 승자 아바스 왕조는 다우선을 앞세우고 인도양에서 동남아를 거쳐 중국 연해에 진출했다. 다시 당말 오대 특히 송대에 들어서는 이슬람의 항해술을 넘어서는 중국 배의 진출이 적극적으로 전개되어 동남아와 인도양은 물론 동아프리카해안에 까지 달했다는 설명이 있다.[9] 유럽인의 대항해시대에 앞선 제1차 대항해시대가 이슬람에 의해 시작됐고, 명대 鄭和에 의해 절정에 달하는 제2차 대항해시대가 이미 송대에 개

7) 이상에 대해서는 많은 연구가 존재하나 그 의의를 개설한 것으로 松田壽男,『アジアの歷史』(동경, 岩波書店, 1992), pp.166~191 참조.

8) 다수의 연구가 있으나 개괄적인 것으로 護 雅夫 등 編,『北アジア史』(동경, 山川出版社, 1992), pp.120~153 참조.

9) 黃純艷,『宋代海外貿易』(북경, 社會科學文獻出版社, 2003), pp.34~35.

시되거나 준비되었다는 관점이 존재한다.[10]

"중국사상 近海·遠洋 모두에 걸친 해운의 극적인 성장기",[11] "중국역사상 전례 없는 해외 교통의 최성기"[12]로 묘사되는 송대의 해양 지향성에 대해 학자들은 1) 육로차단에 따른 국제 환경의 변화, 2) 해외무역을 통한 수입 증대를 의도한 송조의 입장, 3) 사회경제의 발전, 및 4) 각종 과학기술의 발전에 따른 결과 등을 그 배경으로 꼽는다.[13] 송대의 해양 진출 결과 동남아시아에서 초기 華僑 사회가 자리를 잡게 되고,[14] 海關으로서 중국 연해 지역에 市舶司 체제가 확립되어 해외무역 등에 큰 작용을 한 사실도 이 시대의 특징이다.[15]

이상과 같은 사실에서 송대의 국제환경에 당과 대조적인 점이 분명히 존재하며, 그것이 이미 소개한 대로 "정치에서 경제로", "육로의 봉쇄와 해로의 개발", "(私)무역에 의한 조공제도의 쇠퇴" 등의 이미지를 만들었다고 할 수 있다. 당의 최전성기인 開元연간(712~741)에 70여 국을 헤아리던 조공국 대부분이 西域 내지 北方 등 內陸國이었던 것에 비해,[16] 송대 조공국의 다수가 후술하는 것처럼 소위 '南海' 지역으로 이루어진 것은 이상의 사실과 잘 부합된다.

10) 宮崎正勝,『鄭和の南海大遠征』(동경, 中公新書, 1997), pp.1~11 참조.

11) 이 문제에 관한 가장 선구적인 지적은 斯波義信,『宋代商業史硏究』(동경, 風間書房, 1968)이다.

12) 陳高華·陳尙勝,『中國海外交通史』(臺北, 文津出版社, 1998), p.82; Shiba Yoshinobu, "Sung Foreign Trade : Its Scope and Organization", Morris Rosabi, ed., *China among Equals*(Berkeley Los Angeles , University of California Press, 1983).

13) 陳高華·陳尙勝, 같은 책, pp.82~89.

14) 和田久德,「東南アジアにおける初期華僑社會」『東洋學報』42-1(1959).

15) 이 문제에 대해서 다수의 논저가 있지만 가장 선구적인 것은 藤田豊八,『宋代の市舶司及び市舶條例』(『東洋學報』7-2, 1917) :『東西交涉史の硏究』·南海編(岡書院, 1932)이다.

16) 開元 연간에 존재한 조공국 국명에 대해『唐六典』「尙書禮部卷」4에는 "今所在者, 有七十餘蕃"고 적은 바로 뒤에 다음과 같이 보인다. "謂三姓葛邏祿, 處蜜, 處月, 三姓咽蔑, 堅昆, 拔悉蜜, 窟內有姓殺下, 突厥, 奚, 契丹, 遠番靺鞨, 渤海靺鞨, 室韋, 和解烏羅護, 烏素固, 達末婁, 達垢, 日本, 新羅, 大食, 吐蕃, 波斯, 拔汗那, 康國, 安國, 石國, 俱戰, 提敎律國, 罽賓國, 東天竺, 西天竺, 南天竺, 北天竺, 中天竺, 吐火羅, 米國, 火尋國, 骨咄國, 訶毗施國, 曹國, 拂菻國, 謝颶敎時山屋馱國, 獅子國, 眞臘國, 尸科佛誓國, 婆利國, 葱嶺國, 俱位國, 林邑國, 護密國, 怛沒國, 烏萇國, 迦葉彌羅國, 無靈心國, 蘇都瑟那國, 史國, 俱密國, 于建國, 可薩國, 遏曜國, 習阿薩般國, 龜玆國, 疏勒國, 于闐國, 焉耆國, 突騎施等七十國". 국명이 분명하지 않은 것이 많지만 상당 부분이 西域, 北方 등 내륙아시아 국가인 것을 알 수 있다.

2) 宋代에서 '조공'의 의미 : 私貿易과의 관계

그러면 송대에는 唐과 같은 조공질서가 해체되고 과연 '사무역'만이 발전했다고 볼 수 있을까? 필자는 이 문제에 대해서는 북송과 남송을 엄밀하게 구별해야 하고, 남송에서 얻어지는 이미지로 북송과 동일시하는 것은 극히 경계해야 한다고 본다.

왜냐면 특히 남송에서 조공이라는 국가 간의 행위는 거의 의미를 갖지 못하고 사무역만이 발전한 반면[17] 북송에서는 후술하는 1100건 이상의 조공 건수가 대변하는 것처럼 조공 또는 조공무역이 왕성하게 전개되고 있기 때문이다. 이는 上述한 "사무역에 의한 조공제도의 쇠퇴"가 북송을 상대로 한 설명으로 적절하지 않은 것을 말한다. 북송대에서도 물론 사무역이 상당한 신장을 보인 것은 사실이며, 따라서 엄밀히 말해 이 시대에는 조공과 사무역이 양존한 것으로 볼 수는 있으나, 적어도 사무역에 의해 조공이 위축되었다고 말하기는 어렵다.[18]

이 같은 북송시대의 경향은 최근 榎本淳一이 명쾌하게 정리한 당의 조공 질서와 대비해 생각해볼 때 그 위치와 의의를 확인할 수 있다. 즉 榎本은 우리가 흔히 사용하는 '朝貢貿易'이라는 용어에서 경제적 의미의 지나친 의미 부여를 경계하면서, 그것이 교역 행위를 수반하고 또 결과적으로 국가에 의한 무역 독점이 있더라도 그것은 부수적인 것이며, 조공의 第一意義는 中華와 夷狄 간의 지배·종속관계를 이념적으로 표현한 정치적인 행위라고 본 뒤, 이 같은 정치적 기능을 충분히 발휘하기 위해 조공 이외의 私的 교류와 무역이 제한될 필요가 있었다 하여, 그 이유를 조공하지 않고 중국의 문물과 정보를 입수할 수 있다면 조공의 의의가 감소되기 때문이라고 보았다. 따라서 榎本은 이를 위해 당

---

17) 남송 이후 송은 외국의 조공 문제에 적극적이지 않았을 뿐더러, 조공 자체를 거부하거나 조공 공물의 1/10만을 받아들이는 전례에 보기 힘든 조치도 나타냈다. 남송시대의 貢賜貿易=朝貢貿易의 쇠퇴와 관련해서는 章深, 「宋朝與海外國家的貢賜貿易」(『學術硏究』 1998-6) 참조.

18) 후술하는 것처럼 송대의 대외 무역을 규명하기 위해서는 조공무역과 사무역의 종합적 분석이 필요하지만 현재 그러한 연구는 존재하지 않는다. 따라서 양자의 관계도 분명치 않은 점이 있지만 桃木至朗는 북송시대에서도 사무역의 비중이 더 컸을 가능성을 지적했고(앞 논문 「10~15世の南海交易とベトナム」), 章深은 조공무역을 극히 비경제적인 것이라고 하면서도 그 의의 면에서는 사무역을 앞서는 것으로 평가했다. 아울러 송대의 고려와의 사무역(宋商이 고려에 가서 무역한 예)은 129회(연구 논문에 따라 차이가 있으나 이는 후게하는 宋稀의 경우), 또 일본과의 그것은(역시 宋商이 일본에 가서 무역한 예) 百十數回에 달하고 있어, 고려·일본 모두 조공무역이 비정상 또는 중단 상태이지만 사무역은 비중과 회수 면에서 조공무역을 넘어서고 있다.

조가 조공질서의 유지와는 상반되게 사적 교류와 무역을 가능한 제한하려는 정책을 실시했는데, 이는 당 전반기의 상황이며 율령제가 파탄에 접어드는 開元期 이후는 재정 재건의 일환으로 사무역을 용인하는 정책 전환이 이루어졌고, 그것이 종국적으로 당말기부터 사무역에 의한 국제 교역의 활성화를 가져왔다고 정리했다.[19]

이 설명에 입각해 도식적이기는 하지만, 당에서 남송기에 걸친 중국적 조공질서의 흐름을 단순화시켜보면 다음과 같이 될 수 있다.

> 조공(및 조공무역)(당 전기) – 사무역의 용인과 본격화 (당 후기) – 조공(및 조공무역)과 사무역의 병존(북송시기) – 사무역(남송시기)

북송기에 나타난 사무역의 신장이 당 후기부터의 경향이라는 것은 일반적인 통설 그대로이지만, 그러면 그와 반대 경향으로 나타난 이 시대의 '조공' 내지 조공무역의 강화는 무엇을 의미하는 것인가? 당 후반기에 사무역을 용인함으로써 이 시기에 북송기와 같은 모양의 조공과 사무역의 병존이 출현했다고도 볼 수 있지만, 당의 盛勢는 그 전반기의 것이고 후반기로 갈수록 국제적 위상이 오히려 송보다 실추한 것은 분명하므로 이와 함께 조공 질서의 기능도 현저히 저하됐다고 볼 수밖에 없다.

따라서 당 후기의 조공은 명목적인 것에 불과하지만, 북송기의 형태를 당 후기의 연속선상에 있는 것으로 볼 수는 없다. 이 점에서 필자는 북송기의 조공질서 재건은 우리의 일반적 통념에서 벗어나 당말 오대의 장기 혼란을 수습하고 재현된 중화제국 재건의 표현이며, 그 점에서는 唐이나 隋 또는 明의 초반 모습과 다를 바 없었다고 생각한다.[20] 그것은 당 전기와 같이 중화 중심의 일원적인 것이 아닌 거란과의 병존 상태를 전제로 한 二元的인 한계는 있었지만 상당히 유효하게 지속되었다. 송조는 자기중심적 국제질서를 유지하려는 정치적 장치로 전통적인 조공질서를 원했고, 뒤에서 보는 것처럼 거기에 상당한 노력을 경주하고 있었다.

이렇게 북송의 국제 관계에는 중국의 전통적 질서인 조공질서가 중심에 놓여 있었고, 대외무역의 형태에서는 조공무역과 사무역이 어우러지는 형태를 가졌지만 그것은 당과

---

19) 이상의 논점은 榎本淳一, 「唐代の朝貢と貿易」(『古代文化』 50, 1998)의 전체 요지에 해당한다.

20) 隋의 경우는 堀敏一, 『中國と古代東アジア世界』(동경, 岩波書店, 1993), 제8장, 明의 경우는 檀上寛, 『永樂帝』(동경, 講談社, 1997), 제8장을 각각 참조.

도 남송과도 다른 것이었다. 즉 송대의 무역은 '조공'이라는 정치 과정과 관련해서 나타나는 貢物과 回賜의 교환 행위는 물론 조공사절단을 수행해서 중국에 온 官許 상인 등에 의한 國都 및 국경·항구 등에서 행해지는 무역 행위를 의미하는 조공무역과,[21] 그와는 별도로 순전히 상인에 의해서 영위되는 무역이 양존한 것이다. 따라서 송대의 무역 문제는 일단 이 양자를 구별해서 개별적인 분석을 행한 뒤, 양자를 종합할 필요가 있지만, 지금까지의 경향은 전자에서의 사무역에 대한 의의만이 강조된 반면 조공무역의 실태, 그리고 조공무역과 사무역의 관계에 대해서는 본격적 연구는 없는 상황이다.

2. 송대의 조공국과 조공의 분포

1) 송대의 조공국

그러면 이 같은 의의를 지닌 송대의 조공국들에는 어떠한 나라들이 존재하며 그들의 조공 실태는 어떤 것이었는가? 먼저 필자가 이미 발표한 〈조공표 1〉과 〈조공표 2〉[22]에 입

21) 岸本美緒, 앞 논문, 「東アジア·東南アジア傳統社會の形成」에서는 조공을 1)狹義의 조공, 2)廣義의 조공, 이 보다 더 포괄적인 3)朝貢시스템으로 구별하였다.

22) 필자는 송대의 조공문제를 포괄적으로 연구하기 위한 기초 작업으로 앞서 「北宋朝貢年表考索」(『全北史學』 26, 2003)을 발표 한 적이 있으나 분량이 많은 관계로 본서에 함께 수록하지는 못하였다. 본 장에서는 이 중 전자를 〈조공표 1〉, 후자를 〈조공표 2〉로 칭하기로 한다. 단 후자에서는 전자에 보이는 약간의 不備함을 바로 잡은 관계로 조공수가 전자와 다소 다르게 되었다. 지금까지 송대의 조공과 관련한 연표로는 林天蔚, 『宋代香藥貿易史』(臺北, 中國文化大學出版部, 1986)에 실린 표가 가장 포괄적이나 여기서는 초점이 香藥에 놓여 있어 누락이 적지 않다. 그 밖에는 모두 특정 국가(내지 지역)에 관한 것으로 三佛齊에 대해서는 桑田六郎, 「三佛齊考」(『南方人文研究所論叢』 1, 臺灣, 1945, 未見); 白石晶子, 『三佛齊の宋に對する朝貢貿易について』(『お茶の水史學』 5, 1962), 回鶻 등 西域諸國에 대해서는 前田正名, 「北宋時代河西西域諸國朝貢狀況一覽表」(『河西の歷史地理學的研究』, 吉川弘文館, 1964); 江天健, 「北宋時期與西方諸國陸路貿易」(『中國歷史學會史學集刊』 18, 1986); 大食에 대해서는 渡邊宏, 「宋代の大食國朝貢」(『白山史學』 13, 1967); 베트남에 대해서는 呂士朋, 「宋代中越關係年表」(『東海學報』 2-1, 1961); 베트남 및 南海 諸國에 대해서는 자료 공개 없이 대략적인 통계만을 보이지만 桃木至朗, 「10~15世の南海交易とベトナム」(柴田三千雄 등 編 『シリーズ 世界史への問い 3』, 岩波書店, 1990) : 「南の海域世界」(『岩波講座 世界歷史』 9, 中華の分裂と再生, 岩波書店, 1999); 占城에 대해서는 張祥義, 「南宋時代の市舶司貿易に關する一考察－占城國の宋朝への朝貢を通して見た－」(『青山博士古稀紀念宋代史論叢』, 省心書房, 1974); 西夏에 대해서는 申採湜, 「宋西夏貿易考」(『歷史教育』 10,

각해 송대의 조공국을 편의상 몇 개의 범주로 분류해 나타내면 다음같이 된다.[23]

〈표 1〉 권역별로 본 송대의 조공국

권역	소속 국가 및 지역
舊十國	南唐, 吳越, 泉州, 荊南
東方	高麗, 女眞, 韃靼, 定安國, 日本
西方	吐蕃, 西夏, 党項, 于闐, 回鶻, 龜玆, 天竺, 沙州, 瓜州
南海	大食, 交趾, 占城, 賓同隴, 三佛齊, 詹畢, 渤泥, 拂菻, 注輦, 眞臘, 闍婆, 丹流眉, 大理, 層檀, 勿巡, 邈黎, 蒲端, 蒲甘, 大留國, 塗渤國, 蒲波羅, 三麻蘭, 南海
蠻夷	생략(다수의 소수민족)

이 표[24]를 통해 북송시대에는 총 42개의 국가 또는 지역이 송조와 조공 관계를 갖고 있

1967); 高麗에 대해서는 丸龜金作, 「高麗の宋との通交問題(1)」(『朝鮮學報』 17, 1960); 宋希, 「宋商在宋麗貿易中的貢獻」(『史學彙刊』 8, 1977) : 『宋史硏究論叢』 2, (中國文化硏究所, 1980); 朴龍雲, 「高麗與宋朝交聘問題探討」(『韓國學論文集』 4, 社會科學文獻出版社, 1995) 등에 관련 조공표가 보인다. 〈조공표〉 작성 과정에서는 이들을 참조하기는 했지만 서로 같지 않은 부분이 적지 않다. 미국의 Robert M. Hartwell도 그의 논문, "Foreign trade, monetary policy and Chinese 'Mercantilism'"(衣川 强編, 『劉子健博士頌壽紀念宋史硏究論集』(同朋社, 1989))에 따르면 조공과 관련한 데이터의 상세한 수집과 분석을 행한 것 같으나 필자는 구체적 상황은 알지 못한다.

23) 元豊5년(1082)에서 8년까지 尙書省 禮部의 主客郎中으로 諸民族과 諸外國의 조공과 관련된 일을 맡았던 북송의 龐元英이 撰集한 『文昌雜錄』 권1에는 "主客所掌諸番(蕃), 東方有四, 其一曰高麗, …, 西方有九, 其一曰夏國, …, 南方十有五. 其一曰交趾, …"처럼 송조의 主客部가 관장한 제외국과 제민족을 '東方', '西方', '南方'으로 나눈 뒤, 아울러 "又有荊湖路溪洞及邛部黎雅等蠻傜. 北方曰, 契丹"과 같이 蠻夷로 통칭될 수 있는 부류와 契丹을 추가하였다. 거란은 물론 송의 조공국이 아니므로 제외해야겠지만, 나머지는 분류 방법으로 채용할 만하다고 판단해 〈표 1〉의 '권역'은 여기에 기초한 것이다. 단 '南方'이라는 표현은 일반적으로 더 통용되는 '南海'라는 표현을 썼다. 또한 『文昌雜錄』 권1에서 제시한 조공국 수는 약간의 결락이 있는 것으로 보인다.

24) 이 표의 南海 諸國에는 생소한 國名이 적지 않으나 藤善眞澄 譯注, 『諸蕃志』(關西大學出版部, 1990)가 유익하다. 이에 따라 표에 보이는 국명을 일부 설명하면, 占城=현 베트남 남부의 참파, 賓同隴=현 베트남 중남부, 三佛齊=현 말레이시아 수마트라 섬에 위치하는 스리비자야왕조, 詹畢=미상, 渤泥=현 보르네오섬 북서부의 Brunei, 拂菻=페르시아 방면, 注輦=남인도의 Cola왕조(~1279), 眞臘=캄보디아, 闍婆=자바, 丹流眉=타이만과 벵갈만을 잇는, 즉 말레이반도를 동서로 횡단하는 교역 거점의 하나, 層檀=아프리카 탄자니아 북동부에 위치하는 잔지바르섬, 혹은 셀주크투르크 Sultan의 音譯, 勿巡=미상, 邈黎=미상, 蒲端=占城 근처, 蒲甘=미안마의 Pagan왕조(1044~1287), 大留國=미상, 塗渤國=미상, 蒲波羅=미상, 三麻蘭=미상, 南海=미상과 같다.

다. 여기서의 '지역'이란 예를 들어 송대의 '大食'이 그 실체가 단일하지 않은 불특정 다수를 가리키는 포괄적 의미로 사용되었다든지,[25] '蠻夷'도 서남지역 소수민족을 통칭한 매우 광범한 지역적 구별이며,[26] 그 밖의 黨項과 吐蕃[27] 내지 回鶻[28]도 이와 비슷한 개념으로 사용된 것을 의미한다. 따라서 송대의 조공에서는 지역과 국가를 나누어 생각할 필요가 있는데, 뒤에서 보는 것처럼 만이와 토번 등에서 조공수가 다수를 점하는 것은 이러한 이유 때문이다.

또 〈표 1〉과 관련해서는 송조와 조공관계를 맺은 자들 중에 보통 '外國'이라 불린 자들과 그렇게 불리지 않은 자들의 구분이 있다는 점에 대해도 생각해 둘 필요가 있다. 대부분 주변 민족의 열전을 말미에 첨부한 중국의 역대 正史 중에서 처음으로 '外國列傳'이라는 용어를 사용한 『송사』는, 〈표 1〉의 東方, 西方, 南海의 諸國을 모두 '외국'이라는 범주에 넣은 반면, '만이'는 '蠻夷列傳'으로 구별하였다. 또 '舊十國'은 물론 五代十國의 일부로 남중국에 있던 세력이지만 979년 송조가 전국을 통일할 때까지 중원의 송조와 조공관계를 갖고 있던 것이 『송회요』 歷代朝貢에 상세히 보인다. 이 대목은 자칫 먼 '외국'의 入朝만을 '조공'으로 생각하기 쉬운 생각과 달리, 오히려 중국의 天子가 제후 또는 만이로부터 입조를 받는 행위를 '조공'이라 부른 본래적 의미를 암시하는 듯하다.[29]

송대의 조공국 가운데는 이 같은 형식적 분류 이외에 그들을 서로 좀 더 본질적으로 구별하는 요소가 있었다. 그것은 그들과 송조와의 정치 관계 속에서 드러나는 것으로, 〈조공표 1〉과 〈조공표 2〉를 분석하면 같은 조공국이라고 해도 다음과 같은 분류가 있을 수 있다.

---

25) 송대의 "'大食'에는 廣義와 狹義가 있어 이슬람교도를 널리 大食人, 이슬람교 諸國을 大食諸國이라고 부르는 반면, 아랍인에 한정해 사용하는 경우가 있는 등 일정하지 않다"(藤善眞澄, 앞 책, pp.158~159).

26) 본서 제I부 제5장 「송대 서남 만이의 분포 제상과 조공의 추이」; 본서 제I부 제6장 「서남만이 對송 조공의 계기와 貢期」 참조.

27) 송대의 西北 지역에 '蕃部'로 통칭되는 黨項과 吐蕃의 다양한 부족이 잡거한 문제에 대해서는 김성규, 『宋代の西北問題と異民族政策』(동경, 汲古書院, 2000), pp.159~194 참조. 아울러 당항의 대표적 존재는 '西夏', 토번의 대표적 존재는 『송사』 권492, 吐蕃傳에 구체적으로 '각시라, 동점, 阿里骨, 瞎征, 趙思忠'을 들지만 이들 이외에 소수 부족이 다수 존재했다.

28) 송대의 '回鶻'은 많은 경우 '甘州回鶻'을 지칭하나 '高昌(西州)回鶻'을 포함하는 경우도 보인다.

29) 조공의 본래적 의미에 대해서는 예를 들어 『儀禮』 권26~27을, 또 조공이 국내와 외국 양면에 적용되는 의미에 대해서는 Fairbank, 앞 책, p.10 각각 참조.

〈표 2〉 송조와의 관계 별로 본 조공국

部類(송조와의 관계)	해당 국가(지역)
제I부류 (책봉·조공국)	瓜州·沙州, 蠻夷, 高麗, 交趾, 占城, 黨項, 西夏, 吐蕃, 于闐, 大理, 眞臘, 回鶻, 黨項, 吐蕃
제II부류 (조공국)	**吳越**, **江南**, 泉州, 荊南(?미확실), 女眞, 定安國(?미확실), **大食**, **龜玆**, **三佛齊**, 闍婆, 渤泥, **注輦**, 丹眉流, **大食**, 層檀, 拂菻, **蒲端**, 三**麻蘭**, **勿巡**, 賓同隴, 詹畢, 邈黎, 蒲甘, 大留國, 塗渤國, 蒲波羅, 南海
제III부류 (사실상 사무역 교류국)	日本, 天竺

먼저 〈제I부류〉는 그 국왕(또는 부족의 首長)이 송조에게서 책봉을 받은 것이 확인되는 국가로, 송조의 소위 '外臣' 층을 형성하는 자들로 볼 수 있다.[30] 이들은 외면상 송조와 정치적으로 밀접한 관계를 갖고 있으며, 이 점에서 조공은 책봉의 대가로 중국의 천자가 '四夷'에 '施惠'하는 일종의 특권이었다.

다만 이들 중에는 고려의 사례처럼 그 책봉 기간이 송의 전반기 정도에 한정되거나, 大理 또는 眞臘처럼 후기에만 한정되는 경우가 있었다. 또 이들 중에는 정치적 유대의 강약에 차이가 존재하고 '西夏'처럼 책봉·조공 관계가 상호 공동의 외교 문서에 명시되어 있는 경우가 있는가 하면[31] 그렇지 않은 경우가 있고, 또 서하의 경우에서조차 이 관계는 사실상 자의적으로 파기될 수 있었다.

〈제II부류〉는 그 국왕에 대한 책봉이 보이지 않는 점에서 정식의 중국적 외교 관계는 성립되지 않은 자들이다. 하지만 이들은 송의 중앙(開封)에서 황제에 대한 알현을 정점으로 하는 일련의 조공 의례를 통과하는 점에서 사실상 조공국에 해당하고, 私貿易 국가보

30) 이 점은 〈조공표 2〉에서 확인되는 내용이다.

31) 서하는 慶曆4년(1044)에 송조와 화의를 체결하면서 正旦, 仲冬, 송 황제의 聖節 등에 入貢하는 기본원칙을 확인하였다(『장편』 권152, 慶曆4년 10월 己丑朔). 그 밖에 베트남의 경우는 확실치 않으나 桃木至朗는 구체적인 예증 제시 없이 "3~4년마다의 常貢 이외에도 다양한 명목으로 조공"했다(앞 논문, 「10~15世の南海交易とベトナム」, p.229)고 했고, 占城의 경우는 『송사』 권488, 外國4 交阯에 "(熙寧)二年, 表言, 占城國久闕貢, 臣親帥兵討之, …"라고 보여 피책봉국으로서 조공의 시기가 정해져 있던 것을 암시하는 듯하다. 또 五代시대 吳越의 對中原 조공관계의 경우이지만 日野開三郎은 여기서 常貢이 기록에 배제되었다고 보고 있다(日野開三郎, 「五代吳越國の對中原朝貢と海上貿易」(『日野開三郎東洋史學論集』 10, 三一書房, 1984), pp.88~100). 단 이 같은 常貢 기록의 생략이 언제나 일반적이었다고 보기에는 문제가 있는 것처럼 보인다.

다는 그 관계가 우선하는 말하자면 '準外交國家'라 할 수 있을 것이다.[32]

특히 먼 지역에 위치한 南海 諸國 대부분이 이에 해당하는데, 이 방면의 조공국 수는 唐을 훨씬 능가하며,[33] 개중에는 송대에 처음 중국과 교류한 나라도 적지 않았다.[34] 거리 관계상 이들 각 국의 조공회수는 〈제I부류〉에 비해 현저히 떨어진다(후술). 하지만 이 조공 회수가 송조와의 관계의 정도와 그대로 연결되는 것은 아니며, 더 중요한 것은 조공 행위가 그들이 원하는 사무역의 원활한 교역을 보증받기 위한 상징적인 수단이었다는 점이다.[35]

다만 舊十國의 경우는 이상의 설명에는 거의 해당되지 않는 특수한 예로 보아야 할 것이다. 이들의 단기간의 집중적인 조공은 경제적인 목적보다 국가 존망을 목전에 둔 송조와의 정치적 교섭의 표현이었다.[36]

日本과 天竺의 예밖에 해당하지 않지만 〈제III부류〉는 송조 나아가 중국의 또 하나의 조공관념을 보여주는 예로 주의하고 싶다. 즉 이들은 대부분이 승려의 경우인데, 이들의 입국과 황제에 대한 알현은 중국 측 기록에 '入貢' 또는 '來朝'라고 표현되었다. 정치적 색채가 없는 개인 자격의 입국까지를 '조공'이라고 표현한 이 부분에서 우리는 중국 왕조 측의 '조공' 개념에 대한 자의적이고 편의적인 이용 수법을 읽을 수 있다. 이미 지적한 것처럼 본래 '조공'은 정치적인 행위로 그 형식의 이면에 국가 간의 의사 교환이 요구되는 것이며, 따라서 일본의 경우도 1026년(天聖)의 예로서,

> 明州가 보고하여 日本國의 太宰府가 사람을 보내 方物을 來貢해왔으나 本國의 表章은 지참하지 않았다고 하자 詔를 내려 이를 물리쳤다(明州言日本國太宰府遣人來貢方物, 而不持本國表章, 詔卻之.(『장편』 권104, 天聖4년 10월 庚辰)).

고 보이듯이 정식의 表章(國書)를 휴대하지 않은 이유로 송조는 외교교섭을 거부하였다. 송조가 생각하는 정식의 외교(조공관계)는 國書의 지참을 전제로 하는 것이었다.

---

32) 이 관계도 〈표 2〉의 분석을 통해 얻어진 것이다. 또 이들 사절단의 일부 또는 다수는 송조에 의한 관직 除授가 자주 보이는데(표 중의 굵은 글씨) 이는 주로 명예적인 것이다.

33) 黃純艷, 『宋代海外貿易』(북경, 社會科學文獻出版社, 2003).

34) 예를 들어 注輦國, 丹眉流, 蒲端, 層檀, 拂菻, 勃泥 등이 이때 처음 중국과 조공관계를 갖게 되었고, 특히 필리핀 방면의 국가는 모두 이때가 처음이었다.

35) 桃木至朗, 앞 논문, 「10~15世の南海交易とベトナム」, p.237.

36) 송조가 이들을 國王(=外臣)으로 책봉하지 않은 것은 곧 병합할 의도가 있음을 보인 것으로 생각된다.

이 예에서 보는 것처럼 송조와 일본 간에는 끝내 정식의 관계는 성립하지 않았지만, 그럼에도 불구하고 '조공'이라고 표현되고 있는 것이다. 이는 상대국의 의도와 관계없이 외국인의 교섭을 중국 측이 일방적으로 조공으로 간주하거나, 또는 반대로 私商人이 멋대로 '조공'을 칭하여[37] 교섭을 유리하게 하려는 중국사에서 보이는 일반적 경향[38]과 상통하는 사례이다. 私貿易 조차 중국의 '은혜'로 포장되는 것이지만, 아무튼 〈제III부류〉는 그러한 중국인의 관념을 보여주는 가장 완만하고 포괄적인 '조공' 범주에 속하는 것이다.

일본은 사실상 송조와 책봉은 물론 조공관계도 배제된 사무역 관계만이 있었는데, 송대에는 이 같은 유형의 국가가 다수 想定된다. 그 수를 정확히 파악하기는 어려우나, 예를 들어 이미 북송시대에 그러한 존재가 다음과 같이 보인다.

> 또 摩逸國이 太平興國七年에 寶貨를 배에 싣고서 廣州의 海岸에 이르렀다(又有摩逸國, 太平興國七年, 載寶貨至廣州海岸.(『송사』 권489, 外國5)).

사무역이 왕성했던 남송시대에 편찬된 趙汝适의 『諸蕃志』에 보이는 국가들의 다수는 그 같은 私貿易 교류국일 것이다. 즉 북·남송 전체를 대상으로 편집된 『송사』를 검토해도 '外國列傳'에 실린 국가 수는 40정도이며, 이는 북송만을 대상으로 한 〈표 2〉와 큰 차이를 보이지 않지만, 남송의 『제번지』 단계가 되면 훨씬 늘어난 70개 이상의 국가 이름이 소개되어 있다. 남송시대에 늘어난 '30'개의 국가 중에는 모두는 아니겠지만 적지 않은 자가 이미 북송시대부터 존재했음에도 그 때는 '조공국'으로 취급되지 않아 관찬서인 『송사』에서 배제되었으나, 남송의 『諸蕃志』는 사무역을 행하고 있는 이들의 국명을 정보 차원에서 제공했을 가능성이 있다.

2) 조공의 회수와 분포

북송 일대에 있던 조공의 전체적 규모의 대략은 〈조공표 1〉과 〈조공표 2〉에 제시한 바와 같으며, 그에 따르면 전체 수는 1109회를 헤아린다. 자료 부족으로 당과의 비교는 당

---

37) 일례로 1000년(咸平3) 2월의 大食國에 대해 『장편』 권46은 "大食國遣使穆吉鼻來朝貢"고 있으나 『송사』 권490에는 "舶主陀婆離遣使穆吉鼻來貢"고 있다.

38) 岸本美緖, 앞 논문, p.11 참조.

장 어렵지만 南宋과 비교해도 훨씬 많은 수이다. 하지만 이를 북송 167년간의 1년 평균치로 계산하면 6.6회에 불과하고, 또 후술하는 대로 조공국 간의 편차가 매우 심하기는 하나 조공국 전체 평균으로 보면 미미한 수가 된다.

여기서 고려해야 할 것은 중국 사서에 보이는 조공 기록에 관한 속성으로, 송의 경우에서도 '1109'라는 수가 당시 실재한 조공의 모두를 반영했다고는 결코 볼 수 없다는 점이다. 예를 들어 본서의 제1부 제6장에서 논한 '蠻夷'의 경우 이와 똑같은 문제가 존재하며, 그들에게서는 그리 중요치 않은 통상의 '常貢' 등은 기록에서 생략됐을 가능성이 있고, 또 그럴 경우 실제의 조공 수는 더 증가할 수 있음을 지적했다.[39]

다만 특정 시기에 의무적으로 조공이 이행되어야 할 것을 뜻하는 常貢은 주로 책봉관계에 있는 〈제I부류〉에 대한 것이 보통이므로, 생략된 조공 기록이 있다면 주로 이들에 대해서이고,[40] 그 밖의 원격지인 南海 諸國의 조공은 그 수가 많지 않을뿐더러 '遠夷의 慕華'로서 송조에 의미 있는 일이므로 생략되지 않는 것이 일반적인 것으로 보인다.

이미 桃木至朗이 분석하고[41] 필자도 동감한 것처럼[42] 송대 나아가 중국의 조공 관련 기록은 본질적인 오류와 결함을 가지고 있어 그 완전한 복원을 기대하기는 거의 불가능하며, 따라서 '1109'는 어디까지나 하나의 기준을 제공하는 概數로서의 의미를 지닐 뿐, ±α가 어느 정도일지 정확히 가늠하기 쉽지 않다.

조공의 분포를 크게 권역별로 볼 때 먼저 비중이 제일 작은 것은 '舊十國'이다. 이들은 송의 국초인 960년부터 전국을 통일하기 직전인 978년까지 19년이라는 단 기간에 연평균 3.8회, 즉 4개국이 거의 매년 송조에 조공을 보냈다. 이는 전술한 대로 국가 존망과 관련한 치열한 외교전의 산물이었다.[43]

9%의 비중을 차지하는 동방의 경우는 〈그림 2〉와 같이 대부분이 고려(전체의 54.2%)와 女眞(전체의 27.1%)에 의한 것이고, 나머지 韃靼과 定安國의 비중은 극히 적으며 일본은 전

---

39) 본서 제I부 제6장 참조.

40) 앞 주31)의 내용을 함께 참조.

41) 앞 논문, 「南の海域世界」 참조.

42) 본서 제I부 제6장 참조.

43) 十國의 중원 왕조와의 관계에 대한 성격과 관련해서는 Edmund H. Worthy, JR, "Diplomacy for Survival : Domestic and Foreign Relations of Wu Yueh, 907~978", Morris Rosabi, ed., *China among Equals*(Berkeley Los Angeles , University of California Press, 1983) 참조.

술한 대로 그 성격이 예외적인 승려에 의한 것이었다.

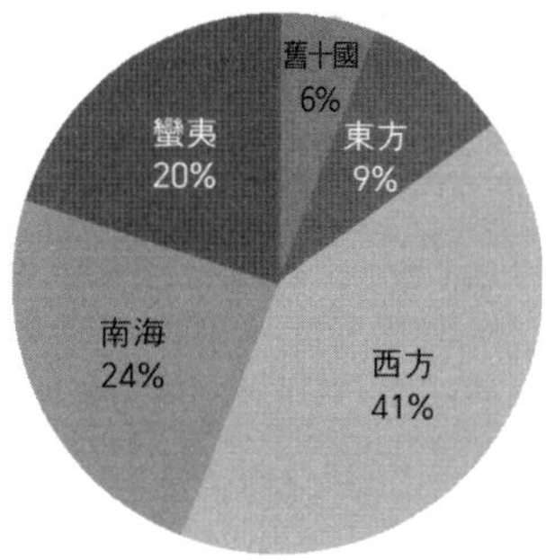

〈그림 1〉 송대 조공의 권역별 분포

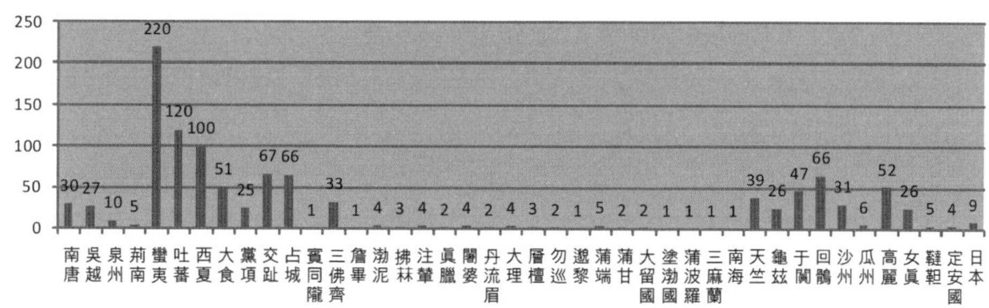

〈그림 2〉 송대 조공의 국가(지역)별 분포

고려는 전체 조공 수의 4.7%에 지나지 않지만, 이것은 고려가 송조와 거란 양자 사이에서 눈치를 보는 등거리 외교를 벌인 결과이며, 그렇지 않고 중국과의 교류가 지속되었다면 그를 전후한 삼국시대나 조선시대의 예에서 보는 것처럼 최대 교류국의 하나가 되었을 것은 물론이다. 이 점이 송의 조공관계에서 동방의 비중이 낮아진 가장 큰 이유였다. 아울러 여진의 경우는 26회 가운데 상당수가 고려의 사절에 同伴되어 온 경우인데, 이는 小國의 경우 흔히 보이는 현상이었다.[44]

전체 조공의 20%를 차지하는 蠻夷는 송대의 서남부 지역 즉 荊湖路, 四川, 廣西 방면에 매우 폭넓게 분포하는 부족들에 대한 총칭으로 크게는 '蠻'과 '夷' 계통으로 분류된다.[45] 이것은 따라서 만이의 조공 수인 220이 결국은 서로 다른 무수한 작은 규모의 단위

44) 李成市, 『東アジア文化圈の形成』(山川出版社, 2000), 제3장 「漢字文化の傳播と受容」 참조.

45) 본서 제I부 제6장 참조.

부족에 의해 이루어진 조공의 전체 합이라는 의미이다.

한편 24%의 비중으로 권역별로 볼 때 두 번째에 속하는 南海의 조공 총수는 261회에 달한다. 그러나 국가 수의 면에서 송대의 南海는 당에 비해 그 수가 훨씬 늘어나 무려 23국에 달해 조공국 전체의 반 이상에 해당한다. 따라서 각 국 평균으로는 조공의 회수가 1년 평균 1.6회 정도로 감소하게 된다. 하지만 〈그림 2〉에서 극명하게 나타난 것처럼 남해의 조공은 大食, 交趾, 占城, 三佛齊 등 몇몇 나라에 의해 실행된 것으로 기타 국가의 참여는 극히 미미한 것을 알 수 있다. 이 4개국에 의한 조공이 217로 전체의 83%에 달하고, 나머지 19개국에 의한 전체 수는 44로 1국 평균은 북송 시대 전체에서 불과 2.3회에 불과하다.

조공의 최대 비중을 점한 것은 西方諸國이었다. 吐蕃, 西夏, 党項, 于闐, 回鶻, 龜玆, 天竺, 沙州, 瓜州의 9국으로 이루어진 이 권역의 조공 총수는 460회로 41%의 비중을 점한다. 이 지역으로부터는 연 평균 2.8회 꼴로 조공사절이 송조를 찾아와, 동방의 0.6회, 南海의 1.6회, 蠻夷의 1.3회와 비교해도 월등하게 빈도가 높았다. 당의 최전성기에 비해 이 지역의 조공수가 감소한 것은 사실이나 그럼에도 불구하고 송대에 이 지역의 조공수가 최대를 점한 것은 주의할 만하다.

물론 이 때의 '西方'은 그 의미가 희박한 天竺을 예외로 돌리면, 송조와 영토를 직접 접한 吐蕃, 西夏, 党項과 이들 3 세력의 배후에 위치한 전통적으로 소위 '西域'으로 불린 于闐, 回鶻, 龜玆, 沙州, 瓜州로 구별해서 생각해야 한다. 일반적으로 말하는 송대에서의 "육로를 통한 동서의 교류 부진"이란 이들 '서역' 국가와의 통교를 뜻하며, 그 이유는 다름 아닌 西夏의 흥기가 그들의 교통로를 차단했기 때문이다. 이들 '서역' 5개국(또는 지역)에 의한 조공은 수치적으로 西方諸國 안에서 38.3%, 송대 조공 전체에서는 15.9%를 차지해 결코 비중이 낮다고 할 수 없지만, 이것은 상당수가 특히 回鶻이 西夏에 멸망하기 이전에 이루어진 것이다.[46] 하지만 그렇다고 그 후 '서역'의 조공이 완전히 소멸된 것은 결코 아니며, 그것은 서하를 피하여 吐蕃을 경유한 형태로 이어지다가, 후술하는 것처럼 송조가 티베트(토번)를 경략해 교통로를 확보하게 되면 특히 于闐 같은 국가는 빈번하게 찾아와 송조로부터 조공의 회수를 제한 당하게 된다. 이 점은 종래 거의 고려되지 않은 부분이다.

송의 西方과의 교류 문제에서는 종래 단절의 이미지가 큰 것이 사실이지만, "지금까지

46) 이상의 문제와 관련해서는 前田正名, 앞 책『河西の歷史地理學的硏究』, 제5장「十世紀および十一世紀初頭の河西」참조.

가정되어 온 11세기 내륙 아시아 육로 교역의 쇠퇴는 역사적 신화라는 무덤에 묻혀야할 또 하나의 일반화"[47]라는 반론이 제기될 수 있다.

이상과 같이 볼 때, 송의 주요 조공국으로는 '舊十國'과 '天竺'을 특수한 예로 돌리면, 東方에서는 고려, 南海 방면에서는 大食, 交趾, 占城, 三佛齊, 西方에서는 吐蕃, 西夏, 回鶻, 于闐, 沙州, 그리고 여기에 만이를 추가하는 정도가 되며, 사실 이들 상위 11개국(또는 지역)에 의한 조공이 853회로 77%를 차지한다. 또한 이들 11개국이 모두 예외 없이 앞에서 검토한 〈제I부류〉 즉 송조와 소위 책봉·조공 관계를 가진 국가 또는 지역이었다는 점도 주목할 만하다.

3. 조공의 추이와 국제 관계

북송시기 조공국과 조공 회수의 추이는 〈조공표〉를 토대로 만든 다음의 〈그림 3〉과 〈표 3〉으로부터 살펴볼 수 있다.

송대의 조공은 크게 보아 태조, 태종, 진종 시기에 걸쳐 대체로 증가하다가 인종 이후부터 크게 감소해 영종대에 사실상 최저 상황을 보이나, 다시 신종 및 철종기를 거쳐 상당 정도 회복한 후 휘종시기 이후 재차 저락하는 추세를 나타낸다. 보통 북송의 역사는 신종조를 기준으로 전·후기로 나누는데, 조공의 추이도 이와 상응하는 점이 있다. 즉 전기에 상승과 하락의 경향을 보인 것이, 후기에 한차례 더 반복되었다. 이는 송대의 조공이 크게는 두 번, 작게는 네 번 흐름을 바꾸고 있음을 말한다.

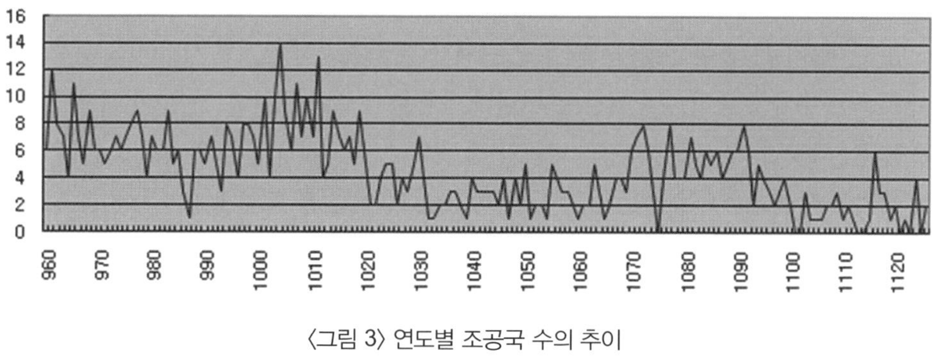

〈그림 3〉 연도별 조공국 수의 추이

47) Robert M. Hartwell, 앞 논문 "Foreign trade, monetary policy and Chinese 'Mercantilism'", p.458.

〈표 3〉 朝代別로 본 송대 조공의 추이

시기	조공수(비율)	연평균 조공수	조공국 수 (( )=연평균)	前代 대비 조공국 增減數(舊十國 제외)
태조(960~976)	176(16%)	10.4	22(7.1)	–
태종 (977~997)	184(17%)	8.8	23(5.8)	+3(증가한 국명; 日本, 賓同隴, 渤泥, 闍婆, 南海. 감소한 국명; 于闐, 瓜州)
진종 (998~1021)	303(26%)	12.6	23(7.5)	+2(증가한 국명; 于闐, 瓜州, 注輦, 丹流眉, 勿巡, 蒲端, 蒲波羅, 三麻蘭. 감소한 국명; 韃靼, 定安國, 賓同隴, 渤泥, 闍婆, 南海)
인종 (1022~1062)	153(14%)	3.7	16(2.9)	-7(증가한 국명; 大留國, 塗渤國. 감소한 국명(사실상 고려, 삼불제 감소); 女眞, 日本, 黨項, 瓜州, 丹流眉, 勿巡, 蒲端, 蒲波羅, 三麻蘭)
영종 (1063~1066)	17(2%)	4.25	5(2.8)	-11(감소한 국명; 高麗, 回鶻, 龜玆, 天竺, 沙州, 大食, 占城, 三佛齊, 注輦, 大留國, 塗渤國)
신종 (1067~1084)	107(10%)	5.9	22(4.8)	+17(증가한 국명; 高麗, 日本, 回鶻, 龜玆, 天竺, 大食, 占城, 三佛齊, 詹畢, 渤泥, 拂菻, 注輦, 闍婆, 丹流眉, 大理, 層檀, 勿巡)
철종 (1085~1099)	124(11%)	8.3	12(4.6)	-10(증가한 국명; 邈黎. 감소한 국명;日本, 回鶻, 龜玆, 詹畢, 渤泥, 注輦, 闍婆, 丹流眉, 大理, 層檀, 勿巡)
휘종 (1100~1125)	43(4%)	1.7	13(1.5)	+1(증가한 국명; 女眞, 注輦, 闍婆, 大理, 蒲甘, 감소한 국명; 天竺, 三佛齊, 拂菻, 邈黎)
흠종(1126)	2(−)	–	–	–

본장에서는 편의상 전기 중의 상승기에 해당하는 태조, 태종, 진종 시기를 「제1기」, 하락기에 해당하는 인종과 영종기를 「제2기」, 다시 후기 중의 상승기인 신종과 철종기를 「제3기」, 그 하락기인 휘종과 흠종시기를 「제4기」로 각각 구별해서 생각하기로 한다.

먼저 「제1기」는 송대 전체에서도 조공 관계가 가장 활발히 전개된 시기이다. 수치로 보아도 조공 수가 꾸준히 상승세일 뿐 아니라 조공국 수도 늘어나고 있다. 이 시기가 왕조 초창기에 해당한다는 점이 배경의 하나가 될 것이다. 중국에서 신흥 왕조가 등장할 때 주변 국가들의 외교적 반응에는 늘 민감한 점이 있고, 이 점은 중원에 송조가 처음 등장할 때도 그러하지만,[48] 타국의 입장에서 송의 중국 통일이 확실시됨에 따라 그에 대한 조공

48) 堀敏一, 앞 책, 제8장이 설명하는 隋代의 상황과 『송사』 권490, 外國6 大食國의 "(開寶)四年, 又貢方物, … 特以金花五色綾紙寫官告以賜. 是年, 本國及占城, 闍婆又致禮物于李煜, 煜不敢受, 遣使來上, 因詔自今勿以爲獻"라는 상황은 유사하다.

교류를 지향하는 세력이 늘어나는 것은 자연스러운 추세이다.[49] 「제1기」에 보이는 조공수의 증가는 이와 같은 신흥 송조의 성장과 그에 대한 주변국의 기대감이 배경에 있었다.

송조의 입장에서도 왕조 교체 직후의 국제 관계 재정립의 필요에서 주변국을 적극적으로 초무할 필요가 있었다. 이 점도 중국사에서 자주 보이는 현상이며,[50] 그 결과 송조에 대한 조공이 한층 활발해졌다. 乾德4년(966)에 서역에 파견된 승려 行勤은 원래 佛書를 구하는 것이 목적이었으나 송조는 이를 통해 서역제국에게 입공을 독촉했다고 보이고,[51] 태종 시기(太平興國6년(981)·雍熙원년(984))에 王延德 일행이 回鶻(高昌)에 파견된 것도 이에 접근하려는 遼와 탕구트 세력에 대처하기 위한 것이었는데,[52] 그 결과 서역의 조공이 뒤따랐다.[53]

가장 유명한 예는 『송회요』 職官44-2, 雍熙4年(987) 조에,

> 內侍 8명에게 勅書와 金帛을 지참시켜 4척의 배에 分乘시킨 다음 각각 南海 여러 나라로 보내 進奉을 독려하고 香藥·犀牙·珍珠·龍腦 등을 博買시켰는데, 배에는 각기 空名의 詔書 3통을 준비시켜 이르는 곳에서 이를 주게 했다(遣內侍八人, 齎敕書、金帛, 分四綱, 各往海南諸蕃國勾招進奉, 博買香藥、犀牙、真珠、龍腦. 每綱齎空名詔書三道, 於所至處賜之.).

고 보이는 기사이다. 勅書와 金帛을 지닌 내시 8인이 4척의 배로 南海 諸國에 파견되어 進奉(조공)을 유인한 이 사건에 대해, 章深은 이 시점이 태종의 거란에 대한 소위 '雍熙 북벌' 실패 직후인 점을 감안하여 그로 인한 朝野의 불만과 황제의 권위를 회복하기 위한

49) 이를 증명할 만한 직접적인 사료는 접하기 어려우나 『송사』 권490, 外國6 于闐國의 "乾德三年五月, … 其國宰相因善名等來, 致書樞密使李崇矩, 求通中國"고 보이는 기사는 '외국'이 중국 측에 먼저 교류를 요청한 내용으로 이해된다.

50) 예를 들어 장기간의 분열기를 마치고 중국을 통일한 隋, 또는 이민족을 구축하고 오랜만에 중화를 恢復한 明初의 중국황제들이 주변국에 정력적으로 조공을 독촉한 사실은 주지하는 바이다.

51) 『송사』 권490, 外國6 天竺에 "(乾德)四年, 僧行勤等一百五十人詣闕上言, 願至西域求佛書, 許之. 以其所歷甘, 沙, 伊, 肅等州, 焉耆, 龜玆, 于闐, 割綠等國, 又歷布路沙, 加濕彌羅等國, 並詔諭其國令人引導之. 開寶後, 天竺僧持梵夾來獻者不絶"고 있고, 다시 『송사』 권490, 外國6 大食國에 "乾德四年, 僧行勤遊西域, 因賜其王書以招懷之. 開寶元年, 遣使來朝貢"고 보인다.

52) 江上波夫編, 『中央アジア史』(山川出版社, 1987), pp.413~414.

53) 『송사』 권490, 外國6 高昌國에는 王延德의 귀국 직후 서역에서 보내진 조공기사가 보인다.

것으로 설명했다.[54] 송조의 패배는 단순한 국내 문제에 그치지 않고 그 소식이 외국으로도 전해져 송의 국제 위상을 저하시켰을 가능성은 분명하며,[55] 이 점을 송은 외국에 대한 조공 독려로 만회하려 했던 것이다. 송대 조공의 정치적 의의가 잘 드러나는 대목이다.

〈그림 3〉에서 987년 무렵 바닥에 있던 조공 수가 이 후 급증한 것은 이와 무관하지 않아 보인다. 또한 송조가 외국무역이 가장 성했던 廣州에 있는 蕃坊(외국인 거류지)의 蕃長을 이용해 大食 등의 조공을 초치하게 한 예도 보인다.[56] 大食도 이 일이 있던 淳化3년(992)까지 과거 7년 간 조공 기사가 1회밖에 보이지 않았으나, 그 직후부터 20년 가까운 시간에 걸쳐 거의 매년처럼 조공을 하고 있다(〈조공표〉).

한편 진종대에도 다소 성격은 다르지만 '외국'에 대해 조공을 독려한 사례가 보인다. 그것은 大中祥符 연간(1008~1016)에 실시된 封禪과 관련된 것으로, 송조는 이와 같은 국가 大事에 '외국'을 동참시킴으로써 황제의 권위를 선양하려 했다. 이 무렵의 기사로,

> 封禪이 있은 이래로 諸州의 進奉使, 蠻夷의 入貢 그리고 公私의 왕래가 夜晝를 가리지 않고 이어졌다(自有詔封禪以來, 諸州進奉使、蠻夷入貢及公私往來, 晝夜相繼.(『長編』 권70, 祥符원년 10월 乙卯)).

는 것처럼, 진종조의 봉선은 송조를 떠들썩하게 만들었는데, 그 중에는 '만이'가 관계하고 있다. 만이는 南蠻만을 가리키는 것이 아니라 그 밖의 여러 외국을 포함하는 것이다.

이처럼 大中祥符 연간에 '외국'의 입조가 봉선과 관련이 있음을 나타내는 사례는 다수 존재한다. 〈표 3〉의 蒲端, 三麻蘭, 勿巡, 注輦, 南海 등의 입공은 송의 봉선 참여 권유를 계기로 한 것으로,[57] 그들에게 이때의 중국 방문은 거의 첫 경험이었다. 아울러 진종대가

---

54) 章深, 앞 논문, 「宋朝與海外國家的貢賜貿易」, pp.63~64.

55) 송과 대립하던 서하의 李繼遷이 패사하자 그 때까지 관망하던 黨項의 부족들이 송에 귀부하는 현상이 보이는데, 이는 송대의 제외국이 중국의 힘의 消長에 주목해 그 向背를 정한 역학관계를 반영한다. 藤枝晃, 「李繼遷の興起と東西交通」(『羽田博士頌壽記念東洋史論叢』, 京都, 東洋史硏究會, 1950) 참조.

56) 『송사』 490, 大食傳.

57) 예를 들어 『송사』 권489, 外國5 占城에 "海上又有蒲端國, 三麻蘭國, 勿巡國, 蒲婆衆國, 大中祥符四年祀汾陰, 並遣使來貢"고 있고, 『송사』 권489, 外國5 注輦國에도 注輦의 입공 동기가 封禪에 있음을 설명하고 있다. 眞宗代 封禪의 일반적인 성격에 대해서는 朴志焄, 「北宋 眞宗의 封禪과 道敎崇拜」(『宋遼金元史硏究』 4, 2000) 참조.

송조의 조공에서 수적으로 최다를 기록할 수 있던 데에는 昇平期라는 대내적 배경 이외에 대외적으로 거란 및 서하와의 문제가 해결되어 안정기에 들었다는 점이 있고, 나아가 이 기간 동안에 외국 조공사절을 맞이하는 각급 迎賓 시설이 정비된 사실도 관련이 있을 것이다.[58] 반면「제1기」를 끝으로 송에 조공하지 않는 국가도 있으나 이들은 특수한 경우에 해당한다.[59]

북송 시대의 조공 문제에서 華僑의 활약이라는 관점도 필요하다. 즉 和田久德의 선구적 연구가 설명하듯[60] 송대는 동남아시아에서 초기 華僑 사회가 형성된 시점이지만, 이들이 闍婆나 占城, 交阯 같은 南海에서 현지 왕실과 밀착해 조공품의 운반은 물론 漢字 상표문 작성에 이르기까지 자신들의 지식과 기술에 기초해 사실상 조공 업무를 떠맡은 사례가 적지 않기 때문이다.

조공은「제2기」에 들어 하락으로 반전한다. 진종조에서 인종조로의 이행기에 보이는 그래프의 변화는 그것을 의미한다. 4년에 불과한 영종기를 예외로 치면 인종대는 41년이라는 긴 기간 동안에 총 153회로, 전체 조공에서는 14%의 비중을 차지하며, 1년 평균의 회수는 불과 3.7회, 그리고 조공국 수도 영종시기까지 계속 줄어들고 있다.「제1기」와 비교해 전체적으로 절반 이상이 줄어든 셈이다.

이 같은 조공의 추이에 직결되는 원인으로는 적어도 다음의 세 가지를 들 수 있다. 그중 최대의 것은 서역교통로의 일시적 두절이다. 몽골리아의 패자 위구르(回鶻)가 840년에 키르기즈의 습격으로 멸망하고, 그 후예가 사방으로 퍼져 소위 세미레체 방면의 위구르(카라한조로 이어짐), 西위구르국(北庭, 高昌, 龜玆 등), 河西위구르(甘州, 沙州)를 건설한 후,[61] 이들은 唐末·五代를 거쳐 송의「제1기」까지 중국에 대한 파상적인 조공무역을 이어갔다.

그러나 이미「제1기」부터 송조에 도전을 계속하여 서역교통로도 방해하고 있던 서하가 11세기 초 송의 靈州 등 서북 重鎭을 차례로 함락시킨 다음, 1028년에 甘州, 다시 1030년에는 沙州(敦煌)의 曹氏와 瓜州를 연이어 공략한 결과 '河西路'의 廢絶이라는 공

58) 김성규,「宋代迎賓機關의 性格을 중심으로 본 唐宋變革의 一面」(『中國學報』 41, 2000) 및 본서 제II부 제5장「북송의 개봉과 외교」 참조.

59) 태조와 태종기에 걸쳐 조공을 왕성하게 행하던 南唐과 吳越의 조공 中絶은 이들이 송조에 병합되었기 때문이며, 그 밖에 韃靼, 定安, 黨項, 三麻는 불확실하다.

60) 和田久德 等,「北宋朝の市舶司貿易」(『お茶の水史學』 5, 1962).

61) 江上波夫 앞 책,『中央アジア史』, (山川出版社, 1987), pp.409~414.

전의 사태가 출현했다. 이 역사적 사건이 서역은 물론 이슬람방면 국가들에게도 결정적 영향을 미쳐, 「제2기」에서의 조공 감소를 초래시킨 큰 이유가 되었다고 보인다.

서역방면의 甘州, 沙州, 瓜州 등은 정권 자체가 와해되어 더 이상 송조에 독립적인 조공이 보이지 않고,[62] 아마 육로로 온 일부 大食의 조공도 이 이후 한동안 거의 정지되었다. 또 탕구트의 배후에 위치한 龜玆는 서하의 약탈 때문에 河西 지역을 피하는 교통로를 이용할 필요가 생겨났고,[63] 940년부터 투르크계 카라한(黑汗)조의 지배를 받던 于闐은 河西路 문제 이외에 자국 내의 불안한 政情이 겹쳐 송조에 대한 조공이 당분간 힘들었던 것으로 보인다.[64]

게다가 서하의 건국(1038)과 그에 이은 송과의 7년간의 전쟁은 서역을 포함한 서북지역은 물론 여러 '외국'에게 조공을 위축시키는 효과가 있었을 것이다. 沙州가 함락되는 1030년 전후부터 송·서하의 전쟁이 종결하는 1044년 전후까지는 가장 지속적이고 안정적으로 조공하던 南蠻과 吐蕃 등의 몇 예를 빼면, 송조에게 외부로부터의 조공은 매우 저조한 시기였다. 이는 인종시대 조공의 대부분이 1030년대에서 40년대 전반을 제외한 시기의 것임을 의미한다.

한편 고려의 조공 중지도 이 시대의 조공 위축 현상과 관련이 있다. 주지하는 것처럼 麗·宋의 관계는 요의 견제로 그 교류가 斷續的이고 기형적이었다. 『송사』 권487, 外國2 高麗에는 이미 송 태종의 淳化5년(994)에 "요의 압력으로 고려의 조공이 中絶"됐다고 하지만, 고려의 중국에 대한 교류는 그 후인 진종대 그리고 인종 초까지도 아직은 불안정하나마 근절되지 않은 상태였다. 고려의 송에 대한 조공이 당분간 완전히 중지된 것은 인종 즉위 9년째인 天聖9년(1031)부터 시작해 신종 초까지 이어졌다. 한반도 제국과의 조공은

---

62) 다만 이 이후에도 沙州 방면의 조공은 간헐적으로 계속되는데, 이것은 서하정권 하에서의 沙州의 움직임으로 보인다.

63) 이 이후 서하 以西의 '外國'이 중국과 교통하는 방법의 하나로 青海 방면의 토번을 경유하는 소위 '宗哥路'가 이용되었다. 前田正名, 『河西の歷史地理學的硏究』(吉川弘文館, 1964), 第5章, 「十世紀および十一世紀初頭の河西」 참조.

64) 카라한조는 1042년경에 동과 서로 분열하고 동카라한조에 于闐이 편입됐지만 당분간 왕위계승 등의 혼란이 이어졌다. 于闐에 대해서는 殷晴, 「關於大寶于闐國內的若干問題」(『新疆歷史論文續集』, 新疆人民出版社, 1982). 카라한조에 대해서는 李熙秀, 『터키사』(대한교과서주식회사, 1993), pp.201~213 각각 참조. 아울러 송대 서역제국의 조공문제 전반에 대해서는 前田正名의 앞 책 및 江天健, 「北宋時期與西方諸國陸路貿易」(『中國歷史學會史學集刊』 18, 1986) 등 참조.

중국 왕조에게도 가장 전형적이고 빈도 높은 사례였으나, 이 존재가 장기간 사라진 것은 인종기의 조공이 부진하게 된 최대 원인이었다.[65]

그러나 이 현상은 「제3기」 즉 神宗과 哲宗期에 들어서 상당 정도 회복된다. 그 주된 이유는 이 시기에 정력적으로 추진된 적극적인 대외정책에서 구할 수 있다. 신종시기는 王安石의 新法으로 상징되는 국가재정의 재건기이지만, 그 재건책은 市舶司의 정비와 市舶 이익액의 증가, 貢物에 대한 回賜額의 증액, 또는 유명한 錢禁 해제[66]와 그로 인한 해외 諸國 초치와도 관련을 갖고 있었다.

하지만 송의 황제 중 대외경략에 가장 의욕을 보인 신종은[67] 즉위 직후부터 곧바로 원정군을 보내 王韶의 熙河路 경략,[68] 2회에 걸친 서하와의 대접전,[69] 交阯(베트남) 침공[70]을 감행하면서 고려와의 관계 회복[71]도 모색했다. 그 결과 고려와의 교류와 조공이 성황리에 재개되는 등, 송조의 조공관계에 큰 변화가 나타났다.

무엇보다 희하로 경략의 결과는 주목할 만하다. 그것은 이 시기에 들어 조공수의 증가가 두드러진 于闐과 반대로 그것이 줄어든 吐蕃의 관계 속에서 생각할 수 있다.[72] 즉 이 현상은 희하로 경략으로 인해 토번이 자신의 지역이 戰場이 됐거나 송조에 합병된 관계로 이후 조공을 줄이게 된 반면, 서역방면으로는 송의 위세가 뻗쳐 특히 于闐의 조공 등이 급격히 증가한 것으로 이해된다. 일찍부터 于闐은 송과의 통상을 원하고 있었으나, 그럼에도 불구하고 그것이 여의치 않았던 것은 〈조공표〉의 조공 회수에도 반영되어 있다.

하지만 희하로 경략의 결과, 그 조공 간격이 "멀어도 1, 2년, 가까우면 1년에 2회"[73]나 되었

65) 江天健, 앞 논문, pp.46~47에는 특히 서역 제국의 송조에 대한 조공 배경을 설명하고 있어 참조할 만하다.

66) 이상에 대해서는 草野祐子, 「北宋末の市舶制度」(『史艸』 2, 1961) 및 黃純艷, 「略論宋朝銅錢在海外諸國的行用」(『中州學刊』 1997-6) 등 참조.

67) 이 문제에 대해서는 東一夫, 『王安石新法の硏究』(風間書房, 1970), pp.95~112의 「宋神宗論」; 李範鶴, 「王安石의 對外經略策과 新法」(서울, 『역사와 인간의 대응』, 1984) 참조.

68) 榎一雄, 「王韶の熙河路經略について」(『蒙古學報』 1, 1940) 참조.

69) 김성규, 앞 책, 제4장 「元祐期における宋夏の劃界交涉始末」 참조.

70) 河原正博, 『漢民族華南發展史硏究』(吉川弘文館, 1984), 제2편 제3장 「宋朝と黎朝との關係」 참조.

71) 宋晞, 앞 논문, 「宋商在宋麗貿易中的貢獻」 참조.

72) 〈조공표〉에는 희하로 경략 이후 송에 조공하는 토번이 보이지만 이들은 희하로 이외에 거주하는 자들로 보인다.

73) 『송사』 권490, 外國6 于闐.

고, 이 경향은 철종의 元祐 시기에 더욱 발전해 "그 사자가 때 없이 이르게 되자 熙河(路)로 하여금 2년에 한 번 闕에 이르게 했다"[74]는 것처럼, 그 조공을 제한하기에 이르렀다.[75]

이러한 상황은 신종 이전까지 서하의 공격을 피해 이용됐던 소위 '靑唐路' 또한 거란의 위협으로 활발하지 못했던 것이지만,[76] 이제 송의 위력이 미침에 따라 서역제국의 來往이 안전하게 됐음을 뜻한다. 이때의 서역제국이란 于闐 만이 아니라 大食과 拂菻(페르시아 방면) 등을 포함하는 것이며, 특히 拂菻이 「제3기」에만 송에 유일하게 조공한 것은 역시 송의 위세가 뻗친 영향으로 보인다.[77] 이것은 西域路의 완전한 부활은 아니지만 육로가 다시 각광을 받게 된 것을 의미한다. 이는 이미 앞에서 언급했듯이 중국왕조의 國勢와 조공국 또는 조공 회수 간에 상관성이 있음을 말하며, 또한 〈표 3〉에서 이 시대에 조공국 수가 최대로 증가한 것도 그것을 반증한다.

철종시기에는 신종조의 대외사업이 신·구법당의 당쟁의 영향으로 浮沈이 있었으나 대체로 계승되었다. 특히 "신종의 聖政을 祖述한다"는 철종의 후반기 紹聖년간(1094~97)에는 전대의 소위 '開邊策'이 다시 가동되어 서북진출이 계속되었고, 于闐의 조공은 괄목하게 증가했다. 고려에 대해서는 일시적으로 견제도 있었으나 우대책이 이어졌고 휘종기에 그 최고조가 연출되었다.[78] 서하와 토번의 조공 또한 증가하였는데, 이것은 철종기에 들어 송조가 서하와 화해를 하였고, 토번과도 희하로 이외의 지역에서는 관계를 일단 회복되었기 때문이다.

그러나 송의 외국으로부터의 조공은 「제4기」, 즉 휘종시대에 들어 극도로 부진한 국면을 보이다가 끝내 종말을 고하게 된다. 章深은 재상 蔡京이 해외 국가의 조공을 적극적으로 초치하여 국내의 정치와 변방에서의 군사 충돌 문제를 해결하려 했다[79]고 설명하지만, 그 조공 회수가 최하위를 보이는 것처럼 이 시기가 조공의 쇠퇴기였음은 분명하다.

다만 조공국의 수라는 점에서는 이 시기에 眞臘이 처음으로 조공하여 불과 1국이지만

---

74) 위와 같음.

75) 역대 중국왕조는 조공과 관련해 상대국에게 일정한 시간적 간격과 인원 제한 등을 요구하였고, 송대에도 그것이 『宋會要』 蕃夷7 등에 산견된다.

76) 『송사』 권490, 外國6 于闐.

77) 위와 같음.

78) 본서 제IV부 제1장을 참조.

79) 章深, 앞 논문, p.65.

오히려 증가하였다. 그러나 그 밖의 서하, 고려, 우전, 점성 정도를 빼고 모두 급격히 하락으로 반전하여, 송의 왕조 말기적 분위기와 관련해 전반적인 조공의 침체를 보인다. 이제까지 왕성하게 송조를 찾던 南蠻의 조공이 극단적으로 하락한 것은 이 무렵 추진되고 있던 송의 또 하나의 '開邊策' 즉 남방개발과 무관하지 않을 것이다.[80] 그리고 북송 후기에 나타난 이 경향은 남송대의 조공 부진이라는 현상으로 계속되는 것이다.

맺음말

이상에서 다룬 주요 내용을 다시 정리하면 다음과 같다.

① 송대에는, 당대와의 차별적인 이미지-소위 '당송변혁'이라는 선입관-때문에 종래의 조공질서가 크게 쇠퇴하였다는 전제하에 국제 관계에서 私貿易쪽이 과도히 강조되는 경향이 있으나, 실태는 반드시 그렇지 않고 정치적 의미가 강한 조공질서가 유지되고 있었다. 다만 한편으로 사무역도 신장됨으로써 국제무역 면에서 조공무역과 사무역이 병존하였고, 이는 조공무역이 강했던 당이나 사무역이 강했던 南宋의 양상과도 다른 것이었다.

② 40국을 넘어선 송대의 조공국(또는 지역)은 '舊十國', '東方', '西方', '南海', '蠻夷' 등의 지역적 범주를 포함하는 자들이다. 다시 이들은 송조와의 정치적 관계라는 면에서 책봉과 조공관계를 함께 갖는 부류, 조공관계만을 갖는 부류, 그리고 겉으로는 조공으로 취급되지만 사실상 사무역으로 보아야 할 자들로 나눌 수 있다. 이와 같은 구별은 당연히 송조의 해당 국가에 대한 정책적 배려와 인식에 영향을 주었을 것이다.

③ 한편 이들 여러 나라(지역)에 의해 이루어진 북송시대의 조공 총 회수인 '1109'의 지역적 분포를 분석해보면, 먼저 동방의 경우 그 수가 많지 않았던 것은 이 지역의 고려가 거란의 간섭으로 송과의 관계를 항상적으로 유지하지 못했던 데에 원인을 찾을 수 있다. 한편 송의 조공국에서 南海 방면의 국가가 과반을 차지한 것은 당과 대조되는 특징이지만, 다만 이 방면의 조공은 大食, 交趾, 占城, 三佛齊 등 소수 국가가 주도한 것으로 기타

80) 예를 들어 『송사』 권493, 蠻夷1 西南溪峒諸蠻 上에 "崇寧以來, 開邊拓土之議復熾, 於是安化上三州及思廣洞蒙光明, …, 靖州西道楊再立, 辰州覃都管罵等各願納土輸貢賦. 又令廣西招納左右江四百五十餘峒. 宣和中, 議者以爲, 招致熟蕃, 接武請吏, 竭金帛, 繒絮以 …"고 보이고, 이와 비슷한 논의는 『송사』 권495, 蠻夷3 撫水蠻에도 보인다.

20에 가까운 南海 諸國의 조공은 극히 미미하였다. 이들은 조공관계를 제한적으로 유지하면서 사무역 관계에 치중한 것으로 보인다. 반면에 조공 회수에서 최대 비중을 차지한 것은 西方諸國인데, 이 사실은 송의 서방과의 교류가 단절되었다는 종래의 이미지와 상반되는 것으로 주목된다.

④ 이상과 같은 외국으로부터의 조공은 당연히 송조가 처한 당시의 입장 및 국제 환경과의 밀접한 관련 아래 전개된 것으로, 그 대략적인 추이는 태조, 태종, 진종 시기에 걸쳐 꾸준히 증가하다가 인종 이후부터 급락해 영종시기에 사실상 최저 상황을 보이고, 다시 신종 및 철종기를 거쳐 상당 정도 회복하지만 휘종기 이후는 재차 저락하는 것이었다. 이와 관련해서는 태조와 태종의 시기 또는 신종 시기에 보이는 조공의 상승 국면에 송조가 국제 정치에서 자신의 위상을 높이려는 의도가 작용한 사실을 주의할 만하다.

4 송왕조 對安南國王 책봉의 형식과 논리

머리말

송의 역사가 당에 비해 여러 면에서 질적으로 변모한 것은 잘 알려진 사실이다. 연구의 심화에 따라 이러한 변화는 왕안석의 변법 이후, 특히 북송·남송 교체기 이후에 더 현저하다는 주장이 설득력을 갖는다.[1] 이 점은 북송의 역사에 당 이래의 전통이 계속되는 일종의 '과도기'로서의 내용이 적지 않음을 말한다.

외교 방면에서도 북송시대의 양상은 남송보다 당의 그것에 가까웠다. 물론 당(특히 그 전기)에 미치지 못하는 송의 실력 때문에 국제 관계 그 자체는 크게 변하였다. 하지만 북송 왕조는 남송이 거의 포기한 듯한 중국 왕조 특유의 '세계 중심성'에 집착하는 모습을 여전히 고집하였다. 당과 같은 이른바 '일원적 세계질서'를 재현시키는 데에 한계가 있다 하더라도, 북송이 적어도 그것을 지향한 점은 다방면에서 보인다.[2] '조공'과 '책봉'이야말로 가장 대표적인 사례이며 송은 이 질서를 매개로 국제 관계를 유지하려 한 것이다.

일반적으로 설명되는 송조의 '약세 이미지', 그리고 이와 대비적으로 당에 부여된 '화려한 국제성' 때문에 송의 '책봉' 문제는 관심을 크게 끌지 못했다. 그러나 송의 책봉에는 비록 실질을 동반하지 않는 내용이 적지 않지만, 당시의 외교와 국제 관계에서 여전히 중요하고 유의미한 기능을 하였다. 송과 책봉관계를 맺은 국가의 수도 수십에 이르러 盛時의 양상은 당에 뒤지지 않았다. 따라서 이 문제 자체에 대한 정리가 필요하며, 이 작업은

1) 이와 관련해서는 Robert M. Hartwell, Demographic, Political, and Social Transformations of China, 750~1550, *Harvard Journal of Asiatic Studies* 42.2, 1982; Peter, K. Bol,「唐宋變革の再考: 最近のアメリカの宋史研究の最近の傾向について」(『史滴』 17, 1995) 등 참조.

2) 이와 같은 취지의 연구로 본서 제I부 제2장,「북송시대 국제 관계의 대세와 특징」; 본서 제I부 제3장,「송대에서 조공질서의 재편과 그 양상」 참조.

송대 동아시아의 국제질서를 이해하는 데에 중요한 과제가 된다.

본론에서는 종래 연구가 거의 없는 송의 책봉문제에 대해 고찰하려 한다. 책봉은 조공과 표리를 이루기도 하나 조공과 별도로 고유한 형식과 논리를 갖는다. 이를 위해 송의 주요한 책봉국인 서하, 고려, 베트남 등과의 문제를 분석하고 종합화할 필요가 있다. 하지만 이들을 한 자리에 通論하는 것은 쉽지 않기 때문에 소론에서는 하나의 전형으로 보이는 베트남, 즉 安南을 대상으로 이 문제를 규명해보려 한다. 빈번한 대립으로 책봉관계가 斷續的이었던 서하, 책봉관계 자체가 완전치 못했던 고려 등과는 달리, 안남은 송과 비교적 안정적인 관계를 유지하였다.

종래 안남에 대해서는 정치외교 관계,[3] 경제관계,[4] 그리고 송의 변방개발사[5]적 입장에서 파악한 연구들이 있고, 그 속에서 조공과 책봉의 문제가 언급되기는 했으나 책봉을 주제로 다룬 연구는 없다. 이하 본론에서는 책봉 문제를 중심으로 안남과 송조와의 외교 문제를 재구성하고, 특히 그 과정에서 송조가 안남을 책봉하는 데에 어떠한 배경과 형식이 있었는지를 분석할 것이다. 송조의 외국 책봉은 당연히 무원칙한 것이 아닌 나름의 형식과 원칙을 갖춘 것이며, 이 원칙은 안남을 대상으로 한 본 장의 분석을 통해 많은 부분이 드러나리라 기대된다. 또 송의 외국에 대한 책봉 문제는 송조 내부의 群臣에 대한 책봉 원칙과의 비교가 필요한 부분이 있지만, 이와 관련한 문제는 본 장에서 필요한 범위 안에서 한정하고, 전면 비교는 후일의 과제로 돌리기로 한다.

---

3) 呂士朋,「宋代中越關係年表」(『東海學報』 2-1, 18-1, 1961):「宋代之中越關係」(『東海學報』 22, 1981); 徐玉虎,「宋朝與安南之關係」(『中華文化復興月刊』 4-9, 1971); 戴可來,「略論古代中國和越南之間的宗藩關係」(『中國邊疆史地硏究』 14-2, 2004) 등.

4) 李富林·董利江,「宋朝與交趾的朝貢貿易」(『新鄉敎育學院學報』, 18-1, 2005); 王祥春·趙雙全,「兩宋時期的中越貿易」(『東南亞縱橫』 2007-4) 등.

5) 河原正博,『漢民族華南發展史硏究』(吉川弘文館, 1984); 尤中,「宋代在西南邊境出現的'越人'國家(上)(下)」(『雲南民族學院學報(哲學社會科學版)』, 1995-3·4) 등.

1. 송조의 丁氏 및 黎朝(前黎朝) 安南과의 외교와 책봉 관계

1) 정씨 정권과의 관계

한반도에 소위 '한사군'이 설치됐을 무렵, 한의 무제는 현재의 북부 베트남 일대에도 3郡(交趾, 九眞, 日南)을 두었는데(전111년), 이 지배는 그 후 약 1000년 동안이나 지속되는 것이 되었다. 도중에 이완기는 있었으나 당대에는 재차 이곳에 安南都護府를 설치(679년)하였고, 송대 이후의 중국 왕조는 이에 연유해 베트남을 安南 또는 交趾라고 칭한다.

10세기에 들어 베트남에 비로소 독립의 기운이 나타났다. 이 무렵 동아시아에서는 '민족 각성의 시대'라고 칭해질 정도로 중국 근린 국가들의 독립이 차례로 실현되었고, 안남의 움직임도 그러한 대세 속에서 출현한 것으로 볼 수 있다. 베트남에는 처음 '12使君의 할거'라는 과도기도 있었지만 이윽고 丁部領 시대(968~979년)에 통일이 이루어졌고, 학계에서는 일반적으로 이때부터를 안남의 진정한 독립 시기로 본다.

종종 베트남의 역사를 '北屬南進'[6]의 역사라 한다. 이는 베트남이 처한 당시의 입장에서 극히 실리적인 것으로, 남쪽의 참파(占城) 등과 끊임없이 대립한 상황에서 북쪽의 중국에 복속하는 모습을 취하는 것이 필요했기 때문이다. 이 같은 對중국 자세가 처음 나타난 것은 965년[7]이었다. 정부령은 국내를 통일한 후 長子 丁璉을 '靜海節度使'[8]로 삼은 뒤 이를 南漢에 고했고 남한은 이를 승인하였다. 정부령은 당시 5대10국으로 분열되어 있던 중국 왕조들 중에서도 '中原' 왕조가 아닌 자신과 인접해 있던 남한에 책봉을 요구한 것이다.

그러나 남한이 송에 멸망하고(971년) 중국에서 송조가 유력해짐을 깨달은 정부령은 곧 송과의 교섭을 시작하였다. 정부령은 973년 5월에 정련의 이름으로 遣使하였고,[9] 송은 이

---

6) 이와 관련해서는 桃木至朗, 「10~15世紀の南海交易とベトナム」(柴田三千雄 等 編 『シリーズ 世界史への問い 3』 岩波書店, 1990) 등 참조.

7) 이하 安南 관련 史實은 안남 측의 기본 사료인 『大越史記全書』 등과 중국 宋 측의 사료 사이에 時差가 있는 점을 간과할 수 없다. 이에 대해 일본의 河原正博은 고증을 통해 안남 측 사료와 송 측 사료 사이에 2년의 차이가 나고, 결국 안남 측 사료가 2년씩 늦게 기록되어 있다고 보았다. 본고는 연대 비정에서 이를 참고하였다.

8) '交州節度'라고도 칭하는 예가 보인다.

9) 이 때 안남이 송에게 '정부령'이 아닌 '정련'의 이름으로 遣使한 이유는 분명치 않으나 '황제'를 칭하던 정

에 대해 남한에게 받은 정련의 직위를 그대로 인정하여 그를 靜海節度使로 임명했다.[10] 여기서 주의할 것은 당시 안남의 실력자는 어디까지나 정부령이었고, 그에 대한 송의 책봉은 아직 이루어지지 않았다는 점이다. 중원통일에 여념이 없던 송조로서는 안남 국왕의 진실성을 관망했던 것 같다.

하지만 얼마 후 정련이 다시 '遣使方物'해 오자(975년 5월) 송은 "遠修職貢이 部領의 뜻"임을 평가하고, 비로소 그에 대한 책봉을 결정하고 이어 官告使를 보냈다. 이때의 정부령의 책봉호는,

> 開府儀同三司, 檢校太師, 上柱國, 封交阯郡王, 食邑一萬戶, 食實封一千戶.(『송사』 권488, 外國4 交阯; 『송회요』 蕃夷4-20, 4-21) ……… ①

였다. 이 관직 자체에 대해서는 뒤에서 검토하는 다른 경우와 비교하며 분석하겠지만, 송조는 이 때 정부령에게 비교적 높은 관직을 수여한 셈이 된다. 또 안남의 입장에서는 책봉 관계를 통해 중국적 질서에 편입된 반면, 타국과의 대외교섭에서 중국의 권위를 이용할 수 있게 된 점도 중요하다.[11]

2) 黎朝(前黎朝: 980~1009년)와의 관계

그러나 이 직후 안남에서는 정부령의 여러 아들 사이에 권력 투쟁이 일어나, 혼란 속에서 정부령이 횡사하고 최종적으로는 그의 부하 黎桓이 권력을 탈취하게 된다. 이 정변은 안남과의 국경 지역인 知邕州 侯仁寶에 의해 찰지되었고, 이 기회를 틈타 공격하자는 그의 건의에 송 태종이 관심을 보인다. 태종은 그 직전에 高梁河 전투(979년)에서 거란에 대패하였고, 그 때문에 한편으로 국세를 회복하려는 의도가 있었다고 보인다.[12]

부령이 표면에 나서면 송과 분쟁이 생길 수 있음을 우려했거나, 아니면 南漢과의 관계를 그대로 계승해 남한의 절도사로 책봉된 정련이 다시 송에 복종하는 형식을 취한 것이 아닐까?

10) 『송회요』 蕃夷 4-20.

11) 이 같은 의미를 포함한 책봉 문제에 대한 새로운 시도의 정리로서 李成珪, 「중화제국의 팽창과 축소 : 그 이념과 실제」(『역사학보』 186, 2005) 참조.

12) 본서 제I부 제2장 참조.

하지만 결과는 송의 패배였다. 허수아비 황제(丁璿)를 대신해 새 황제에 추대된(980년 7월) 여환은 그 해 연말 2군으로 나누어 침공해온 송의 군대를 거짓 투항 등의 작전으로 격파하고, 그 총대장 후인보도 붙잡아 참살함으로써 송군은 다음 해 3월 철퇴하게 된다.

그로부터 약 1년 후, 여환은 가능한 자신을 노출시키지 않는 형식으로 상표문에 丁璿의 이름을 사용해 전쟁을 사과하는 사자를 송에 보냈다. 여기에 송이 반응을 보이지 않자 여환은 다시 1년 뒤 遣使해 국왕인 丁璿이 자신에게 國事를 맡기려 하니 이를 허락해 줄 것을 송조에 청하였다. 송은 이를 곧바로 인정하지 않았지만, 여환의 계속되는 요청으로 수년 후에는 乾明節(태종의 생일)을 위해 온 안남의 사자를 통해 여환을 책봉하기에 이르렀다(986년 10월).

戰後 5년 정도의 교섭 끝에 안남에서는 黎氏에 의한 정권 교체를 송조에게 정식으로 인정받게 된 것이다.[13] 이 黎朝의 성립 과정에서 보는 것처럼 베트남에서는 易姓혁명이 일어나면 중국 왕조가 자신의 종주권을 지키기 위해 일단 이를 부정하고, 이로 인해 양국간에 전쟁이 발생해 베트남이 승리를 거두는 경우가 있었지만, 화해 내지 사죄를 위해 관계 회복을 먼저 청하는 것은 베트남 측이었다.[14] 베트남의 입장에서는 강대한 중국과 장기간 적대 관계를 지속하는 것이 부담이었고, 송은 안남이 먼저 화의를 청하는 것으로 패전으로 구겨진 체면을 지킬 수 있었다.

여환이 송조에게 받은 최초의 책봉 호는 다음과 같다.[15]

> 金紫光祿大夫(㉠), 檢校太保(㉡), 使持節, 都督交州諸軍事, 安南都護充靜海軍節度, 交州管內觀察處置等使(㉢), 上柱國(㉣), 京兆郡侯(㉤), 食邑三千戶(㉥), 推誠·順化功臣(㉦) ………사료 ②

복잡한 관위로 구성된 책봉호는 특히 외국 군주에게 실질적 의미가 없을지 몰라도, 이는 송조가 여환을 어느 정도로 대우하고 있는지를 가늠해 볼 수 있는 좋은 기준이 된다.

---

13) 이때의 戰後 교섭에 대해서는 본 장의 주3)과 주5)에서 든 연구 참조.

14) 이와 관련해서는 戴可來 앞 논문 및 猪口孝, 「傳統的東アジア世界秩序論」(『國際法外交雜誌』 73-5, 1975) 참조.

15) 『송회요』 蕃夷 4-20, 雍熙3년 10월 조. 아울러 송은 10월 25일에 左補闕李若拙과 國子博士李覺을 加恩官告國信使에 명하였다.

먼저 이를 통해 여환은 그 직전에 송조로부터 책봉호를 받은 적이 있던 정부령보다 전반적으로 평가가 낮았음을 알 수 있다. 즉 여환은 먼저 文散官(㉠)의 경우 정3품이 받게 되어 있는 金紫光祿大夫(총 29階 중 제4위)[16]를 받고 있지만, 이에 해당하는 정부령의 官(사료 ①, 이하 같음)은 종1품(제1위)의 開府儀同三司였다. 또 檢校官(㉡)의 경우도 정부령은 (총 19階 중) 제1위에 상당하는 檢校太師였음에 비해 여환은 檢校太保(제4위)를 받았다. 다만 勳官(㉣)은 여환과 정부령이 같은 上柱國(최고위 훈관)을 받고 있다.

한편 여환의 관위가 정부령에 비해 낮게 보이는 가장 큰 부분은 그에게 작위가 없는 점이다. 즉 정부령은 '交阯郡王'이라는 작위가 있음에 반해 여환은 그에 상당하는 것이 보이지 않는다. 이는 뒤에(1007년) 송조가 여환의 아들인 黎龍廷을 책봉 할 때, 송 측 사료에 "舊制에는 交州에 처음 (官을: 필자) 수여할 때는 節鉞[17]만을 더해 주고 王爵은 아직 주지 않았다"[18]는 설명이 있는 점에서, 첫 授官에서는 작위를 주지 않는 것이 송의 원칙이며, 따라서 여환에게 그것을 주지 않은 것을 알 수 있다. 다만 송은 여환에게 京兆郡侯(㉤)라는 이름을 더해주었으나, 이 관명은 그 범주가 애매하고 특히 선후관계에서 볼 때 여환에게만 주어진 특별한 것으로 분류된다.

다만 정부령도 송조에게 첫 책봉인데[19] 이 경우는 '交阯郡王'이라는 작위를 받은 것을 어떻게 보아야 할까? 사실 정부령은 송조에게 첫 책봉이기는 하지만 여환보다는 특수한 입장에 있던 점이 고려되었을 수 있다. 즉 이미 본 것처럼 정부령은 송에 앞서 南漢에 책봉을 받은 적이 있고, 그러한 과거의 지위를 송이 인정했을 가능성이다. 송은 실제로 정부령의 아들 정련에게 남한에서 받았던 직위를 그대로 인정해 靜海節度使에 임명한 적이 있다. 정부령이 남한에게 받은 책봉호는 확인되지 않으나 정부령의 책봉호는 정련이 송조에게 받은 것보다는 높았을 것이다.[20]

---

16) 이하 본 장에서 다루는 송대의 다양한 관제와 관한 기본 사항은 龔延明, 『宋代官制辭典』(中華書局, 1997)의 각 항목을 참조한 것임을 밝혀둔다. 본 장에서 특별히 전거를 밝히지 않은 것은 모두 여기에 의거하였다.

17) '節鉞'은 본래 (㉢)에서 특히 '使持節'에만 해당하지만, 본론에서는 크게 문제가 되지 않는 한 (㉢)처럼 그에 따라 함께 수여되는 그 밖의 軍職 관련의 관위를 모두 포함시켰다.

18) 『송회요』 蕃夷 4-28, 景德4년 7월 17일 조.

19) 徐玉虎, 앞 논문은 정부령에 대한 책봉을 안남에 대한 송조의 최초의 책봉이라 하였다.

20) 정련이 송조에게 받은 책봉호는 『송회요』 蕃夷 4-20, 開寶6년 4월에 의하면 "特進, 檢校太師, 充靜海軍節度, 管內觀察處置等使, 安南都護, 使持節都督交州諸軍事, 禦史大夫, 上柱國, 封濟陰郡開國公, 食

이 같은 맥락에게 정부령의 食邑 수도 여환의 그것(ⓑ)보다 훨씬 높았던 것으로 보인다. 또 여환은 공신호(ⓢ)와 節鉞(ⓔ), 즉 절도사를 비롯한 영예직을 갖고 있는데, 정부령도 이를 갖고 있었을 것이 충분히 예상된다.

이상의 비교를 통해 여환의 처음 책봉호는 정부령보다 낮은 것이 분명하고, 또 그것은 후술하는 안남의 다른 군주들과 비교해 보아도 쉽게 드러난다. 송조는 찬탈자인 여환에 대해 국교 회복의 필요로 책봉은 하되 처음부터 높은 관위를 주고 싶지 않았을지 모른다.

하지만 일단 여환을 책봉을 통해 인정한 송조는, 이후 일정한 원칙과 명분에 맞추어 기회 있을 때마다 加封을 하게 되고, 결과적으로 그의 지위는 계속 상승하게 된다. 물론 이것은 송이 안남에 군림하고, 또 黎朝가 그것을 인정한 전제 위에서 나타난 결과였다. 이러한 관계에서 송은 여환에게 988년에 2번째의 책봉을 행한 이래로 마지막 책봉 때(1002년)까지 모두 6번의 책봉을 갱신하는데, 그것을 정리한 것이 다음의 〈표 1〉[21]이다.

〈표 1〉 黎桓의 冊封號 추이

연도(월)	책봉배경	爵	寄祿官	文散官	檢校官	節鉞	勳	爵(?)	食邑數(食實封數)	功臣號
988(4)	籍田	開國公		同前	檢校太尉	同前	同前	同前	4,000(500)	同前
990(1)	改元(?)	동상		동상	동상	동상	동상	동상	5,000(900)	동상
993(1)		交阯郡王		동상	동상	동상	동상	동상	동상	동상
997(4)	진종즉위	南平王	侍中	동상	동상	동상	동상	동상	동상	동상
999(12)		동상	동상	동상	동상	동상	동상	동상	6,000(1,300)	推誠順化效忠
1002(11)		동상	동상	동상	동상	동상	동상	동상	7,000(1,700)	推誠順化效忠保節

먼저 988년의 책봉을 보면 여환은 송조에게 문산관, 절월, 훈, 작 그리고 공신호를 이전(사료②)의 상태를 유지한 채, 식읍이 1000戶 부가되고, 검교관은 두 등급 승진한 檢校

邑一萬戶, 食實封□□戶, 賜推誠順化功臣"이었다.

21) 본 〈표〉는 『송회요』 蕃夷4, 交趾 및 蕃夷7, 歷代朝貢, 『속자치통감장편』 및 『송사』 外國傳 및 본기, 『玉海』 朝貢, 『山堂考色』 四夷朝貢, 『宋朝事實』 儀注 등에 의거하였다. 이하 본 장의 다른 〈표〉들도 여기에 준하였다.

太尉(검교관 중 제2위)로, 그리고 무엇보다 작위를 처음으로 받아 開國公에 임명되었다. 송의 제도에서 '開國公'은 12개의 爵等에서 제6위에 해당하는 것이다.[22] 또 송에서는 식읍이 2000호 이상에 달하면 '개국공'에 봉하는 것으로 되어 있으나, 여환은 이미 986년에 3000호를 받았음에도 불구하고 작위가 없었기 때문에 이 같은 송조의 일반 원칙과는 맞지 않는다는 것도 알 수 있다. 역시 송의 제도에서 (食)實封은 식읍이 1500호에 달할 때 처음으로 지급되는 것이 원칙이나, 여환은 식읍이 4000호에 이르는 이 해에 처음으로 식실봉 500호를 받고 있음도 예외적인 부분이다. 아울러 이때의 책봉 명목은 송 태종이 籍田을 마쳤다는 것이었다.[23]

송은 2년 뒤인 淳化원년(990) 초[24]에는 여환에게 모든 부분을 유지한 채로 식읍 수만 1000호 보태주는 책봉을 행했다. 이때는 改元이 명목이었다고 보인다.

다시 3년 뒤(993년)에는 여환에게 작위만을 交阯郡王으로 하고 나머지는 그대로 유지시켰다. 여환은 첫 책봉이 있은 지 11년 만에 과거 정부령이 처음부터 갖고 있던 王爵을 받은 셈이다. 또 이 작위야 말로 송조가 수여한 여러 관명 중에서도 특히 '책봉'의 핵심과 관련이 있는 부분이며, 따라서 송 측의 기록들은 이 부분을 높여 줄 때 비로소 '封' 또는 '進封'이라는 표현을 쓰고 그 밖에 대해서는 '加官' 혹은 '加恩'이라고 표현한다. '郡王'은 12등급으로 되어 있는 송의 爵等에서 제3위에 해당하는데, 여기서는 특히 안남과 유서 깊은 '交阯'라는 문자를 덧붙이고 있다.

그런데 다시 4년 뒤(997년)에 송은 여환에게 '侍中'이라는 기록관을 처음 수여함과 동시에 작위를 '南平王'으로 바꾸고 이를 '進封'이라 표현했다. 이 변화는 먼저 책봉호에서 '郡'字가 빠짐으로써, 즉 그 지위가 '군왕'에서 '왕'으로 뀐 것으로 爵等이 12등급 중 최고

22) 龔延明, 앞 책.

23) 『송사』 권440, 李度傳에는 "端拱初, 籍田畢, 交州黎桓加恩, 命度借太常少卿充官告國信副使, 上賜詩寵行. 未至交州, 卒于太平軍傳舍, 年五十七".라고 보인다. 또 안남국왕에 대한 책봉 절차와 관련해 咸平元年(998) 7월에는 廣南西路轉運使 陳堯叟의 청으로 종래 행해지던 '加恩官告國信使'의 안남 본토 파견을 중지하고 광남서로 관리에게 안남의 사절을 불러 制書를 주는 방식이 행해지게 되었다. 이는 國信使者가 오는 것을 빌미로 안남국내에서 가렴주구가 심해지는 폐단을 시정하기 위한 것이었다(『속자치통감장편』 권43, 咸平元年 7월 壬戌). 그러나 景德元年(1004)에는 여환이 아들인 明提를 통해 조공해와 "加恩 때 마다 그 制書는 驛遞로 안남에 보내져 왔는데, 이제는 가은사를 직접 본토에 파견하기를 원하였고" 이것이 허락되게 되었다(『속자치통감장편』 권56, 景德元年 6월 甲子, 『송회요』 蕃夷4-26, 景德元年 6月 23일).

24) 사료에 따라 책봉 시기가 "정월" 혹은 "夏"로 각기 다르다.

인 제1등급으로 승진한 것으로 이해된다. 그리고 특히 여기서는 '南平'이라는 명칭을 부친 점이 주목된다.[25]

아울러 여환의 공신호가 처음으로 바뀐 것은 2년 뒤(999년)의 일이며 이때는 '效忠'이라는 공신호의 부가와 함께 식읍을 1000호(아울러 그에 따른 식실봉을) 증가시켰고, 또 다시 3년 뒤(1002년)에는 '保節'의 공신호와 더불어 식읍 1000호가 부가되었다.[26]

2. 북송시대에서 책봉제도의 전개

1) 安南 李朝와 책봉의 관계

안남에서 여환이 사망하자 다시 혼란이 찾아왔다. 景德2년(1005) 3월에 여환이 사망하자 아들들 사이에 8개월간의 왕위 쟁탈을 벌여, 최종적으로는 연말에 여환의 제5자 黎龍廷이 승리를 거두었다. 이 때 송조 내부에서는 안남 토벌론이 다시 부상됐지만, 眞宗은 태종과 달리 "喪中에 남을 공격하는 것은 왕자의 所爲가 아니다"고 하여 이를 물리쳤다. 이 무렵 서하에서도 비슷한 정황이 있었으나 진종은 이 역시 개입하지 않았다. 이 때문에 안남의 송조 접근은 비교적 수월해 여용정은 곧바로 다음 해에 아우를 통해 조공을 신청하였고, 송도 여용정에 대한 책봉을 그 다음해 7월에는 행하게 된다.[27]

그러나 안남의 정국은 또다시 요동쳤다. 즉위한 지 얼마 안 된 여용정이 죽고 그 자리를 10세에 불과한 아들이 계승하자(1009년 10월), 용정의 아우들(명제, 명창)이 다시 왕위를 위해 서로 거병하였으나, 이들을 결국 살해하고 즉위한 자는 여용정이 신임하던 大校인

25) 참고로 송조는 景德3년(1006)에 西夏의 李德明(太宗)을 '西平王'에 봉하였다. 『宋大詔令集』 권233, 참조.

26) 아울러 여환은 死後에 '南越王'을 송조로부터 추증 받았다(『장편』 권66, 咸平5년 7월 庚辰).

27) 이때의 여용정의 책봉호는 "檢校太尉, 充靜海節度觀察處置等使, 安南都護, 兼御史大夫, 上柱國, 仍封交지郡王, 食邑三千戶, 食實封一千戶, 賜推誠順化功臣"이고, 이후 그는 1008년(상부1) 정월에는 天書가 내려왔다는 이유로 "檢校太尉, 充靜海節度觀察處置等使, 安南都護, 兼御史大夫, 上柱國, 仍封交지郡王, 食邑三千七百戶, 食實封一千三百戶, 推誠順化翊戴功臣"으로 가관되었다가, 같은 해 연말에 다시 加官되어 "同中書門下平章事, 檢校太尉, 充靜海節度觀察處置等使, 安南都護, 兼御史大夫, 上柱國, 仍封交阯郡王, 食邑四千七百戶, 食實封一千七百戶, 推誠順化翊戴功臣"이 되었다.

李公蘊이다. 이 자가 태조(1010~1028)로 즉위하여 안남 이왕조가 개국된 것이다.

이 사건은 이미 본 약 30년 전의 丁氏에서 黎氏로의 권력 교체의 정황과 유사한 점이 있다. 하지만 송의 입장은 그 때의 대응에 비하면 너무나도 판이한 것이었다. 즉 이공온은 쿠데타 직후인 다음 해(1010년) 초에 송의 邊臣을 통해 송조의 '制命'을 원했는데, 그 희망이 불과 두 달 뒤인 같은 해 3월에 실현되었기 때문이다. 여환은 찬탈자로 평가되어 송 태종의 토벌까지 받아야 했을 뿐 아니라, 그 후 송의 책봉까지 5년의 시간이 필요했던 것이나, 이공온은 거병 시점부터 따져도 불과 5개월 만에 송의 책봉을 받아 낸 것이다.

이러한 입장과 관련해 송은 "蠻夷는 족히 責할 만하지 못하다"는 태도를 보였다. 송은 안남의 국정에 개입하고 싶어 하지 않았던 것이다. 이것이 여환의 찬탈을 계기로 보였던 태종대의 대외적 자세와 크게 달랐음은 이미 보았다. 진종뿐 아니라 인종시대까지 송의 외교 자세는 관망적인 경향이 강했고, 이 같은 당시의 태도는 안남만이 아니라 서하와 거란 등에 대해서도 마찬가지였다.

이렇게 해서 송의 안남과의 관계는 이후 神宗이 즉위해 대외 강경책을 추진할 무렵(1070년대 중반)까지 일단 평화 기조가 유지되고 있었다. 본격적인 장기 왕조인 안남의 이왕조도 내치와 남방의 참파(占城) 등에 힘을 집중시키려 송과의 충돌을 피하려 했다. 물론 이 사이 국지적인 소요와 농지고의 반란도 있어났지만, 이로 인해 송과 이왕조가 큰 충돌이나 단교를 한 것은 아니었다. 신종 시기에 송이 결국 안남을 또 한 번 침공해 양국 간의 위기가 당분간 불가피했으나, 戰後 머지않아 관계가 다시 정상화되었다.

때때로 찾아온 위기에도 불구하고 송과 안남이 책봉관계를 중단 없이 이어간 점은 송대의 다른 국가와의 사이에서 유례를 보기 어렵다. 이왕조에서는 건국자 이공온(太祖)이 19년간(1009~1027), 그 아들 李德政(太宗)이 26년간(1028~1054), 다시 그 아들 李日尊(聖宗)이 17년간(1055~1072), 그리고 그 아들 李乾德(仁宗)은 무려 55년간(1072~1127) 각각 재위하였고, 송조가 그들에게 '進封'과 '加官'을 거듭했기 때문에 그 과정을 추적함으로써 송조의 책봉 관행이 어떠했는지 볼 수 있다. 이미 〈표 1〉을 기초로 여환의 책봉호 추이를 보긴 했지만, 上記 4인의 책봉호를 분석함으로써 관련하는 내용과 특징이 한층 명료하게 파악될 것이다.

〈표 2〉 李公蘊의 책봉호 추이

연도	책봉배경	爵	寄祿官	文散官	檢校官	節鉞	勳	兼官	食邑數(食實封數)	功臣號
1010(3)	祀汾陰	交趾郡王			檢校太傅	安南都護, 靜海軍節度觀察處置等使	上柱國	御史大夫	3,000(1,000)	推誠順化
1011(5)	祀汾陰, 禮成	동상	同中書門下平章事		동상	동상	동상	동상	4,000(1,400)	동상
1012(11)	以聖祖降	동상	동상	開府儀同三司	동상	동상	동상	동상	4,700(1,700)	推誠順化翊戴
1014(2)		동상	동상	동상	동상	동상	동상	동상	5,700(2,100)	推誠順化翊戴保節守正
1017(2)	改元	南平王	동상	동상	동상	동상	동상	동상	6,700(2,500)	동상
1019(12)		동상	동상	동상	檢校太尉	동상	동상	동상	7,700(2,900)	동상
1022(4)	卽位	동상	동상	동상	檢校太師	동상	동상	동상	동상	동상
1024(12)		동상	동상	동상	동상	동상	동상	동상	8,700(3,300)	推誠順化翊戴保節守正忠亮
1027(12)		동상	동상	동상	동상	동상	동상	동상	9,700(3,700)	推誠順化翊戴保節守正忠亮宣德

〈표 3〉 李德政의 책봉호 추이

연도	책봉배경	爵	寄祿官	文散官	檢校官	節鉞	勳	兼官	食邑數(食實封數)	功臣號
1029(4?)	始封	交趾郡王			檢校太尉	安南都護, 靜海軍節度觀察處置等使	上柱國	御史大夫	3,000(1,000)	推誠順化
1030(12)	加恩百官	동상			동상	동상	동상	동상	동상	賜功臣
1032(11말)		동상	同中書門下平章事		동상	동상	동상	동상	3,000(1,000)	동상
1034(11)		동상	동상		檢校太師	동상	동상	동상	3,000(1,000)	동상
1038(12)		南平王	동상		동상	동상	동상	동상	3,000(,1000)	동상

〈표 4〉 李日尊의 책봉호 추이

연도	책봉 배경	爵	寄祿官	文散官	檢校官	節鉞	勳	兼官	食邑數(食實封數)	功臣號
1055(11)		交趾郡王				安南都護, 靜海節度使				
1063(4)	卽位?	동상	同中書門下平章事			동상				
1067(2)	卽位	南平王	동상			동상				
1068(?)		동상	동상	開府儀同三司		동상				
1071(10)	南郊	동상	동상	동상	檢校太尉	靜海軍節度觀察處置等使, 安南都護	上柱國		1,1000(4,200)	推誠忠亮保節同德守正順化翊戴功臣

〈표 5〉 李乾德의 책봉호 추이

연도	책봉 배경	爵	寄祿官	文散官	檢校官	節鉞	勳	兼官	加官	食邑數(食實封數)	功臣號
1073(3)	始封	交趾郡王				靜海軍節度觀察處置等使, 安南都護					
1080(윤9)	明堂禮	동상				동상				加食邑實封	
1085(3)	즉위	동상	同中書門下平章事			동상				加食邑實封	
1087(7)		南平王	동상			동상				加食邑實封	
1100(2)	즉위	동상	동상		檢校太師	동상				加食邑實封	
1107(10)	改元	동상	동상	開府儀同三司	檢校太尉	동상	上柱國			이상의 未詳 식읍 수 및 식실봉 수 +1000(400)	推誠佐運保節忠亮同德崇仁宣力守正順化懷恭贊治翊戴
1119(12)	冬祀	동상	동상	동상	동상	동상	동상		守司空	이상의 未詳 식읍 수 및 식실 봉수 +1,000(400)	동상

1132(3)	追封	南越王	동상		檢校太師	동상	동상		守司空	25,000(9,800)	推誠, 佐運, 保節, 忠亮, 同德, 崇仁, 宣力, 守正, 順化, 懷恭, 贊治, 安信, 謹度, 承命, 濟美, 建勳, 率義, 敦禮, 揭休, 翊戴

2) 송조의 李朝 安南 책봉에 대한 몇 가지 원칙

위의 자료에 의하면 이왕조가 송조에게서 받은 총 27회의 책봉은 '追封'에 해당하는 제일 마지막 사례를 예외로 치면 모두 북송시대에 행해졌다. 그리고 각 책봉 간의 시간적 간격은 평균 약4.6년이다. 하지만 이 기간 중에 발생한 몇 가지 사건과 그와 관련된 기간, 즉 송과 안남 사이에 개재한 농지고의 반란으로 양국 관계가 원활치 않았던 〈표 3〉과 〈표 4〉 사이의 약 15년간, 그리고 〈표 5〉의 첫 번째와 두 번째 책봉 사이에 있던 송·안남 간의 交戰으로 인한 약 5년을 뺀다면, 매 책봉 간의 간격은 약 3.8년 정도로 줄어든다. 거기에 〈표 5〉 후반에 10년 가까이 또는 그 이상 동안 책봉이 이루어지지 않은 예들까지 비정상적인 것으로 본다면, 매 책봉의 간격은 3년 정도로 다시 줄어든다.

송의 책봉이 반드시 일정한 간격을 두고 정기적으로 이루어진 것은 아니지만, 그 평균치를 굳이 구해본다면 3년 정도가 되는 것이다. 이 경향은 뒤에서 보게 되는 외교관계가 상대적으로 단조로웠던 남송시대의 사례인 〈표 6〉과 〈표 7〉을 통해 보아도 일치한다.

책봉이 실시된 배경의 하나로 우선 분명한 것은 안남의 國主가 바뀌었을 때 그를 인정하기 위한 형식이다. 〈표〉들 중에 보이는 '始封'의 케이스가 이에 속한다. 이는 예측 불허의 결과이므로 그 시기가 일정치 않은 것이 오히려 당연하다. 그 다음으로는 송조 측에서 있던 신 황제의 즉위 또는 改元 등 기념할만한 국가적 행사가 있었을 때의 일이다.[28] 이는 예를 들어 至道3년(993)에 송조가 여환을 '南平王'에 봉할 때의 이유가 "寶位에 오름에 그 은혜를 널리 베푼다(以登寶位覃恩)"[29]고 한 송 진종의 즉위 때의 사례와 같다. 〈표〉들 중

28) 〈표 1〉에 제시한 998년의 여환의 경우는 "中外群臣進秩一等"이라고 보인다.

29) 『송회요』 蕃夷4-25, 至道三年 四月에 "制加黎桓兼侍中, 進封南平王. 以登寶位覃恩也."라고 있다.

에는 적지 않은 예들이 여기에 속한다.

이상의 '始封', '즉위', '개원' 이외에 확인되는 책봉의 배경은 대부분 여러 '行禮'와 관련한 것이다. 즉 〈표 2〉에는 진종의 '汾陰' 제사와 관련된 책봉 사례가 2건 있고, 〈표 4〉와 〈표 5〉에는 南郊, 明堂禮, 冬祀의 3례가 보인다. 행례를 기념한 책봉은 〈표 1〉에서도 보인다. 남송의 경우도 특히 〈표 7〉(후게)에서 상당수가 禮와 관련이 있으며, 이를 제외하면 북송의 사례와 대동소이하고 새로운 것으로는 '進貢'에 의한 '加恩'이 2~3사례 있을 뿐이다.

위의 〈표〉에서 반 가까운 사례들은 그 배경을 확정할 수 없는 것들이다. 다만 한 가지 주의할만한 것은 책봉이 행해진 시점의 상당수가 연말, 즉 11월에서 12월 내지는 익년 1월 중에 있다는 사실이다. 〈표 1〉은 그 점을 잘 보여준다. 이것은 아마도 어느 정도 일정한 간격, 예를 들면 3년 정도 내외의 기간마다 연말에 1회 안남 군주에 대한 책봉이 '加恩'의 형태로 있었을 개연성을 암시한다. 다만 이 경향은 남송시대와는 연결되지 않는다.

3) 책봉호와 관련된 원칙들

한편 책봉호 그 자체로부터 발견되는 원칙들에 대해 생각해보기로 한다. 즉 〈표〉에서 보듯이 책봉호는 작위, 관위, 식읍과 공신호 등 몇 가지의 체계로 구성되는데, 加恩과 增秩 등을 거치면서 책봉호가 어떻게 바뀌어 갔고, 또 그 체계 안에는 어떤 함수관계가 있으며, 나아가 그것들을 소지한 안남 측 군주들의 위상은 어떻게 다른가 등의 문제를 파악할 필요가 있다. 이들을 직접 설명한 사료는 보이지 않기 때문에 우리는 〈표 1〉~〈표 7〉의 분석을 통해 그 일단을 볼 수 있을 것이다.

먼저 관위의 변화를 볼 때 '寄祿官'은 모든 군주에게 처음부터 수여되지 않고 두 번째나 세 번째의 책봉 때 '初授'되는 경향을 볼 수 있다. 그리고 그 관명은 모두 '同中書門下平章事'(단 여환의 경우는 '侍中')로 되어 있어 송의 재상이 소지하는 최고의 관위에 필적한다. '기록관'이 수여될 때는 작위 혹은 식읍 내지 공신호에 변화가 수반되는 사례는 없으며, 남송시대에는 아예 기록관이 주어진 사례가 보이지 않는다.

'文散官'의 경우는 대부분이 북송에서는 '開府儀同三司'로 시작하는데, 이 역시 최고위의 문산관에 해당한다. 이에 반해 남송시대에는 모두가 그보다 한 등급 낮은 '特進'으로 시작하고 있고, 이후는 고정되어 변화를 보이지 않는다.

이에 대해 '檢校官'은 시간에 따른 위계의 변화가 보인다. 이공온은 제 3位 검교관인

檢校太傅로 시작해 이후 太尉(제2위, 9년 소요)와 太師로 승진(3년 소요)하였고, 그를 이은 李德政은 太尉로 시작해 太師로 승진(5년 소요)하였다. 이때의 승진에 필요한 연한은 일정치 않으며 특정된 것으로 보이지 않는다.

그런데 그 다음 왕인 李日尊의 경우는 검교관인 태위를 피책봉의 初封 단계가 아니라 가장 마지막 단계에서 받는 형식을 보여 앞의 사례들과 큰 차이를 보인다. 이를 단순한 사료의 결락으로 볼 수 없는 것은 그 다음 군주인 李乾德 역시 처음은 검교관이 주어지지 않다가 5번째 책봉 때에 비로소 太師가 수여되었기 때문이다. 또 이건덕은 7년 뒤에는 太尉로 검교관이 바뀌었는데 이는 降等에 해당한다. 이처럼 관위가 특별한 이유 없이 강등되는 것은 유례가 없어 이해하기 어려우나, 이 또한 사료 부족으로 돌리기 어려운 것은 그가 사망한(1132년) 뒤에 檢校太師가 추증되어 승진하였기 때문이다.

이와 같이 검교관의 경우는 그 수여에 일정한 원칙을 발견하기 어렵고, 〈표〉들을 통해 볼 때 그 等位가 바뀐다고 食邑이나 공신호가 반드시 加上되는 것도 아니었다. 그 밖에 '節鉞'과 '勳'은 대부분이 처음에 주어진 상태로 변하지 않고 유지되는 경향이 있다.

책봉호에서 '官位'가 사실상 허구성을 강하게 지닌 반면, '爵位'는 후술하는 것처럼 훨씬 특별한 의미를 갖는다. 여환의 예에서 본 것처럼 송조는 안남 군주에 대해 작위를 처음부터 그리 높게 주지 않았다. 그러나 그 아들(여용정)부터, 그리고 그 후 이왕조의 모든 군주는 처음부터 첫 작위를 '郡王'(12등급 중 제3위에 해당)[30]으로 받게 되었다. 이는 물론 안남 국왕의 지위 상승을 의미하지만, 이미 설명한 바 있는 黎氏 정권 때에 있던 송의 "舊制에는 交州(=安南)에 처음 (官을: 필자) 수여할 때는 節鉞만을 더해 주고 王爵은 아직 주지 않았다"는 원칙이 더 이상 실효적이지 않았음을 말한다. 이후 안남의 국왕들은 '교지군왕'에서 시작해 '南平王'까지 승진하는 것이 보통이었다.

이에 소요된 시간은 이공온이 7년, 이덕정이 9년, 이일존이 12년, 이건덕이 14년, 그리고 이천조(남송시대)가 17년으로, 점점 그 시간이 길어지는 경향이 발견된다. 송조에서 작위의 등위는 "王(제1등)-嗣王(제2등)-郡王(제3등)-國公(제4등)" 등으로 되어 있으므로,[31] 이왕조의 군주들은 임기 중에 최고의 작위까지 승진하는 것이 일반적이었다고 보인다. 또한 송의 재상급 관료들이 '國公'의 작위를 한도로 승진한 것과 비교해볼 때 안남 군주들의 爵號는 훨

30) 龔延明, 앞 책.

31) 위와 같음.

씬 높은 것이었다. 또 이들 작위에는 '南平'이라는 용어가 보태지기도 하는데, 이는 특히 송조의 '藩王', 즉 宗主인 송조에 대한 '藩屬'의 관계가 암시되며, 동시에 西夏의 '西平王'과도 대비된다.[32] 작위와 관련한 그 밖의 문제는 편의상 후술하기로 한다.

'공신호'와 '食邑'에 대해서는 먼저 안남의 군주들은 모두 初封 때에 '推誠, 順化'를 받고 있다. 당의 제도를 답습한 송조는 재상에게 初拜 때에 반드시 공신호를 수여하는 것이 원칙이므로[33] 이는 재상에 준하는 것으로 볼 수 있다. 다만 재상은 '6字'를 처음에 주고 기회 있을 때마다 '2자'를 더해주었으나, 안남국왕은 '4자'로 시작하고 있어 차등이 있음을 볼 수 있다.[34] 또한 안남국왕은 더 많은 책봉 기회를 통해 공신호를 '加字'함으로써 결과적으로 송의 재상보다 더 긴 공신호를 소지하게 된다.

식읍의 경우도 안남국왕은 송의 재상에 준하는 형식으로 받고 있다. 즉 식읍을 加邑할 경우 송의 집정관, 使相, 절도사는 恩을 만나면 700호, 재상, 親王, 추밀사는 1000호씩 추가하고, 食實封의 경우는 전자가 300호, 후자는 400호 씩 늘어나는 것이 원칙이고,[35] 이 중 안남왕은 후자에 준하는 형식이므로 이 점에서도 재상급의 대우를 받는 것이 된다. 안남국왕이 처음 받는 식읍 수는 모두 예외 없이 3000호로 시작하여 송의 재상보다 많다.

그런데 공신호와 식읍의 관계는 북송 전반기에는 특별한 상관성이 없는 것으로 보인다. 공신호가 수여됨에 따라 식읍이 加上되는 사례가 있기도 하지만 그렇지 않은 예도 있기 때문이다. 특히 〈표 3〉에서 보는 것처럼 이덕정의 경우는 初封 때에 수여된 공신호와 식읍이 이후 아무런 변화를 보이지 않고 유지되고 있는데, 이는 아주 특이한 예이며 해석에 어려움을 남긴다. 하지만 북송 후기에 들어서는 양자 간의 관련성을 엿보게 하는 경향, 즉 공신호가 추가되면서 식읍이 증가하는 경향이 나타나며, 이는 남송시대에 보다 선

32) 이건덕은 1132년에 사망한 뒤 '南平王'에서 '南越王'으로 추증되었고, 이는 유일한 예에 속한다. 『송회요』 蕃夷4-42, 紹興2년 3월 8일에는 이건덕 사망 후 그의 아들 李陽煥을 책봉할 때에 이건덕의 책봉호에 대해 "制推誠佐運保節忠亮同德崇仁宣力守正順化懷恭贊治安信謹度承命濟美建勳率義敦禮揭休翊戴功臣, 靜海軍節度觀察處置等使, 開府儀同三司, 檢校太師, 守司空, 同中書門下平章事, 安南都護, 上柱國, 南平王, 食邑二萬五千戶, 食實封九千八百戶, 贈侍中, 追封南越王李乾德男陽煥, 可特授靜海軍節度觀察處置等使, 特進檢校太尉兼御史大夫, 安南都護, 上柱國, 進封交지郡王, 食邑三千戶, 食實封一千戶, 特賜推誠順化功臣"처럼 보인다.

33) 龔延明, 앞 책, 제12편 참조.

34) 위와 같음.

35) 위와 같음.

명해진다. 특히 남송에서는 공신호가 보태질 때는 '2자'씩 늘어나고 있는데, 그 때마다 1000호의 식읍과 400호의 식실봉이 함께 부가되는 것이 원칙처럼 보인다.

이 같은 사실들과 관련해 주의할 것이 李日尊의 책봉호를 정리한 〈표 4〉이다. 여기서는 마지막 식읍이 11000호였다는 사실 밖에 확인되지 않지만, 앞에서 검토한 원칙을 적용해 이일존도 첫 식읍을 3000호에서 시작했다고 가정하면 16년이 지나서야 8000호가 늘어나 최종 식읍 수인 11000에 도달한 것으로 이해할 수 있다. 또 前後의 다른 예들을 보더라도 1회에 증액되는 식읍의 한도는 1000호가 최고이므로 이일존은 적어도 송조에게 8회 식읍을 부가 받았다고 볼 수 있다.

그러나 이일존은 〈표 4〉에서 보는 것처럼 첫 번째 피책봉 이후 4번의 進封 내지 加官 기록 밖에 보이지 않으며, 이 때 식읍이 각각 1000호씩 加邑됐다고 해도 나머지 4회의 책봉 기사는 누락된 것으로 밖에 볼 수 없다. 그리고 이렇게 본다면 이일존은 평균 2년에 한번은 식읍이 1000호씩 부가되었다고 보아야 자연스러울 것이다. 이 같은 점들은 모두가 송조의 기록에서 정기적 또는 일상적인 加邑이 생략되었을 가능성을 제기시켜 주는 대목이다.

3. 남송시대 책봉의 특징과 안남의 지위 변화

안남의 이왕조에서는 공교롭게도 북송의 멸망과 거의 때를 같이 해 國主가 이건덕에서 李陽煥(제5대 神宗, 1127~1138)으로 바뀌었으나, 송조가 그에 대해 행한 책봉 기사는 여타 안남의 군주들과 비교해 많지 않다. 국난에 경황없던 남송조 초기의 사정이 그대로 반영된 것이다.

그러나 이후 안남의 제6대와 제7대 군주인 李天祚(英宗, 1139~1175)와 李龍翰(高宗, 1175~1210)은 각각 36년과 35년 동안 장기 재위하면서 송조와 긴밀한 책봉관계를 유지한다. 이후 이왕조는 제8대 군주인 李旵(惠宗, 1211~1224)의 病死로 사실상 막을 내리며, 이 시기에는 송과의 책봉관계가 그리 눈에 띄지 않는다. 따라서 남송의 안남에 대한 책봉의 성격은 이천조와 이용한에 관한 것을 통해 개관할 수 있을 뿐이다. 앞 절과 똑같은 방법으로 이천조의 책봉호 추이를 정리하면 다음과 같다.

〈표 6〉 李天祚의 책봉호 추이

연도	책봉 배경	爵	寄祿官	文散官	檢校官	節鉞	勳	兼官	食邑호수 (괄호는 實封)	功臣號
1138(3)	始封	(特封) 交趾郡王		特進	檢校太尉	靜海軍節度觀察處置等使, 安南都護	上柱國	御史大夫	3,000(1,000)	推誠順化
1140(10)									4,000(1,400)	推誠順化天祚崇義
1143(1)									加食邑, 食實封	推誠順化天祚崇義悔忠
1144(10)									加食邑, 食實封	推誠順化天祚崇義悔忠保信
1147(11)	大禮加恩								加食邑, 食實封	推誠順化天祚崇義悔忠保信嚮德,
1151(2)									加食邑, 食實封	推誠順化天祚崇義悔忠保信嚮德安遠
1155(7)	以進貢加恩	(進封) 南平王							加食邑, 食實封	
1156(6월)	常貢?								11,000(4,200)	推誠順化崇義懷忠保信嚮德安遠承和歸仁
1156(7월)									12,000(4,600)	
1156(8월)	以貢方物加恩也				檢校太師				13,000(5,000)	推誠順化崇義懷忠保信嚮德安遠承和歸仁
1159(3)									14,000(5,400)	推誠順化崇義懷忠保信嚮德安遠承和歸仁協恭
1162(10)	즉위								15,000(5,700)	推誠順化崇義懷忠保信嚮德安遠承和歸仁協恭繼美
1165(6)									16,000(6,100)	推誠順化崇義懷忠保信嚮德安遠承和歸仁協恭繼美遵道
1168(1)									17,000(6,500)	推誠順化崇義懷忠保信嚮德安遠承和歸仁協恭繼美遵道履正
1170(12)									18,000(6,900)	推誠順化崇義懷忠保信嚮德安遠承和歸仁協恭繼美遵道履正彰善
1174(2)		安南國王							19,000(7,300)	推誠, 順化, 崇義, 懷忠, 保信, 嚮德, 安遠, 承和, 歸仁, 協恭, 繼美, 遵道, 履正, 彰善, 守謙

여기서는 두 가지의 중요한 특징을 지적할 수 있다. 하나는 〈표〉에서 바로 알 수 있는 것처럼 안남 군주의 책봉호는 작위의 변화를 빼고, 특히 관위 쪽에서는 처음에 수여된 것에서 거의 변화가 없고, 다만 식읍과 공신호만이 추가·누적되는 점이다. 이천조의 경우 관위 변화는 검교관이 太尉에서 太師로 바뀐 것이 유일하다(1156년). 북송에서도 관위 부분 중 節鉞, 勳, 兼官 등은 초기에 거의 결정되어 이후 변하지 않고, 기록관, 문산관, 검교관 부분에서는 없던 것이 새로 부여되거나 이미 부여된 것이 승진 등으로 변화하는 모습을 보이지만, 남송의 경우는 그러한 변화가 거의 없는 것이다.

이 경향은 제7대 군주 李龍翰의 책봉호 추이를 정리한 〈표 7〉을 보면 더욱 잘 나타난다. 그는 35년 재위 중에 16차례나 송의 책봉을 받았으나 책봉호에서 작위와 관위 양쪽 다 아무런 변화가 없고, 다만 공신호와 식읍 수가 늘어나고 있을 뿐이다. 따라서 〈표 7〉은 이 부분의 내용을 중심으로 표시하였고 다른 부분은 생략하였다.

〈표 7〉 李龍翰의 책봉호

연도(월)	책봉배경	食邑호수(괄호는 實封)	功臣號
1177(3)		3,000(1,000)	推誠, 順化
1179(10)	明堂	4,000(1,400)	推誠, 順化, 秉信
1182	明堂	加食邑同 ⇒ 5,000(1,700)	推誠, 順化, 秉信, 守義
1185	郊祀	加食邑同 ⇒ 6,000(2,100)	推誠, 順化, 秉信, 守義, 奉國
1188	明堂	加食邑同 ⇒ 7,000(2,500)	推誠, 順化, 秉信, 守義, 奉國, 履常
1189(5)	즉위	8,000(2,900)*	推誠, 順化, 秉信, 守義, 奉國, 履常, 懷德
1191(12)		9,000(3,300)**	推誠, 順化, 秉信, 守義, 奉國, 履常, 懷德, 謹度
1194(8)	즉위		推誠, 順化, 秉信, 守義, 奉國, 履常, 懷德, 謹度, 思忠
1194(11월 6일)	以該遇登極加恩故也	10,000(3,700)	推誠, 順化, 秉信, 守義, 奉國, 履常, 懷德, 謹度, 思忠
1194(11월 7일)			推誠, 順化, 秉信, 守義, 奉國, 履常, 懷德, 謹度, 思忠, 濟美
1197(11)	郊祀		推誠, 順化, 秉信, 守義, 奉國, 履常, 懷德, 謹度, 思忠, 濟美, 勤禮
1200(10)	明堂		推誠, 順化, 秉信, 守義, 奉國, 履常, 懷德, 謹度, 思忠, 濟美, 勤禮, 保節
1203(11)	郊祀	加食邑同	推誠, 順化, 秉信, 守義, 奉國, 履常, 懷德, 謹度, 思忠, 濟美, 勤禮, 保節, 歸仁

1206	明堂	加食邑同	推誠, 順化, 秉信, 守義, 奉國, 履常, 懷德, 謹度, 思忠, 濟美, 勤禮, 保節, 歸仁, 崇謙
1209	明堂	加食邑同	推誠, 順化, 秉信, 守義, 奉國, 履常, 懷德, 謹度, 思忠, 濟美, 勤禮, 保節, 歸仁, 崇謙, 協恭
1212(5월)	사망 시의 추증	16,000(6,200)***	推誠, 順化, 秉信, 守義, 奉國, 履常, 懷德, 謹度, 思忠, 濟美, 勤禮, 保節, 歸仁, 崇謙, 協恭

* 1189년의 책봉에 대해 『송회요』蕃夷4-54는 이 직전 이용한의 식실봉 수를 2600으로 나타내나 잘못으로 보인다.

** 1191년 책봉에 대해서도 식읍과 식실봉 수는 誤記로 보인다.

*** 식읍과 공신호를 제외한 이용한의 책봉호는 "安南國王,特進,檢校太尉,靜海軍節度觀察處置等使,上柱國,御史大夫"이고, 이 부분은 그가 사망한 뒤에 송조가 추증할 때도 변하지 않았다.

한편 남송시대 안남 군주의 관위가 이처럼 처음부터 거의 고정되어 있었기 때문에 그 지위는 북송시대에 비해 상대적으로 낮은 것이었다. 즉 북송시대에는 관위가 점차 상승하는 경우가 꽤 있었으나, 남송에서는 변화가 없기 때문에 최종 관위가 북송시대 보다 낮은 결과가 되었다. 이 점은 두 시기의 책봉호를 직접 비교해보아도 알 수 있다.

이 같은 현상이 왜 일어났는지는 곧바로 설명하기 어렵다. 하지만 남송시대에는 그것을 상쇄하고도 남을 만한 매우 중대한 변화가 '작위' 면에서 발생한 사실에 주목할 필요가 있다. 남송이 안남에게 最上의 작위를 수여했기 때문이다. 즉 '安南國王'이라는 칭호가 그것으로, 이는 북송시대에는 없던 특기할 만한 변화로 송조가 안남의 지위를 이전에 비해 대폭 격상시켜준 것을 의미한다. 이 조치는 이천조에게 마지막 책봉을 행한 淳熙1년(1174)에 단행되었다.

구체적으로 송의 조치는 ① 이왕조의 國主가 송조에게 '國王'으로 칭해지게 된 점과, ② 안남의 국호를 종래의 '交趾' 대신 '安南'을 정식으로 사용한다는 점 등이 가장 핵심을 이룬다.

먼저 ①에 대해서는 唐의 사례가 참조가 된다. 당의 작위는 '王·郡王·國公·郡公' 등 9등급이 존재하는데, 이민족에 수여되는 왕호도 그 연장선에 있었다. 또 당에서도 이왕조의 경우처럼 '郡王'에서 '王'으로 승진한 예가 있는데, 그것은 다름 아닌 발해였다. 즉 발해왕 대조영은 713년에 처음으로 '渤海郡王'의 책봉호를 받았다가 762년에는 '渤海國王'으로 된 적이 있다. 이처럼 당은 외국 군주에 대해 '왕'과 '국왕'을 구별해 호칭하였는데, 이에 대해 金子修一은 전자가 중국과 비교적 가까운 지역 즉 '蕃域'에 대해 사용된 호칭인 반면, 후자는 특히 먼 지역인 '絶域'에 위치한 국가를 지칭하는 데에 사용한 예가 많았다고 설명한다.[36]

당에 대한 이 같은 설명이 송대에도 곧바로 적용된다고 볼 수 없고, 또 안남이 '絶域'인지 '蕃域'인지도 애매하다. 다만 책봉호의 승진 방식은 송에서도 당과 크게 다르지 않아 보인다. 〈표 1〉~〈표 5〉의 사례에서 볼 때, 안남의 군주는 '開國公 → 交阯郡王 → 南平王'(〈표 1〉의 여환), '交趾郡王 → 南平王'(〈표 2〉의 이공온, 〈표 3〉의 李德政, 〈표 4〉의 李日尊), '交趾郡王 → 南平王 → 南越王'(〈표 5〉의 李乾德) 등으로 작위가 상승하므로, 송도 당처럼 책봉호의 위계가 적어도 '王·郡王·國公'으로 서열화되어 있음을 알 수 있다.[37] 송조는 안남에 대해 그동안 '交趾郡王' 이나 '南平王' 또는 '南越王'의 칭호를 사용하였지만, '國王' 이나 거기에 국명을 부친 '安南國王' 등의 명칭은 인정하지 않던 것이다.

따라서 송조가 안남에게 허용한 '國王'이라는 칭호는 당을 대상으로 한 설명처럼 단순한 거리의 문제가 아니었다. 중국 측에게 큰 반향을 불러일으킨 이 사태의 의의를 明의 邱濬은 다음처럼 설명하였다.

> 살피건대 交趾는 본래 秦漢 이래로 중국의 군현으로, 五代 시기에 劉隱에게 병합되었다가 송초에 이르러 처음으로 郡王에 봉해졌다. 그러나 여전히 소위 特進檢校太尉, 靜海軍節度使와 같은 중국 측의 관작과 勳階를 받고 있고, 또 推誠順化와 같은 공신 호칭을 하사받는 것도 모두 '內臣之臣'과 같아, 아직 '國'으로 칭하지는 않았다. 그 후 南平王에 封하고 奏章文移에는 여전히 安南道를 칭하였다. 孝宗時에 비로소 王으로 봉하고 國을 칭해줌으로써 천하는 이로 말미암아 이를 高麗, 眞臘처럼 대우하여, 그것이 중국의 郡縣임을 다시 알지 못하게 되었다(臣按. 交址本秦漢以來中國郡縣之地, 五代時為劉隱所並, 至宋初始封為郡王, 然猶授中國官爵勛階, 如所謂特進、檢校、太尉、靜海軍節度、觀察等使, 及賜號推誠、順化功臣, 皆如內地之臣, 未始以國稱也. 其後封南平王, 奏章文移猶稱安南道, 孝宗時始封以王稱國, 而天下因以高麗、真臘視之, 不複知其為中國之郡縣矣.(『大學衍義補』 권153, 四方夷落之情 上)).

---

36) 金子修一, 「中國皇帝と周邊諸國の秩序」(鈴木靖民等編, 『新版古代の日本』 제2권 「アジアから見た古代日本」所收, 角川書店, 1992, 뒤에 同, 『隋唐の國際秩序と東アジア』, 名著刊行會, 2001에 재수록)).

37) 龔延明 앞 책에 의하면 송대의 爵等은 대체로 당과 오대를 계승해 前期에는 '王, 嗣王, 郡王, 國公, 郡公, 開國公, 開國郡公, 開國縣公, 開國候, 開國伯, 開國子, 開國男' 등의 12등급, 神宗 때는 '王, 郡王, 國公, 郡公, 縣公, 候, 伯, 子, 男'의 9등급으로 되었다고 한다.

이 설명의 전반부는 안남이 역사적으로 중국에 강한 예속 상태에 있었음을 강조하고 있다. 구준에 따르면 그때까지의 중국인들은 안남을 사실상 중국의 '郡縣', 따라서 '예속국'으로 인식하는 경향이 강했고, 그 군주도 '內臣'과 같은 대우를 받고 있었다고 보았다. 베트남의 사실상 독립이 10세기였음에도 불구하고 중국에서는 책봉 관계를 통해 안남을 여전히 자신의 '속국' 나아가 '일부'로까지 생각하고 있던 것이다.

구준은 그러나 효종의 淳熙원년(1174)에 남송이 안남에게 '國'이라는 호칭을 허락함으로써 더 이상 중국의 '郡縣'이 아닌 사실상의 '독립국'으로 탈바꿈되었다고 설명한다. 이 점만을 두고 보면 송대에는 외부 세력에 '國'을 칭한 것이 사실상의 독립국을 의미하는 것이었다.

연구자에 따라서는 이 사건이 "안남이 藩屬國 중에서 그 지위가 최고에 달한 것"[38]을 반영하는 것으로 본다. 또 桃木至朗과 같은 사람은 안남의 송에 대한 지위를 "독립 후의 안남은 980년, 1076년의 송의 재정복 기도를 분쇄한 한편, 송에 대해 빈번히 조공하고 책봉을 받아 당초는 內臣(交阯郡王, 南平王 등) 封號 밖에 받지 못했으나, 1174년 이후는 安南國王에 봉해져 外藩 = 실질적 독립국의 지위를 확보"[39]했다고 보았다. 안남이 '國王'과 '安南'이라는 칭호를 획득한 이후 송과 여전히 책봉 관계를 유지하기는 하였으나, 그 지위가 '內臣'에서 '外藩'으로 바뀜으로써 격상된 것은 분명해 보인다.

한편 '安南'을 베트남의 국호로 사용한 문제에 대해서는,

> 宋이 우리 越을 安南國王으로 인정했다. 國王을 위해 국호를 세운 것은 이때부터 시작되었다(宋以我越爲安南國, 王為國王, 立國號自此始.(『越史略』 권下, 天感至寶元年(1174) 정월)).

는 安南 측 사료와, 역시 안남 측의 기사로,

> 송이 帝를 봉해 안남국왕으로 삼고, 交趾를 고쳐 安南國이라 했다(宋封帝爲安南國王, 改交趾爲安南國.(『大越史記全書』 본기 권4, 甲申2년 宋隆興2년(1164)[40] 7월).

---

38) 呂士朋, 앞 논문.

39) 同, 「10~15世紀の南海交易とベトナム」(柴田三千雄 等 編 『シリーズ 世界史への問い 3』 岩波書店, 1990), p.240.

40) 小倉貞男은 이와 관련해 "1164년, 송은 그때까지 부르던 交趾郡王이라는 호칭을 버리고 이아잉통(李英

라는 사료에 그 의의가 잘 보인다. 그때까지 송은 안남에 대해 '交阯' 혹은 '交州', 또는 '安南' 등의 칭호를 혼용하고 있었으나,[41] 이 단계에 이르러 '안남국'이라는 국호를 인정해주었다는 것이다. 이 역시 베트남 측에서는 송조가 '안남국'이라는 칭호를 인정한 것이 베트남을 정식의 독립국으로 여긴 것으로 받아들여졌음을 나타낸다. 이후 송조에서는 안남이 '교만'해지기까지 했다고 하여 그 지위를 격상시켜준 것을 후회하는 듯한 대목까지 보인다.[42]

그러면 남송은 안남에게 왜 이 같은 지위를 허락했는가? 그 이유에 대해서는,

> 詔하여 安南이 入貢함에 그 禮意가 嘉尙하여 有司에게 국명을 賜할 典故를 토론하여 以聞시키도록 했다. 이에 특별히 安南이라는 국명을 賜하고, 制로써 南平王 李天祚에게 特授하여 前官에 依하여 安南國王에 봉했다. …(詔安南入貢, 禮意可嘉, 令有司討論賜國名典故以聞. 於是特賜安南國名, 制, 南平王李天祚, 特授依前官, 封安南國王, …. (『송회요』 蕃夷4-49, 淳熙元年 2월 1일)).

라는 설명이 있다. 그동안 있어왔던 安南의 入貢이 '嘉尙'한 것을 충분히 고려한 송이 그 '국명'을 정식으로 '安南'이라 정해주었고, 그 군주에게는 '안남국왕'이라는 작위를 책봉해주었다는 것이다. 사료에 따라서는 송의 이 같은 조치가 그 군주인 이천조가 "40년간이나 재위한 것에 대한 厚禮"라고도 한다.[43]

필자는 이러한 이유, 즉 그 입공이 '가상'하다거나, 안남 군주의 재위를 '축하'하기 위해 국호와 작위를 격상시켜 주었다는 설명은 너무 평면적이라고 생각한다. 그렇다고 필자에게 다른 특별한 해답이 있는 것은 아니지만, 막연하게 남송시기에 들어서 현저해진 중국

宗)을 봉할 때 '安南國王'이라는 이름을 사용하고, '交趾國'을 고쳐 '安南國'이라 했다. 이 이후 외국이 베트남을 부를 때는 정식 국명이 아니라 '安南'이라 부르는 것이 관습이 되었다(『物語ベトナムの歴史』, (中公新書, 1997), p.77)"고 한 것은 아마도 『大越史記全書』의 기사에 의한 것 같다. 1164년은 1174년의 잘못으로 보아야 할 것이다.

41) 『송사』 권488, 외국4 交阯 모두 부분에 베트남의 칭호와 관련된 연혁이 보인다.

42) 周必大는 『玉堂雜誌』에서 "安南爲國, ……聞奏章文移, 舊止稱安南道, 加封之後, 寢自尊大, 文書稱國, 不復可改"라고 하였다.

43) 呂士朋은 "上以天祚嗣位四十年, 故厚其禮, 封以安南國焉, 舊日章奏行移, 止稱安南道, 加封之後, 浸自尊大, 文書稱國, 不復可改矣"라는 사료를 『宋史』 交趾傳에서 인용하고 있으나(呂士朋, 앞 논문), 필자는 같은 사료를 同書에서 발견할 수 없었다.

왕조의 대외 자세의 수세 또는 소극적인 태도가 작용한 것이 아닌가 생각해본다. 남송은 북송과 달리 외국의 입공을 제한하거나[44] 외교 관계에 적극적이지 않았다. 이러한 상황에서 남송은 명분을 더 이상 고집하지 않고, 현실적인 대응으로서 안남의 지위를 다른 외국들 수준으로 조절한 것은 아니었을까?

맺음말 – 남겨진 문제 –

이상 본 장에서는 송대에도 여전히 중요한 외교 질서로 기능한 책봉 관계의 전형적 사례로서 송·안남의 관계를 검토하여, 그 특징의 일단을 보았다. '머리말'에서 지적한 것처럼 '책봉'은 송대 외교사에서 아직 본격적으로 다루어진 문제가 아니며, 본고의 초보적 고찰을 통해 그 일부 특성과 그 속에서 안남의 지위 등이 확인되었지만, 향후 분석되어야 할 문제는 적지 않다.

예를 들어 본 장에서 인용한 구준의 "孝宗時에 비로소 王으로 봉하고 國을 칭해줌으로써 天下는 이로 말미암아 이를 高麗, 眞臘처럼 대우하였다"라는 지적, 즉 안남이 '안남국'의 지위를 획득함으로써 고려나 진랍(캄보디아)과 같은 지위에 필적하게 되었다는 인식은, 송조의 책봉 관계 속에서 고려와 진랍 나아가 서하 등의 나라들이 실제로 어떠한 위상을 갖고 있었는지를 검토한 후, 그것을 다시 당시의 책봉 제도 전체 속에서 또는 그 관계를 매개로 해 諸外國의 관계를 비교 검토해야 할 과제를 제기한다. 이러한 과제를 통해서는 呂士朋이 "안남의 藩屬지위는 …… 크게 提高되어 그 貢使의 朝班은 高麗보다 위에 있게 되었다"[45]고 한 설명의 실체도 확인할 수 있을 것이다.

44) 예를 들어 『송회요』 蕃夷7-49, 孝宗 紹興32년 6월 13일조에 "登極赦, 比年以來, 累有外國遣使入貢, 太上皇帝聖懷沖抑, 謙弗敢受, 況朕涼菲, 又何以堪. 自今諸國有欲朝貢者, 令所在州軍以禮諭遣, 毋得以聞"라고 보인다.

45) 여사붕, 앞 논문.

5 宋代 西南 '蠻夷'의 分布諸相과 조공의 추이

머리말

본 장에서는 송대 '조공문제'의 일환으로 '蠻夷'로 통칭되는 중국 서남지역 소수민족의 분포 상황과 그들과 송조 사이에 존재한 조공문제를 다루려 한다.

중국왕조는 전통적으로 '海外外國'은 물론 국경을 접한 소수민족과도 '조공관계'라는 틀을 유지해 왔는데, 서남지역의 '만이'로 불리는 부족 집단과도 마찬가지였다. 전체 약 40여국 사이에 최소한 1100회 이상의 조공 관계가 확인되는 북송시대에서 만이의 조공은 223회를 헤아려 그 조공 총수의 1/5로 최대의 비중을 점한다. 송은 만이를 '조공관계'를 이용해 상대하고 통제하고 있었다.

또한 이들 다수의 사례로부터는 여타 외국과의 조공관계에서는 보기 어려운 특징, 내지는 사료부족으로 파악이 어려웠던 제도와 관례 등을 유추할 수 있는 단서도 얻을 수 있다. 송대 조공 문제에서 만이 문제는 함께 검토가 요구되는 주제이다. 그럼에도 불구하고 관련된 선행 연구는 찾기 쉽지 않다. 민족적 특성과 분포, 그들 상호간의 관계와 지역 개발 등 문화인류학적 관점에서의 연구는 물론 연구의 축적이 있으며, 중국의 서남지역은 오히려 이러한 주제가 그동안 어울리는 주제였다.[1] 하지만 송과 같은 왕조시대에 이

1) 아직 충분한 연구사를 파악하고 있지 않지만 여기서는 이상과 관련해 佐竹靖彦,「宋代四川夔州路の民族問題と土地所有問題」(『史林』 50-1~51-1, 1967~1968); 동,「瀘州江安縣生南者」(『劉子健博士頌壽紀念宋史研究論集』 同朋舍, 1989); 白鳥芳郎, 『華南文化史研究』(六興出版, 1985); 河原正博, 『漢民族華南發展史研究』(吉川弘文館, 1984); 吳永章, 『中國土司制度淵源與發展史』(四川民族出版社, 1988); 岡田宏二, 『中國華南民族社會史研究』(汲古書院, 1993); 劉馨珺, 『南宋荊湖南路的變亂之研究』(國立臺灣大學出版委員會, 1994); 上西泰之,「北宋期の荊湖路溪洞蠻地開拓について」(『東洋史研究』 54-4, 1996) 등을 들어둔다.

지역의 민족과 중원 정부와의 관계를 논한 연구는 아직 많지 않다.[2] '조공'에 구애되지 않는다 해도 송대의 만이 관련 사료에는 '조공' 기사가 상당 부분을 차지하기 때문에 그에 대한 정리는 필요할 것이다.

송대의 만이를 둘러싼 복잡하고 다양한 문제 가운데 먼저 그들 민족 집단의 분포에 대한 정리와 그들의 송조와의 관계 파악이 필요하다고 생각한 본 장에서는 1) 만이의 일반적 분포 상황, 2) '蠻'과 '夷'의 관계, 3) 만이의 조공 추이와 그것의 정치적 의미 등에 초점을 맞추어 검토하려 한다.

1)~2)에 대해서는 종전의 문화인류학 등의 입장에서 송대의 만이와 苗族 또는 瑤族과의 族源 문제를 중심으로 그 분포 문제가 이야기되어 왔다. 본 장은 그와는 달리 송대의 무수한 만이 집단이 '만'이나 '이' 둘 중의 하나로 호칭되고 있는 점에 주의해 '만'과 '이'의 지역적 분포가 어떻게 되고 그들 간에 어떠한 관계가 있는지를 정리할 것이다. 막연하게 만이로 통칭하지만 '만'과 '이'를 구별하려는 의식이 송대 중국인에게 있었을 것이라는 지적이 이미 있지만,[3] 그것을 뒷받침하는 구체적인 연구는 종래 없었다.

3)의 부분에서는 이들 만이에 의해 행해진 북송 일대의 조공이 어떠한 추이를 보였는지를 확인하고, 또 그 추이를 결정한 최대 변수의 하나인 송조와의 정치적 관계는 무엇인지를 검토할 것이다. 이 경우 만이의 조공 사실은 『송사』 권493～496, 蠻夷1～蠻夷4를 비롯해, 『송회요집고』 蕃夷7 歷代朝貢 및 同書 蕃夷3～6, 『송사』 본기, 『속자치통감장편』, 『玉海』, 『山堂考索』, 『宋朝事實』 등에 보이며, 필자는 앞서 이들 자료에서 만이를 포함한 북송시대 외국의 조공 사례를 表(이하 〈조공표〉라 칭함)로 정리한 적이 있다.[4] 이하 본론에서 제시하는 만이 관련의 일람표 및 조공 그래프의 근거 수치는 여기에 의한 것이지만, 〈조공표〉 자체는 분량 문제로 본 장에 함께 제시할 수 없음을 밝혀둔다.

2) 河原正博, 앞 책의 『漢民族華南發展史研究』는 제1편 4장 5절 「酋領の內徙」에서 조공문제에 언급하나 피상적인 사례의 열거에 그쳤다.

3) 上西, 앞 논문.

4) 김성규, 「北宋朝貢年表考索」(『全北史學』 25, 2002).

1. 西南 '蠻夷'의 일반적 분포 상황 : 『송사』 蠻夷列傳의 분석

〈조공표〉에 수록된 223회[5]의 조공사례를 검토해보면 만이라 총칭되는 조공 주체는 송대의 서남부지역－荊湖路, 四川, 廣西 등－각지에 매우 폭넓게 분포하고 있었다. 일반적으로 이들은 소재지의 지역 명 또는 부족의 성씨 명 등을 붙여 '～蠻', '～蕃', '～夷'라고 송조에게 구별되고 있었다.

그런데 송대의 사료에는 이들 '만', '번', '이'의 용어가 구별되지 않아 혼동을 주는 사례도 많으나, 상호간에 어느 정도의 구별이 존재하는 것으로 보인다. 이러한 만이의 분포와 계통을 일정한 범주로 묶어 구별을 시도한 유일한 자료는 『송사』 권493～496, 만이1～만이4이다. 이를 정리한 다음의 〈표 1〉에 의해 만이의 분포 상황에 대해 먼저 검토하기로 한다.

〈표 1〉 『송사』 蠻夷列傳에 보이는 서남만이의 분류

宋史	大分類	中分類	小分類	朝貢回數	管轄路州(方面)	備考
蠻夷1(권493)	西南溪峒諸蠻(上)	北江蠻	總20州;上, 中, 下溪, 龍賜, 天賜, 忠順, 保靜, 感化, 永順, 懿, 安, 遠, 新, 給, 富, 來, 寧, 南, 順, 高州	42	荊湖北路	
		南江蠻	敍, 峽, 中勝, 元, 獎, 錦, 懿, 晃, 富, 鶴, 保順, 天賜, 古	12	荊湖北路	
		夔州蠻		4	夔州路	송사에 항목없음

5) 뒤에 인용하는 사료에는 '蠻夷'의 일부가 元祐4년 이후 哲宗의 탄생일인 興龍節, 그리고 冬至와 正旦에 송조에 入貢하는 것이 허락되어 적어도 매년 3회의 入貢 가능성이 있고, 또 『宋朝事實』 권13, 溪洞諸蠻 조도 '逐年同天節, 端午貢方物'이라고 보여 역시 황제의 탄생일과 端午에 조공이 규정되어 있어, 이대로라면 '蠻夷'의 조공 총수는 훨씬 많았을 것이다. 그러나 실제의 사례를 모은 〈조공표〉에서 보면 반드시 이 규정대로 조공이 행해지지는 않은 것 같다. 따라서 이로부터 생각하면 소위 '조공'의 시기가 의무적으로 정해진 '常貢'은 송대의 조공관련 사료에서 일반적으로 생략되는 것이 원칙이라서 그것이 단지 〈조공표〉에 반영되지 않을 것뿐인지, 아니면 그렇지 않고 〈조공표〉가 입각한 송대의 자료들이 실제로 발생한 조공 사례를 모두 적은 것이 곧 〈조공표〉의 내용인지, 하는 본질적인 문제가 생기게 된다. 본 장에서는 실제 사료에 보이는 예를 모은 〈조공표〉에 입각한 것임을 밝히고 이 문제에 대해서는 조공의 제도와 관례를 다룰 續稿에서 본격적으로 생각하기로 한다.

蠻夷2(권494)	西南溪峒諸蠻(下)			0		南宋時代
	梅山峒蠻			0	荊湖南路	
	誠, 徽州			4	荊湖南路	
	南丹州蠻			8	廣南西路融州	溪峒之別種
蠻夷3(권495)	撫水州		上, 中, 下3房及北遐1鎮	14	廣南西路融州	天禧1년5월安化州로 改名
	廣源州			0	廣南西路邕州	交阯 소속
	甲峒蠻			0		交阯 소속
	黎洞			0		
	環州			0	廣南西路融州	
蠻夷4(권496)	西南諸夷			48		羅殿國을 포함(1)
		雅州西山野州諸部		4	成都府路雅州	송사에 항목없음
	黎州諸蠻	山後兩林蠻		16	成都府黎州	西南夷別種
		邛部川蠻		20	成都府黎州	諸蠻中最驍悍
		風琶蠻		3	成都府黎州	
		保塞蠻		1	成都府黎州	
		部落蠻(三王蠻)		0		
		彌羌部落(西菁蠻)		0		
		淨浪蠻		0		
		白蠻		0		
		烏蒙蠻		0		
		阿宗蠻		0		
		大雲南蠻		0		大理國소속
		小雲南蠻		0		大理國소속
	敍州三路蠻	董蠻		0		
		石門部		0		
		南廣蠻		0		
	威茂渝州蠻	保霸蠻		0		
		茂州	蓋, 塗, 靜, 當, 直, 時, 飛, 宕, 恭等9州	0		
		渝州蠻		0		
	黔涪施高徼外諸蠻	黔州, 涪州徼外西南夷	有五蕃(龍蕃, 方蕃, 張蕃, 石蕃, 羅蕃)	38	廣西路	
		南寧州		7	夔州路(廣西)	송사에 항목없음
		施州蠻	752에 施州溪洞蠻	2	夔州路	
		高州蠻		0		
	瀘州蠻			0		
	淯水夷			0		

여기에 보이는 만이의 유형, 즉 大·中·小 3가지 분류는 필자가 『송사』에 보이는 분류 방식 혹은 그 내용에 준해 편의상 설정한 것이다. 먼저 '대분류' 항목은 『송사』 '만이열전'의 각 권두에 보이는 목차 부분에 입각해 세운 것이다. 즉 예를 들어 동서 권493, 만이1에는 '西南溪峒諸蠻(上)'이라는 권두 목차 하나만이 보이며, 따라서 여기서 다루는 만이는 일단 모두가 '溪峒蠻'에 해당하는 것이다.[6] 그리고 이 '대분류'를 지역적으로 좀 더 압축한 것이 '중분류'에 해당하며, '소분류'는 이 '중분류'를 다시 세분한 지역으로, 이들 역시 기본적으로는 『송사』의 분류에 따랐다.

다만 본 표의 '대분류'와 '중분류' 중에는 『송사』 만이열전의 권두에는 보이지 않는 항목도 몇인가 있다. 예컨대 만이3 '대분류' 중의 하나인 '甲峒蠻'은 권두에는 그 이름이 보이지 않으나 본 장의 내용에 그 항목이 보이기 때문에 추가된 것이다. 또 '중분류'에 해당하는 '北江蠻', '南江蠻', '夔州蠻'(이상 권493)과 '南寧州'(권496) 항목도 『송사』에 항목명이 일체 보이지 않지만, 본 장의 내용을 검토하면 그렇게 분류되어야 할 조공 사례가 다수 존재하여 필자가 별도로 추가한 것이다.

한편 위의 〈표〉에서 '~州' 또는 '~州蠻' 등으로 보이는 지명은 '羈縻州' 名이 많으며 이들 기미주는 표 중의 '管轄路·州(方面)'와 통할 관계가 있다. 『元豊九域志』 권10, '羈縻州'에 의하면 만이는 거의 모두 기미주로 편입되어 송의 지배를 받는 것으로 되어 있다. 그렇지만 이와 같은 '기미주'와 '管轄路·州'의 관계는 형식적인 면이 강하고, 개중에는 통할 관계는 물론 교섭 자체가 없는 자들도 적지 않다. 예를 들어 '만이3'의 대분류 '廣源州'는 『원풍구역지』 권10, '羈縻州'에 廣南西路에 속한 기미주로 邕州의 관할을 받는 것으로 되어 있지만,

> 廣原은 邕이 관할하는 기미주라고는 하지만, 기실은 交阯에 服役한다(廣原雖號邕管羈縻州, 其實服役於交阯.(『송사』 권495, 蠻夷3 廣源州)).

고 보이는 것처럼 사실상 송조와의 기미관계는 존재하지 않는다.

〈표 1〉에는 이와 같이 송조에 반드시 순응, 즉 기미관계에 놓인 만이만이 소개되어 있는 것이 아니라, 일부는 반대로 적대관계에 있거나 몰교섭 상태에 있는 자들도 있었다.

---

6) 여기서 '(上)'은 북송시대에 관한 것이고 다음 권에 이어지는 蠻夷2의 '西南溪峒諸蠻(下)'는 남송시대의 것을 대상으로 한다.

이 경우 송에 대한 '순응'과 '적대' 혹은 '몰교섭' 관계와 표리를 이루는 것이 '朝貢'이 된다. 〈표 1〉에서 '조공'을 행한 기미주의 만이는 송조의 '순응'의 '은상'으로서 조공관계가 성립된 것이지만,[7] 반대로 조공사실이 확인되지 않는 자들은 송조와 '적대' 내지 '몰교섭' 상태에 있었다고 보인다. 물론 전자의 경우에도 '조공' 관계가 시종일관 지속된 자들도 있지만 그 중에는 송·만이의 정치 관계에 따라 斷續的일 때도 적지 않았다.[8]

이처럼 『송사』 만이열전에는 송조와 조공 관계의 유무를 떠나 모두를 포함하고 있는데, 이는 서남지역 소수민족의 분포 상태를 전체적으로 묘사하기 위한 『송사』의 의도로 보인다.

그러면 송조에게 보다 중시된 조공 관계에 놓인 자들은 구체적으로 어떠한 존재인지 이하 이 문제를 좀 더 구체적으로 검토할 필요가 있다.

2. '蠻'과 '夷'의 지역적 분포와 그 관계

1) 소위 '溪峒蠻'에 대해서

族源의 애매함 때문에 혼동되기도 하나, 예를 들어

> 그 俗에 夏와 巴의 蠻夷가 있다, …, 蠻은 槃瓠之種이고, 夷는 白虎之裔이다, …(其俗有夏巴蠻夷, …, 蠻則槃瓠之種, 夷則白虎之裔, ….(『輿地紀勝』 권147, 夔州路 涪州 風俗形勝)).

라는 설명은 '夏'와 '巴'는 물론 '만'과 '이'가 다른 계통임을 말하고 있다.[9] 요컨대 송대의 서남 소수민족들은 〈표 1〉과 같이 지역 또는 부족명 등으로 구별되기도 하지만 크게는

7) 그 관계를 암시하는 일례로 『장편』 권15, 開寶7년 7월 丙辰에 "(丹州蠻)酋帥莫洪皞自稱節度使, 遣牙校陳紹規奉表修貢, 求內屬"고 있다.

8) 후술하는 北江蠻 彭氏에 대해 『송사』 권493, 蠻夷1 西南溪峒諸蠻上 北江蠻부분에 "蓋自咸平以來, 始聽二十州納貢, 歲有常賜, 蠻人以爲利, 有罪則絶之."고 설명한 것은 단적인 예이다.

9) 이와 관련한 민족 관계는 현재 분명치 않은 점이 적지 않으나 주1)에서 든 佐竹靖彦, 白鳥芳郞, 河原正博, 吳永章, 岡田宏二의 관련 부분 참조.

'~만'과 '~이'의 두 계통 중 어느 한쪽에 들어간다. 그리고 송대에 전자는 '溪峒蠻', 후자는 '西南夷'라는 이름으로 통용된 것으로 보인다.

먼저 〈표 1〉 '대분류'에 보이는 '西南溪峒諸蠻'은 '溪洞'이라는 용어가 말하듯 송의 일반 內地(='省地')로부터 격리된 "주위가 계곡으로 둘러싸인 평지 즉 분지"[10]에 거주하는 자들을 통칭한다. 주로 荊湖北路에 집중하는 이들은 다시 '중분류'인 '北江蠻'과 '南江蠻'으로 분화되는데, 전자에 대해 『송사』 同所에는

> 처음에 北江蠻酋 중에 세력이 가장 큰 자는 彭氏였는데 대대로 溪州에 살고 있었다. 그 州에는 上, 中, 下溪가 있고, 또 龍賜, 天賜, 忠順, 保靜, 感化, 永順 등 6州가 있고, 懿, 安, 遠, 新, 給, 富, 來, 寧, 南, 順, 高 등 11주가 있어 모두 20주로 각기 刺史를 두었는데, 下溪州의 刺史가 都誓主를 겸하고 나머지 19주는 모두 이에 예속했다(初, 北江蠻酋最大者曰彭氏, 世有溪州, 州有三, 曰, 上, 中, 下溪, 又有龍賜, 天賜, 忠順, 保靜, 感化, 永順州六, 懿, 安, 遠, 新, 給, 富, 來, 寧, 南, 順, 高州十一, 總二十州, 皆置刺史, 而以下溪州刺史兼都誓主, 十九州皆隸焉.).

고 보인다. '북강만'은 형호북로의 澧水와 沅水 유역의 서북 방면에 걸쳐 존재하며, 20개에 달하는 기미주의 총대표(都誓主; 祭司長)가 下溪州의 彭氏인 것이다. 원래 팽씨는 江西省 吉安縣에서 唐代에 이주해온 자였다.[11] 이들 각 기미주의 추장에게 '刺史' 등의 직을 세습시킨 것은 중국의 전통적인 '이이제이' 책으로 송대의 거의 모든 기미주에 보이는 현상임은 말할 나위 없다.

'남강만'에 대해서는 역시 『송사』 같은 곳에,

> 南江諸蠻은 辰州에서 長沙, 邵陽에 이르는 지역에 각기 溪峒이 있는데, 敍, 峽, 中勝, 元에는 舒氏가 거주하고, 獎, 錦, 懿, 晃에는 田氏가 거주하고, 富, 鶴, 保順, 天賜, 古에는 向氏가 거주한다. 舒氏는 즉 … (인명 생략)…, 田氏는 즉 …(인명 생략)…, 向氏는 즉 …(인명 생략)…으로, 모두 조정의 명을 받는다(南江諸蠻自辰州達于長沙, 邵陽, 各有溪峒, 曰敍, 曰峽, 曰中勝, 曰元, 則舒氏居之, 曰獎, 曰錦, 曰懿, 曰晃, 則田氏居之, 曰

10) 上西泰之, 「北宋期の荊湖路溪洞蠻地開拓について」(『東洋史研究』 54-4, 1996), p.44.

11) 이하 본 표에 보이는 蠻夷 諸部族에 관한 설명은 관련되는 『송사』 蠻夷列傳을 비롯한 河原, 岡田 등의 연구참조.

富, 曰鶴, 曰保順, 曰天賜, 曰古, 則向氏居之. 舒氏則…(人名 省略)…, 田氏則…(人名 省略)…, 向氏則…(人名 省略)…, 皆受朝命.).

고 보인다. 이들은 형호북로의 辰州(沅水 중류역 일대)에서 南路인 潭州(長沙)와 邵陽에까지 13(기미)州에 이르는 만이로, 舒氏, 田氏, 向氏가 4~5개의 기미주를 각각 지배하는 首長이었다.[12]

이어 모두 형호남로에 속하는 梅山峒蠻과 誠, 徽州도 계동만으로 분류되는 자들이다. 資水 중류역의 潭州를 중심으로 蘇氏가 세력을 갖는 전자는 아마도 '舊不與中國通'[13]는 관계 때문에 조공 사례가 보이지 않고 그 족명에서 보더라도 계동만에 들어간다. 또 誠, 徽州는 '宋初, 楊氏居之, 號十峒首領, …'[14]는 설명처럼 楊氏가 '十峒'에 걸친 계동만의 수령이었다.

이렇게 형호남·북로의 특히 洞庭湖 주변 소수민족은 거의 모두가 '계동만'에 해당하며, 종래의 연구에서도 '계동만'이라 하면 이 지역에 초점이 맞추어진 경향이 강하다.

하지만 '계동만'이라는 용어는 특정 지역에 국한되지 않고 송대 서남부 지역의 곳곳에서 사용되고 있었다. 〈표 1〉의 남강만에 이어지는 '夔州蠻'은 이미 설명한 것처럼 『송사』에는 항목이 보이지 않지만 〈조공표〉에는 『송사』를 비롯한 여러 사서에 '夔州徼外蠻', '夔州蠻', '夔州路溪峒歸順等州蠻'등의 이름을 붙인 4건의 조공사례가 보인다. 따라서 〈표 1〉에서는 이들을 '夔州路'로 분류했다. 또 이들이 '계동만'으로 분류 가능한 것은 '夔州路溪峒歸順等州蠻'과 같은 표현으로도 알 수 있다.

마찬가지로 『송사』 만이2의 대분류인 '南丹州'와 만이4의 '중분류인 '施州蠻'의 경우도 계동만으로 분류된다. 광남서로 融州 소속 기미주로 '莫氏'가 대대로 수장을 맡은 南丹州는 『송사』 同所에 '南丹州蠻, 亦溪峒之別種也'라고 보이고,[15] 夔州路 소속 '施州蠻'도 '施州溪洞蠻'으로 사료에 소개된다.[16] 만이2의 대분류인 '撫水州'도 광남서로에서 蒙

12) 단 이들 기미주명에는 北江蠻과 중복되는 것이 있는데 이것이 史書의 오류인지 동일한 이름의 兩存인지는 확인하기 어렵다.

13) 『송사』 권494, 蠻夷2 梅山峒.

14) 위와 같음.

15) 사료에 '西南莫蕃'이라는 예가 보이는데 이것은 南丹州蠻을 의미하는 것으로 생각되며, 따라서 '莫蕃'도 '溪峒'으로 생각했다.

16) 『장편』 권154, 正月 戊寅에 "施州溪洞蠻田忠顯等百九十人入貢方物"고 보인다.

氏가 지배하는 곳으로 계동만이라는 표현은 발견되지 않으나 '撫水(州)蠻' 등의 용어 사용에서 '계동만'으로 분류 가능하다.

이렇게 계동만의 분포는 형호로의 범위를 넘어 夔州路와 광남서로 등을 포함하는 것임을 알 수 있다. 즉 송대의 소위 '溪峒諸蠻'은 『송사』의 분류법에 따른 〈표 1〉에 의거할 경우 '西南溪峒諸蠻(上)'과 '西南溪峒諸蠻(下)'에 한정되는 것처럼 보일 수있지만, 사실은 그렇지 않고 매우 폭넓게 분포하고 있는 것이다.

또한 '계동만'은 다음 절에서 검토하는 '서남이'를 제외한 송대 서남지역의 '蕃夷'를 포괄하는 용어로까지도 보인다. 『송회요』는 『송사』와 달리 '蕃夷'를 적극적으로 분류하지 않았으나, 同書 蕃夷5-68~5-94에 걸쳐서는 상술한 '계동만'을 '南蠻'이라는 항목으로 묶고 있다. 여기서 '계동만' = '南蠻'이라는 관계가 성립하며 '南蠻' 역시 매우 막연한 호칭이다.

요컨대 필자는 송대에는 '만이'와 관련한 복잡한 용어가 엄밀하게 분별되지는 않았지만, '서남이'와는 구별된 '南蠻', '西南蠻', '溪峒蠻', '西南溪峒諸蠻' 등 주로 '蠻' 계통의 소수민족은 비록 내지와는 격리된 산지에 거주하지만, 형호로 등 많은 지역의 예에서 보는 것처럼 통상적으로는 비교적 송의 주현에서 가까운 자들의 칭호였다고 이해한다.

2) 소위 '西南夷'에 대해서

'서남이'는 원래 漢代 蜀郡의 서부와 남부, 즉 현재의 사천성 남서부에서 운남, 귀주의 두 省 및 광서성 서부에 걸친 지역에 거주하는 민족이었다. 진시황의 남월 경략 이후 이 지역에 중국의 군현이 두어진 것은 한 무제 元鼎6년(B.C.111)의 남월 평정 후이며, 牂牁, 越嶲, 沈黎, 文山, 武都, 益州의 6군이 그것이다.[17] 이후 서남이의 반란 등으로 주군 置廢의 경위가 일정치 않다가, 唐代에는 黔州都督府를 통해 일부는 내지 주현으로, 또 일부는 기미주로 간접 지배했으나 당 말 이후는 중원과의 교섭을 갖지 못하였다.

송대 이후 사료에 보이는 소위 '서남이'도 기본적으로 이들 한대 이래의 지역에 분포하는 소수민족으로 보인다. 먼저 〈표 1〉 만이4 '중분류' '黔州, 涪州徼外西南夷'가 그 대표적인 존재이며, 구체적으로는 '소분류' 항목에 보이는 '五蕃' 즉 '龍蕃, 方蕃, 張蕃, 石蕃,

---

17) 『사기』 권116, 西南夷傳 및 『한서』 권65, 西南夷傳.

羅蕃' 등의 다섯 부족이었다. 이 중 龍蕃은 '龍氏於諸姓爲最大, 其貢奉尤頻數'[18]라는 설명대로 '오번' 중 최대 세력을 갖고 따라서 조공단의 규모도 컸으며, 송대 '서남이'의 조공에서 가장 큰 조공 회수를 보이는 등 주목할 만한 존재이다.[19]

'오번'의 위치는 '黔州, 涪州徼外西南夷'라고 있기 때문에 夔州路 중부에 위치하는 '黔州와 涪州의 徼外' 즉 黔州와 涪州의 울타리 = '변경 밖'이며, 다시 이 경우의 '변경 밖'이 그 남부지역을 의미하는 것은 譚其驤 主編『중국역사지도집』(송·요·금시기)를 보아도 분명하다. 담기양은 黔州에서 상당히 떨어진 夔州路 최남단 지역에 '黔州所領諸羈縻州'라는 명칭을 도상에 부여하였다.

이 위치는『송사』권496, 蠻夷4 서남이의 모두에,

> 西南諸夷는 漢의 牂牁郡地이다(西南諸夷, 漢牂牁郡地.).

라고 설명하는 것과도 대체로 일치한다. 즉『송사』는 송대 '서남이'의 위치를 漢의 牂牁郡, 즉 송대의 夔州路 남부(현재의 貴州 黃平과 貴定 사이)에 해당하는 것으로 보고 있다. 전술한 대로 이곳 사천성 남부는 한대부터 서남이의 거주지이기도 하다.

다만 송대의 서남이는 이 지역을 포함하되 오히려 그보다 더 남측인 광서성 방면에 걸쳐 집중적으로 분포하는 것으로 보인다.

'오번'의 좀 더 구체적인 위치에 대해서는 남송시대의 사료이지만『嶺外代答』권1, 邊帥門 宜州兼廣西路兵馬都監에,

> 宜(州)의 西境에는 南丹州·安化 등 3州1鎭이 있고, …그 밖에는 龍·羅·方·石·張의 五姓이 있다(宜(州)之西境, 有南丹州·安化三州一鎭, …其外有龍·羅·方·石·張五姓.).

이라고 있어 그들의 주거가 광서로의 南丹州와 安化州(=撫水州)의 외측에 위치하는 것이

---

18)『宋史』권496, 蕃夷4.

19) '五蕃'의 조공은 〈조공표〉를 통해 볼 때 특히 송 전반기에서는 '龍蕃'의 이름만이 거의 보이고 조공 주체가 단순히 '西南夷'(=西南蕃; 후술)라고만 표시되거나 '宜州西南蕃'이라고 설명되는 자들도 대부분 '龍蕃'을 가리킨다. 그리고 '五蕃' 중 나머지 '方蕃, 張蕃, 石蕃, 羅蕃' 등이 실제로 조공한 것이 구체적으로 확인되는 것은 1055년경부터이며, 이 이후는 예를 들어『宋會要』蕃夷7-32, 熙寧5년 4월조에 "西南龍蕃, 羅蕃, 方蕃, 石蕃八百九十人入貢"는 것처럼 '五蕃'이 합동으로 조공하는 사례가 종종 보인다.

확인된다. 즉 정확히 말하면 宜州의 서쪽에 南丹州가 위치하고 다시 安化州(撫水州)가 그 북쪽에 존재하는 지리적 관계 속에서, 宜州 주변에 앞서 소개한 기미주이자 계동만의 소재지인 南丹州와 安化州가 있고 그 외측에 '오번'이 위치하는 것이다. 이로써 '서남이'가 적어도 夔州路 남부에서 광서로 서북부에 걸쳐 존재하는 것이 확인된다.

한편 〈표 1〉 만이4의 '중분류'에 보이는 '南寧州' 방면의 '蕃夷'도 '서남이'로 분류된다. 이들이 乾德5년(967) 송조에 행한 조공과 관련해서 사료에는 '知西南夷南寧州蕃落使龍彦稻等遂來貢'[20]라고 보인다. 통상 송대의 '南寧州'는 大理에 가까운 '夔州路'의 서남단에 비정되며 담기양의 지도에도 그렇게 보이므로 이번의 조공도 이 방면의 자들이 행한 것으로 생각할 수 있다.[21]

하지만 그로부터 30년 가까이 지난 至道1년(995)에 역시 송조에 조공한 이 부족 사자의 말로는 자신의 거주지가 "宜州에서 陸行하여 45일"이라고 하여, 여기서 말하는 '南寧州'가 위와 같은 위치에 있는 것으로 보아야 할지 의문이 든다. 여러 정황을 고려할 때 사실이 '南寧州'는 현재의 운남성 昆明 동북지방에 위치하는 唐代의 '南寧州'(뒤의 石城郡으로 개명), 송대에는 大理와 접경지대에 있는 광서 서부로 생각하지 않으면 안 되고, 龍彦稻도 이와 같은 종전의 지명을 차용한 것으로 보인다. 그 거주지가 宜州에서 45일이나 걸리는 것도 그 때문일 것이다.[22]

이것은 '서남이'의 분포가 夔州路 중부 이남에서 광서로에 이르는 것을 의미하며, 『송사』 권496, 蠻夷4 '黔州, 涪州徼外西南夷'조에서 그 분포지를 포괄적으로 설명한 다음의 기사와도 거의 일치한다.

> 黔州와 涪州의 徼外에 있는 西南夷는 漢의 牂牁郡이자 唐의 南寧郡에 해당한다, …. 그 땅은 東北으로 黔·涪에 곧장 접하고, 西北은 嘉·敍에 접하며, 東은 荊楚로 연결되고, 南은 宜·桂로 나아간다(黔州, 涪州徼外西南夷, 漢牂牁郡, 唐南寧郡, …. 其地東北

20) 『송사』 同所.

21) 필자는 이들이 龍氏인 점에서 다름 아닌 '五蕃'의 하나인 '龍蕃'으로 본다. 그렇다면 〈표 1〉에서 蕃夷4 대분류 '西南諸夷'로 분류한 이들을 同所 '黔州, 涪州徼外西南夷'로 옮길 필요가 생기지만 아직 확증이 없어 표와 같이 두기로 한다.

22) 예를 들어 『장편』 권263, 희령8년 윤4월 乙卯에 의하면 邕과 宜州에 와서 공물을 납입할 것을 조처하는 詔의 내용이 있으므로 이들은 '西南夷'로 보인다. 또 이들 5蕃 이외에 보이는 程蕃과 莫蕃, 韋蕃 등도 마찬가지로 보인다.

直黔·涪, 西北接嘉·敍, 東連荊楚, 南出宜·桂.).

이로써 송대의 '서남이'는 기술한 한·당시대의 南寧州(廣西路 서부)와 牂牁郡을 비롯해 동북으로는 黔·涪州(夔州 중부)에 달하고, 서북으로는 嘉·敍(成都府路 東南; 敍州=戎州)에 접하고, 동으로는 荊楚(荊湖路 남부)와 連接하며, 남으로는 宜·桂 방면에 미치는 범위에 산재한 것으로 총괄할 수 있다.

다만 〈표 1〉에서는 여기에다 '雅州西山野州諸部'를 비롯한 '山後兩林蠻', '邛部川蠻', '風琶蠻', '保塞蠻'도 西南夷에 추가시켰다. '雅州西山野州諸部'는 『송사』 해당부분에 '역시 서남이의 별종이다'고 하고, '山後兩林蠻'도 『山堂考索』 권64, 四夷朝貢에 '黎州山後西(兩의 誤)林蠻, 皆西南夷之別種也'고 있으므로 문제가 없지만, 그 밖의 '風琶蠻'과 '保塞蠻'은 '서남이'라는 설명은 보이지 않고 오히려 '蠻'이라고 불리고 있다. 그러나 이들은 앞서 소개한 일반 '계동만'과는 다르다고 생각되며 계통 면에서 보면 한대 이래로 四川 서남부 이남에서 분포하는 실질에 있어서는 '서남이'로 분류되어야 할 것이다.[23] 또한 여기서는 '만'과 '이'의 용어상의 관계도 분명치 않다.[24]

또 이들은 대부분이 成都路의 서남부~남부에 위치하는 黎州 소속의 기미주에 해당하고, 담기양의 지도는 그 위치를 成都路 영역 안에 포함시킨다. 하지만 송대의 黎州는 "大渡河 이남을 방기한 관계로 영역이 축소"[25]되어버렸기 때문에 위의 '서남이'는 사실상 송의 영역 바깥에 존재하는 자들이었다.

즉 송대의 '서남이'는 산지 등에 고립됐지만 주변이 '王土'로 포위되고 따라서 위치적으로는 비교적 송조에 가까운 '계동만'과는 달리, 송의 입장에서 볼 때 영역 바깥의 보다 먼 지역에서 보다 강한 독립 경향을 나타낸 세력으로 비추어진 것이다. 예를 들어 "景德

---

23) 佐竹靖彦은 「瀘州江安縣生南耆」(『劉子健博士頌壽紀念宋史硏究論集』, 同朋舍, 1989), p.246에서 송대 四川南部 瀘州 방면에 '烏蠻'이 있으며 그 '烏蠻'의 유력한 존재로 '邛部川蠻'과 '兩林蠻'을 들고 있는데, 『장편』 권253, 熙寧7년 5월 己亥에는 '西南蕃烏蠻羅氏……'라는 설명이 보인다. 뒤에서 논하는 것처럼 송대에는 '西南夷'가 '西南蕃'과 거의 동의어로 사용된 점을 감안하면 이 '烏蠻' 그리고 그 중의 대표 격인 '邛部川蠻'과 '兩林蠻'은 '西南夷'가 된다.

24) 대체로 송대의 '蕃夷'는 구체적인 지명을 통해 표현될 때는 '~蠻'의 표현이 많고 '~夷'라는 표현은 소수에 속한다. 따라서 이들도 지역 명 등을 통해 구체적으로 지칭됨으로써 '~蠻'으로 칭해지기는 하나 실질은 '西南夷'의 범주에 들어가는 자들로 보고 싶다.

25) 譚其驤 主編, 『中國歷史大辭典』(歷史地理編), p.1000 '黎州'.

元年, 詔西南牂牁諸國進奉使親至朝廷者……”(『송사』 만이4)와 같이 서남이에 대해 ‘國’이라는 표현이 보이는 것은 그러한 관계 때문이라 생각된다. 그리고 송조는 다름 아닌 이 관계에 의거해서 똑같은 조공 관련 정책을 ‘만’과 ‘이’에 대해 달리 적용하는 경우가 있던 것 같다.[26]

‘서남이’는 사료에 ‘西南蕃’으로도 보인다. 무엇보다 『송회요』가 〈표 1〉에 보이는 다수의 ‘서남이’를 蕃夷5-10～5-42에서 ‘서남번’이라는 항목으로 취급한 것이 그것이고, 기타 구체적인 실례에서도 발견된다. 〈표 1〉에서 구체적인 지명 없이 단순히 ‘서남번’ 또는 ‘西南～蕃族’으로 보이는 예들을 ‘西南諸夷’ 중에 일괄 포함시킨 것은 이 때문이다. 또한 송대에는 티베트 방면의 靑唐 혹은 각시라 정권을 ‘西蕃’이라고도 칭했다. 이 ‘西蕃’의 ‘蕃’과 ‘서남이’의 별칭인 ‘서남번’의 ‘蕃’이 ‘蠻’과 다른 모종의 語義를 가지고 분별적으로 사용된 것이라면, 거기에는 역시 송조의 입장에서 본 거주지의 원근 관계라는 점이 어느 정도 작용한 것으로 추론된다. 물론 거기에 이미 본대로 예외와 혼동이 있던 것은 사실이다.[27]

3. ‘만이’의 조공 추이와 그 배경

1) ‘만이’ 조공의 일반적 추이

‘계동만’과 ‘서남이’를 모두 포함시킨 ‘만이’의 송에 대한 조공 수는 총 223회이며 이것이 송 전체의 1/5에 달하는 규모라는 것은 이미 지적했다. 〈조공표〉를 기초로 만든 〈그림 1〉은 송조 전체의 조공에서 만이가 차지하는 비중을 보여준다. 아직 전국이 통일되지 않은 국초의 20년 정도를 빼면,[28] 980년대 정도부터 만이의 조공 증감 곡선은 전체 조공의

26) 예를 들어 송조는 ‘西南夷’에 대해서는 대체로 그 거리가 먼 이유로 조공의 ‘貢期’ 자체를 수년에 1회 정도로 제약하거나 上京에도 제한을 가하는 조치를 취하는 일이 있었다.

27) 일례로 『宋會要』 蕃夷 西南蕃조 5-10에 “興國三年八月, 夷州蠻任郎政等來貢方物”고 있는 것이 同書 蕃夷 南蠻조 5-74에도 “(興國)三年, 夷州蠻任朗政等來貢”와 같이 보이는 것처럼, 동일 내용이 두 곳에 모두 보이는 것은 좋은 예이다.

28) 이 기간은 江南에 소위 ‘十國’의 일부가 잔존하는 상태였는데 송조는 이들과도 조공관계를 맺어 결과적으로 전체 조공회수가 크게 늘어나는 것이 특색이다.

그것과 비슷한 방향을 보일만큼 송대 조공 전체의 경향을 선도하게 된다.

다시 만이의 조공 추이를 각 朝代(황제)와 10년 정도의 단위로 나누어 재구성해 보면 〈그림 2〉와 〈그림 3〉과 같이 된다. 수적으로 만이의 조공은 眞宗의 절정기를 향해 서서히 증가하다가 그 후반부터 급락해 40여년에 미치는 仁宗시기 내내 최소 상태를 보이고 이 상태가 英宗과 神宗 시기에도 이어지지만, 哲宗시기에는 다시 상당히 급증하였다가 徽宗시기에 재차 급락하는 경향을 보인다.

이러한 조공 수의 증감이 어디에 원인이 있는지 구체적으로 설명하기는 쉽지 않다. 하지만 〈그림 3〉에서 넓게는 인종 중반기 이후, 좁게는 신종조 이후의 경향에 대해서는 그 대세를 추정할 만한 몇 가지 중요한 요인이 존재한다. 필자는 그것이야말로 인종조 이후, 특히 신종 시기에 본격화하는 '계동만' 경략의 결과에 의한 것이며, 그로써 '계동만'의 거주지가 송의 內地 주현으로 전환되고, 조공 관계에도 변화가 일어나 〈그림 3〉의 그래프 모양을 갖게 된 것이라 생각한다.

이 관계는 '만이'를 '계동만'과 '서남이'로 나누어 각각의 조공 추이를 대비해본 〈그림 4〉에서 한층 분명해진다. 그에 따르면 '계동만'은 진종기 이후 '서남이'보다 훨씬 많은 회수의 조공을 행하지만, 인종조가 시작되는 1020년 이후부터 신종의 1080년 전반기까지는[29] 그 수가 현저히 감소해 거의 의미를 갖지 못하게 된다.

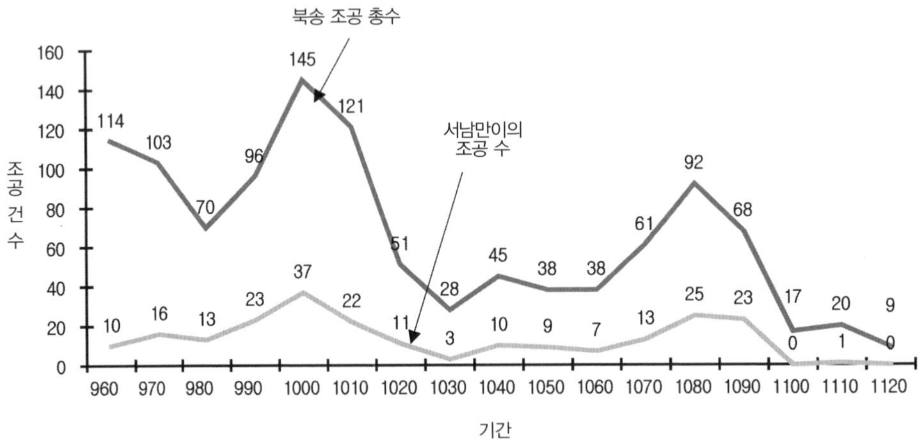

〈그림 1〉 北宋의 전체 조공과 비교해본 서남만이 조공의 경향과 趨移

29) 표의 조공회수 7회 중 2회만이 신종대의 것이고 5회는 80년대 후반인 철종조의 것이다.

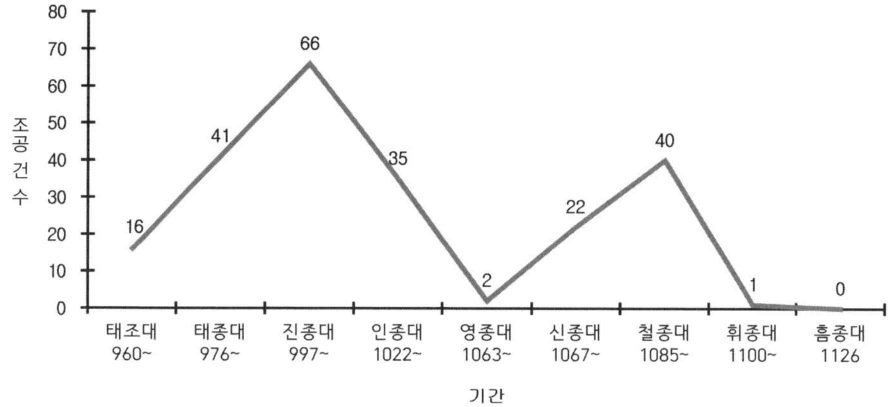

〈그림 2〉 북송 西南蠻夷 조공의 추이(朝代別)

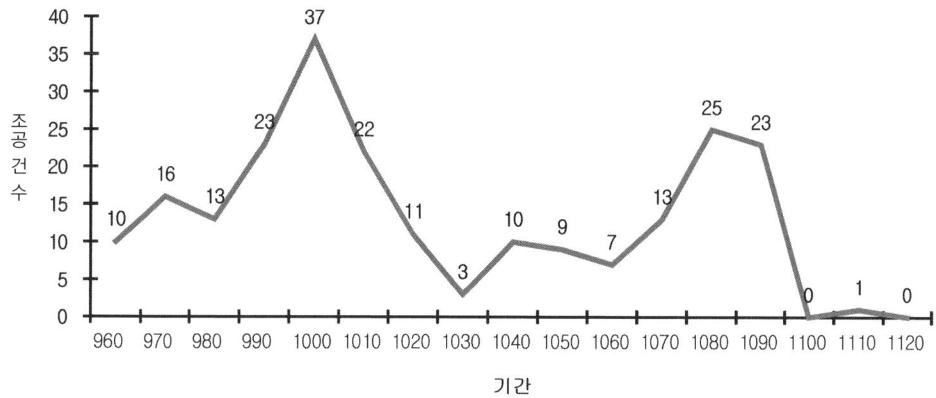

〈그림 3〉 북송 西南蠻夷 조공의 추이(10년 단위)

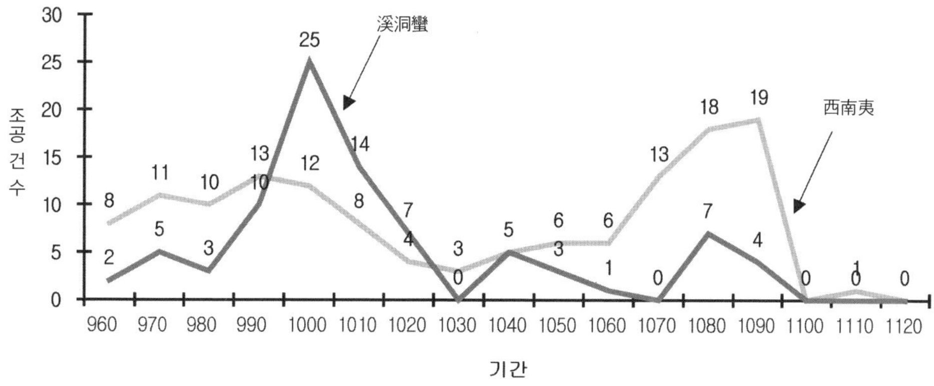

〈그림 4〉 북송에서 西南蠻夷와 溪洞蠻의 조공 추이

이에 비해 '서남이'는 '계동만'과 대비되는 양상으로, 진종 이후는 조공수가 줄어들지만 인종기(1030년대~) 이후 철종기(1100년대 이전)까지 꾸준히 증가하여 송대 후반기 조공의 대다수를 차지한다. 이 기간 동안의 '서남이'의 조공 증가는 그 수가 특별히 많았다기보다 상술한 '계동만'의 조공 급감에 따른 상대적인 것이다.

또한 신종조 이후 전개되는 이와 같은 '溪峒蠻地'의 내지화 추진은 넓게는 신법당의 적극적 대외정책의 일환인 소위 '開邊策'이었는데,[30] 구법당은 이에 대해 반대하는 입장에 있었다.

따라서 위의 여러 표에서 보이는 신종기 이후 그래프 상의 격심한 변화는 크게 보아서는 '개변책'의 계승 문제와 상관관계가 있는 것으로, 거기에 반대 내지 소극적이던 철종 시기에는 만이의 조공이 증가하고, 다시 신법당 집권기인 휘종 이후는 '개변책'의 계승으로 그 수가 감소한 것이라 풀이된다. 다만 휘종조 이후는 만이 뿐 아니라 송조의 외국 조공 전체가 급감하고 있으며, 거기에는 다른 이유가 있을 것이다.[31]

2) 溪峒蠻地의 내지화

사면이 '王土'로 둘러 싸여 마치 '海中의 孤島' 같은 상황에 있던 '溪峒蠻地'는 장차 송에 의해 개발될 운명이었다. 특히 앞에서 본 것처럼 '계동만'이 다수 거주하는 형호로는 그 대표적인 대상 지역이었고, 이에 관해서는 上西泰之의 연구가 존재한다.[32] 다만 上西의 연구는 송조와 거의 조공관계가 없던 형호남로의 '梅山峒'과 '誠·徽州'를 주된 대상으로 삼아, 이 지역의 개발되기 이전 상황에서 개발과정, 개발 후의 상황 변화 등을 묘사한 것으로, '계동만' 중 宋에 대한 조공의 대부분을 차지하는 '北江蠻'과 '南江蠻'의 사정은 주된 논의에서 빠져있다.

'북강만'과 '남강만'에 대해서도 上西처럼 그 경영을 전후한 해당 지역의 변화상에 대

30) '開邊政策'에 대해서는 김성규, 『宋代の西北問題と異民族政策』(『汲古書院』, 2000) 第7章「宋代における蕃兵制の成立」, 第8章「北宋後期の蕃兵制」 참조.

31) '溪峒蠻地'의 內地化 이외에 조공의 추이에 영향을 미치는 요소로는 보다 자주 入貢하려는 蠻夷에 대해 송조가 제한을 가한 '貢期'문제, 또는 朝貢의 '명분' 등 더 생각할 부분이 있으나, 이들에 대해서는 蠻夷의 조공과 관련된 제도·관습 등을 고찰할 예정인 본 논문의 續稿에서 다루기로 한다.

32) 上西, 앞 논문.

해서도 묘사할 필요가 있으나, 필자의 역량으로 본 절에서는 송조의 경영에 따라 종전의 '兩江蠻'의 對宋 조공관계가 어떻게 변화되어갔는지에 논의를 한정한다.

(1) 熙寧期 이전의 상황

전술한 대로 북강만은 下溪州의 彭氏가 인근 20개 (기미)주 계동만의 대표를 대대로 맡고 있었다. 이들 각 주의 刺史는 해당 주의 蠻酋가 역임하였는데, 만추들은 下溪州刺史兼都誓州인 팽씨가 주도하는 합의체를 통해 자신들의 친인척 등을 辰州의 보증을 얻어 관리 후보자로 형호로 경략사에 上申하면, 송은 해당 受命者에게 '勅告'와 '印符'등을 내렸다.[33] 또 송조는 이들에게 조공을 허락했고 그들도 그로부터 생기는 이익을 중시해 그 관계를 유지하려 했다. 즉 北江蠻은 송조와 전형적인 기미관계에 있었다. 북강만 20주가 참여하는 송조와의 조공관계는 적어도 咸平연간(998~1003)에는 시작되어 이후 그 관계가 비교적 원활히 유지돼 간 것으로 보인다.

그러다가 彭仕義가 明道初(1032)에 下溪州刺史를 승계하자 일족 간에 불화가 생겨 송의 개입을 초래하였다. 원래 知忠順州였던 팽사희의 아들 彭師寶는 慶曆4년(1044)에 모종의 죄를 지어 송에 조공을 중단 당했다가 그 후 적극적인 교섭을 벌여 다시 知上溪州로 되면서 조공관계를 회복하였다(皇祐2년: 1050). 그런데 얼마 후 팽사보는 아버지 팽사희에게 자기 처를 빼앗겼다고 하여 아들인 知龍賜州 彭師黨과 함께 辰州를 찾아가 부친의 소행을 고발했고, 또 팽사희가 이전에 管下 13주 刺史의 '符印'과 토지를 강탈했을 뿐 아니라 '貢奉'과 '賜予'를 독차지하고 '大王'을 칭해 장래 변란의 조짐이 있다고 주장했다.

이로써 송의 知辰州 宋守信 등이 1000여 명의 병력과 팽사보의 인도로 토벌에 나섰으나 팽사희는 도망했고 宋軍의 반 이상이 전사하여 송수신 등은 처벌됐다. 이로부터 계동만의 도발이 빈발해지고, 송의 '邊吏'가 이를 막지 못하자, 송조는 '改過自歸'의 의미로 5~7개 주의 '貢奉'과 '賜予'를 감하는 형태로 조공 관계를 허락하는 한편 군사 동원도 병

---

33) 이하 荊湖路溪峒蠻과 梅山蠻 등에 대한 송조의 경략 내용과 관련해 구체적인 출전을 밝히지 않은 것은 대부분『송사』권493, 蠻夷1~권494 蠻夷2,『續資治通鑑長編紀事本末』권88, 討梅山蠻,『장편』권236, 熙寧5년 윤7月 己酉 및 庚戌, 동서 권238, 동년 9월 丁卯 및 己巳, 동서 권240, 동년 11월 庚申, 동서 권241, 동년 12월 丙子, 동서 권242, 희령6년 정월 辛酉 및 壬申, 동서 동권, 동년 2월 癸巳 및 戊戌, 동서 권244, 동년 4월 辛卯, 동서 권245, 동년5월 癸丑 및 癸亥, 동서 권270, 희령8년 11월 丙戌, 그리고『宋會要』蕃夷5-68~5-94의 기사를 참조한 것이다.

행해 강온 양면으로 대응했다.

여기에 팽사희가 송조에 진정해 본래 자신에게는 반란의 뜻이 있던 것이 아니며 일전의 싸움은 송수신이 팽사보의 일방적인 무고를 믿은 결과라고 하면서 다시 20개 주로써 '貢奉內屬'할 것을 청해왔다. 이에 嘉祐2년(1057) 팽사희가 약탈한 병사와 무기를 반환하고 내속을 맹세하였고, 辰州도 포로 등을 돌려주어 양자의 관계가 일단 원래대로 회복하였다.

이상을 통해 보면 계동만 중에 송에 가장 많은 조공을 한 '북강만'은 경력4년(1044)무렵부터 부족 내부의 동란으로 조공의 중단과 재개가 이어지는 불안전한 관계가 보였고, 그것이 앞 그래프와 같은 이 시대의 조공 하락세와 관련이 있어 보인다.

이 무렵 梅山峒 방면의 계동만도 송조의 주시를 받았다. 이 지역은 앞서 소개한대로 송과의 조공 관계가 거의 보이지 않고, 송도 그들을 '梅山蠻素凶獷, 數出抄掠漢界'[34]고 평하였다. 그 때문인지 이 지역에도 송의 경략이 착수되었다. 上述한 팽씨 공격을 전후해서이다. 이 문제는 앞서 소개한 上西가 다루고 있으며, 그에 따르면 嘉祐원년(1056) 監稅官 張頡의 요청에 응해 知潭州 劉元瑜가 楊謂라는 자를 梅山에 보내 시작된 경략은 의외로 순조롭게 추진되어 그 추장 400여 명이 '聽命'하고 대략 1000戶를 '王民'('省地民')으로 만들었다고 한다. 嘉祐末年(1063)에도 '梅山峒蠻'의 출몰이 많은 潭州 益陽縣의 知縣 張頡이 그 경략을 위해 조정에 허가를 청했으나 승낙을 얻지 못하고 좌절했다.

(2) 熙寧 시기의 상황

熙寧 시기(1068~1077)가 되면 적극적인 대외 공세 분위기에서 형호로 '蠻夷地'의 경략을 주장하는 제언이 활발했다.[35] 형호북로 '양강만'과 형호남로 '매산동'의 공략을 주장하는 논자들이 나타났고, 또 양자를 경략하되 그 순서를 '兩江蠻'부터 시작해야 한다는 의견과 반대로 '매산동'부터 해야 한다는 주장도 제기됐다.

양강만에 대해서는 희령3년(1070)에 荊湖北路提點刑獄 趙鼎이 峽(硤)州 南江 蠻酋의 포악함 때문에 蠻人들이 송에 내속하길 바란다는 보고를 제출했다. 다음 해에는 辰州의

34) 『장편』 권238, 熙寧5년 9월 丁卯.

35) 이하에서 특별히 근거를 제시하지 않은 神宗朝의 溪峒蠻 경략 내용도 대부분 본 장 주33)에서 제시한 사료들에 근거한다.

'布衣' 張翹[36]도 남강만의 '蠻衆'이 학대를 받아 괴로워하며 귀화를 생각하므로 그 규모가 큰 富, 峽 兩州를 먼저 초무하여 '納土'시키면 나머지 주도 저절로 그에 따를 것이라는 내용과, 北江 방면의 계동만에도 '內向心'이 있고 특히 彭師晏이 辰州에 일부의 토지를 헌상하고 귀화할 것을 청한 터이라 이 기회에 경략해야 한다는 건의를 송조에 올렸다.[37]

이 주장이 신종과 왕안석의 찬동으로 구체화된 것은 훗날 신법당의 重鎭 章惇이 '察訪荊湖北路의 '農田水利常平等事'에 임명되고 나서이다(희령5년 윤7월). 察訪使는 왕안석이 신법을 추진할 때 자주 파견한 것으로,[38] 이때도 왕안석은 형호로 경략의 단서를 살피기 위해 장돈을 보낸 것으로 보인다. 또한 같은 무렵 형호남로 知潭州에 潘夙이, 형호북로의 轉運使에는 孫構가 각각 임명되었고, 다시 그보다 조금 앞서 石鑑이 荊湖北路鈐轄兼知辰州에 임명되어[39] 장돈과의 협력이 도모되었다. 그러자 장돈이 '兩江蠻' 경략이 동시에 착수돼야 한다고 上言하였다(같은 해 8월).[40]

그런데 장돈은 이 직후에 갑자기 형호남로의 '梅山蠻'을 '經制'하는 것으로 使命이 바뀌게 됐고, 동년 9월 知潭州 潘夙과 荊湖南路轉運副使 蔡燁에게 장돈과 '協力處議'하라는 명령이 내려졌다. 장돈이 이렇게 '매산만' 경영에 투입된 것은 송조에서 '양강만'과 '매산만' 중 경영의 순서를 어떻게 할 것인지에 대해 '매산만'이 우선돼야 한다는 왕안석의 입장이 관철된 결과였다.

원래 신종은 '매산' 경략이 필요함을 강조한 荊湖南路轉運副使 蔡燁의 말에 따라 '매산' 경영은 채엽에게 맡기고, 그에 앞서 '양강만' 경략을 장돈에게 시키려 한 것으로 보인다. 하지만 이 계획은 이 직후에 채엽이 '매산' 경영을 자기 공으로 돌리려는 공명심 때문이라는 신종의 판단과, 비교적 약체인 '매산'을 빨리 경략한 뒤 그 여세로 '兩江'으로 진

---

36) 신종조에는 신종의 소위 '開邊' 정책에 영합해서 주변 異民族이나 西夏, 靑唐, 베트남 등의 경략에 관해 上言하는 자들이 많았고 그것을 통해 출세를 도모하려는 풍조가 적지 않았다. 본론에서도 그러한 자들이 등장한다.

37) 희령 이후 북강만의 동향에 대해서는 『송사』 권493, 만이1에 의하면 희령3년에 팽사희가 그 아들 彭師綵에게 살해됐고, 팽사채는 포악한 관계로 다시 그 형인 彭師晏에게 살해됐는데, 이 팽사안이 송조에 '誓表'를 제출했기 때문에 송은 그에게 '州事'를 계승하게 했고, 다시 희령5년에는 그가 토지를 헌상했기 때문에 下溪州의 刺史에 임명한 것을 알 수 있다.

38) 熊本崇, 「煕寧年間の察訪使－王安石新法の推進者たち－」(『集刊東洋學』 58, 1988).

39) 石鑑 바로 전의 知辰州는 劉策이었고, 유책은 전술한 布衣 張翹의 주장을 검토한 후 자신의 아들을 보내 구체적인 방략을 보고하기도 했지만 얼마 후 죽었기 때문에 석감이 그 후임이 됐다.

40) 『장편』 권236, 희령5년 8월 壬午.

출하는 것이 순리임을 역설한 왕안석의 생각으로 위와 같이 다시 번복된 것이다.

이렇게 먼저 착수된 '매산만' 경략은 의외로 성과를 빨리 내어 동년 11월경에는 경략이 거의 완료되었고, '남강만'도 이어 종료된 것으로 보인다(희령6년 정월경). 그리고 '남강만' 평정의 여세로 송은 수년 뒤 인근의 誠州도 내지화시켰다(희령8년: 1075). 이들 '매산만'과 '남강만'의 경략 과정은 사료에 기록이 소략하지만 그 기간이 짧은 데에서 알 수 있듯이 큰 무리 없이 이루어졌다.[41] '북강만' 경략은 이보다 시간이 약간 더 걸렸으나(희령8년 11월경), '매산만'이나 '남강만'의 경략과 어떠한 관계 속에서 추진되었는지 자세한 기록이 보이지 않는다.

3) 溪峒蠻地의 내지화와 조공 문제

송은 '남강만' 경략이 끝나자 이 지역을 '내지화' 즉 송의 주현으로 개편하였다. 당시 경략의 일선에 있던 石鑑 및 章惇의 말을 종합하면 峡, 富等 17주 수령인 舒光秀 등이 蠻人 1500여인과 함께 "器甲을 납입해 歸朝"했고, 또 남강만 수령들은 "각기 納土하여 王民이 될 것을 원했다."[42] 이 17주는 본래 '기미주'였다가 이때 정식으로 내지가 된 것이다.

『장편』 권252, 熙寧7년 4월 丙戌, 『원풍구역지』 권6, 荊湖北路 沅州조, 『송사』 권88, 地理4 荊湖北路 沅州조 등에 의하면, 희령7년 4월에 장돈의 청으로 17기미주 중의 하나인 '懿州'를 중심으로 '沅州'를 두었고, 다시 그 아래에 盧陽(治所), 麻陽, 黔陽의 3縣이 부속되었다.[43] 또 '남강만'의 연속선에서 평정된 誠州도 희령9년(1076)에는 '誠州' 이름을 그대로 유지한 채 내지화되었는데, 이 지역은 沅州와 지리적으로 가까워 이후 沅州의 屬縣이 됐다가, 혹은 다시 誠州로 독립되는 등의 변화를 거치다가 崇寧2년(1103)에 '靖州'로 확정됐다.

내지화에 따라 그때까지 있던 계동만의 송에 대한 조공관계도 소멸될 운명을 맞이하였

---

41) 梅山峒에 대해서는 『송사』 同所 및 上西의 앞 책 관련 연구를, 兩江蠻에 대해서는 본 장 주33)의 관련 부분을 각각 참조.

42) 『장편』 권243, 희령6년 정월조 注文 所引 『神宗史』 '南江傳'.

43) 『장편』 권252, 희령7년 4월 丙戌에 "詔置沅州, 以懿州新城爲治所, 縣以盧陽爲名. 從章惇請也.", 『元豊九域志』 권6, 荊湖北路 沅州조에 "熙寧七年收復溪峒黔, 衡, 古, 顯, 敍, 峡, 中勝, 富, 贏, 繡, 允, 雲, 洽, 俄, 獎, 晃, 波, 宜十七州, 卽唐敍, 錦, 獎州地置州. 治盧陽縣", 『송사』 권88, 地理四 荊湖北路 沅州조에 "本懿州. 熙寧七年收復, 以潭陽縣地置盧陽縣, 以辰州麻陽, 招諭二縣隷州"고 각각 보인다.

다. 좋은 예로 『송사』 권494, 蠻夷2 誠·徽州에는,

> 熙寧8년에 楊光富라는 자가 族姓 23州峒을 이끌고 歸附하자 詔하여 三司軍將에 補하였다. 이어 楊昌銜이라는 자가 또한 進奉을 그만두는 대신 租賦를 내어 漢民이 되기를 원하였다(熙寧八年, 有楊光富者, 率其族姓二十三州峒歸附, 詔…補三司軍將. 繼有楊昌銜者, 亦願罷進奉, 出租賦爲漢民. ….).

고 한 것처럼, 誠州 蠻酋의 한 사람인 楊昌銜이 '進奉'을 중단하고 '租賦' 납입을 통해 '漢民'이 될 것을 원하였다. 여기서 '계동만'과 일반 내지 '漢民' 사이의 송조에 대한 기본관계의 차이가 선명히 보인다. 즉 조공은 송조가 '만이'와 기미관계를 유지하는 주요한 방법이며, '租賦'의 납입은 '漢民'에게만 허용된 권리이자 의무인 것이다.[44] 이 誠州의 예와 같이 내지화된 '溪峒蠻地'의 만이는 원칙상 송에 대한 조공이 소멸된 것으로 생각할 수 있다.

그럼에도 불구하고 앞의 〈그림 4〉에서는 희령 시기 이후에도 계동만의 조공이 일부 지속된 것은 왜일까? 물론 송조에 조공한 계동만 중에는 양강만과 誠州 이외 다른 곳의 자들이 있으므로 그들의 사례로 볼 수도 있다. 하지만 〈그림 4〉의 구체적인 내역을 보면 그들에 의한 조공수는 희령 시기 형호로 경략 이후에 행해진 계동만 전체 조공수 11건 중에서 5건[45]을 차지하고, 나머지 6건은 양강만 중에서도 모두 북강만에 의한 것이다. 즉 〈조공표〉에 보이는 6건의 사례는 元豊8년(1085)의 '龍賜州及監州', 元祐1년(1086)의 '龍賜州와 監州', 元祐4년(1089)의 '保靜州, 永順州, 謂州', 같은 해의 '龍賜州, 藍(監?)州, 吉州', 元符2년(1099)의 '保靜州, 永順州, 渭(謂)州', 그리고 元祐6년에 보이는 '溪洞'[46]에 의한 조공이다. 요컨대 이것은 남강만이 희령 이후의 내지화에 따라 조공관계가 소멸된 것에 비해 똑같이 송의 경략을 받은 '북강만'만이 그 이후에도 조공을 계속했다는 것을 말하는

44) 그러나 송조는 예를 들어 『송사』 권493, 蠻夷1 西南溪峒蠻上 咸平元年조에 "(富州刺史向)通漢又言請定租賦, 眞宗以荒服不征, 弗之許."는 사례처럼 송 전반기에는 溪峒蠻의 내지화를 적극적으로 추진하지 않았다.

45) 구체적으로는 南丹州 莫世忍에 의한 것이 4건(元豊3년(1080), 元祐1년(1086), 元祐1년, 元祐5(1090)), 施州蠻의 것이 1건(元祐6(1091))이다.

46) 이것은 '溪洞'으로만 되어 있으나 '남강만'의 조공은 소멸된 상태로 보이므로 '북강만'의 것으로 보았다. 그 밖의 '계동만'의 것일 가능성도 완전히 배제할 수는 없다.

데, 그렇다면 그 이유는 무엇일까?

荊湖北路轉運使 孫構의 말에 의하면 희령8년 11월에 知辰州 陶弼이 군대를 이끌고 下溪州에 城砦를 건설했다고 하므로 이 무렵 북강만이 송조에 평정된 것은 분명하다. 송조의 이 축성은 이미 언급한대로 북강만 20주의 대표로서 소위 '都誓主'를 맡아오던 下溪州의 자사 彭師晏이 송의 초납으로 그 휘하 '誓下州峒蠻'과 함께 투항한 결과였다. 『원풍구역지』 권6, 荊湖北路 辰州조는 下溪州에 세워진 이 城이 희령8년에 '會溪'라는 이름으로 辰州에 속하게 됐고, 그 밖에도 북강만地에는 같은 시기에 黔安寨가 건설되어 역시 辰州에 예속된 것을 적고 있다.

그런데 팽사안이 '誓下州峒蠻'과 함께 송에 투항한 것은 『장편』 등에 의하면 知辰州 陶弼이 彭師晏의 초납에 애를 먹었기 때문에 북강만 20주 중의 일부인 保靜, 永順 등 6주 수령을 이용해 팽사안의 일족에 분란을 조장시킨 것이 주효한 결과였다. 그리고 투항자들이 각자 자신의 지역을 송의 '版籍'에 헌납하여 송은 이 지역에 성채 5개를 추가로 건설했다.[47] 이로써 이들 지역도 송의 내지로 전화되었고, 그에 맞추어 송조가 '出租賦如漢民'이라는 조처를 내린 것도 그 점을 상징화한다. 이것은 앞의 다른 예처럼 그들에게는 종전의 송조와의 조공관계가 청산된 것을 뜻한다.

그러나 이때 북강만地 모두가 내지화된 것은 아니며 제외된 자들이 있었다. 그리고 이들이 실은 희령기 이후 여전히 송과 '조공관계'를 유지한 자들로 생각된다. 또 이들이야말로 다름 아닌 송조에 이용되어 下溪州刺史 팽사안을 투항하게 만든 '保靜, 永順 등 6州 수령'들임이 틀림없다. 왜냐면 앞에서 이미 구체적으로 제시한 희령 시기 內地化 이후 조공을 지속한 북강만이 소속하는 州가 '保靜州, 永順州'라는 이름을 비롯해 '龍賜州, 監州, 謂州, 吉州'까지 6주로 되어 있기 때문이다. '保靜州, 永順州'는 물론 '6'이라는 수가 일치하는 것은 양자가 결코 우연이 아님을 말한다. 따라서 단언하기는 어렵지만 북강만 20주 중에서 송의 내지로 된 것은 下溪州刺史 팽사안 등 일부이고, '保靜州, 永順州' 등 적어도 6주는 송의 내지로 전화되지 않은 상태에서 종전과 같은 '조공관계'를 유지한 것이 된다.[48]

47) 『장편』 권270, 희령8년 11월 丙戌에 "(彭)師晏遂與(周)興及衆數千來降. (陶)弼取其地, 築城寨五."고 있는데, 이 '5寨'는 『송사』 권493, 蠻夷1에 ……"誓下州峒蠻張景謂, 彭德儒, 向永勝, 覃文猛, 覃彦覇各以其地歸版籍."고 보이는 張景謂 이하 5인이 송조에 헌납한 토지 위에 지어진 것이다.

48) 송조가 '溪峒蠻地'의 경략을 완료하면 각종의 慰撫策을 실시한 것은 당연한 일이며, 西山도 전술한 경

이들 최소한 '6州'가 왜 내지화 되지 않았는지에 대해서는 사료를 통해 확인하기 어렵다. 이들이 下溪州刺史 팽사안이 송에 투항하는데 일정한 역할을 한 점에서 이와 모종의 관계가 있을 가능성도 있으나, 한편으로 이때 송의 경략이 반드시 일방적이고 강압적인 성격이 아닌 것처럼 보이는 점을 고려하면 더 이상 문제를 확대하지 않으려는 송조의 의향도 작용했을 수 있다.

아무튼 북강만은 이제 下溪州刺史를 중심으로 하는 종전의 계동만 20주 체제가 붕괴하고 일부 세력만이 송과 조공관계를 유지하게 되었다. 『송사』 권493, 蠻夷1 西南溪峒諸蠻上에,

> 元豊8년, …. 그 후 彭仕誠이라는 자가 다시 都誓州가 되었다. …. (元祐)4년, 知誓下保靜州彭儒武, 知永順州彭儒倜, 知謂州彭思聰, 知龍賜州彭允宗, 知藍州彭士明, 知吉州彭儒崇 등이 각기 그 州의 押案副使와 함께 興龍節 및 冬至, 正旦에 進奉하였는데, 그 溪布에 差가 있었다(元豊八年, …. 其後彭仕誠者復爲都誓州. …. (元祐)四年, 知誓下保靜州彭儒武, 知永順州彭儒倜, 知謂州彭思聰, 知龍賜州彭允宗, 知藍州彭士明, 知吉州彭儒崇, 各同其州押案副使進奉興龍節及冬至, 正旦溪布有差.).

라고 보이는 설명은, 그들 '6주'가 종래와 같이 다시 '都誓州' 중심의 형태로 송조와 기미관계 내지 조공관계를 회복한 것임을 말한다.

맺음말

본론에서는 북송시대 서남만이가 조공문제에서 차지하는 중요성에 주목해 그 기초적 연구로 만이의 지역적 분포 상황과 '蠻'과 '夷'간의 관계를 정리하고, 또 만이가 송조에 대해 행한 조공의 일반적 추이와 그 추이를 결정하는 요인의 하나로서 송조와 만이의 정치적 일면을 검토했다.

략 이후 '梅山峒'과 '誠州'에서 진행된 그러한 당해 지역의 '醇良化' 정책을 설명하였다. 그런데 兩江蠻의 경우 이러한 정책이 사료에 주로 南江蠻에 대해서만 보이고 北江蠻에 대해서는 별로 보이지 않는데, 이것도 北江蠻이 완전히 '내지화'되지 않았기 때문으로 생각된다.

그 결과 먼저 만이는 대략 '계동만'과 '서남이'로 대별되고, 전자는 '南蠻', '서남만', '계동만', '西南溪峒諸蠻' 등으로도 불리는 '蠻' 계통의 소수민족으로 송의 내지와 격리된 산지에 거주하지만, 형호로 등 많은 지역의 예에서 보는 것처럼 통상적으로는 비교적 송의 주현에서 가까운 자들이었다. 한편 송대의 '서남이'는 '계동만'이 산지 등에 고립됐지만 주변이 소위 '王土'로 포위되고, 따라서 위치적으로 비교적 송에 가까운 것과는 달리, 송의 입장에서는 영역 바깥의 보다 먼 지역에서 더 강한 독립경향을 보인 세력으로 비추어졌다고 생각된다. 사료에 간혹 서남이를 '國'이라고 표현하거나, 똑같은 조공 관련의 정책을 '만'과 '이'에 대해 달리 적용하는 경우가 있던 것도 역시 같은 맥락으로 이해된다. 아울러 '서남이'는 사료에 '西南蕃'으로도 보인다.

이러한 만이의 송조에 대한 조공 경향을 그래프로 그리면 진종을 절정기로 국초부터 서서히 증가하다가 진종기 후반부터 급락하여 40년간에 미치는 인종기는 휘종이후 만이의 조공이 거의 전무한 기간을 빼면 수적으로 最少期에 해당하며, 다시 그 경향은 영종기를 거쳐 신종기까지 지속되지만, 철종기에 들어서는 상당수로 급증하다가 휘종기에 재차 급락한다.

이러한 추이를 결정지은 요인은 넓게 보아 인종 중반기 이후의 경향, 좁게 보아 신종조 이후의 경향에 주목해서 그 대세를 가늠할 수 있는 몇 가지 요인을 생각할 수 있다. 그것은 인종조 이후, 특히 신종기에 본격화하는 송조의 '계동만' 경략에 의한 것이며, 그 결과 '계동만'의 거주지역이 송의 내지 주현으로 전환되었고, 그에 따라 조공관계에 변화가 생겨 그림과 같은 모양을 갖게 된 것으로 추정된다. 즉 '溪峒蠻地'의 '내지화'는 원칙상 송에 대한 조공관계의 소멸을 의미하는 것이며, 이것이 그래프 변화의 중요 변수로 작용한 것이다.

다시 강조하지만 '서남만이'의 對宋 조공문제는 그 빈번한 회수가 뜻하는 것처럼 관련 사료가 많고 이들을 정리, 분석하는 것은 송대는 물론 중국 전체, 적어도 당, 송시대 중국의 조공 구조를 이해하는 데에 여러 가지 실마리를 준다.

6 西南蠻夷 對宋 조공의 계기와 貢期

머리말

宋代의 荊湖路, 成都府路, 廣西路 등 각지에는 '蠻夷'로 통칭되는 소수민족이 복잡하게 산재해 송조와 조공관계를 맺고 있었다. 필자가 만든 송대 諸외국의 조공 일람표[1](이하 〈朝貢表〉라 칭함)에 의하면 만이가 북송 일대를 통해 송조에 행한 조공 회수는 223회이며, 이는 약 40여 국에 의해 1100여 회 행해진 전체 조공 총수의 1/5정도를 점한다.

그렇다면 이러한 만이의 조공은 송조와 어떠한 관계 속에서 실행되고 있던 것일까? 당연히 거기에는 일정한 원칙과 규정 그리고 규칙성이 있을 것이며, 또한 송의 입장은 물론 만이의 주체적인 입장도 반영되었을 것이다.

본고에서는 만이의 송조 입공 과정에서 존재했을 여러 원칙 중에서 특히 조공의 빈도(횟수)에 직결되는 몇 가지 문제－조공상의 명분(계기)과 시점 또는 '몇 년에 1회' 식으로 허락된 조공의 間期(이하 '貢期'라 칭함) 문제 등을 정리해 송조와 만이 간의 조공을 둘러싼 관계를 고찰하려 한다.[2]

만이의 조공에 규칙성이 존재한다면 그것은 〈조공표〉에도 감지되어야 할 것이다. 예를 들어 만이는 송의 특정한 기념일 혹은 시점에 조공을 행할 것이 규정되어 있고, 이 원칙대로라면 그러한 시점에 조공이 더 집중되어야 할 뿐 아니라, 조공의 총 횟수도 더 증가해야 할 것이 예상된다. 그러나 〈조공표〉에 그렇게 보이지 않는 것은 왜일까?

이 문제는 〈조공표〉에서 검출한 만이의 조공 횟수인 '223'이라는 숫자를 절대적인 수

1) 김성규, 「北宋朝貢年表考索」(『全北史學』 25집, 2002) 참조. 본서에서는 이를 지면 문제로 수록하지 못함을 밝혀둔다.

2) 송조와 만이 간의 일반적 관계에 대해서는 본서 제I부 제5장 「송대 서남 만이의 분포 제상과 조공의 추이」 참조.

로 볼 수 없는 사실과 관련이 있다. 사료로부터 색출한 송대의 조공 횟수에는 필자의 看過와 오해 등으로 인한 누락이 당연히 있을 것이다. 다만 이것은 부차적인 원인에 불과하고, 보다 근본적인 문제는 실제로 행해진 조공 사례들 중에는 여러 이유로 사료에 모두 실리지 않거나 제외되기도 했을 가능성이 크다는 점이다. 이렇게 볼 때 〈조공표〉에서 검출된 수자는 하나의 기준이 되는 概數로서의 의미는 있으나 실제 총수로는 보기 어렵고, 이러한 〈조공표〉의 불완전성은 송대에 있었을 조공의 제도상 원칙과 규정을 파악함으로써 보완이 가능할 것이다.

사료 부족으로 이 문제를 모두 해결하는 것은 기대하기 어렵지만, 본론에서는 이 문제의 핵심의 하나인 '공기' 문제를 이용 가능한 자료를 토대로 접근할 것이다.

1. 송대 조공 기사의 특징

중국의 조공문제를 포괄적으로 논한 桃木至朗의 글[3]에도 언급이 있듯이, 역대 중국 왕조의 조공 관련 기록에는 오류가 많다. 작게는 필사 과정의 오기에서 시작해 하나의 조공 사실을 각급 관청에 따라 일자를 달리 기록하는 바람에 史書에 별개의 조공으로 기재되는 경우에 이르기까지 혼동을 주는 것이 많아 주의가 필요하다. 이 점은 송대의 일급 사료인『송사』와『송회요』등에도 적지 않게 보여 나열하기 어려울 정도이다. 이는 나름대로 주의를 거친 작업이라해도 〈조공표〉에 중복과 탈루 등이 존재할 가능성이 높은 것을 암시한다.

만이에서 특징적인 것의 하나는 "A·B·C·D의 諸部族이 입공했다"는 유형처럼 복수 부족의 조공을 한꺼번에 기록한 경우이다. 이때의 조공 횟수를 1회로 헤아려야 할지 아니면 개개의 부족수만큼 별도로 헤아려야 할지 원칙적인 문제가 생겨난다. 이는 다수의 부족으로 이루어진 만이의 특성과 관련이 있는 것으로, 다음 기사는 그러한 점에서 주목할 만하다.

(彭)仕義의 아들 師寶가 景祐中에 知忠順州가 되었으나, 慶曆4년에 죄를 범해 그 奉

3) 桃木至朗,「10~15世紀の南海交易とウ゛エトナム」(『シリーズ世界史への問い(3) : 移動と交流』岩波書店, 1990).

貢이 끊겼다. 대저 咸平 이래로 20주의 納貢이 허락되니 해마다 常賜가 있게 되고 蠻人은 이를 利로 여겼으나 (송은)罪가 있으면 이를 끊었다. 그 후에 師寶가 여러 번 自訴하여 知上溪州를 청하였고, (송은)皇祐2년에 비로소 그 청을 따라 조공을 이전과 같이 허락했다. …. 至和2년, …. 이때부터 蠻獠가 자주 침입해 寇鈔하니 邊吏가 제압하지 못했다. 조정은 무사함을 바라며 간간이 관리를 보내 타일러, 改過自歸하기를 허락하며 5~7주의 貢奉에 대한 歲賜를 裁損하였다. (송조는)처음에는 이를 듣지 않았으나, …, 仕義가 본디 反狀이 없음을 밝히고, …, 20州 舊地가 다시 貢奉內屬하기를 원했다. …. 이로부터 仕義가 해마다 職貢을 받들었다((彭)仕義有子師寶, 景祐中知忠順州, 慶曆四年, 以罪絶其奉貢. 蓋自咸平以來, 始聽二十州納貢, 歲有常賜, 蠻人以爲利, 有罪則絶之. 其後, 師寶數自訴, 請知上溪州, 皇祐二年, 始從其請, 朝貢如故. …. 至和二年, …. 自是, 蠻獠數入寇鈔, 邊吏不能制. 朝廷姑欲無事, 間遣吏諭旨, 許以改過自歸, 裁損五七州貢奉歲賜. 初輒不聽, …, 而仕義乃陳本無反狀, …, 願以二十州舊地復貢奉內屬. …. 自是, 仕義歲奉職貢.(『송사』 권493, 蠻夷1 西南溪峒諸蠻上 北江蠻)).

형호북로의 澧水와 沅水 유역에 걸쳐 분포하는 溪峒蠻의 일종인 소위 '北江蠻'에 관한 기사이다. 이에 의하면 20개의 기미주로 구성된 그들 사회는 彭氏가 대표자이며 송조에 대한 조공도 咸平연간(998~1003) 이후에는 팽씨를 중심으로 20주가 동시에 이루어진 것을 알 수 있다. 그리고 송조는 이를 통해 '蠻人'들을 제어하여 그들에게 과실이 있을 때는 조공에 참여하는 기미주 수를 축소시키거나 완전히 중단시키는 예도 있었다. 실례로 咸平 이전의 예이지만 淳化5년(994) 11월에는 '獎, 晃, 敍, 懿, 元, 錦, 費, 福等州皆來貢…'[4]고 있다. 〈조공표〉에서는 이를 하나의 조공으로 처리했지만, 판단 여하에 따라 조공의 수는 증감될 수 있다.

비슷한 예는 西南夷 등에도 자주 보이는데, 이 경우에는 1) 'A·B·C·D 등의 서남이가 입공했다'는 기사와, 2) 'B·C 등이 入貢했다' 또는, 3) 'E가 입공했다'는 기사 등이 불과 數日의 시차를 두고 보이는 사례가 있다. 그렇다면 이것은 2)의 B와 C가 1)과 달리 별도의 명목으로 재차 입공한 것인지, 아니면 1)의 사료와는 달리 입공 시기를 나름대로 달리 파악한 2)의 사료가 1)의 내용을 자기 식대로 달리 기록한 것인지 혼동을 일으킨다. 마찬가지로 본래 같은 부족 집단으로 볼 수 있는 3)의 E의 경우도 이것이 1)에 동참하지 못하

4) 『송사』 권493, 蠻夷1 西南溪峒諸蠻上.

여 이 때 단독으로 入貢한 것인지, 아니면 1)의 기사에서 그 부족명이 생략된 것인지 의문을 남긴다.[5]

조공의 횟수 파악을 애매하게 만드는 또 다른 유형은 1회의 입공 사절이 복수의 使命(목적)을 띠고 이루어진 예이다. 연속해 보이는 다음의 두 기사는 그에 해당한다.

> 溪洞知保靜軍彭儒武, 押案副使彭仕亮, 知渭州彭思聰, 押案副使彭仕順 등이 각각 興龍節, 冬至, 正旦節의 溪布 각 15匹을 進貢하였다(溪洞知保靜軍彭儒武, 押案副使彭仕亮, 知渭州彭思聰, 押案副使彭仕順, 各進貢興龍節, 冬至, 正旦節溪布各一十五匹.(『장편』 권435, 元祐4년 11월 庚午)).

> 溪洞知龍賜州彭允宗, 押案副使彭允金, 知監州彭仕明, 押案副使彭儒勇, 知吉州彭儒崇 등이 각각 興龍節, 冬至, 正旦節의 溪布를 進奉하였다(溪洞知龍賜州彭允宗, 押案副使彭允金, 知監州彭仕明, 押案副使彭儒勇, 知吉州彭儒崇, 各進奉興龍節, 冬至, 正旦節溪布.(『장편』 권435, 元祐4년 11월 甲申)).

이 경우는 앞에서 본 것과 같이 北江蠻 20주의 공동 입공은 아니지만, 전자는 북강만의 일부인 保靜과 渭州가, 후자 역시 그 일부인 龍賜州와 監州, 吉州 등이 각기 興龍節, 冬至, 正旦 등을 위해 입공한 것이다. 이들 조공 사절단이 각기 3개의 사명을 공동으로 수행한 것인지, 아니면 각기 부분적으로 역할을 나누어 행했는지 분명치 않지만, 두 경우 모두 일시에 입공한 것은 분명하다. 冬至는 11월 하순, 哲宗의 생일인 興龍節은 12월 8일, 元旦은 명년 1월 1일이므로 여기에 맞춘 공동 사절단으로, 원거리에 있던 국가나 부족의 경우는 이러한 방식이 적지 않았을 것으로 보인다.[6] 이 경우에서도 조공의 횟수는

5) 예를 들어 熙寧6년(1073) 4~5월 사이의 조공 기록인 〈朝貢表〉 876항, 877항, 878항 사이에는 그 상관 관계를 판단하기 어려운 점이 있다. 먼저 876항은 『宋會要輯稿』 蕃夷5-23, 24에 따라 '西南龍蕃, 羅蕃, 方蕃, 石蕃'이 來貢한 것으로 보았는데, 『장편』 권244에는 "乙亥, 龍蕃, 羅蕃, 石蕃"이라고 있어 '方蕃'이 빠져 있고, 『송사』 본기 권15에는 "乙亥, 西南龍蕃諸夷"라 하여 여기에 '方蕃'이 포함되어 있는지 아닌지는 불확실하지만 적어도 '龍蕃, 羅蕃, 石蕃'이 '諸夷'에 포함되는 것으로 보인다. 또한 876항의 조공 사실에 대해 『송회요』 歷代朝貢은 기록이 보이지 않지만, 877항과 878항의 조공사실은 『송회요』 歷代朝貢에 모두 보인다.

6) 『장편』 권517, 원부2년 10월 壬戌에도 같은 예로 "知保靜州彭儒武, 押案副使彭仕貴, 知永順州彭儒同, 押案副使彭仕亮, 知渭州彭師聰, 押案副使彭汝順各進奉溪布一十五匹."고 보인다.

이를 각기 3회로 보아야 할지 1회로 보아야 할지 문제가 된다. 〈조공표〉는 이들을 각각 1회로 세었지만 3으로 본다면 모두 6회가 되어 〈조공표〉는 그 만큼의 조공수가 누락된 꼴이 된다.[7]

한편 『송사』 본기, 『宋朝事實』, 『山堂考索』 등 조공 사실 여부만을 간단하게 전하는 사료 등의 본문 또는 年末 부분에는 '是歲, A·B·C·D의 부족(혹은 나라) 등이 入貢했다'는 식으로 그 해에 존재한 조공 사실을 일괄적으로 기재한다. 그리고 이 경우 다른 사서에는 예를 들어 A와 同名의 조공 주체에 의한 입공이 구체적으로 몇 월(혹은 '몇 월'과 '몇 월' 등의 복수로)에 있었다고 기록하곤 한다. 그렇다면 이를 동일한 것으로 보아야 할지, 아니면 한 해에 두 번 이상 입공한 예로 보아야할지 처리하기 곤란하다. 이 문제 또한 신중한 판단을 기한다 해도 동일 사례의 중복과 누락은 피하기 어려운 점이 있다.

이상은 비교적 빈도 높은 문제점에 해당하고 소소한 점까지 든다면 문제는 더욱 복잡해진다.[8] 이러한 점들이 송대 나아가 중국사 전체에서도 흔히 보이는 조공 관련 기사의 문제점이다.

2. 만이 입공의 여러 계기

그러면 〈조공표〉에 실린 각 사례들은 어떠한 이유와 명분으로 입공한 것일까?

송대의 입공 관계 기록들은 입공 목적을 명기하지 않는 것이 일반적이고, 이를 밝힌 것은 소수이다. 〈조공표〉에서도 이 점은 다르지 않다. 이들 많지 않은 사례들로부터 입공의 명분이 확인 가능한 것을 따로 정리 한 것이 〈표 1〉이다. 또한 〈표 1〉은 다시 '만이 측의 사정에 의한 입공'과 '송조 측의 기념일에 응한 입공'으로 대별되는데, 이를 각각 정리한 것이 〈표 1-1〉과 〈표 1-2〉이다.

7) 같은 차원의 예로서 雍熙2년(985) 10월에 행해진 黎州邛部川蠻의 入貢은 "都鬼主諾驅幷其母熱免遣王子阿有等百七十二人以方物, 名馬來貢. 詔以諸驅爲懷化將軍, 竝賜其母銀器."(『송사』 권496, 蠻夷)는 것처럼 조공 주체가 복수이며, 일반적으로 이런 경우에도 각자의 이름으로 조공이 행해져, 결과적으로 그 조공수는 복수가 된다.

8) 이와 관련한 그 밖의 문제에 대해서는 본장 주1) 논문의 3장 「'조공연표'와 관련한 몇 가지 문제점」 참조.

<표 1> <조공표>에 보이는 조공의 여러 계기

시기(년-월)	부족명 등	조공 명분	출전('조공표' 번호)	시기(년-월)	부족명 등	조공 명분	출전('조공표' 번호)
966-8	西南蕃(南州)	請歸化	81	1006-12	高, 溪州蠻	新附	482
967-6	西南蕃(龍蕃)	始來貢	87	1007-3	西南蠻羅甕井	未嘗來朝, 今始至	486
969-7	西南蕃(龍蕃)	乞賜鈿函手詔	108	1008-9	邛部川蠻	泰山禮(封禪)	502
974-7	南丹州溪洞	求內屬	146	1008-10	溪峒諸蠻	西南溪峒諸蠻素未修貢, 今以方物來賀, 請赴泰山	505
976	南丹州	求賜牌印	173	1009-6	敍, 顯, 雲3州	端午	519
977-8	山後兩林蠻	乞頒正朔	185	1009-8	西南蕃(龍蕃)	賀東封	521
977-10	山後兩林蠻	賀登極	194	1009-11	雅州砂平路羅岳川	自昔未嘗來貢	523
978-1	雅州 및 西山野州路蠻	始來貢	202	1012-2	溪峒洛浦, 磨嵯蠻	賀承天節(혹은 內屬과 관련?)	563
980-3	誠州	始入貢	220	1013-4	五溪蠻	端午	577
980	南丹州	賀太平	229	1016-9	邛部川山前山後	承襲位?	618
985-9	西南蕃(龍蕃)	請降眞命	266	1020-2	西南蕃(龍蕃)	乞加依前將軍職員官告	651
989-9	邛部川蠻	賀籍田禮成	283	1026-9	西南蕃(龍蕃)	賀皇帝登極	684
990-5	南丹州	承襲位	289	1027-10	下溪州	請繼襲	687
991-8	邛部川蠻	乞加恩	298	1029-12	波州	自是歲來貢	700
991	誠州	以其子繼知州事	303	1038-5	邛部川山前山後	貢期 단축을 요청	726
997-8	邛部川蠻	朝賀	355	1070-6	西南蕃(龍蕃)	奉表賀貢	850
998-4	山後風琶蠻	來賀卽位	361	1070-8	邛部川山前山後	賀登寶位	851
999-9	邛部川蠻	乞賜大渡河南山前後都鬼主印	378	1080-3	南丹州	新舊 刺史印을 교체	913
1001-3	撫水州蠻	誓不犯邊	392	1082-7	西南蕃(張蕃)	조공단의 인원수 증가를 요구	927
1001-11	宜州蠻(撫水州蠻)	犯邊과 관련한 慰撫的 措置	402	1084-7	西南蕃(程蕃)	첫 入貢	937
1001-11	撫水州蠻	동상	403	1086-4	龍賜州, 監州	賀端午節	959
1001-12	撫水州蠻	동상?	405	1089-11	保靜州, 永順州, 謂州	興龍節, 冬至, 正旦	998
1006-7	撫水州蠻	願朝貢謝罪	474	1089-11	龍賜州, 監州, 吉州	興龍節, 冬至, 正旦	999
1006-8	風琶蠻	咸平初已霑朝命, 願改官秩	476				
1006-12	高, 溪州	表求追贈父母	479				

〈표 1-1〉 만이 측의 사정에 의한 입공

번호	명목	건수	원문 표현(〈조공표〉 번호)
①	內屬 관련	3	請歸化(81), 求內屬(146), 新附(482)
②	첫 입공	7	始來貢(87), 始來貢(202), 始入貢(220), 未嘗來朝, 今始至(486), 自昔未嘗來貢(523), 自是歲來貢(700), 첫 入貢(937)
③	책봉 관련	14	承襲位(289), 以其子繼知州事(303), 表求追贈父母(479), 承襲位?(618), 請繼襲(687), 乞賜鈿函手詔(108), 求賜牌印(173), 請降眞命(266), 乞加恩(298), 乞賜大渡河南山前後都鬼主印(378), 咸平初已霑朝命, 願改官秩(476), 新舊 刺史印의 교체(913), 乞加依前將軍職員官告(651), 185乞頒正朔(185)
④	정치 교섭	5	誓不犯邊(392), 犯邊과 관련한 慰撫的 措置(402), 同左(403), 405(同左?), 願朝貢謝罪(474)
⑤	조공 방식의 협상	2	貢期 단축 요청(726), 朝貢 사절단의 인원수 증원 요구(927)

〈표 1-2〉 송조 측의 기념일에 응한 입공

번호	명목	건수	원문 표현(〈조공표〉 번호)
①	새 황제 즉위	4	賀登極(194)(977년 10월)[9], 來賀卽位(361)(998년 4월)[10] 賀皇帝登極(684)(1026년 9월),[11] 賀登寶位(851)(1070년 8월)[12]
②	封禪	3	泰山禮 封禪(502)(1008년9월), '西南溪峒諸蠻素未修貢, 今以方物來賀, 請赴泰山'(505)(1008년 10월), 賀東封(521)(1009년 8월)[13]
③	端午	3	端午(519)(1009), 端午(577)(1013), 賀端午節(959)(1086)
④	동지	2	冬至(998)(1089년 11월), 冬至(999)(1089년 11월)
⑤	정단	2	正旦(998)(1089년 11월), 正旦(999)(1089년 11월)
⑥	황제 생일	3	賀承天節(563)(1012년 2월),[14] 興龍節(998)(1089년 11월), 興龍節(999)(1089년 11월)
⑦	籍田	1	賀籍田禮成(283)(989년 9월)[15]
⑧	기타 축하	3	賀太平(229)(980), 朝賀(355)(997년 8월),[16] 奉表賀貢(850)(1070년 6월)[17]

9) 태종의 즉위는 976년 10월.

10) 진종의 즉위는 997년 3월.

11) 인종의 즉위는 1022년 2월.

12) 신종의 즉위는 1067년 1월.

13) 眞宗은 ① 祥符1년(1008) 10월 泰山에서 봉선을 행하고, ② 同4년 2월에는 산서성 汾陰에서 后土(地神)를 제사했으며, ③ 同7년 정월에는 안휘성 亳州의 太淸宮에서 제전을 올렸다. 이 때 ①에서는 850만, ②에서는 870만관의 경비가 소요되었는데, 당시는 원칙으로 絹1匹=銀1兩=銅錢1貫이므로 이것은 거란에

1) 만이 측의 사정에 의한 입공

먼저 만이의 송조에 대한 첫 입공을 기록한 〈표 1-1〉 ②는 송의 입장에서는 당연히 특기할 만한 것이다. 〈조공표〉 486의 사례로서,

> 西南蠻羅甕井都指揮使顔士龍이 來貢하였다. 士龍의 種落은 멀리 떨어져 있어 이제까지 來朝한 적이 없다가 지금 처음 찾아왔다. 詔하여 주거와 음식의 賜與를 高·溪州의 전례와 같게 하였다(西南蠻羅甕井都指揮使顔士龍來貢. 士龍種落遐阻, 未嘗來朝, 今始至. 詔館餼賜與如高·溪州例.(『송회요』 번이 5-14, 景德4년 3월)).

고 보인다. 西南蠻이 처음 '來貢'했기 때문에 그 대우를 종전부터 입공하고 있던 高州 및 溪州의 수준으로 할 것을 정한 것이다. 이 서남만이 이후도 송조에 계속 조공했을 가능성은 있지만 〈조공표〉에서는 그 사실이 확인되지 않는다.

역시 첫 입공으로 보이는 〈조공표〉 700의 예도 그 이후는 〈조공표〉에서 입공 예가 보이지 않는다. 그러나 이 경우는 '自是歲來貢'고 보이므로 사실상 이후도 입공이 계속된 것이며, 그렇다면 그러한 예들이 이후는 생략되었다는 것이 추정된다. 이렇게 볼 때 모두가 이와 같다고는 말할 수 없어도 일부의 만이 입공 중에는－아마도 일상적인 것이라 중요하지 않다고 생각되었을 것들－첫 입공 이후, 특별한 경우가 아니면 기록이 생략되었을 가능성이 제기된다.[18]

〈표 1-1〉 ①도 넓은 의미에서 〈표 1-1〉 ②와 비슷한 성격이다. 송대의 서북 또는 서남

대한 세폐의 60배에 해당한다고 한다.

14) 승천절이 12월 2일인 것을 생각하면 이때의 입공은 전년도의 使者가 아직까지 남아 있던 것으로 보인다.

15) 이것은 2년 전에 "詔以來年正月有事於東郊, 親耕籍田, 命翰林學士宋白, 賈黃中, 蘇易簡同詳定儀注, 置五使, 如郊祀之制."(『장편』 권28, 雍熙4년 9월 辛巳)는 조치에 대응해 籍田의 儀禮가 완성된 것에 대한 것으로 보인다.

16) 진종의 즉위가 동년 3월인 점에서 볼 때 이에 대한 朝賀로도 생각된다.

17) 1067년 1월의 신종 즉위에 대한 것인가? 이보다 2개월 늦은 경우에도 신종 즉위 축하가 있기 때문에 그 가능성이 있다.

18) 『山堂考索』 '黎州山後西林蠻' 항에는 "開寶二年子勿部落將軍離魚以狀白黎州求入朝貢, 詔答之使至, 賜以器帛, 自是朝貢不絕."고 있고, 이후 이 지적대로 〈조공표〉에 黎州山後西林蠻의 조공이 비교적 자주 보이는데, 이 경우는 黎州山後西林蠻이 송조에 보다 중시되었기 때문으로 볼 수 있을 것이다.

沿邊지역에는 송조에 '내속'하거나 혹은 그와 다른 여러 입장의 소수민족이 존재하며,[19] 내속한 자들에게는 입공이 허락되는 경우가 일반적이다. 따라서 〈표 1-1〉 ①은 만이의 복속이라는 점에서 역시 송조에게 의미가 있어 기록에 남을 만한 사건이고, 여기서의 입공은 그 '내속'을 위한 상징적 절차의 하나로 볼 수 있다.

조공의 명분으로 제일 많은 사례를 보이는 것은 〈표 1-1〉 ③의 책봉 관련의 것이다. 즉 송조에 '내속'하는 만이는 거의 예외 없이 송조로부터 모종의 관위와 작위를 받게 되고, 그럼으로써 그들은 송의 황제를 정점으로 하는 책봉관계에서 '外臣'의 자리에 놓이게 된다. 〈표 1-1〉 ③의 여러 교섭은 그러한 차원에서 '조공'이라는 이름 아래 행해진 것들이다. 즉 거기에는 종래 유지해온 부족 내의 지위에 대한 송조에의 세습 허가 신청(〈표 1-1〉 ③의 289, 303, 618, 687), 그러한 지위를 인정하는 표징인 '牌印'의 하사 또는 교체 요구(173, 913), 종전의 관작에 새로운 작위를 추가해 줄 것의 요구(266, 298, 476, 651), 正朔 문제(185) 등을 각각 내용으로 한다.

잘 알려진 것처럼 이들 소수민족들은 송의 위신을 이용해 부족 내부에서 자기의 지위를 높이려 하는 의향이 있고, 송조도 그것을 활용하고 있음은 물론인데,[20] 그러한 관계 교섭은 늘 '입공'이라는 형식으로 이루어지고 있었다.

〈표 1-1〉 ①, ②, ③들은 시기가 특정되거나 원칙이 있을 수 없는 수시로 발생한 사건이며, 또 송의 입장에서 보면 그것은 그들과의 관계 내지 질서를 처음으로 규정하는 차원의 문제라는 점에서 통상의 조공보다 더 중시되었을 것이다.

그 밖에 〈표 1-1〉 ④와 ⑤도 같은 맥락에서 이해 가능하다. ④는 송에 이미 내속한 만이가 송의 변경을 어지럽힌 것에 관한 사과를 '입공'을 통해 행한 예이고, ⑤는 송조에 貢期 단축을 요청하거나 조공 사절단의 인원수 증가를 요구한 것이다. 다만 후자의 경우는 본문의 다음 절에서 다시 설명하지만 그 밖에 다른 목적, 즉 입공에 따른 송조로부터의 賜與와 매매의 이익 등이 있을 것이다.[21]

---

19) 이와 관련해서는 安國樓, 『宋朝周邊民族政策研究』(文津出版社, 1997); 김성규, 『宋代の西北問題と異民族政策』(汲古書院, 2000) 참조.

20) 예를 들어 堀敏一, 『中國と古代東アジア世界』(岩波書店, 1993) 참조.

21) 蠻夷 입장에서 입공의 최대 동기의 하나에 해마다 주어지는 '歲賜'가 있었다는 것은 『송사』 권493, 蠻夷1 西南溪峒諸蠻上 北江蠻부분에 "蓋自咸平以來, 始聽二十州納貢, 歲有常賜, 蠻人以爲利, ⋯."는 점에서 명백하다.

2) 송조의 기념일과 관련된 것

〈표 1-1〉에 보이는 조공의 명분들은 모두 그때그때 발생한 임시적이고 1회적인 것이라는 공통성이 있다. 이에 비해 〈표 1-2〉의 명분 중에는 송조 측의 기념일과 관련한 것이 대부분이다. 따라서 여기서는 주기성 내지 규칙성이 존재하는데, 그것들은 다시 비정기적인 것과 정기적인 것으로 나눌 수 있다.

〈표 1-2〉 ①, ②, ⑦ 등이 비정기적인 예에 속한다. 먼저 '새 황제 즉위'(①)의 경우 송조에서는 대규모의 즉위 의례를 거행하는데 이에 외국의 축하사가 來朝하였다. 〈표 1-2〉의 4건의 사례는 각각 태종, 진종, 인종, 신종 황제의 즉위에 대응한 것이다.[22] 물론 이들은 성격상 정기적인 것일 수 없을 뿐더러 그에 대한 참여도 송조와 사전에 미리 양해된 것이라고 볼 수 없다.

〈표 1-2〉 ②의 '封禪'과 ⑦의 '籍田'도 비정기적 기념을 위한 성격에 속한다. 특히 전자는 국위를 선전하려는 송조의 의도가 복선에 깔려 있어 주변 여러 민족 여러 국가에 대한 조공 독려가 있었고, 거기에 맞추어 만이뿐 아니라 보다 더 먼 해외 각국에서도 사절이 來朝하는 속에 송조에 처음 온 나라들도 섞여 있었다. 이 경우도 '籍田' 축하와 더불어 비정기적인 기념일로서 일반적 입공과는 달리 송의 사서에 특기할 만한 가치가 있는 것이다.

그러면 만이의 입공 중에 주기적이고 정기적인 예는 존재했는가? 만일 그것이 있다면 필자는 〈표 1-2〉의 ③, ④, ⑤, ⑥의 유형이라고 생각한다. 즉 단오, 동지, 정단, 황제 생일은 모두가 왕조시대의 중국에서 가장 큰 국가 기념일이며, 이 날에 외국 축하사가 참여하는 것이 하나의 관례였다. 이 점이 송대에 명문화된 거의 유일한 예는 서하에 대한 것이다. 『장편』 권152, 慶曆4년 10월 己丑朔에,

> 처음에 (李)元昊가 誓表를 올렸는데 거기에는, …朝廷은 歲賜로 絹 13만필, 은 5만량, 茶 2만근, <u>乾元節 進奉에 대한 回賜</u>로 은 1만량, 絹 1만필, 茶 5천근, <u>賀正 貢獻에 대한</u>

---

22) 참고로 太宗의 즉위는 976년 10월로 194번의 조공은 '賀登極'의 명목으로 977년 10월에, 眞宗 즉위는 997년 3월로 361번의 조공은 '來賀即位' 즉위의 명목으로 998년 4월에 각각 행해져 이 경우들은 송의 황제가 즉위한 시일로부터 그리 멀지 않은 경우에 축하사가 보내진 예이지만, 반면 684번과 851번의 경우는 1022년 2월의 仁宗 즉위에 대해 '賀皇帝登極'이라는 명목의 축하사가 1026년 9월에, 1067년 1월의 神宗 즉위에 대해서는 '賀登寶位'라는 명목의 축하사가 1070년 8월에 각각 송조에 도착하고 있어, 그 조공 시일과 송 황제 즉위일 사이에 시간차가 크다.

回賜로 은 5천량, 絹 5천필, 茶 5천근. 仲冬 時服에 대한 下賜로 은 5천량, 絹 5천필, 그리고 臣生日禮物에 대한 下賜로 銀器 2천량, 細衣著 1천필, 雜帛 2천필을 常數대로 하여 改更하지 않기를 바랍니다, 고하였다. …. 庚寅에 誓詔를 내려, …하나같이 모두 약조대로 한다, 고 하였다(初元昊以誓表來上, 其詞曰, …朝廷歲賜絹十三萬匹, 銀五萬兩, 茶二萬斤, 進奉乾元節回賜銀一萬兩, 絹一萬匹, 茶五千斤, 賀正貢獻回賜銀五千兩, 絹五千匹, 茶五千斤. 仲冬賜時服銀五千兩, 絹五千匹. 及賜臣生日禮物銀器二千兩, 細衣著一千匹, 雜帛二千匹. 乞如常數, 不致改更…. 庚寅, 賜誓詔曰, …一皆如約.).

고 보여, 송조와 서하 사이에 맺어진 소위 慶曆和議(1044년)에서 서하는 송조에 인종의 생일인 乾元節을 비롯해 元旦, 仲冬 등의 날에 입공할 것이 규정되어 있다. 여기서는 단오가 빠져 있고, 동지(음력 12월 22일경) 대신 仲冬(음력11월)으로 되어 있지만, 기타 중국의 대표적 명절에 주변 외국의 입공이 명시되어 있어, 다른 조공국에 대해서도 그러한 규정이 있었을 가능성을 강하게 시사한다.

이러한 입공 규정은 모든 국가(또는 민족)에 대한 것은 아니며, 특히 책봉관계에 있는 외국(또는 민족)과 송조의 사이에서만 '시혜와 의무'라는 명분으로 이루어진 것이라는 점에 주의할 필요가 있다. 송의 국세 위축으로 실질적인 책봉관계를 가진 나라는 제한되어, 서하 이외에는 고려와 交阯(베트남)가 대표적인 나라였다. 이들 중 고려와의 책봉 관계는 송의 초기 짧은 기간 동안에 국한되어 있었고, 교지와의 관계도 불안하게 지속은 되었지만 입공 시기가 규정되어 있는 明文은 보이지 않는다.

고려와 교지를 빼고 나면 송조가 책봉 관계를 유지한 것은 만이이다. 따라서 이들에게도 서하에 준하는 규정이 존재했을 가능성이 있고, 〈표 1-2〉 ③, ④, ⑤, ⑥들은 그 일부의 예로 생각된다. 무엇보다 『宋朝事實』 권12에,

> 溪洞諸蠻이 해마다 同天節과 端午에 方物을 貢獻했다(溪洞諸蠻, 逐年同天節, 端午貢方物.).

고 보이는 설명이 이를 뒷받침한다. 이미 인용한 바 있는,

> (元祐)4년, 知誓下保靜州彭儒武, 知永順州彭儒侗, 知謂州彭思聰, 知龍賜州彭允宗, 知藍州彭士明, 知吉州彭儒崇 등이 각기 그 州의 押案副使와 함께 興龍節 및 冬至, 正

旦에 進奉하였는데, 그 溪布에 差가 있었다((元祐)四年, 知誓下保靜州彭儒武, 知永順州彭儒侗, 知謂州彭思聰, 知龍賜州彭允宗, 知藍州彭士明, 知吉州彭儒崇, 各同其州押案副使進奉興龍節及冬至, 正旦溪布有差.(『송사』 권493, 蠻夷1 西南溪峒諸蠻 上)).

라는 설명도 그것을 암시한다. 이 두 가지 예로부터 적어도 '계동만'의 경우에 同天節(신종 생일: 4월 10일)과 興龍節(철종 생일: 12월 8일)을 비롯한 단오(음력 5월 5일), 동지, 원단 등에 입공이 의무화되어 있음을 알 수 있다.

그런데 문제는 이러한 名節 시기에 만이의 입공이 〈조공표〉에는 그리 보이지 않는다는 점이다. 즉 만이가 지금의 예처럼 황제 생일을 비롯한 단오, 동지, 원단 등의 명절에 매년 송조에 입공했다면 적어도 '1年4貢'이 되지만, 이러한 사례를 보이는 만이의 예는 실제로는 보이지 않는 것이다.[23]

필자는 이 점에서 모든 만이에게 빈도가 높은 '1년4공'정도까지의 규정이 있었다고는 보지 않지만, 혹 그에 가깝거나 또는 특정 시기에 입공이 요구된 자들이 있었을 경우에는 이것이 소위 '常貢'으로 인식되어 특별히 중시되지 않았기 때문에 기록에도 남지 않게 되었다고 본다.

즉 이렇게 볼 때 송대의 조공 기록 중에는 '외국'에 따라서 관례적인 조공은 '常貢'으로서 사서에 생략된 반면, 규모가 크거나 앞에서 든 '常貢'을 뺀 여러 유형의 임시 조공은 기록에 남았을 가능성이 있다.[24] 이러한 常貢까지를 고려한다면 실제의 조공 회수는 〈조공표〉의 규모를 훨씬 상회할 것이다.

3. 만이 입공의 시기(貢期)와 制約

만이의 입공이 언제부터 어떻게 시작된 것인지 알 수 없으나, 일단 시작된 그러한 원칙도 반드시 지속이 보장된 것은 아니었다. 입공 회수가 늘어남에 따라 만이측의 노고가 뒤

23) 이 문제를 위해 蠻夷 조공의 월별 분포를 조사해볼 필요가 있으나 본 장에서는 생략한다.

24) 송대에 대해서는 아니지만 日野開三郎은 이러한 가능성을 吳越의 對中原 조공관계 속에서 지적하였다. 同, 「五代吳越國の對中原朝貢と海上貿易」(『日野開三郎東洋史學論集』 第十卷, 三一書房, 1984), pp.88~100 참조.

따랐고 송조에게도 부담이 커진 것이 문제로 됐기 때문이다.

이렇게 되자 송은 만이의 입공을 제한하였고, 그 결과 만이에게 원칙적으로 수년에 1회 밖에 입공이 허락되지 않는 상황이 나타났다. 이 점은 비단 만이에 국한되지 않는 송대 조공 문제의 중요한 단면을 보인다.

본래 송조의 대외 자세가 특별히 폐쇄적이지 않았다는 것은,

> 瀕海의 諸蕃이, …, 연이어 修貢하였다. 宋의 待遇도 원칙이 있어, …. 오면 막지 않고 떠나가면 쫓지 않았다…(瀕海諸蕃, …, 接踵修貢. 宋之待遇亦得其道, …. 來則不拒, 去則不追….(『송사』 권485, 外國1 總論)).

라는 설명으로도 엿볼 수 있다. 그 속에서 만이 중에는 예를 들어,

> 처음에 撫水蠻의 酋長들은 1년에 5번 정도 闕을 찾아와 器甲을 바쳤다…(初, 撫水蠻諸酋長一歲中凡五詣闕, 輸器甲….(『장편』 권63, 景德3년 7월 癸卯)).

는 것처럼 '1년5공'을 하는 사례도 존재한다.[25] 이 사례의 구체적 상황은 알 수 없고 아마도 앞서 검토한 〈표 1-1〉이나 〈표 1-2〉의 여러 명분으로 입공이 실현된 것이겠지만, 그럼에도 불구하고 이 시점에서는 그들의 입공이 거의 모두 받아들여진 것으로 보인다. 즉 송의 초반인 景德연간(1004~1007)에는 만이의 입공에 특별한 원칙과 규제가 존재한 것을 발견하기 어렵다.

이것이 大中祥符연간(1008~1016)에는 만이에 대한 조공 견제의 움직임이 보이기 시작해,[26] 다시 仁宗朝에 들어선 天聖4년(1026) 8월에는 급기야 다음과 같은 '3년1공' 등의 원칙이 성립하게 되었다.

> 詔하여 施州의 溪洞인 安遠, 天賜, 保順州, 南州, 順州 등 蠻의 京師 入貢은 그 길이 매우 멀기 때문에, 지금부터 그 貢物을 施州에 남기고 그 施物은 곧 지급할 것을 허락한

25) 〈조공표〉에서 보면 실제로 이 해에 송조를 찾은 撫水蠻은 1회에 불과하여 불일치가 생기는데, 이 점도 많은 부분이 생략됐을 것이라는 전술의 내용과 관련이 있을 것이다.

26) 예를 들어 『송사』 권493, 蠻夷1 西南溪峒諸蠻上에는 "其年(祥符三年), 夔蠻千五百人乞朝貢, 上慮其勞費, 不許."고 보인다.

다. 스스로 入貢하기를 원하는 자는 10명 중 2~3명 정도에 한해 入京을 허락하고, 수령은 3년에 1회를 허락한다, 고 하였다. 轉運使 北海王立의 청을 따른 것이다(詔. 施州溪洞安遠, 天賜, 保順州, 南州, 順州等蠻入貢京師, 道路遼遠, 自今聽以所貢物留施州, 其當施物, 就給之. 願自入貢者, 每十人許三兩人至京師, 其首領聽三年一至. 從轉運使北海王立之請也.(『장편』 권104, 天聖4년 8월 己丑)).

그런데 이 원칙은 『송회요』 蕃夷7-23, 天聖4년 8월 14일조, 同書 同所에 인용된 『南蠻序略』, 『송사』 권493, 만이1 西南溪峒蠻上 등에도 보이며, 이들에 따르면 天聖4년 3월부터 시작된 송조 내부의 입장 정리와 8월까지 계속된 溪峒蠻과의 상의를 통해 원칙이 정해졌음을 알 수 있다. 단지 그러한 논란의 경위와 과정에 대해서는 위의 사료들에 보이지 않고, 『송회요』 蕃夷5-81조에서만 발견되기 때문에 이를 검토할 필요가 있다. 이 부분은 長文으로 본 장에 직접 인용하기 어렵기 때문에 중요한 내용을 위주로 요점을 정리하면 다음과 같다.

① 먼저 天聖4년(1026) 3월 宋의 추밀원은 매년 上京하여 입공하는 溪峒蠻人의 인수가 많아, 그들이 途上에서 寒暑로 인한 노고가 많을뿐더러 소란을 피우는 일도 있다고 보고, ② 이 점을 해당 지역의 책임자 夔州路轉運使에게 계동만의 수령 등을 불러 다음과 같은 내용들을 상의하게 했다. 즉 이제부터 進奉하는 공물은 京師까지 갖고 가는 대신 施州에 납입하고 그에 따른 價錢 등의 回賜도 그곳에서 수령하며, '奉表詣闕'할 경우는 그 蠻人의 수를 정할 것을 협의하고, 만일에 이러한 사항에 만이가 납득하면 그들로 하여금 連判狀을 만들어 '朝旨'를 기다리게 했다. 아울러 그들이 食鹽을 얻기를 원하면 역시 근처에서 지급하게 하고, 또 '詣京賣買'를 강하게 원할 때는 10명 당 2~3인의 상경을 허락하게 했다.

③ 추밀원의 이상의 요청은 그대로 받아들여졌고, 이후 夔州路轉運使와 계동만의 협상을 거친 결과로서 同年 8월에는 同路轉運使 王立之가 上言하여, 사람을 보내 安遠·天賜·保順·南州·順州 등의 계동만과 협상한 결과, 그들도 대체로 송조의 입장을 받아들여 모든 州는 상경해서 賣買를 원할 경우에는 '元定數' 10인에서 2~3인의 비율로 사람을 선발하고, 首領은 3년에 1회 京師에 오게 했다. 다만 계동만 중 高州 등 6州의 부족이 아직 그 可否를 알려오지 않았지만 이미 대부분의 부족이 찬성했으므로 이를 금년부터 시행하고 싶다고 하고, 그 실시가 정식으로 선포된 것이다.

이로써 만이 중의 계동만은 매년 입공하던 종래의 원칙이 3년1회로 그 貢期가 늦추어졌고, 조공단의 인원도 대폭 축소되었음을 알 수 있다. 본서 제I부 제5장에서 제시한 관련 그래프에서도 보이는 이 무렵의 조공 회수 격감은 이러한 규정의 영향이 반영된 것으로 볼 수 있다. 다만 이렇게 본다면 계동만의 조공은 天聖4년(1026) 이전에는 〈조공표〉에서 매년 보여야 하지만 반드시 그렇지는 않고, 또 천성4년(1026) 이후에는 '3년1회' 꼴로 나타나야 하지만 이점 또한 그렇지 못하다. 이들도 '常貢'으로 여겨지거나 또는 특별한 사례가 아니라서 기록에서 배제된 것일까?

만이에 대한 입공 제한, 즉 공기의 설정은 만이의 또 다른 부류인 '서남이'를 대상으로도 확대되었다. 이 사실도 여러 사서[27]에 보이지만 그 중에는,

> 黎州가 邛部川山前後 百蠻都王 黎在가 3년 1회의 入貢을 청한다고 말하니, 詔하여 타일러 도로가 遐遠하니 5년 1회 입공하도록 하였다(黎州言邛部川山前後百蠻都王黎在請三歲一入貢, 詔諭以道路遐遠, 令五年一入貢.(『장편』 권111, 明道元年 3월 丁酉)).

고 있어, 邛部川山前後百蠻에게 明道元年(1032)에 '5년1공'의 원칙이 이미 적용되고 있음을 알 수 있다. 그런데 이 기사는 서남이의 일종인 '邛部川山前後百蠻'(四川 서남부) 즉 통칭 '黎州兩林蠻'이 이미 자신들을 대상으로 실시된 '5년1공' 원칙을 송조에 완화해줄 것을 요청한 것이므로, '5년1공'은 이 보다 앞선 시기, 따라서 앞서 본 계동만에 대한 '3년1공'이 적용된 천성4년(1026)과 거의 같거나 멀지 않은 시점에서 실시된 것으로 볼 수 있다. 이들은 계동만보다 원격지에 위치했기 때문에[28] 그 공기가 더 길게 된 것일지 모른다. 이후 '黎州兩林蠻'의 조공 문제와 관련해서는 공기의 단축을 요청하는 사례가 2건 정도 보일 뿐인데,[29] 이들의 조공 방식과 관련해서는 아마도 앞서 본 계동만의 경우와 비슷한 수준의 변화가 수반되었을 것으로 생각된다.

한편 서남이의 또 다른 부류로 광서성 방면에 소위 '五姓蠻'이 있고, 이들에 대해서도

---

27) 『宋會要』 蕃夷7-24 同年 同月, 『송사』 권496, 蠻夷4, 『山堂考索』 권64, 四夷朝貢 등.

28) 본서 제I부 제5장 참조.

29) 『송회요』 蕃夷7-25, 景祐元年 潤6월 13일에 '黎州言, 邛部川蠻乞詣闕貢奉. 詔候及五年請入貢'고 있고, 『송회요』 蕃夷7-25, 景祐5년 5월 11일, 『송사』 권496, 蠻夷4, 『玉海』 권154 등에도 "大渡河南邛部川蠻入貢, 乞三年一次上京進奉, 詔令五年."고 있다.

공기가 설정되었다. 5성만은 龍姓을 비롯한 羅, 方, 石, 張姓 등의 5족을 말하며, 이 중 최대 세력을 자랑하는 소위 '龍蕃'의 입공은 국초부터 시작되었으나, 나머지 부족은 1060년대 즉 영종시기 특히 신종기에 들어 입공이 자주 나타난다. 따라서 이들에 대한 공기 설정은 적어도 신종기 이후의 일이지만, 신종기가 시작되고 얼마 안 되는 熙寧5년(1072) 시점에는 龍蕃, 羅蕃, 方蕃, 石蕃의 입공에 대해 "道路가 遙遠하고 往復이 甚勞하다"는 이유로 앞으로 그들이 원한다면 沿邊에 공물을 납입하고 그에 상응하는 回賜도 그곳에서 받을 것을 정하고 있다.[30]

그리고 여기에는 공기에 대한 언급은 없었지만, 희령8년(1075)이 되자,

> 詔하여 西南蕃 五姓蠻의 5년 1貢을 허락하고, 京師까지 가기를 원치 않는 자는 邕·宜州로 가 貢物을 납입하되 賞館劵과 回賜錢物 등을 恩給하여 돌려보내게 했다. 당시 廣南西路經略司가 말하기를, "西南蕃 龍·羅·方·石·張姓의 五族蕃部는, 4년, 5년 혹은 7년에 한번 入貢하는데, 五蕃은 모두 960명을 보냅니다, …. 살펴 헤아리니 五蕃은 만리를 왕래하며 艱苦함을 매우 꺼리고 있습니다, 만약에 邕·宜州까지만 가게 하여 錢物을 하사한다면 公私가 모두 勞擾를 면하고 遠人도 편하게 될 것입니다", 고 하여, 이 詔가 있게 되었다(詔西南蕃五姓蠻聽五年一貢, 不願至京, 聽就邕·宜州輸貢物, 恩給賞館劵, 回賜錢物等遣之. 時廣南西路經略司言, 西南蕃龍·羅·方·石·張姓五族蕃部, 或四年, 或五年, 七年一入貢, 五蕃共遣九百六十人, …. 體訪五蕃往來萬里, 頗憚艱苦, 若令止邕·宜州賜以錢物, 可免公私勞擾, 且便遠人. 故有是詔.(『장편』 권263, 熙寧8년 閏4월 乙卯)).

와 같이 5성만에게도 '5년1공'이 적용되었다. 희령5년(1072) 단계에서는 5성만이 '원한다면'의 수준이었으나, 그 뒤 廣南西路經略司의 요청에 따라 '5년1공'이 확정된 것이다. 또 5성만이 4년, 혹은 5년과 7년에 한번 입공하였다는 광남서로경략사의 언급은 이전에 그러한 공기가 있었다는 것은 아니고 대체로 그러한 간격으로 입공했다는 것으로 보아야 할 것이다.[31]

---

30) 『송회요』 蕃夷7-32, 熙寧5년 4월에 "西南龍蕃, 羅蕃, 方蕃, 石蕃八百九十人入貢. 詔以道路遙遠, 往復甚勞, 如願於沿邊納所進物, 更不須赴闕, 即以回賜物與朝見所賜, 并沿路館劵, 與之."고 있다.

31) 五姓蠻의 '5년1공' 문제에 대한 또 다른 사료인 『송사』 권496, 蠻夷4 黔涪施高徼外諸蠻에 "(熙寧)六年, 龍蕃, 羅蕃, 方蕃, 石蕃八百九十人入覲, 貢丹沙, 氈, 馬, 賜袍帶, 錢帛有差. 其後, 比歲繼來. 龍蕃衆至四百人, 往返萬里, 神宗憫其勤, 詔五姓蠻五歲聽一貢, 人有定數, 無輒增加, 及別立首領, 以息公私之擾. 命宋

이와 같이 5성만에까지 공기가 주어짐으로써 '계동만'과 '서남이', 즉 송대 '서남만이'의 대부분이 '3년1공'~'5년1공'으로 그 입공이 제한되기에 이르렀다. 이러한 공기의 설정이 앞 장에서 제시한 그래프의 인종·신종시기의 조공 수 급감과 상관관계가 있을 것이다. 또한 아울러 신종시기 이후 계동만의 입공이 현저히 감소한 것은 이 시기부터 박차가 가해진 소위 '開邊策'의 진전으로 계동만의 영토가 내지화(州縣化)되었기 때문이며, 그 반대로 서남이의 입공 증가 현상이 순수한 증가분이기 보다 계동만의 급감으로 인한 상대적인 것이라는 점은 앞에서 검토하였다.

다만 그렇다고는 해도 특히 철종기에는 공기의 설정에도 불구하고 서남이의 조공회수가 다소 많은 것으로 보인다. 구체적으로 〈조공표〉를 통해 보아도 철종조 이후 '5년1공'이 잘 지켜진 것으로는 보이지 않는다. 이에 관해서는 『송회요』 蠻夷7-39, 元祐2년 5월 14일에,

> 禮部가, "西南蕃인 泰平軍이 石蕃의 龍以定 등을 보내 表를 가지고 裝鞍馬·砂氈 등으로 來貢하였습니다. 元豊시기의 著令에서 西南五姓蕃은 5년 1貢을 허락했는데, 올 해는 아직 연한이 되지 않았기 때문에 갖추어 裁決을 奏請합니다."고 말하여, 특별히 입공의 허락을 詔하였다(禮部言, 西南蕃泰平軍遣石蕃龍以定等齎表, 裝鞍馬·砂氈等來貢. 元豊著令, 西南五姓蕃每五年許一貢, 今年限未及, 合具奏裁. 詔特許入貢.(『송회요』 蠻夷7-39 元祐2년 5월14일)).[32]

이라고 보인다. 즉 이것은 원우2년(1087)에 五姓蕃의 한 부족(石蕃?)이 입공한 지 5년이 미처 되지 않았음에도 불구하고 송조가 이를 받아들인 사례로, 이와 같은 예외적인 사례가 있었던 것이며 이는 예상할만한 일이다. 동문에 의하면 '5년1공'은 분명히 신종의 원풍시기(1078~1085)에 법령화됐음이 확인되고, 또한 그것이 철종의 元祐시기에도 기본적으로 계승되고 있었음은 분명하다.

다음의 기사 또한 마찬가지이다.

敏求編次諸國貢奉錄, 客省, 四方館撰儀, 皆著爲式."고 보이는 설명, 혹은 〈조공표〉에서 볼 때 五姓蠻이 종래 4~7년에 1貢하였다는 廣南西路經略司의 지적은 반드시 그렇지는 않았던 것으로 보인다.

32) 『장편』 권401, 元祐2년 5월 乙丑과 『송사』 권496, 蠻夷4 黔涪施高徼外諸蠻에 동문.

詔하여, 西平州武聖軍都統制韋公意를 西南龍·羅·方·石·張蕃의 사례에 따라 5년 1貢에 70인을 額으로 삼아 貢物은 단지 宜州에 납입하고, 곧바로 恩賞을 허락하되 館券·回賜·供給·犒設 등은 모두 石蕃의 例에 준하게 하였다. 廣南西路經略司의 請을 따른 것이다(詔, 西平州武聖軍都統制韋公意許依西南龍·羅·方·石·張蕃例, 五年一貢, 以七十人爲額. 貢物止納宜州, 許直恩賞, 館券·回賜·供給·犒設等, 並準石蕃例. 從廣南西路經略司請也.(『송회요』 蕃夷7-39, 元祐2년 6월 26일)).[33]

즉 원우2년 6월, 五姓蠻(단 원문은 '蕃')과 같은 방향에 있는 韋公意를 대표로 하는 서남이, 즉 이후에 韋蕃으로 불리는 부족이 처음 입공하자, 이에 대해서도 5성만의 전례에 따라 '5년1공'과 사절단의 규모를 70인으로 제한하고 있다. 여기서도 5성만에 대한 '5년1공'은 희령8년(1075) 이후 계속해서 유효할 뿐 아니라 여타 처음 입공하는 서남이에 대한 準則이 되었음을 볼 수 있다.

맺음말

본 장에서는 송대 조공 총수의 1/5을 차지하는 '만이'의 조공이 일정한 원칙 아래 행해졌을 것임을 전제로, 그 원칙 중 당연히 존재했을 몇 가지 문제, 즉 조공의 계기와 시점 또는 '몇 년에 1회' 식으로 허락된 조공의 間期(공기) 문제 등을 정리해 만이의 對宋 조공에 존재하는 주요 원칙과 질서를 분석했다.

또한 이러한 원칙이 〈조공표〉에 그대로 반영되지 않는 점에 주의해서, 위의 과제를 검토하기에 앞서 〈조공표〉를 이루는 개별적 조공 기사들, 즉 현존하는 조공 기사의 특성을 먼저 파악하였다. 그 결과 〈조공표〉에는 통상의 일반적인 조공, 즉 소위 '常貢'(즉 단오, 동지, 正旦, 황제 생일 등과 같은 기념일)은 사서에서 중시되지 않아 쉽게 검출되지 않을 가능성, 즉 조공 기사 중 관례적인 것들은 '常貢'으로 기록이 생략되지만, 반면 정치적으로 중요하거나 첫번째 입공, 대규모의 입공, 혹은 임시적 입공 등은 기록에 남았을 가능성이 컸음을 유추했다.

따라서 송대에 실제로 행해진 조공의 회수는 〈조공표〉보다 훨씬 많았을 가능성이 있

33) 『장편』 권402, 元祐2년 6월 丙午에 동문.

다. 〈조공표〉의 총 회수 1100은 북송시대 166년간 40여 국과의 사이에 이루어진 것을 감안하면 오히려 적은 감이 든다.

한편 송조는 점차 증가 추세를 보이는 '만이'의 조공에 대해 진종시대 이후부터 일정한 원칙을 세웠다. 이것은 진종대가 대외정책 전반에 걸쳐 중요한 전환기를 맞고 있던 일련의 정황과 맥을 같이하는 점에서 주의된다.[34] 즉 진종기 이후 '서남만이' 중 먼저 '계동만'에 대해 '3년1공'의 원칙이 세워졌다. 이는 그래프 상의 조공 회수 격감과도 관련이 있을 것이다.

다시 얼마 되지 않아 '서남만이' 중 '서남이' 일부에 대해서도 '5년1공'의 공기가 적용됐고, 신종 희령 연간에는 나머지 '서남이'도 '5년1공'의 대상이 됨으로써 이 무렵 송의 모든 '서남만이'에 공기가 적용되게 되었다.

'서남이'는 계동만보다 먼 곳에 위치했기 때문에 그 공기가 더 길어진 것으로 보인다. 이러한 공기 설정이 그래프에 보이는 인종~신종시기의 조공 수 급감과 관계가 있을 것이지만, 한편으로 신종조 이후 계동만의 입공이 현저히 감소한 것은 이 시기 이후 전개된 소위 '開邊策'의 진전으로 계동만의 영토가 내지화됐기 때문이며, 동시에 서남이의 입공 증가는 순수한 증가분이기보다 계동만 조공의 급감으로 인한 상대적인 것이었다.[35]

34) 본서 제II부 제4장 참조.

35) 본서 제I부 제5장 참조.

II

외교 사절의 왕래와 영접

1 國信使와 進奉使: 송대 동아시아 외교의 추진자들

머리말

개인 차원의 국외 여행이 여러 제약으로 자유롭지 못한 전통시대 동아시아에서 국가와 국가를 왕래한 가장 일반적 형태의 여행자는 외교 사절이었다. 시간이 지남에 따라 상인 등 여타 집단이 가세해 외연이 넓어지게 되지만, 중국을 비롯한 동아시아 각국 간 교류에서 그 빈도가 가장 높고 규모가 큰 것은 여전히 외교 사절이었다. 다만 여기에는 중국 왕조가 私交易을 인정하지 않거나 순수한 교역마저 '조공무역'으로 취급해버리는 독특한 사정이 작용한 점을 간과할 수 없다.[1]

송대는 이와 같은 외교 사절의 왕래가 이전 시대에 비해 비약적으로 증가하는 전환기이다. 唐代까지 보이지 않던 국가 간의 정기적 사절 교환이 송대에는 황제 생신이나 正旦 등을 명분으로 정기화되어 동아시아에서 새로운 외교 관행이 나타났고, 이것이 사절단 왕래의 빈도와 수를 전반적으로 증가시켰을 뿐 아니라, 국제무대에서 인적 접촉을 확대시켰다.

송대에는 이러한 외교 사절에 대해 '國信使'라는 용어를 널리 사용하였고, 이 용어는 나아가 요, 금은 물론 고려 등의 주변국에서도 마찬가지로 이용되었다. 또한 이 점에 유의해 송대 외교사 영역에서 외교사절 관련의 연구가 비교적 일찍부터 꾸준히 이어왔다.[2]

다만 종래의 국신사 연구에는 고찰할만한 여지가 남아 있고, 본 장은 그러한 '여지'에 대한 검토를 위한 것이다. 그 '여지'의 하나는 그동안의 국신사 연구가 주로 송, 요, 금 등

---

1) 岸本美緒,「東アジア·東南アジア傳統社會の形成」(『岩波講座 世界歷史』13, 岩波書店, 1998).

2) 송대의 외교 사절만을 대상으로 한 기존의 연구는 제시하기 어려우나, 송대 외교를 논하는 그동안의 연구에서 사절 왕래에 대한 언급은 계속되는 경향이다.

의 개별 국가 단위로 이루어진 관계로, 외교사절의 전체상을 파악하는 데 한계를 남긴 점이다. 또한 송대에는 똑같은 외교사절을 '進奉使'라고 부르는 경우도 있으나, 이와 국신사가 어떠한 관계에 있는지에 대한 분석이 거의 이루어지지 않았다. 따라서 송대 동아시아의 외교사절을 종합적으로 파악하기 위해서는 송, 요, 금 각 왕조 간의 국신사의 비교 검토는 물론, 진봉사의 성격까지 함께 파악할 필요가 있다.

또한 그동안의 국신사 연구는 그들을 파견하게 된 목적과 그에 따른 국신사의 유형 및 핵심 수행원에 대한 선발 방식과 조건 등에 초점이 맞추어진 것이 많고, '외교 사절단'이라는 조직 구성 자체에 관한 분석은 아직 충분하지 않다. 본고에서는 국신사나 진봉사가 이끄는 외교 사절단의 인적 구성과 규모 등의 분석이 또 하나의 목적이 될 것이다.

1. 송조에서의 국신사와 진봉사

1) 국신사와 국신의 기본적 의미

'국신사'는 唐代까지의 사료에 거의 보이지 않으며,[3] 五代에 이르러 중원 국가가 遼(契丹) 등의 주변국에 파견한 사절을 뜻하는 용어로 비로소 등장하지만,[4] 단명한 왕조가 이어진 관계로 용례는 많지 않다. 따라서 중국에서 '국신사 외교'는 오대시기에 시작되었다고는 해도 그것이 본격화된 것은 역시 송대에 요와의 관계가 안정화되어 사절 교환이 궤도에 오르면서부터였다고 볼 수 있다. '契丹國信使'와 '宋國信使' 또는 '南朝國信使'와 '北朝國信使'라는 말이 정착한 것도 대략 '전연의 맹'(1004년) 이후의 일이며,[5] 송 특히 북송시대에 국신사라는 용어의 상당 부분은 특히 요를 상대로 쓰였다 해도 과언이 아니다.

---

3) 南朝의 사례로 『宋書』 권97, 蠻夷 西南夷 天竺迦毗黎國, 文帝 元嘉五年 조에, 그 國王 月愛가 파견한 사절의 表文에 "願二國信使往來不絕"라는 말이 있고, 이와 同文이 『梁書』 권54, 諸夷 中天竺國에도 보인다. 여기서는 '二國의 信使'로 해석되며, 만일 이를 '國信使'라고 본다면 당대까지에 걸쳐 동일한 용어는 더 이상 존재하지 않으므로 극히 예외적인 용례라고 볼 수밖에 없다.

4) 예를 들어 『구오대사』에는 '入蠻國信使'(권38, 唐書14 明宗 天成2년 秋7월 癸丑), '契丹國信使'(권38, 晉書3 高祖 天福3년 10월 戊子), '江南國信使'(권118, 周書9 世宗 顯德5년 5월 己酉) 등이 보인다.

5) 다만 송대에서 '국신사' 칭호의 初見은 開寶8년(975)이다. 뒤에 소개하는 『中國歷史大辭典·宋史卷』의 '國信使' 참조.

국신사의 의미에 대해서는 최근까지 聶崇岐의 설명이 가장 일반적이었다.[6] 『中國歷史大辭典·宋史卷』과 같은 전문 사전에도 그의 설명에 입각해 "일반적으로 聘問往來하거나 상대에게 요구할 것이 있는 경우를 국신사라 칭하고, 속칭 泛使라고 하였다"[7]고 설명한다. 섭숭기는 또한 송의 국신사를 요에 파견된 다음과 같은 12개에 이르는 사절들의 여러 명목 중 하나로 비정해[8] 그 범위를 상당히 좁게 보았다.

> 正旦使, 生辰使, 告哀使, 遺留禮信使, 告登位使, 祭奠使, 弔慰使, 賀登位使, 賀冊禮使, 回謝禮信使, 國信使(俗稱 泛使), 答回謝使.

이러한 개념 규정에 대해서는 최근에 賈玉英으로부터의 반론이 있다. 그에 의하면 국신사는 어떤 사행 목적을 특별히 가진 존재가 아니라 常使와 專使를 가리지 않고 당시의 여러 사절들을 총칭한 것이며, 오히려 섭숭기가 국신사의 '俗稱'으로 이해한 '泛使'(橫使와 같음)에 대해서는 이를 특별한 목적을 지닌 專使로 보았다.[9] 필자는 가영옥의 설명에 기본적으로 찬동하며, 이 점은 후술하는 국신사의 다양한 용법을 통해서도 검증될 수 있을 것이다.

한편 '국신사'라는 용어는 송·요 간에서만 사용된 것이 아니었다. 예를 들어 김한규는 "宣和 연간에 고려에 파견된 북송의 사신은 '국신사'였다. ……, 송조의 국신사는 요나 서하 등 독립된 이웃 국가들에 파견하는 사신을 가리키는 말이었다. 따라서 선화사절단은 책봉이 아닌 다른 특수한 사명을 띠고 고려에 파견되었다"[10]고 하였다. '독립된 이웃 국가들'이라는 말이 애매하지만, 이 문장은 당시의 고려가 송의 책봉을 받지 않은 국가였다는 점이 강조된 맥락이므로 국신사를 송조가 고려처럼 중국과 책봉 관계에 있지 않은 독립 상태에 있는 국가에 보낸 사신을 말하는 것처럼 보인다. 이러한 설명은 일단 송·요

---

6) 聶崇岐, 『宋史叢考』(中華書局, 1980), pp.284~287.

7) 『中國歷史大辭典·宋史卷』(上海辭書出版社, 198), p.281.

8) 섭숭기, 앞 책, 같은 곳.

9) 賈玉英, 「有關宋遼交聘中泛使槪念的几点辨析」(『中國史研究』 2006-2) 참조. 아울러 賈玉英, 「宋遼交聘制度論略」(『中州學刊』 6, 2005)도 참조.

10) 김한규, 「徐兢의 『宣和奉使高麗圖經』과 그 한중관계사 상의 의미」(『使朝鮮錄研究』, 서강대학교 출판부, 2011), p.49. 아울러 김한규는 국신사를 "宋元 시대에 국가의 사신을 이르는 말"(『使朝鮮錄 譯註1: 宣和奉使高麗圖經』(소명출판, 2012), 권25 '拜詔', p.234 脚註)이라고도 하였다.

사이에서는 사실에 부합한다고 할 수 있다.

그러나 송조에서 사용된 국신사는 상대국의 '독립' 여부와 상관없이 송조에 의해 외국에 파견된 사절 一般을 지칭하는 것으로 보는 것이 필자의 관점이다. 당시의 기록에 비추어보아도 요와 금 같은 '대등국' 내지 '上國'은 물론, 서하, 고려, 베트남(安南) 그리고 국초의 南唐 등 송조가 그 지위를 자신보다 낮게 여긴 기타 외국에 파견한 사절에게도 국신사라는 표현을 사용하고 있기 때문이다. 이러한 생각은 『明史』의,

> 무릇 遣使에 璽綬를 賜하고 또 慶弔를 問遺하는 것은 漢에서 시작됐다. 唐은 外國에 使하는 것을 가리켜 入蕃使라 했고, 宋은 이를 國信使라 불렀다(凡遣使, 賜璽綬及問遺慶弔, 自漢始. 唐使外國, 謂之入蕃使, 宋謂之國信使.(권56, 禮10 賓禮 遣使之蕃國儀)).

라는 설명에 그대로 부합한다. 송조는 자신이 외국에 파견한 사자를 구별 없이 모두 '국신사'라 불렀다는 설명이다. 아울러 여기서는 외국을 '蕃'이라 칭하는 唐的인 세계관과 '國'이라 칭한 宋的인 세계관이 대비적으로 나타나 그들의 천하관의 일단이 보이는 것 같다.

'국신사'는 또한 그 용례에 비추어 단독으로 사용되는 경우가 있지만, 한편으로 '正旦', '生辰', '回謝', '遺留' 등과 결합해 '正旦國信使', '生辰國信使'처럼 그 목적을 분명히 드러내는 식으로 쓰일 때가 많다. 이것은 섭숭기가 '국신사'를 굳이 하나의 독립된 사절의 항목으로 구별한 방식에 의문을 갖게 만드는 부분이며, '국신사'가 특정한 부류에 한정된 사절이라기보다 가영옥의 지적대로 '사절' 一般을 뜻하는 용어라는 느낌을 더 갖게 한다.

다만 지금 소개한 여러 사례들에서 볼 때 '국신사'는 대체로 '慶事'에 가까운 명목에 결합하는 경향이 있고, 상대적으로 哀事나 凶事에 붙는 용례는 거의 보이지 않는다. 비교적 그 용례가 자주 보이는 '官告國信使' 역시 외국의 군주 등에게 官을 임명할 때 파견되는 것으로 성질상 慶事에 속한다. 또한 예를 들면 '交州安撫國信使'[11]와 같이 외국에 정변 등이 발생해 해당국의 國情을 안정시킬 필요가 있을 때도 임시적으로 파견된 점에서 국신사는 단순한 경사 등의 儀禮的 수준을 넘어 정치적 사명까지 다목적적 외교를 수행한 사절이었음을 알 수 있다.

'국신사'의 의미는 단어의 핵심을 이루는 '信'이 '消息' 또는 '書信'을 뜻하기 때문에[12]

11) 『宋會要』 蕃夷四-27, 交趾 景德2년 2월에 "以工部員外郎邵曄假光祿卿, 爲交州安撫國信使."

12) 『漢語大詞典』(漢語大詞典出版社, 1995), 권1 '信' 항목.

'국신'이 일차적으로는 '국가 차원의 소식이나 서신'이 되고, 다시 거기에 '使'가 붙음으로써 '국가의 소식(또는 서신)을 지닌(또는 전하는) 외교 사신'을 가리킨다고 할 수 있다. 이러한 의미로서의 '국신'의 용법은 이미 唐代에 다수 보이며,[13] 송대에도 '通國信', '國信不通', '國信文字'[14] 등처럼 종전의 전통이 이어졌다. 다만 송대에는,

> 國信舊路가 河決로 不通하여, 지금은 이제 새로이 西路로 나아가게 되었다…….(國信舊路以河決不通, 今已改就西路…….(『장편』 권330, 元豊5년 10월 乙卯)).

> 國信一路에 위치한 郡縣驛亭이 什物을 陳設하는 데에, 樂器 등이 故敝하게 되었으니 이를 새롭게 하기를 바랍니다(國信一路郡縣驛亭陳設什物, 以致樂器等故敝, 乞新之.(『장편』 권297, 원풍2년 3월 癸未)).

와 같은 용례도 보이고, 여기서는 '書信'보다 '使臣'의 의미로 사용되었다고 생각된다. '信' 에는 본래 '사자'의 의미가 함께 있기 때문이다.[15]

또한 '국신'은 상대에게 주는 '贈與品' 또는 '禮物'을 가리킬 경우도 있으며, 오히려 이쪽의 용례가 더 자주 발견되는 듯하다. 이 용법은 역시 이전부터 존재하지만, 송대의 가장 분명한 사례로 『장편』에,

> 左諫議大夫鄭雍이 말하길, 지난번에 北朝生辰國信使를 맡았었는데, 생각해 보건대 朝廷이 해마다 玉帶를 遼人에게 贈遺하니 한참 지나면 그것이 소진될 때가 있을 것을 걱정한다, 고 했다. ……(左諫議大夫鄭雍言, 昨充北朝生辰國信使, 伏見朝廷歲以玉帶贈遺遼人, 恐歲久有時而盡…….(권457, 元祐6년 4월 癸巳)).

---

13) "天寶十四載, 贊普乞黎蘇籠獵贊死, 大臣立其子婆悉籠獵贊爲主, 復爲贊普. 玄宗遣京兆少尹崔光遠兼御史中丞, 持節賚國信冊命弔祭之. 及還, 而安祿山已竊據洛陽, 以河·隴兵募令哥舒翰爲將, 屯潼關."(『구당서』150, 열전146上 吐蕃).

14) 『장편』349, 원풍7년 10월 癸未에, "密州商人平簡爲三班差使, 以三往高麗通國信也."고 있고, 동서 권315, 원풍4년 8월 丙辰에 "承議郞, 守太僕少卿吳安持等言, ……, 詔自南北通和以來國信文字, 差集賢院學士蘇頌編類."고 보인다.

15) 앞의 『漢語大詞典』 참조.

이라는 내용에 이어, 李燾의 原註로,

> 政目에는 初四日에 琢玉를 만들어 國信에 충당했다고 적었다(政目初四日書, 琢玉帶, 充國信.).

고 보인다. 송조가 옥대를 만들어 해마다 요에게 주고 있는데, 그러한 물품을 두고 '國信'이라 칭한 것이다.

2) 진봉사의 성격

송조는 '외국'에 파견한 자국 사절을 '국신사'라 칭한 것과 반대로 '외국'에서 자국을 찾아온 사절에 대해 다른 호칭을 사용하였다. '進奉使'가 그것이다. 자국과 대등 또는 그 이상의 존재가 되어버린 요와 금을 예외로 치면(후술), 기타 외국의 사자에 대해서는 모두 '진봉사'라 칭한 것이다.

'進奉'은 본디 물품을 進上한다는 의미로 당대부터 사료에 빈출한다. 다만 이들은 모두가 지방과 중앙의 관계 속에서 사용된 것으로 外國과 관련된 용례는 보이지 않는다. 외국 사절을 가리키는 進奉使라는 개념은 五代에 비로소 출현하게 된다.[16] 이미 소개한 것처럼 당은 자신이 국외에 파견한 사신을 '入蕃使'라 불렀고, 여기에 송과 다른 세계관이 반영된 듯하지만, 이 점이 '진봉사'라는 용어 사용과 어떠한 관계가 있는지는 분명치 않다.

'국신사'라는 용어가 송 이후 본격적으로 사용된 것처럼 진봉사도 오대를 지나서부터 사료에 자주 출현한다. 당대까지 '조공'이라는 단어로만 표현되던 외국사의 '入貢'이 송대에는 동의어로 '진봉'이 사용되었고, 그러한 외국사를 가리킬 때는 '진봉사'가 '조공사'보다 훨씬 다용되었다.[17] 西夏進奉使, 高麗진봉사, 교지진봉사, 점성진봉사, 于闐진봉사, 三佛齊진봉사, 大理진봉사 등 송조가 자신이 상대한 거의 모든 외국의 사절을 진봉사로

---

16) 五代에 보이는 외국사에 대한 진봉사의 사례는 '于闐國進奉使', '吳越國進奉使', '迴鶻進奉使', '江南進奉使' 등이다. 『구오대사』 권77, 晉書3 高祖紀第3 天福3년 12월 戊寅, 동서 권79, 晉書5 高祖紀第5 天福5년 11월 丁丑, 동서 권81, 晉書7 少帝紀第1 天福7년 12월 己巳, 동서 권119, 周書10 世宗紀第6 顯德6년 6월 癸未 등.

17) '조공사'와 '진봉사'의 용례를 비교하면 『長編』에는 전자가 4례 보이지만 후자는 48례가 보이며, 『송사』에서는 전자가 6례, 후자가 16례 보인다.

묘사한 사례도 구체적으로 검출된다.[18]

〈표 1〉『政和五禮新儀』賓禮의 구성

소재(卷數)	각 의례의 명칭
150	紫宸殿大遼使朝見儀
151	紫宸殿正旦宴大遼使儀
152	紫宸殿大遼使辭朝儀
153	崇政殿假日大遼使朝見儀
154	崇政殿假日大遼使朝辭儀
155	夏國進奉使見辭儀
155	高麗國進奉使見辭儀
155	交州進奉使見辭儀
155	宜州西南蕃黎州等處進奉使人見辭儀
155	海外進奉蕃客見辭儀

진봉사는 결국 송조가 바라본 '천하 질서'에서 '국신사'보다 한 단계 '열등'한 '외국' 사신에게 부여한 차별적 호칭이라 볼 수 있는데, 이것이 『송사』 말미에 첨부된 '외국 열전'의 존재 방식과 상관관계가 있어 보이는 점도 흥미롭다.

즉 이전의 正史들이 말미에 '四夷' 등의 이름으로 열전을 부가한 것과 달리, 『송사』는 처음으로 '외국'이라는 이름으로 주변 국가의 열전(同書 권485, 외국1 夏國上에서 권492, 외국8 吐蕃까지)을 첨부하였는데, 이들 '외국'은 거의 모두 '진봉사'를 보내고 있는 것으로 『송사』에 묘사됨으로써, 형식상 송의 '천하 관념'을 구성하는 존재로 '장식'되었다고 할 수 있다. 이와 달리 요와 금이 '외국 열전'에서 빠진 것은 그들이 송의 '천하'에 포섭되지 않고 별도의 '천하'를 거느린 '敵國'으로 인식되었음을 말하는 것이다.[19]

송조의 이러한 입장은 禮制에도 반영되었다. 예를 들어 북송도 말기에 가까운 政和원년(1111)에 편찬된 『政和五禮新儀』賓禮에는 요와 기타 외국간의 구별이 명확하다.[20] 여기서는 요가 송에 파견한 사절만을 특별히 '국신사'로 취급한 반면, 이 '大遼'를 제외한 모든 국가의 사절은 한 등급 아래인 '진봉사'로 규정되어, 이들 국가 사이에 송조로부터 이념과 현실 양면에서 차등적으로 취급된 것이 분명하다. 唐에서는 자신을 뺀 모든 외국이 '蕃'으로 일률적으로 인식되었지만,[21] 송에서 그러한 '一視同仁'은 더 이상 통하지 않게 된 것이다.

18) 예를 들면 『송사』의 각 외국열전이 그러하나 여기서는 사례 제시는 생략한다.

19) 요와 금은 '적국'이지만 이들에 대해서도 '외국'으로 묘사한 사료는 역시 존재한다.

20) 이와 관련해서는 본서 제III부 제1장 「송대 동아시아에서 빈례의 성립과 그 성격」; 본서 제III부 제2장 참조.

21) 당에서는 다만 '大蕃'과 '小蕃'이라는 차이가 있을 뿐이다. 石見淸餘, 『唐の北方問題と國際秩序』(汲古書院, 1998), 제4장 「蕃望について」 참조.

2. 요 · 금 및 고려에서의 국신사와 진봉사

국신사라는 용어는 송의 전유물이 아니었다. 모든 점에서 송에 길항하는 요 혹은 그 이상의 존재가 된 금 역시 송과 거의 같은 차원에서 '국신'과 '진봉'이라는 용어를 썼기 때문이다. 즉 이들도 국외에 파견한 자국 사신을 국신사라 불렀고, 외국에서 찾아온 사절에 대해서는 진봉사라 부른 것이다. 이러한 용어의 선별적 사용은 자신이야말로 '세계의 중심'임을 자각한 요·금이 중원 왕조(송조)를 의식한 자기식 '중화사상'의 또 다른 표현이었다고 보인다.[22]

다만 요는 송의 사절만을 예외적으로 '국신사'라 칭했고, 이는 송이 그랬던 것처럼 양국이 상호 존중하는 모습을 보였기 때문이다. 하지만 금이 송의 사자를 '국신사'라 부른 예는 사료에 보이지 않는다. 이는 송의 경우에서 검토한 사실, 즉 자신의 '신하'로 취급된 '열등'한 존재에게 '국신'의 용어를 허락하지 않은 점을 생각할 때 오히려 당연하며, 금도 이러한 관계를 의식했을 것이다. 그렇다고 송의 사자가 금에게 진봉사로 불린 용례는 『금사』에 보이지 않는다.

또한 이것이 금의 송에 대한 별다른 배려 때문임이 아니라는 것은 금이 제정한 「外國使入朝儀禮」 속에 보이는 송 측 사절의 처지를 보아 짐작할 수 있다. 즉 『송사』와 『요사』가 각기 상대국 사절을 위한 입조 의례를 특별히 정해 기타 외국사와 차별을 두었다고 한다면, 『금사』(권38, 志19 禮11)는 필자가 이미 그 의의를 강조한 것처럼 국가 별로 입조 의례를 정하지 않고 「外國使入見儀」라는 하나의 의례 속에 송, 고려, 서하의 사절을 통합해 金帝에게 일괄적으로 알현시키는 예법을 적용하였다.[23] 이는 송과 요에서는 없던 매우 독특한 방식으로, 금에게는 황제의 존엄함을 강조한 또 하나의 장치였다고 할 수 있지만, 반대로 송에게는 금에 대한 자신의 지위가 서하나 고려와 다르지 않은 하나의 '외국'에 불과하다는 굴욕감을 주기에 충분한 것이었다.

요와 금에게 송의 사절이 각기 달리 불렸다는 것은 '국신'과 '진봉'이 고정적 개념이 아니라 국제적 역학 관계에 따라 바뀔 수 있음을 의미한다. 이를 말하는 또 하나의 호례를 송과 고려 관계에서 볼 수 있다. 즉 잘 알려진 것처럼 송에서는 신종 이후 대외 적극책이

22) 본서 제Ⅲ부 제5장, 「금조의 예제패권주의에 대하여」 참조.

23) 위와 같음.

추진되어 숙적 요를 고려와의 연결을 통해 경략하려는 '聯麗制遼'가 모색되었고, 이 정책이 휘종시대에도 계승됨에 따라 고려의 송조 외교에서의 지위는 상승일로에 있었다. 그리고 그 끝에,

> 政和2년, ……. 또 詔하여 高麗가 이미 國信을 칭하게 되었으니 새로 (그 업무를) 客省에 예속시킬 것을 詔하였다(政和二年, ……. 又詔高麗已稱國信, 改隷客省.(『송사』 권166, 職官6 客省引進使)).

와 같이, 송은 고려에게 '國信'이라는 용어를 허락하였다.

앞에서 소개한 『정화오례신의』(〈표 1〉)는 마침 이보다 불과 1년 전에 만들어진 禮典으로서 거기에서 고려는 '진봉사'로 취급되고 있었지만, 그 다음 해(政和2년, 1112년)가 되자 '국신'의 대우를 받게 된 것이다. 이 시점에서 고려에 대한 외교상의 예우는 요의 수준으로 격상된 것이다.[24]

아울러 송의 사료에는 다음처럼 政和2년 이전에 고려 사절이 이미 '국신사'로 불린 사례가 있지만 이는 명백한 오류이다.

> 興龍節에 宰臣들이 百官 및 遼國, 高麗, 于闐의 國信使副를 인솔하고 東上閤門으로 가서 拜表稱賀하였다(興龍節, 宰臣率百官幷遼國, 高麗, 于闐國信使副赴東上閤門拜表稱賀.(『장편』 권362, 元豊8년 12월 戊辰)).

이는 興龍節(송 신종 생일)에 요, 고려, 于闐 등에서 국신사가 송조를 찾아와 축하했다는 내용이다. 하지만 여기서 말하는 '국신사'가 본래 요에만 한정되어야 하고, 이를 고려와 于闐의 사자에게까지 확대시킨 것이 『장편』의 편자 李燾의 착각이라는 것은, 이와 거의 같은 시점의 『장편』의 다른 곳에서 이도가 고려와 우전의 사자를 진봉사로 분명히 묘사

---

24) 葉夢得撰 『石林燕語』 권7에 "國朝館伴契丹, 例用尙書學士. 元豊初, 高麗入貢, 以畢仲衍館伴, 仲衍時爲中書舍人, 後遂爲故事, 蓋以陪臣處之, 下契丹一等也. 契丹館於都亭驛, 使命往來, 稱國信使, 高麗館於同文館, 不稱國信, 其恩數儀制, 皆殺於契丹. 大觀中, 余以中書舍人初差館伴, 未至而遷學士, 執政擬改差人, 上使仍以余爲之, 自是, 王將明等皆以學士館伴, 仍升使爲國信, 一切視契丹. 是時, 方經營朔方, 賴以爲援也."라고 있다.

하고 있는 점에서 증명된다.[25] 용어의 혼동이 있을 수 있는 부분이지만, 송조에서 외국사에 대한 용어상의 차별은 분명히 존재한 것이다.

한편 '국신'의 의미를 생각할 때 조금 더 주의를 요하게 하는 것이 다음의 사례이다.

> 明州가 (다음과 같이) 奏하였다. 進武副尉 徐德榮의 배가 高麗에서 定海縣 港에 들어와 칭하기를 去年 5월에 旨를 받아 國信을 差載해 高麗國에 갔다가 今回에는 다시 그 나라의 人使……朴珪 8人 및 國信이 배에 있으니 旨를 기다리겠습니다, 라고. 詔하여……差發의 因依와 表章, 國信의 有無를 詢問해 速히 먼저 尙書省에 보고하게 했다(明州奏,進武副尉徐德榮船自高麗入定海縣港, 稱去年五月被旨, 差載國信往高麗國, 今回, 複有彼國人使……朴珪八人及國信在船, 聽旨. 詔令……詢問差發因依, 有無表章, 國信, 速先申尙書省.(『宋會要輯稿』 蕃夷7-49, 歷代朝貢 隆興2년(1164) 4월 14일)).

이것은 明州가 중앙 정부에 대해 고려에 다녀온 徐德榮의 귀국을 보고할 때 그 배에 고려인 8인이 함께 있다는 사실을 알리자, 송조가 고려인이 '差發'되어 온 이유 등을 조사해 上申하라는 지시를 회신한 내용이다. 서덕영의 파견 목적은 분명치 않으나 그가 출국할 때 고려에 보내는 '국신'을 "실었다"고 하므로 이때의 국신은 '증여품'(혹은 禮物)이 틀림없고, 이어서 보이는 2개의 다른 '국신'도 이와 의미가 같다는 것은 문장의 내용을 통해 분명하다. 그렇다면 여기서는 고려 측에서 보내온 증여물도 송 측이 고려에 보낸 것과 똑같이 '국신'이라는 용어로 묘사된 사실을 알 수 있는 셈이다.[26] 송대의 사료에는 '증여품'을 의미하는 '국신'이 중원 왕조에서 주변국에 대해 사용된 용례가 더 많지만, 그 반대의 용례가 지금 검토한 고려 이외의 경우에도 보인다.[27]

---

25) 지금 인용한 기사보다 불과 2일 전의 예로 「特賜于闐國進奉人錢百萬」(『장편』 권362, 원풍8년 12월 丙寅)고 있고, 다시 6일 뒤의 예로도 "高麗國進奉使人乞收買大藏經一藏, 華嚴經一部, 從之."(『장편』 권362, 원풍8년 12월 甲戌)고 있다.

26) 지금 소개한 고려의 사례와 거의 같은 예가 『송회요』 번이4-59, 大理國 紹興6년 7월 27일에, "廣南西路經略安撫使司奏, 威遠寨界首用譚昂等接到大理等人使進奉表章, 國信及象, 馬, 已備酒食糧米迎待管設, 約五月五日到橫山寨."와 같이 보인다.

27) 사실 타국이 중원왕조에 보낸 '증여품'이라는 용법으로서의 '국신'은 이미 당에서 보인다. 그런데 이와 관련해 石見淸裕는 당의 경우에는 같은 貢物이라 해도 엄밀하게는 '幣'와 '庭實'이 있고, 나아가 일본의 견당사의 歸朝報告에 「國信」과 「別貢」이라는 표현이 종종 보인다고 한 뒤, 결국 貢物에 2가지 종류가 있으며, 이 때 幣=國信, 別送=庭實=別貢이 된다고 이해했다. 예를 들어 일본의 제14차(寶龜8) 견당사

그럼에도 불구하고 '국신사'와 '진봉사'가 10~12세기 동아시아에서 각기 '중원 왕조'와 중국에서 본 '주변 왕조'의 사절에 대해 사용된 것이 보통이었다는 것은 당시 고려 측의 인식을 통해서도 다시금 확인할 수 있다. 즉 고려는 송과의 관계에서 文宗32년(1078)과 肅宗8년(1103)에 각각 자신을 찾아온 송의 사절에 대해 "宋國信使左諫議大夫安燾"와 "宋遣國信使戶部侍郎劉逵"라 하였고, 반대로 睿宗8년(1113)에는 송에 파견한 자신의 사절을 일러 '進奉使金緣'이라 했다.[28] 고려는 요와 금에 대해서도 똑같이 자국이 파견한 사절을 진봉사라고 표현하고 있었다.[29] 다만『고려사』를 통해 볼 때 요와 금 측에서 보내온 사자에 대해서는 '遼使'와 '金使'가 일반적이고 이들을 國信使라 부른 사례는 검출되지 않는다.

또한 고려에서는 진봉사가 '중원왕조'에 보낸 사절 전체의 총칭으로서가 아니라 다음과 같이 특정한 부류를 지칭하는 용법으로 사용되기도 했다.

의 귀국 보고에 의하면 당 代宗 大曆13년(778)에 "(정월) 15일, …. 是日, 進國信及別貢等物"이라고 있는 것 등이 그것이다. 石見淸裕, 앞 책, 제Ⅲ부 5장「外國使節の皇帝謁見儀式復元」참조. 이 같은 唐代의 '원칙'이 보편화된 것인지의 여부는 확인되지 않지만, 송대에도 간혹 동일한 외국사절단이 '貢'과 '別貢'을 함께 송 측에 進上하고, 송도 '賜'와 '別賜'를 한 사례가 보인다. 각각 일례만을 제시하면 전자는 "淳化三年十二月, 其王穆羅茶遣使陀湛, 副使蒲亞里, 判官李陁那假澄等來朝貢. 陁湛云中國有眞主, 本國乃修朝貢之禮. 國王貢象牙, 眞珠, 綉花銷金及綉絲絞, 雜色絲絞, 吉貝織雜色絞布, 檀香, 玳瑁檳榔盤, 犀裝劍, 金銀裝劍, 藤織花簟, 白鸚鵡, 七寶飾檀香亭子, 其使別貢玳瑁, 龍腦, 丁香, 藤織花簟."(『송사』 권255, 외국5 闍婆國)가 그것이고, 후자로는 "又回賜國信詔曰, 修方惟舊, 底貢旣嘉. 舟楫言旋, 匪頒在笥, 禮無不答, 其往祇承. 今回, 賜國信兼別賜·密賜·特賜物色等, 具如別錄, 至可領也."(『고려사』 권14, 예종11년(1116) 6월)는 것이 그것이다. 특히 후자에서는 송이 고려에게 '국신'을 보낸 이외에 별도로 別賜·密賜·特賜物色 등의 다양한 물품을 보내고 있고, 이는 당시 고려와의 연결을 도모하려는 '求愛' 때문이지만, 송조에서 이처럼 '賜'와 '別賜' 및 '貢'과 '別貢'이 石見淸裕의 지적대로 "당대에서는 공과 별공이 기본 원칙"(石見, 앞 책 참조)이었는지는 알기 어렵다.

28)『고려사』 권9, 문종32년(1078) 6월 甲寅에 "宋國信使左諫議大夫安燾, 起居舍人陳睦等到禮成江."고 있고, 같은 책 권12, 숙종8년(1103) 6월 壬子에 "宋遣國信使戶部侍郎劉逵·給事中吳拭, 來賜王衣帶·匹段·金玉器·弓矢·鞍馬等物."고 있고, 다시『고려사절요』 권8, 睿宗8년(1113) 9월에 "遣西頭供奉官安稷崇如宋. 禮賓省移牒明州曰, 去年六月, 進奉使金緣回諭, 來歲又當禋祀, 申覆國王, 遣使入朝以觀大禮. 已令有司備辦. 忽母后薨逝, 未遑遣使以達情禮."이라고 있다.

29)『고려사』 권14, 睿宗11년(1116) 윤정월 庚戌에 "遣祕書校書郎鄭良稷, 稱爲安北都護府衙前, 持牒如遼東京, 詗知節日使尹彦純, 進奉使徐昉, 賀正使李德允等稽留事."라 있고, 같은 책 권17, 毅宗2년(1148) 2월 乙卯에 "進奉使王軾, 還自金云, 金人言, '進奉表頭, 不書王名, 差使不書陪臣, 命法司科罪.'"라고 보인다.

秘書校書郞 鄭良稷을 보내 安北都護府의 衙前이라 칭하고, 牒을 가지고 遼의 東京에 가서 節日使尹彦純, 進奉使徐昉, 賀正使李德允 등이 오래 머무는 사실을 살펴오게 하였다(秘書校書郞鄭良稷, 稱爲安北都護府衙前, 持牒, 如遼東京, 詗知節日使尹彦純, 進奉使徐昉, 賀正使李德允等稽留事.(『고려사절요』 권8, 睿宗11년(1116) 윤정월)).

고려가 요에 진봉사를 節日使, 賀正使 등과 함께 보낸 것을 알 수 있다. 그렇다면 이때의 진봉사는 아마도 '常貢'을 담당한 사절로 생각되지만, 단지 진봉사가 이처럼 특정한 용법으로 사용된 사례는 安南(후술)을 제외하면 여타 국가에서는 발견되지 않는다. 필자는 이 문제를 확증할 수는 없지만, 고려에서의 진봉사가 중원왕조에 파견되는 사절을 가리키는 대명사로 사용된 한편, 협의로서는 특히 通常의 '조공' 등 정기적 사절을 지칭했을 가능성도 생각해본다.

고려에서 '국신'의 용어는 元 간섭기에 접어들면 거의 자취를 감추고, 그 대체어로 '國贐'이 특히 고려가 원에 보내는 증여물의 의미로 사용된 점도 주의할만하다.[30] '贐'에는 '進貢'의 뜻이 있고, 이 표현이 국신의 '信'보다 더 종속적인 감이 든다. 앞에서 본대로 송에 대해 고려가 보낸 증여물을 '국신'이라 칭한 사례가 한편으로 존재하지만, 元朝는 이를 아마도 '제후국'(부마국)이 된 고려의 입장에 맞추어 용어의 변경을 요구한 것으로 판단된다.[31]

3. 규모와 구성

같은 외교 사절임에도 불구하고 '국신'과 '진봉'이라는 구별이 그들 간의 규모와 조직에도 영향을 주었을까? 이와 관련해서는 김육불[32]을 비롯한 일부 연구자의 분석이 존재

30) "國贐庫火."(『고려사』 권53, 志7 五行1 1271년 9월 乙亥(14일), "以國贐庫羅絹二十匹, 付巡馬所, 至內宴日, 粧飾花階 久則換之."(『고려사』 권31, 충렬왕22년(1296) 5월 癸酉(6일)), "權臣金俊, 令四品以上, 出銀有差, 充國贐."(『고려사』 권79, 食貨2 충렬왕3년(1266) 7월), "宰樞請親朝, 許之, 令自諸王, 至五六品, 出細紵布有差, 以充國贐.."(『고려사』 권79, 식화2 1278년 12월) 등이 그 사례이다.

31) 이러한 점은 고려에서 종래 있던 국왕의 생일 명칭과 관련한 제도 운영의 변화가 원 간섭기 이후에 보이는 점과도 상통한다. 본서 제Ⅱ부 제2장 「송·요·금 및 고려 제왕의 생일과 축하사」 참조.

32) 金毓黻, 「宋代國信使之三節人」(『文史雜誌』 1-12, 1942).

하지만, 이용된 자료의 범위는 아직 제한적이고, 동아시아의 상황을 서로 비교하거나 종합한 시도는 없었다. 본 장에서는 기존의 성과를 계승하면서 필자의 선행 연구도 활용하여, 송조와 왕래가 빈번했던 요와 금은 물론 서하, 고려, 교주(베트남) 그리고 '海外進奉蕃客'과 '西南蕃'에 이르기까지 다양한 집단의 사례를 분석·비교할 것이다.

1) 송·요·금 3국의 경우

동아시아에서 국제 관계를 주도한 송·요·금 3국은 상호간의 사절 교환에 적극적이었다. 송은 요를 시작으로, 이어 금과도 정기적 사절 교환을 통해 우호관계를 유지하려 했고, 그 과정에서 외교 제도가 정비되었다. 특히 송은 물론 요와 금에서도 시행된 다양한 외교 관례는 서하나 고려 등 그들의 영향을 받고 있던 국가들의 외교에도 반영되었다.

송·요 간 사절의 규모와 조직에 대해 직접 언급한 사료가 의외로 거의 없기 때문에 간접적인 단서에서 그 개략을 엿볼 수 있다. 예를 들어 송은 景德2년(1005) 5월에 요가 송 진종의 생일(承天節)에 축하사를 처음 보내오자, 그들을 접대하고 사여물을 준비하였는데, 이때의 사여품은 다음과 같은 대상에게 지급되는 것이었다.[33]

大使, 副使, 上節18인, 中節20인, 下節85인

요의 사절단은 그 대표자인 大使 즉 國信使와 國信副使[34]를 중심으로 上節, 中節, 下節의 3節로 이루어졌고, 규모는 125명에 이르는 것을 알 수 있다.[35] 특히 상, 중, 하로 구별된 '節'은 사절단원의 등급을 나타낸 것으로[36] 당시의 송·요·금 3국은 물론 근린 주요국 사절단의 대부분이 이를 기본 단위로 조직되었다.

송이 요에 보낸 사절단의 구성을 알게 하는 사료 역시 찾기 힘든 가운데, 景德3년(1006)에,

---

33) 『長編』 권60, 景德2년 5월 乙未 및 『契丹國志』 권21, '宋朝勞契丹人使物件'에도 同數가 보인다.

34) 大使 즉 國信使와 國信副使는 거란에 파견된 宋使의 경우 그 수가 모두 6명에 달하는 경우도 있었다. 본서 제Ⅲ부 제4장 「송의 국신사가 거란의 황제·황태후를 알현하는 의례」 참조.

35) 聶崇岐, 「宋遼交聘考 下」(『宋史叢考』, 華世出版社, 1986)는 요의 三節人從 수에 대해 '約在百人之數'라고 보았다.

36) 김육불, 앞 논문은 '三節'의 '節'을 '級'으로 설명하고, 김한규는 "節은 등급의 뜻과 符節의 뜻을 함께 갖고 있다."고 했다(『使朝鮮錄 譯註1: 宣和奉使高麗圖經』(소명출판, 2012), p.128).

> 詔하여 契丹에 들어가는 使의 從人을 百人을 넘지 못하게 하였다(詔入契丹使從人不得過百人.[37](『宋會要』 職官36-33, 景德3년 11월)).

는 원칙이 정해진 것이 보인다. 여기서의 "使의 從人"이 국신사를 따르는 수행원 즉 3節을 가리키는 것은 물론이고, 송은 이 원칙을 이후 유지한 것으로 보인다. 앞에서 본 요의 사절단이 100명을 훨씬 넘는 규모이기는 했지만, 이를 수교 이후 최초의 사례로서 예외로 돌린다면, 이후 양국이 소위 '敵國'(대등국)의 입장에서 여러 모로 대등한 관계와 儀典을 유지하려 한 점에서 볼 때, 양국이 교환한 사절은 대략 백명 전후가 보통이었다고 생각된다.[38]

그 규모와 조직이 비교적 상세히 확인되는 것은 북송 말기 금과의 교섭이 시작되면서부터이다. 『三朝北盟會編』 권20에는 「宣和乙巳奉使行程錄」을 인용해 송조가 금 태종의 즉위식에 許亢宗을 대표로 한 사절을 보낸(송 宣和5년, 1123년) 정황을 다음처럼 기록한다.

> 金人이 이미 거란을 멸하고 마침내 우리와 敵國이 되었으니, 契丹例에 의해 和好를 講하였다. 每歲의 遣使는 正旦, 生辰의 兩番을 영원히 常例로 하는 이외에, 비상시의 慶吊는 논할 바 없다. 甲辰年에 阿骨打가 갑자기 죽고 그 아우 吳乞買가 嗣立하니, 許亢宗을 差充해 登位 축하사로 奉使시키고, 아울러 〈奉使契丹條例〉를 얻어 案牘하여 參詳增減하였다, …… 隨行하는 三節人은 조정이 差出하거나 本所가 徵辟하였다. 副使 이외에 計80인으로, 都轄1, 醫1, 隨行指使1, 譯語指使2, 禮物祗應2, 引接祗應3, 書表司2, 習馭直2, 職員2, 小底2, 親屬2, 龍衛虞侯6, 宣撫司十將1, 察視2, 節級2, 翰林司2, 儀鑾司1, 太官局2, 駝務2, 槽頭1, 教駿3, 後苑作匠1, 鞍轡庫子虎翼兵士5, 宣武兵士30이다(金人既滅契丹, 遂與我爲敵國, 依契丹例, 以講和好. 每歲遣使, 除正旦, 生辰兩番永爲常例外, 非常慶吊別論也. 甲辰年, 阿骨打忽身死, 其弟吳乞買嗣立, 差許亢宗充奉使賀

37) 『장편』 권64, 경덕3년 11월 乙巳에도 "詔入契丹使從人不過百人."이라고 있다.

38) 다만 여기서의 수는 三節만을 말하고 소위 '從人' 등 상대국에 입국한 자의 전체 수는 더 많았을 것으로 생각된다. 이 점은 다음과 같은 타국의 사례로부터도 암시된다. 『장편』 권104, 天聖4년 8월 己丑에 "詔施州溪洞安遠, 天賜, 保順州, 南州, 順州等蠻入貢京師, 道路遼遠, 自今聽以所貢物留施州, 其當施物, 就給之. 願自入貢者, 每十人許三兩人至京師, 其首領聽三年一至. 從轉運使北海王立之請也."고 있고, 같은 책 권110, 천성9년 정월 庚申에 "資政殿學士晏殊言, 占城, 龜茲, 沙州, 邛部川蠻族, 往往有挈家入貢者, 請如先朝故事, 委館伴使詢其道路風俗及繪人物衣冠以上史官, 從之."고 있다.

登位, 幷關取〈奉使契丹條例〉案牘, 參詳增減, ……. 隨行三節人, 或自朝廷差, 或由本所辟. 除副外, 計八十人, 都轄一, 醫一, 隨行指使一, 譯語指使二, 禮物祇應二, 引接祇應三, 書表司二, 習馭直二, 職員二, 小底二, 親屬二, 龍衛虞侯六, 宣撫司十將一, 察視二, 節級二, 翰林司二, 儀鑾司一, 太官局二, 駝務二, 槽頭一, 教駿三, 後苑作匠一, 鞍轡庫子虎翼兵士五, 宣武兵士三十.).

이때의 사절단이 「奉使契丹條例」라는 것을 참조해 조직됐다는 점은 송으로서는 그동안 요와의 관계에서 축적된 오랜 경험을 활용했다는 데에서 오히려 당연할 것이다. 이는 또한 앞에서는 파악하기 어려웠던 '隨行三節人'의 인적 구성을 보여주는 점에서 중요하다.

다만 여기서의 '수행삼절인'은 어디까지가 상절이고 또 중절과 하절인지 분명치 않다. 허항종 사절단이 使와 副를 제외하면 총 25종의 職名으로 이루어진 80명이므로 전체 인원이 82명임은 알 수 있으나,[39] 사절단의 성격을 반영하는 상·중·하절의 구별은 보이지 않는다.

이에 참고가 되는 것이 紹興3년(1133)에 남송이 금에 파견한 또 하나의 사절단이다. '通問'을 명목으로 韓肖胄를 正使로 삼은 이때의 구성은 『송회요』에 자세히 보이며 이를 정리한 것이 〈표 2〉이다. 이를 허항종 사절단과 비교하면 직명에 유사한 것이 많고, 결국 허항종 사절단의 단원 구성이 상·중·하절의 순서로 기록된 것임이 추정된다. 또한 이때의 3절 전체 인원은 101명이며(使·副를 포함시키면 103명), 이것은 북송시기에 요에 파견된 그것과 거의 같은 수가 된다.

〈표 2〉 송이 금(또는 요)에 파견한 사절단의 구성(『송회요』 職官51-11 소흥3년 5월 17일에 의함)

등급	정원	직명(정원)
使	1	正使(1)
副	1	副使(1)
上節	14	都轄(1), 指使(2), 書表司(2), 禮物(6), 引接(2), 醫候(1)
中節	15	職員(4), 親屬親隨(6), 執旗報信(3), 小底(2)
下節	72	禦廚工匠(2),[40] 翰林司(2), 儀鸞司(1), 文思院針線匠人(1), 將校(2), 管押軍員(2), 軍兵(60), 教駿(2)

39) 본문 원문은 "副를 제외한 그 밖의"라고 되어 있지만 여기에는 당연히 있어야 할 '使'가 누락된 것으로 보인다.

송대 국신사의 3절 문제를 처음으로 논한 김육불도 한초주 사절단의 구성을 중시해, 특히 소흥3년이 아직 남송이 금에 칭신하기 이전이므로 이러한 사절단 구성이 북송의 후기인 신종, 휘종조의 그것과 다르지 않을 것으로 생각하였다.[41] 이 점은 필자도 동감하는 부분이다. 다만 김육불은 한발 더 나아가 한초주 사절단과 허항종 사절단을 종합하는 방법으로, 말하자면 북송 후기 3절의 모델을 제시하고 있지만, 본 장에서는 이를 그대로 인용하지는 않기로 한다. 전술한대로 허항종 사절단의 3절은 각 節의 범위가 명료하지 않고, 또 3절의 범위는 후술하듯 시기와 조건에 따라 가변적이므로 양자를 단순히 합성하는 데에는 무리가 있기 때문이다. 따라서 본 장에서는 일단 〈표 2〉만을 제시하여 이를 북송 시기의 '통례'로서라기보다 '일례'로 참고하기로 한다.

남송·금의 관계가 안정기에 접어든 紹興和議(紹興12년, 1142년) 이후의 사절단 구성은 이 역시 약간의 사료를 통해 윤곽을 추정할 수 있다.[42] 또한 이에 대해서는 남송·금 간의 교빙 문제를 심층적으로 조명한 李輝의 연구가 참고가 된다. 그에 따르면 남송이 금에 파견한 사절단원의 수는 시기에 따라 변화가 보이고, 또 쌍방의 관계가 불안할수록 더 많아지는 경향이 있지만, 구체적으로 소흥3년의 99명[43]을 시작으로 약 10년이 지난 紹興和議(1142) 후에는 50명 좌우로 정해졌다가, 남송 후기에 이르러 다소 증가해 60~70명이 되었다고 한다.[44] 또한 3절인의 구성에 대해 이휘는 남송 시대에 한해 그 수는 변할지라도 종류는 크게 바뀌지는 않았다고 보았고, 이에 반해 김육불은 남송의 3절인 명칭이 북송

40) 본문에는 '禦廚工匠二'라 되어 있으나, 이는 禦廚와 工匠 각각 2인의 가능성도 없지 않다. 또 구성원의 稱謂와 관련해 상절과 중절은 '員'인데 비해 하절은 '人'으로 되어 있고, 이는 等級을 나타낸 것으로 보인다.

41) 金毓黻, 앞 논문.

42) 乾道7년(1171) 11월 27일(『송회요』 직관36-57), 淳熙5년(1179) 2월 10일과 嘉定7년(1214) 11월 19일(직관51-27)의 사례 참조.

43) 다만 이미 설명한 것처럼 〈표 2〉에 의하면 3절의 수는 모두 101인이 되어야 하지만, 이휘는 韓肖胄 사절단의 인원수를 총 99명으로 계산하였다. 『宋金交聘制度研究』(復旦大學博士論文, 2005) 참조.

44) 『建炎以來朝野雜記』 乙集 권12, 雜事 奉使入北境車子數에 "舊例, 南使入北境, 虜遣伴使來迓, 正副使以下至三節人皆乘馬, 其後以南人不習騎, 乃易以車子,使去來乘之, 使副各一車, 上中節各四車, 下節三十二人共五車, 每車以馬騾十餘曳之, 又發白軍四百人護送所使縣令皆迎迓於境上, 至開封乃賜御宴, 眞定又賜之, 常使至燕京寓於來遠驛, 若泛使則居寧遠驛焉."라고 보인다. 이를 바탕으로 생각하면 그 시점은 확정하기 어려우나 어느 특정 시점에 금에 입국한 남송 사절은 下節 32인이 수레 5대에 분승하였다고 하므로 평균 1대에 6.4명으로 보면, 수레 4대에 분승했다는 상절과 중절의 총수는 25.6명이 되며, 따라서 상중하 3절의 총수는 58명 정도가 되고, 여기에 사부를 더하면 60명이 된다.

과 같지 않고, 또 그 등급에도 이동이 있다고 추정하였다.[45]

이와 반대로 금이 남송에 보낸 사절단 규모는 『금사』를 통해서는 알 수 없지만, 『송회요』에 다음 〈표〉와 같은 두 차례의 금 측 사절단이 송을 방문한 사실이 보인다.

〈표 3〉 금이 남송에 보낸 사절단의 구성 사례(『송회요』 職官51-35~36 및 『송회요』 職官51-39에 의함)

淳熙16년의 賀登寶位使		慶元원년의 金國賀正旦使人	
등급	정원	등급	정원
使	1	使	1
副	1	副	1
都官	2	上節	11
書狀官	2	中節	14
上節	7	下節	39
中節	14		
下節	39		

금은 淳熙16년(1189)과 다시 6년이 지난 慶元원년(1195)에도 송 측에 총 66명의 동일 규모의 사절을 연속 파견하였다. 이 무렵은 송·금이 안정된 관계를 유지하던 때였다. 양자는 3절의 구성면에서도 거의 일치한다. 전자의 경우 都官과 書狀官이 上節보다 앞에 놓여 그 특별한 지위를 알 수 있음에 비해, 후자에서는 이들이 보이지 않을 뿐 전체 인원이 66명으로 같고 또 중절과 하절의 수도 완전히 일치한다. 즉 양자는 상절의 수에서만 차이를 보이는 것이지만, 이는 전자의 都官과 書狀官이 4명인 점에서 아마도 후자에서는 상절에 포함되어 있는 것을 특별히 독립시켜 表記한 것으로 추정된다.

이를 송 측이 파견한 사절의 규모와 비교한다면 어떠한 설명이 가능할까? 여기서 주의할 점은 紹興和議 이후 '君臣'의 상하관계를 맺고 있던 금과 송이 약 20여 년이 지난 시점에 隆興和議(융흥2년, 1164)를 다시 체결해 그 관계를 '叔姪'로 전환시킴으로써 정치적 지위의 격차를 좁힌 사실이다. 그리고 이 상태에서 남송 후기에 접어들 무렵이 되면 금에 파견한 송의 사절이 앞서 인용한 이휘의 설명처럼 당초 50명 정도이던 것이 60~70명으로

45) 김육불, 앞 논문. 필자는 이에 대해서는 남, 북송만이 아니라 동일한 시대일지라도 명칭과 등급의 차가 있을 수 있다고 생각한다.

늘어나 있었고, 이것이 결과적으로는 〈표 3〉처럼 금이 송에 보낸 사절과 비슷한 수준이 되었다는 점에서, 이 무렵 송·금 간에는 그 규모가 서로 비슷한 사절단을 교환하고 있었음이 추정된다. 이러한 사절단 규모의 변동(증감)은 상호의 관계를 규정하는 대외관계의 변화와 직결되고 있었다.

북송과 요는 서로 대등한 입장이었고 아마도 이 점이 고려되어 이미 지적한대로 100명 정도의 비슷한 사절을 교환하고 있었다. 이와 비교해 남송과 금은 60~70명으로 그 규모가 다소 축소되기는 했지만, 완전한 대등관계는 아니더라도 군신 관계를 벗어난 숙질 관계를 반영해 규모 상 엇비슷한 사절단을 유지했을지 모른다. 또한 이러한 시각에서 보면 양국 사이에 군신 관계가 맺어진 소흥화의 이후 송이 50명 정도의 사절을 금에 보냈다면, 반대로 금이 송에 파견한 사절 규모는 분명한 기록은 없으나 상하관계를 반영해 더 컸을 수 있다는 추정도 가능하다. 하지만 사절단 규모의 확대는 비용 증가와 직결되며, 금이 이를 꺼렸을 공산이 크기 때문에[46] 금은 송과 비슷한 선을 유지했을 가능성도 크다.

2) 고려·베트남·서하의 경우

송, 요, 금의 주변에는 고려, 베트남, 서하 등이 동심원으로 국경을 맞대고 있고 이들과의 사이에도 자주 사절이 왕래했다. 송 등 3국이 고려 등 3국에 대해 '국신사'라는 용어를 배타적으로 사용하는 등 외교적 우위를 보였지만, 그것은 어디까지나 명분상의 문제이고 실제 면에서 사절단을 구성하는 원리는 양자가 크게 다르지 않았을 것이다.

송과 고려는 요의 간섭과 견제로 정상적인 사절 교환을 유지한 시간이 길지 않고 간헐적이고 부정기적인 형태의 것이 주를 이루었다. 이 사이 고려는 송에 67회, 또 송은 고려에 그 절반 정도인 34회 사절을 각각 파견하였지만[47] 그 양상을 구체적으로 전하는 사료는 많지 않다. 전자에 관해서는 『송사』 등의 중국 측 사료에 다음과 같은 정보가 추출된다.

46) 본서 제II부 제2장 참조.

47) 楊渭生, 『宋麗關係史硏究』(杭州大學出版社, 1997), p.150.

〈표 4〉 고려의 對宋 사절단 규모 사례

파견 시기	인수	출전[48]
天禧5년(1021)	179	『宋史』 권487, 외국3 고려
天聖8년(1030)	293	『宋史』 권487, 외국3 고려
熙寧3년(1070)	110	『宋史』 권487, 외국3 고려
元豊3년(1080)	121	『장편』 권302, 정월己丑
元豊4년(1081)	135	『장편』 권321, 12월己巳
元祐5년(1090)	269	『蘇軾集』 권58, 「乞禁商旅過外國狀」
靖康원년(1126)	292	『靖康要錄箋注』 권12

송에 파견된 고려의 사절단 수가 100명대 전반의 것도 있지만, 반 가까이가 최대 300명에 근접한 대규모의 것이었다. 여기서는 이들의 파견 시점이 모두 송과 정식의 외교 관계가 두절된 상태였음이 고려되어야 할 것이다. 즉 이들 사절단에는 中絶된 관계 회복을 위한 목적이 그 배경에 있었고 따라서 특별하고 임시적으로 조직된 것이었다. 이것이 반대로 양국의 정상적인 관계 아래서 사절의 왕래가 주기적인 것이었다면 사절의 규모는 이렇게 크지 않았을 것이다. 송·금의 경우도 쌍방의 관계가 불안할수록 더 커지는 경향이 엿보인다. 고려 사절단의 구성을 언급한 사료는 대부분 正使와 副使까지가 고작이고, 그 이상의 자세한 내용을 적은 것은 보이지 않는다.

송이 고려 측에 보낸 사절단 관련 정보는 더욱 부족해 『송사』는 물론 『장편』 같은 사료에도 그 조직은 물론 규모를 언급한 것이 거의 없다. 그 속에서 가치를 발하는 것이 『선화봉사고려도경』의 기술이다. 북송 말기 宣和5년(1123) 송이 고려와의 관계 강화를 위해 특별히 파견한 이 사절단(이하 '선화사절단'으로 약칭)에 대해서는 이미 많은 연구가 있으나, 필자도 앞서 그 규모를 분석한 적이 있기 때문에[49] 관련된 부분(〈표 5〉)을 다시 인용해 타국과의 비교를 통해 그 의의를 재음미하기로 한다.

48) 본 〈표〉의 관련 사료를 순서대로 제시하면, "告奏使御事禮部侍郎韓祚等百七十九人來謝恩.", "復遣御事民官侍郎元穎等二百九十三人奉表入見于長春殿.", "遂遣民官侍郎金悌等百十人來, 詔待之如夏國使.", "謝恩兼進奉使柳洪, 副使朴寅亮等百二十一人見于垂拱殿.", "進奉使崔思齊, 副使李子威等百三十五人見, "高麗人使李資義等二百六十九人, 相次到州.", "高麗國王楷使賀皇帝登寶位, …. 未至, 以明州知鄞縣李文淵攝使事管客. 十一月一日, 至定海縣, 計二百九十二人, 館于樂賓館."이다.

49) 본서 제IV부 제5장 「'선화봉사고려사절과 활동에 대하여」 참조.

〈표 5〉『고려도경』에 보이는 송조 '선화사절단'의 조직과 규모

대구분(정원)	소구분(정원)
使副(2)	正使(1), 副使(1)
上節(25)	都轄(1), 提轄(1), 法籙道官(2), 書狀官(2), 隨船都巡檢(1), 指使兼巡檢(4), 管句舟船(5), 語錄指使(3), 醫官(2), 書狀使臣(2), 引接(2)
中節(23)	管句禮物官(8), 占候風雲官(2), 書符禁呪(1), 技術(2), 使副親隨(4), 親從官(2), 宣武十將充代(1), 正名(1), 都轄親隨人吏(2)
充代下節(58)	成忠郎(1), 承信郎(1), 登仕郎(2), 文學(3), 翰林醫學(1), 進士(15), 副尉(7), 胥吏(28)
宣武下節(50)	明州 土兵(50)

여기서도 사절단의 규모는 아주 크다. 본래 水夫까지 합치면 900명 가까운 대집단이지만,[50] 使副 이하 3절의 정식 인원수는 158명이 된다. 이 수는 본장에서 이미 검토한 송·요나 송·금 사이에 주고받은 사절 인원과 비교해도 상당히 큰 것이다.

'선화사절단'(〈표 5〉)은 앞서 분석한 紹興3년(1133)의 對金 사절단(〈표 2〉)보다 정확히 10년 전에 조직된 것이지만, 양자 간의 구성에서 상이한 곳이 많다. 이것은 사절단을 이루는 상·중·하 3절의 직명이 고정적이지 않다는 것을 말하며, 오히려 당시로서는 당연한 현상이라고 보아야 할 것이다.

사절단은 상대국과의 현실적 관계와 실정을 감안해 조직되었기 때문에 그에 따른 구성원에 차이가 나타날 수밖에 없었다. 예컨대 〈표 5〉에는 고려에의 여행에 필수적인 선박과 관련한 '管句舟船'이 보이고 더불어 '占候風雲官', '書符禁呪', '技術' 등도 항해 관련의 직책이겠지만, 이에 비해 〈표 2〉에서는 주요 육상 교통수단인 말과 관련한 '敎駿' 등이 배치되었다. 또한 〈표 5〉에는 병사를 중심으로 한 일반 하절 이외에 '充代下節'이라는 것이 특별히 추가되어 송의 고려에 대한 관심을 반영시켰다.[51]

그럼에도 불구하고 사절단에는 수적인 차이는 있겠지만, 使副를 비롯한 감독(都轄), 행정(書狀官, 書表), 예물, 의료, 군인 등 필수적 인원이 공통적으로 존재한다. 다만, 〈표 5〉와 〈표 2〉에 함께 보이는 '禮物'의 사례에서 보듯이 같은 역할을 하는 동일한 직명이 사절단에 따라서는 한쪽은 중절, 다른 한 쪽은 상절에 보이는 등 배속된 節을 달리 하는 것도 보인다.

50) 본서 제IV부 제5장 참조.

51) 위와 같음.

참고로 송을 이은 금은 고려와 '군신관계'를 확립함으로써 더 자주 사절을 교환하였는데, 『고려사』에는 神宗2년(1199)에 찾아온 금의 사절단에 대한 정보를 다음과 같이 전한다.[52]

〈표 6〉 고려 神宗2년에 방문한 금 측 사절단의 구성과 규모

上節: 18인, 散上節: 14인, 中節: 27인, 下節: 100인, 車:21량, 馬: 14필, 綱擔夫: 100인

사여품 등을 운반한 인부(綱擔夫)를 빼면, 3절 인원이 159명이고 使副를 포함시킨 사절단의 총인원은 161명이 된다. 이 역시 규모가 매우 크고, 그 수만으로 보면 공교롭게도 송조가 일찍이 조직한 '선화사절단'과 거의 비슷하다. 또한 여기서는 통상의 上節 이외에 '散上節'이라는 또 하나의 상절이 있는 점이 다른 사례에 없는 이색적인 대목이며, 이 점은 '선화사절단'이 통상의 下節 이외에 '充代下節'이라는 특별한 범위를 설정한 것과 비교된다.

하지만 고려를 방문한 금의 사절단이 항시 이렇게 많은 수로 구성되었는지 알 수 없고, 특히 이것이 금이 남송에 보낸 보통 사절단의 2배를 넘는 점에서 이례적이다. 고려의 신종 책봉을 위해 파견된 이때의 사절단이 당시 요는 물론 송을 제압하면서 동아시아에서 패권 의식[53]을 강렬히 발산하던 금조의 고려에 대한 과시였을지 모른다.

사실 요도 고려에 보낸 사절 수는 그리 많지 않았다. 『契丹國志』에 요가 고려에 사절을 보낸 것과 관련해,

> 아울러 刺史已上의 官을 使에 충당해 一行 60인을 곧바로 本國(고려:필자)에 送入할 것을 명하였다(幷命刺史已上官充使, 一行六十人, 直送入本國.(권21, 契丹每次回賜物件)).

52)『고려사』 권21, 神宗2년(1199) 4월 乙酉(14일)에 "金遣封冊使大理卿 完顔愈·尙書兵部侍郎 趙琢等來, 上節十八人, 散上節十四人, 中節二十七人, 下節一百人, 車二十一兩, 馬一十四匹, 綱擔夫一百人."이라 있다.

53) 본서 제III부 제5장 참조.

는 기사가 보인다.[54] 이것은 '外國貢進禮物'의 한 항목으로 거란 측의 外國使 進貢에 대한 回賜 원칙을 정하면서 그 해당국에 파견되는 答禮使에 관한 원칙을 함께 규정한 것이다. 따라서 요가 고려에 보낸 사절의 규모가 60명을 크게 벗어나지 않았을 것이라는 추정이 가능한 귀중한 정보이다. 이 수는 송·금 간에 왕래한 사절의 일반적 규모이기도 하며, 이로써 보면 당시 동아시아 諸國에서는 이 정도 규모의 사절단이 주를 이룬 것처럼 보인다. 다만 이미 밝힌 것처럼 송·요 간에서 100명 정도의 사절이 왕래한 사실을 고려하면, 요가 고려에 60명의 사절을 정원으로 한 것은 송보다 낮은 고려의 지위가 반영되었을지 모른다. 사절단의 규모가 당사국의 국제 지위와 무관하지는 않은 것이기 때문이다.

하지만 交趾(베트남)의 경우는 양상이 바뀐다. 여기서도 사료는 많지 않으나 다음 기사는 귀중한 내용을 담는다.

> 廣西經略司가 '交趾의 入貢한 156인은 舊制에 비해 56인이 늘어난 것입니다'고 하니, 上이 批하여 현재 이미 도착한 人數에 의거해 赴闕하게 하고, 今後 이에 準하게 했다(廣西經略司言, 交阯入貢百五十六人, 比舊制增五十六人. 上批宜令據今已到人數赴闕, 今後準此.(『장편』 권315, 元豊4년 8월 庚午)).

교지는 元豊4년(1081)에 송에 156명의 사절단('入貢者')을 보내왔는데, 이때 56명을 특별히 더 받아들였다고 하므로 본래 그들에게는 100명을 정원으로 하는 사절의 한도가 있었던 것이 된다. 그렇다면 '100'이라는 수는 송·요 사이에 정해진 사절단 정원과 같고, 또 교지는 송의 외교에서 요보다 '열등'한 존재로 취급된 것이 명백하므로,[55] 결국 이는 송조가 자국에 들어오는 외국 사절의 수를 반드시 그들의 국제적 위상에 맞추어 고정시킨 것은 아님을 말한다.

교지는 고려와 달리 송과 정식의 책봉 관계를 맺고 있고, 따라서 정기적인 사절 왕래가 있었기 때문에 그 정원을 정해둘 필요가 있었던 것인데,[56] 여러 정책적 배려에서 그 수를

---

54) 同書 同所 '外國貢進禮物'에는 그 하나로서 冒頭에 '新羅國'貢進物件이라 하여 '신라국'이라는 이름을 들고 있으나 이것이 고려임은 물론이다.

55) 김성규, 「宋朝から觀た高麗, 西夏, ベトナムの國際地位に關する一面」(『國際中國學硏究』 11, 2008) 참조.

56) 이와 관련한 송과 교지 간의 관계에 대해서는 본서 제I부 제4장 「송왕조 對안남국왕 책봉의 형식과 논리」 참조. 또한 교지가 송에 정기적으로 入貢하고 있던 것은 『장편』 권173, 皇祐4年 12월 戊子에 "知桂

요와 차이를 두지 않는 수준으로 정했다고 보인다.[57] 물론 이것이 송이 교지를 요와 동등이 취급하려거나 사절단의 규모 결정에서 상대국을 구별하지 않았다는 것은 아니며, 국제 지위가 가장 일차적인 척도였음은 후술하는 다른 예를 통해도 수긍될 것이다.

교지 사절단의 특징은 乾道9년(1173) 송조를 찾아온 사례를 정리한 〈표 7〉을 통해 그 일단을 알 수 있다.

〈표 7〉 乾道9년 송조에 온 교지 사절단의 구성 사례(『宋會要輯稿』 蕃夷7-53)

名目(총인원)	職名(정원)
賀登極綱(52)	大使(1), 職員(8), 書狀官(1), 都衙(1), 通引官(2), 知客(4), 象公(5), 衙官從人(30).
進奉大禮綱(91)	正使(1), 副使(1), 職員(16), 監綱(1), 書狀官(1), 孔目官(1), 書表司(1), 行首(1), 都衙(1), 通引官(2), 押衙(2), 教練(2), 知客(4), 象公(10), 長行防援官(15), 衙官從人(32)

이것은 '賀登極'과 '進奉大禮'의 두 가지 사명을 띤 서로 다른 두 개의 사절이 동시에 방문한 경우에 해당하는 것으로, 이러한 형태의 사절이 송대에는 간혹 보인다. 전자[58]는 특별히 추가된 임시적인 것이고, 후자는 정기적인 '진봉사절'에 해당한다. 양자의 인원을 합치면 모두 143명에 이르지만, 전자와 후자가 '大使'와 '正使' 이하 각각의 임무에 관련된 전속 직원을 별도로 배치한 점에서 성격이 분명히 구별된다. 교지에 대해 元豊4년(1081) 이전에 이미 정해진 100명 정원의 규정에 비추어 볼 때(전술), 본 사절단은 전체적으로는 그것을 상회하나 각각을 별개로 볼 때는 한도를 넘지 않는 것이다.[59]

이들은 구성면에서 상·중·하절의 구분이 보이지 않지만, 이는 기록상의 문제이지 본래 그것이 없었다는 것은 아닐 것이다. 규모와 직명 등을 통해 그러한 가능성이 충분히 추정되고, 고려와 서하가 송에 보낸 사절에도 3절의 구별이 있기 때문이다.[60] 직명 중에서 이색

州余靖言, 交趾今歲當入貢, 屬儂智高叛, 道阻不通."는 내용을 통해서도 충분히 유추된다.

57) 여기서는 상대방의 요구가 작용했을 것이고, 이 때문에 특히 송조에 빈번하게 조공해오던 南蠻의 경우는 그 인수가 수백에서 1000명을 넘는 경우가 적지 않았다.

58) 이 사절단의 명목은 '등극'이지만, 당시 송의 孝宗은 이미 즉위한 지 9년이 된 상태이므로 이 표현이 무엇을 지칭하는 지 난해하다.

59) 다만 『宋會要輯稿』蕃夷4-45, 紹興26년(1156) 3월 27일의 사례로는 "安南賀升平綱, 常貢綱, 每綱各許五十人到闕"는 사례도 존재한다.

60) 『장편』 권449, 元祐5年 10월 癸丑에는 "蘇轍具北使, 西使, 高麗使條約乞行裁酌, 今所具四事, 皆舊條

적인 것은 '象公'이다. '선화사절단'(〈표 5〉)과 紹興3년(1133) 송의 對金 사절단(〈표 2〉)에서도 각기 교통수단과 관련한 직명이 특징적으로 존재했는데, 여기서도 교지의 실정을 반영한 '코끼리' 관련의 직명이 눈을 끈다.

끝으로 서하 사절에 대해서는 금이 서하 멸망 2년 전(1225)에 그들의 入朝를 위해 제정한 「新定夏使儀注」[61](『금사』 권38, 禮11)라는 一文으로부터 일부의 정보를 얻을 수 있다.

> 夏國使, 副 및 參議 各1인, 이를 使라 부른다. 都官3. 上節, 中節 각 5, 下節 24명, 이를 三節人從이라 부른다(夏國使, 副及參議各一, 謂之使. 都官三. 上節, 中節各五, 下節二十四, 謂之三節人從.).

이것은 금이 당시 또는 과거부터 있던 정황을 참작해 묘사한 것으로 보이므로, 서하의 금에 대한 사절이 이전부터 40명 정도였음을 추정시킨다. 40명은 이제까지의 여러 사례와 비교해 가장 소규모에 속하며, 이는 서하의 국력이 점차 쇠퇴하던 상황이 반영된 것으로 볼 수 있다.

여기서도 구성은 '3절'을 주축으로 하지만, 이들과 구별되는 '使'의 범주에는 正使와 副使만이 아닌 '參議'를 포함시킨 것이 보통의 사례와 다르다. 또한 이들은 규모가 작기 때문에 상절과 중절이 각각 5인에 불과하지만, 이처럼 양자가 서로 비슷한 수를 유지한 점은 이미 앞에서 분석한 여러 사례들(〈표 2〉, 〈표 3〉, 〈표 5〉, 〈표 6〉)에 비추어 보아도 당시의 동아시아에서 통용된 관례였다. 이에 비해 하절이 많은 것은 사절의 보호와 물자 운반 등을 위한 것으로, 그 수는 상절이나 중절의 3~5배 정도였다.

約, 非今創立, 但舊日聽下節二十人番次出館, 今減爲十人耳. 轍所言初不盡用, 故轍再言雖十人亦不宜聽出館, 不知後竟何如, 實錄以此四事爲從轍言, 蓋誤也. 今改之, 仍取轍言附於後."라고 보인다.

61) 본서 제Ⅲ부 제6장 「『금사』「新定夏使儀注」의 의의와 특징」 참조.

맺음말

본장에서는 송대 동아시아의 국신과 진봉에 관한 호칭 문제와 그 사절단의 규모와 구성에 대해 검토하였다. 그 주요 내용을 정리하면 먼저 전자에 대해서는,

① '국신사'는 전연의 맹 이후 송·요 간을 오간 사절의 총칭으로 특별한 專使만을 가리키는 개념은 아니었다, ② 송조는 요만이 아닌 모든 외국에 파견한 자국의 사신을 '국신사'라 칭했는데, 이는 唐이 '入蕃使'라 칭한 사실과 비교되며 그 배후에 '세계관'의 상이가 엿보인다, ③ '국신'은 일차적으로 '국가 차원의 소식이나 서신'을 뜻하지만, 상대국에 대한 '증여품'을 지칭하는 용례도 많았다, ④ 한편 송은 '외국'이 자국에 보내온 사자를 '進奉使'로 구별하였다. 당대까지 '조공'으로만 묘사되던 표현이 송대에는 동의어로 '進奉'이 多用되었다. 물론 요와 금에 대해서는 '국신사'라는 호칭이 사용되었다, ⑤ '국신'과 '진봉'의 구별은 요와 금에서도 똑같이 존재하였고, 이는 북방왕조의 또 하나의 자기중심주의의 발로였다, ⑥ 하지만 '국신'과 '진봉'의 개념이 고정된 것이 아니라 역학 관계에 의해 바뀔 수 있다는 것은 고려의 경우에서 잘 나타난다. 송은 그동안 '진봉사'로 취급해온 고려 사절을 휘종대에는 관계 강화의 필요에서 '國信'으로 개칭하여 우대했다, ⑦ 송, 요, 금에서 있던 '국신'과 '진봉'의 구별과 용법은 고려에서도 거의 비슷했다. 고려가 이들 3국에 파견한 자신의 사절을 진봉사라 부른 것이 그것이다. 반대로 고려를 찾아온 송의 사절을 국신사라 부른 예도 확인되지만, 요와 금의 사절을 그렇게 부른 용례는 보이지 않는다, 등이었다.

이어 후자에 대해서는,

① 송·요 간에 교환된 사절단은 대략 100명 정도의 규모이며, 그 조직은 상·중·하의 3절로 이루어졌다, ② 금에 대한 남송의 사절은 소흥3년에 파견된 사례를 통해 규모와 조직을 구체적으로 볼 수 있고, 이를 통해서는 북송 시대의 양상도 유추해 볼 수 있다, ③ 이후 남송이 금에 파견한 사절단 규모는 시기에 따른 변화가 보여, 紹興和議(1142) 후에 50명 좌우이던 것이 후기가 되면 60~70명이 되었다. 금의 사절도 남송과 비슷한 선을 유지했을 것이다, ④ 한편 송·고려의 경우, 고려가 송에 파견한 사절은 최대 300명에 근접한 사례가 보이는 등 규모가 컸고, 반대로 고려에 파견한 송의 경우도 『고려도경』에 의해 대규모인 것을 알 수 있다. 다만 이들은 대부분이 부정기적 또는 임시적으로 파견된 사례이고, 그럼에도 불구하고 이 같은 규모를 보인 것은 상호간에 단절된 국교 회복의 의지와

관련이 있었다, ⑤ 이에 비해 송과 책봉 관계를 지속한 교지는 100명을 정원으로 한 사절을 송에 정기적으로 보냈고, 사절단은 타국의 일반적 관례대로 3절로 이루어졌지만 특히 코끼리와 관련한 직무를 맡은 자가 포함된 것이 보인다. 당시 동아시아에서 교통수단과 관련한 직무가 3절의 중요한 부분을 이룬 사실은 송이 금 및 고려에 파견한 사절단 속에서도 반영된다, ⑥ 서하의 경우는 금에 대해 40명 정도의 사절을 주기적으로 보낸 사실이 확인되는데, 이는 타국의 사례와 비교해도 소규모이며, 당시 서하의 국력이 쇠퇴하고 있던 정황을 반영한다, ⑦ 당시 송의 입장에서는 입국하는 외국 사절의 인원을 제어할 필요가 있었고, 이 경우 그 기준이 된 것이 해당국의 국제 지위였지만, 때로는 정책적 판단에 의한 예외도 있었다, 등의 사실을 알 수 있었다.

2 宋·遼·金 및 高麗 帝王 生日考

머리말

중국에서 황제의 생일을 축하하는 관습이 唐에서 시작되어 五代를 거쳐 宋代에 성행하게 되었다. 황제의 生辰이 正旦과 함께 왕조의 최대 명절로 확립된 것은 송대의 일이었다. 또한 이 관습은 인근의 요, 금 왕조는 물론 고려에서도 유행하였다. 특히 송과 요·금 왕조는 생신사를 정기적으로 교환하는 새로운 형태의 외교 방식을 개시하였고,[1] 여기에 그들과 관계가 깊었던 고려 및 서하의 사절을 동석시킴으로써, '生辰使의 교환'은 동아시아 외교사에서 새로운 영역으로 등장·정착하였다. 생신을 축하하는 자리에 외국사를 동석시킴으로써 군주의 왕권을 고양시키려한 것은 당시 왕조들 사이에 보이는 공통된 사항이었다.

이를 반영해 10~13세기의 동아시아 각국의 문헌에 생신사의 파견과 도착을 알리는 기록이 수없이 눈에 띈다. 송·요의 외교 관계를 집대성한 聶崇岐와 傅樂煥의 交聘表들,[2] 송·금의 주요 교류를 표로 정리한 역대 정사에서 유일한 『金史』의 '交聘表',[3] 그리고 고려와 중국 왕조간의 관계를 『高麗史』에서 추출한 김위현의 '史料集'[4] 등을 통해 보더라도 생신사의 왕래는 내용상 가장 많은 교류의 일부를 이룬다.

그럼에도 불구하고 그 동안 이 문제에 대한 학계의 관심은 크지 않았다. 각국 帝王의 생일이 언제인가 하는 문제에서부터 그 節日(기념일)의 명칭에 대한 문제, 또는 축하사 파

1) 본서 제II부 제3장 「거란의 '國母' 대 송의 '황태후': 賀慶使의 교환」 참조.

2) 聶崇岐, 「宋遼交聘考」附 '生辰國信使副表'(『宋史叢考 下』, 華世出版社, 1986); 傅樂煥, 「宋遼聘使表稿」附 '宋遼聘使表'(『遼史叢考』, 中華書局, 1984).

3) 『금사』 권60, 表2 交聘表上, 同書 권61, 表3 交聘表中, 同書 권62, 表4 交聘表下.

4) 金渭顯 編著, 『高麗史中中韓關係史料彙編』上·下(食貨出版社, 1983).

견을 두고 해당국 사이에 있던 원칙과 절차 등에 이르기까지, 해명할 부분이 적지 않다. 후자와 관련해서는 부락환이 이미 지적한 일부의 내용(후술)이 선구적 의의를 갖지만, 해명을 요하는 부분은 여전히 남아 있다. 이에 비해 전자의 두 가지 문제는 비교적 단순한 문제라 할 수 있지만 전체적으로 정리가 이루어지지 않았을 뿐더러, 당시 동아시아에서의 사절단 왕래를 이해할 때 기준점을 제시하는 사항이므로 이를 확정하는 일 또한 중요한 작업이 될 것이다.

본고에서는 이상의 문제를 송·요, 혹은 송·금처럼 1대1의 관계에 머무르지 않고, 고려 등의 주변 왕조를 함께 포함하는 관점에서 동아시아 제왕의 생일을 둘러싼 특징들을 폭넓게 검토할 것이다. 고려를 대상에 포함시킨 것은 분석의 범위를 확대시킨다는 단순한 의미만이 아니라, 중국사 내부의 문제만으로 시야를 고정시킬 때 알기 어려운 점들이 고려의 입장을 도입함으로써 해결의 실마리를 얻을 수 있는 점이 있기 때문이다. 반대로 고려 역사에서 일대 외교 현안을 이룬 생신사 파견의 내용과 의의도 중국사와의 결부를 통해 비로소 그 진상 파악이 가능한 점도 있음을 지적할 필요가 있다. 동아시아사상 군주의 '생일' 문제는 儀禮와 같은 문제가 한편으로 존재하지만,[5] 본고에서는 기본적으로 외교 문제에 입각해 검토할 것이다.

아울러 당시의 '생신사' 문제에는 서하를 포함시키는 것이 마땅하지만, 이 경우는 사료의 제약으로 각 군주의 생일명을 비롯해 운영의 원칙을 알 수 없는 점이 대부분이라 본고에서 제외시켰다. 고려 또한 북방 왕조(요·금)의 압력으로 그 관계가 약화되면서 송조와의 '생신사' 외교에서 점차 이탈하고 있었다.

1. 동아시아 각국 제왕의 생일

1) 송 황제의 생일

史上 처음으로 玄宗이 자신의 생일(8월 5일)을 '千秋節'(20년 뒤에 天長節로 개칭)이라 칭해 국가 경축일(公休日)로 삼은이래, 唐에서는 황제 탄신일에 대한 축하 행사가 중시되

5) 이와 관련해서는 본서 제Ⅲ부 제3장 「거란의 국신사가 송의 황제를 알현하는 의례」; 본서 제Ⅲ부 제4장 참조.

었다.[6] 다만 당에서는 아직 모든 황제의 生日 명칭이 갖추어지지 않았고, 축하 행사도 체계화되었다고 평가하기 어렵다.

五代가 되면 周溫이 有司의 청으로 자신의 생일(10월 2일)을 大明節로 삼은 이후 역대 황제의 생일에 고유 명칭을 부여하는 사례가 당보다 더 많이 보인다.[7] 하지만 여기서도 예를 들어 후당의 莊宗처럼 비중 있는 황제의 節日이 보이지 않는 등 예외도 있다. 突厥系 沙陀族 출신인 후당은 그 정권 초기에 중원 왕조와 같은 관념이 아직 확립되지 않은 듯하다.[8]

모든 황제가 자신의 생일에 특정한 節日 명칭을 갖게 된 것은 송대에 이르러서이다.[9] 그에 따라 축하의 방식도 체계화되었다. 황제의 만수무강을 비는 '上壽'라는 개념과 황제의 誕辰日을 뜻하는 '聖節'이라는 단어도 이전에는 보이지 않고 송대에 처음으로 빈출한다. 특히 황제(황태후 포함)를 대상으로 하는 '上壽儀'가 정비되어 嘉禮의 한 항목(『송사』 권112, 嘉禮3 聖節)을 차지하는 등, 황제의 권위를 치장하는 상징체계로서의 의의는 송대에 비로소 확립되었다고 할 수 있다.

그동안 송대 황제에 대한 생일의 일월과 節日의 명칭 등에 관한 체계적 검토가 보이지 않기 때문에 여기서 이를 정리해 후술하는 논의의 기초로 삼고자 한다.

6) 이상에 대해서는 池田溫, 「天長節管見」(『東アジアの文化交流史』, 吉川弘文館, 2002) 참조.

7) 일부 불명확한 부분이 있지만, 필자의 추정을 포함해 『舊五代史』에 의해 확인되는 五代 군주의 생일로는 後梁 태조의 생일(909년 10월 癸未)인 大明節(권3, 梁書3 開平元年 5월 辛巳), 후량 末帝의 생일(9월 12일)인 明聖節(권8, 梁書9 乾化3년 3월), 後唐 明宗의 생일(9월 9일)인 應聖節(권36, 唐書12 天成元年 6월 己丑), 후량 末帝의 생일(정월 23일)인 千春節(권46, 唐書22 淸泰元年 10월), 後晋 高祖의 생일(2월 28일)인 天和節(권76, 晉書2 天福元年 12월 庚子), 後晋 少帝의 생일(6월 27일)인 啓聖節(권81, 晉書7 天福8년 4월 己巳), 後漢 高祖의 생일(2월 4일)인 聖壽節(권100, 漢書2 天福12년 8월 庚戌), 後漢 隱帝의 생일(3월 9일)인 嘉慶節(권101, 漢書3 乾祐元年 12월 辛卯), 後周 태조의 생일(7월 28일)인 永壽節(권111, 周書2 廣順元年 6월 甲午) 등이 있다.

8) 북방민족에서 시간관념의 취약성에 대해서는 曹顯征, 『遼宋交聘制度研究』(中央民族大學博士學位論文, 2006) 참조.

9) 『日知錄』 권13, 生日에는 "生日之禮, 古人所無, ……逮唐宋以後, 自天子至于庶人, 無不崇飾."고 있어, 생일을 축하하는 관습이 당·송 시기에 비로소 유행하였고, 그 이전에는 없었음을 지적한다.

〈표 1〉 송 황제 생일 관련 표

황제	본명	재위기간 (연, 월)	생 일			
			출생일	명칭	제정일	전거(『宋史』/『宋會要』 등)
太祖	趙匡胤	960년 1월 ~ 976년 10월	927년 2월 16일	長春節	建隆1년 1월 己未	본기1, 4/嘉禮3 聖節/禮57 誕聖節
太宗	趙匡義	976년 10월 ~ 997년 3월	939년 10월 7일	乾明節→壽寧節	興國2년 5월 甲戌→淳化1년 1월 戊寅朔	본기4, 5/嘉禮3 聖節/禮57 誕聖節
眞宗	趙恒	997년 3월 ~ 1022년 2월	968년 12월 2일	承天節	至道3년 8월 庚子	본기6, 8/嘉禮3 聖節/禮57 誕聖節
仁宗	趙禎	1022년 2월 ~ 1063년 3월	1010년 4월 14일	乾元節	乾興1년 2월 乙丑	본기9, 12/嘉禮3 聖節/禮57 誕聖節
英宗	趙曙	1063년 3월 ~ 1067년 1월	1032년 1월 3일	壽聖節	嘉祐8년 8월 癸巳	본기13/嘉禮3 聖節/禮57 誕聖節
神宗	趙頊	1067년 1월 ~ 1085년 3월	1048년 4월 10일	同天節	治平4년 2월 庚寅	본기14, 16/嘉禮3 聖節/禮57 誕聖節
哲宗	趙煦	1085년 3월 ~ 1100년 1월	1076년 12월 7일	興龍節	元豊8년 5월 丁酉	본기17, 18/嘉禮3 聖節/禮57 誕聖節
徽宗	趙佶	1100년 1월 ~ 1125년 12월	1082년 10월 10일	天寧節	元符3년 4월 丁未	본기19, 22/嘉禮3 聖節/禮57 誕聖節
欽宗	趙桓	1125년 12월 ~ 1127년 1월	1100년 4월 13일	乾龍節	靖康1년 4월 13일	본기23/嘉禮3 聖節/禮57 誕聖節
高宗	趙構	1127년 4월 ~ 1162년 6월(양위)	1107년 5월 20일	天申節	建炎1년 5월 乙未	본기24, 32/嘉禮3 聖節/禮57 誕聖節/朝野雜記 甲集 권1
孝宗	趙昚	1162년 6월 ~ 1189년 2월(양위)	1128년 10월 22일	會慶節	紹興32년 8월 庚寅	본기33, 35/嘉禮3 聖節/禮57 誕聖節/朝野雜記 甲集 권1
光宗	趙惇	1189년 2월 ~ 1194년 7월(양위)	1147년 9월 4일	重明節	淳熙16년 2월 辛巳	본기36/嘉禮3 聖節/禮57 誕聖節/朝野雜記 甲集 권1
寧宗	趙擴	1194년 7월 ~ 1224년 윤8월	1168년 10월 18~20일	天祐節→瑞慶節	紹熙5년 8월 丁酉→紹熙5년 9월 甲戌	본기37, 40/嘉禮3 聖節/禮57 誕聖節/朝野雜記 甲集 권1
理宗	趙昀	1224년 윤8월 ~ 1264년 10월	1205년 1월 5일	天基節	嘉定17년 11월 己丑	본기41, 45/嘉禮3 聖節/禮57 誕聖節
度宗	趙禥	1264년 10월 ~ 1274년 7월	1240년 4월 9일	乾會節	景定5년 12월 甲辰	본기46/嘉禮3 聖節/禮57 誕聖節
瀛國公	趙顯(一頁)	1274년 7월 ~ 1276년 5월	1271년 9월 28일	天瑞節	咸淳10년 7월 丙戌	본기47/嘉禮3 聖節/禮57 誕聖節

송 황제의 생일은 『송사』 본기와 同書 권112, '嘉禮3 聖節' 항목을 참조하면 대부분 쉽게 파악이 가능하다. 이를 정리한 〈표 1〉에 의하면 송조에서는 태조 조광윤의 생일(2월 16일)인 長春節을 시작으로 남송의 瀛國公(恭帝)에 이르기까지 16帝가 모두 그 기념일의 日

字와 명칭을 지정한 것을 알 수 있다. 황제들은 대부분이 즉위 當月 중에(태조, 인종, 광종, 瀛國公), 아니면 늦어도 1개월(신종, 고종, 녕종) 내지 2개월(철종, 효종, 도종) 사이에 節日을 정하고, 가장 늦은 예인 태종은 즉위 7개월 뒤에 공식 생일을 선포하였다.

또한 이것은 대부분이 先帝의 葬事를 치르기 전의 일이었다. 태조를 암살하고 즉위한 의심을 받는 太宗만이 태조 장례 후에 생일을 제정한 것은 예외이다.[10] 이처럼 송조가 황제의 절일을 서둘러 제정한 것은 점차 궁중 행사로서의 비중이 커진 점 이외에, 특히 축하사 교환을 위해 요나 금의 인근 국가에 그 사실을 알려둘 필요가 있었기 때문으로 생각된다.[11]

다만 寧宗의 생일은 유독 특정하기 어려운 사정이 있다. 그것을 전하는 3종의 기록이 모두 일자를 달리하고 있다. 『송사』 권37, 본기37 寧宗1에는 그가 "乾道4년(1168) 10월 丙午(18)에 王邸에서 태어났다"고 하지만, 同書 권112, 嘉禮3 聖節에는 "10월 19일(丁未)을 天祐節로 삼았다"고 하여 하루 늦은 기록으로 되어 있고, 다시 『建炎以來朝野雜記』 甲集1, 上德에는 "乾道4년 10월 20일(戊申)에 恭王府에서 태어났다"고 하여, 다시 하루 더 늦은 것으로 되어 있다. 이 밖의 다른 사료는 대부분 金 사자의 축하와 관련한 것으로, 그 축하 일자는 모두 17일이다. 18~20일보다 오히려 하루 앞선 이 날짜는 金使가 송조에 도착하거나 그들이 별도로 생일을 축하한 사실을 적은 것으로, 녕종의 생일 일자 그 자체로 보기는 어려울 것이다. 필자는 이 때문에 즉위한(1194년) 직후의 녕종이 주희의 청을 받아들여 신하들의 賀表를 물리친 사실이 있는 10월 丙午 즉 19일을[12] 그의 생일로 추정할 뿐이다.

그런데 철종과 고종의 경우는 실제 출생일과 그 기념일(節日)이 정확히는 대응하지 않는 점에도 주의할 필요가 있다. 철종은 원래 12월 7일 생이나 이날이 마침 僖祖(태조 조광윤의 高祖)의 忌日이라 그 節日을 하루 늦추어 12월 8일로 삼은 것이 그 예이다.[13] 고종도 실제의 출생일은 1107년 5월 20일(乙巳)이지만, 군신들의 주청으로 그 익일(21일)을 天申節

---

10) 휘종, 흠종, 고종, 효종, 광종 등은 讓位 등의 특별한 사정이 있었기 때문에 역시 예외에 속한다. 이상의 내용에 대해서는 〈표 1〉에서 인용한 典據를 참조.

11) 『금사』에는 "有司에 敕하기를 宋, 高麗, 夏에 移報하여 天壽節을 九月一日에 來賀하게 했다"(권9, 본기9 大定29년 6월 乙卯)고 보인다. 후술 참조. 『高麗史』에는 요·고려 간에 이 같은 내용이 간혹 보인다.

12) 『송사』 권37, 본기37 紹熙5년 10월 丙午에 "復以朱熹奏請, 卻瑞慶節賀表."고 있다.

13) 『송사』 권112, 嘉禮3 聖節에 "哲宗卽位, ……宰臣請以十二月八日爲興龍節. 哲宗本七日生, 以避僖祖忌, 故後一日"이라 있고, 『宋會要』 禮57, 誕聖節에도 거의 동문이 보인다.

로 삼았다. 고종은 20일 중에도 늦은 밤에 출생한 것이 확인되며,[14] 이 점이 절일을 그 다음 날을 지정한 것과 모종의 관련이 있을지 모른다.

사실은 녕종의 생일도 18일 밤이었다는 설명이 있고,[15] 따라서 필자가 추정한 것처럼 19일이 그의 절일(天祐節=瑞慶節)이라고 한다면 이것도 고종의 예처럼 하루를 늦춘 것일 가능성이 있다. 실제로 앞서 소개한 녕종의 생일을 전하는 기사 중 『송사』 본기37이 "乾道 4년 10월 丙午(18)에 王邸에서 태어났다"고 한 반면, 同書 권112, 聖節이 "10월 19일(丁未)을 天祐節로 삼았다"고 한 것은 실은 전자는 출생일을, 후자는 그 節日을 나타내고 있기 때문에, 엄밀히는 같은 서술 방식은 아니다. 이를 포함시킨다면 송조에서는 출생 시점이 先祖의 忌日이거나 늦은 밤일 경우 기념일을 바꾼 예가 3례 존재하는 셈이다.

그 밖에 송에서는 원인이 분명치는 않으나 절일의 명칭을 변경한 사례가 2건 보인다. 태종이 乾明節에서 壽寧節로, 그리고 녕종이 天祐節을 瑞慶節로 변경한 것이 그것이다. 또한 송에서는 황제 뿐 아니라 황태후에 대해서도 그 탄신일을 공식적으로 지정해 축하하는 사례가 있었다. 모두 4건이 발견되며, 이 중 특히 진종 황후인 章獻太后 劉氏의 長寧節(정월 8일), 그리고 영종의 황후인 宣仁太后 高氏의 坤成節(7월 16일)이 유명하고, 그 밖에 壽慶節(5월 16일)과 壽崇節(미상)이 있다.[16] 송조의 황태후 생일 기념은 후술하는 遼의 그것에 대비되는 것으로 볼 수 있을 것이다.

2) 遼·金 황제의 생일

遼의 황제 생일에 관련해서는 이미 傅樂煥의 자세한 고증이 있다. 〈표 2〉는 부락환의 연구를 기초로 필자의 필요에 따라 약간의 가필을 보태 새로 만든 것이다. 『송사』와 달리 『요사』에서는 황제의 생일을 그의 본기에 적지 않고, 先帝의 본기에서 皇子로 태어났을 때의 시점으로 기록하고 있다.

태조 야율아보기의 출생에 대해서는 그 연도만이 전할 뿐 월일은 알 수 없고, 節日을 만들었다는 사실도 보이지 않는다. 아마도 건국 초창의 분망과 관련이 있을지 모른다.

---

14) 『建炎以來朝野雜記』甲集 권1, 上德에 "高宗, ……徽宗第九子, 母曰韋太后, 大觀元年五月二十夜生於宮中, 以其日爲天申節."고 있다.

15) 『송회요』 禮49, 尊號13에 "乾道四年戊子歲十月十八日夜分, 生於恭王府, 其日爲瑞慶節."고 있다.

16) 송대 황태후 생일에 대해서는 『송사』 嘉禮3, 聖節, 『송회요』 禮57, 誕聖節 등을 참조.

그의 次子 태종이 天授節을 제정한 것이 요에서는 생일을 국경일로 정한 첫 사례이다. 부친의 遺志를 이어 몽골리아 일대에 경역을 넓힌 태종은 後晋에게 연운16주를 얻었을 뿐 아니라(936년), 이윽고 後晋을 멸망시켜 중원의 패자를 지향하였다. 즉위 약 2년 뒤(928년)에 그가 중원 왕조의 방식에 입각해 자신의 생일을 節日로 제정한 것은, 그의 말년에 국호를 '大遼'로 고치고 연호도 '大同'이라 改元한 것과 호응하는 당시 거란의 氣概를 반영한다. 또 태종의 節日 제정은 시기적으로 五代王朝의 영향을 받은 것으로, 송에 선행한다는 점도 이후의 송과의 경쟁 관계를 이해할 때 참고가 될 것이다. 天授節에 태종은 국내의 群臣만이 아니라 諸國使로부터도 축하를 받아 세계의 중심을 표방하였다.[17]

〈표 2〉 요 황제 생일 관련 표

황제	본명 (漢名/거란명)	재위 기간	생일			
			연월일	명칭	제정일	전거(『遼史』)
太祖	億/阿保機	907년 1월~926년 7월	872년	없음	없음	본기1
太宗	德光/堯骨	926년 11월~947년 4월	902년 10월 23일	天授節	天顯3년 9월 癸巳	본기3/본기4
世宗	阮/兀欲	947년 4월~951년 9월	919년 12월 25일	없음	없음	본기1/본기5
穆宗	璟/述律	951년 9월~969년 2월	931년 8월 5일	없음	없음	본기3/본기6/본기7
景宗	賢/明扆	969년 2월~982년 9월	948년 7월 25일	天淸節	應曆19년 5월 丙申朔	본기5/본기8
聖宗	隆緖/文殊奴	982년 9월~1031년 6월	971년 12월 27일	千齡節	統和元年 9월 辛未	본기8/본기10 등
興宗	宗眞/只骨	1031년 6월~1055년 8월	1016년 2월 23일	永壽節	景福元年 閏10月 辛亥	본기15/본기18
道宗	洪基/査剌	1055년 8월~1101년 1월	1032년 8월 7일	天安節	淸寧元年 10월 丁亥	본기18/본기21
天祚帝	延禧/阿果	1101년 2월~1125년 2월	1075년 윤4월 19일	天興節	乾統2년 11월 壬寅	본기23/본기27

태종을 이은 世宗과 穆宗 시기는 정치적 혼란으로 遼史에서 '中衰期'로 평가된다.[18] 이 시기에 황제의 節日名이 보이지 않은 것도 이 사정을 반영한 것일 수 있다.

요에서 황제 생일의 節日 지정이 확립된 것은 景宗 이후이다. 이 시기는 아직 政情에 불안 요소를 남기지만, 한편으로 新銳 宋의 침공을 고량하에서 격파하는 등 그 국력은 뚜렷이 회복세를 보였고, 이후 성종, 흥종, 도종기를 통해 요는 전성기를 맞이한다. 이를

17) 『요사』 본기3, 태종 天顯3년에 "天授節, 上御五鸞殿受羣臣及諸國使賀."고 보이고, 同書 본기4, 會同7년 10월 壬戌에도, "天授節, 諸國進賀, 惟晉不至."고 있다.

18) 聶崇岐, 앞 책, 1986, p.283; 島田正郎, 『契丹國』,(東方書店, 1993), p.18 참조.

반영해 요에서도 황제의 절일이 송조처럼 황제의 즉위와 함께 제정되는 것이 관례가 되었다고 보인다.

그 결과 요는 송조와 생신사를 정기적으로 교환한다는 중국사상 최초의 외교 관계를 맺게 되었다. 976년부터 시작된 이 관계는 3년간 이어진 후, 대립과 충돌로 인한 공백기를 거쳐 '전연의 맹'(1004년)의 결과 1005년부터 재개되어 이후 한 해도 거르지 않을뿐더러, 금, 고려 등의 왕조에도 영향을 주었다.

〈표 3〉 금 황제 생일 관련 표

황제	본명 (漢名/여진명)	재위기간	생 일			
			연월일(추정포함)	명칭	제정일	전거(『金史』)
太祖	旻/阿骨打	1114~1123	1068년 7월 1일	없음	없음	본기2
太宗	晟/吳乞買	1123~1135	1075년 10월 15일	天清節	미상	본기3/권60, 交聘表上
熙宗	亶/合剌	1135~1149	1119년 1월 17일	萬壽節	미상	본기4/권60, 交聘表上
海陵王	亮/迪古乃	1149~1161	1122년 1월 16일	龍興節	미상	본기5/고려사/권60, 交聘表上
世宗	雍/烏祿	1161~1189	1123년 3월 1일	萬春節	미상	본기6/권61, 交聘表中
章宗	璟/麻達葛	1189~1208	1168년 7월 27일	天壽節	大定29년 3월 己酉	본기9/
衛紹王	允濟/永濟/興勝	1208~1213	?년 8월 ?일	萬秋節	미상	본기13/권62, 交聘表下
宣宗	珣/吾睹補	1213~1223	1163년 3월 13일	長春節	미상	본기14/권62, 交聘表下
哀宗	守禮/守緒/寧甲速	1224~1234	1198년 8월 23일	미상	미상	본기17

金代에는 황제 생일의 節日 제정이 일찍부터 확립되었다. 과연 태조(阿骨打) 만큼은 그럴 겨를이 없었던 모양이지만, 이후의 역대 황제들은 末帝인 哀帝를 빼고 모두가 節日을 갖고 있는 것이 확인된다. 금은 특히 요를 의식해 國制를 모방한 점이 많았던 관계로, 황제의 생일을 국경일로 지정할 필요도 이미 학습하고 있었다고 보인다.

금 황제의 생일에 대해서는 종래 정리된 설명이 없으므로 이를 필자가 정리한 것이 〈표 3〉이다. 다만 그 생년월일은 太祖, 章宗 그리고 哀宗의 것만이 『金史』 본기에서 확인되고,[19] 다른 것들은 그 연도만이 보일 뿐이다. 따라서 이 경우는 同書 권60~62의 '交聘表

19) "太祖…諱旻, 本諱阿骨打, 世祖第二子也. …咸雍四年戊申, 七月一日, 太祖生."(同書本紀2 太祖), "諱璟, 小字麻達葛, 顯宗嫡子也. …大定八年, 世宗幸金蓮川, 秋七月丙戌, 次冰井, 上生. 翌日, 世宗幸東

上·中·下'에 의해 송, 서하, 고려의 축하사가 '來賀'했다는 날로 그 생일을 추정하였다. 이에 따르면 3국의 외국사들은 일부 예외가 있지만 대부분이 〈표 3〉의 '연월일(추정)'에 '來賀'한 것으로 되어 있다.

海陵王의 節日에 대해서는 특기할 점이 있다. 종래 중국사 측에서는 그의 節日에 대한 명칭이 오래 동안 미상인 채로 남아 있었고, 『금사』에서도 유독 그 명칭만이 확인되지 않았다. 그러나 〈표 3〉과 같이 그의 節日名이 龍興節이라는 사실은 『고려사』를 통해 쉽게 확인되며, 이는 필자가 본문을 통해 공식적으로 처음 확인한 셈이 된다. 후술하는 것처럼 고려는 금의 황제 절일에 거의 매년 축하사를 파견하였고, 그 중 해릉왕 재위 중인 1150년에서 1157년 사이에 모두 7회 龍興節을 위한 사자가 파견된 것이 확인된다.[20] 『금사』는 물론 중국사에서 '興龍節'이라는 이름이 소멸된 것은 그가 희대의 폭군으로 평가된 배경이 작용한 결과로 추측되지만, 그의 사라진 생일명이 『고려사』를 통해 재확인된다는 점은 당시의 중국사 혹은 한국사가 단순히 1국사의 범주 안에서 처리될 수 없는 점이 있음을 잘 보여준다.

3) 고려 국왕의 생일

고려 국왕의 생일도 종래 그다지 주의를 끄는 주제가 아니어서 한국사학계에서 專論이 보이지 않는다. 고려 국왕의 출생 시일 역시 의외로 『고려사』와 『고려사절요』에서 간단히 확인할 수 있으므로 그 검토를 위해 〈표 4〉로 정리해 두었다.

이를 통해 고려도 중국 왕조처럼 국왕의 생일이 거의 모두 절일로 제정된 것을 알 수 있다. 『고려사』에는 成宗원년(982) 6월에 이르러 성종이 자신의 생일을 千春節로 정한 것이 고려에서 '節日之名'의 시작이라고 하였다.[21] 이는 물론 동시대의 송이나 요보다는 늦은 것으로 그 영향을 받은 것으로 보인다. 중국의 제도와 문물을 적극적으로 수용하려던 성종에게 군주의 생일을 국경일로 만드는 것 또한 수용할만한 사항이었을 것이다. '聖上節日'이라 칭해진 국왕의 탄생일은 이후 元正, 冬至, 八關會와 함께 4대 節日로 자리 잡

宮."(本紀9 章宗), "哀宗諱守緒, 初諱守禮, 又諱寧甲速, 宣宗第三子. …承安三年八月二十三日生於翼邸, 仁聖無子, 養爲己子."(同書本紀17 哀宗)로 보인다.

20) 『고려사』 권17, 世家17 毅宗4년에서 同書 권18, 世家18 毅宗11년 사이의 기사 참조.

21) 同書 권3, 세가3 成宗元年 6월조에 "以王生日爲千春節, 節日之名, 始此."고 있다.

〈표 4〉 고려 국왕 생일 관련 표

왕	본명	재위기간(연.월)	출생연월일	명칭(제정일)	전거(『高麗史』/『高麗史節要』)
太祖	王建	918-943.5	신라헌강왕 정월 14일	미상	세가1/권1
惠宗	王武	943.5-945.9	後梁乾化2년 壬申	미상	세가2/권2
定宗	王堯	945.9-949.3	太祖6년 癸未	미상	세가2/권2
光宗	王昭	949.3-975.5	太祖8년 乙酉	미상	세가2/권2
景宗	王伷	975.5-981.7	光宗6년 9월 丁巳	미상	세가2/권2
成宗	王治	981.7-997.10	光宗11년 12월 辛卯	千春節(원년 6월)→千秋節(2년 12월)	세가3/권2
穆宗	王誦	997.10-1009.2	景宗5년 5월 壬戌	長寧節(원년 4월 4월)	세가3/권2
顯宗	王詢	1009.2-1031.5	成宗11년 7월 壬辰	未制定	세가4/권3
德宗	王欽	1031.5-1034.9	顯宗7년 5월 乙巳	仁壽節→應天節(元年1월 己丑)	세가5/권4
靖宗	王亨	1034.9-1046.5	顯宗9년 7월 戊寅	長齡節(원년 7월)	세가6/권4
文宗	王徽	1046.5-1083.7	顯宗10년 12월 癸未	成平節	세가7/권4
順宗	王勳	1083.7-1083.10	文宗1년 12월 己酉	未制定?	세가9/
宣宗	王運	1083.10-1094.5	文宗3년 9월 庚子	天元節(원년 1084, 8월)	세가10/권6
獻宗	王昱	1094.5-1095.10	宣宗1년 6월 乙未	미상	세가10/권6
肅宗	王顒	1095.10-1105.10	文宗8년 7월 己丑	미상	세가11/권6
睿宗	王俁	1105.10-1122.4	文宗33년 1월 丁丑	咸寧節(원년 1월)	세가12/권7
仁宗	王楷	1122.4-1146.3	睿宗4년 10월 己亥	安貞節→慶龍節(즉위년 9월 甲子)	세가15/권9
毅宗	王晛	1146.3-1170.9	仁宗5년 4월 庚午	河淸節(즉위년 4월)	세가17/권11
明宗	王晧	1170.9-1197.9	仁宗9년 10월 庚辰	乾興節(원년 10월 丁巳)	세가19/권12
神宗	王晫	1197.9-1204.1	仁宗22년 7월 庚申	咸成節(원년 7월 丁未)	세가21/권14
熙宗	王韺	1204.1-1211.12	明宗11년 5월 癸未	壽祺節→壽成節(즉위년 5월 庚午)	세가21/권14
康宗	王祦	1211.12-1213.8	毅宗6년 4월 乙巳	光天節(원년 4월 辛巳)	세가21/권14
高宗	王皞	1213.8-1259.6	明宗22년 정월 壬戌	慶雲節(원년 정월)	세가22/권14
元宗	王禃	1259.6-1274.6	高宗6년 3월 乙酉	미상	세가25/권18
忠烈王	王昛	1274.8-1308.7	高宗23년 2월 癸丑	壽元節(원년 2월 戊辰)	세가28/권19
忠宣王	王璋	1308.8-1313.3	忠烈王1년 9월 丁酉	미상	세가33/권23
忠肅王	王燾	1313.3-1330.2	忠烈王20년 7월 乙卯	미상	세가34/권24
忠惠王	王禎	1330-1344	忠肅王2년 정월 丁卯	미상	세가36/권25
忠穆王	王昕	1344.4-1348.12	忠肅王6년 4월 乙酉	미상	세가37/권25
忠定王	王胝	1348.12-1351.12	忠肅王7년	미상	세가37/권26
恭愍王	王顓	1351.12-1374.9	忠肅王17년 5월 生	미상	세가38/권26
恭讓王	王瑤	1389.11-1392.7	忠穆王원년 2월 5일	미상	세가45/권34

* 말기에 해당하는 충숙왕, 충혜왕의 복위와 우왕 시기는 생략했다.

았다.[22] 아울러 고려에서는 권신 李資謙이 자신의 생일을 '仁壽節'로 삼으려다 김부식으로부터 "아직 人臣으로서 節을 칭한 者가 있음을 듣지 못했다."고 한 반대에 부딪힌 일화가 보이는 점은 흥미롭다.[23]

성종 이후 충렬왕대까지 거의 모든 왕이 자신의 생일을 절일로 제정하였지만, 몇 가지 예외가 보인다. 먼저 현종의 경우 절일이 확인되지 않는 것은 자신이 이를 사양했기 때문이었다. 당시는 거란의 침략이 이어진 고난의 시기에 해당하며, 현종은 그 속에서 자중하여 자신의 생일 축하를 피하였다.[24]

한편 즉위 직후 사망한 順宗은 절일을 제정할 겨를이 없었을 수 있다. 하지만 宣宗을 거쳐 헌종과 숙종대에도 그 절일명이 연이어 보이지 않는다. 재위 기간이 짧았던 헌종도 애초부터 그것이 없었을 가능성이 있으나, 숙종의 경우는 생일 축하 행사가 있었던 것으로 보이므로,[25] 그 절일명 또한 있었을 것으로 추정된다. 元宗 역시 절일명이 있었을 가능성이 크다. 그 아들(충렬왕)의 생일조차 '壽元節'로 제정된 차에[26] 본인의 절일명이 없던 것은 이상하기 때문이다.

그런데 충렬왕을 마지막으로 『고려사』에서는 이후 왕들의 절일명이 더 이상 확인되지 않는다. 이것이 단순한 기록의 부재가 아닌 이상, 忠宣王부터는 이전과 달리 절일(명)을 특별히 제정하지 않은 것으로 보이며, 그렇다면 거기에는 어떠한 사정이 있었는지가 문제가 될 것이다. 충렬왕은 고려가 몽골의 사실상의 '屬邦'으로 전락하는 출발기에 있는 시점으로, 官制가 그 지위에 맞추어 격하되는 속에서 諸種의 호칭 역시 바뀌지 않을 수

---

22) 金庠基, 『新編 高麗時代史』(서울대학교 출판부, 1996), p.798.

23) 『고려사』 권98, 列傳11 諸臣 金富軾에 "昇中欲號資謙生日爲仁壽節, 富軾言, 生日稱節, 自古所無. 唐玄宗時, 始稱皇帝生日, 爲千秋節, 未聞人臣有稱節者. 平章事 金若溫曰, 侍郞議善."고 있다. 김부식의 지적에 따르면 당시의 고려에서도 황제의 생일을 '節'이라 칭한 것이 唐의 玄宗의 '千秋節'부터였다는 것이 周知되고 있었음을 알 수 있다.

24) 『고려사』 권4, 世家4 顯宗3년 6월 癸丑 참조.

25) 『고려사』 권11, 世家11 肅宗元年 2월 甲子 참조.

26) 『고려사』 권25, 世家25 元宗2년 정월 癸亥朔에, "放朝賀. 以太子生日爲壽元節."고 있다. 그 밖에 고려에서는 睿宗이 그 太子의 생일을 '永貞節'로 정하고, 또 太后에 대해서도 그 생일을 '至元節'로 제정하는 등의 예가 보인다.『고려사』 권67, 志21 禮9 嘉禮 睿宗10년 10월 庚子에, "禮司請以太子生日爲永貞節, 令宮官僚屬進賀, 兩界·三京·八牧·三都護府上箋, 以爲恒式."고 있고, 同書 권88, 열전1 后妃에 "睿宗卽位, 尊爲王太后, 殿曰天和, 府曰崇明, 生辰曰至元節. 三年正月, 冊曰, "臣聞, 冊后之制, 歷代相因. 稱皇太者, 秦漢之通規, 以子貴者, …"고 보인다.

없는 상황에 있었다. 실은『고려사』권67, 志21 禮9 嘉禮 충렬왕 33년(1307) 6월 丙午에,

> 壽元天聖節이 僭擬한 것 같아 고쳐서 이를 誕日이라 칭하였다(以壽元天聖節, 似涉僭擬, 改以誕日稱之.).

고 보여, 이때부터 '壽元天聖節'이라는 용어도 사용이 중지되어 단순히 '誕日'로 칭하게 된 것을 알 수 있다. 즉 이는 節日名의 폐지를 말하며, 〈표 4〉처럼 忠宣王 이후 고려왕에게 그것이 보이지 않는 직접적인 이유에 해당한다.『고려사』의 범례에

> 대저 宗을 칭하고, 陛下·太后·太子·節日·制·詔를 칭하는 類는 비록 僭踰하지만 지금은 당시에 칭하는 바에 따라 이를 적어 그 實을 보존한다(凡稱宗, 稱陛下太后太子節日制詔之類, 雖涉僭踰, 今從當時所稱, 書之, 以存其實.).

고 한 잘 알려진 기술처럼, 고려에서는 '節日'이 제정·축하되어 왔던 것이나, 충렬왕 말년에 '節日'을 칭하는 관례는 기본적으로 소멸하였다고 볼 수 있다. 이 점에서 이미 인용한 김부식의 "아직 人臣으로서 節을 칭하는 자가 있음을 듣지 못했다."는 지적은 시사하는 바가 있어 보인다. 이에 따르면 고려가 成宗 이후 '節日'을 제정한 것은 고려가 중국의 '人臣(臣下國)'이 아님을 역설하지만, 충렬왕의 節日 폐지 이후는 '人臣'이 된 것을 의미하기 때문이다. 충렬왕 이후 고려 국왕의 중국 체류 등이 길어진 점도 節日 행사를 중지하는 효과를 가져왔을 것으로 보인다.[27]

한편 고려에서도 국왕 생일의 절일 제정은 비교적 신속히 이루어졌다. 毅宗의 예가 즉위 翌月로 가장 빠르며, 熙宗은 4개월 뒤, 인종은 5개월 뒤에 그것을 제정한 반면, 나머지는 즉위 다음 해(해당 국왕 元年), 특히 자신의 생일이 있는 달이나 그에 임박해서 절일을 公定한 것을 〈표 4〉로부터 볼 수 있다. 文宗만 제정 시기가 보이지 않을 뿐이다.

여기서 눈에 띄는 한 가지는 국왕의 절일 명칭이 자주 바뀐다는 점이다. 成宗, 德宗, 仁宗, 熙宗이 그 예에 해당하며, 이는 전체 15례에서 약1/4에 달한다.[28] 그런데 성종과 덕종은 그 改名이 즉위년이 아닌 明年의 일로 비교적 시차가 있지만, 인종과 희종의 경우는

---

27) 桑野英治,「高麗末期の儀禮と國際環境」(『久留米大學文學部紀要(國際文化學科)』21, 2004).

28) 이러한 예는 요과 금에서는 보이지 않으며 宋朝에서 2례(太宗과 寧宗)가 보일 뿐이다.

즉위년 중에 이미 제정한 것을 다시 바꾸었다. 〈표 4〉에 의하면 인종은 4월에 즉위한 후, 그 시기를 알 수 없으나 절일을 安貞節로 한 뒤 다시 동년 9월에 慶龍節로 개명한 것이고, 熙宗도 1월에 즉위해 그 절일을 壽祺節로 삼은 뒤 동년 5월에 壽成節로 고친 것을 알 수 있다. 즉위 5개월 만에 절일명을 변경한 이 두 사례는 즉위 익년에 비로소 절일을 제정한 다른 예들과 비교할 때 상당히 異例에 속한다.

이같이 절일 변경이 잦은 이유는 분명치 않지만 주의되는 것이 충렬왕의 예이다. 이미 지적한 것처럼 충렬왕은 절일명을 가진 고려 최후의 왕으로 그것은 '壽元節'이지만, 실은 그는 太子 때부터 조정으로부터 자신의 생일을 축하 받고 있었고, 그 절일 이름이 이미 '壽元節'이었다.[29] 이 예로부터 인종과 희종의 경우도 태자 때부터 安貞節과 壽祺節이라는 고유한 절일을 갖고 있다가, 각각 왕으로 즉위한 후에 종래의 이름을 바꾸어 慶龍節과 壽成節로 고쳤을 가능성을 추정해볼 뿐이다.

2. 節日의 명칭과 '改期受賀'의 유행

이상의 기초 작업을 토대로, 본장에서는 이 시기 동아시아 각국 군주의 생일 문제와 관련한 몇 가지 사항에 대해 계속해서 고찰한다. 특히 당시 군주의 생일이 각국의 교류를 가능하게 한 중요한 계기였다는 관점에서, 그 명칭과 축하의 방법(시기)에 관한 문제를 송·요·금 및 고려 4왕조의 입장을 비교하면서 정리·검토하는 것이 주된 과제이다.

1) 節日의 명칭에서 보는 모방과 회피

절일 제정이 일반화됨에 따라 각 왕조는 그 명칭의 선정에 신중했다. 그것들이 모두 상서롭고 축원에 가득 찬 吉稱이 되어야 함은 말할 나위 없다.

그런데 송, 요, 금 및 고려 왕조에서 사용된 총 50개 가까운 절일의 명칭을 음미해볼 때, 거기에는 각 왕조의 특성을 반영하는 듯한 경향이 포착된다. 또한 절일의 명칭은 중국 왕조에서 이미 오래전부터 사용해 오던 '연호'의 명칭과도 일정한 관련이 있어 보인다. 연호 역시 吉稱으로 지배자의 입장에서 부여한 願望과 의미는 절일 명칭과 다를 바 없었다.

29) 『고려사』 권25, 세가25 원종2년 정월 癸亥朔에 "放朝賀. 以太子生日,爲壽元節"이라 보인다.

송은 절일 명칭의 선정에서 4국 중 가장 신중한 자세를 유지하였다. 이때는 무엇보다 그 명칭이 기존 왕조에 先例가 있는지의 여부를 고려했을 것이며, 그 결과 송에서는 唐이나 五代의 절일과 중복된 사례가 거의 보이지 않는다. 물론 이미 지적한대로 당·오대에 절일 자체가 아직 많지 않았지만, 송조는 그럼에도 불구하고 중복 회피를 위해 先代의 사례를 파악했을 것으로 보인다.

〈표 1〉에 두 차례 보이는 절일명의 개정은 이와 관련이 있을 것이다. 즉 송의 태종이 자신의 절일을 乾明節로 정했다가 얼마 후 壽寧節로 고친 것은 '乾明'이 北齊의 연호인 것을 뒤에 발견했기 때문이며, 寧宗이 天祐節을 瑞慶節로 개정한 것도 처음에는 그것이 당의 昭宗과 後粱 태조의 연호로 사용된 것을 확인하지 못한 결과로 판단된다. 하지만 仁宗의 乾元節이 당 숙종의 연호로 약 2년간(758~760)사용된 것과 중복되는 점은 유일한 예외이다. 이것이 송조의 부주의에 의한 것인지, 아니면 묵인한 것인지는 판단하기 어렵다. 부주의라면 太宗代처럼 그 명칭을 개정했을 것이나 그러한 동향이 보이지 않는다. 신중한 송조라도 수 없이 많은 기존 연호와의 완전한 중복 회피는 피하기 어려웠을지 모른다.

〈표 5〉 五代 帝王의 節日(『新·舊五代史』로부터)

왕조	황제	생일	節日名
後粱	태조	10월 癸未	大明節
	말제	9월 12일	明聖節
後唐	명종	9월 9일	應聖節
	말제	정월 23일	千春節
後晋	고조	2월 28일	天和節
後漢	고조	2월 4일	聖壽節
	은제	3월 9일	嘉慶節
後周	태조	7월 28일	永壽節
	세종	9월 24일	天清節
	공제	8월 4일	天壽節

池田溫은 중국 왕조에서 연호의 중복 회피 현상이 특히 송이 건국되는 10세기 후반 이후 현저했고, 송의 帝王들도 선례가 없는 연호를 세우려는 의식을 갖고 있었다, 고 설명하였다.[30] 즉 그는 중국에서 사용된 연호의 왕조 간의 답습 비율이 의외로 높아 30%에나 달한 것을 확인하면서도(총 982개 중 單用된 것이 526개, 중복 사용은 160종 456개), 한편으로는 그 답습률이 송대 이후에 저감된다는 사실을 확인하였다.[31] 연호의 중복을 기피했다면 절일명의 중복도 당연히 꺼렸을 것이고, 따라서 양자는 같은 선상에서 이해되어야 할 것이다.

요와 금에서는 송과 달리 명칭 중복의 회피 의지가 상대적으로 약했음이 주목된다. 요

30) 池田溫, 「東亞年號管見」(『東方學』 82, 1991).

31) 위와 같음.

의 절일명에는 특히 중원의 五代 왕조가 이미 사용한 명칭과 겹치는 예가 보인다. 즉 필자가 그 개략을 정리한 〈표 5〉와 비교하면, 요 황제의 永壽節(興宗)과 天淸節(景宗)은 각각 後周태조와 세종의 절일명과 일치한다. 전자는 951년에 후주의 태조가 제정한 뒤 꼭 80년이 지난 시점(1031년)이고, 후자는 후주 세종이 제정한 해(954년)로부터 불과 18년 뒤의 일이다.[32] 이러한 움직임이 단순한 우연인지, 아니면 의식적인 계승인지 정확히 알 수 없으나, 전자라면 遼朝가 절일명 제정에서 중원 왕조의 선례를 깊이 따지지 않은 것이 되고, 후자라면 타 왕조의 절일 명칭과 중복되는 것을 기꺼이 받아들인 것이 된다. 다만 후주의 태조와 세종이 비록 名君이라 하지만, 요와 대립했다는 점에서 볼 때 필자는 전자에 무게를 두고 싶다.

이상의 두 예를 뺀 요의 나머지 절일명도 대부분 前代의 연호를 답습하였다. 太宗 '天授節'의 '天授'는 당 측천무후 시기의 연호이며, 道宗 天安節의 '天安'은 북위의 연호이며, 天祚帝 天興節의 '天興'도 역시 북위의 연호였다. 절일명을 가진 요 황제 6인 중 기존의 절일명 또는 연호명과 직접 중복되지 않는 것은 聖宗의 千齡節뿐이다.[33]

한편 금에서는 절일명을 연호의 명칭에서 차용한 사례는 하나도 보이지 않는다. 여기서는 長壽를 의미하는 '萬' 字에 태어난 계절을 결합한 萬春節과 萬秋節(長春節도 그 연장선의 것), 그리고 역시 장수를 기원하는 萬壽節과 天壽節처럼 비교적 단순하고 직접적인 용어가 주를 이룬다. 하지만 그럼에도 불구하고 금조가 天淸節(太宗), 天壽節(章宗), 長春節(宣宗) 등의 절일명을 그대로 사용한 점에서는 이 왕조 역시 타 왕조의 그것을 차용하는 데에 거리낌 없는 것이 요와 다르지 않음을 반영한다.

天淸節은 이미 지적한대로 후주의 세종이 처음 사용한 것을 요의 景宗이 계승한 것이었으나 금의 태종이 다시 답습했기 때문이다. 요와 적대관계에 있던 금은 그 최초의 절일이 요와 후주에서 이미 사용된 것임을 알고서도 그대로 차용했을 수 있다. 만일 그렇지 않다면 이 또한 前代의 사정을 전혀 개의치 않는 금조의 단면을 드러낸 부분이었다고 볼 수 있다. 후주 恭帝가 사용한 天壽節과 송 태조가 사용한 長春節까지 금에서는 모두 7

32) 이상에 대해서는 『구오대사』 권114, 周書5 世宗1 顯德元年 7월 壬辰, 同書 권111, 周書2 太祖2 廣順元年 6월 甲午, 『요사』 권18, 본기18 興宗 景福元年 閏10月 辛亥, 同書권8, 본기8 景宗 保寧1년 등을 참조.

33) 그 밖에도 요에서는 應天太后의 절일 명칭인 永寧節이 후한과 서진에서 사용된 연호이고, 齊天太后의 順天節도 唐 中宗의 황후의 존호에 해당한다. 또 요 法天太后의 應聖節은 후당 明宗의 그것과 이름이 동일하다.

개 존재한 절일명 가운데 3개를 前代 또는 인근 왕조가 사용한 적이 있는 명칭을 답습한 꼴이 된다.

이상의 검토를 통해 요와 금에서는 중원 왕조에서 이미 사용된 절일명이나 연호명을 중복해 이용한 것이 많고, 이는 그들의 강한 의식적 承襲이라는 단면을 보여준다. 형식에 구애 받지 않는 대범한 북방민족의 기질을 반영하는 일면이다. 완전한 同字는 차치하고 그 중에 포함된 單字 중에도 중원 왕조의 영향은 부정되기 어려워 보인다. 그렇다면 이것은 앞에서 소개한 池田溫이 10세기 중반 이후 중원왕조에서 나타난 경향과 똑같이 "선례가 있는 연호를 피하려는 의식이 거란의 조정에서도 지배적이었다고 보인다"고 한 지적[34]과는 상반되는 것이라 할 수 있다.

고려에서도 이상과 같은 모방과 회피의 양면이 병존한다. 고려 최초의 절일명은 成宗의 千春節이지만, 이것이 얼마 후 千秋節로 바뀐 것은 일단 千春節이 후당 末帝의 그것과 겹쳤기 때문일 가능성이 있다(〈표 5〉). 그러나 개정된 명칭인 千秋節도 당 현종의 것이었음을 생각할 때, 고려에서는 비록 이것이 중복임을 알았다고 해도 당 현종의 聲望에 비추어 처음부터 개의치 않고 襲用했을 가능성이 있다. 아울러 成宗은 12월생으로 절기가 겨울이며, 따라서 봄이나 가을과 모두 관계가 없음에도 '千春'과 '千秋'를 쓴 것은 이미 검토한 金의 경우와 대비된다. 고려에서는 '千春'이나 '千秋'를 긴 세월이라는 쪽에 비중을 두어 사용한 반면, 금에서는 이를 특히 황제의 출생 계절에 맞추어 사용한 것을 알 수 있다.

참고로 고려의 두 번째 절일인 穆宗의 長寧節은 宋 眞宗의 황후인 章獻太后 劉氏의 長寧節(정월 8일)과 중복된다. 하지만 시간 관계에서 볼 때 이 이름은 고려에서 먼저 사용한 것이며, 따라서 중복 회피를 지향하는 송에서도 고려의 절일명까지는 파악하고 있지 않은 것으로 보인다.

이 두 예를 빼면 고려의 절일명이 중국 왕조의 그것과 겹치는 것은 보이지 않는다. 고려도 절일 제정에서 중국 및 북방 왕조의 사례를 염두에 두었을 것이다. 대신에 고려의 그 밖의 절일명은 상당수가 중국 왕조의 연호와 중복된다. 19개(개명된 4례를 포함)의 절일명 중 德宗의 仁壽節(隋 文帝)과 應天節(당 中宗 존호), 睿宗의 咸寧節(西晉 武帝), 毅宗의 河清節(北齊 武成帝), 明宗의 乾興節(宋 眞宗), 康宗의 光天節(十國 前蜀의 高祖, 南漢 殤帝) 등 6례가 그것이다. 그 밖에 宣宗의 天元節(북주 宣帝의 尊號)과 熙宗의 壽成節(송 효종 황후의 존

34) 池田溫, 앞 논문 및 『요사』 권88, 耶律資忠傳 참조.

호)도 중국에서 이미 사용된 전례가 있는 명칭이다. 중국이건 고려이건 연호와 절일을 합쳐 총 약 1000개가 넘는 기존의 명칭을 두고 이들을 모두 피하면서 완전히 새로운 佳稱을 만들어낸다는 것은 결코 쉽지 않았을 것이다.

2) 동아시아에서 '改期受賀'의 유행과 고려

(1) 북방 민족에서 '改期受賀'의 유래와 전통

이미 강조한 것처럼 帝王의 생일은 동아시아 각국에서 가장 큰 명절로 공식 외교관계가 있는 국가 간에는 그 축하사를 교환하는 것이 常例였다. 그런데 필자는 이와 관련한 사료를 접하면서 이를테면 어떤 帝王의 실제 생일이 3월임에도 불구하고 인근 왕조로부터의 축하사 來訪이 12월인 것처럼, 제왕의 생일 일자와 외국 축하사의 방문 시기 사이에 큰 시차가 존재하는 것을 자주 발견하고 의아해 했다.

〈표 6〉 遼帝의 생일과 受賀日

遼帝	生辰	受賀日期	改或改期
聖宗	12월 27일	12월 27일	未改
興宗	2월 23일	정월 ?	改期
道宗	8월 7일	12월 7일	改期
天祚帝	4월 19일 혹 29일	12월 ?	改期

* 傅樂煥, 앞 논문에 의함

이 점은 실은 거란사 전문가인 傅樂煥에 의해 일찍 문제시되어, 그 역시 오랜 동안 의문을 품어오다가 그 힌트를 金代의 사료에서 찾아, 결국 그것이 金왕조의 판단으로 인한 의도적 변경에 따른 것임을 밝혔다. 부락환은 이러한 관례가 遼에서도 존재함을 詳論하고, 또 金의 '改期受賀'는 遼의 전통을 따른 것이라고 하였다.[35]

부락환의 선구적 지적을 기초로 최근에는 金史 연구자 李輝[36]에 의해 금 '改期受賀'의 실태에 대해서도 그 대강이 파악되었다. 이휘는 금에서의 '改期受賀'는 적어도 熙宗과 章宗代에는 확실히 존재하여, 전자는 생일 기념일을 7월 7일에서 1월 17일로, 후자는 7월 27일에서 9월 1일로 옮겼고, 그 이유를 전자는 희종의 부친(景宗, 태조의 제2자) 忌日을 피하기 위해서, 후자는 雨期를 피해 外國使의 편의를 제공하기 위한 것이라고 하였다.

35) 부락환, 앞 논문.

36) 李輝, 『宋金交聘制度研究』(復旦大學博士學位論文, 2005).

〈표 7〉 金帝 생일과 受賀日

황제	생일	受賀日期	節名	改期受賀 여부
太祖	7월 1일	미상	미상	미상
太宗	연월 미상	10월 15일	天淸節	미상
熙宗	7월 7일	1월 17일	萬壽節	확실
海陵	연월 미상	1월 16일	미상	미상
世宗	연월 미상	3월 1일	萬春節	미상
章宗	7월 27일	9월 1일	天壽節	확실
衛紹王	미상	8월	萬秋節	미상
宣宗	연월 미상	3월 13일	長春節	미상

* 이휘 논문을 토대로 제작

또한 중요한 사실로서 희종대의 '改期受賀'가 1월로 이동한 것은 生辰을 正旦과 이어지게 함으로써 沿途의 供應과 在京 체류 동안의 招待 등을 한 번만 준비하여, 소위 '兩番'의 번거로움을 면하도록 한 배려 때문이라는 것도 확인되었다. 중원 왕조와 고려에서도 물론이었지만 특히 북방 민족에게 사절의 응접은 큰 부담이었음을 알 수 있다. 아울러 요·금 왕조의 '改期受賀'운영에는 아직 시간관념이 엄격하지 않던 그들의 사회적 배경도 작용하고 있었다.[37]

부락환과 이휘의 연구로 파악된 요·금 시대 '改期受賀'의 관행은 당시 동아시아의 외교 실태를 이해하는데 아주 중요한 일면을 제공하였다. 다만 두 사람의 고찰은 『요사』와 『금사』를 기본 사료로 삼아 분석의 대상을 요·송과 금·송의 관계로 고정하였기 때문에 해당 문제의 내용이 동아시아 범주로 더 확장하는 데에 한계를 보였다. 즉 당시의 요와 금조에 대한 생일 축하사로는 宋의 사절만이 아니라 고려도 항시 참여하고 있었고, 따라서 그러한 고려사절의 동향을 함께 검토해야 '改期受賀'의 진상에 더 다가설 수 있을 것이다.

다음 절에서는 그 관계를 정리한 〈표〉(본 장 말미의 〈附表 1〉과 〈附表 2〉)를 토대로, 고려사의 동향에 주의하면서 부락환과 이휘가 언급하지 않거나 미진한 '改期受賀'의 내용을 보강하고자 한다.

37) 이휘, 앞 논문.

(2) 고려를 포함시켜 본 '改期受賀'의 實際

요의 '改期受賀'

부락환은 자신의 결론을 정리한 〈표 6〉과 같이 요에서는 興宗, 道宗 그리고 天祚帝 시기에 '改期受賀'가 존재하고, 반면 聖宗代에는 그것이 없었다고 본다. 12월생인 聖宗은 생일이 정월의 賀正使를 맞는 시기와 근접했기 때문에 날짜를 옮길 필요가 없다고 부락환은 이해한다. 〈부표 1〉의 '宋使' 欄은 부락환이 『요사』에서 적출한 내용을 그대로 옮긴 것으로, 宋使는 실제로 대부분이 12월에 거란 조정에 도착(또는 遼帝에 慶賀)한 것을 알 수 있다. 다만 표 중의 9~11월 사이에 宋使가 도착(또는 慶賀)했다[38]는 일부 사례는 부락환의 지적대로 『요사』의 誤記임이 틀림없고, 이들도 12월 중에 도착했다고 보아야 할 것이다.

부락환은 언급하지 않지만 송에서 聖宗의 생일을 위한 축하사를 대부분 9월에 임명한 사실도 그것을 반증한다.[39] 고려에서도 聖宗의 생신 축하사를 11월 중순을 전후해 파견[40]하고 있음이 同表에 의해 확인된다. 이는 고려사의 도착 시점인 12월이 대략 요 성종의 생일 즈음임을 반증한다. 이로써 요에서는 외국사를 포함시킨 성종의 축하 의식이 12월 27일에 먼저 치러진 다음, 해가 바뀐 첫날에 별도로(혹은 동시에) 파견되어 온 正旦使에 의한 賀正의식이 이어졌다고 할 수 있다.

이어지는 興宗은 요에서 '改期受賀'를 한 첫 황제로, 그 실태는 〈부표 1〉의 사례를 통해 확인된다. 부락환은 그 '改期受賀'의 시점을 '?'를 포함한 형태로 '정월'로 추정하였다(〈표 6〉). 宋使의 도착을 전하는 사례들이 12월에서 명년 정월에 걸쳐 있기 때문이다. 고려 측에서도 永壽節과 정단을 축하하는 사절이 11월 하순~월말 무렵에 파견되었기 때문에 그 도착 시점이 宋使와 비슷했음을 알 수 있다. 다만 이것만으로는 '改期受賀'의 시점이 부락환의 추정처럼 반드시 정월인지는 분명치 않고, 聖宗처럼 전년의 12월 말일 가능성도 배제하기 어려워 보인다. 하지만 어느 쪽이라 해도 요에서는 이로써 축하사를 응대할

---

38) 『요사』는 요 황제의 생신 축하를 위해 찾아온 송, 고려, 서하 등 사신들의 來訪을 알리는 기사를 대부분을 '(某日에)來賀했다'고 적고 있으나, 이것이 해당 외국사의 '도착일'을 의미하는지, 아니면 '축하일'인지 명료하지는 않다.

39) 『續自治通鑑長編』의 해당 부분 참조.

40) 고려 측의 요·금에 대한 사신 파견 사실은 『고려사』에 가장 충실히 기록되어 있지만, 그것은 당연하게도 '파견일'만을 적을 뿐 상대국의 정확한 도착일은 알 수 없다.

인원을 두 번 差役하지 않기 위한 遼朝 본래의 목적을 달성한 셈이 된다.

道宗 시기가 되고나면『요사』에 宋使의 도착일(또는 축하일)을 전하는 기사가 하나도 보이지 않는다. 이 때문에 부락환은 宋人의 文集 등에 보이는 일정 등을 추적하는 작업을 통해 그 '改期受賀'日을 '12월 7일'로 추정하였다.[41] 이 문제 역시 고려 측의 동향을 참고로 접근하면 高麗使는 1096~1100년에는 대부분이 10월말에 파견되었음을 알 수 있고, 따라서 이들은 부락환의 추정을 뒷받침하는 사례가 된다.

그러나 계속해서 〈부표 1〉에 따르면 시기가 더 앞선 1057~1095년에 파견된 고려의 축하사들은 2월, 4월, 5월, 11월, 12월 등에 파견되어, 그 시기가 일정하지 않을뿐더러 축하일인 '12월 7일'과 시차가 상당히 커서 모두 이례적이라 할 수 있다. 비정상적인 시기에 파견된 까닭에 사료에도 남은 것이겠지만, 이들 사례는 고려의 생신 축하사 중에 '改期受賀'日과 다른 시기에 요를 찾아온 자들이 적지 않음을 말한다.

天祚帝의 '改期受賀'日에 대해서도 부락환은 12월로 추정하며, 이것이 틀리지 않음은 역시 〈부표 1〉에 보이는 고려사의 파견 시기를 통해 알 수 있다. 여기서도 예외는 보이지만, 대부분이 10월 하순 경에 파견되었고 따라서 12월 중에 도착한 것이 된다.

金의 '改期受賀'

金에서 이어진 '改期受賀'의 정황은 요에 비해 비교적 분명하다.『요사』는 외국 축하사의 도착 시일을 聖宗과 興宗 시기의 宋使에 한정해 전할 뿐, 道宗과 天祚帝 시기의 宋使와 高麗使 전부에 대해서는 도착 기일을 적지 않기 때문에, 이 경우는『續自治通鑑長編』이나『고려사』에 보이는 해당 사절의 파견 시기를 통해 추정해야 한다. 그러나 매 번의 사행은 일정이 다를 수 있어 정확한 도착일의 추정이 불가능에 가깝고, 실제로 성종과 흥종 시기에 나타난 宋使의 도착(혹은 축하)일도 제각각이다. 뿐만 아니라『요사』의 기일(도착 혹은 축하일)은 '來賀'를 한 시점으로 이 날에 上壽(賀禮)가 행해진 것이라고 하면 이는 생일 축하일이 고정되어 있지 않았을 가능성마저 생각하게 한다.

나아가 宋使와 高麗使의 도착이 遼帝의 생일이 있는 月中임은 이미 확인한 바이지만, '來賀'의 시점이 반드시 그와 같은 날이었는지는 분명치 않다. 즉 이것은 양국의 사절이 遼帝에 대한 하례를 날을 달리해 거행했을 가능성도 배제하지 못함을 말한다. 거란 측의

---

41) 부락환, 앞 논문.

禮書에는 宋使가 고려 등 기타 외국사와 한꺼번에 하례하는 내용은 보이지 않고, '同日' 여부까지는 몰라도 적어도 국가별로 시차를 두고 하례하는 것으로 되어 있다. 이는 송 측의 禮에서도 같으며, 송과 거란은 상대방 사절로부터의 하례를 격이 다른 기타 외국사와 동일 장소에서 受賀하지 않았음을 말한다.[42]

이에 비해 금의 '改期受賀'는 방식이 사뭇 달랐다. 먼저 태종의 天清節은 금의 국제 관계가 안착되지 않은 상황을 반영해 처음부터 송, 고려, 서하의 3국 사절이 모두 참석하는 형식이 아니었다. 서하가 처음부터 축하사를 파견한 이후 고려가 얼마 후 동참하였고, 송은 금과의 紹興和議(皇統講和)가 성립된 직후인 1143년부터 축하사를 보냈다(〈부표 2〉). 이미 이휘가 지적했고, 또 〈부표 2〉에서 확인되는 것처럼 천청절은 10월 15일에 거행되었지만, 태종의 實生日을 알 수 없기 때문에 이것이 '改期受賀'인지는 분명하지 않다.

희종의 중반 이후 드디어 송의 사절도 참여함으로써 송, 고려, 서하의 3국 사자가 金帝의 생일에 동시에 모였다. 〈부표 2〉는 『금사』에서만 유일하게 실려 있는 「交聘表」의 내용을 토대로 작성한 것으로, 그에 따르면 송, 고려, 서하로부터의 사절은 다소 변동은 보이지만 대부분 같은 날에 금 황제의 생일을 축하한 것을 알 수 있다. 「교빙표」는 이들에 대해 대부분 "(某日)賀……節"이라고 기재한다. 熙宗이 부친의 忌日을 피하기 위해 절일을 7월 7일에서 1월 17일로 옮긴 것은 전술한대로 이지만, 예를 들어 3국 중 고려는 그에 맞추어 11월 하순 경에 사절을 파견한 예가 가장 많고(〈부표 2〉), 따라서 명년의 희종 생일 전에 도착해, 1월 17일에는 송·서하의 사절과 함께 하례한 것이 된다.

이는 이미 검토한 요의 축하 방식과 다른 양상이며, 『금사』의 禮志에도 외국사의 생일 축하 방식은 송, 고려, 서하가 동일에 같은 장소에 동참한 것을 전제로 전개된 것이 확인된다. 이 점은 금이 '신하국'으로까지 지위가 실추된 송을 포함한 고려, 서하의 3국 사절을 동시에 참가시키는 형식의 하례를 받음으로써, 요보다 한층 자존감을 과시하려 한 것으로 생각된다.[43]

이어지는 해릉왕대의 양상도 전대와 많이 다르지 않음을 〈부표 2〉는 설명한다. 다만 해릉왕의 실생일을 알 수 없어 1월 16일의 受賀가 '改期'인지 불분명하며, 이휘는 이에 대한 추정을 보류하였지만, 필자는 그 시일이 희종대와 거의 같이 元旦에서 멀지 않은 점

42) 『요사』 권51, 禮志4와 『송사』 권119, 禮22 등을 참조.

43) 『금사』 권38, 禮11 「外國使入見儀」 참조.

등에서 '개기수하'의 가능성이 크다고 보고 싶다. 아울러 해릉왕의 節日名(龍興節)이 중국 측 기록에는 보이지 않고, 『고려사』에서만 확인되는 점은 필자가 앞서 지적한 대로이다.

금의 '명군'으로 평가받은 世宗의 萬春節(3월 1일) 역시 출생월일 不明으로 '改期' 여부는 정확하지 않다. 송과의 충돌로 인한 초기 3년을 제외하면 세종 재위 중에도 3국으로부터의 축하사는 어김없이 찾아와 3월 1일에 축하 의식이 거행된 것을 알 수 있다. 3월 1일은 賀正에서 시기가 멀고 현재로서는 다른 이유를 확인하지 못하는 이상 '개기수하'로는 보이지 않는다.

이에 반해 章宗이 생일(7월 27일)을 9월 1일로 '개기수하'한 것은 이미 본 대로이다. 『금사』에는 "有司에 敕하기를 송, 고려, 夏에 移報하여 天壽節을 九月一日에 來賀하게 했다"(권9, 본기9 大定29년 6월 乙卯)고 보여, 장종 즉위년에 天壽節의 일자를 인근 3국에 공지한 사실이 확인된다. 금조는 새 황제가 즉위할 때마다 필요에 따라 節日을 改期하거나 아니면 생일 날자 그대로를 확정해 이를 송, 고려, 서하에 통지한 것이다. 반대 입장에 있는 송 등의 3국은 그러한 금의 요구에 맞추어 축하사를 파견한 것이며, 이는 금과의 '주종관계'의 일면을 드러낸다.

그런데 『금사』에는 「교빙표」 이외에 「본기」에도 외국 生辰使에 대한 기록이 보이는데, 거기에는 생신사의 축하 시점이 다르게 되어 있어 주의를 요한다. 즉 〈부표 2〉의 '章宗' 부분에서 인용한 「본기」인용문에는 모두 天壽節(9월 1일)에 '來賀'했다고 보이는 것에 대해, 「교빙표」쪽에서는 예외도 있지만 대부분 그보다 2~4일 빠른 8월 27~29일 사이에 '賀'했다고 되어 있다. 「교빙표」는 3국 사절의 금 조정 도착 시점을 기준으로 기록한 것으로 생각되며, 따라서 외국사는 節日 전 3일 전후에는 금의 국도에 도착해야 했다고 보인다. 〈부표 2〉에는 그러한 예가 世宗代에도 2례 존재한다.

또한 장종 시기에는 泰和8년(1208)에 유일하게 10월에 하례가 행해졌는데, 이는 관련 사료로 "詔하여 天壽節을 十月十五日로 옮겼다."(『금사』 권12, 본기12 泰和8년 5월 癸亥)고 보여, 특별히 '改期受賀'를 한차례 더 한 결과였음을 알 수 있다. 재위 마지막 해의 조치로 그 배경이 분명하지는 않지만 특기할 만한 사례이다.

衛紹王 이후 외국으로부터의 축하사가 급감해 송, 고려, 서하의 3국을 망라한 축하사가 회동하지 못한 것이 금의 정치 혼란과 몽골의 도전 등 국세 부진의 현상을 반영한 것임은 물론이다.

고려에서의 '改期受賀'

'개기수하'가 고려에서도 존재한 사실은 매우 흥미롭다. 이 관습이 요·금에서 먼저 유행한 것이므로 적어도 그 영향을 받은 것임은 분명하다. 다만 이 현상은 이미 검토한 것처럼 접대의 번거로움을 경감하기 위한 이유가 크고, 따라서 그 시점을 正旦에서 멀지 않게 옮기는 것이 보통이었기 때문에 그 필요성이 먼저 외국사를 받아들이는 입장에서 고려되어야 할 것이다. 그러나 고려에서는 본래 금으로부터 賀正使는 찾아오지 않는 상태였으므로 금과 같은 필요성은 적었다고 보지 않을 수 없다. 따라서 이 문제는 고려가 그 밖에 있었을 모종의 필요에 의해 요·금 측에 요청을 했거나, 아니면 파견자의 입장에 있던 요·금이 生辰使를 자신들의 편의 등으로 고려에 역제안해 실현되었을 수 있다.

요에서 고려에 파견된 생신사는 『고려사』에 본격적으로는 1023년부터 나타나 1116년까지 모두 73회가 보인다.[44] 이 사이 정치적 관계 등으로 중절도 있었지만 요는 고려에 거의 유일한 정기 사절로 생신사를 보내고 있었던 것이다. 이 중 顯宗代(1009~1031년 재위)에는 1023년 이후 1029년까지 7년 연속 파견되어 왔는데, 이들은 모두 7월 朔日에 '來賀生辰'했다[45]하고 현종의 실생일이 7월이므로 '개기수하'에 해당하지 않는다.

靖宗 시기(1034~46년 재위)에는 요와의 대립이 지난 1039년부터 1045년까지 7회 연속 파견되어 왔고, 이도 모두 정종의 생일이 있는 7월 중의 '來賀生辰'이었다.[46] 이어서 재위 기간이 길었던 文宗 시기(1046~1083년)도 1048년에서 1082년까지의 사이에서 1054년과 1062년의 두 차례 만을 빼고 33회나 파견되어 왔고, 이 역시 모두 12월초에 '來賀生辰'하였으므로 문종의 실생일과 同月 중의 일이었다.[47] 다시 宣宗 시기(1083~1094년 재위)에도 1085년

---

44) 成宗 사망 직후 그의 千秋節을 위해 파견된 사절과 그 이후 先王의 생신사가 2회 더 보인다.

45) 『고려사』의 1023년 7월 癸亥朔, 1024년 7월 丙戌朔, 1025년 7월 辛巳朔, 1026년 7월 甲辰朔, 1027년 7월 己亥朔, 1028년 7월 乙未(2일), 1029년 7월 戊午朔조를 참조, 아울러 1031년 7월 미상 조에는 "契丹賀先王生辰使耶律溫德·趙象玄來."라고 보인다.

46) 『고려사』의 1039년 7월 미상, 1040년 7월 미상, 1041년 7월 辛酉(14일), 1042년 7월 乙卯(14일), 1043년 7월 丁卯(2일), 1044년 7월 癸酉(14일), 1045년 7월 丁酉(14일)조 등을 참조.

47) 『고려사』의 1048년 11월 己未(25), 1049년 12월 己未朔, 1050년 12월 甲申朔, 1051년 12월 戊寅朔, 1052년 12월 壬申朔, 1053년 12월 丙申朔, 1055년 12월 12월 甲寅朔, 1056년 12월 戊申朔, 1057년 12월 癸卯朔, 1058년 12월 丁酉朔, 1059년 12월 辛酉朔, 1060년 12월 丙辰朔, 1061년 12월 庚辰朔, 1063년 12월 戊辰朔, 1064년 12월 壬辰朔, 1065년 12월 丙戌朔, 1066년 12월 辛巳朔, 1067년 12월 乙巳朔, 1068년 12월 己亥朔, 1069년 12월 癸亥朔, 1070년 12월 丁巳朔, 1071년 12월 辛亥朔, 1072년 12월 乙亥朔, 1073년 12월 庚午朔, 1074년 12월 甲子朔, 1075년 12월 戊子朔, 1076년 12월 癸未朔, 1077년 12월 丁丑朔, 1078년

에서부터 1093년까지 9회 '來賀生辰'한 것이 모두 9월의 일로 그의 생신 달과 일치한다.[48]

이상과 달리 숙종 시대(1095~1105년 재위)에만 왕의 실생일이 있는 달과 遼使의 '來賀生辰'의 달이 일치하지 않는다. 즉 1098년부터 1104년까지 7회 연속되는 요의 생신사는 모두 12월 중에 고려를 방문하여 숙종의 생일인 7월과 거리가 멀다.[49] 이는 고려가 요와 관계를 갖는 마지막 시기인 예종대(1105~1122년 재위)의 사례[50]까지를 포함해 전체적으로 보아도 유일한 예외에 속한다. 왜 이 시기에 이 같은 현상이 나타났는지 그 사정을 확인하기 어렵지만, 이것이 북방 왕조에서 유행한 '개기수하'가 고려에서도 이미 요와의 관계 속에서 나타나기 시작했음을 보여주는 실례임은 틀림없다.

요와의 관계에서 '예외'에 가까웠던 고려의 '개기수하'는 금과의 관계 속에서 본격화되고 일반화되어 갔다. 즉 고려에서 금을 상대한 仁宗에서 熙宗에 이르는 시기 동안에 금의 축하사는 모두 실생일이 아닌 달에 찾아왔다. 금 말기인 康宗과 高宗代에 축하사의 파견은 더 이상 없었지만, 그에 선행하는 시기에 '개기수하'가 일관된 것은 특기할만하다.

금은 1127년에 처음으로 고려에 생신사를 보낸 이래 1211년까지 85년간 약 72회 파견하였다. 이것은 요가 94년간 73회를 보낸 것과 비교해 거의 비슷한 빈도이다. 仁宗 시기(1122~1146년 재위)에는 양국이 국교를 맺은 직후(1127년)부터 인종 말년까지 20년간 한 번도 거르지 않고 생신사가 방문하였다. 그런데 이때의 '來賀' 시점은 인종의 실생일인 10월이 아니라 모두가 해를 넘긴 정월, 그것도 정월 7일로 거의 통일되어[51] 있음이 『고려사』에서 확인된다. 고려는 금과의 관계에서 초기부터 '개기수하'로 임한 것이며, 또 그것은 元旦과 멀지 않은 시점이었다.

毅宗代(1146~1170년)에도 즉위 익년부터 1169년까지 21회가 확인되어 前代에 이어 금의

12월 辛丑朔, 1079년 12월 乙未朔, 1080년 12월 己未朔, 1081년 12월 癸丑朔, 1082년 12월 丁未朔 등.

48) 『고려사』의 1085년 9월 미상, 1086년 9월 甲子(9일), 1087년 9월 戊午(9일), 1088년 10월 丁丑(5일), 1089년 9월 乙亥(8일), 1090년 9월 辛未(10일), 1091년 9월 癸巳(8일), 1092년 9월 乙酉(5일), 1093년 9월 壬午(7일) 등.

49) 『고려사』의 1098년 12월 丙戌(12일), 1099년 12월 壬寅(5일), 1100년 12월 癸巳朔, 1101년 12월 丙午(20일), 1102년 12월 癸丑(3일), 1103년 12월 戊申(3일), 1104년 12월 丙辰(17일) 등.

50) 『고려사』의 1107년 정월 庚寅(3일), 1108년 정월 甲寅(3일), 1109년 정월 戊申(3일), 1110년 정월 壬寅(3일), 1111년 정월 戊辰(5일), 1112년 정월 辛酉(3일), 1113년 정월 乙卯(2일), 1114년 정월 庚辰(3일), 1115년 정월 丙子(5일), 1116년 정월 戊辰(3일) 등 참조.

51) 1135년의 金使만 정월 壬子(8)에 '來賀'하였다고 『고려사』에 보인다.

생신사 파견이 변함없이 이어졌다. 1161년과 1162년에 기록이 보이지 않는 것은 금 측에서 발생한 정변으로 인한 것이었다. 또 이때의 金使는 대부분 11월 17일에 '來賀'하고 있으므로[52] 역시 '개기수하'(의종의 실생일은 4월)임을 알 수 있고, 그 시점은 전회와 달리 연말 가까운 것이었다.

다시 明宗代(1170~1197년 재위)에는 1174년을 初回로 1175년, 1184년, 1185년[53]의 3회 缺回를 빼고 1197년까지 총 21회 파견되었다. 이때도 金使의 '來賀'는 '개기수하'에 따른 것으로 명종의 생일이 10월임에도 불구하고 대부분이 1월 17일에 도착하였다.

고려에서 常例化된 '개기수하'는 神宗(1197~1204년 재위)이 즉위해도 변하지 않았다. 그런데 이때는 그 실시와 더불어 다음과 같은 정황이 『고려사』에 전한다.

> 金이 禮部侍郞 劉公憲을 보내와 생신을 축하했다. 咸成節은 본디 7월이나, 前朝의 大定甲午年例에 의해 十二月初一日을 節로 삼으니, 마침내 常例가 되었다(金遣禮部侍郞劉公憲來, 賀生辰. 咸成節本在七月, 依前朝大定甲午年例, 以十二月初一日爲節, 遂爲常例.(권21, 본기21 神宗3년(1200) 11월 辛巳(29)).

이것은 금이 처음으로 보낸 고려 신종 생신사의 도착과 관련해 그 생일인 咸成節을 7월에서 12월 1일로 바꾸어 치르게 되었다는 것을 특기한 것이다. 이때의 金使 도착에 대해서는 사전에 양국의 합의가 있었을 것이 틀림없고, 이 문제와 관련해서는 금이 고려 明宗에게 첫 생신사를 보내기 2년 전(1172년)에 명종의 생일이 언제인지를 문의하는 내용이 『고려사』에 보인다.[54] 따라서 이것은 금측이 명종의 실생일을 확인한 후에 고려와 협상하여 '개기수하'의 날을 정한 것을 추정시키며, 지금 인용한 『고려사』는 神宗代에도 그 방식에 따라 '개기수하'했다는 것을 말하는 것이다. 文中의 '大定甲午年'은 금 세종의 大定 14년으로 서기 1174년에 해당하며, 이는 신종대에도 그 예와 같이 '개기수하'를 하되 그 시점까지 '1월 17일'로 따라한 것은 아니며, 결과적으로는 12월 1일로 정해졌다고 이해해야 할 것이다.

---

52) 의종 후기에는 14, 15, 16, 22일 등의 예가 1회 정도씩 보이며, 1156년 11월 乙酉(17)의 경우는 단지 '來'로만 되어 있으나 이것이 생신사의 파견임은 정황상 틀림없고, 또 1161년의 경우는 금에서 고려 생신사를 임명한 것이 『금사』에서 확인까지 되지만 『고려사』에 보이지 않는 것은 결국 도착하지 못했음을 의미한다.

53) 1184년과 1185년의 缺回는 喪中이던 고려의 상황과 관련이 있어 보인다.

54) 『고려사』 권19, 본기19 明宗2年 12월 壬寅에 "金移牒, 問王生日."이라 있다.

이와 같은 방식으로 신종대에 4회 연속 금의 생신사가 찾아온 뒤, 熙宗代(1204~1211)에도 거의 연속해서 '來賀' 기사가 보인다. 이 시기는 전대와 달리 명료한 기사가 비교적 적어 필자는 6회로 추정하지만,[55] 그 후 康宗과 高宗 시기에는 관련 기사가 일체 보이지 않게 된다.

맺음말

본장에서는 종래 연구가 부족했던 10~13세기 동아시아 역사의 한 단면인 '제왕의 생일 문제'를 특히 '고려로부터'라는 시좌를 통해 이해함으로써 그 이해의 폭과 깊이가 한층 확대될 수 있음을 밝혔다. 이를 통해 밝혀진 내용으로 중요한 것을 다시 강조하면 다음과 같다.

① 황제의 생일을 節日로 삼아 慶賀하는 전통은 당 玄宗의 '千秋節'에서 시작되어, 당 후반에서 五代에 걸쳐 점차 보편화되는 경향을 보인 뒤, 宋代에 常例化·체계화되었다.

② 송대에는 '上壽'와 '聖節'이라는 단어가 다용된 한편, '上壽儀'가 嘉禮의 한 항목으로 정립되어 황제의 권위를 높이는 역할을 하였다. 송의 황제들이 즉위 직후 생일을 절일로 제정·공포한 것은 국내는 물론 요와 금 등 외국과의 관계에서도 필요하였기 때문이다. 송의 16帝 중 寧宗의 생일만이 사료에 분명치 않으나 필자는 이를 10월 丙午(19일)로 추정하였다. 또 哲宗과 高宗의 경우는 실제 출생일과 기념일(節日)이 대응하지 않는데, 이는 출생 시점이 先祖의 忌日이거나 늦은 밤이었기 때문으로 보이며, 그 결과 절일은 모두 하루를 늦추어 지정되었다.

③ 요에서는 태종대에 절일이 처음 제정되었으나, 이후 중단되었다가 景宗 이후 모든 황제에게 계승되었다. 그 결과 요는 송조와 생신사를 정기적으로 교환하는 형식의 외교 관계를 중국사상 처음으로 시작하게 되었다. 금에서는 요에 비해 생일의 節日

55) 『고려사』에 金의 생신사 도착이 명확한 것은 1208년 11월 甲寅(18) 조가 처음이나, 『금사』 본기에는 1205년과 1207년 10월에 고려에 보이는 생일사가 임명된 것이 보인다. 본고에서는 이들이 그대로 고려에 도착했을 가능성을 고려했다. 또한 『고려사』에는 1209년 11월 과 1210년 11월 壬寅(6)에 도착한 金使에 대해 '來'로만 설명하나 이는 당연히 생일사로 보아야할 것이다.

제정이 일찍부터 확립되어 태종 이후 모든 황제가 이어갔다. 다만 金帝의 생년월일은 太祖, 章宗, 哀宗의 것만이 『금사』의 본기에서 확인될 뿐이며, 기타의 경우는 同書의 '交聘表'에 보이는 송·서하·고려 축하사의 '來賀' 시점으로 추정할 수 있다. 특히 해릉왕의 節日名은 중국 측의 기록에 일체 확인되지 않아 종래 알 수 없었으나, 필자는 그것이 '龍興節'임을 『고려사』를 통해 확인하였다.

④ 고려에서는 成宗의 千春節이 절일 제정의 첫 사례이며, 이는 송이나 요의 영향을 받은 것이다. 국왕의 생일은 고려에서 元正, 冬至, 八關會와 함께 4대 節日이었다. 성종 이후는 충렬왕대까지 20명의 왕 중 현종, 헌종, 숙종, 원종이 절일을 제정하지 않거나 확인되지 않은 것을 빼면, 나머지는 모두 그것이 존재하였다. 그러나 충렬왕 이후 고려에서는 절일명이 더 이상 확인되지 않는데, 이는 변화된 고려 왕조의 정치적 위상과 관련이 있다. 이 시기는 고려의 몽골에 대한 지위가 격하되는 속에서 '天聖節'이라는 용어와 節日名 자체도 사용이 중지되었다.

⑤ 송은 절일의 명칭을 선정하는 데에 신중을 기해 그것이 이전 왕조의 절일명은 물론 연호와도 중복시키려 하지 않았다. 이에 비해 요에서는 중원의 五代 왕조의 그것과 겹치거나, 당의 연호 명칭과 중복되는 것이 다수 보인다. 또 금에서는 연호를 절일명으로 차용한 예는 보이지 않는 반면, 五代는 물론 요와 송의 황제들이 이미 사용한 절일명을 襲用한 예가 적지 않다. 이는 형식에 구애받지 않는 북방민족의 기질을 반영한다. 고려의 절일명은 성종의 千秋節만이 당 현종의 그것과 겹칠 뿐이지만, 나머지 19개(개명된 4례 포함)의 절일명 중 6례가 중국의 과거 연호 이름과 중복된다.

⑥ 요와 금에서는 황제의 실제 생일과 그것을 축하하는 節日의 월일이 대응하지 않는 현상, 즉 '改期受賀'가 폭넓게 존재하였고, 그 주요 내용은 부락환과 이휘의 연구로 해명되었다. 그러나 이들 연구는 요·송과 금·송의 관계만을 검토한 것으로, '改期受賀'의 실태에 더 다가서기 위해서는 당시 동참하고 있던 고려사절의 동향을 함께 검토할 필요가 있다.

⑦ 요에서의 '개기수하'는 聖宗 시기에는 없었다고 보이나, 그 후의 興宗, 道宗 그리고 天祚帝 시기에 일반적이었다. 이는 부락환이 이미 지적한 바이지만, 필자가 검토한 高麗使의 동향을 보아도 확인된다. 다만 고려의 生辰使 중에는 요의 '改期受賀'日과 다른 시기에 찾아온 자들도 적지 않음을 함께 고려해 둘 필요가 있다.

⑧ 금에서는 熙宗 중반 이후부터 황제의 생일 축하를 위한 외국사가 모두 같은 날에 도착하거나 적어도 축하 의식을 함께 치르는 경향이 돋보이고, 이 점은 遼代의 상

황보다 엄격한 것이다. 이는 『금사』의 禮志에서도 반영되며, 금이 송을 포함한 고려, 서하의 3국 사절을 동시에 참가시키는 형식의 하례를 받음으로써, 요보다 한층 자존감을 과시한 것으로 생각된다. 또 금은 새 황제가 즉위할 때마다 필요에 따라 節日을 改期하거나 아니면 생일 그대로로 확정해 이를 송, 고려, 서하에 통지하였는데, 章宗 시기에는 특별히 '改期受賀'를 한차례 더 한 사례도 보인다.

⑨ 고려에서도 요·금의 영향으로 '개기수하'가 존재하였다. 이것이 고려의 요청에 의한 것인지, 아니면 요·금 측이 자신의 편의를 위해 실행한 것인지는 분명치 않다. 먼저 遼使의 '來賀生辰' 시점이 고려국왕의 실생일과 차이를 나타내는, 즉 '개기수하'가 고려에서는 숙종시대(1095~1105년 재위)에만 유일하게 보인다. 왜 이 시기에 이 현상이 있었는지의 사정은 명료하지 않다. 그러나 요와의 관계 속에서 이렇게 나타난 고려의 '개기수하'는 금과의 관계 속에서 본격화되어, 인종, 의종, 명종, 신종, 희종의 5대에 걸쳐서는 '개기수하'가 모두 나타났다. 금에서는 고려의 국왕이 바뀌면 그 생일을 고려 측에 문의해왔고, 이를 가지고 고려와 상의 후에 '개기수하'의 여부와 날짜를 협상 내지 통보한 것으로 보인다.

〔부록〕

〈附表 1〉 遼帝 생일에 대한 宋 및 高麗 사절의 파견 및 도착일 (『요사』와 『고려사』에 의함)

遼帝	實生日	宋使의 着日(또는 賀日)	高麗使의 파견일(『高麗史』의 표현)
聖宗	12월 27일 (千齡節)	1005년 12월 22일	
			1011년 11월 12일(遣…賀生辰)
		1016년 12월 27일	
		1017년 12월 24일	
		1018년 12월 9일	
		1019년 9월	
		1020년 9월	1020년 是年(遣…賀千齡節)
		1021년 10월 10일	
		1022년 12월 19일	
		1023년 10월 20일	
		1024년 10월	
		1025년 12월 27일	
		1027년 11월 1일	
		1028년 12월 27일	1028년 11월 13일(遣…賀生辰)
		1029년 12월 27일	

興宗	2월 23일 (永壽節)	1032년 정월 4일	
		1032년 12월 13일	
		1033년 12월 22일	
		1034년 12월	
		1035년 12월 7일	
		1036년 是歲	
		1038년 정월 1일	1038년 11월 27일(遣…永壽節, 仍賀正)
		1039년 윤12월 6일	1039년(?) 12월 1일(遣…賀永壽節兼賀正)
			1040년 11월 20일(遣…賀永壽節, 兼賀正)
		1041년 정월 14일	
		1041년 12월 15일	
		1042년 12월 20일	
道宗	8월 7일 (天安節)	실례 없음	1057년 12월 7일(遣…賀天安節)
			1075년 4월 5일(遣…賀天安節, …賀坤寧節, …賀正, …進方物)
			1081년 5월 12일(遣…賀天安節, …謝宣賜生辰, …進方物, …賀正)
			1086년 2월 26일(遣…賀天安節, …獻方物, …謝賀生辰)
			1087년 12월 11일(遣…賀天安節)
			1095년 11월 22일(遣…賀正, …賀天安節)
			1096년 10월 29일(遣…賀天安節)
			1097년 10월 24일(遣…賀天安節)
			1098년 10월 28일(遣…賀天安節)
			1099년 윤9월 22일(遣…賀天安節)
			1100년 10월 28일(遣…賀天安節)
天祚帝	1075년 윤4월 19 (天興節)	실례 없음	1102년 10월 21일(遣…賀天安節)
			1103년 10월 14일(遣…賀天安節)
			1104년 10월 (遣…賀天興節, 謝賀封冊, 謝賀生辰, …進奉, …賀正)
			1105년 10월 29일(遣…賀天興節)
			1106년 10월 19일(遣…賀天興節)
			1107년 6월 (遣…賀天興節, …謝賀生辰, …賀正, …進方物)
			1108년 10월 4일(遣…賀天興節)
			1111년 10월 17일(遣…賀天興節)
			1112년 9월 21일(遣…賀天興節)
			1113년 10월 15일(遣…賀天興節)
			1114년 10월 15일(遣…賀天興節)
			1115년 10월 17일(遣…賀天興節)
			1116년 윤정월 15일(遣…詗知節日使, …進奉使, …賀正使等稽留事)

〈附表 2〉 송·서하·고려의 金朝에 대한 연도별 使者 파견의 有無와 來賀日

(『금사』 본기, 交聘表 및 『고려사』 등에 의함)

金帝	생일	연도별'(來)賀'日 (『金史』 「交聘表」)	축하사절 파견 有無(○=파견)		
			宋使(『金史』本紀의 기록)	西夏使	高麗使(『고려사』의 遣日 및 참고 사항)
太宗	10월 15일 (天清節)	1124, 10, 戊午	○	○	
		1125, 10, 壬子	○	○	
		1126, 10, 丁未(15)		○	○(미상)
		1127, 10, 辛未(15)		○	○(9월 己丑(2))
		1128, 10, 丙寅(15)		○	○(9월 丁亥(6))
		1129, 10, 庚寅(15)		○	○(윤8월 己卯(3))
		1130, 10, 甲申(15)		○	○(8월 癸巳(23))
		1131, 10, 戊寅(15)		○	○(8월 癸巳(29))
		1132, 10, 壬寅(15)		○	○(미상)
		1133, 10, 丙申(15)		○	○(9월 甲寅(3))
		1134, 10, 庚寅(15)		○	○(8월 丙午(29))
熙宗	정월 17일 (萬壽節)	1135			
		1136, 1, 乙酉(17)		○	○(11월 丁酉(28))
		1137, 1, 己卯(17)		○	○(11월 己丑(25))
		1138, 1, 甲辰(17)		○	○(11월 戊申(20))
		1139, 1, 戊戌(17)		○	○(11월 甲午(12))
		1140, 1, 癸巳(17)		○	○(11월 庚子(23))
		1141, 1, 丁巳(17)		○	○(11월 丁未(7))
		1142, 1, 辛亥(17)		○	○(11월 己酉(15))
		1143, 1, 乙巳(17)	○	○	○(11월 癸丑(25))
		1144, 1, 己巳(17)	○	○	○(11월 乙亥(23))
		1145, 1, 癸亥(17)	○	○	○(12월 辛卯(15))
		1146, 1, 丁亥(17)	○	○	○(윤11월 庚寅(19))
		1147, 1, 辛巳(17)	○	○	○(11월 己丑(23))
		1148, 1, 丙子(17)	○	○	○(11월 丁亥(27))
		1149, 1, 庚子(17)	○	○	○(11월 丁未(23))
海陵王 (1150 −1161)	정월 16일 (龍興節)	1150			
		1151, 1, 戊子(25)	○	○	○(11월 乙未(23))
		1152, 1, 壬子(16)	○	○	○(11월 己未(23))
		1153, 1, 丙午(16)	○	○	○(11월 乙卯(25))
		1154, 1, 己巳(16)	○	○	○(11월 壬寅(17))
		1155, 1, 甲子(16)	○	○	○(11월 丙寅(17))

		1156, 1, 戊午(16)	○	○	○(11월 미상)
		1157, 1, 癸未(16)	○	○	○(미상)
		1158, 1, 丁丑(16)	○	○	○(11월 미상)
		1159, 1, 辛未(16)	○	○	○(미상)
		1160, 1, 乙未(16)	○	○	○(미상)
		1161, 1, 己丑(16)	○	○	○(미상)
世宗	3월 1일 (萬春節)	1162, 4, 乙亥(9)		○	
		1163, 3, 壬辰朔		○	○(미상)
		1164, 3, 丙戌朔		○	○(미상)
		1165, 3, 庚戌朔	○((2월 29일)萬春節, 宋, 高麗, 夏遣使來賀)	○	○(미상)
		1166, 3, 甲辰朔	○((2월 28일)萬春節, 宋, 高麗, 夏遣使來賀)	○	○(미상)
		1167, 3, 己亥朔	○	○	○(미상)
		1168, 3, 癸亥朔	○	○	○(미상)
		1169, 3, 丁巳朔	○	○	○(미상)
		1170, 3, 壬子朔	○	○	○(미상)
		1171, 3, 乙亥朔	○	○	
		1172, 3, 己巳朔	○	○	○(미상)
		1173, 3, 癸巳朔	○	○	○(미상)
		1174, 3, 戊子朔	○	○	○(미상)
		1175			
		1176, 3, 丙午朔	○	○	○(미상)
		1177, 3, 辛丑朔	○	○	○(미상)
		1178, 3, 乙未朔	○	○	○(정월 甲辰(9))
		1179, 3, 己未朔	○	○	○(정월 甲子(5))
		1180, 3, 癸丑朔	○	○	○(미상)
		1181, 3, 丁未朔	○	○	○(1월 미상(위辛酉14)
		1182, 3, 辛未朔	○	○	○(정월 壬午(11))
		1183, 3, 丙寅朔	○	○	○(정월 癸未(17))
		1184, 3, 庚寅朔	○	○	
		1185	((11월 甲午)詔以上京天寒地遠, 宋正旦, 生日, 高麗, 夏國生日, 並不須遣使, 令有司報諭.)		("金主以謁貞義皇后寢宮于東京, 詔停明年賀正, 及賀萬春節等使."(10월 癸未))
		1186, 3, 己卯朔	○	○	○(정월 辛卯(12))
		1187, 3, 癸卯朔	○	○	○(정월 미상)
		1188, 3, 丁酉朔	○	○	○(미상)

		1189(대정29), 8, 丙辰(29)	○((9월 戊午朔)天壽節, 以世宗喪, 不受朝.)	○	○(賀日은 8월 미상, 遣日은 7월 丁未이나 이해에 丁未가 없음)
		1190, 8, 己酉(27)	○((9월 壬子朔)天壽節, 以世宗喪, 不受朝.)	○	○(미상)
		1191, 8, 乙巳(29)	○((9월 丁未朔)天壽節, 以皇太后喪, 不受朝.)	○	○(미상)
		1192, 8, 丁卯(27)	○((9월)天壽節, 以皇太后喪, 不受朝.)	○	○(7월 壬午(12))
		1193(명창4), 8, 辛酉(27)	○((9월 甲子朔)(受親王百官及宋, 高麗, 夏使朝賀)	○	○(7월 乙亥(11))
		1194, 8, 乙卯(27)	○((9월 戊午朔)天壽節, 宋, 高麗, 夏遣使來賀)	○	○(「교빙표」는 8월 己丑朔으로/遣日은 3월 壬午(21))
		1195, 8, 己卯(27)	○((9월 壬午朔)天壽節, 宋, 高麗, 夏遣使來賀.)	○	○(미상)
		1196, 8, 甲戌(?)	○((9월 丁丑朔)天壽節, 宋, 高麗, 夏遣使來賀.)	○	○(미상)
		1197, 8, 戊戌(27)	○((9월 辛丑朔)天壽節, 宋, 高麗, 夏遣使來賀.)	○	○(미상)
		1198, 9, 丙申(1)	○((9월 丙申)天壽節, 宋, 夏遣使來賀.)	○ (8, 甲午29)	「본기」·「교빙표」에 모두 없음/ "遣戶部侍郎鄭世冲如金, 賀天壽節"(『高麗史』 9월 미상)
		1199, 8, 己丑(29)	○((9월 庚寅朔)天壽節.宋, 高麗, 夏遣使來賀.)	○	○(미상/ "遣戶部侍郎 劉公順如金, 賀天壽節"(『高麗史』 9월 辛丑(12))
		1200, 8, 壬子(29)	○((9월 甲寅朔)天壽節, 宋, 高麗遣使來賀.)	○	○(미상)
章宗	7월 27일 (天壽節)	1201, 8, 丙申(19)	○((9월 戊申朔)天壽節, 宋, 高麗, 夏遣使來賀.)	○ (8, 戊寅朔)	○(賀日 미상/"遣吏部侍郎鄭公順如金, 賀天壽節"(『高麗史』 9월 壬申(25))
		1202, 8, 庚子(29)	○((9월 壬寅朔)天壽節, 宋、高麗、夏遣使來賀.)	○	○(遣日은 7월 丙午(4))
		1203, 8, 甲子(29)	○((9월 丙寅朔)天壽節, 宋, 高麗, 夏遣使來賀.)	○	○(「교빙표」는 '정월 辛未朔' 이나, 『고려사』에는 7월 戊寅(12)에 사신 파견이 보임)
		1204, 8, 癸丑(23)	○((9월 庚申朔)天壽節, 宋, 高麗, 夏遣使來賀.)	○	○(미상)
		1205, 윤8, 辛巳	○((9월 甲申朔)天壽節, 宋, 高麗, 夏遣使來賀.)	○	○(미상)

		1206, 8, 丙子(27)			○(미상/『금사』 본기는 "天壽節, 高麗遣使來賀.")
		1207, 8, 甲辰朔		○	○(賀日은 8월 壬申(29))/遣日은 미상
		1208, 10월 辛巳(15)	○((10월 辛巳)宋, 高麗, 夏遣使來賀.)	○	○(遣日은 8월 庚寅(23))
衛紹王	8월 ? (萬秋節)	1209, 8, 미상		○	
		1210, 8, 乙丑(10)		○	○(본기, 교빙표에 모두 없으나『고려사』에 파견 기사보임("是月, 遣于龍奕如金, 賀萬春節(萬秋의 誤?), 宋孝誠, 謝賀生辰"))
		1211			"遣李孝全, 如金, 賀萬春節, 道梗而還."(『고려사』 9월 미상)
		1212			"遣戶部侍郎李實椿如金, 賀萬春節(萬秋節의誤?)"(『고려사』 7월 丁卯(23))
宣宗	3월 13일 (長春節)	1213			
		1214			
		1215, 3, 壬申(13)	○		
		1216, 3, 丙寅(13)	○		
		1217, 3, 庚寅(13)	○		

〈附表 3〉『高麗史』에 보이는 金朝 生辰使의 來賀 시기 일람

仁宗 (1122.4~1146.3)	10월 己亥	1127, 1, 丁酉(7)/1128, 1, 壬辰(7)/1129, 1, 丙戌(7)/1130, 1, 庚戌(7)/1131, 1, 乙巳(7)/1132, 1, 己亥(7)/1133, 1, 癸亥(7)/1134, 1, 丁巳(7)/1135, 1, 壬子(8)/ 1136, 1, 乙亥(7)/1137, 1, 己巳(7)/1138, 1, 甲午(7)/1139, 1, 戊子(7)/1140, 1, 癸未(7)/1141, 1, 丁未(7)/1142, 1, 辛丑(7)/1143, 1, 乙未(7)/1144, 1, 己未(7)/1145, 1, 癸丑(7)/1146, 1, 丁丑(7)
毅宗 (1146.3~1170.9)	4월 庚午	1147, 11, 丁丑(17)/1148, 11, 辛丑(17)/1149, 11, 乙未(17)/1150, 11, 己丑(17)/1151, 11, 癸丑(17)/1152, 11, 甲辰(14)/1153, 11, 壬寅(17)/1154, 11, 丙寅(17)/1155, 11미상/1156, 11, 乙酉(17, 단지 '來'로만 되어 있음)/1157, 11, 己卯(17)/1158, 11, 癸酉(17)/1159, 11, 丁酉(17)/1160, 11, 辛卯(17)/1163, 11, 壬寅(15)/1164, 11, 丁酉(16)/1165, 11, 庚申(15)/1166, 11, 丁巳(17)/1167, 11, 庚辰(16)/1168, 11, 甲戌(17)/1169, 11, 甲戌(22)
明宗 (1170.9~1197.9)	10월 庚辰	1174, 12미상/1176, 1미상/1177, 1, 戊午(17)/1178, 1, 己酉(14)/1179, 1, 丙子(17)/1180, 1, 庚午(17)/1181, 1, 甲子(17)/1182, 1, 戊子(17)/1183, 1, 癸未(17)/(1184년 없음=고려의 喪中?)/1185년 없음/1186, 1, 丙申(17)/1187, 1, 己未(17)/1188, 1, 癸丑(17)/1189, 1, 戊申(17)/1190, 1, 壬申(17)/1191, 1, 丙寅(17)/1192, 1, 乙巳朔/1193, 1, 乙酉(17)/1194, 1, 己卯(17)/1195, 1, 癸卯(17)/1196, 1, 丁酉(17)/1197, 1, 辛卯(17)

神宗 (1197.9~1204.1)	7월 庚申	1200, 11, 辛巳(29)/1201, 12, 丁丑朔/1202, 11, 己巳(28)/1203, 11, 壬辰(28)
熙宗 (1204.1~1211.12)	5월 癸未	1205년과 1207년 10월에 고려 생일사 임명/1208, 11, 甲寅(18)/ 1209년 11월 미상('來'로만 있으나 생일사로 보임.)/ 1210, 11, 壬寅(6), "金使來"로만 있으나 생신사로 보임./ 1211, 11월미상/
康宗 (1211.12~1213.8)	4월 乙巳	없음
高宗 (1213.8~1259.6)	정월 壬戌	없음

3 거란의 '國母' 對 송의 '황태후': 賀慶使 교환으로 보는 송·거란 외교의 일면

머리말

宋代 중국에서는 요(거란)와의 사이에 생겨난 대등 관계로 인해 외교 형식에서 종전에 볼 수 없던 여러 새로운 관례가 나타났다. 元旦과 황제 생신에 賀慶使를 정기적으로 교환하는 사례야말로 이 시대에 들어 처음으로 본격화한 대표적인 현상이다. 그 밖에도 양국은 필요에 따라 수시로 사절을 주고받았지만, 이 2종류의 하경사만이 매년 거의 빠짐없이 양국을 왕래한 가장 전형적인 사절이었다. 이들은 당시 외교 사절의 중핵을 이루었을 뿐 아니라, 그 방식이 향후 동아시아의 기타 왕조에게도 善隣 외교의 주요한 방식으로 계승되었다는 점에서 매우 중요하다. 小論은 송·요 간에 존재한 하경사의 실태가 어떠했는지를 파악하는 데에 목적을 둔다.

하경사 연구를 위한 기초 자료는 초기 거란사 연구의 개척자인 聶崇岐와 傅樂煥에 의해 일찍부터 정리가 이루어진 상태이다.[1] 이 두 사람은 특히 송·요의 하경사 파견을 연표로 정리하면서 관련 자료를 함께 제시하여 이 방면의 연구자에게 큰 편의를 주었다. 다만 이 작업이 어디까지나 자료 정리의 수준에 머물러 있고, 내용적인 분석에 미치지 못한 것은 아쉬움 점이다. 당시의 하경사가 어떠한 원칙과 방식에 따라 교환되었고 또 제도로서 운영되었는지에 관해서는 거의 설명을 하지 않았다.

섭숭기와 부락환의 작업은 '사료집'에 가까운 것이라 할 수 있고, 그 후 이 자료를 활용한 하경사 관련의 본격적 연구는 아직 보이지 않는다. 지금까지 이루어진 송·요 관계사

1) 聶崇岐, 「宋遼交聘考」(『宋史叢考』, 華世出版社, 1996); 傅樂煥, 「宋遼聘使表稿」(『遼史叢考』, 中華書局, 1984).

연구의 많은 축적에 비추어, 이 방면의 기초 연구에 속하는 하경사 교환의 문제가 아직 초보 수준에 머물러 있는 이 '의외'의 현상은, 아마도 일찌감치 제출된 '자료집'이 언뜻 하경사의 연구를 모두 해결해준 것처럼 여기게 한 '착시 현상'은 아니었을지 필자는 생각한다.

그럼에도 불구하고 본 장이 사료 수집의 번거로움을 거치지 않고 두 사람이 수집하고 작성한 '자료집'과 〈연표〉에 의거해 하경사 연구를 직접 수행했다는 점은 그만큼 그들의 작업이 건실하기 때문이다. 이 점에서 본 장은 '原木' 상태에 머문 聶·傅의 자료를 '가공'하여 하경사에 관한 주요 문제를 송·요의 관계사 속에서 시대별로 정리하고 분석할 것이다.

특히 본 장은 논의의 중점을 당시 양국에서 공존했던 '國母'='皇太后'에 둘 것이다. 당시의 황제 일존 체제 아래서 하경사가 주로 황제를 위한 것임은 말할 나위 없지만, 양국은 동시에 상대국 황제의 모친, 즉 황태후에게도 하경사를 똑같이 파견하는 관례를 오래 동안 유지하였고, 오히려 이쪽의 문제가 황제에 대한 하경사보다 양국 외교사의 특징적 단면을 잘 드러내고 있기 때문이다. 즉 '국모'에 대한 하경사 파견의 배경과 원칙을 확인하는 것이 본 장의 주요 과제가 될 것이다.

황제에 부가해 그 모친에게도 하경사를 정기적으로 파견하는 현상은 기타 왕조에서는 찾아보기 힘든 송·요 외교사의 특징이다. 또한 당시의 송조와 요조에서 '后妃'의 정치 참여 현상이 비교적 빈번했던 것은 주지의 사실이고 이에 주목한 연구가 적지 않지만,[2] 이들은 대부분이 소위 '여성사'의 측면이나 '특수한 정치 현상'의 각도에서 다룬 것이 보통이고, 외교사의 시각으로 접근한 연구는 전혀 없다.

이상과 같이 송·요 관계사의 기본 축이며 가장 빈도 높은 인적 교류의 중심에 서 있는 하경사 문제에 대한 정리와 검토는 선행 연구가 없는 만큼 그 자체로서의 의미 이외에, '송·요 관계사'의 다른 분야 연구에도 필요한 기초 작업으로서의 가치가 있을 것이다.

1. 하경사의 교환과 송·거란(요)의 교류

섭·부 두 사람의 〈표〉는 송·요 간의 내왕 사절 전체를 정리한 것이므로, 그로부터 본 장의 주제와 관련한 元旦과 생신의 하경사만을 뽑아 정리하면 본 장 말미에 첨부한 〈附

2) 본 장에서 인용하는 박지훈과 魏國淸의 논문 참조.

表〉와 같다. 〈부표〉는 기록에 분명한 것만을 수록하였으며, '元缺'이라 적은 것은 『續資治通鑑長編』(이하 『장편』) 등의 기록에 누락된 것으로 원칙적으로 〈부표〉에서 배제하였다. 본장에서는 시간 폭이 긴 〈부표〉를 편의상 I~VI의 4개로 나누어 차례로 각 시기를 쫓아 검토할 것이다.

1) 하경사 교환의 시작 : 제I기('澶淵의 盟' 전후)

국초 이래로 대립 상태에 있던 송과 요 두 나라는 송 태조(960~976) 말년에 이르러 화해를 모색하였다. 자세한 협상 과정은 분명치 않으나 976년에 양국이 처음으로 正旦使를 교환한 것은 그 결과의 하나이다. 〈부표〉 중의 △ 표시는 그 사실을 나타내며, 그와 함께 보이는 ( ) 안의 숫자는 사절이 임명 혹은 파견 또는 도착한 달(月)을 송 측 기준에서 적은 것이다. 송을 기준으로 삼은 것은 『장편』 등의 자료가 가장 의지할 만하기 때문이며, 이 경우 〈부표〉의 "宋使의 거란 측 축하 대상자"의 달(月)은 宋使가 사자로 임명된 달을,[3] 그리고 "契丹使의 송 측 축하 대상자"의 달은 거란사가 송조에 도착한 시기에 해당한다. 요에 파견된 최초의 하경사는 975년 11월에 임명된 후 바로 출발해 그 해 연말에는 요의 조정에 도착하였고, 요 측의 하경사도 송조에 동년 12월 甲子일에 도착해(〈부표〉) 신년의 賀正을 기다린 셈이다.

양국은 그로부터 머지않아 또 하나의 하경사인 생신사를 교환하였다(〈부표〉 중의 ○). 이 역시 정단사와 마찬가지로 화해책의 일환으로 사전 합의에 따른 것으로 보인다. 첫 생신사가 교환된 976년 10월에 공교롭게 송의 태조는 사망하지만, 그 직전에 태조는 송의 황제로는 처음으로 자신의 생일, 즉 長春節(2월 16일)에 遼使의 축하를 받았고, 또 그로부터 3개월 뒤인 5월에 요 景宗(969~982)의 생일(天淸節, 7월 25일)에 맞추어 축하사를 보냈다. 중국왕조에서 황제의 생일을 축하하는 전통은 당 현종에서 시작해 송대에 확립되었고, 북방 왕조 요에서도 景宗代부터 상례화해 황제권 강화를 위한 수단으로 이용되었다.[4]

양국은 977년과 978년에도 동일한 방식으로 하경사를 교환하였다(〈부표〉). 다만 그 전년인 976년의 사료에는 송·요 양측 모두 익년의 정단사 파견에 대한 사실이 보이지 않는

3) 대부분 임명된 달을 가리키지만 간혹 파견된 달을 나타낼 때도 있다.

4) 본 장에서 언급하는 황제 및 황태후 등의 생일과 관련해서는 본서 제II부 제2장 「송·요·금 및 고려 제왕의 생일과 축하사」 참조.

데, 이는 동년 10월에 발생한 송 태조의 사망과 관계가 있을 것이다.[5]

그러나 이로써 하경사 파견이 정착한 것은 아니다. 오히려 사태는 급전하여 양국 간의 사절 교환이 전면 중지 상태에 빠진다. 태조를 암살하고 즉위한 것으로 의심받는 송의 태종이 자신의 입지 강화를 위해 對遼 정책을 적극책으로 선회시킨 결과, 양국이 다시 충돌하게 되었기 때문이다. 그렇지만 송조에게 사태는 순조롭지 않아 거꾸로 高梁河(979년)와 기구관(986년)에서 연이어 패함으로써 수세에 놓이게 되었다.

송의 공세를 막아낸 요는 반대로 對宋 관계에서 우위를 점하게 된다. 원래 태종의 침공 배경에는 요에서 어린 國主(聖宗)가 즉위한 사정이 있었는데, 이와 관련해 당시 섭정으로 있던 그의 모친 承天太后(景宗의 皇后=睿智皇后, 본명은 蕭綽)는 자신의 역경에 대해, "母寡子弱하나 族屬(종실)은 雄强하고 邊防은 안정되지 않으니 이를 어찌하랴?"[6]고 울면서 호소한 적이 있다. 결과적으로 이 같은 위난을 극복해낸 承天太后에 대해서 '중흥의 女主' 등 높은 평가[7]가 부여된 것은 잘 알려진 사실이다.

30세로 섭정을 시작한(982년) 그녀는 성종이 친정하는 1009년까지 27년간 황제권을 강화하고 산업을 진작시키는 등 내치에 힘쓰는 한편, 군사력을 강화해 송의 침공을 격퇴시키고 전황을 반격 태세로 전환시켰다. 특히 1004년에는 성종과 함께 대군을 이끌고 송조와 대결에 임한 뒤 매년 다량의 세폐를 받아내는 '전연의 맹'을 체결하였고, 이것이 향후 120년간 양국 간에 和好관계가 유지되는 전기가 된 것이다.[8]

그러한 관계 전환의 상징으로서 양국은 실로 27년 만에 하경사를 다시 교환하게 된다. 쌍방은 약 30년 전의 경우처럼 화해의 표시로 그 교환에 합의했을 것이다. 그런데 이때의 하경사는 그 대상이 황제에 대해서만이 아니라 황태후의 생일과 정단을 위해서도 함께 파견된 사실이 〈부표〉에서 발견되어 주목된다. 그리고 이것은 요 측에만 해당하는 사실이며 송조에는 해당하지 않는다는 점에서 균형을 이루지 못하고 있음을 알 수 있다.

당시 송조에서 황태후가 존재하지 않은 사정을 생각하면 하경사에 황태후를 포함시킨

---

5) 다만 부락환의 〈표〉에는 하정사가 송 태종의 즉위 축하사와 함께 보이는 사료도 있다.

6) 『요사』 권71, 열전1 后妃 景宗睿智皇后蕭氏.

7) 鄭玉書, 「契丹族傑出的宋女政治家蕭綽」(『遼寧工程技術大學學報』 8-1, 2006) 등.

8) 최근 일본의 古松崇志는 '전연의 맹' 이후 장기간 유라시아 동방에서 안정적인 질서가 출현하였다고 보고, 이를 '澶淵體制'라고 명명하였다(同, 「契丹·宋間の澶淵體制における國境」(『史林』 90-1, 2007)). '전연체제'의 適宜性은 且置하고 송·요 간의 관계를 유지하는 대표적인 상징적 표징이 본 장에서 다루는 하경사임에 틀림없을 것이다.

전례 없는 사절의 교환 방식은 당연히 거란 측이 요구하고 이에 송이 동의한 것으로 이해된다. 요 국내에서 승천태후의 생일을 축하하는 관행이 이미 확인되지만,[9] 그녀의 위세가 절정에 이르렀을 '전연의 맹'에서는 아마 요가 그녀의 높은 위상을 고려해 특별히 전담 사절을 요구하였고 화해를 갈망하는 송이 이를 그대로 수용했을 것으로 보인다. 그 결과 이민족의 황태후가 자신의 佳節에 중원 왕조로부터 정기적으로 受賀하는 관례가 중국 사상 처음으로 출현하였다. 성종의 생일(12월 27일)을 '千齡節'이라 칭한 것에 반해 승천태후의 생일(5월 5일)에는 節日名이 확인되지 않지만, 송 측에서는 성종과 그 母后에 대한 하경사의 임명과 관련해 각각 '契丹國母'와 '契丹國主'로 칭하여 구별하는 것이 일반적이었다.[10]

그렇지만 이 같은 불균형, 즉 요의 국모만이 그 황제와 함께 축하를 받는 일방적 방식을 송조 입장에서 수용하기에 어려운 점이 있었을 것도 충분히 예상된다. 따라서 이에 대해서도 양국은 협의가 있었을 것이고, 송 측을 만족시키기 위한 대안으로 요는 〈부표〉에서 보는 것처럼 진종의 생일(承天節, 12월 2일)과 정단에 황제는 물론 그 국모가 각기 慶賀使를 동시에 파견하는 방식을 직접 제안하거나, 아니면 송 측이 꺼낸 그 같은 제안을 따랐을 것이다. 즉 당시 황태후가 없던 송조에서는 진종이 홀로 요로부터 이중의 축하사를 받았고, 이렇게 함으로써 양국 간에 '불균형'이 해소되었다고 양해되었을 것이다. 아울러 하경사의 임명 내지 파견 시점에 대해 볼 때, 송조는 거란 국모에게는 생신사를 본래의 생일보다 수개월 앞서서, 그리고 그 국모에 대한 정단사와 거란 황제의 생신사 및 정단사는 2~3개월 정도 앞선 시점인 9~10월경에 동시에 행하는 경우가 많음에 주의할 필요가 있는데, 이에 대해서는 후술할 것이다.

이상과 같은 맥락에서 승천태후가 사망하게 되면(1009년) 하경사의 교환 방식에도 변화가 생기는 것은 당연한 결과였다. 즉 그 다음의 형식은 〈부표〉에서 확인되는 바와 같이 황태후가 배제되고 '황제(聖宗) : 황제(眞宗)' 사이에서만 하경사가 교환되는 형식으로의 복귀였다. 이것이야말로 황제 一尊의 전통과 특히 타국과의 외교라는 사정을 감안할 때에, 오히려 중국적인 일반적 경향에 부합한다고 볼 수 있을 것이다. 그렇지만 송·요의 외교에서는 이 형식이 주류를 점하지 못하고, '모후' 등 여성이 동반될 때가 더 많게 된다는

9)『요사』 권11, 본기11 聖宗2 統和4년 5월에는 승천태후의 생신에 대한 언급이 보인다.

10) 본 장의 후술 부분 참조.

점이 색다른 점이었다.

2) 契丹妻 VS. 宋太后의 시기 : 제II기(1022~1033)

승천태후가 죽고 나서 송·요 간에 '황제 : 황제'의 하경사 교환이 12년간 지속되었으나, 그 다음 해부터는 '모후'가 다시금 하경사의 축하 대상에 포함되는 변화가 나타났다. 그리고 이때의 '모후'는 요가 아니라 송 측의 것이었다. 송에서는 인종이 불과 11세로 진종을 嗣位한(1022년 2월) 사정으로 章獻皇后 劉氏가 황태후가 되어 곧바로 '軍國의 事'를 처분하게 되었다. 송조에서 섭정한 첫 번째 황태후로 기록된 그녀는 13년에 걸쳐 황제를 넘어서는 실권을 발휘하면서 조정에 군림하였다. 죽기 직전에야 還政하는 등 권력에 대한 집착이 엿보이지만,[11] "呂武之才를 가지고 있지만 呂武之惡은 없었다."[12]는 논평이 한편으로 있는 것처럼 大過는 없었다고 할 수 있다.

元日 등의 節日에 그녀가 황제에게 먼저 조하를 받음으로써 諫臣들의 지적이 제기될 정도였고, 인종의 즉위년에는 황제의 생일(乾元節, 4월 14일)과 더불어 그녀의 생일(長寧節, 정월 8일)이 황태후로서는 처음으로 국가 절일로 정해졌다.[13] 이후 요에서 장녕절 축하사가 처음으로 송을 찾기 시작한 것은(1023년 정월) 아마도 그로부터 18년 전에 요의 승천태후가 송의 축하사를 받았던 것과 같은 정황이 작용했다고 할 수 있으며, 이는 모두 그녀의 권위를 반영한 것이었다.[14] 〈부표〉에 익년(1024)의 유 태후에 대한 생신사가 없는 것은 단순한 기록의 누락일 가능성이 있다.[15]

이때는 송조가 요에게도 황제 이외의 대상자에게 하경사를 보낸 사실이 주목된다(〈부표〉). 더욱이 그 대상이 母后(황태후)가 아니라 '황후'였다는 점은 매우 이색적이다. 이는 성종의 처인 齊天皇后(蕭菩薩哥)를 말하고, 송 측의 사료는 그녀를 '契丹妻', '契丹妻 蕭氏',

---

11) 千葉煚, 「宋代の后妃」(『青山博士古稀紀念宋代史論叢』, 省心書房, 1974) 참조.

12) 蔡東藩, 『宋史演義』 第二十四回 '孫待制空言阻西幸 劉美人傲寵繼中宮'.

13) 『송사』 권112, 志65 禮15 嘉禮3 聖節 참조. 여기에 의하면 송조에서는 長寧節을 위한 별도의 '上壽儀'도 제정해 두었음을 알 수 있다.

14) 실제로 승천태후와 劉太后의 처지를 비슷하게 보고 양인을 비교 분석한 연구도 있다(魏國清, 「契丹蕭太后與北宋劉太后之比較硏究」(東北師範大學, 碩士學位論文, 2010)).

15) 傅樂煥은 자신의 '자표집'의 이 부분에 대한 備考欄에서 "按長編失書本年契丹賀宋皇太后生辰使副"고 설명한다.

'契丹后' 등으로 언급한다. 요에서는 당시 황태후가 없었기 때문에 이처럼 황후가 등장한 셈이지만, 중시할 것은 이러한 방식이 도출된 배경일 것이다. 그 정황을 전하는 기록은 보이지 않지만, 양국은 가능한 쌍방의 '格'을 맞추는 형식을 찾아내려 해도 여건이 맞지 않자 결국 '황제 : 황제'에 '황후 : 황태후'의 방식을 가미했다고 보인다. 다만 이미 선례가 있는 '황태후'라면 몰라도 황후(처)에게 하경사를 보내는 방식이 송조에게는 익숙지 않아 반대가 있었을지도 모른다.

그러면 이때 요는 왜 황후를 내세웠을까? 황후의 지위가 황태후에 비해 높지 않은 것은 요도 송과 크게 다를 바 없고, 齊天皇后 개인에 초점을 맞추어도 그녀의 실력과 위상은 승천태후에 미치지 못한다. 당시 황태후가 없던 요에서는 아마도 송조의 유태후에 대한 하경사 파견 요구에 대해서, '균형'을 맞추기 위한 이유로 황후를 내세워 송의 동의를 얻어냈다고 추정된다. 승천태후의 생일 이름이 없었던 것에 비해 齊天皇后의 생일에 順天節(月日 미상)이라는 명칭이 부여된 것은 아마 송에서 章獻皇后 劉氏의 생일명(長寧節, 정월 8일)이 존재한 사실에 대해 균형과 격을 맞추기 위한 요의 고려일 수 있다.

齊天皇后는 이러한 점에서 그녀의 실력으로서보다 요의 외교 정책적 배려에서 부각된 면이 있을 것이다. 그녀는 요에서 황후로서는 유일하게 자신의 생일명을 가졌고, 동시에 宋使의 축하도 받은 존재였지만,[16] 이후는 그 자리를 황태후가 대신하게 된다. 아울러 제II기에서는 제I기와 달리 ●와 ▲의 표시가 보이지 않는다. 이는 특히 요 측에서 종전의 황태후와 달리 황후가 송에게 축하사를 독자적으로 보내지 않은 것을 의미한다.

이상을 배경으로 송·요의 외교사에서 요는 聖宗의 말기에, 그리고 송은 인종 초기에 10년 가까운 기간 동안 '황제·황후 : 황제'의 방식으로 하경사를 교환하는 교류가 있었지만, 이 같은 형식이 그 이상 지속되지 못했을 뿐 아니라 뒤에도 다시 나타나지 않게 된 것은 아마 황후의 비교적 낮은 지위와 관계가 있다고 생각된다.

3) 契丹國母·皇帝 VS. 宋皇帝 : 제III기(1034~1075)

제II기가 끝나가는 시점에 요에서 정변이 발생하였다. 50년 가까운 성종의 치세가 끝나

---

16) 齊天皇后에 대해서는 孟凡云, 「論遼代后權的雙重性及齊天后失敗之原因」(『內蒙古社會科學』 6, 1997) 참조. 孟凡云은 여기서 제천태후의 이 같은 지위가 聖宗의 총애를 받은 결과로 보며, 제천태후를 황후로서는 요에서 제일 큰 '殊榮'을 얻었다고 평가한다.

고 興宗이 즉위하자(1031년) 그 생모가 "자립해 태후로 즉위하고"[17] 정치에 간섭하였다. 法天太后(蕭耨斤)의 등장이다.[18] 특히 그녀는 흥종을 어려서부터 양자로 키워온 齊天太后(성종의 처)를 모함·박해해 살해하고(1032년), 15세의 흥종도 어쩔 수 없이 그녀의 섭정을 받게 되었다.[19]

이것은 송·요의 외교 관계에 그대로 영향을 미쳐 하경사의 교환이 '國母(황태후)·황제 : 황제'의 방식으로 전환되었다(〈부표〉 제III기의 대부분). 흥종은 즉위와 함께 관례에 따라 자신의 생일(永壽節, 2월 23일)은 물론 법천태후의 생일(應聖節, 3월 5일)도 국경일로 제정하였고, 송은 정단사와 함께 이 날에 맞추어 생신사를 보냈다. 이에 대응해 요도 황제와 황태후가 송의 황제에게 각기 하경사를 파견하였다. 이것은 과거 제I기의 승천태후 섭정기에 있었던 방식으로 회귀한 것을 의미한다. 다만 그럼에도 불구하고 본고의 〈부표〉가 제II기의 범위를 1030년으로 한정하지 않고 33년까지 넓힌 것은 이 시기에 요에서 하경사의 대상이 황후에서 황태후로 바뀌기는 하지만 기본 방식이 제II기와 크게 다르지 않다고 보았기 때문이다.

그러나 그러한 방식이 3년밖에 지속되지 않은 것은 송과 요에서 연이어 발생한 정치상의 변화 때문이었다. 송에서는 단순히 章獻皇后 劉氏가 사망한 것에 불과하지만(1033년 3월), 요에서는 그 익년에 법천태후가 흥종에 유폐되는 사건이 발생하였다(1034년 5월). 이를 두고 『요사』 興宗 본기는 태후가 '還政'하고 흥종이 '친정'했다고 간단히 전할뿐이지만,[20] 이것은 법천태후가 흥종을 밀어내고 차남인 耶律重元을 세우려 한 결과 도리어 重元의 밀고를 받은 흥종이 모친을 몰아낸 결과였다.[21]

흥종이 18세로 친정하게 되자 송은 법천태후에게 하경사를 보내지 않게 되었고, 따라서 1035년부터는 다시금 '황제(興宗) : 황제(仁宗)' 방식으로 회귀하였다. 장헌태후가 죽음으로써 요도 1033년의 생신사를 마지막으로 이후는 송조에 황태후를 위한 하경사는 보내지 않게 된다. 이에 대해 송은 1033년 단계에서 요에 총 4회의 하경사를 보낸 상태였기 때문에, 요는 그 수를 맞추기 위해 황태후가 송의 황제에게 하경사를 별도로 보낸 것으로

17) 『요사』 권71, 列傳第1 后妃 聖宗欽哀皇后蕭氏에 "自立爲皇太后, 攝政, 以生辰爲應聖節"고 보인다.

18) 이 문제에 대해서는 孟凡云의 앞 논문 참조.

19) 『요사』 권71, 列傳第1 后妃 聖宗仁德皇后蕭氏 및 『요사』 권71, 列傳第1 后妃 聖宗欽哀皇后蕭氏 참조.

20) 『요사』 권18, 본기18 興宗1.

21) 『요사』 권71, 列傳第1 后妃 聖宗欽哀皇后蕭氏, 『요사』 권18, 본기18 興宗1.

보인다. 단, 1034년에 송이 1회 더 많이 하경사를 받은 것은 법천태후가 유폐되기 직전에 보낸 것이 포함되었기 때문이지만, 이에 대해 송은 상응하는 하경사를 보낼 필요가 없는 상태에 있었다. 법천태후의 유폐로 인해 요는 하경사 교환의 방식을 바꿀 필요를 송에 통지했을 것이고, 그 결과 송 측에서도 요에서 일어난 모종의 정변을 탐지했을 것이다.

그런데 송은 그로부터 불과 5년 뒤에 다시금 황태후에게 사절을 파견하게 되고, 이 역시 요의 요청에 입각한 것으로 보이므로 송은 요 측의 연이은 변화에 당황했을 것이다. 요에서는 모친의 유폐를 후회한 흥종이 그녀를 다시 영입함으로써(1039년 7월) 법천태후의 지위가 복권된 사정이 생긴 것이다. 『요사』의 편찬자는 흥종에 대해서 養母(제천태후)보다 생모(법천태후)에 대한 효성이 더 큰 점을 비판하고 있지만, 사실 흥종의 공손한 태도에도 불구하고 법천태후는 흥종을 달가워하지 않은 것으로 보인다.[22]

하지만 이로써 1040년부터는 요와 송 양국은 '國母(황태후)·황제 : 황제' 방식의 교류가 재개되고, 이것이 1075년까지 지속되었다. 이것은 100년 남짓 한 송·요의 하경사 교환 기간 동안에 가장 길게 지속된 형식에 속한다.

이 사이 요에서는 황제가 흥종에서 道宗으로 바뀌고(1055년 8월), 법천태후는 태황태후로 격상되는 한편 흥종의 황후 蕭씨가 宗天황태후가 되는(1055년 9월) 변화가 있었으나, 하경사의 교환 방식은 '國母(황태후)·황제 : 황제' 형식이 계속 유지되었다. 다만 여기서의 '요의 황태후'는 법천태후를 가리키는 것으로 보이므로[23] 엄밀히는 태황태후로 보아야 할 것이며, 그렇다면 그녀가 사망하는 1058년 이전, 즉 1056년과 1057년의 2년간은 요에서 유일하게 태황태후가 송의 受賀를 받은 셈이 된다.

한편 송에서도 이 사이에 인종의 오랜 치세가 끝나 영종이 즉위하였고(1063년), 얼마 후 다시 신종이 즉위하는(1067년 1월) 변화가 이어졌으나, 기존의 하경사 교환 방식을 바꿀 필요는 나타나지 않았다. 또 〈표 2〉에서 보는 것처럼 1062년부터 69년까지 8년간은 사료가 결여된 상태('元缺')이지만 이 기간에도 종전의 방식이 계속된 것은 틀림없어 보인다. 사료가 다시 보이는 1070년부터 1075년까지의 형식도 종래의 방식과 다르지 않기 때문이다. 이 사이 요에서는 宗天太后(1055~1076)가 태황태후로 재위하였고, 그녀의 생일은 坤寧節

22) 『요사』 권71, 列傳第1 后妃 聖宗欽哀皇后蕭氏.

23) 법천태후가 태황태후가 된(1055년 9월) 후 송에서는 그 생일(應聖節)과 관련해 '契丹國母'라고 표기하고 있다. 따라서 이를 액면 그대로 받아들이면 당시의 現 國主인 道宗의 모친인 宗天태후를 의미할 수 있지만, 필자는 이에 대해서는 '법천태후'의 가능성을 더 생각한다.

(12월 3일)로 정해졌다.

4) 契丹皇帝 VS. 宋太后·皇帝 : 제IV기(1076~)

종천태후가 사망한 뒤 송·요의 하경사 교환은 다시 '황제(道宗) : 황제(神宗)'의 방식으로 돌아갔다. 이후 8년간에 걸쳐 정단사 이외에 요는 송의 同天節(신종 생일, 4월 10일)에, 그리고 송은 요의 天安節(도종 생일, 8월 7일)에 생신사를 각각 파견하였다.

이 방식에 변화를 일으킨 것은 송조에서 나타난 새로운 권력 구도이다. 그 정점에 英宗의 황후 宣仁皇后 高氏가 등장하였다. 지금까지 본 것처럼 요에서는 승천태후 이후, 제천황후, 법천태후 그리고 종천태후에 이르기까지, 정치에서 비중 있는 母后가 연이어 나타나 그 지위는 對宋 외교에도 반영되었으나, 종천태후 이후에 그러한 자는 보이지 않게 되었다. 이에 비해 송에서는 章獻皇后 劉氏만이 이상에 버금가는 존재로 비추어지고, 그 후 비슷한 예는 없었던 것이나, 수십 년이 지나 宣仁皇后 高氏에 이르러 類例가 출현하였다.

高氏는 병약한 영종이 죽고 親子 신종이 즉위하자 35세로 황태후가 되었다(1067년). 그녀는 이후 근 20년 동안 특별히 정치에 관여하는 입장에는 있지 않았다. 다만 그 사이에 신종과 왕안석에 의해 추진된 신법 정치에 대해 호의를 갖고 있지 않았음이 분명하다. 그러다가 신종이 죽자 그 遺詔로 태황태후의 입장에서 수렴청정을 개시한 그녀는 구법당 인사를 기용해 신법을 전면 폐지하는 방향으로 나아가게 된다. 이것이 신·구법당의 정쟁을 격화시키는 계기가 되었지만, 그녀의 집권 시기 동안(1085~1093)에는 사회가 비교적 안정되었다는 점을 들어 "女中堯舜"[24]이라는 평가가 있다. 반면 즉위 당시 10세에 불과한 철종은 길어지는 조모의 정치에 점차 반감을 갖기 시작했고, 실제로 8년 반에 미치는 기간 동안 그녀의 정치적 지위는 '國主'인 철종을 넘어서는 면이 있었다.[25]

이 같은 사정이 송·요의 관계에 반영되어 그녀는 요의 황제로부터 정단사와 자신의 생

24) 『송사』 권242, 列傳1 后妃上 英宗宣仁聖烈高皇后.

25) 선인태후 高氏에 대해서는 諸葛憶兵, 「論宋代后妃與朝政」(『南京師大學報』 4, 1998); 박지훈, 「북송대 宣仁太后의 攝政」(『中國學報』 43, 2001); 張云箏, 「論宣仁聖烈高太后」(『華北水利水電學院學報』 26-6, 2010) 등을 참조.

일(坤成節, 7월 16일)[26]에 모두 축하를 받았다. 그리고 이로써 양국 사이에 '요의 황제 : 송의 황태후·황제' 방식이 나타난 것이다. 고태후 시기는 송의 황태후가 처음으로 요의 황제에게 하경사를 직접 보내게 되었고, 이도 그녀의 제고된 위상을 반영하는 것으로 보인다.

1093년 이후는 『장편』 등 송대의 주요 사료에서 기록의 누락으로 하경사 교환의 실태를 확정하기 어렵게 된다. 선인태후는 공교롭게 이 해에 사망하였다. 따라서 지금까지의 검토에 준해 볼 때, 1093년은 예외로 치더라도 그 익년부터는 선인태후가 빠진 형태의 '황제 : 황제'의 방식으로 송·요 간에 하경사가 교환되었을 것이 충분히 추정된다. 그것은 『長編拾補』 등으로 확인되는 〈부표〉의 1098년과 1099년도의 사례를 통해도 증명된다.

2. 하경사 교환에서 황태후(國母)의 위상과 여러 특징들

1) 하경사 교환의 추이와 황태후(國母) 위상의 消長

이상에서 송·요 간에 있던 하경사 교환의 시대적 배경과 실태를 분석했는데, 여기서 그 특징을 좀 더 살펴보기 위해 〈부표〉를 더 단순화시켜본 것이 다음의 〈표 1〉이다.

〈표 1〉

유형	교류 형식(요 : 송)	지속 기간
A	황제 : 황제(1:1)	4년(975~978)+12년(1010~21)+6년(1034~39)+9년(1076~84)+2년(1097~98) = 총33년
B	황태후·황제 : 황제(2:1)	5년(1005~09)+36년(1040~75*) = 총41년
C	황제·황후 : 황제(2:1)	1년(1022) = 총1년
D	황제·황후 : 황태후·황제(2:2)	8년(1023~1030) = 총8년
E	황태후·황제 : 황태후·황제(2:2)	3년(1031~1033) = 총3년
F	황제 : 황태후·황제(1:2)	8년(1085~1092) = 총8년

* 이 사이의 8년간은 '元缺' 상태이나 본 장에서 밝힌 것처럼 '황태후·황제: 황제'의 교류 형식이 유지된 것으로 보았다.

26) 『송사』 권112, 志65 禮15 嘉禮3 聖節에 "哲宗卽位, 詔以太皇太后七月十六日爲坤成節. 宰臣請以十二月八日爲興龍節."이라 있다.

975년부터 1098년까지 초기의 공백 기간(27년간)을 뺀 94년 동안, 송·요 사이에서는 〈표 1〉과 같은 6종류의 하경사의 교환 유형이 있었고, 그것은

A－B－A－C－D－E－A－B－A－F－A

로 10번이나 변화를 거듭하면서 전개되었다. 그 변화는 앞 장의 검토에 따르면 송과 요에서 발생한 다양한 정국의 변동, 특히 황태후의 존재와 관련된 점이 많았다.

하경사는 원래 국가 원수 간에 주고받는 것이 보통이고, 따라서 본래는 A가 유일한 형식이라고 할 수 있다. 그러나 송·요에서 A유형의 교류는 모두 33년간에 머물러 전체의 반에도 미치지 못하고, 그 밖의 2/3 가까이는 황태후(또는 황후)가 황제와 함께 受賀하는 형태가 된다. 특히 요에서 황태후의 受賀는 承天太后부터 시작되어, 이후 황태후가 부재한 경우는 대신 황후를 포함시킴으로써 女主가 受賀하는 경향이 오히려 주를 이루는 형국이 나타났다. 그 결과 요에서 황제가 황태후(또는 황후)를 배제하고 단독으로 수하한 기간은 41년으로, 오히려 그들과 함께 수하한 기간인 53년보다 훨씬 짧다. 이를 송의 경우와 비교해보면 宋帝의 단독 수하는 75년이 되어 2배 가까이 길고, 황태후와의 공동 수하는 19년으로 요의 1/3 정도에 불과하다.

이로써 하경사 교류에서 女主의 위상은 요에서 더 부각되고, 송에서는 반대로 황제의 위상이 크다고 할 수 있다. 양국 사이에 B 즉 '황태후·황제(요) : 황제(송)'가 가장 긴(41년) 유형으로 유지된 것도 그러한 일반적 추세와 무관하지 않을 것이다. 하지만 그렇다고 이것이 요에서 황태후의 권위가 황제권을 넘어선다는 의미는 아닐 것이다. 西遼를 포함한 遼史 전체에서 母后의 섭정은 6인에 의해 89년간 실시되었지만, 그 권력은 남편인 황제나 다음 황제가 될 아들에 의해 의존되는 '寄生性'이 강하고 또 취약한 면도 많았다는 해석이 적지 않다.[27]

따라서 對宋 외교에서 요의 국모가 자주 모습을 드러낸 현상은 그 자체로 권력의 강약을 말하기보다, 국가 외교에서도 여성의 노출에 특별히 꺼릴 것이 없다고 여긴 거란족의 개방적인 면모를 반영한 것 같다. 물론 對宋 외교에서의 황태후의 등장은 승천태후라는 특별한 계기가 필요했지만, 요는 이 현상을 그 이후도 특별한 이유가 없는 한 거부하지

27) 孟凡云, 앞 논문; 諸葛憶兵, 앞 논문 참조.

않았다고 보인다. 오히려 요는 송 측에 女主의 존재를 적극적으로 알리려 한 움직임이 보인다. 한 예로 송 진종의 사망 소식을 들은 聖宗은 齊天太后에게,

> 자네가 大宋皇太后에게 致書하면 자네의 이름을 中國에 전할 수 있을 것이다(汝可致書大宋皇太后, 使汝名傳中國.(『장편』 권98, 乾興元年 6월 乙巳)).」

고 하였다. 성종이 자신의 황후(제천태후)에게 송의 황태후인 章獻皇后 유씨에게 편지를 보낼 것을 종용한 이 대목으로부터는 그녀를 외교계로 끌어들일 성종의 의도가 엿보인다. 그리고 성종의 그런 뜻과 합치되는 결과로서 송조가 그녀에게 하경사를 보내기 시작한 것은 바로 그해(1022년) 8월의 일이었던 것이다. 그녀가 실제로 송의 황태후에게 書信을 보냈는지의 여부는 알 수 없지만, 다만 그녀를 위한 송 측의 하경사는 황제 명의이지 황태후가 보낸 것은 아니며, 결국 송·요의 황태후(또는 황후) 사이에서 하경사가 교환되는 일은 없었다.

요의 이 같은 면모에 반해 송에서는 여성이 외교 무대의 전면에 나서는 것을 요보다 훨씬 꺼리는 보수적인 정서가 작용했다. 이를 반영하는 한 가지는 요의 황태후(또는 황후)가 직접 송에 하경사를 보내오고 그에 대해 송도 그들에게 똑같이 賀正使를 보내는 상황에서, 송의 파견은 황제의 명의를 빌린 것이지 황태후나 황후의 것은 아니었다는 점이다. 즉 1030년대 중반 이후부터 선인태후가 등장하는 1080년대 중반까지 약50년 동안, 송에서는 인종의 曹皇后가 황후는 물론 황태후(1063~67)와 태황태후(1067~79)로서 각각 재위했음에도 불구하고 요와 달리 그녀는 하경사와 공식적인 관계는 없던 셈이다. 선인태후 이후도 神宗의 向황후가 황태후(1085~1101)로 재위했으나 그녀 또한 마찬가지였다.

송조의 보수성을 말하는 또 하나의 측면은 외교 무대에 애써 등장시킨 황태후가 있더라도 그의 명의로 하경사를 요에 보내는 일이 흔치 않았던 점이다. 이미 앞에서 검토한대로 송조에서는 劉太后가 처음으로 외교 무대에 등장해 하경사에 受賀하는 입장에 섰지만, 요에서처럼 승천태후 이후 많은 황태후들이 자신의 명의로 직접 하경사를 파견하는 일은 없었다. 그때까지 송조에서의 하경사 파견은 어디까지나 황제의 전유물이었다. 유태후에 대해서는 "황제의 권위를 절대적으로 존중하고 그 권위에 도전하지 않았다."[28]는

28) 박지훈, 앞 논문, p.258 참조.

평가도 존재하며 그의 이러한 개인적 측면도 고려할 필요가 있지만, 동시에 당시는 유태후의 권세를 억제하려는 사대부 집단의 동향이 강했고, 이들이 황태후의 명의로 하경사를 보내는 전례 없는 방식에 동의하지 않았을 가능성도 크다.[29] 유태후는 자신의 생일을 節日로 삼아 요의 사자로부터 축하를 받는 데에 만족해야 했다.

하지만 이와 달리 송조에서 요의 하경사를 받은 또 한명의 황태후인 宣仁太后는 직접 요에 하경사를 파견하게 되었고, 이는 아마도 달라진 정치 환경에 힙 입은 결과로 보인다. 무엇보다 구법당을 부활시킨 장본인인 선인태후는 元祐시기(1086~1093)의 집권 세력에게 최대의 은인이었고, 그에 반대할 정치세력(新法)이 모두 배척된 상황에서 그녀가 요에 자신의 명의로 하경사를 파견하는 것은 아무런 문제가 될 수 없었을 것이다. 송의 對遼 외교에서 황태후의 존재감이 가장 잘 드러낸 것은 바로 이때였다고 할 수 있다. 이 F유형은 요에서 승천태후가 처음으로 황태후로서 송조와 하경사를 주고받던 B형에 대응하는 것으로 흥미롭다. 또한 종래의 요 : 송의 하경사 교환 방식이 1:1(A), 2:1(B), 2:1(C), 2:2(D), 2:2(E)로 요의 受賀者 수가 송보다 많거나 같은 상태였던 것에 반해, F는 처음으로 1:2로 반대 형태가 되었다. 그러나 8년간의 섭정을 마치고 선인태후가 사망하면 송·요의 하경사 교환 방식은 A유형으로 복귀하게 된다.

2) '改期受賀'와 하경사의 구성

송·요 간의 하경사와 관련한 특징 중 가장 대표적인 것으로는 사절단의 파견 시점에 대한 문제가 손꼽힐 것이다. 이 문제를 〈부표〉를 통해 볼 때, 요가 송에 보낸 하경사에 대해서는 별다른 특이점이 발견되지 않는다. 송 측의 기록에 보이는 하경사의 도착 시점(〈부표〉 중 ( )안의 숫자)을 당시의 상황과 대조해 보아도 무리가 없다. 賀正使(△와 ▲)의 도착이 대부분 12월인 것은 익년의 元旦 행사를 앞두고 며칠 일찍 당도한 것을 말하며 이는 순리적이다.

생신사(○와 ●)의 도착 시점도 송의 황제와 황태후의 실제 생일과 일치한다. 宋帝의 생일은 각각 태조 2월, 태종 10월, 진종 12월, 인종 4월, 신종 4월, 그리고 철종이 12월이므로 진종만 빼고 모두 요의 축하사는 當月에 도착하였다. 진종의 경우만 전월인 11월에

29) 久保田和男,「玉清昭応宮の建造とその炎上－宋眞宗から仁宗(劉太后)時代の政治文化の変化によせて－」(『都市文化硏究』 12, 2010), p.146 참조.

도착한 것은 그가 12월 2일생이었기 때문으로 보인다. 황태후의 경우도 장헌태후 劉氏가 정월이고, 선인태후 高氏가 7월이므로 사절의 도착 시기와 합치한다. 이상으로 볼 때 요에서는 송조에 하정사를 매년 12월(또는 윤12월)에, 그리고 생신사는 해당 황제나 황태후의 생일이 있는 달에 보내는 것이 원칙이었음 알 수 있다.

이상의 현상은 오히려 당연한 일이겠지만, 이것이 요의 경우가 되면 그렇지 않은 것은 크게 주목할 일이다. 사실 이 문제는 이미 부락환이 지적하고 필자도 부연·보론한 적이 있지만,[30] 본 장의 〈부표〉는 그러한 요 측의 특수한 사정을 송조의 그것과 대비적으로 잘 드러내고 있기 때문에 여기서 좀 더 재론해두기로 한다.

이미 지적한 것처럼 〈부표〉 중의 '宋使의 거란 측 축하 대상자' 란에 있는 수자는 송조가 해당 하경사를 임명한 시점이다. 송 측의 사료이므로 임명 시점이 기준이 되는 것은 당연하다. 이로써 보면 송조는 하정사의 임명을 처음은 정단이 되기 2달 전인 11월에 했다가, 점차 10월, 다시 9월, 그리고 仁宗 시기가 시작하는 무렵부터는 8월로까지 앞당긴 것을 볼 수 있다. 임명을 4개월이나 이전에 행한 것은 使者의 경질 등[31] 우발적이고 다양한 일이 발생할 수 있던 송의 입장에서 중요한 외교 문제에 대해 만전을 기하기 위함일 수 있다. 이후 송조에서 요로 보내는 하정사의 임명은 모두 8월로 고정되었다. 이는 요의 황제와 황태후 모두에 대해 해당하며, 이는 다소 이르기는 해도 使行의 준비와 노정 등을 생각하면 무리가 없는 현상이라 할 수 있다.

문제는 생신사 쪽에 있다. 이 문제도 그 임명 시기를 遼帝 및 황태후(황후 포함)의 실제 생일과 비교해보면 먼저 景宗의 생일은 7월이므로 5월 임명은 무난하게 보인다. 12월 하순이 생일인 聖宗에 대해서는 처음(1005, 1006년)에는 10월에 임명하여 이치에 맞지만, 이후는 9월로, 다시 말기에는 8월로 앞당겨짐으로써 결국 정단사의 임명 시기와 같게 되었다. 다소 빠르기는 해도 8월의 생신사 임명도 있을 수 있을 것이다.

그런데 이 같이 송조에서 8월에 생신사를 임명하는 경향은 이후 요의 興宗과 道宗에 대해서도 그대로 이어져 고정화된 것을 〈부표〉를 통해 알 수 있다. 그렇다면 요의 성종 말기에 해당하는, 1028년경에 보이는 송조가 생신사를 8월에 임명한 예는 흥종과 도종代의 그러한 경향이 송조에서 하나의 방침으로 이미 나타난 것으로 이해될 수 있을 것이다.

30) 본서 제II부 제2장; 부락환, 앞 논문.

31) 송조에서 하경사는 임명 뒤에 發病 등 다양한 이유로 경질되는 일이 아주 많았다. 섭숭기와 부락환의 앞 '자료집' 참조.

그러한 특정한 방침이 별도로 존재하지 않았다고 한다면, 2월 하순이 생일인 흥종에 대한 생신사 임명이 6개월이나 이전에 이루어진 점은 너무 빠르다고 볼 수밖에 없고, 무엇보다 재위 46년에 미치는 도종의 경우는 생일이 8월 초순이므로 생신사의 8월 임명은 전혀 이치에 맞지 않는 꼴이 된다.

1028년 이후에 생겨난 그러한 송조의 방침은 요의 황태후에 대한 생신사에게도 그대로 적용되었다. 즉 〈부표〉에서 확인되는 것처럼 황태후에 대한 생신사는 승천태후(2월과 3월)를 빼고, 그 후의 법천태후부터는 모두 8월에 임명한 경향이 송조에 있음을 알 수 있다.

이상의 검토를 종합할 때, 송조에서는 요의 황제와 황태후에게 보내는 정단사와 생신사, 즉 모두 4종류가 되는 하경사의 임명을 8월에 한꺼번에 행한 것을 알 수 있고, 그 시점은 〈부표〉를 통해 볼 때 1032년부터였음을 확인할 수 있다.

물론 하경사를 똑같은 시점에 임명했다고 해서 그들이 요에 도착한 시점까지 같다고 단정할 수는 없을 것이다. 그러나 그들이 모두 정월 경에, 즉 거의 동일한 시점에 요에 도착한 것은 부락환과 필자가 전고에서 이미 지적한 사실이다.[32] 요컨대 송조가 하경사를 동시에 임명하고 또 그들이 요에 비슷한 시기에 입국한 것은 요 측의 요청이 있었기 때문이며, 그것은 요가 당시 외국사절을 접대하는 비용과 부담을 줄이기 위해 황제와 황태후의 생일을 의도적으로 元旦과 엇비슷한 시점으로 이동시켜 受賀한다는 소위 '改期受賀'의 방식을 채택했기 때문이다.

송조로부터 파견된 복수의 하경사가 정월 경에 요의 궁중에 존재한 것을 보여주는 유력한 증거는 요 측에서 외국사를 맞아들이는 궁정 의례에 보인다.[33] 즉 『요사』 권51, 志20 禮志4에 다음과 같은 3종의 사료가 보인다.

> ㉠ 宋使見皇太后儀
>
> 宋使의 生辰, 正旦 축하. 신료가 이른 아침에 入朝하면 사자는 幕次에 이른다. …. 이어 宋使副 6인을 인도하여 東洞門으로 들어와, 丹墀 안에서 殿을 바라보여 齊立한다(宋使賀生辰, 正旦. 至日, 臣僚昧爽入朝, 使者至幕次. …. 次引宋使副六人於東洞門入, 丹墀內面殿齊立.).

32) 본서 제II부 제2장; 부락환, 앞 논문.

33) 본서 제III부 제4장 참조.

㉡ 賀生辰正旦宋使朝辭太后儀

신료, 使副의 班齊는 曲宴儀와 같다. 황태후가 殿에 올라앉으면, …. 使副 6인을 欄內로 인도하여 拜跪하고, 書匣을 받고 나면 곧바로 기립한다(臣僚, 使副班齊, 如曲宴儀. 皇太后升殿坐. …. 引使副六人於欄內拜跪, 受書匣畢, 直起立.).

㉢ 賀生辰正旦宋使朝辭皇帝儀

신료의 入朝는 常儀와 같이 한다. 宋使가 幕次에 이르면, …. 舍人은 使副 6인을 인도하여 北洞門으로 들어간다, …. 使副는 平身하여 선다. 大使 3인에게 揖하고 조금 앞으로 나아가, 俛伏하여 跪하고나서, 笏을 꽂는다, …. 副使 3인에게 읍하고 賜를 받기를 역시 이와 같이 한다(臣僚入朝如常儀. 宋使至幕次, …. 舍人引使副六人北洞門入, …. 使副平身立. 揖大使三人少前, 俛伏跪, 搢笏, …. 揖副使三人受賜, 亦如之.).

이들은 요의 황태후와 황제가 생신과 정단에 송의 하경사에게 受賀하는 의례를 적은 것인데, 모두 송 측의 正使(大使)와 副使가 6인이 있는 것을 전제로 하고 있다. 보통의 하경사는 정사와 부사를 각각 1인씩 두기 때문에, 위의 각 의례가 하정을 위한 것이라면 황제에 대한 하정사의 使·副가 2인, 황태후에 대한 하정사의 사·부가 2인 필요해, 사·부의 전체 수는 4명이면 족하지 6인인 것은 이상하다. 따라서 거기에는 ㉡과 ㉢의 의례명에서도 보이듯이 正旦 만이 아니라 생신을 동시에 축하하는 하경사가 포함되어 있다는 것을 알 수 있다.

다만 그 수가 6인이라는 점은 생신사의 사·부가 2인이라는 것을 뜻해, 이때는 황제와 황태후 중 어느 한쪽에 대한 생신사만이 포함된 것이 되는데, 필자는 이것이 본래는 황제 생신사였다고 생각한다. 〈부표〉를 통해 볼 때 송조에서 사·부가 6인 동시에 임명 되어 입국한 것으로 보이는 사례는 1005년부터 4년간 이어진 기간으로, 이는 聖宗과 그 모후 承天太后의 賀正使·副 4인과 성종의 生辰使·副 2인이며, 승천태후를 위한 생신사·부는 별도로 실생일에 맞추어 파견되었다고 보아야 하기 때문이다.

즉 1005년은 송·요 사이에서 '전연의 맹'으로 국교가 정상화된 후 처음으로 하경사가 교환된 시점으로, 이 때 요에서는 송조의 하경사를 맞아들이는 방식을 元旦에 하정사는 물론 황제의 생신사까지를 포함하는 '改期受賀'로 제정했기 때문에, 그것이 ㉠~㉢에 반영된 것이라 생각한다. 다만 이미 본 것처럼 승천태후 이후 요에서는 그 존재가 일정치 않아 황태후의 '受賀'가 있기도 하고 없기도 하여 그에 따라 송의 사절의 수도 최소 4인

(황제에 대한 하정사와 생신사만이 있을 경우)에서 최대 8인(황제와 황태후에 대한 하정사와 생신사가 모두 있을 경우)까지 증감했을 것이다.

맺음말

본장은 섭숭기와 부락환이 제공한 '原木'(자료집)을 '가공'한다는 취지로 집필하였으나, 아직 '가공'은 충분하지 않고 남겨진 과제는 적지 않다. 餘言으로 하경사에 관한 송 측 사료의 기술 방식에서 엿보이는 몇 가지 특징을 지적하는 것으로 맺음말에 대신하기로 한다.

소략한 『요사』는 특기할만한 사실 위주로 기록하기 때문에 하경사의 정례적인 동향은 거의 생략되어 있다. 반면에 송 측의 사료, 특히 『장편』은 쌍방향을 왕래하는 요·송 양국의 하경사에 대한 정보를 비교적 구체적으로 적고 있다. 그러한 『장편』의 기술 방식으로부터는 송조의 요에 대한 관념의 일단을 엿볼 수 있는 대목이 있다. 먼저 『장편』은 975~978년의 요 측 하경사에 대해, 대체로

> 契丹遣□(=관명)◇(=인명), □◇來賀生辰
> 契丹遣□◇, □◇來賀明年正旦 …………… ㉮

과 같은 형식으로 적는다. 두 번 거듭되는 □◇ 중에서 앞의 것은 사절단의 正使, 두 번째는 副使를 의미한다. 양국의 관계가 중단기를 거쳐 다시 복구된 1005년의 11월부터는 이것이,

> 契丹國母遣使□◇, 副使□◇來賀生辰(또는 明年正旦).
> 國主遣使□◇, 副使□◇來賀生辰(또는 明年正旦) ………… ㉯

처럼 기술 방식이 바뀐다. 황태후가 하경사를 파견하기 시작함으로써 그 파견자를 '契丹國母'(혹은 契丹母)와 '契丹(國)主'의 2계열로 적은 것이다. 또 이로써 ㉮에서는 '거란'이 황제를 의미하는 대명사로 쓰인 것을 알 수 있다. 하지만 곧바로 동년 12월에는,

契丹遣使□◇, □◇, 副使□◇, □◇奉書來賀來年正旦 ……… ㉰

라는 용법도 사용되었다. 원래는 ㉯처럼 國母와 國主를 나누어 쓰는 것이 정석이나, 각각의 正使 2인과 副使 2인을 연속 나열하여 필기량을 축약시켰다. ㉰의 '거란'은 황제 이외에 황태후를 아울러 포함시킨 용법이 된다. 이후 1009년까지 장편은 ㉰의 형식에 준하였다.[34]

다시 1010년부터는 거란에서 국모가 하경사를 보내지 않게 되므로, 그 형식이 ㉮로 돌아간 것은 당연하다. 그리고 이 방식이 이미 검토한대로 요에서 法天太后가 등장했다가 유폐되는 사건이 일어났기 때문에 그에 따른 변동을 수반하면서 1040년까지 이어진다. 즉 국모와 국주의 구별 없이 모두 '契丹遣' 혹은 '契丹國主遣'의 형태로 생신사와 하정사의 도착을 적은 것이다. 그러다가 유폐된 법천태후가 재등장하는 1044년부터, 그리고 그녀의 자리를 이은 宗天太后가 황태후의 지위를 유지하는 1076년까지 『장편』이 다시 ㉯의 형식으로 돌아간 것은 당연한 결과이다.

하지만 여기서 주의할 점이 있다. 이제까지 『장편』은 ㉯의 형식을 기록하면서 '契丹國母'를 '契丹主'보다 먼저 적고, 이 '母先子後' 현상은 정서상 송이나 요에서 일치하는 것으로 종천태후의 즉위 이후 요가 파견한 하경사에 대해서도 『장편』은 그 형식을 바꾸지 않은 것이다. 그러나 〈부표〉에 보이는 대로 종천태후 즉위 얼마 후 사료가 없는 8년간의 공백기(1062~69의 '元缺')가 지나 그녀가 송에 다시 하경사를 보내게 되면 『장편』은 종전과 달리 순서를 바꾸어 國主를 國母보다 앞세운 형식으로(즉 ○가 ●보다, △가 ▲보다 앞서는 모양) 적게 된다. 그 첫 번째 사례인 熙寧3년(1070) 4월(생신사)과 12월(하정사)의 기사는,

遼主遣□◇, □◇, 其母遣□◇, □◇來賀同天節
遼主遣□◇, □◇, 其國(母가 缺落=필자)遣□◇, □◇來賀正旦

과 같다. 이 방식은 종천태후가 죽어 더 이상 하경사를 보내지 않게 되는 1076년까지 7년간 계속된다. 이것이 무엇을 의미하는 것일까? 종천태후 이후 요는 황태후 이름으로 더 이상 하경사를 파견하지 않았기 때문에, 그 후에 송 측의 기사가 황제와 황태후의 선후

34) 1008년 11월의 생신사(承天節) 축하사의 경우는 "契丹使□◇, □◇, 副使□◇, □◇來賀承天節"로 '遣'이 없으나 脫字로 생각된다.

순서를 어떻게 다루었는지는 대조할 수 없다.

한편 이상에 대해 『장편』은 요에 파견한 송 측의 하경사에 대해서도 비슷한 원칙을 유지하였다. 먼저 上記한 ㉮와 관련한 시기에는 '命□◇賀契丹正旦'이나 '以□◇賀契丹生辰'라 적고, 여기서도 '거란'은 '황제'를 의미한다. 황제와 황태후(또는 황후) 간의 표기 관계를 볼 수 있는 것은 송조가 3종류 이상의 하경사를 동시에 임명하는 것이 고착화된 1027년경 이후로, 먼저 1027~1030년에는,

> 以□◇爲契丹(主)賀生辰使, □◇副之, □◇爲正旦使, □◇副之,
> □◇爲契丹妻正旦使, □◇副之.

의 패턴이 보인다. 國主와 그 '妻'(齊天皇后)의 관계이므로 국주를 먼저 적은 것은 당연하며, 하경사에 대해서는 생신사를 정단사보다 먼저 적었는데 이것도 생신사를 더 중시한 것이라고 생각된다. 다시 4종류의 하경사를 동시에 임명한 1032~1033년과 1040~1061년의 기사가 되면,

> 以□◇爲契丹國母生辰使, □◇副之, □◇爲國主生辰使, □◇副之, □◇爲國母正旦使, □◇副之, □◇爲國主正旦使, □◇副之

와 같이, 국모를 국주보다 앞세우는 방식이 출현하며 이 또한 순리적이다.

그러나 이 이후 『장편』은 앞에서 요의 하경사에 대해 그랬던 것처럼, 요에 보내는 송의 하경사에 대해서도 遼主의 것을 遼母의 것보다 앞세우는 형식의 반전을 보이게 된다. 1070년의 사례로는,

> □◇爲遼主生辰使, □◇副之, □◇爲正旦使, □◇副之, □◇爲遼 母生辰使, □◇副之, □◇爲正旦使, □◇副之

와 같다.

1070년대에 들어 생긴 이러한 변화, 즉 송조가 파견한 하경사에 대해서도, 그리고 요 측 하경사의 도착에 관해서도 이전과 달리 國母보다 國主를 먼저 기록한 것은 무엇을 의

미하는가? 이것이 단순한 1회성이 아니며, 또 가고 오는 하경사 모두에 적용된 점에서 우연이라고는 보이지 않는다. 거기에 필연적 배경이 있다면, 그것은 무엇일까?

필자는 이 문제에 대해 정확한 해답을 갖고 있지 않다. 추정의 영역에서 본다면 이것이 요에서 나타난 황제권의 강화를 반영하는 것인지 모르겠다. 의미를 부여하는 입장에서 이를 황태후와 황제 간의 위세를 반영하는 일단으로 본다면, 법천태후는 적어도 송에 대한 외교상에서 장기간에 걸쳐 황제보다 우위에 있던 것으로 평가되어왔으나, 그녀를 이은 종천태후 후반에 모종의 변화가 생긴 것이 된다. 법천태후의 조카로 "性寬容, 姿貌端麗"한 종천태후가 승천태후나 법천태후에 비해 정치적 비중이 상대적으로 약한 것은 대체로 인정된다.[35]

이 직전(1065년) 요의 국호가 '契丹'에서 '大遼'로 바뀌었는데, 이것이 위의 변화와 어떤 관계가 있는지도 모르겠다. 중국식 국호를 사용한 요에서 그에 어울리게 황제권 강화의 일환으로 외교문서에서 황제를 앞세웠을지 모른다. 그렇지만 그렇다고 해도 생모보다 자식을 앞세운 이 현상은 역시 이례적이라 하지 않을 수 없다.

아울러 『장편』에서는 요의 황제나 일족에게 '황제'와 '황태후'라는 호칭을 쓰지 않고, 시종 '契丹(遼)國主'·'契丹(遼)主'·'契丹(遼)母'·'契丹(遼) 國母'·'契丹(遼)妻' 등의 표현을 쓰고 있다. 물론 정식의 외교문서를 인용할 때는 '契丹(遼)皇帝'·'契丹(遼)皇太后' 등의 표현이 보이지만, 『장편』의 찬자인 李燾는 그보다 존대의 느낌이 낮은 '主'·'母'·'妻' 등을 애써 택한 것이 된다.

〈부표〉 宋·遼 간의 賀慶使 교환

연도(송의 연호)	宋使의 거란 측 축하 대상자			契丹使의 송 측 축하 대상자	
	황태후	황제	황후	황태후	황제
975(開寶8)		△(11)			△(12)
976(〃9)		○(5)			○(2)
977(興國2)		○(5)△(11)			○(10)△(12)
978(〃3)		○(5)△(11)			○(10)△(12)
1005(景德2)	○(2)△(10)	○(10)△(10)			●(11)○(11) ▲(12)△(12)
1006(〃3)	○(3)△(10)	○(10)△(10)			●(11)○(11) ▲(12)△(12)

35) 『요사』 권71, 列傳第1 后妃 興宗仁懿皇后蕭氏 참조.

1007(〃3)	○(3)△(9)	○(9)△(9)			●(11)○(11) ▲(12)△(12)
1008(祥符1)	○(3)△(9)	○(9)△(9)			●(11)○(11) ▲(12)△(12)
1009(〃2)	○(2)△(9)	○(9)△(9)			●(11)○(11) ▲(12)△(12)
1010(〃3)		○(10)△(10)			○(11)△(12)
1011(〃4)		○(9)△(9)			○(11)△(12)
1012(〃5)		○(10)△(10)			○(11)△(12)
1013(〃6)		○(9)△(9)			○(11)△(12)
1014(〃7)		○(9)△(9)			○(11)△(12)
1015(〃8)		○(9)△(9)			○(11)△(12)
1016(〃9)		○(9)△(9)			○(11)△(12)
1017(天禧1)		○(9)△(9)			○(11)△(12)
1018(〃2)		○(9)△(9)			○(11)△(12)
1019(〃3)		○(9)△(9)			○(11)△(12)
1020(〃4)		○(9)△(9)			○(11)△(윤12)
1021(〃5)		○(9)△(9)			○(11)△(12)
1022(乾興1)		○(8)△(8)	○(8)		△(12)
1023(天聖1)		○(9)△(9)	○(7)	○(1)	○(4)△(12)
1024(〃2)		○(9)△(9)	○(7)	(○(1?))	○(4)△(12)
1025(〃3)		○(9)△(9)	○(7)△(9)	○(1)△(12)	○(4)△(12)
1026(〃4)		○(8)△(8)	○(7)△(9)	○(1)△(12)	○(4)△(12)
1027(〃5)		○(9)△(9)	○(8)△(9	○(1)△(12)	○(4)△(12)
1028(〃6)		○(8)△(8)	○(7)△(8)	○(1)△(12)	○(4)△(12)
1029(〃7)		○(8)△(8)	○(7)△(8)	○(1)△(12)	○(4)△(12)
1030(〃8)		○(8)△(8)	○(7)△(8)	○(1)△(12)	○(4)△(12)
1031(〃9)	△(10)	○(10)△(10)		○(1)△(12)	○(4)△(12)
1032(明道1)	○(8)△(8)	○(8)△(8)		○(1)△(12)	○(4)△(12)
1033(〃2)	○(8)△(8)	○(8)△(8)		○(1)	○(4) ▲(12)△(12)
1034(景祐1)		○(8)△(8)			●(4)○(4) △(12)
1035(〃2)		○(8)△(8)			○(4)△(12)
1036(〃3)		○(8)△(8)			○(4)△(12)
1037(〃4)		○(8)△(8)			○(4)△(12)
1038(寶元1)		○(8)△(8)			○(4)△(12)
1039(〃2)		○(8)△(8)			○(4)△(윤12)
1040(康定1)	○(8)△(8)	○(8)△(8)			●(4)○(4) ▲(12)△(12)

1041(慶曆1)	○(8)△(8)	○(8)△(8)			●(4)○(4) ▲(12)△(12)
1042(〃2)	○(8)△(8)	○(8)△(8)			●(4)○(4) ▲(12)△(12)
1043(〃3)	○(8)△(8)	○(8)△(8)			●(4)○(4) ▲(12)△(12)
1044(〃4)	○(8)△(8)	○(8)△(8)			●(4)○(4) ▲(12)△(12)
1045(〃5)	○(8)△(8)	○(8)△(8)			●(4)○(4) ▲(12)△(12)
1046(〃6)	○(8)△(8)	○(8)△(8)			●(4)○(4) ▲(12)△(12)
1047(〃7)	○(8)△(8)	○(8)△(8)			●(4)○(4) ▲(12)△(12)
1048(〃8)	○(8)△(8)	○(8)△(8)			●(4)○(4) ▲(12)△(12)
1049(皇祐1)	○(8)△(8)	○(8)△(8)			●(4)○(4) ▲(12)△(12)
1050(〃2)	○(8)△(8)	○(8)△(8)			●(4)○(4) ▲(12)△(12)
1051(〃3)	○(8)△(8)	○(8)△(8)			●(4)○(4) ▲(12)△(12)
1052(〃4)	○(8)△(8)	○(8)△(8)			●(4)○(4) ▲(12)△(12)
1053(〃5)	○(8)△(8)	○(8)△(8)			●(4)○(4) ▲(12)△(12)
1054(至和1)	○(8)△(8)	○(8)△(8)			●(4)○(4) ▲(12)△(12)
1055(〃2)	○(8)△(8)	○(8)△(8)			●(4)○(4) ▲(12)
1056(嘉祐1)	○(8)△(8)	○(8)△(8)			▲(12)△(12)
1057(〃2)	○(8)△(8)	○(8)△(8)			●(4)○(4) ▲(12)△(12)
1058(〃3)	○(8)△(8)	○(8)△(8)			○(4) ▲(12)△(12)
1059(〃4)	○(8)△(8)	○(8)△(8)			●(4)○(4) ▲(12)△(12)
1060(〃5)	○(8)△(8)	○(8)△(8)			●(4)○(4) ▲(12)△(12)
1061(〃6)	○(윤8)△(윤8)	○(윤8)△(윤8)			●(4)○(4) ▲(12)△(12)

1062(〃7)	元缺	元缺			元缺
1063(〃8)	元缺	元缺			元缺
1064(治平1)	元缺	元缺			元缺
1065(〃2)	元缺	元缺			元缺
1066(〃3)	元缺	元缺			元缺
1067(〃4)	元缺	元缺			元缺
1068(熙寧1)	元缺	元缺			元缺
1069(〃2)	元缺	元缺			元缺
1070(〃3)	○(8)△(8)	○(8)△(8)			○(4)●(4) △(12)▲(12)
1071(〃4)	○(8)△(8)	○(8)△(8)			○(4)●(4) △(12)▲(12)
1072(〃5)	○(8)△(8)	○(8)△(8)			○(4)●(4) △(12)▲(12)
1073(〃6)	○(8)△(8)	○(8)△(8)			○(4)●(4) △(12)▲(12)
1074(〃7)	○(8)△(8)	○(8)△(8)			○(4)●(4) △(12)▲(12)
1075(〃8)	○(8)△(8)	○(8)△(8)			○(4)●(4) △(12)▲(12)
1076(〃9)		○(8)△(8)			○(4)●(4) △(12)
1077(〃10)		○(8)△(8)			○(4)△(12)
1078(元豊1)		○(8)△(8)			○(4)△(12)
1079(〃2)		○(8)△(8)			○(4)△(12)
1080(〃3)		○(8)△(8)			○(4)△(12)
1081(〃4)		元缺/△(8)			○(4)△(12)
1082(〃5)		○(8)△(8)			○(4)△(12)
1083(〃6)		○(8)△(8)			○(4)/元缺
1084(〃7)		○(8)△(8)			○(4)△(12)
1085(〃8)		●(8)○(8) ▲(8)△(8)		△(12)	○(11) △(12)
1086(元祐1)		●(8)○(8) ▲(8)△(8)		○(7)△(12)	○(12)△(12)
1087(〃2)		●(8)○(8) ▲(8)△(8)		○(7)△(12)	○(12)△(12)
1088(〃3)		●(8)○(8) ▲(8)△(8)		○(7)△(윤12)	○(12)△(윤12)
1089(〃4)		●(8)○(8) ▲(8)△(8)		○(7)△(12)	○(12)△(12)

1090(〃5)		●(8)○(8) ▲(8)△(8)		○(7)△(12)	○(12)△(12)
1091(〃6)		●(8)○(8) ▲(8)△(8)		○(7)△(12)	○(12)△(12)
1092(〃7)		●(8)○(8) ▲(8)△(8)		○(7)△(12)	○(12)△(12)
1093(〃8)	─ ─ ─	─ ─ ─	─ ─ ─	─ ─ ─	─ ─ ─
1094	─ ─ ─	─ ─ ─	─ ─ ─	─ ─ ─	─ ─ ─
1095	─ ─ ─	─ ─ ─	─ ─ ─	─ ─ ─	─ ─ ─
1096	─ ─ ─	─ ─ ─	─ ─ ─	─ ─ ─	─ ─ ─
1097		○(8)△(8)			○(12)△(12)
1098		○(8)△(8)			○(12)△(12)
1099	─ ─ ─	─ ─ ─	─ ─ ─		○(12)△(12)
1100	─ ─ ─	─ ─ ─	─ ─ ─	─ ─ ─	─ ─ ─
1101	─ ─ ─	─ ─ ─	─ ─ ─	─ ─ ─	─ ─ ─
1102	(이하 동일, 생략)	(이하 동일, 생략)	(이하 동일, 생략)	(이하 동일, 생략)	(이하 동일, 생략)

* 이상은 송 측 기록(『장편』)에 입각한 것이다. 따라서 ( ) 안의 月을 나타낸 수자는 송 측의 것은 거란 사절이 도착한 시기가 기준이고, 거란 측의 것은 송에서 사자가 임명된 시기가 기준이 된다.
* ( )는 추정 부분이고, ─ ─ ─는 자료의 '元缺' 상태를 나타낸다.
* ○는 송과 요의 황제가 상대국 황제에게 보낸 생신사를 표시한 것이고, ●는 거란의 황태후가 송의 황제에게, 또는 반대로 송의 황태후가 거란 황제에게 각각 보낸 생신사를 표시한 것이다.
* △는 송과 요의 황제가 상대국 황제에게 보낸 하정사를 표시한 것이고, ▲ 표시는 거란의 황태후가 송의 황제에게, 또는 반대로 송의 황태후가 거란 황제에게 각각 보낸 하정사를 표시한 것이다.

4 북송의 開封과 외교

머리말

북송의 수도 開封은 당의 장안과 여러 점에서 대조된다. 인구는 100만 이상에 달해 장안의 70만을 훨씬 상회함에도 불구하고 규모는 크게 축소되었을 뿐 아니라 도시 구조는 비계획적이고 무질서한 측면이 부각된다. 宮城, 皇城, 外(廓)城의 3대 영역 전체에 걸쳐 정연한 건물 배치와 가로 구획 그리고 그에 따른 공간의 기능 분화를 갖는 장안성과 달리, 개봉은 외형상 궁성, 내성, 외성으로 구분되기는 하나 관청이 도시 전역에 분산되어 민가·상점과 혼재하는 등 장안과 같은 면모는 찾아 볼 수 없다.

唐代 절도사의 牙城인 汴州城에서 출발해 송의 국도로 성장한 개봉성의 비계획적인 역사성은 "계획보다 실용을 앞세운 근세 도시의 자유롭고 활달한 기풍을 반영"하거나,[1] "우주의 都에서 생활의 都"로 변질되었다고 평가되는,[2] 중국 도시발달사에서 "承前啓後"[3]의 의미를 갖는다.

宋代의 도시연구는 이제까지 "실로 都市市街의 연구, 즉 坊制와 侵街 등에 관한 것이라고까지 극언할 수 있는 요소가 다분히 있고",[4] 또 그 조차도 연구 상의 여러 제약으로 결코 충분한 것이라고 말하기 어렵다. 이와 함께 상업, 교육, 종교, 사대부, 군대 등에 관한 연구도 한편으로 귀중한 축적을 보이고 있지만, 전체적으로 개봉의 이미지 복원은 아직도 장안에 미치지 못하는 것이 실정이다.[5]

---

1) 梅原郁,「宋の開封と都市制度」(『鷹陵史學』 3~4, 1977).

2) 妹尾達彦,「宇宙の都から生活の都へ」(『しにか』 1996~9, 大修館書店).

3) 吳濤,『北宋都城開封』(河南人民出版社, 1984), p.14.

4) 木田知生,「宋代の都市をめぐる諸問題」(『東洋史研究』 37-2, 1978).

5) 開封에 관한 종래의 연구를 개관한 것으로 주4) 木田知生의 논문 이외에 斯波義信,「中國都市をめぐ

개봉의 외교적 또는 국제적인 측면도 충분히 조명 받지 못하고 있다. 일반적으로 당에서 송으로의 변화 즉 '당송변혁'은 정치적, 군사적, 국제적 성격에서 경제적, 문화적, 국내(內部) 지향적인 것으로 이해되며,[6] 그러한 이해가 개봉 연구에서도 강하게 전제된 것으로 보인다. 하지만 이에 못지않게 개봉에서도 외교나 무역을 위한 사절의 왕래가 활발하였고, 그와 관련된 국제 정치적인 기능이 다양하게 연출되고 있었다. 백만 東京 개봉의 인구 밀집이 도시 경제의 발달에 의한 것이기 보다 정치적 중심지였기 때문이라는 지적,[7] 혹은 거기에 "華夷가 輻輳"(『五代會要』 권26)하거나 "八荒이 爭湊하고 萬國이 모두 通集"(『東京夢華錄』 序)하였다는 설명은 모두 자칫 홀시되거나 과소평가되기 쉬운 개봉의 국제적 일면이다.

본 장에서는 송의 개봉을 주로 외교적 측면에서 묘사하여 그 국도로서의 면모를 종합적으로 생각하는 데에 보탬이 될 수 있기를 목적으로 한다. 구체적으로 본 장에서는 개봉을 편의상 宮城과 外城의 두 공간으로 나누어, 1) 각 공간에서 존재하는 외교기구의 양상과 상호 관계, 2) 외교 의례 공간의 종류와 기능, 3) 外國使의 숙박시설과 관련된 몇 가지 문제 등을 개관하였다. 종래 1), 2), 3)을 종합적으로 專論한 선행연구는 없으며, 吳濤,[8] 周寶珠[9] 등이 각기 개봉을 통관하는 과정에서 부분적으로 언급은 하였으나, 1)에 대해서는 外事 기구의 소개는 있어도 그 연혁과 상호관계에 대한 설명은 거의 없고, 2)에 대해서는 전무하며, 또 3)에 대해서도 검토의 여지는 적지 않게 남아 있다.

る 日本の研究－宋代を中心に－」(『Sung Newsletter』 3, 1971): 「中國都市をめぐる研究概況」(『法制史研究』23); 中村治兵衛編, 「增補中國聚落史關係研究文獻目錄」(唐代史研究會編 『中國聚落史の研究』(刀水書房, 1990)) 등이 있다.

6) 이러한 시각은 妹尾達彦, 「都市の生活と文化」(谷川道雄 등 편, 『魏晉南北朝隋唐史の基本問題』(汲古書院, 1997))가 대표적이다.

7) 吳濤, 앞 책, p.40.

8) 吳濤, 앞 책.

9) 동, 『宋代東京研究』(河南大學出版社, 1992).

1. 外事機構의 구성 : 宮城의 내측(1)

당의 宣武軍 절도사 치소를 모태로 출발해 규모가 장안성의 1/7 정도에 불과했던 개봉 궁성은, 그 내부에 궁전 이외의 일반 관료기구까지를 다수 포함하고 있었다. 장안성에서는 궁성과 皇城이 각기 성곽으로 구별되어 궁전과 관료기구의 공간이 확연히 구분되지만, 개봉성의 궁성에서 그러한 명료함은 훨씬 떨어진다. 개봉의 궁성도 중앙의 '橫街'를 기준으로 남측에 다수의 관료기구가 위치하여 이를 당처럼 '皇城'이라 부르기도 했지만, 일반적으로는 橫街의 남북을 합해 '宮城(大內)'이라 불렀고, 또 궁전은 橫街의 남측에도 일부 존재하였다. 본 절에서는 이러한 궁성 안에 위치한 주요 외교 관련 기구(이하 '外事機構')의 종류와 연혁 및 기능을 분석한다.

1) 송 전기의 外事機構

송대가 되면 당 중기 이후 진전된 '律令官制'의 해체 결과, 외사 방면에서도 새로운 국면이 나타났다. 당에서는 鴻臚寺와 尙書省 禮部의 主客司가 가장 대표적인 외사 전담기구였고, 여기에 四方館, 通事舍人, 客省이 이를 '兼掌'하였으나,[10] 송대에는 특히 홍로시가 유명무실하게 되었다. 이 홍로시는 『송회요』(職官25-1, 鴻臚寺)가 인용한 『兩朝國史志』에 의하면, "다만 祭祀·朝會前資致仕, 蕃客, 進奉官, 僧道者의 壽陪位를 담당"하여, 外事에는 거의 손을 놓고 있었다.[11]

송대의 외사는 "대체로 四夷의 조공, 宴享·送迎의 事는 往來國信所·都亭·懷遠驛·禮賓院에 分隷되었다"(『兩朝國史志』)는 것처럼 여러 기관에 의해 업무가 분담되고 있었다(→ 본 장의 〈그림 4〉 개봉성과 迎賓시설 참조). 다만 이들은 대부분 개봉의 外城을 중심으로 일부 내성에도 포진한 숙박 위주의 시설(후술)에 불과하고, 이들과 별도의 주무 관청이 궁성 내에 존재하였다. 客省, 四方館, 東西上閤門 등이 그것이며, 이 중 客省이 적어도

10) 唐代의 외교기구에 대한 종전의 연구로는 石見淸裕, 『唐の北方問題と國際秩序』(汲古書院, 1998) 所收의 諸論文, 黎虎, 『漢唐外交制度史』(蘭州大學出版社, 1998) 등의 연구가 대표적이고 특히 黎虎의 연구가 자세하다. 다만 외교기구 상호간의 관계 등에 대해서는 아직 분명하지 않은 점이 있다.

11) "兩朝國史志, 鴻臚寺, 判寺事一人, 以朝官以上充, 凡四夷朝貢, 宴享送迎之事, 分隷於往來國信所·都亭·懷遠驛·禮賓院. 本寺但掌祭祀·朝會前資致仕, 蕃客進奉官僧道者壽陪位, 享周六廟三陵, 公主妃主以下喪葬, 差官監護, 給其所用鹵簿, 文武官薨卒, 賻贈之事, 府史三人, 驅使官一人."

"元豊官制" 이후 홍로시가 부활할 때까지 이 방면의 사무를 주도하게 된다. 본장 말미에 자세히 인용한 『송회요』 기사에는 客省이 희령7년 시점에 회원역에 대해 "마땅히 本省이 관할하는 여러 驛으로 하여금…."이라는 말을 하고 있어, 원풍 관제 이전에 客省이 영빈 시설을 관할했음이 확인된다.

즉 송대의 외사 기구에서 나타난 중요한 변화의 하나는 당의 "전담"기구인 홍로시와 主客部의 기능이 사실상 정지된 대신, '兼掌' 상태에 있던 종래의 四方館, 通事舍人, 客省 등이 중시된 데에 있다고 이해된다. 이들 소위 內諸司에 속하는 四方館, 東西上閤門司, 客省은 각각 "朝堂門外",[12] 紫宸殿 前의 南廊,[13] "閤門之西"[14]에 위치하였다. 內諸司는 宮城內 특히 황제가 일상생활을 보내는 궁성 북반부에 두어진 官署를 말하며, 여기에 중요한 외사 기구가 포진한 것이다. 즉 송의 "개봉 궁성에는 당의 장안처럼 전 관청이 皇城으로 칭해진 宮城에 인접한 장소에 집중적으로 두어지지 않은 데에 하나의 특색이 있으며",[15] 그것은 외사 기구에서도 마찬가지였다.[16] 북송의 전반기(元豊官制 이전)에는 이러한 內諸司가 상호 밀

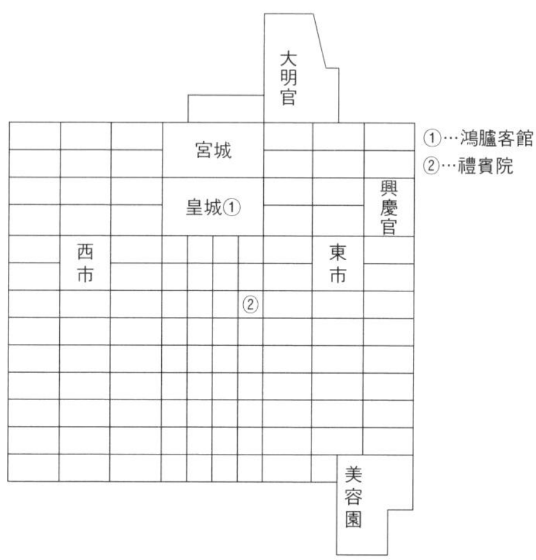

〈그림 1〉 당 장안성 구도

12) 『職官分紀』 권44, 四方館 및 『송회요』 職官35-1, 四方館의 "朝堂"은 唐의 경우 宮城의 남측 정 중앙에 위치하는 承天門 밖에 위치하여 宰相 회의가 열린 곳이나(渡邊信一郎, 『天空の玉座』(柏書房, 1996) 제1장 「朝政の構造」, pp.45~47), 宋의 경우는 "都堂"으로 생각되며 그 위치는 文德門 좌측이었다. 필자의 이 와 같은 추측은 『장편』 권110, 天聖9년 7월 丙午朔에 의거한다.

13) 『직관분기』 권44, 東西上閤門 및 『송회요』 職官35-22, 四方館.

14) 『직관분기』 권44, 客省.

15) 入矢義高·梅原郁譯注, 『東京夢華錄』(岩波書店, 1983), 권1, 內諸司, pp.34~35.

접한 관련 속에서, 궁성 내의 각 殿과 內·外城의 여러 영빈시설에서 전개되는 외교 사무에 깊이 관여하고 있었다.[17]

송의 客省, 四方館, 東西上閤門은 각각 앞에서 든 당의 客省, 四方館, 通事舍人에 대응하는 것으로 생각된다.[18] 양자 사이에는 유사한 기능이 많지만 다른 점도 존재한다. 黎虎에 의하면 당의 客省은 우선 '숙박시설'로서의 기능이 강하여 특정한 외국사절 이외에 국내의 지방관이 머무는 일이 있었고, 四方館은 "蕃國來朝의 事宜"에 포괄적으로 관여하는 동시에 '科擧'와도 관계가 있었으며, 通事使人은 外國使를 포함한 일반 관료가 참여하는 궁중 의례의 연출자였다.[19] 이러한 의미에서 이들 기구는 외사 전문이 아니라 '兼掌'의 상태였다.

송대에는 이 상태에서 홍로시와 主客部 같은 전담기구가 유명무실해짐에 따라 客省, 四方館, 東西上閤門이 외사를 주도하는 지위를 점하게 되었다. 특히 客省의 경우가 그러한데 『송사』에 의하면 그 관장 범위는 다음과 같다.[20]

> (a) 國信使의 見辭와 賜宴, (b) 四夷의 朝覲 및 貢獻의 儀, (c) 四夷 등으로부터의 受幣와 그에 대한 賓禮로서의 응대, (d) 외국사절에 대한 饔餼飲食, (e) 귀국 때의 詔書頒與.

---

16) 黎虎, 앞 책에 의하면 당 장안성에서 四方館은 "宮城正南門承天門街之西"에 있었고(p.365), 客省은 처음은 "西內太極門之右"에, 肅宗, 代宗 이후는 "東內右銀臺門"(p.371)에 각각 위치하였다.

17) 客省이 적어도 송 전반기에 각종의 영빈시설을 통할하고 있던 사실에 대해서는 후술.

18) 당의 通事舍人과 宋의 東西上閤門의 관계에 대해서는 梅原郁, 『宋代官僚制度硏究』(同朋舍, 1985) 제1장 제3절 「閤職」 참조.

19) 黎虎, 앞 책, 제9장 「唐代中央外交關涉機構」, pp.364~373.

20) 『송사』 권166, 職官6 客省에 "客省使, 副使各二人. 掌國信使見辭宴賜, 及四方進奉, 四夷朝覲貢獻之儀, 受其幣而賓禮之, 掌其饔餼飲食, 還則頒詔書, 授以賜予, 宰臣以下節物, 則視其品秩以爲等. 若文臣中散大夫, 武臣橫行刺史以上還闕朝覲, 掌賜酒饌. 使闕, 則引進, 四方館, 閤門使副互權. 大觀元年, 詔客省, 四方館不隸臺察. 政和二年, 改定武選新階, 乃詔客省, 四方館, 引進司, 東西上閤門所掌職務格法, 並令尙書省具上. 又詔高麗已稱國信, 改隸客省. 靖康元年, 詔客省, 引進司, 四方館, 西上閤門爲殿庭應奉, 與東上閤門一同隸中書省, 不隸臺察. 引進司使副各二人. 掌臣僚, 蕃國進奉禮物之事, 班四方館上. 使闕, 則客省, 四方館互兼."고 있다. 아울러 이에 따르면 客省은 처음에 臺察에 소속하다가 大觀원년(1107)에 거기서 벗어난 뒤 靖康원년(1126)에 引進司, 四方館, 東西上閤門과 더불어 中書省에 소속하게 되었고, 그 책임자로는 客省使 및 客省副使가 각각 2인이 있으며, 이들은 "(客省)使가 없을 때는 引進, 四方館, 閤門使副와 互權한다"고 되어 있어, 客省이 四方館, 東西閤門使副 등과 밀접한 관계에 있음을 알 수 있다.

또한 『송사』에 四方館使의 역할로는 "郊祀大朝會, 則定外國使命及致仕, 未升朝官父老陪位之版, 進士, 道釋亦如之"[21]고 보이고, 東西上閤門에 대해서는 "凡文武官自宰臣, 宗室自親王, 外國自契丹使以下朝見謝辭皆掌之, 視其品秩以爲引班, 敍班之次, 贊其拜舞之節而糾其違失"[22]고 각각 보인다.

이를 통해 상기 3기관은 客省이 외사를 중심적으로 수행하고, 四方館과 東西上閤門은 특히 궁중에서 펼쳐지는 의례 위주로 客省을 보조하는 관계에 있었다고 할 수 있다. 구체적으로 客省은 (a)~(e)의 내용에서 보는 것처럼 國都에 찾아온 外國使의 황제 알현에서 귀국까지에 이르는 여러 사무에 직·간접으로 관계하였다. 외국사의 황제 알현 등은 궁성의 각 殿에서 이루어졌기 때문에 客省의 관리도 거기에 임석하였고, 나아가 (d)의 "受幣"와 "賓禮로서의 응대" 등은 그 장소가 外城의 영빈시설이었으므로 그곳에도 客省 소속의 관리가 자주 왕래했다.[23]

남송의 예이지만 占城의 사자를 臨安城에 맞이하여 귀국시킬 때까지의 거의 전 과정에 客省承受가 주된 역할을 수행한 기사가 『송회요』에 매우 자세히 보인다.[24] 客省承受는 客省에서 파견된 吏人이며[25] 이러한 客省의 역할은 개봉에서도 같았을 것이다. 이에 대해 四方館과 東西上閤門은 주로 궁성의 각 殿에서 진행되는 궁중의례의 운영에 관여한 것을 알 수 있다. 송의 외사는 이처럼 客省을 축으로 개봉의 내·외성에 위치한 여타의 기구들이 거기에 협력하는 형식으로 이루어졌고, 이 점은 당과 비교된다.

---

21) 『송사』 권166, 職官6 四方館使에 "四方館使, 二人. 掌進章表, 凡文武官朝見辭謝, 國忌賜香, 及諸道元日, 冬至, 朔旦慶賀起居章表, 皆受而進之, 郊祀大朝會, 則定外國使命及致仕, 未升朝官父老陪位之版, 進士, 道釋亦如之. 掌凡護葬, 賻贈, 朝拜之事. 客省, 四方館, 建炎初併歸東上閤門, 皆知閤總之."고 있다.

22) 『송사』 권166, 職官6 東西上閤門, pp.3936~3937에 "東上閤門, 西上閤門使各三人, 副使各二人, 宣贊舍人十人(舊名通事舍人, 政和中改), 祗候十有二人. 掌朝會宴幸, 供奉贊相禮儀之事, 使·副承旨稟命, 舍人傳宣贊謁, 祗候分佐舍人. 凡文武官自宰臣, 宗室自親王, 外國自契丹使以下朝見謝辭皆掌之, 視其品秩以爲引班, 敍班之次, 贊其拜舞之節而糾其違失. 若慶禮奉表, 則東上閤門掌之, 慰禮進名, 則西上閤門掌之. 月進班簿, 歲終一易, 分東西班揭貼以進. 自客省而下, 因事建官, 皆有定員, …."고 있다.

23) 外城에 대부분 위치하는 각종 영빈시설은 송 전기에는 客省의 통할을 받고 있던 것 같다. 후술.

24) 『송회요』 蕃夷4-77~78, 紹興2년 11월 28일 禮部의 설명 참조.

25) 『송회요』 職官35-12~15, 四方館 참조.

2) 元豊官制 개혁 이후 외사기구의 변화

북송 후반 신종에 의한 소위 '元豊官制'가 추진되면서(元豊5년 5월) 관제상의 대변동은 외사 방면에도 미쳤다. 그것은 唐制를 모범 삼은 개혁의 성격상 홍로시 및 禮部의 기능 부활을 의미했다. 이 때 부활한 홍로시의 편제(〈표 1〉)[26]를 보아도 그것은 당과 매우 유사한 것이었다.

〈표 1〉 元豊官制 이후 홍로시의 편제

관명 등	卿	少卿	丞	主簿	吏	案
정원 등	1	1	1	1	9	4
관품	從4	正6	正8	從8		

* (『송회요』 職官25-1~2, 鴻臚寺 所引 『神宗正史職官志』(이하 『神宗正史職官志』))에 의함.

필자는 앞서 元豊시기 이후의 홍로시가 그 편제와 기능 양면에서 당을 계승한 점을 지적하였지만,[27] 거기서는 주로 홍로시만의 설명에 그쳤기 때문에 여기서 다른 기관과의 관련 및 그 부속 시설에 대해서도 언급하고 싶다.

『神宗正史職官志』에 의하면 송의 홍로시는 황실의 喪制와 제사라는 종래의 사무를 유지하면서 원풍관제 이후에는 다음과 같은 외사를 추가로 관장하게 되었다.

> 賓客 및 凶儀의 사무를 관장한다. 무릇 諸蕃國의 사자가 오면, 그 禮命의 등급을 견주어 館舍를 주고, 그 見辭·宴設·給賜之式을 主典之官에게 頒給하고, 有司에 알려 준비시키며, 貢物이 있을 때는 期日보다 앞서 그 數를 갖추어 四方館에 알려 미리 押當할 吏卒을 준비해 進定한다(掌賓客及凶儀之事. 凡諸蕃國使至, 則視其禮命之等, 授以館舍而頒其見辭·宴設·給賜之式於主典之官, 戒有司辦具, 有貢物, 則前期具數報四方館, 預備押當吏卒以進定.).

정리하면 "賓客 및 凶儀之事"(ⓐ), "蕃國使節에 대한 禮命之等의 判別"[28](ⓑ), "館舍의 수여"(ⓒ), (황제에 대한)"見辭儀式"(ⓓ), "宴設"(ⓔ), "給賜"(ⓕ), "貢物"(ⓖ) 등 일곱가지이다.

---

26) 『神宗正史職官志』의 내용은 『宋史』 권165, 職官5, 鴻臚寺에도 거의 유사하지만, 양자간에는 약간의 異同도 보인다. 『宋史』는 표 중의 "案"의 數를 "3"으로 하고 있다.

27) 김성규, 「宋代迎賓機關의 性格을 중심으로 본 唐宋變革의 一面」(『中國學報』 41, 2000).

홍로시는 이 일들을 그 부속시설(후술) 내지 앞에서 본 다른 외사기구 등을 통해 집행하는 것이 보통이었다. 즉 인용문에 보이는 대로 ⓓ, ⓔ, ⓕ의 사항은 '主典之官'에게 그 '(法)式'을 통고해 집행시키고, 有司에게는 儀禮 등의 시설을 '辦具'시킨다. 여기서 말하는 '主典之官'은 東西上閤門의 관리이며, '有司'는 殿中省 등의 관리로 생각된다.[29] 또 ⓖ는 궁전의식 및 '回賜' 수여 등을 위한 준비와 관련하여 四方館에게 朝貢物의 數를 알리어 貢物을 미리 進定시키게 하고 있으며, ⓒ의 館舍 수여는 홍로시 부속인 內·外城 소재 영빈시설을 통해 이루어진 것이 분명하다. 홍로시의 위치는 확정하기 어려우나 궁성 橫街 이남에 위치한 여러 관청의 한 곳으로 생각한다.

한편 홍로시는 다수의 부속기관을 거느리고 있었다. 『神宗正史職官志』는 이를 "凡拾有三"이라 하고, 『송사』(권165, 職官5, 鴻臚寺)는 "其官屬十有二"라 하여 약간의 차가 보이나 전자에 의해 그 기관의 명칭과 주된 업무를 정리하면 〈표 2〉와 같다.

〈표 2〉 元豊官制 이후 鴻臚寺의 附屬機關(『송회요』 同所 所引 『神宗正史職官志』에 의함)

번호	부속 기관명	주요 기능	비고
①	都亭西驛及管勾所	"掌河西蕃部"	
②	同文館及管勾所	"掌高麗使命"	
③	禮賓院	"掌回鶻·吐蕃·党項·女眞等國朝貢·館設及互市譯語之事"	
④	懷遠驛	"掌南蕃交州, 西蕃龜玆·大石·于闐·甘·沙·宗哥等國"	
⑤	提點寺務所	설명 없음	『宋會要』同所에 "哲宗正史職官志, 在京寺務司及提點所, 掌諸寺殿宇廟廡葺治之事"고 있다.
⑥	建隆提點所	설명 없음	『宋會要』同所에 "哲宗正史職官志, 中太一, 建隆等宮觀各置提點所, 掌殿于齋宮, 器用儀物, 陳設錢幣之事"고 있다.

28) 唐에서는 朝貢國(또는 部族)의 國勢를 반영한 소위 "蕃望"을 참고로 ②의 "等位의 辨別" 등이 정해졌는데, 宋代에도 이것이 고려된 위에서 見辭(ⓒ=皇帝謁見과 出國인사)·宴設(ⓓ)·給賜(ⓔ) 등이 이루어진 것은 주목된다. 필자는 이 문제를 포함한 송대 동아시아의 국제질서에 대한 분석을 추진중이다. 唐의 蕃望에 대해서는 石見清裕, 「唐の蕃望について」(早稻田大學東洋史硏究室硏究成果報告書, 『東アジア史上の國際關係と文化交流』, 1986, 뒤에 동, 『唐の北方問題と國際秩序』(汲古書院, 1998)에 수록)에 자세하고, 宋의 경우에는 桃木至朗, 「南の海域世界」(『岩波講座 世界歷史』 9, 中華の分列と再生, 岩波書店, 1999)가 참조될 만하다.

29) 김성규, 「外國朝貢使節宋皇帝謁見儀式復元考」(『宋遼金元史硏究』 4, 2000), pp.540~556 참조.

⑦	醴泉提點所	설명 없음	
⑧	萬壽提點所	설명 없음	
⑨	奉慈提點所	설명 없음	
⑩	中太一提點所	설명 없음	
⑪	集禧觀提點所	설명 없음	
⑫	崇眞提點所	설명 없음	
⑬	資聖宮院提點所	설명 없음	『宋會要』同所에 "哲宗正史職官志, 所隷官司十二, 別出左右街僧錄司, 掌寺院僧尼帳籍及僧官補授之事, 傳法院掌譯經文, 餘並同前志"고 있다.

홍로시는 앞에서 본대로 주로 "喪葬"에만 관계하고 있었고, ①~④가 원풍관제 이후에 비로소 소속된 것이지만, 그 밖의 ⑤~⑬은 이전부터 있던 것으로 보인다.[30] 홍로시는 원풍 이후 외국사 관련의 영빈시설 계열과, 在京의 불교사원(⑤) 및 도교 계통의 宮觀을 관리하는 기관(⑥~⑬)들을 함께 거느린 것을 알 수 있다. 즉 외국사와 종교 관계 시설로 대별되는 것이다. 다만 『哲宗正史職官志』 단계가 되면 그 소속 "官司"가 神宗 때와 다소 달라져 불교 관계 기관이 늘어나고 있는 것도 볼 수 있다(〈표 2〉 비고).

元豊 이후는 홍로시와 함께 禮部의 主客司도 부활해, 외사에서 홍로시 못지않은 역할을 한 사실도 중요하다. 主客部는 당에서도 중요한 외사기구였기 때문에 원풍 이후에 부활한 것이었다. 즉 송의 禮部는 당과 마찬가지로 禮部(司), 祠部司, 主客司, 膳部司의 4司로 구성되며, 主客司의 郎中(從6品)과 員外郎(正7品)이 外事에 폭넓게 관계하였다. 그리고 그 직무 내용이 홍로시와 유사한 것은 『송사』 권163, 職官3, 禮部, 主客郎中 員外郎의 다음 설명으로 알 수 있다.

> 賓禮로 四夷의 朝貢을 접대하는 일을 관장한다. 郊勞, 授館, 宴設, 賜予 등은 그 등급을 변별하여 式으로 반포한다. (四夷가)도착하면 그 衣冠을 그리고, 山川風俗을 기록한다. 封爵과 禮命이 있을 경우는 詔를 받들어 頒付한다. 嵩, 慶, 懿陵의 祭享, 嵩義公의 承襲之事를 관장한다. 部署는 4이고, 관리는 7명이다(掌以賓禮待四夷之朝貢. 凡郊勞, 授館, 宴設, 賜予, 辨其等而以式頒之. 至則圖其衣冠, 書其山川風俗. 有封爵禮命, 則承詔頒付. 掌嵩, 慶, 懿陵祭享, 嵩義公承襲之事. 分案四, 置吏七.).

30) 이들은 소위 宮觀을 관리하는 기구로 그 이름의 대부분이 元豊이전에 이미 보인다. 『송회요』 職官54, 宮觀使 참조.

홍로시와 主客司 사이에는 기능의 중복이 존재한다. 이는 당에서도 유사하여, 石見淸裕는 "조공은 당의 국가이념에서는 '禮'로 파악되기 때문에 唐土에서의 그들에 대한 대우를 총괄한 것은 역시 禮部이며, 主客郎中이 그 중심이 되고, 홍로시는 그 중 주로 장안에서의 그들의 접대를 禮部와 연락을 취하며 관할"하였다고 설명한다.[31] 이 점은 黎虎도 구체적으로 증명하였고,[32] 따라서 원풍 관제 이후 송에서도 대체로 유사한 관계가 상정될 수 있을 것이다.

즉 전체적으로 볼 때 위의 인용문에 나타난 사항들은 먼저 禮部의 主客司에서 총괄적으로 검토된 뒤 홍로시에 하달되고, 다시 홍로시는 이를 부속 혹은 관련 기구들과 연락하면서 구체적으로 추진하였다고 볼 수 있다.

하지만 양자 간의 사무 중복에 대한 비효율성이 宋人 스스로에게 자각되고 있었다. 원풍기를 지나 元祐시기(1086~94)가 되면 홍로시가 고려와 서하에 대해 그 "事體의 大小"를 불문하고 관계할 수 없게 된 반면, 主客司가 이를 홍로시의 부속기구를 통해 집행한 것이 그 예이다.[33] 元祐期에는 원풍관제 그 자체에 대한 비판으로 "尙書省 六曹"와 그 아래 "寺, 監"사이의 기능 중복에 대한 폐단이 지적되었고, 따라서 主客과 홍로시의 관계도 그 일환으로 문제시된 것이지만,[34] 이러한 모순은 관리들의 실업 문제에 대한 우려 등으로 시정되지 못하고 존속되었다.[35]

여기서 홍로시와 主客司의 부활에 의해 종전의 客省이 어떻게 되었는가가 문제로 남는다. 당의 客省은 홍로시 등을 보조하는 위치에 있었으므로, 송 전기에 客省이 외사를 주도해 왔다고 해도 원풍관제 이후에는 그 역할의 상당 부분을 홍로시에게 양보했을 것이다. 이후도 客省은 여전히 일정한 외사에 관여하고 있던 것으로 보이나, 다만 그것은 아마도 특정한 부분에 한정된 것 같다. 일례에 불과하지만 『송사』(권166, 職官6, 客省)에

> 政和2년(1112), …함께 尙書省에게 具上하도록 했다. 또 詔하여 高麗를 이미 國信으

31) 동, 「唐代外國貿易 · 在留外國人をめぐる諸問題」(『魏晉南北朝隋唐史の基本問題』, 汲古書院, 1997, 뒤에 동, 『唐の北方問題と國際秩序』, 汲古書院, 1998에 재수록), p.65.

32) 黎虎, 앞 책, 제8장 「唐代外交專職機構」및 제9장 「唐代中央外交關涉機構」참조.

33) 『장편』 권388, 元祐원년 9월 己卯 및 권391, 元祐원년 11월 壬申 참조. 단 고려는 國信으로 그 지위가 승격됨으로써 政和2년(1112)에 客省에서 주관하게 되었다. 『송사』 권166, 職官6 客省 참조.

34) 주34) 인용 『장편』 기사 참조.

35) 張復華, 『北宋中期以後之官制改革』(文史哲出版社, 1991), 제2장 「哲宗朝之官制改革」, p.65~66.

로 칭하고 고처 客省에 속하게 했다(政和二年, …並令尙書省具上. 又詔高麗已稱國信, 改隷客省.).

라고 보여, 적어도 政和연간(1111~1118)에는 고려와 같이 송조에게 그 지위가 향상된 특정한 국가를 관리하고 있었다. 고려는 元祐期 이후에는 원래 主客이 관할하고 있었지만, 이 무렵 다시 客省에 그 사무가 이전된 것이다.

2. 의례 공간의 구조 : 宮城의 내측(2)

송의 황제는 때때로 자신을 찾아온 외국사에 대한 의례를 통해 '중화적 질서'를 확인하려 했다. 외국사가 황제를 만나고 헤어지는 '見辭'와 '曲宴' 등의 의례는 모두 개봉성 궁성의 도처에 위치한 궁전에서 사안과 궁전의 기능을 고려해 거행되었다. 물론 당에서도 궁전의 기능 분화는 있었고 외국사에 대하여 국초에는 隋制를 이어 太極殿에서 '奉見'과 '宴會'가 이루어졌으나, 후반기에는 "四夷의 조공하는 자는 모두 宣政殿에서 引見했다"[36]고 하는 것처럼 주로 宣政殿의 기능이 부각되었다.[37]

송의 경우, 궁전의 규모 자체는 당 장안의 "公卿의 第舍"에도 미치지 못하였으나,[38] 그 종류와 殿名이 많기가 당시까지 역대 최다였다고 한다.[39] 이러한 송의 궁전에 대해서는 그동안 체계적인 분석과 설명이 보이지 않기 때문에, 개봉의 외교 공간 문제를 살피기 위한 전제로서 궁전의 일반적인 사항을 개관해 둘 필요가 있다.

개봉의 殿閣에 대해서는 ① 『송회요』 方域1, 東京大內, ② 『송사』 권85, 地理1, 京城, ③ 『楓窗小牘』 권上, 汴京故宮, ④ 『武林舊事』 권4, 古都宮殿, ⑤ 『朝野類要』 권1, 班朝, 御殿, ⑥ 『東京夢華錄』 권1, 大內 등에 수십 개의 이름과 관련 설명이 약간 보이는데, 대부분은 황제 일족의 사생활과 관련한 內殿(內朝)이 대부분이고, 공적인 기능 즉 "外

36) 『자치통감』 권240, 元和14년(819) 정월조, 胡注.

37) 이 문제와 관련해서는 극히 개략적이지만 石見, 앞 책, pp.418~420에 약간의 언급이 보인다.

38) 『자치통감』 권273, 同光3년 6월 壬申에 "宦官因言, 臣見長安全盛時, 大明興慶宮樓觀以百數, 今日官家, 曾無避暑之所, 宮殿之盛, 曾不及當時公卿第舍耳."고 있다.

39) 『朝野類要』 권1, 班朝 御殿에 "本朝殿名最多"라고 있고, 『송사』 권85, 地理1 京城에는 "宮室合九千九百九十餘區"라고 있다.

朝"로 역할을 한 것은 大慶, 文德, 紫宸, 垂拱, 集英殿 등이 대표적이다. 『武林舊事』는 이 다섯 전을 특히 '正朝'로 부른다.[40] 송에서는 이 5개의 '正朝'에서 중요한 외교 의례가 대부분 연출되고 있었기 때문에 『송회요』 이하 6종의 사료에서 보이는 설명을 바탕으로 그 요점을 정리하면 〈표 3〉과 같다.

〈표 3〉 개봉 궁성 내 "正朝" 各殿의 주요 기능

殿名	沿革	機能(括弧 안은 史料番號)
大慶殿	舊名崇元, 乾德4년"乾元"(重修 후), 興國9년"朝元"(火災 후), 祥符8년"天安", 景祐1년"大慶"으로 각각 改名	"正至朝會, 冊尊號, 饗明堂, 恭謝天地卽此殿行禮郊祀齋宿"(①), "正殿"(③), "明堂朝賀"(④) "正旦, 冬至, 聖節稱賀大禮, 奏請致齋"(⑤), "每遇大禮, 車駕齋宿, 及正朔朝會"(⑥)
文德殿	宋初"文明", 雍熙1년"文德"(火災 후)으로 改名	"正衙殿. 太祖時元朔亦於此殿, 其後常陳入閤儀, 熙寧以後月朔視朝御此殿"①, "正衙殿"③, "六參宣(?)布"④, "常朝"⑤, "常朝殿也"(⑥)
紫宸殿	舊名"崇德", 明道1년"紫宸"으로 각각 改名	"視朝之前殿, 每誕節稱觴及朔望御此殿"(①), "視朝之前殿也"(②), "視朝之前殿也"(③), "生誕(?)"(④), "賀祥瑞, 聖壽賜宴"(⑤), "正朔受朝"(⑥)
垂拱殿	舊名"長春", 明道1년"勤政", 동년11월"垂拱"으로 각각 改名	"常日視朝之所, 節度使及契丹使辭見亦宴此殿"(①), "常日視朝之所也"(②), "常日視朝之所也"(③), "常朝四參"(④), "五日一次起居"(⑤)
集英殿	舊名"廣政", 開寶3년"大明", 淳化1年"含光", 祥符8年"會慶", 明道元年"集英"으로 각각 改名	"每春秋誕聖節錫宴, 熙寧以後親策進士"(①), "宴殿"(③), "策士"(④), "賜宴"(⑤), "御宴及試擧人"(⑥)

먼저 大慶殿은 正旦과 冬至의 朝會, 尊號 上進 및 책봉 수여, 聖節·稱賀·大禮(恭祀天地) 등 국가 大事의 거행 장소 내지 그를 위한 '致齋' 장소로 이용되어 문자 그대로 '正殿'에 해당하며, 集英殿은 '御宴'과 '策士'의 장소임을 알 수 있다. 그리고 관원들의 日常과 관련이 깊은 文德殿(正衙(殿)), 紫宸殿 및 垂拱殿(모두 內殿 또는 前殿)은 통상적으로 조회가 연출되는 장소였다. 그런데 이 조회 문제에 대해서는 〈표 3〉의 설명만

40) 『武林舊事』 권4, 古都宮殿은 이 5개의 殿을 "以上을 正朝라고 부른다"고 설명하고 있다. 아울러 이 "正朝"는 "外朝"의 의미와도 상통한다. 예를 들어 『宋史』 권110, 嘉禮1 太皇太后, 皇太后, 皇太妃冊禮에는 內朝의 하나인 延和殿과 대비시켜 "元祐二年, …, 中書舍人曾肇亦言, 太皇太后聽政以來, 止於延和殿, 受遼使朝見, 亦止於御崇政殿, 未嘗踐外朝, …"라는 예가 보인다. 다만 平田는 동, 「宋代政治史研究の現狀と課題」(『アジア遊學』, 7, 2000), p.67에서 大慶, 文德을 外朝로, 紫宸, 垂拱, 集英殿 등을 內朝로 구별하고 있는데, 이러한 관점은 宮城의 橫街를 기준으로 한 것 같다.

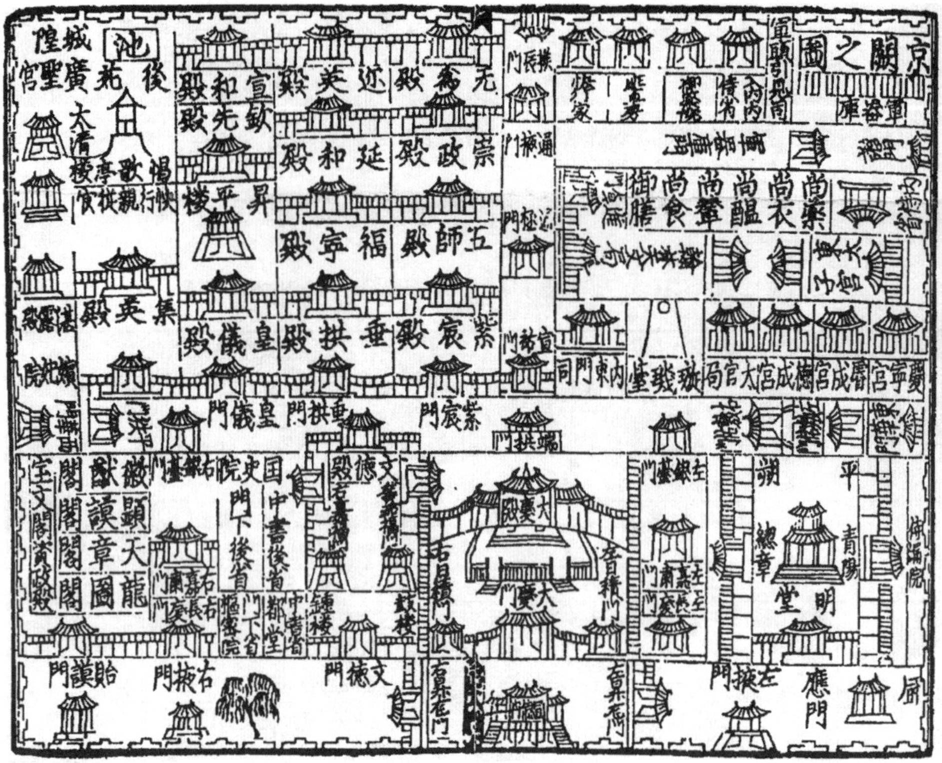

〈그림 2〉 북송 개봉 궁전도(『事林廣記』元 · 至順本)

으로는 서로 애매한 점이 있어, 다시 『송사』 권116, 賓禮1, 常朝儀, 『송회요』 儀制4~7, 『玉海』 권70, 『春明退朝錄』 권中, 『朝野類要』 권1, 常朝 등을 참조하여 다음과 같은 설명을 귀납하였다. 이 설명은 후술하는 외국사의 동태와 밀접한 관련이 있고, 또 〈표 3〉 중의 일부 상충되는 내용[41]을 이해하는 데에도 도움을 준다.

> 즉 (원풍관제 개혁 이전) 황제는 매일 垂拱殿에 나아가고, 문무백관은 매일 文德殿(즉 正衙殿)에 나아가는데 (이를) 常參이라 하여 재상 1인이 이끌었다. 하지만 正殿에까지 황제가 출어하는 것은 아니고 宰執·侍從官 등만이 垂拱殿(內殿)에 나아가 立朝하는 것이며(이를 "常起居"라 했다), 이것이 끝나면 宰執 등은 다시 正殿으로 돌아가 '朝拜'하고 비로소 '放朝'하였다. 熙寧 이후는 月朔의 視朝를 文德殿에서 보았고, 또 '五日起居' 즉 5일에 한번 치르는(여기에 참가하는 관원을 "六參官"이라 했다) 조회의 경우는 이를

41) 예를 들면 文德殿의 "常朝殿也"(⑥)라는 부분과 垂拱殿의 "常日視朝之所也"(②)가 그렇다.

崇政殿 혹은 長春殿(垂拱殿)에서 치렀는데 여기서는 中書·門下가 '班首'가 되었다. 아울러 매월 朔·望에는 唐 이래의 전통을 이어 장소를 바꾸어 紫宸殿에 나아가 受朝하였다. 그런데 元豊官制 이후 이러한 관례가 바뀌어 侍從官 이상은 매일 垂拱殿에 나아가(이를 常參官이라 했다) 조회했고, 百司의 朝官 이상은 5일에 한번 紫宸殿에 立朝했는데 이를 六參官이라 했으며, 在京朝官 이상은 朔·望에 한번 紫宸殿에 立朝하여 朔參官 또는 望參官이라 했다.[42]

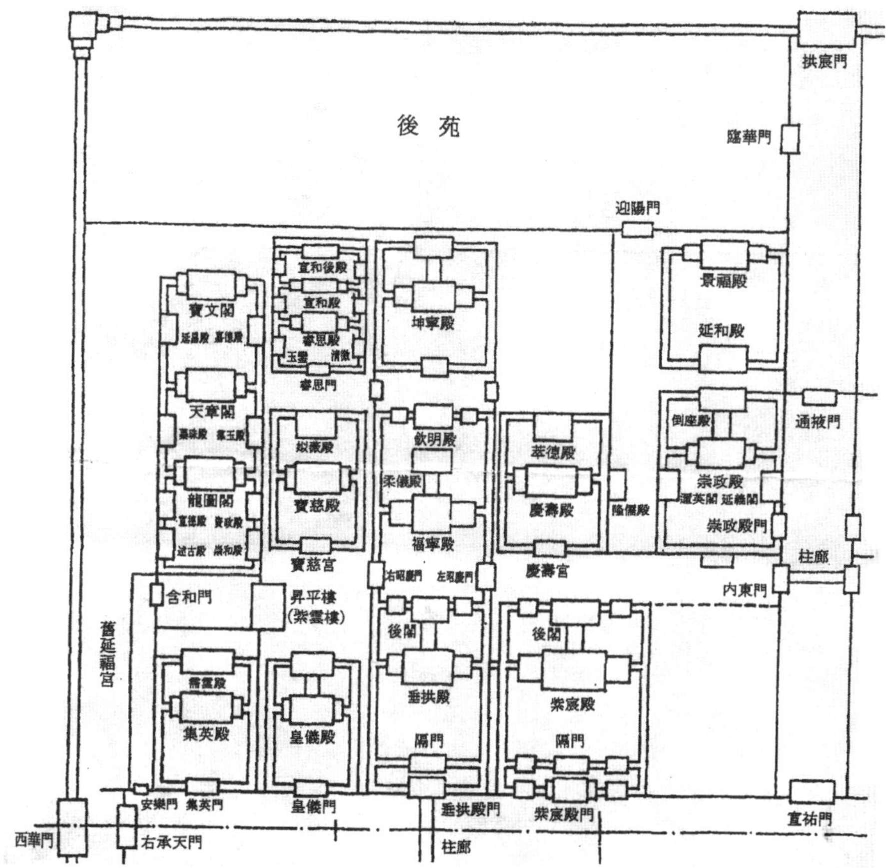

〈그림 3〉 북송 개봉 궁전 평면도(『傅熹年建筑史论文集』1998에서 인용)

---

42) 이상은 특히『송사』권116, 賓禮1 常朝儀(p2751)의 "…宋因其(즉 唐;필자)制. 皇帝日御垂拱殿. 文武官日赴文德殿正衙曰常參, 宰相一人押班. 其朝朔望亦於此殿. 五日起居則於崇德殿或長春殿, 中書·門下爲班首. 長春卽垂拱也. 至元豊中官制行, 始詔侍從官而上, 日朝垂拱, 謂之常參官. 百司朝官以上, 每五日一朝紫宸, 爲六參官. 在京朝官以上, 朔望一朝紫宸, 爲朔參官, 望參官, 遂爲定制"의 내용에 기

개봉의 중앙 관료들은 이 원칙에 입각해 매일처럼 입궁해 3殿(文德殿, 紫宸殿, 垂拱殿)을 중심으로 입조 의례를 행했고, 그 자리에는 외국사를 동반할 때가 있었다.

1) 垂拱殿, 集英殿, 紫宸殿의 기능 : 연회와 입조

〈표 3〉을 통해서는 수공(長春)전이 외국사로는 遼使와만 관계가 있는 것으로 보이지만, 사실 궁성의 주요 殿閣에는 다양한 외국 사절이 모습을 보이고 있었다. 수공전에서는 외국사에 대한 '賜宴' 의식이 특히 자주 집행되었다. 〈표 4〉는 주로 『송사』에서 검출한 관련 내용이다.

〈표 4〉 수공전의 외국사 관련 내용 일람

순	시기	외국	기사	출전(『송사』)
1	太祖 乾德8년 3월 晦	契丹	宴	권119, 禮22, 賓禮4, 外國君長來朝
2	開寶9년 2월	吳越	來朝로 卽日 宴	권480, 世家3, 吳越錢氏
3	太宗 興國3년 3월 25일	吳越	錢俶의 來朝로 宴. 親王, 節度使, 劉鋹등이 참여	권119, 禮22, 賓禮4, 外國君長來朝
4	端拱初	西夏	趙保忠의 辭日에 宴	권485, 外國1, 夏國上
5	大中祥符6년	龜玆	李延慶등 36인이 入對	권490, 外國6, 回鶻
6	天聖8년	高麗	元穎등 293인이 奉表入見	권487, 外國3, 高麗

초하였다. 아울러 이와 관련하는 唐制에 대해서는 松本保宣, 「唐代後半期における延英殿の機能について」(『立命館文學』 516, 1990)가 있고, 宋制에 대해서는 梅原郁, 『宋代官僚制度硏究』(同朋舍, 1985) 제2장 제3절 閤職 외에 平田茂樹, 「宋代政治構造試論」(『東洋史硏究』 52-4, 1994)이 있다. 특히 平田茂樹는 이미 필자와 유사한 설명을 다음과 같이 제시하고 있어 함께 참조할 만하다. "正月元日·五月一日·冬至에 大慶殿에서 행하는 大朝會(이중 5월 1일을 熙寧2년에 폐지), 매일 행하는 垂拱殿에서의 視朝, 文德殿에서의 常朝起居(단 皇帝가 出御하지 않으면 常朝起居는 중지), 5일에 한번 垂拱殿 내지 紫宸殿에서 행하는 內殿起居, 다시 朔望에 행하는 文德殿에서의 視朝(熙寧3년 文德殿 入閤儀가 폐지됨에 따라 제정되었고, 6년에 朔日은 文德殿에서 望日은 紫宸殿에서 행하도록 개정), 旬假 등의 假日에 崇政殿에서 행하는 視朝 등이 있다. 아울러 元豊官制改革時에는 황제의 出御가 거의 없게 되고, 또한 列席者도 적어져서 사실상 기능하고 있지 못한 文德殿에서의 常調起居·橫行參假가 滿中行의 제언에 의해서 폐지되고, 그에 따라 侍從官이상으로 매일 垂拱殿에 朝하는 常參官, 百司朝官 以上으로 5일마다 한번 紫宸殿에 朝하는 六參官, 朔望에 文德殿·紫宸殿에 朝하는 朔參官·望參官이라는 관료의 카테고리가 형성되어 간다."

7	哲宗 元祐2년 7월 戊午	契丹	坤成節축하사. 曲宴, 用樂	권17, 본기17, 哲宗1
8	哲宗 元祐4년 7월 丙子	契丹	坤成節축하사. 曲宴	동상
9	哲宗 元祐4년 12월 庚子	契丹	興龍節축하사. 曲宴	동상
10	哲宗 紹聖4년 12월 甲申	契丹	曲宴遼使	권18, 본기18, 哲宗2
11	徽宗 靖國元年 10월 丁酉	契丹	天寧節. 群臣과 遼使 등이 처음으로 上壽	권19, 본기19, 徽宗1

※ 〈표 3〉에서 정리한 것처럼 수공전은 明道1년 11월에 '長春'이라는 구명을 개명한 것이고, 그 殿名은 그대로 남송에 계승되는 것도 많았으나 본 〈표〉는 북송에 한정했다.

수공진에서는 거란사에 대한 賜宴이 자주 보이지만, 吳越, 서하, 고려, 龜玆 등에세도 사연이 열렸다. 〈표〉 가운데에 "奉表入見"(고려), "入對"(龜玆), "上壽"(거란)만으로 보이는 곳에서도 사연이 있었을 가능성이 있다. 賜宴 자리에서 외국사(=劉鋹)가 동참한 예가 보이는데(3번), 이러한 형식은 다른 경우에도 보인다(후술). 2번은 외국사가 宋帝를 일단 崇德殿(뒤의 자신전)에서 入對한 후 장소를 장춘전(수공전)으로 옮겨 사연을 받은 예이고,[43] 또 4번은 서하 사절이 '辭日'(귀국일)에 宴을 받은 사례이다. 아울러 이들 대부분에서 朝貢品의 貢獻과 回賜의 예도 보인다.[44] 〈표 4〉는 5국 11사례에 불과하나 실례는 더 있었을 것이다. 장춘전에서 이와 같은 외국사에 대한 賜宴이 집행된 것은 宋帝가 절도사 등 특별한 近臣에게 베풀던 관습이 연용된 것 같다.[45]

그러나 수공전(장춘전)은 송초부터 주로 '常日視朝'의 장소였으므로 '賜宴'을 주된 기능으로 하는 殿은 아니며, 따라서 그러한 성격은 다른 곳, 예를 들면 集英殿과 같은 곳에서 보다 강하게 나타났다. 집영전(구명은 廣德殿, 含光殿, 會慶殿)은 '策士'와 '直言을 구하는 장소' 이외에 '사연'이 또 하나의 주요 기능이었다. 관련 설명으로 『송사』 권113, 禮16, 嘉禮4, 宴饗에,

43) 『송사』의 인용 출처 및 同書권480, 世家3 吳越錢氏를 참조.

44) 〈표 4〉의 대부분에서 그러한 현상이 보인다. 인용 출처 참조.

45) 〈표 4〉에 그러한 설명이 이미 보이는 이외에, 『송사』 권256, 趙普傳에 "故事, 宰相, 樞密使每候對長春殿", 同書권279, 王能傳에 "先是, 節帥陛見, 必飮於長春殿, 掌兵者不豫. 至是, 特令用藩臣例." 同書권124, 禮27 凶禮3 諸臣喪葬等儀에 "天禧二年九月十一日, 宴近臣于長春殿, 餞河陽三城節度使張旻赴任, …"라는 예들이 보인다.

宋의 制에서는, 春秋의 季仲 및 聖節, 郊祀, 籍田의 禮가 끝나거나, 巡幸한 뒤 還京하는 등 나라에 大慶이 있으면 모두 大宴을 하고, 大災나 전염병(大札)이 있을 때는 이를 파한다. 天聖(1023~1032) 이후, 大宴은 集英殿에서, 次宴은 紫宸殿에서, 小宴은 垂拱殿에서 치르되, 만일 特旨가 있을 때는 常制에 억매이지 않는다(宋制, 嘗以春秋之季仲及聖節, 郊祀, 籍田禮畢, 巡幸還京, 凡國有大慶皆大宴, 遇大災, 大札則罷. 天聖後, 大宴於集英殿, 次宴紫宸殿, 小宴垂拱殿, 若特旨則不拘常制.).

고 있다. 국초부터 치러진 각종의 大小宴[46]이 天聖연간(1023~31) 이후 大宴은 집영전에서, 次宴은 자신전에서 그리고 小宴은 수공전에서 각각 행해진 규정이 보인다. 大宴은 "春秋之季仲"이나 聖節, 郊祀, 籍田의 禮가 종료된 뒤, 혹은 황제가 巡幸하다 還京한 뒤에 해당하는 것으로, 그러한 연회가 집영전에서 치러진 것이다.[47] 또 이에 의하면 수공(장춘)전에서의 외국사 '사연'은 '小宴'의 범위에 들어가는 것으로 볼 수 있다. 하지만 이 집영전에 외국사가 참가한 구체적인 예는 수공(장춘)전에 비해 훨씬 적다. 필자의 조사로는 송초에 江南 및 吳越使의 예가 하나,[48] 蜀의 孟昶이 평정된 뒤의 예가 하나,[49] 그리고 베트남 사절로 安南王 黎龍廷의 아우인 明昶에 대한 예가 하나[50]이다. 그리고 이들도 외국사에 대한 특별 賜宴이라기 보다 그들이 송의 '大宴'에 동참을 허락 받는 형식이 대부분이다.

이 점에서 사실상 외국사를 위한 가장 큰 賜宴의 장소는 자신전이었던 듯하다. 자신전은 원래 '次宴'의 장소로(앞 사료) 그 중의 다수가 외국사를 위해 열렸고, 또 賜宴 이외의 일반 외교와 관련해서도 중요한 장소였다.

〈표 5〉에서는 자신전과 관계가 있는 외국 사절로 거란이 전체 24사례 중 12건으로 가장 많고, 그 다음으로 江南, 吳越, 党項, 丹眉流, 西南夷, 西夏, 高麗, 西蕃 등이 각기 1~3건 정도를 차지한다. 북송시대에 외국사의 조공 총 횟수가 적어도 1000회를 넘고,[51] 거란

46) 宴饗에 관해서는 『송사』 권113, 禮16 嘉禮4 宴饗을 계속 참조.

47) 『송사』 권113, 嘉禮4 宴饗에는 熙寧二年正月에 閤門이 「集英殿宴入殿人數」를 제정하여 거기에 참여하는 관리들의 내역을 자세하게 규정하고 있다.

48) 『송사』 119, 禮22 賓禮4 外國君長來朝에 "太祖建隆元年八月三日, 宴近臣於廣政殿, 江南·吳越朝貢使皆豫"라고 있다.

49) 『송사』 권121, 禮24 軍禮 受降獻俘에 "太祖平蜀, 孟昶降, …遂宴近臣及昶于大明殿"고 보이는 것이 그것으로 『송사』 권119, 禮22 賓禮4 外國君長來朝에 의하면 이것은 乾德3년 5월 16일의 일이다.

50) 『장편』 권66, 景德4년 7월 庚辰에 "…及含光殿大宴, 明昶等與焉"라고 있다.

51) 필자는 「宋代의 朝貢 시스템 분석」이라는 가제로 현재 이 문제를 분석 중이다.

도 별도로 300건 이상 개봉을 방문한 상황에서,[52] 자신전은 외국사와 가장 관계가 있는 궁전의 하나로 그들 대부분이 개봉 체류 중에 이곳을 찾았을 것으로 보인다(후술). 이 점에서 실제 외국사의 자신전 방문 회수는 〈표 5〉의 것보다 훨씬 많았을 것이다.

특히 거란사는 '전연의 맹약' 이후 거의 매년 정기적(正旦, 聖節 등) 또는 부정기적으로 개봉을 찾게 되는데, 그 경우 송조가 거란사를 상대하는 대표적인 곳이 자신전이었다. 〈표 5〉를 통해 볼 때 宋帝의 등극 축하(d) 또는 弔哀使(e, o(단 정기적 聖節祝賀使와 중복))라는 부정기적 사절의 入對와 연회가 자신전에서 이루어지고 있고, 그 밖의 정기적 사절로 볼 수 있는 賀正使(f, u), 聖節 축하사(h, l, m, n, o, p, q) 등에 대한 연회도 마찬가지이다. 登極축하, 弔哀, 賀正, 聖節은 遼使가 송을 방문한 목적의 대부분에 해당하며, 이때의 의례 장소는 자신전이었다.

송에서의 이러한 관례는 북송 후기 政和년간(1111~1117)에 편찬된 『政和五禮新儀』에도 반영되어 "紫宸殿大遼使朝見儀(권150)", "紫宸殿正旦宴大遼使儀(권151)", "紫宸殿大遼使辭朝儀(권152)"라는 의례의 출현으로 이어졌다. 이것은 거란 하정사에 대한 賜宴을 비롯해 宋帝에 대한 알현과 귀국 인사 등이 자신전에서 거행된 것을 말한다. 다만 앞에서는 수공전(장춘전)에서도 遼使의 성절 축하사에 대한 연회가 있었음을 확인했다. 따라서 이 점도 고려에 넣을 필요가 있으나, 다만 이것은 해당 사례가 모두 哲宗시기에 집중된 점에서 철종의 기호 등에 따른 예외일 가능성이 있고,[53] 역시 성절 및 하정 등의 축하 의례는 자신전 쪽에 비중이 있던 것으로 보인다.

〈표 5〉 자신(崇德)전의 외국사 관련 내용 일람

순	시기	외국	기사	출전(『송사』에 의함)
a	太祖開寶4년 5월 7일		宴近臣及劉鋹于崇德殿.	권119, 禮22, 外國君長來朝
b	開寶4年 11월 5일	江南, 吳越	李煜과 錢俶이 각각 子弟를 보내어 入朝하고, "宴于崇德殿"	권119, 禮22, 外國君長來朝
c	太祖開寶9년 2월 己未	吳越	國王의 子 錢惟濬이 入朝, "宴於長安殿"	권3, 本紀3, 太祖3

52) 聶崇岐, 「宋遼交聘考」(『宋史叢考』 下冊, 華世出版社, 1986, 原載는 『燕京學報』 27) 附錄 참조.

53) 당에서 보이는 이러한 사례에 대해서는 王維坤, 「長安城のプランニング」(『しにか』 7~9, 大修館書店, 1996) 참조.

d	太宗興國2년 2월 11일	契丹	兩浙進奉使, 契丹國信使, 南唐 등을 禁軍都指揮使와 함께 崇德殿에서 宴 / 거란의 登極 축하	권119, 禮22, 賓禮4, 外國君長來朝
e	太宗興國2년 5월 11일	契丹	"再宴契丹使于崇德殿, 以其貢助山陵也"	상동
f	太宗興國3년 1월 16일	契丹	"宴劉鋹, 李煜, 契丹使, 諸國蕃客于崇德殿, 以契丹使來賀正故也"	상동
g	太平興國3년 3월	吳越	來朝, 對於崇德殿	권480, 世家3, 吳越錢氏
h	太宗興國3년 10월 16일	契丹	"宴宰相, 親王以下及契丹使, 高麗使, 諸州進奉使於崇德殿, 以乾明節大宴故也. 是後, 宴外國使爲常"	상동
i	眞宗咸平원년 3월	党項	"兀泥族大首領, 昭州刺史 黃羅對于崇德殿"	권491, 外國7, 党項
j	眞宗咸平4년	丹眉流	國主가 遣使한 사절 9人을 崇德殿에 召見	권489, 外國5, 丹眉流
k	眞宗咸平5년	西南夷	西南夷의 使者에게 冠帶를 崇德殿에서 下賜	권496, 蠻夷4, 西南諸夷
l	眞宗景德2년 12월 5일	契丹	"宴尙書省五品諸軍都指揮使以上, 契丹使于崇德殿, …時契丹初來賀承天 節"	권113, 禮16, 嘉禮4, 宴饗
m	仁宗天聖원년 4월 丁未	契丹	"乾元節, 百官及契丹使上壽于崇德殿"	권9, 本紀9, 仁宗1
n	英宗治平1年 春正月 己亥	契丹	壽聖節, 百官及契丹使初上壽于紫宸殿	권13, 本紀13, 英宗
o	英宗卽位 후	契丹	"契丹使來賀乾元節, …契丹祭奠使見于皇儀殿東廂, 群臣慰于門外. 使人辭于紫宸殿, 命坐賜茶"	권124, 凶禮3, 外國喪禮及入弔儀
p	熙寧元年夏 4월 辛亥	契丹	"同天節, 群臣及遼使初上壽于紫宸殿"	권14, 本紀14
q	神宗 熙寧2년	契丹	"宰臣, 百官, 大國使詣紫宸殿上壽, 命坐, 賜酒三行 …"	권112, 禮15, 嘉禮3, 聖節
r	神宗之喪	西夏	"夏國陳慰使丁努嵬名謨鐸, 副使呂則, 陳聿精等陳慰表于皇儀門外, 退赴紫宸殿門, 賜帛有次."	권124, 凶禮3, 外國喪禮及入弔儀
s	哲宗 元祐	高麗	"已而宣仁聖烈太后崩, 禮部, 太常, 閤門同詳定, 高麗奉慰使人於小祥前後到闕, 令於紫宸殿門見, 客省受表以進, …"	권124, 凶禮3, 外國喪禮及入弔儀
t	哲宗祐元4년 春正月 丙子	契丹	宴遼使于紫宸殿	권17, 本紀17,
u	不明	契丹	會宴契丹使紫宸殿	권298, 梅摯傳
v	紹聖中	西夏	"…盡俘其家, 虜馘三千餘, 牛羊十萬, 夏主震駭. 哲宗爲御紫宸殿受賀, …"	권328, 章楶傳
w	哲宗元符2년	西蕃	"西蕃王攏拶, 邈川首領瞎征等降, 詔具儀注. 以受降日御宣德門, …降者各服蕃服以見, 審問訖, 有旨放罪, 各等第賜首服袍帶. 百官稱賀, 而再御紫宸殿 賜宴會."	권121, 軍禮, 受降獻俘
x	徽宗政和7년 9월 丁酉	西蕃	王子益麻黨征降, 見于紫宸殿.	권21, 本紀21, 徽宗

아울러 태종시기에 장춘전에서 보이는 吳越 등에 대한 사연도 특별한 예에 가깝고,[54] 그것은 전술한 대로 사연의 규모가 자신전에 비해서 작았다. 이것은 수공전이 "常日視朝"의 장소로서의 성격과 무관하지 않을 것이다.

자신전에는 이러한 이유로 정단과 성절에는 거란사만이 아닌 기타 외국사가 동참하는 것이 보통이었다. 구체적으로 〈표 5〉에는 국초에 해당하는 (f)와 (h)에서 "諸國蕃客"과 高麗使가 각각 하정과 성절 축하사로 참여하고 있다. "諸國蕃客"은 송의 불특정 조공국을 의미하며, 또한 서하도 慶曆4년(1044)의 송과의 화약 체결에서 하정과 성절에 축하사를 파견할 것을 약속하였다.[55]

따라서 거란과 서하는 물론 고려를 포함한 다른 조공국들은 반드시 강제는 아니지만 저마다의 필요로 인해 정단과 성절에 시기를 맞추어 송을 찾으려 했고, 그 경우의 축하 장소는 대부분 자신전이었을 것이다. 이렇게 볼 때 송대의 공식적인 儀禮書에서는 외국사에 대한 '正旦宴'의 사례를 앞에서 든 "紫宸殿正旦宴大遼使儀"(『정화오례신의』 권151) 만을 들고 있지만, 이 의례는 사실은 비단 거란만이 아닌 송의 '조공국'을 포함시킨 외국사 전체에 관한 것으로 여겨진다.[56]

이러한 내용은 자신전이 '受賀'의 장소라는 본래의 성격과 부합하며, 나아가 (v), (w), (x)의 사례와도 상통하는 면이 있다. 즉 이 3사례는 송조가 외적을 격파하거나 그 '獻俘'를 받는 축하의 장소로서도 자신전이 이용된 것을 말한다. 송에서도 황제가 친히 참가하는 南郊 등의 '大禮'나 개봉 시가지를 무대로 전승 기념행사가 연출될 때가 있는데,[57] 그러한 기념 무대의 하나로 자신전이 이용된 것이 특히 (w)에서 보인다.[58] 반대로 자신전에서는 황제가 외국사에게 '弔慰'를 받거나(o, r, s) 일반의 入朝 사례도 보인다(후술).

54) 아직 중국의 통일이 실현되지 못한 송초에 吳越·南唐 등의 남방 정권은 송조에 대해서 그 倂合을 피하기 위해서 적극적인 외교를 전개했고, 송조도 이에 대해 적어도 형식상으로는 극진한 外交의 禮로 응대하고 있었다.

55) 김성규, 『宋代の西北問題と異民族政策』(汲古書院, 2000), pp.48~53 참조.

56) 실제로 『政和五禮新儀』 권151의 "紫宸殿正旦宴大遼使儀"에는 外國使의 동참을 전제로 한 의례의 전개 방식이 설명되어 있다.

57) 예를 들어 『송사』 권121, 軍禮 受降獻俘에는 政和初에 만들어진 "受降儀"의 내용이 보이며, 이와 관련해서는 梅原郁, 「皇帝·祭祀·國都」(中村賢二郎編, 『歴史のなかの都市』, ミネルバ書店, 1986) 참조.

58) 『송사』 권153, 輿服5 諸臣服下에 "神宗熙寧六年, 熙河路奏捷, 宰臣王安石率群臣賀紫宸殿, 神宗解所服白玉帶賜之. …"라는 내용도 보인다.

2) 大慶殿, 文德殿의 기능 : 大朝會와 入朝

대경전과 문덕전도 외국사와 무관하지 않으나 그 성격은 위의 3殿과 다소 달랐다. 대경전의 주 기능은 원단과 동지의 大朝會, 郊祀 등 大禮 時 齋宿의 장소 등 국가에서 가장 중요한 의식이 거행되는 곳이었다(〈표 3〉 참조). 송조 관원이나 외국사의 통상적인 입조나 賜宴 의 사례는 거의 보이지 않는다. 다만 이미 거론한대로 元正의 연회와 그에 앞선 송조 최대의 조회인 大朝會가 모두 거란을 비롯한 외국사 전체를 참여시킨 형태로 대경전에서 행해졌다.

『정화오례신의』 권148과 권149, 賓禮에 각각 "蕃國主來朝儀上"과 "蕃國主來朝儀下"라는 두 편의 의례가 있고, 여기에는 거란을 제외한 기타 '蕃國'의 入朝 의례가 대경전을 무대로 거행되는 것으로 보인다.[59] 『정화오례신의』를 통해 볼 때 거란사의 통상의 입조와 귀국 인사는 자신전에서 행해진 것이지만(전술), 그 밖의 외국사는 그것이 대경전에서 치른 것이 된다.[60] 하지만 이는 어디까지나 禮書에 규정된 政和년간 이후의 규정이며, 그 이전은 물론 그 후도 실례는 없으며, 대경전의 성격에 비추어 보아도 일반 외국사의 입조는 이루어지지 않았을 것으로 보인다.

한편 文德殿에는 외국사가 송의 일반 관리들과 똑같이 일상적인 入朝에도 참여한 사실이 보인다.

> 詔하여 占城과 交阯는 서로 仇國으로서 그 起居와 궁정 연회에는 이를 피할 것을 허락하지만, 만일 연회 참가를 원할 경우는 이 역시 허락하였다. 交人과 占城使는 朔日에 함께 文德殿에서 東西로 分立하지만, 望日에는 交州使副가 垂拱殿으로 가는 데에 반해 占城使는 紫宸殿에서 起居하며, 大燕의 경우 交人은 東朶殿에 앉고 占城은 西廡에 앉았다(詔, 占城與交阯爲仇國, 其起居及內燕聽回避, 如願赴燕, 亦聽. 交人與占城使遇朔日並赴文德殿, 分東西立, 望日交州使副入垂拱, 而占城赴紫宸起居, 大燕交人坐東朶殿上, 占城坐西廡. 時占城使副乞避交人, 客省以聞故也.(『장편』 권292, 元豊원년 9월 丁亥[61])).

---

59) 여기에 대해서는 김성규, 앞 논문, 「外國朝貢使節宋皇帝謁見儀式復元考」을 참조.

60) 한편 『政和五禮新儀』 권144, 賓禮에는 「夏國進奉使見辭儀」, 「高麗國進奉使見辭儀」, 「交州進奉使見辭儀」, 「宜州西南蕃黎州等處進奉使人見辭儀」, 「海外進奉蕃客見辭儀」 등의 각 외국에 대응한 "見辭" 儀禮가 보는데, 여기에는 의례 집행의 장소가 명기되어 있지 않다. 이들도 大慶殿에서 치러진 것일까.

61) 『송사』 권489, 外國5 占城과 『송회요』 蕃夷7-35, 歷代朝貢 元豊元年 9월 16일에 비슷한 내용이 보이나

이는 元豊원년(1078) 9월에 交阯(베트남)와 占城 두 나라가 동시에 입국했다가, 양자의 적대관계를 감안한 송조가 朔日 入朝에는 모두 文德殿에서 치르되 東西로 나누어 서게 하고, 望日에는 交州使·副는 수공전에, 占城使·副는 자신전에 각각 起居시켰으며, 또 자신전 大宴에서 양국이 불가피하게 동석할 때는 東西로 그 자리를 다르게 배치한다는 내용이다.[62] 점성과 교지의 사절은 '賜宴', '출입국 인사' 등 반드시 거쳐야 할 의례 이외에도 개봉 체재 중 조회에 정기적으로 참여하고 있었음을 알 수 있다.

양국의 특별한 사정 때문에 아마 통상의 원칙이 조정된 것으로 보이는 여기서는 15일에 한번 입조하는 '朔參官'과 '望參官'의 例에 준하는 형식으로 입조가 허용되었다. 즉 송조에서는 앞에서 본대로 입조 간격에 따라 常參, 六參, 四參, 朔參, 望參 등의 방식이 있고, 외국사는 대체로 3개월 정도의 체류가 일반적이었기 때문에,[63] 이에 기초해 추정한다면 교지와 점성의 사절은 5~6회 정도 일반 입조에 참가할 기회가 부여된 것이 된다.

끝으로 崇政殿은 '正朝'와는 다른 後殿[64]의 하나에 속하며, 旬日 등의 假日에 '閱事'하는 장소였다.[65] 이 假日 동안에 황제는 일반 관료 이외에 외국사를 알현하는 경우가 있고, 이를 위해 『정화오례신의』는 별도로,

崇政殿假日大遼使朝見儀(권153), 崇政殿假日大遼使朝辭儀(권154).

文意에서 다소의 차이가 있다.

62) 이와 같은 席次 配定을 놓고서 중국에서는 소위 "爭長" 문제가 자주 일어났는데, 송조에서도 예외가 아니었다. 『송사』 권113, 嘉禮4 宴饗에도 "凡外國使豫宴者, 祥符中宴崇德殿, 夏使於西廊南赴坐, 交使以次歇空, 進奉, 押衙次交州, 契丹舍利, 從人則於東廊南赴坐. 四年, 又升甘州, 交州於朵殿, 夏州押衙於東廊南頭歇空坐. 七年龜玆進奉人使歇空坐於契丹舍利之下. 其後又令龜玆使副於西廊南赴坐, 進奉, 押衙重行於後, 瓜州, 沙州使副亦於西廊之南赴坐, 其餘大略以是爲準."고 보이고, 다시 동서 권119, 禮22 契丹國使入聘見辭儀, 『장편』 권190, 嘉祐4년 12월 戊辰 등에도 서로 상황이 다른 유사한 내용이 보인다. 본서 제Ⅳ부 제1장도 이 문제에 언급하고 있고, 당의 경우에는 卞麟錫, 「唐代外國使爭長의 硏究」(『亞細亞硏究』 10-4, 1967) 참조.

63) 필자는 현재 이와 관련한 문제를 분석 중에 있으며 "3개월의 체류" 운운은 그 과정에서 얻은 잠정적인 결론의 하나이다.

64) 『武林舊事』 권4, 故都宮城은 이 숭정전을 後殿의 하나로 분류하고 있다.

65) 『朝野類要』 권1, 班朝 御殿에 "遇忌前假及祠祭日分, 則御後殿"고 있고, 『楓窗小牘』 권上, 汴京故宮에는 "閱事之所"로 설명한다.

와 같은 의례를 규정하였다.[66] 숭정전은 '外朝'가 아닌 공간임에도 불구하고 외국사의 입조가 있던 것이다. 숭정전 입조는 거란뿐 아니라 교지와 고려 사절의 경우도 사례가 있고,[67] 특히 고려는,

> 詔하여 고려의 進奉使는 5일에 한번 崇政殿으로 가서 起居하며, 班은 마땅히 起居의 뒤에 해당한다, 고 하였다(詔, 高麗進奉使五日一赴崇政殿起居, 班當起居後.(『장편』 권302, 元豊3년 2월 壬寅)).

처럼 5일 1회의 崇政殿 입조를 허락 받았다. 이는 결코 일반적인 사례는 아니며, 고려가 외교적으로 송조에 우대되고 있던 당시의 특별한 상황과 관련 있는 것으로 보인다.

3. 迎賓 시설의 위치와 연혁을 통해 본 개봉의 일면 : 개봉의 內城과 外城

궁성(大內)을 벗어난 개봉의 內城과 外城에는 각종의 영빈시설이 布置되어 외교적으로 중요한 기능을 수행하였다. 개봉을 찾은 외국사는 入京 후 귀국 때까지 이곳에 자신의 숙소를 제공받아 이를 거점으로 궁성에 출입하거나 무역 등의 외교활동을 전개하였다. 필자는 홍로시에 속한 이들 시설에 별도로 專論한 적이 있으나,[68] 여기서는 개봉의 도시 문제와 관련된 내용을 중심으로 재론하고 싶다. 서술의 편의를 위해 관련 영빈시설의 내용을 정리해 둔 것이 〈표 6〉[69]이다.

---

66) 遼使가 숭정전을 찾은 구체적인 일례로 『송사』 권110, 嘉禮1 太皇太后皇太后皇太妃冊禮에 "元祐二年, …, 中書舍人曾肇亦言, 太皇太后聽政以來, 止於延和殿, 受遼使朝見, 亦止於御崇政殿, 未嘗踐外朝, …"고 보인다.

67) 교지의 경우 『송회요』 蕃夷4-26, 交趾 景德元年 6월 23일에 "(黎)桓遣其子攝驩州刺史明州來貢, 對於崇政殿"고 있다.

68) 주27)의 김성규 논문 참조.

69) 이 표의 내용은 상당 부분이 프랑케(H. Franke)와 특히 周寶珠에 의해 이미 논의된 바가 있고 필자도 前稿(김성규, 앞 논문, 「宋代迎賓機關의 性格을 중심으로 본 唐宋變革의 一面」)에서 이를 논했지만, 3者 모두에서 다소 고증의 잘못과 불충분한 부분이 있기 때문에 새롭게 補正하였다.

〈표 6〉 개봉의 영빈시설

영빈기관명	체류 및 관련 사절의 국명	치폐의 연혁	홍로시와의 統屬有無(원풍관제 이전)	홍로시와의 統屬有無(원풍관제 이후)	설치장소
都亭驛	契丹(처음은 河西蕃部)	後唐의 上源驛을 後晋이 都亭驛으로 개명(940)하고, 宋이 國初부터 계승. 崇寧元年重修	×	×(?)	舊城右第1廂光化坊
往來國信所	契丹		×	×(?)	미상
禮賓院	回鶻, 吐蕃, 黨項, 女眞, 于闐(一時) 등	國初부터 존재. "蕃譯(驛?)院"이 1006年에 여기에 합병됨. 熙寧9년 4월에 禮賓院監官을 없앰	×	○	新城西廂歸德坊
懷遠驛	南蕃, 交州, 西蕃, 大食, 龜玆, 于闐, 甘州 등	興國2년에 後周의 懷信驛을 都亭驛으로 고치고, 景德3년(1006) 12월에 懷遠驛을 別置.	×	○	舊城左第1廂興道坊
都亭西驛	西夏	(後唐時?)河西蕃部의 貢奉를 관장하던 上源西驛을 祥符9년에 개명	×	○	新城西廂惠寧坊
夏州蕃驛	西夏	舊染院을 祥符9년에 변경	×(?)	?	京城西
來遠驛	遠人	熙寧3년(1070) 5월 29일 신설	×	?	新城北廂
同文館	高麗(靑唐 포함)	1074년경 신설	×	○	新城西廂延秋坊
班荊館	契丹	舊名은 陳橋驛, 都亭驛에 예속	×	?	景陽門 밖
瞻云館	미상	미상	?	?	宜秋門 밖

먼저 홍로시와 이들 여러 시설의 관계를 확인해 둘 필요가 있다. 홍로시는 이미 검토한 대로 원풍관제 개혁 이후에 부활과 함께 13개의 부속기관을 거느렸고, 그 중 都亭西驛, 同文館, 禮賓院, 懷遠驛의 4개 기관이 來訪한 외국사절과 관련이 있었다(〈표 2〉 참조). 『神宗正史職官志』는 이들 4개의 시설만을 "所隷의 官司"로 들고 있다. 그런데 〈표 6〉을 통해서는 그 밖의 다른 영빈시설들이 원풍 이전부터 이미 존재한 것을 볼 수 있는데, 이들과 홍로시의 관계를 정확히 규정하기는 어렵다. 송의 '4大 館驛'으로 도정역, 도정서역, 회원역, 동문관이 거론하는 것처럼 이들 시설이 가장 대표적이기는 하지만,[70] 그렇다고 그 밖의 시설들이 홍로시의 통할 밖에 있었는지 단언하기 어렵다.[71] 다만 거란사를 위한 도정역

70) 明 李濂撰, 『汴京遺蹟志』 권13, 雜志2 宋四館驛 참조.

71) 한 가지 가능성으로 위의 4개 시설 이외에 나머지는 송 전기부터 그 주관 官署로 생각되는 客省이 계속해서 관할하고 있었을지 모른다. 『송회요』 方域10-12, 懷遠驛에는 熙寧7년 11월 10일부로 客省의 관료

은 홍로시 隸下가 아닌 것으로 보이고, 역시 거란 관련의 往來國信所도 거란이라는 특별한 지위 때문인지 아마 독립된 기관으로 보인다.[72] 따라서 班荊館은 도정역에 예속된 관계로[73] 홍로시와의 관련성은 약하고, 그밖의 夏州蕃驛, 來遠驛, 瞻云館은 사료 제약으로 그 관계가 분명치 않다.

이들 시설이 개봉 시가에서 어떠한 환경 속에 있었는지는 더욱 분명치 않다. 현재의 연구 단계에서는 개봉 시가의 공간 배치, 즉 도시 기능의 파악 자체가 저조하기 때문이다. 개봉에는 소위 '廂坊制'가 실시되어 많은 시설이 廂과 坊의 이름을 통해 보이지만, 그들의 위치를 지도 위에 정확히 비정해 파악하기는 곤란하다. 영빈시설도 사료에 廂과 坊의 이름은 확인되지만 구체성이 떨어지는 것은 마찬가지이다.

송의 개봉성은 당의 汴州城이 팽창해 그 바깥에 外城이 지어진 결과 內城化한 공간까지를 포함한 것으로, 開封府城의 가로도 이 같은 과정을 밟았기 때문에 특히 外城內의 가로 형태는 극히 불규칙하며, 문헌상에서 복원하는 것은 거의 절망적이라고 할 수 있다.[74]

그 속에서 영빈시설들이 적지 않게 외성(新城)에 위치한 점은 개봉의 도시 사정과 무관하지 않다. 즉 그 이면에 100만 이상의 인구로 급속히 팽창한 개봉이 협소한 자기 공간을 확대시켜 가는 과정에서 불가피하게 빚어지는 도시 발전의 흔적이다. 먼저 내성에 위치한 도정역과 회원역 중 도정역의 경우는 五代부터 이미 존재하는 건물을 그대로 사용하거나, 송초에 아직 있던 공간적 여유로 구성(내성)내에 위치할 수 있었다고 보인다. 회원역의 경우는 송초에 遼使를 제외한 기타 외국사가 "단지 公府에 安泊"하는 사정이었기 때문에,[75] 이 문제를 해결하기 위해 구성 내에 새롭게 마련된 것으로 이해된다.

가 "本省所轄諸驛"이라는 표현을 하고 있다.

72) 都亭驛은 『송사』 권165, 職官5 鴻臚寺와 『神宗正史職官志』 모두에서 그 隸下의 시설로 보이지 않고, 往來國信所는 『송사』에만 그 隸下로 보여 특정하기 곤란한 점이 있다. 周寶珠는 同, 앞 책, p.616에서 별다른 근거 제시 없이 본 장에서 소개한 영빈시설들을 "홍로시 소속"으로 설명하지만 단언하기 어렵다.

73) 『玉海』에 "北驛"이라 있으나 이것은 내용상 도정역을 가리키는 것이다.

74) 愛宕元, 『中國の城郭都市』(中公新書, 1991) 제7장 「宋代の城郭都市」, pp.149~150.

75) 『송회요』 方域10-13~14, 景德3년 12월에 "置懷遠驛於汴河北. 先時, 契丹使館於都亭驛, 其諸蕃客使止於公府安泊, 至是以爲非便, 遂規度侍衛都虞候舊公廨, 創是驛馬"고 있다. 『옥해』 권172, 邸驛 景德懷遠驛도 참조. 이에 의하면 회원역도 새로운 空地에 신축한 것은 아니고 구래의 건물 특히 군사시설을 이용한 것 같다.

이곳에는 송과 초기부터 관계를 갖고 있던 西域諸國의 사절이 주로 머물고 있었다.

다만 이 무렵은 新城의 西廂에 이미 禮賓院이 있는 상태였고, 그럼에도 불구하고 회원역을 舊城에 다시 세운 것은 예빈원만으로는 외국사를 충분히 수용할 수 없던 사정이 추

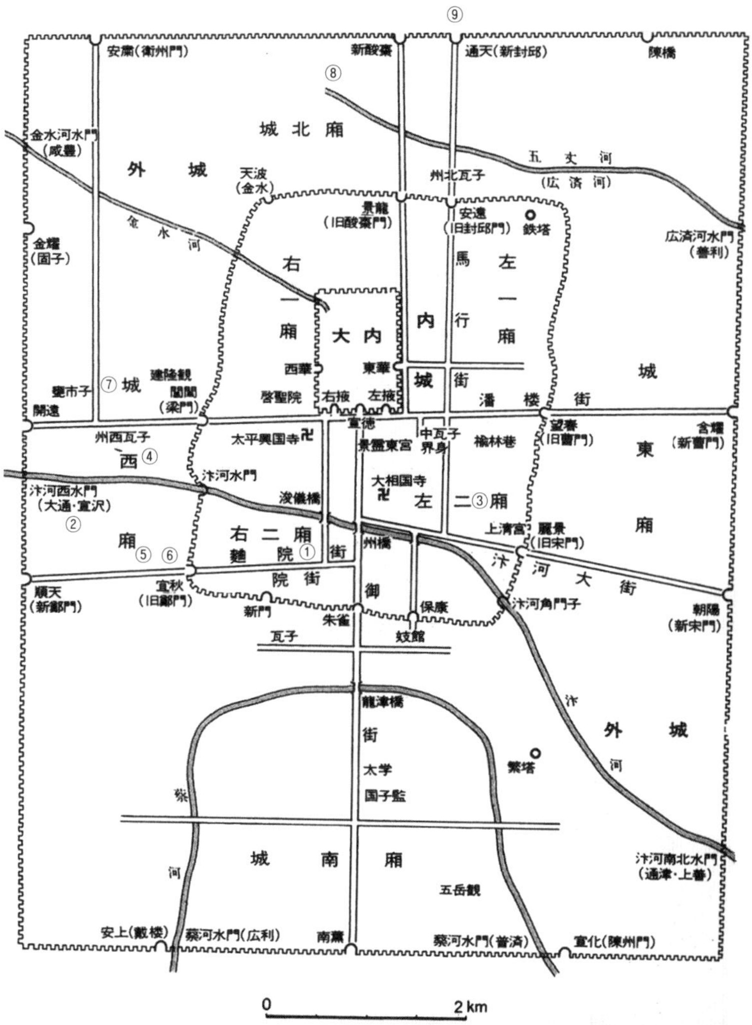

* 범례: ① 都亭驛, ② 禮賓院, ③ 懷遠驛, ④ 都亭西驛, ⑤ 夏州蕃驛, ⑥ 瞻云館, ⑦ 同文館, ⑧ 來遠驛, ⑨ 班荊館

〈그림 4〉 개봉성과 迎賓 시설

측된다.[76] 송초에는 구성 안에 도정역과 회원역이 외국사가 체류하는 시설로 먼저 출현하였고, 이를 전후해 신성 내에도 예빈원이 유사한 기능을 보이기 시작한 것이다.

이후에 증설되기 시작한 都亭西驛, 夏州蕃驛, 同文館, 來遠驛, 瞻云館[77]은 모두가 외성에 위치하게 된다. 이중 도정서역은 적어도 오대의 後晉 이전에 외성(즉 송의 구성)에 있던 上源西驛[78]이 송대에 이름을 도정서역으로 바꾸어 新城의 西廂으로 이전한 것으로 볼 수 있다. 송의 신성은 後周시대에 출현한 것이고 上源西驛이 이때까지는 구성에 있던 것에 비해 송의 도정서역은 신성의 西廂에 위치하기 때문이다. 이어 하주번역은 본래 外諸司의 하나인 舊染院의 건물로 "京城의 西"側에 위치하고, 또 宜秋門 밖에 있었으므로 신성 西廂에 위치하는 것이 되며,[79] 瞻云館 역시 宜秋門 밖 外城西廂에,[80] 그리고 동문관도 新城西廂에 위치하고 있었다(이상은 〈표 6〉과 〈그림 4〉참조).

이렇게 볼 때 도정역의 부속시설로 외성 밖에 있는 班荊館을 빼면 회원역보다 늦게 생긴 영빈시설은 모두가 외성에 위치하지만, 그 중에서도 來遠驛만이 외성의 北廂에 있는 것을 예외로 치면 나머지는 西廂에 분포하는 것이 된다. 이 점에서 외성 특히 그 西廂은 개봉에서 외국인 거주가 가장 많은 곳으로도 볼 수 있다. 이점에서는 그 서북지구에 외국인 시설이 집중되어 있던 당대 장안의 모습이 연상된다.

이처럼 영빈시설들이 구성 밖에 위치하는 데에는 구성의 공간적 협소가 한가지 이유로 작용했을 것이다. 구성은 이미 五代부터 포화상태에 달했다고 하며,[81] 따라서 여기에 새로운 시설이 쉽게 들어설 여지는 일단 없었고, 영빈시설도 기존의 도정역과 회원역만으로 충분했을 것이다. 도정역에는 해마다 수차례 빠짐없이 거란사의 왕래가 있었고, 회원역에

---

76) 『송회요』 職官25-6, 禮賓院에 "掌蕃夷朝貢互市, …舊有蕃驛院, 景德三年併入, …"라고 있는 점 등에서, 필자는 예빈원이 적어도 당초에는 숙박시설로서보다 "蕃夷의 조공과 互市"의 일반적인 사무에 관계하는 경향이 강했으나, 景德3년 이후 숙박전용시설로 보이는 蕃驛院을 "併入"함으로써 迎賓시설의 의미를 강하게 띠기 시작했다고 생각한다.

77) 단 이 瞻云館의 설치 연혁은 미상이나 송초에는 없었던 것으로 생각한다.

78) 『옥해』 권172, 邸驛 宋朝都亭驛에 의하면 後晋 天福5년 9월 이전에 송 都亭驛의 전신인 "上源驛"이 존재하므로, 上源西驛도 이 무렵 竝存했던 것으로 여겨진다.

79) 染院의 위치와 관련해서는 『宋東京考』 권3, 諸司 및 권20, 橋梁을 함께 참조.

80) 필자는 瞻云館의 위치를 比定하기 어려우나 周寶珠는 同, 앞 책, p.615에서 "宜秋門 밖" 外城西廂으로 파악하고 있다. 周寶珠는 그 根據를 제시하지 않고 있으나 본론에서는 이에 따르기로 한다.

81) 梅原郁, 앞 논문, 「宋の開封と都市制度」, p.55.

도 규모가 큰 1000명 이상의 南蕃 사절이 비교적 빈번하게 찾고 있었으므로[82] 그 규모는 상당했을 것으로 보이며,[83] 이러한 시설을 더 이상 증설할 여지는 없었을 것이다.

따라서 大中祥符연간(1008~16)에 출현한 도정서역과 하주번역이 구성을 벗어나 신성에 위치한 것은 자연스러운 추세이지만, 문제는 이 같은 공간의 협소로 인한 불편이 이윽고 외성에도 대두한 점이다. 북송 후기 개봉의 외성에도 인구는 포화상태에 달했다고 보이기 때문이다. 특히 徽宗연간에 "京師의 戶口가 날로 불어나 棟宇가 밀접하여 간극이 없을 뿐 아니라 돈이 있어도 살 땅이 없다"거나,[84] 蔡京을 비롯한 유력자들이 호저를 지으면서 서민들의 이전을 명령해도 이주할 공지가 없었다는 사실 등이 자주 거론되고 있다.[85]

따라서 그로부터 멀지 않은 神宗代에 이미 외성의 원활치 않은 공간 문제가 상정되며, 그 속에서 확보된 178間에 이르는 동문관과 래원역의 출현은 그 무렵 활성화된 '조공국'의 왕래를 반영하는 것이기는 하지만, 간단한 문제는 아니었을 것이다. 영빈시설 중에는 신축보다 기존 시설의 용도를 바꾼 것들이 눈에 띤다. 신축의 예로는 동문관만이 확실하고 하주번역, 래원역 등은 재래 시설의 용도를 바꾼 것에 불과하다. 특히 熙寧3년(1070)에 외성 北廂에 두어진 래원역은 "舊馬軍都候의 公廨"를 '增葺'한 것으로,[86] 神宗朝 이후 본격화한 禁軍 삭감책과 무관하지 않았던 점이 주의를 끈다. 즉 개봉의 외성에는 금군의 거처인 군영이 가장 대표적인 경관의 하나로 도처에 있었는데, 신종조 이후 금군 삭감책

82) 필자는 현재 이 방면의 통계를 작성 중에 있는데 예를 들어 『송회요』 蕃夷7, 歷代朝貢은 그를 위한 중요한 자료이다.

83) 만일 영빈시설이 사절단의 수를 고려해 지어졌다면, 회원역에의 사절단이 가장 대규모였기 때문에 그 시설의 규모도 가장 컸을 것이다. 하지만 확인되는 것으로는 都亭驛이 528間으로 최대이며, 同文館이 178間이다(김성규, 앞 논문, 「宋代迎賓機關의 성격을 중심으로 본 唐宋變革의 一面」). 참고로 송대의 間은 長方形 가옥 한채 분의 크기를 의미하는 등(梅原郁, 「宋代都市の房僦とその周邊」(『布目潮渢博士古稀 記念論集』, 1990), p.336) 정확치 않지만 여기서의 間을 6尺 즉 약 1.8m로 보면, 위 시설들의 규모가 짐작이 된다.

84) 『송회요』 方域4-22, 宣和2년 10월 28일, 御史中丞翁彦國의 奏에 "伏見, …今太平歲久, 京師戶口日滋, 棟宇密接, 略與容隙, 縱得價錢, 何處買地…"라고 있다.

85) 『송회요』 方域1-19, 崇寧5년 2월 26일의 詔에 "京師居民繁夥, 居者櫛比, 無地可容, 深慮移徙民居, 毀徹私舍, 久安之衆, 遽棄舊業, 或至失所"고 있다. 이밖에 同書 方域4-22, 第宅, 政和6년 12월 1일의 臣僚上言에 "近日臣僚蒙恩給賜第宅, 皆優還價值, 然于民居私舍不無遷徙毀撤之弊. 詔開封府出榜曉諭止絶, 如違令, 御史臺覺察奏聞"고 한 것도 비슷한 예이다.

86) 『송회요』 方域10-11, 懷遠驛에, "在崇化坊, 以待遠人. 神宗熙寧三年五月二十九日, 新作來遠驛, 舊馬軍都候公廨, 增葺爲待蕃客"고 있다.

에 따른 '廢營'이 행해졌고,[87] 그를 활용한 래원역이 출현한 것이다.[88] 금군 군영의 변화는 개봉 시가의 경관 변화를 초래했고, 거기에 영빈시설도 일정한 관련을 갖고 있는 것이다.

이와 반대로 영빈시설이 건립 후에 다른 용도로 전용되는 예도 적지 않다. 다음에 보이는 회원역의 변천사는 개봉의 도시 문제에 시사하는 바가 적지 않다.

> 神宗 熙寧7년(1074) 11월 12일에 客省이 말하기를, 懷遠驛에 提擧汴河堤岸인 霍翔이 머물고 있었으나, 일전에 溪峒蠻人 向仕旋 등이 도착하자 翔이 懷遠驛을 떠났습니다. 생각하건대 조정의 四夷 館待는 懷遠 1 역에 그치지 않으며, 다른 곳에서는 신료에게 休舍를 허락하는 사례가 없으니, 마땅히 本省이 관할하는 여러 譯으로 하여금 신료를 체류시키지 않게 할 것을 바랍니다, 고 하여 이를 따랐다. 이보다 앞서 嘉祐中(1056~1063)에 余良肱이 安泊하여 그 뒤 관례가 되었으나, 이에 이르러 없애게 되었다(神宗熙寧七年十一月十二日客省言, 懷遠驛有提擧汴河堤岸霍翔, 在驛寓止, 續有溪峒蠻人向仕旋等至, 翔卽離驛. 竊謂, 朝廷館待四夷, 不止於懷遠一驛, 他處率無許客臣僚休舍之例, 欲乞應本省所轄諸譯並不令臣僚安下, 從之. 先時, 嘉祐中有余良肱安泊, 後以爲例, 至是罷之.(『송회요』 方域10-12, 懷遠驛)).

熙寧7년(1074) 11월 12일, 客省이 提擧汴河堤岸 霍翔의 예를 들어 회원역에 외국사 이외의 일반 송조 관원이 寓居하는 사실을 지적하고 그 규제를 요구한 결과, 그 후 이 문제가 시정되었다고 한다. 회원역이 외국사가 체류하지 않는 동안 수시로 다른 용도로 전용되고 있는 사정을 알 수 있다. 회원역은 작은 시설이 아니었을 것이고, 이곳에 霍翔 한 사람만이 寄居했다고도 생각되지 않는다. 또 이러한 예는 嘉祐연간(1056~63)부터 시작되었다고 하지만 『玉海』에도 祥符6년(1013) 9월에 이미 회원역을 增修해서 "皇姪의 南宅"으로 사용한 예가 보인다.[89] 그렇다면 이것은 회원역 설치 이후 7년만의 일이며, 여기에는 비록 외국사의 체류가 항상적이지는 않더라도 다른 용도를 갖는 기존의 건물을 "皇姪"의 거처로 삼았다는 점에서 구성 내의 공간문제가 상정된다.

---

87) 久保田和男, 「宋都開封と禁軍軍營の變遷」(『東洋學報』 74-3~4, 1993): 「唐宋國都の都市構造について」(『史滴』 17, 1995).

88) 이러한 경향은 회원역의 경우에도 보이며(본 장의 주77)), 따라서 기존 시설 특히 군대 시설의 용도를 바꾸어 사용하는 예는 개봉에서는 이미 국초부터 존재한 것을 알 수 있다.

89) 동서 권172, 館驛, 景德懷遠驛 참조.

한편 이 기사에서는 『송회요』 특유의 문장의 부자연함 때문에 해석의 문제가 있지만, 송조 관리의 寓居가 회원역에만 존재한 것으로 설명하고 있다. 하지만 이러한 경향은 회원역 이외에서도 존재하며, 특히 熙寧 말기 이후에 도정역, 동문관, 도정서역 등에서 현저하게 나타나고 있었음을 필자는 앞서 지적한 적이 있다.[90] 이 사실도 북송 후반기의 공간 부족 문제와 무관하지 않을 것이다. 이러한 사실은 외국사가 이들 영빈시설에 상시 체류한 것이 아니므로 그 공백기가 적지 않았고, 그 시기에 맞추어 넓은 공간을 활용한 것으로 볼 수 있지만, 그 자체가 100만 인구를 껴안은 개봉의 공간 부족을 반영한 것으로 볼 수 있다.

송대의 영빈시설은 결코 그 기능이 고정되어 있지 않았고 많은 경우 가변적이었다고 볼 수 있는데, 이 점은 장안과 개봉 간에 보이는 도시의 성격과 무관하지 않아 보인다. 즉 그것은 造營 당초부터 성곽, 가로, 坊市를 계획적으로 안배하고 그로부터 각 구역 내지 시설의 용도도 특정되었을 장안성에 비해, 비계획적이고 비특정적인 상태에서 출발한 개봉이 원래부터 가질 수밖에 없는 숙명이기도 하지만, 동시에 그로 인해 개봉은 한층 時宜와 필요에 따른 신축적 대응력을 키우지 않을 수 없었다.

맺음말

개봉이 갖는 도시의 특성은 다방면으로 설명될 수 있지만, 본 장은 그것이 외교라는 측면을 통해서도 설명될 수 있음을 주장하였다.

본 장에서는 먼저 외사기구의 개편을 들었다. 당대에는 홍로시와 主客을 중심으로 四方館, 通事舍人, 客省, 鴻臚客館, 禮賓院 등이 부속적으로 관계하였으나, 송대에는 먼저 홍로시와 主客의 기능 정지로 인해 客省이 그 자리를 대신해 각종의 외사기구를 주도했고, 다시 원풍관제개혁 이후에는 홍로시와 주객이 원래의 기능을 회복하게 되지만 客省도 일정한 역할을 계속하여, 북송 후반에는 홍로시, 주객, 객성이 외사의 주축으로 병립하는 현상을 보였다. 이는 송의 관제 전반에서 나타나는 특징처럼, 당대에 이르러 완비된 전통적인 관제와 당 중기 이후 새로운 현실에서 대두된 新官制를 어느 한쪽만을 남기지

90) 김성규, 앞 논문, 「宋代迎賓機關의 性格을 중심으로 본 唐宋變革의 一面」.

않고 교묘히 양존시킨 송대 관제의 특징이 외사기구에도 반영된 것으로 볼 수 있다.

이와 병행해 외국사가 치르는 외교의례의 장으로서 궁전의 기능도 송대에는 당과는 차이를 보였다. 송의 궁성에 있는 주요 궁전들은 대부분 외교적으로도 기능을 하였다. 송의 朝政과 관련해 가장 중요한 大慶, 文德, 紫宸, 垂拱(長春), 集英의 소위 다섯 '正朝'는 각각 내정의 중심임은 물론 동시에 외사 즉 외교적 기능도 수행하였다. 수공(장춘), 집영 두 殿과 관련 있는 용례를 분석해보면, 외국사에 대한 賜宴이 자주 보이며, 이 경우 전자는 宋帝가 근신에게 베풀던 관습이 외국사에게도 연용된 것으로 생각되며, 후자는 원래 그것이 국가 '大宴'의 장소라는 성격이 있었기 때문으로 생각된다.

다만 실제 사례에서 볼 때 賜宴은 위의 두 殿보다도 자신전에서 더 많았다. 즉 자신전은 외국사와의 관련이 가장 많은 궁전으로 생각되며, 그것은 단순한 賜宴에 그치지 않고 宋帝에 대한 등극 축하 인사, 賀正 및 聖節 축하, 그리고 弔哀를 위한 의례는 물론 외적을 격파하거나 그 獻俘를 받는 의례도 이곳에서 치러지고 있음이 확인된다.

이 자신전은 특히 거란사와 관계가 깊어 송조에서는 政和연간에 그 이름을 포함하는 「紫宸殿大遼使朝見儀」, 「紫宸殿正旦宴大遼使儀」, 「紫宸殿大遼使辭朝儀」등의 儀禮를 만들었다. 그러나 이것이 자신전이 외국사 중에서 거란사와만 관계를 갖는다는 의미는 아니며, 기타 다른 외국사의 출입도 폭넓게 존재했다.

文德殿 등에서는 외국사가 송조의 일반 官員들처럼 '朔參', '望參' 등의 입조 기회를 얻어 참석한 점이 이색적이다. 외국사에게 朝議를 개방하는 것도 의례의 연장으로 볼 수 있으나, 송조는 이 기회를 통해 해당 외국에 대한 현안을 群臣들과 토론할 기회를 가졌을 것으로 생각된다.

한편 개봉의 내성과 외성에는 외국사가 직접 체류하고 응대 받는 영빈기구가 다수 존재하였다. 본 장에서는 특히 이 문제를 도시문제와 관련지어 재음미해볼 때 거기에 새로운 일면이 있음을 강조하였다. 즉 그것은 영빈기구의 배후에 놓인 협소한 개봉의 공간문제이며, 이 문제로 인해 이들 기구는 그 위치를 점차 내성보다 외성으로 옮겨가는 추세를 보였다. 또한 영빈시설 중에는 신축보다 기존 시설의 용도를 바꾼 것들이 자주 보이거나, 새롭게 지어진 뒤에 다른 용도로 전용되는 예도 적지 않은데, 이들은 모두 100만 이상의 인구를 껴안은 개봉의 공간 부족 실태를 반영한 것이다.

즉 송대의 영빈시설은 그 기능이 고정적이지 않고 대부분 가변적이었는데, 이 점은 당의 장안과 송의 개봉 간에 보이는 도시 성격의 차와 무관하지 않아 보인다. 이는 造營 당초부터 성곽, 가로, 城市를 계획적으로 안배하고 또 그로부터 각 구역 내지 시설의 용도도 특정된 장안성에 비해, 비계획적이고 비특정적인 상태로 출발한 개봉이 처음부터 가질 수밖에 없는 숙명임과 동시에 時宜에 따라 신축적으로 대응할 수 있는 자율적인 측면이기도 하다.

宋代における朝貢管理機關の編制とその性格

はじめに

東アジア世界を一つの圏域としてとらえ、そこに存在する内的紐帯やダイナミズムを、中国史を軸に追究する研究の傾向がすでに日本では久しく、中国や韓国でもいま関心を集めている。ところでこの傾向は、中国史の中においても特に宋代を前後とする時代、すなわち隋唐や明清時代を対象として盛んに行われており、宋代に対しては比較的低調な印象を禁じ難い。宋代に関しては東アジアの国際関係の重きが「政治」より「経済」に置かれるようになったとされ、主としてその方向性において研究が進んできたため、はじめから「政治」の面が等閑視されたような觀がある。問題は「先入觀」より「事實」である。つまり、それならばその「経済」に取って代わられたとする「政治」が果たしてどのような實態を伴うものなのか、が問われるべきである。

かかる問題意識は、すでに一九六〇代に白石晶子によってなされた、「国際関係の形態としての朝貢を考察するものは隋唐時代に、また朝貢そのものの實体についての究明は明代の朝貢貿易に関心が集中している觀があり、そのためか、中国王朝に対する「朝貢」の一般的イメージが、これらの個々の時代に顯著にあらわれた特徵をもって、全時代を通じて、あるいは朝貢国すべてについて敷衍することによって形成されている傾向もあるようである」[1]という認識、あるいは「冊封体制論、東アジア世界論の妥当性についての論争は、今日に至るまで主として隋唐時代の東アジア国際関係をめぐってなされており、宋代以降の時代については、その方法論的な検討は十分深め

1) 同、「三仏斉の宋に対する朝貢貿易について」(『お茶の水史学』五、一九六二)。

られていない」[2]という、一九八〇年代佐々木揚の論評にも通じている。要するに「従来、中世の対外関係は伝統的に貿易史の枠ぐみで研究されてきたが、いま切實にもとめられているのは、本格的な政治史的視点からの考察」[3]であるが、それらの問題提起を受けた研究成果はいまなお十分とは言えず、相変わらず本格的な分析が待たれるところである。

ここでいう「政治的」というのは、單なる国家と国家間の交渉史ではなく、その裏面で宋王朝と周辺国家との関係を秩序つけるところの原理と法則等に関連するものを意味する。すなわちそれは、隋唐時代の伝統を受けついで依然としてこの時代にも主要な国際関係の枠として機能し續けていた「冊封体制」、或は明清時代に完成すると見なされる「朝貢体制」と関連するものに他ならない。前後時期と比較する時、宋代の冊封または朝貢秩序がどのようなものであり、かつ如何に位置づけられうるか、従来この方面の實態が特に曖昧であり、その印象はまさに白石氏が指摘される如く、隋唐または明清時代のイメージをもって代替せられているような嫌いがなくないのである。

本稿はそうした問題に迫るすべき一環として、まずこの時代の外交を中心的に担っている代表的な朝貢管轄機構をとりあげて、それらの間に見える編制とその性格を概觀し、よって將来の研究の礎石にしようとする。特に宋代には、後述する如く唐に比べて多様な迎賓施設が出現しており、これが外国の朝貢使と密接な関係を持つばかりでなく、宋代の外交的特徴をなすと思われるところが多いので、それらを中心として論じていきたいと思う。また、そうした迎賓施設は首都の開封以外の地域にもなくないが、主として開封に集中しているので、他の朝貢管轄機構を含めて本文では分析の対象を一応中央のものに絞った。なお、このような研究は唐を対象としては進んでおり、宋の場合はH. プランケや周宝珠両氏によるものがあるが[4]、いずれも本稿とは論点において相違があるのみならず、補足を要するところが少なくないようにみえる。

---

2) 佐々佐木揚、「清代の朝貢システンと近現代中国の世界觀(一)」(『佐賀大学教育学部研究論文集』三四-二 (Ⅰ)、一九八七).

3) 荒野泰典等編、「総論」(『アジアのなかの日本史Ⅰ』、東京大学出版会、一九九二).

4) Herbert Franke、Sung Embassies : Some General Observations、(Morris Rossabi ed.. *China among Equals; The Middles Kingdom and Its Neighbors、10th~14th Centuries*、Berkeley and LosAngeles: University of California Press、1983)、周宝珠『宋代東京研究』(河南大学出版社、一九九二) 第一七章「東京対外的経済文化交流」。

1. 朝貢機構の編制とその変遷

1) 宋前期において

宋以前の中国歴朝において外国使を受け入れ、また管理する官署として代表的なものは尚書省吏部の主客と鴻臚寺である。漢代以降これらには「封国王侯」や「郡国の計理」までを兼掌するものもあったが、[5] 次第に事務の専担化が進み唐代になると外交や民族関係のものが中心をなしてきた。唐の場合、朝貢使に対する待遇を総括するのは礼部、そのなかでも主客郎中が中心であり、鴻臚寺はそのうち主に長安での彼らの接待を礼部と連絡をとりながら管轄した。[6] これに四方館、通事舍人、客省らもあって、外事を分担していた。また、外国使の宿泊施設としては鴻臚客館と礼賓院があり、[7] 唐の數多い朝貢使節はその何處に滞留していたわけである。

宋代に入るとすでにこの形勢に変化が起きている。宋代には唐中期以来の「律令官制」の形骸化にそって鴻臚寺と主客部の外国使関連事務が殆んど停止し、それらが他のところに移管されている。主客部の方は史料が乏しいが、鴻臚寺の沿革については例えば『宋会要輯稿』(以下『宋会要』)職官25-1 鴻臚寺所引『両朝国史』に、

> 鴻臚寺、判寺事一人、以朝官以上充。凡四夷朝貢、宴享送迎之事、分隷於往来国信所・都亭・懐遠駅・礼賓院。本寺但掌祭祀、…享周六廟三陵、公主妃主以下喪葬…。

とあって、その職掌が主に祭祀や喪葬に限定され、本来の「四夷の朝貢」とその「宴享送迎」は往来国信所、都亭駅、懐遠駅、礼賓院などに「分隷」されたと記す。往来国信所を除く都亭駅以下は、後に詳述するように、外国使の滞在する迎賓施設すなわち舘駅の

---

5) 黎虎、『漢唐外交制度史』(蘭州大学出版社、一九九八) 上編「漢代外交制度」參照。

6) 石見清裕、「唐代外国貿易·在留外国人をめぐる諸問題」(『魏晉南北朝隋唐史の基本問題』汲古書院、一九九七); 同、『唐の北方問題と国際秩序』(汲古書院、一九九八に再收錄)。

7) これらに関しては、石見清裕、「唐の鴻臚寺と鴻臚客館」(『古代文化』第四二卷第八号、一九九〇;同、『唐の北方問題と国際秩序』汲古書院、一九九八に再收錄); 黎虎前揭書下編「唐代外交制度」; 石曉軍「鴻臚寺の附屬機関」(『史泉』八八、一九九八)などの論文がある。

類いであるが、礼賓院以外は唐代には見えないものである。ところでこの記事では、その諸館駅が鴻臚寺に統轄されているようにも見受けられるが、事實両者にそのような関係は認められず、むしろそれらが関係を持っていたのは客省であったと思われる。

すなわち『宋史』巻一六六 職官六 客省によれば、客省の職掌範囲は、(a)国信使の見辭とそれへの賜宴、(b)四夷の朝覲と貢獻に関する儀、(c)四夷からの受幣とそれに対する賓礼、(d)饔餼飲食、(e)歸国に際しての詔書の頒与などであり、これは特に宋の前期中のこととして唐の鴻臚寺のそれと一致している。よって、客省は宋代にはもちろん、すでに唐後半からはその本来の機能が停止した鴻臚寺と主客部の地位を代えていたと言える。とすれば、上記の諸館駅も一応客省の統轄を受けるものと見て自然であろう。その関係を明示した記事はないが、『宋会要』(方域10-12 熙寧七年一一月一二日)の一文に、

客省言、…欲乞応本省所轄諸駅、並不令臣僚安下、從之。

とあるのはそれを示唆する。ただしそれらのうち、往来国信所や都亭駅は客省との関係が明らかでないが、恐らくそれは両者ともに普通の朝貢国とは異なる契丹を相手にする施設であったからではなかろうか。このような関係もあって、本文ではこの両者は一応検討の対象から省くことにする。

なお、このように客省の位相が浮上してきたことは、要するに唐後期における顯著に進んでいた「使職」の發達と大体軌を同じくした現象と見做してよかろう。すなわち、唐後期における「使職」や「差遣」の制度化と宦官の專權化は、三省六部九寺の体制を崩しつつ外交管理機構にも変化を働きかけ、やがて「主客の閑簡」と「鴻臚寺職權の被侵奪」をもたらし、それに代わって宦官が客省使·礼賓使などの使職を帯びて中央での事務はもちろん、時には外国使を辺境にまで護送する外交のほぼ全般を處理するようになった。[8] その際客省使は使職名であると同時に、その本人が所屬する客省の長官を指す差遣名であるから、客省使の活躍に伴って客省も重要度を増してきたと思われるが、このあたりの客省の實態及びそれの宋代への展望は明らかにすることに難しいところがある。

---

8) 黎虎前掲書第九章第五節「唐後期外交管理体制的変化」參照。

いずれにせよ、宋代の客省は唐後期以来の客省の伝統に沿うものと考えられ、それは後述する諸迎賓施設の組織などでも伺われるように、宋初の外交機構において宦官を中心とする內諸司系統官吏の比重が高いという面からも、客省のみならず外交機構の全般的な性格が唐後期以来の流れを汲むものと考えられる。

このように宋前期における朝貢事務は、客省を軸にしつつその他の関連する機構との協力で行われた。すでに示した諸迎賓施設はその代表的なものであり、その他にも様々な事態や場面に応じての諸官署が絡んでくるが、そこには四方館や東西上閤門使もあった。唐代にも重要な役割を演じたこれらは客省と共に內諸司に屬するものとして、特に朝貢使節に欠かせない宮中儀礼の執行に関わっていた。[9] したがって朝貢のことを総括する客省は、宮中で擧行される公式儀礼である「四夷の朝覲と貢獻の儀」の場合、四方館および東西上閤門との関連を必要とする一方、外国使の滯留地域である開封城の外城地區(後述)においては、その付屬施設である諸迎賓施設の協力を得つつ、朝貢使の日常面での「饔餼飲食」にも関与していた。上で擧げた(a)~(e)にわたる客省の職掌はそのようなことをまとめて記した部分と言えよう。

2) 元豊官制改革以降における変化

北宋後期に元豊の官制改革(一〇八〇~八二)が行われると、その影響は朝貢機構にも及んだ。それは唐制を範とする改革の性格上、鴻臚寺と主客の機能复活を意味するものである。この時代に鴻臚寺が本来の仕事を取り戻し、また主客もそうであったことについては、『宋会要』職官25-1~2 鴻臚寺所引「神宗正史職官志」と『宋史』巻一六三 職官三 礼部 主客郎中 員外郎に明らかである。

両者は內容だけでなくその組織など形式の面でも唐のそれに似ている。ただし注目されるのは、この時復活された鴻臚寺が多數の関連施設を「統べて」いることであり、「神宗正史職官志」によれば、それらは都亭西駅とその管勾所、同文館とその管勾所、礼賓院、懐遠駅、提点寺務司、建隆・醴泉・万壽・奉慈・中太一・集禧觀・崇眞・資聖宮院提点所など合わせて一三個所になっている。鴻臚寺は四夷の朝貢以外に祭祀や

9) 宋代の四方館や東西上閤門使については、梅原郁、『宋代官僚制度研究』(同朋舍、一九八五)第二章「宋代の武階」參照。

喪葬を基本的な職掌としているから、前者は都亭西駅、同文館及管勾所、礼賓院、懐遠駅と関連があり、その他は後者との関連を持つ。とすれば、宋の前期中に客省の所管であった迎賓施設が、この段階で鴻臚寺の所管に変ったことが分かる。そしてこれを前掲した「両朝国史」と比較すると、この時都亭西駅や同文館及びそれらの管勾所が新しく含まれていることが分かるが、これらは後述するが如く「両朝国史」以後の段階でできたものである。

ところで、このように元豊改革直後には鴻臚寺を中心とする体制となったが、それ以降このような形勢が必ずしも安定したようには見えない。すなわち、『宋会要』など他の関連記事にはその後の鴻臚寺について特記するところがないが、『長編』には元祐初の諸臣の反対にも拘わらず、高麗と西夏の入貢に関する事項は、管勾同文館所·管勾都亭西駅所が各々鴻臚寺を経由せずに直接所属する曹部すなわち主客を通じて施行させており、元祐期には少なくとも高麗と西夏関連の事務に鴻臚寺の関与が排除されているのが見える。[10] ここには当時の宋朝にとって高麗などが他の外国より重視された事情も作用したであろう。しかしより本質的には、そこに事務處理の迅速さをはかるための目的が見いだされ[11]、その裏返しとして宋朝で外交問題に関する事務の重複という現象が問題となっていたことになる。すなわち主客と鴻臚寺の間には元々その性格上事務が重なっており、その潛在性が宋朝では少なくとも元豊の末には表面化しつつあったようである。事實、このごろの宋朝では、「寺·監」と「省曹」間にあり得るそうした役割の重複現象が幅廣く問題点として提起されており[12]、主客と鴻臚寺の間に見える問題もその一環であったといえよう。だが、「寺·監」と「省曹」相互間の効率的な整理は、官吏らの失業に対する不安などの問題もあって實現せず[13]、主客と鴻臚寺両者も併存し續けている。

しかし、このように部分的とはいえ、鴻臚寺の高麗や西夏に対する関与がなくなったとすれば、それは四夷を総括すべき鴻臚寺本来の位相に一歩届かないものを意味すると同時に、その分だけの事務が他所に移管され、結果的には全体的に宋朝の外務

10)『長編』巻三八八 元祐元年九月己卯の右司諫王覿の言參照。

11) 注10)所引記事及び同書巻三九一 元祐元年一一月壬申參照。

12) この問題については張復華『北宋中期以後之官制改革』(文史哲出版社、一九九二)を參照。

13) 張復華上掲書第二章「哲宗朝之官制改革」參照。

における事務の差別化ないし専担化の傾向が見いだされるようにも思われる。そしてこれは、すでに一言し且つ後に詳述するように、諸迎賓施設のなかでも見えているそのような傾向と歩調を合わせているものである。いずれにせよ、哲宗朝には鴻臚寺が高麗と西夏を除くその他の朝貢使および迎賓施設を管轄する反面、高麗と西夏は主客に直接管轄される形が一応整っている。[14] ただし、後者の中でも高麗は一段と優遇され、政和二(一一一二)年にはこれを客省が特別に取り扱い、その直後にはさらにこれを契丹並みに樞密院に隷屬するまでとなった。[15] ここで客省が一定の役割を演じたのも朝貢管轄機構の相対による専担化と見ることができる。すなわち、これは客省が元豊以後にその地位を主客と鴻臚寺に譲ったにも拘わらず、特定な役割を續け、結果的に朝貢(国)の管理が多元化していることと言えよう。

2. 国際関係から見た迎賓施設の沿革

以上のような朝貢機構の「専門化」は迎賓施設の方でより明確に現れる。すなわち、迎賓施設こそ外国使と最も直接に相手するところであるが、宋が唐と異なる点は、唐が外国使を特別に區別せず全てを鴻臚客館ないし礼賓院に宿泊させたのに対し、宋ではその施設が国家或は地域別に分けて備えられたということである。ただ、これらの施設は最初から同時に存在したわけではなく、その時々の時代的な状況、特に外交問題の影響を受けながら変化していったと言える。

まず眞宗代はそれらが整う一つの畵期と見ることができよう。この時代に契丹との間で澶淵の盟(一〇〇四)が、さらに西夏とも景德和約(一〇〇五)が相次いで締結され、対外関係が全般的にようやく安定化したことは周知の事實であるが、この事態が海外の国々をして宋朝を活發に訪ねさせ、迎賓施設の整備につながったと言える。なお、このごろの朝貢數が宋代においても最も多かったのは次の〈図I〉によって裏つけられる。

---

14)『宋会要』職官25-1~2 鴻臚寺には「神宗正史職官志」とともに「哲宗正史職官志」が引用されているが、そのなかに鴻臚寺に関する記事は見えない。

15)『宋史』巻一六六 職官六 客省及び同書巻四八七 外国三 高麗參照。

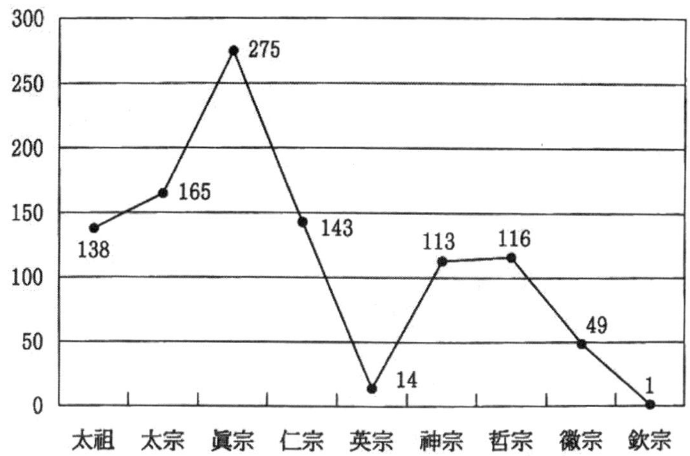

〈図I〉北宋代における朝貢の推移[16]

そのような状況の中で契丹使節のための都亭駅の整備も進んだが[17]、朝貢使のためのものとしては懐遠駅と礼賓院が景徳三(一〇〇六)年に各々新設または改編された。まず懐遠駅は景徳三年一二月に「汴河の北に置き、以て諸蕃の客使を待つ」とあり、ここの諸蕃は南蕃・交州・西蕃・大石(大食)・龜玆・于闐・甘州・宗哥(青唐)などを意味し[18]、主として西域や西南方面のわりと幅廣い諸国を対象としていた。また『宋会要』方域10-13~14 景徳三年一二月には

> 先時、契丹使館於都亭駅、其諸蕃客使止於公府安泊、至是以爲非便、遂規度侍衛都虞候旧公廨、創是駅馬。

との、事情が見える。これからは都亭駅が契丹使に占められたため、他の諸蕃の客使が迎賓施設の不足で「公府に安泊」されるようになった、という意味合いが讀み取

16) 筆者は宋代の朝貢に関するデータを集めその年表を作っている途中である。本図は『宋会要』蕃夷七 歴代朝貢を中心として一応の傾向を把握するために試みられたものであるが、より詳しい内容は近い将來に発表する予定である。

17) 都亭駅については『玉海』巻一七二 邸駅 宋朝都亭駅を參照。

18)『宋会要』方域10-12 懐遠駅。

れ、したがって宋の初めは都亭駅にも諸蕃の客使が泊まっていたと思われる。すなわち、宋の代表的な迎賓施設として国初よりあった都亭駅は、普通契丹専用と知られるが、それは多分澶淵の盟を前後にしてからであり、その以前にはそこに諸蕃の客使も、そしてたまには契丹使の滯在もあったのである。[19] それが大体澶淵の盟以後には、契丹の地位を認め都亭駅がその専用の館駅に充てられ、かつ諸蕃の客使が公府に安泊を余儀なくされたので、景徳三年末には後者のために新しい施設が用意されるに至っているのである。

ただし、このころすでに礼賓院という施設が存在していた。その沿革について清人周城撰『宋東京考』巻11 館には、景徳三年に礼賓館を改めたものでその旧名は「番(ママ)駅院」とし、『宋会要』職官25-6 礼賓院には「…旧有蕃駅院、景徳三年併入」とある。礼賓院は以前よりその前身となるものがあって景徳三年にそれの擴大改編が行われたのであろう。[20] そしてこの時の礼賓院は、回鶻·吐蕃·党項·女眞及び南蛮使節の滞留と朝貢を管掌していた。[21]

とすれば、先の懐遠駅の新設にはいかなる意味があったのか。一つは既存の礼賓院の管掌範囲に入らない国々をさらに分けて掌る必要性が考えられる。確かにそこには新しい国名が多數見えており、宋朝にとって見れば、それらを礼賓院に合わせているより、分離して別のところに受け入れるのも自然な形勢であったかも知れない。つまり、これは前述した迎賓施設の特化という趨勢と見ることができる。もう一つは、朝貢使の増加に対處するための必要性が考えられる。それは、懐遠駅がすでに礼賓院に受け入れられている一部の国々をも重複して扱っていることからも推察できる。少なくとも南蕃·甘州(回鶻)·宗哥(靑唐の吐蕃政權)などはそのような存在である。特に、このうち南蕃は、宋代においても最も頻繁かつ多數の使節を宋に送っており、また甘州や宗哥の朝貢も増える一方で、これらが迎賓施設擴張の必要を促していたに違いない。

19) このような傾向性はすでに五代の都亭駅に見える。『玉海』巻一七二 邸駅 唐都亭駅參照。

20) 蕃駅院については未詳だが、『玉海』巻一七二 邸駅には「蕃訳院」となっている。これが正しいとすれば、後述するように礼賓院は「訳語之事」にも関わっていたから、このことは元々朝貢の事務で必要だった外国語を翻訳する部署を後に礼賓院に合併したものとも見ることができよう。

21)『宋史』巻一六五 職官五 鴻臚寺 禮賓院には「南蠻」がないが、『宋会要』職官25-6 禮賓院にはそれが見える。

要するに、景徳三年より以前の宋朝では、代表的な迎賓施設として既に唐代にもその名があった都亭駅と礼賓院があり、そこでは特に外国使の區別がされずに泊められたが、景徳年間に入ってからは外国使の増加や契丹に対する格別な取り扱いの必要などから、懐遠駅が新設され、且つ必ずとは言えないが外国使を出身地別に分けて受け入れるような傾向が強まったと理解される。

ところで、このように見てくる時、問題となるのは西夏と高麗に関することである。前述によれば、「両朝国史」の段階、すなわち宋前期においては、西夏や高麗を対象とする施設が別になかったのだが、その後半の事情を伝える「神宗正史職官志」には、都亭西駅と同文館が各々両国のためのものとして初めて現れている。とすれば、それ以前、つまり宋の前期中には西夏と高麗に対する専用の施設はなかったのだろうか。

まず西夏の場合はそうではなかったと考えられる。この時期に西夏との交流が一応あった以上、それがなかったというのはおかしく、『玉海』などにもそれと関連する都亭西駅の存在が見える。それによれば、都亭西駅は、元々は「河西蕃部の貢奉」を管掌する施設であった上源西駅を祥符元(一〇〇八)年に改名したものだという。[22] 河西蕃部は初期西夏、すなわち建国以前の「夏州政権」を中心とする部族を指す場合が多いから、祥符元年以前にはその使節を上源西駅に安置したものと思われる。ただしその名が史書に殆んど見えず、また当時宋·西夏間の正常的な使節往来があまり活發ではなかったので、上源西駅が實際にどれ程機能したのかは疑問である。[23] そこで、祥符元年に、宋朝がそれを都亭西駅と改名した意味は少なくない。すなわち、時期的に祥符元年は、既に見たように、迎賓施設がしだいに整備されていく景徳三～四年の直後にあたり、さらにその直前の景徳二年には西夏とも景徳和約で轉機を迎えていた。都亭西駅はこのような雰囲氣の中で、新しい対西夏関係のために従来の上源西駅を改編したものであり、またそれは以前から進んでいた迎賓施設の整備という一連の流れの中に位置つけられるものとも言えよう。かくして都亭西駅には宋前期に主に西夏使節の

22)『玉海』巻一七二 邸駅 都亭西駅。

23)『玉海』(巻一七二 邸駅 都亭西駅)は、祥符九(一〇一六)年に宋朝が都亭西駅の外に「夏州蕃駅」を新設したとするが、これと都亭西駅との関係は明らかでない。これは、景徳和約以降に活潑化した西夏使節の往来による一時的な措置とも思われる。というのも、それ以降の夏州蕃駅の存在は確認されず、西夏使節の 滞留も確認可能な限り全て都亭西駅である。

ための施設としての位置が与えられた。[24]

高麗の場合はこれと違う。高麗もはじめは宋朝に重要な外国で活溌な通交が持たれたが、それにも拘らずこの場合はその使節に関連する説明が史料にあまり見▨たらない。これはなぜであろうか。それは両国間にあった特殊な関係を考慮に入れる必要がある。すなわち、高麗の対宋交流は契丹の牽制のために斷續的に展開され、国初の活溌だった交流は太宗淳化五年(九九四)に一度中絶されており、それ以降長い空白期を経て公式的な通交がようやく回復されたのは神宗の熙寧後半であった。しかし、九九四年まで両国の関係が活發であったとしても、前述のように、宋朝ではそのごろまで迎賓施設がまだ整備されていたとは認めにくく、高麗に対しても明確な原則が立てられていたとは思われない。では、高麗使はどこに滯留したのかが問題となるが、これに関する記事は見当たらず、これまでの検討によって当時まで存在していたのは都亭駅或いは礼賓院であったから、彼らはこれらの何處か、さもなければ「公府」に安置されたと考えられる。

以上、概観した迎賓施設の盛況は、前述のように、その時期に増えつつあった朝貢の増加と表裏をなすものであった。したがってそれと反対に、仁宗朝から英宗期までの長期間に亘って續く、振るわない国際環境の下では、前掲の〈図I〉でも分かるように、今度は朝貢數の急減を招き、それがさらに迎賓施設の存在意義にも影響を及ぼし、その性格の変質までを余儀なくさせた觀がある。それは後述する迎賓施設の多様な機能のなかに垣間見ることができる。

しかしやはり〈図I〉から見えるように、神宗期に入っての積極的な外交政策に支えられた諸外国からの朝貢が増えてくると、再び迎賓施設の役割が活發化する。『長編』巻二三二 熙寧五年四月乙亥に、

> 詔秘書丞·集賢校理·検正中書戸房公事章惇删修都亭西駅條例。夏人久不朝、故西

---

24) ただし、『宋史』巻四九〇 外国六 于闐に「天聖三年十二月、…詔給還其直、館于都亭西駅…」との如く、于闐使が都亭西駅に安置される場合があり、また同書巻四八九外国五勃泥国にも「太平興国二年、…詔館其使於礼賓院」とあって、南海の勃泥国も礼賓院に泊められるように、その他の舘駅でも外国使との対応関係が必ずしも一致するものとは言えない。ただ、後者の場合はその機能が分化される以前のことである。

駅條制重複雜亂、承用者無所適從、至是復修貢、故有是命。

とあるのは、そのような国際関係と迎賓施設の関連性をよく示している。一応の西夏専用施設であった都亭西駅は、仁宗の慶曆年間から續いていた宋·西夏の戰爭、並びにその後の不安定な関係回復期を経て神宗卽位後まもなく再開された軍事衝突などによって、西夏使節の往来が乏しかったが、それが都亭西駅の関連「條例」の混亂とともに、舘駅そのものの放置ないし轉用を恐らく助長していたと考えられる。なお、後述するその組織からすると、都亭西駅にはこの時「條例」とともに本駅の管理に関わる「管勾所」が設けられたと思われる。

また、これに相次いで長い間中絶されていた高麗との交流が回復されるにつれ、その専用の舘駅として同文館と「管勾所」が新設された。宋の神宗は契丹対策の一環として特に高麗招致に関心を持ち、その上で高麗使節を事實上西夏以上に優遇し[25]、それが哲宗·徽宗朝にまで受け継がれたが、同文舘はそうした政策の延長線にあったものである。同文館は少なくとも熙寧七(一〇七四)年の初めごろまではその体制が整えられ[26]、ここにはじめて入宋する高麗使の滯留が常例となった。

さらに、これら都亭西駅や同文館よりやや先立つ神宗の熙寧三年(一〇七〇)には、来遠駅という舘駅が蕃客の応対のために「增葺」されたが、これも神宗朝の積極的な外交政策に伴う朝貢使の増加と関連するものに違いなかろう。

25) 例えば奥村周司「使節迎接礼より見た高麗の外交姿勢」(『史觀』一一〇、一九八五)が示唆的である。

26) 同文館の正確な設置時期は未詳であるが、『宋会要』職官25-4 鴻臚寺 熙寧七年正月條に「差入內內侍省內東頭供奉官張士良兼勾當同文館」とのごとくある。

3. 迎賓施設の諸様相

1) 迎賓施設の組織

では、これらの迎賓施設はどのような組織をもち、さらにどのような役割を演じていたのか。まずその組織の面を見る時、鴻臚寺、主客、客省などに関しては比較的まとまった記事が見え、しかもそれらは基本的に唐の制を踏襲している反面、その管理を受けている迎賓施設の組織については、斷片的な記事しかなく、その實態は數の少ない史料を合わせて迫るしかない。

そのような中で、その狀況をわりと知らせてくれるのは『宋会要』職官25-6 礼賓院の次の記事である。

> 以閤門祇侯以上及三班內侍二人監。旧有蕃駅院、景德三年併入、又有監生料內侍二人、復有領回鶻·吐蕃·党項·女眞·南蛮蕃客通事各二人。

これによって礼賓院には、1) 閤門祇侯以上及び三班內侍の職名を帯びる二人が恐らくその總責任者となっていたのを始め、2)「生料」のことを管理する內侍二人、そして、3) 回鶻·吐蕃·党項·女眞·南蛮の蕃客のための通事が各々二人あったことが分かる。ここでまず注意される部分は、礼賓院の管理に携わっている官吏の性格であるが、それはその他の迎賓施設でもある程度共通している。例えば、懐遠駅の組織については「三班內侍二人を以て監す」とあり[27]、また後述する同文館もその總責任者は內侍であり、さらに迎賓施設ではないが対契丹の外交機関である管勾往来国信所の管勾官二人も內侍の「以都知·押班を以て充つ」[28]とある。梅原郁氏によれば、元「閤門祇侯」や「三班使臣」といった職名は、伝統的に皇帝の側近またはその信任をえている者たちに与えられるもので[29]、特に前者には対外使節としての任務を果たす者も多く、後者は宦官の位階としてすりかえられるようにもなる。よって、ここからは宋代の

27)『宋会要』方域10-12。

28)『宋会要』職官36-32 主管往来国信所。

29) 梅原郁前掲書第二章「宋代の武階」參照。

外交における「閤職」の関与が迎賓施設の中にも伸びている一方、宦官のそこへの参畫も一般的であったことが分かる。

また、礼賓院には当然あるべきものとして「官給の食糧」、すなわち「生料」のことを、やはり「内侍」二人が担当している他、「蕃客」の通訳のために「通事」を置いていることが確認される。ここに回鶻·吐蕃·党項·女眞·南蛮を対象とする蕃客が二人ずつ置かれたのは、礼賓院がこれらの民族や国家のためのものであったからである。したがって、「通事」はその性格上別の舘駅にもあったはずであろうが、それが確認されるのは礼賓院だけである。[30]

次に同文館の内部の様子については『宋会要』職官25-11 同文館に、

> 舎宇二百七十八間、看館執役者二十二人、後減十二人。神宗熙寧七年正月、差入内内侍省内東頭供奉官張士良兼勾当同文館。

と見える。規模が二七八間に至る同文館は、まず入内内侍省の「内東頭供奉官」(従八品)が「勾当同文館」なる職名を兼ねてこれを管理し、その下には「看館執役者」が二二人いたが後に一二人に減っている。前述によれば、同文館には「管勾所」が付設されていたので、ここで「内東頭供奉官」(従八品)が兼任するという「勾当同文館」はその「管勾所」を意味すると思われ、これに対し「看館執役者」は同文館内に常置された一種の監督役と見られる。その下にはさらに館内の雑役に従事する役人があったと思われる。そしてこの場合、二七八間という大きさは、管見上宋代館駅の中で最も大きい都亭駅(五二八間)と共に、その規模が具体的に確認される例であるが、「看館執役者」二二人は、その他の館駅にもあるであろう「看館執役者」の人數を推察させうる一つの目安になる。ちなみに、かかる迎賓施設の規模はそこに滯在する外国使の人數とも関係があるだろうが、例えば高麗の場合は最大二九三人、南蛮は時により家族連れで一〇〇〇人を越える場合があり[31]、これらは比較的多い例に屬する。

一方、「看館執役者」の下にある雑役係の問題と関連しては、北宋時代のことを記

30) (注30)

31)『宋史』巻四八七 外国三 高麗 天聖八年、『宋会要』蕃夷7-13 歴代朝貢 咸平元年九月八日條所引『山堂考索』。

す史料はあまりなく、ただ南宋時代に金国からの使節のためのものに変身した都亭駅に、専知官(1人)と副知官(1人)以下、手分(1人)、貼司(1人)、庫級(1人)、庫子(2人)、院子(7人)、兵級(40人)などが所属していることが分かる。[32] これらはいずれも廣い意味での胥吏に屬するもので、その名前は宋代の下級財務官廳である所謂倉場庫務などに廣く見える。すなわち宋代の胥吏体系で見れば、専知官と副知官は比較的専門化された事務に携わる「吏人」であり、それ以外は徵發されたり顧募された「公人」とか廂軍と考えられるものたちである。[33] 都亭駅がこのように財務官廳に似た胥吏などを有したのは、その機能が主として外国使の接待にあったために、いろんな備品などを管理する必要から出たものと思われる。五二八間にもなる北宋の都亭駅はもちろん、その他の諸迎賓施設でもこうした役人たちがその規模によって多數存在しており、時より使節の対応に奔走していたに違いなかろう。

このように見てくる場合、宋代の迎賓施設は、一応「責任官(主として宦官) - 看館執役者 - 雜役者」の体系を中心に、そこに通事など様·な必要に応じての役人が配屬されていたと言えよう。

2) 迎賓施設の諸機能

岩見清裕や黎虎によれば、唐の鴻臚寺は次のような幅廣い外務に関係していた。[34]

> ①外国使節の迎接と歡送、②等位の辨別、③官位の擬授、④冊封の執行、⑤外交文書の接受と進呈、⑥朝見時の班位の調整、⑦貢獻の接受、⑧設宴歡待、⑨蕃客の館待、⑩必要な諸般物品の提供、⑪医藥と喪葬、⑫蕃客活動の指導と監督、⑬質子及び留学生の管理、⑭飜訳、⑮蕃情の把握、(16)外国への出使

元豊以降にその職能が回復されるに及び、宋代の鴻臚寺もこのような仕事の多くに関与するようになったのは言うまでもない。前掲した『宋会要』所收『神宗正史』職官

32)『宋会要』方域10-11 都亭駅 紹興一四年五月四日。

33) 梅原郁前掲書第六章「宋代胥吏制の概觀」參照。

34) 注7)の両氏前掲論文參照。

志は、鴻臚寺が、

> ⓐ賓客及び凶儀、ⓑ蕃国使節に対する「礼命之等」の判別、ⓒ館舎の授与と(皇帝への)見辭儀式、ⓓ宴設、ⓔ給賜、ⓕ貢物

などに関与することを記す。

ところで、この唐宋の鴻臚寺両者を比較して見ると、後者の方が前者の方よりもその関与する仕事の範囲が狭いようにも見受けられる。これを記事の粗略とも言えるかも知れないが、宋代には後者に見えない仕事の一部が、迎賓施設の方に移されていたようにも考えられる。もちろんこれらの施設も所詮は鴻臚寺に屬するものが多いが、それにしても唐代より外国使の接待を專門とする舘駅の數が増える狀況を考えるならば、その可能性は高い。

かかる立場から宋代の迎賓施設について検討すると、次のような多様な機能があったことが確かめられる。

(1) 外国使の宿泊機能

迎賓施設の役割として最も重要なことは、言うまでもなく外国使の宿泊とその応待、すなわち彼らが入宋して出国する時までに必要ないろんな便利を提供する場所としての役割である。この点についてはすでに確認してきた通りなので、それ以上述べる必要はない。ただ、ここで一つ敷衍しておきたいのは、迎賓施設が国家や地域別に特定されるのが原則ではあったが、それが必ずしも固定的ではなかったことである。例えば西蕃(靑唐)は前の検討によれば、懷遠駅に滯留するのが普通だが、同文館に留った例があり[35]、高麗もまた同文館との関係だけがあるのではなく、礼賓院ともそれがあったことが想定される。[36] このような齲が礼賓院や都亭西駅でもあったことについては前述した通りである。次に、滯留者の人的構成としては、交聘使·副或いは進奉使·副(契丹以外の国家の場合)、及び彼らを隨行する使節が普通は大部分であるが、時に

35)『長編』巻二八五 熙寧一〇年一〇月辛卯に「鬼章·董氈遣人進貢、聽寓止同文館」とある。

36)『宋会要』職官25-7·礼賓院 大中祥符九年正月、『宋史』巻三四九 宋守約伝など參照。

は彼らの家族も含まれて全体の人員が一〇〇〇を越えたり[37]、滞在期間も長い場合があった。そのために、宋朝はこれに種々の制限を加える一方[38]、その応対に追われたようである。[39]

(2) 蕃客活動への指導と監督

このように舘駅の内部が賑やかになると、それによる事故の發生とそれに対する宋朝の統制もあり得る。唐の鴻臚寺に蕃客の活動に対する指導と監督があると前述したが、宋の場合もそれが舘駅で行われたことが見える。一例として『宋会要』職官二五-六 礼賓院 大中祥符二年二月には、

> 詔礼賓院、毎蕃戎酋長忿争、本院官多不在彼、條理、自今留官一員止宿。

とある。礼賓院では蕃戎の酋長たちが紛争を起こすことがあったが、宋の官員が不在であった故に問題となったため、大中祥符二(一〇〇九)年には官吏を留宿させる措置が取られることになった。舘駅の中で滞留者同士の間に紛争が想定され、宋朝もこれを指導し監督する必要があった。特に礼賓院は、回鶻·吐蕃·党項など諸民族の共同の宿泊所であった関係からそのような紛争の多發があったのであろう。[40]

(3) 互市貿易

迎賓施設の重要な機能として互市がある。宋朝を訪ねる外国使の最大の目的の一つに、所謂「朝貢－回賜」貿易があったことは周知の事實である。その際、迎賓各施

---

37)『長編』巻八一 大中祥符六年八月戊子、同書巻一一〇〇天聖九年正月庚申など。宋代外国使の隨行人については金毓黻「宋代国信使之三節人」(『文史雜誌』一-一二、一九四一)を參照。

38)『長編』巻四三四 元祐四年一〇月己亥、『宋会要』職官三六-三三 (景德三年)十一月詔など。

39) 例えば『欒城集』巻四六 乞裁損待高麗事件箚子。

40) これと関連する記事として『長編』巻七一 大中祥符二年二月甲午、『宋会要』職官二五-七 礼賓院大中祥符二年一二月を參照。

設が「互市の場」としても機能した。史料に舘駅の説明として「礼賓院掌…朝貢館設、及互市訳語之事」(『宋史』巻一六五 職官五 鴻臚寺)や、「懐遠駅掌…貢奉之事」(同前)とあるのはそのためである。舘駅内部の様子を記す稀な史料の一つとして『長編』巻三〇五 元豊三年六月己酉には、

詔同文館置司驅磨市易務錢物、以同修起居注舒亶領其事。

とあって、同文館内に高麗との交易のための市易務の錢物が置かれていたことが分かり、また『長編』巻四四九 元祐五年一〇月癸丑には、

詔、自今…進奉人到闕、関司錄司曉示行人、情願將物入(同文)館交易…。

との如く、高麗の進奉人が開封に到れば、宋朝は開封府の司錄司[41]をして「行人」に知らせ、交易を願う者が物品を持ち同文館に入ることを許している。諸外国の朝貢貿易は館駅の内部と外部とで行われたが、それに関する最も詳しい説明は、高麗を対象として述べた蘇轍『欒城集』巻四六 乞裁損待高麗事件箚子であろう。

(4) 買馬

一方、ほぼ礼賓院に限られて見えることではあるが、ここでは買馬などの馬政と関連する役割があったようである。礼賓院の官吏が馬政に関してその主管府署たる羣牧司に建議したり[42]、或は礼賓院の内に賣馬した蕃部に支給すべき絹·茶を収める場所があったことはその証據である。[43] したがって、礼賓院は一般の朝貢使(進奉人)以外にも、宋朝に買馬のために来た蕃部たちが泊まりながら便宜を受けていた場所という性格も合わせて持っていた。この機能が礼賓院に限って見えているのは、宋に賣馬する

41) 龔延明編著『宋代官制辭典』(中華書局 一九九七)五一八頁には、戸籍·婚姻などに関する訴訟を決斷する「開封府司錄參軍事の治所として京司監獄の一つ」とする。

42)『宋史』巻三四九 宋守約伝、『歐陽修全集』巻一六 論監牧箚子(嘉祐五年)など。

43)『宋会要』職官二五-六 礼賓院 咸平元年一一月。

主体と礼賓院の管轄する地域とがほぼ一致するからに他ならないであろう。

(5) 弔儀場所

今度は都亭駅だけでのことであるが、ここは外国に対する弔儀や、たまにあり得る外国使のための葬儀をも行う役割を備えていた。特に契丹で国喪があった場合、宋朝は契丹に弔哀使を直接送るのと並行して、都亭駅にも宋の一般官吏を弔問させるのが普通であった。『宋史』巻一二四 礼二七 凶儀三 天聖九年六月に、

> 契丹使来告哀。礼官詳定、北朝凶訃、…令…宰臣·樞密使已下待制已上、並就都亭駅弔慰。

とあるのは、それが慣例となっていたことを物語る。なお、これはすでに唐の鴻臚寺が行っていた機能を、宋代には鴻臚寺の他に特に都亭駅が継承していることを意味する。一方、『長編』巻三五〇 元豊七年一二月癸未には、

> 董氈進奉大首領薩卜賽死於都亭駅。詔賻絹百匹、仍与朝辭礼物、附給其家。

とのごとく、西蕃(靑唐)の使者が都亭駅で死亡した例が見える。今までの検討に照らせば、西蕃の使者は礼賓院に泊まっていたと見るべきであり、この点を勘案すれば、この場合の死者は礼賓院から都亭駅に移送され葬儀が執り行われたと思われる。

(6) 宋朝の一般官吏のための宴会·臨時宿泊所など

最後に宋代の迎賓施設は外国使たけでなく、宋朝の一般官吏や賓客のためにも利用されていた。これも都亭駅の場合に集中的に見え、まず大臣などのための宴会の場所として都亭駅は大いに活用されていた。これを示す例は少なくなく、『宋史』巻一一九 礼二二 賓礼四には、

中興、乃旧制。凡宰相・樞密・執政・使相・節度・外国使見辭及来朝、皆賜宴內殿或都亭駅、或賜茶酒、並如儀。

という規定が見える。南宋でも北宋からの旧制として、比較的高級官僚が參加する各種の宴会を都亭駅で擧行していたのである。[44] これに加え、都亭駅では地方から上京した特別な官吏たちが泊まる例が見える他[45]、大中祥符年間(一〇〇八~一六)に行われた封禪の予行練習が、ここで幾度か行われたのも注意される。[46] 考えるに、このことは都亭駅の廣い空間を最大限活用したものであって、かかる宋代迎賓施設の用途の轉換は、後述するこの時代の特性とも合致するところがある。なお、元豊(一〇七八~一〇八五)・紹聖(一〇九四~一〇九八)年間に、新法党の蔡確・章惇などが、元祐期旧法党の人士を対象に、その罪狀を訊問した所謂「同文館の獄」が執行された所も同文館であった。[47]

迎賓施設から見た開封の一面:終りに代えて

以上、宋代の朝貢管轄機構の問題を迎賓施設を中心に検討して、それの幾つかの特性と言えるものを指摘してみた。そのなかでも、朝貢管轄機構の最末端に位置し、外国使をどこよりも最前線で接していた迎賓施設が、国家ないし地域別に専門化しつつ、その機能と役割が擴大かつ充實されたことを强調した。

ところで、ここで最後に注意したいことは、そのような説明があくまでも原則的かつ一面的なものであって、實際にはそれと対照的な側面をも合わせて持っていた点で

44) ただし、『宋史』巻一一三 礼一六 嘉礼四、『長編』巻六八 祥符元年正月己丑などによれば、都亭駅の賜宴では文武百官と致仕官も同參していた。

45)『宋史』巻三一〇 杜衍伝、同書巻四五七 隱逸上 种放伝、同書巻一二二 礼二五 凶礼一 山陵、『長編』巻一六九 皇祐二年九月丙申、同書巻六〇 咸平五年九月戊申など参照。

46)『長編』巻六九 大中祥符元年八月甲辰、同書同巻 大中祥符元年八月丙午にその例が見えるし、『宋史』巻二九一 吳育伝及び『長編』巻一六五 慶曆八年壬申なども參照する必要がある。

47)『宋史』巻二〇〇 刑法二、同書巻三四〇 劉摯伝、同書巻三四五 劉安世伝、同書巻四七一姦臣一邢恕伝など參照。

ある。そしてそのような隠れた側面は、唐の長安とは異なる開封の都市問題から生じうるものと考えられる。

すなわちこのことは、舘駅の多くが最初から新築よりも既にあった別の建物を利用していた問題、或いはそれと反対に舘駅で使っていた建物であっても後にその用途を変えていった問題などから、接近することができよう。便宜上後者の問題から見ると、次の『宋会要』方域10-12 懷遠駅に見える懷遠駅の変遷史は開封の都市問題に示唆するところがある。

> 神宗熙寧七年十一月十二日客省言、懷遠駅有提擧汴河堤岸霍翔、在駅寓止、續有溪峒蛮人向仕旋等至、翔卽離駅。窃謂、朝廷館待四夷、不止於懷遠一駅、他處率無許客臣僚休舍之例、欲乞応本省所轄諸訳並不令臣僚安下、從之。先時、嘉祐中有余良肱安泊、後以爲例。至是罷之。

熙寧七(一〇七四)年一一月、客省は提擧汴河堤岸である霍翔の鯆を擧げ、懷遠駅に外国使以外の宋朝官吏が「寓居」している事實を指摘してその規制を要求した結果、問題が是正されている。ここからは 懷遠駅に外国使が滯留していない間に宋の一般官吏が「寓居」していることと、そのような事實が單に懷遠駅に止まらぬ他の「本(客)省の所轄する諸訳」にもあったことが分かる。懷遠駅は決して小規模とは思われず、よってここに霍翔一人だけではない人々の寄居の可能性が考えられる。また上文では、そのような例が嘉祐中(一〇五六~六三)より始まったとするが、『玉海』(卷一七二 館駅 景德懷遠駅)には祥符六(一〇一三)年九月に、すでに懷遠駅が增修され恐らくその一部が「皇姪の南宅」として使用された例が見える。とすれば、これは懷遠駅の設置から七年後のことであって、舘駅の用途轉換が早くから進んでいる例に屬する。これに準ずる例として、都亭駅の場合も元祐年間に皇后の「行第」としてその用途を変えようとしたところで中止されたことがあり[48]、同文館も宋朝官吏の家屬が臨時に泊まったり[49]、開封府內の火災のための避難所として使われることが検討された。[50]

48)『長編』卷四六四 元祐六年八月乙未。

49)『長編』卷二七二 熙寧九年正月壬午。

50)『長編』卷三七二 元祐元年三月乙亥。

形勢がこのようになれば、外国使の接待に不便が生じることはもちろん、舘駅そのものの名實が無色になるはずであるが、なぜこのようになったのか。筆者は、これが当時開封の抱えていた空間不足の問題と無関係ではないように思う。すなわち、外国使が一年中舘駅にいつも滯留していたわけでなく、むしろその空白期が長い場合もあると思われ、場合によっては前述した都亭西駅のように、數年間も使節を迎えていない状態にあったことも事實である。そこで、その廣い空間を放置しておくより、時々の必要に合わせ活用することがすでに早い時点からある程度慣例になっていたと考えられる。つまり宋代には、長安に比べ、その規模が約七分の一にまで縮小された開封を効果的に利用するための必要が日々増大し、空間の多面的な活用が都市の活氣を一層提高させていたと考えられる。[51]

かかる思惑は、前者の場合、すなわち舘駅の一部が新築よりもすでにあった別の建物を利用したという事情からも伺われる。その一例として『宋会要』方域10-11 来遠駅に、

> 在崇化坊、以待遠人。神宗熙寧三年五月二十九日、新作来遠駅、旧馬軍都候公廨、増葺爲待蕃客。

とあるのを擧げられる。久保田和男氏は、元々軍事的な色彩が强かった開封が、特に神宗期以降の軍備縮小の政策に伴われる大幅な軍營の撤去によって、都市の景観に変化があったことを指摘されている。[52] このころ「新作」された来遠駅は、このような都市問題とも関わりつつ、その姿を変えていたと考えられる。

要するに、宋代の迎賓施設は、決してその機能が固定的でなく可変的であっと言えるが、この点は長安と開封の間に見える都市の性格と無関係でないと筆者は思う。すなわちそれは、造營の当初より城郭、街路、坊市を計劃的に按配し、したがってそこから夫々の區域や施設の用途も特定されていたはずの長安城に比べ、非計劃的で非特定的な状態から出發した開封が、はじめから持たざるをえなかった宿命であったが、それは同時に開封が時宜や必要によって伸縮的に対応しうる自律的な側面であったとも言えよう。

---

51) 例えば梅原郁「宋代の開封と都市制度」(『鷹陵史学』三·四合集、一九七七)。

52) 同「宋都開封と禁軍軍營の變遷」(『東洋学報』七四-三·四、一九九三)。

III

외교 의례와 예제 패권주의

1 송대 동아시아에서 賓禮의 성립과 그 성격

머리말

호카트는 의례의 목적을 "종교적 외경을 나타내기 위해서도, 무서운 마력을 내몰기 위해서도가 아니라, 생명과 생활을 안정시키기 위한 실용적인 활동에 있다"[1]고 지적하였다. 또 靑木保는 "의례는, ……안정과 번영을 얻기 위해 행해지는 실용을 위한 장치이지만, 의례를 행하기 위해서 조직을 새로이 만들어 가는 행위의 발전으로서「국가」가 있다. 그로부터 국가의 본질은 의례에 있다"[2]고 지적한다.

기어츠가 19세기 발리(Bali)섬의 소왕국(즉 니가라)에서 행해지는 연중행사를 분석해 이를 "劇場國家"라고 명명한 것은 국가에서 의례의 상징성을 가장 강조한 예이다. 즉 그는 발리 섬에서는 "祭儀가 행해지는 날만이 實日이고 그 이외의 일상은 虛日이라는 생각이 지배적이며 儀禮야말로 니가라를 성립시키는 조건이며 王宮의 각 공간은 극장의 무대에 비교될 수 있고 왕과 귀족은 연기자로, ……왕궁에서의 祭儀는 모두 이 "모범적 중심"이란 무엇인가를 보이기 위해 "연출되는 것이었다"[3]는 인상을 서술한다.

왕조 시대 중국에서도 禮의 작용은 매우 중요했다. 예는 중국에서 法과 함께 사회와 국가를 영위시킨 두 가지 수단으로 필요 불가결한 요소였다. 예는 행위의 규범으로서 인식되어 법치보다 '禮治'가 존중되었고 법은 어디까지나 예의 바깥에서 이를 보족하는 것으로 여겨져 왔다. 즉 예치는 법치에 선행하는 것이 원칙이었고 법은 예로부터 분화·독

---

1) Hocart, A.M., "The Purpose of Ritual", in Rodney Needham(ed.), *Life Giving Myth*(London Univ. Press, 1950), p.52.

2) 靑木保,『儀禮の象徵性』(岩波書店, 1984), 제3장「儀禮と國家」, p.186.

3) Geertz, C., Negara, *The Theatre State in Nineteenth Century Bali*(Princeton Univ. Press, 1980), pp.8~12 및 靑木保,「"劇場國家論"の可能性」(東京,『現代思想』, 1981-11) 참조.

립했다고 생각할 수 있다. 황제조차 법을 제정하고 이를 지배할 수는 있지만 예적 질서를 초월할 수 없고 오히려 그 질서에 포함되는 것이라고 생각되었다.[4]

중국에서 거의 모든 공적 행사는 일찍부터 예에 의해 규범화되고 연출되었다. 예를 들어 역대 왕조의 중심인 宮城은 작게는 매일 같이 출근하는 관료들에 의한 일상적 朝禮에서부터 각종 의례가 연출되는 무대 공간이라는 일면을 가지며, 그러한 의식 중에는 도성 전체를 무대 공간으로 하여 군중을 참가시키는 의례도 적지 않았다.[5] 당의 장안은 그러한 점이 가장 화려하게 연출된 도성의 대표적 예이고, 관점에 따라 장안성의 특수한 도시 구조는 빈번하게 치러지는 의식의 시각적 효과를 극대화시키기 위해 설계되었다는 설명도 있다.[6]

전통적으로 중국의 禮는 吉·嘉·賓·軍·凶(喪)禮라는 소위 5례로 구별된다. 이 중 冠婚喪祭에 대응하는 길·가·흉(喪)례와 군대 및 전쟁에 관한 군례를 국내질서에 관한 것으로 볼 때, 본래 봉건 제후를 영접하는 데에서 출발한 賓禮는 漢代 이후 출현한 조공국과 연관된 점에서 차별성을 갖는다.[7] 즉 빈례는 중국 황제가 중국과 국교를 갖는 외국 사절을 맞이하여 그 國書와 獻上(조공)을 받는 한편 연회 등을 열어 이를 위무하는 외교 의례로, 특히 거기에는 다른 4례에서는 볼 수 없는 중화사상이라는 가치가 항상 작용하고 있는 점이 중요하다.

5례의 하나로 빈례가 의미를 갖는 것은 끊임없이 천하(세계)의 중심됨을 지향하는 중국 황제의 이념이 작용하는 점이다. 중국 황제는 '중화'와 '이적'을 모두 포괄하여 천하에 군림한 자여야 했기 때문에,[8] 이민족의 조공과 복종은 자신의 권위와 직결되며,[9] 빈례는 그러한 필요에서 중시되었다. 빈례는 우주의 중심이고자 하는 중국 황제가 그것을 확인하는 의식으로 외부의 사신을 초대하여 그 중심이 어디에 어떻게 존재하는지를 보여주는

4) 大隅淸陽,「唐の禮制と日本」(池田溫編,『古代を考える·唐と日本』, 吉川弘文館, 1992), p.135.

5) 梅原郁,「皇帝·祭祀·國都」(中村賢二郎 編,『歷史のなかの國都』, 東京, ミネルウ〃ア書房, 1986), pp.303~306 참조.

6) 妹尾達彦,「唐長安城の儀禮空間」(東京:『東洋文化』72, 1992), pp.8~9.

7) "빈례"의 항목 중에는 중국의 역대 왕조에 따라 "朝會" 등 외국사절의 入貢 의식 이외의 것을 포함하는 경우가 있지만, 본 장에서 의미하는 "賓禮"는 외국사절 관계에 한정된 것임을 밝혀둔다.

8) 중국 황제의 성격에 대해서는 西嶋定生,「皇帝支配の成立」(『岩波講座·世界歷史』4·古代4, 1970), pp.218~229 참조.

9) 掘敏一,『中國と古代東アジア世界』(岩波書店, 1993), pp.153~184 참조.

둘도 없는 무대장치인 것이다.[10]

중국사 연구에서 예제는 관심이 크지 않던 영역이었으나 최근 그 의의가 새롭게 음미되고 있다. 池田溫이 "예제의 분석 연구는 역사가·인류학자·문화와 사상 연구자에게 남겨진 광대한 분야이며 새로운 시야에 서는 자에게 본서는 무한한 보고를 제공할 것이다"[11]라고 언급한 것처럼, 특히 당대사 연구자들 간에 『大唐開元禮』(이하 『개원례』로 약칭)의 연구가 활발하다. 그에 맞추어 종래 간과되었던 중국사의 새로운 면모와 특질이 밝혀지고 있다.

본 장의 목적 중 하나는 이러한 예제 중에서 특히 송대의 빈례가 당과 비교하여 어떠한 내용과 특질을 갖는가를 해명하는 것이다. 소위 '당송변혁'이라는 격동기를 거치며 새로운 양상을 나타낸 송대에서 예제 방면에서의 변화도 매우 컸다. 그럼에도 불구하고 송대의 예제 연구는 당에 비해 적은 편이고[12] 빈례에 대해서는 더더욱 적어 거의 선행하는 연구를 찾기 힘들다.

본 장에서는 이미 많은 성과를 보인 당대의 빈례 연구를 참조하면서 그와 비교하는 방식으로 송대 빈례의 내용을 검토하고, 그 과정에서 보이는 상호의 異同과 관계를 검토하고자 한다. 다만 당·송시대의 빈례를 한 논문에서 모두 제시·분석하는 것은 불가능에 가깝다. 따라서 본론에서는 각 빈례의 내용을 직접적으로 비교하기보다 여러 禮書의 표제어에 상당하는 빈례의 '篇目'(=篇名)을 중심으로 비교·검토하는 형식을 이용할 것이다. 이러한 작업을 통해 송대 빈례의 대략적인 성격 파악은 가능할 것이다.

본장에서는 또한 동시대 인근 왕조에서 채용된 빈례와의 관계에 대해서도 비교해 보고 싶다. 이 시기는 요, 금 등의 정복왕조가 잇달아 출현해 그들도 중국과의 교섭 속에서 그리고 중원을 제패한 위세 속에서 그 상황에 맞는 질서와 논리를 모색하였고, 그 과정에서 중국식 빈례를 자기중심적으로 수용하거나 개조하고 있었다. 이 문제는 송대 동아시아의 국제 관계에 대한 이해의 차원을 올리는 데에도 중요한 과제가 될 것이다. 정복왕조의 빈례 문제에 관해서는 島田正郞이 요의 예제를 개관하는 과정에서 매우 개괄적으로 그 성

10) 李成市著(김창석 옮김), 『동아시아의 王權과 交易』(서울: 靑年社, 1999), p.136.

11) 池田溫, 「大唐開元禮解說」(古典硏究會編, 『大唐開元禮』, 汲古書院, 1972), p.826.

12) 송대의 예제에 대해서는 山內弘一, 小島毅 등에 의한 國家 祭祀(吉禮)에 관한 약간의 연구가 있는 정도이다. 중국의 禮制에 관한 논문은 1985년까지의 것이지만, 齋木哲郞編, 『禮學關係文獻目錄』(東京: 東方書店, 1985)을 참조.

격을 논했음에 불과하고[13] 검토할 여지는 적지 않다.

1. 송조에서 賓禮의 성립과 그 내용

1) 송조에서 빈례의 성립

중국 왕조는 송대가 되면서 종전과 같은 중화사상을 더 이상 현실적으로 유지하기 어려운 국면에 처하였다. 타자를 포용해 자타의 구별이 상대적으로 희박한 것을 특징으로 하는 '중화사상'은 격동하는 당 중기 이후의 국제 정세와 중국의 열세 속에서 자타의 구분을 배타적으로 강조하는 '화이사상'으로 변모하여 중국인의 사상에 중대한 영향을 미쳤다.[14] '華夷之別'과 '군신관계'를 강조하는 주자학의 탄생은 물론, 작게는 『송사』가 중국 정사에서 「外國列傳」의 체재를 처음으로 갖춘 것도 그러한 영향으로 볼 수 있다.[15]

그럼에도 불구하고 송대의 중국인은 적어도 관념적으로 변함없는 세계의 중심을 자처했다. 이후 왕조에서도 사라지지 않는 이 경향은 송대에 여전히 강하여,

> 于闐이 蕃部 阿辛을 보내 上表하여 于闐國의 "僂儸有福力量知文法黑汗王"이 書를 東方日出處大世界田地主漢家阿舅大官家〔즉 송황제)에게 준다고 칭하였다. 대략 〔그 表에〕 말하기를, ……고 했다. 詔하여, …敕書를 내려 이를 諭함이 可하다 했다(于闐遣蕃部阿辛上表, 稱「于闐國僂儸有福力量知文法黑汗王, 書與東方日出處大世界田地主漢家阿舅大官家.」大約言路遠, ……. 詔, …, 可賜敕書諭之.).[16]

---

13) 島田正郎, 『遼制之硏究』(汲古書院, 1954), 제2部 「禮書及び遼朝雜禮」, pp.629~653.

14) 傅樂成, 「唐型文化與宋型文化」(『唐代硏究論集』 제1집, 臺北, 新文豊出版公司, 1992, 原載는 1972); 妹尾達彦, 「都市の生活と文化」(谷川道雄等 編, 『魏晋南北朝隋唐史の基本問題』, 汲古書院, 1997).

15) 이러한 점과 관련해서는 近藤一成, 「宋代永嘉學派葉適の華夷觀」(『史學雜誌』 88-6, 1979); 申採湜, 「宋史外國列傳高麗譯註」(國史編纂委員會 編, 『中國正史朝鮮傳』(제3권), 同委員會, 1985); 陶晉生, 「北宋朝野人士對於契丹的看法」(동, 『宋遼關係史硏究』, 臺北: 聯經出版事業公司, 1986); 朴志焄, 「歐陽修의 華夷觀」(『梨大史苑』 22~23, 1988) 등 참조.

16) 『續資治通鑑長編』(이하 『장편』) 권314, 元豊4년 7월 癸丑, p.7612. 『鐵山圍談叢』 권1, pp.8~9에 이와 비슷한 내용이 보이며, 거기에 따르면 송은 神宗년간에 이미 于闐에게 같은 내용의 上書를 받고 있었다. 아울러 『隋書』 권81, 倭國傳, p.1827에 보이는 "大業三年(607), 其王多利思比孤遣使朝貢, ……, 其國書

라는 인식이 보인다. 주변 국가가 오히려 중국을 "東方日出處의 大世界田地主"로 묘사한 것이다.[17] 물론 호의적 표현이지만, 실제로 송조도 당에 못지않은 다수의 '조공국'과의 사이에 적어도 600회 이상의 조공 관계를 갖고 있었으므로[18] 그 속에서 전통적인 중화사상은 강하게 보존되고 있었다. 조공이 교역에 앞서 정치적 의미를 강하게 띠고 있는 것은 물론이다.[19]

중국 왕조는 이러한 자신의 위치를 과시할 일환으로 소위 『職貢圖』 類의 도서를 편찬하였다.[20] 남조 梁 武帝의 아들 蕭繹의 그림으로 대표되는 『직공도』 류의 도서는 이후 중국의 역대왕조를 거쳐 송대에도 이어졌다. 『장편』에,

> 權判鴻臚寺·刑部郎中·直史官 張復이 上言하여 大中祥符8년 이전의 朝貢諸國을 모아서 그 冠服을 그리고 또 그 풍속을 采錄해서 "大宋四裔述職圖"를 만듦으로써 위로는 聖主의 懷柔를 들어내고 아래로는 史臣의 廣記에 대비할 것을 청하니, 이에 따랐다. 〔張〕復이 그림을 바치자 주상〔眞宗〕이 二聖이래로 四裔가 조공하여 해를 거름이 없으니 어찌 이뿐이랴 라고 말하고, 이에 詔하여 禮儀院에 이를 增修시켰다(權判鴻臚寺·刑部郎中·直史官 張復上言, 請纂集大中祥符八年已前朝貢諸國, 繢畵其冠服, 采錄其風俗, 爲大宋四裔述職圖, 上以表聖主之懷柔, 下以備史臣之廣記. 從之. 及復以圖來上, 上曰, 二聖已來, 四裔朝貢無虛歲, 何但此也. 乃詔禮儀院增修焉(原注; 增修乃明年四月己亥, 今幷書.(권85, 大中祥符8년 9월 庚申)).

고 보이고, 다시 『송회요』에,

曰, 日出處天子致書日沒處天子無恙云云"이라는 표현이 유명하지만, 위의 두 책에서는 송조가 "日出東方處"로 표현되고 있어 흥미롭다.

17) 본 장에 보이는 "黑汗王", "阿舅大官家"등에 대해서는 『송사』 권490, 外國6 回鶻 p.14114 참조. 아울러 일반적으로 송대 이후의 중국은 종래의 소위 책봉체제적인 중심 기능이 약해지고, 경제력에 바탕을 둔 이전과는 성질을 달리하는 중심 기능을 발휘하기 시작했다고 하지만(전형적인 예로는 西嶋定生, 「東アジア世界の形成」(『岩波講座·世界歷史』 4·古代4, 1970)), 이유야 어떠하건 이것은 송대 중국의 중심성에 큰 동요가 없는 것을 보인다.

18) 『송회요집고』(臺灣: 世界書局本, 이하 『송회요』로 略稱) 蕃夷7, 歷代朝貢 pp.7840~7862에는 주변 동아시아 諸國, 西域 諸國, 南海 諸國, 諸蕃 등의 송조에 대한 조공 사례가 600개 이상 열거되어 있다.

19) 榎本淳一, 「唐代の朝貢と貿易」(『古代文化』 50, 1998), pp.25~26.

20) 職貢圖 문제에 대해서는 金維諾, 「職貢圖的時代與作者」(『文物』 1960-7); 榎一雄, 「梁職貢圖について」(東京: 『東方學』 26, 1963) 등 참조.

禮儀院에 명하여 四夷述職圖를 고치게 했다(命禮儀院修四夷述職圖.).

고 보이는 것이간접적인 역학 그것이다. 송은 大中祥符8~9년(1015~1016)에 아마도 처음으로 "大宋四裔述職圖" 또는 "四夷述職圖"라는 것을 본격적으로 찬수하였고, 그 목적은 "聖主" 즉 송 황제의 四夷에 대한 회유를 나타내고 그것을 기록으로 보존하기 위해서였다. 또 이 작업은 대중상부8년 이전에 송조가 확보하고 있던 '조공국'의 풍속과 그 사절의 冠服 등을 기초로 이루어지고 있으므로 평소 송조는 외국 사절의 조공이 있을 때마다 그들을 통해 관련 자료를 얻고 있던 것이 된다. 송은 이러한 작업을 이후도 계속 추진하였고[21] 그 결과 熙寧7년(1074)에 『蕃夷朝貢錄』 21권도 만들 수 있었다.[22]

여기서 전 우주의 중심임을 자처하는 중국 황제의 이념과 권위를 한층 상징적이고 극적으로 보이려 한 또 하나의 노력이 빈례의 연출이다. 빈례는 『직공도』류와 같은 단순한 기록물이 아니라 중국과 '조공국' 쌍방의 관계를 실제로 확인하는 실천적인 의례로서의 성격을 갖는다. 즉 중국 황제 본인이 직접 자기의 거처(宮城)에서 외국 사절로부터 國書 내지 조공품을 헌상 받는 의례를 통해 황제의 권위가 명확하게 드러나기 때문이다.

앞서 의례의 속성과 관련해 "안정과 번영을 얻기 위해 행해지는 실용을 위한 장치"라는 성격이 있음을 지적했는데, 그러한 의미에서 볼 때 빈례는 "태양계의 태양"[23]으로 비유되는 전통시대 중국적 세계질서에서 그 질서가 안정적으로 운행되고 있음을 확인하는 "실용적인 장치"로서의 의미를 갖고 있다고도 볼 수 있다.

하지만 빈례에는 중국 왕조의 일방적인 기대와 願望만으로 성립되는 것은 아니며, 거

21) 『장편』 권110, 天聖9년 정월 庚申, p.2552에 "資政殿學士晏殊言, 占城·龜茲·沙州·邛部川蠻族, 往往有挈家入貢者, 請如先朝故事, 委館伴使詢其道路風俗及繪人物衣冠以上史官, 從之"라고 있는 晏殊의 말에 의하면, 송조는 늦어도 天聖9년(1031) 이후부터는 館伴使를 통해서 조공 사절들에게 그 나라의 풍속 등을 직접 "詢問"하는 한편, 조공사절의 衣冠과 모습을 그림으로 남기게 하고 있는 것이 확인되며, 본 장의 앞 『장편』 기사에 의해서 이러한 작업이 이미 일찍부터 있었던 것이 틀림없다. 『송회요』 蕃夷7-25, 歷代朝貢 景祐4년(1037) 3월 25일, p.7852에도, "判鴻臚寺宋郊言, 請, 自今外夷朝貢, 並令詢問國邑風俗, 道途遠近, 及圖畵衣冠人物兩本, 一進內, 一送史館, 委修撰官, 依傳題紀, 從之"라고 보인다.

22) 『장편』 권256, 熙寧7년 9월 丁未, p.6251에 "史館修撰宋敏求等上蕃夷朝貢錄, 凡二十一卷, 卽李評所請也"고 있다.

23) 『구당서』(北京: 中華書局標點本)권199上, 列傳149上 東夷 高麗 武德7년, p.5321의 裵矩와 溫彦博의 말에 "…且中國之於夷狄, 猶太陽之對列星, 理無降尊, …"라고 되어 있다.

기에 상대국과의 실제의 직·간접적 역학 관계가 무시된 것은 아니었다.[24] 물론 빈례의 허구적 측면을 완전히 부정하는 것도 곤란하지만[25] 현실 관계를 무시한 빈례는 중국 왕조에게도 의미가 없으며 설령 시행된다 해도 상대국의 반발을 부르는 것이 분명하기 때문이다.[26]

따라서 송조에서 빈례의 제정에는 역대 중국 왕조로서 수행할 전통의 계승이라는 측면 이외에 송조가 처한 국제 환경이 고려되고 있었다. 송의 그러한 의례 제정에서 大中祥符 년간(1008~1016)은 하나의 획기라 할 수 있다. 『太常因革禮』(이하 『인혁례』)[27]가 인용한 『禮閣新編』 이라는 책에 다음과 같이 보인다.

> 景德澶淵會盟 이후부터 비로소 契丹國信使·副의 元正·聖節 朝見이 있어 大中祥符 九年에 有司가 마침내 儀注를 정했다.
>
> 大中祥符元年에 高麗國使·副가 입공하자 마침내 有司에 詔하여 儀注를 裁定했다.
>
> 大中祥符元年에 交州使·副가 입공하자 마침내 有司에 詔하여 儀注를 裁定했다.
>
> 大中祥符元年에 宜州西南蕃黎州等處蠻의 王子가 입공하자 마침내 有司에 詔하여 儀注를 裁定했다.
>
> 大中祥符二年에 海外蕃客이 입공하자 마침내 有司에 詔하여 儀注를 裁定했다(自景德澶淵會盟之後, 始有契丹國信使副元正聖節朝見, 大中祥符九年, 有司遂定儀注(同書 권83, 新禮16, p.401), 大中祥符元年, 高麗國使副入貢, 遂詔有司裁定儀注(同書 권84, 新禮17, p.407), 大中祥符元年, 交州使副入貢, 遂詔有司裁定儀注(同書 권84, 新禮17, p.408), 大中祥符元年, 宜州西南蕃黎州等處蠻王子入貢, 遂詔有司裁定儀注(同書 권84, 新禮17, p.408), 大中祥符二年, 海外蕃客入貢, 遂詔有司裁定儀注.(同書 권84, 新禮17, p.409)).

24) 예를 들어 西夏와 高麗에 대한 빈례의 제정 내지 개정을 들 수 있을 것이다. 먼저 서하의 경우 송조는 慶曆년간(1041~1048)에 서하의 독립을 사실상 인정한 위에서 조약을 체결하게 되었고 거기에 맞추어 빈례가 제정되었을 것이 충분히 想定되며(뒤에 다시 서술) 또한 熙寧년간(1068~1077)은 송조가 고려와의 관계를 적극적으로 추진해 가는 중요한 시기였으므로 그에 따라 고려에 대한 賓禮가 개정되고 있었다. 이렇게 변용되기 시작한 賓禮도 최종적으로는 『政和五禮新儀』에 반영되었을 것이다.

25) 菊池英夫, 「總說」(唐代史硏究會 編, 『隋唐帝國と東アジア世界』, 汲古書院, 1979), pp.31~40.

26) 卞麟錫, 「唐代 外國使 爭長의 硏究」(『亞細亞硏究』 10-4, 1967) 참조.

27) 『太常因革禮』(北京: 中華書局, 叢書集成 初編) 권83~84, 新禮16~17, pp.401~410.

현존하지 않는 『禮閣新編』(후술)의 殘文에 따르면, 송조에서는 대중상부원년(1008)에 거란·고려·교주(베트남)·서남지역의 內屬蠻·海外(동남아시아·서역 방면)제국에 대한 入朝의례=賓禮를 각각 제정하기 시작해, 同9년(1016) 거란 관련 의례를 끝으로 일련의 의례 제정을 매듭짓고 있음을 볼 수 있다.

먼저 모든 송대 빈례 관계의 사서가 그러하듯 거란에 관한 것이 가장 늦게 제정되었음에도 불구하고 '別卷'으로 특별 취급된 점에 주의할 필요가 있다. 거란이 다른 외국보다 한 등급 위의 존재라는 당시 중국인의 인식이 반영된 것임은 물론이다. 다만 그러한 거란 관련의 빈례가 오히려 가장 늦게 성립된 것은, 이것이 여타 외국에 대한 빈례와 달리 대중상부9년 중에 처음으로 착수되었다가 그 해에 완성된 것이라기보다 아마도 그 이전부터 진행 중이던 작업이 이 해에 비로소 완료된 것을 의미하는 것으로 보인다.

즉 거란과는 '전연의 맹약'(1004년) 이후 이미 양국 간에 빈번한 사절 왕래가 실현되었고 그 속에서 거란 사자의 송 황제에 대한 '朝見의 禮' 등이 당연히 필요하게 되었지만, 그것은 일반적인 조공국의 그것과 취지를 달리하는 것이었다. 이 때문에 양국의 대등한 입장을 충분히 고려한 의례 제정에 일정한 격식이 잡히기까지 시행착오 등을 포함한 시일의 소요가 필요했고 대중상부9년은 일단 그것이 정착된 시기였다. 송조에 의한 이러한 時宜에 맞는 의례의 제정과 개정은 이 이후에도 계속되었다.[28]

이렇게 볼 때 송에서는 거란과의 관계 정상화가 오히려 그 밖의 다른 외국에 대한 의례 제정에도 주의를 기울이게 하는 계기를 주었다고 할 수 있다. 거란과의 화해는 송조 대외정책 전반에 큰 전환점을 제공했고 그러한 새 분위기에서 거란에 대한 빈례 규정을 중심으로 여타 외국에 대한 의례까지 점차 정비하기 시작한 것이다.

송의 입장에서 볼 때 이 문제는 거란 및 서하와 전쟁 등의 고비[29]를 넘긴 후 나타난 외교의 안정화와 활성화라는 전반적 추세와 관련지어 이해할 점이 있다. 송에서 眞宗시대는 빈례의 제정 면에서 뿐 아니라 국운 상승기에 어울려 외국 조공국의 수가 송 일대에서도 가장 많던 시기 중의 하나이고,[30] 또 앞서 언급한 "大宋四裔述職圖"의 출현과 그들 외

28) 『송회요』 職官36-32, 主管往來國信所, pp.3087~3091.

29) 거란과 전연의 맹약을 맺은 1년 뒤인 1005년에 송은 서하와도 景德和議를 체결하여 송조의 북방 및 서북문제는 일단 안정기에 접어든다. 김성규, 『宋代の西北問題と異民族政策』(汲古書院, 2000), 제1장 「宋代國境問題の基本性格と國境の諸相」, pp.13~46 참조.

30) 江天健, 「北宋時期與西方諸國陸路貿易」(『中國歷史學會史學集刊』 18, 1986); 林天蔚, 『宋代香藥貿易

국사절에 대한 접대 시설로서의 영빈기관 등이 정비되는 기간이기도 했다. 필자의 선행 연구[31]를 이용해 그러한 영빈기관의 출현 사정을 정리하면 다음의 〈표 1〉과 같다.

〈표 1〉 송대 주요 영빈기관의 연혁

영빈기관명	관련 국명	설치연혁
都亭驛	거란	국초부터 존재하던 것을 景德 연간 이후 정비
懷遠驛	南蕃·交州·西蕃·大食·龜玆·于闐·甘州 등	1006년 설치
禮賓院	回鶻·吐蕃·黨項·女眞	1006년 이전 존재
都亭西驛	서하	1008년에 上源西驛을 개명
同文館	고려	1074년경 설치

여러 외국 사절이 체류하는 각종 영빈 기관이 景德2년(1006)에서 대중상부원년(1008) 사이에 신설되거나 정비되고 있었다. 개중에는 이미 존재하거나 새로운 국제 관계의 변화에 따라 신설된 것도 있지만 대부분이 '전연의 맹약' 직후의 것이다. 영빈기관과 영빈의례(賓禮)는 경덕에서 대중상부연간에 나타난 국제 관계의 안정화에 따라 밀접한 관련을 갖고서 정비되고 있었다고 할 수 있다.

또 하나 주의를 요하는 것은 앞서 검토한 『인혁례』에 서하에 관한 조공 儀注가 보이지 않는 점이다. 그것이 원래부터 없었던 것인지, 아니면 『인혁례』 편집 과정에서 그것만이 누락된 것인지 분명치 않다. 서하의 것만이 빠졌다는 것을 납득하기 어렵다고 생각할 때 전자의 경우는 어떠할까? 다른 관련 기록에 비추어 보아도 서하를 대상으로 한 빈례 제정이 특히 송 전반기(대체로 慶曆연간(1041~48)) 이전에 존재하고 있었음을 시사하는 기사는 쉽게 발견되지 않는다. 政和년간(1111~17)에 성립하는 『政和五禮新儀』(이하 『신의』로 약칭) 단계에서 서하 의례는 당연히 포함되지만, 그 이전에 존재가 확인되는 것은 『송사』에,

> 夏國進奉使見辭儀. 夏國은 해마다 正旦과 聖節에 入貢한다. 元豊八年에 使가 오니 詔하여 夏國의 見辭儀制는 嘉祐八年에 의하게 하여……(夏國進奉使見辭儀. 夏國歲以正旦, 聖節入貢. 元豊八年, 使來. 詔夏國見辭儀制依嘉祐八年….(『송사』 권119, 禮22 賓禮4)).

史』(中國文化大學出版部, 1986) 제3편 제1장 「各國的香藥朝貢」 참조.

31) 김성규, 「宋代 迎賓機關의 性格을 중심으로 본 唐宋變革의 一面」(『中國學報』 41, 2000), pp.371~375.

고 있는 부분뿐이다. 嘉祐8년(1063) 단계에 서하 관련의 의례가 존재한 것을 알 수 있다.

그 이전에 서하의 빈례가 보이지 않는 이유는 알기 어려우나, 그것이 慶曆 이후에 출현했다는 점은 거기에 송·서하 간의 군신관계가 수립된 새로운 형세가 반영되었을 가능성은 농후하다. 경력연간 전반기에 있던 양국의 군사 충돌 직후 협약에서 송은 서하를 정식의 '외국(국가)'으로 인정함으로써 그 이전까지 불분명하던 쌍방의 관계 즉 名分이 '군신관계'로 분명해졌고, 또 그로 인해 빈례의 기능이 현실적으로 증대되었을 것이다.

다만 서하는 경력 이전에도 송에 입조하고 있었으므로 이것이 서하 관련 빈례가 그 이전에 없었다는 것은 아니고, 그러한 기존의 것이 경력 이후 새로이 완비된 것으로 보아야 할 것이다. 가우8년의 "夏國見辭儀制"는 그러한 상황에서 나온 것으로 이해된다. 경력연간의 관계 정상화 이후 서하는 매년 正旦과 聖節 때에 합당한 의례에 따라 입조하였고 그로써 가우8년 무렵에는 "夏國見辭儀制"가 성립되었을 것이다.[32]

서하의 사례는 송의 전반기에 아직 의례 체계가 충분히 갖추어진 상태가 아니었음을 말하는 것이기도 하다. 송의 의례는『신의』의 출현으로 완성 국면에 들지만, 그 이전의 상황과 관련해『四庫全書總目』에는 다음과 같은 설명이 보인다. 〈표 2〉는 이 설명의 이해를 돕기 위해 정리한 것이다.

> 宋 歐陽修等 奉敕撰. 살피건대 송은 태조때부터 비로소 儒臣에 명하여 당의 옛제도를 간략히 하여 開寶通禮를 만들었다. 인종 초년에 이르러 禮官 王皞가 다시 태종과 진종 兩朝代에 걸쳐 이미 시행된 사항을 論次하여 禮閣新編이라 이름 하였고 〔그 내용은〕 天禧五年에서 그쳤다. 그 후 賈昌朝 등이 다시 〔내용을〕 보태 編定하여 이름을 太常新禮라 하고 〔그 내용은〕 慶曆三年에서 그쳤다. 嘉祐中에 〔歐陽〕 修가 奉敕하여 此書를 重定했고 治平中에 이르러 조정에 바쳤다. 영종이 太常因革禮라는 이름을 내렸다…… (宋歐陽修等奉敕撰. 案宋自太祖始命儒臣約唐之舊, 爲開寶通禮. 至仁宗初年, 禮官王皞復論次太宗眞宗兩朝已行之事, 名曰禮閣新編, 止于天禧五年. 其後賈昌朝等復加編定, 名曰太常新禮, 止于慶曆三年. 嘉祐中修奉敕重定此書, 至治平中上之于朝. 英宗賜名太常因革禮…….(『四庫全書總目』(北京中華書局本) 附錄, 太常因革禮一百卷提要)).

32) 다만 서하는 慶曆년간 이전은 말할 것도 없고 그 후도 慶曆和約의 내용에도 불구하고 송조와 一戰一和의 분쟁을 반복하고 있었고, 따라서 그에 대한 송의 迎賓 문제도 유동적인 부분이 많았다.

〈표 2〉 송대 전기의 주요 의례서 편찬 사정

순	儀禮書 名	편찬자	편찬 시기	취급 내용 범위
①	『開寶通禮』	儒臣	태조연간	당의 내용을 축약
②	『禮閣新編』	王皥	인종 초년	國初·太宗·眞宗 天禧5년(1021)
③	『太常新禮』	賈昌朝 등	인종 중	② ~慶曆3년(1043)
④	『太常因革禮』	歐陽修 등	嘉祐中(奉呈은 治平中)	③ ~嘉祐中

송에서는 神宗 이전까지 『開寶通禮』[33]를 비롯해서 『禮閣新編』,[34] 『太常新禮』,[35] 『인혁례』 등의 의례서가 차례로 편찬되었으며, 이들은 대체로 앞 시대의 의례서가 다루고 있는 내용에 기초해 추가적으로 후대의 내용을 첨삭한 형태로 볼 수 있다. 이들은 『인혁례』를 제외하고 모두 현존하지 않지만, 가장 늦게 출현한 『인혁례』에서조차 그 체재가 뒤에 출현하는 『신의』와 다른 형태로 되어 있다.

즉 『신의』가 '序例'와 '목록'을 포함해 "길, 빈, 군, 가, 흉"의 5례 구분으로 『개원례』의 체재를 본받은데 비해 『인혁례』의 편제는 "總例, 吉禮, 嘉禮, 軍禮, 凶禮, 廢禮, 新禮, 廟議"이라는 8門(항목)으로 이루어져 있다. 『인혁례』에서는 "길·빈·군·가·흉(喪)"의 5례 체제가 아직 확립되지 않은 것이다. 특히 거기에서는 "길·가·군·흉"의 항목이 보이지만 '빈례' 항목은 보이지 않고 그 대신 '빈례'는 '新禮'라는 항목의 이름으로 다루어진다. 즉 이 '신례'가 '賓禮'를 대신해 위에서 열거한 서하를 제외한 조공 의례를 수록하고 있는 것이다.

『인혁례』에서 '빈례' 항목이 없는 점과 서하 관련 의례의 부재에는 어떠한 상관성이 있을까? 앞서 검토한대로 송조는 '嘉祐8년'에 "夏國見辭儀制"를 제정한 한편 『인혁례』는 '가우중'에 만들어졌다고 하지만, 그 '신례'에 서하 관계의 빈례는 보이지 않는다. 따라서 '가우중'은 최소한 가우의 마지막 해인 가우8년 이전을 가리키며 그 기간 중에 서하에 대한 의례가 아직도 충분히 갖추어지지 않았을 수 있다.[36] 그러나 '가우8년'에는

33) 同書의 성격에 대해서는 『옥해』(上海古籍出版社, 四庫類書叢刊)권69, 禮制下, pp.931~45쪽 참조.

34) 同書의 성격에 대해서는 『옥해』 권69, 禮制下, pp.932~945 참조.

35) 同書의 성격에 대해서는 『옥해』 권69, 禮制下, pp.933~945 참조. 상게 『四庫全書總目』의 설명에 따르면 『太常新禮』는 慶曆3년(1043)까지를 대상으로 하고 있고 『송사』 권11, 본기11 仁宗3 慶曆4년 正月 辛卯, p.217에 "太常禮儀院上新修禮書及慶曆祀儀"라고 하였으므로 후자의 『禮書』는 『太常新禮』를 가리키는 것으로 보인다.

36) 다만 『인혁례』의 목록에 따르면 제66권, 凶禮3에 「夏國喪」이라는 항목이 보여 서하에 대한 '喪禮'가 존

"夏國見辭儀制"가 출현했기 때문에 그 이후의 '빈례'를 포함하는 송대의 의례서에는 서하 관련 빈례가 취급되기 시작했을 것으로 추찰된다. 최고의 완성도를 갖춘 『신의』에도 "길·가·빈·군·흉(喪)"의 5례 항목 아래 빈례의 하나로 "夏國進奉使見辭儀"가 실리게 된다.

2) 송조 빈례의 내용과 특징

송의 의례서 특히 『신의』의 전범을 이루는 당의 『개원례』는 현종 開元20년(732) 蕭嵩 등의 奉勅 撰에 의해 총 152편·150권으로 만들어졌다. "길·가·빈·군·흉(凶)"의 편제 중에서 불과 6편·2권의 분량을 차지하는 빈례는 모두가 외국사절의 입조 의식을 내용으로 하며, 그 구체적 篇目名을 정리한 것이 〈표 3〉이다. 이들 각 편목에는 그에 관련한 의식의 전개 내용이 상세히 실려 있지만, 본장에서 이들에 직접 언급할 여유는 없다.

〈표 3〉 송 전반기에 있어서 의례서 편찬의 개황

구분	권수	편목명	비고
A-a	79	蕃主來朝遣使迎勞	
A-b	79	皇帝遣使戒蕃主見日	
A-c	79	蕃主奉見	原注에 "奉辭禮同"
A-d	79	皇帝受蕃使表及幣	
A-e	80	皇帝宴蕃國主	
A-f	80	皇帝宴蕃國使	

이들에게 영향을 준 당대 『개원례』의 빈례 내용에 대해서는 이미 石見淸裕의 자세한 고증이 있고,[37] 그에 의하면 위의 각 편목은 대략 다음과 같이 요약된다.

A-a : 蕃主(외국의 국가원수)의 장안 도착에 대한 당 측 사자의 환영·위로의 의식(蕃使의 경우도 동일)

A-b : 蕃主에게 황제 알현일(일정)을 전달하는 의식(蕃使의 경우도 동일)

A-c : 蕃主의 황제 알현 의례

A-d : 蕃使가 치르는 황제 알현 의례에 상당

재한 것을 알 수 있다. 현행 『인혁례』(叢書集成初編本)는 제51권에서 제67권까지가 공교롭게 缺卷이어서 그 내용은 알 수 없지만, 『송사』 권124, 禮27 凶禮3, pp.2899~2890에 따르면 그것은 송조가 서하의 告哀使를 맞이하여 그 國主 등을 追悼하는 의례였다고 생각된다.

37) 石見淸裕, 「唐の鴻臚寺と鴻臚客館」(『古代文化』 42-8, 1990): 「唐代外國使の皇帝謁見儀式復元」(『史滴』 12, 1991): 「唐の國書授與儀禮について」(『東洋史硏究』 57-2, 1998). 이상은 모두 뒤에 동, 『唐の北方問題と國際秩序』, 汲古書院, 1998에 재수록.

A-e : 황제의 蕃主에 대한 賜宴 의례

A-f : 황제의 蕃使에 대한 賜宴 의례

즉『개원례』의 빈례는 入唐한 외국 사절의 당 황제에 대한 알현을 중심으로 그 전후에 요구되는 관련 의례를 내용으로 하고, 그러한 의식들은 〈표 3〉에 열거한 순으로 진행되었다. 〈표 3〉을 주의해서 보면 거기에는 해당 국가의 君長(국가 원수) 자신을 의미하는 '蕃主'의 경우와 그 군장이 대리로 파견한 '蕃使'의 경우를 구분해서 설명하고 있음을 볼 수 있으나, 현실적으로 행해진 외국의 입조는 대부분이 후자의 경우에 해당한다. 따라서 당의 빈례는 번사의 경우라면「A-a → A-b → A-d → A-f」의 순으로 진행되는 것이 보통이고, 번주라면「A-a → A-b → A-c → A-e」의 순으로 진행되는 것이다. 단 번주(및 번사)의 '奉辭' 즉 귀국을 고하는 예도 A-c의 비고란에 "奉辭禮도 (蕃主奉見의 禮와) 같았다"고 보이므로,『개원례』에는 별도의 편목이 보이지 않지만 일련의 조공 의식 중 마지막 단계에는 '奉辭禮'가 위치한 것으로 보아야 한다.

이러한 당의 빈례에서 어떠한 부분이 송조에 繼受되고 또 변용되었는지가 문제로 된다. 이미 검토한 것처럼 송은 일찍부터『開寶通禮』와 같은 각종의 의례서를 편찬하고 있지만, 현재 우리가 그 내용을 볼 수 있는 것으로는『인혁례』150권과 政和년간(1111~1117) 鄭居中이 奉勅撰한『신의』220권, 그리고『송사』권119, 禮志72 賓禮4에 보이는 일부의 의례가 거의 전부이다. 이 중 現行 四庫全書本『신의』는 다소의 缺卷 부분이 있으나 송대에서 최고단계에 도달한 의례서의 가장 완전한 면모를 갖추었다고 평가된다.

그런데 송의 의례서가『개원례』를 규범으로 하고는 있지만 그 내용의 종류와 형식 등에서 볼 때 양자 간에 적지 않은 異同이 있다. 〈표 4〉는『인혁례』,『신의』,『송사』에 각기 실려 있는 외국사의 입조 의식과 관계된 부분을 편목별로 정리한 것이다.

이를 통해 읽을 수 있는 특징의 하나는 입조 의례가 특정한 국가 내지 지역별로 개별적으로 구분된 점이다. 이점은 〈표 3〉의『개원례』의 경우와 분명한 차이를 보인다. 따라서『개원례』에서는 예컨대 그것이 동시대의 신라사절이건 일본사절이건 혹은 돌궐사절이건 원칙적으로 모두에 외형적으로는 비슷한 방식의 의례가 적용된 것이 된다.[38] 이와 달리 송의 禮書는 B·C·D 3書 모두에서 거란·서하·고려·交州·宜州(西南蕃)·海外進奉蕃客

38) 물론 당에서도 돌궐의 지위가 당과 대등했던 시기가 있었고, 그럴 경우의 사신 入朝에서는 그렇지 않은 국가와의 사이에 차등이 예상되지만 적어도『개원례』의 조문에는 그러한 구별이 보이지 않는다.

등으로 구별해 각국(각 지역)에 관한 입조 의례의 편목이 별도로 설정되어 있다.

사실 송에서는 이러한 경향이 비단 입조 의례에서만 나타나는 것이 아니고, 그것은 이미 지적한 대로 그들을 맞아들고 응대하는 영빈기관의 지역적 분화 현상과도 궤를 같이 하는 것이었다. 이 현상은 중국에서 송 이후 나타나기 시작한 '외국'에 대한 인식 변화를 미묘하게 반영하는 것처럼 보인다.

〈표 4〉 송대 예서에 보이는 외국사 입조 의식의 편목과 주요 내용

	출처	편목명	식순
태상인혁례 B	권83, 新禮16	(a)契丹國信使副元正聖節朝見宴	前一日 - 朝見日
		(b)契丹國信使副辭	
	권84, 新禮17	(c)高麗國使副見辭	見日 - 辭日
		(d)交州使副見辭	見日 - 辭日
		(e)宜州西南蕃黎州等處蠻王子見辭	見日 - 辭日
		(f)海外進奉蕃客見辭	見日 - 辭日
정화오례신의 C	권148	(a)蕃國主來朝儀上	遣使迎勞 - 遣使戒見日 - 陳設 - 朝見
	권149	(b)蕃國主來朝儀下	會蕃國主
	권150	(c)紫宸殿大遼使朝見儀	陳設 - 起居 - 宴
	권151	(d)紫宸殿正旦宴大遼使儀	陳設 - 宴
	권152	(e)紫宸殿大遼使辭朝儀	陳設 - 起居 - 宴
	권153	(f)崇政殿假日大遼使朝見儀	陳設 - 起居 - 宴
	권154	(g)崇政殿假日大遼使朝辭儀	陳設 - 起居 - 宴
	권155	(h)夏國進奉使見辭儀	見日 - 辭日
		(i)高麗國進奉使見辭儀	見日 - 辭日
		(j)交州進奉使見辭儀	見日 - 辭日
		(k)宜州西南蕃黎州等處進奉使人見辭儀	見日 - 辭日
		(l)海外進奉蕃客見辭儀	見日 - 辭日
송사 D	권119, 賓禮4	(a)契丹國使入聘見辭儀	前一日 - 見日 - 宴日 - 辭日
		(b)夏國進奉使見辭儀	見日 - 辭日
		(c)高麗進奉使見辭儀	見日 - 辭日
		(d)金國聘使見辭儀	

또한 〈표 4〉에서는 송조에서 唐的인 의례가 형해화하는 한편 변화된 국제 관계에 대응한 새로운 빈례의 태동이라는 양상이 읽혀진다. 즉 〈표 4〉의 C(『신의』)에서는 "蕃國主來朝儀"라는 이름의 의례가 (가)와 (나)로 나뉜 2편(C(a)·C(b)) 있으나 이것이 어느 국가의 蕃國主인지를 명시하지 않은 반면, 그 밖의 C(c)~C(l)에서는 송조에 來朝하는 모든 국가의 입조 의례가 국명을 구체적으로 밝힌 형식으로 제시되어 있다. 그리고 전자인 C(a)·C(b)는 그 내용에 약간의 차이는 있지만 기본적으로 『개원례』의 빈례 규정(A-a~A-f)을 답습하고 있음이 분명하다.

따라서 이것은 송조가 현실적으로는 사실상 존재하지 않지만 당 이래의 전통을 잇는 차원에서 "蕃國主 來朝"의 상황을 염두한 빈례를 그대로 남기면서, 한편에서는 현실적으로 실현되고 있는 각 외국의 '國信使'(거란)와 '進奉使(朝貢使)'에 대한 입조 의례를 구체적으로 준비한 것이었다고 볼 수 있다.

다만 C(h)~C(l)의 내용은 C(a)와 C(b)에 비해 매우 간략해 단독으로는 해당 의례의 흐름을 파악하기가 곤란하다. 이 점에서 필자는 C(h)~C(l)는 아마도 C(a)와 C(b)에서 이미 설명되었다고 간주된 유사한 내용은 생략되고 특징적인 부분만이 남은 결과로 이해한다. 따라서 C(a)와 C(b)는 死文이 아니라 C(h)~C(l)의 의례 전개를 이해하는 데에 함께 참조해야 할 불가결한 부분이다. C(a)·C(b)와 C(h)~C(l)이 서로 보완적 관계에 있음은 전자에서 사용된 '蕃國'과 후자의 '進奉使'가 사실은 같은 표현이라는 점에서도 추정된다.

이와 달리 C(c)~C(g)는 송과 대등한 지위에 있는 거란(요) 관계의 의례로 여러 가지 면에서 차원을 달리한다. 〈표 4〉에 제시된 것처럼 '大遼使'는 때와 장소에 따라 각각의 의례가 별도로 상세히 마련되어 있고, 또 B·C·D 3書 모두에서 가장 큰 비중을 점한다. 내용적으로도 그 의례들이 송과 대등한 관계에 기조가 맞추어져 있기 때문에 다른 일반 '조공국'의 의례와 차별적인 것은 말할 것이 없다.

또한 이들 양자는 '식순'에서 보듯이 의례의 전개가 서로 다르게 되어 있고, 또 같은 '조공국' 사이에서도 一見 서로 차이가 있는 것으로 보이지만, 내용에서는 대동소이하다. 즉 〈표 4〉의 '식순'은 결국 B·C·D 3서의 강조점의 상위를 나타낸 것이지, 의식 자체의 흐름은 C(a)에서 보는 것 같은 "遣使迎勞 - 遣使戒見日 - 陳設 - 朝見", 또는 D(a)와 같은 "前一日 - 見日 - 宴日 - 辭日"의 형태가 기본이었을 것이다. 『인혁례』(B)의 대부분이나 『신의』의 C(h)~C(l) 등과 같이 입공 의례가 단순히 "見日 - 辭日" 만으로 구성되거나, C(c)~C(g)처럼 "陳設 - 起居 - 宴"으로 이루어졌다고는 보기 어렵기 때문이다. '大遼使'

의 경우에서도 이는 마찬가지였고, 따라서 송조에서도 빈례 의식의 기본적인 흐름은『개원례』와 다르지 않았다.

끝으로 외국사절의 입조 의례가 집행되는 장소에 대해서 부연해 두고 싶다. 石見清裕에 따르면 당에서는 A-a～A-b 의식이 '客館'에서, 그 밖의 A-c～A-f는 대부분이 太極殿에서 거행되었다.[39] 즉 A-a～A-b는 외국사가 당의 궁전을 방문하기 전까지 있던 의식에 해당하고, A-c 이하는 궁성의 正殿인 태극전에서 치러졌기 때문에 결국 당의 외국사 입조의례는 객관이 있는 장안의 皇城과 황제의 정무 공간인 宮城의 두 곳을 배경으로 집행된 것이다.[40]

송에서의 외국사 입조 의례는 기본적으로 당과 유사하였다. 하지만 궁성에서 치르는 외국사의 "宋皇帝入見"과 "賜宴" 그리고 "奉辭" 등의 거행 장소가 반드시 일률적이지는 않았다. 송에서는 입조하는 국가별로 궁전 儀禮(입조 의례)의 장소가 다른 경우가 많았지만 그 관계를 설명하기에는 아직 상황 파악이 충분하지 못하다.

다만 외국사가 황제를 入見하기 이전에 필요한 의식은 송에서도 당처럼 그들이 체류하는 客館에서 집행되었다. 당의 경우 A-a～A-b의 의식이 치러진 客館은 주로 외국사가 머문 鴻臚客館을 가리키기 때문에[41] 송의 경우라면 앞의 〈표 1〉에서 제시한 여러 영빈 기관이 그에 상당한다. 그리고 그렇다면 이것은 입조 의례의 일부가 당대처럼 한 곳－즉 鴻臚客館－에서 치러진 것이 아니라 해당 국가 사신의 숙소별로 집행되었음을 뜻한다. 이것은 오히려 송대에서 진행되고 있던 외국사 입조 의례의 분화와 영빈 기관의 개별화 경향에 대응하는 추세였다고 할 수 있다.

2. 주변 제국에서 빈례의 성립과 그 내용 : 송조 빈례와의 관계

1) 정복왕조에서 '법'과 '예'의 수용

송대의 북방에 연이어 출현한 요(거란)와 금(여진)의 소위 '정복왕조'는 중국의 일부 또는

39) 石見清裕, 앞 논문,「唐の國書授與儀禮について」, p.249.

40) 이 점에서 본 장에서 말하는 외국사절의 入朝儀禮란 宮城에 한정되지 않고 그 바깥의 皇城까지를 포괄하는 넓은 범위에서 거행되던 것이라는 점을 언급해 둘 필요가 있다.

41) 石見清裕, 앞 논문,「唐の鴻臚寺と鴻臚客館」, pp.50~52.

상당 부분을 차지하였지만, 잘 알려진 대로 피정복민에 대해 각 민족의 관습을 고려한 이원적 지배체제를 실행하였다. 하지만 이들에서도 이윽고 漢化의 진전과 중국식 중앙 집권 전제국가의 실현을 위한 움직임이 강해지기 시작했다.

거란에서는 興宗 重熙5년(1036)에 제정 공포된 최초의 制定法인 "重熙新定條制"와, 그에 수정을 가한 형태로 道宗 咸雍6년(1070)에 "咸雍重定條例"의 성립을 보았다. 요의 이들 제정법은 종래의 二元體制를 약화시키고 중국의 율령과 본질적으로 다르지 않은 성격을 갖는 것이었고,[42] 특히 "咸雍重定條例"는 당조의 율령을 繼受한 규정을 正文으로 삼아 이를 유목민과 한족에 공통적으로 行用하였고, 거란 관습법을 성문화한 규정을 부속 법규로서 附載한 형식의 성문법전이라고 말할 수 있다.[43]

여진의 금 왕조에서도 이러한 경향은 현저했다. 금은 위트포겔이 중국 문화에 대한 태도를 '굴복형'으로 분류한 것처럼 오히려 거란 이상으로 중국 문화 수용에 적극적이었다.[44] 건국 후 얼마 안 되는 熙宗의 皇統5년(1145)에 이미 『皇統制』(皇統新制)를, 이어 해릉왕의 正隆 연간(1156~1160)에 『續降制書』(正隆制)를, 다시 세종의 大定22년(1182)에 『大定重修條制』(大定制) 등의 중국식 법전을 차례로 반행한 것은 그러한 금의 입장과 무관하지 않다. 이들 '制(書)'는 기본적으로 금의 舊俗에 입각한 조례를 모은 것이지만 그 자체에 수·당의 '制' 내지 요·송의 '법'을 참작하였고, 또한 唐律 내지 『宋刑通』의 竝用 없이 '制(書)' 만으로 재판은 성립되지 못했다고 한다.[45] 또 법률 면에서 '華化'가 최고조에 이르렀다는 章宗시대에 만들어진 유명한 『泰和律義』(泰和2년(1202) 반행)에 이르러 금은 일단 唐律의 보충을 필요로 하지 않는 金律을 갖게 되었지만, 이도 실은 『唐律疏議』에 酷似한 것이었다고 한다.[46] 금조의 법전 편찬은 중국식 전제국가를 지향하는 것이었다.

정복왕조의 중국식 전제국가의 지향은 예제 도입 과정에서도 읽을 수 있다. 예는 중국 왕조에서 법과 더불어 사회와 국가를 영위하는 두 가지 수단으로 필요 불가결한 것이나

42) 島田正郎, 앞 책, 제1편 제5장 제2절 「制定法の刪定と法典の編成」, p.73.

43) 동상.

44) K.A.Wittfogel & Feng chia-sheng, *History of Chinese Society* (New York: American Philosophical Society, 1949), pp.1~35.

45) 仁井田陞, 『中國法制史研究(刑法)』(東洋文化研究所, 1959), 제3부 제2절 「中國風刑法の成立と 唐律」, pp.472~474.

46) 동상.

그러한 점이 정복왕조에게도 인식되어 예제가 수용되었다. 그들에게서 보이는 예의 필요성과 관련한 『요사』의 다음 기사에 주목해보자.

> (重熙)十五年에 다시 詔하여 가로되, 옛날 천하를 다스리는 자는 의례를 밝히고 법도를 바르게 하였다. 우리 (遼)朝가 일어나니 세상에 明德이 있고 오로지 中外가 嚮化하였다. 그러나 아직 예서가 만들어지지 못하여 후세에 보일 바가 없으니 卿은 가히 더불어 이룰 수 있을 것이다. 古를 참작하고 今에 준하여 制하여 禮典을 만들되 일에 疑가 있으면 北·南院과 같이 상의하라 했다. 韓家奴가 이미 詔를 받들어 經籍을 博考하여 천자에서 庶人에 이르기까지 制度를 情文해서 세상에 행할 만한 것으로 옛날에 (반드시)얽매이지 않는 것 三卷을 撰成하여 진상했다("重熙十五年. 復詔曰, 古之治天下者, 明儀禮, 正法度, 我朝之興, 世有明德, 唯中外嚮化, 然禮書未作, 無以示後世, 卿可與庶成. 酌古準今, 制爲禮典, 事有疑, 與北南院同議. 韓家奴旣被詔, 博考經籍, 自天子達於庶人, 情文制度, 可行於世, 不繆于古者, 撰成三卷, 進之".(『요사』 권103, 蕭韓家奴傳)).

이것은 興宗 中熙15년(1046)에 요에서 처음 성립한 예서의 출현을 전하는 기록으로, 이에 따르면 천하를 다스리는 王者에게 요구되는 '법도'와 '의례'의 필요성이 거란 황제에게도 잘 나타나 있다. 사실 제7대 흥종대는 요의 기초가 확립된 시대이고 앞서 들은 제정법 "重熙新定條制"도 이 시기의 예서 제정과 함께 있던 일이다. 치국의 근간인 성문법이 출현한 熙宗代는 국초부터 의도한 거란의 중국식 중앙 집권제 국가의 수립이라는 목표가 일단 달성된 것으로 보인다. 그리고 이러한 예서가 중국의 체제 특히 『개원례』의 그것에 영향을 받았을 가능성에 대해서는 島田正郞이 이미 지적하였다.[47]

요에서 이 같은 예서의 출현은 흥종 연간에 빈례의 체재도 갖추어졌을 가능성을 강하게 시사한다. 蕭韓家奴가 편찬하였다는 위의 "禮書 3권"의 내용은 현재 알 수 없지만, 그와 비슷한 시기에 출현한 것으로 보이는 『遼朝雜禮』[48]에는 빈례도 분명히 포함되었을 것이다. 특히 위의 인용문 중에 "中外嚮化"라고 표현한 흥종의 조서 부분은 거란의 국력이 대외적으로 확장되고 있던 자신감을 표출한 것이다. 이 시기 요가 '전연의 맹약'(1004년)이후 송과 대등한 지위를 확보하였고, 한편으로 송의 '조공국' 마저 탈취하며 다수의 속국

---

47) 島田正郞, 앞 책, 제1편 제5장 제2절 「制定法の刪定と法典の編成」과 제3절 「禮制の制定と禮書の編成」, pp.61~83 참조.

48) 同書의 성격에 대해서는 島田正郞, 앞 책 참조.

을 거느리는 등 그 국제적 위세를 높인 것은 분명하다. 그리고 이 형세는 요·금 등의 국가가 중국과 대등한 관계를 갖거나 중원을 제패한 형세에서 자기중심적 천하관을 형성시켰을 뿐 아니라 그에 걸맞는 질서와 논리를 모색하는 방향으로 나아가게 했다. 빈례가 송조와 동시대 주변 동아시아 제국 사이에서도 왕성하게 채용·실시된 것은 이러한 맥락에서였다.

정복 왕조의 이러한 지위 향상은 중국 왕조 측의 예법에서도 그것을 인정하는 형태로 나타났다. 宮崎市定은 '전연의 맹약' 이후의 송·요 관계의 일면에 대해,

> 이것〔전연의 맹약－필자－〕은 이미 역사상의 미증유의 현상이다. 그리고 송정부는 요의 國使를 引見하기 위해서 예를 제정했다. 現今의 宋史 빈례중에 보이는 것이 그것으로, 중국 사상에서 예라고 하면 그것은 萬代不易의 典을 가리키는 것이며 그 예에 있어서 宋遼 대등의 국교를 인정한 것은 가장 주의할 만하다. 평등한 국가와 국가의 교제, 유럽의 국제 관계에 가까운 것이 처음으로 동양에서 실현을 본 것이다.[49]

라고 설명한다. 앞의 〈표 4〉 B·C·D 3서에 있는 거란 관계의 빈례 편목이 여기에 해당되며, 거기에는 宮崎의 지적과 같은 중국왕조와 정복왕조 간의 대등한 관계가 유감없이 표출되어 있다. 송조가 예법(빈례)상에서 유독 거란에 대해서만 가장 상세하게 기록한 것도 같은 맥락에서 이해할 수 있다. 금의 경우도 중원 석권 후 그 위세가 요를 능가하는 양상이었으므로 송의 여진에 대한 빈례는 적어도 요에 준하고 있었다고 생각된다.

2) 정복왕조에서 빈례의 내용과 특징

(1) 요의 경우

이러한 정황에서 정복왕조 측의 예서 등에도 중국왕조 류의 빈례가 강조되었을 것은 충분히 예상된다. 이 문제에 관한 사료로는 요의 경우 『요사』, 금의 경우는 『금사』와 『大金集禮』가 있고, 거기에는 〈표 5〉과 같은 편목이 보인다.

---

49) 宮崎市定, 「東洋的近世」(同, 『アジア史論考』 上卷, 朝日新聞社, 1975), p.249.

〈표 5〉『요사』·『금사』·『대금집례』에 보이는 외국사절 입조 의례의 편목

	출처	편목명	식순
요사 E	권51 禮志4 賓儀	(a)宋使見皇太后儀	當日에 관한 사항만
		(b)宋使見皇帝儀	〃 〃
		(c)曲宴宋使儀	〃 〃
		(d)賀生辰正旦宋使朝辭太后儀	〃 〃
		(e)賀生辰正旦宋使朝辭皇帝儀	〃 〃
		(f)高麗使入見儀	〃 〃
		(g)曲宴高麗使儀	〃 〃
		(h)高麗使朝辭儀	〃 〃
		(i)西夏進奉使朝見儀	〃 〃
		(j)西夏使朝辭儀	〃 〃
금사 F	권38 禮11	(a)外國使入見儀	〃 〃
		(b)曲宴儀	〃 〃
		(c)朝辭儀	〃 〃
		(d)新定夏使儀注	(본 장의 설명참조)
大金集禮 G	권39 朝會 上	(a)元日稱賀儀	當日에 관한 사항만
		(b)聖節稱賀儀	〃 〃
		(c)曲宴儀	〃 〃
		(d)人使辭見儀	〃 〃

〈표 5〉에서 알 수 있는 점은 빈례의 편목 분류가 송의 그것과 매우 유사하다는 것이다. 이 점은 특히 거란에서 두드러진다. 유목민족에게도 부족의 추장에 대한 예의 등이 없지 않았겠지만, 종전과는 비교할 수 없을 정도로 영토가 확대되고, '조공국'으로부터 예를 받아 "천하의 治者"임을 확인하기 위해서는 새로운 차원의 예적 장치가 필요했고, 여기서 중국식 빈례의 수용이 자연스럽게 이루어졌을 것이다.

〈표 4〉의 C에 보이는 遼使를 위한 송의 빈례 5종은 正旦에 紫宸殿에서 거행되는 "紫宸殿正旦宴大遼使儀"(C(d)), 마찬가지로 역시 자신전에서 일반의 遼使(泛使)를 맞이하고 보내는 "紫宸殿大遼使朝見儀"(C(c))와 "紫宸殿大遼使辭朝儀" (C(e)), 그리고 경우에 따라 崇政殿에서 遼使(泛使)를 맞이하고 보내는 "崇政殿假日大遼使朝見儀"C(f)와 "崇政殿假日大遼使朝辭儀"(C(g))의 세 부류로 나누어지는데 〈표 5〉도 대체로 여기에 준하고 있다.

즉 요는 〈표 5〉와 같이 宋使에 대해 생신과 정단 축하와 관련한 "賀生辰正旦宋使朝辭太后儀"(E(d))와 "賀生辰正旦宋使朝辭皇帝儀"(E(e)), 그리고 일반 '泛使'를 위한 의식(E(a), E(b), E(c))을 서로 구별해 설정하였다. 다만 요는 전자와 후자 모두에서 각 의식을 太后와 황제용으로 구별하고 있고, 송조도 축하사를 그에 맞추어 별도로 편성해 보내고 있는 것이 주목된다.[50] 이는 요에서 나타나는 황태후의 강한 정치적 입장이 빈례에도 반영된 것이다.[51] 요도 『요사』 빈례 규정에서 보듯 송에 대한 의례에 가장 주의를 표하고 있고, 이점에서도 양국의 상대에 대한 신중성과 대등성이 발견된다.

송·요간의 빈례 편목의 相似는 내용의 유사성도 추정시키지만, 실제로 요 측의 내용을 검토해 보면 무대의 배치 형식이나 용어 등에서 적지 않게 중국과 다른 유목민족의 특징이 발견된다.[52] 또한 『요사』 빈례의 각 편목은 모두가 하나만의 단일 의식, 즉 예를 들어 E(a)에서는 宋使의 요 황태후에 대한 入見儀만을 기록하지만, 이것은 송의 경우가 그러한 것처럼 그 前後에 실시되었던 여타 의례의 한 과정에 해당한다.

『요사』에는 송 이외 국가에 대한 빈례로서 고려와 서하에 관한 것이 보인다. 이 두 나라는 요의 입장에서 볼 때 가장 중요한 '속국'이며, 따라서 그 빈례 제정은 송과의 경쟁관계라는 점에서도 필요 불가결했을 것이다.[53] 고려와 서하 양국이 요 뿐 아니라 송에도 동시에 신속하는 소위 '兩屬' 관계－고려·서하 양국의 입장에서는 등거리 외교－를 맺고 있었음은 주지의 사실이며 그러한 관계는 빈례에서도 나타났다.

아울러 송의 『신의』에는 交州(C(j)), 宜州西南蕃(C(k)), 海外進奉客(C(l))에 관한 빈례 편목이 있으나, 『요사』에는 이들 국가에 관한 것은 존재하지 않는다. 이것은 거란이 이 방면의 국가들과 거의 관계를 갖지 못하였기 때문이다. 거란은 이들보다도 서역 방면에 다수의 '조공국'을 거느리고 있어[54] 그들에 대한 의례가 별도로 존재했을 것이다. 요는 과거의 중국왕조 또는 동시대의 송조가 그랬던 것처럼 주변국가들의 입조를 송과의 경쟁을

50) 聶崇岐, 「宋遼交聘考」(『燕京學報』 27, 동, 『宋史叢考(下)』, 華世出版社, 1986에 再錄) 참조.

51) 遼에서 황태후의 지위에 대해서는 島田正郎, 앞 책, pp.667~668.

52) 그러한 내용에 대한 구체적인 분석과 비교는 다른 차원의 작업을 기다려야 하겠다.

53) 요의 그러한 입장은 예를 들어 요가 송에게 『송사』 권487, 外國3 高麗, p.14049에 "(契丹)常云, 高麗乃我奴婢耳, 南朝何以厚待之"라고 표현한 데에서 그 일단을 읽을 수 있다.

54) 요의 조공국 문제와 관련해서는 金謂顯, 「遼史屬國表考檢」(동, 『遼金史硏究』, 서울: 裕豊出版社, 1985) 참조.

의식하면서 중시했다고 보인다.

이처럼 요는 '민족주의'가 팽창하던 당시의 동아시아 분위기 속에서 중국식의 여러 문물을 받아들여 국가 체제를 정비하려 했고, 그 중에서 빈례의 모방은 "천하의 治者"를 지향하는 그들에게 매우 중시되었을 것이다. 그런데 요는 물론 후술하는 금조가 수입했다는 중국의 빈례는 송조가 이미 전범으로 삼던 『개원례』가 아니라 송의 의례였다고 생각되며 이 점은 중요한 의미를 갖는다.

즉 앞에서 강조한 것처럼 요와 금에서 나타난 制定法은 당율 내지 그와 거의 다름없는 『송형통』을 모방한 것이었지만, 예 특히 빈례의 경우는 사정이 달랐다고 생각한다. 왜냐하면 요의 입장에서 바라 본 국제 질서도 당연히 송의 입장에서 본 것과 유사한 것이었고 당의 그것처럼 일원적 구도와는 현실적으로 달랐기 때문이다. 島田正郎에 의하면 요의 입법자들은 의식적으로 宋法을 배제하여 唐法에 의거했지만, 예를 제정함에 있어서는 부분적이라고 해도 宋禮가 참작되었다고 한다.[55] 또 淸 秦蕙田編, 『五禮通考』에,

> 遼志(『요사』의 「禮志」?)에 실린 宋使의 入見·曲宴·朝辭에 관한 儀式은 대략 송의 의례에 의거해서 만들었다(遼志所載宋使入見曲宴朝辭之儀, 大約依宋儀而爲之.(『五禮通考』 권227, 賓禮8)).

라는 설명도 그러한 점과 부합한다.

(2) 금의 경우

한편 금조에서의 빈례 수용에도 대체로 거란과 같은 동기와 배경을 가지며, 그 형식과 내용도 송조의 것을 準用했고 따라서 요의 그것과 상통하는 점이 있었다. 〈표 5〉의 F(a), F(c)는 각각 외국사의 '入見'과 '辭儀'에 관한 것으로 이미 송은 물론 요의 빈례에서도 그 존재가 보이며, 또 F(b)는 사절을 위한 연회의 禮로 역시 송·요 양국에 존재했다. 또한 『대금집례』의 G(c)는 F(b)에 상당하며 G(d)는 F(a)와 F(c)를 합친 것으로 생각된다. 그리고 『금사』에 없는 G(a)와 G(b)도 앞에서 검토한 송·요 각 왕조의 元正 및 聖節의 의례에 해당하므로, 이로써 송·요·금 3국의 빈례가 대체적으로 형식면에서 서로 공통됨이 판명된다.

55) 島田正郎 앞 책, 제2편 제2부 제2장 「禮制」, p.653.

그럼에도 불구하고 금의 빈례에는 몇 가지 고유한 특성을 지적할 수 있다. 먼저 송과 요의 빈례와 달리 외국에 대해 국가별로 독립된 형식의 빈례를 설정하지 않은 점이다. 송과 요가 각기 상대방에 대한 독립된 빈례를 상호 존중의 차원에서 마련한 것은 이미 지적하였으나, 금에서는 그러한 형식이 일체 존재하지 않는다. 필자는 이것이 요·송과는 다른 금·송의 특수한 관계를 반영한 결과로 본다.

즉 요·송의 대등한 관계에 비해, 금·송은 1142년의 화의로 군신관계를 맺고, 다시 1165년에는 그 관계가 송에 유리하게 개정되어 '叔姪' 관계가 되었다가, 1207년에 또 한번 '伯姪' 관계로 바뀌어 송과 금이 종적인 관계라는 점에서는 변함이 없었다. 송도 금에게는 단순한 '조공국' 즉 '외국'의 하나에 불과하였고, 그러한 상황에서 금을 방문한 宋使를 대상으로 시행된 빈례는 이제 요·송간의 것과는 달라질 수 밖에 없었다. 위의 『금사』와 『대금집례』에 보이는 빈례 편목은 그러한 관계를 반영해 편집된 것으로 생각된다.

송에 대한 대우가 이 정도였기 때문에, 기타 F의 (a), (b), (c), 즉 외국사의 금 황제에 대한 '入見'에서 '朝辭'(奉辭)까지의 각 의례도 국가별로 분리되지 않고, 복수의 국가들이 같은 날, 같은 장소에서 더구나 동시에 이루어지게 되었다. 즉 이것은 F(b), F(c)에서도 마찬가지이지만 예를 들어 F(a)는 그 의례에 참가하는 외국사의 식장으로의 입장 순서가 "先引宋使副, … 次引高麗使 … 次引夏使"고 되어 있어 각국 사절들이 같은 날, 한곳에 함께 참석하고 있는 것이다.

송과 요의 경우도 정단과 성절 같은 특정일에는 외국사가 동일 동시에 會集하는 것이 보통이었다. 『금사』의 기술이 이 같은 특정일만을 뜻한 것인지, 아니면 보통의 入朝에도 여러 국가가 동시에 의식을 집행한 것인지는 명료하지 않다.[56] 다만 '조공국'들이 저마다의 필요에 따라 금을 수시로 찾았을 수 있고, 그러한 경우에는 각국이 개별적으로 의식을 치를 수밖에 없었을 것이다. 이는 금에서도 송이나 요와 같이 각국 별로 각각의 빈례가 별도로 존재했을 가능성을 제기시키며 F(d)는 바로 거기에 해당하는 것으로 보인다.

그런데 『금사』에는 유독 서하사절 전용의 빈례로 F(d)가 보이고, 『요사』는 물론 『금

56) 필자는 이 점에 대해 현재 후자로 생각하고, 따라서 이것은 송 및 요와는 다른 특징이 된다. 지금 밝힌 대로 송·요에서도 같은 날, 같은 곳에 외국사절들이 會集하는 경우도 있었지만, 『송사』 권119, 禮22 賓禮4, p.2809에는 "凡蕃使見辭, 同日者, 先夏國, 次高麗, 次交阯, 次海外蕃客, 次諸蠻"라고 있어, 이것은 일반 외국사의 '見辭'가 비록 同日이라 해도 동시에 치러진 것이 아니라, 한 나라 한 나라가 순서를 정해 개별적으로 의식이 집행되고 있었음을 설명하는 것으로 이해된다.

사』의 다른 빈례에서도 볼 수 없는 구체적인 내용이, '정복왕조' 빈례의 실상을 좀 더 구체적으로 알려준다. 즉 F(d)에는 금이 중원을 석권한 결과 주변국의 입조가 실현되자, 그 조공국의 하나가 된 서하 사자가 금을 찾아와 다음과 같은 순서에 따라 그때그때의 의례를 통과한 것이 보인다. 그 일정의 순서만을 나타내면,

> ①(도착)당일 : 迎賓館(恩華館)도착·皇帝遣使撫問, → ②제2日 : 入見에 대한 習儀, → ③제3일 : 入見, → ④제4일 : 賜宴, → ⑤제5일 : 稱賀, → ⑥제6일 : "賜分食, 幷賜酒果禮", → ⑦제7일 : 曲宴禮, → ⑧제8일 : 奉辭의 儀, → ⑨제9일 : "送至恩華館, 更衣而行(귀국)"

로 정리된다.

기본적으로는 당의『개원례』내지 송의 입조 의례 식순과 유사한 것을 볼 수 있으나, 여기서는 ①, ③, ④, ⑧ (혹은 ⑦)등 만을 적고 있는 당의『개원례』내지 송의『신의』그리고『요사』와『금사』등에는 발견하기 힘든 ②, ⑤, ⑥, ⑨의 과정이 보인다. 이 ②, ⑤, ⑥, ⑨ 부분은 금 고유의 것이기 보다 송 또는 요의 빈례 중에도 있던 일부라 할 수 있다. 즉 이미 확인한 것처럼, 당·송의 빈례를 다루는 諸儀禮書는 그 과정이 대체로 "遣使迎勞" → "遣使戒見日" → "陳設" → "朝見"의 순으로 전개되고 있음을 적고 있다. 그러나 이들 각 단계의 사이에는 기록으로는 남기지 않았지만 또 다른 의례가 있을 수 있고, 그 공백을 생각하는 데에『新定夏使儀』는 참조할 가치가 크다.

맺음말

본장에서는 당과는 크게 다른 송대의 국제 환경에서 그 빈례가 당의『개원례』를 기본적으로 계승하면서도 변화된 양상이 반영되어 새로운 요소가 더해진 경위와 내용을 검토하였고, 이어 송의 북방에 대두한 '정복왕조'에게도 중국식 빈례가 적극적으로 채용된 배경과 이유 그리고 그 내용의 중국과의 異同 관계도 생각해 보았다.

송에서도 이념적으로 '세계의 중심'이라는 관념이 지속되어『직공도』류의 편찬을 비롯한 빈례의 제정이 필요했다. 특히 '조공국'을 초대해 그 중심이 중국임을 확인시키는

효과를 갖는 빈례는 매우 필요했지만, 거란 등 대등국의 출현으로 당과 달라진 국제환경은 송의 빈례 형식에 변화를 부르게 했다.

송의 빈례는 당의 그것이 모든 국가를 원칙적으로 동일한 빈례로 응대하는 일원적인 것이었다면 국가와 지역별로 구분한 다원적인 것이었다. 또한 이러한 내용의 빈례는 송의 외교가 안정기에 든 眞宗시기에, 조공 관계의 활성화와 그를 맞이하는 영빈기관의 정비라는 추세 속에서 출현해 점차 정비되어 갔다.

송의 빈례가 외형적으로 당의 『개원례』를 종적으로 계승했다면, 횡적으로는 동시대의 요·금 등 정복왕조들에 의해 繼受되고 있었다. 法과 함께 요·금 왕조에게 禮의 수용은 중국식 중앙집권 전제 국가의 실현을 지향한 결과였다. 그리고 그 중에서 빈례는 송과 대등하거나 그 이상으로 '세계의 패자'임을 과시하는 질서로서 받아들여졌다.

정복왕조가 수용한 빈례의 내용은 『개원례』 보다 송의 그것에 더 가까운 것이었다. 정복 왕조에게도 당시의 국제 상황은 당과는 현실적으로 달랐기 때문이다. 특히 요의 빈례는 송과 흡사하며 빈례 면에서도 양국의 경합 관계를 읽을 수 있다. 하지만 금의 경우는 요와는 또 다른 면을 갖고 있으며 그것은 금이 요보다도 송에 대한 지위가 한 단계 상위였음을 반영한 것으로 해석된다. 또 금의 빈례에서는 송의 경우는 볼 수 없는 내용이 있는데, 이를 통해 송의 생략된 빈례의 일부를 추정하는 단서를 얻을 수 있다.

2 중국왕조에서 賓禮의 沿革

머리말

중국사에서 '禮'를 언급할 경우 '吉禮', '嘉禮', '凶禮' 등이 먼저 연상되나 소위 '五禮' 속에는 '軍禮', 그리고 '賓禮'가 함께 포함된다. 다른 예와 마찬가지로 최소한 周代까지 그 기원이 올라가는 빈례는 본래 중국 천자와 제후 간의 봉건관계를 축으로 하는 것이었다. 하지만 주 이후 중국 세계가 밖으로 확장되면서 빈례의 중심이 "중국 천자와 '외국 군주'"의 관계, 즉 소위 '책봉관계'로 이동한다고 보는 것이 필자의 이해이다. 그리고 이 이후부터 중국왕조에서 빈례는 특히 '외국'을 상정하고 있는 점에서 상술한 다른 '예'와 차별성을 갖는다. 중국의 '예'는 대내적인 4禮에 대외적인 빈례를 추가함으로써 완성됐다고 할 수 있다.

다만 중국의 세계관이 본래부터 '夷狄蠻戎'을 포괄하는 독특한 것임을 감안할 때, 중국 황제에게 빈례의 존재는 오히려 필수적인 것이었다. 국가제사 등의 吉禮가 '천명'을 받은 중국 황제의 정통성을 확인하는 의례였던 것과 마찬가지로, 빈례는 '천하세계'에 군림하는 황제가 외부의 사신을 불러들여 상호간에 그 중심을 확인하는 것이었기 때문이다. 비록 현실적 규제력이 약화되었다해도 적어도 이념상 세계의 중심을 고집한 것은 중국 역대왕조를 일관해 보이는 특징이었다. 하지만 동시에 빈례는 현실을 외면할 수 없던 것도 사실이며, 따라서 거기에 '이념과 현실'의 모순이 종종 발견되는 것 또한 빈례의 특징이다.

왕후귀족의 권위를 치장하는 것쯤으로 평가 절하되어 오던 예제가 최근 역사 현상의 배후에서 현실을 제어하는 한민족 정신문화의 정화로서 재인식되어, 역사가, 인류학자, 문화·사상연구자 등에 새로운 보고로 각광을 받고 있다.[1] 빈례 역시 같은 맥락에서 그 의

1) 池田溫, 「大唐開元禮解說」(古典研究會影印, 『大唐開元禮』, 1981), p.826.

의가 발견된다. 중국과 교섭하는 다양한 국가들과의 관계는 그 관계 자체도 중요하지만, 그들이 중국에 접근할 때 반드시 요구되었던 '통과의례'로서의 빈례는 중국 왕조에게 현실 이상의 의미를 갖고 있었다. 이 점을 무시하고는 중국과의 교류 자체가 어려웠고, 중국은 현실적 이익을 포기하더라도 상호의 교섭이 '天子' – '蠻夷' 간의 '分'의 틀 속에서 이루어지도록 노력했다. 또한 동아시아 주변 제국의 입장에서도 예는 외교의례와 조공 수속에서뿐 아니라, '후진적인' 자국의 國制를 완성시켜가는 데에서도 관심이 큰 문제였다.[2]

종래 중국의 빈례에 관해서는 당을 대상으로 하는 石見淸裕의 것이 거의 유일하고 또 본격적 연구였다.[3] 여기에 필자가 石見의 연구에 촉발되어 송대의 빈례 문제를 정리한 적이 있지만,[4] 본 장은 이를 한발 나아가 중국 왕조 전체의 흐름 속에서 생각해보려고 한다. 즉 그 원점을 이루는 周代의 빈례가 유구한 중국의 역사 과정 속에서 어떻게 변용되었고, 또 그 변용은 어떠한 국제 관계를 반영하는 것인지를 정리해보는 것이 본장의 목적이다.

다만 여기서 이 문제 모두를 하나의 논문으로 처리하는 것은 불가능하다. 따라서 본장에서는 각 시대를 대표하는 중요 禮書를 주로 비교 검토하여 거기에 보이는 '빈례'의 특징을 정리하는 방법을 이용한다. 각 시대라고 해도 현재 그 예서가 모두 존재하는 것은 아니고, 『儀禮』·『周禮』·『禮記』 등의 소위 3禮 이후에는 당, 송, 명대의 것이 현존하는 것의 중심을 이룬다. 즉 淸의 秦蕙田이,

> 唐의 開元禮, 宋史의 禮志, 明集禮에 실린 外蕃朝見之禮가 가장 자세하다(唐開元禮, 宋史禮志, 明集禮所載外蕃朝見之禮尤祥(『五禮通考』 권223, 賓禮4 天子受諸侯蕃國朝覲)).

고 지적하듯이 『唐開元禮』(이하 『개원례』)와 『明集禮』가 그것이며, 또 여기서 말하는 '宋史禮志'는 송대의 『太常因革禮』(『인혁례』)와 『政和五禮新儀』(이하 『신의』)로 보인다.

본 장은 이들 당, 송, 명대 예서의 빈례 부분과 특히 3禮 중에서 후대 빈례의 직접적인 계승관계가 있는 『儀禮』의 '覲禮' 부분을 주된 분석 대상으로 삼는다.

---

2) 池田溫, 앞 책, p.829.

3) 石見淸餘, 「唐の鴻臚寺と鴻臚客館」(『古代文化』 42-8, 1990); 「唐代外國使の皇帝謁見儀式復元」(『史滴』 12, 1991, 이상은 모두 뒤에 石見淸裕, 『唐の北方問題と國際秩序』, 汲古書院, 1998에 再錄); 「唐の國書授與儀禮について」(『東洋史硏究』 57-2, 1998).

4) 본고 제Ⅲ부 제1장, 「宋代 東아시아에서 賓禮의 成立과 그 性格」; 「外國朝貢使節宋皇帝謁見儀式復元考」(『宋遼金元史硏究』 4, 2000); 「入宋高麗國使의 朝貢 儀禮와 그 주변」(『全北史學』 제24집, 2001)을 참조.

1. 賓禮의 연원 : 周代의 빈례

1) 고대의 천하 구도

중국 예제의 원점[5]을 이루는 『의례』 17篇의 내용을 5禮 형식으로 분류하면, 3편이 길례, 4편이 흉례, 7편이 가례, 3편이 빈례에 각각 해당하고 군례에 속하는 부분은 존재하지 않는다. 빈례 3편은 '士相見禮', '聘禮', '覲禮'가 그 내용이고, 이 중 '사상견례'는 士·大夫 등의 상견례, '聘禮'는 제후 간의 방문, 그리고 '覲禮'는 제후의 천자(王)에 대한 알현으로 보는 것이 일반적이다. 단 '覲禮'는 원래 제후가 천자를 춘하추동 4시로 나누어 각각 알현한다고 하는 '朝', '宗', '覲', '遇' 중에서 가을의 '覲'을 말하는데, 나머지 3時의 예가 망실되어 '覲禮'만이 『의례』에 남은 결과이다.[6]

이처럼 『의례』에는 주대의 봉건 관계를 토대로 주 천자와 제후 사이의 알현 의식이 '覲禮'라는 형식으로 나타나고 있는데, 그렇다면 본 장의 주제인 중국 황제(天子)와 '외국'='蕃國' 간의 관계는 어떻게 보아야 할까? 西嶋定生에 따르면 중국에서 책봉체제는 漢代 이후에 전형적으로 나타나지만,[7] 『주례』 등의 諸書에는 주대에도 그러한 '天子－蕃國' 간의 관계가 규정되어 있음을 발견할 수 있다.[8] 당의 杜佑는 이 관계를 정리해,

> 大行人은 大賓之禮와 大客之儀를 관장하여 諸侯를 접대한다. …邦畿는 方千里, 그 바깥 500리에 해당하는 侯服은 1년에 한번 朝見하고, 또 그 바깥 500리에 해당하는 甸服은 2년에 한번 朝見하며, 또 그 바깥 500리에 해당하는 男服은 3년에 한번 朝見하며, 또 그 바깥 500리에 해당하는 采服은 4년에 한번 朝見하며, 또 그 바깥 500리에 해당하는 衛服은 5년에 한번 朝見하며, 또 그 바깥 500 리에 해당하는 要服은 6년에 한번 朝見한다. 九州의 밖은 蕃國으로 一代에 한번 朝見하는데, 각기 귀하게 여기는 寶를 贄로 삼

---

5) 주지하는 것처럼 『儀禮』는 『周禮』, 『禮記』와 함께 三禮라 칭해지며 다른 두 책에 비해서 가장 본질적인 책으로 평가된다. 이점은 예를 들어 『禮記』의 기(記)가 注記라는 의미로 本書의 전부가 그렇지는 않지만 원래 禮 즉 『禮經』(『儀禮』)의 주기라는 데에서도 그렇게 볼 수 있다.

6) 孫詒讓撰, 『周禮正義』 권71, 大行人을 참조.

7) 예를 들면 同, 『中國古代國家と東アジア世界』(東京大學出版會, 1983) 第2編 「古代東アジア世界の形成」 참조.

8) 『주례』 夏官, 職方氏, 同書 秋官, 大行人 등.

는다(大行人掌大賓之禮及大客之儀, 以親諸侯. …邦畿方千里, 其外五百里曰侯服, 歲一見, 又其外五百里曰甸服, 二歲一見, 又其外五百里曰男服, 三歲一見, 又其外五百里曰采服, 四歲一見, 又其外五百里曰衛服, 五歲一見, 又其外五百里曰要服, 六歲一見. 九州之外, 爲之蕃國, 代一見, 各以其所貴寶爲贄.(『通典』 권74, 禮34 沿革34 賓禮1)).

고 설명했다.

이것은 〈그림 1〉에서 나타낸 것처럼 '王畿'('邦畿')의 외측에 方 500里 간격으로 '侯服'에서 '蠻服'이 펼쳐져 있어 이들이 '중국(九州)' 내의 제후로서 그 거리에 따라 1년 1회에서 6년 1회까지 천자에 대한 알현을 행하고 있고, 이에 반해 '蠻服'의 밖에는 다시 方 500리 간격으로 각각 '夷服', '鎭服', '藩服'이 '蕃國'으로 위치하여 이들은 한 世代에 한번 천자에 알현할 것이 규정되어 있다. 즉 천자가 제후 뿐 아니라 '蕃國'으로부터도 알현을 받는다는 도식이 고대 중국인의 이상적 세계관에 자리 잡고 있다. 그렇다면 시기와 간격의 차이는 있겠으나, 당시의 '번국' 즉 '외국'은 천자를 알현하는 의식면에서도 '중국(九州)' 내의 일반 제후와 비슷한 과정을 통과하고 있었을 것으로 생각된다. 그리고 이점에서 훗날 중국 황제와 외국 사절 간에 연출되는 빈례는 기본적으로는 『의례』의 '覲禮'와 관련이 있는 것이 상정되는데, 이 점은 후술하는 본론의 내용을 통해서 입증될 것이다.

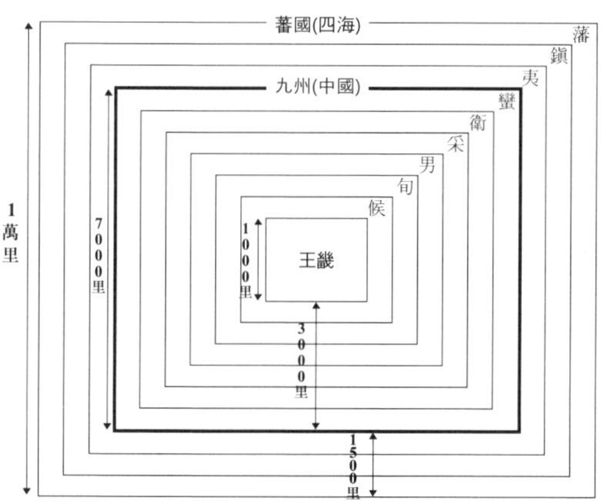

〈그림 1〉 九服 개념도(『周禮』夏官·職方氏를 중심으로)

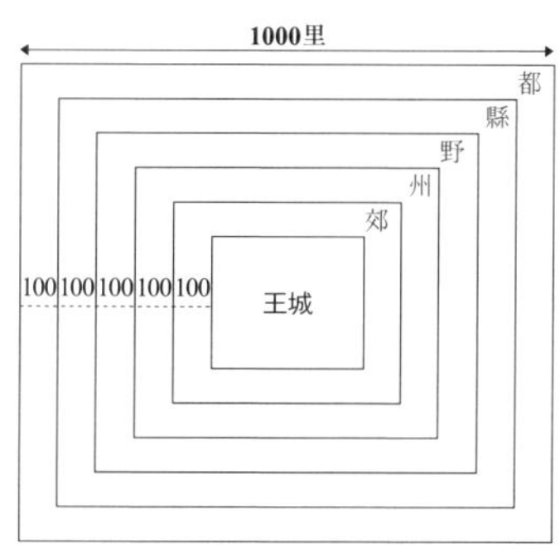

〈그림 2〉 王畿(邦畿) 개념도(『周禮正義』地官·戴師의 鄭玄注를 중심으로)

2) '覲禮'의 구성과 특징

'難讀의 書'로 정평이 있는 『의례』 인만큼 '覲禮' 안에는 필자의 해독 능력을 벗어나는 부분이 적지 않다. 다행히 이 책에 대해서는 기존의 연구가 존재하고 특히 池田末利의 정치한 역주[9]는 필자의 이해에 큰 도움을 주며, 최근에는 吳江原의 국역[10]도 공간되었다.

池田末利는 그의 譯書에서 '覲禮'의 본문을 내용(의식)의 전개에 따라 몇 개의 단락으로 구분하여 각 단락에 임의의 제목을 부치고 있다. 본절의 검토는 복잡다단한 '근례'의 내용 자체보다 그것이 어떻게 구성되어 있고 또 어떠한 의식의 흐름을 보이는가에 있으므로, 여기서는 편의상 池田末利가 각 단락에 부친 제목(이하 이를 '篇目'이라 칭함)을 중심으로 이용하기로 한다.[11] 또한 이하 '근례'의 내용을 논하면서 특별히 인용처를 밝히지 않는 곳은 池田末利의 역주 부분에 의한 것임을 밝혀둔다.

다음은 『의례』(권26下~권27)의 '覲禮' 본문을 池田末利의 편목명과 함께 제시한 것이나, 번역문은 문장이 길고 또 池田末利나 吳江原의 기존 번역이 있으므로 생략하였다.

『의례』의 '覲禮' 전문

(a) 王使人郊勞

至于郊, 王使人皮弁用璧勞. 侯氏亦皮弁, 迎于帷門之外. 再拜. 使者不答拜. 遂執玉, 三揖至于階. 使者不讓, 先升. 侯氏升聽命, 降, 再拜稽首. 遂升受玉. 使者左還而立. 侯氏還璧, 使者受. 侯氏降, 再拜稽首, 使者乃出. 侯氏乃止使者, 使者乃入. 侯氏與之讓升, 侯氏先升, 授几, 侯氏拜, 送几, 使者設几, 答拜. 侯氏用束帛乘馬儐使者, 使者再拜受, 侯氏再拜送幣. 使者降, 以左驂出, 侯氏送于門外, 再拜, 侯氏遂從之.

---

9) 池田末利 譯註, 『儀禮』(I~V, 東海大學出版會, 1978).

10) 吳江原 譯註, 『儀禮』(1~3, 청계, 2000).

11) 『의례』의 '覲禮'는 본 장에서 제시하는 (a)에서 (j)까지의 문장으로 사실상 일단락되지만, (j)를 이어서 제후가 정기적이지 않고 임시로 천자를 알현한다는 '會同之禮'와 천자가 巡狩할 때 제후가 알현하는 '巡狩之禮'가 附加되어 있으나, 본 장에서는 이에 대한 검토를 생략하기로 한다.

(b) 王賜侯氏舍

天子賜舍. 曰. 伯父, 女順命于王所, 賜伯父舍. 侯氏再拜稽首, 儐之束帛乘馬.

(c) 王戒覲期

天子使大夫戒曰, 某日伯父帥乃初事. 侯氏再拜稽首.

(d) 受次於廟門外

諸侯前朝, 皆受舍于朝. 同姓西面北上, 異姓東面北上.

(e) 侯氏執瑞玉行覲禮

侯氏裨冕, 釋幣于禰. 乘墨車, 載龍旂, 弧韣乃朝, 以瑞玉有繅. 天子設斧依於戶牖之間, 左右几. 天子袞冕負斧依. 嗇夫承命, 告于天子. 天子曰, 非他, 伯父實來, 予一人嘉之, 伯父其入, 予一人將受之. 侯氏入門右, 坐奠圭, 再拜稽首. 儐者謁. 侯氏坐取圭, 升致命, 王受之玉, 侯氏降階, 東北面再拜稽首, 擯者延之曰升, 升成拜, 乃出.

(f) 覲已卽行三享

四享皆束帛加璧, 庭實唯國所有. 奉束帛匹馬, 卓上, 九馬隨之, 中庭西上奠幣, 再拜稽首. 儐者曰, 予一人將受之. 侯氏升致命, 王撫玉, 侯氏降自西階東面, 授宰幣西階前, 再拜稽首, 以馬出授人, 九馬隨之. 事畢.

(g) 侯氏請罪天子辭乃勞之

乃右肉袒于廟門之東, 乃入門右, 北面立告聽事. 儐者謁諸天子, 天子辭於侯氏曰, 伯父無事, 歸寧乃邦. 侯氏再拜稽首, 出自屏南, 適門西, 遂入門左, 北面立, 王勞之, 再拜稽首, 儐者延之曰升, 升成拜, 降出.

(h) 王賜侯氏車服

天子賜侯氏以車服, 迎于外門外, 再拜. 路先設西上, 路下四亞之, 重賜無數, 在車南. 諸公奉篋服, 加命書于其上, 升自西階東面, 大史是右. 侯氏升西面立. 大史述命. 侯氏降兩階之閒, 北面再拜稽首, 升成拜. 大史加書于服上, 侯氏受. 使者出. 侯氏送, 再拜. 儐使者, 諸公賜服者束帛四馬, 儐大史亦如之.

(i) 王辭命稱謂之殊

同姓大國, 則曰伯父, 其異姓, 則曰伯舅. 同姓小邦, 則曰叔父, 其異姓小邦, 則曰叔舅.

(j) 略言王待侯氏之禮以上廟受覲禮竟

饗禮乃歸.

위의 편목명을 중심으로 생각할 때 '근례'는 하나의 의식으로서가 아니라, 대체로 장소 또는 일시를 바꾸어가며 계기적으로 전개되는 일련의 의식으로 볼 수 있다. 즉 내용상 '근례'는 (a)에서 (j) 사이에 걸쳐 보이는 몇 개인가의 복수로 된 의례로 진행되며, 제후 또는 蕃國의 사자는 이 각 단계의 의식을 차례로 통과함으로써 사명을 완수하게 되는 것이다.

그러한 각 단계의 요점과 특징을 개관하면, 먼저 (a)는 편목 명에서 알 수 있는 것처럼 "王(天子)이 사자를 보내서 '郊'에서 제후(侯氏)의 노고를 위무하는" 의식이다. 천자의 王畿(邦畿)는 〈그림 2〉와 같이 몇 개의 지역으로 구별되는데, 제후가 자국에서 출발하여 왕기의 근교에 이르면 천자는 사자를 보내 (a)의 본문에서 보는 것 같은 의식='勞禮'를 거행한다.[12] 이 경우 의식이 치러지는 장소는 근교의 '帷'이고, 이 '帷'는 제후가 설치한 것으로 되어 있기 때문에 (a)의 의식은 제후가 '主'의 입장에서 천자가 보낸 사자인 '客'을 맞아들이는 형식으로 치러지는 것임에 주의할 필요가 있다.

또 그 밖에 본문의 해석에 대해서는 해석이 엇갈리는 부분도 적지 않지만, 사자가 노고를 치하하는 의미로 '璧'을 전달하면 제후는 이를 받아 든 뒤에 다시 사자에게 돌려주고, '勞禮'가 끝난 뒤에는 제후가 천자의 사자에게 예물로 '束帛'과 '幣' 등을 전한 다음 그를 따라 천자의 '朝'에 이르게 된다.

(b)는 "王이 사자를 보내 제후에게 宿舍(館)를 하사하는" 의례이다. 의례가 집행되는 장소는 제후의 館으로 보아야 할 것이다. 따라서 그렇다면 제후는 이미 (a)단계에서 사자를 따라 천자의 '朝'에 도달한 후 '館'을 받은 상태에 있는 것이며, (b)는 그 이후에 (a)와 마찬가지로 제후가 '主'의 입장에서 왕의 '사자'를 맞이하여 치르는 예로 볼 수 있다. 다만 (a)에서 제후가 사자를 따라 일단 '입조'한 다음에 다시 (b)로 이어지는 사이의 정황에 대해서는 불확실한 점이 많다. (b)에서 천자는 예물을 사용하지 않지만, 제후는 왕의 사자를 존중하는 의미에서 이를 館內로 인도하여 '束帛'과 '乘馬'로 예를 표하고 있다.

(c)는 "왕이 大夫를 사자로 보내 覲禮의 기일을 고하는" 의식이며, 식 자체에 대한 설명은 보이지 않지만, 큰 틀에서는 (b)와 유사한 것으로 추정된다.

이어 (d)는 단순히 "(제후가) 천자에게 次를 廟門 밖에서 받는" 것을 설명한 것이지만, 엄밀히는 의식의 한 단계로 보기 어렵다. 즉 이것은 '入覲'하는 제후가 많기 때문에 그 '覲禮'의 순서를 해치지 않기 위해, 미리 대기 장소로서 '次'가 제공된다는 뜻으로 해석된

12) '聘禮'에는 '勞禮' 이전에도 몇 개의 의식이 존재하며, 따라서 '근례'에도 그것이 있었을 것이다. 이 점에 대해서는 池田의 '覲禮'역주 부분 注1)을 참조.

다. 그리고 '帷'로 만들어졌다는 보이는 '次'는 入覲이 행해지는 '廟門' 밖에 설치되었다.[13]

(e)는 드디어 當日에 "제후가 瑞玉을 들고 覲禮를 행한다"는 '근례' 의식의 핵심 부분과 그 직전의 상황을 포함한 묘사이다. 그만큼 이 부분에 관한 의식이 가장 복잡하고 해석을 둘러싼 대립도 많지만, 여기서는 제후가 천자에게 특별한 '貢物'이 아니라 다분히 상징적인 의미의 '玉'만을 바친 점에 주의하고 싶다. 또 이 '근례'가 행해지는 '廟'는 특히 '文王廟'로,[14] '覲禮'가 이러한 '廟'에서 치러진 것은 역시 봉건적 혈연관계 등을 확인시키는 주대의 특성을 보이는 것으로 생각된다.

이상으로 좁은 의미의 '근례'는 일단 끝나지만, 넓은 의미에서의 '근례'는 계속 이어진다. 특히 후대의 중국 왕조에서 소위 '조공'과 '회사'로 칭해질 수 있는 천자와 제후 간의 교섭이 별도의 의식을 통해 전개되는 점이 주의된다.

먼저 "覲禮를 마치고 三享의 禮를 행한다"는 (f)가 그와 같은 貢物을 바치는 의례에 해당한다. '享'은 '進獻'의 의미이고 또 본문 중의 '四享'은 '三享'의 잘못으로, 결국 제후는 천자에 대한 공물의 진헌을 세 번으로 나누어 행한다는 것이다. 이 경우 初享은 본문에서 보이는 것처럼 馬를 바치고 있고, 이후 二享, 三享의 庭實 즉 貢物은 해당 (제후)국의 산물을 원칙으로 한다.

이어지는 (g) 부분은 "제후가 자기 죄를 천자에게 청해 묻고, 천자는 (그에 대해) 해당하는 바 없음을 알리고 그 노고를 위로하는" 것을 취지로 하는 의식이다. 그동안 자신의 「國에 죄로 될 만한 일이 있었는지를 천자에게 묻는 것으로, '覲'과 '享'은 끝났지만 黜陟이 아직 분명하지 않아 천자에게 견책을 받을지 모르므로 肉袒을 행하는」이 의례는 특히 '君－臣' 관계를 극명히 나타내는 상징성 풍부한 행위이다.

한편 (h)는 (f)에 대한 천자 측의 반대급부 즉 소위 '回賜'를 집행하는 의례라고 할 수 있다. 이것은 (b)와 (c)의 경우처럼 천자가 사자를 제후의 館舍에 보내 행하는 것으로, 천자의 사여품은 '車(馬)'와 '服'을 중심으로 그 밖의 일정치 않은 품목들이 부가된다. 이들 사여품은 천자의 사자인 '諸公'과 '大史'들이 왕명을 낭독한 뒤에 전해지는데, 이에 대해 제후는 諸公과 大史에 대한 사례로 束帛과 匹馬를 준다.

(i)는 儀式으로 볼 수 없고, 왕의 '辭命' 속에서 稱謂가 다른 것을 설명한 것으로 오히

13) 池田末利, 앞 책, 『儀禮』 II, p.654.

14) 池田末利, 앞 책, p.667의 注2).

려 前文인 (h)에 부속시켜야 할 것이다.

끝으로 (j)의 편목명은 "王이 제후를 대우하는 예를 略言하고, 이상으로 廟에서 覲을 받는 예는 끝난다"는 의미이다. 즉 '근례'는 왕이 제후에게 饗宴 등을 베푸는 것을 마지막으로 종결되고 사절은 귀국하게 되는데, 여기서 그와 같은 접대에 관한 예의 내용은 일체 생략되어 있다.

이상의 검토에 입각할 때, '근례'는 (d)와 (i)를 제외하고 크게 보아 「勞禮(a) →賜館禮(b) →戒覲期禮(c) →覲禮(e) →三享禮(f) →請罪禮(g) →賜車服禮(h) →饗宴禮(j)」의 8단계를 축으로 전개되었다고 볼 수 있다.[15] 이들 8개 의례의 각 특징을 다시 정리한 것이 다음 〈표 1〉이다.

〈표 1〉『儀禮』'覲禮'의 주요 내용

구분	儀式 名	식장	주객관계	禮物
(a)	勞禮	近郊의 帷	主=제후, 客=천자의 사자	使者가 제후에 璧을 전하고 제후는 이를 다시 사자에 반환. 제후가 사자에 束帛과 幣를 전함
(b)	賜館禮	館舍	主=제후, 客=천자의 사자	제후가 사자에게 束帛과 乘馬 제공
(c)	戒覲期禮	館舍	主=제후, 客=천자의 사자	없음
(e)	覲禮	廟의 明堂	主=천자, 客=제후	제후가 천자에게 玉을 바침
(f)	三享禮	廟	主=천자, 客=제후	馬, 庭實
(g)	請罪禮	廟	主=천자, 客=제후	없음
(h)	賜車服禮	館舍	主=제후, 客=천자의 사자	'車(馬)', '服', 그 밖의 品目
(j)	饗宴禮	廟(?)	主=天子, 客=제후	없음

아울러 이상과 관련해『통전』권74, 禮34 沿革34 賓禮1에 주목하고 싶다. 杜佑는 여기서 중국 빈례의 연혁을 주로 상술한 '근례'에 의거해 소개하고 있는데, 특징적인 것은 그 내용을 다음과 같은 소주제로 나누어 설명한다.

(1) 天子受諸侯藩國朝宗覲遇, (2) 天子受諸侯遣使來聘, (3) 天子遣使迎勞諸侯

『의례』가 별다른 구별 없이 '覲禮' 전체를 일괄적으로 서술한 것에 비해, 여기서는 특히 1)과 2)의 구별이 눈에 띈다. 즉 3)은 전술한 '근례'의 (a)부분을 독립시켜 상술한 부분

15) 여기서의 儀式名은 필자가 편의적으로 부친 것임을 밝혀둔다.

이지만, 두우는 특히 천자에 대한 알현이 제후 본인에 의해 이루어지는 경우인 1)과, 그것이 제후가 아니라 그가 보낸 使者에 의해 이루어지는 2)의 경우로 나누어 취급한다. '覲禮'에는 이러한 구별이 보이지 않았으나, 두우는 주대에 천자에 대한 알현이 1)과 2)의 두 종류가 있었다고 보고 있으며, 그에 기초해서 연혁을 별도로 설명한 것이다.[16] 실제로 두우가 2)에서 사용한 '聘'의 개념은 대등한 제후 사이의 '빈례'를 의미할 뿐 아니라, 제후가 천자에 대해 常禮로서가 아닌 유사시의 임시적인 사자 파견의 의미를 포함한다.[17] 두우의 이와 같은 구별은 '覲禮'의 내용 자체와 함께 후대의 빈례에도 계속 살아남게 된다.

2. 賓禮의 확립 : 당대를 중심으로

1) 빈례의 성격 변질

중국사에서 당에 이르기까지 많은 왕조가 존재했지만, 그들에게 '근례'의 본래적인 의미는 거의 상실된 상태였다. 그 원인은 周 이후 중국 왕조의 國制가 차츰 봉건제에서 군현제로 전환되면서, 그들 봉건제후를 대상으로 한 '조공의례'의 현실적 의미가 급감한 데서 찾을 수 있을 것이다. 두우도 위에서 소개한 『통전』「天子受諸侯遣使來聘」의 注文에서,

> 秦漢 이래로 모두 그 禮는 사라졌다. 지금 편찬하는 것은 三代의 儀를 알고자 할 뿐이기 때문이다(秦漢以降, 並無其禮. 今所編纂者, 但欲知三代之儀耳.).

고 설명하였고, 「天子受諸侯藩國朝宗覲遇」의 注文에서는 그 이유를,

> 은·주 시대 이전 천자에게는 諸侯를 迎勞하고 饗燕하는 禮가 있었으나, 秦에 이르러 제후를 罷하고 군수를 두게 되면서 다시 옛날로 돌아감이 없었다(殷周以前, 天子有迎勞饗燕諸侯之禮. 至秦罷侯置守, 無復古.).

16) 두우가 『통전』을 편찬했을 당시 이미 『개원례』가 성립되어 있는 상태였는데, 그의 이러한 구분은 『개원례』의 영향일 수도 있다.

17) 池田 역주, 앞 책, 『의례』 II 聘禮 解題 부분.

고 하여, 주 이후 당에 이르는 사이의 천자에 대한 제후의 조공의례 시례를 2, 3 정도 제시하는 데에 그쳤다. 진·한 이후 왕조에서 때대로 특수한 사정을 반영한 제후국의 존재가 없지는 않았지만, 그 존재 의미가 대세를 형성하지 못함에 따라 빈례도 같은 운명을 걷게 된 것이다.

하지만 그 후 빈례가 소멸한 것은 결코 아니며, 그 모습을 새롭게 탈바꿈하여 오히려 중국 왕조에게 그 필요성을 한층 강화시켜 갔다고 보는 것이 필자의 이해이다. 즉 주대까지의 빈례는 이미 본 것처럼 '천자와 제후국' 간의 관계를 축으로 하는 것이었고, '蕃國'에 대한 고려는 부차적인 것이었다. 그러나 주 이후 봉건제의 소멸로 종전의 구도는 함께 소멸될 수밖에 없었고, 그를 대체한 것은 현실의 책봉관계를 반영한 모습의 '중국 천자와 외국(번국)'간의 빈례였다. 이 관계는 뒤에서 확인하는 것처럼 중국 왕조의 여러 '예서'에서도 빈례 항목이 蕃國에 대한 규정을 내용으로 하는 점에도 확인된다.

이러한 정황은 淸人 秦蕙田이 그의『五禮通考』권223, 빈례4 天子受諸侯蕃國朝覲에서,

> 蕙田이 살피건대, …, 九州의 밖은 蕃國이라 하여 一代에 한번 朝見之禮가 있을 뿐 朝聘之期는 없다. 秦이 봉건제를 폐한 이래 朝禮가 마침내 사라지고, 漢·魏·晉·唐·元·明에서는 子弟를 封建하여 비록 分土는 있었으나, 朝覲은 옛날의 그것과 같지 않았다. 唐의 開元禮, 宋史의 禮志, 明集禮 등에 실린 外蕃의 朝見之禮는 특히 자세한 관계로 모두 采錄하여 賓禮에 對備한다(蕙田案, …, 九州之外, 謂之蕃國, 則有世見之禮, 無朝聘之期. 自秦廢封建而朝禮遂亡, 漢魏晉唐元明封建子弟雖有分土, 而朝覲未合于古. 唐開元禮, 宋史禮志, 明集禮所載外蕃朝見之禮尤祥, 今俱采錄以備賓禮云.).

고 설명한 데에서 가장 극명이 드러난다. 주대 이후의 중국 왕조에서 빈례는 '제후국'에서 '蕃國'을 대상으로 하는 의례로 변화한 것이다.

2)『의례』와의 비교를 통해 본『개원례』빈례의 특징

이러한 새 형태의 빈례가 예서에 본격적이고 명확하게 자리 잡게 되는 것은 秦蕙田의 지적처럼『개원례』이다. 당대의 대표적 의례서『개원례』는 上古 이래의 예제가 하나의 완성 형태로 정착된 결정체이며, 단순히 당조 뿐 아니라 구중국의 예를 생각하는 자들의 표

준이라 할 수 있다.[18]

『개원례』의 빈례도 그 내용을 검토해 보면 고대의 예제 특히 『의례』에 뿌리를 두고 있는 것을 알 수 있다. 『개원례』 빈례의 내용 자체에 대해서는 石見淸裕의 상세한 검토가 있고, 필자도 송대 빈례와의 비교를 앞에서 언급 한 적이 있지만, 그것이 『의례』와는 어떠한 관계에 있었는지를 검토한 선행연구는 없는 것 같다.

여기서 양자의 비교를 위해 『개원례』 권79~80에 보이는 빈례의 전문을 직접 제시하기는 어렵기 때문에, 편의상 그 내용의 취지를 함축한 篇目名만을 〈표〉로 정리해 나타내면 다음과 같다.

〈표 2〉 『개원례』 빈례의 篇目

구분	所載卷數	편목명	비고
(a)	79	蕃主來朝遣使迎勞	
(b)	79	皇帝遣使戒蕃主見日	
(c)	79	蕃主奉見	"奉辭禮同"(原注)
(d)	79	皇帝受蕃使表及幣	"其勞及戒見日亦如上儀"(原注)
(e)	80	皇帝宴蕃國主	
(f)	80	皇帝宴蕃國使	

『개원례』의 빈례는 앞서 지적한 것처럼 이제 '번국'을 상대로 한 의례로 정착한 것을 볼 수 있는데, 그 형식과 내용은 다름 아닌 『의례』를 기본적으로 답습하고 있음이 도처에서 나타난다. 먼저 빈례의 편목이 번국의 '蕃主'와 '蕃使'의 경우로 구별된 것도 그렇지만, 번주의 경우 (a) → (b) → (c) → (e)의 의식을 경과하고 있는 것은 그 대강이 『의례』의 '覲禮'와 크게 다르지 않음을 보여준다. 즉 이미 검토한 내용과 비교하면 『개원례』의 (a)는 『의례』(a) = '勞禮'에, (b)는 『의례』(c) = '戒覲期禮'에, (c)는 『의례』(e) = '覲禮'에, 그리고 (e)는 『의례』(j) = '饗宴禮'에 각각 해당하는 것으로 보아 무방하다.

다만 『개원례』에는 『의례』의 (b), (f), (g), (h)가 보이지 않으나, 이것이 양자 간의 계승관계에 본질적인 의문을 제기할 만한 것으로는 생각되지 않는다. (a)는 石見淸裕에 의하면 장안의 皇城 내에 있는 당의 영빈기관인 鴻臚客館에서 치러졌고,[19] 따라서 (a)를 전후

18) 池田溫, 앞 논문, p.826.

19) 石見, 앞 논문, 「唐の鴻臚寺と鴻臚客館」 참조.

해서 당에서도 당연히 번주에게 객관의 제공이 있었을 것이지만, 『개원례』에 『의례』(b)와 같은 '賜館禮'가 없는 것은 당조가 이를 원래부터 독립된 의식으로 취급하지 않았거나 『개원례』가 이를 생략한 것으로 생각된다. 또 이렇게 보면 『개원례』의 (a)는 『의례』의 (a)와는 달리 왕성의 근교가 아니라 황궁에서 행해진 것이 되어, 의식의 장소가 달라진다.

한편 『개원례』에서는 번주의 경우 공물을 진헌하는 『의례』의 (f)와 같은 것이 별도로 보이지 않는다. 공물의 진헌은 중요한 의식이므로 형식상 『의례』와 같은 '三享' 방식을 취하지는 않았더라도 당에서도 불가결했을 것이다. 필자는 『개원례』에 進獻儀禮가 (d)와 같이 번사의 경우에만 그 독립된 편목이 보이고, 번주의 경우 보이지 않는 이유를 정확히 밝힐 수는 없지만, 번주의 진헌이 (c) 즉 '蕃主奉見' 단계에서 아울러 집행되고 있기 때문이라고 생각한다. 즉 『개원례』의 (c)에는 당 황제에 대한 번주의 진헌 동작에 관해 아무런 설명은 없지만, 그 본문 중에는 "…舍人引使者及庭實入就懸南位, …"라고 있어 번국이 將來한 庭實 즉 공물이 황제를 奉見하는 식장에 놓여있음이 확인된다.

다음에 『의례』의 (g) 즉 '請罪禮'도 『개원례』에는 보이지 않는다. 이 부분만큼은 시대적인 이질성 등이 반영되어 아마도 『개원례』에서 계승되지 않고 도태된 것으로 보인다.

끝으로 『의례』에 명시된 '賜車服禮'가 『개원례』에 보이지 않는 점도 주의된다. 하지만 이미 지적한 것처럼 번주의 경우 당조에 대한 '진헌'이 존재했을 것이기 때문에, 그에 상응하는 당조로부터의 '回賜'가 있었을 것은 틀림없다. 그 장소와 시점에 대해서는 이를 『의례』 처럼 황제가 사자를 통해 客館에서 집행할 가능성도 배제할 수 없지만, 필자가 생각하는 것은 번주가 귀국에 임해 행하는 '奉辭儀禮'의 자리에서이다. 즉 『개원례』에는 '奉辭儀禮'에 관한 편목은 직접 보이지 않지만, 그 (c)의 '蕃主奉見'의 原注에 '奉辭禮同'이라고 있어 번주가 귀국을 앞두고 황제에게 행하는 절차=의식이 있음이 추정된다. 후술하는 송대의 빈례에서 조공과 回賜는 '見(奉見)禮'와 '辭(奉辭)禮'에서 이루어지는 것으로 보이므로,[20] 송의 예서에 영향을 준 『개원례』에서도 그러했을 개연성이 있다.

한편 이상의 번주 주체의 빈례에 비해, 번사 주체의 경우는 『개원례』에서 (d)와 (f)의 편목밖에 보이지 않는다. 여기서는 번주의 경우 없던 (d)가 독립 편목으로 설정된 점이 색다르고, 그 밖에는 (e)의 편목만이 보인다. 편목이 없다고 '번사'의 조공의례가 이 두 가지만으로 되었다고는 볼 수 없고, 나머지는 대체로 격식의 차이는 있겠지만 번주의 그것과 비슷한 내

20) 예를 들어 고려의 경우가 그러한데, 이 점에 대해서는 김성규, 앞 논문, 「入宋高麗國使의 朝貢 儀禮와 그 주변」을 참조.

용의 식순을 통과했을 것으로 보인다. 『개원례』(d) '皇帝受蕃使表及幣'의 原注에 '其勞及戒見日亦如上儀'라고 있는 것은 그것을 증명한다. 특히 당대의 조공은 일부를 예외로 하면 대부분이 번사에 의해 행해진 것이었기 때문에 이쪽을 상정한 의례가 보다 충실했을 것이다.

이상을 통해 『개원례』가 기본적으로 『의례』의 골격을 계승했음을 확인하였다. 이점은 『개원례』 혹은 후술하는 『송대』의 여러 의례서 등에 생략되거나 이해하기 어려운 부분을 『의례』를 통해 유추해볼 수 있는 여지를 준다. 물론 부분적으로 크고 작은 상이점은 보이지만 이는 양자 간의 상당한 시대적 거리를 고려할 때 부득이한 면이 있다. 시대에 따른 왕조의 관료제와 행정기구가 확대·정비되는 속에서 관련 의례도 복잡화되어 가지만, 그 원형은 『의례』에서 찾을 수 있을 것이다.

3. 賓禮의 변용과 확충: 송·명대의 빈례

1) 송대 빈례의 특징

『개원례』는 당이 멸망한 이후도 결코 버려지기는커녕 중국왕조가 禮典을 편찬할 때는 반드시 참조해야 할 준거였다. 現傳하는 『인혁례』(治平2년(1065)완성, 100권 중 17권 缺)와 『신의』(政和1년(1111)완성, 220권 중 20권 缺)를 통해 보아도 송대 예제에 대한 『개원례』의 영향은 쉽게 발견된다.[21] 『송형통』이 『당률소의』를 계승한 것처럼,[22] 송조는 『신의』로 『개원례』를 계승함으로써 '법'과 '예'의 양면에서 기본적으로 당의 체제를 이은 것으로 생각된다.

하지만 의례의 종류와 방식에서 『신의』가 『개원례』와 이동이 있는 점은 사실이며,[23] 이는 시대격이 서로 다른 정황이 반영된 결과일 것이다. 그 점에서는 『신의』의 빈례 부분도 마찬가지이며, 특히 송대에 나타난 국제 관계의 재편은 국가 간의 외교 의례인 빈례에도 그대로 반영되었다. 구양수는 『인혁례』 서문에서 송초에 『開寶通禮』가 있었다고 하

21) 池田溫, 앞 논문, p.827; 小島毅, 「宋代の國家祭祀」(池田溫編 『中國禮法と日本律令制』, 1992, 東方書店), p.463 등.

22) 薛梅卿, 『宋刑統研究』(法律出版社, 1997), pp.18~23.

23) 小島毅, 앞 논문, p.464.

지만,[24] 이는 『송형통』이 『당률소의』를 모방해 창졸간에 만들어진 것과 같은 정도의 의미밖에 없으며, 따라서 이후 현실 변화를 반영한 의례서가 차례로 출현한 끝에 이윽고 『신의』에 이르렀다고 볼 수 있다.

〈표 3〉『新儀』의 빈례 편목

구분	所載卷數	편목명	세부편목(필자의 가필 포함)
I	148	(a)蕃國主來朝儀上	遣使迎勞 - 遣使戒見 - 陳設 -朝見
	149	(b)蕃國主來朝儀下	會蕃國主
II	150	(c)紫宸殿大遼使朝見儀	陳設 - 起居 - 宴
	151	(d)紫宸殿正旦宴大遼使儀	陳設 - 宴
	152	(e)紫宸殿大遼使辭朝儀	陳設 - 起居 - 宴
	153	(f)崇政殿假日大遼使朝見儀	陳設 - 起居 - 宴
	154	(g)崇政殿假日大遼使朝辭儀	陳設 - 起居 - 宴
III	155	(h)夏國進奉使見辭儀	見日 - 辭日·
	155	(i)高麗國進奉使見辭儀	見日 - 辭日
	155	(j)交州進奉使見辭儀	見日 - 辭日
	155	(k)宜州西南蕃黎州等處進奉使人見辭儀	見日 - 辭日
	155	(l)海外進奉蕃客見辭儀	見日 - 辭日

〈표 3〉과 같이 정리되는 『신의』의 편목을 중심으로 한 송대 빈례의 특징을 이미 앞 장에서도 분석하였기 때문에, 여기서는 거기서 미처 언급하지 못했던 점과 재차 강조하고 싶은 부분을 중심으로 지적해두고 싶다.

〈표 3〉에서는 '빈례'의 대상이 서로 성질이 다른 I, II, III의 셋으로 대별되며, 이는 『의례』는 물론 『개원례』에도 없는 형식이다. 먼저 I은 번주를 대상으로 한 것으로, 이것이 『개원례』의 형식을 계승한 점은 그 세부 편목을 보아 알 수 있다. 다만 I-(a)에서 '陳設'은 의식을 위한 무대 설정으로서 독립된 개별 예가 아니지만, 이것이 이때 하나의 편명으로 나타난 것은 이 시대에 그만큼 진행된 의식의 복잡화를 의미할 것이다. 또 I-(b)는 그 편목명이 I-(a)와 똑같고 단지 '上'과 '下'로 구별될 뿐인데, 그 내용은 '宴禮'에 관한 것이다. 즉 I-(b)의 세부 편목은 '會蕃國主'라고 되어 있지만, 이것은 I-(a)와 연속선상에 있는 의례인 것이다.

24) 이상의 연혁과 관련해서는 김성규, 앞 논문, 「入宋高麗國使의 朝貢儀禮와 그 주변」, pp.175~179 참조.

그런데 이미 지적한 것처럼 번주 즉 '외국' 국가 원수의 입조가 현실적으로 거의 존재하지 않음에도 불구하고, I이 의례로서 존속한 것은 어떠한 이유에서일까? 송대의 현실에서 볼 때 조공 주체의 압도적 다수를 점하는 것은 『송사』 '外國列傳'에 등재된 '외국'이 아니라, 同書 '南蠻傳'에 수록된 '蠻夷'이고, 이들 만이는 그 추장이 직접 입조하는 경우가 많았다. 따라서 I이 단순한 死文이 아니라 실제로 기능한 의례였다고 볼 때 그것이 일단 '만이'를 대상으로 했을 가능성을 배제할 수 없다. 하지만 수적으로 다수를 점해도 송조에게 '만이'의 국제적 비중이 낮게 평가된 점을 감안할 때, I은 '만이'를 대상으로 했기보다 『개원례』의 전통적 형식을 그대로 계승했을 가능성이 크다. 즉 I은 역시 死文化된 의례로 보이는데,[25]이러한 현상은 예를 들어 송의 관제에서 시대의 필요에 따라 '新官'이 생겨났음에도 불구하고 종래의 '舊官'이 사실상 폐지되지 않고[26] 「職官志」 등에 존속되는 경향과 일맥상통하는 것으로 필자는 이해한다.

따라서 송대에는 I보다 II와 III이 현실적으로 필요했던 의례로 보인다. 특히 II는 송의 빈례에서 큰 특징을 이룬다. 이는 송이 요(거란)라는 존재를 인정해 향후 결과적으로 그와

25) 최근 渡邊信一郎은 「『大唐開元禮』「皇帝元正冬至受群臣朝賀」をめぐって」(『中國史研究』 19, 2002)에서 『대당개원례』 권97, 所載의 「皇帝元正冬至受群臣朝賀」가 존호 등 개변이 불가피한 곳 이외에는 貞觀11년(637)에 발표된 소위 「貞觀禮」를 그대로 답습한 것이라고 보아, 당대에 이미 선행하는 祖宗의 예가 현실에 맞지 않음에도 불구하고 후대의 禮典에 거의 그대로 轉載되고 있음을 지적했다. 필자는 이와 같은 현상이 동시대에 머무르지 않고 다음 왕조에도 기본적으로 계승되고 있는 곳에 중국적 특질이 존재하며, 송대의 빈례가 『개원례』의 그것과 크게 틀리지 않음도 그러한 맥락에 있다고 생각한다. 渡邊의 지적은 중요하다고 생각하기 때문에 여기서 좀더 그의 설명을 인용하면 "즉 최초에 編定된 貞觀禮는 祖宗의 禮로서 기본적으로 답습되어, 이후 필요하게 된 改變에 대해서는 注文으로 補入하는 형태로 增補되어 갔다고 생각한다. 顯慶禮·開元禮에 있어서 주요한 개변은 卷數·篇數의 증감과 國恤禮의 삭제 등 길·흉·빈·군·가의 5禮 편성에 관련된 구성상의 제문제였다고 보아 좋을 것이다. 欽定儀禮書는 일시기 『주례』에 의거한 점에서도 알 수 있듯이 구체적인 의례 집행을 위해서 의거해야할 不刊의 經典이며, 본질적인 개변이 허용되지 않는 것이었다. 그렇기 때문에 현실에서는 완전히 다른 의례가 집행되고 있더라도 본문 그 자체는 왕조말기에 이르기까지 답습된 것이다. 이것은 欽定儀禮書와 쌍을 이루는 令과 律의 편찬·개변 과정에도 하나의 시사를 주고 있다"(동 논문, pp.303~304)고 하고 있다. 다만 渡邊은 계속해서 "이상은 「皇帝元正冬至受群臣朝賀」에 기록된 元會儀禮와 관련해서 얻은 시사에 불과하다. 위의 사실에 대해 본격적인 검증을 행하기 위해서는 『대당개원례』 전체를 분석할 필요가 있다"(동 논문, p.304)고 하고 있다. 이러한 提言은 본고가 다루고 있는 빈례에서도 송대의 의례서를 『개원례』는 물론 그 전후 왕조의 그것들과도 전면적으로 비교·검토-따라서 그것들에 대한 정밀한 원문 고증과 그에 따른 의식 복원의 필요성을 느끼게 하는 것이지만, 현재로서 그러한 작업은 필자 혼자서 감당할 범위를 크게 넘어선다.

26) 和田清編, 『支那官制發達史』(中央大學出版部, 1942), p.8.

약 120년간 수백 회에 이르는 교섭을 한 과정에서 요구된 통과의례였다고 할 수 있다. 요의 특수성은 송이 그를 '대등국(隣敵國)'으로 인정한 데에 있으며, 그 사절을 받아들이는 의식도 따라서 이 관계가 전제된 것이었다. 이점에서 II는 이상에서 다룬 여타의 빈례와는 달리 상하 관계에 선 '朝禮'·'覲禮'와 같은 것이 아니라, 수평적 관계에서 이루어진 '聘禮'的인 중국 의례의 전통을 잇는 것이라 할 수 있다. 이 점은 본장에서 다루는 중국의 여러 빈례 중에서도 유일한 것이다.

III은 번사를 대상으로 한 것으로, 통상의 '외국'이 송조와 교류하기 위해 파견한 사절을 말하며, 이들은 송조에게 '조공사'로 취급되었다. 이 때 III의 특징은 『개원례』처럼 불특정 다수 국가의 번사가 하나의 의례로 일괄적으로 취급되지 않고, '국가' 또는 '지역' 별로 분리되어 그 예가 제정되어 있다는 점이다. 이는 송조가 상대하는 국가의 중요도에 따라 그 예우를 달리한 것을 나타낸 것으로 생각된다. 실제로 송조에게 (h)~(l)에 보이는 '외국'은 그 중요도가 다르며, 그 의례 내용을 검토하면 대동소이한 가운데 미묘한 차이가 발견되기도 한다.

다만 이들 각 의례는 '見儀'와 '辭儀'를 중심으로 하는 비교적 짧은 내용으로 되어 있고, 의례의 세부 내용은 대폭 생략되어 있다. 필자는 이 생략된 부분이 사실은 I의 내용과 유사하며, III에서 그것을 생략한 것은 단지 중복을 피하기 위한 것이라는 추측을 밝힌 바 있다.[27] 즉 III은 기본적으로 번주의 의례에 설명되어 있는 부분이 있기 때문에 거기에 준한 관계로 생략된 것이지만, 그렇게 본다면 그 의식은 당연히 번주보다 격식이 한 등급 떨어지는 것으로 보아야 할 것이다.

2) 明代 빈례의 내용과 특징

『明會典』에는 명초에 일부 시행된 봉건적 국제를 '王國禮'로서 한편에서 다루지만(同書 권55(禮部13)~권57(禮部15)), '빈례'라 하면 동서 권58(禮部16)에 있는 '蕃國禮'와 '蕃國迎詔儀'를 들어야 할 것이다. 『明集禮』의 '賓禮'(동서 권30~권32) 역시 전대와 마찬가지로 오로지 '蕃國'만을 대상으로 하고 있기 때문이다.

이 『명집례』의 '빈례'에는 전대까지 보이지 않던 새로운 형식과 특징이 발견된다. '중화

27) 본서 제III부 제1장, p.71 참조.

를 恢復'하고 전통적 동아시아질서를 회복하기 위해 국초부터 주변국의 조공을 강하게 독려한 주원장의 의향이 반영된 것인지, 이미 洪武3년(1370) 단계에 성립된 『명집례』[28] '빈례'부분에는 전대에 없는 세심한 규정이 돋보인다.

『명집례』도 편목을 중심으로 보면 먼저 권30, 賓禮1 蕃王朝貢은 다음과 같이 정리된다.

〈표 4〉『명집례』 빈례 '蕃王朝貢' 편목

<table>
<tr><th>권명</th><th colspan="2">구분</th><th>편목명</th></tr>
<tr><td rowspan="24">蕃王朝貢</td><td colspan="2" rowspan="11">沿革</td><td>(a)總序</td></tr>
<tr><td>(b)迎勞</td></tr>
<tr><td>(c)冠服</td></tr>
<tr><td>(d)陳設</td></tr>
<tr><td>(e)儀仗</td></tr>
<tr><td>(f)班位</td></tr>
<tr><td>(g)執事</td></tr>
<tr><td>(h)樂舞</td></tr>
<tr><td>(i)贄獻</td></tr>
<tr><td>(j)宴會</td></tr>
<tr><td>(k)賜予</td></tr>
<tr><td rowspan="13">明禮</td><td>迎勞儀</td><td>(l)迎勞儀注</td></tr>
<tr><td rowspan="4">見儀</td><td>(m)朝見儀注</td></tr>
<tr><td>(n)見東宮儀注</td></tr>
<tr><td>(o)見諸王儀注</td></tr>
<tr><td>(p)見宰輔以下儀注</td></tr>
<tr><td rowspan="3">賜宴儀</td><td>(q)宴會儀注</td></tr>
<tr><td>(r)東宮賜宴儀注</td></tr>
<tr><td>(s)省府臺宴會儀注</td></tr>
<tr><td rowspan="2">辭儀</td><td>(t)陛辭儀注</td></tr>
<tr><td>(u)辭東宮儀注</td></tr>
<tr><td>送儀</td><td>(v)勞送出境</td></tr>
<tr><td rowspan="2">蕃國儀</td><td>(w)蕃國正旦·冬至·聖壽率衆官望闕行禮儀注</td></tr>
<tr><td>(x)蕃國進賀表箋儀注</td></tr>
</table>

여기서도 빈례는 '蕃王朝貢'과 '蕃使朝貢'의 경우로 나누어지고 있는데, 이때 전자의 한 가지 특징은 각 항목의 의례 즉 명의 定制를 설명하기 앞서 '總序'로서 그 연혁을 검토한 점이다. 이 형식은 비단 '빈례'에서만이 아닌 『명집례』 전체의 특징이며, 그 밖의 빈례 항목 즉 동서 권31, 賓禮2 蕃使朝貢과 권32, 賓禮3 遣使에서도 마찬가지이다. 이는 이전 왕조의 예서에는 보이지 않고, 따라서 이에 의하면 중국 歷朝 빈례의 계통과 연혁을 (a)迎勞에서 (k)賜與까지 편리하게 개관할 수 있다. 필자는 이 점에 착안해 본 장보다 더 구체적인 방식으로 중국 '빈례'의 연혁에 대한 검토를 병행하였다(앞 장 참조).

이상의 '연혁'에 이어 명조 자신의 빈례를 기술한 (l)~(x)는 내용상 다시 (l)~(v)까지의 것과 (w)~(x)의 것으로 구별된다. 먼저 이 중에서 전자야말로 蕃王 즉 '외국'의 원수가 직접 명을 찾아 조공하는 의례를 상정한 것으로, 迎勞(l)에서 勞送出境(v)까지는 각 단계별로 그러한 의례에 맞는 구체적 방식을 규정하였다. 여기서도 발견되는 전대에 보이지 않는 특징으로 번왕이 황제는 물론, 그 밖에 東宮, 諸王, 宰輔 이하 등의 관료에 대해서

28) 同書의 편찬 경위와 개략에 대해서는 同書의 「原序」및 「目錄下」 부분을 참조.

도 '見儀'(m) 내지 '辭儀'(t) 또는 '賜宴儀'를 거행한 점이 눈을 끈다. 이 점은『명회전』권 58(禮部16),「蕃國禮」에도,

> 國初에 諸蕃이 來朝하면 반드시 황태자와 親王을 알현했다(國初諸蕃來朝, 必見皇太子及親王.).

고 확인되며, 따라서 명의 빈례는 前代 이상으로 복잡한 양상을 띠고 있었다고 할 수 있다. 이 점 역시 '책봉체제의 완성기'로 평가되는 명초의 지향점과 관련이 있어 보인다.

한편 의식의 전개 면에서 볼 때 〈표 4〉의 '구분'란에 분류한 것처럼 빈례는 "迎勞儀－見儀－賜宴儀－辭儀－送儀"의 순으로 전개되고 있어, '送儀'를 예외로 한 나머지가 모두『의례』를 비롯한 중국 歷朝의 예서와 공통한다. 따라서 위 표에 보이지 않는 사이사이의 의식도 전대의 그것과 대동소이했을 것으로 생각되며, 이 점은 (a)總序 말미에,

> 지금 擬定하건데, 國朝는 蕃王이 來朝하면 먼저 應天府의 관리를 보내 迎勞하고, 館에 도착하면 다시 省部를 보내 設宴하며, 然後에 習儀하고, 朝見은 奉天殿에서 하고 황태자에 대한 알현은 東宮에서 하며, 朝見이 끝나면 錫宴하여 대접하는데 省府臺가 모두 자리를 베풀어 宴饗하며, 朝見을 마치고 돌아가게 되면 관리를 보내 勞送出境시킨다. 지금 그 儀를 갖추어 蕃王朝貢篇을 만드는 바이다(今擬國朝蕃王來朝, 先遣應天府官迎勞, 旣至館, 復遣省部設宴, 然後習儀. 朝見于奉天殿, 及見皇太子于東宮, 朝見畢, 錫宴以亨之, 省府臺皆設席宴饗. 及還, 遣官勞送出境. 今具其儀, 作蕃王朝貢篇.).

고 요약된 내용으로도 증명된다.

이상이『명집례』권30, 賓禮1 蕃王朝貢의 주된 부분이지만, 명대에도 '蕃王'('蕃主')이 직접 입조한 예는 前代처럼 한정적이었기 때문에 위의 의례도 실제로 실행된 경우는 적었을 것이다. 그런데 이와 같은 사정을 명조가 감안해서인지 위 표 중의 (w)~(x)는 특이한 내용을 보인다. 즉 (w)는 그 편목명이 설명하는 것처럼 明을 찾은 蕃國主에 대한 것이 아니라 번국주가 자신의 나라에서 正旦·冬至·(명 황제)聖壽 등의 節日에 '衆官'을 이끌고 행하는 '儀注'이고, (x)도 이와 유사한 의례에 해당한다. 이것은 명조가 번사의 입공이 일반적이고 번왕의 입조는 사실상 거의 없는 실정을 반영해, 入貢한 번사를 통해 의식을 집행함과 동시에 번국에 남아 있는 首長에게도 그 예를 자국 내에서 거행할 것을 요구한 규

정으로 이해된다. 중국에서 전무후무한 매우 특이한 내용으로 주목된다.

이어『명집례』권31, 賓禮2에 보이는 蕃使朝貢의 빈례 편목은 〈표 5〉와 같다.

여기서도 '蕃王朝貢'과 마찬가지로 명의 定制를 설명하기에 앞서 '歷代沿革'이 기술되어 있고, 그 세부 편목도 (a)迎勞에서 (k)賜與까지로 되어 있다. '번왕조공'과 비교하면 (i)의 贄獻이 '貢獻'으로, (j)의 연회가 '錫宴'으로 되어 있을 뿐이다.

〈표 5〉『명집례』賓禮 '蕃使朝貢' 편목

권명	구분		편목명
蕃使朝貢	沿革		(a)總序
			(b)迎勞
			(c)冠服
			(d)陳設
			(e)儀仗
			(f)班位
			(g)執事
			(h)樂舞
			(i)貢獻
			(j)錫宴
			(k)賜予
	明禮	迎勞儀	(l)迎勞儀注
		見儀	(m)受蕃國來附遣使進貢儀注
			(n)受蕃使每歲常朝儀注
			(o)東宮受蕃國來附遣使進貢儀注
			(p)蕃國遣使來附參見省府臺官儀
		賜宴儀	(q)錫宴儀注
			(r)省府臺宴勞儀注
		辭儀	(s)蕃使陛辭儀注
			(t)蕃使辭東宮儀注
		送儀	(u)勞送出境

그러나 '明禮'에서는 양자의 차이점이 발견된다. 먼저 '번사조공'에는 '번왕조공'의 (w)~(x)에 해당하는 부분이 없는데, 이는 오히려 자연스러운 것으로 볼 수 있다. 이 둘을 제외한 '번왕조공'의 (l)~(v)와 '번사조공'의 (l)~(u)를 비교해 볼 때, '번사조공'의 경우도 '번왕조공'과 마찬가지로 의식의 전개에서「迎勞儀－見儀－賜宴儀－辭儀－送儀」의 순을 밟고 있어, 전체 흐름의 면에서 큰 차이는 발견되지 않는다. 다만 세부적 단계에서의 차이는 있을 수밖에 없고, 그것은 '見儀'와 '辭儀' 및 '賜宴儀' 등에서 상이점이 지적된다. 먼저 '見儀'의 경우 '번왕조공'과 '번사조공'의 사이에 다음과 같은 대응관계가 보인다.

(m) 朝見儀注 → (m) 受蕃國來附遣使進貢儀注
(n) 見東宮儀注 → (o) 東宮受蕃國來附遣使進貢儀注
(o) 見諸王儀注 → 대응 편목 없음
(p) 見宰輔以下儀注 → (p) 蕃國遣使來附參見省府臺官儀
대응 편목 없음 → (n) 受蕃使每歲常朝儀注

이로부터는 '번왕'이나 '번사' 모두, 명의 황제(m과 m), 東宮(n과 o) 그리고 재상급(p와 p) 관료에 대해 '見儀'를 행하는 것이 공통으로 보인다. 편목명에서 후자(번사)의 경우에 '進貢'이 강조되어 전자(번왕)와 의식의 내용이 다른 것처럼 보이나, 양자의 실제 내용을 검토하면 모두 '進貢'을 포함하는 황제와 東宮에 대한 입조의례임을 알 수 있다. 물론 재상급 관료에 대한 '見儀'(p와 p)에서는 進貢이 수반되지 않는다.

다만 '번왕조공'에 있는 (o)見諸王儀注가 '번사조공'에서 없고, 반대로 후자에 있는 「(n)受蕃使每歲常朝儀注」가 전자에 없는 경우가 보인다. 이 경우 번왕이 '諸王'에 대해 특별히 '見儀'를 행하지 않는다는 것은 사실 그 자체로 이해하면 되겠지만, 그러면 「(n)受蕃使每歲常朝儀注」가 '번사조공'의 경우에만 있는 것은 무엇을 의미하는 것일까? 명대의 '常朝'는 "朔望起居 및 오전, 오후에 행해지는 조회에 참가하는 것"[30]을 의미하므로, (n)受蕃使每歲常朝儀注는 번사가 거기에도 참가한다는 것을 전제로 한다. 번사가 중국 왕조의 일반 조회에도 참가한 것이 오히려 일반적이었음을 생각하면,[30] 명대에서도 결국 중국 황제의 신하가 되는 번사가 조회에 동참한 것을 뜻하지만, 이것이 '蕃王朝貢'에서 보이지 않는 것은 번왕의 경우는 그러한 朝會에의 참가가 적어도 이념적으로 없었다는 것을 말하는 것일까?

이어 賜宴儀와 辭儀의 대응관계는 각각,

(q) 宴會儀注	→	(q) 錫宴儀注
東宮賜宴儀注	→	대응 편목 없음
(s) 省府臺宴會儀注	→	(r) 省府臺宴勞儀注

와

(t) 陛辭儀注	→	(s) 蕃使陛辭儀注
(u) 辭東宮儀注	→	(t) 蕃使辭東宮儀注

로 된다. 즉 賜宴儀는 번왕과 번사의 경우 황제와 '省府臺'로부터 공통적으로 받고 있으나, 東宮으로부터는 번왕만이 받고, 辭儀는 번왕과 번사의 경우 모두 황제와 동궁으로부터 받되, 省府臺에 대한 것은 없던 것이 원칙이었다. 이렇게 번사의 경우는 전체적으로

29) 『中國歷史大辭典 -明史-』(上海辭書出版社, 1995), p.450.

30) 『中國歷史大辭典 -明史-』(上海辭書出版社, 1995), p.450.

번왕과 대동소이한 빈례 과정이 규정되었다고 할 수 있으나 약간의 차이가 없지 않고, 이 차이는 번사가 번왕보다 한 등급 격이 떨어지는 사정을 반영한 것이라 할 수 있다.

끝으로 가장 주목되는 것은 『명집례』 권32, 빈례3 遣使 부분이며, 그 편목은 다음과 같다.

〈표 6〉 『명집례』 빈례 '遣使' 편목

권명	구분	편목명
遣使	沿革	(a)總序
		(b)詣蕃國開詔
		(c)賜蕃國印綬
		(d)賜吐蕃國禮物
		(e)迎勞
		(f)序坐
	明禮	(g)遣使開詔儀注
		(h)蕃國接詔儀注
		(i)遣使賜印綬儀注
		(j)蕃國受印物儀注

이제까지 보아온 『명집례』 권30, '蕃王朝貢'과 권31, '蕃使朝貢'이 모두 명이 외국사를 중국으로 불러들여 거행하는 빈례인 것에 비해, 『명집례』 권32, '遣使'는 정반대로 명조가 사절을 외국(蕃國)으로 보내서 거행하는 빈례이다. 즉 후자는 이념상 '上國'인 명의 사자가 '조공국(蕃國)'에 직접 가서 '客'의 입장에서 행하는 의례로, 지금까지 본 앞의 사례들과 전혀 다를 뿐 아니라, 중국 왕조에서 그와 같은 규정이 전무후무하다는 점에서도 획기적이다.[31]

『명집례』는 여기서도 그와 같은 '遣使'의 역대 연혁을 먼저 적은 다음, 이어 명대에 행해진 의례를 '詔書의 경우'와 '印綬의 경우'로 나누어 밝힌다. 이 경우 (g)와 (i)는 외국에 파견되는 사자가 각각 '詔書'와 '印綬'를 황제로부터 받아서 출국하기까지의 의례에 관한 것이고, 이에 대해 (h)와 (j)는 이때의 '詔書'와 '印綬'를 외국 군주가 영접하는 의례를 내용으로 한다.

이렇게 명은 '조공국'이 중국의 사자를 맞아들이는 경우에 대해서조차 그 法式을 정해서 상대국에게 준수를 기대한 것인데, 흥미로운 점은 그러한 중국 측의 요구를 반영한 것으로 밖에 볼 수 없는 의례가 '조공국' 측에서도 발견된다는 점이다.

즉 고려의 경우 『고려사』 권65, 禮7 賓禮에 「迎北朝詔使儀」, 「迎北朝起復告勅使儀」,

31) 다만 『개원례』 권129, 嘉禮 및 『통전』 권130, 開元禮纂類25, 嘉禮9에는 「皇帝遣使詣蕃宣勞」라는 편목이 보이고, 이에 대해서는 이를 당의 사절이 외국에서 國書를 전달하는 의식으로 이해하는 中村裕一의 입장과(同, 『唐代制勅研究』, 汲古書院, 1991, pp.666~670), 반대로 당 국내에서 외국사절에 國書를 수여하는 의례로 보는 石見清裕의 입장(石見清裕, 앞 논문, 「唐の國書授與儀禮について」, pp.53~63)이 양존한다. 필자는 기본적으로 후자의 설에 동조하는 입장에 있다. 하지만 '遣使' 의례가 명 이전의 예서에 보이지 않는다고 그러한 예가 존재하지 않는다고 보기는 어려울 것이다. 상대적으로 그 횟수는 적었지만 실제로 중국에서 외국으로 사절이 파견된 예는 적지 않았고, 그에 관한 외교의례는 있었을 것이다.

「迎大明詔使儀」, 「迎大明賜勞使儀」, 「迎大明無詔勅使儀」 등 5종류의 편목이 보이는 것이 그것이다. 앞의 2례는 거란에 관한 것으로 제외하면, 후반의 3가지가 이에 해당하고, 특히 「迎大明詔使儀」와 「迎大明賜勞使儀」는 『명집례』 遣使 부분의 (h)蕃國接詔儀注와 (j)蕃國受印物儀注의 내용과 거의 일치하는 점이 중요하다. (h)와 (j)는 각각 洪武18년(1385)과 홍무3년(1370)에 제정되었기 때문에[32] 『고려사』 禮志의 「迎大明詔使儀」와 「迎大明賜勞使儀」는 명의 이때의 예제를 도입한 것으로 생각된다.[33]

『고려사』의 「迎大明無詔勅使儀」에 대해서는 明禮에 해당 부분이 보이지 않으나, 이것도 지금의 2禮와 '一連的'인 것으로 생각된다.[34]

맺음말 : 정리와 전망

본장에서는 중국 빈례의 원점을 이루는 주대 '覲禮'의 성격 검토에서 출발해 이후 그것이 중국에서 어떻게 변용되고, 또 그 변용이 어떠한 국제 관계를 반영한 것인지의 연혁을 정리해 보았다. 여기서 그 요점을 다시 정리하면 다음과 같다.

1) 『의례』의 '覲禮'에는 주대의 봉건관계를 토대로 주 천자와 제후 사이의 알현 의식이 보이는데, 중국의 이상적인 세계관에는 이러한 구도가 천자와 제후의 외측에 위치하는 번국(외국) 사이에도 자리 잡고 있었다.
2) 따라서 번국(외국)의 천자에 대한 알현 의식은 '제후'의 천자에 대한 그것과 유사할 것으로 생각되며, 『의례』 '覲禮'를 구체적으로 살펴보면 그것은 〈표 1〉처럼 '勞禮' → '賜館禮' → '戒覲期禮' → '覲禮' → '三亨禮' → '請罪禮' → '賜車服禮' →

---

32) (h)蕃國接詔儀注와 (j)蕃國受印物儀注는 『明會典』 권58, 禮部16에 각각 「蕃國迎詔儀」와 「蕃國受印物」로서 수록되어 있고, 거기에 各 禮가 제정된 年次가 보인다.

33) 이러한 관계를 처음으로 지적한 사람은 奧村周司이다. 그의 논문 「使節迎接禮より見た高麗の外交姿勢」(『史觀』 110, 1984)은 題名에서 알 수 있는 것처럼 迎接禮를 통해 고려의 송조, 또는 거란에 대한 태도를 정밀하게 분석하여 그 국제적인 태도 등을 분석한 매우 흥미롭고 시사적인 내용이다. 이렇게 『명집례』의 빈례는 오히려 고려사연구자 등으로부터 일부 이용됐을 뿐이며, 明 즉 중국 입장에서의 시각은 아직까지 거의 전무하다.

34) 奧村, 앞 논문, p.30.

'饗宴禮'와 같은 식순을 거치는 것이었다.

3) 다만 '覲禮'에는 그 구별이 보이지 않으나 당의 두우가 생각한 것처럼 주대의 천자에 대한 알현은 제후(혹은 蕃國主) 본인에 의해 이루어지는 경우와 제후(혹은 번국주)가 보낸 사자에 의해 이루어지는 두 가지 경우가 있으며, 이 구별은 '覲禮'의 주된 내용 그 자체와 함께 후대의 빈례에도 계승된다.

4) 주대 이후 중국의 國制가 봉건제에서 군현제로 전환되면서 종래의 빈례는 그 비중이 '천자 · 제후국'관계에서 '천자 · 번국(외국)'으로 옮겨지게 되었고, 그 관계는 이후 중국 왕조에 의해 편찬된 각종의 '예서'에 반영되었다.

5) 그 대표적인 것이 『개원례』이며, 『개원례』의 출현은 단순히 당조뿐 아니라 이후 중국왕조에 표준을 제공하는 예서가 된다. 『개원례』 이후 중국의 빈례는 모두가 '번국'을 대상으로 하되 그 의식은 번주와 번사의 경우로 구별되었다. 하지만 그 의식이 관료제의 정비와 행정기구의 확대 등으로 복잡화는 불가피했지만, 그 내용이 본질적으로 『개원례』가 '覲禮'를 계승했다는 점에서는 의심의 여지가 없다.

6) 『송형통』이 『당률소의』를 계승한 것처럼, 송조는 『신의』로서 『개원례』를 계승함으로써 '법'과 '예' 양면에서 외형상 당의 체재를 계승했다. 하지만 송대는 국제 관계의 양상이 크게 개편되었고, 그것이 빈례에도 반영되어 의식의 종류와 방식에 영향을 받은 것은 불가피한 일이었다. 거란의 출현으로 종전까지 지속되어온 중국 천자와 번국(외국) 사이의 종적인 빈례가 이 시대에 수평적인 것으로 바뀐 것을 비롯해, 송대에는 『개원례』 처럼 불특정 다수 국가의 번사가 하나의 의례로 일괄적으로 취급되지 않고 '국가' 또는 '지역' 별로 구별되어 그 예가 마련된 데에 특징이 있다. 그럼에도 불구하고 이들 송대의 각 의례는 직접적으로는 『개원례』, 더 올라가서는 그 기원이 『의례』에까지 소급된다.

7) 역대 빈례 중에서 가장 포괄적이고 자세한 규정을 남긴 것이 a)'蕃王朝貢', b)'蕃使朝貢', c)'遣使'의 세 부분으로 구성된 明의 빈례이다. 먼저 a), b), c)는 모두 명의 의례를 설명하기 전에 '總序' 형식으로 각 항목에 해당하는 중국 歷朝의 연혁을 기술하였는데, 이는 이전 왕조에 보이지 않는 명대 예서의 특징이다. 또한 a)는 물론 명조를 찾은 蕃國主(外國君主)에 관한 입조의식이지만, 이 말미에 蕃國主가 자신의 나라에서 正旦 · 冬至 · (명 황제에 대한)聖壽 등의 節日에 '衆官'을 이끌고 행하는 '儀注'가 존재하는 점은 매우 특이하다. 이것은 명조가 번사의 입공이 일반적이고 번왕의 입조는 사실상 거의 없는 실정을 반영해, 입조한 번사를 통해 明朝內에서 의식을

집행함과 거의 동시에 번국의 首長에게도 그 예를 자국내에서 거행할 것을 요구한 규정이다.

아울러 c)도 매우 특이한 부분으로서, a)와 c)가 모두 명이 외국사를 중국으로 불러들여 거행한 빈례인 데에 비해, 이것은 정반대로 명이 자국의 사절을 외국(蕃國)으로 보내 거행하는 빈례에 해당한다. 즉 이념상 '상국'인 명의 사자가 '조공국(蕃國)'을 찾아가서 '客'의 입장에서 행하는 의례로, 앞의 예와는 전혀 다를 뿐 아니라, 명 이전의 중국 왕조에서 없던 획기적인 것이었다.

3 契丹의 國信使가 宋의 황제를 알현하는 儀禮

머리말

'두 명의 天子'(Two Sons of Heaven)[1], '대등한 존재들 속의 중국'(China among Equals)[2]－구미 학자들이 송대 이후 변화된 중국의 처지를 묘사한 상징성 풍부한 표현이다. 송대에 들어 중국은 자신과 똑같이 '천자'를 주장한 존재(거란)를 인정해야 했고, 그런 의미에서 더 이상 월등한 존재가 아니었다. 이는 더 강력했던 다른 왕조, 예를 들어 청을 두고 묘사한 '중심에 있는 중국'(China at the Center)[3]과 대비되는 점에서 흥미롭다.

송은 거란(요)[4]과 120여 년간 약 680여 회에 이르는 사절을 서로 교환하였다. 1회 평균 약 100명으로 계산하면 그 규모는 연 6만 8000명에 달한다. 이 중 거란은 340회 가까운 사절단을 송에 파견하였으므로, 송에서는 이들을 연 평균 3회 정도로 영접한 셈이다.

이렇게 빈번히 연출되었을 당시의 외교 의례에는 반드시 엄격한 격식을 갖춘 절차가 따랐고, 또 거기에는 양국의 관계를 상징하는 의미가 함축되어 있는 것이지만, 종래 이 '儀禮' 문제 자체에 대해서는 그다지 학계의 관심을 끌어오지 못했다. 본론은 이와 관련해 송조가 당시의 외교 상대로 가장 중시한 거란 사절단을 어떻게 상대하고 예우했는지를, 그들이 제정한 3개의 儀禮(후술하는 「見儀」, 「宴儀」, 「辭儀」)를 통해 확인하려는 것을 목적으로 한다.

---

1) Jinsheng Tao, *Two Sons of Heaven: Studies in Sung-Liao Relations*, (University of Arizona Press, 1988)

2) Morris Rossabi ed., *China among Equals; The Middles Kingdom and Its Neighbors, 10th~14th Centuries*, (Berkeley and LosAngeles: University of California Press, 1983)

3) Mark Mancall, *China at the Center : 300 Years of Foreign Policy*, New York : The Free Press, 1984

4) 거란은 국호를 937년에 大遼로 칭한 이래, 遼(947년), 大契丹(983년), 大遼(1065년) 등으로 바꾸어갔으나, 본 장에서는 일부의 경우를 빼고 '契丹'이라고 통일하였다.

본 장은 송조가 거란 이외의 '외국'에 대해 마련해 놓은 기타의 迎接 의례를 파악하는 기초 작업으로서의 의의도 크다. 송의 의례서들(후술)이 다루는 외교 의례는 대부분이 거란을 중심으로 한 반면, 그 밖의 외국에 관한 의례에 대해서는 내용을 축소시키거나 생략하는 것이 보통이다. 이 때문에 예를 들어 '高麗使'의 의례는 그 자체만으로 이해하기에 곤란한 점이 적지 않다. 이를 극복하기 위해서는 일정 부분 반드시 契丹使 관련 의례(이하 '거란사의례'로 약칭)를 참조할 필요가 있는 것이다.

송-거란의 관계에 대해 필자는 그 구도가 일시 한-흉노의 그것과 유사한 점에서 '隣敵'(또는 '隣對') 관계로 규정한 적이 있다.[5] 이것은 '禮的으로 길항한다'는 의미로, 거란이 중국의 예를 따르지 않는다는, 즉 중국의 법도와 다른 독자적 세계를 갖고 있음을 중국이 인정한 관계이다. 송조는 이 때문에 대등국과 교제하는 예법을 개발해야 했다. 특히 1004년(景德1) 이후 양국의 관계 정상화로 國信使[6] 교환이 상례화 됨으로써 송은 거란 사절 관련의 궁중의례를 정비할 필요에 쫓겼다. 漢도 흉노를 위해 사절의 영접 절차에 고심한 적이 있지만,[7] 양국 간에 정기적 사절 교환은 없었기 때문에 그 입장은 송과 전혀 달랐다. 송조가 마련한 거란 사절 의례는 전례가 없는 것이었다. 당 의례의 집대성인 『大唐開元禮』(이하 『개원례』로 약칭) 편찬자의 의식에는 외국사 관련 의례에서 '敵禮'를 고려할 여지가 없던 반면, 송은 그것을 배려하지 않을 수 없었다.

본론은 '거란사의례'의 내용을 『禮閣新編』의 逸文 분석을 통해 수행할 것이다. 同書 자체는 현존하지 않으나, 다행히 그 내용의 상당 부분이 『太常因革禮』에 轉載되어 그 면모를 파악하기에 족하다. 즉 同書 권83, 新禮16의 「契丹國信使副元正聖節朝見宴」(이하 「朝見宴儀」로 약칭)과 「契丹國信使副辭」(이하 「辭儀」로 약칭)의 2개 항목이 그것이다.[8] 『태상인혁례』 서문에 의하면 송은 大中祥符9년(1016)에 거란 사절의 元正과 聖節(황제 생일)을 위한 '儀注'를 제정하였고, 또 仁宗 天聖연간(1023~1031)에 禮官 王皡 등이 天禧5년(1021)

---

5) 본서 제I부 제2장 참조.

6) 송조는, 일부 예외도 보이지만, 거란과 같은 대등국의 사절에 대해 '國信'의 표현을 사용하였다. 본 장에서는 契丹의 사절에 대해 '契丹使'와 '契丹國信使'라는 표현을 함께 썼다.

7) 栗原朋信, 「漢帝國と周邊諸民族」(『岩波講座 世界歷史 4 古代 4』, 岩波書店, 1973).

8) 『宋史』 권119, 禮22 契丹國使入聘見辭儀에도 내용적으로 이와 거의 同文이 보인다. 하지만 『태상인혁례』가 더 근본 사료에 속할 뿐 아니라 의식의 절차에 대해 더 구체적이므로 본 장에서는 이를 이용하였다. 다만 내용에 따라 『宋史』의 기사가 더 분명한 곳도 있고, 이 경우는 이를 참조하였다. 물론 이밖에 『政和五禮新儀』도 존재하여 참고가 되지만 시기적으로는 후대의 것이다.

까지를 대상으로 '已行之事'를 정리해 『예각신편』을 만들었다고 한다. 따라서 『예각신편』은 1016~1021년 사이에 편집되었으며, 거기에 포함된 '거란사의례'는 양국 간의 교류가 본격화된 직후의 것임을 알 수 있다.

송조에서는 이후 賈昌朝 등이 『太常新禮』(1043~1056년에 편찬)를, 다시 구양수 등이 『태상인혁례』(1056~1063년)를, 그리고 鄭居中 등이 『政和五禮新儀』(政和1년(1111))를 편찬하게 된다. 그 과정에서 내용의 변화도 따랐겠지만, 기본적으로는 『예각신편』의 전통이 큰 틀에서 계승되었을 것으로 생각된다. 즉 이것은 『예각신편』에 대한 분석이 '거란사 의례'를 파악하기 위한 기초 작업이 됨을 의미한다. 아울러 송·거란 양국의 사절 왕래는 元正과 聖節 등의 慶事를 중심으로 정례화된 관계로 『태상인혁례』는 특히 이 두 의례에 초점을 맞춘 것으로 보인다.

필자는 앞서 『태상인혁례』의 '거란사의례'에 대해 이미 검토한 적이 있다.[9] 단지 그것은 「朝見宴儀」 중에서 「見儀」만을 대상으로 하고 「宴儀」와 「辭儀」부분은 다루지 않은 이유로 '거란사의례'의 전모를 파악한 것이 못된다. 또 앞의 검토에서는 관련 내용에 대한 필자의 이해 부족으로 설명에 만족스럽지 못한 부분을 적지 않게 남겼다. 본고에서는 이 때문에 일부 중복이 불가피하지만, 前稿에서 미진한 부분을 중심으로 '거란사의례'에 대한 전면 재검토를 가하였다. 특히 唐禮(『개원례』)와의 비교를 통해 송대 외교 의례의 일환인 '거란사의례'의 특징을 부각시키려 시도하였다.

당·송 간에 존재하는 외국사 관련 의례의 성격 차이에 대해서는 그것을 모두 국제 관계의 변화에 기인한 것으로 보는 선입견은 금물일 것이다. '거란사의례'를 통관해볼 때, 송의 의례에는 식장의 구도와 의식의 절차 등 국제 관계에 직결되지 않는 내용상의 차이가 도처에 발견되기 때문이다. 이 부분은 오히려 송대에 나타난 중국인의 의식과 관련된 모종의 변화를 반영시킨 것으로 보아야 할 것이다. 이 점은 '의례'가 단순히 '박제된 제도'가 아니라, 그 이면에 해당 왕조의 의지와 세계관을 반영시키는 중요한 매개가 됨을 말하는 것이다.

9) 본서 제Ⅲ부 제3장 「契丹國信使宋皇帝謁見儀式의 주요 특징과 그 의의」 참조.

1. '거란사의례'의 기본 내용과 구도

'거란사의례'는 「朝見宴儀」와 「辭儀」로 구성되지만, 이중 전자는 「見儀」와 「宴儀」를 하나로 묶은 것이기 때문에, 사실상 「見儀」-「宴儀」-「辭儀」의 3 부분으로 이루어졌다고 볼 수 있다. 入宋한 거란 사절은 보통의 체류 기간이 10일을 넘기지 않았기 때문에,[10] 이 기간 내에 3개의 의례를 통과하게 된다. 본 장에서는 이들을 검토함에 있어 번잡을 피하기 위해 해당 원문을 본 장 말미에 제시해 두고 관련 부분은 그곳의 일련번호를 표시하는 방법을 택했다. 또 사료상의 표현 방식을 따라 거란 측 사절의 正使와 副使를 '사·부'로 약칭하지만, 이는 동시에 '國信使·副'의 약칭이기도 하다.

1) 「見儀」의 기본 구도와 특징

〈표 1〉 「見儀」의 전개 과정

順	구분	주요 내용	관련 사료
①	신료 등의 入場과 上殿	長春殿(垂拱殿)에서 崇德殿(紫宸殿)으로 이동	I-(1), (2), (3)
		사·부가 國書와 禮物을 가지고 입장	I-(4)
②	'공식 의례'(國書進呈과 황제간의 안부 교환)	합문사가 上殿해 國書 進呈·	I-(5)
		사·부가 상전해 송-요 황제 간의 안부 교환을 집행 후 下殿	I-(6)
③	'사절단 의례'(사절단의 謁見禮와 퇴장)	거란사가 殿前에서 謁見禮 행하고(通名, 拜와 舞蹈 포함한 起居, 입국 도중 받은 편의에 致詞), 賜物 받은 후 퇴장	I-(7)
		거란부사가 行禮하고 賜物 받고 퇴장	I-(8)
		'舍利 이하'의 입장과 行禮 후 賜物 받고 퇴장	I-(9)
		'差來通事 이하 從人'의 입장과 行禮 후 賜物 받고 퇴장	I-(10)
④	송 측 신료와 황제의 퇴장	殿上에 있던 송 측 신료와 의식 집행자 및 황제가 퇴장	I-(11), (12), (13)

복잡해 보이는 「見儀」[11]의 주된 흐름은 〈표 1〉처럼 정리된다. 식장의 입장과 퇴장 관련 부분을 제외하면, 「見儀」는 사·부가 거란 황제를 대신해 송 측에 國書를 進呈하고 또 宋帝와의 문안을 교환하는 의례를 실행한 다음, 자신들을 소개하는 알현예를 치르는 것

10) 聶崇岐, 「宋遼交聘考」(『宋史叢考』, 華世出版社, 1986), p.315.

11) 「見儀」에는 "其儀, 前一日. 通事舍人, 或閤門祗候, 幷閤門承受行首, 就驛習儀."라고 보여, 거란사가 '朝見日' 하루 전에 자신이 묵고 있는 숙소(都亭驛)에서 송의 관리들과 함께 「見儀」를 연습하는 규정이 보인다.

이 주요 내용이다. 전자는 국가 또는 황제와 관련된 점에서 '공식 의례'로, 또 후자는 사절 개인(또는 단체)과 직결된 의미에서 '사절단 의례'로 각기 구별할 만하다고 판단해, 이하 본 장에서는 이 명칭을 사용한다.

「見儀」는 황제를 비롯한 송 측의 신료, 그리고 거란사·부 등이 식장인 崇德殿(뒤의 紫宸殿, 1032년 개명)으로 입장해 자리를 잡는 내용에서 시작한다. I-(1)은 황제가 일부의 신료와 함께 이미 長春殿(뒤의 垂拱殿, 1032년 개명)에서 視朝한 후, 崇德殿으로 이동해 착석하고 나면 百官이 황제에게 예를 드리는 내용이다. 뒤에 다시 검토하는 것처럼 송의 '朝會制度'[12]에 의하면 長春殿에서는 매일처럼 황제와 常參官이 모여 '起居'와 視朝를 하지만, 여기서는 그것이 일단 끝난 후에 장소를 崇德殿으로 옮겨 거란사절의 「見儀」를 집행한다는 점이 특기할만하다.[13] 송조에서 崇德殿은 가장 대표적인 거란사의 알현 장소였다.[14]

여기서는 '起居'의 의미를 확인해 둘 필요가 있다. 송대의 禮書에 빈출하는 이 단어는 분명한 설명을 찾기 힘들지만, 기본적으로는 황제에 安否를 묻는 뜻으로, 이 경우는 본문의 도처에 보이는 것처럼 '절'과 '舞蹈' 내지 '萬歲'와 같은 여러 예법(후술)이 곁들여진다.[15] '기거'를 차례로 마친 신료의 일부는 上殿해서 자리를 잡았다고 보인다.[16]

---

12) 이에 대해서는 『송사』 卷116, 禮19 賓禮1 常朝之儀 및 垂拱殿起居를 참조. 『宋朝事實』 권12, 儀註2에도 대략 동문이 있다.

13) 『송사』 권119, 禮22 「契丹國使入聘見辭儀」에는 이 부분에 대응하는 기사로 "見日, 皇帝御崇德殿. 宰臣, 樞密使以下大起居訖, 至員僚起居後, 館伴使副…"라고 보여, 崇德殿에서 바로 의식이 시작되는 것으로 되어 있다. 그 밖에 『정화오례신의』 권150, 「紫宸殿大遼使朝見儀」에도 거의 同文이 보인다.

14) 본서 제II부 제4장 「북송의 개봉과 외교」 참조.

15) 『東京夢華錄』 권9, 宰執親王宗室百官入內上壽에는 "十二日. 宰執, 親王, 宗室, 百官, 入內上壽大起居 . (原註: 搢笏舞蹈)"라고 舞蹈 쪽의 행위에 초점을 맞추나, 다른 곳에는 '四拜起居', '兩拜起居'(『송사』 권162, 志72 禮22 賓禮4 高麗進奉使見辭儀)라고 설명해 '절'과 연결된 것임을 암시한다.

16) 百官의 입장 내지 起居는 I-(1)에 의하면 '樞密使已下'와 '宰臣, 參知政事'의 두 그룹으로 나뉘어져 행해진다. 숭덕전에서도 '추밀사 이하'가 먼저 大班을 형성해 기거하며, 그것이 끝난 후 宰臣과 참지정사가 기거하는 모습을 볼 수 있다. 이는 송의 '朝會制度'에 따른 것으로 보인다(『송사』 권116, 禮19 賓禮1 垂拱殿起居). 다른 경우에도 그렇게 보이는 예가 많으며, 당시의 行禮에서 일반적인 것이었다고 보인다. 그 이유에 대해 필자는 현재 정확한 知見을 갖고 있지 않다. 다만 高麗의 경우이지만, 燃燈會와 八關會와 관련해 지적한 豊島悠果의 다음과 같은 지적에는 시사하는 점이 있어 보인다. "樞密은 宰臣과 달리 國王의 近侍로서의 성격이 강하며, 그것이 이러한 의식에 반영된 것으로 보인다. 연등회 연회의 의식 절차에는 왕태자 이하 왕족과 樞密·侍臣과 같은 近親·近侍者가 侍宴者로서 기술된 것이며, 八關會 연회는 群官이 참가하고 있지만 역시 왕족·추밀·侍臣이 가까이에 앉고, 宰臣은 3품 이하의 官人들을 이끌고 同樂亭에 앉은 것이다"(同, 「高麗の宴會儀礼と宋の大宴」 『宋代中國の相對化』, 宋代史硏究會硏究報

〈그림 1〉「契丹使朝聘圖」

입장한 송 측 관리들 중에 눈을 끄는 것은 館伴使·副와 통사이다(I-(2), (3)). 백관에 이어, 이들이 별도로 입장한 것은 '사·부'와의 관계가 밀접했기 때문이다. 館伴使·副는 '사·부'가 開封에 체류하는 동안 접대를 책임지는 입장에서 매우 밀접한 관계를 유지한 관리이며,[17] 통역을 맡은 通事도 마찬가지였기 때문에 특별히 의식에 동참한 것이다. 通事의 역할이 본 의식에서 두드러지는 것(후술)도 唐禮와 비교되는 점이다.

한편 본문에서 자주 부딪히는 한 두 개의 까다로운 文型으로, 예를 들어 I-(3) 등에 '喝祗候'가 보인다. '외친다'는 뜻인 '喝'은 주어가 없지만, 생략된 것으로 그것을 지적해야 한다면 「見儀」의 진행을 맡은 閤門司 소속의 관리로 보아야 할 것이다. 식장 내에서 '사·부' 등 의식 참여자의 행동을 규찰하는 역할이 이들의 역할이지만(후술), 본문에서는 번잡을 피하기 위해 생략되었을 것이다. '喝'에 이은 '祗候'는 '기다린다'는 의미로 보는 것이 가장 적절하다고 판단된다. 따라서 '喝祗候'는 "(閤門司의 관리가)기다려 라고 외친다"고 해석할 수 있다. '지후'는 용법을 달리하는 의미도 있는데 이에 대해서는 후술한다.

告第9集, 汲古書院, 2009).

17) 북송의 館伴制度에 대해서는 曹顯征, 「北宋館伴使制度硏究」(『遼宋交聘制度硏究』, 中央民族大學博士學位論文, 2006) 참조.

드디어 '사·부'가 입장하게 되면, 이때는 書匣, 즉 國書가 함께 들어오며, 예물도 송의 將兵(天武官[18])에 의해 반입된다(I-(4)). 여기서도 알 수 있듯이 일단 식장에 들어온 자들은 거의 빠짐없이 황제에게 起居하는 것으로 되어 있다.

'사·부'까지 입장을 마치면 殿上에 있던 '接書匣閤門使'가 殿庭의 '사·부' 자리로 찾아가 國書를 받아들고 다시 上殿해 어전에서 進呈한다(I-(5)). 국서는 합문사가 '사·부'를 殿庭에 남긴 채 단독으로 황제에 전달하는 것이다(이 과정은 다시 후술).

그런데 필자는「契丹使朝聘圖」(〈그림 1〉)에 묘사된 시점이 바로 이즈음이 아닐까, 생각한다. 그림 우측 앞쪽에 보이는 두 사람은 아마도 송조가 하사한 朝服(후술)을 입은 채로 西面하고 있는 '사·부'의 모습이며,[19] 특히 그들 옆에 진열된 예물이 아직 殿庭에 남아 있는 것은 그림의 시점을 추정할 수 있는 단서가 된다. '사·부'와 같이 반입된 '예물'이 殿庭에 머무는 시간은 매우 짧아 '接書匣閤門使'가 국서를 進呈한 직후에는 밖으로 나가기 때문이다(I-(5), (6)). 또 좌측에 사람들 사이에 섞여 있는 말(馬)의 모습도 시점을 가늠하는 힌트가 된다. 예물은 송의 將兵(天武官)들에 의해 반입되지만, 그들이 '牽馬'할 때는

18)『夢溪筆談』권1 및『雲麓漫鈔』권7 등에 의하면 특히 키 큰 남성을 전국에서 선발해 편성하였으며, 평소 자신전(숭덕전) 경호를 담당하며 천자의 行幸도 경호하였다. 신분은 장교이다.

19) I-(7), (8)에서 확인되는 것처럼 '사·부'는「見儀」에서 송조로부터 '의복'을 하사받지만, 그림의 '사·부'가 거란의 복장이 아닌 송의 복장을 한 것이라면 그들은 본 의식을 위해 事前에 송조에게 다른 '의복'을 받았다고 볼 수밖에 없다.「見儀」의 내용에서 볼 때 '사·부'는 그림과 같은 위치를 빼고서는 찾기 힘들고, 또 그 복장이 거란 복장이 아니기 때문에 그들을 거란사로 인정할 수 없다면 식장에서 '사·부'의 모습은 사라지기 때문이다. 본 그림에서는 정황상 '사·부'가 上殿한 상태가 아니며, 따라서 殿庭에 남은 상태라면 우측의 2인으로 볼 수밖에 없는 것이다. 아울러 이 그림에 대해서, 梅原郁과 入矢義高 兩氏는『東京夢華錄』의 譯註(岩波書店, 1983)에서, "의복이 구별되어 그려져 있다"(p.203)고 설명하였다. 필자는 그림이 묘사하고 있는 부분이「見儀」가 시작된 지 얼마 안 되는 시점이며, 또한 그렇기 때문에 거란 측의 참여자로는 '사·부'만이 있어야 하는 상황이라는 점에서(후술), 그림에서 혹 '의복의 구별'이 있다면 그것은 두 명의 '사·부'를 뺀 나머지 송조 관원들 간의 구별로 보아야 한다고 생각한다. 또 그림의 왼편에 다소 복장을 달리한 듯이 보이는 사람들은 위와 같은 정황에서 거란인으로는 볼 수 없고, 송의 將兵들로 보아야 할 것이다(후술). 다만 이상과 같은 필자의 추정이「契丹使朝聘圖」가 어디까지나 의례를 사실적으로 묘사했다는 전제에 서 있음은 말할 나위가 없다. 이 점에서『동경몽화록』권6, 元旦朝會는, 徽宗代에 大慶殿에서 행해진 거란사절을 포함한 元旦 조회의 모습을 설명한 것이지만, 거란 正使의 복장에 대한 묘사가 중국풍을 한 거란 副使와는 다르게 되어 있다. 正使와 副使 간의 복장 양식의 차이도 문제이지만, 이 경우에는 正使가 거란식의 복장을 한 것이라면 이상과 같은 필자의 설명과 맞지 않는 점이 발생한다. 따라서 그렇다면 이것이 또한 元旦 儀式과 '거란사의례' 간의 차이를 의미하는 것인지, 아니면「契丹使朝聘圖」의 描寫上의 문제인지, 여전히 문제로 남을 것이다.

"不拜한다"고 되어 있기 때문에(I-(4)), 장병들은 그림처럼 왼편에서 잠시 '사·부'의 예가 끝나기를 기다리고 있는 중인 것으로 보인다. 즉 「契丹使朝聘圖」의 묘사 시점은 '사·부'와 그들이 가져온 예물 및 그것을 운반하는 장병들이 殿庭에 남은 상태에서 '接書匣閤門使'에 의한 거란 측 국서의 進呈이 완료되기를 기다리는 상황으로 추정되며, 그것이 완료되면 곧 '예물'은 장병들에 의해 밖으로 나가게 되는 장면으로 이해된다. 또한 이 점에서 「契丹使朝聘圖」가 직접 장면을 보면서 실사한 것은 아니라 해도, 적어도 관련 자료를 검토하고 숙지한 후에 그렸을 가능성은 충분할 것이다.

'예물'이 밖으로 나가면 '사·부'가 비로소 上殿한다(I-(6)). '사·부'는 송 황제에게 거란 황제의 안부 인사를 전하고, 황제도 이에 대해 거란국주의 안부를 '사·부'에게 묻는다. 송대의 禮書에서는 이를 '問聖體'와 '問國主'로 표현하는 경우가 많다. 본문에서는 거란사의 송 황제에 대한 문안을 '問聖體'로, 반대로 송 황제의 거란국주에 대한 안부 확인을 '問國主'로 표현하였다. 「見儀」의 하이라이트에 해당하는 이 장면에 대해서도 뒤에 재론할 것이다.

下殿하여 원위치에 선 契丹正使는 비로소 殿 앞에서 정식으로 자신에 대한 소개를 한다(I-(7)). 그 형식은 "(閤門通事)舍人이 殿 앞에서 北朝國信使 某官인 아무개가 알현을 기다립니다"고 통보하면, 正使가 본국의 예법에 따라 起居하고, 입국 과정에서 송조가 베풀어준 우대에 致謝하는 것이다. 외국사 당사자의 알현예에서는 그의 官名과 성명을 부르는 '通名'이라는 절차를 거치는 경우가 있고, 그렇지 않은 경우도 있으나, 거란 사·부의 알현예에는 그것이 포함된다(I-(7), (8)).

또 우리는 사절이 식장에 입장하면 곧바로 자신이 누구인지를 밝혀야 한다고 생각할 수 있지만, 본 의식에서는 사자의 인사보다 송-거란 황제 간의 안부 교환을 앞세움으로써 군주의 존엄함을 드러낸 것이며, 이는 당시의 관념으로는 오히려 당연한 예법이라 할 수 있을 것이다. 알현예를 마친 正使는 敕書의 선포를 통해 각종의 의복과 銀器 등을 받은 뒤 퇴장한다(I-(7)). 아울러 正使가 發하는 致詞(및 致謝) 등은 通事에 의한 傳譯이 따르게 된다는 점도 주의할 만하다(후술).

그런데 거란 사절단의 알현예는 모두 한꺼번에 치르는 것이 아니라, 그 지위에 따라 몇 개의 그룹으로 나누어 실행된다. 즉 거란정사에 이어서 거란부사가 단독으로 알현예를 치르고 있으며, 그 형식은 정사와 동일하다(I-(8)).

다시 거란부사에 이어서는 '舍利[20] 이하'와 '差來通事 이하의 從人'이 각각 입장하여 예를 치른다(I-(9), (10)). 이들은 이 때 처음으로 식장에 입장한 것이며, 따라서 자신들보다 앞서 '사·부'가 행한 의식 과정(I-(4)~(8))은 지켜보지 못한 셈이다. 이들은 '通名'이 생략되며, 班도 합치는 등 行禮에서 신분차가 반영되며, 사여물의 종류와 수량도 물론 다르다.

거란 사절단이 퇴장함으로써 「見儀」가 사실상 끝나면 殿上에 있던 신료와 閤門使 등 의식의 집행자들, 그리고 황제가 최종적으로 퇴장하게 된다(I-(11), (12), (13)). 의식의 종료도 소속 관원들이 '奏報'하고 있다(I-(12)).[21] 퇴장은 '거란 사절단-신료-의식 집행자-황제'의 순이며, 이는 입장 때와 대략 역순이다.

2) 「宴儀」의 기본 구도와 특징

「宴儀」의 전개 방식은 대략 다음과 같이 정리된다.

〈표 2〉 「宴儀」의 전개 과정

順	구분	주요 내용	관련 사료
①	준비에서 입장까지	이동과 대기(賜與한 衣服, 束帶 등을 착용)	II-(1), (2)
		준비완료 보고	II-(3)
		황제의 상전과 백관의 입장	II-(4)
②	'侍宴臣僚'(사·부 포함)의 상전	班首가 聖躬晚福을 奏한 후, 上殿	II-(5)
③	기타 사절단원 및 儀式 助役들의 입장	'舍利이하'가 입장해 兩拜 후 兩廊으로 이동	II-(6)
		'差來通事從人'이 입장해 兩拜 후 兩廊으로 이동	II-(7)
		'敎坊已下'가 입장해 行禮 후 대기	II-(8)
		'看盞'이 입장해 行禮 후 대기	II-(9)
④	연회	宴會	II-(10)
⑤	퇴장	'宰臣已下'(사·부 포함)가 下殿해 舞蹈한 후 分班 퇴장	II-(11)
		'舍利이하'가 舞蹈, 三拜 후 퇴장	II-(12)
		'通事從人'이 隨拜萬歲 후 퇴장	II-(13)
		'敎坊使已下'가 隨拜萬歲 후 퇴장	II-(14)
		閤門使의 '無事' 보고를 받고 황제가 퇴장	II-(16)

20) 원문은 '私利'이나 '舍利'의 誤로 생각하여 이하 본 장에서는 이를 모두 '舍利'로 통일하였다.

21) 『송사』 권119, 禮22, 「契丹國使入聘見辭儀」에서는 이 '奏報'를 '(閤門通事)舍人'이 하는 것으로 되어 있다.

「見儀」에 이어 바로 실시된 「宴儀」[22]는 長春殿을 식장으로 한다. 사절단은 복장을 갈아입고 이동해 殿門 밖에서 기다리며, 송의 '侍宴臣僚'인 宰臣·親王 등도 같은 장소로 이동해 입장에 대기한다(II-(1), (2)). 이 때 사절단이 갈아입은 것은 「見儀」 때에 받은 옷으로 보인다. 본문 중에는 보이지 않지만, 당시의 일반적 정황에 따라 '사·부' 등은 식장 바깥에 마련되어 있는 '次'에서 옷을 갈아입었을 것이다.[23] 「辭儀」에서도 '사·부'는 "각기 賜한 바의 窄衣[24]와 束帶를 著했다"(III-(23))고 보인다. 이는 「見儀」와 「宴儀」에서 모두 自國의 '國服'을 입고 참가한 唐禮[25]와는 비교되는 내용으로 주목된다.

식장 준비가 끝나면 합문사·부가 입장하고, 內侍官인 內都知가 준비 완료를 보고하는 것으로 되어 있다(II-(3)). 그런데 『송사』의 대응 부분에는 "閤門使附入內都知奏班齊"[26]라고 있어, 준비 완료에 대한 보고가 內都知가 아니라 閤門使로 읽혀진다. 內都知는 환관의 주무 관청인 入內內侍省의 장관으로 황제의 측근이라는 점에서 가능성도 크지만, 여기서는 『송사』의 기술처럼 본 의식의 총감독격인 閤門使의 역할로 생각해 두고 싶다. 본 의식의 완료를 황제에게 奏聞하는 것도 閤門使이기 때문이다(II-(16)).

보고를 받은 황제가 어좌에 앉고, 이어 宰臣·親王 등이 分班해 입장한다(II-(4)). 해당 부분의 注文에 "使副는 親王班에 이어 들어가며, 그 밖의 座次는 모두 그림에 依한다"고 보이므로, '사·부'도 이때 宰臣·親王 등의 소위 '本班'을 따라 함께 입장하는 것을 알 수 있다.[27]

---

22) 당의 경우 「宴儀」는 '황제 알현일'과 날을 달리해 실시되었다고 보인다. 본서 제Ⅲ부 제7장 「『대당개원례』 소재 외국사 관련 여러 의례의 재검토」 참조.

23) 『事實類苑』 권33에는 『玉壺淸話』를 인용하여, 거란사절이 '辭儀'에서 송조가 제공한 朝服이 거추장스럽다는 이유로 처음에는 착용을 거부하였지만, 결국 송 측의 설득으로 일단 착용하고 송의 황제를 알현했다는 일화가 보인다("遼使韓杞者, 始修聘好, 獷悍無檢, 命趙文忠公(趙安仁: 인용자)接伴. 公旋教習覲見之儀, 方漸馴擾, 及將辭. 嫌朝服太長, 步武索足, 欲從其俗. 公謂之曰, 君將入陛殿受還書, 去天顏咫尺, 可呼, 剛折之才不敢.").

24) '窄衣'는 물론 옷의 소매와 품이 좁은 것을 뜻하는데, 이 표현이 여기서 일부러 보이는 것은 거란사에게 주어진 복장이 당시의 송조 관원의 일반적인 스타일인 폭이 넓은 것과 다른 것이었기 때문으로 추정된다.

25) 주)22와 같음.

26) 권119, 禮22 「契丹國使入聘見辭儀」.

27) 직결되는 부분은 아니지만, 『요사』 권51, 禮志4 曲宴宋使儀에 "皇帝起, 入閤. 引臣僚東西階下殿, 還幕次內賜花"고 보이며, 이에 대한 中華書局의 校勘記에는 '臣僚' 다음에 (契丹)'使副'가 빠졌을 것이라고 추정하였다. 이 같은 누락이 元代에 급조된 『송사』와 『요사』의 편찬상의 오류와 관련된 것인지, 또는 문

아울러 館伴使의 경우는 “마땅히 入預해야 하거나 동참의 命을 특별히 받은 자”에 한해 참여하였다(II-(4)).

‘사·부’를 포함한 백관이 殿庭에 序立하면 황제의 사연에 감사를 표한 후 上殿한다(II-(5)). “舍人이 某甲已下를 通한다”고 있는 ‘某甲’[28]은 거란 使·副를 지칭하기보다 송의 백관을 대표하는 宰臣으로 보인다. 또 上殿한 뒤의 “(‘사·부’의) 座次는 모두 그림에 의해” 정해진다(II-(4))고 하지만, 그 ‘그림’이 남아있지 않은 지금 殿上의 위치 관계를 파악하기는 어렵다. 이 자리에서는 황제가 특별히 ‘사·부’의 안부를 묻는 경우가 있으며, 그 때는 下殿하여 예를 취한다고 되어 있다(II-(5)). 이는 특별한 禮에 속하며, 그 후 ‘사·부’는 다시 상전한다.[29]

다음으로 사절단의 ‘舍利 이하’와 ‘差來通事從人’이 비로소 ‘東西分班’하여 입장해 예를 취한 후 자리를 잡는다. 그런데 이들은 上殿하는 ‘사·부’와는 달리 각기 ‘兩廊下’(II-(6))와 ‘兩廊’(II-(7))에 자리를 잡는다. ‘兩廊’의 위치는 확정하기 어려운 점이 있고, 또 ‘兩廊下’와 ‘兩廊’의 관계가 어떠한 것인지도 문제로 남는다. 字意 면에서 ‘兩廊下’가 ‘兩廊’보다 下位라고 볼 때, ‘舍利 이하’가 신분이 자기보다 낮은 ‘差來通事 이하’보다 아랫자리에 앉는 것이 부자연스럽기 때문이다. 따라서 ‘兩廊下’와 ‘兩廊’ 사이에는 생략 내지 誤記의 가능성이 있다. 뒤에서 보는 「辭儀」에는 입장한 ‘差來通事從人’을 ‘分引上兩廊立’고 있어(III-(9)), 이들이 ‘兩廊’[30]에 올라섰다는 것을 알 수 있기 때문에, ‘兩廊’은 殿上에 있는 시설이며, 「宴儀」에서도 거란의 ‘舍利 이하’와 ‘差來通事 이하’는 모두 이곳에 자리를 잡았다고 볼 수 있을 것이다.

이상과 같은 자리 배치 아래 이미 식장에 입장해 있었을 教坊[31] 이하와 看盞[32] 2인이 上

맥을 추정하면서 읽어야하는 한문의 특성에 따른 것인지 알 수 없지만, ‘거란사의례 ‘에는 이처럼 본문 중에 글자가 빠진 듯이 보이는 부분이 적지 않다.

28) “그 사람의 이름을 부르지 않고 호칭하는 代名詞”(『漢語大詞典』 4, 漢語大詞典出版社, 1991)를 의미한다.

29) 『요사』 권51, 禮志4 「宋使見皇太后儀」에서도 “若宣問使副跋涉不易, 引西階下殿, 丹墀內舞蹈, 五拜畢, 贊各上殿祗候, 引西階上殿, 就位立.”라고 보인다.

30) 당의 의례에서도 ‘廊下’의 위치가 문제로 되며, 이에 대해서는 石見清裕, 「外國使節の宴會儀禮」(『唐の北方問題と國際秩序』, 汲古書院, 1998)을 참조.

31) 송의 教坊은 太常寺에 속한 기구로 음악을 教習하여 大宴 등의 봉사에 대비하였다. 관리로는 使 1명, 副使 2명과 都色長, 色長 등이 있었다(『中國歷史大辭典(宋史)』, 上海辭書出版社, 1984, p.414). 教坊은 거란에도 존재하나 여기서는 송 측의 것으로 보인다. 岸辺成雄, 「宋代教坊の變遷び組織」(『史學雜誌』 54-4, 1944)를 참조.

32) 看盞은 기본적으로는 ‘송대의 百官이 황제에게 祝壽의 술을 올리는 의식’(『漢語大詞典』 7, 漢語大詞典

殿해 기다림으로써(II-(8), (9)) 준비가 완료되고 연회가 시작된다. 그러나 「宴儀」는 연회 자체와 직결하는 부분은 매우 간략히 취급해(II-(10)) 그 양상을 구체적으로 엿보기는 어렵다.[33] 내용의 핵심은 '某甲已下'가 술을 올리는 것이다. 이곳의 '某甲'은 '宰臣'으로 생각되지만, 거란사일 가능성도 배제할 수 없다. 이에 대해 割註에 보이는 것처럼 황제는 술을 하사하는 경우가 있고 그 대상에는 '사·부'가 포함되었을 것이다.[34]

연회가 끝나면 宰臣 이하가 모두 殿을 내려가 行禮하고 分班해 퇴장한다. 퇴장은 '宰臣 이하'(II-(11))－舍利(II-(12))－'(差來)通事從人'(II-(13))－'教坊使 이하'(II-(13))의 순이며, 황제는 합문사의 奏聞을 받은 후 마지막에 퇴장한다(II-(16)). '사·부'는 입장 때처럼 '宰臣 이하'에 섞여 퇴장하는 것이 된다.

이상과 같이 「宴儀」에서는 '사·부'가 「見儀」와 달리 殿庭으로의 입장 및 上殿을 송의 일반 百官과 같이 한 반면, '舍利 이하'와 '差來通事從人'은 뒤늦게 별도로 입장해 '兩廊(下)'를 위치로 연회에 참가하며, 퇴장도 마찬가지로 자신들 만이 그룹을 만들어 행한다.

3) 「辭儀」의 기본 구도와 특징

「辭儀」는 '거란사의례'에서 가장 복잡한 과정을 보인다. '사·부'는 입장과 퇴장을 3번이나 되풀이하며, 매번의 입장과 퇴장 사이에는 '연회', '사절단 의례', '공식 의례'가 연출된다. '연회'가 있다는 점과 '공식 의례'가 '사절단 의례'보다 뒤에 실시되는 점은 「見儀」와 다른 전개 방식이다.

出版社, 1991)을 뜻한다. 그러나 이대로는 본 장의 의미와 부합하지 않으며, 따라서 본 장에서는 다음의 『夢粱錄』 '宰執親王南班百官入內上壽賜宴'의 기재에 입각해, 술을 올리는 자를 옆에서 돕는 등의 역할을 하는 송의 役人으로 이해하였다("上公稱壽, 率以尙書執注碗斟酒進上. 其教樂所色長二人, 上殿于欄干邊立, 皆揮裹紫寬袍, 金帶, 黃義, 謂之看盞. 如斟御酒, 看盞者舉其袖, 引白綏, 御酒進華, 拂雙袖于欄干而止. 主上以寶卮先從東東後西, 宣示宰執, 親王以下, 及外國使副, 門宣贊, 分班躬身齊傳宣飮, 盡酒者三, …).

33) 상황은 다소 다르지만 『동경몽화록』 권9, 宰執親王宗室百官入內上壽에는 휘종의 생일(天寧節)에 集英殿에서 개최된 연회의 모습이 자세히 보이며, 본 장의 「宴儀」의 진행 과정을 이해하는 데에 참고가 될 것이다.

34) 『동경몽화록』 권9에는 휘종의 생일을 의미하는 '天寧節'이라는 항목과 그 연장선에서 행해진 축하연의 모습을 다룬 '宰執親王皇族百官入內上壽'라는 항목이 있고, 여기에는 거란, 고려, 서하 등의 사신이 동참한다. 완전히 일치하지는 않지만, 연회의 방식을 이해하는 데에 큰 도움이 된다.

〈표 3〉「辭儀」의 전개 과정

순	구분	주요 내용	관련 사료
①	준비에서 입장까지	長春殿의 起居와 視朝 완료	III-(1), (2)
		황제가 崇德殿으로 이동 차비하고, 侍坐臣僚(사·부 포함)가 이동해 입장	III-(3)
		준비 완료 보고와 황제의 上殿	III-(4)
		황제 시위관의 퇴장	III-(5)
②	侍宴臣僚(사·부포함)가 行禮 후 上殿	백관이 聖躬萬福을 奏함	III-(6)
		上殿	III-(7)
③	기타 사절단원의 입장과 立定	'舍利이하'가 입장해 兩拜 후 兩廊으로 이동	III-(8)
		'差來通事從人'이 입장해 兩拜 후 兩廊으로 이동	III-(9)
④	宴會	'長春殿宴日之儀'와 같이 하며 酒는 5巡	III-(10)
⑤	신료의 下殿과 再上殿 및 사절단의 퇴장	宰臣 이하가 下殿해 舞蹈 3拜 후 다른 臣僚들과 再上殿	III-(11), (12)
		使副의 퇴장(나머지 신료들과 함께)	III-(13)
		'舍利'가 舞蹈하여 감사 표하고 퇴장	III-(14)
		'差來通事從人'이 兩拜한 후 감사 표하고 퇴장	III-(15)
		東西班殿侍가 兩拜하고 퇴장	III-(16)
		'教坊使已下'가 兩拜하고 퇴장	III-(17)
⑥	'사절단 의례'(사절단의 再入場과 퇴장)	正使의 재입장과 致詞 후 퇴장(사여물 수령)	III-(19)
		副使의 재입장과 致詞 후 퇴장(사여물 수령)	III-(20)
		'舍利已下'의 재입장과 퇴장('不通', 不致詞, 사여물 수령)	III-(21)
		'差來通事從人'의 재입장과 퇴장('不通', 不致詞, 사여물 수령)	III-(22)
⑦	'사·부'의 再再入場(사여복장 착용)	殿 앞에서 兩拜	III-(23)
		殿 앞에서 兩拜	III-(24)
⑧	'공식 의례'(國書 수령)	사·부가 함께 상전	III-(25)
⑨	퇴장	下殿하여 퇴장	III-(26)

「辭儀」는 「見儀」와 마찬가지로 長春殿에서 起居와 '公事'의 視朝를 마친 후 황제와 신료들이 무대를 崇德殿으로 옮겨 거행된다. 장춘전에서는 起居 뒤에 있던 의례적인 일반 관리들의 알현, 감사 표시, 하직 인사 등의 절차를 생략하고,[35] 중요한 '公事'가 간단히 처리된 후 신료들이 모두 下殿하는 모양이 보인다(III-(2)).

35) 『송사』 권116, 禮19 賓禮1 垂拱殿起居에는 평상시에 일반 관리들의 알현, 감사 표시, 하직 인사 등의 절차가 있음이 보인다.

황제가 이동 차비를 시작하면[36] 「辭儀」에 참여할 신료들이 서둘러 숭덕전으로 이동한다. '사·부'에 대한 설명이 별도로 없지만 그들도 이때 함께 입장하는 것이 원칙으로 보인다. 신료들이 殿庭의 儀石 북쪽에 '東西相向'해 있는 상태에서(III-(3)), 황제가 합문사의 '班齊'를 奏聞 받고[37] 殿上에 착석하게 됨으로써(III-(4)), 「辭儀」가 본격적으로 시작된다.

侍衛官인 '東西班殿侍'[38]가 퇴장하면(III-(5)), 舍人의 通(報)을 받아 館伴使·副－契丹國信使－契丹副使－宰臣의 순으로 起居 내지 '聖躬萬福'을 奏하고나서 殿 위로 '分升'해 '東西相向'한다(III-(6), (7)).[39]

이어 '舍利已下'와 '差來通事從人'이 입장하여 行禮하되, 通名은 하지 않고 '兩廊'으로 이동하는 점(III-(8), (9))은 「見儀」 및 「宴儀」에서의 절차와 같다.

한편 殿上의 연회는 설명 부족으로(III-(10)) 실태를 파악하기 충분하지 않다. "장춘전의 宴日之儀와 같다"고는 하지만, 이 부분 역시 소략한 점은 앞에서 이미 보았다(II-(8)~(10)). 연회는 "술이 5회 돈 후"(III-(10)) 끝나게 된다.[40]

연회가 끝나면 "宰臣·樞密使已下'는 下殿해서 行禮한 후 다시 上殿하지만(III-(11),(12)), 이에 반해 "그 나머지 신료와 거란사·부는 함께 나가고"(III-(13)), 이어 '舍利', '差來通事從人' 및 '教坊使已下'까지 순차로 퇴장한다(III-(14)-(17)).

「辭儀」에서 보이는 의식 전개상의 큰 특징은 퇴장한 사절단이 곧바로 다시 입장하는 점이다. 이들은 「見儀」때 처럼 正使－副使－'舍利已下'－'差來通事從人'의 순으로 들어와 殿 앞에서 귀국 인사를 하고 퇴장한다. 인사는 이미 본대로 '사·부'는 通名과 致詞, 兩拜와 舞蹈, 聖躬萬福 등을 결합시키는 방식으로 실시된 반면(III-(19), (20)), '舍利已下'와 '差來通事從人'은 신분차를 반영해 通名과 致詞가 없고, 兩拜를 위주로 한다(III-(21), (22)). 다만 이

36) 이 차비는 "閤門이 無(公)事하다"(III-(2))는 舍人의 奏를 황제가 듣고서 시작된다.

37) 『송사』에서는 이에 대응하는 부분이 간단히 '侯奏班齊'로 되어 있어 그 주체가 생략되어 있다(권119, 禮22·「契丹國使入聘見辭儀」).

38) 殿侍에 대해서는 龔延明, 『宋代官制辭典』, 제7편 1. 禁軍三衙門을 참조.

39) 단 館伴使副는 '本班'과 함께 上殿하거나 또는 상전하지 않고 퇴장하는 경우가 있으며, 上殿하는 경우라면 '西階'로 가서 '東面'하여 기다리는 것으로 되어 있다(III-(6)). 또 사·부의 上殿 기술이 없지만 이들도 '宰臣 이하' 즉 '本班'이 상전할 때 함께 했다고 보아야 할 것이다.

40) 『동경몽화록』 권9, 宰執親王宗室百官入內上壽에 의하면 集英殿 大宴에서는 술이 모두 9巡 돌되 5巡을 기준으로 전, 후반으로 나뉘는 것을 알 수 있다. 여기서는 '5巡'으로 연회를 파하는 것이므로 집영전 大宴 기준으로 보면 전반부 만에 상당하는 것으로 볼 수 있다. 또 이미 검토한 것처럼 「宴儀」에서는 연회의 방식을 구체적으로 알 수 없었지만, 그 의식의 성격에서 볼 때 9巡이 돌았을 것으로 생각된다.

들('舍利已下'와 '差來通事從人') 사이에 한쪽에만 '隨拜萬歲'의 行禮가 있고 다른 쪽에 그것이 없는 것이 단순한 생략인지, 아니면 본래부터 없는 것인지 분명하지 않다.[41] 정사와 부사가 '出班致詞'할 때 '通事의 傳譯'이 正使의 경우에만 보이고(III-(19)) 부사에 없는 것은 생략일 것이므로, '隨拜萬歲'의 行禮도 '舍利已下'와 '差來通事從人' 모두에게 적용되었을 가능성이 있다. 이 자리에서는 사절단에게 신분에 따른 사여물이 지급되었다.

이렇게 인사를 끝내고 퇴장한 사절단은 완전히 물러나는 것이 아니라, 이번에는 밖에서 '窄衣와 束帶'를 갈아입고 잠시 후 다시 입장한다. 다만 이 입장은 정사와 부사에 한정되며, 이들이 갈아입은 옷은 사전에 송조에게 받은 복장이다(III-(19), (20)). 따라서 나머지 사절단원들은 재입장한 '사·부'만의 의례가 끝나기를 밖에서 기다린 것이 된다.

이 3번째에 해당하는 '사·부'의 입장을 통해 송조로부터 國書를 전달받게 된다. 먼저 正使가 殿 앞에서 行禮 후 잠시 "북쪽으로 다가가 西向하여 섰다"[42]가(III-(23)), 이어서 副使가 예를 마치면 함께 上殿한다(III-(24)). 그리고 어전에서 황제가 합문사를 경유해 (거란) 國主에게 "語를 傳하는 뜻(旨)을 내리겠다"고 밝히면, 합문사가 이 旨를 정사에게 전하고, 이어 內侍都知에게 받은 書匣을 거란사에게 전함으로써, '사·부'는 이를 받아들고 殿을 내려가 퇴장하는 것이다(III-(25)).

2. 의례의 공간 배치와 그 이용에 관한 문제들

1) 개봉의 宮殿 구도 및 기능으로 본 契丹使節의 일정 추정

'거란사의례'의 성격 파악을 위해서는 그 무대인 장춘전과 숭덕전이 어떤 곳인지를 살펴볼 필요가 있고, 또 이를 위해서는 당시 기능하고 있던 여러 궁전의 일상적 측면을 함께 짚어둘 필요가 있다. 먼저 다음의 기사(『송회요집고』 儀制1-1, 垂拱殿視朝)는 그 일단을 보여준다.

---

41) 거란의 경우 사절단이 起居 중에 연출하는 "拜와 舞蹈는 모두 本國(즉 거란)의 儀에 따라야 한다"고 되어 있다(I-(7)). 唐禮에서는 외국사가 황제에 대해 '拜'만을 하고 '舞蹈'에 대한 규정은 보이지 않지만, '拜'가 거란사처럼 '본국'의 법식으로 한 것인지의 여부는 알 수 없다.

42) 원문은 '引近北向西立'이다. 이를 '北向해 서쪽에 선다'고 볼 수도 있겠지만, 그렇게 되면 의미가 더 어색하므로 본 장처럼 해석하는 것이 자연스러워 보인다.

國朝의 제도에서 垂拱殿 受朝는 먼저 宰臣이 升殿하여 奏事하고, 그 다음에 樞密使, 다음에 三司, 다음에 開封府로 이어진다, …차례로 升殿을 하여 물러가면 식사를 마치고나서 服을 갈아입고 崇政殿이나 延和殿으로 나아간다. …諸司의 公事가 끝나고 內侍가 門外에 公事가 없음을 奏하면 황제는 座에서 내려오거나 혹은 延和殿에 再座한다. 다시 內臣, 近職, 諸路走馬承受의 奏가 있거나, 혹은 館閣이 올리는 새로 修寫한 書籍이나 倉庫·衣糧·器物 등의 格式을 살펴보는데 이를 '後殿再座'라 불렀다. 휴일(假日) 등에는 일찍 崇政殿에 나아가고, 前殿公事가 끝나면 자리를 옮겨 臨軒하여 後殿公事를 본다(國朝之制, 垂拱殿受朝, 先宰臣升殿奏事, 次樞密使, 次三司, 次開封府, …以次升殿, 既退, 進食訖, 易服御崇政殿或延和殿. …諸司公事絶, 內侍奏, 門外無公事, 皇帝降座, 或, 延和殿再座. 複有內臣, 近職, 諸路走馬承受奏, 或閱館閣所進新修寫書籍, 倉庫衣糧器物之式, 謂之後殿再座. 如假日, 則早禦崇政殿, 閱前殿公事既畢, 移座臨軒, 閱後殿公事焉.).

개봉성의 궁전 기능은 특히 熙寧 연간(1068~1077) 이후 여러 변화를 보이지만, 위의 설명은 그보다 앞선 것으로 '거란사의례'가 제정된 시점에서 멀지 않다. 또 문중의 垂拱殿과 紫宸殿은 원래 각각 長春殿과 崇德殿으로 불리던 것이 후에 개명된 것이다(明道1년: 1032).

이에 의하면 황제는 통상 매일 오전 장춘전(수공전)에서 視朝(受朝)하고, 오후에 延和殿이나 崇政殿에 나아가 다시 視朝(즉 後殿再座)하는 것을 근간으로 정무에 임한 것을 볼 수 있다. 수공전 視朝는 중서, 추밀원, 삼사 같은 樞要한 관청의 大官이 실무에 관한 상주를 행하는 자리로, 日出(夏至는 4시48분, 동지는 7시12분) 무렵부터 시작해 대략 황제의 식사시간(7~9시)까지 이어졌다.[43] 이미 검토한 「辭儀」의 冒頭는 바로 이 '長春殿 視朝'에 해당한다(III-(1),(2)). 원래 송의 황제는 이 視朝가 끝나면 文德殿(正衙(殿))에 나아가 백관들과 朝會하는 것('常朝起居')이 원칙이었으나, 이 자리에는 職事가 없는 관료가 나오는 등 형식으로 흐르는 경향이 나타나, 점차 황제도 나오지 않게 되었다. 아울러 旬暇 등 휴일에 視朝할 경우에는 崇政殿이 이용되었다.

그 밖에 '隻日'(홀수 일)에는 邇英閣에서 오후의 상당 시간동안 經筵이 열렸고, 밤에는 숙직하는 學士를 불러 정무를 묻기도 하였다. 또 송에서는 당 이래의 전통에 따라 視朝

43) 개봉성의 궁전 기능과 관련한 이상의 기술 및 이하의 관련 내용에 대해서는 『송사』 권116, 禮19 賓禮1 常朝之儀 및 垂拱殿起居, 『송조사실』 권12, 儀註2 등을 참조. 또 관련 연구로는 平田茂樹, 「宋代政治構造試論」(『東洋史硏究』 52-4, 1994); 본서 제II부 제4장; 久保田和男·「宋代の時法と開封の朝」(『宋代開封の硏究』, 汲古書院, 2007)을 참조.

와 起居(朝會)의 장소를 바꾸어, 朔日과 望日에는 문덕전에서 시조하고, 5일에 한번은 장춘전(또는 숭덕전)에서 在京百官이 참여하는 조회(內殿起居)가 개최되었다. 또 元旦과 5월 1일 및 동지[44]에는 大慶殿에서 가장 큰 조회가 열렸고,[45] 황제 탄생일의 백관 上壽는 숭덕전(자신전)에서 열리는 것이 원칙이었다.[46]

이상과 같은 각 殿의 관계를 통해, 황제는 자신의 침소인 福寧殿을 기준으로 전방의 前殿에 해당하는 文德殿과 長春殿, 그리고 다시 後殿인 延和殿(崇政殿 포함)과 邇英閣을 중심으로 하는 남북의 직선 방향을 주된 동선으로 자신의 日常을 소화시키는 구도가 그려진다. 그리고 그 우측에 위치하는 '大慶殿－崇德殿－崇政殿'으로 이어지는 또 하나의

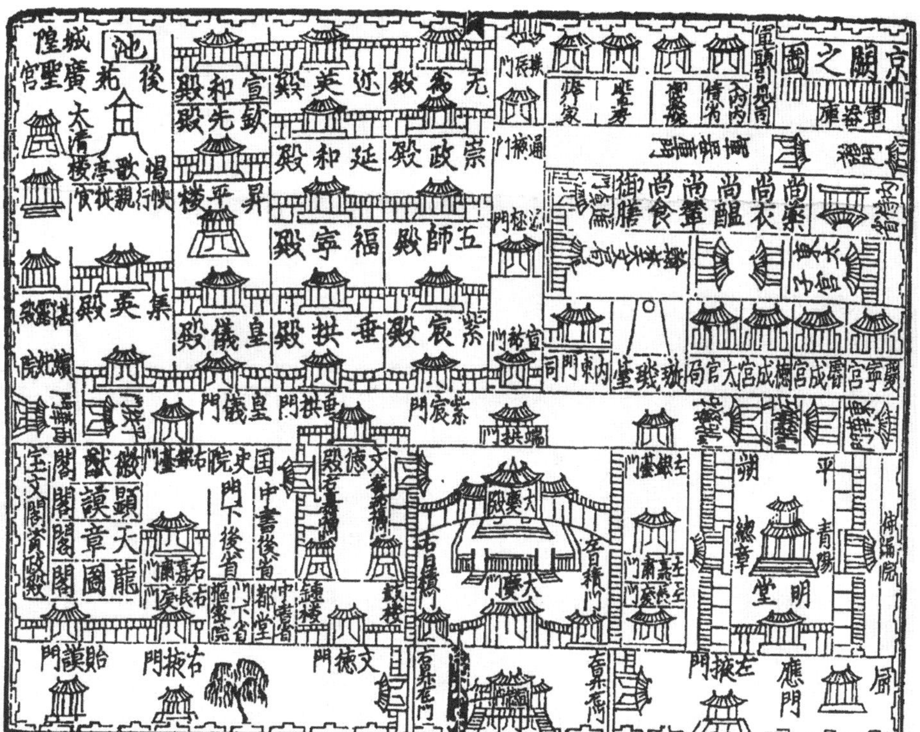

〈그림 2〉 북송 개봉 궁전도(『事林廣記』元· 至順本)

44) 단 冬至의 대조회는 희령2년(1069)에 제외되었다.

45) 앞 平田茂樹와 久保田和男 논문 참조.

46) 『朝野類要』卷第一 班朝에 "本朝殿名最多. 如常朝, 則文德殿. 五日一次起居, 則垂拱殿, …賀祥瑞, 勝捷, 上壽賜宴, 則紫宸殿. …"라고 있다.

축은 日常事보다 大事에 속하거나 상대적으로 규모가 큰 조회 또는 慶事, 그리고 임시적인 조회 등이 개최된 것으로 정리된다.

이러한 구도와 연결시킴으로써 거란 사절의 알현예가 지닌 의미는 좀 더 분명해질 수 있다. 먼저 예를 들어 '聖節'을 위해 송조에 온 거란사가 숭덕전에서 의식을 치른 것은, 이곳이 본래부터 송의 백관이 황제에게 上壽하는 장소였기 때문이다(상술). 다시 말하면 숭덕전에서 황제에 上壽하는 것이 관례인 송조에서는, '전연의 盟' 이후 거란이 해마다 축하사를 보내오자 그들을 숭덕전으로 불러 함께 上壽한 것이다. 그 시점은 특정하기 어렵지만 늦어도 仁宗代까지는 정착되었을 것이다.[47] 다만 한편으로,

> 英宗은 정월 3일을 壽聖節로 삼았다. 禮官이 故事에 聖節의 上壽는 親王과 樞密은 長春殿에서, 宰臣과 百官은 崇德殿에서 하였다. …神宗은 熙寧元年(1068) 4월 10일을 同天節로 삼았다…. 明年에 親王, 樞密使, 管軍, 駙馬, 諸司使副가 垂拱殿에서, 宰臣, 百官, 大國使는 紫宸殿으로 가서 上壽하였다, 고 奏하였다(英宗以正月三日爲壽聖節. 禮官奏, 故事, 聖節上壽, 親王, 樞密於長春殿, 宰臣, 百官於崇德殿. …神宗以熙寧元年四月十日爲同天節…. 明年, 親王, 樞密使, 管軍, 駙馬, 諸司使副詣垂拱殿, 宰臣, 百官, 大國使詣紫宸殿上壽.(『송사』 권112, 禮15 嘉禮3 聖節)).

고 보이기 때문에, 송의 황제는 백관과 거란사의 숭덕전 上壽에 앞서 수공전에서 종친과 樞密 등 일반 백관과는 다소 계통이 다른 '近親'[48]으로부터의 上壽를 받았음을 알 수 있다. 하지만 그럼에도 불구하고 정식의 上壽는 숭덕전의 의례이며, 거란사도 이 자리에 처음 합류한 것이다. 이 자리의 上壽를 특히 "初上壽于崇德殿"[49]라고 표현한 것도 이 때문일 것이다.

그렇다면 본 장에서 이미 본 숭덕전에서 「見儀」를 마친 거란사와 백관이 수공전으로

---

47) "(至道3年) 十二月…癸巳, 承天節, 羣臣上壽於崇德殿(『宋史』 권6, 본기6)"이라고 있는 것처럼, 송에서는 전연의 맹 이전 숭덕전이 上壽의 장소로 활용되었지만, 天聖元年 이후는 "(夏四月)…丁未, 乾元節, 百官及契丹使初上壽于崇德殿"(『송사』 권9, 본기9 仁宗)의 예처럼, 백관 이외에 거란사가 함께 참가한 것을 알 수 있다. 이후 仁宗代의 "丁未, 乾元節, 百官及契丹使初上壽于崇德殿"(『송사』 권9, 天聖元年 夏四月), 英宗代의 "己亥, 壽聖節, 百官及契丹使初上壽于紫宸殿"(『宋史』 권13, 治平元年 春正月), 神宗代의 "辛亥, 同天節, 羣臣及遼使初上壽于紫宸殿"(『송사』 권14, 神宗 熙寧元年 夏四月), 哲宗代의 "丙戌, 興龍節, 初上壽于紫宸殿"(『송사』 권17, 哲宗 元祐2년 12月)과 같은 예가 있다.

48) 본 장 주16) 참조.

49) 본 장 주45)의 여러 사료 참조.

옮겨가 거행한 연회(즉「宴儀」)란 어떤 성격의 것인지가 문제가 된다. 여기에는 徽宗의 생일(天寧節, 10월 10일) 이틀 뒤에 集英殿에서 개최된 연회[50]가 참고가 될 수 있다. 즉 송조에서 집영전은 '大宴'의 장소로, 휘종의 壽宴은 당일이 아닌 생일 이틀 뒤에 백관을 비롯한 거란, 고려, 서하 등의 외국사가 참여한 대규모로 거행되었다. 송조에서는 이 이전부터 집영전에서 성절을 위한 축하연이 열렸고, 또 적어도 哲宗代에는 휘종의 예처럼 숭덕전 上壽 2~3일 후에 집영전에서 大宴을 치르는 관례가 포착된다.[51] 따라서 聖節 당일에「見儀」에 이어 치르는 수공전 연회(「宴儀」)는 集英殿 大宴보다는 비교적 규모가 작은 것으로 볼 수 있다.

또한 이렇게 보면 휘종 시대에 聖節을 위해 송조를 찾은 거란 사절은 적어도, "숭덕전 上壽(10월 10일)－수공전 宴會(10월 10일)－집영전 大宴(10월 13일)"의 일정을 보낸 것이 된다. 여기에 거란 사절이 숭덕전 上壽 하루 전(10월 9일)에 '習儀'(10월 9일)를 하고,[52] 또 개봉체류를 10일을 넘기지 않는 것이 보통이었던 점(전술)까지 감안하면, 그들은 집영전 大宴 후 늦어도 3~4일 안에 하직 인사인「辭儀」(기술)를 치른 것이 된다.[53]

2) 식장에서 動線과 面位의 변화

중국의 전통적인 對人 관계에서 주인이 동쪽에서 서쪽을 바라보고 客이 그 반대에 위치하는 소위 '主東客西'와, 군신 간에 군주가 북쪽에서 南面하되 신하는 北面하는 '君北

---

50)『동경몽화록』권9, 宰執親王宗室百官入內上壽.

51)『송사』권17, 哲宗 元祐2년 12월조에 "丙戌, 興龍節, 初上壽于紫宸殿. 己丑, 大寒, 罷集英殿宴."

52) 본 장 주11) 참조.

53) 여기에 한 가지 문제가 존재하지만, 본 장에서는 의론이 계속 확대되는 것을 피하기 위해, 논점만을 밝혀두고 그 해명은 후일의 과제로 돌리고 싶다. 즉 그것은 본 장에서 검토한 것처럼 거란사는 上壽 의례를 치른 崇德殿에서는 연회를 갖지 않았지만, 휘종대의 사료(『송사』권112, 禮15 嘉禮3 聖節)에는 崇德殿(자신전) 上壽 후에 같은 장소에서 연회가 뒤 따른 것이 보이는 점이다. 그리고 여기서는 거란사의 모습이 보이지 않는다. 그렇다면 이것을 "백관과 契丹使가 崇德殿에서 上壽"한 것 이외에, 宋의 百官만이 별도로 숭덕전에서 上壽를 했다는 것으로 이해해야 하는지, 가 문제가 된다. 필자는 현재로서는 숭덕전에서 일부러 2번이나 上壽禮를 할 필요가 없을 것이라는 입장에서 그 가능성은 크지 않다고 생각한다. 다만 휘종 시대에 거란 사절을 제외한 새로운 원칙이 만들어졌을 수도 있을 것이다. 참고로 역시 휘종시대의 例에 속하지만 송조는 거란사를 위한 正旦의 연회를 숭덕전(자신전)에서 마련하였다. 正旦과 관련한 거란사의 동향도 파악할 필요가 있지만, 이 또한 지면 문제로 본 장에서는 할애하기로 한다.

臣南'은 가장 기본적인 面位였다. 이는 당에서도 그대로 유지되고 있었다. 『개원례』에 따르면 외국사는 宿舍에 머무는 동안 자신을 찾아온 唐使를 상대할 때 시종 이 관계를 유지하였고, 또 太極殿의 의식에서는 殿庭의 좌측에 서서 殿을 北面하는 자세를 지속한 반면, 당의 일반 관료는 殿庭의 우측에서 北面하는 것이 기본 動線이었다.[54]

이것이 '거란사의례'가 되면 양상이 달라지는 것은 주목할 만하다. 이 차이는 송에서 의식 참여자가 입장할 때 唐처럼 남쪽 문을 통해 북으로 들어서는 것이 아니라, 殿의 동쪽이나 서쪽으로부터 진입하는 데에서 비롯된 것이라 할 수 있다. '거란사의례'에서는 동서 양 방향에서 입장하는 사례가 눈에 띄기 때문이다. '사·부'를 비롯한 '舍利已下'와 '差來通事從人'이 모두 동쪽과 서쪽에서 동시에 班을 나누어 입장할 뿐 아니라(I-(4), II-(6),(7)), 그들이 搬入하는 예물 역시 '東西에서 마주보고 입장'한다(I-(4)). 특히 '사·부'가 각각 동과 서쪽의 서로 다른 위치에서 동시에 입장하는 것은 매우 특이한 인상을 준다. 반대로 퇴장 때에는 당의 경우 입장 때와 똑같이 남쪽 문이 이용되었으나, '거란사의례'에서는 서쪽을 통한 것이 보통이었다.[55]

이 같은 변화 자체는 '의례 도시'로 칭해지는 당의 장안이 남－북을 기본 축으로 삼아 그 장대한 규모에 맞춘 의례의 웅장한 효과를 높인 것과 달리,[56] 1/7 수준으로 규모가 축소된 개봉 궁전의 협소한 공간 사정을 반영한 점이 있다고 생각되며, 따라서 의식의 극적인 효과는 그 만큼 떨어지는 것이었다.

이러한 入場 방식의 변화가 당의 '주동객서'와 '군북신남'을 기조로 한 종전의 궁전 의례에 영향을 미쳤다고 보인다. '거란사의례'에는 의식 참여자들의 자리 배치를 직접 언급한 설명이 보이지 않지만, 그를 암시하는 것으로 "숭덕전에 侍坐할 臣僚는……崇德殿의 뜰 儀石 북쪽에서 의관을 정비하고 東西로 相向해 서서 班을 갖추었다(III-(3), (4))"고 있다. 이것은 동·서로 식장에 진입한 의식 참여자들이 입장 후에 그대로 殿庭에서 서로 마주보고 선 것을 말한다. 殿上에도 東西로 上殿하여 立定하는 것이 자주 보인다. 물론 이

54) 石見清裕, 앞 논문, 「外國使節の皇帝謁見儀式復元」과 「外國使節の宴會儀禮」(모두 동, 『唐の北方問題と國際秩序』 汲古書院, 1998); 본서 제III부 제7장 참조.

55) I-(7)와 III-(25)는 國信使(즉 契丹使)가 서쪽으로 퇴장하는 예를, I-(8)은 國信副使(즉 契丹副使)가 서쪽으로 퇴장하는 예를 각각 보인다. 한편 I-(12)에는 '舍人'이 의식을 마친 후에 서쪽으로 퇴장하고, 또 客省閤門使 이하는 동쪽으로 퇴장하는 것으로 되어 있다.

56) 梅原郁, 「宋の開封と都市制度」(『鷹陵史學』 3·4, 1977); 妹尾達彦, 「宇宙の都から生活の都へ」(『しにか』, 1996·9, 大修館書店) 등 참조.

상태에서 송의 관리가 殿 앞으로 나아가 황제를 향해 行禮할 때는 北面으로 전환하기 때문에, '君北臣南'은 송대에도 유지된 철칙이었다. 그럼에도 불구하고 입장 직후 의식 참여자들이 취한 '東西相向'의 定立은 시종 北面을 유지한 唐과 대비된다.

사절단이 동서로 '分班'해 '相向'을 하더라도 곧 '合班'을 통해 再結集하는 것은 宋禮의 또 하나의 특징이다((I-(9), (10), II-(7), (12), (13), III-(21), (22)). 일례로 I-(9)에는 '舍利已下'가 '分班'해 입장한 뒤, 殿 앞에서 合班해 行禮했다가 다시 '分班'해 퇴장한다. 또 I-(10)에서는 '差來通事已下從人'들이 똑같이 分班 상태에서 合班했다가 송조의 사여물을 跪受할 때는 다시 '分班'한다고 되어 있다. 필요에 따라 분반과 합반이 되풀이되는 것을 알 수 있다. 퇴장은 입장 때처럼 동·서 양 방향이 이용되기도 하다. 이에 비해 거란사·부는 단독으로 行禮를 치른 이유로 合班없이 개별적으로 行禮한 뒤 서쪽으로 퇴장한다(I-(7), (8)). 合班 이전에 사절단이 殿庭에서 정확히 어떻게 정립했는지는 알 수 없으나 '分班－合班－分班'과 같은 움직임은 唐禮에는 보이지 않는다.

한편 거란사가 단독으로 行禮할 경우 그가 서는 지점이 殿 앞의 東側이라는 점도 주의할 만하다. III-(7)에는 '사·부'가 각기 通名 등의 알현예를 마친 다음 동쪽으로 "나아가 西向"한다고 하기 때문에 동쪽에 선 것이며, III-(23)에서도 거란사는 "약간 북쪽으로 가서 西向한다"고 있다. 이 때문에 거란사는 上殿할 때는 자연스럽게 숭덕전의 동쪽 계단을 이용하게 된다. "舍人과 館伴使副 등이 '사·부'를 이끌고 殿東의 東階下에 이른다"(I-(6))하고, 반대로 下殿할 때도 "舍人이…東階로 (거란사를) 이끌고 내려와 辭見位에 이른다"(I-(6))는 것이 그 예이다.

이렇게 '사·부'가 殿 앞 동쪽에 서고, 上殿 때 東階를 이용하는 방식 또한 당의 경우와 대비된다. 당의 의례에서 외국사는 물론 당의 관원까지 上殿 때는 거의 예외 없이 서쪽 계단만을 이용하기 때문이다.[57] 이를 '主東客西'의 원칙과 결부해 생각하면 송대에는 그것이 외국사 관련 의례에서 잘 지켜지지 않은 것처럼 보인다.[58] 사실 明代가 되면 궁정 의례에서의 面位가 종래와 크게 바뀌어 '主西客東'의 양상이 고정화되는 것으로 보이는데, 그렇다면 송대를 그러한 변화의 맹아기로 볼 수 있을지 모르겠다.[59]

57) 본서 제III부 제7장 참조.

58) 『송사』 권119, 禮22에 실린 「夏國進奉使見辭儀」와 「高麗進奉使見辭儀」에서도 사절단은 동쪽에서 입장하여('西向立') 서쪽으로 퇴장하는 것을 볼 수 있다.

59) 원래 '主東客西'라는 面位는 賓客을 존중하는 의미가 담긴 것이었으나(『日知錄』 권28, 「東向坐」에 "古

송대의 이러한 변화는 거란사의 입장이 동쪽 문을 통과한 결과 자연스럽게 나타난 것으로 볼 수 있다. 즉 거란사가 東門으로 입장한 결과 동쪽에 서서 西向을 하게 되었고, 上殿도 자신 쪽에서 가까운 동쪽 계단을 이용한 것이다. 이러한 점은 송대의 실용적인 면모와 연결되는 것으로 이해된다.

3. 의식의 연출자들과 그 역할

'거란사의례'는 의식을 주관하고 집행하는 자들을 통해서도 당과 다른 특성을 엿 볼 수 있다. 의례에 관여하는 閤門使, 通事舍人, 祗候, (閤門)承受, 內侍都知, 內侍, 通事 등 무수한 관리 가운데에서도 특히 중요한 것이 숭덕전의 '南廊'에 위치한[60] 閤門司 소속 직원이다. 그 직무에 대해 『송사』 권166, 職官6 東·西上閤門에 다음과 같이 보인다.

> 東上閤門, 西上閤門使는 각각 3인, 副使는 각 2인, 宣贊舍人은 10인(原註: 舊名은 通事舍人으로 政和 연간에 고쳤다), 祗候는 12인이다. 朝會의 宴幸과 供奉· 禮儀에 대한 贊相 등의 일을 관장하는데, 使·副는 稟命을 承旨하고, 舍人은 贊謁을 傳宣하며, 祗侯는 나누어 舍人을 돕는다. 무릇 文武官은 宰臣 이하, 宗室은 親王 이하, 外國은 契丹使 이하의 모든 朝見謝辭를 관장하는데, 그 品秩을 비교해 引班과 敍班之次를 삼고, 그들의 拜舞之節을 贊하고 또 그 違失을 규찰한다. 慶禮의 奉表는 東上閤門이 관장하고, 慰禮의 進名은 西上閤門이 관장한다(東上閤門, 西上閤門使各三人, 副使各二人, 宣贊舍人十人, (原註: 舊名通事舍人, 政和中改), 祗候十有二人. 掌朝會宴幸供奉·贊相禮儀之事, 使副承旨稟命, 舍人傳宣贊謁, 祗侯分佐舍人. 凡文武官自宰臣, 宗室自親王, 外國自契丹使以下朝見謝辭皆掌之, 視其品秩以爲引班, 敍班之次, 贊其拜舞之節而糾其違失. 若慶禮奉表, 則東上閤門掌之, 慰禮進名, 則西上閤門掌之.).

東上閤門과 西上閤門으로 이루어진 閤門司는 '慶禮' 및 '慰禮'와 관련된 궁중 의례를 모

人之坐, 以東向爲尊, 故宗廟之祭, 太祖之位東向, 卽交際之禮, 亦賓東向而主人西向. (原註 : 漢書注, 如淳曰, 君臣位南北面, 賓主位東西面….)"고 있다), 송대 이후 이러한 원칙이 흔들리다가 명대에 역전 현상이 분명해진 것은 客보다 主人을 앞세우려는 황제권의 강화 동향과 軌를 같이하는 현상으로 필자는 이해하고 싶다. 더 구체적으로는 稿를 달리해 생각할 예정이다.

60) 『職官分紀』 권44에 "國朝東·西上閤門, 紫宸殿前南廊…."이라고 보인다.

두 주관하되, 이 중 '거란사의례' 같은 '慶禮'는 東上閤門이 맡으며, 이곳에는 장관인 閤門使 3인을 비롯 副使 2인, 通事舍人(政和연간에 宣贊舍人으로 개명) 10인, 祗候 12인 등의 속관이 있다. "朝會宴幸·供奉贊相禮儀之事"를 관장하는 東閤門司는 그 使와 副가 "(御)旨를 받들어 稟命하고", (通事)舍人은 "傳宣贊謁"하고, 또 祗候는 舍人을 "分佐"하는 일을 각각 맡았다. 특히 합문사의 역할은 "宰臣 이하의 文武官, 親王 이하의 宗室, 거란 등 외국의 '朝見謝辭'를 모두 관장하되, 그 品秩에 따라 班列을 구별해 정돈시키고, 그 拜舞의 절도를 贊(즉 인도)하고 또 그 違失을 糾察하는" 데에 있었다. 이 같은 합문사[61]와 그 속관들의 직책은 지금까지 검토해온 '거란사의례' 속에 그대로 반영되어 있다고 보아야 좋을 것이다.

1) 閤門使

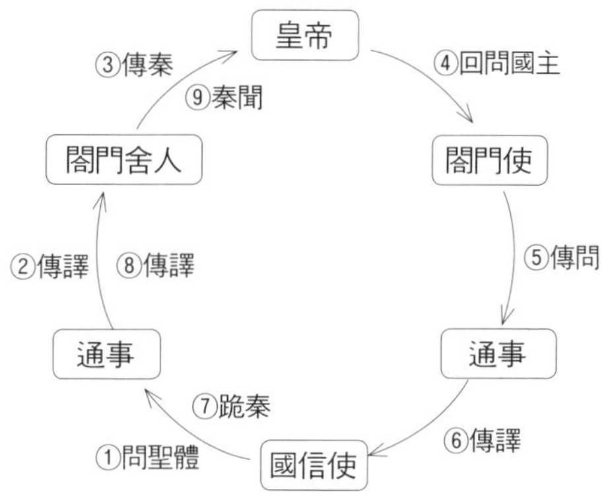

〈그림 3〉 송·거란 황제 간의 안부 교환 개념도

합문사는 거란사·부를 포함한 백관들의 입·퇴장을 확인하고 감독하는 일에 관여한다(I-(12), II-(10), (16), III-(4), (10)). 이것은 궁중 조회의 규율과 節度를 포함해 백관을 호령하는 입장에서 의례를 총괄하는 합문사의 입장을 반영한다. 특히 연회가 시작되면 어전에서 '進酒'를 上奏하고(II-10, III-10), 그것이 끝나면 '無事'함을 上奏함으로써 황제가 內殿으로 돌아가는 것(II-16)은 그가 총책임자의 입장에서 의식의 개시와 종료를 확인하는 입장에 있음을 보여준다.[62]

또 합문사는 殿上에서 내려와 거란사에게 국서를 받아 어전에 進呈하거나(I-(5)), 다시 殿庭에 내려와 거란사를 인도해 함께 上殿하는 역할을 수행한다(I-6). 閤門使는 기본적으로는 殿上에 자리를 잡고 있지만, 필요에 따라 殿庭으로 내려와 황제의 의지를 대행함으

61) 송대의 閤門司에 대해서는 吳曉萍, 「宋代的外事制度和外交機構」(『宋代外交制度硏究』, 安徽人民出版社, 2006) 참조.

62) 다만 II-(3)과 III-(4) 부분에서 지적한 것처럼 이것은 어쩌면 內侍의 長인 '入內都知'의 역할로도 볼 수 있다. 그렇다면 이것은 황제 곁에서 봉사하는 內侍의 본래적 속성과 관련한 일이다. 하지만 의식 전체 면에서 볼 때 의식의 개시와 종료는 역시 합문사 소속 관원의 역할과 관련이 깊다고 보아야 할 것이다.

로써 國信使와의 교량 역할을 한 것이다.

그가 황제와 거란사 사이에 서서 의사소통에 관여한 것은 당연한 일이다. 「見儀」에서 宋帝의 거란 황제에 대한 안부를 합문사가 거란사에게 '傳問'하였고(I-(6)), 「辭儀」에서는 거란 황제에게 '傳語'한다는 宋帝의 뜻을 합문사가 대신 거란사에게 전한다(III-(25)). 황제가 외국사에 직접 말을 걸지 않는 당시의 통념 속에서 합문사는 양자 사이에서 '황제의 입'의 역할을 수행한 셈이다. 또한 이 같은 의사 전달 과정에 통역을 맡은 通事와 (通事)舍人이 개재한 것은 물론이며, 따라서 이들을 포함하면 그것은 '5者 연결 방식'이라고도 할 만한 복잡한 구조였다(〈그림 3〉 참조).

합문사는 이상과 같이 식장 내 전 의례의 절차와 절도를 관장하는 한편, 의식 중에서도 가장 핵심적인 부분에 깊이 관여하고 있음을 알 수 있다.

2) 閤門通事舍人과 閤門祗候

합문사가 주로 殿上에서 역할을 했다면 (閤門通事)舍人은 殿庭에서 진행되는 의식의 대부분에 폭넓게 관여한다. 숭덕전으로의 입장과 퇴장 직전에 "閤門이 無事하다"(I-(12), III-(2))고 하여 황제의 出御를 권한 것은 의식 진행의 책임자로서의 위치를 나타낸다.

사인의 역할은 '거란사의례' 속에 보이는 '引', '通', '喝'의 용어로 대부분 집약된다. '引'은 송의 백관을 포함한 '사·부', '舍利已下', '差來通事從人' 등의 사절단이 각자 또는 그룹별로 식장에 입·퇴장할 때 그 앞에서 인도하는 것을 말한다. 이러한 장면은 도처에 보이며 '사·부'가 上殿하거나 '差來通事從人'이 廊下로 이동할 때도 그 인도를 받는다.

'通'은 앞에서 이미 본 것처럼 殿 앞에 나아가 입장한 의식 참여자를 황제에게 소개하는 것이다. 예를 들어 「見儀」에서 사인은 입장한 국신사, 즉 '某官某'가 알현한다고 황제에게 보고한다(I-(7)). 이 '通'은 역시 앞에서 본 것처럼 거란사절 중에서도 '사·부'에게만 허락된 절차(의례)였다.

한편, 舍人은 거란사에 대한 '通'을 마친 후, 그를 殿 앞으로 인도해온 뒤 황제를 향해 '拜'를 하고 다시 '舞蹈와 拜'(즉 起居)를 하게 한다. 이 같이 舍人이 해당자에게 필요한 행동을 지시하는 것이 '喝'이다. 의식 참여자들이 殿庭에서 나타내는 行禮(起居 등)는 결코 자의적으로 행하는 것이 아니라, 舍人이 發한 '喝'(일종의 신호)에 맞추어 이루어진다. "舍人이 贊謁을 傳宣한다"(『송사』 권166, 東·西上閤門)고 그 소임이 설명된 것은 이를 말한다. '거란사의례'는 文中에 대체로 '喝'의 주어가 보이지 않거나, '喝' 자체가 없이 거란사절의 行禮가 단독으로 보일 때가 많은데, 이는 대부분이 '사인'이 생략된 것으로 보아야 할 것이다.

舍人은 그 밖에도 殿上에서 황제와 사·부 간의 안부 교환에도 관여해 通事의 통역을 듣고 이를 황제에게 '鞠躬傳奏'하고(I-(6)), '사·부'가 무릎을 꿇거나 일어설 때에 '喝'이 아니라 '揖'으로 그 행동을 유도하며(I-(5), (6) 등), 거란사절단에게 사여물이 있음을 알리는 '勅'도 선포한다(III-(19) 등).

舍人은 이상과 같은 다양하고 분주한 역할 때문에 식장에 1명만 배치된 것으로 보이지는 않는다. 원래의 정원이 10명이며(전술), 「見儀」에서는 의식이 종료될 무렵 "舍人이 合班한다"(I-(2))고 보인다. 이것은 식장의 여러 곳에 분산해 각자의 역할을 하던 舍人이 의식이 끝날 때는 함께 모여 퇴장하는 것을 의미한다.[63]

사인은 또한 아마도 '(閤門)祗候'의 도움을 받았을 것이다. 정원이 12명으로 "舍人을 分佐한다"(『송사』 권166)는 '지후'의 소임은 '거란사의례'에도 확인된다. 다만 본문 중의 '지후'는 관명보다 일반 동사로 쓰이는 예가 더 많아 보이며, 이때는 이미 지적한 것처럼 '기다린다'는 의미로 쓰였다. "舍人이 殿에 當하여 北朝國信使某官某가 알현을 기다립니다(祗候)고 通한다"(I-(7))의 '지후'는 그 전형적인 예이다.

하지만 그 밖의 '지후' 중에는 그의 上官에 해당하는 舍人이 복수의 지후에게 도움을 받아 의식을 진행하는 것과의 관련이 있어 보인다. 行禮가 끝난 뒤 "喝各祗候分班出"(I-(9))과 같은 어구가 자주 보이며, 여기에는 특히 '各祗候'와 '分班引出'이라는 어구가 상응한다. 이것은 앞서 설명한대로 '舍利已下'가 식장에서 합반하여 행례한 후 퇴장 때에는 분반하게 됨에 따라 祗候들이 각각의 班을 인도했다는 의미로 보인다. 따라서 分班이 원래부터 필요 없는 거란사와 거란부사의 경우는 "喝祗候, 西出"의 예와 같이(I-(7), (8), III-(24)) 지후가 한명 밖에 필요 없고 따라서 여기에는 '各祗候'의 '각' 자가 빠진 것으로 볼 수 있다. 이와 같이 '거란사의례' 中의 '祗候'에는 관리로서의 '지후'와 동사로서의 '지후'로 용법을 달리하는 내용이 섞여있다고 생각된다.

3) 唐禮와의 비교

宋禮의 이상과 같은 운영 방식은 당의 그것과 여러 점에서 대비된다.[64] 唐에서는 三省

63) 閤門使의 정원도 3인이며, 식장에 복수로 배치되었을 가능성이 있지만 분명치는 않다.

의 주요 관원들이 의례에 공동으로 참여해 각기 저마다의 역할을 수행하는 방식으로 의식이 진행된다. 의식의 시작을 알리고, 그 종료를 고하는 것은 문하성의 首班인 侍中의 역할이다. 궁중에서 거행되는 『개원례』의 외국사 관련 의례는 모두 侍中의 식장 준비 완료 보고를 받은 황제의 出御로 시작되며, 그 종료 역시 시중이 황제에게 "무릎 꿇고 侍中 臣 아무개는 禮가 끝났음을 아룁니다"라는 말로 결정된다.[65] 이는 "禮儀를 贊相하고", "大朝會에, …出入의 절도를 담당하는"(『唐六典』 권8, 門下省) 것이 그 직분인 侍中(正2品)의 역할에 해당하기는 하지만, 동시에 백관 중 최고관의 한명인 재상이 직접 황제 앞에서 예를 갖추어 보고함으로써 臣權에 대한 황제권의 존엄함을 반영한 느낌을 준다.

이에 대해 宋禮에서는 재상의 역할이 거의 보이지 않으며, 그들은 의례의 연출자적 입장에서 한발 물러나 侍立하는 '단순 참여자'에 가까운 존재로 보인다. 이것은 당의 侍中이 맡던 역할을 궁중 의식의 전담 관서인 閤門司의 장관 閤門使(從4品上)가 맡게 된 점과 관련이 깊을 것이다.

唐禮에서는 문하성에 속한 典儀(從9品下)와 贊者(無官品)의 역할도 중요하다. 典儀는 殿上과 殿下에 배치되어 의식 중에 참여자들(특히 외국사)이 연출해야 할 다양한 행동의 실행을 지시하고, 贊者는 그것을 받아 큰 소리로 전달한다. 송에서는 이 당의 典儀의 역할을 閤門通事舍人(종7品)이 계승한 것으로 보인다. '거란사의례'에서 舍人이 '喝'을 맡은 것은 그가 唐代 典儀의 역할을 일부 흡수한 것을 말한다.

한편 唐禮에서 가장 중요하고 폭넓은 역할을 한 것은 중서성의 通事舍人(從6品上)이다. 송의 閤門通事舍人은 기본적으로 이를 이은 것이다. 다만 그 역할을 비교해 볼 때 당의 通事舍人은 송의 舍人과 閤門使의 역할을 모두 겸한 것을 알 수 있다. 당에서는 문하시중이 상징적 역할에 그친 반면, 통사사인이 의식을 실질적으로 주도한 것으로 볼 수 있다.[66] 唐禮에 통사사인이 외국사를 인도하는 장면이 자주 보이며, 이 부분은 송의 舍人의 역할 중 '引'에 해당한다.

그러나 당의 통사사인은 式中에 이미 지적한 것처럼 '喝'은 물론 '通'도 하지 않는다. 엄밀하게는 '通'의 절차 자체가 없는 것이다. 즉 당에서는 외국사가 식장에 들어오면 그

---

64) 이하 본 절에서 지적하는 내용의 대부분은 石見淸裕, 앞 논문, 「外國使節の皇帝謁見儀式復元」과 「外國使節の宴會儀禮」(모두 동, 『唐の北方問題と國際秩序』, 汲古書院, 1998)와 본서 제Ⅲ부 제7장 참조.

65) 石見淸裕, 앞 논문, 「外國使節の皇帝謁見儀式復元」과 「外國使節の宴會儀禮」; 본서 제Ⅲ부 제7장 등.

66) 『구당서』 권43, 職官2 中書省 通事舍人에는 통사사인에 대해 "十六人, ……. 掌朝見引納及辭謝者, 於殿廷通奏. 凡近臣入侍, 文武就列, 引以進退, 而告其拜起出入之節. 凡四方通表, 華夷納貢, 皆受而進之."고 있다.

가 '某官某' 임을 밝히는 '通'의 절차를 거치지 않고 바로 起居를 할 뿐이다. 그리고 외국사는 上殿하지 않으며 通事舍人을 매개로 황제와 안부 인사를 교환한다. 여기에는 通事가 개입하지도 않으며, 通事舍人은 '황제의 言'(즉 '王言')을 '制' 또는 '勅'으로 외국사에게 宣布하는 형식으로 전달하고, 또 외국사의 이야기를 황제에게 직접 '回奏'하기도 한다.[67]

이것은 당의 通事舍人의 역할이 송에서는 합문사로 계승된 것을 말한다. 아울러 唐禮에서는 式中에 이 같은 王言의 발포와 전달이 빈번히 보이는 반면, 宋禮에서는 그것이 그리 많지 않다. 당에서는 황제가 멀리 떨어져 앉아 있어 외국사에게 직접 말을 걸지 않지만, 거란사의 경우는 上殿하여 황제와 비교적 가까운 거리에서 '制'나 '勅' 없이 합문사와 通事를 매개로 구두로 의사를 교환했기 때문이다.

唐禮에서는 中書侍郎(正4品上)의 역할도 중요하다. 殿庭에 있는 외국사에게 國書를 수령해 이를 황제에게 奏上하는 것이 그것이다.[68] 이 일을 송에서는 閤門使의 담당임을 이미 보았다. 당과 송 사이에 국서를 수령하는 관리는 바뀌었지만, 국서는 모두가 외국사를 대동하지 않은 채로 담당 관리에 의해 단독으로 진상되었다.

그 밖에 송에서는 通事의 역할이 돋보인다. 通事는 거란 사절단의 업무를 전담하는 管勾往來國信所[69] 소속 관리로, 사절단이 殿 앞에서 황제에 아뢰는 '聖躬萬福'과 '致詞'(혹은 致謝) 및 殿上에서 황제와 거란사 간의 '傳語'를 모두 통역하였다(I-(6), I-(7), I-(10), III-(25)).[70] 舍人과 함께 거란사를 인도하기도 한다(II-(6), III-(8), III-(19), III-(21)). 다만 거란 사절단 중에 자체적으로 통역 요원(즉 '差來通事 이하')이 있으나, 이들이 의식 과정에서 특별한 역할을 맡지는 않는다. 館伴使도 당에서는 의식에서 일체 보이지 않지만, 송의 경우는 '사·부'와 함께 참여한 점이 색다르다.

끝으로 殿上 연회와 관련해서는 『개원례』에 그 진행 방식이 비교적 구체적이고 助役 관리들도 다양하게 보인다. 이에 비해 '거란사의례'의 연회 묘사는 매우 소략하며 참여 관리도 주로 入內都知 등 內侍 중심으로 되어 있다. 자료 부족으로 비교에 한계가 있지만, 당에서는 연회가 '술－식사－술'의 과정으로 이어진 데 비해, 송에서는 술을 '5巡'한다고만 하고, 그 밖에 식사를 함께 했는지는 알 수 없다.

---

67) 본서 제III부 제7장 참조.

68) 『구당서』 권43, 職官2 中書省 中書侍郎에, "二員. ……. 凡四夷來朝, 臨軒則受其表疏, 升于西階而奏. 若獻贄幣, 則受之以授於所司"라고 있다.

69) 管勾往來國信所에 대해서는 吳曉萍, 앞 책, 제1장 「宋代的外事制度和外交機構」 참조.

70) I-(7)의 본문에 "凡傳語并奏聖躬萬福, 致詞並是通事傳譯"이라고 보인다.

4. 國書와 禮物의 교환

국서와 예물의 교환은 국가 간 외교 의례의 핵심이다. 여기서는 이것이 송－거란 사이에 어떻게 授受되었는지를 분석하고, 또 이를 唐禮와 비교해 보려한다. 이를 위해 필자가 만든 다음의 두 〈표〉를 이용하기로 한다.[71]

〈표 4〉 '거란사의례'에 보이는 송－거란의 授受관계와 그 물품

儀禮名(장소)	거란 사절단	송 황제
「見儀」(숭덕전)	國書 ──────→ 禮物 ──────→ ←──────	 賜物
「宴儀」(장춘전)	××××××	×××
「辭儀」(숭덕전)	←────── ←──────	賜物 國書

(* 화살표는 수여 방향을 나타냄.)

〈표 5〉『개원례』에 규정된 당－외국의 授受 관계와 그 물품

儀禮名(장소)	외국사	당	
		皇帝使者	황제
謁見(태극전)	表, 幣·庭實 ────	────────	→
宴會(태극전)	←────	────────	── 筐篚과 衣物
詔書授與式(客館)	←────	──── 詔書	

(* 화살표는 수여 방향을 나타냄.)

1) 國書의 교환 방식

국서가 「見儀」에서 거란사·부에 의해 송 측에 전달되고(I-(5)), 반대로 송의 국서는 「辭儀」자리에서 거란 측 '사·부'에게 전달되는 것은 자연스러운 순서이다(III-(25)).

이를 당과 비교하면 차이가 있다. 당에서도 외국 측의 表(國書)가 황제 알현예에서 건네지는 것은 송조의 경우와 다를 바 없으나, 당 측이 수여하는 대응 국서는 황제가 臨하는

71) 이것은 본서 제III부 제7장에서 필요한 부분만을 〈표〉로 만든 것이다. 『개원례』에서는 외국사가 체류하는 客館에서도 收受 관계가 있지만, '거란사의례'에서는 그것이 보이지 않기 때문에 서로 대응하는 부분만을 남기기 위해 이 부분은 〈표〉에서 제외시켰다.

궁전(태극전)에서가 아니라, 황제가 별도로 사자를 보내 외국사가 체류하는 客館에서 전달되기 때문이다.[72]

또한 국서의 전달 방식과 관련해서는, 그것을 외국사가 직접 황제에 전하는 것이 아니라, 외국사가 그대로 殿庭에 남아 있는 상태에서 중국 측 관리가 국서를 받아들고 上殿해 황제에 전하는 점은 당(『개원례』)이나 송('거란사의례') 모두 동일하다. 『개원례』는 이에 관해 "(中書)侍郎이 書를 받아 案에 얹어 西階로 돌아가 書를 들고 계단에 올라 아뢰었다"고 간단히 설명하는 데에 비해,[73] 「見儀」에서는 "閤門使가 書匣을 어전에서 內侍都知에게 進呈－內侍都知가 국서를 개봉 후 宰臣에게 전달－宰臣과 樞密院使 이하가 앞으로 나아가 국서를 進呈하고 물러나 侍立함(I-(5))"의 과정을 밟는다. 당에서는 황제에 대한 국서 進上이 최종적으로 누가 했는지 확인되지 않지만, 송에서는 그것을 '宰臣'이 하고 있다. 이 부분은 '거란사의례'에서 宰臣이 자신의 역할을 구체적으로 나타낸 거의 유일한 부분이다.

아울러 송의 황제가 접수한 국서를 그 자리에서 바로 읽는지의 여부도 분명치 않다. "內侍都知拆書"의 '拆書'를 단순히 '書匣'을 여는 것인지, 아니면 국서를 개봉하는 것인지 분명치 않고, 또 국서를 개봉하는 것으로 보더라도 그것을 즉석에서 읽는지는 알기 어렵다.

송조가 거란에 전하는 국서의 수여 절차는 더 의례적이고 복잡하다. 「辭儀」의 마지막 부분, 즉 '거란사의례'의 최종 단계에 놓인 그 과정(III -(25))은 다음과 같다.

> ㉠ 황제가 합문사에게 거란국주에게 "語를 傳하는 뜻(旨)을 내리겠다"고 밝힘 → ㉡ 합 문사가 (황제의) 뜻을 전함 → ㉢ 通事가 傳譯함 → ㉣ 합문사가 御座 앞에서 內侍都知에게 書匣을 받음 → ㉤ 閤門使가 무릎 꿇고 書匣을 전달함.

---

72) 『개원례』에 보이는 '詔書(=國書)授與式'은 실은 唐 國內에서 행해진 것이 아니라, 당의 사자가 외국으로 직접 찾아가 행한 의식이라는 의견도 있다. 이것은 同書 권129, 嘉禮 '皇帝遣使詣蕃宣勞'에 대한 이해가 연구자에 따라 다소 다르기 때문이며(본서 제III부 제7장 참조), 필자도 이것이 외국에서의 연출을 想定한 것일 가능성을 부정하지 않지만, 우선은 前稿에 따라 당 국내에서 행해진 것이라고 생각한다. 다만 만일 '詔書(=國書)授與式'이 당 국내에서 실행된 것이 아니라고 한다면, 당에서는 외국사에 대한 조서 수여가 적어도 禮制上에는 존재하지 않는 것이 된다.

73) 본서 제III부 제7장 참조.

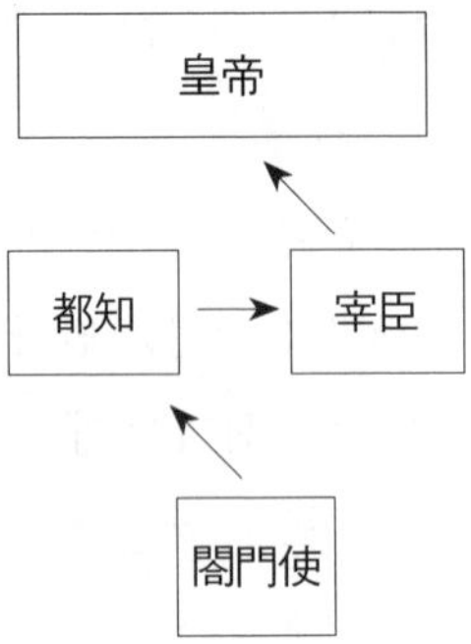

〈그림 4〉 송 측의 國書 전달 개념도

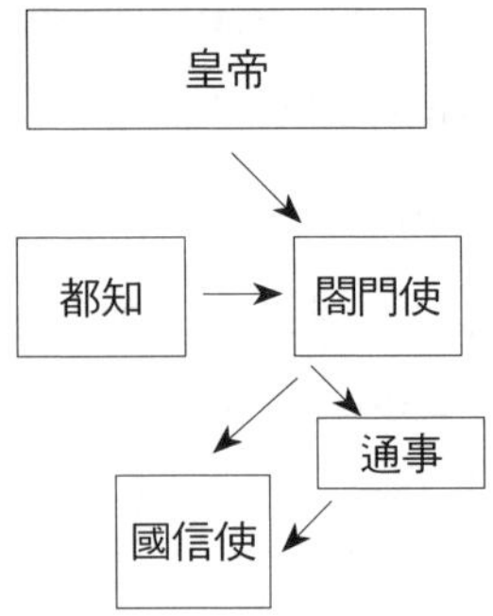

〈그림 5〉 거란 측의 國書 전달 개념도

여기서는 閤門使, 舍人, 通事, 內侍都知 등을 경유하고는 있지만, 황제가 직접 국서 전달의 의지를 천명하는 등 사실상 황제와 거란사 간의 직접적인 의사 교환이 있음이 주목된다. 당의 경우는 물론 송에서도 거란 이외의 외국 사자에 대해서는 上殿 자체가 허락되지 않았기 때문에, 이 같은 국서 전달 방식도 송과 대등국인 거란의 위상을 반영한 것으로 볼 수 있다.

2) 예물의 授受

거란 측의 예물은 「見儀」 자리에서 국서와 함께 진상된다. 외국의 사절이 그 예물을 상대국의 군주를 처음 알현하는 자리에서 進上하는 것은 일반화된 관례이다. '거란사의례'에서는 예물이 '사·부'의 入場과 동시에 들어와 殿 앞에 진열되었다가 거란사가 上殿하기 직전에 밖으로 나가며(I-(4), (6)), 그 시점은 당의 경우와 대략 비슷하다.

예물의 내용이 무엇인지 알 수 없고, 儀式 중에 그 내용을 확인하는 절차도 없다. 상대방이 제공하는 예물의 내역을 규정하는 것 자체가 이상할 수 있을 것이다. 이 예물을 송조는 말(馬)로 운반하고(전술) 있는 반면, 당에서는 그 예물 중에 말을 포함시킨 점이 비교된다.[74]

한편 송 측의 '賜物'은 「見儀」와 「辭儀」에서 2회 제공된다. 당에서는 이것이 한차례에 불과하고, 그 수여 장소도 '宴會'로 규정되어 송과 다르다. 당과 송은 모두 이 규정 이외

74) 『대당개원례』 권79, 賓禮 '皇帝受蕃使表及幣'에 "初侍郎奏書, 有司各帥其屬受幣·馬於庭."고 보인다.

에도 기타 경로를 통해 외국사에게 별도의 물품을 제공했다(후술).

〈표 6〉 '거란사의례'에 보이는 송조가 거란 사절단에 수여한 '賜物'의 내역

대상 \ 수여 시점	「見儀」	「辭儀」
國信使	窄衣1對, 金蹀躞子1條, 金鍍銀冠1頂, #鞾1量, 衣著300疋, 銀器200兩, 鞍轡馬1匹	窄衣1對, 金束帶1條, 細衣著100疋, 衣著200疋, 銀器200兩
國信副使	衣1對, 金腰帶1條, 幞頭鞾笏衣著200疋, 銀器100兩, 鞍轡馬1匹	窄衣1對, 金束帶1條, 細衣著100疋, 衣著100疋, 銀器200兩
舍利已下	賜衣服, 束帶, 衣著, 銀器分物	各賜衣服·衣著·銀器分物
差來通事已下從人	各賜衣服腰帶衣著銀器分物	各賜衣服·衣著·銀器分物

송조가 거란 사절에게 수여한 사여물의 종류는 크게 의복(및 그 주변 용품)과 銀器로 대별된다. 물론 신분에 따른 양과 질의 차이가 존재하며, '사·부'에게는 특별히 鞍轡馬가 제공되었다. 참고로 『개원례』에 보이는 당의 사여품은 '筐篚와 衣物'이다.

여기서 제공된 의복은 단순한 옷 이상의 의미가 있어 보인다. 이미 지적한 것처럼 거란 사절은 「宴儀」직전에 "사여된 의복과 속대 및 요대를 착용"하고 연회에 참여하므로(II-1), 이 의복은 송에서 제작된 중국식 복장일 것이다. 당에서도 외국사에게 의복이 수여되지만, 외국사는 황제 알현과 연회의 자리에서는모두 고유한 '國服'을 입었고, 하사된 의복은 客館에서 행해진 詔書授與式에서 착용하였다.[75] 이 같은 방 식 의 의복 수여와 착용이 무엇을 의미하는지 분명치 않지만, 당은 해당 외국을 '臣下國'으로 간주했기 때문에 그 사자가 당의 內臣(국내의 일반 신하)과 똑같은 복장을 해야 한다는 생각을 갖고 있었을지 모른다.

하지만 대등한 관계에 있는 송조가 거란 사자에 대해 그 같은 주종관계를 표현하고자 의복을 하사한 것으로 보기는 어려울 것이다. 실제로 송에서는 '전연의 맹약'(1004) 직후, 거란 사절에게 중국식 衣冠을 수여하려했다가 결국 "남북의 생각이 서로 다르니 각기 그 土俗에 따르는 것이 可할 것이다"[76]고 판단해, 이를 중지한 예가 보인다.

하지만 그 후 '거란사의례'와 같은 내용이 되었기 때문에, 송은 거란사절에게 중국식

75) 본서 제III부 제7장 참조.

76) 『장편』 권60, 景德2년 5월 乙未에 "初, …, 議者欲以漢衣冠賜契丹使者, (閻)承翰曰, 南北異宜, 各從其土俗可也"고 있다.

의복을 다시 하사하는 것으로 입장을 바꾼 것이 된다. 그 배경과 이유는 알 수 없지만, 만일 그렇다면 거기에는 당연히 거란 측의 양해가 따랐을 것이다. 당시 거란을 방문하는 宋使 역시 거란 측이 하사한 의복을 입고 의례에 참여하였기 때문에,[77] 양국은 최소한 쌍방이 상대에 똑같은 의례를 적용하는 방식으로 타협을 보았을 것이다.

이 사례에서 볼 수 있듯이 '거란사의례'(『예각신편』 所收, 1016~1021년 편집)는 당시의 조건을 배경으로 상대국과 협의를 거치거나, 최소한 상대국을 의식하면서 여러 차례 수정 끝에 성립되었을 것이다. 다음은 景德2년(1005) 시점에 송조가 곧 찾아올 거란 사절을 위해 마련해 둔 '待遇之禮'로, '거란사의례'가 성립되기 직전의 상황을 이해하는 데 도움을 준다.

> 무릇 契丹使가, ……都亭驛에 이르면 각기 金花, 銀灌器, 錦衾褥를 하사한다. 朝見日에 大使에게는 金塗의 銀冠, 皂羅氈冠, 衣 8件, 金鞊鞢帶, 烏皮鞾, 銀器 200兩, 綵帛 200匹을, 副使에게는 皂紗折上巾, 衣 7件, 金帶, 象笏, 烏皮鞾, 銀器 100兩, 綵帛 200匹, 鞍勒馬 각 1匹을, 그 從人들 가운데 上節 18人에게는 각각 練鵲錦襖 및 衣 4件, 銀器 30兩, 綵帛 30匹을, 中節 20人에게는 각각 寶照錦襖 및 衣 3件, 銀器 10兩, 綵帛 20匹을, 下節 85人에게는 각각 紫綺襖 및 衣 4件, 銀器 10兩, 綵帛 20匹을 하사하고 여기에 金塗의 銀帶를 더해준다. 上節, 中節에는 또 綵鞻를 더해준다. 館에 머물면 生餼를 주는데, 大使는 秔粟을 각각 10石, 麪을 20石, 羊을 50, 法酒와 糯米酒를 각각 10壺, 副使는 秔粟를 각기 7石, 麪을 15石, 羊을 30, 法酒와 糯米酒를 각각 10壺 준다. 承天節에는 각기 별도로 衣 1襲을 준다. 立春이 되면 각각 金塗銀鏤의 幡勝, 春盤을 준다. 또 節帥에 명해 玉津園에서 射弓을 함께 하게 하고, 來使에게는 銀飾의 箭筒, 弓 1, 箭 20을 주고, 과녁을 맞히면 또 錦窄袍 5件, 金束帶, 鞍勒馬를 준다. 館에 체류중 節序를 만나면 近臣을 보내 賜設한다. 辭日에는 長春殿에서 賜酒를 5行하고, 大使에게는 盤球暈錦窄袍 및 衣 7件, 銀器 300兩, 綵帛 200匹을 주고, 副使에게는 紫花羅窄袍 및 衣 6件, 銀器 200兩, 綵帛 100匹을 주고, 여기에 金束帶, 雜色羅, 錦, 綾, 絹 100匹을 더해준다. 從人은 각각 紫綾花絁錦袍 및 銀器, 綵帛를 더해준다. 장차 떠날 즈음에는 또 銀絣, 合盆, 沙羅, 注椀 등을 준다(凡契丹使, ……至都亭驛各賜金花, 銀灌器, 錦衾褥. 朝見日, 賜大使金塗銀冠, 皂羅氈冠, 衣八件, 金鞊鞢帶, 烏皮鞾, 銀器二百兩, 綵帛二百匹. 副使皂紗折上巾, 衣七件, 金帶, 象笏, 烏皮鞾, 銀器一百兩, 綵帛二百匹, 鞍勒馬各 一匹. 其從人, 上節十八人, 各練鵲錦襖及衣四件, 銀器三十兩, 綵帛三十匹. 中節二十人, 各寶照錦襖

77) 『요사』 권51, 禮志4 宋使見皇帝儀 참조.

及衣三件, 銀器十兩, 綵帛二十匹, 下節八十五人, 各紫綺襖及衣四件, 銀器十兩, 綵帛二十匹, 並加金塗銀帶. 上節, 中節又加綵鞖. 就館, 賜生餼, 大使秔粟各十石, 麪二十石, 羊五十, 法酒糯米酒各十壺, 副使秔粟各七石, 麪十五石, 羊三十, 法酒糯米酒各十壺. 承天節各別賜衣一襲. 遇立春, 各賜金塗銀鏤幡勝, 春盤. 又命節帥就玉津園伴射弓, 賜來使銀飾箭筒, 弓一, 箭二十, 其中的又賜錦窄袍五件, 金束帶, 鞍勒馬. 在館遇節序, 則遣近臣賜設. 辭日, 長春殿賜酒五行, 賜大使盤球暈錦窄袍及衣七件, 銀器三百兩, 綵帛二百匹. 副使紫花羅窄袍及衣六件, 銀器二百兩, 綵帛一百匹, 並加金束帶, 雜色羅, 錦, 綾, 絹百匹. 從人各加紫綾花絁錦袍及銀器, 綵帛. 將發, 又賜銀缾, 合盆, 沙羅, 注椀等. ….(『續資治通鑑長編』 권60, 景德2년 5월 乙未)).[78]

이 기사는 송조가 거란 사절에게 제공할 사여물을 개봉 도착 직후부터 귀국 때까지 단계 별로 규정한다. 그 물품은 '거란사의례'의 규정처럼 '(朝)見日'과 '辭日'에 집중되지만, 그를 전후한 숙소(都亭驛) 도착일, 承天節(眞宗 생일, 12월 2일), 立春,[79] 귀국 출발 당일 등에도 제공된 것을 알 수 있다. 이것은 '거란사의례'의 제정 이후도 준용되었을 것이다.

한편 여기서는 거란 사절단이 大使(國信使)와 副使(國信副使) 이외에, '從人'으로 '上節'이 18인, 中節이 20인, 그리고 下節이 85인, 따라서 모두 125인으로 구성된 것이 확인된다. 이 구체적인 숫자는 당연히 거란으로부터 사전에 송 측에 통달되었을 것이다. 사절단원의 수 자체는 일정하지 않지만, 당시의 동아시아에서 외교 사절단이 이처럼 상, 중, 하 3절로 구성된 것은 일반적이었다.[80]

그런데 이와 달리 '거란사의례'에서는 상, 중, 하절이라는 구별 대신 '舍利[81]已下'와 '差來通事已下從人'과 같은 구체적인 職名을 사용한 것을 이미 앞에서 확인하였다. 이것은 아마도 거란이 파견하는 사절단의 수가 매번 일정치 않을뿐더러[82] 상, 중, 하절에 각각 어떤 관직

78) 『송회요』 蕃夷1-36, 37 景德2년 12월조에 거의 동문이 보인다.

79) 이미 지적한 대로 거란 사절의 개봉 체류 기간은 10일을 넘기지 않는 것이 관례였기 때문에, 송 眞宗의 경우라면 거란의 生辰 사절이 立春 때까지 체류하는 것은 일반적이지 않은 예이다. 아마도 이 때문에 본문 중의 立春도 '만일 입춘이라면(遇立春)'이라고 예외적으로 규정한 것으로 보인다.

80) 金毓黻, 「宋代國信之三節人」(『文史雜誌』 1-12, 1941)은 상, 중, 하의 3절로 구성된 송과 금 간의 외교 사절단의 사례를 분석하고 있다.

81) 『자치통감』 권277, 後唐紀 明宗 長興3年(932) 3월조 "初, 契丹舍利…."의 본문에 대한 胡三省 주에, "舍利, 惕隱, 皆契丹管軍頭目之稱"고 있다.

82) 사절단의 인수는 不定이나 송조는 景德3년(1006)에 100명을 넘어서는 안 되는 규정을 眞宗의 명으로 정

이 포함되는지도 일정치 않았기 때문에, 송 측이 택한 완곡한 규정 방식으로 풀이된다.

사여물에 대한 설명에서도 양자 간에는 차이가 난다. '사 · 부'의 경우, 양자는 의복과 신발, 그리고 銀器와 말을 수여한다는 점에서 대체로 같지만, 구체적인 종류와 수량에서 차이가 있다. 특히 景德2년의 '待遇之禮'에서는 의복이 7~8건 또는 6~7건으로 '거란사의례'보다 훨씬 많이 사여되었다. 그 밖에 '거란사의례'는 '舍利已下'와 '差來通事已下從人'에 대한 사여품을 종류만 적고, 수량에 대해서는 모두 적지 않기 때문에 사실상 양자 간에 차이가 없는 것처럼 보인다. 그러나 이들 간에 차별이 분명히 존재한다는 것은 '待遇之禮'를 통해서 충분히 유추된다. 이렇게 볼 때, '거란사의례'가 당시의 일반화된 사항을 반영해 만들어진 것이라고는 해도, 특히 사여물 등에 관한 내용에는 누락되거나 생략된 부분이 있어 그대로 받아들이기에 문제가 있어 보인다.

禮法上의 특징 : 맺음말에 대신해서

'거란사의례'에 보이는 예법상의 특징을 생각하는 것으로 맺음말에 대신하기로 한다. 이 문제 또한 다음의 두 〈표〉[83]를 통해 唐과 비교하는 방법이 의미가 있을 것이다.

두 〈표〉의 비교를 통해 당, 송간의 외교 의례에서 예법에 차이가 적지 않음을 알 수 있다. 당에서는 '再拜'와 '俛伏'을 반복하는 2종류의 예법이 존재할 뿐이다. 殿庭에서는 처음에 '稽首'를 덧부친 이외에는 모두 '再拜'만을 이어가는 단순한 방식을 보이고, 연회가 열리는 殿上에서는 주로 '俛伏'이 중심이며 그 밖에 3회 정도의 '再拜'를 추가한다.

이에 대해 '거란사의례'에서는 '稽首'나 '俛伏'이 거의 보이지 않는 대신, 여러 가지 새로운 방식이 발견된다. 이를 대등국을 인정하지 않은 당과 그것을 인정한 송 간의 차이로 볼 수도 있겠지만, 송에서는 이 같은 예법이 자신이 '조공국'으로 취급한 국가들을 위해 설정한 의례에서도 보인다는 점에서[84] 당과의 차이는 역시 크다고 할 수 있다.

하였다. 『송회요』 職官 36-33 참조.

83) 이 중 〈표 8〉은 본서 제Ⅲ부 제7장을 재정리한 것이다. 『개원례』는 당을 찾은 외국사를 '蕃主'(즉 國主)와 '蕃使'로 나누어 관련 儀禮를 설정하며, 〈표 8〉은 그 중 '거란사의례'와 같은 수준에 해당하는 後者의 경우만을 표시하였다.

84) 『太常因革禮』 권84, 新禮17 高麗國使副見辭 및 『송사』 권162, 禮22 賓禮4 高麗進奉使見辭儀 등.

〈표 7〉 '거란사의례'에 보이는 의식 참가자들의 謝禮 표현

	「見儀」	「宴儀」	「辭儀」
宰臣, 樞密使以下	大班起居		奏聖躬萬福, 兩拜(呼萬歲)/兩拜. 搢笏舞蹈, 3拜/
班首 등 侍宴臣僚		奏聖躬萬福(班首)/兩拜(隨呼萬歲)/兩拜, 搢笏舞蹈/	
東西班殿侍			兩拜, 奏聖躬萬福/
館伴使副			常起居/
通事	兩拜, 奏聖躬萬福, 兩拜(隨呼萬歲)/		
天武官	起居, 兩拜(隨呼萬歲), 奏聖躬萬福/		
行門, 殿直	起居/		
舍人	鞠躬傳奏/鞠躬奏/		
閤門使	跪接/	鞠躬奏/	
使·副[85]	跪進書匣/跪奏/西面揖躬/大起居, 謝, 拜舞蹈, 謝, 拜舞蹈/跪受, 拜舞蹈/	(皇帝問의 경우)下殿兩拜(隨拜萬歲)/兩拜, 搢笏舞蹈/	常起居/西面揖躬/兩拜, 致詞, 兩拜/跪受拜舞/兩拜萬歲/跪, 跪/
舍利已下	大起居/跪受, 舞蹈/	兩拜/兩拜, 舞蹈, 3拜/	兩拜, 奏聖躬萬福, 兩拜(呼萬歲)/跪受, 拜, 兩拜萬歲/
差來通事以下從人	兩拜, 奏聖躬萬福, 拜(隨呼萬歲)/跪受, 兩拜(隨呼萬歲)/	兩拜(隨拜萬歲)/兩拜(隨拜萬歲)/	兩拜, 奏聖躬萬福, 兩拜(呼萬歲)/跪受, 拜, 兩拜萬歲/
敎坊已下		兩拜, 奏聖躬萬福(班首), 兩拜(隨拜萬歲)/	
看盞		兩拜(隨拜萬歲)/	

〈표 8〉 당의 外國使가 궁전 의례에서 연출한 절의 방식과 횟수

	殿庭	殿上	殿庭
見儀	再拜稽首 → 再拜하고 또 再拜 → 再拜 →再拜 → 再拜		
宴儀	再拜 → 再拜	俛伏 → 俛伏 → 再拜 → 俛伏 → 俛伏 → 俛伏 → 俛伏 → 再拜,俛伏,俛伏,再拜,俛伏 → 俛伏	再拜 → 再拜 → 再拜

85) 본 儀禮의 과정에서 契丹正使와 副使는 대부분의 움직임을 거의 같이 한 것으로 여겨지나, 정확하지 않은 부분도 있다. 副가 단독으로 行禮한 곳은 「見儀」에서 '拜舞, 謝賜, 致詞'한 부분과 「辭儀」에서 '常起居, 致詞, 拜舞'한 곳 뿐이나 본 표에서는 이를 생략하였다.

먼저 '거란사의례'에서는 '起居'라는 예법이 자주 보인다. '問安'의 뜻을 가진 起居는 당에서도 일반 의례에서 그 例가 보이지만, 외국사 관련 의례에서는 발견되지 않는다. 하지만 起居의 내용이 사실상 '절' 중심의 예법으로 이해되기 때문에(전술) 당의 외국사도 실제로는 '起居'의 禮를 행한 셈이 된다. 즉 『송사』에 "무릇 常起居는 兩拜를 하고, 大起居는 7배한다"[86]는 설명에 따르면, 『개원례』의 '兩拜'가 송에서는 '起居'에 해당한다고 할 수 있다. 그렇다면 당에서는 '起居'라는 말을 쓰지 않을 뿐 '절' 중심의 예법은 송과 같다고 할 수 있다.[87]

따라서 '거란사의례'에서는 '拜'(起居) 자체보다 그와 함께 연출된 '舞蹈'와 '隨拜萬歲', 그리고 '謝'와 '致詞' 등에 그 특징이 발견된다.[88] 이들은 '拜'를 전후해서 혹은 그에 맞추어 동시에 표현되었기 때문에 황제에 대한 신례를 한층 보강하고 치장하는 효과를 나타냈을 것이다. 舞蹈[89]와 萬歲 역시 송 이전의 여러 왕조에서 보이지만,[90] 이것이 외국사 관련 의례 속에 적극 반영된 것은 송대 이후의 의례처럼 보인다.[91] 또 입국 沿路에서 받은

---

86) 『송사』 권116, 禮19 賓禮1 常朝儀.

87) 〈표 7〉에는 지금 인용한 설명처럼 연속해서 7배하는 例(즉 大起居)가 있는 등, 절의 횟수가 '兩拜' 위주의 『개원례』 보다 훨씬 많다. 당시의 절의 방식에 대해 필자는 아는 바가 적지만, '양배'와 '7'배는 아마도 한번 무릎을 굽힌 이후 완전히 몸을 '平身'하지 않은 채 절을 이어간 방식으로 생각한다.

88) 이 밖에 '揖躬'이 2회 보인다. 이 '揖'은 『개원례』에서도 보이지만 모두 客館에서 치러지는 의례(「蕃主來朝遣使迎勞」와 「皇帝遣使戒蕃主見日」)에서 이며, 궁정(太極殿) 의례에서는 보이지 않는다.

89) '舞蹈'는 『朝野類要』 권1, 班朝 舞蹈에 "謂舞蹈有七拜大起居"라고 보인다. 이는 舞蹈에 '七拜大起居'가 포함되는 것처럼 읽혀질 여지가 있지만, 그렇게 보기에는 무리가 따르므로 여기서는 무도는 그대로 무도의 행위만을 의미하지 그 안에 起居가 포함되는 것으로는 생각하지는 않는다. 또 '거란사의례'에서는 "그 拜 및 舞蹈는 모두 本國儀에 依한다."(I-(9))는 설명이 '舍利已下'만을 대상으로 한 설명으로 되어 있다. 그럼에도 불구하고 이것을 거란 사절단 전체에 대한 설명으로 보아야 할지, 아니면 그렇다면 使·副가 本國(=거란)이 아닌 송조의 拜와 舞蹈의 방식을 따른 것인지는 분명치 않다.

90) 예를 들어 『구당서』 권10, 肅宗본기에는 숙종의 즉위와 관련해, "是月甲子, 上卽皇帝位於靈武. 禮畢, 冕等跪進曰, …. 羣臣舞蹈稱萬歲.上流涕歔欷, 感動左右."고 보여, 당조에서 群臣의 황제에 대한 行禮에 舞蹈와 萬歲의 칭호가 결합되어 있음을 볼 수 있다.

91) 다만 당대에는 외국의 경우라도 舞蹈를 하위에 있는 자가 상위자에게 표해야 할 중요한 예법의 하나로 인식되고 있었다. 『신당서』 권217, 回鶻上에는 "詔以雍王爲天下兵馬元帥, 進子昂兼御史中丞, 與右羽林衛將軍魏琚爲左右廂兵馬使, 中書舍人韋少華爲元帥判官, 御史中丞李進爲行軍司馬, 東會回紇. 敕元帥爲諸軍先鋒, 與諸節度會陝州. 時可汗壁陝州北, 王往見之, 可汗責王不蹈舞. 子昂辭曰, 王, 嫡皇孫, 二宮在殯, 禮不可以蹈舞. 回紇廷詰曰, 可汗爲唐天子弟, 於王, 叔父行也, 容有不蹈舞乎. 子昂固拒, 卽言, 元帥, 唐太子也, 將君中國, 而可舞蹈見可汗哉."라고 있어, 回鶻의 可汗이 당시의 唐 황제(大宗)

각종의 대우와 송 체류 중에 받은 사여품 등에 감사를 표시한 '謝'와 '致詞'가 식장에서 사자의 입을 통해 직접 황제에게 보고되는 형식도, 사자가 식장에서 좀처럼 입을 열지 않는 당의 경우와 비교된다.

한편 황제에 대한 축원을 上奏하는 '聖躬萬福'은 특히 송 이전은 외국사의 의례는 물론 중국의 궁중 의례에서 거의 존재하지 않는 것으로, 송대에 多用된 예법이다. 다만 이를 上奏한 것이 사절단의 대표자인 '사·부'가 아니라, 그보다 하급관인 '舍利已下'에 의해 실행된 점(〈표 7〉)은 이상의 사례들과 다른 것으로 주목된다. 이 문제를 포함해, '거란 사의례'의 내용 중에는 당 이외에도 송과 이웃하는 거란 본국에서 반대로 송조가 파견한 사절을 어떠한 방식으로 거란 황제에 알현시키고 있었는지 비교해야만 비로소 그 의의를 이해할 수 있는 부분이 적지 않다. 여기에 대해서는 稿를 달리해 검토할 예정이다.

부록

『禮閣新編』 권83, 新禮16「契丹國信使副元正聖節朝見宴」과「契丹國信使副辭」의 本文

I「見儀」

(1) 朝見日. 長春殿起居班絶, 皇帝崇德殿坐, 樞密使已下, 大班起居訖, 宰臣, 參知政事, 如 遇百官起居, 依例押百官班入, 如不遇百官起居, 出于大班退親王班前, 入起升殿侍立臣僚起居班次.

(2) 至員僚起居後, 館伴使副一班入, 通班大起居訖, 只于東面立. 次接書匣閤門使升殿, 于內客省使侍立位稍南少退侍立.

(3) 次通事入. 不通. 喝拜, 兩拜, 奏聖躬萬福. 又喝拜, 兩拜, 隨呼萬歲. 喝祗候.

(4) 赴東西接引契丹使副. 舍人引契丹使副, 自外捧書匣入起居, 當殿立. 天武官擡禮物分東西向入, 以東爲首, 于殿庭排列訖, 舍人喝天武官起居, 兩拜, 隨呼萬歲, 訖, 奏聖躬萬福訖, 喝各祗候(如牽馬, 天武官則不拜, 只應諾)

(5) 閤門使從東階降, 將至契丹使位北. 舍人揖契丹使跪進書匣, 閤門使側身搢笏跪

인 太子에게 臣禮로 舞蹈를 요구하고 있다. 한편 『수서』 권81, 열전46 東夷 百濟에는 백제가 陳을 평정한 것을 축하한 사절을 보내왔다고 적은 후, '使者舞蹈而去'고 하여, 그 사자가 舞蹈한 것을 적고 있다.

接, 得書匣. 舍人卻揖契丹使立. 閤門使執笏捧書匣升殿. 當御前搢笏進呈訖, 授內侍都知 (其閤門使便退歸殿上立位), 內侍都知拆書訖, 轉授宰臣. 宰臣樞密院使已下近前進呈書訖, 退歸侍立.

(6) 擡過禮物, 候出絶, 舍人與館伴使副等引契丹使副至殿東東階下. 閤門使揖引同升. 當御前立. 國信大使跪傳國主問聖體, 通事傳譯, 舍人當御前鞠躬傳奏訖, 揖起北使. 皇帝宣閤門使回問國主, 閤門使傳問, 通事譯, 契丹使跪奏, 通事傳譯, 舍人當御前鞠躬奏聞訖, 揖起, 卻引降東階, 引至辭見位, 面西揖躬.

(7) 舍人當殿通北朝國信使某官某祗候見, 應諾絶, 引當殿, 喝拜訖, 大起居(其拜及舞蹈幷依本國儀). 出班謝面天顔, 歸位, 喝拜, 舞蹈拜訖, 又出班謝沿路館驛, 御筵茶藥, 及傳宣撫問. 又歸位, 喝拜, 舞蹈拜訖, 舍人宣有敕賜窄衣一對, 金蹀躞子一條, 金鍍銀冠一頂, 鞾一量, 衣著三百疋, 銀器二百兩, 鞍轡馬一匹(每句應諾), 跪受, 起, 舞蹈拜訖, 喝祗候, 西出. 其奏聖躬萬福, 致詞並是通事傳譯. 舍人當殿鞠躬奏聞.

(8) 次通北朝國信副使某官某,[92] 祗候見, 應諾訖, 引當下殿, 贊喝大起居訖, 離位謝面天顔, 歸位, 兩拜, 搢笏舞蹈, 三拜. 又歸位謝沿路館驛, 御筵茶藥, 及傳宣撫問. 卻歸位, 又兩拜, 搢笏舞蹈, 三拜. 舍人宣有敕賜衣一對, 金腰帶一條, 幞頭鞾笏衣著二百疋, 銀器一百兩, 鞍轡馬一匹(每句應諾), 搢笏跪受, 就拜, 起, 又喝兩拜, 搢笏舞蹈, 三拜, 喝祗候, 西出.

(9) 次通事及舍人引舍利[93]已下分班入, 不通, 便引合班, 贊喝大起居(其拜及舞蹈並依本國儀). 其奏聖躬萬福, 並是通事當殿鞠躬傳奏, 舍人喝有敕, 賜衣服束帶衣著銀器分物, 應諾, 跪受, 擡擔牀絶, 起, 舞蹈拜, 起, 各祗候分班引出.

(10) 次引差來通事已下從人分班入, 不通, 便引合班, 喝兩拜, 奏聖躬萬福, 又兩拜, 隨拜萬歲, 喝有敕, 各賜衣服腰帶衣著銀器分物, 唱諾, 分班跪引受, 候擡擔牀絶, 就拜, 起, 喝兩拜, 隨拜萬歲, 喝各祗候, 喝諾, 分班引出. 次行門殿直入起居訖.

(11) 殿上侍立文明殿樞密直學士·三司使·內客省使下殿.

(12) 舍人合班, 奏報閤門無事, 喝諾訖, 卷班西出, 客省閤門使已下東出.

(13) 其排立, 供奉官已下橫行合班. 宣徽使殿上喝供奉官已下各祗候分班出, 並如常

92) 원문에는 '某' 뒤에 '官' 자가 있으나 衍字이다.

93) 원문은 '舍人'이나 '私利'의 誤이다.

儀. 皇帝降 座還內.

II 「宴儀」

(1)契丹使副幷從入, 著所賜衣服束帶腰帶畢, 承受引赴長春殿門外閤子內, 候殿門外階下從人立定.

(2) 並侍宴臣僚·宰臣·親王·樞密使·參知政事·宣徽使·當翰林直學士·及文明殿學士·資政殿大學士資政殿學士·侍讀·侍講學士·龍圖閣直學士·樞密直學士·觀察使已下並宰執赴長春殿門外祗候.

(3)其館伴使如不是合預侍宴臣僚, 閤門臨時奏廳進止. 候長春殿諸司排當有備, 閤門使副入, 內都知奏班齊.

(4) 皇帝升座鳴鞭, 宰臣親王已下並宰執分班, 舍人引入(其契丹使副綴親王班入, 其餘座次並依圖子), 其館伴使如合入預坐及特令坐者, 並依本班序立.

(5) 舍人通某甲已下, 唱諾, 班首奏聖躬萬福, 舍人喝各就坐, 喝兩拜, 隨拜萬歲, 喝就坐, 分班引上殿, 或皇帝撫問契丹使副, 舍人並引下殿, 喝兩拜, 隨拜萬歲, 喝各就坐.

(6) 次舍人通事分引舍利已下東西分班, 喝兩拜, 喝就坐, 分引赴兩廊下.

(7) 次舍人引差來通事從人東西分班入, 合班, 喝兩拜, 隨拜萬歲, 喝就坐, 分引赴兩廊.

(8) 次喝教坊已下兩拜, 班首奏聖躬萬福, 又喝拜, 兩拜, 隨拜萬歲, 喝各祗候.

(9) 次引看盞二人稍近前, 喝拜, 兩拜, 隨拜萬歲, 喝上殿祗候, 分東西上殿立.

(10) 有司進茶牀, 內侍酹酒訖, 閤門使殿上當御前鞠躬奏, 某甲已下進酒, 餘如常儀(如傳宣勸人使酒, 揖起, 離位, 喝拜, 席後兩拜, 隨拜萬歲, 合就坐, 如常儀).

(11) 宴起, 宰臣已下降階, 舍人喝兩拜, 搢笏舞蹈, 喝各祗候, 分班出.

(12) 次舍利合班, 喝兩拜, 舞蹈, 三拜, 拜謝訖, 喝各祗候, 分引出.

(13) 次通事從人合班, 喝兩拜, 隨拜萬歲, 喝各祗候, 分班引出.

(14) 次喝教坊使已下兩班, 隨拜萬歲, 喝各祗候.

(15) 如傳宣賜茶酒, 又喝謝茶酒拜, 兩拜, 隨拜萬歲, 喝各祗候出.

(16) 閤門使殿上近前側奏無事, 皇帝降座鳴鞭還內.

III 「辭儀」

(1) 皇帝長春殿坐, 內殿起居班欲絶, 傳宣先前殿不坐, 行門殿直入.

(2) 次宰臣樞密使已下入起居(宰臣樞密使上殿侯立, 候起居班絶, 閤門更不引見謝辭.

公事, 如宰臣樞密使有公事奏覆, 卽候奏畢, 舍人奏閤門無公事, 奏畢一齊下殿).

(3) 皇帝起, 諸司排當有備, 催應合赴崇德殿侍坐臣僚(三司使其日亦赴坐), 並穿執于崇德殿庭儀石北, 東西相向.

(4) 立班定, 閤門使附入內都知奏班齊, 皇帝坐, 鳴鞭.

(5) 舍人喝拜, 東西班殿侍兩拜萬歲, 奏聖躬萬福, 喝各祗候.

(6) 次舍人于儀石南殿. 通館伴使[94]副某甲已下一班常起居, 舍人卻轉身面西喝拜, 更不設對立舍人, 其館伴使如合預坐及特令坐者, 歸本班序立, 如不合預坐, 只于東面西向立, 俟宰臣已下升殿, 卽出. 其館伴副使, 卽西階面東向立, 候宰臣已下升殿, 卽殿侍立.

(7) 次通契丹使, 云某甲常起居訖, 引赴西向立班. 次通副使, 云某甲常起居訖, 引赴西向立班(館伴使副, 並契丹使副, 如三日不入, 並大起居). 舍人引宰臣已下橫行, 通某甲已下, 應諾, 奏聖躬萬福. 喝各合就坐, 應諾, 喝拜, 兩拜, 隨拜萬歲, 喝就坐, 分升殿, 東西相向立定.

(8) 次通事及舍人引契丹舍利已下分班入.

(9) 次舍人引差來通事從人分班入, 不通, 便引當殿立定. 揖躬, 喝兩拜, 奏聖躬萬福. 喝各就坐, 又喝兩拜, 隨拜萬歲, 喝就坐, 分引上兩廊立.

(10) 次舍人通教坊使看盞. 及進茶牀, 內侍酙酒, 並閤門使奏進酒, 並如長春殿宴日之儀. 酒五 巡. 起.

(11) 宰臣已下降階, 立班定. 舍人喝兩拜, 搢笏舞蹈三拜, 喝各祗候.

(12) 宰臣樞密使已下並三司使·文明殿學士·樞密直學士升殿侍立, 內客省使亦從東邊入, 升殿侍立.

(13) 其餘臣僚並契丹使副並出.

(14) 次引契丹舍利,[95] 喝拜, 舞蹈謝訖, 分引出.

(15) 次引差來通事從人, 喝兩拜, 隨拜萬歲, 謝訖, 分班引出.

(16) 次喝東西班殿侍兩拜, 隨拜萬歲, 喝各祗候, 出.

(17) 次喝教坊使已下兩拜, 隨拜萬歲, 喝各祗候, 出.

(18) 如[96]傳宣賜茶酒, 更喝謝茶酒拜, 又兩拜, 隨拜萬歲, 喝各祗候, 出. 已上班絶.

---

94) 原字는 '事'이나 정정하였다.

95) 원래는 '人'이나 '利'의 誤記가 분명하다.

96) 원래는 '于'이나 II-(15) 전후의 내용을 참조할 때 '如'의 誤字로 생각된다.

(19) 舍人一員與通事[97]對立, 再引契丹使入, 面西揖躬, 舍人當殿通北朝國信使某官某甲祇候辭, 通訖, 引當殿, 喝兩拜, 出班致詞, 通事傳譯, 舍人當殿鞠躬聞奏, 歸位. 又喝拜, 兩拜訖, 宣有勅, 賜窄衣一對, 金束帶一條, 細衣著一百疋, 衣著二百疋, 銀器二百兩(每句應諾), 跪受, 起. 又喝拜, 舞蹈拜訖, 喝好去, 舍人引出.

(20) 次引副使入, 面西揖躬, 舍人當殿通北朝國信副使某官某甲祇候辭, 通訖, 引轉當殿, 喝拜, 兩拜, 出班致詞訖, 歸位, 又兩拜. 喝有勅, 賜窄衣一對, 金束帶一條, 細衣著一百疋, 衣著一百疋, 銀器二百兩(每句應諾), 搢笏跪受, 就拜, 起, 又喝兩拜, 搢笏舞蹈三拜, 喝好去, 舍人引出.

(21) 次通事及舍人引舍利已下分班入. 不通, 更引合班, 喝兩拜, 有敕各 賜衣服·衣著·銀器分物, 應諾, 跪受. 擡牀絶, 起, 又喝拜, 舞蹈拜訖, 喝好去, 分班引出.

(22) 次引差來通事從人分班入, 不通, 更引合班, 喝兩拜, 喝有敕各賜衣服·衣著·銀器分物, 應諾, 跪受. 候擡擔牀絶, 就拜, 起, 又喝拜, 兩拜, 隨拜萬歲, 喝好去, 分班引出.

(23) 其使副外各著所賜窄衣束帶訖, 再拜入. 先揖國信使, 當殿喝拜, 兩拜, 隨拜萬歲, 引近北·向西立.

(24) 次引副使當殿, 喝拜, 兩拜, 隨拜萬歲, 喝祇候, 引國信使同升殿.

(25) 當御前立, 皇帝宣閤門使授旨傳語國主, 舍人揖國信使跪, 閤門使傳旨, 通事傳譯訖, 揖國信使起立, 閤門使御座前跪, 搢笏, 于內侍都知處捧書匣, 舍人揖國信使跪, 閤門使跪, 分付訖, 揖起.

(26) 下殿, 西出.

97) 이 부분의 원문은 '通事舍人'이나 '舍人'을 衍字라고 판단해 본 장에서는 삭제하였다. 후술하는 것처럼 본문의 도처에 보이는 '舍人'은 '通事舍人'의 약어이지만, 이곳에서만 유일하게 本名을 쓴 이유가 있다고 볼 수 없기 때문에, 이곳에서는 원래 통역자인 '通事'를 적을 것을 誤記한 것으로 추정된다.

4 宋의 國信使가 契丹의 황제·황태후를 알현하는 儀禮

머리말

'전연의 맹'(1004년) 이후, 송·거란(요) 양국이 평등 관계를 전제로 120여 년간에 걸쳐 680여 회나 사절을 정기적으로 교환한 것은 중국사에서 전무후무한 외교 방식에 속한다. 다만 이 기간 동안에 벌어진 교류와 접촉이 어떠한 방식과 제도적 장치 위에서 이루어졌는지는 송-거란 관계사에서 아직 해명되어야 할 부분이 적지 않다.[1]

앞 장에서는[2] 이 문제의 일환으로 송조가 거란사절을 어떠한 격식과 예법으로 맞이했는지를, 『禮閣新編』에 실린 '契丹使儀禮'로 통칭되는 3개의 의례, 즉「契丹使見儀」,「契丹使宴儀」,「契丹使辭儀」의 분석을 통해 검토하였다.[3] 이 새로운 의례는 필적하는 존재를 인정하지 않던 중국 왕조가 변모된 현실에 맞추어 '禮'와 '數'를 조정하여 기존의 여타 외국과는 차원을 달리한 '敵禮[4]'로서 제정·운영한 것이었다.

그렇다면 그와 반대로 거란 측이 송의 사절을 어떻게 취급했는지도 검토가 요청되는

1) 이와 직결된 기존의 연구로서는 聶崇岐,「宋遼交聘考」(『宋史叢考 下』, 華世出版社, 1986); 傅樂煥,「宋遼聘使表稿」(『遼史叢考』, 中華書局, 1984); 曹顯征,『遼宋交聘制度研究』(中央民族大學博士論文, 2006) 등을 소개해 둔다.

2) 본서 제III부 제3장.

3)『禮閣新編』에 실려 있는 거란사 관련 의례는 원래「契丹國信使副元正聖節朝見宴」과「契丹國信使副辭」의 2가지이다. 그러나 전자는 '朝見'(謁見)과 '宴會' 부분을 합쳐 기록한 것으로 사실상 2개로 분리되므로 본고에서는 이와 같이 3가지 의례로 구별하였다. 또「契丹使見儀」,「契丹使宴儀」,「契丹使辭儀」는 모두 이들 의례의 약칭에 해당한다. 이하 본 장에서 '거란사의례'라고 하면 上記한 3개의 의례 모두 또는 일부를 지칭한다.

4) '敵禮'의 의미와 의의에 대해서는 본서 제I부 제2장을 참조.

과제가 되지만, 관련된 선행 연구는 보이지 않는다.[5] 본 장은 앞 장의 반대 입장에서 자기를 찾아온 송의 사절을 두고 거란이 禮的으로 어떠한 입장을 보였는지를 검토하려는 것이다.

거란 역시 자신이 송에 파견한 것과 비슷한 회수로 자국을 찾아오는 송의 사절을 위해 그 지위에 어울리는 의례를 마련해야 했다. 거란 측이 어떠한 절차로 제정했는지를 추적하기는 어려운 일이지만, 〈표 1〉의 5가지 의례는 그와 관련된 『요사』에 보이는 禮를 나타낸 것이다. 본장에서는 이를 앞장에서 논한 '契丹使儀禮'와 구별해 '宋使儀禮'라 칭한다.

〈표 1〉『요사』 권51, 禮志4에 보이는 '宋使儀禮'

구별	儀禮 名	본장에서의 약칭
I	宋使見皇太后儀	「見太后儀」(혹은「宋使見太后儀」)
II	宋使見皇帝儀	「見儀」(혹은「宋使見儀」)
III	曲宴宋使儀	「宴儀」(혹은「宋使宴儀」)
IV	賀生辰正旦宋使朝辭太后儀	「辭太后儀」(혹은「宋使辭太后儀」)
V	賀生辰正旦宋使朝辭皇帝儀	「辭儀」(혹은「宋使辭儀」)

그런데 〈표 1〉에서 보이는 대로 송의 사절은 거란 황제는 물론 거란 측의 황태후에 대해서도 똑같이 알현의 예 등을 행해야 했고, 이 점이 '송사의례'를 '거란사의례'와 대비시키는 가장 큰 특징이다. 따라서 본 장에서는 거란 측 의례의 특성을 이해하기 위해 I~V의 개별 의례를 모두 분석의 대상으로 삼을 것이다. 다만 양자('황제의례'와 '황태후의례') 간에는 유사한 부분이 적지 않아 지면의 문제를 고려할 필요가 있고, 또 '황제의례'가 보다 본질적이라는 점에서 서술의 중심은 II, III, V에 둘 것이다.

또한 거란측이 제정한 의례의 성격은 당·송과 같은 중국 왕조 측의 의례와 무관하지 않을 뿐 아니라, 오히려 그에 대한 이해 없이는 파악하기 어려운 면이 있다. 그래서 본 장에서는 '송사의례'를 분석함에 있어 한편으로 '황제의례'를 '황태후의례'와 비교하고, 다른 한편으로는 '거란사의례'와도 비교해 상호의 異同과 특징을 파악할 것이다.

종래 송-요 관계사의 연구는 주로 정치면에 초점이 놓여왔다고 할 수 있다. 여기에 본고가 시도한 '禮'라는 시점의 도입은 거란인의 의례에 대한 관념은 물론, 북방 민족의 자

5) 앞에서 소개한 曹顯征의 연구는 '接伴使'와 '館伴使'를 중심으로 이 문제를 다룬 희소한 연구의 일부라 고 할 수 있다.

기중심적 세계관, 중국 왕조와의 경쟁의식, 그리고 이원적인 거란의 사회 구조에 대해서까지, 새롭게 접근할 수 있는 계기를 줄 수 있을 것으로 믿는다. 특히 본 연구는 禮 중에서도 '외교 의례'에 국한한 소재를 다루지만, 이를 통해서 거란사의 특징으로 잘 알려진 소위 '정복왕조'로서의 二元的인 측면과 특수성이 禮制에도 잘 녹아 있음을 확인할 수 있을 것이다.

1. '宋使儀禮' 각 의례의 기본 내용과 특징

1) 「見儀」의 주요 내용과 특징

본장에서는 '송사의례'의 내용을, 해당 각 부분의 원문을 정리한 〈표〉를 토대로 검토할 것이다. 먼저 〈표 2〉는 宋使가 입국해 처음으로 치르는 궁중의례[6]인 「見儀」(II)의 원문을 비교를 위해 「見太后儀」(I)와 함께 정리한 것이다. 宋使는 거란 태후를 먼저 알현하고 이어 거란 황제를 알현한 것으로 생각된다.[7]

「見儀」는 신료의 식장 정렬이 완료되면 황제가 上殿하고(①), 이어 신료가 예를 표시(즉 起居)한 후 上殿하거나 殿廷에서 侍立한 가운데(②), 송의 正使와 副使(이하 양자를 함께 표기할 때 '使·副'로 약칭)가 입장(③)하는 것으로 시작된다. 閤使가 '사·부'로부터 받은 國書를 황제에 進呈한 (④) 뒤에는, '사·부'가 上殿해 거란 황제와 송 황제 간의 안부를 대리로 교환하고(⑤) 다시 下殿한다.

---

6) 잘 알려져 있듯이 거란에서는 황제가 계절과 필요에 따라 '行在'를 옮기는 '捺鉢'이라는 관습이 있으므로, 외국사의 입조 장소도 그에 따라 변동이 있었다. 그 행재로는 上京를 비롯해, 中京, 東京, 燕京, 神恩泊, 長泊, 木葉館, 九十九泉, 淸泉淀, 北安州 등이 확인되며, 宋使도 이들 지역에서 거란의 황제와 황태후를 알현한 것으로 생각된다. 이와 관련해서는 傅樂煥, 「宋人使遼語錄行程考」(『遼史叢考』, 中華書局, 1984) 참조.

7) 예를 들어 治平4년(1067)에 거란에 다녀와 남긴 陳襄의 『神宗皇帝卽位使遼語錄』에는, "臣等兩番使副入見, 臣襄致國書于其母, 面傳聖辭, 置酒三琖, 又詣其君帳前, 臣坦致國書于其君傳."고 보여, 陳襄은 入見 時에 먼저 태후를 만나고, 이어 황제를 만났음을 알 수 있다. 아울러 宋使는 거란에 入境한 이후 황제 및 황태후에 알현할 때까지, 그리고 다시 歸途에 올라 송의 領內로 回歸할 때까지 모두 거란 측의 接伴使와 送伴使 등을 통한 접대를 받고 있지만, 황제와 황태후 관련의 의례 검토에 국한한 본고에서는 이 문제들을 모두 검토의 대상으로 하지 않음을 밝혀둔다.

〈표 2〉 '宋使儀禮' 중의 「見太后儀」와 「見儀」

<table>
<tr><th>順</th><th colspan="2">기본 내용</th><th>「見太后儀」</th><th>「見儀」</th></tr>
<tr><td>①</td><td colspan="2">황제(태후)의 升殿</td><td>宋使賀生辰, 正旦.至日, 臣僚昧爽入朝, 使者至幕次.臣僚班齊, 皇太后御殿坐.(I-(1))</td><td>宋使賀生辰, 正旦.至日, 臣僚昧爽入朝, 使者至幕次.奏班齊, 聲警, 皇帝升殿坐.宣徽使押殿前班起居畢, 捲班出.(II-(1))</td></tr>
<tr><td rowspan="2">②</td><td colspan="2" rowspan="2">臣僚의 起居와 就位(殿上 혹은 殿庭에서)</td><td>宣徽使押殿前班起居畢, 捲班.次契丹臣僚班起居畢, 引應坐臣僚上殿, 就位立.其餘臣僚不應坐者, 退於東面侍立.(I-(2))</td><td>契丹臣僚班起居畢, 引應坐臣僚上殿, 就位立, 其餘臣僚不應坐者, 並退於北面侍立.(II-(2))</td></tr>
<tr><td>漢人臣僚東洞門入, 面西鞠躬.舍人鞠躬, 通某以下起居, 凡七拜畢, 贊各祗候.引應坐臣僚上殿, 就位立.(I-(3))</td><td>次引漢人臣僚北洞門入, 面殿鞠躬.舍人鞠躬, 通某官某以下起居, 皆七拜畢, 引應坐臣僚上殿, 就位立.(II-(3))</td></tr>
<tr><td>③</td><td colspan="2">使·副의 입장</td><td>中書令, 大王西階上殿, 奏宋使幷從人牓子訖, 就位立.其餘臣僚不應坐者, 退於西面侍立.次引宋使副六人於東洞門入, 丹墀內面殿齊立.(I-(4))</td><td>引首相南階上殿, 奏宋使幷從人牓子, 就位立.臣僚並退於南面侍立.教坊入, 起居畢.引南使副北洞門入, 丹墀內面殿立.(II-(4))</td></tr>
<tr><td>④</td><td rowspan="3">공식의례</td><td>國書進呈</td><td>閤使自東階下, 受書匣, 使人捧書匣者皆跪, 閤使搢笏立, 受書匣.自東階上殿, 欄內鞠躬, 奏封全訖, 授樞密開封, 宰臣對皇太后讀訖.(I-(5))</td><td>閤使北階下殿, 受書匣, 使人捧書匣者跪, 閤使搢笏立.受於北階.上殿, 欄內鞠躬.奏封全訖, 授樞密開封, 宰相對皇帝讀.(II-(5))</td></tr>
<tr><td>⑤</td><td>황제 등과의 問安 교환</td><td>引使副六人東階上殿, 欄內立.使者揖生辰節大使少前, 使者俛伏跪, 附起居訖, 起, 復位立.次引賀皇太后正旦大使, 附起居, 如前儀.皇太后宣問南朝皇帝聖躬萬福, 舍人揖生辰大使幷皇太后正旦大使少前, 皆跪, 唯生辰大使奏來時聖躬萬福, 皆俛伏, 興.引東階下殿, 丹墀內面殿齊立.(I-(6))</td><td>訖.舍人引使副北階上殿, 欄內立.揖生辰大使少前, 俛伏跪, 附起居.俛伏興, 復位立.大使俛伏跪, 奏訖, 俛伏興, 退.(II-(6))</td></tr>
<tr><td>⑥</td><td>예물의 搬入出</td><td>引進使引禮物於西洞門入, 殿前置擔牀.控鶴官起居, 四拜, 擔牀於東便門出畢, 揖使副退於東方, 西面, 皆鞠躬.(I-(7))</td><td></td></tr>
<tr><td rowspan="2">⑦</td><td colspan="2" rowspan="2">사절단의례(알현예)</td><td>舍人鞠躬, 通南朝國信使某官某以下祗候見, 舞蹈, 五拜畢, 不出班, 奏聖躬萬福, 再拜, 揖班首出班, 謝面天顔訖, 復位, 舞蹈, 五拜畢, 贊各上殿祗候, 引各使副西階上殿就位.(I-(8))</td><td>引北階下殿, 揖使副北方, 南面鞠躬.舍人鞠躬, 通南朝國信使某官某以下祗候見, 起居, 七拜畢, 揖班首出班, 謝面天顔, 舞蹈, 五拜畢, 出班, 謝遠接, 御筵, 撫問, 湯藥, 舞蹈, 五拜畢, 贊各祗候.引出, 歸幕次.閤使傳宣賜對衣, 金帶.(II-(7))</td></tr>
<tr><td>勾從人兩洞門入, 面殿鞠躬, 通名, 贊拜, 起居, 四拜畢, 贊各祗候, 分班引兩洞門出.若宣問使副跋涉不易, 引西階下殿, 丹墀內舞蹈, 五拜畢, 贊各上殿祗候, 引西階上殿, 就位立.(I-(9))</td><td>勾從人以下入見.舍人贊班首姓名以下, 再拜, 不出班, 奏聖躬萬福, 贊再拜, 稱萬歲.贊各祗候.引出.舍人傳宣賜衣.(II-8)</td></tr>
</table>

⑧	宴會 / 再入場	契丹舍人, 漢人閤使齊贊拜, 應坐臣僚幷使副皆拜, 稱萬歲.贊各就坐, 行湯, 行茶.(I-(10))	使副幷從人服賜衣畢, 舍人引使副入, 丹墀內面殿鞠躬.舍人贊謝恩 拜, 舞蹈, 五拜畢.贊上殿祗候.引使副南階上殿, 就位立.(II-9)
			勾從人入, 贊謝恩, 拜, 稱萬歲.贊有敕賜宴, 再拜, 稱萬歲.贊各祗候.承受官引北廊下立.(II-10)
⑨	퇴장 / 宴會	供過人出殿門, 揖臣僚幷使副起, 鞠躬. 契丹舍人, 漢人閤使齊贊, 皆拜, 稱萬歲.贊各祗候.先引宋使副西階下殿, 西洞門出, 次揖臣僚出畢, 報閤門無事.皇太后起.(I-(11))	御床入, 大臣進酒, 皇帝飮酒.契丹舍人, 漢人閤使齊贊拜, 應坐幷侍立臣僚皆拜, 稱萬歲.贊各祗候.卒飮, 贊拜, 應坐臣僚皆拜, 稱萬歲, 贊各就坐行酒.親王, 使相, 使副共樂曲.若宣令飮盡, 並起立飮訖.放琖, 就位謝.贊拜, 並隨拜, 稱萬歲.贊各就坐.次行方茵地坐臣僚等官酒. 若宣令飮盡, 贊謝如初.殿上酒一行畢, 贊廊下從人拜, 稱萬歲.贊各就坐.若傳宣令飮盡, 並拜, 稱萬歲.贊各就坐.殿上酒三行.行茶, 行殽, 行膳.酒五行.(II-11)
⑩	퇴장		候曲終, 揖廊下從人起, 贊拜, 稱萬歲.贊各祗候, 引出.曲破, 臣僚幷使副並起, 鞠躬.贊拜, 應坐臣僚幷使副皆拜, 稱萬歲.贊各祗候.引使副南階下殿, 丹墀內舞蹈, 五拜畢.贊各祗候.引出.次引衆臣僚下殿出畢.報閤門無事.皇帝起, 聲蹕.(II-12)

이어 '사·부'는 殿 앞에 서서 황제에 대해 자신의 (拜와 致謝 중심의) 謁見禮를 비로소 올리고 퇴장한다(⑦). 거란사절 중 '사·부' 이외의 수행원(즉 '勾從人')이 처음으로 식장에 들어오는 것은 그 다음이며, 이들도 '사·부'와 비슷한 방식으로 알현예를 치르고 퇴장한다(⑦). ④와 ⑤가 비록 宋使를 매개로 하지만 황제 간 또는 국가 공식적 차원의 行禮라는 점에서 '공식(내지 국가) 의례'라고 부른다면, ⑦은 송의 사절 개인(또는 단체)에 의미가 맞추어진 '사절단 의례'라는 이름으로 편의상 구별할 수 있을 것이다.[8]

그런데 이로써 「見儀」가 끝나는 것은 아니며, 일단 퇴장한 사절단은 다시 한 번 식장으로 입장한다. 이는 연회를 위한 것으로, 「見儀」는 이를 기준으로 그 이전의 제1부에서 제2부로

8) 이 '공식(내지 국가) 의례'와 '사절단 의례'라는 두 가지 부분은 거란의 사절이 송을 방문해 거행하는 궁중 의례에서도 똑같이 존재하며, 필자는 제Ⅲ부 제4장에서도 이를 '공식의례'와 '사절단 의례'라고 구별해 칭하였다.

전환된 셈이다. 여기서도 '사·부'가 먼저 입장해 賜宴에 감사를 표한 후 上殿하고(⑧), 그 후 나머지 사절단원이 들어와 예를 취한 후 '廊下'에 선다(⑧). 이때는 모든 사절이 거란이 사여한 복장을 입고 입장하며, 그 복장은 제1부 종료 후에 식장 밖에서 받은 것이다.

연회는 진행 방식에 이해하기 어려운 면이 있지만, 술이 최소한 '5行' 돌며, 황제와 殿上의 신료가 먼저 마시면 '方茵地坐臣僚[9]'와 '廊下의 從人'이 이어 마시고, '飮盡'의 命이 있을 때는 모두 기립해서 마신 후 琖을 놓고 감사의 표시로 '隨拜稱萬歲'하는 원칙이다. 또 '3行' 뒤에는 '茶', '殽', '膳' 등이 제공된다(⑨). 이로써 연회가 끝나면 사절단을 포함한 侍宴 신료 모두가 퇴장한다(⑩).

「見儀」는 식장으로의 입·퇴장 및 行禮 등이 사절단의 신분 별로 나누어 진행되는 점 때문에 길고 복잡해 보이지만, 단순화시키면 결국 다음과 같이 된다.

> 제1부: 입장과 정렬(①, ②, ③)－'공식 의례'(④, ⑤)－'사절단 의례'와 퇴장(⑦)
> 제2부: 재입장(⑧)－연회(⑨)－퇴장(⑩)

이 같은 전개 방식은 「見太后儀」와 크게 다르지 않다. (참여자의)입장과 정렬(①, ②, ③) 및 '공식 의례'(④, ⑤)는 거의 비슷하며, '사절단 의례'와 퇴장 등도 그러하다. 가장 큰 차이는 「見儀」에 없는 '禮物' 관련 부분(⑥)이 「見太后儀」에는 있다는 점이나, 이에 대해서는 뒤에 다시 검토할 것이다.

그 밖에 양자 간에는 연회 관련 부분에서도 차이가 발견된다. 「見儀」에 비해 「見太后儀」에서는 연회 절차가 간단하며 음식도 술이 빠진 대신 '湯'과 '茶'가 제공되는데, 이는 황태후가 여성이라는 점에서 온 차이일 것이다. 또 「見太后儀」에서는 사절단의 재입장 과정이 없는 점도 중요한 차이점이다. 「見太后儀」에서 '사·부'는 알현예를 마친 후 「見儀」와 달리 퇴장하지 않고 곧바로 上殿하는 반면, '勾從人'(수행원)들은 그대로 퇴장하여 다시 입장하지 않는다. 즉 이때의 연회에는 '사·부'만이 참가하며, 이 부분 역시 「見太后儀」에서 연회가 약식으로 치러진 것을 말해준다. 「見儀」에 보이는 '教坊'[10]이 없는 점 또

---

9) 현재로서 필자는 '方茵地坐臣僚'가 어떤 의미인지 파악하고 있지 못하다. '方茵'은 아마도 '사방이 네모난 자리(깔개)'로 보이며, 따라서 殿上 또는 그 밑의 특정한 장소에서 자리를 잡고 있는 자들을 지칭하는 정도로 추정할 뿐이다.

10) 송의 경우 教坊은 太常寺에 속한 음악을 教習하는 기구이나, 거란의 그것도 이에 준하는 것으로 보인

한 그러한 성격과 상통한다.

한편 이 「見儀」를, 반대로 송조를 찾아온 거란사가 행한 '거란사의례' 중의 「契丹使見儀」와 비교할 때, 가장 큰 차이점은 식장으로의 '재입장' 有無라 할 수 있다. 즉 「契丹使見儀」는 소소한 부분을 무시하면,

입장과 정렬－'공식 의례'－'사절단 의례'와 퇴장－송 측 관료와 황제의 퇴장

으로 정리되어, 결국 '송사의례'에서는 엄연히 존재하는 제2부의 연회가 없이 제1부만으로 구성되는 셈이다. 宋과 거란에서는 모두 「宴儀」를 별도로 마련해 상대국 사자를 위로하지만, 거란 측에서는 그것을 기다리지 않고 「見儀」단계에서 별도로 연회를 추가한 점이 특징이라 할 수 있다. 이는 술을 즐기고 접객을 좋아하는 거란족의 豪爽한 기질을 반영한 것으로 보인다.[11] 그 밖에 보이는 양자 간의 상이점은 후술할 것이다.

2) 「宴儀」의 주요 내용과 특징

「見儀」를 마친 宋使는 머지않아 거란 측이 준비한 「宴儀」에 참가한다. 이 「宴儀」는 황제 주관의 경우에 한정되며 황태후와는 관련이 없다. 唐代 이후 동아시아 각국에서 제정된 외국사를 위한 궁중의례는 모두 '朝見－연회－朝辭'를 기본으로 하지만, 거란의 '황태후의례'에서 「宴儀」가 없는 것은 중요한 차이점이며, '송사의례'가 모두 6종이 아니라 5종으로 구성된 이유는 여기에 있다. 〈표 3〉은 이 때문에 거란황제가 臨하는 「宴儀」만을 「見儀」의 방식에 따라 정리한 것이다.

「宴儀」는 황제의 上殿에서부터 거란 문무관의 起居까지 "모두 初見之儀와 같다"(①)는 설명대로, 참여자의 입장 방식 등 그 시작 부분은 「見儀」와 크게 다르지 않다. 다만 여기서는 '사·부'의 식장 진입이 '翰林學士班' 다음에 이루어지기 때문에(②), 「見儀」에서처럼 거란 신료들의 입장이 완료된 상태를 기다린 후에 별도로 이루어지는 것이 아니라, 오히려 그들 틈에 섞여 함께 이루어진다는 점이 색다르다. 이 때문에 '文武百僚'의 起居

다. 岸辺成雄, 「宋代教坊の變遷び組織」(『史學雜誌』 54-4, 1944); 黃風岐, 「契丹族的音樂」(張暢耕 主編, 『遼金史論集』(第6輯), 社會科學文獻出版社, 2001)을 참조.

11) 曹顯征, 앞 책, 『遼宋交聘制度研究』의 곳곳에서 거란 민족의 이 같은 측면에 대해 지적한다.

와 賜宴에 대한 감사, 그리고 致詞 등은 모두가 신료의 전체 대표에 의해 주도되며(②), '사·부'가 이를 단독으로 행하는 장면은 없다. 사절단의 '勾從人'만이 그 뒤에 별도로 입장한 것은 그들의 지위가 훨씬 낮게 평가된 것을 반영한다.

〈표 3〉 '宋使儀禮' 중의 「宴儀」

順	구분	宋使宴儀
①	황제와 신료의 입장	昧爽, 臣僚入朝, 宋使至幕次. 皇帝升殿, 殿前, 教坊, 契丹文武班, 皆如初見之儀.(III-1)
②	臣僚(使·副 포함)의 入場과 起居와 就位	宋使副綴翰林學士班, 東洞門入, 面西鞠躬. 舍人鞠躬, 通文武百僚臣某以下起居. 七拜. 謝宣召赴宴, 致詞訖, 舞蹈, 五拜畢, 贊各上殿祇候. 舍人引大臣, 使相, 臣僚, 使副及方茵朵殿應坐臣僚並於西階上殿, 就位立. 其餘不應坐臣僚並於西洞門出.(III-2)
		勾從人入, 起居. 謝賜宴, 兩廊立, 如初見之儀. 二人監琖, 教坊再拜, 贊各上殿祇候.(III-3)
③	宴會	入御床, 大臣進酒. 舍人, 閤使贊拜, 行酒, 皆如初見之儀. 次行方茵朵殿臣僚酒, 傳宣飮盡, 如常儀. 殿上酒一行畢, 兩廊從人行酒如初. 殿上行餠茶畢, 教坊致語, 揖臣僚, 使副幷廊下從人皆起立, 候口號絶, 揖臣僚等皆鞠躬. 贊拜, 殿上應坐幷侍立臣僚皆拜, 稱萬歲. 贊各就坐. 次贊廊下從人拜, 亦如之.(III-4)
④	退場	歇宴, 揖臣僚起立, 御床出, 皇帝起, 入閤. 引臣僚使副[12]東西階下殿, 還幕次內賜花. 承受官引從人出, 賜花, 亦如之.(III-5)
⑤	再入場	簪花畢, 引從人復兩廊位立. 次引臣僚, 使副兩洞門入, 復殿上位立. 皇帝出閤, 復坐.(III-6)
⑥	再宴會	御床入, 揖應坐臣僚, 使副及侍立臣僚鞠躬. 贊拜, 稱萬歲, 贊各就坐. 贊兩廊從人, 亦如之. 行單茶, 行酒, 行膳, 行果. 殿上酒九行, 使相樂曲.(III-7)
⑦	下殿과 退場	聲絶, 揖兩廊從人起, 贊拜, 稱萬歲, 贊各好去, 承受引出. 曲破, 殿上臣僚, 使副皆起立, 贊拜, 稱萬歲. 贊各祇候. 引臣僚使副東西階下殿. 契丹班謝宴出. 漢人幷使副班謝宴, 舞蹈, 五拜畢, 贊各好去. 引出畢. 報閤門無事. 皇帝起.(III-8)

殿上 연회의 진행 과정은 '송사의례'의 특징을 잘 드러낸다. '歇宴'이라는 말처럼(III-④) 연회가 도중에 잠시 중지되고 참석자들이 일단 퇴장하기 때문에 연회는 사실상 제1부와 제2부로 나누어지는 것이 그것이다. 이는 이미 검토한 「見儀」와 기본적으로 구도를 같이한다. 특히 이 중 제1부의 연회는 "모두 初見之儀와 같다"(③)고 하므로 그 방식이 「見儀」와 유사함을 알 수 있다. 殿上에서 '餠茶'가 제공되며 教坊이 '致語'하고 口號하는 것 등이 새로운 요소이다(③). 퇴장은 '황제－신료와 '사·부'－從人'의 순이다.

12) 원문에는 '使副' 2자가 없으나, 필자의 판단과 '중화서국' 本 校勘記에 의해 '使副'를 추가하였다.

퇴장한 사절단 중 '사·부'는 '幕次[13]內'로 돌아가고, 또 從人은 '밖'으로 나가지만, 모두 꽃을 받아서 머리에 꽂고 식장에 다시 입장하는 것으로 되어 있다. 이 때 황제의 동향은 알 수 없으나 여타 거란의 일반 신료들도 이에 준하는 것으로 생각된다. 재입장은 '從人－신료와 '사·부'－황제'의 순으로 제1부의 퇴장과 역순이다(⑤). 殿上의 연회 방식은 제1부와 크게 다르지 않아 보이며, 연회는 술이 모두 '9行'이 돈 뒤 파한다(⑥). 제2부 의식의 참여자들은 '從人－契丹班－漢人 및 使·副班－황제'의 순으로 퇴장한다(⑦).

한편 이상을 송조에서 제정된 '거란사의례'의 대응 부분(「契丹使宴儀」)과 비교하면, 여기서도 '再入場'의 여부가 가장 큰 차이점이다. 「宋使宴儀」에서는 '式中의 퇴장'을 사이에 두고 제1부와 제2부에서 연회를 각각 한 차례씩 모두 두 차례 행하지만, 「契丹使宴儀」에서는 '式中의 퇴장' 없이 한차례만의 연회로 의식이 종료되기 때문이다. 行酒 회수는 「宋使宴儀」가 제1부에서 "모두 初見之儀와 같다"고 하므로 '5행', 제2부에서는 '9행'이 각각 돈 셈이지만, 이에 대해 「契丹使宴儀」에서는 기사가 소략해 확인하기 어려우나 아마도 '9행'으로 생각된다.[14]

'사·부'를 포함한 의식 참가자들이 꽃으로 몸을 치장하는 점도 「宋使宴儀」의 특색이다. 국가의 慶事에서 관리들이 꽃을 꽂는 '簪花'라 불린 관례는 오히려 송의 궁중 의례에서 성행하였고,[15] 거란에서도 그 例가 보인다.[16] 따라서 이것이 외국사 관련 의례의 경우, 송조의 禮制(즉 「契丹使宴儀」)에 보이지 않는 반면, 거란 측이 제정한 禮制(즉 「宋使宴儀」)에 나타나는 점은 일반적인 경향에 반하는 것이다. 외국사 관련 의례에서 송조가 이를 왜 배제시켰고, 또 거란은 왜 반영시켰는지 분명치 않지만, 단순한 우연이 아닌 양국의 의도가

13) 당·송 및 요·금에서 明代에 이르는 중국, 또는 고려와 조선 등 동아시아 각 왕조에서 연출되었던 외교 의례에서는 식장 주변에 일종의 임시 대기소로서 '幕次' 또는 '次'가 준비되어 있었음이 폭넓게 看取된다.

14) 거란에서는 宋使를 상대로 한 각종의 의례에서 최다 13잔에서 최소 3잔까지 다양한 음주 예법을 적용하고 있음을 알 수 있다(曹顯征, 앞 책, 『遼宋交聘制度硏究』). 이를 송 측에서 마련한 음주 예법과 서로 비교하는 것은 흥미로운 사항이나 본고에서는 설명을 생략한다.

15) 張勝海, 「帝子設宴納賓賢, 賞花釣魚賦太平－中國古代曲宴初探」(『學術探索』 2005-3); 豊島悠果, 「高麗の宴會儀礼と宋の大宴」(『「宋代中國」の相對化』(汲古書院, 2009)).

16) 예를 들어 『요사』 권53, 禮志6 嘉儀下 進士賜章服儀에 "皇帝御殿, 臣僚公服引進士入, 東方面西, 再拜, 揖就丹墀位, 面殿鞠躬. 閤使稱有敕, 再拜, 鞠躬. 舍人宣敕各依等甲賜卿敕牒一道, 兼賜章服, 想宜知悉, 揖再拜. 跪受敕訖, 再拜. 退, 引至章服所, 更衣訖, 揖復丹墀位, 鞠躬. 贊謝恩, 舞蹈, 五拜. 各祗候, 殿東亭內序立. 聲喏, 坐. 賜宴, 簪花. 宣閤使一員, 閤門三人或二人勸飮終日. 禮畢."이라고 보인다. 『요사』 권52, 禮志5 嘉儀上의 皇帝受冊儀와 冊皇太后儀도 참조.

작용했을 것이라는 점에서 흥미롭다. 상대적으로 연회가 더 많이 개최되며 그 위에 '簪花'가 추가되는 사정을 함께 감안하면 '송사의례'가 '거란사의례'보다 더 화려하고 장식적인 느낌을 갖게 한다. 이들을 제외하면 「宴儀」의 나머지 부분은 그 흐름과 내용이 송의 것과 대동소이하다.

3) 「辭儀」의 주요 내용과 특징

宋使가 거란의 國都를 떠나기 임박해 치르는 「辭儀」는 거란의 태후와 황제 모두를 상대로 하며, 〈표 4〉는 그 절차를 정리한 것이다.

〈표 4〉 '宋使儀禮' 중의 「辭太后儀」와 「辭儀」

<table>
<tr><th>順</th><th>대구분</th><th colspan="2">「辭太后儀」</th><th>「辭儀」</th></tr>
<tr><td>①</td><td>황제(태후)의 升殿</td><td colspan="2">臣僚, 使副班齊, 如曲宴儀. 皇太后升殿坐.(IV-1)</td><td>臣僚入朝如常儀.宋使至幕次, 於外賜從人衣物.皇帝升殿.(V-1)</td></tr>
<tr><td>②</td><td>臣僚의 起居와 就位</td><td colspan="2">殿前契丹文武起居, 上殿畢.(IV-2)</td><td>宣徽, 契丹文武班起居, 上殿, 如曲宴儀.(V-2)</td></tr>
<tr><td rowspan="5">③</td><td rowspan="5">사절단의 입장과 사절단 의례(朝辭禮)</td><td rowspan="3">使副</td><td>宰臣奏宋使副, 從人朝辭牓子畢, 就位立.舍人引使副北洞門入, 面南鞠躬.(IV-3)</td><td>中書令奏宋使副幷從人朝辭牓子畢, 臣僚並於南面侍立.教坊起居畢.舍人引使副六人北洞門入, 丹墀北方, 面南鞠躬.(V-3)</td></tr>
<tr><td rowspan="2">舍人鞠躬, 通南朝國信使某官某以下祇候辭, 再拜, 不出班, 奏聖躬萬福, 再拜, 出班, 變闕, 致詞訖, 又再拜.贊各上殿祇候.舍人引南階上殿, 就位立.(IV-4)</td><td>舍人鞠躬, 通南朝國信使某官某以下祇候辭, 再拜, 起居, 變闕, 如辭皇太后儀.贊各祇候, 平身立.揖使副鞠躬.(V-4)</td></tr>
<tr><td>宣徽贊有敕, 使副再拜.鞠躬, 平身立.宣徽使贊, 各賜卿對衣, 金帶, 疋段, 弓箭, 鞍馬等, 想宜知悉, 使副平身立.揖大使三人少前, 俛伏跪, 搢笏, 閤門使授別錄賜物.過畢, 俛起, 復位立.揖副使三人受賜, 亦如之.贊謝恩, 舞蹈, 五拜.贊上殿祇候, 舍人引使副南階上殿, 就位立.(V-5)</td></tr>
<tr><td rowspan="2">從人</td><td>引從人(IV-5)</td><td>引從人(V-6)</td></tr>
<tr><td>贊姓名, 再拜, 奏聖躬萬福, 再拜, 稱萬歲.贊各好去, 引出.(IV-6)</td><td>贊謝恩, 再拜, 起居, 再拜, 贊賜宴, 再拜, 皆稱萬歲.贊各祇候, 承受引兩廊立.(V-7)</td></tr>
<tr><td>④</td><td>宴會</td><td colspan="2">殿上揖應坐臣僚幷使副就位鞠躬. 贊拜, 稱萬歲.贊各就坐.行湯, 行茶畢, 揖臣僚幷南使起立, 與應坐臣僚鞠躬.贊拜, 稱萬歲.贊各祇候, 立.(IV-7)</td><td>御床入, 皇帝飲酒.舍人, 閤使贊臣僚, 使副拜, 稱萬歲, 皆如曲宴.應坐臣僚拜, 稱萬歲.就坐, 行酒, 樂曲, 方茵, 兩廊皆如之.行殽, 行茶, 行膳亦如之.行饅頭.(V-8)</td></tr>
</table>

<table>
<tr><td rowspan="2">⑤</td><td colspan="2" rowspan="2">퇴장과
下殿</td><td rowspan="2"></td><td>畢, 從人起, 如登位使之儀.(V-9)</td></tr>
<tr><td>曲破, 臣僚, 使副皆起立, 拜, 稱萬歲, 如辭太后之儀.使副下殿, 舞蹈, 五拜.贊各上殿祗候, 引北階上殿.(V-10)</td></tr>
<tr><td>⑥</td><td rowspan="2">공
식
의
례</td><td>國書
受領</td><td>引使副六人於欄內拜跪, 受書匣畢, 直起立.(IV-8)</td><td>欄內立.揖生辰, 正旦大使二人少前, 齊跪, 受書畢, 起立, 揖磬折受起居畢, 退.(V-11)</td></tr>
<tr><td>⑦</td><td>受傳
答語</td><td>揖少前, 鞠躬, 受傳答語訖, 退.(IV-9)</td><td></td></tr>
<tr><td>⑧</td><td colspan="2">퇴장</td><td>於北階下殿.丹墀內面殿鞠躬.舍人贊各好去, 引出.臣僚出.(IV-10)</td><td>引北階下殿, 丹墀內並鞠躬.舍人贊各好去, 引南洞門出.次引殿上臣僚南北洞門出畢, 報閤門無事.(V-12)</td></tr>
</table>

「辭儀」에서 일반 참여자의 식장 입장과 정렬 방법은 '(曲)宴儀'와 같은 것으로 되어 있다(①, ②). 그러나 사절의 입장은 일반 신료의 그것이 끝난 뒤에 中書令(「辭太后儀」에서는 宰臣)의 보고를 통해 이루어지므로(③) 「(曲)宴儀」보다 「見儀」에 준하고 있음을 볼 수 있다.

「辭儀」는 '사·부'가 황제에게 '朝辭', 즉 귀국을 앞두고 그 동안 받은 은혜에 감사의 예를 표하면, 황제가 그들에 사여물을 주는 것으로 시작된다(③). 이어 '從人'이 입장해 같은 예를 표하지만 이들에게는 특별한 사여물이 제공되지 않는다.

연회가 그 다음에 이어진다(④). 이미 확인한대로 「見儀」에서의 연회는 사절단이 퇴장했다가 재입장한 뒤에 거행되지만, 여기서는 '사·부'가 賜物을 받은 뒤 곧바로 上殿하며, '從人'은 兩廊으로 이동해 연회가 속개된다. '從人'이 식장에 입장하기 전 "밖에서 衣物을 받은" 것은(①) 이와 관련이 있을 것이다. 즉 「見儀」에서 사절단은 도중 퇴장하여 '賜衣'를 입고 들어오는 반면, 「辭儀」에서는 그것을 처음부터 착용하고 들어오기 때문에 퇴장할 필요가 없는 것이 된다. '사·부'도 이와 같았을 것이다. '송사의례'에서 '사·부' 등이 式中에 퇴장하는 주된 이유는 幕間을 이용해 옷을 갈아입거나 簪花(「宴儀」)를 위한 것임을 알 수 있다.

연회 자체는 '曲宴'과 같은 방식으로 진행되며 마지막에 '饅頭'를 돌리는 것으로 끝난다(V-8). 그런데 '사·부'는 일단 下殿하여 舞蹈와 5拜를 한 뒤 다시 한 번 上殿하며, 이에 비해 '從人'은 설명은 없지만 정황상 그대로 퇴장하는 것으로 보인다. 이로써 '사·부'는 「辭儀」에서 上殿을 두 번째 하고 있으며, 「見儀」나 「宴儀」와 달리 퇴장하지 않는 점이 색다르다.

'사·부'가 다시 上殿하는 것은 거란 측으로부터 國書를 전해 받기 위함이며, 이는 「辭

儀」의 최종 단계를 이룬다. 「見儀」에서의 국서 전달이 의식의 전반부에서 실행된 반면, 여기서는 말미에 놓여 의식의 大尾를 장식하는 효과를 보인다.

한편 「辭太后儀」에서는 「辭儀」와 비교해 ⑤의 과정이 보이지 않는다. 여기서는 '從人'이 朝辭를 마친 후에 곧바로 퇴장하기 때문에, 그에 이어지는 연회에는 '사·부'만이 참가하며, 또 연회가 끝나면 '사·부'는 下殿하지 않고 그대로 殿上에서 國書를 수령한다. 연회 방식은 「見太后儀」와 똑같이 약식으로 진행되며 '從人'은 동참하지 않는다. 이밖에 「辭太后儀」에서는 사절단에 대한 사여물의 제공이 보이지 않고, 국서 수령 후에는 '受傳答語'라고 한 점에서 '사·부'와 태후 간에 모종의 대화가 있음이 추정된다. 이들은 모두 「見儀」와 다른 부분이다.

한편 「宋使辭儀」는 「契丹使辭儀」에 비해 비교적 큰 차이를 나타낸다. 의식의 흐름에서 전자는 '朝辭와 사여물 수령－연회－국서 수령'의 순을 보이는 데 비해, 후자는 '연회－朝辭와 사여물 수령－국서 수령'의 순이기 때문이다. 송과 거란은 모두 자국의 국서를 「辭儀」의 마지막 단계에서 使臣에게 수여하지만, 그에 앞선 '연회' 및 '朝辭와 사여물 수령'에서 서로 순서를 달리함을 알 수 있다.

또한 「契丹使辭儀」(앞 장 참조)에서 나타난 사절단의 퇴장과 재입장의 되풀이와도 비교가 필요하다. 이미 검토한 것처럼 의식 도중에 퇴장과 입장을 반복하는 것은 「宋使辭儀」의 「見儀」와 「宴儀」에서만 확인되고, 「契丹使辭儀」에서는 볼 수 없는 부분이지만, 「辭儀」의 경우는 반대로 「宋使辭儀」에는 그것이 없고 「契丹使辭儀」에서 두 번이나 되풀이 되기 때문이다. 즉 「契丹使辭儀」에서는 '연회'가 끝나면 사절단은 일단 퇴장했다가 다시 들어와 '朝辭와 사여물 수령'을 이어가고, 그것이 끝나면 또 다시 퇴장했다가 이번에는 '사·부'만이 들어와 국서를 수령하는 것이다.

2. '宋使 儀禮'에 보이는 여러 특징들

이상 '송사의례'의 전개 과정을 거란 황제가 주관하는 3가지 의례(「見儀」, 「宴儀」, 「辭儀」)의 특성을 중심으로, 황태후 관련 의례와의 차이를 지적하고, 나아가 '거란사의례'와도 비교해 보았다. 본장에서는 이를 바탕으로 '송사의례'에서만 확인되는 몇 가지 특징에 대해 개별적으로 검토한다.

1) 의례의 구도[17]와 관련한 이중성과 특수성

(1) 皇帝(혹은 太后)의 面位와 '使 · 副'의 입장

중국에서는 고대부터 主와 客의 관계에서 주인이 동쪽에 서고 客은 그 반대쪽에 서는 '主東客西'와, 君臣 간에는 군주가 남쪽을 바라보고 신하는 북쪽을 바라보는, 말하자면 '君北臣南'이 기본적인 자리 배치로 인식되어왔다.

이러한 원칙이 송의 궁전 의례에서 비교적 융통성 있게 이어지고 있었음을 필자는 앞 장에서 확인하였다.[18] 즉 唐代에는 외국사를 포함한 당의 신료들이 남쪽에서 북쪽 방향으로 식장에 진입한 이후 줄곧 황제와 '君北臣南'의 面位를 유지하는 것이 일반적이지만,[19] 송대에는 식장으로의 출입구가 동쪽과 서쪽에 위치하는 구조 때문에 입장 당초의 신하들의 면위는 西面이나 東面, 또는 '東西相向'하는 경우도 있었다. 하지만 신료들은 곧바로 北面하거나 필요에 따라 수시로 北面하여 황제와의 관계를 보였기 때문에 '君北臣南'의 기본 틀은 변함없이 유지되었다.

거란 측이 제정한 '송사의례' 중에도 이와 비슷한 구도가 존재한다. 그 중 하나인 「見太后儀」에는 신료들이 '東洞門'[20]을 통해 들어오며(I-(3)), 또 송의 '사 · 부'도 역시 東洞門으로 입장하는 것이 확인된다(I-(4)). 따라서 이들은 처음에는 西面 상태에 있게 된다. 이에 대해 太后가 어떠한 방향으로 식장에 임하고 있는지를 직접 나타낸 설명은 보이지 않지만, 그것이 南面 이외의 다른 面位가 있을 것이라고는 생각하기 어렵다. 예를 들어 중

---

17) 거란에서는 수도인 上京을 중심으로 궁전이 존재하며, 여기서 '송사의례'도 연출되었을 것이다. 그러나 현재의 단계로 거란의 궁전 구조를 충분히 설명하는 사료나 연구는 매우 제한적이고, 따라서 '송사의례'의 무대=식장을 이해하는 데에 한계가 따른다. 본 장은 식장 그 자체에 대한 이해를 추구하지 않으며, 또 논점의 대부분이 궁전구조의 양상이 어떠한지와 직결되지 않으므로, 유감스럽지만 궁전 구조 자체에 대해서는 상론하지 않은 채 論을 진행함을 밝혀둔다. 송이 제정한 '거란사의례'에서는 의례가 崇德殿－長春殿－崇德殿으로 장소를 바꾸어 진행되지만, '송사의례'에서는 이와 관련한 부분이 언급되어 있지 않아 그 실태를 파악하기 어렵다. 宋人의 使行 語錄의 하나인 『路振乘軺錄』에는 武功殿과 文化殿 등 거란의 궁전과 관련한 구체적인 이름이 보이기도 하나 전체적인 구조를 이해하기에 현재로서는 한계가 있다.

18) 본서 제Ⅲ부 제3장 참조.

19) 본서 제Ⅲ부 제7장 참조.

20) '송사의례'에서는 식장으로의 출입문을 '洞門'이라 표현하고 있다. 보통의 문과 구조상 다른 점이 있는 것으로 생각되지만, 이를 통해 의식 참여자들이 출입한 점에서는 크게 다를 바가 없었을 것이다.

서령과 閤使 등이 殿에 오를 때 이용하고 있는 西階와 東階는(I-(4), (5)), 당이나 송의 중국 왕조처럼 남면하는 殿에 부속된 동서 양 측의 계단을 의미하는 것임에 틀림없다.[21] 따라서 동쪽에서 입장한 宋使는 처음에는 일단 西面하지만, 式中 수시로 北面하게 되며, 上殿할 때도 남에서 북쪽 방향으로 올라가 황태후와 대면하게 된다.

「宴儀」도 '군주남면'의 구도를 기본으로 한다. '사·부'의 入場'이 東洞門을 통해 이루어지는 점은 「見太后儀」와 같다(III-(2)). 또 '재입장'의 경우는 신료와 '사·부'가 '兩洞門'을 통해 입장하므로(III-(6)) 이는 의식 참여자가 동서 양방향에서 입장해 서로 대면하는 구도를 말한다. 계단도 '東階'와 '西階'를 이용하는 형식이므로(III-(5), (8)), 여기서 황제가 남면하는 것은 자연스러운 형세이다.

그런데 이 두 의례를 뺀 나머지 3개의 '송사의례'는 이상과는 매우 이질적이며, 언뜻 보아 그 구도를 파악하기 힘들 정도로 난해하다. 거기서는 송의 '사·부'나 거란 측의 일부 신료가 '北洞門'을 통해 입장하는 것으로 되어 있을 뿐 아니라, 의식 참여자들이 殿을 오르내릴 때도 그 계단은 南階나 北階를 이용하는 것으로 되어 있다. 도대체 이것이 무엇을 의미하는지, 이를 중국 왕조의 전통적인 의례 구도인 '황제남면'을 전제로 이해할 경우 매우 기괴한 형태가 된다. 이대로라면 '사·부'는 황제를 전혀 볼 수 없는 殿의 後面에서 식장으로 입장하며, 또 上殿과 下殿 역시 뒤쪽의 계단을 이용해 황제와의 관계가 매우 어색해진다.

필자는 여기에 '송사의례', 즉 거란이 제정한 외국사에 대한 궁중 의례의 특징이자 특수성이 존재하며, 그것은 다름 아닌 군주의 기본 면위가 중국의 그것과 다른 데에서 오는 것이라고 생각한다. 즉 그것은 거란의 군주가 '중원왕조'와 달리 보통 '南面'보다 '東面'을 선호한 결과이며, '송사의례'의 「見儀」와 「辭太后儀」, 그리고 「辭儀」는 이처럼 황제와 태후가 해당 의식에서 '東面'하고 있음을 전제로 해야 비로소 의식 전체를 정합적으로 이해하는 것이 가능하다. 이를 明言한 설명의 하나로,

> 요의 민간에서는 東向하여 左를 숭상하므로 御帳은 東向, 遙輦九帳은 南向, 皇族三父長은 北向하여, 東西를 經으로 여기고, 南北을 緯로 삼는 故로 御宮을 일러 橫帳이라고 한다(遼俗, 東向而尙左, 御帳東向, 遙輦九帳南向, 皇族三父長北向, 東西爲經, 南北爲緯, 故謂御宮爲橫帳云.(『遼史』 권45, 百官志1, 北面諸帳官·遙輦九帳大常袞司)).

21) 본서 제III부 제3장과 제7장 참조.

〈표 5〉 '宋使儀禮' 중의 황제와 太后의 面位

의례 名	面位
「見太后儀」(I)	南面
「見儀」(II)	東面
「宴儀」(III)	南面
「辭太后儀」(IV)	東面
「辭儀」(V)	東面

고 보인다. 이것은 거란에서 '東－西'의 軸을 더 근본적으로 여기고, '남－북'은 부차적인 것으로 취급하고 있음을 말하며, 따라서 황제는 東向한다는 것을 말한다. 이는 '군주남면'을 중시하는 중국 측 의례와 근본적인 차이를 나타내는 부분이며, 의식 전개에 결정적인 영향을 미친다.

따라서 결국 '송사의례'에서는 황제와 황태후가 〈표 5〉와 같은 방식으로 기본 座位를 잡고 있으며, 그 속에서 '사·부' 내지 기타 일부 신료가 북쪽에서 식장으로 들어온 결과, 첫 면위가 南面이 되는 것을 알 수 있다. 즉 〈표 5〉 중의 3가지 의례(II, IV, V)는 황제와 황태후가 좌측에서 자리를 잡고 東面하며, 이를 기준으로 볼 때 '사·부'는 그 좌측(절대적인 위치는 북쪽)에서 입장하는 모양이 된다. 다만 이와 달리 이미 위에서 본 것처럼 「見太后儀」와 「宴儀」에서는 '南面' 상태를 유지한 것인지는 해결의 단서를 찾기 힘들다.

(2) 의식 참여자들의 자리 배치

東洞門으로 입장해 들어와 西面하거나 또는 北洞門에서 들어와 南面하게 된 '사·부'에 對해, 여타 의식 참여자들은 어떠한 面位를 하고 있었을까? '송사의례'는 이 문제를 포함해서 생각해야 비로소 그 온전한 구도가 파악되며, 따라서 여기서는 「見太后儀」(I)와 「見儀」(II)를 예로 들어 좀 더 검토할 필요가 있다.

먼저 「見太后儀」에서는 태후의 殿上 착석 이후, 의식과 관련해 나타난 신료들의 두 가지 움직임에 주의할 필요가 있다. 하나는 '契丹臣僚班'의 움직임으로, 이들은 '漢人臣僚'보다 먼저 식장에 들어와 독자적으로 起居한 다음 "착석할 자들은 上殿해 자리에 나아가서고, 그 밖의 신료로 착석하지 않는 자들은 물러나 '東面侍立'한다"고 되어있다(I-(2)~(3)). 또 하나는 이어서 '漢人臣僚'가 東洞門으로 들어와 西面한 뒤, 이들 중에도 착석할 사람은 上殿하지만 그렇지 않은 자들은 물러나 '西面侍立'하는 것이다(I-(4)). 이미 전술한 것처럼 '사·부'는 이 상태에서 東洞門으로 들어오는 것으로 되어 있다. 따라서 전체적으로, 漢人臣僚는 '사·부'와 같은 방향인 東洞門에서 들어와 함께 西面하는 자세이고, 이에 대해 '契丹臣僚班'은 입장 방향은 명시되어 있지 않지만 그 일부가 '東面侍立'하므로 西洞門으로 들어온 뒤, 漢人臣僚 및 '사·부'와 대면하는 것임을 알 수 있다.

그렇다면 이것은 '송사의례'에서 식장에 임하는 참여자들의 위치가 민족별로 다르게 되어 있음을 암시하는 것으로도 비추어진다. 거란 치하의 화북에는 잔류한 漢人 중 관료가 된 자가 있고, 이것이 거란 조정에서 거란과 한인 관리의 구별을 만들었지만, 나아가 그것이 조회에서는 민족별로 班을 달리하게 한 것으로 보인다. 특히 송의 '사·부'가 한인 신료와 같은 위치에 자리를 잡은 것은 그들의 동일한 人種的 태생이 고려된 것처럼 보여 흥미롭다. '사·부'와 한인 신료는 그 밖에도 「宴儀」에서 "契丹班이 謝宴하고 나가면, 漢人 및 使副班도 謝宴하고 舞蹈한다(III-(8))"는 예처럼, 의식의 진행 과정 중에도 같은 그룹에 속해 있다.

'송사의례'의 이중적인 면모는 해당 의식을 주관·운영하는 실무 관리들의 성격에서도 엿보인다. 殿上 연회에서 "契丹舍人과 漢人閤使가 일제히 贊拜한다"(I-(10)와 II-(11))거나, "契丹舍人과 漢人閤使가 일제히 皆拜를 贊한다"(I-(11))는 장면은 그러한 점과 관련이 있다. 즉 이 무렵 거란 측의 궁중 의식은 당·송의 관제에 준하는 소위 '南面官制'에 따라 閤門使 중심으로 운영되고 있었는데, 여기서 의식의 인도 역을 하는 舍人과 閤使가 각기 '거란인'과 '漢人'으로 구성된 점이 주의를 끈다. 이들이 座中을 향해 동시에 절을 하라고 호령한 것은 아마도 연회에 참가한 자들 중에 거란어나 한어를 이해하지 못하는 자들을 위한 배려로 보인다. 하지만 이 경우 거란 측의 거란인 신료는 물론 한인 신료도 거란어에 익숙해 있을 사정을 감안하면, 漢人閤使를 배치한 것은 주로 송의 사절을 위한 것이라고 볼 수 있다. 이러한 의식상의 관리 배치는 당이나 송 등 중국 의례에는 없고, 거란 측 외교 의례에서만 발견되는 또 하나의 이중 구조로 보인다.

이상과 유사한 구도와 특징들이 「見儀」에서도 발견된다. 여기서는 황제가 '東面'하는 입장이므로, 거란인 신료와 송의 '사·부'를 포함한 한인 신료가 남과 북에서 대면하는 것을 기본 구도로 한다. '거란 신료'가 '北面'하는 것은 남쪽(南洞門)에서 입장한 결과로 보이고(II-(2)), 그 다음 입장한 '한인 신료'는 반대로 북쪽(北洞門)에서 입장하며(II-(3)), 이어 송의 '사·부'[22]도 같은 방향에서 들어온다(II-(4)).[23] 또한 「見儀」에서는 '契丹舍人'과 '漢人閤使'가 함께 등장한다(II-(11)).

아울러 필자는 契丹史에서 유명한 '南面官'과 '北面官'이라는 호칭에 대해 그 유래를

22) 원문(II-(4))에는 '南使副'라고 되어 있다.

23) 원문(II-(3)과 (4))에 따르면 '한인 신료'와 송의 사·부는 모두 입장한 뒤에 바로 '面殿'(즉 西面)한다고 되어 있지만, 이들이 북쪽에서 입장한 형세 상 입장 당초에는 자연스럽게 남면하고, 그 후 식의 전개에 맞추어 西面한 것으로 생각된다. 사·부가 남면하는 모습은 II-(7)에서도 보인다.

정확히 파악하고 있지 못하지만, 이상과 같은 분석을 통해 그것이 조회에서 임하는 신하들의 방향과도 관련이 있는 것은 아닐까하는 생각을 해본다.[24]

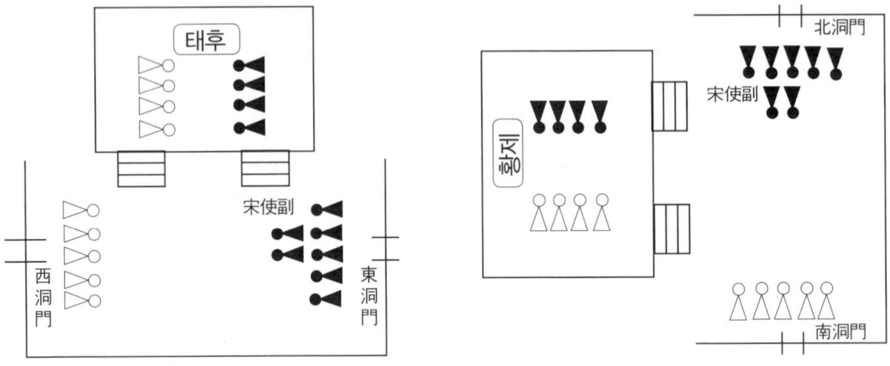

〈그림 1〉「見太后儀」(左)와 「見儀」(右)에서 의식 참여자들의 기본 위치(의식 개시 직후)

(3) '階'의 이용을 통해본 使 · 副의 동선

'송사의례'의 특성은 의식 참여자들이 식장에서 보인 계단의 이용 방식에서도 그 일단이 드러난다. 황제나 태후가 앉는 식장의 殿에는 동과 서 양쪽에, 또는 남과 북 양쪽에 계단이 붙어 있어, '사 · 부'와 신료가 이를 이용해 수시로 上殿과 下殿을 한다. 여기에 어떠한 원칙이 있는지를 검토해볼 필요가 있다.

---

24) 南面官과 北面官에 대한 호칭은『요사』권45, 百官志1에 "契丹舊俗, 事簡職專, 官制朴實, 不以名亂之, …. 至于太宗, 兼制中國, 官分南北, 以國制治契丹, 以漢制待漢人. 國制簡朴, 漢制則沿名之風固存也. 遼國官制, 分北, 南院. 北面治宮帳, 部族, 屬國之政, 南面治漢人州縣, 租賦, 軍馬之事. 因俗而治, 得其宜矣."라는 기사와,『契丹國志』권23, '建官制度'에 "其官有契丹樞密院及行宮都總管司, 謂之北面, 以其在牙帳之北, 以主蕃事, 又有漢人樞密院, 中書省, 行營都總管司, 謂之南面, 以其在牙帳之南, 以主漢事."라는 기사에 근거한 설명이 많아 보인다. 하지만, 전자는 南 · 北面의 호칭 문제와는 직결되지 않고, 후자도 '南'과 '北'이라는 점에서는 이유가 있지만, '面'이라는 字와는 관련이 없다. 따라서 필자는 '南面'과 '北面'이라는 의미를 가장 충족하는 것은 한인과 거란 관료들의 조정에서의 面位이며, 이것이 '남면관'과 '북면관'의 호칭의 연원으로 가장 가깝다고 생각한다. 또한 거란에서는 북면관과 남면관 간에 착용하는 복장에도 차이가 있었으며, 그 변천과 관련해서는『요사』(권56, 志25 儀衛志2 輿服2 漢服)에 "重熙五年尊號冊禮, 皇帝服龍袞, 北南臣僚並朝服, 蓋遼制. 會同中, 太后, 北面臣僚國服. 皇帝, 南面臣僚漢服. 乾亨以後, 大禮雖北面三品以上亦用漢服. 重熙以後, 大禮並漢服矣. 常朝仍遵會同之制."라고 보인다.

당의 외국사 관련 의례에서는, 東階와 西階가 부속된 식장(太極殿)에서, 외국사는 물론 일반 신료들도 거의 모두가 西階만을 이용하는 현상이 있음을 필자는 앞서 지적하였다.[25] 하지만 이에 비해 송조가 정한 '거란사의례'에서는 '階'에 대한 언급이 그리 많지는 않으나, 거란사와 일반 신료들이 東階를 이용한 예가 있고 西階와 관련한 설명은 거의 보이지 않음을 필자는 역시 지적하였다.[26]

'송사의례'에서는 〈표 6〉처럼 '사·부'가 모두 18회, 각 의례 평균 4~5회 꼴로 '階'를 오르내린다. 그리고 여기서는 '군주남면'을 취하는 의례(「見太后儀」와 「宴儀」)에서는 東階와 西階가, 그리고 '군주동면'을 취하는 의례(「見儀」, 「辭太后儀」, 「辭儀」)에서는 南階와 北階가 이용되고 있다. 당이나 송처럼 어느 한쪽의 '階'만이 사용되지 않고 동·서와 남·북의 계단이 함께 사용되고 있음도 확인된다.

이러한 계단의 이용 방식에는 어떠한 원칙이 배후에 있는 것일까? 한쪽 계단이 上殿만을 위해 사용되고 또 다른 한쪽은 下殿만을 위한 것이라든지, 아니면 '군주남면'과 '군주동면'에 속하는 각 의례들이 각기 자신만의 원칙이 별도로 있는 것이라면 그것을 이해하기 편하겠지만, 우선 그러한 공통점은 발견되지 않는다. 이 때문에 '송사의례'에서의 계단 이용은 무원칙으로 까지 보이는 것 같지만, 그러나 필자는 거기에 일정한 원리가 있음을 발견할 수 있다.

〈표 6〉 '門'과 '階'로 보는 使·副의 동선 일람

「見太后儀」	東洞門(入場)－東階(上殿)－東階(下殿)－西階(上殿)【西階(下殿)－西階(上殿)】－西階(下殿)－西洞門(퇴장)
「見儀」	北洞門(入場)－北階(上殿)－北階(下殿)－퇴장(方向不明)－入場(方向不明)－南階(上殿)－南階(下殿)－퇴장(南洞門?)
「宴儀」	東洞門(入場)－西階(上殿)－東西階(下殿)－兩洞門(入場)－上殿(方向不明)－東西階(下殿)－出(兩洞門?)
「辭太后儀」	北洞門(入場)－南階(上殿)－北階(下殿)－퇴장(南洞門?)
「辭儀」	北洞門(入場)－南階(上殿)－下殿(方向不明)－北階(上殿)－北階(下殿)－南洞門(퇴장)

어느 계단을 이용할 것인가의 핵심은 다름 아닌 '上殿의 목적'에 있다고 할 수 있다. 즉

25) 본서 제III부 제7장 참조.

26) 본서 제III부 제3장 참조.

이미 검토한대로 '송사의례'에 속하는 각 의례들은 '공식(국가) 의례'와 '사절단 의례'로 구성되는데, 결론적으로 말해 전자와 직결된 上·下殿은 '군주남면'에서는 東階가, '君主東面'에서는 北階가 반드시 이용되었고, 반대로 후자, 즉 '황제'와 직결되지 않는, 따라서 중요성이 상대적으로 떨어지는 것으로 보이는 경우는 각각 西階와 南階가 이용되었다고 해석된다.

구체적으로 「見太后儀」에서는 '사·부'의 첫 上殿과 下殿이 東階를 통해 이루어지고 있는데, 이는 황제－태후간의 안부를 교환하기 위한 '공식 의례'에 해당하지만, 그 후의 두 번째 上殿은 자신들(즉 사·부)을 위로하는 연회를 위한 것으로 西階가 이용되고 있으며, 이때의 下殿 역시 西階를 통해 이루어진 후 '사·부'는 西洞門으로 퇴장한다. 여기서는 '사·부'가 東洞門으로 입장하고 퇴장은 西洞門으로 하는 구도도 명확히 파악된다.[27] 또 殿上에 있던 '사·부'가 일시 殿庭으로 내려와 禮를 표해야 하는 상황(즉 〈표 6〉의【 】부분)에서도 상전과 하전은 모두 西階가 이용된다.

한편 '군주남면'의 例에 속하는 「宴儀」에서는 첫 上殿을 西階로 하고 있는데, 이는 그 목적이 처음부터 연회를 위한 것이기 때문이다. 다만 여기서는 두 차례나 실행되는 下殿이 모두 '東·西階'를 이용해 동시에 이루어지고 있으며, 이것만이 원칙에서 벗어나는 예외로 보이지만, 이는 殿上에 있는 다수의 侍宴 신료가 下殿을 신속히 하기 위한 배려로 보인다.[28] 또한 여기서는 입장과 퇴장도 兩洞門을 통해 이루어진다.

'군주동면'을 취하는 나머지 3개의 '송사의례'에서도 위와 같은 원칙을 확인하는 것이 가능하다. 「見儀」는 그 진행 방식이 「見太后儀」와 대동소이하므로 상전과 하전을 각각 '東階'를 '北階'로, '西階'는 '南階'로 바꾸어 생각하면 그 내용은 완전히 같은 꼴이 된다. 다음에 「辭太后儀」에서는 다른 대부분의 예와는 달리 '南階(上殿)－北階(下殿)'의 형태로 상전한 다음 하전의 방향이 다름을 알 수 있는데, 이는 송의 '사·부'가 일단 연회를 위해 상전하지만 그 후 國書를 수령한 상태로 하전하기 때문으로 풀이된다. 끝으로 「辭儀」에서는 먼저 연회를 위해 상전하지만, 그 후 다시 北階를 이용해 상전하고 또 하전한 것은 國書 수령을 위한 것이므로 이 같은 계단의 이용 방식은 필자가 제시한 원칙에 부합한다.

---

27) 「宴儀」에서는 上殿하지 않는 신료가 西洞門으로 퇴장한다고 보여(III-(2)), 이 역시 서쪽 문이 퇴장용으로 사용된 것을 보여준다.

28) 「見太后儀」에서는 勾從人이 兩洞門으로 입장해 兩洞門으로 퇴장하는 데(I-(9)), 이 역시 이와 같은 목적으로 보인다.

이상의 검토를 통해 '송사의례'에서는 동쪽과 북쪽의 계단이 서쪽과 남쪽보다 훨씬 중시되었음을 알 수 있다. '사·부' 이외의 자로, 殿上에 있던 閤使가 東階 또는 北階를 통해 上下殿한 것도 송 황제의 國書를 '사·부'로부터 수령해 거란 황제에 전하기 위함이고 (I-(5), II-(5)), 반대로 中書令과 '大王'이 西階를 이용하거나(I-(4)), 首相이 南階를 이용한 것(II-(4))은 그들의 신분이 신료에 지나지 않았기 때문이다.

아울러 거란에서는 西階('군주동면'에서는 南階)의 이용이 주를 이룬 점에서 당의 전통 혹은 영향이 일면 유지되고 있는 것으로도 볼 수 있지만, 여기에 東階('군주동면'에서는 北階)가 중시되어 제한적으로 이용된 것은 그들의 東方 숭상 정신과 관련이 있는지의 여부는 분명치 않다. 또한 이에 반해 송에서 동쪽 계단을 西階보다 더 많이 사용한 것은 전술한 대로 그 편의성을 위한 것으로 생각되며, 그렇다면 이 점에서는 거란의 계단 이용과 크게 상반된 것을 알 수 있다.

2) 國書, 問安, 그리고 禮物

(1) '授受 관계의 불균형'이 의미하는 것

'송사의례'에서는 式中에 거란-송 양국이 여러 차례 물품을 주고받는다. 여기에는 사절 단원에 대한 것도 있지만, 중요한 의미를 갖는 것은 상대방의 황제 내지 국가에 제공되는 물품이며, 이 대목이야말로 의식의 핵심을 이룬다.

그런데 5종류로 된 '송사의례'에서 쌍방이 무엇을 주고받았는지를 정리한 〈표 7〉에서 지적해야 할 것은 '授受 관계의 불균형'이라고 할 만한 측면이다. 이 점을 확인하기 위해 반대 측인 송조가 정한 '거란사의례'의 '授受 관계'를 정리한 〈표 8〉을 함께 보면, 거란-송 간의 授受物인 國書, 예물, 문안은 쌍방향적으로 제공되고 있고, 이는 결국은 오히려 당연한 것이다.

하지만 〈표 7〉에서는 이러한 '당연한' 관계가 균형을 이루지 못함을 알 수 있다. 아무런 수수물의 교환이 없는 「宴儀」와 예물의 수여 대상이 사절 단원으로만 되어 있는 「辭儀」를 제외한, '朝見'과 '朝辭'의 禮를 태후와 황제의 경우로 나누어 보기로 하자. 먼저 태후의 경우, 태후는 '사·부'와 國書를 서로 교환하며 그 이외에 예물은 받기만 할 뿐 宋使에게 주지는 않는다. 또 이때는 군주 간의 안부 교환이 따르는 것이 자연스러운 일이지만,

「見太后儀」에서는 宋使가 태후에 문안하는 내용은 없고 반대로 태후가 宋帝의 안부를 묻기만 할뿐이다.[29] 다만 宋使는 「辭太后儀」에서 '受傳答語'라고 하여 태후로부터 모종의 '答語'를 들으며, 이를 宋使의 문안에 대한 회답으로 볼 수 있을지 모른다. 하지만 그렇다 해도 '問安'은 한 자리에서 서로 주고받는 것이 일반적이지, 이와 같이 한 쪽만이 서로 다른 자리에서 상대에게 문안을 하는 것은 정상적이라 하기는 힘들다.

한편 황제 관련 의례의 하나인 「見儀」에서는 거란황제가 宋使와 국서를 태후 의례와 똑같이 양방향으로 교환하지만, 예물은 수여만 할 뿐 받지는 않고 있다.[30] 또 여기서는 쌍방 간에 問安이 행해진 명확한 설명이 보이지 않는다. 宋使가 '奏'를 한 것을 그에 해당하는 것으로 본다고 해도 송 측의 그에 대한 회답은 없다.

〈표 7〉 '宋使儀禮'에 보이는 거란-송의 授受 관계

의례명	송사절단	거란황제(또는 태후)
「見太后儀」	國書 → ← 禮物 →	→ ← 問安 →
「見儀」	國書 → 奏 → ←	→ → ← 對衣, 金帶
「宴儀」		
「辭太后儀」	← 受傳答語 ←	← 國書 ←
「辭儀」	← ←	← 禮物(別錄賜物) ← 國書

* 화살표는 수여 방향을 나타냄.

〈표 8〉 '거란사의례'에 보이는 송-거란의 授受 관계

의례명	거란 사절단	송 황제
「見儀」	國書 → 禮物 → 問安 ↔ ←	→ → ↔ 問安 ← 賜物
「宴儀」	××××××	×××
「辭儀」	← ←	← 賜物 ← 國書

* 화살표는 수여 방향을 나타냄.

이상을 정리하면 宋使는 '송사의례'에서 태후이건 황제이건 상대와 모두 국서를 교환하지만, 그 밖의 중요한 상징물인 禮物과 문안의 경우, 예물은 태후에게 주기만 한 반면 황제에게는 받기만 하고, 반대로 (宋帝에 대한) 문안은 태후에게서 받기만 한 반면 거란 황제에게는 그것을 직접 물은 것(즉 奏)으로 여겨진다.

그렇다면 이 불완전하고 기형적으로까지 보이는 수수 관계는 무엇을 의미하는 것일

29) 「見太后儀」에서처럼 사자가 안부를 묻는 장면 없이 상대방 군주의 문안을 일방적인 묻는 것은 『개원례』에서도 보인다.

30) 여기서 제공된 '對衣'와 '金帶'마저 정식의 예물로 볼 수 있는 것인지는 분명치 않다.

까? 이를 단순한 '생략'으로 본다면 문제는 간단하지만, 민감한 국가 간의 의례에서 그 같은 생략을 함부로 하지 않았을 것이라고 전제한다면 거기에는 무언가 의미가 있었을 것이다. 현재로는 이를 직접 설명하거나 해결의 단서가 될 사료는 보이지 않는다.

필자는 따라서 정확한 답을 제시할 수 없지만, 추론을 시도한다면 태후 의례와 황제 의례의 이중적 면모를 갖는 '송사의례'가 그 상대국인 송조가 제정한 '거란사의례'와의 균형을 맞추기 해서, 내용을 교묘하게 절충 내지 분할한 것이 아닌가, 하는 생각을 해본다. 즉 위의 검토 결과 태후 의례와 황제 의례가 '수수 관계'에서 각각이 '거란사의례'의 '반쪽' 정도를 이룬다는 점에서, 거란 측에서는 이 두 의례를 합친 전체가 송 측이 운용하는 '거란사의례'에 대략 상당하도록 만들었다고 보는 것이다. 물론 이것은 기이하고 보통은 있기 어려운 형태에 속할 것이다. 하지만, 宋使가 특히 예물을 거란의 태후와 황제에게 각각 '거란사의례' 수준으로 양쪽에 제공하면 부담이 배가되며, 게다가 거란의 回賜가 송에 비례하지 않는 현실에서[31] 송의 收支가 전혀 맞지 않게 되므로 그 가능성은 부정할 수만은 없을 것이다.[32]

이러한 추측이 허용된다면 예물을 중심으로 하는 '송사의례'의 收受 관계는 아마도 태후 의례를 배제할 수 없는 거란 측에서 송의 입장을 고려해 조정했을 가능성이 있고, 송조도 이를 양해했을 것으로 추측된다. 다시 추측을 거듭한다면 거란 측이 한 번만 받게 되는 예물은 황태후에게 돌리고, 반면 宋使에 대한 回賜는 황제가 베푸는 모양으로 양자를 분리시킨 것은, 태후에 대한 황제의 '孝'와 국가 간의 '義'를 모두 지키는 방법으로 강구되었다고 볼 수도 있을 것이다. '전연의 맹' 이후 다액의 세폐를 제공하게 된 송조와 그것을 획득한 거란 사이에서는 쌍방 간에 교환하는 사절에 대한 예우와 그 이면에 놓인 예물의 제공 같은 현안에 대해서도 타협을 했을 것이다.

(2) 禮物 進呈의 방법

여기서 '송사의례'의 예물 수수 방법을 당·송의 그것과 비교해 두고 싶다. 당에서는 외

31) 거란은 '사·부'에게만 예물을 수여한 반면, 송은 위에서 언급한 것처럼 두 번이나 사자에 賜物을 제공하고 있다.

32) 이 문제는 단지 의례상에서만이 아니라 양국이 사절단을 送迎하는 과정에서 발생한 전체 지급 비용을 비교할 필요가 있지만, 그렇다고 해도 송 측의 부담이 훨씬 높았던 것으로 보인다.

국사가 준비한 예물을 알현일 당일에 미리 사자의 식장 자리 앞에 배열해 둔 상태에서, 식이 시작되면 (1)國書가 進上되고, (2)有司가 그 부하를 데리고 殿庭의 예물을 받아들며, 다시 얼마 후 (3)황제가 외국사에게 그 國主의 안부를 묻는 것이 중요한 내용이다.[33] 이때 예물에 대해서는 당 측이나 외국사 어느 쪽도 그 존재에 대해 언급하지 않을 뿐더러, 國書가 進上되는 동안 한편에서 이를 '有司'가 들고 식장 밖으로 퇴장하므로, (2)는 사실상 (1)과 거의 동시에 이루어져 별도의 과정으로 구별될 수 없을 지 모른다. 또 예물의 배열은 사자의 자리 배정 원칙과 마찬가지로 '以西爲上'에 따른 것으로 보이므로,[34] 서쪽에 더 가치 있는 물품을 놓은 셈이다.

한편 '거란사의례'에서는 예물이 거란사·부의 뒤를 따라서 송의 將兵(天武官)에 의해 반입된다. "天武官이 예물을 들고 나누어 東·西向해 들어와, 東을 首로 하여 殿庭에 배열한다"고 하므로,[35] 예물은 東·西 門을 통해 동시에 들어와 당과는 달리 동쪽에 더 가치 있는 물품을 둔 것을 알 수 있다. 이러한 예물 배열의 차이가, 이미 전술한 儀式 中에 西階를 주로 이용한 당의 입장, 또는 그 반대로 東階를 더 사용한 송의 입장과 관련이 있는지의 여부는 알 수 없다. 또 예물은 國書가 進呈된 후와, 거란사·부가 宋帝에게 문안을 올리기 위해 上殿하기 전, 의 사이에 밖으로 반출되므로, 의식이 '(1)국서 → (2)예물 → (3)문안' 순으로 진행되는 것은 당과 같다. 단 여기서도 예물은 당의 例처럼 式中에 특별한

33) 『개원례』 권79, 賓禮 「皇帝受蕃使表及幣」에 "其日, 典儀設使者位於懸南, 重行北向, 以西爲上. 庭實位於客前, 典儀位於懸東北, 贊者二人在南差退, 俱西面. ……侍郎受書, 置於案, 回詣西階. 侍郎取書升奏, 持案者退. 初侍郎奏書, 有司各帥其屬受幣·馬於庭. 典儀曰, 再拜. 贊者承傳, 使者以下皆再拜. 舍人前承制, 降詣使者前, 問蕃國主. 使者再拜, 對訖又再拜. 舍人回奏, 又承勅問其臣下. 使者再拜對." 라고 있다.

34) 앞 注 참조. 이 기사에 의해 使者는 물론 예물의 진열에서도 좌측이 '上'임이 암시된다고 생각되지만, 다시 『개원례』 권79, 賓禮 「皇帝宴蕃國主」에도 "蕃主入門, 舒和之樂作, 蕃主至位, 樂止. 其有獻物, 則從入陣於蕃主之前, 以西爲上. ……"이라고 보여, 여기서는 '蕃主'의 경우이기는 하나 '以西爲上'의 원칙이 확실히 보인다. '蕃使'도 이와 다를 이유가 없을 것이다. 다만 여기서는 예물이 '蕃使'와 달리 미리 殿庭에 배열되는 것이 아니라, 蕃主가 식장에 입장할 때 비로소 위에서 따라 들어오는 것이라는 것을 알 수 있다.

35) 『禮閣新編』 권83, 新禮16 「契丹國信使副元正聖節朝見宴」에 "赴東西接引契丹使副. 舍人引契丹使副, 自外捧書匣入起居, 當殿立. 天武官擡禮物分東西向入, 以東爲首, 于殿庭排列訖, 舍人喝天武官起居, 兩拜, 隨呼萬歲, 訖, 奏聖躬萬福訖, 喝各祗候(如牽馬, 天武官則不拜, 只應諾)…. …樞密使已下近前進呈書訖, 退歸侍立. …擡過禮物, 候出絶, 舍人與館伴使副等引契丹使副至殿東東階下. 閤門使揖引同升. 當御前立. 國信大使跪傳國主問聖體…."라고 있다. 또 여기서는 "말을 끄는 경우라면 天武官은 拜하지 않고 단지 應諾만 한다"고 하므로, 예물이 말에 의해 운반되어 퇴장하는 경우도 있음을 보여준다.

주목 없이 도중에 반출되는 것으로 되어 있다.[36]

이상에 비해 거란 측이 제정한 '송사의례'에서는, '(1)국서 진상 → (2)문안 → (3)예물 進獻'의 순으로 宋使가 움직이므로, 중원 왕조의 그것과 순서가 일치하지 않는다. 宋使는 예물을 '공식 의례'의 마지막 단계, 즉 '사절단 의례'가 시작되기 전에 거란 측에 제공하는 것이다. 또 예물은 引進使의 인도로 "西洞門에서 들어와 殿前에 擔牀을 놓고, 控鶴官이 起居四拜한 후에 擔牀을 메고 東便門으로 나간다"(I-(7)). 즉 여기서의 예물은, 미리 식장에 그것을 배열해 둔 당은 물론, '사·부'의 뒤를 따라 들어오는 송과도 달리, '국서 진상'과 '문안'이 다 끝난 뒤에 비로소 반입되는 것이다. 아울러 '송사의례'는 예물이 西洞門에서 들어와 東便門[37]으로 나간다고 되어 있어, 그 이동 방향이 당과 송에 비해 가장 분명하게 확인된다. 당에서는 식장 구조 상 아마도 남쪽 문에서, 그리고 송은 東·西 兩門에서 진입하는 것이 확인되지만, 그 搬出 방향은 설명이 없기 때문이다. 당과 송, 그리고 거란에서 예물은 반입의 시점과 방법은 제각기 다르지만, 그것이 의식 도중에 반출되는 점에서는 모두 같다.

3) 通譯의 문제와 의례상의 예법

(1) 通譯 문제

당시 언어가 달랐던 거란 측과 宋使는 의례 석상에서 어떻게 소통하였는지, 여기서도 이와 관련한 '송사의례'의 특징을 당·송의 그것과 비교하는 방식으로 파악해보자.

『개원례』에 의하면 외국사[38]는 上殿이 허락되지 않기 때문에 알현의식 내내 殿庭에 서 있는 상태이며, 따라서 황제가 그에게 직접 말을 거는 장면은 보이지 않는다. 황제는 자신의 의지를 '制'나 '勅' 등의 王言으로 通事舍人을 통해 전하며,[39] 외국사도 자신의 회답을 통사

---

36) 앞 注 참조.

37) '송사의례'의 식장에서는 동쪽 방향에 '洞門'이 있음을 보았지만, 여기서는 이 쪽에 '便門'으로 불리는, 아마도 말 그대로 편의를 위한 작은 문이 별도로 있음을 알 수 있다.

38) 『개원례』는 외국의 사절을 '蕃主'와 '蕃使'로 구별해 설명하고 있으나, 여기서의 외국사는 이 중 '蕃使'를 뜻한다.

39) 본서 제III부 제7장 참조.

사인을 매개로 迴奏한다. 전달자로서의 통사사인이 이 과정에서 외국사에게 唐의 언어[40]를 사용했는지, 상대방의 외국어를 구사했는지 확실하지 않지만, 적어도 『개원례』에는 통역이 개재한다는 기술은 없다. 황제가 외국사의 해당국 군주에게 안부를 묻는 절차가 있고, 또 통사사인이 해당국의 언어까지 이해한다고는 생각되지 않으므로 통역이 필요 없을 것으로는 생각되지 않는다. 그렇다고 일부 세밀한 내용까지 기술하고 있는 『개원례』가 통역 관련 설명을 일체 생략했다는 것도 수긍이 가지 않는다. 당에서도 의식을 위한 예행연습이 사전에 있던 것으로 생각하면, 통사의 비중이 줄어들 가능성은 있을 것이다. 혹은 궁중 의례에서는 통역의 참여를 허용하지 않는 것이 당의 관례였을지도 모른다.

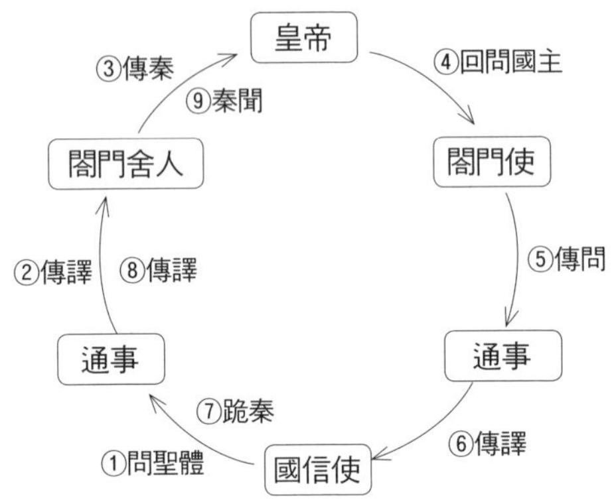

〈그림 2〉 송·거란 황제 간의 안부 교환 개념도

이것이 송대가 되면 一轉하여 외교 의례에서 통역의 존재와 역할이 크게 부각된다. '通事'라고 불린 그들은 '거란사의 례'에서 엄연한 송 측의 관리로 등장해 때로는 사절단을 인솔하기도 하지만, 주된 활동은 식장에서 '사·부'를 비롯한 거란사절단 각 개인이 행하는 발언을 통역하는 일이다.[41] 〈그림 2〉는 通事가 개입해 거란사가 대행하는 송-거란 황제 간의 문안 교환을 돕는 절차를 정리한 것이다. 송에서도 황제가 외국사에게 직접 말을 걸지 않지만, 至近한 거리에서 통역이 역할을 수행함으로써 마치 대화에 가까운 의사를 주고받는 점이 당과 대비된다.[42]

'거란사의례'에서 한 가지 더 주의할 것은 거란사절단 중에 통역 요원이 포함되어 있는 점이다. 즉 거란 사절에는 '사·부'와 '舍利已下' 이외에 '差來通事已下從人'도 一群을 형성해 의식에 참여한다. 다만 '거란 본국에서 差出되어온 通事'로 여겨지는 이들이 식장에서 그 이름에 걸 맞는 역할을 수행한 내용은 보이지 않는다. 의식 중의 통역은 모두 송 측 通事가 하는 것으로 보이므로, '差來通事'는 궁중 의식에서보다 거란사절이 송에 체

40) 이를 '漢語'라고 할 수도 있겠지만, 여기서는 편의상 이렇게 사용하기로 한다.

41) 「見儀」 I-(9)에 "次通事及舍人引舍利已下分班入, 不通, 便引合班, 贊喝大起居(其拜及舞蹈並依本國儀). 其奏聖躬萬福, 並是通事當殿鞠躬傳奏,"라고 보인다.

42) 다만 이것은 거란의 경우에 해당하며, 송에서도 기타 외국사에 대한 대우는 달랐다.

류하는 동안 일상에서의 통역 등에 봉사했을 것으로 생각된다.

그런데, 이와 달리 '송사의례'에서는 通事의 존재 자체가 보이지 않는다. '거란사의례'에서는 사절단이 자신을 소개하거나 황제에 致謝를 할 때면 "通事가 殿 앞에서 鞠躬 傳奏"하는 것이 관례이지만, '송사의례'에서는 이 과정이 없는 채로 行禮가 이어진다. 問安을 교환하는 단계에서는 通事는 물론, 다른 관원들의 역할도 보이지 않아 황제가 宋使와 직접 대화하는 것으로까지 보인다. 國書 전달에서도 通事의 역할이 없기 때문에 그 절차는 단순하다. 송의 국서는 '閤使 → 樞密 → 宰相 → 황제'(II-(5))의 순으로 거란 측에 전달되지만, 이에 비해 거란 측의 국서는 宋使가 "書를 跪受한다"(V-(11))고만 되어 있어 통사는 역시 개입하지 않으며, 그 밖의 과정은 설명이 생략된 것으로 보인다.

이상에 의해 '송사의례'에서는 별도로 통역을 맡은 전문 관리가 식장에 배치되지 않은 것으로 여겨진다. 그러면 이러한 방식에 불편은 없었는지, 자신들이 해마다 송에 몇 차례씩 파견하는 사절에는 通事를 포함시키면서, 자국 내에서 치르는 의례에서 이를 배제시킨 것은 왜일까?

이 문제의 단서를 거란의 이중적인 관료 구성에서 찾을 수 있을지 모른다. 즉 이미 전술한 대로 거란의 신료들은 조회에서 거란인과 한인이라는 인종별의 班列을 형성하고, 의식을 주관하는 관리도 '漢人閤使'를 '契丹舍人'과 함께 식장에 배치되었다. 따라서 이들 간의 구체적인 역할 분담은 알 수 없지만, 그 사이에 언어적인 분업이 있었을 것은 추측하기 어렵지 않으며, 여기에 通事 문제와의 상관성이 엿보인다. 특히 閤使는 주로 殿上에서의 의식에 관계하며, 이를 '漢人閤使'가 맡았다면 宋使와 거란 황제 사이에서 사실상 통사 역할을 수행할 수 있다. 또 확인은 되지 않지만 殿庭에서도 舍人 중에 漢人이 배치되었을 가능성이 있고, 그렇다면 이들도 통사의 기능을 겸임할 수 있을 것이다. 즉 식장에는 거란 관리와 漢人 관리가 병존하며 이것이 자체적으로 언어 문제를 조정하는 효과가 있었기 때문에 '송사의례'에서는 '거란사의례'만큼 通事의 필요성이 강하지 않았을 가능성이 있다.

(2) 예법의 종류과 특징

'송사의례'에서는 송의 사절이 거란의 황제와 태후를 향해 수시로 예를 표하며, 그 예법도 다양하다. 거기에 어떤 특성이 있는지, 당·송의 그것과 비교를 통해 실태를 파악해보자.

〈표 9〉 '거란사의례'에 보이는 사절단의 예법과 行禮 수

	「見儀」	「宴儀」	「辭儀」
使·副	跪(3) 揖躬(1) 大起居(1) 謝(2) 舞蹈(3) 拜(3)	舞蹈(1) 拜(4)	跪(3) 常起居(1) 揖躬(1) 致詞(1) 舞(1) 拜(7)
舍利已下	跪(1) 大起居(1) 舞蹈(1) 拜(1)	舞蹈(1) 拜(7)	跪(1) 奏聖躬萬福(1) 拜(7)
差來通事 以下從人	跪(1) 奏聖躬萬福(1) 拜(5)	拜(4)	跪(1) 奏聖躬萬福(1) 拜(7)

당의 외국사 관련 의식에서는 '再拜'와 '俛伏'이 주된 예의 표현 방식이며,[43] 따라서 이와 비교할 때 〈표 9〉에 보이는 다양한 예법들은 적어도 외교 의례에 한해서는 그 대부분이 송대에 비로소 도입된 것이었다고 할 수 있다.

한편 〈표 9〉와 〈표 10〉 사이의 예법의 종류를 비교하면 상당수가 유사하여 양자 간에 영향 관계가 추정된다. 다만 당의 의례에서 多用된 '俛伏'이 '송사의례'에서 보이고 '거란사 의례'에서는 보이지 않는 것은, '송사의례'의 唐禮로부터의 영향도 생각하게 한다.

〈표 10〉 '송사의례'에 보이는 사절단의 예법과 行禮 수

	「見太后儀」	「見儀」	「宴儀」	「辭太后儀」	「辭儀」
使·副	跪(2) **俛伏(2)** 起居(2) 鞠躬(2) 舞蹈(2) **奏聖躬萬福(1)** 謝(1) 拜(18)	跪(3) **俛伏(4)** 起居(2) 鞠躬(2) 舞蹈(4) 謝(2) 拜(32)	**鞠躬(1)** 舞蹈(2) **謝宴(1)** **致詞(1)** 拜(19)	跪(1) 鞠躬(5) **奏聖躬萬福(1)** 致詞(1) 拜(9)	跪(2) **俛伏(2)** 起居(2) 鞠躬(4) 舞蹈(2) 謝恩(1) 拜(15)
勾從人 以下	起居(1) 鞠躬(1) 拜(4)	奏聖躬萬福(1) 謝恩(1) 拜(8)	起居(1) 謝(1) 拜(2)	奏聖躬萬福(1) 拜(4)	謝恩(1) 拜(5)

하지만 〈표 9〉와 〈표 10〉 사이에는 여러 면에서 차이가 존재한다. 외형적으로 같은 예법이라 해도 이를 누가 어느 시점에서 어떻게 사용했는지가 양자의 차이를 드러내는 가장 중요한 부분이 된다. 예를 들어 상대를 축원하는 '奏聖躬萬福'을 '사·부' 기준에서 볼

43) 본서 제III부 제7장 참조.

때 '거란사의례'에서는 이를 행하지 않지만 '송사의례'는 행한다. 또 같은 '송사의례' 안에서도 '사·부'의 '奏聖躬萬福'은 태후에게만 행하지 황제에 대해서는 하지 않는다. 반면 '사·부'를 제외한 나머지 사절단은 '거란사의례'와 '송사의례' 양쪽에서 '奏聖躬萬福'을 하는 것이 보통이다. 하지만 이들 의례들이 그것을 하거나, 또 하지 않는 데에 어떠한 원칙이 있는지는 파악하기 어렵다.

'舞蹈'도 송과 거란의 사절이 폭넓게 이용한 예법이다. 이것은 '거란사의례'에서는 '사·부'를 중심으로 '舍利已下'까지 포함하는 비교적 上位의 사절이 이용하였다. 舞蹈는 이들에 의해서 적어도 「見儀」와 「宴儀」자리에서 예외 없이 연출된다. 알현의 '기쁨'을 표현하기에 가장 인상적일 수 있기 때문일 것이다. 다만 하직을 고할 때는 자리의 성격이 달라서인지 차이가 발견된다. '거란사의례'의 '舍利已下'는 무도를 하지 않는 것으로 되어 있고, '송사의례'의 「辭太后儀」에서도 그것이 보이지 않는다. 하지만 '송사의례'의 「辭儀」는 무도가 보여 거란 황제에 대한 의례에서는 시종일관 무도가 宋使에게 요구된 것을 알 수 있다.

이에 비해 '거란사의례'의 「辭儀」에서는 '무도'가 보이지 않고 다만 '舞'라고만 보인다. 즉 송조로부터 賜物을 '跪受'한 뒤에 '拜舞'했다는 것으로 이는 무도와는 다른 것으로 여겨진다. '舞'가 단독으로만 쓰인 예는 이곳이 유일하며 이것이 '蹈'가 누락된 것인지의 여부는 분명치 않다. 이를 단순한 '舞'로 본다면 '거란사의례'에서는 「見儀」와 「宴儀」와는 달리 작별을 고하는 「辭儀」에서 원칙적으로 무도는 실행하지 않는 것이 된다. 이 점은 '송사의례'중 '태후 의례'와도 동일하지만, 그러나 '황제 의례'에서는 무도를 실행하는 것으로 되어 있어 차이를 보인다.

황제(또는 태후)에게 고마움을 밝히는 '謝'는 의식마다 용어와 내용에 다소의 차이가 있지만 기본적으로 같은 것으로 생각된다. '致詞', '謝宴', '謝恩' 등이 여기에 포함된다. 다만 '거란사의례'와 '송사의례'를 비교할 때, 전자에서는 '사·부'만이 「見儀」와 「辭儀」에서 1~2회 그것을 표하지만, 후자에서는 '사·부'를 포함해 다른 사절도 수시로 그것을 밝힌다. 특히 여기서는 '사·부'가 모든 의례에서 '謝'를 표하고, 그 밖의 사절도 황제에 대해서는 반드시 그것을 잊지 않는다.

이상의 비교 검토를 통해 생각할 때, 전반적으로 송이 제정한 '거란사의례'보다 거란이 제정한 '송사의례' 쪽이 더 엄격한 예절을 요구한 것으로 보인다. 이 점을 가장 두드러지게 하는 것이 '拜'의 방식이다. 모든 의식에서 보이는 가장 기본적이고 대표적인 예법인

拜는 '사·부' 기준으로 '거란사의례'에서 총 14拜가 실행되는 데 비해, '송사의례'에서는 황제에 대해서만 무려 66배나 실시된다. 나머지 사절의 경우는 '송사의례'에서 '勾從人以下'가 황제에 대해 총 15배 한 것에 비해, '거란사의례'에는 '舍利已下'가 15배, '差來通事以下從人'은 16배 각각 실시해 서로 거의 동일한 수준을 유지한다. 이쪽의 拜가 적은 것은 송-거란 간의 의례가 이미 검토한대로 '사·부' 중심으로 운영되기 때문이다. 그래도 '사·부' 간의 拜數에서 보이는 과도한 차이는 '송사의례'가 형태적으로 더 엄격한 신례를 반영시킨 것이라고 보지 않을 수 없다.[44]

물론 위의 〈표 10〉에 제시한 '拜數'는 각 의례의 전체 합을 나타낸 것이고, 또 이를 한 번에 연이어 실행한 것도 아니다. 총 32배로 단일 의식 중 그 수가 가장 많은 「見儀」를 예로 들어 전개 과정을 보면, 먼저 송의 '사·부'는 입장해 자신을 소개하는 알현 자리에서 '起居7拜-出班謝-舞蹈-5拜-舞蹈-5拜' 식으로 17배를 이어간다. 사실 여기서는 '起居'를 어떻게 보느냐에 따라 拜數가 변할 수 있다. 다양한 의미를 갖는 '起居'는 궁중 의례의 경우는 "문안 인사를 올리는 인사 등을 포함한 禮"를 말하며,[45] 송대의 사료에 "常起居는 兩拜하고, 大起居는 7배한다"[46]고 하므로, 위의 '起居7拜'를 '起居 뒤에 다시 7배한다'고 새기면 그 拜數가 늘어나기 때문이다. 그럴 가능성을 배제할 수는 없으나, 여기서는 '7배하는 起居'의 의미로 이해해 두고 싶다. 또 위의 〈표 10〉에는 '起居'와 '大起居'가 곳곳에 보이며, 이를 〈표 10〉의 拜數에는 산입하지 않았기 때문에 합산할 경우 더 늘어난다. 아울러 여기서 보이는 '무도에 이어 5배'하는 방식은 실은 '송사의례' 전체에서 확인되는 고정된 패턴으로 보인다. 「見儀」에서는 舞蹈가 모두 4차례 실행되므로, 따라서 20배가 이어지는 셈이다. '거란사의례'에서는 이러한 원칙이 존재하지 않으며, '拜'를 연이어 하는 '5배' 자체가 존재하지 않는다.

이어 「見儀」에서 일시 퇴장했다 재입장한 '사·부'는 殿庭에서 도합 6배를 추가하는 禮를 피로한 후, 殿上의 연회 과정에서 다시 拜를 4번 산발적으로 표하고 나서 下殿해 5배를 하고 퇴장한다. 이미 본 장에서 확인한 것처럼 '송사의례'의 「見儀」에는 '거란사의례'

44) 이 점을 검토하기 위해서는 거란의 일반적인 궁중의례와 비교할 필요가 있을 것이다. 필자가 일별해본 느낌으로는 역시 거란 측의 궁정 의례에서 拜數가 더 많아 보이지만, 그렇다 해도 이것은 너무 많은 차가 있고, 특히 균형을 맞추어야 하는 외교의례에서는 더욱더 그렇다.

45) 본서 제III부 제3장 참조.

46) 『송사』 권116, 禮19 賓禮1 常朝儀.

에 없는 '재입장과 연회' 과정이 있고, 이 때문에 禮가 추가된 이유로 전체적으로 拜의 수가 늘어난 점이 적지 않다. 하지만 이 부분을 빼더라도 두 의례 간 拜數의 비율은 17 : 3이 되어 여전히 큰 것이 된다.

아울러 '송사의례'에서는 태후와 황제 어느 쪽을 대상으로 하건, 「見儀」의 拜數가 「辭儀」때가 되면 반감하고 있다.

맺음말 : 정리와 전망

'송사의례'에는 '거란사의례'와 비교해 공통된 요소를 다수 내포하면서도, 동시에 차이점 역시 적지 않음을 확인하였다. 이 차이점은 거란 왕조가 처한 정치적 내지 사회적 배경의 이질성을 반영한 것이 많으며, 본 장의 고찰 결과 다음의 사항이 특히 중요한 것을 지적하였다.

① '송사의례'에서는 의식이 '군주동면' 상태로 진행되는 경우가 많다. 이는 거란 민족의 기호를 반영한 것으로 '군주남면' 위주의 중원 왕조 방식과 배치된다. 이것이 의식이 진행되는 식장의 기본 배치와 구도에 결정적인 영향을 미치었다. '군주동면'은 총 5개의 '송사의례' 중 3개의 의례에서 유지되며, 나머지 의례 는 '남면'을 취하였다. 같은 '송사의례'임에도 불구하고 왜 이렇게 서로 다른 두 종류의 면위가 존재하는지는 알기 힘들다.

② 한편 송의 사절은 거란의 황제(또는 태후)가 '남면'할 때는 東門을 통해, 또 東面할 때는 北門을 통해 각각 식장에 입장하며, 거란 측의 漢人 관리도 이에 준한다. 이에 대해 거란인 관리는 '군주남면'에서는 西門에서, 또 '군주동면'에서는 南門에서 각각 입장해, 결과적으로 송의 사절을 포함한 漢人 관리와 대면하는 面位를 이룬다. 이는 의식 참여자들이 식장에서 민족(인종) 별로 정렬하는 측면이 있음을 반영한다. 필자는 이와 관련해 거란의 역사에서 이름 높은 '남면관'과 '북면관'의 호칭 유래가 이 같은 '面位'와 무관하지 않았을 가능성을 생각한다.

③ '송사의례'에서는 의식의 진행에 관여하는 실무 관리 중에 한인과 거란인이 동시에 배치된 것이 보이며, 이 또한 관리들이 언어적 분업을 위해 민족별로 식장에 배치된 것을 생각하게 한다.

④ 殿에 부속된 階에 주의할 때, 당에서는 의식 참여자들이 거의 西階만을 이용하고,

또 송에서는 주로 東階가 이용된 반면, '송사의례'에서는 동·서의 階와 남·북의 階가 모두 이용되어, 一見 무질서한 것처럼 보인다. 하지만 그 동향을 분석하면, 上殿의 목적이 황제와 관련이 있는 경우는 東階('군주 南面'의 경우) 또는 北階('군주 東面'의 경우)가 이용되고, 그 목적이 그 밖의 것일 때는 '西階' 또는 '南階'가 이용되는 원칙이 있음이 발견된다.

⑤ 외국사가 군주를 알현하는 전통 시대 동아시아 의례의 場에서 당사국 사이에 國書와 예물, 그리고 황제간의 문안이 교환되는 것은 일반적인 현상이며, 이는 '거란사의례'에서도 확인된다. 그러나 '송사의례'의 경우 이 같은 교환이 이루어지기는 해도 균형을 이루지 못하는 현상이 발견된다. 宋使는 국서를 거란의 황제와는 물론 태후와도 교환하지만, 예물은 황제에게 받기만 하고 태후에게는 헌정하기만 하는 일방향적인 관계가 그것이다. 이 기이한 구조에 대해 필자는 '태후 의례'와 '황제 의례'라는 이중적인 면을 갖는 '송사의례'가 송 측에서 제정한 '거란사의례'와 收支 관계를 맞추기 위해 의도적으로 그것을 절충 내지 분할한 것으로 추정한다.

⑥ 한편, 의식의 전개 과정에서 핵심을 이루는 외국사에 의한 國書와 예물의 진상 및 황제와의 문안 교환이 이루어진 순차를 보면, 당과 송에서는 '국서 진상 → 예물 진상 → 문안 교환'으로 이어지지만, 거란이 제정한 '송사의례'에서는 '국서 진상 → 문안 교환 → 예물 진상' 순이 된다. 또 예물이 식장에 반입되는 시점도 달라, 당에서는 그것을 외국사가 들어오기 전에 미리 식장에 陳設하고, 또 송에서는 그것이 '사·부'의 입장과 거의 함께 뒤따라 들어오지만, 이에 대해 '송사의례'에서의 예물은 '국서 진상'과 '문안'이 다 끝난 뒤에 비로소 반입된다.

⑦ '송사의례'에서는 式中에 通事(통역)가 보이지 않는다. 이 점은 당과 동일하지만, 같은 시기 있던 송 측의 '거란사의례'와는 대비된다. '송사의례'의 이 같은 면은 의식을 진행하는 관리 중에 거란인 이외에 한인이 함께 참가한 사정과 관련이 있을 것이다. 즉 식장에는 거란 관리와 한인 관리가 병존하며 이것이 자체적으로 언어 문제를 조정하는 효과를 발휘했기 때문에 '송사의례'에서는 '거란사의례'만큼 通事가 필요하지 않았을 것이다.

⑧ 의식 중에 사용된 예법은 '송사의례'와 '거란사의례'가 서로 같으면서도 다른 점을 공유하지만, 전반적으로 전자 쪽이 외국사에게 더 엄격한 예를 요구한다. 拜의 수를 보더라도·'사·부' 기준으로 '거란사의례'에서 총 14배가 실행되는 데에 비해, '송사의례'에서는 황제에 대해서만 무려 66배가 실시되는 것은 그 점을 극명히 보여준다.

말미이지만 '송사의례'에 보이는 사절단의 구성과 관련해 附言해 두고 싶다. '송사의례'에서 송의 사절은 '사·부' 이외에는 '從人'(혹은 '勾從人')이 유일하게 확인될 뿐이지만, 이들에 대해서는 설명 부족으로 인적 구성을 직접 파악하기 어렵다.[47] 그런데 '사·부'는 이에 대해 6人이 참가하고 있음이 확인되어 그 수가 상당히 많다. '宋使副6人'(I-(4), V-(3))이라 보이는 것이 그것이며, 그 내역은 '大使3人'과 '副使3人'이다(V-5). 正使와 副使가 보통 각각 1명씩에 불과한 것이 일반적 사례임에도 불구하고 그에 반하는 현상은 무엇을 말하는가?

요컨대 이는 송에서 거란 측에 파견되는 정기사절이 일시에 거란 측에 도착해서 의식에 참여한 결과였다고 풀이된다. 이 '一時'는 특히 익년의 正旦 賀禮 참여를 위한 연말 쯤에 해당하며, 특히 여기에는 거란 황제와 황태후에 대한 生辰使와 賀正使의 正使와 副使가 모두 포함된다. 따라서 하례에 참여하는 '사·부'의 수는 정식으로는 8인까지 늘어나지만, 때로는 '송사의례'의 내용처럼 6인일 때도 있고, 이 점에서 '송사의례'는 '사·부' 6인의 상황을 반영한 의례로 보인다. 이러한 宋使 파견의 특성은 송 측에서 실제로 파견한 '사·부'의 실수에 비추어도 사실에 부합한다.[48]

그런데 '賀正使' 이외에 '생신사'가 正旦에 거란에 함께 도착한다는 것은 거란 황제와 황태후의 생일 시점이 당연히 正旦무렵이어야 한다는 전제가 있어야 자연스러운 일이지만, 사실은 그렇지 않고 이 경우는 '생신사'를 실제의 '생신일'과 관계없이 파견된 것이라는 점이 중요하다. 사례는 다르지만 金의 경우 송 측의 사절을 영접하는 비용을 줄이기 위해 의례를 통합해 거행하는 것이 관례였고,[49] 거란에서도 이러한 점이 작용해 그것이 '송사의례'에 반영되었다고 생각된다. 황제와 황후의 생일까지 날을 바꾸어 正旦에 그 의례를 함께 거행한다는 방식은 우리의 시각으로 기이하게까지 보이지만, 이는 상대적으로 시간관념이 약하고[50] 또 경비 절약이라는 현실을 더 중시한 북방 민족에게 그리 큰 문제가 아니었고, 따라서 거란의 이러한 운영 방식의 요청을 송조가 따른 것으로 생각된다. 아울러 이렇게 될 경우 이미 앞에서 추론한 송-거란 간의 收受 관계와 그 收支 문제는

47) 이에 비해 '거란사의례'에서는 본 장에서 지적한 것처럼 비교적 그 면모를 추정해볼 수 있다.

48) 聶崇岐, 「宋遼交聘考」(『宋史叢考 下』, 華世出版社, 1986); 傅樂煥, 「宋遼聘使表稿」(『遼史叢考』, 中華書局, 1984) 참조.

49) 李輝, 『宋金交聘制度硏究』(「金朝聘使制度」, 復旦大學博士論文, 2005), 第4章 참조.

50) 위와 같음.

한층 복잡한 측면이 얽혀 진상을 파악하기 곤란하게 되지만, 현재로서는 여기서 추론을 멈추어 둔다.

여기에 '송사의례'의 또 하나의 특성이 있으며, 正旦에 생신사가 함께 등장하는 납득하기 어려운 일면이 해소될 수 있을 것이다. 동시에 이로써 「見儀」와 「見太后儀」의 冒頭에 있는 "宋使賀生辰·正旦"(I-(1), II-(1))의 문장도 비로소 그 의미가 온전히 파악될 수 있다. 아울러 '송사의례'의 내용에서 볼 때, 송의 '사·부' 6~8인은 그것이 황제의 의례이건 황태후의 의례이건 구별 없이 모두 동시에 참여한 것으로 보인다.

이상과 같은 내용은 송 측에서 운영된 '거란사의례'에서는 당연히 발견되지 않는다. 중국 측의 예법에서 볼 때 납득하기 어려울 뿐만 아니라, 황제의 체면에 직결되는 문제로 용납될 수 없기 때문이다. 즉 '거란사의례'에서는 '사·부'가 1인씩에 불과하며, 이 사절들은 正旦과 生辰日 등 본래의 해당일에 맞추어 송조를 방문하는 것이 보통이다.[51] 또한 송에서는 황제의 정단과 생신을 축하하기 위한 외교 의례로서 '거란사의례'만이 존재하기 때문에, 거란이 황태후를 위한 축하사를 파견해 옴에도 불구하고 송조는 거란처럼 그들을 위한 공식적인 궁중 의례를 별도로 준비하지 않았다.

51) 聶崇岐와 傅樂煥의 앞 책 참조.

5 金朝의 禮制覇權主義에 대하여: 「外國使入見儀」의 분석을 중심으로

머리말

건국(1125년) 10년 남짓으로 대국 요와 북송을 차례로 멸망시키고, 고려와 서하도 신속시킨 금은 명실공히 동북아시아의 패자로 등장하였다. 중원 전역을 차지한 채 중국 南半에 寓居한 송을 압박하는 형세에 선 금의 對宋 태도는 이전에 요가 보여준 그것과는 전혀 다른 것이었다. 송의 입장에서 볼 때, 금은 요와 같은 '敵國'(대등국)이 아니라 이제 '臣事'해야 할 우월적 존재가 된 것이다. '남조'－'북조'로 서로 부르던 호혜적 호칭이, '宋'－'大金'이라는 불균등한 호칭으로 바뀐 것은 그 정황을 노골적으로 드러낸다. 그때까지 '문명'의 '발원지'로 비추어진 송을 자신보다 下等의 존재로 격하시킨 것은 금조에게 더 없는 쾌거이며, 중국사상 미증유의 사건이었다.

이로써 '세계'의 중심이 된 여진족에게 자기중심적 세계관이 나타난 것은 매우 자연스러운 일이었다. 경합 관계가 존재하는 지역에서 자신을 중심에 두려는 세계관은 보편적 현상이며, 앞서 요와 송에서도 존재하였다. 왕조 차원에서 이러한 현상은 금에서 한층 강렬하게 보이며, 필자는 이를 금이 경쟁자였던 요나 송을 의식한 결과였다고 생각한다. 이러한 금조의 세계관 내지 화이관에 대해서는 이미 선행 연구가 존재하여 그 실태에 대해 많은 부분이 밝혀졌다.

그런데 이 문제는 金朝가 제정한 당시의 '외교 의례'(賓禮)를 통해 한층 극명히 드러난다는 사실은 중요하다. 오히려 의례라는 연출을 통해 금조의 그러한 의도와 이념이 상징적으로 표출되고 있다는 점에서, 빈례는 다른 어떠한 설명이나 자료보다도 중시될 필요가 있지만, 종래 이에 대해서는 거의 주목을 받지 못했다. 즉 필자는 그동안 당·송과 요 등, 금에 선행하는 왕조들의 빈례를 검토하여 그 내용과 특성을 분석·비교해왔고,[1] 거기서도 송-요의 대등한 관계는 확인할 수 있었다. 그러나 금의 빈례는 송과 요의 그것과 매우 이질적인 방식으로 전개되고 있으며, 이 부분이야말로 변화된 금의 국제 위상은 물론 금조 자신이 당시 '세계'에 군림하고 있음을 적극적으로 나타내려 한 장치였다고 이해되는 것이다.

이와이 시게끼(岩井茂樹)는 "역사상 중화제국은 여러 가지 방법과 제도로 패권주의의 이념을 현실화하려 했다"고 보고, 明代 중국에서 그 하나의 방법으로 '禮制 覇權主義'가 존재했다고 역설한 적이 있다.[2] 이 '예제 패권주의'는 중국의 황제가 자기를 정점으로 천하의 지배질서를 具象化하려 한 것을 표현한 적절한 개념이지만, 그러한 실상은 이하 본장에서 확인되는 것처럼 이미 12세기 金朝의 禮制에서 극명히 드러난다고 생각한다.

이상의 취지에서 본장은 '外國使 의례'와 관련한 『금사』 권38, 志19 禮11의 「外國使入見儀」, 「曲宴儀」, 「朝辭儀」 3항목(이하 본 장에서는 이들을 '外國使 의례'로 통칭)에 대한 분석을 수행할 것이다. 이를 통해 한편으로 '예제패권주의'라는 개념을 활용해 금조가 지향하는 패권의 이념이 禮制에 어떻게 반영되었는지를 검토하고, 또 한편으로는 그동안 이어온 필자의 예제 분석의 연장선에서 그것이 당과 송, 그리고 요의 빈례와 어떻게 다르고, 어디에 특징이 있는지에 대해서도 생각할 것이다.

1. 금의 패권 의식과 송조의 '受書儀禮'

북송을 멸하고 화북을 차지한 금은 楚(1127)와 齊(1130-1137) 등 괴뢰국을 세워 통치를 실험해보기도 하였으나, 주화파와 주전파의 對宋 관계를 둘러싼 대립 끝에 결국 송과 강화하였다(1141). '紹興和議'(혹은 皇統和議)로 칭하는 이 강화의 요체는 송이 금의 부용국으로 전락된 데에 있다. '稱臣' 사실을 수치로 여긴 송의 사료는 이를 구체적으로 전하지 않지만, 예를 들어 金 측 사료에 전하는,

1) 본서 제Ⅲ부 제1장, 제2장, 제3장, 제4장, 제7장 등 참조.

2) 岩井茂樹, 「明代中國の禮制覇權主義と東アジアの秩序」(『東洋文化』 85, 2005).

> 皇統2년(1142) 2월에 宋主가 端明殿學士何鑄 등을 보내 誓表를 올렸는데, 그 表에 말하기를 "臣構가 말씀드리기를 지금의 국경 획정은 淮水의 中流를 界로 삼아야 합니다, ……. 臣이 이제 이미 誓表를 올렸으니, 엎드려 바라건대 上國도 빨리 誓詔를 내리시기를……"(宋主遣端明殿學士何鑄等進誓表, 其表曰, 臣構言, 今來畫疆, 合以淮水中流為界. …… 臣今既進誓表, 伏望上國蚤降誓詔…….(『금사』 권77, 完顔宗弼傳)).

은 당시 처한 송의 입장을 여실히 반영한다.

송은 금에 보낸 國信에서, 고종이 자신의 이름인 '構'를 그대로 밝히면서 신하를 칭했고, 또 자신의 國書를 '表'로 칭한 것에 대해 금의 국서는 '詔', 그리고 금을 '上國'이라 했기 때문에 자신은 '下國'으로 인정한 관계가 성립된다. 뿐만 아니라 송은 외교 문서에서, "大宋의 大字를 제거하고, 황제를 칭하지 못하는 등 文中에서 '君臣之禮'를 표시하고, 再拜 등의 語도 썼다"[3]고 하므로, 대외적으로 금에 대해 적어도 형식상 완전한 신하됨을 자인한 것을 알 수 있다.

소흥화의로부터 20년 뒤, '폭군'으로 악명 높은 海陵王이 남송 병합을 위한 일전을 감행하였으나 본인은 부하에 살해당하고, 世宗이 사태 수습을 위해 송과 화의하였다(1164년). 송-금 사이에 맺어진 제2차 화의, 즉 '隆興和議'(혹은 乾道和議)이다. 이 화의는 형세상 송의 발언권이 강화된 관계로 송에게 유리했다. 무엇보다 '君臣'에서 '叔姪'로 관계가 바뀌었기 때문에 양자의 입장은 '縱'에서 '横'으로 선회된 셈이고, 송도 '황제'를 칭할 수 있었으며, 歲貢은 歲幣로 명칭이 바뀌고 액수도 감액되었다.[4]

그러나 황제의 체면에 직결되는 부분에서의 변동은 크지 않았다. 『금사』에는 大定5년(1165) 정월의 일로,

> 魏杞와 康湑이 入見하니 그 書에 "姪宋皇帝眘이 叔大金聖明仁孝皇帝闕下에게 삼가 再拜致書합니다"라고 했다. 魏杞가 돌아가니 회답하는 국서(復書)에 "叔大金皇帝"라고만 쓰고 이름을 쓰지 않고 '謹再拜'도 쓰지 않았으며, 다만 "姪宋皇帝에게 致書"한다고만 하고, 尊號를 사용하지 않았고, 闕下도 칭하지 않았다(魏杞康湑入見, 其書曰, 姪

---

3) 宋 劉時舉 撰, 『續宋編年資治通鑑』 권8, 乾道元年 四月에 "金使來, 國書始謂上爲宋皇帝云. ……. 至是始稱上爲宋皇帝, 止爲叔姪之國, 易歲貢爲歲幣, 減十萬之數, 地界如紹興之時而餘地廣不能改, 上終身憤之. 其後屢請還河南陵寢地改受書禮, 金人卒不從."고 보인다.

4) 『속송편년자치통감』 권8, 乾道元年 四月.

宋皇帝眘, 謹再拜致書于叔大金聖明仁孝皇帝闕下. 魏□還, 復書叔大金皇帝不名, 不書謹再拜, 但曰, 致書于姪宋皇帝, 不用尊號, 不稱闕下.(권87「仆散忠義傳」)).

고 있다. 여기서는 '表'가 '書'로 격상된 것[5] 이외에는, 그 '書' 속에서 송은 황제의 이름을 밝히고 국호에 '大'를 붙일 수 없으며, '謹再拜'와 '闕下'도 써야한 반면, 금은 송에 대해 그러한 용어를 일체 사용하지 않았다. 金帝에 대한 宋帝의 지위가 여전히 열등한 것은 명백했다.

다시 양국의 관계에 변화가 일어난 것은 송의 권신 韓侂胄가 감행한 북벌의 결과였다. 권력이 불안해진 한탁주는 몽골의 침입에 시달리는 금을 향해 북벌을 감행하나 실패하고(1206년, 開禧用兵), 송은 한탁주의 머리를 금에 바치고 다시 화의를 체결하였다(嘉定和議, 1208년). 송이 불리해진 입장에 섰기 때문에 금에 대한 지위는 '伯-姪'의 관계로 바뀌었고, 세폐를 증액하는 조치가 따랐다. 稱謂를 둘러싼 문제는 확실하지 않으나 '宋'에 '大'字를 붙이는 등 금이 송 측의 요구를 일부 수용했을 가능성이 있다.[6]

이상 금-송의 관계는 시간에 따른 일진일퇴가 있었지만, 금의 지위가 월등히 높았음을 알 수 있다. 이 과정에서 금조가 자존감을 강화하는 한편 송에 대해 멸시감을 키워간 것은 당연한 흐름이었다. 금이 자신을 '中國' 또는 '中華'로 표현한 예는 사료에 수없이 등장한다.[7] 이것은 中原 지방을 '중국'이라 부른 중국인의 전통[8]에 비추어 금조 입장에서는 자연스러운 주장으로 볼 수 있다. 이에 반해 금은 송에 대해 '江南', '江表', '南邦', 나아가 '島夷'라는 표현을 사용하였다.[9] 특히 '島夷'는 남북조시대부터 북조의 왕조들이 남조를 폄하할 때 사용한 상용어이며, 이에 대해 남조는 북방의 왕조들을 '索虜'로 멸칭한

---

5) '致書'도 대등한 관계 사이에서, 또는 아랫사람이 윗사람에게 그을 보낼 때 사용되었다. 『금사』 권62, 表4 交聘表下에 "十二月, 夏使朝辭, 國書報聘稱「兄大金皇帝致書於弟大夏皇帝闕下」, 遣禮部尙書奧敦良弼, ……"이라 보인다.

6) 李輝, 『宋金交聘制度硏究』(復旦大學博士學位論文, 2005). 이휘는 嘉定和議가 "靖康請和故事"를 따른 부분이 있다는 입장에서 『大金弔伐錄』에 "靖康元年正月十五日, 侄大宋皇帝桓謹致書于伯大金皇帝闕下"이라고 있기 때문에, 송은 금에 대해 '再拜'라는 표현을 사용하지 않고, 稱名도 하지 않으며, 국호에는 '大'를 사용함으로써 국가의 지위가 향상되었다고 본다.

7) 董克昌, 「大金在東亞各國中的地位」(『黑龍江民族叢刊』 2001-1(총제64기)).

8) 堀敏一, 「中國における民族意識·國土意識の形成」(『中國と古代東アジア世界』, 岩波書店, 1995).

9) 董克昌, 앞 논문, 2001.

것도 잘 알려진 사실이다.[10]

금－남송 간에도 이러한 상호 견제와 경쟁이 있었음은 물론이다. 이것은 또한 정통론의 경쟁으로 연결되는 부분이기도 하지만 금의 그것은 특히 정복왕조의 입장에서 매우 새로운 것이었다. 가장 대표적인 사례로는 금 章宗 시기(1189~1208)에 '德運之議'를 8년간 4차례 계속한 끝에 자신의 德을 북송의 '火德'을 이은 '土德'으로 결정한 것이다. 이것은 남송이 계속 화덕을 주장하는 합법성을 부정하고, 북송이 멸망해 화덕이 끊겼다는 인식을 보인 것이다. 이것은 오직 한족이 건설한 정권만을 正統으로 칭한 전통적 관념에 도전한 것으로, 누구나가 '中國'을 쟁취할 수 있음을 표명한 것이다.[11] 해릉왕도 南侵에 앞서 "天下가 一家가 된 후에야 正統이라 할 수 있다"[12]고 한 '金正統論者'였다. 훗날 明이 멸망하고 淸이 중원의 주인이 됨에 따라, 조선에서 제기된 '小中華思想' 또는 일본 에도시대의 '華夷變態'는 이미 금에서 일어나고 있었던 것이다. 다만 이와 비슷한 현상은 남북조시대에서도 존재하였고, 金代에 비로소 나타났다고 보는 설명은 잘못일 것이다.[13]

이러한 정신적 우월감에 반해, 금조가 송과의 관계에서 시각적인 우월감을 맛본 최대의 국면은 '受書儀禮'일 것이다. 즉 '소흥화의' 이후, 송은 정기·부정기로 찾아오는 金使를 맞이하게 되었고 그럴 때면 宋帝는 그들로부터 금 측의 국서를 받게 되는데, 이와 관련한 정황으로 『建炎以來繫年要錄』 권150, 紹興13년 12월 己酉조에는,

> 故事에 北使는 書를 殿의 아래에서 跪進했다. 通好 이후 金使는 入見할 때마다 捧書**升殿**해서 跪進하고, 上은 **起立受書**해서 (이를) 內侍에게 건네준다. 金使가 그 主의 語를 전하고 上의 起居를 물으면 上이 다시 그 主의 안부를 물은 다음 자리에 앉는다.

10) 吉川忠夫, 「島夷と索虜のあいだ：典籍の流傳を中心とした南北朝文化交流史」(『東方學報』 72冊(創立70周年記念論集), 2000).

11) 齊春風, 「論金朝華夷觀的演化」(『社會科學輯刊』 2002-6(총143기)); 劉達科, 「金人正統觀及其文學表現」(『民族文學硏究』 2008-1).

12) 『금사』 권129, 李通傳.

13) 齊春風, 앞 논문, 2002는 "원래 중원에 진입해온 각 소수민족 정권은 貴華賤夷하는 '華夷之辨'의 관념에 대해 감히 觸動하지 못하고, 모두 '夷狄'의 지위에 감수하여, 잘해야 열심히 '華夷之辨'에 대해 희석을 가하려 했다. 즉 漢化의 정도가 높은 요의 道宗시기에 그는 "吾修文物, 彬彬不異中華"(松漠紀聞)라고 했을 뿐이다. 그러나 금조는 소수민족 정권을 세운 후 대담하게 자신이 '華'임을 宣稱하여, 正統을 추구하였다. 이는 거대한 진보임에 틀림없다."라고 하나, '華夷之辨'에 대한 도전은 이미 五胡시대부터 존재하였다.

고 보인다. 여기에는 ①升殿, ②起立受書, ③問其主의 3부분을 통해서 특히 송의 입장이 매우 저자세였음을 볼 수 있다.

①은 金使가 국서를 進上하기 위해 '升殿'한다는 것으로, 이것은 당시 동아시아에서 행해진 일반적인 「見儀(알현의례)」의 관례에 비추어 볼 때 매우 파격적인 것이다. 즉 文中의 '北使'는 북송시대의 契丹使를 가리키는 것으로 보이고, 이때는 거란사가 직접 升殿하지 않고 殿上에 있던 송의 閤門使가 殿下로 내려와 거란사로부터 국서를 받아 들고 升殿해 이를 황제에게 올리는 것이 관례였다.[14] 그런 후에 거란사는 비로소 승전해서 거란황제의 안부를 송의 황제에게 전달하는 일을 수행하였다. 따라서 처음부터 승전해 國書를 직접 건넨다고 한 金使의 움직임(①)은 특별한 것이었다.

하지만 이보다 더 파격적인 것은 송의 황제가 기립해 書를 직접 金使에게 받는다고 한 ②의 내용이다. 중국의 황제가 외국사가 전하는 국서를 자리에서 일어나 수령한다는 것은 그 때까지 있을 수 없는 일로 치욕적인 행위임이 명백하기 때문이다. 송의 황제가 使者에게 직접 거란 황제의 안부를 묻는 행위인 ③ 역시 같은 맥락이다. 북송시대의 송-거란 간의 경우라면 황제와 외국사 사이에는 閤門使와 通事(통역) 등이 개재해 국서의 授受가 이루어지거나 의사와 의지가 전달되지만,[15] 여기서는 그러한 과정 없이 宋帝가 사자에게 직접 국서를 수령하거나 말을 전하고 있는 것이다.

당시의 '受書'와 관련해 '降壇', '降榻'이라는 표현도 보이는데, 이는 황제가 자리에서 기립했을 뿐 아니라, 玉座에서 내려온 것을 뜻한다.[16] 이러한 장면이 수치스러운 것임은 말할 나위 없고, 따라서 남송에서는 금측의 국서 전달식에 북송과는 달리 사람들의 눈을 피하기 위해 百官이 참여하지 않았다고 한다.[17]

'受書儀禮'가 치욕적이며 국체를 손상시키는 일이었던 만큼 송조는 그에 대한 시정을 對金외교에서 최대의 현안으로 여기고 있었다. 高宗 시기에는 많은 신료들이 受書 방식의 개변을 강력히 주장했다. 예를 들어 紹興32년(1162)에 來宋한 金使 高忠建이 관례대로

14) 대등한 존재로 교섭하였던 송과 거란의 사이에서도 使者가 가지온 國書는 이를 사자가 직접 황제에게 전하는 일은 없었다. 본서 제Ⅲ부 제3장과 제4장 참조.

15) 본서 제Ⅲ부 제3장과 제4장 참조.

16) 趙永春, 「宋金關于'受書禮'的鬪爭」(『民族研究』 1993-6): 「宋金關于交聘禮儀的鬪爭」(『昭烏達蒙族師專學報』 1996-3): 『金宋關係史研究』, (吉林教育出版社, 1999) 참조.

17) 『宋會要輯稿』 職官36-44에 "(紹興十二年)八月十八日詔, 引人使朝見幷朝辭, 幷不作常朝."고 보인다.

'升殿進書'와 '起立受書'를 주장하고 고종도 이를 따르려 했으나, 송의 신료들이 반대해 국서 전달이 원활이 진행되지 않자 송의 관원이 국서를 빼앗아 進上하는 일이 벌어졌다.

乾道원년(1165)에도 孝宗의 면전에서 金使(完顔仲)와 송의 관료 간에 논쟁이 있어, 太上皇 고종의 건의로 皇子로 하여금 書를 받게 하는 案이 제기되었으나 금의 반대로 실행되지 못했다. 분개한 효종은 金使를 억류하려 했으나 단념하고, 이후 수차에 걸쳐 사신을 금 측에 보내 굴욕 외교의 시정을 요청했으나 모두 실패했다. 乾道9년(1173)에도 송의 굴욕적인 受書 방식 거부로 金使가 국서를 주지 않자 송이 이를 강탈하는 사건이 다시 일어났다.[18]

한탁주의 開禧用兵도 이러한 분위기를 이용한 측면이 있었을 것이다. 하지만 금조의 입장에서 송의 요구는 수용될 리 만무했고, 송의 굴욕적인 受書의례는 양국의 외교 관계가 사실상 중단되는 1214년까지 이어졌다.[19]

2. 金의 황제 앞에 선 宋, 高麗, 西夏 三國使 : 『금사』의 외국사 의례 분석

'起立受書'로 상징되는 송조에서의 金使에 대한 외교 의례가 수치스러운 것이라면, 반대로 남송의 사자가 금의 조정을 찾아가 그 황제 앞에 섰을 때는 어땠을까? 자신이 속국으로 만들어 놓은 송의 사자는 물론 고려와 서하의 사자를 앞에 두고, 金帝는 자신의 위대함과 금조의 세계의 중심성에 만족했을 것임이 충분히 상상되지만, 그 구체적인 모습에 대한 분석은 아직 없기 때문에 본장에서는 이 문제를 시도한다.

1) 『금사』 禮志의 특징과 의의 : 당, 송, 요 왕조와의 비교

중국의 正史는 모두 禮志를 수록하고 있으며, 그 대부분은 『周禮』의 전통에 따라 吉, 嘉, 賓, 軍, 凶의 5종류로 분류된다. 이 중 빈례와 가례에 대해서는 역대 왕조에서 그 내용의 범주에 변화가 있었다. 李云泉은 특히 唐代에 이르러 나타난 양자의 관계에 대해, "唐

18) 이상의 사건에 대해서는 조영춘, 앞 논문들 참조.

19) 『속송편년자치통감』 권8, 乾道元年 四月에, "其後屢請還河南陵寢地改受書禮, 金人卒不從."이라 보인다.

代의 빈례는…… 사용 범위가 매우 좁아 蕃國의 군주와 使臣을 접대하고 宴請하는 데에 국한되며, 원래 빈례에 속한 百官의 朝覲禮는 嘉禮에 편입되었다. ……. 내용면에서 볼 때 역대의 빈례 중 이와 비슷한 것은 명대의 빈례뿐이다. ……朝貢禮는 賓禮와 동등하거나 혹은 빈례의 핵심적인 내용이다"[20]고 하였다.

즉 당의 빈례는 오로지 외국사절만을 대상으로 특화된 의례였던 것이다. 그런데 송대가 되면 빈례의 범위가 확대되는 변화가 나타났고, 이에 대해서는 金子由紀가, "북송말기의 禮典인 『政和五禮新儀』에서 大朝會를 필두로 하는 조회 의례가 종래의 嘉禮部에서 賓禮部로 편입되었는데, 이것은 대조회에 나타나는 君臣질서의 이념에 변화가 생긴 것을 의미한다. 즉 『정화오례신의』에서는 '賓'이 국내외의 모든 신하로 되어, 대조회는 禮로서 '嘉'보다도 '賓'의 의의가 중시된 것이다"[21]고 하였다.

이 관계는 『송사』의 다음 설명으로 한층 명료하다.

> 舊史는 飮食, 婚冠, 賓射, 饗宴, 脤膰, 慶賀之禮를 嘉禮로 삼았다. 또 歲時의 朝會, 養老, 宣赦, 拜表, 臨軒命官을 여기에 附했다. 지금은 政和禮에 의거해 朝會를 분리해 賓禮로 삼고, 나머지는 舊와 같이 한다(舊史以飮食, 婚冠, 賓射, 饗宴, 脤膰, 慶賀之禮爲嘉禮, 又以歲時朝會, 養老, 宣赦, 拜表, 臨軒命官附之, 今依政和禮分朝會爲賓禮, 餘如其舊云.(『송사』 권112, 禮13 嘉禮1)).

결국 '(송대의)賓禮 = (唐代의)賓禮 +朝會 儀禮'라고 할 수 있는 것이다.

『요사』의 禮志도 송과 비슷한 구조로 되어 있다. 同書 권49~53의 4권에 불과한 그 내용은 吉儀, 凶儀, 軍儀, 賓儀, 嘉儀의 순으로 분류되어 실려 있다. 이 중 嘉儀 다음으로 분량이 많은 賓儀는 『송사』 처럼 일반 관원의 朝會 의례인 「常朝起居儀」 등을 포함시킨다.[22]

이에 비해 『금사』의 禮志는 송이나 요의 편집 방식과 차이를 보인다. 『요사』 보다 분량이 훨씬 많은 『금사』는 각종의 의례들을 길, 가, 빈, 군, 흉의 다섯 범주를 설정하지 않은 채, 禮1(권28, 志第9)에서 禮11(권38, 志第19)에 걸쳐 나열한다. 전통적인 분류법으로는 길례, 가례, 빈례에 들어갈 의례들이 차례로 이어지고 있지만, 군례에 해당하는 것은 보이지

20) 李云泉, 「賓禮的演變與明淸朝貢禮儀」(『河北師範大學學報(哲學社會科學版)』 27-1, 2004).

21) 金子由紀, 「南宋の大朝會儀禮」(『紀尾井史學』 48, 2003).

22) 『요사』의 凶禮에는 外國使가 遼를 찾아와 弔慰하는 의례가 실려 있고, 이 점도 『송사』와 같다.

않는다. 따라서 正史로서의 『금사』에서는 빈례의 범주가 어디까지인지 명확하지 않다. 다만 『大金集禮』[23]는 권39와 권40에 각각 「朝會上」과 「朝會下」를 설정해 일반 관원의 朝會에 외국사의 入朝 의례를 포함시키고 있으며, 따라서 여기서는 대략 『송사』와 『요사』의 분류법에 입각한 것으로 볼 수 있다.

〈표 1〉 당, 송, 요, 금 4왕조의 주요 禮書 및 그 正史에 보이는 외국사 관련 기사의 편목

禮書	所在	편목명
大唐開元禮(A)	권79	(a)蕃主來朝遣使迎勞
	권79	(b)皇帝遣使戒蕃主見日
	권79	(c)蕃主奉見
	권79	(d)皇帝受蕃使表及幣
	권80	(e)皇帝宴蕃國主
	권80	(f)皇帝宴蕃國使
宋史(B)	권119 禮22 賓禮4	(a)契丹國使入聘見辭儀
		(b)夏國進奉使見辭儀
		(c)高麗進奉使見辭儀
		(d)金國聘使見辭儀
遼史(C)	권51 禮志4 賓儀	(a)宋使見皇太后儀
		(b)宋使見皇帝儀
		(c)曲宴宋使儀
		(d)賀生辰正旦宋使朝辭太后儀
		(e)賀生辰正旦宋使朝辭皇帝儀
		(f)高麗使入見儀
		(g)曲宴高麗使儀
		(h)高麗使朝辭儀
		(i)西夏進奉使朝見儀
		(j)西夏使朝辭儀
金史(D)	권38 禮11	(a)外國使入見儀
		(b)曲宴儀
		(c)朝辭儀
		(d)新定夏使儀注

그러나 금의 빈례를 송·요의 그것과 구별짓는 가장 큰 특징은 당 이래의 전통적인 '賓禮', 즉 외국사절과 관련한 의례에 있다고 필자는 본다. 그 요체는 당의 대표적인 禮書 『개원례』를 포함한 송, 요, 금 각 왕조의 正史에 실린 관련 의례의 편목을 정리한 〈표 1〉을 통해 확인될 것이다. 시기가 다소 떨어진 A(唐)를 빼고 거의 동시기인 (B), (C), (D)를 비교할 때, (D)가 (B), (C)와 다른 가장 큰 부분은 의례가 국가나 지역별로 나누어지지 않고 단순히 '外國使'로 되어 있는 점이다. 즉 (B)와 (C)에서는 그 외국사가 거란, 송, 금, 서하(夏國), 고려 등으로[24] 구체적으로 세분화되어 있지만, (D)는 그것이 송, 고려, 서하의 3국으로 구성된 것임에도 불구하고 이를 구별하지 않고 '외국사'로 일괄 처리하였다. 이것은 금의 禮에서 '외국'은 모두 금의 신하국이며, 따라서 그들에 대한 엄밀한 구별이 (B)와 (C)만큼 필요하지 않다는 당시 금조의 세계관을 드러낸 것이라 생각한다. 송과 요는 상대를 대등한 존재로 보았기 때문에 여타 외

23) 本書의 내용 분류와 관련해서는 同書 권40에 "金章宗明昌六年(1195)禮部尙書張暐等所進, 包括尊号, 冊謚, 祠祀, 朝會, 燕饗, 儀仗, 輿服等門, 分類排纂."고 보인다.

24) 송의 휘종 시기에 편찬된 『政和五禮新儀』에는 그 밖에 儀交州와 海外進奉蕃客 등을 대상으로 한 의례도 보인다.

국과 다른 차등을 두어야 했고, 나아가 기타 외국 간에도 그에 맞는 의례를 차별적으로 운영한 반면, 금의 예법은 송이나 요를 넘어선 당시 금조의 독존적 국제 지위를 그대로 반영한다고 할 수 있다.

내용을 비교해보아도 금의 예법은 사실상 A=唐에 근접해 있음을 볼 수 있으며, 이 또한 금의 국제 지위가 당에 유사했다는 증거가 될 것이다. 다만 (D)의 (d)에 보이는 「新定夏使儀注」는 금의 국제적 지위가 크게 실추된 금 말기에 새로 제정된 의례로 여기서는 論外로 하겠지만, 그 내용은 다른 차원에서 중요한 의미가 있어 별도로 논할 예정이다.

아울러 송, 요, 금 왕조에서 자국을 찾아온 외국사의 상당 부분은 元日이나 황제의 생일을 축하하러 온 賀慶使였다. 당에서는 아직 이러한 관습이 정착되지 않았다.[25] 따라서 외국사들이 元日이나 황제 생일 당일에 축하 의식에 참여하는 것, 즉 '朝賀'(또는 稱賀)가 그들의 使行에서 가장 큰 임무였다.

하지만 〈표 1〉에는 송, 요, 금 왕조 모두 '入見'(즉 朝見), '曲宴' 그리고 '朝辭' 의례만이 보일 뿐, 元日이나 생일 등 朝賀 관련 의례는 보이지 않는 점에 주의할 필요가 있다. 실은 그것은 '외국사 관련 의례'(〈표 1〉)가 아니라 '嘉禮' 쪽에 실려야할 성질의 것이며, 이 점은 오히려 당연한 일이다. 朝賀 의례는 송, 요, 금 모든 왕조에서 종실과 백관이 거국적으로 참여하는 왕조의 大典이며, 여기에 외국사가 그 일원으로 참여하는 형태이므로, 同儀禮는 단순한 외국사 관련 의례의 범주가 아니라, 그보다 더 格이 큰 의미로서 대부분 嘉禮에 배치된 것이다. 즉 『송사』는 황제 및 황태후의 생일(聖節) 의례인 「上壽儀」를 嘉禮(同書 권112, 예15 嘉禮3)에 배정시킨 반면 이미 전술한 이유 때문에 正旦의 「大朝會」의례는 특별히 賓禮(同書 권116, 禮19 賓禮1)로서 다루며, 『요사』도 황제·황태후의 생신과 正旦의 朝賀儀를 모두 嘉禮로 취급하였고(同書 권53, 禮志6 嘉儀下), 또 『금사』도 元旦과 聖節의 上壽儀를 별도로 분리해 사실상 嘉儀[26]로 취급하였다(同書 권36, 禮9 「元日, 聖節上壽儀」).

〈표 1〉의 사례처럼 중국 역대 正史의 禮志는 대부분 '入見'(즉 朝見), '曲宴' 그리고 '朝辭'의 3의례만을 대표적인 외국사 관련 의례로 묶어 收載하고 朝賀 의례는 따로 분리하고 있지만, 외국사의 통과 의례를 생각할 때는 오히려 朝賀를 중심으로 이해해야 할 점

25) 황제에 대한 생일 축하는 당의 현종 때부터 시작되었고, 元日 축하도 후대만큼 규칙적이지 않았다.

26) 『금사』는 吉, 嘉, 賓, 軍, 凶의 용어를 사용하지 않으나 내용면에서는 사실상 그에 준하는 분류법에 따르고 있다.

은 간과할 수 없다.

2) 『금사』「外國使入見儀」의 내용과 특징

그러면 『금사』의 외국사 관련 의례에 구체적으로 어떠한 내용이 담겨 있는지, 「外國使入見儀」(이하 「見儀」로 약칭)로부터 검토를 시작하자. 본 장에서는 이를 그 원문을 정리한 〈표 2〉를 이용하여 검토할 것이다.[27] 앞 장에서 契丹國信使와 北宋國信使의 알현 의식을 분석하였고, 「見儀」에는 거기서 분석한 특정 용어가 적지 않게 나타나므로, 해당 용어에 대한 설명은 특별한 것을 빼고 중복을 최소화할 것이다.

〈표 2〉「外國使入見儀」

<table>
<tr><th>順</th><th colspan="2">구분</th><th>본 문</th></tr>
<tr><td>I</td><td colspan="2">황제의 착석 등</td><td>皇帝即御座(1), 鳴鞭, 報時畢(2), 殿前班小起居畢, 至侍立位(3).</td></tr>
<tr><td>II</td><td colspan="2">신료의 入場 등</td><td>引臣僚左右入, 至丹墀, 小起居畢(1), 宰執上殿, 其餘臣僚分班出(2).</td></tr>
<tr><td rowspan="2">III</td><td rowspan="2">宋使節團의 입장 - 의례</td><td>使·副의 입장-의례-퇴장</td><td>閤門使奏使者入見牓子. 先引宋使·副, 出笏, 捧書左入, 至丹墀北向立(1). 閤使左下接書, 捧書者單跪授書, 拜, 起立(2). 閤使左上露階, 右入欄內, 奏封全, 轉讀畢(3). 引使·副左上露階, 齊揖入欄內, 揖副使[29]鞠躬, 使少前拜跪, 附奏畢, 拜起, 復位立. 待宣問宋皇帝時並鞠躬, 受敕旨, 再揖副使[30]鞠躬, 使少前拜跪, 奏畢, 起復位(4). 齊退却, 引使·副左下, 至丹墀北嚮立(5). 禮物右入左出, 盡(6). 揖使·副傍折通班(7). 再引至丹墀, 舞蹈, 五拜, 不出班奏聖躬萬福, 再拜. 揖副使[31]鞠躬, 使出班謝面天顔, 復位, 舞蹈, 五拜. 再揖副使鞠躬, 使出班謝遠差接伴, 兼賜湯藥諸物等, 復位, 舞蹈, 五拜. 各祗候(8). 引右出, 賜衣(9).</td></tr>
<tr><td>人從의 입장-의례-퇴장</td><td>次引宋人從入(10), 通名已下再拜不出班, 又再拜, 各祗候(11). 亦引右出(12)</td></tr>
<tr><td>IV</td><td colspan="2">高麗使의 입장-의례</td><td>次引高麗使左入, 至丹墀北嚮略立(1). 引使左上露階, 立定. 揖橫使鞠躬, 正使少前拜跪, 附奏畢, 拜起, 復位立. 閤使宣問高麗王時並鞠躬, 受敕旨畢, 再揖橫使鞠躬, 正使少前拜跪, 奏畢, 拜起, 復位(2). 齊退却, 引左下, 至丹墀, 面殿立定(3). 禮物右入左出, 盡(4). 揖使傍折通班, 畢(5). 引至丹墀, 通一十七拜, 各祗候, 平立(6). 引左階立(7).</td></tr>
<tr><td>V</td><td colspan="2">西夏使의 입장-의례</td><td>次引夏使見如上儀(1), 引右階立(2).</td></tr>
<tr><td>VI</td><td colspan="2">宋使의 재입장과 三國使의 동시 行禮</td><td>次再引宋使副左入, 至丹墀, 謝恩, 舞蹈, 五拜, 各祗候, 平立(1). 次引高麗, 夏使並至丹墀(2). 三使並鞠躬(3). 有敕賜酒食, 舞蹈, 五拜, 各祗候(4). 引右出(5).</td></tr>
<tr><td>VII</td><td colspan="2">宰執의 下殿과 의례의 종료</td><td>次引宰執下殿, 禮畢(1).</td></tr>
</table>

27) 「入見儀」와 거의 同文이 『大金集禮』 권39에 보이며, 字間에 약간의 異同이 있으나 큰 차이가 아니면 본 장에서는 지적하지 않았다.

또한 본 장에서 다루는『금사』의 3가지 '외국사 의례'는 모두가 금의 수도 中都에 위치한 宮城, 그것도 가장 중앙에 위치한 大安殿을 무대로 전개되었다. 大安殿은 국가의 大典이 거행되는 正殿에 해당하며,[31] 외국사는 숙소인 會同館에 머물면서 필요에 따라 이곳을 찾아 의례에 참가한 것이다. 금조에서의 외국사의 활동 공간에 대해서는 알려진 것이 많지 않지만,[32] 본 장에서는 편의상 〈그림 1〉을 참조하면서 이해를 도모하였다.

〈표 2〉를 통해「見儀」가 '황제의 입장－신료의 입장－外國使의 입장－외국사 전체의 인사와 퇴장－宰執의 下殿'의 순으로 진행됨을 알 수 있다. 특히 이미 지적한 것처럼「見儀」의 주요한 특징으로 송, 고려, 서하의 3국의 외국사가 동시에 등장한 내용이 보인다. 본 의식의 순서는 대략 송 및 거란의 의례와 유사하지만, 그러나 거기서는 입장하는 '외국사'가 특정한 1국에 지나지 않음에 반해,「見儀」에서는 '송－고려－서하'로 이어지는 복수국이 차례로 입장한다. 朝賀 자리에서 복수국의 사자가 회동하는 것은 당연하지만, 入見과 朝辭에서 이처럼 자리를 함께하는 것은 송이나 요에서는 보기 어려운 일이다.

북송 휘종조의 상황을 전하는『정화오례신의』권「夏國進奉使見辭儀」말미에,

> 무릇 蕃客의 見辭가 同日에 있을 경우는 夏國을 앞세우고, 다음에 高麗, 그 다음에 交州, 그 다음에 海外蕃, 그 다음에 山後諸蠻으로 한다.

라고 보인다.[33] 이것은 외국사들의 알현 의례가 同日에 있을 때의 순서를 규정한 것으로, 그들 전체를 동시에 한자리에 모이게 해 알현시킨다는 의미는 아니다. 〈표 1〉에서처럼 송조가 각국 별로 의례를 제정한 이유도 그 때문일 것이다. 또 설령 이 徽宗代의 규정이『금사』의「見儀」와 같은 방식으로 진행된 것이라 치더라도, 그것은 '蕃客'만을 상대로

---

28) 원문은 "揖使副鞠躬, 使少前拜跪"이나 中華書局本의 校訂이 합당하여 그에 따랐다.

29) 원문에는 '副使'가 없으나 中華書局本의 校訂에 따라 '副使'를 넣었다.

30) 원문은 "揖使副鞠躬, 使出班謝面天顔"이나 中華書局本에 따라 수정하였다.

31) 中都의 도성과 궁전에 대해서는 葉驍軍 編,『中國都城歷史圖錄(제3集)』(蘭州大學出版社, 1987); 于德源,『北京歷代城坊·宮殿·苑囿(電子版)』(首都師範大學出版社, 1997),「金中都城」을 참조.

32) 이 가운데 〈표 1〉의 (D)-(d), 즉「新定夏使儀注」는 會同館을 중심으로 한 외국사의 활동을 일부 엿볼 수 있는 내용이 자세히 보이며, 필자는 이에 別稿를 준비 중이다.

33)『송사』권119, 예22 빈례4「夏國進奉使見辭儀」에 거의 동문으로 "凡蕃使見辭, 同日者, 先夏國, 次高麗, 次交阯, 次海外蕃客, 次山後諸蠻."이라 보인다.

한 것이지 거기에 송의 '대등국'인 거란이 빠져 있는 것은 엄연한 사실이다. 또한 이러한 동시 入見은 송, 서하, 고려 3國使의 金朝 도착이 시간적으로 거의 일치해야 하는 전제가 요구되지만, 필자는 이 점에서도 金代의 3國使가 최소한 거란보다 훨씬 정확하게 同日에 집결하는 사례가 많음을 확인하였다.[34]

「見儀」는 殿上에서 황제와 신료 중에는 宰執이 바라보는 상태에서, (I과 II) 송의 正使와 副使(본 장에서는 '외국사'의 정사와 부사를 함께 칭할 때 당시의 관례에 의해 '使·副'라 칭한다)가 國書를 들고 입장해 丹墀에서 北向해 서는 것으로 시작된다(III-(1)). 이후 '사·부'는 송의 國信使로서의 '공식(내지 국가) 의례'를 치르고, 그에 이어 사절 개인(또는 단체)과 관련한 '사절단 의례'를 거치는데, 이 역시 송이나 거란에서 상대국의 國信使가 찾아왔을 때 전개된 방식과 크게 다르지 않다.[35]

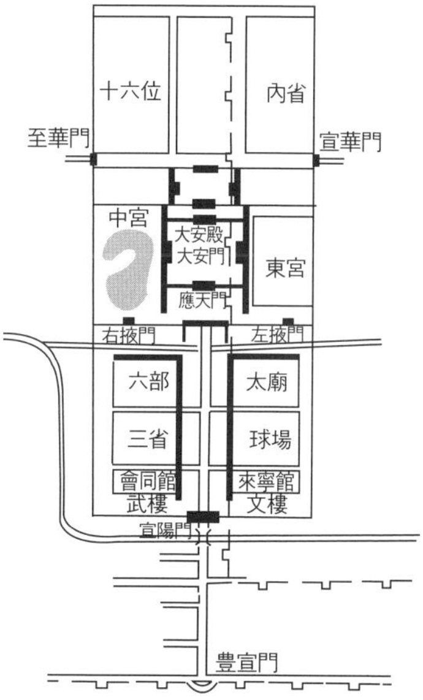

〈그림 1〉 金의 中都城 궁정도(葉驍軍 編, 『中國都城歷史圖錄』 p.38에서 일부 변경 인용)

그런데 '공식 의례'가 시작되면 殿上에서 閤門使(閤使)가 '사·부'의 자리로 내려가 國書를 받아들고 다시 上殿해 그 국서를 황제 앞에서 읽게 되는데(III-(2), (3)), 이 부분은 앞서 언급한 "通好 이후 金使는 入見할 때마다 捧書升殿해서 跪進하고, 上은 起立受書해서 (이를) 內侍에게 건네준다"는, 송조에서 벌어진 상황과 크게 대조를 이룬다. 송조를 찾아온 金使는 國書 전달을 위한 升殿이 허락되어도, 金朝를 찾아간 宋使는 그것이 용인되지 않고 국서 전달이 閤門使를 거쳐 대행되고 있는 차이가 확인된다.

또한 이 때 宋帝와는 달리 금의 황제가 일어나는 일은 결코 보이지 않는다. 송의

34) 본서 제II부 제3장 참조.

35) 필자는 외국사자가 송이나 거란의 황제 앞에서 거행하는 의례의 내용 중, '국가 또는 황제'와 관련된 부분을 '공식 의례'로, 또 '사절 개인(또는 단체)'과 직결된 부분의 의례를 '사절단 의례'로 각기 구별하였는데, 본 장에서는 이 명칭을 사용한다. 이상에 대해서는 본서 제III부 제3장 참조.

'사·부'가 비로소 升殿하는 것은 국서 전달이 끝난 뒤이며, 이때 '欄內'에서 양국 황제 간의 안부를 주고받는다. 「見儀」에는 이와 관련한 구체적 설명이 없지만, 이 부분 역시 당시의 송조와 금 간의 상이한 국제적 지위를 반영한 형식이었을 것임은 이미 전술하였다. 그 뒤 '사·부'가 下殿하여 丹墀에서 북향해 섬으로써(III-(4), (5)) '공식 의례'는 끝난다.

이 때 예물이 식장으로 반입되었다가 그것이 다시 밖으로 나가면(III-(6)) '사절단 의례'가 이어진다. '사·부'는 다시 丹墀로 이동해 서서 '舞蹈', '拜', '奏聖躬萬福', '鞠躬' 등의 예법을 곁들이면서 황제를 알현한 영광과 입국 과정에서 받은 은혜에 대한 감사를 표한다(III-(8)). 여기까지 끝나면 '사·부'는 우측으로 일단 퇴장한다(III-(9)).

그 다음에 '사·부' 이외의 송 측 사절단이 입장한다(III-(10)). 이들은 '從人' 또는 '人從'으로 불리는 '사·부'의 수행원으로 再拜 등의 간단한 인사만을 하고 퇴장한다(III-(11)).

이어 고려의 '사·부'[36]가 비로소 입장하여 송의 '사·부'와 대략 비슷한 예법을 전개한다. 다만 宋使와 高麗使의 의식 간에는 몇 가지 중요한 차이가 엄존하며, 그것은 고려의 지위가 송보다 낮은 것을 암시한다.

즉 이미 검토한 〈표 2〉의 III과 高麗使·副의 의례 부분에 해당하는 IV를 비교하면, 후자에서는 III의 (2), (3)과 (10)~(12)에 상당하는 부분이 없음을 알 수 있다. 이것은 國書의 전달과 '사·부' 수행원들의 입장에 관한 내용으로, 고려사·부는 이 자리에서 금조에 국서를 전하는 과정을 갖지 않을 뿐 아니라 그들의 行禮 뒤에는 '從人'의 식장 입장도 없다는 것을 말한다.

그렇다고 이것이 고려 측에서 금조에 국서 자체를 전달하지 않았다는 사실을 말하는 것은 아닐 것이며, 그렇다면 여기서는 국서 전달의 경로가 알현의례(「見儀」)의 장소가 아닌 다른 곳이었음을 암시하는 것인지,[37] 아니면 국서 전달의 기사를 일부러 생략시킨 것인지,[38] 둘 중의 하나로 판단하기 어려운 점이 있지만, 필자는 후술하는 또 다른 이유(「朝

36) 송의 경우라면 '副使'로 부를 사절을 고려의 의례 중에서는 '橫使'라고 되어 있는데, 본 장에서는 이를 副使로 이해한다.

37) 후게하는 『금사』 권38, 志第19 禮11에는 "夏, 高麗朝辭之賜, 則遣使就賜於會同館. 惟宋使之賜則庭授."고 있는 것처럼 국서가 영빈관 등 숙소에서 授受되었을 가능성이 있다. 唐代의 경우도 唐朝가 외국 측에 국서를 외국사자가 묵고 있는 숙소에서 전했을 가능성이 크다. 石見淸裕, 「唐の國書授与儀礼について」(『東洋史硏究』 57-2, 1998); 본서 제III부 제7장 참조.

38) 금은 멸망하기 불과 수년전에 서하와 형제관계를 체결하였고, 그를 반영한 궁중의례로서 「新定夏使儀注」가 『금사』 권38, 志19 禮11에 보인다. 여기에 의하면 아마 서하는 형제관계 이전 즉 君臣關係를 유지

辭儀」의 내용) 등으로 전자에 무게를 두고 싶다.

아무튼 「見儀」에 의하면 고려사·부는 식장에 입장한 후, 국서 전달의 과정 없이 곧바로 升殿해 양국 君主의 안부를 교환하는 역할을 수행하게 된다. 이 '공식 의례'를 끝내고 내려와 丹墀에 서면(IV-(2), (3)) 예물이 들어왔다가 나가고(IV-(4)), '사·부'는 다시 丹墀에서 17拜 등을 중심으로 '사절단 의례'를 표한다(IV-(5), (6)). 여기에서의 '17拜'는 송의 '사·부'가 '사절단 의례' 과정에서 보인 "5拜, 再拜, 5拜, 5拜"의 拜數를 合한 것과 일치하므로[39] 양국의 사자가 비슷한 예법을 피로한 것을 한편으로 알 수 있다. 다만, 宋 '사·부'의 의례에 보이는 '奏聖躬萬福', '舞蹈', '出班謝面天顔', '出班謝遠差接伴, 兼賜湯藥諸物等'(III-(8))의 과정이 고려사·부에 보이지 않는 것은 이들에게 그것이 허락되지 않았다기보다 단순한 생략처럼 보인다.

이로써 고려사·부는 퇴장하지는 않고 잠시 殿의 '左階'에 물러나 있게 된다(IV-7). 그리고 여기서 西夏使·副가 입장한다. 이들의 入見 방식은 "上儀와 같이 한다"(V-1)고 하므로 고려의 그것과 특별히 다를 바 없으며, 예를 마친 뒤에는 고려의 반대 측인 '右階'에 서는 것으로 되어 있다(V-2).

이같이 고려와 서하의 '사·부'가 식장의 좌우 측 階에 서 있는 상태에서, 이들보다 앞서 行禮하고 퇴장해 있던 송의 '사·부'가 재입장해[40] 丹墀에서 謝恩－舞蹈－5拜 등을 행하고(VI-(1)), 이어 고려와 서하사·부도 丹墀로 나아감으로써 3국의 '사·부'가 함께 鞠躬한다(VI-(2), (3)). 송의 '사·부'는 마치 3국 사절단의 대표자 역할을 하고 있으며, 그를 중심으로 한 3국의 사절이 이 때 처음으로 金帝에게 동시에 인사하는 극적인 장면이 연출된다. 이들은 酒食을 받은 후에도 함께 舞蹈와 5拜 등을 행한 후 퇴장한다(VI-(4), (5)). 이들이 퇴장하면 宰臣도 下殿하고 「見儀」가 모두 종료된다. 이 때 3국 사·부가 어떤 순으로 퇴장하는지는 설명이 없다.

하던 시기의 「見儀」에서 '丹墀內奉書'했다는 대목이 보이는데, 이것은 '入見 의식'에서 서하도 국서를 진상했다는 것을 말하는 것 같다.

39) 즉 이는 고려사보다 앞서 거행된 '宋使의례'에서도 같음을 확인할 수 있다. 또한 이 17拜의 拜數는 宋使가 거란의 황제를 알현하는 의례의 첫 과정에서도 똑같이 보인다. 본서 제III부 제4장 참조.

40) III-9에는 일단 퇴장한 송의 사·부에게 "賜衣"했다고 하므로, 이 때 송 '사·부'가 옷을 갈아입고 들어왔을 가능성이 있다. 그렇다면 고려와 서하 '사·부'의 복장이 문제가 되지만 「見儀」만으로는 현재 이 문제를 해결하기 어렵다. 고려와 서하의 '사·부'는 도중에 퇴장하지 않았고 따라서 '賜衣'받을 틈이 없었다는 점을 생각하면 式前에 미리 옷을 받아 처음부터 그것으로 갈아입고 입장했을 가능성도 있을 것이다.

이상의 알현 방식은 중국에서 金朝 이전에는 볼 수 없던 독특한 것이며, 금조가 차지한 국제적 지위를 여실히 반영한다. 또한 금의 '신하국' 가운데에서 송의 지위가 고려와 서하보다 우월하다는 것이 이상의 의례 전개를 통해서 분명하지만, 그것은 어디까지나 '금의 신하국' 내에서의 지위였음은 변함이 없다. 고려와 서하 간의 관계가 어떠했는지는 이어 검토하는「曲宴儀」와「朝辭儀」 등과 함께 뒤에서 생각하기로 한다.

3)『금사』「曲宴儀」의 내용과 특징

〈표 3〉「曲宴儀」

順	구 분	본 문
I	황제의 착석 등	皇帝即御座, 鳴鞭, 報時畢, 殿前班小起居, 到侍立位.
II	臣僚 및 使客의 입장-의례-上殿	引臣僚并使客左入, 傍折通班, 至丹墀舞蹈, 五拜, 不出班奏聖躬萬福, 又再拜. 出班謝宴, 舞蹈, 五拜, 各上殿祗候. 分引預宴官上殿, 其餘臣僚右出.
III	宋使從人의 입장-의례-左廊에 섬	次引宋使從人入, 至丹墀再拜, 不出班奏聖躬萬福, 又再拜. 有敕賜酒食, 又再拜, 引左廊立.
IV	高麗·西夏從人의 입장-左右廊에 섬	次引高麗, 夏從人入, 分引左右廊立.
V	酒宴	果床入, 進酒. 皇帝舉酒時, 上下侍立官並再拜, 接盞, 畢, 候進酒官到位, 當坐者再拜, 坐, 即行臣使酒. 傳宣, 立飲畢, 再拜, 坐. 次從人再拜, 坐. 至四盞, 餅茶入, 致語. 聞鼓笛時, 揖臣使并人從立, 口號絕, 坐宴并侍立官並再拜, 坐, 次從人再拜, 坐. 食入, 五盞, 歇宴. 教坊謝恩畢, 揖臣使起, 果床出.
VI	퇴장과 戴花	皇帝起入閤, 臣使下殿歸幕次. 賜花, 人從隨出戴花畢.
VII	재입장	先引人從入, 左右廊立, 次引臣使入, 左右上殿位立. 皇帝出閤坐.
VIII	酒宴(말미에 從人은 퇴장)	果床入, 坐立並再拜, 坐, 次從人再拜, 坐. 九盞, 將曲終, 揖從人至位再拜, 引出.
IX	下殿	聞曲時, 揖臣使起, 再拜, 下殿. 果床出.
X	謝宴과 퇴장	至丹墀謝宴, 舞蹈, 五拜. 分引出.

「見儀」를 마친 외국사는 이후[41]「曲宴儀」에 참가한다. 이 연회는 '관련자의 입장－酒宴－퇴장－재입장－주연－下殿·謝宴·퇴장'순으로 전개되며, 더 단순화하면 '입장－주

41) 앞에서 소개한「新定夏使儀注」에 의하면 西夏使의 경우「見儀」뒤에 자신의 숙소(會同館)에서 여러 차례 연회를 갖지만, 궁중에서의 연회를「見儀」로부터 4일 뒤에 갖는 것으로 되어 있다.「見儀」로부터 이틀 뒤에는「稱賀」가 있으며, 이 또한 연회를 수반하지만, 여기서의「曲宴儀」가「稱賀」를 가리키는 것은 아닌 것으로 보인다.

연-퇴장'에, 또 한 차례의 '입장-주연-퇴장'이 이어진 것이라 할 수 있다. 이 점에서 편의상 전자를 '제1부 주연', 후자는 '제2부 주연'이라고 칭할 수 있을 것이다.

먼저 여기서는 본 의식의 주인공인 외국사·부의 입장 방식이 주목된다. 그들은 「見儀」에서 금의 일반 신료가 모두 입장한 것을 기다린 뒤에 별도로 들어갔으나, 여기서는 그들과 함께 대오를 이루어 입장한다. "臣僚 및 使客이 左에서 들어간다(II)."는 것이 그것이며, 여기서의 '使客'은 송, 고려, 서하의 '사·부'를 모두 포함한다.

이들 '신료 및 使客'은 丹墀에서 舞蹈, 총 12拜, 그리고 연회에 대한 감사 등을 표시한 후 上殿하고, 또 일부는 퇴장한다(이상 II). 또한 연회에는 3국의 '從人'이 모두 동참하며, 이는 「見儀」에서 송의 從人만이 참여한 것과 다르다. 이들 중 宋의 從人이 가장 먼저 입장해 丹墀에서 再拜와 奏聖躬萬福 등을 표한 후 左廊으로 이동해 선다(III). 그 다음 고려와 서하의 從人이 입장해 특별한 行禮 없이 左右의 廊에 나누어 선다(IV). 전체적으로 볼 때 입장 순서는 '황제-신료 및 使客-宋使從人-高麗·西夏從人'이 되는 것이다.

연회 참여자들이 이렇게 자리를 잡고나면 果床과 술이 進上되고 주연이 시작된다. 모두 5盞의 술이 도는 '제1부 주연'에서 제1~3盞은 '臣使' 즉 신료 및 使客, 황제의 뜻을 받은 자, 그리고 從人들이 차례로 마시며, 제4잔째에 餠茶가 들어오면 황제에 대한 致詞와 頌德이 있고, 식사가 들어오면 제5잔을 든 다음 果床이 나가고 연회가 중지된다(이상 V).

이에 따라 황제는 閤으로 돌아가 잠시 쉬고, 臣使도 下殿해 幕次로 돌아가는데, 이들은 이곳에서 꽃을 받게 되고 '人從' 또한 꽃을 꽂게 된다(VI). 필자는 앞서 曲宴 등 궁정 행사에서 참여자들이 머리에 꽃을 꽂는 簪花[42]라는 송대의 풍습이 송의 외국사 관련 의례에서는 잘 보이지 않고, 오히려 요에서 보이는 현상을 지적했는데,[43] 이러한 풍습을 지금은 금 측에서 '戴花'라는 이름 아래 연출되고 있음을 볼 수 있는 것이다.

화려하게 꽃을 꽂은 참여자들이 곧 다시 입장해 '제2부 주연'이 시작된다. 입장 순서는 '從人-臣使-皇帝'(VII)로 '제1부 주연'의 역순이지만, 從人이 좌우의 廊에 서고 臣使가 殿上에 위치하는 것은 '제1부'와 다르지 않다. 다만 '송-고려-서하'였던 앞서의 從人'의 입장 순서가 여기서도 역순인지는 분명하지 않다.

---

42) 豊島悠果는 高麗의 연회 의례를 송과의 비교 속에서 검토하면서 송의 簪花의 특징에 대해서도 지적하였다. 同, 「高麗の宴會儀礼と宋の大宴」(「宋代中國」の相對化』, 宋代史研究會研究報告第9集, 汲古書院, 2009) 참조.

43) 본서 제III부 제4장 참조.

'제2부 주연'도 果床이 들어옴으로써 시작된다. 「曲宴儀」는 그 과정을 '제1부'만큼 자세히 적지 않지만, 연회는 제9잔까지 돈 뒤에 끝나는 것을 알 수 있다. 이 9잔은 '제1부 주연'부터 헤아린 것으로 생각되며, 따라서 '제1부'가 제5잔으로 파했기 때문에 '제2부'는 제6잔에서 시작해 제9잔으로 끝난 것이 된다. 제9잔 중에 음악이 끝날 무렵 從人이 再拜하고 먼저 퇴장하며(VIII), 그 다음 臣使가 일어나 再拜하고 下殿함으로써 殿上 연회는 완전히 종료된다. 下殿한 臣使는 丹墀에서 '謝宴－舞蹈－五拜'의 예를 보인 후 퇴장한다.

4) 『금사』「朝辭儀」의 내용과 특징

〈표 4〉「朝辭儀」

順	구 분	본 문
I	황제의 착석 등	皇帝即御座, 鳴鞭, 報時畢, 殿前班小起居, 至侍立位.
II	신료의 입장 등	引臣僚合班入, 至丹墀小起居, 引宰執上殿, 其餘臣僚分班出.
III	西夏使의 입장-의례-퇴장	閤使奏辭榜子. 先引夏使左入, 傍折通班畢, 至丹墀再拜, 不出班奏聖躬萬福, 又再拜. 揖使副鞠躬, 使出班, 繼闕致詞, 復位, 又再拜, 喝各好去, 引右出.
IV	高麗使의 입장-의례-퇴장	次引高麗使, 如上儀, 亦引右出.
V	宋使·副의 입장-의례-퇴장	次引宋使副左入, 傍折通班畢, 至丹墀, 依上通六拜, 各祗候, 平立. 閤使賜衣馬, 鞠躬, 聞敕, 再拜. 賜衣馬畢, 平身, 搢笏, 單跪, 受別錄物過盡, 出笏, 拜起, 謝恩, 舞蹈, 五拜. 有敕賜酒食, 舞蹈, 五拜. 引使副左上露階, 齊揖入欄內, 揖鞠躬, 大使少前拜跪受書, 起復位. 揖使副齊鞠躬, 受傳達畢, 齊退, 引左下至丹墀, 鞠躬, 喝各好去, 引右出.
VI	宰執의 下殿과 의례의 종료	次引宰執下殿, 禮畢.

체류 기간이 그리 길지 않았던[44] '외국사'는 금조를 하직하기에 앞서 마지막 궁중 의례로 「朝辭儀」를 거친다. 이 의식에는 송, 고려, 서하 3국이 모두 참여하되 '사·부'에 국한되고 從人은 제외되었다. 「朝辭儀」가 대략 '의례 참여자의 입장－행례－퇴장'으로 진행된 점은 「見儀」와 비슷하나, 세부적인 면에서 차이가 발견된다.

먼저 입장 순서가 전체적으로 '황제－신료－외국사'임은 「見儀」와 다르지 않지만, 외국사만의 순서를 볼 때는 「見儀」와 반대로 '서하－고려－송'이 된다. 또 이 3국 각 국의

44) 「新定夏使儀注」에 의하면 西夏使가 금의 수도에 체류한 기간은 10일을 넘기지 않았고, 이것이 당시의 동아시아에서는 가장 일반적인 경향이었다고 생각된다. 다만 高麗使가 송조를 방문하거나, 반대로 宋使가 고려를 방문하는 등, 그 교류가 정기적이지 않은 경우에는 사절의 체류 기간은 훨씬 길었다고 보인다.

'사·부'는 行禮를 마치면 그대로 퇴장하게 되고 그로써 자신의 「朝辭儀」가 끝나게 되므로, 이것은 「見儀」에서 송의 '사·부'가 행례 후에 퇴장했다 재입장하거나, 고려와 서하 '사·부'가 행례 후 식장의 左·右階에 남아 있던 것과는 다르다.

여기서도 行禮의 내용은 송보다 서하와 고려 측의 것이 더 간단하다. 서하와 고려 '사·부'는 입장 후 丹墀에서 拜를 거듭하면서 금 황제의 '聖躬萬福'과 그 공덕을 칭송(戀闕致詞)한 후 퇴장할 뿐이다(III과 IV). 이에 비해 송의 '사·부'도 입장 직후는 丹墀에 서서 서하(고려)와 비슷한 예를 표한다. 文中의 "依上通六拜"는 이들이 서하(고려)의 '사·부'처럼 모두 6拜를 한 것을 뜻한다. 그러나 이 6배로 서하(고려) '사·부'가 퇴장한 것에 비해, 송의 사·부는 계속 남아 금과의 사이에 행례를 이어간다.

먼저 '사·부'에 대한 賞賜로 殿上에서 閤門使가 내려와 '衣馬'를 수여하고, 아울러 별도의 하사품과 酒食의 하사도 뒤따른다.[45] '사·부'의 노고를 위로하는 이 부분은 '사절단 의례'의 일부로, 「朝辭儀」에서는 「見儀」와 반대로 그것이 '공식 의례'보다 더 앞서 이루어지는 셈이다. 이와 관련해 『금사』에는 다음과 같이 보인다.

> 皇統二年六月, 臣使의 辭見을 定했다, ……夏, 高麗의 朝辭之賜는 使를 보내 會同館에서 賜하고, 오직 宋使의 賜는 庭에서 주었다(皇統二年六月, 定臣使辭見, ……, 夏高麗朝辭之賜, 則遣使就賜於會同館. 惟宋使之賜則庭授.(『금사』 권38, 志19 禮11)).

金朝는 紹興和議(혹은 皇統和議) 직후인 皇統2년(1142)에, '신하국'에 대한 조공 의례를 정비하였고, 그 중 그들의 예물에 대한 賞賜는 宋使에 대해서만 「朝辭儀」에서 직접 수여하고, 서하와 고려에 대해서는 그 숙소인 會同館에 사자를 별도로 보내 제공하는 원칙을 세운 것이다.[46]

---

45) 여기서의 '別錄物'은 '별도로 적은(기록된) 물품'이라는 뜻으로, 이때는 실제로 하사품이 사·부 앞에서 선을 보인 다음 지나갔다고 생각된다. 또 '酒食'의 하사는 아마도 현장인 宮中에서가 아니라 사·부가 묶는 客館에서 제공된다는 의미로 생각된다.

46) 『西夏書事』 권37, 宋孝宗 隆興元年(1163) 夏天盛十五年 10월조에도 유사한 내용이 다음처럼 보인다. "金制, 宋使朝辭, 庭賜禮物, 夏使就賜于會同館. 時武功大夫嵬移執信, 宣德郎李師白禮對嫻雅, 金主嘉之, 特賜衣各三對, 人從衣各二對, 使副幣帛百四十段, 金鍍銀束帶三, 金涂銀閙裝鞍轡三, 金涂銀渾裹書匣, 間金涂銀裝釘黑油詔匣及包書詔匣袱各一, 賜人從銀二百三十五兩, 絹二百三十五匹. 其后遂爲定制."

「朝辭儀」에서 賞賜가 宋使에게만 보인다고 해서 이것이 서하와 고려에 대한 완전한 배제를 의미하지 않음을 알 수 있다. 또한 이 점은 「見儀」에서 본 것처럼 宋使에게만 전달한 것으로 되어 있는 國書 문제도, 서하사와 고려사의 경우 大安殿이 아닌 숙소인 회동관 등에서 별도로 전달되었을 가능성을 크게 한다. 한발 더 나아가 생각하면 唐代의 경우는 당조가 귀국하는 외국사에게 國書를 언제 어디서 수여했는지에 관해 논쟁이 있고, 필자는 이에 대해 일본의 石見淸裕의 주장에 따라 "館에서의 수여"설을 지지했는데, 그러한 점이 지금 검토한 金朝의 禮制를 통해서도 상통하는 것으로 보인다.[47]

한편 금은 송에 대한 회답의 국서를 역시 「朝辭儀」의 자리에서 宋使에게 전달하며, 이 부분이 同儀禮의 하이라이트라 할 수 있다. 舞蹈와 5拜를 마친 '사·부'는 「見儀」와 같은 방법으로 上殿해 欄干에 들어가 '拜跪受書'하게 된다. 이때의 '受書'는 본문에 기술이 없어 생략된 것으로 보아야겠지만, '사·부'가 金帝에게 직접 받는 것은 절대 아니며 「見儀」에서처럼 閤門使(閤使) 등이 개재하였을 것이다. 國書의 수령을 마친 송의 '사·부'는 다시 殿下로 내려가 丹墀에서 鞠躬을 끝으로 퇴장하고, 宰執도 下殿함으로써 「朝辭儀」는 물론 외국사와 관련된 궁중 의례는 모두 종료된다.

「朝辭儀」에서는 서하와 고려에 대한 국서의 수여 역시 보이지 않지만, 이 역시 그 사실 자체가 없다기보다 '賞賜'처럼 會同館 등 별도의 장소에서 전달되었다고 보아야 할 것이다. 이렇게 볼 때, 이상의 '외국사 의례'는 금조가 송, 고려, 서하를 모두 '신하국'으로 취급한 전제 위에서 제정된 것이라고 하더라도, 송을 가장 중요한 상대로 인정하고 그를 중심으로 구축된 것이라고 이해된다. 의식의 전개는 송-요 간의 외국사 의례를 모방한 점이 많이 보이지만, 그 속에서 금은 송의 지위를 한 단계 격하시킨 방식으로 개정하였고, 또 서하와 고려의 사절을 그 주변에 동참·배치시키는 새로운 방식을 가미한 것이다.

3. 금의 儀禮에서 전통의 계승과 변형

본장에서는 이상에서 검토한 '外國使 의례' 전체에서 발견되는 약간의 원칙 내지 특징에 대해 지적하고자 한다. 그 중에는 선행하는 당, 송, 요 왕조와 비슷한 내용이 있는가

47) 본서 제Ⅲ부 제7장 참조.

하면, 후발 왕조인 금만의 고유한 것도 있기 때문에, 이를 확인하는 작업은 金禮의 성격을 파악하는 데에도 의미가 있을 것이다.

먼저 '외국사 의례'의 식장 배치는 동아시아의 전통 구도에 따라 '君主南面'을 전제로 한다. 본문에는 황제의 面位를 직접 언급한 부분이 없지만, 입장한 외국사가 모두 '北向'한다는 사실은 황제가 南面하는 관계를 나타낸다. 이는 당과 송 등 중원 왕조의 전통과 상통하는 것이지만, 반면 거란에서는 황제가 '東面'하는 경우도 적지 않았기 때문에 이 부분에서 거란과의 계승 관계는 인정되지 않는다.

이 속에서 외국사는 '左入右出', 즉 좌측 문을 통해 식장에 입장하고, 다시 의식이 끝나면 우측 문으로 퇴장하는 원칙이 의식 전체에서 간취된다. 「入見儀」에서는 송과 고려, 서하의 '사·부' 모두가 그러한 움직임을 보이며, 송의 '사·부'는 재입장할 때도 마찬가지이다. 「見儀」에 "引臣僚左右入(II-(1))"이라고 있어 金의 일반 신료는 左만이 아니라 右 측 방향에서도 동시에 입장하는데, 이것은 식장 진입을 신속히 하기 위한 것으로 보인다. 하지만 「曲宴儀」에서는 "臣僚幷使客左入(II)"이라 하여 일반 신료와 외국사가 함께 입장할 때는 역시 좌측 문이 이용되고 있다. 아울러 從人의 출입에 대해서는 방향에 대한 기술이 분명하지 않지만 아마 그 '사·부'에 준했을 것이다.[48]

여기서의 좌와 우는 大安殿으로 직접 들어가는 궁성 正南門인 應天門 좌우에 있는 출입문을 가리킨다(본 장의 〈그림〉 참조). 특히 금의 中都는 송의 開封의 制를 沿襲한 부분이 많으며, 그것처럼 應天門의 左(東)와 右(西)에는 偏門이 있고, 다시 그 옆에 左掖門과 右掖門이 있어, 전체적으로 5개의 문이 있었다고 한다.[49] 이 속에서 외국사가 이용한 좌와 우의 門이 구체적으로 어디를 가리키는지에 대해서는 다음의 기사가 도움이 된다.

> 詔하여 外國使의 初見과 朝辭는 左掖門에서 出入하고, 朝賀와 賜宴은 應天門의 東偏門에서 出入하게 하였다(詔外國使初見朝辭則於左掖門出入, 朝賀賜宴則由應天門東偏門出入.(『금사』 권38, 志第19 禮11)).

이 설명은 본 장의 검토와 그대로 부합하여, 외국사의 '初見' 즉 '入見'과 '朝辭', 그리

48) 「見儀」에 "次引宋人從入(10), 通名已下再拜不出班, 又再拜, 各祇候(11). 亦引右出(12)"고 있어, 입장의 방향은 명확하지 않지만 퇴장은 우측으로 되어 있다.

49) 于德源, 앞 논문 참조.

고 '朝賀'와 '賜宴'이 모두 '左' = '東' 쪽에서 입장하는 것이 확인된다. 다만 여기에서는 같은 '左(東)'측이라 해도 '入見'과 '朝辭'는 左掖門을 통해 입장하지만, '朝賀'와 '賜宴'의 경우는 같은 좌측이라 해도 應天門에서 보다 가까운 東偏門을 이용함을 알 수 있다. 이 설명에는 '출입'이라고 보여, 입장 이외에 퇴장도 같은 문을 사용하는 것으로 되어 있으나, 이 부분은 '外國使 의례'의 내용에서 확인된 것처럼 반대 방향, 즉 右掖門(西)이 이용되었다고 생각된다.

이와 반대로 외국사가 지참해온 예물은 '右로 들어가 左로 나가는' 것이 원칙이었다(「見儀」III-(6)). 이는 의식이 시작되기 전에 미리 예물을 식장에 배치해두는 당은 물론, '사·부'의 뒤를 따라 동·서 양쪽 門으로 동시에 들어오는 송의 '거란사의례'와도 다르고, 또 서쪽(右)에서 들어갔다가 동쪽(左)으로 나가는 거란의 '宋使儀禮'와도 다른 형식이다.[50] 사람과 물품 간에 차별을 둔 여진인의 관념을 나타내는 것 같아 흥미롭다.

아울러 여기서 언급한 '左·右門'에 대한 필자의 종래의 이해에 대해 정정을 구할 필요가 있다. 앞 장에서 필자는 송대 궁성과 관련한 사료에 보이는 '左·右門'을 각각 式場의 東壁과 西壁에 부속된 문으로 이해하였으나,[51] 현재로서는 그것이 금의 방식(즉 본 장의〈그림〉)처럼 殿의 남측 벽면에 나란히 늘어선 출입문을 가리키는 것으로 보아야 한다고 생각하며, 그에 대한 정정이 필요함을 밝혀둔다.

한편 예물과 관련해서는 당, 송, 요, 금 4왕조의 '외국사 의례'에서 모두 式中에 그것을 進上하는 별다른 절차가 없다는 공통점이 있다. 그것을 진상하는 측도 받는 측도 모두 예물에 대해서 아무런 언급을 하지 않을 뿐더러, 별다른 주목을 받지 않는 속에서 반입되었다가 반출된다. 이미 검토한 대로 금에서는 '국서의 진상－문안의 교환－예물의 진입과 퇴장－사절단 의례'의 순으로 「見儀」가 전개되며, 이 때 예물은 上殿해 있던 '사·부'가 下殿해서 丹墀에 서고 난 뒤에 "右入左出"한다. 예물은 '공식 의례'가 끝나고 '사절단 의례'가 시작되기 직전에 잠시 선을 보이는 셈이다.

이에 대해 당에서는 '국서의 진상－예물의 퇴장－문안의 교환'의 순이고, 예물은 殿上에서 국서가 진상되고 있을 때, 殿庭에서 거의 동시에 당의 有司가 수령해 밖으로 나간다. 이 점은 송조에서도 거의 같다. 당과 송에서는 예물의 반입 시점에 차이가 있지만, 이

50) 당, 송, 요조의 儀式에서 예물과 관련한 문제에 대해서는 본서 제III부 제4장 참조.

51) 본서 제III부 제3장 참조.

를 제외한 반출의 시점과 방법은 송이 당의 영향을 받은 것으로 보인다. 그러나 거란의 경우는 '국서의 진상－문안의 교환－예물의 진입과 퇴장'의 순으로 되어 있어, 금의 순서와 일치하며, 양자 간에 계승 관계가 추정된다.[52]

식장의 공간과 관련해서 외국사는 '殿庭－丹墀－(殿上의) 欄內' 등으로 이동하면서 行禮한다. 당과 송의 중원 왕조가 殿庭과 殿上을 주된 무대로 삼은 것에 비해, 특히 丹墀는 금 뿐 아니라 요에서 이미 중요한 장소로 되어 있고, 이러한 경향은 元과 明의 '외국사의례'에서도 보인다. 丹墀는 궁전 앞의 붉은색 계단이나 空地를 말하지만, 본문에서는 丹墀에서 殿上에 오를 때 계단이 이용된 반면, 殿庭에서 丹墀로는 '이른다(至)'고 하므로 그 사이에 계단은 없는 것으로 보았다.

또한 金禮에서 외국사는 丹墀에서 殿上으로 오르거나, 반대로 殿上에서 丹墀로 내려갈 때 계단(露階)은 모두 좌측의 것만을 이용한다. 이는 금측의 관리인 閤門使가 國書를 수령하러 下殿하거나 다시 上殿할 때도 마찬가지이다. 이 방식은 당과 매우 흡사하다. 당에서는 南面하는 宮殿(太極殿 등)의 남쪽 문에서 외국사가 입장해 좌측에 자리를 잡고 서며, 이러한 위치 때문에 上殿할 때는 자신에게서 가까운 좌측 계단이 이용된 것으로 보이지만, 단순히 외국사만이 아니라 당의 관리들 모두가 좌측을 이용하고 있다. 金代의 외국사도 좌측에서 입장한 관계로 식장에서는 주로 좌측에 도열했을 것이며, 이 때문에 좌측 계단이 이용되었다. 반면에 송에서 운영된 '거란사의례'에서는 契丹使와 일반 신료들이 東階를 이용한 예가 많고 西階와 관련한 설명은 거의 보이지 않아 唐·金과 대비된다. 여기서는 거란사·부가 동서 양 방향에서 입장하지만, 正使 기준으로는 동쪽에서 입장해 서쪽으로 퇴장하여 金과 정확히 대비를 이루며, 이러한 입장 방식이 東階를 이용하게 했을지 모른다. 이에 비해 거란에서 제정한 '宋使의례'에서는 당·금이나 송처럼 어느 한쪽의 階만이 아니라 동·서(군주남면의 경우)와 남·북(군주동면의 경우)의 계단이 동시에 이용되었는데, 특히 이 때 어느 계단을 이용할지의 핵심은 '上殿의 목적'에 있다고 필자는 분석한 적이 있다.[53]

연회의 내용을 통해서도 金禮의 특징이 보인다. 이에 대해서는 承安3년(1198) 정월, 당시의 황제인 章宗과 신하 간의 다음 대화에 몇 가지 중요한 단서가 담겨있다.

---

52) 위와 같음.

53) 이상에 대해서는 본서 제Ⅲ부 제3장과 제4장 참조.

上이 有司에 諭旨를 내려 말하기를, "듣건대 宋國의 花宴은 殿上에 음식(餔饌)을 마련하지 않고, 쉴 때가 되어 廊下에 준비한다고 한다. 지금 花宴에서 賜食에 얽매이는 바가 많으니, 宋의 例를 따르면 可하지 않을까? 또한 이전에는 人使의 見辭는 殿上에서도 酒禮가 있었지만 지금은 館宴으로 옮겼다." 有司가 奏하여 말하기를, "曲宴之禮는 오래되었습니다. ……國朝의 例에서는 술이 罷하고 나서 食이 처음으로 들어가고, 花宴日에 宋使는 客省의 幕次에 이르러 酒禮가 있지만, 우리 使者는 송의 幕에서 食이 있을 뿐 酒가 없습니다. 각기 그 舊에 因하되 반드시 서로 같을 필요는 없습니다. ……". 이에 명하여 옛날처럼 하였다(上諭旨有司曰, 比聞宋國花宴, 殿上不設餔饌, 至其歇時乃備於廊下. 今花宴上賜食甚為拘束, 若依彼例可乎. 且向者人使見辭, 殿上亦嘗有酒禮, 今已移在館宴矣. 有司奏曰, 曲宴之禮舊矣. …… 而國朝之例, 酒既罷而食始進, 至於花宴日, 宋使至客省幕次有酒禮, 而我使至其幕則有食而無酒, 各因其舊, 不必相同. ……乃命止如舊.(『금사』 권38, 志19 禮11)).

먼저 章宗이 송조가 宴會(花宴) 때에 殿上에서 식사를 제공하지 않기 때문에 금조도 그에 따를 것을 생각하였으나, 有關 관청에서 金의 전통을 유지할 것을 청해 종전대로 식사 제공이 계속된 것을 알 수 있다. 본문의 「曲宴儀」에서도 茶와 酒 이외에 果와 餅은 물론 식사가 제공된 것을 확인할 수 있다. 이에 반해 송에서, 예를 들어 契丹使를 위한 연회에서 식사가 별도로 제공되지 않은 것 역시 확인 가능하며, 반대로 거란에서도 宋使를 위해 제정한 宴會에서는 술 이외에 茶, 膳, 果 등이 제공되기는 하지만 식사의 제공은 역시 보이지 않는다.[54] 금 이외에 궁정 연회에서 식사가 제공된 것은 唐朝만이었다.[55]

또 章宗에 의하면 '이전에는' 외국사자(人使)가 '入見'할 때나 사직 인사(朝辭)를 할 때는 殿上에서도 酒禮가 있었지만 지금은 館宴으로 옮겼다고 하였다. '이전'이 언제인지 알 수 없지만, 금에서는 어느 한때까지 외국사가 황제에게 '入見'과 '朝辭'할 때도 殿上에서 그에게 酒禮를 베풀었다가, 그 후 언제부터인가 '館宴', 즉 외국사의 숙소로 옮겼다는 것이다. 앞에서 이미 검토한 「見儀」(VI-(4))와 「朝辭儀」(V)에 모두 "酒食을 賜하는 敕이 있다"고 보이는 것은 바로 이에 해당하는 부분임에 틀림없다.

金 말기에 제정된 「新定夏使儀注」에서도 西夏使의 '入見'이 끝나고 당일에 '館宴'이

54) 본서 제III부 제3장 참조.

55) 본서 제III부 제4장 참조. 다만 여기서는 酒가 九行이나 도는 것으로 되어 있어 식사의 제공이 있을 수도 있다고 추정되나 사료에는 그것이 보이지 않는다.

있고, 이 역시 위와 같은 맥락이다. 이를 다른 왕조와 비교하면, 당에서는 殿上의 酒禮가 존재하지 않고,[56] 송에서 제정한 契丹使 관련 의례서는 「辭儀」에서만 殿上 酒禮가 존재하며, 한편 거란이 제정한 宋使의례에서는 「見儀」와 「辭儀」 모두에서 殿上 酒禮가 있는 것이 확인된다.[57] 따라서 금에서는 원래는 '入見'과 '朝辭' 때에 외국사에게 殿上 酒禮를 베풀었지만, 그 후 어느 때부터는 아마 송의 영향 등으로 이를 館宴으로 옮긴 것을 알 수 있다.

이상의 '외국사 의례'를 금에 先後하는 당, 송, 요 등의 왕조와 비교해 본 결과, 금에서는 의례의 주요한 형식과 내용을 어느 한 왕조의 것을 일방적으로 계승하기보다, 부분적으로 선택·계승하여, 전체적으로는 금조만의 특성을 지닌 형태가 되었다고 평가된다. 무엇보다 금 왕조는 이미 강조한 것처럼 요나 송처럼 대등한 존재를 인정하지 않는, 그들을 넘어선 지위에 올라있었고, 이 점에서 부분적이지만 당의 의례도 의식적으로 수용했을지 모른다.

송·고려·서하, 三國使의 지위 비교 : 맺음말에 대신해서

본고를 통해 가장 강조한 부분은 송, 고려, 서하 3국의 사절이 금이 제정한 '외국사의례'에 함께 등장한다는 사실이며, 이는 송과 요는 물론, 당의 의례에서도 보이지 않는 점이다. 그렇다면 3국의 사절은 이 의식에서 서로 어떠한 위치와 관계에 놓여 있는지, 즉 이것은 그들이 금조에 의해 평가된 국제 지위를 반영하는 면이 되므로, 이를 분석해 결어에 대신하기로 한다.

먼저 송은 금의 '신하국'으로 크게 추락하였지만, 그 지위는 고려나 서하보다 우위에 있었다. 이를 반영한 부분이 의식의 도처에서 발견된다. 외국사의 식장 진입 순서가 「見儀」에 '송의 사·부－송의 人從－고려의 사·부－서하의 사·부'로 되어 있고, 「曲宴儀」에서도 '신료 및 使客－송의 從人－고려·서하의 從人'으로, 송을 가장 앞세운 것은 그 지

56) 본서 제Ⅲ부 제7장 참조. 그 밖에 금의 음식 문화의 특징으로는 飮酒 때 안주를 먹지 않거나, 茶에 앞서 湯을 마시는 "先湯後茶" 등이 참고가 되며, 이에 대해서는 朱瑞熙·王曾瑜 등 編, 『遼宋西夏金社會生活史』(中國社會科學出版社, 1998), pp.26~30 참조.

57) 당의 경우 「辭儀」는 알 수 없다.

위를 반영한다. 또「見儀」에서 송만이 금측에 國書를 전달하는 절차가 있고, 이 자리에 사·부의 수행원(人從)이 동참하지만 고려와 서하에서는 그렇지 않은 점,「朝辭儀」에서도 송의 '사·부'만이 上殿해 국서를 수령하고, '朝辭之賜'는 송만이 이를 殿庭에서 받고 고려와 서하는 장소가 다른 객관에서 받는 것도 모두 그러한 송의 지위를 반영한다.

한편 송을 제외한 고려와 서하 간에는「見儀」와「曲宴儀」에서 고려가 서하보다 먼저 입장하는 점에서 고려의 지위가 더 앞선다고 할 수 있다. 구체적으로『금사』에 보이는 다음의 설명이 참고가 된다.

> (A)熙宗 때(1135~1149)에……制를 定해 宋使를 三品班에 列하고, 高麗, 夏는 五品班에 列했다. 皇統二年六月, 臣使의 辭見을 정해, 臣僚의 服色과 拜數를 常朝起居에 따르게 하고, 三國使의 班品은 舊와 같이 했다. (B)殿前班과 臣僚의 小起居가 끝나고 나서 宰執이 升殿하고, 나머지 신하들의 分班이 끝나면, 비로소 **入見**과 **朝辭**의 禮를 행하게 했다. (C)무릇 入見은 宋使를 앞세우고, 禮를 마치면 夏使가 들어가고, 禮를 마치면 高麗使가 들어간다. 朝辭는 夏使를 앞세우고, 禮를 마치면 高麗使가 들어가고, 禮를 마치면 宋使가 들어간다(熙宗時, …… 定制以宋使列於三品班, 高麗夏列於五品班. 皇統二年六月, 定臣使辭見, 臣僚服色拜數止從常朝起居, 三國使班品如舊. 俟殿前班及臣僚小起居畢, 宰執升殿, 餘臣分班畢, 乃令行入見及朝辭之禮. 凡入見則宋使先, 禮畢夏使入, 禮畢而高麗使入. 其朝辭則夏使先, 禮畢而高麗使入, 禮畢而宋使入.(『금사』 권38, 志19 禮11)).

(A) 부분에 의해 宋使가 국초부터 금의 의례에서 3品班에 배열되어, 5品班에 위치한 고려와 서하보다 월등한 존재임을 알 수 있다. 또 (B)는 본 장에서 검토한「見儀」와「朝辭儀」의 내용과 그대로 일치한다. 다만 (C)에 나타난 외국사의 入見 순서는 본문의 내용과 차이를 보여, '송－서하－고려' 순으로 되어 있어, 서하가 고려보다 앞서고 있다.

앞서 지적한대로 금은 皇統2년(1142)에 '신하국'의 조공 의례를 정비하였고, 그 일환으로 본 장에서 검토한「見儀」등 의례가 제정된 것으로 보이기 때문에, 그 내용을 구체적으로 적은「見儀」쪽이 정확할 것이고, 반면 단순히 사자의 입장 순서만을 적은 (C)는 오기일 가능성이 있다. (C)도 (A)와 (B)처럼 熙宗 연간의 설명이며, 그 사이 고려와 서하의 지위에 특별한 변화가 있었다고 생각되지 않는다. 다만 양국은 모두 3품의 반열에 위치하므로 큰 지위의 차이는 존재하지 않는다.

고려와 서하의 지위를 비교해 볼 수 있는 또 하나의 대목은 「見儀」에서 '사·부'가 서게 된 계단이 어느 쪽인가 하는 점이다. 즉 이미 검토한대로 「見儀」를 마친 송의 '사·부'는 퇴장하는 반면, 고려사·부는 左階에 서고 서하사·부는 右階에 서는 것으로 되어 있는데, 이 두 계단 사이에 금의 차등적인 생각이 반영되어 있는지의 문제이다. 일반적으로 중국의 位階에서 左와 右의 관계는 시대에 따른 차이도 있지만, 「曲宴儀」에서 그와 관련한 한 가지 장면으로 송의 從人이 左廊에 서고 고려와 서하의 종인이 左右의 廊에 서는 장면이 있다. 그렇다면 송이 고려와 서하보다 늘 우위에 있는 점에서 廊下에서도 左측이 右측보다 상위임이 암시되고, 따라서 「見儀」에서도 左階에 선 고려가 右階의 서하사·부보다 우위에 있다고 보는 것이 합당할 것이다.

이와 함께 생각할 문제로, 앞서 인용한 『금사』에 "朝辭는 夏使를 앞세우고, 禮를 마치면 高麗使가 들어가고, 禮를 마치면 宋使가 들어간다."는, 「朝辭儀」에서도 확인되는 설명은 어떻게 보아야 할까? 「見儀」와 정반대인 이 순서는 가장 우위에 있는 宋使를 마지막에 둔 점에서, 상대적으로 지위가 낮은 국가를 먼저 입장시킨 후 그 예가 끝나면 차례로 퇴장시켜, 마지막 단계에서 가장 중요한 宋使를 내보냄으로써 의식을 종료시키는 극적인 효과를 기대했을 수 있다.

6 『金史』「新定夏使儀注」의 의의와 특징

「新定夏使儀注」의 성립과 의의 : 머리말에 대신해서

正大2년(1225)은 金 왕조의 입장에서 하나의 세계관이 종언을 고한 시점이었다. 건국(1115년)에서 불과 10여 년으로 요와 송을 굴종시킨 금이었지만, 다시 그로부터 100년 뒤에는 절대 강자의 지위를 잃음으로써 '신하국'으로 여기던 송, 고려, 서하 3국을 '대등'의 존재로 인정해야했기 때문이다.

이 관계는 금조가 제정한 예제 위에서 극명히 반영된다. 세력이 절정기에 달한 皇統講和(=紹興和議, 1142년)에서, 금은 특히 송의 使者를 고려나 서하사절과 함께 金帝 앞에서 동시에 절을 시키는 외교 의례를 강요하였다. 이것은 중원 왕조의 실추된 지위를 여실히 반영하는 미증유의 사건이며, 앞 장에서는 이 문제에 대한 의의와 내용을 분석하였다.

하지만 13세기가 되어 금이 송과 고려에 사실상 단교를 당하고, 이윽고 서하와도 관계를 재정립해야 하는 입장에 놓여(1225년), 외교 의례에 대한 수정이 불가피했다. 금은 몰교섭에 빠진 송이나 고려는 차치해도 서하와는 그 관계를 '군신'에서 '형제'로 전환시켜서라도 友邦을 확보하려 했다. 이것이 금에게는 어쩔 수 없는 현실책이지만, 스스로 관계를 '從'에서 '橫'으로 선회시킨 이 사건은 금조 화이관의 파탄을 의미하는 것이다.

화이관의 전환은 서하에 대한 외교 의례의 개정으로 이어졌고, 그 결과 「新定夏使儀注」(이하 「儀注」로 약칭)가 제정되어 『금사』(권38, 禮11)에 그 내용이 傳存한다. 그 文中에 "弟大夏의 皇帝가 兄大金皇帝에게 聖躬萬福을 致問한다"는 대목은 양국의 관계를 단적으로 드러낸다. 『금사』에는 이상의 정황이 다음처럼 정리되어 있다.

> (正大)元年十月, 夏國이 使者를 보내 修好했다. 二年九月, 夏國과의 和議가 定해져 (夏國은) 金을 兄事하고, 각자 本國의 年號를 사용하였으며, 使者가 見辭하는 儀注를

擬定하였다. 夏人이 天會議和 이래로 金에 臣屬한지 八十餘年, (양국 사이에) 군사적 충돌은 없었다. 貞祐之初에 이르러 작은 침략이 있었고 이후 十年의 전쟁으로 양국은 모두 피폐해져, 이에 이르러 처음으로 兄弟之國으로 和議를 달성하였다. ……四年, 王立之를 파견해 來聘했으나 復命하지 못하고 夏는 망했다(正大元年十月, 夏國遣使修好. 二年九月, 夏國和議定, 以兄事金, 各用本國年號, 定擬使者見辭儀注云. 蓋夏人自天會議和, 臣屬於金八十餘年, 無兵革事. 及貞祐之初, 小有侵掠, 以至搆難十年, 兩國俱敝, 至是, 始以兄弟之國成和. …… 四年, 遣王立之來聘, 未復命而夏亡.(『금사』 권38, 禮11)).

금은 天會 연간에 성립된 和議(1124년) 이후 80년간 서하를 신속시켰으나,[1] 宣宗의 '貞祐之初'(1213년)부터는 10여년의 군사 대립을 겪은 후 형제관계를 맺고(1225년), 이때는 각자의 年號를 사용한 것도 알 수 있다. 하지만 서하는 그로부터 2년 뒤에 멸망하기 때문에 양국이 형제관계를 유지한 것은 불과 3년에 지나지 않으며, 따라서 「의주」가 금의 宮中에서 실제로 연출된 기회도 거의 없었다고 보아야 할 것이다.

그럼에도 불구하고 「의주」의 사료적 가치가 매우 큰 점은 강조되어야 할 것이다. 10~13세기 동아시아 각국에서 연출된 외교 의례(賓禮)는 궁중 의례를 중심으로 하며,[2] 사료에 외국사의 동향은 거의 이 부분을 통해 나타난다. 하지만 외국사는 상대국에 체류하는 동안 客館을 숙소로 삼아 궁전에 출입하거나, 자신을 찾아오는 체류국 관원들과 교류하는 등 가장 긴 시간을 보냈고, 또 이곳에서는 다양한 의례도 연출되고 있었다. 객관이야 말로 외국사의 현지 활동을 엿볼 수 있는 중요한 매개이지만, 당은 물론 송이나 요 측의 사료에 그 정보는 매우 제한적이었고, 유독 「의주」에서 그 정황을 전하는 설명이 비교적 풍부히 실려 사료로서의 가치가 크다. 여기서는 숙소에 入館한 西夏使의 일정이 제1일차부터 귀국에 오르는 제9일차까지 일자별로 소개되어 있어 그 활동의 대강을 파악하는데 매우 유익하다.

「의주」는 금 말기 아주 짧은 기간 동안 유지된 서하와의 새로운 관계를 위해 만들어졌

1) 이 때 서하는 誓表를 통해 "以事遼之禮稱藩"(『금사』 권134, 外國上 西夏)이라 하였고, 이와 유사한 예는 『고려사』 仁宗4년 9월 辛未와 10월 戊戌조에도 각각 "高麗凡遣使往來, 盡循遼舊"와 "一依事遼舊制"고 보인다. 금은 서하와 고려 등 주변 국가에 대한 지배의 방법에서 요를 계승하는 방침을 갖고 있었음을 알 수 있다.

2) 외국사가 거치는 황제 알현, 宴會, 辭儀 등은 모두 궁중에서 전개된다.

지만, 내용의 대부분은 그 이전부터 西夏使에게 적용되어 오던 것을 다시 편집한 것이 많았다. 비록 '군신'에서 '형제'로 관계의 格이 크게 바뀌었다 해도 금의 서하사에 대한 응대 방식에 근본적인 변화가 생겨난 것은 아니다. 실제로 「의주」에는 과거 서하사에 적용하던 의례를 '舊儀'라 칭하여 내용을 비교하는 대목이 있다.

또한 「의주」에는 금이 서하는 물론 기타 고려와 송 등의 외국사에게도 적용했을 일반적인 내용을 포함했을 것으로 보여, 그를 통해 대부분의 동아시아 왕조에서 알기 어려웠던 객관의 정황을 추정할 단서도 얻을 수 있을 것이다. 당시 동아시아 諸國이 禮의 내용을 서로 모방한 것은 궁전 의례의 닮은꼴을 통해 충분히 수긍되며,[3] 객관 제도도 상통하는 점은 적지 않았을 것이다.

본장에서는 이상과 같은 의의를 갖는 「의주」를 분석해 金에 입국한 서하사가 어떠한 일정을 보냈는지를 확인하고, 또 체류 중에 그들이 통과한 여러 의례와 활동에 어떠한 원칙과 특징이 있는지를 정리할 것이다. 「의주」의 원문은 상당히 긴 편이므로 본 장에서의 직접적인 인용은 논증 등을 위한 필요한 범위로 제한하였다. 이것은 각주 등에 특별히 인용 표시를 하지 않을 경우 본 장 내용의 대부분이 「의주」에 입각한 것임을 뜻한다.

1. 西夏使節團의 金國 체류 일정

1) 입국에서 會同館 도착까지

「의주」는 서하사절의 汴京 도착 이후의 동향을 주로 다루지만, 그에 앞선 冒頭에 入京前의 상황에 대해 몇 가지 중요한 정보를 싣는다. 하나는 사절단의 구성에 관한 것으로, 거기에 의하면,

> 正使 1, 副使 1, 參議 1, 都管 3, 上節 5, 中節 5, 下節 24

의 職名과 定員이 보인다.

이 중 正使, 副使, 參議를 특히 '使'라 칭해 사절단의 핵심에 해당한다. 다만 「의주」본

---

3) 본서 제Ⅲ부 제1장과 제2장 등 참조.

문에는 대부분 正使와 副使(「의주」는 이를 합쳐 '使·副'라 하며 본 장에서도 이 약칭을 사용한다)의 활동만이 보이고 參議의 역할은 거의 눈에 띠지 않는다. 都管은 그 임무를 정확히 알 수 없으나 '使'와 그 밖의 수행원(즉 3節)을 잇는 위치에 있는 관리로 보인다.[4] '실무 총책' 정도로 보아 좋을 것이다.

그 다음의 3節은 10~13세기 동아시아 각국에서 조직된 외교 사절단을 언급할 때 대부분 등장하는 부류이다. 上節, 中節, 下節로 이루어진 각 절을 구성하는 관원의 종류와 수는 왕조마다 다를 뿐 아니라, 동일 왕조에서도 일정치 않고 사절이 조직될 때마다 다를 때가 많았다. 따라서 3절의 성격은 그 밖의 요, 금, 서하, 고려 등에서도 조직된 외교 사절단의 실태를 함께 비교·검토함으로써 한층 분명해질 것이다.[5] 다만 본문의 다양한 국면에서도 확인되는 것처럼 2절 사이에는 금으로부터 받는 대우의 차가 존재하며, 이는 그들의 신분 차이를 반영한 것이다. 이들 40명에 이르는 서하사절단원의 규모는 前後하는 동아시아 왕조의 여러 사례들과 비교해 규모가 큰 것이라고는 할 수 없다.

또 한 가지 「의주」에는 국경을 넘어 입국한 서하 사절단이 汴京에 도달하기까지의 경로에 대해 다음과 같이 적는다.

> (서하사가 도착했다는)보고가 行省에 이르면, 接伴使와 書表人을 보내 境에서 맞이한다. 界에 들면 먼저 驛程과 腰宿하는 일정을 준비한다. 비로소 京兆行省에 이르면 翌日에 賜宴하고, 河南行省에 이르러도 그렇게 하는데 이를 來宴이라 부른다. 京師에 이르려 하면 內侍 一人을 보내 油絹複韜三銀盒과 貯湯藥二十六品으로 近境인 尉氏縣에서 맞이하여 이를 賜한다(報至行省, 差接伴使與書表人逆於境. 入界, 則先具驛程腰宿之次. 始至京兆行省, 翌日賜宴, 至河南行省亦然, 謂之來宴. 將至京, 遣內侍一人以油絹複韜三銀盒, 貯湯藥二十六品, 逆於近境尉氏縣賜之.).

금에서 서하사절의 입국 소식을 처음 접한 것은 아마 延安府 방면의 行省[6]이며, 이후

---

4) 都管에 대해서 『송사』 권119, 禮22 賓禮四 「金國聘使見辭儀」에는 "自到闕朝見, 燕射, 朝辭, 共賜大使金千四百兩, 副使金八百八十兩, 衣各三襲, 金帶各三條. 都管上節各賜銀四十兩, 中下節各三十兩, 衣一襲, 塗金帶一條."라고 있는 것처럼 上節과 동급으로 취급한다, 또 남송에서는 教坊都知를 일명 都管이라 부른다고 하지만(龔延明編, 『官制辭典』(中華書局, 1997), p.280), 이와는 관계가 없을 것이다.

5) 이 문제에 관한 선구적 연구로는 金毓黻의 「宋代國信使之三節人」(『文史雜誌』 1942-6)이 있다.

6) 금조에서 行臺尚書省은 國初(1137년)에 汴京에 두어지고 이후 변화가 있었지만, 1194년 이후는 다수의

사절단은 여기서 파견된 接伴使의 안내를 받아 入京하게 된다. 金은 당시 동아시아 제국의 일반 관례처럼 사절이 入境할 즈음 接伴使를, 入京 뒤에는 館伴使를, 그리고 歸途에 오를 때는 送伴使를 각기 파견해 응접하였다.[7]

또 사절은 1)京兆行省－2)河南行省－3)尉氏縣의 경로를 통해 금의 수도에 진입한 것을 알 수 있다. 그들이 도중에 1)과 2)에서 머물렀고, 그 다음날에는 해당 지점에서 '來宴'이라는 宴會를 받았음도 알 수 있다. 이들은 돌아갈 때 같은 코스를 거치며 그때는 '回宴'이 제공되는데, 이들 來·回宴을 주관하는 押宴官은 사절이 통과하는 각 行省이 맡았다.[8] 사절은 1)과 2), 또는 3)과 4) 사이의 기타 지역에서도 휴식하거나 체류하고 또 賜宴이 있었을 것이 추정되지만, 그 이상의 자세한 일정은 알기 어렵다.[9]

그 끝에 도달한 수도의 郊外 尉氏縣에서는 조정에서 특별히 파견된 內侍로부터 湯藥을 받고, 이를 마지막으로 사절단은 入京하게 된다.

「의주」 말미에 "통과하는 橋道는 모두 기한보다 앞서 工部에 명해 이를 고치게 한다"고 보이며, 이는 금조의 사절 영접이 주도했음을 말한다. 하지만 이상의 접대 절차는 금조에서만 있던 것이 아니라 그 대강이 당, 송, 요 등 인근 왕조와 상통하며, 이 점에서도 필자가 주장하는 당시 예제의 동아시아에서의 계승과 모방이라는 점이 확인된다.[10]

도성에 진입한 서하 사절은 恩華館에서 옷을 갈아입은 다음 宜照門(후술)을 통해 會同館에 들어가게 된다. 이 회동관이야말로 사절단이 이후 줄곧 체류하는 정식 숙소로, 그들의 모든 활동이 이곳을 기지로 전개된다. 「의주」에는 이곳에 도착하는 당일부터 떠나는 날까지 9일간에 이르는 사절단의 일정이 日別로 소개되어 있다. 이 '9일'은 10~13세기 동아시아 諸國에서 외국사의 체류 기간이 10일을 넘기지 않는 일반적 경향이 여기서도 존

行省(行尙書省)이 출현하였다. 孟憲軍, 「試論金代的行省」(『遼寧師範大學學報』, 社科版, 1995-5) 참조.

7) 송 측의 자료인 『朝野類要』 권1 '接送伴' 및 '館伴'에는 "蕃使入朝, 差官待之. 來程有接伴使副, 回程則爲送伴"고 있고, 또 "蕃使入國門, 則差館伴使副, 同在驛, 趨朝見辭遊宴."이라고 보인다.

8) 「의주」말미에 이상과 관련해 "凡使將至界, 報至則差接伴使, 至則差館伴使, 去則差送伴使, 皆有副, 皆差書表以從. 凡行省來宴, 回宴之押宴官, 皆從行省定差, 就借以文武高爵長官之職, 以爲轉銜之光. 來回之賜宴天使, 皆以閤門祗候往, 詔書, 口宣皆稟命於都省, 以翰林院定撰焉."라고 보인다. 이때의 押宴官은 사절을 상대하기 위해 실제의 관함보다 높은 직을 借用하는 것을 알 수 있고, 來·回宴에는 별도로 조정에서 賜宴天使가 파견된 것으로 보인다.

9) 이와 관련해서는 송과 요, 또는 송과 금 사이에서 있었던 사례들이 참고가 될 수 있을 것이다.

10) 주3)의 내용 참조.

재함을 확인시켜준다.[11] 그 10일 전후의 일정을 가장 구체적으로 엿보게 해주는 것은 이 「의주」가 유일하다.

2) 會同館 도착에서 皇帝入見까지(제1일차~제3일차)

(사절단) 도착 당일 금조는 미리 선발해둔 館伴使·副 등을 會同館에 보내 사절단과 서로 인사하게 한다. 이를 '聚廳'이라 부르며 사절이 숙소에서 치르는 최초의 의례에 해당한다. 館伴[12]은 사절이 숙소에 머무는 동안의 伴侶이며 나아가 궁전 의례 등 在京 활동 전반의 후견인 역할을 한다. 이 상견례에는 금측에서 그 밖에도 4인의 館伴所 書表와 30명의 牽攏官이 참가한다.

금은 사절 도착에 임해 당시 동아시아의 관례처럼 館伴所[13]를 설치해 관련 사무를 담당케 하는데, 書表는 그에 속한 행정관으로 생각되며, 牽攏官(후술)은 단순한 병사의 일종이었다. 아울러 「의주」는 서하 사절단이 앞서 금에 입국해 접반사를 처음 만났을 때도 이러한 상견례를 거친다고 附記한다.

상견례에 이어 작은 연회가 열린다. 장소는 '上廳'한 '欄子 안'이라 하므로 회동관의 廳舍 계단을 올라선 堂上의 欄干이 부속된 공간이 된다. 여기에는 館伴, 그리고 사절단 중에는 '사·부'만이 참여하고, 接伴使도 동참한다. 특히 입국 이래로 동행해온 接伴使는 이 자리를 끝으로 그 소임을 마치게 된다. 다른 사절단원이 배제된 데에서도 알 수 있듯이 이때의 연회는 규모가 큰 것이 아니었다.

'聚聽' 이후 당일 중에 '撫問儀'가 있다. 이는 황제가 사자를 館으로 보내 遠路의 노고를 '撫問'하는 것으로 중원 왕조에서 오래된 전통이었다.[14] 여기서는 황제가 보낸 사자를 특히 '天使'라고 칭해, '來使'라고 부른 서하 사자와 구별한 점이 주의를 끈다. 회동관에는 여러 사명을 띤 황제의 사자가 매일 같이 방문했고, 「의주」는 이들을 모두 '天使'라 칭

11) 쌍방 간에 정기적인 교류를 유지한 송-요, 송-금 등의 경우가 그 예이고, 서하와 고려도 정기적으로 요 내지 금을 찾았기 때문에 이에 해당한다고 할 수 있다.

12) 「의주」에서 館伴은 館伴使와 館伴副使를 모두 포함한 자로 보이며, 본 장에서도 館伴은 양자를 포함하는 의미로 사용하였다.

13) 李輝, 『宋金交聘制度硏究』(復旦大學博士學位論文, 2005) 참조.

14) 본서 제Ⅲ부 제1장과 제2장 참조.

한 것이다.

天使와 來使 간의 인사가 있은 다음, 황제의 위로하는 敕을 天使가 口宣하면 '來使'는 '再拜－舞蹈－3拜' 등으로 그에 감사를 표시한다. 이어 양자는 上廳해서 '聚聽' 때와 같은 간단한 연회를 갖고, 다시 下廳하면 來使가 다시 한 번 황제에 감사를 표하고 天使에게도 고마움을 표시한다.

제2일차의 첫 일정은 天使가 찾아와 베푸는 '賜酒果禮'이다. 의식 자체는 '撫問儀'와 대략 같은 방식으로 전개되며, 酒果가 곁을 지날 때 '使'·副"는 單跪하고 있다가 '拜－무도'하는 禮를 추가한다.

이날은 '習儀'가 실시되는 점이 중요하다. 다음 날, 즉 入京해서 셋째 날에 황제를 처음으로 만나는 '入見'(朝見)이 있기 때문에 그에 맞춘 예행연습이 필요한 것이며, 이 또한 적어도 당대 이래로 확인되는 중원 왕조에서 보이는 전통이다.[15] 이것은 궁중 의례를 주관하는 閤門司의 閤門副使가 직접 회동관을 찾아와 치른다. 방문 직후의 예법은 "館伴을 만날 때의 儀('館伴相見之儀')"와 같으며, 習儀에 대한 내용 자체는 보이지 않지만 翌日의 실제 '入見'에서는 서하사절단 전원이 참여하므로, 이 습의에도 전원이 참가했을 가능성이 크다. 習儀 뒤에는 '취청'이나 '撫問儀' 규모의 소연이 어김없이 이어진다.

연회까지 끝나면 '사·부'는 閤門에게 '入見榜子'라는 것을 건네주고, 이후 이것은 禮進司에 전달되는 것으로 되어 있다. '榜子'(일명 '箚子')는 원래 어떤 사항의 요점을 적은 글로, 여기서는 의식 참여자들의 직함과 성명 등이 적혀 있었다고 생각된다.[16] 「의주」에는 '入見' 당일에 의식이 개시될 즈음 "閤(門)使가 來使의 (入)見榜子를 奏한다"고 보인다. 閤門에서는 入見 전날 '사·부'(=來使)에게서 미리 받은 '入見榜子'를 유관 관서인 禮進司에 보내고, 익일의 本儀式에서 閤門使가 직접 그것을 황제에게 읽은 것이다.

또한 '습의' 날에는 '土物'도 引進使에게 '書送한다'고 되어 있다. 즉 금 황제에게 바치는 예물도 미리 引進使를 통해 전달됨을 알 수 있다. 실제의 入見 의식에서는 예물이 "右로 들어가 左로 나간다"고 되어 있으므로, 예물은 入見 당일에 서하사절이 직접 지참해 가고, 그 전날 引進使에 '書送'했다는 것은 예물의 명단을 뜻하는 것으로 생각된다. 송과 요의 외국사 '入見'의식에서도 간혹 보이는 '入見榜子를 奏하는' 과정은 송·요의 儀

---

15) 본서 제III부 제7장 참조.

16) 『茶香室續鈔』「宋人書帖猶用竹簡」에 "紹興初, 百官相見, 用榜子, 直書銜及姓名, 今手本式是也."고 보인다.

式만으로는 의미가 분명치 않았지만, 「의주」의 내용을 통해 그 성격이 대체로 파악되는 셈이다. 또 하나의 중요한 지참품인 國書는 서하사가 입견 당일에 직접 奉戴하는 것으로 되어 있다.

이상을 정리하면, 서하사절의 '入見榜子'와 土物 명단은 入見 전날에 閤門司를 통해 미리 전달되지만, 國書와 土物은 입견 당일에 사절단이 직접 들고 入宮하여 金朝에 제출한 것이 된다.

제3일차에 드디어 황제를 알현한다. 이를 「의주」에서처럼 '入見'이라고도 하고 혹은 '朝見'이라고도 부른다. 「의주」는 이 3일차의 '入見'에 가장 많은 내용을 할애하고 있는데, 그것은 여기서 '入見' 자체만이 아니라 그를 전후한 서하사의 준비 과정 등이 함께 소개되고 있기 때문이다.

즉 거기에는 서하사 일행이 당일 質明(새벽)에 館을 나와 客省의 幕次에 들르는 내용에서부터, 그 후 大安殿으로 이동해 거행하는 入見 의례의 진행 과정, 大安殿 퇴장 후 다시 입장했다가 의식을 끝낸 뒤 歸館하는 과정, 그리고 끝으로 押伴使가 회동관을 찾아와 서하사절에 賜宴하는 내용이 모두 보인다.

이처럼 「의주」에는 당, 송, 요 등 선행 왕조의 예서와 달리 다양한 동향과 정보를 함께 소개함으로써 숙소인 회동관에서 大安殿에 이르는 금조 궁중의 의례 공간을 이해하는 데에도 도움을 준다.

3) 御宴에서 歸國까지(제4일~제9일)

제4일차에 '御宴'이 열린다. 어연은 황제가 사절단에게 하사하는 연회 중 규모가 가장 크며, 회동관에서 거행된다. 여기에는 押宴天使와 賜宴天使라는 2명의 天使가 파견되며, 사절단은 전원이 참가한다. 이 어연은 당시 館宴의 대표적인 연회 사례로서 다음 장에서 별도로 자세히 검토할 것이다.

제5일차에 서하사절은 大安殿에서 열리는 '稱賀'에 참가한다. '칭하'는 황제 생일이나 元日 당일에 群臣이 축하를 올리는 것으로 '朝賀'라고도 한다. 통상 금에 정기적으로 왕래하는 외국사의 대부분은 이 행사에 참가하는 자들이었다고 생각된다. 9일간의 일정 중에서 '칭하'가 가장 한 가운데에 위치한 점도 이와 관련이 있어 보인다. 이 날에는 금의 신료는 물론 서하를 포함한 여러 외국의 사절이 동참하는 것이 관례이지만, 「의주」가 만들어진 즈음 금의 위세가 그렇지 않았음은 이미 설명한 바와 같다. 또 황제를 축하하는 자리인 만큼 여기서는 '入見'이나 '朝辭'와 달리 궁중에서 연회가 뒤따랐다.

「의주」에는 제6일차부터 제9일차까지의 일정에 대해서는 설명이 자세하지 않다. 이것은 제6일차 이후의 일정 중에 이미 그 이전에 보였던 내용이 반복되는 점이 꽤 있었기 때문으로 보인다. 먼저 **제6일차**에는 "分食[17]과 酒果를 하사하는 禮"가 있으나, 「의주」는 그것을 "제2일차의 酒果禮와 같다"고 설명할 뿐이다. **제7일차**에 관해서도 "曲宴禮, 如前儀"라는 설명이 전부이다. 이날도 서하사절은 궁중에서 열리는 '曲宴'에 참가하는 것이 가장 큰 일정임을 알 수 있다.[18] 다만 이때의 곡연례가 "前儀와 같다"고 한 '前儀'가 '入見'날의 연회(제3일차)를 말하는지, 아니면 그 다음날의 '御宴' 또는 '稱賀'때의 연회(제5일차)를 가리키는지, 분명치 않다. 이미 본대로 이들 중 前2者는 모두 숙소인 회동관에서 열린 것에 비해 '稱賀'때의 연회만이 궁중에서 열리기 때문에, 궁중에서 열리는 곡연도 '稱賀'의 연회와 형식이 유사했을 것으로 추정된다.

제8일차에는 '奉辭之儀'가 거행된다. 이는 '入見'과 반대로 '入辭'라고 부르고, 또는 '朝見'에 대해 '朝辭'라고도 칭한다. 다음날의 귀도에 앞선 하직 인사와 더불어 그동안 체류 중에 받은 여러 후의에 감사를 표하는 자리이다. 「의주」는 관련 의식의 절차를 대부분 생략하고 있지만, 통례적으로 볼 때 '入見' 의식과 유사하다고 볼 수 있다. 여기서도 '入見' 때처럼 "閤門使가 來使의 辭榜子를 奏"하는 것으로 의식이 개시되며, 이 '辭榜子'도 '入見榜子'의 경우처럼 사전에 閤門의 관리가 회동관을 찾아가 '來使'(='사·부')에게서 그것을 전해 받았다고 생각된다.

그런데 이 자리에서는 國書가 서하 측에 전달되는 내용이 보이지 않는다. 전통시대의 동아시아에서 외국사가 특정국을 방문하면 해당 왕조 간에 國書의 교환이 군주가 임석한 '入見'과 '入辭' 자리에서 이루어지는 것이 보통이었으나, 다만 중원 왕조는 그 授受를 상대국에 따라 장소를 달리해 때로는 궁정이 아닌 客館에서 행하는 경우가 있었다. 당시 서하는

17) 周煇의 『北轅錄』에 "分御膳以賜"라고 보이는 것처럼 황제가 자신의 음식을 나누어 주는 것을 말한다.

18) 『조야유요』 권1, '曲宴'에는 "有旨內苑, 留臣下賜宴, 謂之曲宴, 與大宴不同之義也."고 보인다. 또한 송대의 曲宴과 관련해서는 張勝海, 「帝子設宴納賓賢, 賞花釣魚賦太平－中國古代曲宴初探」(『學術探索』 2005-3); 豊島悠果, 「高麗の宴會儀礼と宋の大宴」(『「宋代中國」の相對化』, 宋代史研究會研究報告9, 汲古書院, 2009) 등을 참조.

국서를 客館에서 받는 입장에 있었다고 보이므로,[19] 第8일차의 '奉辭之儀'에서도 그 장면이 보이지 않은 것으로 이해된다. 서하는 이 무렵 금에 대한 지위를 상승시켰음에도 불구하고 그것이 국서 수수의 관계에는 반영되어 있지 않은 것이다.

또한 '朝辭之儀'에서는 서하사에게 하사품을 수여하는 내용도 보이지 않는데, 이 역시 별도로 會同館에서 제공된 것으로 보인다.[20] 「의주」말미에는 수여 시점이 언제인지 밝히지 않은 채 서하사절에게 제공할 물품의 수량을 적고 있는데,[21] 이것이 그에 상당하는 것으로 보인다.[22]

제9일차에 최후의 통과 의례로 다시 '聚聽'이 행해졌다. 제1일차에서 그랬던 것처럼 서하사절은 회동관을 떠나는 날에 館伴은 물론 자신들을 그동안 돌보아준 직원들과 이별 인사를 나눈다. 이어 회동관을 나온 사절단은 恩華宮으로 이동해 옷을 갈아입은 다음 귀도에 오르며, 이점 역시 入京 때와 완전히 같다. 그렇다면 이때도 宣照門을 통해 도성을 벗어났다고 보인다. 또 귀로에는 입국 때의 接伴使 대신에 送伴使가 동행하였고, 그 경로와 途上의 접대 방식도 入京 때와 기본적으로 같았을 것이다.

「의주」에 보이는 이상의 서하사 일정을 〈표〉로 정리하면 다음과 같다.

---

19) 본서 제Ⅲ부 제5장에서는 금 측의 국서가 금조를 동 시기에 찾아온 송, 고려, 서하의 3국 사절 중 오직 宋使에게만 궁중 의례 과정에서 授受가 이루어지고, 나머지 고려와 서하는 그것이 숙소인 客館에서 행해진 것을 밝혔다.

20) 『개원례』 권79에는 入見儀에 해당하는 '蕃主奉見'의 제목에 註文으로서 "奉辭禮同"이라고 보인다.

21) 『서하서사』 권37, 宋孝宗 隆興元年(1163), 夏 天盛十五年 10월조에는 다음과 같이 보인다, "金制, 宋使朝辭, 庭賜禮物, 夏使就賜于會同館. 時武功大夫嵬移執信, 宣德郎李師白禮對嫻雅, 金主嘉之, 特賜衣各三對, 人從衣各二對, 使副幣帛百四十段, 金鍍銀束帶三, 金涂銀鬧裝鞍轡三, 金涂銀渾裹書匣, 間金涂銀裝釘黑油詔匣及包書詔匣袱各一, 賜人從銀二百三十五兩, 絹二百三十五匹. 其後遂爲定制."이에 의하면 金에서는 朝辭 때에 宋使가 예물을 殿庭에서 수여받으며, 夏使는 會同館에서 받는 것이 원칙이었음이 확인된다. 이 점은 『금사』 권38, 禮11에 "夏, 高麗朝辭之賜, 則遣使就賜於會同館. 惟宋使之賜則庭授. 舊高麗使至闕皆有"는 설명을 통해서도 입증된다. 또한 앞의 『西夏書事』의 인용문은 이 무렵 西夏使에 대한 사여품이 「의주」의 그것과 거의 같은 수량인 것을 확인시켜준다. 이는 금 말기에 서하와의 관계가 '형제관계'로 전환되어도 많은 점이 종래의 관습을 상당 부분 계승한 것임을 방증한다.

22) 그 내용은 다음과 같다. "凡賜衣, 使副各三對, 人從衣各二對, 使副幣帛百四十段, 舊又賜貂裘二, 無則使者代以銀三錠, 副代以帛六十疋, 後削之. 惟生餼則代以綾羅三十九疋, 帛六十二疋, 布四疋. 金帶三, 金鍍銀束帶三, 金塗銀鬧裝鞍轡三, 金塗銀渾裹書匣, 間金塗銀裝釘黑油詔匣及包書, 詔匣複各一. 朝辭, 賜人從銀二百三十五兩, 絹二百三十五疋." 여기에는 正使와 副使 간의 차등이 보이지 않으며, 人從도 上·中·下 3절 사이에 어떠한 차이가 있는지 분명하지 않다. 人從 34명을 단순 평균으로 계산하면 1인 당 약 7량의 銀과 7匹의 絹이 제공된 셈이다. 또 '都管'에 대한 설명도 보이지 않는다.

물론 〈표 1〉이 서하사절이 금에서 체험한 활동의 모두를 반영한 것은 아니다. 이것은 사절단이 의례적으로 통과해야 할 최소한의 공식 활동이며, 그들은 그 밖의 기타 공식·비공식 활동으로 분주했을 것이다. 속성상 사료에 그러한 부분까지 남아 있기 어려우나, 외국사들이 시내의 명승이나 풍물을 유람하는 것은 거기에 흔히 포함되는 일이었다.

〈표 1〉「儀注」에 보이는 서하사절의 金 汴京 체류 중 일정

會同館 도착 이전	入界－京兆行省(賜宴)－河南行省(來宴)－尉氏縣(물품 하사)－恩華館(更衣)		
도착이후의 日次	장소	활동명	주요 참가자(來使副와 館伴使 이외의 자들)
1	會同館	聚廳	사절단 전원, 館伴所 직원, 接伴使
		撫問之儀	天使
2	會同館	賜酒果禮	天使
		習儀	閤門副使, 習儀承受人 등
3	客省幕次	(客省으로 이동해 대기)	사절단 전원, 館伴所 직원, 客省과 그 직원
	大安殿	入見儀	皇帝, 宰執 등 金 관리, 閤門 직원, 사절단 전원
	會同館	歸館과 賜宴	押伴使, 사절단 전원
4	會同館	御宴	押宴天使, 賜宴天使, 사절단 전원
5	客省幕次	(客省으로 이동해 대기)	
	大安殿	稱賀	
6	會同館	賜分食, 并賜酒果禮	
7	大安殿(?)	曲宴禮	
8	大安殿	奉辭之儀	
9	會同館	聚廳 후 歸途에 오름	

무엇보다 그들은 무역을 통한 이익에 관심이 컸고, 이와 관련해 「의주」의 말미에도 "夏使가 도착하면 무역을 市에서 이틀간 허락한다"고 있다. 서하사절은 자신들의 일정 중에 최소한 이틀 정도 시간을 내어 무역에 종사하지만, 이 이틀 동안의 장소는 館內를 가리키는 것으로 보이고,[23] 그 밖에도 市內의 시장에도 출입했을 가능성이 많다.

23) 『금사』 권105, 聶天驥傳에 "夏使賀正旦, 互市於會同館, 外戚有身貿易于其間者, 天驥上章曰, 大官近利, 失朝廷體, 且取輕外方.」고 있는 것이 이를 증명한다. 아울러 蘇轍, 『欒城集』 권46, 乞裁損待高麗事件箚子에도 송의 경우도 고려와 서하 사절이 客館 안에서 무역을 거래한 예가 보인다. 周寶珠, 「北宋西夏間貢賜交往中的開封與興慶」(『史學月刊』 2000-1)은 금은 아니지만 서하사의 송조에서의 경제 활동의 일단을 엿보게 해준다.

2. 會同館과 방문자 간의 交遊

1) 회동관의 직원들

통상 회동관은 元 및 명·청시대 외국사의 在京 체류 시설로 알려져 있으며 관련 연구도 적지 않다.[24] 그러나 회동관이 동일한 기능의 시설로 이름이 존재한 것은 이미 遼代부터이며,[25] 금에서도 中都에 그것이 존재함이 확인된다. 금에서는 회동관 이외에 다른 숙박 시설도 존재했다고 보이며,[26] 따라서 아마도 隣國의 송처럼 외국사의 체류 장소가 국가나 지역별로 구별되어 있었다고 추정된다. 하지만 이 시대의 회동관이 구체적으로 어떠한 것인지에 대해서는 관련 자료가 매우 부족하고 專論도 없다.

그 가운데 그 내부의 정황을 일부 알려주는 내용이 「儀注」에 보여 주의를 끈다. 금조가 서하사의 편의를 위해 다양한 사람들을 차출해 보낸다는 규정이 그것이다. 그들은 서하사절이 회동관에 머무는 동안 임시로 그곳에 파견된 직원인 셈이지만, 거기에 나열된 단순한 職名과 인원수(〈표 2〉)를 통해서 만이라도 내부 정황의 일단을 생각해볼 수 있다.

〈표 2〉 金이 會同館에 파견한 西夏 사절 接待 관련 인원의 내역과 정원

직원	정원	직원	정원	직원	정원	직원	정원
館伴使	1	稱肉官	1	奉飮直長	1	過位不通漢語軍	10
館伴副使	1	牽攏官	30	長行	2	過食司吏	80
監察	1	尚食局直長	1	奉珍	2	街市廚子	40
奉職	1	知書	1	儀鸞直長	1	方脈醫	1
省令史	1	都管	1	長行	10	雜科醫	1
書表	4	接手	1	把內外門官	2	醫獸	1
總領提控官	1	湯藥直長	1	館外巡防軍	30	說儀承受禮直官	1
酒食官	1	長行	1	把館甲軍	62	押馬官	1
監廚	1	廚子	5	雜役軍	60	鞍馬	24(뒤에 8)匹

24) 王靜, 「元代會同館論考」(『西北大學學報』 32-3, 2002): 「中國古代中央客館論述」(『陝西師範大學學報』 29-2, 2000); 李雲泉, 「明代中央外事機構論考」(『東岳論叢』 27-5, 2006); 王建峰, 「明代會同館管理人員及其職掌考述」(『烟台大學學報』 18-2, 2005).

25) 王靜, 앞 논문, 「元代會同館論考」.

26) 남송의 누약(樓鑰)이 乾道5년(1169)에 書狀官으로 出使하고나서 남긴 『北行日錄(上)』에는 고려사와 서하사가 각기 숙소를 달리하는 듯한 내용이 보인다.

금조가 회동관에 보낸 인원은 의외로 많아 359명이나 된다. 서하사절단의 총 인원이 40명인 것에 비하면 거의 10배 가까운 규모이다. 사실 당시의 동아시아 각국에서 외국사를 접대하는 일은 부담이 따르며, 무엇보다 인원 차출의 어려움과 경비의 발생은 요·금 등 왕조에서 황제의 생일 축하마저 의도적으로 正旦과 가까운 시점으로 옮겨 치르는 기현상을 낳았을 정도였다.[27]

대규모의 인원 동원은 외국사에 대한 금조의 관심이 큰 것을 나타내는 것이지만, 그 종류와 인원이 가장 많은 것은 군사였다. 대략 이 범주에 들어가는 것으로 把內外門官, 館外巡防軍, 把館甲軍, 雜役軍, 過位不通漢語軍 등이 있으며 그들만으로 164명에 달한다. 이 중 雜役軍을 단순한 노동에 종사하는 자로 빼더라도 순수한 군인은 100을 넘는다. 이름으로 보아 그들은 대부분이 회동관의 안팎을 경비하는 것이 주된 임무였을 것이다.

다만 '內外의 門을 把守하는 官'이 2명에 불과한 것은 회동관의 출입문이 매우 적었기 때문인지, 그리고 '過位不通漢語軍'이 어떤 자인지는 분명치 않다. 특히 '不通漢語軍'이 문자 그대로 한어를 이해하지 못하는 군대를 뜻하고 여기서 그러한 집단을 특별히 언급한 것이라면, 이것은 금조가 서하와의 사이에 공용어로 漢語를 사용했을 가능성을 암시한다. 그 수가 30명이나 되는 牽攏官도 말 등을 끄는 사실상 하급 병사와 다르지 않다고 보이므로,[28] 이들까지 넓은 의미의 군사에 포함시키면 전체적으로 그 수는 194명에나 달한다.

병사에 이어 수가 많은 직명은 음식 관련의 것이다. 〈표 2〉 중에 '食', '飮', '廚' 등의 字가 들어 있는 것이 그것이며, 구체적으로 廚子(5), 街市廚子(40), 尙食局直長(1), 奉飮直長(1), 酒食官(1), 監廚(1), 稱肉官(1), 過食司吏(80) 등이 포함된다. 이들의 수도 130에 이른다. 여기서 요리사로 보이는 廚子 5명은 官屬으로 보이지만, '街市廚子' 40명은 외부의 민간에서 고용된 자로 생각되며, 이들을 합치면 요리사는 적어도 45명이 된다. 그 밖에 다수는 有關 관청에서 파견된 직원들(尙食局直長1, 奉飮直長1, 酒食官1, 監廚1) 정도로 보이며, 거기에는 고기의 무게를 저울로 다는 '稱肉官'까지 보인다. 그런데 그 수가 90이나 되는 '過食司吏'는 자세한 성격을 알 수 없으나, 혹자는 이 단어를 문자 그대로 '過食'으로 보고

27) 傅樂煥, 「宋遼聘使表稿」附 '宋遼聘使表'(『遼史叢考』, 中華書局, 1984); 본서 제I부 제2장 참조.

28) 羅舒, 「金代牽攏官考釋」(『社會科學硏究』 2012-2) 참조. 이에 의하면 唐末五代부터 보이기 시작하나 金代 사료에 가장 많이 보이는 견롱관은 황제나 관원의 出行時 말 등을 끄는 수행원으로서, 신분에 따라 그 수를 달리한다. 정1품은 60명, 親王은 50명, 정2품 40명, 郡王은 30명, 정3품은 20명 수준이다.

이를 金代에 존재한 음식 문화의 한 가지 특징으로 추정하였다.[29] 충분히 이해가 되지 않는 추정이지만, 만일 그렇다면 이는 금조가 서하사절에게 음식을 과도할 정도로 충분히 제공하고 있었다는 일면을 암시하는 것 같다.

합계 324명의 병사 및 음식과 관련한 인원을 뺀 나머지 35명은 그 역할이 명료하지 않은 것이 많으나, 감독(監察), 행정(省令史, 書表), 儀仗(儀鸞直長, 說儀承受禮直官), 연회(都管), 의료(湯藥直長, 方脈醫, 雜科醫, 醫獸) 등과 관련된 자들이 많다. 특히 의료 관련자 중에는 수의사가 보이며, 이들은 押馬官과 함께 회동관에 제공된 24필[30]의 鞍馬를 관리했다. 그 밖에 「儀注」에는 회동관에서 사용하는 각종의 什器에 대해서도 戶部가 관리를 보내 점검해야 하는 규정이 보인다.

이상의 직원들은 회동관에 출퇴근한 자도 있겠지만, 개중에는 그곳에 머물면서 일을 보았을 것이다. 송 측 사료인 『朝野類要』 권1, '館伴'에는 "蕃使가 國門에 들어오면 館伴使·副를 差하여 같이 驛에 있으면서 朝見· 辭 및 遊宴에 나아간다."고 하여, 관반사·부가 客館에 함께 체류한 듯한 설명이 보인다. 금의 회동관에서도 사정은 비슷했을 것이다.

2) 會同館에서의 交遊

〈표 1〉은 서하사가 거의 매일처럼 회동관을 찾아오는 금의 관리와 접촉하고 있음을 보여준다. 대부분은 서하사의 노고를 위로하거나 공무를 전달하는 방식으로 교제가 이루어진다. 그리고 이때의 접촉과 교제에는 반드시 일정한 예법을 곁들인 儀禮(儀式)가 뒤따른다. 궁중 의례보다 규모는 작으나 인사에서부터 연회까지 참가자들의 행동은 예법과 절차에 구속된다. 大安殿의 행사까지 포함하면 사절단의 일정은 가히 의례의 연속이라 할 수 있다.

먼저 서하사는 방문객을 대할 때 그와 명함을 교환하는 것으로 접촉을 시작한다. '轉銜'이라 부르는 이 행위는 회동관을 처음 방문한 금 측 관리 등과의 사이에서 모두 있었다고 생각된다. 다만 그 과정은 제2일차 이후 모두 생략되어 보이지 않고 제1일차의 '聚

29) 伊永文, 『古代中國風情圖記』(中華書局, 2005), 第5部(民俗世風) 第5節 '遼金食俗'에는 금대의 음식문화가 발달한 것을 지적한 후, 이 단어를 들어 過食으로 보고 있다.

30) 「儀注」에 의하면 뒤에는 '8필'로 줄었다.

廳'에서만 간단히 보일 뿐이다. 館伴使가 서하사에게 먼저 명함을 주면 使者도 자신의 명함을 그에게 건네주는 것이 그것이다. '전함'이 끝나면 다른 참석자들은 서로 '以次見' 또는 '互相參見'한다고 할 뿐 그들 간에 명함의 교환이 있었다는 설명은 없다. 중국에서 교제의 수단으로 명함이 사용된 역사는 이미 오래고,[31] 그것이 이렇게 외교 현장에서 구체적으로 보이는 것은 「儀注」에서 처음이며, 당은 물론 송과 요에서도 보이지 않는다.

명함 교환 후에는 '公服'으로 **換衣**하는 예가 많다(제1일, 제3일, 제4일차[32] 등). 당시 동아시아 각국의 궁전 등 의례가 벌어지는 식장 곁에는 '幕次'가 마련되어 옷을 갈아입거나 휴식을 취하는데 그러한 예는 회동관에서도 보인다.

그 다음에 거의 모든 의례에서는 拜褥에서 '**望拜**(혹은 望闕拜)'하는 과정이 보이며, 필자는 이 점에 특히 주목한다. 절을 할 때 일종의 방석(拜褥)을 이용하는 것과, 또 황제의 '闕'을 바라보고 절을 하는 '望拜'는 宋 등 중원 왕조에서도 보이지만, 그것은 모두가 국내 의례에 한정될 뿐, 특히 외교 의례에서 '望拜' 행위가 본격적으로 확인되는 것도 「의주」가 처음이다.[33] 필자는 이 '望拜'의 관습이 후일에 조선 등 중국과 '臣屬' 관계에 있는 왕조에서 빈번히 연출되는 '遙拜禮'[34] 등의 연원과 무관하지 않을 가능성을 생각한다.

望拜를 하고나면 天使 등 방문자는 '敕'을 '**傳宣**'하는 것으로 방문의 목적을 알린다. 그 내용은 '撫問', '賜酒果', '賜宴', '賜分食' 등이며, 다만 '習儀'에서는 이 과정이 없다.

여기까지의 절차가 끝나면 많은 경우 '**展狀**'이 뒤따른다. 이것은 지금까지와 똑같이 장소가 廳의 뜰(庭)이 되거나, 아니면 회동관 內의 廳으로 올라간 곳에서 이루어진다. '聚廳'(제1일차)에서는 上廳하여 廳의 欄干 밖에 선 "來使·副와 館伴이 서로 展狀한다"고 되어 있고, 이는 후자의 예에 속한다. '展狀'이 무엇인지는 분명치 않으나 「의주」 전반을 음미해 볼 때 아마 상대에게 안부를 적거나 자신을 간단히 소개한 글로 추정된다. 來使·副와 館伴은 이를 사전에 준비해두었다가 '聚廳'에서 서로에게 펼쳐 보인 것이다. 이에 반해 '撫問之儀'(제1일차)에서는 來使(서하사)와 天使간의 '展狀'이 '上廳'하기 전에, 즉 館의

---

31) 예를 들어 삼국시대 吳의 武將 朱然의 묘(安徽省 馬鞍山市)에서 출토된 명함은 길이가 24.8cm의 목판 위에 관직과 이름이 적혀 있다. 金文京, 『中國の歷史』 4(講談社 2005), p.17 참조.

32) 제9일차는 '聚廳'이라고만 되어 있지만, 기본적으로 제1일차의 '聚廳'과 내용이 같은 것으로 보았다.

33) 당에서도 客館에서 北을 보고 절하는 모습이 있으나 '望拜'라는 용어는 사용되지 않는다.

34) 桑野英治, 「朝鮮初期の對明遙拜儀禮」(『久留米大學比較文化研究』 10, 2001): 「高麗末期の儀禮と國際環境」(『久留米大學文學部紀要(國際文化學科)』 21, 2004) 등 참조.

뜰에서 '敕'을 '傳宣'한 뒤에 이어진다.

한편 '聚廳'과 '撫問之儀'에서는 '辭狀'이 보인다. 전자에 보이는 '展接伴辭狀'은 함께 자리에 있던 接伴使가 禮를 마치고 회동관을 떠나기 전에 사직 인사를 적은, 또는 그와 관련한 표시를 '展'한 것이며, 후자도 '天使'가 떠날 무렵 제출된 것으로 성격은 동일하다.

또한 '習儀'(제2일차)에서는 閤門副使가 회동관을 떠날 때 "來日이 入見인 故로 단지 揖만하고 辭狀을 展하지 않는다"고 있다. 閤門副使는 다음날 궁중에서 다시 만날 것이므로 '辭狀'을 제출할 필요가 없다는 것이다. '習儀'에서는 합문부사가 방문했을 때 '展狀'했다는 말이 보이지 않지만, 지금의 '辭狀'에 대한 언급은 '展狀'이 있었을 가능성을 말한다.

그 밖에 「의주」에서는 起居狀(제3일차)이나 參狀(제3일차)이라는 용어도 보이는데 이들도 안부를 묻는 狀의 일종으로 보인다. 아울러 「의주」에 '展狀' 등과 같은 일정한 행위 뒤에 '傳示'라는 표현이 자주 보이는 점도 지적해둘 만하다. 이는 비록 館內에 함께 있더라도 의례에 직접 참여하고 있는 '사·부' 이외에 그 동정을 잘 모르는 서하의 기타 '從人'들에게 문자 등의 標識로 상호간에 의사를 알리는 일종의 통역 과정처럼 이해된다.

'展狀'을 전후해 宴會가 열리고, 연회까지 끝나면 각 의례의 말미에서는 대체로 '사·부'가 감사를 표하는 절차가 보인다. 하나는 表를 바쳐 자리를 베풀어준 금 황제에 대한 은혜를 표시하는 것이다. 제1일차의 '進表謝撫問', 제2일차의 '進謝賜酒果表', 제4일차의 '進謝御宴表' 등에 보이는 것이 그 예이고, 제6일차의 '賜分食幷賜酒果禮'도 제2일차와 "그 禮가 같다"고 하므로 역시 表의 進上이 있었다고 생각된다. 이들 사례들에서 '사·부'는 연회가 끝난 뒤 下廳하여 拜褥에서 각각의 表를 '跪進'하고 있다.

'사·부'는 또한 여러 사람들에게 '土物'을 증정한다. 황제에 대해서는 表로써 감사를 나타낸 반면, 자신과 접촉한 주위 사람에게는 예물을 나누어줌으로써 사의를 표한다. 앞에서 소개한 제1일차, 제2일차, 제4일차, 그리고 제6일차에서 각기 '進表'와 함께 한편으로 토물의 증정이 동시에 보인다. 이렇게 외국사가 예물을 주위 사람에게 증정하는 행위를 宋代에는 '私覿'이라 불렀고,[35] 이 현상은 당시 동아시아 제국의 사절단에서 유행하고 있었다. 이와 관련해 『금사』에는,

35) 『朱子語類』 권38에 "私覿, 則聘使亦有私禮物, 與所聘之國君及其大臣."고 보인다. 吳曉萍, 「宋代私覿問題研究」(『安徽師範大學學報』 2004-6) 참조.

> 이전(=舊)에 高麗使者가 闕에 이르면 모두 私進禮가 있었으나, 大定五年에 上이 宋과 夏使에게는 이 禮가 없는데 小國에게 홀로 그것이 있음은 可하지 못하다고 하여, 마침내 이를 파하도록 명했다(舊高麗使至闕皆有私進禮, 大定五年, 上以宋夏使皆無此禮, 而小國獨有之, 不可, 遂命罷之.(권38, 禮11 朝辭儀)).

고 보인다. 금조에 도착한 고려 사절은 아마도 정치적 목적 등으로 유력자들에게 로비(私進禮=私覿)를 적극적으로 전개했다고 보이지만, 大定5년(1165)부터는 私進禮가 송과 서하에서는 없는 일이기 때문에 금지되었다는 것이다. 그러면 이처럼 1165년 이후 私進禮가 금지된 상태라고 한다면「의주」에 보이는 西夏使가 폭넓게 행한 土物의 증여는 무엇인가? 아마도 이것은 1165년 이후 어느 때부터인가 私進禮=私覿이 부활되거나, 애초부터 적당한 수준의 私進禮는 유지되고 있었을 가능성을 생각하게 한다.

「의주」에는 그러한 土物의 증정이 天使에서 일반 병졸에까지 폭넓게 제공되는 실태가 보인다. 즉 제1일차에서는 '사·부'가 天使에게 그가 "辭狀을 展하기" 바로 전에 土物을 주고 있다. 이와 관련해 보이는 "依例書送"의 '依例'가 자신을 찾아와준 사람에게는 모두 土物을 주었다는 의미인지, 혹은 土物의 증정이 모두 '書送'이라는 방식에 따랐다는 것인지 분명치 않다. 이때의 '書送'은 이미 앞에서 밝힌 것처럼 實物보다 그 명단을 보냈다는 의미로 생각되며, 따라서 명단에 적은 물품은 차후 모종의 방법으로 전달되었을 것이다.

제2일차에서는 두 번에 걸쳐 4가지 종류의 土物이 제공된다. 먼저 이 날의 첫 번째 행사인 '賜酒果禮'의 말미에 '사·부'는 감사의 표시로 天使에게 土物을 증여하되 그 방식은 "撫問使禮와 같다"고 하고 있으며, 또 다른 한편에서는 "酒果를 관리(押)하는 軍도 土物之贈이 있다"고 보인다. 天使에 대한 증여 외에 酒果를 나르는 등 자신을 위해 애써준 하급 軍人에게도 사례하는 것이다.

두 번째 행사인 '習儀'에서는 土物이 '入見榜子'와 함께 當日(알현 전날)에 引進使에 書送되는데, 여기서도 예물을 進獻해준 軍員과 習儀에서 수고해준 閤門副使 및 習儀承受人에게 각각 土物이 증정된다. 모두 '土物'인 점에서는 같지만, 황제에게 引進使를 통해 사전에 보낸 예물은 '書送'된 반면, 그 밖의 관리와 군인에게는 現物이 직접 제공된 것으로 보인다. 황제에 대한 실물로서의 土物은 이미 지적한대로 알현 당일에 '사·부'가 직접 將來한다고 생각된다.

제4일차의 館宴에서도 연회 최후 단계에 天使에게 土物을 "依例書送"하며, 여기서는 天使가 '以物報之'라고 해 실물로 '사·부'에게 즉답하고 있다. 또 '사·부'는 연회가 끝나고 나서 "監酒等官과 教坊人等"에게도 증여품을 준다. 이처럼 일정이 종료된 뒤에 '사·부'가 수고해준 행사 관련자들에게 답례하는 것은 거의 常態임을 알 수 있다.

그러한 모습은 제6일차에서 가장 폭넓게 간취된다. 즉 '分食'을 하사하는 天使가 회동관에 도착해서 禮를 마치면, '分食酒果'를 관리한 군인은 물론, 館內 여러 分局의 관리와 노역인에게도 土物을 주는데, 그 범위는 앞에서 검토한 회동관에서 일하는 다양한 직원들의 상당수에 걸치고 있다. 이러한 정황으로 보아 서하사가 금조에 지참해온 土物의 양도 상당했을 것이다.

3. 入見의 구조: 회동관에서 대안전의 사이

서하사가 처음으로 입궐해 행하는 '入見'의례가 어떠한 전후 과정을 통해 이루어지는지를 당시의 공간 배경을 고려하면서 검토하기로 한다.

1) 入見의 무대

여기서 주의해야 할 것은 「의주」에 보이는 회동관이 사실은 汴京에 존재한 것이 아니라 그 이전 오랫동안 금의 수도였던 中都에 있었던 시설이라는 점이다. 이미 설명한 것처럼 금의 汴京은 국도로 기능한 기간이 길지 않고, 그 내부 구조가 잘 알려져 있지 않아 이곳에 會同館이라는 시설이 실존했는지 조차 확인되지 않는다. 또한 금 말기 서하가 망하기 3년 전에 급조된 「의주」는 서하사에 대해 활용될 기회가 거의 없었고, 금의 입장에서도 나날이 왕조 존망의 위기감이 커지는 속에서 그것을 汴京이라는 새 무대를 배경으로 새롭게 편찬할 필요를 느끼지 못했을 것이다.

이 점에서 필자는 「의주」가 금의 이전 수도인 中都에서 연출되어 오던 의례를 거의 그대로 답습·再錄했을 가능성이 크다고 본다. 이를 암시하는 것으로 「의주」 본문 중에는 서하사가 이용한 恩華館에 대해,

> 恩華館에 이르는데, 그 舊名은 燕賓館으로 承安3년(1198)에 이름을 고쳤다(至恩華館, 舊名燕賓館, 承安三年更名.).

이라 보인다. 수도(汴京)에 설치되었을 恩華館이 汴京 천도보다 이전인 承安三年(1198)에 개명되었다는 설명은 이치에 맞지 않으며,[36] 또 「의주」에 보이는 宜照門도 中都 도성에 있던 城門 이름 그대로이다. 또 앞에서 본 회동관에 제공된 鞍馬의 수가 24필이라고 한 다음 그 뒤에 "後止備八疋"이라고 설명하고 있으나, 금이 멸망 직전에서 '後'라는 표현은 여간 어색하다.

이러한 정황으로 보아 「의주」의 배경이 汴京이 아닌 中都였다고 보는 것이 타당하며, 실제로 그렇게 이해해야 「의주」의 내용이 합리적으로 풀이된다. 즉 「의주」는 中都의 구조를 나타낸 〈그림 1〉처럼 外城의 宜照門(일명 豊宜門)을 통과하면 皇城의 正門인 宣陽門이 보이고, 그 안쪽 좌편에 회동관이 존재하며, 이곳에서 다시 북진하면 우측에 左掖門으로 갈 수 있고, 또 좌액문을 지나면 入見과 稱賀의 장소인 大安殿에 도달하는 구조를, 주요한 공간 배경으로 설정한다. 금 말기의 수도인 汴京城에 이러한 구도가 똑같이 재현되어 있었다고는 생각되지 않는다.

「의주」에 이와 같은 특수한 사정이 있음을 확인하면서 이하 서하사의 入見 과정을 중도의 공간 구조와 결합해 개관하기로 한다.

2) 회동관에서 대안전으로의 이동

入見 당일 새벽(質明), '사·부'는 관반사와 함께 3節 등 사절단 전원을 대동하고 회동관을 나선다. 公服을 입고 傘蓋를 바쳐 든 '사·부'와 관반사는 牽攏官이 이끄는 말에 타며, 國書를 든 都管은 西夏使 바로 앞에서 역시 말을 타고 나아간다. 이들은 中門까지 오면 일단 말에서 내려 마주보고 '拱手'한 후 다시 전진한다.

「儀注」는 이때의 행렬이 "外를 上으로 삼는다"고 설명하며, 여기서의 '外'는 아마 步行道의 바깥을 의미하는 것으로 보인다. 이 때 '外'측에 서는 것이 서하사인지 아니면 관반사인지 분명치 않다. 하지만 일행이 다시 左掖門에서 500보정도 떨어진 곳까지 도달하면 이번에는 兩者가 위치를 바꾸어 인사한 후 계속 전진한다고 되어 있다. 이는 서하 측의 正使와 이를 맞이하는 금 측 관반사의 지위가 동격이며, 이를 고려한 배려라고 보인

---

36) 范成大가 乾道6년(1170)에 金에 出使하고 돌아와 작성한 『攬轡錄』에는 "過盧溝河三十五里至燕山城外燕賓館(承安三年更名恩華館). 自館行, 柳堤緣城. 過新石橋, 中以杈子隔馳道. 從左邊過橋, 入豊宜門, 卽外城門也. 兩邊皆短牆, 有兩門東西出, 通大路. 有兵寨在墻外."고 보인다.

다. 이후 좌액문에서 100보 떨어진 곳까지 이르면 서하사와 관반사는 傘蓋를 걷고 또 말에서 내려 '對行'하게 된다.[37]

좌액문으로 들어선 일행[38]은 客省의 幕次에 잠시 들러 酒와 茶로 접대를 받은 후 자신들의 '本幕次'로 돌아간다고 「의주」는 설명한다. 서하사 일행은 아마 大安殿의 의식이 준비되는 동안 對外 업무를 주관하는 관청인 객성에 머물렀다고 보이며, 그 준비가 다 될 즈음 대안전 근처에 마련된 자신들의 '幕次'로 돌아가 드디어 입견에 대기하게 된 것이다.

3) 대안전 입견의 구조

대안전에서는 금조 관리의 황제에 대한 간단한 문안 의식이 끝나면 재상과 執政만이 上殿한 가운데 서하사·부가 입장한다. 즉 입견 의식의 진행을 맡은 閤門使가 서하사의 '入見榜子'를 上奏하면, 幕前에서 진입 신호를 받은 서하사는 國書를 들고 客省과 함께 '三門' 밖에까지 '對行'하여 영접 나온 閤門副使의 인도로 대안전에 진입한다. 이때 서하부사는 서하사 뒤에서 笏板을 들고 따른다. 여기서 客省이 함께 진입하는지는 분명치 않지만, 그 때까지 동행하던 관반사는 서하사보다 한발 빨리 입장해서 서하사를 기다리는 상황에 있다.

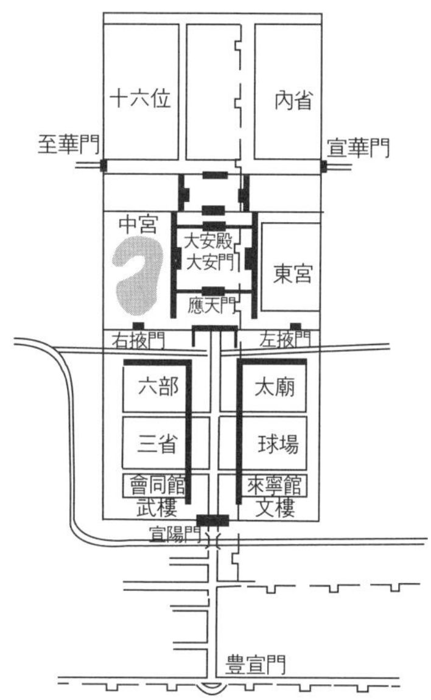

〈그림 1〉 金의 中都城 궁정도(葉驍軍 編, 『中國都城歷史圖錄』 p.38에서 일부 변경 인용)

그 후 '사·부'는 송의 國信使로서의 '공식(내지 국가) 의례'를 치르고, 그 뒤 이어서 사절 개인(또는 단체)과 관련한 '사절단 의례'를 거치게 되는데,[39] 이러한 방식은 금을 찾아온 송

37) 이러한 禮法은 그 밖에 '稱賀'나 '曲宴'에서도 마찬가지였다고 「儀注」는 설명한다.

38) 다만 일행 중 짐을 가진 자의 진입은 금지되었다.

39) '공식(내지 국가) 의례'와 '사절단 의례'는 필자가 구별하여 사용한 것으로, 전자에서는 國書와 황제간의 안부가 교환되는 의례이고, 후자는 사절의 황제에 대한 인사 등을 주로 한 것이었다. 이에 대해서는 본서

이나 고려 등의 외국사에게는 물론, 송이나 거란에서 제정된 외국사의 입견 의례와도 상통한다.[40]

'공식 의례'는 먼저 서하사가 좌측 계단으로 上殿해 殿의 난간 바깥에서 '奉書單跪'하면 합문사가 국서를 받아들고 난간 안으로 들어가 '轉讀'하는 것으로 되어 있다. 여기서 주목해야 할 것은 ①서하사가 '上殿'한다는 점과 ②합문사가 서하의 국서를 '轉讀'한다는 점으로, 이들이 모두 서하의 위상이 과거보다 격상된 것을 반영한다는 점이다. 「의주」의 해당 본문의 註文에 '舊儀에서는 丹墀內에서 奉書했다'는 明言처럼 서하사는 이전에는 국서를 上殿하지 못하고 丹墀에서 합문사를 통해 진상했지만, 여기서 ①로 바뀐 것은 금－서하의 관계가 형제관계로 전환된 것을 반영한 것이다. 송조의 使者조차 줄곧 국서 진상을 위한 上殿은 허락되지 않았던 것이다. 또한 ②에 대해서도 「의주」의 註文에 '故事에는 모두 읽지 않았다(不讀)'고 하기 때문에, 이 역시 서하의 지위 변화에 따른 금의 예우였다. '轉讀'은 중요한 대목이나 제목 등만을 읽고 나머지는 책장(冊張)을 넘기며 읽는 시늉만을 하는 것을 말하며, 과거에는 서하의 국서에 대해 이 과정도 없었던 것이다. 이에 대해 송의 국서는 처음부터 '轉讀'의 과정은 있었다.[41]

이어 서하사·부는 난간 안으로 들어가 금의 황제에 대해 "弟大夏皇帝致問兄大金皇帝聖躬萬福"라는 안부를 '跪奏'하면, 金帝도 夏황제의 안부를 묻고 이에 대해 사자는 "弟大夏皇帝聖躬萬福"이라 奏한 뒤, 다시 좌측 계단을 이용해 丹墀로 내려온다. 안부를 교환하는 자리에서도 금과 서하는 피아의 군주를 '황제'라 칭하고 있으며, '致問' 역시 그러한 대등관계를 반영하는 용어이다.[42]

殿上의 '공식 의례'가 끝나면 바로 서하 측의 예물이 잠시 선을 보인 다음,[43] 사절들에 초점이 맞추어진 '사절단 의례'가 계속된다. 다시 丹墀에 선 '사·부'가 '舞蹈－5拜－奏聖躬萬福'의 예를 피로하면, 황제가 '사·부' 앞으로 사람을 보내 '遣人勞問'하고, 그에 대해 '사·부'는 다시 무도와 5拜를 거듭하면서 황제의 '天顔'을 만날 수 있게 된 것과 멀리 接伴使를 보내주고 또 湯藥 등 여러 물건을 하사한 은혜에 감사를 표한다. 이로써 '사·부'

제III부 제3장과 제4장 참조.

40) 본서 제III부 제3장과 제4장 참조.

41) 본서 제III부 제5장 참조.

42) 堀敏一, 「中國における民族意識·國土意識の形成」(『中國と古代東アジア世界』, 岩波書店, 1995).

43) '右入左出'이라 하며, 이는 三門 중에서 우측의 문으로 들어와 좌측문으로 나갔다는 의미로 생각된다.

는 右側 문을 통해 三門 계단으로 나아가 합문부사와 작별을 고한 후 客省과 함께 客省 幕次 앞에서 인사를 하고 각자의 幕次로 돌아간다. 대안전에서 퇴장할 때도 진입할 때와 마찬가지로 합문부사와 객성이 '사·부'의 동반자가 되는 것이다.

4) 幕次로의 복귀와 '賜衣之儀'

'사·부'가 대안전 문밖 幕次로 돌아가면 곧바로 그 밖의 '從人'으로 총칭되는 서하 사절단이 대안전으로 들어가 입견 의례를 치른다. 이처럼 '사절단 의례'가 '사·부'와 그 '從人'으로 신분에 따라 각기 별로도 진행된 점 또한 금 이외에 송, 요 혹은 고려의 의례에도 보이는 공통적 현상이다.[44] 다만 '從人'의 입견 방식은 신분차를 반영해 '사·부'보다 간단하다. 또한 '從人' 중에도 신분이 제일 낮은 '下節'만은 대안전 진입이 허락되지 않은 채 문 밖 계단 아래 서서 殿內에서 행해지는 절 등의 예법에 맞추어 '萬歲' 구호로 호응한다. 3拜를 기준으로 제1拜에 '만세', 제2배에 '만세', 제3배에 '만만세'를 칭한다. 이 같은 예가 끝나고 '從人'도 右側 문을 통해 나간다.

이렇게 해서 모두 幕次로 돌아온 서하사절단은 이번에는 막차 안에서 금의 황제가 보낸 天使를 맞이해 간단하지만 또 다른 예를 치르게 된다. 그것은 '(서하)使者에게 衣를 賜하는' 의식이며, 이때의 拜舞는 '賜酒果之儀', 즉 2일차 때의 '酒果禮'와 같다고 「의주」는 설명한다. 여기서는 都管과 人從이 '望闕'해 선 상태에서 天使가 이들에게 모종의 敕을 전달하고, 都管 이하는 그 聖恩에 감사를 표한다.

5) 대안전 재입장과 회동관으로의 귀환

이후 사절단은 다시금 대안전으로 진입한다. 이 때 서하사·부가 幕次에서 새로 받은 衣物을 갈아입었는지의 여부는 분명치 않다. 재입장의 주목적은 金帝의 '賜酒食'에 있지만, 사절단은 이 자리에서 의복을 받은 것에 대한 감사를 함께 표한다. 여기서는 '酒食을 賜하는 敕'이 발포되지만 이 酒食은 대안전이 아니라 회동관으로 귀환한 뒤에 제공될 연회를 말한다. 이 敕을 전후해 사절단은 '再拜－무도－3拜－鞠躬'과 '무도－5배'의 예법을 표한다. 이상과 같이 일단 식장에서 퇴장한 사절단이 잠시 밖에서 衣物을 받은 뒤 재

44) 본서 제Ⅲ부 제3장과 제4장 참조.

입장하는 방식, 즉 입견 의식이 제1부와 제2부로 구별된 것은 거란 측에 이미 존재한 반면, 송에서는 존재하지 않았다.[45]

이로써 대안전을 완전히 물러나 막차로 돌아온 사절단은 관반사와 인사를 나눈 뒤 회동관으로의 귀도에 함께 오른다. 귀도 상에서의 예법은 대략 입궐할 때와 반대 순서이며, 도중 內外로 길의 위치를 바꾸는 것도 같다. 회동관 도착 후 연회가 열리는 것은 이미 설명한 대로이며, 그 과정은 후술하기로 한다.

4. 酒宴의 구조

1) 宴會의 종류와 小宴

연회 참석은 「의주」에서 서하사가 관여하는 가장 두드러진 동향 중의 하나이며, 그 내용도 상당 부분을 차지한다. 제8일차의 '奉辭之儀'와 귀국 당일의 제9일차에만 연회 기사가 보이지 않지만, 제1일차부터 제7일차까지 서하사는 매일같이 크고 작은 연회에 참석한다. 제1일, 2일, 3일, 5일차에는 2회의 연회가 열리고, 제8일과 9일에도 기사에 없을 뿐 존재했을 가능성이 크다.

이같이 빈번히 열리는 연회들은 규모와 성격에서 서로 차이가 있다. 특히 연회의 규모는 참석자들이 마시는 술의 잔 수에 따라 구별될 수 있으며, 이를 기준으로 하면 「의주」에는 대략 3잔, 5잔, 9잔의 3종류의 연회로 대별된다. 편의상 본장에서는 이들을 각각 '小宴', '中宴', '大宴'이라 칭해 구별한다.[46]

먼저 객관 체류의 초반에는 주로 小宴이 제공된다. 제1일차(聚廳)의 연회 방식에 대해,

> 먼저 湯이 나오고, 이어 술은 3잔 나오며, 果殽를 놓고 茶는 물린다(先湯, 次酒三盞, 置果殽, 茶罷.).

라고 보인다. '사·부'와 館伴이 첫 대면하는 자리인 만큼 참여자는 인사 뒤에 술이 3잔

45) 본서 제III부 제3장과 제4장 참조.

46) 송조에서는 궁중 연회를 '小宴', '中宴', '大宴'으로 구별하는 예가 있지만, 본고에서 편의상 구별한 소·중·대의 연회는 대부분이 客館에서 열리는 것이다.

정도만 도는 연회를 가질 뿐이다. 연회에 제공되는 음식이 '湯－酒－茶'의 순서라는 점은 지적해둘 만하다. 이렇게 음식이 湯으로 시작해서 茶로 끝나고, 그 사이에 술이 도는 방법은 당시의 가장 기본적인 연회의 순서이다.[47] 이 때 湯이 단순한 '뜨거운 물'인지 아니면 일종의 '국'인지는 분명치 않으며, 또 果殽(과실과 고기 안주)가 술을 3잔 다 마신 뒤에 비로소 나오는 것인지, 첫잔 때부터 함께 제공된 것인지 분명치 않다.[48] 同日에 있는 '撫問之儀'에 뒤따르는 연회는 「의주」에 "湯酒殽茶는 모두 前과 같다"고 한다. '사·부'의 遠路의 노고를 치하하러 온 天使도 '湯－3酒－茶'의 순서에 입각한 小宴을 갖는 것이다.

다음 날의 첫 번째 행사(賜酒果禮)와 관련한 연회는 "上廳해 湯酒茶를 畢하고나서 拜褥位로 나아간다"는 설명이 있을 뿐이다. 술의 잔 수와 '果殽'에 대한 언급이 빠져있지만, 이 역시 小宴에 해당하는 것으로 보인다.

이어 '習儀'가 벌어지는데, 먼저 그 전에 관계자들의 움직임으로 "湯茶가 罷하니, …… 例로써 마땅히 習儀를 해야 한다."고 보이고, 습의 뒤에는 "第二盞後, 習儀承受人을 향해 酒一盞을 권하면, 먼저 揖하고 飮酒한 뒤 再拜하여 退한다. 三盞에 果茶가 罷하면, 笏을 잡고 약간 앞으로 다가가 함께 일어난다"고 보인다. 습의가 시작되기 전에 관계자들은 湯과 茶를 마시나 이는 의례를 연습하는 상황에서 술이 적당하지 않기 때문일 것이다. 그러나 습의 후에는 '酒3잔－果－茶'를 기본으로 하는 연회가 이어져 연회의 규모가 小宴임을 알 수 있다. 다만 「의주」가 축약해서 "第2盞"부터 설명하듯이 여기서는 '湯'의 제공이 생략된 것으로 보아야 할 것이다.

2) 中宴과 大宴

入見하는 날(제3일차), '사·부'는 이미 검토한대로 客省에 들러 大安殿의 식장 준비가 끝나기를 기다리면서 대접을 받는다. 여기서도 "먼저 湯이 들어오고, 다음에 酒가 三盞에 각기 果殽가 있다. ……. 第三盞酒가 끝나고, 이어 茶도 끝나면"과 같이 전형적인 小宴의 방식으로 접대가 이루어진다.

---

47) 이러한 방식은 고려와 조선 왕조의 그것과 유사한 점이 있다고 생각하며, 필자는 그 비교를 시도할 논문을 구상 중이다.

48) 제3일차(入見)의 客省宴에서는 "酒가 三盞에 각기 果殽가 있다."고 보이며, 이 경우는 후자에 가까운 것으로 보인다.

入見이 끝나고 회동관으로 돌아온 '사·부'는 그때까지의 일정 중에서 가장 큰 규모의 賜宴을 받는다. 그것은 대략 다음과 같은 순서로 진행된다.

> ①入湯과 出湯－②酒1잔－(樂聲盡)－③酒3잔－④食事－⑤酒4잔－(酒畢)－⑥勸酒－⑦酒5盞－⑧入茶와 出茶

술은 5잔까지 돌며 따라서 中宴의 규모이고, 연회의 순은 역시 '湯－酒－茶'를 기본으로 한다. 이때는 특히 식사와 勸酒가 추가된 것이 小宴과 다른 점이다.

이 과정을 좀 더 자세히 분석하면, 먼저 ①은 말하자면 '坐定'이라고 부를만한 단계이다. 즉 탕이 들어오면 上廳해 있던 '사·부'와 館伴 및 天使에 대하여 廳下에 있는 '都管·人從'이 排立하고, 탕이 나가면 이들은 '入見禮' 때처럼 鞠躬拜와 만세를 연호하는 禮를 기립해 있는 '사·부' 등을 향해 한 뒤, 좌우로 나누어 上廳해 자리를 잡고 앉는다.

이후 '宴會'에 들어가며 ②~⑦의 과정을 거친다. 여기서는 제1잔을 마신 뒤에 음악이 그치므로 주연 초에 음악이 시작된 점과 제3잔까지 끝나면 도중에 식사를 한다는 점을 알 수 있다. 이 식사는 小宴에서는 볼 수 없고, 中宴과 大宴에서만 주연의 한 가운데 시점인 제3잔과 제5잔 뒤에 하는 것으로 되어 있다.

식사 후에 다시 술이 돌고, 그 다음 勸酒가 따른다. 뒤의 大宴에서도 그러하듯이 권주는 마지막에서 두 번째 잔, 즉 중연에서는 제4잔, 大宴에서는 제8잔이 각각 끝난 뒤에 있게 된다. 사실 이는 小宴인 習儀 직후의 연회와 알현일의 客省宴에서도 존재하였다. 권주의 의의는 天使 등 주연을 베푸는 입장에 있는 사람이 연회 말미에 하급자에 대한 격려 차원에서 의례적으로 가미된 것으로 볼 수 있다. 즉 제4잔 뒤에 연회를 주관하는 "押伴使가 來使(즉 '사·부')에게 都管과 上·中節에 酒一盞의 面勸을 傳示하면, 來使가 그들을 불러 副階 아래 서게 하고, 그들이 揖하고 마시고 나면 압반사가 勸酒한 뜻을 전하고, 그들이 물러난다."는 것이 그것이다.

이 뒤에 제5잔이 이어지고, 茶가 들어옴에 따라 散會 수순에 든다. 이는 앞에서 본 湯의 入出로 '坐定'이 이루어진 것과 대비된다. '入茶'에 都管·人從이 (아마 廳下로 내려가) 拜席에 배립하고, 또 茶가 罷하면 押伴使와 '사·부' 등이 자리에서 일어난 상태로 廳下의 都管·人從이 절하면서 '謝恩'이라 외치고 下節은 이에 호응한다. 이로써 押伴使 등도 下廳한 후 '사·부'와 행례하고 작별한다.

서하사를 위한 가장 큰 賜宴인 大宴이 入見 다음 날(제4일차)에 회동관에서 열린다. 이를 위해 금조는 賜宴官과 押宴官 2종류의 天使를 파견하며, '사·부'는 이들을 각각 상대하는 의례를 치른다. 먼저 賜宴天使가 轉銜을 거쳐 公服으로 換衣 후, 褥位에서 望闕해 선 館伴과 '사·부'에게 '傳宣'하면 이에 '사·부'가 拜謝한다. 이어 '사·부'와 賜宴天使는 서로 展狀하고, 館伴이 잠시 幕으로 물러난 사이, 上廳해 '西間內'의 椅子 위치에서 小宴 규모의 간단한 연회를 갖는다. 이 과정이 끝나면 사연천사는 '暗退'하고 押宴천사에 의한 주연이 본격적으로 전개된다. 이렇게 볼 때, 賜宴천사는 금 황제의 賜宴 취지를 전달하는 역할을 맡았고, 연회 자체는 별도의 압연천사가 주관한 것을 알 수 있다.

압연천사도 褥位에서 館伴 및 '사·부'와 望闕 行禮한 후 上廳하여 展狀하고 각각의 자리에서 연회에 임한다. 특히 館伴의 望闕 行禮에는 '왼쪽 무릎을 꿇고 세 번 叩頭한다'는 표현이 보인다. 외국사 관련 의례에서 '叩頭'라는 용어가 보이는 것은 아마 이 대목이라고 필자는 생각한다.

연회는 다음과 같이 전개된다.

> ①入湯과 出湯－②押宴等初盞－(樂聲盡)－③酒5잔－④食－⑤酒6잔－⑥酒7잔－(雜劇)－⑦酒8잔(酒畢)－⑧勸酒－⑨酒9잔－(教坊退)－⑩入茶와 出茶

一見하여 그 방식이 入見日의 中宴과 크게 다르지 않음을 알 수 있다. 中宴과 비교해 잔의 수가 9잔으로 늘어난 것과 '酒7잔' 뒤에 잡극이 연출된 것이 다를 뿐이고, '酒9잔' 이후의 사정으로 연회 중에 '教坊'이 있음을 알 수 있으나, 教坊은 아마 中宴에도 있었을 것으로 생각된다. 이들을 제외하고 湯의 出入으로 都管·人從의 排立과 上廳이 이루어지는 점, 연회 중에 식사를 하는 점, 맨 마지막 잔을 들기 전에 勸酒가 있는 점, 그리고 茶의 출입으로 散會하는 점 등은 이미 검토한 中宴과 같다.

이로써 '사·부' 등이 下廳해 '謝御宴表'를 올리고 행사가 종료되는데, 이 때 表를 받는 사람을 「의주」는 단순히 '天使'라고만 칭하지만, 「의주」에는 '酒9잔'이 끝나고 잠시 '暗退'해 있던 賜宴天使가 재등장하기 때문에, 押宴보다 이 賜宴天使의 가능성이 더 크다.

서하사는 그 밖에 '稱賀'(혹은 '朝賀')의 연회에도 참가한다. 이미 설명한 것처럼 이 날은 황제의 元日이나 생일을 축하하는 자리인 만큼 연회가 따르게 된다. 서하사가 궁중에서 경험하는 유일한 연회에 해당한다. 따라서 이 연회는 그동안의 회동관 연회와는 성격이

다를 수밖에 없고, 『금사』에는 본래부터 구별이 명확하지 않지만, 송과 요 등의 왕조에서는 이를 「嘉禮」의 범주에 넣고 있다. 따라서 '칭하'는 다른 시점으로 접근해야 그 성격이 온전히 파악될 것이다. 「의주」도 이 때문인지 '칭하'에 대한 내용은 축약해 설명하고 있으며, 여기서 축약된 내용은 '칭하'의 본래 절차를 기록한 『금사』「元日·聖誕上壽儀」(권36, 志17 禮9)와 비교함으로써 보충될 수 있을 것이다.

이렇게 양자를 비교해서 지적 가능한 「의주」의 특징으로는, ① 稱賀에 참여한 외국사가 서하사만으로 생각되는 점, ② 연회 때 서하사의 殿上에서의 자리가 "御座右第二行北端"이라는 점, ③ 「元日·聖誕上壽儀」에서의 연회가 酒7잔으로 종료되는 데에 비해 「의주」는 酒5잔으로 파하는 점 등이다.

「의주」에 보이는 이러한 차이와 관련해서 ①의 배경으로는 이미 지적한대로 금조의 국제 위상이 실추해 '칭하'에 참가한 유일한 나라가 서하만이었다는 점이 고려될 수 있고, ②는 금이 생각한 서하의 당시의 위상을 가늠할 수 있는 기준으로 볼 수 있지만, ③의 변화에 대해서는 현재 필자로서는 답을 갖고 있지 못하다.

맺음말

본 장은 전근대 동아시아 외교사에서 사료적 가치가 매우 큼에도 불구하고 지금까지 분석이 이루어지지 않은 「의주」에 대한 고찰을 통해, 西夏使가 客館=會同館에 체류하는 9일간의 일정과 그들의 주요 활동을 상세히 분석하였다. 이로써 금조에 파견된 서하사의 동향은 물론, 당시 근린 제국 간에 상호 부단히 왕래했지만 그 실태를 알기 어려운 각국 외교사절의 동향을 추정할 수 있는 근거도 어느 정도 얻어낼 수 있었다고 필자는 생각한다. 여기에는 宋使와 高麗使의 동향도 당연히 포함될 것이다.

「의주」에 나타난 서하사의 동향을 통해 당시 외교사절의 일반적 내지 공통적 성향이 분명히 존재한다는 점은, 송의 사자가 금에서 보낸 일정을 적은 남송 시대의 소위 '國信語錄'類의 사료들로부터도 확인되는 점이 많다. 예를 들어 南宋의 누약(樓鑰)이 乾道5년(1169)에 出使하고나서 남긴 『北行日錄(上)』에는 금의 국도에 머문 10일간의 일정이 보이는데, 그 일정은 「의주」와 놀라울 정도로 유사하다.

따라서 본 장에서 검토한 「의주」와 같은 정태적인 제도에 대한 분석과 함께, 아울러 사자들이 직접 보고 남긴 기록에 대한 검토를 통해 동태적인 측면도 함께 고려해야 할 것이다. 거기에는 「의주」보다 더 생생한 현장감이 느껴질 뿐 아니라, 「의주」에서 볼 수 없는 다른 차원의 사료들이 발견되기 때문이다. 그 같은 '國信語錄'에 대한 분석은 아직 여행기로서의 차원에서 다루어질 뿐, 본고와 같은 취지에서의 분석과 평가는 거의 이루어지지 않은 형편에 있다.

7 『大唐開元禮』所在 外國使 관련 諸儀禮의 재검토

머리말

禮는 法과 함께 중국 왕조에서 국가를 통치하는 가장 중요한 두 축을 구성한다. 그리고 唐 왕조는 '法治'로서의 율령 법전과 '禮治'로서의 禮典의 체계가 완비된 하나의 절정기였다. 본장의 검토 대상인『大唐開元禮』(이하『개원례』)는 그러한 당의 禮治 의지를 나타낸 기념비적 결과물로 후대의 각종 禮書에 준 영향 또한 지대하다.[1]

禮가 새로운 연구 영역으로 관심[2]을 끄는 가운데『개원례』의 외국사 관련 諸儀禮에 대한 분석도 주목을 받는다. 즉 외국사에 대한 영접, 그리고 무엇보다 당 황제에 대한 알현과 '賜宴' 등의 예법과 절차를 핵심으로 규정한『개원례』의 賓禮(嘉禮 일부 포함)에 대해서는 그동안 중국보다 일본, 특히 石見清裕의 연구가 선구적이라 할 수 있다.[3] 그의 일련의 연구는 당은 물론 宋이나 明 등 후대 왕조의 빈례 내지 가례 등을 이해하는 데에도 큰 도움을 준다.

면밀한 고증을 통한 本文의 譯註, 儀式의 무대 장치, 참가자들의 배치와 動線, 그리고 관련된 여러 어휘와 語句에 대한 확정 등에 초점이 맞추어진 石見의 작업으로, 본 장을

1) 이를 포함한 본서에 대한 의의와 관련해서는 池田溫,「大唐開元禮解說」(『大唐開元禮』, 古典研究會, 汲古書院, 1972); 小島毅,「宋代の國國祭祀－『政和五禮新儀』の特徵－」(池田溫 編『中國礼法と日本律令制』, 東方書店, 1992); 李云泉,「賓禮的演變與明清朝貢禮儀」(『河北師範大學學報(哲學社會科學版)』27-1, 2004); 楊志剛,『中國禮儀制度研究』(華東師範大學出版社, 2001) 등을 참조.

2) 池田溫, 앞 책 참조.

3) 石見清裕,『唐の北方問題と國際秩序』(汲古書院, 1998):「唐の國書授与儀礼について」(『東洋史研究』57-2, 1998). 중국에서는 楊志剛, 앞 책을 비롯해 李無未,『中國歷代賓禮』(北京圖書館出版社, 1998); 任爽,『唐代禮制研究』(東北師範大學出版社, 1999)에서 빈례에 대해 설명하지만, 개설적 수준에 머물러 儀制 자체에 대한 분석은 미미하다.

통해 필자가 재검토할 총 7개 의례는 그 내용이 기본적으로는 상당 부분 해명된 상태라 고 할 수 있다.

그럼에도 불구하고 보충을 요하는 부분이 여전히 남아있는 점도 사실이다. 그의 작업에서는 무엇보다 7개의 의례를 전체적으로 연결해 이해하려는 관점이 충분해 보이지 않는다. 필자는 이들 각 의례를 종합적으로 바라볼 때 나타나는 여러 문제에 주목한다. 예를 들어 각 의례들을 式場(즉 客館과 太極殿) 별로 구별해 생각해볼 때 발견되는 특징들, 전체 의례 상호간의 공통점과 상이점, '蕃主'와 '蕃使'라는 외국사의 신분에 따른 의례 절차의 차별과 차이, 그리고 의례에 참여하는 관리들의 역할과 성격 등이 그것이다.

본장의 목적은 이와 같이 기존의 연구 성과를 발판으로, 『개원례』에 실린 외국사 관련 의례를 종합적으로 비교 분석하여, 각 의례가 전체 의례 속에서 차지하는 의미와 특징을 재음미하고, 또 上記한 여러 개별적 측면의 문제들에 대해서도 필자 나름의 정리를 다시 시도하려는 데에 있다.

본 장은 송~명 시대 동아시아 諸國 간의 외교와 외교 의례에 관심을 가진 필자가 자기 연구의 연장선에서 그 근원에 해당하는 『개원례』에 대한 이해와 분석을 자기 식으로 정리한 결과이기도 하다.

1. 『개원례』 소재 7개 의례의 전체 구성과 상호 관계

『개원례』에는 7개의 외국사[4] 관련 의례 중 6개가 賓禮에, 나머지 1개가 嘉禮에 포함되어 있다(〈표 1〉). 모두 150권으로 구성된 『개원례』 전체에서 빈례는 3권에 불과하므로 그 비중은 크지 않다. 후대 왕조와 비교해 당의 외국사 관련 의례는 비교적 종류가 많지 않고, 또 그 대부분이 빈례 항목으로 분류되는 것이 특징이다.[5] 오직 1개(〈표 1〉의 Ⓖ)만이 嘉禮로 분류된 까닭은 분명치 않으나, 이는 중국왕조에서 禮에 대한 관념의 변화와 관련해 주의를 요하는 대목이다.[6]

4) 본 장에서 '외국사'라고 표기할 때는 '외국에서 찾아온 사절', 즉 '蕃主'와 '蕃使' 모두를 포함하는 것을 의미한다. 본 장에서 외국사의 신분을 구체적으로 밝힐 필요가 있을 때는 '蕃主'와 '蕃使'로 구별해 표기하지만, 포괄적인 차원에서는 '외국사' 라고 한다.

5) 본서 제Ⅲ부 제2장 참조.

6) 賓禮와 嘉禮의 관계에 대해 중국의 李云泉은 "唐代의 빈례는 하나의 큰 특징이 있다. 즉 빈례의 사용 범

〈표 1〉『개원례』에 보이는 외국사 관련 의식들

의례 명	본문의 약칭	권	분류
蕃主來朝遣使迎勞	Ⓐ	79	賓禮
皇帝遣使戒蕃主見日	Ⓑ		
蕃主奉見	Ⓒ		
皇帝受蕃使表及幣	Ⓓ		
皇帝宴蕃國主	Ⓔ	80	
皇帝宴蕃國使	Ⓕ		
皇帝遣使詣蕃宣勞	Ⓖ	129	嘉禮

〈표 1〉처럼 唐은 來朝하는 외국사의 신분을 각국(내지 각 지역)의 君主=蕃主와 그 군주가 보낸 관리=蕃使의 두 종류로 나누어 그에 맞는 예를 별도로 설정하였다. 다만 『개원례』는 전자를 중심으로 의례를 소개하고 있기 때문에, 후자의 경우 내용이 전자와 중복될 때에는 해당 부분을 생략 내지 축약시킨다. 이것은 실제로 당에 來朝하는 자들이 대부분 후자였음에도 불구하고, 형식면에서 신분이 더 높은 번주를 기준으로 삼은 결과로 보인다.

즉 〈표 1〉에서 번주와 관련한 의식이 Ⓐ, Ⓑ, Ⓒ, Ⓔ라는 것을 그 '의례 명'으로 쉽게 알 수 있다. 또 Ⓖ도 내용적으로는 번주를 중심으로 하고 있기 때문에 같은 범위에 포함시킬 수 있다. 이들 5개가 당을 방문한 외국 군주에게 요구된 통상의 의식이었다. 그러나 이에 비해 번사와 관련한 의식은 Ⓓ와 Ⓕ에 불과한데, 이는 그 지위가 번주보다 낮은 점을 감안한다 해도 그들이 거친 의식이 오직 이 두 가지뿐이라고 보기에는 문제가 있다. 따라서 이것은 번사의 경우는 『개원례』가 편집 과정에서 중복을 피하기 위해 원래 있어야 할 Ⓐ, Ⓑ, Ⓖ에 상당하는 의례를 할애시켰다고 보는 것이 자연스럽다.

위가 매우 좁아 蕃國의 군주와 사신을 접대하고 宴請하는 데에 국한되며, 원래 빈례에 속한 百官의 朝覲禮는 嘉禮에 편입되었다. 바꾸어 말하면 빈례는 곧 朝貢禮이다. 내용면에서 볼 때 역대의 빈례 중 이와 비슷한 것은 명대의 빈례뿐이다. 당과 명 兩代는 전후 왕조보다 '四夷의 來朝'가 성행하여 어떤 의미에서 말하면 朝貢禮는 "賓禮와 同等하거나 혹은 빈례의 핵심적인 내용이며, 이는 당시의 대외 교섭의 번영이 禮儀 제도상에 반영된 것이다"(同氏, 앞 논문)고 하였다. 아울러 石見은 "당의 五禮 중, 吉禮는 … 황제가 天子로서 행하는 의례를 집대성한 것이다. 이에 대해 嘉禮는 황제로서의 입장에서 행하는 의례가 중심이며, 「宣勅書」, … 「皇帝遣使宣撫諸州」, 「皇帝遣使諸州宣制勞會」 … 등을 모은 것이다. 그렇다면 외국사절에 대한 國書도 어디까지나 詔勅으로서 선포된 것이므로, 그것은 사절 접대를 규정한 빈례에 놓이지 않고, 百官·諸州에 대한 王命과 同列에 위치하는 것으로 볼 수 있을 것이다"(동, 앞 논문)고 하였다. 참고로 金子由紀는 宋代의 사정과 관련지어 이 문제를 "북송말기의 禮典인 『政和五禮新儀』에서 大朝會를 필두로 하는 조회 의례가 종래의 嘉禮部에서 賓禮部로 편입되었는데, 이것은 대조회에 나타나는 君臣질서의 이념에 변화가 생긴 것을 의미한다. 즉 『政和五禮新儀』에서는 '賓'이 국내외의 모든 신하로 되어, 대조회는 예로서 '嘉'보다도 '賓'의 의의가 중시된 것이다". (동, 「南宋の大朝會儀禮」(『紀尾井史學』 48, 2003))고 하였다.

즉 이것은 외국사(번주와 번사)는 모두가 먼저 Ⓐ의 '당의 황제가 使者[7]를 보내 迎勞하는 의식'과, Ⓑ의 '황제가 사자를 보내 알현일을 알리는 의식'을 거친 후, 번주라면 Ⓒ의 '皇帝謁見禮'(=奉見禮)에, 그리고 번사라면 Ⓓ의 '황제가 表와 幣를 받는 의식'에 참여한다는 것을 말한다. Ⓓ는 儀式의 명칭은 다르지만 사실상은 Ⓒ와 똑같은 '황제알현예'에 해당한다. 여기서는 '表'와 '幣'가 진상되는 점이 중시되어 그것이 의례명에 반영되었을 뿐이다. 이어 황제 알현이 끝나고 번주와 번사는 황제로부터 각각 '賜宴禮'(Ⓔ)와 '賜宴禮'(Ⓕ)를 받게 된다. 물론 번주와 번사 사이에는 신분 차를 반영한 의례상의 차별이 있으나, 이에 대해서는 후술한다.

그런데 Ⓖ에 대해서는 그 내용을 놓고 종래 약간의 쟁점이 존재한다. 하나는 의례가 행해진 장소에 관한 문제이다. 唐代 公文書 전문가인 中村裕一은 당의 詔勅과 관련한 자신의 연구에서 Ⓖ의 장소가 사실은 당 국내가 아니라 당을 벗어난 외국이었다고 본다.[8] 이는 Ⓖ의 의식 명에 보이는 '詣蕃'을 '蕃(외국)을 찾아가서'의 의미로 해석할 수 있는 여지가 있기 때문이며, 中村은 이를 당의 사자가 황제의 詔書를 외국으로 직접 가지고 가 외국 군주(蕃主)에게 수여하는 의식이라 보았다.[9] 이에 반해 石見은 Ⓖ를 외국사에 대한 '당의 국서 수여식'으로 규정한 후, 그 장소를 어디까지나 당 국내로 보면서, 이 의례를 당의 황제가 使者를 외국사가 묵고 있는 客館으로 보내 그에게 조서를 전달하는 것으로 이해하였다.[10]

필자는 이 문제에 대해 기본적으로는 石見의 입장에 서 있다.[11] 황제의 사자가 외국을 직접 방문해 詔書를 전하는 의식은 明의 賓禮에서 처음 분명하게 발견되며, 당과 송에서

7) 본 장에서 '使者'라고 할 때는 '당의 황제가 보낸 사자'를 의미한다. 보통 '使者'라 하면 외국에서 찾아온 사절을 가리키는 것이 보통이고, 이 경우는 본 장 주4)에서 밝힌 것처럼 '외국사' 또는 '번주'·'번사'로 표기하였다. 본 장에서는 외국에서 찾아온 '외국사' 이외에 당의 황제가 客館으로 파견한 '使者'가 별도로 존재하며, 그 호칭에 혼동을 일으킬 수 있으므로 유의할 필요가 있다. 이와 유사한 사례로 『금사』권38 「新定夏使儀注」에는 西夏의 사자를 '來使'로, 그리고 황제가 보낸 사자를 '天使'로 구별한다. 또 『朝鮮王朝世宗實錄』권133, 五禮 '宴朝廷使儀' 등에서도 동일한 구별법이 사용되고 있다.

8) 中村裕一, 『唐代制勅硏究』(汲古書院, 1991), pp.666~670.

9) 중국의 李無未도 직접적인 언급은 없지만 앞 책(주3)) 제5장 「遣使」에서 Ⓖ의 본문만을 소개한 점에서 中村裕一과 같은 관점을 지닌 것으로 보인다.

10) 石見, 앞 논문 참조.

11) 다만 본론이 石見의 입장에 있다는 것은 하나의 試論이며, 설령 中村의 입장에 따른다 해도 본론의 體系에 근본적인 변화가 생기는 것이 아님을 밝혀둔다.

는 그것을 규정하는 의례가 원래 없었던 것이 아닌가하는 생각이 든다.[12] 그럼에도 불구하고 필자는 송조가 『개원례』의 다른 의례는 거의 계승하면서 Ⓖ만을 계승하지 않은 이유에 대해 알 수 없고, 또 石見이 Ⓖ에 대해 만일 이것이 '외국사에 대한 國書 수여식'이 아니라고 한다면 "당 국내에서 외국사절에 국서를 宣賜하는 의식이 발견되지 않게 된다"고 하여, 당에서 외국사에 대한 의례의 한 과정으로 '국서 수여식'이 반드시 있어야 한다고 보는 그의 입장에 대해 완전히 동의하는 것은 아니다. 중국 국내에서의 '국서 수여식'은 송은 물론 명에서도 발견되지 않기 때문이다. 이 점에서 Ⓖ는 당에서만 있었던 특별한 의식일지도 모른다.

〈표 2〉『개원례』 賓禮와 嘉禮에 보이는 외국 사자 및 당 황제와 관리의 복장

약칭	외국 측		당 측	
	蕃使	蕃主	皇帝使者	황제
Ⓐ		國服	朝服	
Ⓑ		國服	朝服	
Ⓒ		國服		通天冠, 絳紗袍
Ⓓ	國服			通天冠
Ⓔ		國服		通天冠, 絳紗袍
Ⓕ	國服			通天冠, 絳紗袍
Ⓖ		朝服	公服	

이 같은 문제들을 남기면서도 필자가 Ⓖ를 당 국내의 客館에서 행한 '국서 수여식'으로 보는 한 가지 이유는 특히 외국사가 착용하는 복장에 주의했기 때문이다. 즉 〈표 2〉에서 알 수 있는 것처럼 외국사는 蕃主이건 蕃使이건 Ⓐ ~ Ⓕ의 모든 의식에 '國服'을 입은 채로 임하지만, 오직 Ⓖ에서만 朝服을 입고 있음이 확인된다. 국복은 당연히 외국사가 당을 방문할 때 지참한 것이겠지만, 그러면 朝服은 언제 어디서 입수한 것일까? 이 옷은 실은 唐朝로부터 받은 것이며, 그 시점은 뒤의 〈표 16〉에서 보는 것처럼 Ⓔ나 Ⓕ 宴會 석상에서였다고 필자는 생각한다. 즉 거기서는 蕃主와 蕃使 본인은 물론 그들의 屬官까지 모두가 연회가 끝날 무렵 '筐篚'(당의 賜物)와 함께 '衣物'을 받고 있다. 이 '衣物'이야 말로 '朝服'이며, Ⓖ에서 蕃主가 입은 '朝服'은 이를 가리킨다고 생각한다. 조복이 외국사 본국의 복장을 의미하지 않는 이상, 외국사가 조복을 입수할 별도의 경로는 있을 수 없기 때문이다.[13]

---

12) 이 점과 관련해서는 본서 제Ⅲ부 제2장 참조.

13) 송대 이후 중국에서는 예를 들어 契丹使가 송의 궁전에서, 반대로 宋使는 거란 궁전에서 상대국이 하사한 의복을 입고 宴儀와 辭儀에 참여하는 모습이 보인다. 필자는 이에 대해 別稿를 작성 중이지만, 여기서는 『太常因革禮』 권83, 新禮16의 「契丹國信使副元正聖節朝見宴」과 「契丹國信使副辭」를 참조.

이처럼 번주는 Ⓔ나 Ⓕ의 자리에서 받았을 朝服을 처음으로 입고서 Ⓖ의 의례에 참여하였다. 朝服은 보통 '公服'보다 더 隆重한 의례를 치를 때 입는 것이며,[14] 황제의 國書를 수여받는 자리인 만큼 이 복장을 한 것으로 생각할 수 있다. 당조가 이 의식을 위해 조복을 특별히 수여한 것으로도 볼 수 있지만, 한편으로 황제를 알현하는 Ⓒ와 Ⓓ가 아니라 Ⓖ에서 조복을 입은 것은 왜일까, 하는 의문은 남는다. 百官과 함께 참여하는 외국사의 入朝 의식보다 당은 오히려 '국서 수여식'에 의미를 부여했을지도 모른다. 아무튼 외국사는 조복을 입음으로써 당의 '外臣'이라는 효과를 극대화했을 것이며, 그러한 분위기 속에서 황제의 國書가 전달되었다. 다만 국서를 수여하러 온 황제의 使者는 公務의 뉘앙스를 더 풍기는 公服을 입은 점이 색다르다.

이로써 전체적으로 볼 때 『개원례』 외국사 관련 의례는 Ⓐ－Ⓑ－Ⓒ－Ⓔ－Ⓖ, 또는 Ⓐ－Ⓑ－Ⓓ－Ⓕ－Ⓖ의 순서로 진행했다고 볼 수 있다.

외국사가 장안 체제 중에 실제로 거쳤을 궁중 관련 의례는 이보다 좀 더 많았을 가능성이 크다. 예를 들어 『개원례』의 Ⓒ('蕃主奉見')의 題名에는 '奉辭禮同'이라는 註가 보인다. 이것은 외국사가 황제에게 '奉見'하는 것처럼 그들이 중국을 떠날 때도 '奉辭'를 행했다는 것을 말한다. 그 내용이 '봉견례'와 같기 때문에 『개원례』는 이를 생략한 것이다. 또 '봉사례'는 일련의 의식에서 마지막 단계에 위치했을 것이다. 이것이 '국서 수여식'(Ⓖ)보다 앞서는지, 아니면 그 뒤에 오는 것인지는 분명치 않다. 또 외국사에게 '알현일'을 통지하는 의식이 있기 때문에 宴會日을 알리는 의식도 따로 있을 수 있다는 추측도 가능하다.[15] 여기에 그 밖에 있었을지도 모를 의례까지 고려한다면[16] 외국사는 모두 10개 가까운 의례를 통과한 셈이 된다.

2. 각 의례의 무대와 전개 과정의 특징

여기서는 Ⓐ ~ Ⓖ 각 의식의 기본 내용과 특징을 그것이 행해진 무대(式場) 별로 나누어

14) 公服은 관리들의 평상시 복장이며, 朝服은 君臣이 朝會 때에 착용하는 禮服으로, 후자가 보다 격식을 갖춘 의상이었다(黃能馥, 『中國服裝史』(中國旅游出版社, 1994)).

15) 石見, 앞 논문, p.53 참조.

16) 周代에 관한 기사이지만, 『儀禮』 권26, 覲禮의 '王賜侯氏舍' 부분에는 숙소를 하사하는 禮가 보인다.

검토하려 한다.『개원례』의 원문을 직접 인용하는 방법은 피할 것이다. 이미 石見의 상세한 분석이 있기 때문에 번거로운 1차적 작업을 반복할 필요가 없기 때문이다. 본문의 기술과 관련한 사실적 부분의 확인을 위해 본 장 말미에『개원례』원문(Ⓐ ~ Ⓖ)을 첨부하였다.

Ⓐ ~ Ⓖ의 의식이 펼쳐지는 식장은 외국사의 체류 시설인 客館[17]과 당의 중심 궁전인 太極殿[18] 두 곳으로 압축된다. 외국사에 대한 迎勞(Ⓐ), 알현 일자의 통지(Ⓑ) 그리고 國書 전달(Ⓖ)은 모두 황제가 보낸 使者를 통해 客館에서 행해지며, 그 밖에 황제를 알현(Ⓒ, Ⓓ)하거나 황제가 베푸는 연회(Ⓔ, Ⓕ)는 외국사가 직접 태극전을 방문한 위에서 거행되었다. 따라서 客館에서 거행되는 의례는 오히려 외국사가 주인의 입장에 있고, 반대로 황제 사자는 客의 입장에 있다는 점이 의식의 내용을 이해하는 중요한 포인트가 된다.

1) 客館을 무대로 한 의례들 －Ⓐ, Ⓑ, Ⓖ－

Ⓐ는 황제 사자가 客館을 찾아오면 외국사가 館門 밖으로 나가 예를 나눈 후,[19] 함께 入館하여 客館에 부속된 계단을 다 올라선 지점에서 서로 마주 본 뒤, 사자의 황제로부터 노고를 위로하는 制書의 宣布를 듣고서 감사를 표하는 의식이다(〈그림 1〉 참조). 사자는 이 때 외국사에게 束帛을 함께 수여한다. 이에 대해 Ⓐ 본문에는 외국사의 返禮品이 보이지 않지만, 그 註文에 "蕃主荅勞使, 各以土物, 其多少相準"고 있으므로, 외국사도 사자에게 자신이 받은 '束帛'에 상응하는 예물을 준 것이 된다. 여기서 건네진 '束帛'이 갖

---

17) 즉 鴻臚館을 가리킨다. 당의 鴻臚館에 관한 연구로는 石見清裕, 앞 책, 제3부 제3장「鴻臚寺と迎賓館」이외에 최재영,「唐代 長安의 朝貢使節의 변화와 鴻臚寺의 기능」(『동북아역사논총』 24, 2009)에 주요한 연구가 소개되어 있다.

18) 渡邊信一郎은 "태극전을 무대로 해 기술된『개원례』에 기초한 元會 儀禮는 사료를 통해서 보는 한 한 번도 거행되지 않았다"(同,「『大唐開元禮』「皇帝元正冬至受群臣朝賀」をめぐって」(『中國史硏究』 19, 2002))고 하여, 元日 의례가 태극전에서 거의 실시되지 않았음을 지적하였다. 이것은 사실은 본문에서 분석하는 외국사를 대상으로 한 의례도 마찬가지였다고 생각된다. 하지만 渡邊信一郎이 한편으로 지적하는 것처럼『대당개원례』는 그 장소가 어디에서이건 당의 궁중의례의 표준을 제공했다는 점은 변함없으며, 따라서 본 장에서는 그 의례 장소를 그대로 '태극전'이라 가정하기로 한다.

19) 이 때 사자는 館門 서쪽에 서고 외국사는 관문 동쪽에 서는데, 이 점은 후술하는 것처럼 Ⓑ에서도 동일하다. 또 Ⓐ와 Ⓑ는 관문밖에 사자가 도착하면 외국사가 곧바로 나가 사자를 맞이하는 것이 아니라, 그 전에 '有司'가 門의 동쪽에 나가 "敢히 事를 請하겠습니다" 하고, 이에 사자가 來訪의 목적을 말하면, 그 내용을 館으로 들어와 자신에게 전해준 것을 들은 뒤에, 비로소 관문으로 나가는 형식으로 되어 있다.

는 의미에 대해서는 본 논문의 말미에서 상론할 것이다.

〈표 3〉 외국사 관련 의식의 식장

약칭	주식장	式場 內의 이동
Ⓐ	客館	客館外 - 客館內 - 客館外 - (반복) - 朝堂
Ⓑ	客館	客館外 - 客館內 - 客館外
Ⓒ	太極殿	太極門外 - 太極殿庭 - 太極殿上 - 太極殿庭
Ⓓ	太極殿	太極門外 - 太極殿庭
Ⓔ	太極殿	太極門外 - 太極殿庭 - 太極殿上 - 太極殿庭
Ⓕ	太極殿	太極門外 - 太極殿庭 - 太極殿上 - 太極殿庭
Ⓖ	客館	客館外 - 客館內 - 客館外

그런데 制書 선포를 마친 사자가 館門 밖으로 나가면 외국사도 그를 따라 나가 배웅하는 것으로 의식이 일단락되어야 하겠지만, Ⓐ에는 의례가 계속 이어지고 있다. 〈표 3〉의 Ⓐ에서 '반복'이라고 보이는 것은 그 의식이 '客館外－客館內－客館外'로 장소를 바꾸면서 계속된다는 의미이다. 즉 Ⓐ에서는 일단 館 밖으로 나간 황제 사자와 외국사가 처음 만났을 때처럼 다시 예를 나눈 뒤, 함께 入館하여 계단으로 올라가 마주 선다. 그리고 여기서는 '宣制' 없이 외국사가 황제 사자에게 보답의 표시로 '土物'을 줄 뿐이다. 다만 Ⓐ에는 외국사가 '蕃使'일 경우 '束帛'을 주지 않는다는 설명이 있으므로,[20] 이때는 보답의 표시를 할 필요가 없고, 따라서 再入館할 필요도 없다는 것이 된다. 즉 蕃主의 경우에만 '束帛'과 '土物'의 교환이 먼저 이루어진 다음, 황제 사자가 館 밖으로 나갔다가 再入館하면 번주는 그에게 다시 한번 '土物'을 준 반면, 번사의 경우는 양자 사이에 예물의 교환은 없는 상태로 客館의 의례가 종료되는 셈이다.

게다가 Ⓐ에 의하면 '土物'을 받은 사자가 돌아간 뒤에도 외국사는 또 다른 의식에 계속해서 참가하고 있다. 이번에는 鴻臚寺의 관리가 객관에 들러 외국사와 함께 朝堂까지 가서 간단한 예를 치른다. 홍로시 관리가 객관에서 외국사와 어떤 예를 주고받았는지 알 수 없고, 조당에서는 외국사가 황제를 직접 만나지도 않는다. 당의 관리가 외국사의 도착을 황제에게 奏聞하고 勅을 듣고 나와 勞苦를 치하하면 외국사는 예를 표시한 뒤 객관으로 돌아가는 내용일 뿐이다.

이와 같은 내용에서 Ⓐ는 사실상 2~3개[21]의 의례가 연이어진 것으로 볼 수 있다. 그리고 이렇게 볼 때, 첫 번째 부분의 의례는 당 황제를 대행한 사자가 외국의 군주를 대행하

20) 『개원례』 권79, 賓禮 蕃主來朝遣使迎勞의 割註에 "綵五匹爲一束, 其蕃主答勞使, 各以土物, 其多少相準, 不得過勞幣, ……蕃使卽無束帛."이라고 보인다.

21) 객관에서 이루어지는 것을 하나로 본다면 朝堂의 예와 합쳐 2개가 되며, 객관의 예를 2개로 분리한다면 조당의 것과 합쳐 모두 3개가 되는 셈이다.

고 있는 외국사를 상대로 집행된 '황제(또는 국가) 의례'(혹은 公的 의례)에 해당하며, 이에 비해 2번째 의례는 그러한 공무를 벗어난 사자와 외국사 간에 행해진 '個人 의례'(혹은 私的 의례)라고 규정할 수 있을 것이다. 이 '再入館' 문제에 대해 石見은 그 의의를 전혀 언급하고 있지 않지만, 이러한 방식은 특히 송대 이후 동아시아 각국의 외국사 관련 의례 속에 보편적으로 계승되어 나타난다.

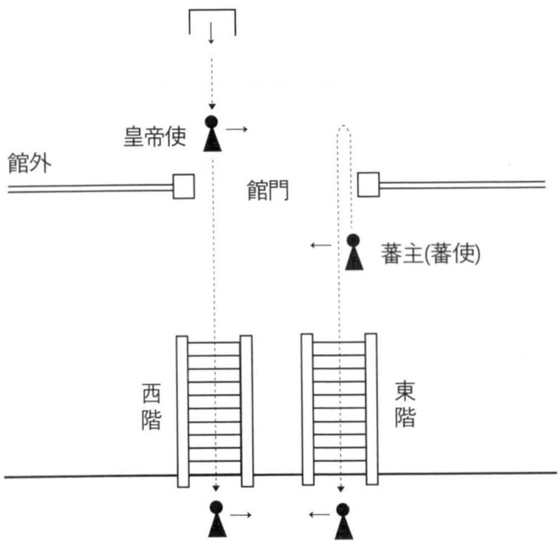

〈그림 1〉「皇帝遣使戒蕃主見日」 개념도[22]

Ⓑ는 Ⓐ와 그 진행 순서와 방식이 매우 유사하다. 예물의 교환이 없고, 朝堂을 방문하지 않는 것이 다를 뿐이다. 즉 Ⓑ는 Ⓐ의 연속된 복수의 의례 가운데 첫 번째 부분만을 거의 동일하게 연출한 내용으로 되어 있고, 그 내용도 여타 의례들보다 간단하다. 이 의례의 핵심은 Ⓐ처럼 館外로부터 입장해 계단을 다 올라간 곳에서 황제 사자가 외국사에 대해, "制를 宣하여 말하기를 某日에 某主는 알현하라"는 王命을 통달하는 것이다. 여기서 통달된 알현일이 언제쯤을 말하는지, 즉 Ⓑ로부터 며칠이 지나야 Ⓒ의 의례가 연출되는지는 분명치 않으나,[23] 그리 길지는 않았을 것이다.

Ⓖ[24]도 客館의 안팎을 무대로 한다. 다만 Ⓖ가 Ⓐ나 Ⓑ와 다른 점은 의식의 핵심인 '국

22) Ⓑ에 관한 개념도인 〈그림 1〉을 비롯해 이하 본 장에서 제시하는〈그림 2〉, 〈그림 3〉과 〈그림 4〉는 모두 石見, 앞 책의 그림을 그대로 또는 일부 변경해 轉載한 것임을 밝혀둔다.

23) 최소한 각 의례가 매일 같이 바로 연이어 치러지지는 않았을 것으로 생각된다. 다만 후대의 예이기는 하지만, 거란사절은 송조에 10일 이상 머물지 않는 것이 일반적이었고(聶崇岐, 「宋遼交聘考」(『宋史叢考』, 華世出版社, 1986), p.315), 宋과 金 사이에서도 쌍방의 사자가 상대국에서 보름 정도 체류하고 있는 사례 등으로 유추하면 그 간격이 길지는 않았을 것으로 보인다.

24) Ⓖ는 다른 의례에 비해 특히 誤字와 脫字가 많고, 이 점에 대해서는 이미 石見이 『통전』 등과의 비교를 통해 정밀한 校勘 작업을 하였다. 본고의 Ⓖ와 관련한 설명은 여기에 입각했으며, 〈그림 2〉도 石見, 앞 논문에서 轉載한 것이다. 또 본 장 말미에 附載한 『개원례』 Ⓖ의 원문도 石見, 앞 논문에서 교감을 거친

서' 전달의 지점이 Ⓐ, Ⓑ처럼 '階(段)의 위'가 아니라 客館의 중앙 뜰에서 이루어진 점이다. 즉 Ⓖ는 외국사가 館門 밖에서 찾아온 사자를 禮로써 맞이한[25] 뒤, 함께 館內의 '階間'에 서서 국서를 받고나면, 문밖의 원래 위치로 돌아간 외국사를 쫓아나가 拜送하는 내용으로 되어 있다. 國書가 수여된 '階間'은 객관에 부속된 계단과 계단 사이, 즉 객관 앞 중앙의 뜰에 해당하는 것으로 볼 수 있다.

이 같이 국서 수여가 계단 위의 협소한 장소가 아닌 객관의 뜰 한복판에서 진행된 것은 그것이 특히 황제의 '詔書'라는 의미와 관련이 있는 것으로 생각된다. Ⓐ와 Ⓑ도 황제의 '王言'(制와 勅)을 전한 점에서는 마찬가지이지만, 그 내용이 '위로'와 '알현일'의 전달에 불과한 점에서 Ⓖ쪽이 보다 장중하고 격식이 요구되는 의례였다. Ⓖ에서는 이에 상응해 황제의 사자(詔使)를 수행하는 관리의 수도 Ⓐ와 Ⓑ보다 많은데, 이 점도 공간이 보다 여유로운 '階間'이 무대가 된 요인의 하나일 것이다.

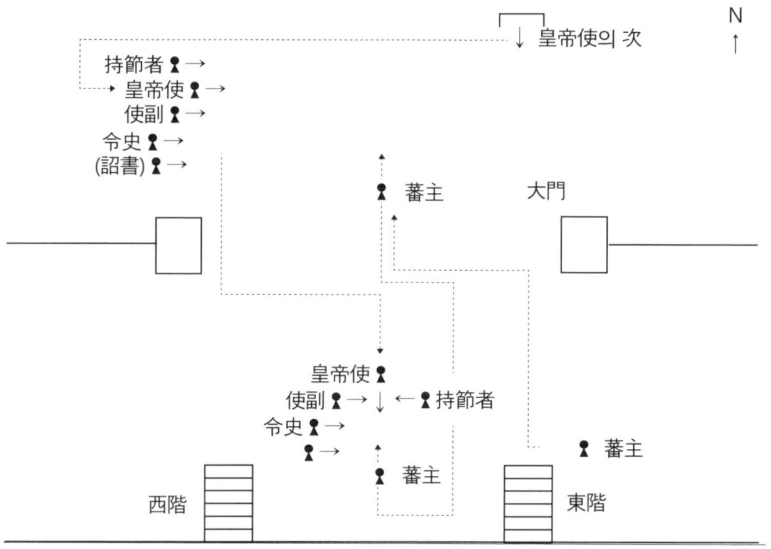

〈그림 2〉「皇帝遣使詣蕃宣勞」 개념도

문장이다.

25) 주19)에서 지적한 것처럼 Ⓐ와 Ⓑ에서는 관문 밖에 사자가 도착하면 외국사는 직접 나가 영접하는 것이 아니라, 그에 앞서 '有司'의 영접과 그 傳言을 듣고 나가는 형식으로 되어 있지만, Ⓖ에서는 '有司'의 개재 없이 외국사가 직접 나가 사자를 맞이하는 것으로 되어 있다.

2) 태극전을 무대로 한 의례들 - ⓒ, ⓓ, ⓔ, ⓕ -

황제 奉見禮(ⓒ, ⓓ)와 賜宴禮(ⓔ, ⓕ)는 太極殿을 무대로 한다. 외국사는 태극전 밖 承天門 등에서도 움직임이 보이지만, 그것은 式場으로 들어가기 위한 대기 과정에 해당하며, 의식의 주무대는 태극전 내부였다. 또 태극전에서도 무대는 殿庭과 殿上으로 분리되는데, 이 중 奉見禮에서 蕃主의 의례(ⓒ)만이 전정과 전상을 모두 무대로 사용된 반면, 蕃使의 의례(ⓓ)는 전정에 한정된 점도 주의할 필요가 있다. 당은 번주에게만 升殿을 허락함으로써 번사와의 신분차를 의례 속에 반영시킨 것이다. 이와 달리 賜宴禮에서는 번주는 물론 번사에게도 승전이 허락되며, 이는 연회가 殿上을 중심으로 벌여지는 성격상 오히려 당연한 것이다.

(1) 奉見禮의 골자와 특징

태극전에 입장한 번주가 거치는 봉견례는 다음과 같은 순서를 골자로 한다.

> 1) 殿庭에 마련된 위치에서 황제에 예를 표현, → 2) '制'를 선포 받음, → 3) '升座의 勅'을 받음, → 4) 殿上의 蕃主 座 뒤에 서서 '勞問의 制'를 받음, → 5) '還館의 制'를 받음, → 6) 계단을 내려와 殿庭의 원래 위치에 섬, → 7) 出門하여 '還館'함.

그런데 번주의 황제 奉見은 번주 단독으로 진행되는 것이 아니라 그를 따라온 본국의 屬官들이 함께 동반하는 것이었다. ⓒ에는 번주에 대한 설명을 "번주가 出門한다"고까지 한 다음, "初, 蕃主**升座**, 舍人引蕃國諸官, 以次入就位, 立定"는 식으로 속관들에 대한 설명을 이어간다. 이것은 식장에 홀로 입장해 있던 번주가 '升座'함에 번주의 屬官들이 비로소 밖으로부터 태극전에 들어와 본 의식에 동참한다는 의미이다. 이어 ⓒ에 따르면 속관들은 태극전 전정에 마련된 자신들의 자리에서, 升殿하지 않은 상태로 '勅旨'를 전해 받고, 또 그에 이어 '還館의 勅'을 받는다. 그리고 ⓒ에 '於蕃主出, 舍人引蕃國諸官, 以次出'고 있으므로, 속관들은 의식을 마치고 殿上에서 내려온 번주를 쫓아서 퇴장함을 알 수 있다. 태극전 입장은 번주와 속관이 시차를 두고 하지만 퇴장은 함께 하는 것이다.

그렇다면 여기서 문제는 '번주의 升座' 시점이 언제인가 하는 점이다. 그에 따라 번주와 속관들이 서로 어떠한 상호 관계와 순서에 입각해 의례에 임하는지가 밝혀지기 때문이다. 즉 "初, 蕃主升座"를 '번주가 전상 위의 자리로 올라가고 있을 때'로 보아야 할지, 아니면 '번주가 처음으로 자리에 앉고(또는 서고[26]) 나서'로 보아야 할지, 더 나아가서는 '번주가 殿上에서 치르는 모든 예를 마치고 다시 자리에 앉고(또는 서고) 나서'를 말하는지가 분명치 않다. 확정은 어려우나, 필자는 이를 '번주가 처음으로 자리에 앉고(또는 서고) 나서', 즉 봉견례의 과정 1) ~ 7) 중에서 3)과 4)의 사이에 해당하는 것으로 보고 싶으며, 따라서 결국 속관들의 입장은 升殿한 번주가 일단 자리에 앉아(또는 서서) 자신들을 지켜보는 속에서 이루어진 것으로 생각한다.

그렇다면 이번에는 번주가 殿上에서 거치는 4)와 5)의 과정과, 殿庭에서 속관들이 받게 되는 '勅旨'와 '還館의 勅'의 시간 관계는 어떻게 되는지가 문제이나, 이 또한 확정하기는 어렵다. 이에 대해서는 殿上의 禮와 殿庭의 예가 동시에 진행되었을 가능성도 배제할 수 없지만, 그렇게 되면 혼란을 초래할 염려가 있는 점에서 殿上에서 번주의 예가 일단 치러지고, 그것이 끝나면 다시 번주가 지켜보는 속에서 전정에서 속관들의 예가 이어지는 것이 보다 자연스러울 것으로 생각한다.

즉 전체적으로 번주의 奉見禮는, "1) → 2) → 3) → 번주 屬官의 입장 → 4) → 5) → 屬官들에 대한 의례 → 6) → 7)(속관이 함께 따름)"의 순서로 진행된 것으로 이해된다.

이에 대해 번사의 봉견례(Ⓓ)는 승전하지 않고 殿庭에서만 이루어진 후 퇴장하기 때문에 번주에 비해 간단한 편이다. 여기서는 번주처럼 번사가 단독으로 먼저 들어오는 것이 아니라 그 일행이 동시에 입장한다. 이 점도 번주와 번사의 신분차를 반영하는 부분이라 할 수 있다. 그 의식은 입장한 번사 일행에게,

> 당의 관리가 國書와 庭實을 수령, → 蕃國主의 안부를 묻는 制를 발함, → 그(=번국주)신하의 안부를 묻는 勅을 발함, → 蕃使 이하를 위로, → 還館의 勅을 발함, → 번사 이하 퇴장

의 순으로 되어 있다. 외국사를 위로한 뒤에 '還館'하게 되는 것은 번주의 예와 같으나, 번사의 경우는 그보다 앞서 본국의 國主와 그 신하에 대한 안부를 묻는 것이 다르다. 또 이 자리에서는 國書와 貢物이 獻呈되는 것이 중요하나, 이 점에 대해서는 뒤에 다시 설

26) 후술하는 宴會禮에서는 외국사가 '座의 뒤에 선다'라는 표현이 많이 보이며, 여기서도 그러한 상태를 가리키는 것이 아닐지 모르겠다.

명할 것이다.

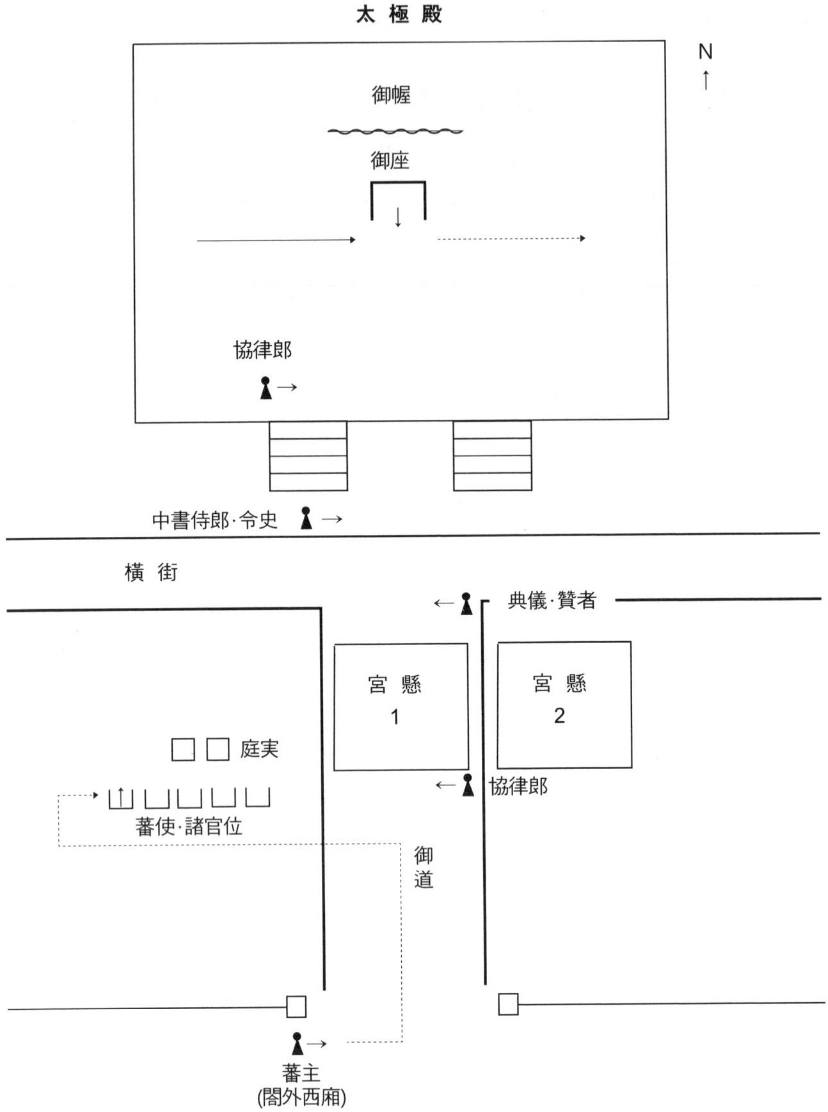

〈그림 3〉「蕃國使節의 皇帝 謁見 儀禮」 개념도

(2) 宴會禮의 골자와 특징

宴會禮(Ⓔ, Ⓕ)는 예물(貢物과 賜與物)이 교환되고, 또 식사와 음주도 수반되는 만큼 奉見

禮보다 다소 복잡한 면이 있다. 식장의 주 무대를 태극전의 殿庭－殿上－殿庭의 순으로 바꾸면서 전개된 Ⓔ의 의식에서 번주 일행은 먼저,

> 1) 입장하여 殿庭의 위치에 섬(蕃主 앞에 獻物을 진열), → 2) '升座의 勅'을 받음, → 3) 壤奠 헌상을 청하여 허락의 '制'를 받음, → 4) 制의 宣布를 듣고, 贄와 餘幣를 바침, → 5) 諸官이 별도로 勅을 받음.

의 과정을 거친다. 이 자리에서는 '壤奠'으로 칭해지는 獻上物이 예물로 증정되고 있는 것이 중요하다. 또 번주와 諸官이 함께 입장한 것이 奉見禮와 다르며, 번주에 대한 王言인 '制'와 諸官에 대한 王言인 '勅'이 각각 전달되는데, 이는 뒤에 재론할 것이다.

다음에 번주와 그 속관 중의 일부가 각각 당 관리의 인도로 升殿하고, 그 밖의 속관은 前庭의 '廊下[27]'에 남는다. 升殿한 뒤는,

> 6) 건배, → 7) 3회의 觴行(술 돌리기), → 8) 會食, → 9) 식후 行酒(賜酒가 수반됨)

의 순으로 연회가 진행된다. 의식은 殿上이 중심을 이루지만 殿下의 蕃國 諸官들도 포함하는 방식이다. 분위기를 돋우는 樂舞가 수반되며 식사와 음주를 위한 담당 관리와 藝能人들의 분주한 움직임이 따른다. 건배는 황제가 '擧酒'[28]하면, 번주 이하가 再拜한 후에 당의 관리(良醞令)가 돌린 술잔을 받아들고 俛伏하고 자기자리에 앉아 마시는 방식으로 이루어졌다. 이를 殿上에 있는 전원이 3회 반복하였다. 다음에 이어진 식사는 황제가 시작하면 번주 이하가 먹기 시작하고, 황제가 식사를 마치면 번주 이하도 종료하는 것으로 되어 있다.

식후에 술을 다시 돌리며 賜酒도 행해진다. Ⓔ에는 '若賜酒'라는 단서가 있지만, 賜酒는 관행이었을 것으로 생각되며 그 주된 대상은 물론 번주일 것이다. 賜酒는 舍人이 御旨를 받들어 술을 받는 자에게 가서 '賜酒'를 칭하면, 술 받는 자는 觶(술잔)를 받아들고

---

27) 廊下의 위치에 대해서는 분명히 확정하기가 어렵다. 石見도 여기에 대해 단정을 짓지 않는 대신 1)段이 낮은 回廊, 2)殿庭, 3)바깥 복도의 3가지 가능성을 제시하였다(石見, 앞 책, p.491). 필자는 이 '낭하'를 宋의 의례이지만 『태상인혁례』 권83, 新禮16의 「契丹國信使副元正聖節朝見宴」에 보이는 '廊下'라는 용어의 용법을 통해 1)로 생각해두고 싶다.

28) 단순히 '술을 든다'의 의미가 아니라 직접 술을 마신다는 뜻이다. 『朝鮮王朝世宗實錄』 권133에 보이는 여러 의례를 참조.

자기 자리에서 '俛伏坐飮'한 뒤 일어나 觶를 돌려주고 자리에 앉는 방식이었다. 번주가 받은 '사주'는 그 앞의 '觴行'처럼 당의 관리(良醞令)에 의해 전달되었을 것으로 보인다.

殿上에서의 연회를 마치면 번주 이하 諸官들은 殿庭으로 내려와 남아 있던 屬官들과 함께 원래의 위치에 선 뒤,

10) '筐篚' 授與의 勅을 받음, → 11) 당의 관리에게 '衣物'을 받음, → 12) 出門

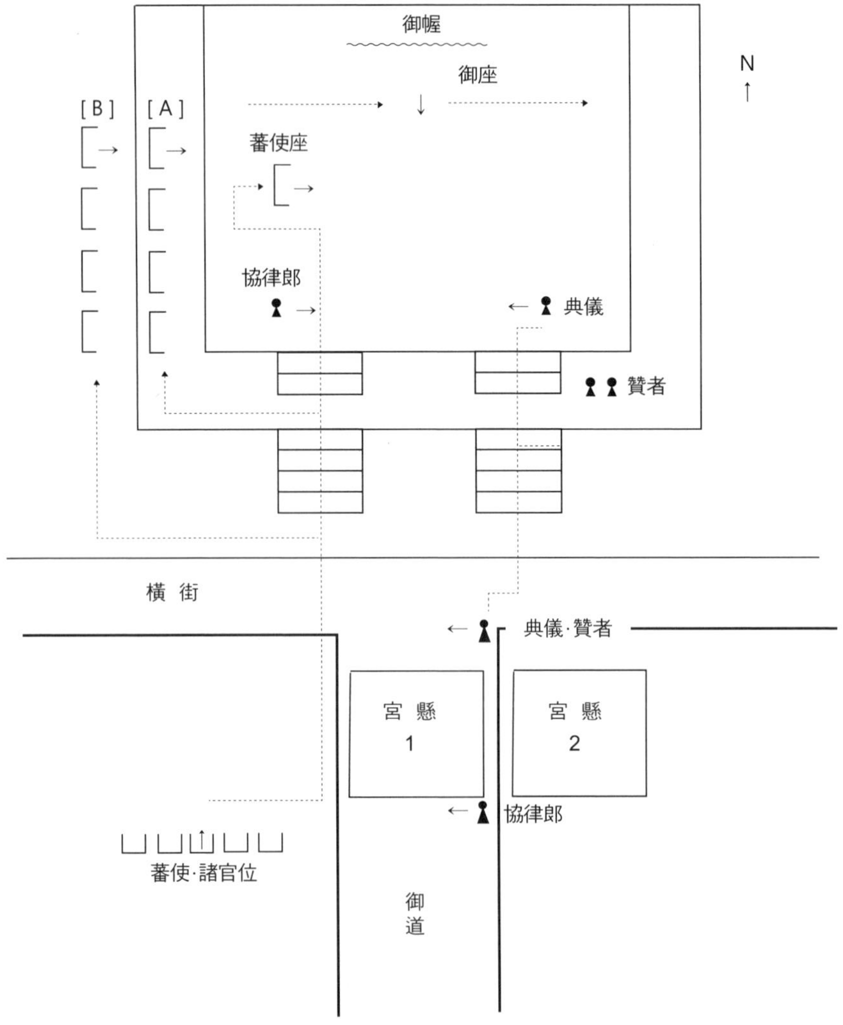

〈그림 4〉「蕃國使節의 宴會 儀禮」 개념도

의 순으로 의례의 마지막 과정을 거친다. 본래 '광주리'를 뜻하는 '筐篚'의 수여는 앞에서 실행된 과정 4)에 대한 당의 贈答品이며(후술), 외국사는 이를 받고나서 퇴장한다. 또 이때의 '衣物'은 이미 앞에서 검토한대로 '朝服'으로 보아야할 것이다.

번사의 宴會禮(Ⓕ)는 번주의 그것과 대동소이하다. 가장 큰 차이는 번주에게는 있는 3), 4), 5)의 과정이 없는 점이다. 그러나 이 중 獻上物과 관련된 3)과 4)가 빠진 것은 번사의 경우 그것이 Ⓓ에서 이미 進上되었기 때문에 오히려 당연한 것이라 할 수 있다. 또 '升殿의 勅'으로 보이는 5)는, 이미 번주에게 발령된 내용의 '勅'이, 속관에게 별도로 한 번 더 發해진 것이다. 王言이 속관에게 이렇게 한 번 더 있던 것은, 번주와 그 속관을 구별함으로써 상대적으로 번주의 지위를 존중한 예법일 것이다. 한편 번사의 宴會禮에서 10)과 11)의 과정이 번주의 경우처럼 똑같이 있는 것은 번사가 Ⓓ에서 헌상물만 진상하고 贈答品을 받지 못한 것을 이 때 수령하고 있기 때문이다.

3. 의례상에 보이는 여러 특징과 그 의미

1) 다양한 禮法과 그 의미

(1) '主東客西'와 '君北臣南'

여러 예법이 표출되는 외국사 관련 의식에서 가장 대표적이고 기본적인 것은 참여자가 식장에서 잡고 있는 자리의 방향, 즉 面位의 문제이다. 중국의 전통적 관념에서 主人과 客 사이에 主人은 동쪽에 서고(즉 西面), 客은 그 반대쪽에 서는(즉 東面) 것은 상식이었다. 이른바 '主東客西'의 원칙이다. 또 이와 달리 君臣 간에는 군주가 북쪽에서 남쪽을 바라보고, 신하는 반대편에 자리를 잡는 것이 철칙이었다.[29] 본 장은 편의상 이를 '君北臣南'이라 부른다.

客館에서 치러진 Ⓐ, Ⓑ, Ⓖ, 특히 Ⓐ, Ⓑ는 '主東客西'의 원칙이 대전제이다. 기술한 것

29) 『日知錄』 권28, 「東向坐」에 "古人之坐, 以東向爲尊, 故宗廟之祭, 太祖之位東向, 卽交際之禮, 亦賓東向而主人西向. (原註: 漢書注, 如淳曰, 君臣位南北面, 賓主位東西面……)"고 보인다. 이와 관련해서는 岡安勇, 「中國古代史料に現われた席次と皇帝西面について」(『史學雜誌』 92-9, 1983) 참조.

처럼 여기서는 외국사가 주인의 입장에서 황제가 보낸 사자(=客)를 맞이하는 셈이다. Ⓐ와 Ⓑ에서는 황제 사자가 '客館外－客館內－客館外'에서 일관적으로 서쪽에 서고, 외국사는 동쪽에 선다. 양자가 마주 볼 때는 물론 東·西面 관계로 전환된다. 예외로 Ⓐ에서 외국사는 두 번 北面할 때가 있는데, 이는 사자로부터 '制의 선포'를 들을 때와 客館을 떠나 朝堂을 방문했을 때로, 이들은 모두 황제에 대한 예('君北臣南')에 해당한다.

이처럼 客館의 의례일지라도 황제와 관련이 있는 장면이 되면 외국사는 北面의 예를 취한다. 국서가 수여되는 Ⓖ에서 외국사가 자주 北面한 것은 이 때문이다. 먼저 Ⓖ에는 館門밖에서 東面한 황제 사자 일행에 대해, 외국사가 "蕃主迎使者於門外之南, 北面再拜"고 있다. 외국사(번주)가 사자를 관문 남쪽에서 맞이하는 이 面位는 Ⓐ, Ⓑ와는 전혀 다른 것이 된다. 단순히 외국사와 사자의 관계만을 따지면 '主東客西'의 구도여야겠지만, 여기서는 國書의 비중이 감안되어 외국사가 北面하는 변형적 예법이 고안되었다고 보인다. 즉 의식의 목적이 국서 수여인 만큼 主客보다 상하관계를 우선하는 君臣 쪽에 의미가 강조된 것이라 할 수 있다. Ⓐ와 Ⓑ에서도 사자가 황제의 王言인 '制'를 지참하지만, Ⓖ는 '來朝를 위로하는 制'(Ⓐ)와 '알현일을 통달하는 制'(Ⓑ)보다 더 정중한 격식을 갖춘 외교 문서(국서)라는 가치가 부여된 것으로 보인다. 館內로 들어선 다음에도 사자와 외국사는 '君北臣南'의 구도 아래서 국서를 授受한다.

태극전에서 외국사와 황제를 중심으로 한 奉見禮와 賜宴禮는 당연히 '君北臣南'을 기본으로 한다. 〈표 4〉에서 보는 것처럼 외국사는 殿庭에서 모두 '北面'(또는 '北向')하고 있다. 다만 殿上에서는 외국사의 자리가 御座의 西南이므로 東向이 된다. 이것은 殿上에서 '君北臣南'의 원칙을 적용하는 것이 의식의 진행상 불편하거나 시각적으로 자연스럽지 않은 이유때문일지 모른다. 또 외국사가 태극전 입장 직전에 대기를 위해 太極門 서쪽에 선(즉 東面)것은 '主東客西'의 원칙에 해당한다.[30]

아울러 외국사의 속관은 殿庭이나 殿上에서 모두 외국사의 뒤에 서는 것을 원칙으로 하며, 인원이 많은 때는 行을 겹으로(즉 '重行') 하여 서쪽을 上位로 삼는다. Ⓕ에서만 유일한 예외로 '東上'이라고 있으나, 이것은 특별한 사정을 추정하기 힘들기 때문에 '西上'의 誤字로 생각할 수밖에 없다. 이 '西上' 원칙은 Ⓔ의 賜宴禮에서 獻物(貢物)을 외국사

30) 이 점은 Ⓒ, Ⓓ, Ⓔ, Ⓕ에서 공통적으로 발견된다.

의 앞에 놓되 "서쪽을 上位"[31]로 한다는 것처럼 貢物 배치와도 상통한다. 다만 宴會禮에서 승전하지 않는 자들은 서쪽 廊下[32]에서 東面하고 앉되, "북쪽을 上으로 삼는다"고 되어 있다.

〈표 4〉 태극전 의례에 참여한 외국사절들의 面位

	殿庭	殿上
Ⓒ	번주 : 懸南道西, 北面	御座西南(東向)
Ⓒ	속관 : 蕃主位後, …重行, 北向, 以西爲上	×
Ⓓ	번사 : 懸南, 重行, 北向, 以西爲上	×
Ⓔ	번주 : 懸南 속관 : 蕃主之後, …重行, 北面, 西上	번주 : 御座西南 속관 : 蕃主之後 (* 升殿 않는 속관 : 西廊下, 東面, 北上)
Ⓕ	번사 : 懸南, 重行, 北面, 東上	번사 : 御座西南 (* 升殿 않는 속관 : 西廊下, 東面, 北上)

(2) 계단의 이용

의례 중에는 '階'와 관련된 기술이 많으며, 의례 참여자가 '階'를 이용하는 데에는 일정한 원칙이 있어 보인다. Ⓐ와 Ⓑ에서 보는 것처럼 객관에서 외국사는 모두 東階만을 이용하고, 사자는 西階를 이용한다. 이것은 '主東客西'의 원칙을 반영한 것이다. 한편 태극전을 무대로 한 의식들(Ⓒ, Ⓓ, Ⓔ, Ⓕ)에서 외국사는 殿을 오르거나 내려갈 때 모두 西階를 이용한다(〈표 5〉 참조). 이는 '主東客西'의 원칙 이외에 외국사의 '牀座'가 御座의 서남쪽에 있는 상황과 관계가 있을 수 있다. 특히 황제 쪽에 가까운 東階 자체가 敬遠되었을 뿐 아니라, 東階를 이용하면 황제 앞을 가로질러 가는 꼴이 되므로 이를 피하기 위한 것으로 보인다.

西階만을 이용한 것은 외국사만이 아니라 당의 관리들에게도 일반적이다. 〈표 5〉의 Ⓒ처럼 殿上에서 舍人이 勅을 가지고 殿庭으로 내려갈 때 西階를 이용한 것이 그 일례이다. 또 〈표 5〉의 Ⓓ는 계단을 오르내리는 것과는 관계없이 당의 관리가 의식이 진행되기를 기

31) Ⓔ에 "其有獻物則從入, 陳於蕃主之前, 以西爲上"고 보인다.

32) 이 부분과 관련해 생각할 때 '廊下'는 황제와 사자가 앉게 되는 殿上보다는 낮은 구조물로 보인다.

다린다는 내용인데, 그 대기 장소 역시 '西階'로 되어 있다. 또 국서를 使者에게서 받고 西階로 돌아간 中書侍郎(Ⓓ)은 西階를 이용해 上殿한 뒤에 황제에게 상주하는 것이 보통이었다.[33]

〈표 5〉 태극전의 '階'와 관련한 기술 일람

약칭	관련 기술
Ⓒ	'蕃主至階'
Ⓒ	'舍人引蕃主降自**西階**'
Ⓒ	'舍人承勅降自**西階**'
Ⓓ	'令史二人持案預俟於**西階**'
Ⓓ	'侍郎受書置於案, 回詣**西階**'
Ⓔ	'(蕃國諸官)應升殿者詣**西階**'
Ⓔ	'初, 蕃國諸官詣**西階**'
Ⓕ	'通事舍人引應升殿者詣**西階**'

이와 같이 볼 때 그것이 東階인지 西階인지 밝히지 않은 기술, 예를 들어 '蕃主至階'(〈표 5〉의 Ⓒ)라든지, 혹은 아예 階를 밝히지 않고 "侍中이 制를 받들고 내려와 蕃主의 西北으로 나아갔다"(〈표 5〉의 Ⓒ)와 같이 '내려와'라고만 있는 것은 모두 西階를 통한 움직임이라고 생각된다.[34]

(3) '절'의 방식과 그 의미

외국사 관련 의식에서 禮와 관련이 가장 깊은 것은 신체를 이용한 표현, 즉 넓은 의미의 '절'일 것이다. 이 '절'이 의식의 어느 시점에서 어떻게 표현되고 있는지 종래의 연구에서 주의되지 않았기 때문에 정리해 볼 필요가 있다. 이 문제도 장소를 客館과 太極殿으로 구별해서 생각하는 것이 효과적이다.

먼저 객관에서 치러진 3개의 의례에서는 〈표 6〉과 같은 방식으로 사자와 외국사 사이에 禮(절)의 교환이 있었다. '교환'이라고는 하지만 그것은 거의 모두가 외국사가 사자에 대해 표하는 일방적인 것이다. 이것은 외국사가 상대하는 대상이 사자 자신이 아니라 그가 가지고온 황제의 '王言'이기 때문이다. 또 〈표 6〉의 예의 표현 방식으로는 '再拜', '再拜稽首', '揖'이 있으며, 이 중 영접과 배웅 때에는 '재배'가, 객관 내에서 치르는 本儀式에서는 '재배' 또는 '再拜稽首'가 각각 이용되었다. 본 의식에서 '稽首'가 추가된 것은 그만큼 더 공손한 표시로 볼 수 있다. 다만 앞서 지적한 바와 같이 Ⓖ가 가장 엄숙한 의례에 해당함에도 불구하고 본 의식에서 '재배계수'가 아니라 '재배'만으로 되어 있는 것은 그

33) 『구당서』 권43, 職官2 中書省 中書侍郎에도, "凡四夷來朝, 臨軒則受其表疏, 升于西階而奏. 若獻贄幣, 則受之以授於所司"고 보인다.

34) 다만 典儀가 계단 동쪽 위에 선 것이 유일한 예외이나, 이것은 그가 의식의 진행을 맡은 관리로, 출입이 빈번한 서쪽에 설 경우는 오히려 식의 진행에 불편이 따르거나 식을 방해할 것이다.

이유가 判然하지 않다.

그런데 Ⓐ에서 한차례 의식이 끝난 뒤에 이어지는 두 번째 의식은 주의를 요한다. 다른 의식과 달리 여기서만 황제 사자가 외국사에게 절을 하기 때문이다. '배웅'을 제외하면 양자 간에는 절의 교환에서 대등한 관계를 보인다. 이 점에서 필자는 Ⓐ의 두 번째 의식이 그 앞의 첫 번째 예와는 성격이 다른, 즉 私的인 것으로 이해한다. 사자는 이미 앞서 '迎勞'의 징표로 '束帛'을 수여하는 등 황제의 命을 집행하고 있지만, 그 다음의 예에서는 그러한 使命과 관계없이 再入館하여 '土物'만을 받고 있기 때문이다. 따라서 이것은 '束帛'을 받은 외국사가 황제에게 그 대응물로 증정한 것이라기보다, 외국사가 자신을 찾아와준 사자의 노고에 대해 개인적으로 보답하는 의미라 생각되며, 사자도 따라서 거기에 사적으로 절을 한 것으로 풀이된다. 당·송 시대에는 이 같은 외국사의 중국 관리에 대한 증여품 제공을 '私覿'이라 부르며(후술), 특히 송대 동아시아 각국 간에서 일반화되고 있었다.

〈표 6〉 客館에서 보이는 외국사와 황제 사자 간의 절의 교환 방식

장소	客館外(영접)		客館內		客館外(배웅)	
주체	사자	외국사	사자	외국사	사자	외국사
Ⓐ	×	再拜	×	再拜稽首 再拜稽首	×	×
	揖	揖	再拜	再拜	×	再拜 送使者
Ⓑ	×	再拜	×	再拜 再拜稽首	×	再拜
Ⓖ	×	再拜	×	再拜 再拜	×	拜送

* Ⓐ에서 朝堂 관련 부분은 혼란을 피하기 위해 생략함.

다만 외국사가 蕃使의 경우 再入館의 과정 자체가 필요 없다는 것은 앞에서 이미 지적한 대로이다. 朝堂에서는 사자와 외국사 간에 절은 없고, 외국사가 일방적으로 '北面 再拜'를 2회 반복할 뿐이다.

한편 Ⓒ, Ⓓ, Ⓔ, Ⓕ에서는 절의 방식이 殿庭에서는 대부분 '재배계수' 또는 '재배'이고, 殿上에서는 '俛伏'이 주를 이루고 있음을 볼 수 있다(〈표 6〉). 전상에서의 재배는 외국사가 술잔을 받을 때에만 국한된 것으로 보인다. '俛伏'은 선채로(혹은 무릎 꿇은 채로?) 허리를 깊숙이 숙이는 것이므로 전상에서는 아마도 공간 제약 등의 사정으로 '재배'보다 비교적 간단한 예법이 채택되었을 것이다. 이처럼 자주 표현된 절은 대부분이 制나 勅의 형태로 발동된 王言에 대한 '공순함'과 '謝意'의 표시로 볼 수 있다. 참고로 唐의 궁중 의례에서는 殿庭의 예법으로 舞蹈가 수반되는 예가 자주 보이나,[35] 여기서는 그것이 발견되지 않

35) 예를 들어 『개원례』 권97, 嘉禮에 보이는 각종 宮中 의례 참조.

는 점이 색다르다.

그런데 ⓒ와 ⓓ, 그리고 ⓔ와 ⓕ는 그 주인공이 번주와 번사의 차이는 있지만 서로 목적이 같은 의례임에도 불구하고, 殿庭에서 표현되는 절의 회수와 방식에 차이가 있다. 그렇지만 이것은 본질적인 차이는 아니며, 특정한 예의 일부가 한쪽에만 추가된 결과이다. 즉 ⓓ에서는 ⓒ에 없는 表와 幣가 헌상된 결과 ⓒ보다 절이 몇 번인가 추가된 것이며, ⓔ도 獻物을 증정하는 과정이 포함됨으로써 그렇지 않은 ⓕ보다 절이 2회 더 추가된 것이다. 이 점을 빼면 ⓔ와 ⓕ는 완전히 같은 방식의 절이 표현되고 있고, ⓒ와 ⓓ도 ⓓ가 升殿하지 않는 기본 원칙 때문에 殿上에서의 절이 없는 점을 제외하면 거의 같은 방식으로 볼 수 있다.

〈표 7〉 태극전에서 외국사가 연출한 절의 방식과 횟수

	殿庭	殿上	殿庭
ⓒ	再拜稽首 → 再拜稽首 → 再拜稽首 → 再拜稽首	俛伏 → 俛伏 → 再拜稽首	再拜稽首
ⓓ	再拜稽首 → 再拜하고 또 再拜 → 再拜 →再拜 → 再拜		
ⓔ	再拜 → 再拜 → 再拜 → 再拜	俛伏 → 俛伏 → 再拜 → 俛伏 → 俛伏 → 俛伏 → 俛伏 → 再拜, 俛伏, 俛伏, 再拜, 俛伏 → 俛伏	再拜 → 再拜 → 再拜
ⓕ	再拜 → 再拜	俛伏 → 俛伏 → 再拜 → 俛伏 → 俛伏 → 俛伏 → 俛伏 → 再拜, 俛伏, 俛伏, 再拜, 俛伏 → 俛伏	再拜 → 再拜 → 再拜

* ⓒ와 ⓔ에서 외국사의 屬官 관련 내용은 혼란을 피하기 위해 생략.

2) 蕃主와 蕃使 간에 보이는 儀式上의 禮遇 異同

외국사 관련 의례에 번주와 번사의 구별이 있기 때문에 그에 따라 의식의 내용에 차이가 있는 것은 당연하다. 이에 대해서는 이미 石見이 몇 가지 중요한 지적을 하였다. 天子의 旌旗에 해당하는 黃麾仗을 蕃使의 경우는 半으로 줄여서 설치한다든지, 외국사의 신분에 따라 그를 응대하는 唐 관리의 지위에 차이가 있다든지 하는 것이 그것이다.[36] 특히

36) 石見, 앞 책, pp.452~454.

필자도 지적했지만, 『개원례』의 서술이 번주의 儀式을 앞세우고 번사의 의식을 그 뒤에 놓은 관계로 번사 관련 의식에 생략된 부분이 있다는 취지의 石見의 지적은 주의할 만하다. 예를 들어 Ⓒ, Ⓓ, Ⓔ, Ⓕ에 의하면 태극전에서 황제와 외국사가 이동할 때 각각 '太和之樂'과 '舒和之樂'이 연주되며, 또 殿上에서는 일동이 食前 乾杯 때에 '昭和之樂'을, 회식 중에는 '休和之樂'이 연주되는 원칙이 보이지만, 石見은 이 때 Ⓕ의 내용에 殿上에서 음악이 없음을 지적한 뒤 그것은 실제로 음악이 없는 것이 아니라 설명이 생략된 것이라 했다. 그는 그 밖에 琴瑟, 笙管者, 歌者 등에 대한 기술이 Ⓕ에 보이지 않는 것도 같은 이유로 보았다.[37]

본 절에서는 이 같은 점들을 필자가 정리한 다음의 〈표〉들을 통해 당조 관리들의 종류와 역할, 그리고 그들의 외국사와의 관계를 좀 더 자세히 분석하여 보충하기로 한다.

〈표 8〉~〈표 10〉을 통해 客館에서는 비교적 소수의 관리만이 의식에 관여한 것을 알 수 있다. 이것은 객관의 의례가 비교적 간단하기 때문이다. 그 관리들의 역할은 대부분이 황제 사자와 외국사를 '引導'하는 것이다. 그것을 Ⓐ는 사자를 '謁者'가, 외국사는 '所司'가 각각 인도하는 것으로 되어 있고, 또 Ⓑ에서는 '掌次者'가, Ⓖ에서는 '執事者'가 각각 맡고 있다. 이것은 실은 Ⓐ의 割註에 "모든 蕃主의 進止는 所司가 先引하고, 制使(*필자: 황제 사자)는 모두 謁者가 先導한다"는 규정을 따른 것이다.

Ⓑ에서도 掌次者 이외에 당연히 引導者가 있었을 것이나 생략된 것이며, Ⓖ는 그들을 모두 '執事者'로 적고 있으나 여기서도 Ⓐ처럼 구별이 있었을 것이다. 이상은 모두 당 측의 관리이지만, 그 밖에 Ⓐ와 Ⓑ에는 번주의 본국에서 따라온 '蕃主 有司'도 의식에서 일정한 역할을 하고 있다. Ⓐ의 朝堂에 보이는 '通事舍人'에 대해서는 후술한다.

奉見禮와 賜宴禮에서는 훨씬 많은 관리들이 참여한다. Ⓒ와 Ⓓ(후술하는 Ⓔ, Ⓕ도 동일)는 모두 侍中이 "外辦을 版奏하는"[38] 준비 완료의 보고를 통해 황제가 식장으로 出御함으로써 의식이 개시되고, 또 侍中이 "앞으로 나아가 무릎을 꿇고 侍中 臣 아무개는 禮가 끝났음을 말씀드립니다 라고 奏稱"하는 것으로 의식이 종료된다.

---

37) 石見, 앞 책, pp.486~487.

38) Ⓒ, Ⓓ, Ⓔ, Ⓕ에 모두 보이는 '外辦'과 '版奏'의 개념에 대해서 石見은 각각 '황제 出御의 信號'와 "版으로 奏하는 것인가?"라고 하였다(同, 앞 책, pp.429~431).

〈표 8〉 Ⓐ에 보이는 의식 관계자들의 역할

장소	관계자	역할	회수
관외	掌次者	사자를 次로 인도	1
	謁者	사자를 先導	1
	蕃主 有司	문밖으로 나가 사자에 '敢請事'라 함	1
		들어가 외국사에 고함	1
관내	謁者	사자를 先導	2
	所司	외국사를 인도	3
관외	謁者	사자를 先導	1
	所司	외국사를 인도	1
관내	謁者	사자를 先導	2
	所司	외국사를 인도	2
관외	謁者	사자를 先導	1
	所司	외국사를 인도	1
朝堂	鴻臚寺 관리	외국사를 인도	1
	所司	외국사의 도착을 奏聞	1
	通事 舍人	勅을 받들고 나와 勅이 있음을 칭함	1
		勞하는 勅을 宣함	1
	所司	館으로 인도	1

〈표 9〉 Ⓑ에 보이는 의식 관계자들의 역할

장소	관계자	역할	회수
관외	掌次者	사자를 次로 인도	1
	蕃主 有司	문밖으로 나가 사자에 '敢請事'라 함	1
		들어가 외국사에 고함	1
관내	×	×	×
관외	×	×	×

〈표 10〉 Ⓖ에 보이는 의식 관계자들의 역할

장소	관계자	역할	회수
관외	執事者	次 설치	1
		사자를 인도	3
		외국사를 인도	1
관내	집사자	외국사를 인도	2
		사자를 인도	1
관외	집사자	외국사를 인도	1

하지만 Ⓒ와 Ⓓ를 비교할 때 중요한 점은 Ⓒ에 참여하는 관리의 지위가 Ⓓ보다 높다는 점이다. 여기에 번주와 번사의 지위 차이가 반영된 것임은 물론이다. 특히 전자에서는 황제의 의지를 담은 '王言'('制'나 '勅')을 외국사에게 전하거나, 반대로 외국사의 의사를 황제에게 전하는 역할을 당의 최고관인 侍中(즉 재상)이 맡고, 후자에서는 (通事)舍人이 하고 있다. 번주와 그 속관들이 함께 참여한 형태로 진행되는 Ⓒ에서도 번주는 侍中을 통해서만 王言을 받고, 속관들은 舍人을 통해 그것을 받는 구별이 유지된다.

한편 舍人은 그것이 번주이건 번사이건 식장에서 외국사 일행이 이동할 때 그들을 선도하는 역할도 맡는다. 여기에는 '所司'와 '典謁'이 관여한다. 의식 중에 참여자들(특히 외국사)이 연출해야 할 다양한 행동의 실행을 지시하고, 또 그것을 큰 소리로 전하는 것은 典儀와 贊者의 역할이다. 〈표 11〉~〈표 14〉를 통관할 때 典儀는 구체적으로 "재배하라", "술이 왔으니 일어나라", "음식이 왔으니 일어나라" 등을 唱導하고, 贊者는 그것을 복창

한다.

그 밖에 Ⓓ에서 볼 때 외국사가 진상하는 국서는 中書侍郎이 令史를 대동하여 수령하고, 이어 그 국서를 중서시랑이 황제에게 奏上한다. 또 '그 사이'에 당의 '有司'는 외국사에게 幣와 馬를 수령하는 것으로 되어 있다.[39]

〈표 11〉 Ⓒ에 보이는 의식 관계자들의 역할

장소	관계자	역할	회수
承天門	所司	引導	1
	通事舍人	引導	1
殿庭	典儀	唱導	2
	贊者	承傳	2
	侍中	의식의 준비 완료를 고함	1
		制를 칭함	1
		制를 宣讀	1
		回奏	1
		(升殿의) 勅 전달	1
	舍人	引導	2
		勅旨를 칭함	1
		(應)對	1
		回奏	1
		(還館의) 勅 전달	1
殿上	舍人	인도	2
	侍中	(勞問의) 制 전달	1
		回奏	1
		(還館의) 制 전달	1
		의식의 종료를 고함	1
殿庭	典謁	引導	1
	舍人	引導	1

〈표 12〉 Ⓓ에 보이는 의식 관계자들의 역할

장소	관계자	역할	회수
承天門	所司	인도	1
	典謁	인도	1
	舍人	인도	1
殿庭	侍中	의식의 준비 완료를 고함	1
		의식의 종료를 고함	1
	中書侍郎	사자의 國書수령	1
		국서를 황제에 奏上	1
	令史(2인)	국서 수령에 동행	1
	有司와 그 속관	사절단에게 幣와 馬를 수령	1
	典儀	再拜 唱導	1
	贊者	承傳	1
	舍人	인도	2
		(蕃主慰問의) 制 전달	1
		(蕃主 신하 위문의) 勅 전달	1
		(使者 이하를) 위로	1
		(還館의) 制 전달	1
		回奏	3

賜宴禮(Ⓔ, Ⓕ)에서도 대체로 奉見禮에 준하는 관리들이 관여한다. Ⓒ와 Ⓓ처럼 殿庭에

39) 이러한 예물 獻呈은 번주의 경우 賜宴禮(Ⓔ)에서 이루어지며, 거기서는 "又所司受其餘幣, 俱以東"고 있다. '俱以東'이 해석의 여지를 남기지만, '모두 동쪽에 놓았다'고 보기보다 所司가 헌정품을 가지고 '동쪽(문)으로 나간다'는 의미가 아닐지 생각되며, 따라서 Ⓓ에서도 일단 幣와 馬를 수령한 당의 '有司'는 이를 갖고서 殿內에 남아 있었다기보다 퇴장한 것으로 보아야 자연스러울 것이다.

서는 각각 侍中과 舍人이 왕언을 외국사에 전한다. 특히 예물의 進上이 수반되는 Ⓔ에서 그 헌정품은 외국사가 侍中에게 전하고 있다. 그런데 殿上의 경우 Ⓕ에서 舍人이 의식에 깊이 관계한 것은 Ⓓ와 다를 바 없지만, Ⓔ에서는 殿上에서 侍中의 역할이 보이지 않

〈표 13〉 Ⓔ에 보이는 의식 관계자들의 역할

장소	관계자	역할	회수
承天門	所司	인도	1
	舍人	인도	2
殿庭	舍人	인도	4
		(蕃國 諸官에) 勅 전달	1
	典儀	再拜 唱導	1
	贊者	承傳	1
	侍中	연회 준비 완료를 고함	1
		(번주 升座의) 勅 전달	1
		(번주의 贊헌납 의사를) 상주	1
		'朕이 이를 받겠다'는 말을 대신 함	1
		制가 있음을 칭함	1
		制를 宣讀	1
		贊를 번주에게 받아 所司에게 줌	1
	所司	贊와 餘弊를 받아 東으로 물러남	1
殿上	舍人	인도	1
		賜酒 해당자에게 이동	1
		'賜酒'를 칭함	1
		연회가 끝나면 번주를 일어나게 함	1
	典儀	唱導(就座)	3
		唱導('술이 왔으니 일어나라')	1
		唱導(再拜)	1
		唱導('음식이 왔으니 일어나라')	1
	贊者	承傳	6
	侍中	연회 종료를 고함	1
殿庭	舍人	인도	3
		筐篚가 있음을 내려가 宣勅함	1
	典儀	唱導(再拜)	1
	贊者	承傳	1
	太府	속관 이끌고 衣物을 번주 이하에게 지급	1

〈표 14〉 Ⓕ에 보이는 의식 관계자들의 역할

장소	관계자	역할	회수
承天門	所司	인도	1
	舍人	인도	2
殿庭	侍中	연회 준비 완료를 고함	1
	典儀	인도	1
		唱導(再拜)	1
	贊者	承傳	1
	舍人	(사자 升座의)勅 전달	1
		인도	1
殿上	侍中	연회 종료를 고함	1
	舍人	인도	2
		賜酒 해당자에게 이동	1
		'賜酒'를 칭함	1
		연회가 끝나면 번사를 일어나게 함	1
	典儀	唱導(就座)	3
		唱導('술이 왔으니 일어나라')	1
		唱導(再拜)	1
		唱導('음식이 왔으니 일어나라')	1
	贊者	承傳	6
	太官令	行酒	1
		諸客의 案을 行하고(돌리고) 食을 진설함	1
		식사 완료 후 食案 철수	1
殿庭	舍人	인도	3
		筐篚가 있음을 내려가 宣勅함	1
	典儀	唱導(再拜)	1
	贊者	承傳	1
	太府	속관을 이끌고 衣物을 번사 이하에게 차례로 수여	1

고 Ⓕ처럼 舍人의 역할이 있을 뿐이다. 이것은 아마도 연회에서 외국사를 인도하거나 하사주를 전달하는 등의 일을 맡는 것이 당의 최고관(侍中)의 역할로 어울리지 않기 때문으로 볼 수 있다. 또 殿上의 연회를 마치고 殿庭으로 내려온 외국사에게 "筐篚가 있음을 내려가 宣勅"하는 역할도 Ⓔ와 Ⓕ 모두 舍人이 한다. 의식의 최종 단계에서 '衣物'을 외국사에게 주는 것은 '太府'[40]의 일이다.[41]

번주와 번사 간의 차이는 그들에게 전달되는 황제의 王言에서도 나타난다. 石見은 여러 의식에서 당의 國書가 어느 시점에 외국사에게 발급되는지를 검증하기 위해 『개원례』 Ⓐ ~ Ⓕ의 王言을 〈표〉로 정리한 적이 있다.[42] 여기서는 石見의 작업과 관계없이 필자 나름대로 Ⓐ ~ Ⓖ에 보이는 王言을 〈표〉로 정리하여 좀 더 생각해보려 한다.

〈표 15〉 Ⓐ ~ Ⓖ에 보이는 王言의 형식과 내용

의례	형식	내용	대상자	의례	형식	내용	대상자
Ⓐ	制	慰勞	蕃主	Ⓓ	制	問蕃國主	蕃使
	勅	宣勞	蕃主		勅	問臣下	蕃使
Ⓑ	制	알현일 전달	蕃主		不明	勞	蕃使
Ⓒ	制	不明	蕃主		勅	勞還館	蕃使
	制	慰勞	蕃主	Ⓔ	勅	升殿	蕃主
	勅	升殿	蕃主		制	贄幣를 받을 것임	蕃主
	制	勞問	蕃主		勅	筐篚가 있음을 밝힘	蕃主
	制	勞還館	蕃主	Ⓕ	勅	升殿	蕃使
	勅	不明(勞問?)	屬官		勅	筐篚가 있음을 밝힘	蕃使
	勅	勞還館	屬官	Ⓖ	詔	不明	蕃主

〈표 15〉에 따르면 왕언의 종류로는 制가 8회, 勅이 10회, 그리고 詔가 1회 각각 발해졌고, 한 가지는 특정하기 어려운 것도 있다.[43] 문제는 이 같은 왕언들의 용도가 각기 특정

40) 『唐六典』 권20, 太府寺에는 그 직책으로 "掌邦國財貨之政令"고 보인다.

41) 그 밖에 Ⓔ와 Ⓕ에는 歌者와 琴瑟 등을 이끌고 升殿하는 太樂令, 황제에 술과 御食을 올리고 檢食하고 虛觶를 받아 坫에 놓거나 밥상(食案)을 철수하는 尙食奉御, 進上할 술과 밥상을 살피는 殿中監, 번주 이하의 食案을 차례로 돌려 설치하고 또 그것을 철수하는 太官令, 술을 차례로 돌리는(行酒) 良醞令 등의 관리가 보인다.

42) 石見淸裕, 앞 논문, 「唐の國書授与儀礼について」.

43) 〈표 15〉에서는 王言의 수를 20개로 정리하였지만, Ⓐ ~ Ⓖ를 통해 볼 때 그 수를 정확히 헤아리는 데에

되어 있는지의 여부이며, 만일 그렇다면 그것이 어떤 상황과 시점에서 발해졌는지, 와 같은 원칙이 밝혀져야 할 것이다.

이 같은 시각에서 보면 먼저 制는 주로 번주에 대해서, 그리고 勅은 번주보다 지위가 낮은 번사 또는 그 속관에 대해 사용되었을 가능성을 그 사용 회수에 의해 추정해 볼 수 있다. 즉 전자는 전체 8회 중 7회가 번주에 대해 사용되었고, 후자는 10회 중 6회가 번사 내지 그 속관에 대해 사용되었다. 전자에 해당하지 않는 制 1회(즉 Ⓓ의 사례)는 형식적으로는 번사에 대한 것이기는 하나, 그 '왕언의 내용'은 해당국 군주(='蕃國主')의 안부를 묻는 것으로 되어 있기 때문에, 制는 역시 번사나 그 속관보다 고위인 번주와 관련이 있는 것으로 보인다.

이에 반해 10회 사용된 勅은 4회가 번주에게도 사용된 점에서 그것이 반드시 번사나 그 속관하고만 관계가 있는 것이 아님을 알 수 있다. 다만 4회의 내역을 보면 Ⓐ는 이미 앞에서 상론했듯이 客館을 떠난 번주가 廟堂에서 치르는 극히 간단한 의례에서 사용되었고, Ⓒ와 Ⓔ의 첫 번째 사례는 단순히 '升殿'을 명하는 내용이며, Ⓔ의 두 번째 사례 역시 하사물인 筐篚가 있음을 전하는 간단한 王言이다. 즉 勅은 번사나 그 속관에게 6회 사용된 이외에 비교적 간단하고 신속한 왕언을 발할 경우에는 번주에게도 사용되었을 개연성을 생각하게 한다. 아울러 이상의 制나 勅과는 달리 유독 Ⓖ에서만 '詔'라는 왕언이 사용된 점은 주의를 끈다.

그렇다면 이 같은 결과가 당의 일반적인 문서행정의 원칙과 비교해 과연 상응하는지를 확인해볼 필요가 있고, 그 점에서 필자는 양자가 대략 부합한다고 보고 싶다. 먼저 당의 황제가 이용한 명령문은 본래 모두 7종류가 있지만, 이들은 制와 勅으로 대별되고, 또 國政과 관련된 안건의 大事가 制, 小事가 勅으로 처리된다는 것이 이 방면의 연구 결과로 알려져 있다.[44] 또 制書는 5품 이상의 고급관에게 사용하고, 6품 이하의 관에게는 勅書를 사용하는 것도 하나의 원칙이며, 勅은 制보다 양식이 비교적 간단하며 신속히 처리되는

는 관점에 따라 차가 있을 수 있다. 石見은 이 왕언을 '17개'로 정리하였는데(石見清裕, 앞 논문, 「唐の国書授与儀礼について」), 이것은 그가 편의상 Ⓖ를 제외시킨 이외에 Ⓒ에 보이는 '屬官'에 대한 두 개의 王言을 헤아리지 않았기 때문으로 보인다. 또 예를 들어 Ⓔ에는 贄幣를 바치겠다고 말한 번주의 말에 대해, 侍中이 "짐이 이를 받겠다"고 황제를 대신해 말한 장면이 있다. 이는 당연히 황제가 侍中에게 밝혔을 모종의 왕언에 입각한 것이지만, 이를 왕언으로 헤아려야할지도 문제가 된다.

44) 中村裕一, 앞 책, 제1장~제3장; 池田溫 編, 『世界歷史大系, 中國史 2』(山川出版社, 1996), p.384.

상황에서 이용되었다.[45] 따라서 〈표 15〉에서 귀납된 번주에게 制를 이용하고, 그 속관 및 번사에게 勅을 이용하는 구별은 이와 같은 당의 문서 행정의 원칙과 관계가 있어 보인다. 당에서는 制와 勅의 혼용이 일찍부터 있었던 점도 고려해야겠지만, 그럼에도『개원례』에서는 그것이 구별되어 사용된 것으로 보인다.

다만 당에서는 則天武后 시기인 載初원년(689) 이후부터 그때까지 사용해온 '詔書'라는 용어를 '制書'로 대신하게 되었지만, 그 이후에도 양자 간의 혼용은 계속되었다.[46] 그렇다면 Ⓖ에서만 번주에게 수여하는 문서를 '詔'라고 표현한 것은 制書와 詔書를 혼용한 또 하나의 사례로 보아야 할지, 아니면 Ⓐ ~ Ⓕ와는 다른 특별한 용법으로 사용된 것인지 문제로 남는다. 필자는 기술한 바와 같이 Ⓖ의 詔가 Ⓐ ~ Ⓕ의 여타 간단한 '위로의 뜻'이나 '명령'을 전하는 것들보다, 國書 속에 황제의 의지를 담은 격식을 갖춘 王言이라는 점에서, 그것이 일반 制와 다른 의미를 갖는 것으로 보려한다. 일반화하는 것은 무리이지만, 최소한 Ⓖ에서는 詔가 制보다 좀 더 특별한 의미를 가지고 사용된 표현이 아닌지를 추정한다.[47] 이 점은 Ⓖ가 의복에서도 가장 격식을 갖춘 朝服을 입었고, 또 面位도 '君北臣南'을 취했다는 이미 지적한 내용과도 맥이 닿는다.

3) 國書와 禮物의 교환

외국사 관련 의례에서 가장 중요한 장면은 당의 황제(또는 황제 사자)와 외국사 간에 행해진 國書와 예물의 교환이다. 이것은 〈표 16〉에서 보듯이 모두 일시에 교환되지 않고 각 의례 별로 순차적으로 이루어진 경우도 있었다.

먼저 외국사의 당 황제에 대한 예물(조공품) 헌정은 Ⓓ와 Ⓔ에서 각각 번사와 번주에 의해 실행되었다. 이와 관련해 石見은 Ⓓ의 貢物이 '幣'와 '庭實'이라는 두 부분으로 나뉘어져 있으며, 그 중 전자를 '國信', 후자는 '別貢'이라고도 불렸다고 설명한 위에, 외국의 "당조에 대한 헌상품은 2종류를 준비하는 것이 당시 동아시아 외교의 상식이었다고 보

45) 楊果,「唐宋時期詔令文書的主要類型」(『文史雜誌』 64, 2000) 및 中村裕一, 앞 책과 池田溫 앞 편집서 참조.

46) 中村裕一, 앞 책, 제1장.

47) 楊果, 앞 논문에서 특히 '手詔'를 황제의 여러 詔令 중에서 가장 중요한 종류라고 보고 있다.

아도 좋을 것이다"고 하였다.[48] 그는 또 Ⓔ에서 헌상되는 번주의 조공품도 '贄'와 '幣' 2종류로 구별되며, 이것이 Ⓓ의 '幣'와 '庭實'에 相當한다고 보았다. 다만 그는 Ⓓ의 '幣'와 '庭實'이 각각 Ⓔ의 '贄'를 가리키는 것인지, 아니면 '幣'를 가리키는 것인지 표현을 분명히 하고 있지 않다. Ⓔ의 '幣'를 문자 그대로 '幣'로 본다면 나머지 '贄'는 '別貢'(=庭實)이 되는 셈이다. 또 그렇다면 Ⓔ의 본문에 번주가 "그 贄를 받들고 某國의 蕃臣 某는 감히 壤奠(=貢物-필자-)을 바치겠습니다"고 한 '贄'도 別貢이 되는 셈이다. 이 같은 추론이 틀리지 않는다면 번주는 당 황제 앞에서 國信(=幣)보다 別貢을 상징물로 받들어 그 進上을 청한 것이 된다.

한편 외국사는 이 같은 2종의 貢物을 바치기 전에 이미 Ⓐ 단계에서 '土物'을 바치고 있는데, 이 土物의 성격이 무엇인지 분명치 않다. 石見은 Ⓐ와 관련해 "蕃國主의 경우는 贄와 幣 이외에 헌상품이 한 가지 더 존재한다"[49]고 하고, 또 이를 "國信物에 준하는 것인가?"라고 하였다.[50] 그러나 Ⓐ에서는 〈표 16〉에서 정리된 것처럼 번주가 사자에 대해 두 차례에 걸쳐 土物을 바치고 있으며, 필자는 이 중 두 번째 것은 아마도 번주가 私的으로 전달한 예물일 가능성을 생각한다. 즉 앞에서 상론한 대로 Ⓐ에서는 번주의 경우에만 사자와의 사이에 束帛과 土物을 교환하고, 그 다음 황제 사자가 館 밖으로 나갔다가 再入館하면 번주는 그에게 다시 土物을 주게 되는데, 똑같은 의미의 土物을 두 번이나 같은 장소에서 進上할 의미가 없는 점에서, 후자는 公的인것이라기보다 번주의 개인적 증여품으로 볼 수 있다.[51] 이 점은 이 대목에서 나타난 황제사자와 번주 사이에 예의 교환이 대등한 수준이었다고 한 전술한 점과 맥을 같이한다. 필자는 그 밖에 전자의 土物을 石見

48) 石見, 앞 책, pp.455~456. 단 石見은 Ⓓ의 본문에서 외국사가 당 왕조에 실제로 헌상한 물품은 "幣와 馬"로 되어 있기 때문에, 庭實의 구체적인 물품은 馬이지만, 다만 여기서는 북방민족의 경우를 예로 든 것으로 보았다.

49) 石見, 앞 책, p.487.

50) 石見, 앞 논문, 「唐の國書授与儀礼について」.

51) 崔明德, 「對回紇"賜幣十二車"證誤」(『中國史硏究』 1995年 第04期)은 『구당서』 권112, 列傳62 李暠 開元21년(733) 조의 당이 토번에 보낸 물품의 기사인 "國信物一萬匹, 私覿物二千匹, 皆雜以五綵"을 인용해 國信은 '國信物'을 의미한다고 보았다. 그런데 지금 인용한 『구당서』에 보이는 것처럼 唐은 물론 송대에도 外國使臣은 私的인 예물로 '私覿物'을 지참하여, 자신이 만나는 여러 官吏 등에게 이를 주고 있다. 필자는 Ⓐ를 이러한 '사적물'의 일부로 보는 것이다. 아울러 '私覿'은 宋代에 들어 더 일반화되고 있는데, 이에 대해서는 吳曉萍, 『宋代外交制度硏究』(安徽人民出版社, 2006), 제4장; 李輝, 『宋金交聘制度硏究』(復旦大學學位論文, 2006) 등을 참조.

의 추정대로 '國信物'로 보는 데에는 다소 무리를 느낀다.

한편 이에 대해 당은 외국사에 대한 하사품을 Ⓓ에 대해서는 Ⓕ의 자리에서, 또 Ⓔ에 대해서는 같은 Ⓔ의 자리에서 수여한다. 번사의 경우는 예물이 한 방향으로만 전달된 반면, 번주의 경우는 그것이 같은 자리에서 양 방향으로 수수되는 차이를 알 수 있다. 다만 Ⓓ에서는 황제가 상대국 군주와 그 신하의 안부를 묻는 장면이 보인다.

〈표 16〉『개원례』賓禮와 嘉禮에 보이는 당조(皇帝 또는 그 使者)와 외국사간의 授受 관계와 그 物品

의례 명	외국사		당	
	蕃使	蕃主	皇帝使者	황제
Ⓐ	×	←——→ 幣(綵束) 土物 ——→ 土物 ——→		
Ⓑ	×	×	×	×
Ⓒ	×	×	×	×
Ⓓ	表 ——————→ 幣·庭實 ←——→ 問蕃國主 ←——→ 問其臣下 ←——→			
Ⓔ		贄·幣 ——————→ ←—————— 筐篚과 衣物		
Ⓕ	←—————— 筐篚과 衣物			
Ⓖ		←—————— 詔書		

(* 화살표는 수여자에서 피수여자로의 방향을 나타냄)

당이 외국사에게 수여한 물품은 '광비(筐篚)'라는 표현을 통해 나타난다. 그런데 이 '광비'는 '네모진 箱子'를 의미하지만, 당에서는 외국사절에 대한 賜與品 목록을 상자에 넣는 예가 있으므로,[52] 수여될 모든 물품이 이 자리에서 수여되는 것인지, 아니면 추후에 이 목록에 맞추어 별도로 수여되는지 분명치 않다. 외국사는 이 때 '衣物'도 받게 되는데, 石見은 이를 筐篚 = 衣物로 보는 것 같지만 필자는 양자가 별개의 것이며 이때의 衣物이 외국사가 Ⓖ에서 착용하는 '朝服'이라고 이미 지적하였다. 이밖에도 당은 Ⓐ에서 사자를 통해 외국사에게 幣를 수여하고 있다. 이 또한 Ⓔ나 Ⓕ 같은 정식의 예물이기 보다 간단

52)『唐會要』권54, 省號上 中書省에 "其年(聖曆3年－필자－)四月三日勅, 應賜外國物者, 宜令中書具錄賜物色目, 附入勅函內."라고 있다.

한 儀禮用이 아닐지 의심된다.

예물과 함께 당과 해당 외국 사이에는 국서가 교환되었다. 이는 정확히는 Ⓓ의 '表'와 Ⓖ의 '詔書'에 각각 해당하며, 외국의 '表'는 Ⓓ의 자리에서 번사만이 進上하는 것으로 되어 있고, 당의 國書는 Ⓖ처럼 客館에서 별도로 수여된다. 반면에 『개원례』에는 번주의 表(즉 國書)의 進上은 보이지 않는데, 이에 대해 石見은 "國書는 양국 간의 공식적인 書信이며 보통은 국가 원수 간에 교환되는 것이므로, 蕃國主 자신이 來朝하는 경우에는 국서의 헌상 규정이 없는 것은 오히려 당연할 것이다"[53]라고 설명하였다.

필자도 여기에는 기본적으로 동의한다. 다만 그렇다면 당의 황제도 번주에게는 국서를 전달할 필요가 없을 수도 있는데, 그럼에도 불구하고 Ⓖ에서는 국서가 별도로 수여되고 있는 것이다. 앞에서 밝힌 것처럼 Ⓖ는 당의 국내에서 연출된 국서 수여식이 아니라는 異論도 한편으로 있지만, 필자는 石見의 입장에 따라 이를 당 국내에서 연출된 국서 수여식으로 보기 때문에 당 황제의 국서가 외국사에게는 번주이건 번사이건 모두 수여된 것으로 이해해 두고 싶다.

맺음말

다소 번거로운 본론의 내용 중 새롭게 확인한 사실을 중심으로 그 요점을 다시 정리하면 다음과 같다.

(1) 외국사는 번주가 Ⓐ－Ⓑ－Ⓒ－Ⓔ－Ⓖ의 순으로, 번사는 Ⓐ－Ⓑ－Ⓓ－Ⓕ－Ⓖ의 순으로 각각 의례에 참여하였다. 이 중 Ⓖ에 대해서는 종래 당의 사절이 외국을 방문해 국서를 전달하는 의식이라는 설이 있지만, 외국사가 착용한 朝服이 Ⓔ와 Ⓕ에서 수여되었다는 점에서 필자는 Ⓖ를 일단 당의 국내 客館에서 행해진 것으로 본다.

(2) 무대(式場)별로 나누어 생각할 때, Ⓐ, Ⓑ, Ⓖ는 모두 客館에서 치러진 의례에 속한다. 이중 Ⓐ에서는 번주의 경우 사자와 번주 사이에 束帛과 土物의 교환이 있지만 번사의 경우는 그것이 존재하지 않는다. 또 번주는 사자에게 私的인 謝禮로 土物을 추가로 제공한다. Ⓐ는 객관에서 의식이 반복되었고, 또 朝堂에서 별도의 의례가 이어진 점에서 엄밀히는 2~3개의 의례로 구성되었다고 볼 수 있다. 이에 비해 Ⓑ

53) 石見, 앞 책, pp.445~446.

는 예물의 교환 없이 알현 일만을 통지하는 의식으로, 절차는 Ⓐ의 첫 번째 의례에 준했다. Ⓖ는 Ⓐ, Ⓑ에 비해 식장이 '계 단위'가 아니라 뜰 한가운데이며 그 진행 방식도 다른데, 이는 황제의 국서를 수여한다는 의미가 반영된 결과이다.

(3) 태극전에서 거행되는 번주의 奉見禮(Ⓒ)는 번주와 속관이 각기 분리되어 이중적으로 진행되지만, 『개원례』의 설명이 분명치 않아 주의를 요한다. 검토 결과 Ⓒ에서는 번주가 태극전에 먼저 입장하여 升殿한 뒤 속관들이 비로소 입장하고, 다시 殿上에서 번주의 알현례가 있은 뒤 殿庭에 있는 속관들의 알현례가 이어졌다. 이에 대해 번사의 봉견례(Ⓓ)는 일행이 동시에 입장하고 升殿도 하지 않는다. 여기서는 殿庭에서 국서와 貢物이 진상되며, 의식 중에 황제가 번사에게 해당국 國主의 안부를 묻기도 한다.

(4) 한편 번주는 賜宴禮(Ⓔ)에서 Ⓒ와 달리 속관과 함께 입장하며, 여기서는 貢物도 진상한다. 殿上의 賜宴은 '건배 → 3회의 傷行 → 회식 → 식후 行酒'의 순으로 진행되고, 황제는 번주에게 술을 하사한다. 번사의 사연례(Ⓕ)는 貢物의 진상이 없는 것을 빼면 대체로 번주와 비슷하다.

(5) 客館에서의 황제 사자와 외국사 간의 의례는 '主東客西'를, 태극전에서의 황제와 외국사 간의 의례는 '君北臣南'의 面位를 기본으로 진행되었다. 다만 Ⓖ가 客館의 의례임에도 '君北臣南'을 구도로 한 것은 그 의식이 국서수여식인 만큼 主客보다 상하 관계를 우선한 의미가 강조된 것이었다. 태극전에서도 殿上에서 황제는 南面하지만, 외국사의 자리는 어좌의 西南(즉 東向)에 위치하였다.

(6) '계단의 이용'이라는 점에서도 객관에서는 '主東客西'의 원칙이 적용되었다. 그러나 태극전에서는 이와 달리 외국사는 모두 서쪽 계단을 이용해 오르내리며, 이것은 실은 당의 일반 관리들에게도 동일하게 적용되었다. 황제 쪽에 있는 동쪽 계단은 敬遠되었다고 보인다.

(7) 객관에서는 '再拜', '再拜稽首', '揖' 등의 절이 이용되었다. 이것은 대부분이 외국사가 사자에 대해 표현하는 일방적인 것이었다. 그러나 Ⓐ의 두 번째 의식에서는 절이 양자 간에 대등하게 교환되며, 이는 황제 사자가 대행자로서가 아닌 私的인 입장에서 예에 임했기 때문으로 해석된다. 한편 태극전에서는 殿庭의 경우 객관과 비슷한 절이 사용되나, 殿上에서는 외국사가 술잔을 받을 때만 '재배'하고 그 밖에는 '俛伏'이 가장 많이 이용되었다.

(8) 각 의례는 번주와 번사의 구별이 있고, 내용에도 신분차가 반영된다. Ⓒ에서 황제

와 외국사 간의 의사 전달 역할을 侍中이 하지만, Ⓓ에서는 이를 (通事)舍人이 맡은 것은 대표적인 사례이다. 사인은 그 밖에 식장에서 외국사를 인도하는 것이 또 다른 중요한 역할이었다. Ⓔ와 Ⓕ에서도 시중과 사인의 역할은 Ⓒ, Ⓓ와 비슷하다. 하지만 이것은 태극전 殿庭에 한정되며, 升殿 이후 진행되는 연회에서는 Ⓔ와 Ⓕ 모두 사인의 역할만 눈에 띈다.

(9) 번주와 번사의 구별은 의식 중에 發해지는 王言에 의해서도 구별되어, 制는 주로 번주에게, 勅은 그보다 지위가 낮은 번사와 그 속관들에게 사용되었다. 이것은 制를 사안이 비교적 大事에 속하고 또 고급관에게 수여할 때 사용하며, 勅은 상대적으로 小事이며 신분이 낮은 자에게 사용한다는 당의 문서행정의 일반 원칙과 부합한다. 또 Ⓖ에서 번주에게 制라는 표현 대신 '詔'를 사용한 것은 국서 수여와 관련해 制보다 詔 쪽에 좀 더 특별한 의미가 담겼기 때문으로 풀이된다.

(10) 외국사의 당에 대한 貢物 헌상은 Ⓓ와 Ⓔ 단계에서 행해졌고, 이 때의 공물은 각각 幣와 庭實(Ⓓ), 그리고 贄와 幣의 2종류로 구성되었다. 石見은 이를 國信과 別貢이라 불렀다. 번주는 Ⓐ에서 이미 '土物'을 두 차례 헌정하였기 때문에 石見은 외국사의 헌정품이 3종류가 된다고 보았다. 그러나 Ⓐ의 헌정품 중 두 번째 것은 황제사자에 대한 '私的'인 증여품일 가능성이 있고 첫 번째 것도 이를 과연 '國信' 수준의 것으로 볼 수 있을지 분명치 않다. 이에 대한 당의 하사품은 번주의 경우는 Ⓔ의 자리에서 동시에 행해졌지만, 번사에 대해서는 Ⓕ에서 별도로 수여되었다. 당의 하사품은 '筐篚'와 '衣物'로 구성되었다. 하사품은 현장에서 지급되었을 것으로 생각되지만, '광비'는 광주리를 의미하며 그 속에 목록이 담겨 있는 예가 있으므로 식장에서는 사여품의 목록이 수여되고 각종의 물품은 별도로 제공되었을 가능성이 있다. '衣物'에는 朝服이 포함되었을 것이다.

(11) 한편 Ⓐ ~ Ⓖ에 의하면 국서는 외국사의 경우 번사만이 進呈하고, 이에 대해 당은 번주와 번사 모두에게 수여하는 것으로 보인다. 이 경우, 번주가 당에 국서 진상을 하지 않는 것에 대해 石見은 번국주 자신이 친히 來朝하는 경우이므로 이를 오히려 당연하다고 보았다. 다만 국서 문제에 나타나는 이 불균형을 어떻게 보아야 할지 현재로서는 분명치 않다.

부록

『大唐開元禮』에 실린 外國使 관련 諸儀禮의 본문

蕃主來朝遣使迎勞

前一日, 守宮設次於候館門之外道右, 南向. 其日, 使者至, 掌次者引就次, 蕃主服其國服, 所司引立於東階下, 西面.【凡蕃主進止, 所司先引制使, 皆謁者先導.】使者朝服出次立於門西, 東面. 從者執束帛立於使者之南, 蕃主有司出門東, 西面曰, 敢請事. 使者曰, 奉制勞某主.【稱其國名.】有司入告, 蕃主迎於館門外之東, 西面, 再拜. 使者與蕃主俱入, 使者先升立於西階上, 執束帛者從升立於使者之北, 俱東面. 蕃主升立於東階上, 西面. 使者執幣稱有制. 蕃主將下拜. 使者曰, 有後制無下拜, 蕃主旋北面再拜稽首, 使者宣制訖, 蕃主進受幣.【綵五匹爲一束, 其蕃主答勞使各以土物, 其多少相準, 不得過勞幣. 勞於遠郊, 其禮同. 蕃主還遺贈, 於遠郊亦如之, 勞蕃使卽無束帛.】退復位, 以幣授左右, 又稱再拜稽首. 使者降出立於館門外之西, 東面, 蕃主送於館門之外, 西面止. 使者蕃主揖, 使者俱入, 讓升, 蕃主先升東階上西面, 使者升西階上東面. 蕃主以土物儐使者, 使者再拜受, 蕃主再拜送物. 使者降出, 蕃主從出門外皆如初. 蕃主再拜送使者還, 蕃主入. 鴻臚迎引詣朝堂, 依方北面立. 所司奏聞. 舍人承勅出, 稱有勅, 蕃主再拜, 宣勞訖, 又再拜, 所司引就館如常儀.

皇帝遣使戒蕃主見日

前一日, 守宮設次於館門之外道右, 南向. 其日, 使者至, 掌次者引就次, 蕃主服其國服, 降立於東階下, 西面. 蕃國諸官立於蕃主之後, 西面北上. 使者服朝服, 出次立於門西, 東面. 蕃主有司出門東, 西面曰, 敢請事. 使者曰, 奉制戒某主見日. 有司入告, 蕃主迎於館門外之東, 西面, 再拜. 使者與蕃主俱入, 使者升自西階, 東面, 蕃主升自東階, 西面. 使者稱有制. 蕃主再拜, 宣制曰, 某日某主見. 蕃主又再拜稽首. 使者降出, 蕃主送於館門之外, 西面再拜, 使者還, 主入.

蕃主奉見【奉辭禮同】

前一日, 尙舍奉御整設御幄於太極殿北壁, 南向. 守宮設次, 太樂令展宮懸, 設擧麾位於上下, 鼓吹令設十二案, 乘黃令陳東輅, 尙輦奉御陳輿輦, 尙舍奉御鋪蕃主牀座於御座西南, 東向, 並如常儀. 其日, 典儀設蕃主版位於懸南道西, 北面. 又設蕃國諸官之位於蕃主位後, 各依其班, 重行北向, 以西爲上. 設典儀位於懸之東北, 贊者二人, 在南差退, 俱西面. 諸衛各勒所部, 列黃麾仗屯門, 及陳於殿庭. 太樂令帥工人入就位, 協律郎入就擧麾位. 所司迎引蕃主, 至承天門外, 通事舍人引就次. 本司入奏, 鈒戟近仗入陳如常. 典儀帥贊者先入, 就位. 侍中版奏請中嚴. 諸侍衛之官, 各服其服, 符寶郎奉寶俱詣閤奉迎. 蕃主服其國服, 出次, 通事舍人引立於閤外西廂, 東面(若更有諸蕃, 以國大小爲叙), 蕃國諸官各服其服, 立於蕃主之後, 俱東面, 北上. 侍中版奏外辦. 皇帝服通天冠·絳紗袍, 乘輿, 曲直華蓋, 警蹕侍衛, 如常儀. 皇帝將出, 仗動, 太樂令令撞黃鍾之鐘, 右五鐘皆應. 協律郎擧麾鼓柷, 奏太和之樂, 以姑洗之均, 皇帝出自西房, 卽御座, 南向坐. 符寶郎奉寶, 置御座, 侍衛如常. 偃麾戛敔, 樂止.(凡樂皆協律郎擧麾工鼓柷而後作, 偃麾戛敔而後止.) 通事舍人引蕃主入門, 舒和之樂作, 至位樂止. 典儀曰, 再拜. 贊者承傳, 蕃主再拜稽首. 侍中承制, 降詣蕃主西北, 東面稱, 有制. 蕃主再拜稽首. 宣制訖, 蕃主又再拜稽首. 侍中回奏, 又承制降勞, 勑令升座. 蕃主再拜稽首, 舍人引蕃主, 樂作, 蕃主至階, 樂止. 舍人接引升至座後, 蕃主就座, 俛伏坐. 侍中承制勞問, 蕃主俛伏避席. 將下拜, 侍中承制曰, 無下拜. 蕃主復位, 拜對如常. 侍中回奏, 又承制勞還館. 舍人引蕃主, 降自西階, 典謁者承引, 樂作, 復懸南位, 樂止. 蕃主再拜稽首, 訖舍人引蕃主, 樂作, 蕃主出門, 樂止. 初, 蕃主升座, 舍人引蕃國諸官, 以次入就位. 立定, 典儀曰, 再拜. 贊者承傳, 蕃國諸官俱再拜稽首. 舍人承勑, 降自西階, 詣蕃國諸官西北, 東面稱, 勑旨. 蕃國諸官皆再拜稽首. 對訖, 又再拜稽首. 舍人回奏, 又承勑降勞還館. 蕃國諸官俱再拜稽首. 於蕃主出, 舍人引蕃國諸官, 以次出. 訖, 侍中前跪奏稱, 侍中臣某言, 禮畢. 俛伏, 興還侍位. 皇帝興, 太樂令令撞蕤賓之鐘, 左五鐘皆應, 鼓柷奏太和之樂. 皇帝降座, 乘輿入自東房. 侍衛警蹕, 如來儀. 侍臣從至閤, 樂止.

皇帝受蕃使表及幣【其勞及戒見日亦如上儀】

前一日, 尙舍奉御整設御幄於所御之殿北壁, 南向. 守宮設使者次, 太樂令展宮懸, 設擧麾位於上下, 竝如常儀. 其日, 典儀設使者位於懸南, 重行北向, 以西爲上. 庭實位於客前, 典儀位於懸東北, 贊者二人在南差退, 俱西面. 諸衛勒所部, 列黃麾半仗, 屯門及入陣於殿庭. 太樂令帥工人入就位, 協律郎入就擧麾位. 司引客, 至承天門外, 典謁引就次. 本司入奏, 鈒戟近仗入陣如常. 典儀帥贊者先入, 就位. 侍中版奏請中嚴. 侍衛之官各服其器服, 符寶郎奉寶, 俱詣閤奉迎. 使者服其國服, 奉書出次, 通事舍人引立於閤外西廂, 東面, 從者執幣及庭實立於後, 俱東面, 北上.侍中版奏外辨. 皇帝服通天冠, 乘輿以出, 曲直華蓋, 警蹕侍衛, 如常儀. 皇帝將出, 仗動, 太樂令令撞黃鍾之鐘, 右五鐘皆應, 鼓柷奏太和之樂, 以姑洗之均, 皇帝出自西房, 卽御座, 南向坐. 符寶郎奉寶置於御座, 侍衛如常儀. 樂止. 中書侍郞一人, 令史二人持案, 預俟於西階下, 東面北上. 舍人引使者及庭實, 入就懸南位. 使者初入門, 太和之樂作, 立定樂止.【大蕃大使爲作樂, 次蕃大使及大蕃中使以下, 皆不設樂懸及黃麾仗.】中書侍郞帥持案者, 進詣使者前, 東面. 侍郞受書, 置於案, 回詣西階. 侍郞取書升奏, 持案者退. 初侍郞奏書, 有司各帥其屬受幣·馬於庭. 典儀曰, 再拜. 贊者承傳, 使者以下皆再拜. 舍人前承制, 降詣使者前, 問蕃國主. 使者再拜, 對訖又再拜. 舍人回奏, 又承勅問其臣下. 使者再拜對. 又勞使者以下拜對, 及舍人迴奏, 竝如常. 舍人承勅, 勞還館. 使者以下皆再拜, 舍人引使者以下出. 樂作止如常儀. 侍中前跪奏稱, 侍中臣某言, 禮畢. 俛伏, 興還侍位. 皇帝興, 太樂令令撞蕤賓之鐘, 左五鐘皆應, 鼓柷奏太和之樂. 皇帝降座, 乘輿入自東房. 侍衛警蹕, 如來儀. 侍臣從至閤, 樂止.

皇帝宴蕃國主

前一日, 尙舍奉御整設御幄於所御之殿北壁, 南向. 尙食奉御·太官令各具饌, 守宮設次, 太樂令設登歌位於殿上, 展宮懸於殿庭, 設擧麾位於上下, 鼓吹令設十二案, 乘黃令陳車輅, 尙輦奉御陳輿輦, 竝如常儀. 其日, 尙舍奉御鋪蕃主牀座於御座西南, 蕃國諸官應升殿者座於蕃主之後, 設不升殿者坐席於西廊下, 俱東面, 北上. 尙食奉御設御酒尊, 太官令設蕃主以下酒尊, 竝如常儀. 典儀, 設蕃主版位於懸南, 又設蕃國諸官之位於蕃主之後, 俱重行北面, 西上. 設典儀位於懸之東北, 如常儀. 諸衛各勒所部, 列黃麾仗, 屯門, 及陳於殿庭. 太樂令帥工人二舞, 入就位. 協律郞入就擧麾位. 所司迎引蕃主至承天門外, 通事舍人引之次.【凡蕃客出入·升降, 皆掌客監引.】所司入奏, 鈒戟近仗入陣, 如常. 典儀帥贊者先入, 就位. 侍中版奏請中嚴, 諸侍衛之官各服其器服, 符寶郎奉寶, 俱詣閤奉迎. 蕃主服其國服出次, 通事舍人引立於閤外西廂東南(面). 蕃國諸官各服其國服, 立於蕃主之後, 俱東面, 北上. 侍中版奏外辨, 皇帝服通天冠·絳紗袍, 乘輿以出. 曲直華蓋, 警蹕侍衛如常儀. 皇帝將出, 仗動, 太樂令令撞黃鍾之鐘, 右五鐘皆應. 協律郎擧麾鼓柷, 奏太和之樂, 鼓吹振作.【凡樂皆協律郞擧麾工鼓柷而後作, 偃麾戛敔而後止.】皇帝出自西房, 卽御座, 南向坐. 符寶郞奉寶置於御座, 侍衛如常儀. 樂止. 典儀一人升立於東階上, 贊者二人立於階下, 俱西面. 通事舍人引蕃主入, 蕃國諸官從入. 蕃主入門, 舒和之樂作, 蕃主至位, 樂止. 其有獻物, 則從入陣於蕃主之前, 以西爲上. 立定, 典儀曰, 再拜. 贊者承傳蕃主及蕃國諸官, 皆再拜. 侍中承旨, 降勅蕃主升座. 蕃主再拜. 蕃主奉贄.【其贄, 隨其國所有, 以一輕者爲之.】曰, 某國蕃臣某, 敢獻壤奠. 侍中升奏. 又侍中承旨, 曰, 朕其受之. 侍中降, 於蕃主東北西向稱, 有制. 蕃主再拜. 宣制訖, 蕃主又再拜. 訖以贄授侍中. 侍中以贄授所司. 又所司受其余幣, 俱以東. 舍人承旨, 降勅蕃國諸官等坐. 蕃國諸官俱再拜. 通事舍人引蕃主, 又通事舍人引蕃國諸官應升殿者, 詣西階. 蕃主初行樂作, 至階樂止. 通事舍人各引升立於座後. 初, 蕃國諸官詣西階, 其不升殿者, 通事舍人分引立於廊下席後. 立定, 殿上典儀唱就座, 階下贊者承傳. 蕃主以下皆就位, 俛伏坐. 太樂令引歌者及琴瑟至階, 脫履於下, 升就位坐. 其笙管者就階間, 北面立. 尙食奉御進酒. 至階, 殿上典儀唱酒至興, 階下贊者承傳. 蕃主以下皆俛伏興, 立座後. 殿中監到階省酒, 尙食奉御奉酒進, 皇帝擧酒, 良醞令又行酒. 殿上典儀唱再拜, 階下贊者承傳. 蕃主以下皆再拜, 訖搢笏受觶. 殿上典儀唱就座, 階下贊者承傳, 蕃主以下皆就座, 俛伏坐飮. 皇帝初擧酒, 登歌作昭和(之樂), 三終. 尙食奉御進受虛觶奠於坫, 登歌訖降復位. 觴行三周. 尙食奉御進御食. 食升於階, 殿上典儀唱食至興, 階下贊者承傳. 蕃主以下皆執笏, 俛伏興, 立座後. 殿中監到階省案, 尙食奉御品嘗食, 訖以次進置御前. 太官令又行蕃主以下食案設. 訖殿上典儀唱就座, 階下贊者承傳. 蕃主以下皆就座, 俛伏坐. 皇帝乃飯, 休和之樂作, 蕃主以下皆飯. 御食畢, 樂止. 蕃主以下食訖, 尙食·太官, 俱徹案. 又行酒. 遂設庶羞, 二舞以次入作. 若賜酒, 舍人前承旨, 詣受賜者前. 蒙賜者執笏, 俛伏起立座後. 舍人稱賜酒, 蒙賜者再拜. 酒至, 蒙賜者搢笏受觶, 就席俛伏坐飮. 卒觶俛伏起立, 受虛觶又再拜就席, 俛伏坐. 會畢, 通事舍人贊蕃主以下興. 蕃主以下皆俛伏興, 立座後. 通事舍人引降樂作, 復懸南位, 樂止. 其廊下者, 通事舍人引復懸南位. 立定, 典儀曰, 再拜. 贊者承傳, 蕃主以下皆再拜. 若有筐篚, 舍人前承旨, 降宣勅. 蕃主以下皆再拜. 太府帥其屬, 以衣物以次授之. 訖, 蕃主以下又再拜. 通事舍人引出. 樂作, 出門樂止. 侍中前跪奏稱, 侍中臣某言, 禮畢. 俛伏興, 還侍位. 皇帝興, 太樂令令撞蕤賓之鐘, 左五鐘皆應, 奏太和之樂, 鼓吹振作. 皇帝降座, 乘輿入自東房. 侍衛警蹕如來儀. 侍臣從至閤, 樂止.

皇帝宴蕃國使

前一日, 尙舍奉御設御幄於所御殿之北壁南向, 太官令具饌, 守宮設使者次, 太樂令展宮懸於殿庭, 設擧麾位於上下, 竝如常儀.【若大蕃中使·小蕃大使等以下, 則不設樂及黃麾仗.) 其日, 尙舍奉御鋪使者牀座於御座西南, 設不升殿者坐席於西廊下, 具東面北上. 典儀設使者位於懸南, 重行北面東上, 設典儀·贊者位於懸之東北, 如常儀. 諸衛各勒所部, 列黃麾半仗, 屯門及陳於殿庭. 太樂令帥工人二舞, 次入就位. 所司迎引使者至承天門外, 通事舍人引就次. 所司入奏, 鈒戟·近仗入陣, 如常. 典儀帥贊者先入取位. 侍中版奏請中嚴, 諸侍衛之官各服其器服, 符寶郎奉寶, 俱詣閤奉迎. 蕃使以下服其國服出次, 通事舍人引立於閤外西廂東面. 從者立於使者之後, 重行東面北上. 侍中版奏外辦, 皇帝服通天冠·絳紗袍,【不設樂者則常服】乘輿以出. 曲直華蓋, 侍衛警蹕如常儀. 皇帝將出仗動, 太樂令令撞黃鐘之鐘, 右五鐘皆應, 協律郎擧麾鼓柷, 奏太和之樂.【凡樂皆協律郎擧麾工鼓而後作, 偃麾戛敔而後止.】皇帝出自西房, 卽御座, 西(南)向坐. 符寶郎奉寶置於御座, 侍衛如常儀. 樂止. 典儀一人升立於東階上, 贊者二人立於階下, 俱西面. 典儀引使者以下, 入就懸南位. 使者初入門作舒和之樂, 至位樂止. 立定, 典儀曰, 再拜. 贊者承傳, 使者以下皆再拜. 舍人前承旨, 降勅使者升座. 使者以下皆再拜. 通事舍人引應升殿者, 詣西階. 樂作止如常. 通事舍人引升立於座後, 其不升殿者, 分引詣廊下席後. 上下立定, 殿上典儀唱就座, 階下贊者承傳. 上下諸客各就座, 俛伏坐. 酒至階, 殿上典儀唱酒至興, 階下贊者承傳. 上下諸客皆俛伏興, 立座後. 太官令行酒, 殿上典儀唱, 再拜, 階下贊者承傳. 上下諸客皆再拜, 搢笏受觶. 殿上典儀唱, 就座, 階下贊者承傳. 蕃使以下諸客皆就座, 俛伏坐飮. 觴行三周. 食升階, 殿上典儀唱, 食至興, 階下贊者承傳. 上下諸客皆執笏, 俛伏興, 立座後. 太官令行諸客案, 設食. 訖殿上典儀唱, 就座, 階下贊者承傳. 上下諸客皆就座, 俛伏坐. 上下諸客皆飯. 諸客食訖, 太官令俱徹案. 又行酒. 遂設庶羞二舞, 以次入作. 若賜酒, 舍人前承旨, 詣受賜者前. 蒙賜者執笏, 俛伏起, 立座後. 舍人(稱), 賜酒, 蒙賜者再拜, 搢笏受觶, 就席俛伏飮. 卒觶, 俛伏興立, 授虛觶又再拜就席, 俛伏坐. 會畢, 通事舍人贊使者興. 上下諸客皆俛伏興, 立坐後. 通事舍人引使者降樂作, 復懸南位樂止. 其廊下者分引復位. 立定, 典儀曰, 再拜. 贊者承傳, 使者以下皆再拜. 若有筐篚, 舍人前承旨, 降宣勅. 使者以下又皆再拜. 太俯帥其屬, 以衣物以次授之. 訖使者以下又再拜. 通事舍人引出樂作, 出門樂止. 侍中前跪奏稱, 侍中臣某言, 禮畢. 俛伏興, 還侍位. 皇帝興, 太樂令令撞蕤賓之鐘, 左五鐘皆應, 奏太和之樂. 皇帝降座, 乘輿入自東房. 侍衛警蹕如常儀. 侍臣從至閤, 樂止.

皇帝遣使詣蕃宣勞

前一日, 執事者設使者次於大門外道東, 南向. 其日, 使者至, 執事者引就次. 使者以下俱公服. 蕃主朝服立於東階東南, 西面. 使者出次, 執事者引使者, 立於大門外之西, 東向. 使副立於使者西南, 持節者立於使者之北小退, 令史二人對擧詔書案, 立使副西南, 俱東面. 執事者引蕃主, 迎使者於門外之東, 北面再拜. 使者不答拜. 執事者引使者入, 持節者前導, 持案者次之, 入門而左. 使者詣階間, 南面立. 持節者立於使者之東, 少南西面, 使副立於使者西南, 持案者立於使者之南, 北面. 持節者脫節衣. 持案者進使副前, 使副取詔書, 持案者退復位. 使副進授使者, 退復位. 使者稱, 有詔. 蕃主再拜. 使者宣詔訖, 蕃主又再拜. 執事者引蕃主, 進使者前, 北面受詔書, 退立於東階東南, 西面. 持節者加節衣. 執事者引使者, 持節者前導, 持案者次之, 出復門外位. 執事者引蕃主拜送於大門外. 使者還於次, 執事者引蕃主入.

高麗，西夏，ベトナムの國際地位に關する一側面：
'進奉使見辭儀'の比較を通じて觀た

はじめに

宋朝は中国の伝統的秩序にしたがって外国との関係において冊封と朝貢關係を維持していた。勿論、その關係を具體的にみると形式的なところも少なくないが、にも関わらず宋朝はそれを維持しようと努力し、それなりの特色ある朝貢制度を運營していた。

その一つとして、宋代には國家と地域別に'奉使見辭儀'という朝貢儀禮が制定されていた。つまり、外國の進奉使(朝貢使)が宋の皇帝に対して行う入國の報告に相当する儀禮(これを'見儀'という)と、歸國に先立って行う儀式(これを'辭儀'という)は、宋朝にとっては自身が世界の中心であることを確認しょうとした 通過儀禮であって、それは当時の代表的な禮書である『太常因革礼』や『政和五禮新儀』(以下、『新儀』と略す)などに明示されていた。とくに、これは特定の外國を国や地域別に分けてそれぞれに対する儀礼を定めたもので、管見の上で中國においでは宋代にはじめて現れている。唐代までも入朝儀禮は 存在したが、それは国と地域を区別しないものであった。[1]

ところで、こうした宋朝の配慮は、結局その該当國家に対する差別的な待遇をもたらすことになる。当然のこととして、その儀礼の内容には、その国々に対する宋朝の考える認識や重要の程度が反映されているからである。したがって、宋朝によってなされる朝貢國に対する待遇、ないし宋朝によって判断する外國の國際的地位は、その

1) 唐代の入朝儀禮については、岩見清裕の一連の研究が、彼の『唐の北方問題と国際秩序』(汲古書院、1998)のなかに収録されている。

ほかの側面から伺えられようが、本稿でとり扱おうとする'進奉使見辭儀'のなかからもよく観察できる。

本稿はかかる立場から、『新儀』に載ってある西夏、高麗、ベトナム、三国に対する'夏國進奉使見辭儀'、'高麗國進奉使見辭儀'、'交州進奉使見辭儀'の三つの儀礼を分析して、そうした三国の地位に関わる一端を検討してみたい。このような研究は從來なされていないだけでなく[2]、筆者がいままでひき繼き行ってきた、宋代國際秩序の新しい一面を理解するにも必要があろうと思う。[3]『新儀』を分析の対象としたのは、『太常因革礼』の段階ではまだ西夏に対する'進奉使見辭儀'が見えなく、西夏、高麗、ベトナムのそれぞれが始めて揃えられるのは『新儀』においてであるからである。但し、『新儀』はそれより前にあった『太常因革礼』などの儀礼を参照にしたはずだから、両儀礼の内容を比較し、さらにそこから見て取られる変化が何を意味するかなども重要な問題として把握する必要があるが、その検討は本稿の次なる課題として追究する予定である。

小論が、とくに西夏、高麗、ベトナムに対する儀禮を問題としたのは、後述のように契丹を除けばこれら 三國のみの儀礼が、宋朝によって個別的に制定されており、その以外の国々は'西南蠻'とか'海外蕃客'という項目のなかで一括にとり扱われているからである。さらに、西夏、高麗、ベトナムは宋朝の立場からすれば、いわゆる'朝貢國'のなかではその關係がもっとも頻繁かつ重要だった国々である。これら三國のみの儀礼が制定されたのも理由あるものであろう。

2) 中国の立場からする、諸国の国際地位に関しては、従来漢代または唐代の研究者の間で研究が盛んであったが、宋代を対象にする研究はあまり見えない。唐代以前のものとしては、栗原朋信、「漢帝國と周邊諸民族」(岩波講座『世界歴史』古代4、岩波書店、1970)、唐代史研究會編、『隋唐帝國と東アジア世界』(汲古書院、1979)、西嶋定生、『中國古代國家と東アジア世界』(東京大學出版會、1983)、堀敏一、『中國と古代東アジア世界』(岩波書店、1993)、金子修一、『隋唐の國際秩序と東アジア』(名著刊行會、2001))、そして注1)の岩見清裕の研究、などが代表的である。

3) 便宜の上、注5)に筆者の関係のある研究の一部を紹介しておいた。

1. 宋朝における'奉使見辭儀'の成立

まず、三国の'奉使見辭儀'を具体的な分析に入る前に、宋朝において成立した'奉使見辭儀'の性格について簡単に述べておく必要がある。[4]

'禮の国'である王朝時代の中國では、'五禮'として集約される儀禮が社會的に大きく機能していた。ところで、そのなかの一つである'賓禮'は、主として外國との関係が深い外交儀禮としての性格をもち、その点において他の儀礼と異なる。要するに、漢代以降に出現した中国の賓禮は[5]、天下の中心たることを願う中國の皇帝が'外部(外國)'の使臣を招き、その中心がどこにあるかを確認するための二度とない演出である。

一方、國際的な環境においてみれば、宋代の現実は唐代と違うところがあるが、観念的な次元では 世界の中心を自負することはかわらなかった、といえよう。確かに宋朝は、建國の當初よりそのような意識を強くもっていたし、それはわれわれが'積弱たる王朝'と考えがちな宋朝へのイメージを、大きく乗り越えるものとして注目に値する。[6]

中國の歴代王朝の如く、宋朝も外國が朝貢してきた事實を記録した、『職貢圖』のような図書を残していた[7]。'大宋四裔述職圖'、'四夷述職圖'、'蕃夷朝貢錄'などが

---

4) 今まで、筆者はこの問題に関して一連の研究を行ってきており、次はそれらのうち一部である。金成奎、「宋代東アジアにおける賓禮の成立とその性格」(『東洋史學研究』72, 2000);「外國朝貢使節宋皇帝謁見儀式復元考−『開元禮』의 繼承과 變容−」(『宋遼金元史研究』4、2000);「入宋高麗國使の朝貢儀禮とその周邊」(『全北史學』24、2001、のちに朴基水·河元洙 外、『前近代東アジアの國際關係と對外貿易』(ソニン、2008)に再收錄);「中國王朝における賓禮の沿革」(『中國史研究』23、2003);同、「契丹國使宋皇帝謁見儀式の主な特徴とその意義」(『歴史文化研究』2、2004)。合わせて、金成奎,「宋代における朝貢機構の編成とその性格」(『史觀』146、2002)と、同、「宋代における朝貢秩序の再編とその様相」(『歴史學報』185、2005)もある。この問題に対しては他の研究を私はみることができない。ここでは、日本語で述べるせっかくの機会であるから、主として私の今までの研究に基つき自説の一部をあらためて紹介しておく。

5) 注2)の栗原朋信と西嶋定生の研究を参照。

6) 筆者は、宋朝の弱さを実際より強調した節がある、從來の観点に対し、それが北宋の場合は必ずしもそうでもない、という旨を、注4)に挙げた「宋代における朝貢秩序の再編とその様相」で明らかにしたことがある。

7)『職貢圖』の問題に対しては、金維諾、「職貢圖的時代与作者」(『文物』1960−7)、榎一雄、「梁職

それである。[8] 賓禮は、これらの『職貢圖』の類いよりも、いっそう積極的な意味合いを帯びてつくられたといえる。賓禮は単なる記録でなくて、宋朝がその朝貢國との關係を實際に確認する、實踐的なものであったからである。それと同時に、だからといって、賓禮が中國側の一方的な願望のみによって成立したのでもなく、そこには相對國との實際の 力學關係が直、間接的に反映された、といえる點で現實的である。

宋朝では、このような事項などが考慮された形で、國の初めつくられたが現存していない『開寶通禮』を始めとして、『太常因革禮』(治平2年(1065年) 完成), 『新儀』(政和1年(1111)完成)などが、それぞれの時期の實情を勘案した賓禮として登場した。また、これら宋代の禮書には、唐代の模範的な禮書である『大唐開元禮』の影響が認められる。[9]

宋の賓禮の基本的な性格は、北宋の後期段階で完成された『新儀』の体裁を通じて、最もよく伺える。

〈表 1〉『新儀』の賓禮の篇目

區分	所在卷數	篇目の名称	儀礼の展開
I	148	蕃國主來朝儀上	遣使迎勞-遣使戒見-陳設-朝見
	149	蕃國主來朝儀下	會蕃國主
II	150	紫宸殿大遼使朝見儀	陳設-起居-宴
	151	紫宸殿正旦宴大遼使儀	陳設-宴
	152	紫宸殿大遼使辭朝儀	陳設-起居-宴
	153	崇政殿假日大遼使朝見儀	陳設-起居-宴
	154	崇政殿假日大遼使朝辭儀	陳設-起居-宴
III	155	夏國進奉使見辭儀	見日-辭日
	155	高麗國進奉使見辭儀	見日-辭日
	155	交州進奉使見辭儀	見日-辭日
	155	宜州西南蕃黎州等處進奉使人見辭儀	見日-辭日
	155	海外進奉蕃客見辭儀	見日-辭日

貢圖について」(『東方学』26, 1963)などを參照。

8) これと関連しては、注4)に挙げておいた、筆者の「宋代東アジアにおける賓禮の成立とその性格」を參照。

9)『大唐開元禮』の性格については、池田温、「大唐開元禮解說」(古典研究會編、『大唐開元禮』、汲古書院、1972)を參照。

筆者の考えで、まず≪表 1≫のI部分は唐の『大唐開元礼』の伝統をうけついだものと言えよう。そして、これは ' 蕃主 ' すなわち外国の君主を対象とするものであるから、唐代もそうだったろうの如く[10]、宋朝ではあまり実際には行われていなかったものと考えられる。つまり、Iは死文に過ぎないが、しかしそうとはいえ、簡単には捨てられない中国王朝の一面を現している。

したがって、宋朝で現に行われた儀礼はIIとIIIとになる。そして、≪表１≫からすぐ分かるように、IIとIIIの間には、賓礼の対象となる外国の性格に明瞭な区別がある。まずIIは遼 (契丹) を対象としたもので、宋の立場からは唯一の対等国(隣敵国[11])に対する特別な儀礼と言える。さらに言えば、これはIIIのような上下関係を前提にした、中国伝統の ' 朝礼 ' あるいは ' 覲礼 ' のようなものではなく、水平的な関係で成された ' 聘礼 ' の流れを汲むものと理解される。[12]

IIIは、その面でIIとは次元を異にする、 ' 蕃国 ' を 対象としたものである。すなわち、IIIは遼を除いた他の諸外国に対するものであり、彼らはすべて宋朝には朝貢国としてとり扱われていた。またここでは、 ' 進奉 (＝朝貢) 使 ' と称されるように、その儀礼は外国の君主そのものに対するものでなく、彼らが派遣した使者に対するものである。この点でIIIはIIと同じであり、またIIとIIIはIとは異なる。

またこの場合、IIIは朝貢国をさらに細かく分けている。これは唐の『大唐開元礼』がすべての外国の朝貢使を互いに区別せず一つの儀礼で一括して扱うのと大いに異なっており、宋朝賓礼の特徴である。すなわち、IIIはその中で賓礼を国別に西夏、高麗、交州(ベトナム)で制定しており、さらに宜州西南蕃黎州等処のいわゆる ' 西南蕃 ' と遠い地域の ' 海外蕃客 ' の場合はこれらを大きく二つの地域で区別する。このような仕組みは宋朝が相手にする外国をその重要さの程度によって礼遇も異にしたものとみることができる。

---

10) 注１) の岩見の本、第５章「外国使節の皇帝謁見儀式復元」を参照。

11) この表現は宋代には見えなく、漢代に漢朝が対等の地位を認めた匈奴に対して用いたものであるが、筆者は宋代における宋朝と契丹との関係も、それに準ずるものと見ることができる、ように思う。 注１) の栗原朋信の論文を参照。

12) 中国の礼制の原点をなす『儀礼』１７篇の内容のうち、賓礼に属するもの３篇は各々 ' 士相見禮 ' 、 ' 聘禮 ' 、 ' 覲禮 ' であり、さらにそのうち ' 士相見禮 ' は士·大夫などの相見禮、 ' 聘禮 ' は諸侯の間の訪問、そして ' 覲禮 ' は 諸侯の天子(王)に対する謁見と見るのが一般的である。

そのことは各々の儀礼を検討すれば分かる。それらは大同小異しながらもそのなかで微妙な差異を現わすところが少なくない。よって、次は'はじめに'で述べたごどく『新儀』のIIIの部分、すなわち西夏、高麗、交州(ベトナム)の三国の'奉使見辭儀'を検討してその内容を分析し、さらにそれを通じて宋朝による三国の地位をも述べることにする。

2. '使見辭儀'の構成とその主な内容

では、さっそく『新儀』巻155に載ってある、三国各々の'進奉使見辭儀'を提示すれば次の如くである。それぞれAは西夏、Bは高麗, そしてCはベトナムの使節のためのものであるが、ここでは説明の便のために、内容に即して各々に段を分けかつ符号を付しておいた。

A 夏國進奉使見辭儀

a-1 見日.[13] 使捧表函, 引入殿庭, 副使隨入, 西向立, 舍人揖躬.

a-2 舍人當殿, 躬通夏國進奉使姓名以下祗候見.

a-3 引當殿, 引使稍前, 跪進表函,[14] 起, 歸位, 四拜起居.

a-4 舍人宣, 有勅賜某物兼賜酒食. 跪受, 箱馬過, 俯伏, 興, 再拜.

a-5 舍人曰, 各祗候揖西出.[15]

b-1 次從人入. 不通.

b-2 即引當殿, 四拜起居.

b-3 舍人宣, 有勅賜分物兼賜酒食. 跪受, 箱過, 俯伏, 興, 再拜.

b-4 舍人曰, 各祗候揖西出.

---

13) この後に"俟見班絶, 謝班前引. 高麗, 交州同. 辭日並辭班引"という注があるが、本文では省略した。

14) この後に"舍人一員搢笏, 躬接表函, 出笏, 捧詣東朶殿, 付入内侍省官接進"という注がある。

15) この後に"平日不起居"という注がみえる。

c-1 辭日. 引使副入殿庭, 西向立, 舍人揖躬.

c-2 舍人當殿, 躬通夏國進奉使姓名以下祗候辭.

c-3 引當殿, 四拜起居.

c-4 舍人宣, 有勅賜某物兼賜酒食. 跪授, 箱過, 俯伏, 興, 再拜.

c-5 舍人曰, 好去揖西出.

d-1 次, 從人入辭, 如見儀.[16]

B 高麗國進奉使見辭儀[17]

a-1 見日. 使捧表函, 引入殿庭, 副使隨入, 西向立, 舍人揖躬.

a-2 舍人當殿, 躬通高麗國進奉使姓名以下祗候見.

a-3 引當殿, 引使稍前, 跪進表函,[18] 俯伏, 興起歸位, 大起居.

a-3-1 班首出班, 躬附起居, 歸位再拜.

a-3-2 又出班, 前(謝의 誤字?=필자)面天顔沿路館劵都城門外茶酒, 歸位再拜, 搢笏舞蹈, 俯伏, 興, 再拜.[19]

a-4 舍人宣, 有勅賜某物兼賜酒食. 搢笏跪授(受の誤字?), 箱馬過, 俯伏, 興, 再拜.

a-5 舍人曰, 各祗候揖西出.[20]

b-1 次押物以下入. 不通.

b-2 卽引當殿, 四拜起居.

b-3 宣, 有勅賜某物兼賜酒食. 跪授, 箱過, 俯伏, 興, 再拜起居.

b-4 舍人曰, 各祗候揖西出.

c-1 辭日. 引使副入殿庭, 西向立, 舍人揖躬.

c-2 舍人當殿, 躬通高麗進奉使姓名以下祗候辭.

16) この後に "凡蕃客見辭, 同日者, 先夏國, 次高麗, 次交州, 次海外蕃客, 次山後諸蠻." という注がある。

17) この後に "僧見辭附" という注がある。

18) この後に "舍人一員搢笏, 躬接表函, 出笏, 捧詣客省接進" という注がある。

19) この後に "假日不舞蹈, 交州同" という注がみえる。

20) この後に "每過, 立班起居, 在侍御同員僚後入" という注がみえる。

c-3 引當殿, 四拜起居.

c-4 班首出班, 致詞, 歸位再拜.

c-5 舍人宣, 有勅賜某物兼賜酒食. 搢笏跪授, 箱過, 俯伏, 興, 再拜.

c-6 舍人曰, 好去揖西出.

d-1 次, 從人入辭, 如見儀.[21]

C 交州進奉使見辭儀

a-1 見日. 使捧表函, 引入殿庭, 副使隨入, 西向立, 舍人揖躬.

a-2 舍人當殿, 躬通交州進奉使姓名以下祇候見.

a-3 引當殿, 引使稍前, 跪進表函, 俯伏, 興起歸位, 大起居.

a-3-1 班首躬附起居, 歸位再拜.

a-4 舍人宣, 有勅賜某物兼賜酒食. 跪授(受의 오자?), 箱馬過, 俯伏, 興, 再拜, 舞蹈, 俯伏, 興, 再拜.

a-5 舍人曰, 各祇候揖西出.

b-1 將軍從人等並門見, 賜禮物酒食.

c-1 辭日. 引使副或押衙入殿庭, 西向立, 舍人揖躬.

c-2 舍人當殿, 躬通交州進奉使姓名祇候辭.

c-3 引當殿, 四拜起居.

c-4 班首出班, 致詞, 歸位再拜.

c-5 舍人宣, 有勅賜某物兼賜酒食. 搢笏跪授, 箱過, 俯伏, 興, 再拜. 舞蹈, 俯伏, 興, 再拜.

c-6 舍人曰, 好去揖西出.

d-1 軍將從人等並門辭如見儀.[22]

---

21) この後、僧の見辭が見えるが、本文では省略した。その文は、"僧見辭、不通、當殿、奏聖躬萬福。三呼萬歲、宣有勅賜、僧衣兼賜齋食、三呼萬歲、贊曰祇候(原注; 辭贊曰、好去)、三呼萬歲西出(原注; 次、本國使入、後入者、同)"となっている。

22) この後に"使副疾、謁告參日、於垂拱殿大班復入、不通之起居。若使副加恩告謝、及使副以下授恩命謝恩及有中謝例物不拜勅止昌賜者並如高麗使之儀"という、注文がみえる。

全體としてA, B, Cの各儀禮は、いずれもaとb、そしてcとdの二つの部分で分けられる。すなわち、≪表 1≫のIII部分に整理されており、またそれぞれの儀禮の名称にみえるように、A、B、Cは進奉使 (朝貢使)[23]が 宋の皇帝にあいさつをはじめて行う、'見儀 ' に該当するa·b部分と、歸國を前にした報告の ' 辭儀 ' にあたるc·d部分で區別される。

宋の國都開封にまで到着した外國の使節団は、それぞれの宿所に滞留しながら、宋朝が準備した色々の公式的な活動、または非公式的な日程を送ることとなるが、そのなかでも、宋帝に対する謁見が最も重要な行事であったことは言うまでもない。したがって、彼らは重要な儀式を前にして、宋朝官吏の指導を受けながら、言わば豫行演習のような準備もしたに違いない。≪表 1≫の ' 蕃國主來朝儀上 ' によれば、' 蕃國主 ' の場合は、皇帝への ' 朝見 ' の前に ' 遣使迎勞 - 遣使戒見 - 陳設 ' などの準備が 規定されているから、A、B、Cの各儀禮も事前にそれに似た過程があったはずである。[24]

一方、A、B、Cのa bとc·dは、共に儀式に参加する主体による區別である。すなわち、' 見儀 ' に該当するa·bは、その主体が進奉使と進奉副使を中心としたaと、さらにそれらを除いた ' 從人 ' を 對象としたbで區別されるし、同じく ' '辭儀 ' にあたるc·dも、cは進奉使と進奉副使だけを對象としたものであり、dはその他の ' 從人 ' を對象としたものである。要するに、見儀や辭儀は、進奉使と進奉副使だけを中心にした一廻りの儀式がまず行われ、その後はあらためて ' 從人 ' たちが入場して、進奉使·副のそれと類似な儀式を行うことになっている。[25]

さらにここでは、次のような二つの点にも注意しておきたい。一つは、' 見儀 ' と ' 辭儀 ' が演出される式場のなかには、宋朝の官員たちが一緒に参加していることである。これは、思ってみれば当然のことだけど、忘れやすいところがあるから、ここに喚起しておく。そのことは、A、B、Cの説明のなかにも暗示されているように見える

---

23) ここでは ' 朝貢 ' でなく ' 進奉 ' と表現している点も注意を引く。

24) 注４) に挙げた金成奎、「外國朝貢使節宋皇帝謁見儀式復元考」を参照。

25) 先に筆者は、高麗國使の入貢儀禮だけ単独で分析して (注４) の「入宋高麗國使の朝貢儀禮とその周邊」)、その内容が〈表1〉のIにある ' 蕃國主來朝儀 ' とは相違するを指摘した。それによると、' 蕃國主 ' の主體になる儀式では、すべての使節が同時に入場しまた退場したが、高麗の ' 進奉使 ' の場合は、本文で検討したように、個々のグループが個別に入場して儀式を終え、その後に次のグループが入場することになっていて、兩者の間に差異がある。

が、『太常因革禮』巻84, 新例17「海外進奉蕃客見辭」の末尾に見える次の注文によってより明らかである。

已上高麗、交阯、及海外蕃客入見及辭、並須就百官大起居日.

つまり、西夏、高麗、ベトナムの朝貢使節は、'百官の大起居日'、すなわち百司に属している朝官(概ね9品官以上)以上が、5日に一度入朝する日に合わせて、その'見儀'と'辭儀'とが執り行われることとなった、という。これは、本稿で扱う『新儀』でも大きく変わるところはなかったと考えられる。また、『太常因革禮』には'西夏'の儀礼が含められていないものの、『新儀』の成立する以前に、宋朝を訪ねた西夏の使節にも、概ね同一の儀式が用意されていたと考えられる。皇帝の前で、宋朝官員の參與なしに、朝貢使節團だけが行う儀禮は不自然であるだけでなく、儀式の厳粛さも期待し難かったろう。

もう一つは、儀式が展開される場所の問題である。この點に関しても、いま引用した上の記事からヒントを得られる。というのも、上記の説明によって'見儀'と'辭儀'が主として'大起居'の日に行われることが分かってきたが、その'大起居'はふつう垂拱殿や紫宸殿, または大慶殿などを舞台として行われるのが例であったからである。[26] したがって、進奉使の皇帝謁見は、これらの宮殿を中心としておこなわれたものと推定される。ただし、宋朝の都城の内にはその他にも多数の宮殿が存在し、それらは各自固有の用途を持っていたから、朝貢使節団の姿はその以外のところでも現れる場合があった。[27]

3. '奉使見辭儀'の比較を通じて観た西夏、高麗、ベトナムの地位

それでは、以上の構図の下で、朝貢儀禮そのものは具體的にどのように展開されていたか、を検討してみよう。

26) 平田茂樹、「宋代政治構造試論」(『東洋史研究』52-4、1994)を参照。

27) 金成奎、「北宋の開封と外交」(『中國史研究』13、2001)を参照。

1) '見儀'のばあい

A、B、Cの内容を互いに比較すると、似た部分が多いが、同時に色々な差異を含んだところも發見される。筆者は、まさにそうしたところのなかから、三國に対する宋朝の立場、すなわち宋朝の考えだした該當國の國際地位が、反映された部分があるように思われる。

〈表 2〉三国の進奉使及び副使の見儀

儀式の展開	A(夏國)	B(高麗)	C(交州)
入場と整列	a-1	a-1	a-1
通名(儀式開始の宣言)	a-2	a-2	a-2
表函の進上と起居	a-3	a-3	a-3
班首の起居		a-3-1	a-3-1
班首の致詞		a-3-2	
下賜物の授受	a-4	a-4	a-4
退場	a-5	a-5	a-5

まず、進奉使及び副使のための'見儀'に相当するA、B、C各文のa部分を、具體的に比較するために、内容によって再び整理してみたものが次の〈表2〉である。

aの部分は、〈表 2〉で見る如く、入場から退場に至るまで、概して5~7の段階を経て進行する。そのうち、まずa-1とa-2は、A、B、Cのすべてにおいて同一の内容をなしている。すなわちa-1は、"(進奉)使が表函を持って、(宋朝官吏に引かれて)宮殿の庭に入ると、副使もそれに追って入ったのち、一緒に西向して立てば、(儀式係りの)舎人は揖躬する"という、内容である。ここでは特に、進奉使が、自分の國の國王が託した表函を持參している、ことが注意に値する。また、'舎人'は宋の官吏の'通事舎人'を指し、本儀式でよく登場する彼らは、式の圓滑な演出を圖謀している。[28]

それに繼くa-2は、"舎人が(宋の皇帝に向け)進奉使の姓名(及び官職)等を通じて彼らが謁見されたことを知らせる"内容である。a-2の本文に見える'祇候'は、他のことも全く排除はできないが'、ここでは一応宋の官吏を意味するものとして理解しておきたい。すなわち'祇候'は、1)"側で侍す"という、動詞としての意味合いと、2) '閤門祇候'の略稱で、宮殿で各種の儀式をとり締める官員の意味があるが、a-2の場合は、動詞より後者の名詞と解すのが解釋に無理がなく見えるし、後述する

28) 通事舎人については、梅原郁、『宋代官僚制度研究』(同朋舎、1985)、第2章「宋代の武階」を參照。因みに、本儀式での通事舎人は複數あったと、思われる。

a-5やb-4でも、'祗候'はやはり宋の官吏と見ほうが自然であろう。[29] よって'祗候'は、進奉使及び進奉副使の先頭において、その導きなどの案内をする役割を演じたと思われる。

次のa-3は、進奉使が殿の前に進み、跪いて表の入っている函を宋帝に差し上げる儀式である。ここでは、AとB·Cの間に内容の差異が存在する。"表函を跪進する"まではA、B、Cの間で違いがないが、その後の進奉使の動作をみると、Aは"起きて位に帰したのちに四拜起居(おじぎ)をする"のに対し、BやCはいずれも、"俯伏して興き、位に帰したのちに大起居をする"ことになっている。そして、宋代の'大起居'はもともと7拜の禮を行うことがしきたりであるという。[30] そうすれば、Aでは西夏の使節がやらなくても良い"俯伏"や"大起居"を、Bの高麗とCのベトナムの使節らが行うように規定されていることは、なにを意味するのか。礼をより恭遜たる形で再三披露することは、当時の東アジアの慣例から地位がもっと低いものに要求されるものと見る時、やはり高麗とベトナムの使臣は西夏より一段階低く評価されていた、と考えることができる。

かかる高麗とベトナムの立場は、AにはないBのa-3-1とa-3-2、さらにCのa-3-1からも伺えるように見える。まず、BとC、両方に見えるa-3-1は、記述上の細やかな差はあるにしても、共に"班首が班から出てきて起居を済ませたのち、もとの位置にもどって再拜する"という、動きをとる。そして、ここの'班首'は進奉使を指すように見える。A、B、C共に、その説明は全體的に省略や縮約が目に立ち、それだけ難解のところがあるが、a-3-1は基本的にはa-3の延長にあるものである。

但しa-3-2は、西夏(A)はもちろんベトナム(B)でも見えない、高麗(B)だけでの行爲として注意される。"(班首が)再び班から出て、天顔(すなわち宋の皇帝)を拝見することができたのと、入京の沿路で賜った館劵や都城の門外で頂いた茶酒に対する感謝を表し、位に帰って再拜したのち、笏を搢した上で舞蹈をし、さらに俯伏し起きて再拜する"というのが、それである。特に、'搢笏舞蹈'は印象的な演出として、この時は高麗のみの行為である。ただし、ここで合わせて説明する必要があるのは、進奉使

29) '閤門祗候'については、龔延明編著、『宋代官制辭典』(中華書局、１９９７)の４２４ページを参照。なお、先に私は、注４)の「入宋高麗國使の朝貢儀禮とその周邊」で、'祗候'の意味を 1)の"側で侍す"と理解したが、ここで２)の意味と訂正しておきたい。

30) 龔延明編著、『宋代官制辭典』の６１６～６１７ページを参照。

の'舞蹈'はa-4の段階で再び演出されることになるが、それが今度はCでのみ見え、Bでは現われない、という事実である。『新儀』の記述に錯簡などの誤謬がないとすれば、高麗とベトナムは互いにタイミングを異にして'舞蹈'を演出したことになる。

'舞蹈'は、北宋時代の文武官吏らも皇帝に対し行った禮法であるから[31]、高麗とベトナムの場合もそれに準じた行為と見ることができる。しかし、西夏がこれに従っていないのは、なにか彼らが特別な待遇を受けていたことを感じさせる。もし'舞蹈'を臣禮の一表現と見るならば、西夏の'舞蹈'なしの儀式は、宋の他の朝貢國より格が違うのを、現すところと言えよう。それは宋と對等の關係にある契丹(遼)までの地位には達していなかったとしても、宋の配慮が読まれるところでもある。もちろん、西夏は契丹とことなって、形式の上では宋の朝貢國の範疇に入り、契丹國使の宋帝に対する謁見儀式で、色々の面で西夏より優位にある。したがって、要するに西夏は、宋の定めた禮の形式から契丹より下等の待遇を受けたが、高麗や ベトナムよりは優位にあった、とみることができる。そのような面貌は、本論で引き繼き後述する'見儀'や '辭儀'の到處で發見される。

ところで、高麗の場合、'舞蹈'を伴いながらも宋帝に対する感謝を表わした'致詞'そのものは、高麗の低い地位と直結するものではない、と見られる。'都城門の外の茶酒'は、契丹がそれを受けていたのが明らかであり[32]、西夏やベトナムはその與否を筆者は未だ確認していない。もしそれが、契丹以外の 國家としては高麗にだけ与えられたものであるとすれば、隷屬的な禮とするより、反って優待されたことを反映する、したがって高麗の高い地位を反映する部分として理解すべきであろう。實際に、この頃の高麗は、後で見るように、北宋後期の外交政策で重要な相對として評価され、よって宋朝から西夏以上に高い待遇を受けた面が観察される。このような点を考慮に入れる時、高麗の礼は従來の政策路線に沿って、西夏をいきなり先んずる方式には運營されなかったとしても、その上昇された地位が勘案された形であった、可能性を排除できない。

31) 舞蹈については龔延明の本、617ページを参照。

32) 宋朝は特に、都城に入る前の遼使に、酒果などの賜與を口宣と共に送るのが常例であったが、筆者はこのようなものが他の国の進奉使·副にも伝えられたのか否かを未だ確認していない。遼使に関わるこの問題については、聶崇岐、「宋遼交聘考」(『宋史叢考』下、中華書局、1980)を參朝。

儀式がここまで進行して来れば、最後の段階で宋朝は進奉使に物品を下賜する。これと關聯するa-4では、勅書を通じてその事實が伝えられ、下賜物は'某物'や''酒食'となっているが、'某物'が なにを指すのかここでは明らかでない。また、各國の進奉使が下賜物を跪受[33]する際、西夏(A)と高麗(B)の使者は、"下賜品の入った箱子が過ぎていくと、地面に伏してから後に起きて再拝"するが、ベトナムの場合は、再拜が終わってもしばらく'舞蹈'や'俯伏'、そして'再拜'を継續行う。さらにこのことを高麗の立場から見れば、既に指摘した如く、高麗は'舞蹈'を'致詞'の段階で行っており、a-4では行わない、ということも判別される。

これで進奉使らのための'見儀'はすべて終わる。但し、a-5では"各祗候は揖したのち、西(の門)へと出る"という舍人の號令から見て、すべての'見儀'を演出した閤門祗候は、退場することが確実であるが、この際進奉やその副使はどうなったかが本文でが明らかでない。彼らが閤門祗候に導かれ共に 退場した可能性も排除できないが[34]、一方そのまま残った儀禮、すなわち宋朝の百官たちが參加している大起居が完了するまで、殿庭を離れなかった可能性も少なくない。

〈表 3〉三国の従人たちの見儀

儀式의 展開	A(夏國)	B(高麗)	C(交州)
入場	b-1	b-1	
起居	b-2	b-2	
下賜物의 授受	b-3	b-3	
退場	b-4	b-4	

進奉使の'見儀'の次は、既述のように、同一の使節團に属した異なる成員たちが入場する。これらの人々をAは"従人"と、Bは"押物以下"とそれぞれ表現する。たが、"従人"と"押物以下"は包括かつ漠然な範囲であって、彼らの数や構成などはここではわからない。そして数や構成を判らないのは、実はbだけでなく、進奉使及び副使の儀礼に当たるaでも同じで、そこでも進奉使及びその副使両人以外の参加者については、何等の説明がない。ただ、西夏、高麗、ベトナム三國の使節團の規模は相当なものであったと思われるから[35]、bでは勿論aでも參加するものは、進奉使と進

33) BとCで'授'とあるのは、'受'の誤記として見るしかない。

34) 筆者は先に注4)の「入宋高麗國使の朝貢儀禮とその周邊」で、その方に重きを置いた推測をしたことがある。

35) ここで資料の紹介は省略するが、私は高麗とベトナムの使節の数が200~300になっている例を見た。

奉副使以外にも少なかっただろう。因みに、B-bの場合にも参加者が"押物以下"であるから、それの前の段階のaでも進奉使と一緒に入場する者たちのうちには"押物"より以上の團員があったはずであり、それらは一定の数には達するものと考えられる。

ところで、C(ベトナム)の場合は、事情が全く異なったことに留意する必要がある。すなわち、Cのb-1部分では、AやBとは全然違って、"将軍や従人などがすべて門で謁見する"となっているから、ベトナムの場合は、進奉使及び副使以外の團員は殿庭に入場しないことになっている。私は、この點においてこそ、'見儀'でベトナムの地位が、西夏(A)や高麗(B)より一段階低かったことを、最もよく明示した部分であると思う。

とはいえ、"従人"たちは入場が許されても、宋帝に対する謁見の格式が進奉使副には及ばなく、かつ縮約された形で行われたと見える。b-1に見える"不通"、すなわち姓名などを叫ばないのは、すでに見たa-2のそれと對比される。そのほか、b-2、b-3、b-4の各部分は進奉使副に準しながらも、"舞蹈"や"致詞"などは省略された簡單な形式である。"従人"たちもここでは未だ退場せず、宋朝の'大起居'の儀禮が終わるまで残っていたと考えられる。

2) '辭儀'のばあい

'見儀'を終えた使節團は、以降宋の國都開封において滞留しつつ多様な活動をした後、再び歸國に際し宋帝に挨拶をすることになる。その儀禮に当る'辭儀'を記したものが、各A、B、Cの一部をなすcとdの文である。

〈表 4〉三国の進奉使及び副使の辞儀

儀式의 展開	A(夏國)	B(高麗)	C(交州)
入場과 整列	c-1	c-1	c-1
通名(儀式 開始 宣言)	c-2	c-2	c-2
起居	c-3	c-3	c-3
班首의 致詞		c-3-1	c-3-1
下賜物의 授受	c-4	c-4	c-4
退場	c-5	c-5	c-5

そのうちcは、aに對應する進奉使副のための'辭儀'であり、その式の展開も両者がほぼ類似する。まずc-1は、A、B、Cすべての場合において、'表函'を持たないことだけを除けばa-1と全く同一である。 ただCでは、進奉使副の以外に"或は押衙が殿庭に入る"となっているところが異なる。

c-2やc-3もそれぞれa-2やa-3に對應しており、ただ一つ'表函'に関わる行爲が見えないだけである。文章そのものもほぼ同文である。

次に、BとCにおいてはAにはないc-3-1があるが、これは高麗やベトナムが、西夏に比して儀禮的に差別されていることを新に確認してくれる。すなわち、aでそうだったように、cでも西夏は'致詞'を行わないのに反して、高麗やベトナム両国は'致詞'をしている。'致詞'は当然宋帝に感謝を表す部分であり、西夏が高麗やベトナムと違って、これを一度も演じないのはやはりその優越な地位のためと思われる。これは西夏が一般的に宋朝に契丹より低く評価されたものの、多くの朝貢國の中では最上の待遇を受けていた事実とも符合する。

その次のc-4では、a-4でそうであったように、宋朝が'某物'や'酒食'を下賜し、それに対する礼を'進奉使'らが取ることになる。ただし、A、B、Cの本文ではいずれも'跪授'または'搢笏跪授'と書かれてあるが、ここでの'授'はa-4での如く'受'と見るべきであろう。また、ここでも'某物'の内容はすぐ確認し難く實際の事例分析による後日の研究が待たされるが、多分a-4で受けた'某物'の類いとは別のものが多かっただろうと思われる。

さらにここでは、AとBが同じく"(下賜品の入った)箱が通っていくと伏してからおきた後再拜する"というふうに終る反面、Cでは"舞蹈した後俯伏してから起きて再拜する"との説明が加えられている。前で検討した通り、'舞蹈'は高麗(Bのa-3-2)やベトナム(Cのa-4)両國が共に'見儀'で行ったことが見えるが、'辭儀'の場合は高麗がそれを行わなかったのに対し、ベトナムはそれを再び演ずることが見える。つまり、高麗は"舞蹈"を一度行うが、ベトナムはそれを二度行うことになっている。

以上をもって進奉使副の'見儀'はすべて終る。すなわちc-5によれば、舎人が"揖して西の方に出る"とあるから、ここでは進奉使及び副使が退場したことになる。これは、c-5に対応するa-5が 閤門祗候のみの退場であったこととは状況が異なるものと見られる。したがって、かかる理解に立てば、'見儀'では進奉使及び副使が宋朝の'大起居'が終るまで式場にひき繫き残っていたと思われるが、'辭儀'では自分に該当する一度の儀式が終れば、いったん退場することとなるのである。

次は、'見儀'で進奉使副の行うbの部分がaを継いで進行されたように、'従人'の行うdの儀式があった。しかしここでも、'見儀'と同じく西夏(A)や高麗(B)の'従人

'たちは、殿庭への立場が許されたが、ベトナム(C)の場合は"将軍と従人などすべてが門で辭することを見儀の如くする"と、なっている。ただCのb-1では、'門見'の内容が省略されているから、'門辭'の実状も詳しくは分からない。またAとBでは、'従人'たちの'入辭'は'見儀'の如くする、としてその内容を省いているが、大凡のことはbの所にある通りである。

要約と残された問題：結語に代えて

以上の考察を通じて判った事實を個條書きに整理すれば次の如くである。

1) 宋代には、西夏、高麗、ベトナムの使節團が宋朝を訪問すると、皇帝に対し入國の挨拶をするようになっており、また歸國に際しても礼をすることが要求されていたが、そうした行事に当る'見儀'や'辭儀'は宋朝の儀禮書の中に賓禮として規定されていた。
2) '見儀'や'辭儀'は、宋朝の九品官以上の官吏が、五日に一度宋帝に問候を上げる'大起居'の日に合わせ擧行され、またその主な場所としては垂拱殿、紫宸殿、大慶殿があった。
3) 儀式は使節團の代表者たる'進奉使及び副使'と、その他の構成員である'従人'とで区別されたうえで行われた。すなわち、'見儀'ではまず'進奉使及び副使'が入場する儀式が一廻り行われ、その後、'従人'たちが入場して類似な式を繰り返す。これは'辭儀'においても大同小異であった。ただ'見儀'では、'進奉使及び副使'が式が終った後も退場せず、'従人'たちの　入場と彼らの演出を見守り續けたと思われるので、'進奉使及び副使'の退場は'大起居'の儀式すべてが終了してからあったと、推測される。これに比べ'辭儀'では、'進奉使及び副使'が出國の挨拶を済ませばそのまま退場し、その後は'従人'たちが入場して自分の儀式を終えれば直ぐ退場する形式であった。
4) しかし、3)で決定的なところは、'見儀'と'辭儀'両方で、西夏や高麗の'従人'が'進奉使及び副使'同様、式場の殿庭に入って儀式を演じたのに比べ、ベトナムの場合は'従人'が殿庭に入らずに'門'で禮を行ったことである。このことは、ベトナムの地位が他の兩國よりも低かったのをよく表すところである。

5) 一方、西夏と高麗の間でも儀禮上の差異が存じ、そこからは西夏の優位が認められる。そのことは、式の進行過程で、高麗が概ね宋帝に対し西夏よりもっと丁寧な姿勢を保ったところから言えよう。代表的な一例として、宋帝に表函を進上する時、高麗の進奉使は西夏の使者がやらない地面に体をつける俯伏と、七拜の礼である'大起居'を行っている。外に、高麗の進奉使は、宋帝に感謝の表示として'致詞'を行い、また臣禮の表示と見られる舞蹈も行いが、西夏はこれらの動きをとらない。

6) 5)で取られた高麗使臣の禮は、ベトナムの使臣にも大体同じく適用された。しかし高麗の場合は、'舞蹈'を'見儀'でのみ一度行ったことに比べ、ベトナムはそれを'見儀'のほかに'辭儀'でも見せるなど、その姿勢がもっと恭しく、4)のことを含め全體的にその地位は高麗より劣等すると、見える。

以上のような分析によって、宋朝の定めた賓禮の一部である'見儀'と'辭儀'の内容から、西夏、 高麗、ベトナムの順で禮遇されたと、言える。實は『正和五禮新儀』の'夏國進奉使見辭儀'の末尾なは、

凡蕃客見辭同日者, 先夏國, 次高麗, 次交州, 次海外蕃, 次山後諸蠻.

とある。国々の進奉使たちは、同日に一緒に'見儀'と'辭儀'を行う時もあったようであるが、そのさいは式が夏國、高麗、そして交州の順に行われ、このことは本文で検討した三国に対する待遇に対応している。

ところで、末尾ながらここで一緒に考慮すべきことは、儀禮上の規定と当時の実際が必ずしも一致はしない、と言える事實である。例を一つだけ挙げてみれば、葉夢得の撰述した『石林燕語』巻7には、

國朝館伴契丹, 例用尚書學士. 元豊初, 高麗入貢, 以畢仲衍館伴, 仲衍時爲中書舍人, 後遂爲故事. 蓋以陪臣處之, 下契丹一等也. ……大觀中, ……仍升使爲國信, 一切視契丹. 是時, 方經營朔方, 賴以爲援也.

とあり、さらに『宋史』巻487、外國3、高麗でも、

政和中, 升其使爲國信, 禮在夏國上, 與遼人皆隷樞密院, 改引伴·押伴官爲接送館伴.

とある。これによれば、高麗は大觀中(1107～1110)に契丹(遼)と對等な禮遇、すなわち西夏より高い 優禮を受けるようになり、その傾向は政和中(1111～1117)にも加速された。とすれば、政和中に創られた『新儀』にも、このような事實が反映されるはずであろうが、既に検討した通り、高麗のそのような地位の 上昇は見つけられず、高麗は依然として西夏より下位に置かれていた。これを如何に理解すべきであろうか。

勿論、高麗の地位變化に合う儀禮が実際には臨機應變に適用されていたかも知らない。しかし、高麗の地位變化が『新儀』に反映されていないところから、我々は禮の硬直さという側面を見出すことができる。もともと宋の外国に対する賓禮は、始めは相對國の實力と國勢を、充分考慮した上で制定されたと思われるが、以降の變化する現實の事態に直ぐには對應できず、よって部分的には形骸化された姿を保ちつつ、伝来されて行ったと考えられる。その良い例として、≪表1≫-Iに見える'蕃國主來朝儀'の上と下は、『大唐開元禮』からあったもので宋代の礼書にも載ってあるが、恐らく宋代には一度も実行はされなかったと見える。

このような點から、果たして宋代の儀禮が實際に使用されたのか、との疑いも生じ得る。たが私は、本文で検討した儀禮は基本的には實施されていたと思う。そこには色々な具體的な説明と現實を考慮したところが読まれるからである。しかし同時に、既に自ずから明らかになったように、入貢儀禮のみをもって、該當國の地位を量ることも無理であることをわかった。したがって、我々は現實の面からも、宋朝の政治の場のおいてそのような側面を分析すべきである。觀點を換え、宋朝の外國使に対する接待のやり方、すなわち入國の過程、滞留中の待遇などを、引き繼き検討する必要があるが、これらはいずれも筆者に残された課題でもある。

IV

고려사의
국제환경과 대응

1 高麗 前期의 麗宋關係 : 宋朝의 賓禮를 중심으로 본 高麗의 國際地位 試論

머리말

자국사를 객관적으로 이해하기 위해 이를 동시대의 국제 상황 속에서 바라보는 자세는 중요하다. 한국사가 동아시아 세계와 불가분의 관계를 갖고 전개된 점에서 그러한 시도는 더 활성화될 필요가 있다. 본장은 이러한 관점에서 제기되는 몇 가지 문제를 중심으로, 高麗가 차지하는 위상을 중국의 北宋代(10~12세기)를 중심으로 하는 동아시아의 국제관계 속에서 검토해보려는 시도이다.

본론의 주안점은 단순한 국가 간의 정치 관계보다, 그러한 관계를 의례 면에서 규제하는 국가 간의 禮的 질서에 있다. 즉 전통시대 동아시아에서 거의 모든 사회관계를 규정한 '禮'라는 요소는 국제사회에서도 소위 '賓禮'로서 나타나 국가 간의 질서를 제어하였다.[1] 이것은 소위 冊封體制와 표리를 이루는 다분히 중국 중심적 세계관에 기초한 것이기는 하지만, 그것이 기본적으로 상대국의 역량을 감안한 위에 표현되었고, 또 주변국가가 이를 대체로 용인하면서 때로는 오히려 적극적으로 의식한 점에서 현실적인 의미는 결코 적지 않다.[2]

오랫동안 책봉체제 속에 편입되어 있던 한국의 역대 왕조도 중국왕조와의 관계를 유지

1) 동아시아사 연구에서 禮 분석의 중요성과 의의에 대해서는 池田溫, 「大唐開元禮解說」(古典研究會『大唐開元禮』(汲古書院, 1981)所收); 渡邊信一郎, 『天空の玉座』(柏書房, 1996) 등 참조.

2) 예를 들어 堀敏一, 『中國と古代東アジア世界』(岩波書店, 1995) 제6~7장 「東方諸國家にとつての中華的世界」(1)(2)」에서는 특히 중국의 주변국가들이 오히려 책봉관계를 역으로 이용한 점을 흥미 있게 묘사한다.

하는 한, 그들이 판단해 결정된 국제적 지위가 주어졌으며, 외교적으로 받은 대우는 거기에 맞는 빈례로 표현되었다. 따라서 이러한 빈례에 대한 분석은 고려 전기(=대체로 북송대)의 동아시아에서 고려의 위치를 국제적으로 가늠해 볼 수 있는 하나의 방편이 된다. 구체적으로 이 문제는 고려사절이 入宋 직후에 받게 되는 여러 대우, 즉 입국 과정의 迎接禮, 宋都(開封) 체류 중의 위로와 물품의 제공, 나아가 더 직접적으로 송 황제에 대한 알현 등 각종 궁중의례에서 보이는 송조의 응대방식을 통해 나타난다.

학계에서 여·송 관계사에 대한 다각적인 검토가 있어왔으나, 빈례에 관한 실증적 파악은 아직 충분한 것이라고 할 수 없다. 고려 입장에서 본 송의 사절을 영접하는 의례에 관한 분석이 奥村周司에 의해 이미 시도되었지만,[3] 반대의 입장 즉 고려사절이 송조에게 어떠한 의례에 따라 대우되고 취급되었는지에 관해서는 거의 전무하다. 예컨대 우리는 송의 神宗년간(고려의 文宗년간에 대략 해당)에 "고려가 夏國(西夏)이상으로 송조에게 우대되었다"는 사실은 잘 알고 있지만, 추상에 가까운 이러한 이미지에 비해 그것이 구체적으로 어떠한 내용을 갖고 또 어떠한 국제 관계 속에서 나온 것인지에 대해서는 체계적인 이해가 없다.

본론은 이렇게 여·송관계의 일면을 중국 왕조의 고려사절에 대한 迎賓禮를 중심으로 검토하고, 그것이 당시의 동아시아에서 어떠한 의미를 갖는 것인지를 생각함으로써 고려의 국제지위를 귀납하려 한다.

1. 宋代 동아시아의 국제 관계와 麗·宋관계

1) 唐·宋變革期 동아시아 국제 관계의 양상

10세기는 동아시아에서 유수한 격변기의 하나였다. 중국왕조에서는 소위 '당·송변혁'에 의해서 공전의 대변혁이 진행되고 있었다. 그것이 중세이건 근세이건 이 변혁을 통해 중국사는 크게 변용됐다는 것이 정설이다.

---

3) 奥村周司, 「高麗における八關會的秩序と國際環境」(『朝鮮史研究會論文集』 16, 1979): 「高麗の外交姿勢と國家意識」(『歴史學研究』 別冊特集, 1982): 「使節迎接禮より見た高麗の外交姿勢」(『史觀』 110, 1984) 등.

격변은 중국에만 머무른 것이 아니라, 크게 보아 동아시아 차원의 대부분의 국가와 민족에서도 진행되었다고 이해된다. 이 현상은 이 시대를 '민족주의 시대'라고도 묘사하는 것처럼 여러 국가와 민족의 자립에 의해 촉발된 변동을 중심으로 한다.[4] 거란의 발흥, 신라의 멸망과 고려의 건국, 서하 및 베트남의 신생독립으로 이어지는 역사적 사건은 해당 국가의 국내질서에는 물론, 인근국과의 국제 관계에도 중대한 작용을 일으켜 종전의 중국 중심적 구도에 영향을 미쳤다.

중국왕조는 차례로 일어나는 주변 민족의 성장과 '각성'에 의해 자기를 유일한 중심으로 여겨온 책봉과 조공관계를 독선적으로 고집하기 어려운 상황을 맞이하고 있었다. 10C 이후 동아시아에서는 중국 측의 국세 위축과 주변 민족의 상대적 신장에 말미암아 종래와 양상을 달리하는 복잡하고 다면적인 국제 관계가 나타나고 있었다. '책봉체제론'의 선창자 西嶋定生도 漢代 이후 형성되기 시작한 동아시아의 책봉체제가 기본적으로 청조 말까지 지속되기는 하지만, 송대는 그러한 국제질서가 일단 무너지고 정치면보다 경제발전을 배경으로 하는 교역권이 활성화되었다고 설명한다.[5]

이 시대에 대한 일반적인 이미지는 西嶋가 지적하는 내용과 같은 것으로 받아들여져 왔다. 그러나 이 무렵에도 책봉체제는 결코 소멸한 것은 아니었다. 책봉은 송대 이후도 여전히 동아시아를 매개하는 유용한 개념임에 틀림없지만,[6] 단 그것은 전대와는 양상이 달리진 '왜곡된' 모습을 갖는 것이었다고 볼 수 있다. 종래 이 시대의 국제 관계는 "전통적으로 무역사의 틀에서 연구되어 왔지만, 지금 절실한 것은 본격적인 정치사적 시점에서의 고찰",[7] 즉 경제적인 측면을 중시하면서도 "그것이 古代的인 국제정치 질서를 대신하는 어떠한 정치적 조건으로 총괄되어졌는지를 추구하지 않으면 안된다".[8]

'책봉'을 중심으로 한 송대의 국제 관계를 필자의 이해로 단순화시켜 보면 송대의 동아시아에는 다음과 같은 구도가 떠오른다.

---

4) 이 시대의 분위기에 대해서는 宮崎市定, 『東洋的近世』(동, 『アジア史論考·上』 朝日新聞社, 1976): 『東洋における素朴主義の民族と文明主義の社會』(同前) 등에 자세하다.

5) 동, 『日本歷史の國際環境』(東京大學出版會, 1992) 제4장 「東アジア世界の變貌と日本」 등.

6) 책봉체제의 효용과 의의에 대해서는 荒野泰典 등, 「時代區分論」(『アジアのなかの日本史』 I: アジアと日本, 東京大學出版會, 1993) 등을 참조.

7) 앞 논문, p.7.

8) 동상.

532쪽

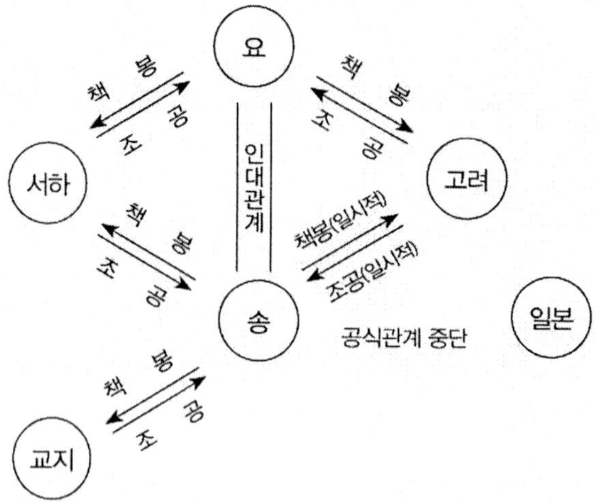

〈그림 1〉 책봉·조공 관계로 본 송(북송)대의 국제 관계 개념도(김성규 案)

이 시대의 국제 관계의 최대 변수는 契丹(遼) 왕조의 출현이다. 거란의 등장은 중국을 중심으로 하는 종전의 '일원적' 책봉체제에 변화를 일으켜, 동아시아의 구도를 '二元的'인 것으로 변질·분할시켰다고 할 수 있다. 송조는 북방의 강적 거란을 자신의 '책봉권역'에 포함시키지 못한 것은 물론이고, 오히려 그 휘하에 있던 중국의 '책봉국'을 넘겨주는 열세에 놓이게 되었다.

거란은 1004년(고려 穆宗7년, 宋 景德1년, 遼 聖宗22년)에 성립된 소위 '澶淵의 盟'으로 송조와 대등한 위치('남북조'·'형제관계')를 쟁취해, 동아시아의 또 하나의 '천자국' = '종주국'으로서 중국 중심의 세계 질서를 전복시켰다고 할 수 있다. 예를 들어 거란이 "고려는 즉 우리의 노예이다"(『송사』 권487, 外國3 高麗)라고 송조에 豪言한 것은 매우 상징적인 의미를 갖는다. 이것은 송조와의 경쟁을 끊임없이 의식하던 거란이 고려를 자기 영향 아래 둔 것을 과시한 것이며, 반대로 중국왕조에게는 그만큼의 권위 실추를 의미한다. 다만 후술하는 것처럼 여·송관계가 매우 미묘한 형세를 보이면서 전개된 것은 주의를 요한다. 즉 처음에 양국은 거란을 배제한 전형적인 책봉관계에 있다가, 그 뒤 거란의 압박으로 그 관계가 일단 단절되었지만, 다시 文宗 후반(송 神宗 초)부터 사실상 책봉관계에 준하는 교섭과 교류가 재현되어, 송의 영향력이 완전히 소멸된 것은 아니었기 때문이다.

송조가 그 영향력을 현저히 감퇴시킨 또 다른 지역의 하나는 서북방면이며, 이곳으로부터는 西夏가 일어났다. 10C말부터 河西回廊지역에서 탕구트(黨項)족을 중심으로 송조에 반항하여 독립운동을 전개해온 서하는 1038년 李元昊에 의해서 史上 처음으로 독립국가(=서하)를 건설하게 되었다. 서하마저도 송조에 대등한 관계를 요구하였지만 이를 용납할 수 없던 송과 군사충돌이 있었고, 전쟁을 치른 직후의 협약에서 서하는 칭신을 조건으로 송조에게 매년 다액의 歲賜를 받는 약속을 얻어냈다. 이미 거란의 책봉을 받고 있던 서하는 실리를 택해 송에도 신속한 것이지만, 그것은 다분히 명목적인 성향이 강했다.

이렇게 볼 때 고려와 서하는 현실적으로는 거란에게 보다 큰 영향을 받으면서도, 그렇다고 송의 영향권에서 완전히 벗어난 것으로는 볼 수 없는 상태에 있었다. 즉 고려와 서하는 모두 송과 거란에 동시에 책봉 내지는 그에 준하는 관계를 갖는 소위 '兩屬' 관계를 유지하고 있었다.

다만 같은 양속 관계라고 해도 서하와 고려 간에 동기 면에서 차이가 있던 것은 분명하다. 서하의 경우는 약소한 정치적 입장에서 자신의 지위를 확보하기 위해 자발적으로 송과 거란에게 동시에 책봉을 받는 정책을 의도했지만, 고려는 이와는 입장이 달랐다. 고려는 기술한대로 처음은 송의 책봉만을 받았지만, 곧이어 거란의 강압으로 마지못해 송과의 관계를 끊고 거란의 책봉을 받게 된 것이다. 따라서 고려는 송과의 책봉관계보다 거란과의 책봉관계가 훨씬 길었지만, 심정적으로는 친송적인 입장에 있었기 때문에 고려사 전체에서 볼 때 사실상 양속적인 입장에 있었다고 할 수 있다.

따라서 송조가 주변의 주요 국가 중에서 거란을 완전히 배제시킨 상태에서 전적으로 책봉관계를 독점할 수 있던 것은 交趾(베트남)뿐이었다. 하지만 베트남도 10C 후반 처음으로 민족국가 건설에 성공한 관계로 當初의 대중국관계는 안정적이지 못했고, 안정기를 맞은 것은 대체로 11C 후반 송과의 군사 충돌을 경유하고 나서였다. 교지도 서하와 비슷하게 유리한 상황 속에서 終戰했음에도 불구하고, 실리를 택해 송조에 칭신한 것이 사실에 가깝다.

아울러 일본은 이미 5세기 말엽부터 중국의 책봉권에서 일탈한 이래로 15세기 초(明初) 室町幕府의 將軍 아시카가 요시미쯔(足利義滿)가 전략적 책봉을 선택할 때까지 정부 차원의 공식 교섭이 없는 상태에 있었으므로, 송조와의 관계는 매우 특수한 것이었다. 일본은 정치적 관계가 거의 배제된 송의 교역국(조공국)의 위치에 있었다고 보는 것이 통설이다.[9]

9) 이상에 관련되는 포괄적인 설명으로 宮崎市定와 西嶋定生 앞 논문 참조.

송조의 동아시아 諸國에 대한 영향력이 이전의 어느 왕조보다도 약한 것은 자명하며, 이것이 唐代와 같은 국제 질서를 유지할 수 없게 만든 것이다.

2) 麗·宋 관계의 기조

고려와 북송의 정치적 관계는 대체로 다음의 세 시기를 획기로 전개되었다. 제1기는 양국의 관계가 시작된 962년경(光宗13년, 建隆3년)[10]부터 거란의 고려에 대한 압력으로 양국 관계가 소원해진 994년(成宗13년, 淳化5년)까지의 시기이고, 제2기는 이 이후 소강상태에 빠진 양국 관계가 송 神宗의 적극적 자세로 다시 활성화의 轉機를 맞는 1068년(文宗22년, 熙寧원년)까지이며, 제3기는 다시 이로부터 북송이 여진(金)에 멸망하는 1126년(仁宗4년, 靖康원년)까지이다. 이러한 각 분기의 역사적 배경과 내용에 대해서는 이미 다수의 선행연구가 있으므로, 여기서는 전술한 책봉과 관련되는 문제를 중심으로 고려의 위치에 관해 생각해보기로 한다.

제1기에서 고려의 송에 대한 관계는 분명히 被冊封國이었다. "宋의 연호를 行하였다. 송이 冊命使 時贇을 보내왔다…"[11]라는 것은 그러한 양국 관계의 시작을 말한다. 『고려사』에는 이때의 책봉호가 보이지 않지만, 『송사』 권487, 外國3 高麗의 관련부분에 의하면 고려 光宗은,

開府儀同三司·檢校太師·玄菟州都督·充大義軍使·高麗國王

에 임명된 것으로 보인다. 고려는 한반도의 이전 그리고 이후의 거의 모든 왕조가 그랬던 것처럼 중국의 책봉을 수용함으로써 자국 내의 정통성을 확보하려 하였다. 이후 제1기를 통해 고려왕들은 송으로부터 책봉호를 수시로 바꾸어가면서 전형적인 책봉관계를 유지하고 있었다.

그러나 이 관계가 994년을 기점으로 하는 제2기로 들면서 소멸되고, 그 대신에 고려에 대한 책봉국이 거란으로 바뀐 것은 앞서 설명한 대로이다. 이 해 4월에 고려는 거란에 正

---

10) 본 장에서의 연도 표시는 西曆 연도를 원칙으로 하고, 필요에 따라 ( ) 속에 고려는 재위왕의 연차만을, 송은 연호만을 표시하기로 한다.

11) 『고려사』 권2, 光宗 14년(963) 12월.

朔을 받들 것을 告하는 사절을 파견하였고,[12] 거란은 2년 후인 成宗15년(996) 3월에 책봉사를 파견하여 成宗을,

> 開府儀同三司·尙書令·高麗國王

에 책봉하였다.[13] 이로써 고려에 대한 송·요 간의 영향력의 역전이 나타났다.

그런데 고려의 입장이 이렇게 바뀌었어도 종전의 여·송 관계가 완전히 정지된 것은 아니었다. 즉 고려에 대한 거란의 우위가 지속되는 제2기 이후, 고려의 거란에 의한 피책봉은 불가피한 것이었고 송조도 이를 인정하지 않을 수 없었지만, 그 대신 고려와 송의 관계는 성상석인 책봉체제 하에서는 보기 어려운 특수한 양상을 띠게 된다. 이 관계는 제2기에 나타나 제3기에 들면서 한층 현저해지게 된다.

먼저 제2기 중에 고려는 송과의 관계를 회복하려는 의도를 갖고 있었으나,[14] 송은 거란을 의식해 이를 쉽게 받아들일 수는 없었다. 그러한 가운데 다음과 같은 일이 발생한 것은 중요하다.

> 權知高麗國事 王詢이 奏告使 尹諝古를 보내, …方物로 來貢하였다. 詢이 表에서 말하기를, 契丹이 道路를 막은 이유로 오랫동안 通할 수 없었습니다. 황제의 尊號와 正朔을 내려주시길 청합니다, 고 하니, 詔하여 그 청에 따랐다…(權知高麗國事王詢遣奏告使尹諝古, …以方物來貢. 詢表言, 契丹阻其道路, 故久不得通. 請降皇帝尊號·正朔. 詔從其請….(『장편』 권83, 大中祥符7년 12월 丁卯)).

---

12) 『고려사』 권3, 成宗13년 4월조 참조.

13) 『고려사』 권3, 成宗15년(996) 3월. 단 『요사』(권13, 본기13 聖宗4 및 권115, 二國外紀 高麗)는 이를 전년(成宗14년) 11월조에 기술하고 있다. 거란은 995년 11월에 책봉사를 보내 다음 해 3월에 고려국왕을 책봉한 것 같다.

14) 『續資治通鑑長編』(이하 『장편』) 권47, 咸平3년 10월 庚午에 "自淳化末, 高麗朝貢中絶, 及王治卒, 弟誦立, 嘗遣兵校徐遠來候朝命, 遠久不至. 於是, 其臣吏部侍郎趙之遴遣牙將朱仁紹至登州偵之, 州以聞, 上特召見仁紹勞問, 賜以器帛. 仁紹因自陳國人思慕皇化, 爲契丹羈制之狀, 乃賜誦鈿函詔一通… 라 있고, 同書 권83, 大中祥符7년 10월 丁巳에도 "先是, 登州言高麗遣使入貢, 未敢迎迓, 以須朝旨. 上謂宰曰, 此事如何. 王旦曰, 高麗久來進奉, 因契丹阻絶, 今須許其赴闕, 契丹必不敢言. 且使離高麗, 契丹必已知之, 若有所問, 卽當以誠對也. 王欽若曰, 此使到闕契丹使同時. 旦曰, 四裔入貢以尊中國, 蓋常事爾, 彼自有隙, 朝廷奚所愛憎. 上曰, 卿言深得大體. 卽遣使館接焉"라고 보인다.

고려는 송의 '正朔'을 끊은 지 약 20년이 지난 1014년(顯宗5년, 大中祥符7년), 거란과의 알력을 배경으로, 그 정삭을 받들 것을 송조에 다시 요구해 허락을 받게 된 것이다. 다만 『고려사』에 의하면 고려가 실제로 송의 연호 '大中祥符'를 사용하기 시작한 것은 1016년부터이고,[15] 2년 뒤(1018년)에는 송의 연호 개정에 맞추어 '天禧'를 계속해서 썼고,[16] 또 다시 1022년 4월에는 거란과 화해했기 때문에 그 연호인 '太平'으로 복귀하였다.[17]

즉 고려는 제2기 중에 약 7년 간 중국 송조의 연호를 사용한 것이다. 그럼에도 불구하고 이 기간 동안에 고려가 결코 송의 책봉을 받은 사실이 없던 점은 중요하다. 일반적으로 중국왕조에게 주변 민족에 대한 정삭의 허용은 책봉관계를 전제로 한 것이 보통이므로, 여기서 고려가 단지 정삭만을 수용한 것은 이례적이기 때문이다. 이 현상은 거란으로부터 압박을 받고 있던 고려의 반발로 보이지만, 동시에 아직 단절되지 않은 송과의 심정적 유대의 정도를 상징적으로 반영하는 것이기도 하다. 제2기의 후반에는 송조에서 오히려 그 이전보다도 고려와의 관계를 중시하는 발언이 朝野를 통해 나타나기 시작했고,[18] 고려에서도 심정적인 親宋策[19]은 여전히 지속되고 있었다고 보인다.[20]

제3기에는 여·송 관계의 기저에 감추어져 있던 제2기 중의 심정적 차원의 결합이 표출되어 결실되는 시기였다고 할 수 있다. 이 시기에는 양국의 접촉이 오히려 제1기를 능가할 만큼 빈번해지는 양상이었고, 그에 따라 송은 자국 내에서의 고려의 국제 지위를 눈에 띄게 격상시키는 조치를 취해갔다. 뒤에서 상론하지만 예를 들어 제3기의 전반기에 고려는 송의 책봉국인 서하에 준하는 대우를 받았다가, 다시 후기에는 한층 격상되어 거란에 필적하는 예우를 받게 된다.

---

15) 『고려사』 권4, 顯宗7년 是歲.

16) 『고려사』 권4, 顯宗9년 10월조.

17) 『고려사』 권4, 顯宗13년 4월조.

18) 『장편』 권138, 慶曆2년 10월 戊辰, 同書권150, 慶曆4년 6월 戊午, 同書권150, 慶曆4년 6월 戊午, 同書권158, 慶曆6년 5월 丁未, 同書권191, 嘉祐5년 5월 己丑 등 참조.

19) 『고려사』 권8, 文宗12년 8월 乙巳, 同書 동권, 文宗22년 7월 辛巳 등 참조.

20) 흔히 여·송 관계를 논할 때 송조에게는 군사적인 욕구가, 고려에 대해서는 경제적·문화적인 욕구가 각각 상대국에의 관계를 갖게 한 動因으로 설명되는 감이 있는데, 필자는 고려측에서도 양국관계사의 적어도 중반경까지는 송조에 대한 군사적인 욕구가 비교적 강하게 작용했다고 생각한다. 여·송간의 통교 목적에 관한 연구 동향에 대해서는 朴龍雲, 「高麗·宋 交聘의 목적과 使節에 대한 考察(上·下)」(『韓國學報』 81~82, 1995~1996) 참조.

그러나 책봉문제에 초점을 맞출 때 고려는 여전히 송조가 원하는 질서의 주변에 놓여 있었다. 그리고 이 때문에 고려는 제3기 중을 통해 송과의 관계를 활발히 갖기는 했지만, 자신의 입장을 대외에 천명하는 공식적인 문서 등에 거란의 연호를 사용한 반면, 송의 연호는 자유롭게 쓰지 못했다. 이것은 고려의 종주국이 거란이라는 것을 나타내는 것이며, 여기에 고려의 송조에 대한 결정적인 한계가 있었다.

그렇다고 고려가 송을 상대로까지 거란의 연호를 그대로 사용하기는 난처하여, 이 경우는 '甲子紀年'을 원칙으로 하고 있었던 것 같다. 『송사』에,

> 王徽(필자: 고려 文宗) 이후 비록 通使가 끊이지 않았지만, 거란의 封冊을 받고 정삭을 받든 반면, 朝廷에 올리거나 기타 文書에는 甲子를 칭하는 것이 있었다(自王徽以降, 雖通使不絶, 然受契丹封冊, 奉其正朔, 上朝廷及他文書, 蓋有稱甲子者.(『송사』 권487, 外國3 高麗)).

고 하는 것이 그것이다. 즉 고려는 文宗 후반 이후 송조에 '通使'를 본격적으로 재개하였지만, 각종 官文書에 甲子紀年을 사용하여 책봉국이 아님을 암시하고 있었다. 이 때문에 당시 송에서는 이를 불쾌히 여겨 고려 사신에게 송 측 연호의 사용을 강요하기도 했지만,[21] 그들이 집권한 元祐期(1086~1093)에서 조차 고려는 甲子紀年을 사용하고 있었다.[22]

주지하는 대로 송조의 구법당은 神宗 이래의 고려 우대책에 반대해 고려가 송의 연호를 사용하지 않는 것을 못마땅하게 여겼지만, 이를 끝내 시정하지는 못했다. 구법당이 아무리 신법당의 정책을 부정하려 해도, 고려의 송 연호 사용은 거란을 자극하는 결과를 부를 것이 예상되므로 고려는 이를 쉽게 받아들일 수 없었을 것이다. 따라서 고려에게 송 연호의 사용을 요구한 구법당의 주장은 일시적인 당쟁 차원에서의 것이고, 송조가 진정으로 고려와의 관계를 유지하려는 이상은 그들도 고려의 갑자기년 사용을 인정하지 않

21) 『장편』 권361, 元豊8년 11월 戊申에 "禮部言, 高麗國奉慰使與州郡書不稱年號, 惟書乙丑年. 不敢留, 亦不敢答, 欲令館伴官說諭. 從之"고 있고, 『고려사』 권10, 宣宗9년 8월 乙丑에도 "(李)子威以宰相監校入宋表奏, 誤書遼年號, 宋朝却其表, 由是責罷"고 있다.

22) 『송사』 권388, 蘇軾傳에는 元祐7년(1092)경의 기사로 "高麗入貢, 使者發幣於官吏, 書稱甲子. 軾却之曰, 高麗於本朝稱臣, 而不稟正朔, 吾安敢受. 使者易書稱熙寧, 然後受之…"고 보인다. 여기서 일시적인 방편으로 고려사절이 송의 연호를 썼다고 하지만, 이것은 구법당 집권기인 元祐7년경에서도 甲子紀年이 주로 사용되고 있었던 것을 암시하는 예이다.

을 수 없었을 것이다.

고려가 이때 거란 연호를 쓰지 않고 갑자기년을 사용한 것은 고려 나름의 심산이 있었다고도 볼 수 있다. 즉 고려가 거란의 책봉을 받고 있는 이상 그 對宋 교섭에서도 거란 연호의 사용이 원칙임에도 불구하고, 갑자기년을 사용한 것은 송을 존중한 것이 되기 때문이다. 고려는 송에 대해 요·송 양쪽의 연호를 모두 쓸 수 없는 상황에서 갑자기년을 사용하는 절충적인 입장을 가질 수밖에 없었던 것 같다.

상황은 다르지만 조선 왕조에서도 청의 연호를 부정하는 뜻으로 淸 이외의 국제 관계에서 '干支'를 주로 사용하고 있었는데,[23] 이 역시 조선의 외교적 고뇌와 주체성을 모색한 흔적으로 보인다.[24] 조선의 이러한 모습은 고려의 외교정책과 유사한 면을 가지며, 소위 책봉체제 또는 사대주의 외교노선을 일관하던 한국사에서 보이는 공통점으로 이해된다.

이렇게 보면 송조에서 고려의 위치는 매우 미묘한 것이 된다. 제2기 이후 고려는 송의 冊封圈 外로 밀려났음에도 불구하고 일시적이나마 송의 연호를 이용했다거나, 제3기에는 그 대우가 책봉국 이상으로 파격적이었던 점은 고려의 위상이 특이한 것임을 나타낸다. 즉 고려는 외형적으로는 송의 책봉국이 아닌 시기가 대부분이었지만, 사실상은 책봉국 이상의 대우를 받았다는 점에서 그 위치를 한 마디로 쉽게 규정하기 어려운 측면이 있다.

이 점에서 필자는 고려 전기 동아시아의 구도가 중국의 漢代의 그것과 부분적으로 닮은 것을 의식하게 된다. 한제국의 지배 구조를 설명한 栗原朋信은 대체로 다음과 같은 관점을 보인다.

> 漢은 중화사상에 기초하여 천하를 '內'와 '外'로 구별하였는데, 이 중 '內'의 지역은 한 천자의 영향력이 직접 미치는 內臣이 통치하였지만, '外'의 지역은 한의 책봉을 받는 이민족 首長이 外臣으로서 한의 法을 지키면서 그 아래의 인민에 대해서는 독자의 禮와 法으로 군림했다(南越 등). 다만 현실적으로 '外'에는 外臣보다 한의 德化가 약하게 미치어 스스로의 판단으로 朝貢(貿易)만을 행하는 조공국(일본 등)이 있고, 또 外臣과 조공국 사이에도 중간적 성질을 갖는 客臣(東匈奴시대의 흉노)이 있으며, 다시 조공국의 밖에는 모든 점에서 한과 대등한 隣對國(匈奴)이 있다.[25]

23) 孫承喆,「明淸交替期對日外交文書의 年號와 干支」(『大東文化硏究』 32, 1997) 참조.

24) 손승철, 앞 논문, p.152.

25) 동,「漢帝國と周邊諸民族」(『岩派講座世界歷史』 古代4, 1970)에서 의역함.

즉 栗原은 한제국의 구조를 이념적으로는 황제의 德化, 사실상은 현실에 존재하는 실력에 의해

內臣 〉外臣 〉客臣 〉朝貢國 〉隣對國

식으로 한의 영향력을 받고 있었고, 그 대우(賓禮)도 이 관계에 입각하고 있다고 보는 것이다. 물론 漢代와 宋代를 등치시킬 수는 없고, 또 여기서 보이는 용어 및 국제 관계도 송대 동아시아세계에 그대로 적용시킬 수는 없지만, 이 관계를 잠시 송조의 입장에서 무비판적으로 치환해 보면, 형식적으로는

內臣 〉外臣(=交阯·서하) 〉客臣(=제2기 이후의 고려) 〉朝貢國(=일본) 〉隣對國(=거란)

의 관계가 될 수 있다고 생각한다.

漢에서도 외신·조공국·인대국의 성격은 비교적 명확하지만, 客臣은 원래 외신 또는 인대국이던 국가들이 여러 계기를 통해 그 지위가 수시로 바뀐 결과로서의 지위를 의미하는 등 가장 가변적인 상태에 있었다.

고려는 위에서 검토한 것처럼 제1기에서 제3기를 거치면서 미묘한 국제정세에 대응해 그 지위를 변질시키고 있었고, 따라서 고려의 위치를 비유적으로 설정한다면 그것은 일반 책봉국=外臣과 조공만을 통하여 정치적 관계가 배제된 조공국[26]의 중간 정도에 위치하는 것, 즉 漢의 경우라면 '客臣'에 상당하는 것으로 보고 싶다. 고려의 이 같은 지위는 고려사절이 송조에 파견되어 받게 되는 접대 양상에서도 발견되는 것으로 필자는 생각하며, 그러한 점은 다음 장 이하에서 분석될 것이다.

26) 보통 '조공국'이라면 책봉을 받은 국가도 포함되지만, 栗原이 의미하는 漢代의 조공국은 대부분 책봉관계 없이 순수한 '조공(무역)'만을 행하는 국가이다.

2. 入宋高麗使節에 대한 宋의 應待와 의의 : 開封 도착까지

고려사절이 入宋하기 위해서는 주로 해로가 이용되었고, 이 해로에는 다시 소위 '北路'와 '南路'의 두 길이 있었다.[27] 東路로도 불리는 전자는 고려의 예성강을 출발한 배가 거의 직선으로 황해를 건너 산동반도(宋代의 京東路)의 登州에 이르는 항로이며, 후자는 역시 예성강을 출발한 배가 고려의 서해안을 남하해 明州(송의 兩浙路 소속. 현재의 寧波)에 달하는 항로이다.[28] 여·송관계사에서 볼 때 거란의 위협이 계기가 되어 1073년(文宗27년, 熙寧6년)부터는 南路가, 그 이전까지는 北路가 이용된 것 또한 주지의 사실이다.[29] 따라서 宋都(開封)에서 각종의 使命을 행해야 할 고려사절 일행은 10일 전후의 여정을 소요한 끝에 중국에 도착해, 다시 登州[30] 혹은 明州[31]로부터 宋의 국도 開封으로 향한 것이 보통이었다.

때로는 300명[32]에 이르는 고려사절들은 登州와 明州에서 일정한 입국 수속도 거쳤을 것이며,[33] 이를 마친 후에 비로소 개봉으로 향하게 됐는데, 이와 관련해서 『萍州可談』 권2에는 다음과 같은 설명이 보인다.

---

27) 宋晞, 「宋商在宋麗貿易中的貢獻」(同, 『宋史硏究集』 2 所收, 中國文化大學出版部, 1980); 王文楚, 「兩宋和高麗海上航路初探」(『文史』 12, 1981) 등 참조.

28) 이 점과 관련해서 가장 상세한 자료는 徐兢, 『宣和奉使高麗圖經』 권34(海路1)·권39(海路6)이다. 王文楚, 앞 논문은 여·송간의 교통로를 南·北 2路로 설명하면서도, 그 밖에 이용은 많지 않았지만 北路에서는 密州가, 南路 중에서는 양자강 하류의 海門縣과 福建의 泉州가 함께 이용되고 있던 사실을 지적한다.

29) 宋晞, 王文楚 앞 논문 참조.

30) 登州의 지역성에 대해서는 日比野丈夫, 「北宋時代の京東路」(同, 『中國歷史地理硏究』 同朋社, 1977, 原載는 1974)참조.

31) 明州에 대해서는 宋晞, 「明州在宋麗貿易史上的地位」(同, 『宋史硏究論叢』 3 所收, 中國文化大學出版部, 1988, 原載는 1986)참조.

32) 고려사절의 인수에 대해서는 丸龜金作, 「高麗と宋との通交問題」(1)(『朝鮮學報』 17, 1960), p.23 참조.

33) 登州는 미상이나 明州의 경우는 市舶司가 있었고, 따라서 이곳에서 일정한 입국을 위한 절차가 있었을 것이다. 近藤一成, 「入宋僧成尋の入國手續について」(早稻田大學東洋史硏究室編(綜合硏究A·硏究成果報告書), 『東アジア史上の國際關係と文化交流』, 1986))는 宋의 熙寧년간에 聖地 순례를 위해서 入宋한 日本僧 成尋일행이 明州 근처인 杭州市舶司에서 입국수속을 거친 경위를 논증하였는데, 그렇다면 고려사절 역시 明州 市舶司에서 그것이 행해졌을 가능성이 있다. 明州 시박사에 대해서는 宋晞, 앞 논문, 「明州在宋麗貿易史上的地位」를 참조.

> 高麗人이 바다를 이용해 明州에 도착하면, 二浙지방으로부터 汴河를 거슬러 수도 개봉에 이르는데 이를 南路라 부른다. 혹은 密州에 도착하여 京東에서 육로로 京師에 이르는데 이를 東路라 했다. 二路의 여행 시설(亭傳)이 새로워졌는데도 늘 南路를 이용하고 東路를 이용하지 않는 것은 고려인이 舟楫을 편리해 하고, 많은 량의 輜重을 운반하기 때문이다(高麗人泛海而至明州, 則由二浙遡汴至都下, 謂之南路. 或至密州, 則由京東陸行至京師, 謂之東路. 二路亭傳一新, 常由南路, 未有由東路者. 高麗人便於舟楫, 多齎輜重故爾.).

南路를 통해 明州에 이르는 자는 二浙(=兩浙路)지방에서 汴河를 이용해 개봉으로 향했고, 반면 北路(東路)를 경유해 密州에 달한 자는 여기서 다시 '陸行'하여 개봉에 나아갔는데, 고려인은 운반물이 많은 관계로 '舟行'을 편리하게 여겨 南路를 택한 것을 알 수 있다. 즉 고려사절은 密州라면 육로로, 明州라면 운하와 汴河로 연결되는 水路를 통해 개봉으로 향했던 것이다. 이 두 경로는 당시의 중국에서도 대표적인 교통로였고,[34] 고려사절은 이를 그대로 이용한 것이다.[35] 그러한 사실은 고려사절의 南路 이용이 승인된 직후(1073년 말)부터 이미 보이며,[36] 그 이후 고려사절의 개봉에의 진입은 물론 귀국 시에도 汴

34) 青山定雄, 『唐宋時代の交通と地誌地圖の硏究』(吉川弘文館, 1963) 제2장「宋代の陸路」, 제6장「唐宋の汴河」참조. 특히 동서 p.214에서 "汴河는 남북의 水運을 잇는 교통의 간선이었기 때문에 長江연안에서 황하 연안에 나아가려는 자, 반대로 황하연안에서 장강 연안으로 나아가려는 자는 모두 이를 이용하지 않을 수 없었다"고 설명한다.

35) 다만 汴河는 대체로 晩春에서 初冬에 이르는 기간은 航行이 자유로웠지만, 황하의 減水期에 해당하는 中冬에서 晩春(10월~3월초)에 걸쳐서는 항행이 거의 두절되는 상태였다. 송대에서 江南의 물자를 운송하는 漕運의 발전이라는 추세에 맞추어 熙寧연간 이후에는 연중 航行을 가능케 하기 위한 방법이 고안되기도 했지만, 이것도 항상적이지는 못했다(青山定雄, 앞 책, 제6장「唐宋の汴河」참조). 또 지리적으로 보아도 汴河를 가장 많이 이용한 외국사절은 고려이며, 이 때문에 송은 고려사절을 위해서 汴河 문제에 신경을 많이 쓰고 있었다. 예를 들어 『장편』 권504, 元符元年 12월 丁丑에는 "館伴高麗使所奏, 尹瓘等剋定來年正月起發迴程, 臣等已婉順說諭瓘等, 可且盤泊. 繼而會食, 又言聞修州橋, 恐閉口無水. 臣等未見開河畢工期限, 慮人使進發, 河水妨礙. 御批, 契勘高麗使人到闕盤泊未久, 宜箚與館伴所, 且作朝廷再三優異待遇款留之意. 所有開河造橋, 可相度別展月日下手, 仍一就箚與照會, 因坐間令委曲開諭. 尋令高麗使以二月下旬朝辭, 三月初, 選日送發"고 있는 것처럼, 汴河의 이용 시기를 맞추기 위해서 송조가 고려사절의 귀국을 늦추게 하는 예도 보인다.

36) 『송사』 권93, 河渠3 熙寧6년(1073) 11월에 "范子奇建議, 冬不閉汴口, 以外江綱運直入汴至京, 廢運般. 安石以爲然. 詔汴口官吏相視, 卒用其說. 是後高麗入貢, 令泝汴赴闕."라고 있다.

河는 문자 그대로 간선의 역할을 했다.[37]

송조는 고려사절을 각 연로의 요처에서 다양한 방법으로 응접하고 있었다. 먼저 숙박기관을 설치함으로써 고려사절의 상경 도중의 휴식과 숙박에 편의를 제공했다.[38] 그러한 시설들은 '館' 또는 '驛'이라 불렸다. 이 사실은 東路에서 1015년(顯宗6년, 大中祥符8년)에 登州에 "館을 두거나", "官署를 수리"하였다[39]는 예를 비롯해, 이후 특히 여·송 관계가 활발해지는 神宗朝 이후의 南路 線上에서 눈에 띄게 보인다. 『石林燕語』 권3에도,

> 元豊 이후, 고려를 우대하는 禮가 특히 厚하여, 지나는 州는 모두가 館을 만들어 준비하고, 따로 창고도 만들어 供帳과 什物을 비축한다(元豊以後, 待高麗之禮特厚, 所過州皆旋爲築館, 別爲庫以儲供帳什物.).

고 하여, 특히 元豊 연간(1078~1084, 文宗 후반에서 宣宗 初)이후 송조의 고려 優遇策의 일환으로 고려사절이 통과하는 모든 '州' 단위 지역에 '館'이 마련되고 있었음을 볼 수 있다. 館은 여관 같은 숙박시설을 가리키며, 이들 중에는 본문 중의 설명처럼 신축된 것도 있지만, 다수는 각종의 재래 시설을 개축한 것으로 생각된다.

송대에는 소위 驛傳을 주목적으로 하는 亭·傳 내지 驛 등을 전국의 주요 도로에 배치하고 있었는데, 이때 그러한 기존 시설들이 고려사절을 위해서 館으로 활용되는 추세에 있었다. 이점은 동시에 亭 또는 驛 등이 본래의 기능을 점차 잃어가고 있던 송대의 경향과도 추세를 같이 하는 것이었다.[40] 따라서 앞 『萍州可談』 권2에 "二路(南路와 東路)의 亭傳이 一新"되었다고 하는 것 역시 기존의 亭과 傳이 새롭게 모습을 단장하게 된 것을

---

37) 예를 들어 고려사절의 귀국과 관련해서 『장편』 권280, 熙寧10년(1077) 2월 甲午에 "詔春候已深, 無甚寒凍, 高麗使非久起離, 令都水監趣五七日開汴口"고 있다.

38) 『장편』 권278, 熙寧9년(1076) 10월 甲申朔에 "上批, 高麗使至明州已久, 慮引伴使臣縱其國人所過遊觀, 以致留滯, 將來阻閉汴口. 宜密指揮依前來所在住留日數, 毋得稽程"라고 있는 것은, 上京 도중의 고려사절이 곳곳에서 체류하면서 휴식과 더불어 유람을 즐긴 것을 보여주며, 이 때문에 그들은 때때로 일정을 지체하기도 했다.

39) 아마도 같은 사실을 『송사』 권487, 外國三 高麗에는 "大中祥符八年(1015), 詔登州置館於海次以待使者"고 있고, 『長編』 권84, 大中祥符8년(1015) 2월 甲戌에는 "令登州於八角鎭海口治官署, 以待高麗·女眞使者"고 있다.

40) 靑山, 앞 책, 제5장 「宋代における遞鋪の發達」, pp.182~183 참조.

말하는 설명이며, 당시의 '高麗亭'[41]이라 불린 것들 중에도 이러한 배경이 있었다고 보인다.[42] 즉 고려정 중에는 신축된 것도 있겠지만,[43] 대부분은 기존의 亭·傳을 활용한 것으로 생각되며 이것만으로도 주민의 부담은 적지 않았을 것이다.

게다가 고려정에는 창고가 부설되어 고려사절의 연회 등에 필요한 물건이 비치되었다(앞『石林燕語』). 그리고 거기에 필요한 비용은 송조가 직접 지급하는 경우도 있지만,[44] 처음에는 부담이 주민에게 전가되어 그들이 사절 응대에 필요한 물자 내지 노동력을 직접 제공하고 있었다. 특히 고려사절이 통과하는 지역 주민들은 사절일행이 이용하는 선박 또는 운하와 관련된 각종의 노역도 강요받고 있었고, 이것이 종종 사회문제로 비화되었다.[45]

이 점이 송조에서 문제를 불러 蘇軾 같은 비판자도 나타났다.[46] 그러나 이미 소식의 비판이 있기 전에 송조에서는,

> 이전에 高麗人이 오고가는 데에는 모두 登州에서 시작하였다. 그러나 (熙寧)7년(1073)에 그 신하인 金良鑑을 보내와 거란을 멀리하고자 길을 바꾸어 明州로부터 闕로 나아가고자한다고 하여, 이에 따랐다. 郡縣의 供頓에 準則이 없어 자못 백성을 소란하게 만드니, 詔하여 式을 세워 頒下하고 그 비용은 모두 官給으로 하게 했다…(往時高麗人往反

---

41)『萍州可談』 권2에 "元豊待高麗最厚, 沿路亭傳皆名高麗亭"고 보인다.

42)『장편』 권298, 元豊2년 6월 庚子에도 "賜兩浙路度僧牒百五十, 脩高麗使亭·館"고 있다.

43)『장편』 권298, 元豊2년(1079) 5월 壬辰의 "賜明州及定海縣高麗貢使館名曰樂賓, 亭名曰航濟"와 淸 李圖,『靑州府志』 24, 諸城의 "宋高麗館在縣(密州)東南舊驛左, 宋元豊七年(1084)有詔京東淮南, 築高麗亭館, 密·海州騷然, 有逃亡者" 등은 그 예로 보인다.

44) 예를 들어『장편』 권97, 天禧5년(1021) 6월 乙巳朔에 "別給登州錢十萬, 充高麗朝貢使之費"라든가,『송사』 권487, 外國三 高麗에 "初, 高麗入使, 明·越困於供給, 朝廷館遇燕賚錫予之費以鉅萬計, 饋其主者不在焉. 我使之行, 每乘二神舟, 費亦不貲. 三節官吏縻爵捐廩, 皆仰縣官. 昔蘇軾言于先朝, 謂高麗入貢有五害…"라고 있는 것은 고려사절 접대에 송조의 官費가 적지 않게 쓰인 것을 말하며, 이것이 유명한 蘇軾의 비판을 불러일으키고 있는 배경이 되었다.

45) 汴河는 남에서 북으로 올라갈 때 특히 사람의 도움을 받아 이를 끌어야 할 필요가 생겼다고 하는데(靑山定雄, 앞 책, 제6장「唐宋の汴河」참조),『송사』 권353, 孫傅傳에 "宣和末(1125), 高麗入貢, 使者所過, 調夫治舟, 騷然煩費"와 同書권363, 許翰傳에 "宣和七年(1125), …高麗入貢, 調民開運河, 民間騷然"과 같은 예는 그것과 관계가 있는 것 같다.

46) 당시의 소식의 입장에 대해서는 申採湜,「宋代官人의 高麗觀」(『邊太燮博士華甲紀念史學論叢』 1985); 陳飛龍,「蘇軾高麗觀之探討」(『國立政治大學學報』 64); 李範學,「蘇軾의 高麗排斥論과 그 배경」(『韓國學論叢』 15, 1992) 등을 참조.

皆自登州. 七年, 遣其臣金良鑑來言, 欲遠契丹, 乞改塗由明州詣闕, 從之. 郡縣供頓無舊準, 頗擾民, 詔立式頒下, 費悉官給….(『송사』 권487, 外國三 高麗)).

라고 보이는 것처럼, 고려사절의 南路 이용이 본격화되는 당초부터 일정한 '式'(관계규정)을 세워 영접비용을 '官給'을 원칙으로 하게 했다.[47] 고려 우대책은 그 사절이 지나는 각 州·縣의 인민에게 부담을 지우는 결과를 부른 것이다. 또 송은 官給의 영접비가 流用될 것을 금하는 조치를 강구하거나,[48] 수시로 그 재정이 된 公使錢을 '增給'하기도 했다.[49]

이후 주민의 부담이 얼마나 줄었는지는 알 수 없으나, 신법당 집권기인 희령·원풍연간에는 일단 주민의 피해를 알리는 기사는 보이지 않는다. 따라서 소식이 고려와의 通交를 비판한 소위 '五害論'[50]의 근거는 송조의 대처가 있기 이전의 상태를 비판한 것으로 보인다.

한편 신종조의 고려 우대책은 송대 사대부의 정서를 자극한다는 면에서도 비판을 받았다. 고려사가 통과하는 지점에 있는 송의 관리들이 沿路에서 迎接禮를 표시해야 했기 때문에 불만이 특히 컸다. 송에서는 고려사의 통과 지역마다 장관인 知州를 郊外에 보내 이를 영접하게 하였는데, 희령 이전부터 보이는 이 관행에 송의 관리들은 일찍부터 불만을 갖고 있었다. 知州 중에는 중앙의 고관을 역임한 자도 많았고, 그러한 자들이 소위 '蕃國'의 사신을 직접 영접하는 것은 일종의 굴욕으로 여겼기 때문이다.[51] 다만 희령 이전

47) 『장편』 권247, 熙寧6년(1073) 10월 壬辰에 같은 내용으로 "明州言, 高麗入貢, 上批, 本州遣諳識海道人接引, 轉運司委官用新式迎勞. 高麗自國初皆由登州來朝, 近歲常取道明州, 蓋遠于遼故也. 上慮州縣供頓無前比, 因以擾民, 故命立式, 仍一切取給于官. 又詔高麗不通華言, 慮規利之人私與交易, 令所在密止約. 又詔引伴·禮賓副使王謹初等與知明州李綖訪進奉入貢三節人中有無燕人以聞."라고 있다.

48) 『장편』 권296, 元豊2년(1079) 2월 辛亥에 "上批, 東京·淮南·兩浙路應副高麗貢使什物, 可逐路委一監司主領, 禁毋他用"라고 있다.

49) 『장편』 권301, 元豊2년(1079) 12월 癸丑에 "增明州公使錢爲二千六百緡, 以高麗貢使出入故也"라고 있다.

50) 이에 관해서는 앞 주46)의 논문들 참조.

51) 『장편』 권95, 天禧4년(1020) 4월 丙申에 "高麗嘗入貢, 道出州境, 中貴人挾以爲重, 使州官旅拜於郊, (胡)順之曰, 靑, 大鎭. 在唐押新羅·渤海, 縱其國王來, 尙當與之均禮. 今見陪臣, 奈何卑屈如此. 獨不拜, 因上書論辨…"라고 보이고, 『송사』 권303, 胡順之傳에도 역시 "爲靑州從事. 高麗入貢, 中貴人挾以爲重, 使州官旅拜於郊. 順之曰, 靑, 大鎭也. 在唐押新羅·渤海, 奈何卑屈如此. 獨不拜"라고 보인다. 아울러 『장편』 권83, 大中祥符7년(1014) 7월 甲午에 "詔交阯·占城·大食·闍婆·三佛齊·丹流眉·賓同朧·蒲端等國使入貢者, 所在遣使臣伴送赴京, 郵傳供億, 務從豊備"라고 있는 것처럼, 고려·거란·서하를 제외한 거의 대부분의 조공국의 경우는 "所在에서 使臣을 보내 伴送하여 개봉에까지 달하게 했다"고 보인다.

에는 여·송 양국의 관계가 아직 본 궤도에 오르지 않았기 때문에, 그 불만은 크게 표면화되지 않았다.

그러나 희령 이후 송의 고려 우대가 강조되고 고려사의 入宋이 활발하게 되자 불만이 고조되었다. 고관을 역임 후 應天府의 知府로 있던 張方平은 1076년(文宗30년, 熙寧9년)에 당시 고려에 대한 송의 예우를 거란과 비교해 다음처럼 지적하였다.

> 宣徽南院使·判應天府 張方平이 말하기를, 高麗使가 赴闕하는 儀制에는, 통과하는 京府·州·軍의 知州와 通判이 의례 出城하여 接送합니다. 신이 보건대 거란의 사신이 北京을 지날 때는 단지 通判이 少尹의 직함을 빌려 接送할 뿐입니다. 고려는 外蕃으로 그 使는 곧 陪臣이지만, 宣徽使의 班秩은 二府와 같은데도 出城하여 接送하니, 그 禮가 도리어 거란보다도 무거워 이는 國體를 존숭하고 威靈을 보이는 바가 못 됩니다, 라고 하였다. 詔하여 通判으로만 接送을 시키고, 만일 使人이 來見하는 경우는 돌아가는 길에 배알하게 하고, 揚州도 이에 따르게 했다(宣徽南院使·判應天府張方平言, 高麗使赴闕儀制, 所至京府·州·軍, 知州·通判例出城接送. 伏見契丹使過北京, 止是通判攝少尹接送. 高麗外蕃, 其使乃陪臣也, 而宣徽使班秩同二府, 出城接送, 其禮更反重於契丹, 非所以崇國體示威靈也. 詔止令通判接送, 如使人來見卽回謁, 揚州依此.(『장편』 권278, 동년 10월 丙申)).

그가 고려사절이 개봉까지 赴闕하는 데에는 나름대로 儀制가 있어서 개봉에 이르는 도중의 府·州·軍의 장관과 通判(부장관)이 교외에 나아가 接送을 해야 하는데, 이것은 하물며 거란사에서 조차 통판이 接送하는 他例에 비해 過禮로 일반적인 賓禮에 반한다고 주장하자, 송조가 이를 받아들여 거란과 똑같이 통판만으로 고려사절을 接送하게 한 조치이다.[52]

물론 단편적일 수 있으나 이 무렵 송조의 고려사에 대한 優遇는 거란을 능가하는 양상을 보이고 있었다. 따라서 이 무렵의 고려사가 迎接禮에서 交趾[53]는 물론 서하를 넘어서는 대

---

52) 『송사』 권318, 張方平傳에 동문으로 "高麗使過府, 長吏當送迎, 方平言, 臣班視二府, 不可爲陪臣屈. 詔但遣少尹"라고 있다.

53) 『송사』 권119, 禮22 諸國朝貢에는 交趾에의 영접례와 관련해서 "元祐二年, 知潁昌府韓縝言, 交阯小國, 其使人將及境, 臣嘗近弼, 難以抗禮. 按元豊中迓以兵官, 餞以通判, 使副詣府, 其犒設令兵官主之. 請如故事. 仍詔所過郡, 凡前宰相·執政官知判者如之"고 보여, 元豊中에 交趾는 각 州의 兵官과 通判이 이를 각각 迎送하고 있었다.

우를 받은 것은 충분히 추정된다. 또한 장방평의 문제 제기로 고려사의 영접례가 다소 재고된 감이 나타났지만, 그러나 이로부터 불과 2년 후(1078년, 元豊元年)에 송조는 다시,

> 詔하여 奉使高麗使·副의 통과하는 州縣은 그 迎勞를 遼의 例에 견주게 했다(詔奉使高麗使·副所過州縣, 迎勞並視使遼例.(『장편』 권288, 元豊元年 3월 乙亥)).

라는 조치를 발령했다. 고려사에게 요를 능가하는 예로 임하는 것은 부당한 것일지라도, 적어도 요의 수준은 돼야한다고 본 것이 당시 송조의 태도였던 것이다.

이후도 계속된 송조에서의 고려사절의 지위 상승은 徽宗朝에 이르러 최고조에 달하게 된다. 그 최종적인 도달점은 고려사의 '國信使' 칭호 획득인데, 그 경위를 葉夢得은 자신의 『石林燕語』 권7에서 다음과 같이 전한다.

> 國朝에서 거란에 대한 館伴은 尙書의 學士를 이용하는 것이 일반적이다. 元豊연간(1078~1085) 초에, 고려가 入貢하자 畢仲衍이 館伴하였는데, 仲衍은 당시 中書舍人이었고, 그 뒤 마침내 이것이 故事가 되었다. 陪臣으로 이를 취급하여 거란보다 한 등급을 낮추었기 때문일 것이다. 거란은 都亭驛에 투숙하고 그 使命의 往來를 國信使라 칭하였으나, 고려는 同文館에 투숙하되 國信을 칭하지 않았고, 그 恩數와 儀制는 모두 거란보다 줄였다. 大觀연간(1107~1110)에, 나는 中書舍人으로서 처음 館伴에 差出되었으나, 館伴에 미처 이르기도 전에 學士가 되어, 執政이 새로 다른 사람을 차출하려 했으나, 황제는 그대로 나를 館伴으로 삼게 했다. 이로부터 王將明 등이 모두 學士로서 館伴이 되었고, 그 使의 격식도 올려 國信이라 하고, 일체의 대우를 거란에 견주게 했다. 이때는 朔方 경영을 추진하려던 때로 고려에게 도움을 구하려 했기 때문으로 보인다(國朝館伴契丹, 例用尙書學士. 元豊初, 高麗入貢, 以畢仲衍館伴, 仲衍時爲中書舍人, 後遂爲故事. 蓋以陪臣處之, 下契丹一等也. 契丹館於都亭驛, 使命往來, 稱國信使, 高麗館於同文館, 不稱國信, 其恩數儀制, 皆殺於契丹. 大觀中, 余以中書舍人初差館伴, 未至而遷學士, 執政擬改差人, 上使仍以余爲之. 自是, 王將明等皆以學士館伴, 仍升使爲國信, 一切視契丹. 是時, 方經營朔方, 賴以爲援也.).

이것은 遠路의 여정을 끝내고 개봉에 도착한 고려사절이 그 체류 시설인 同文館(후술) 入館을 두고, 그 처우에 대한 사항을 거란의 사례와 비교하며 묘사한 귀중한 설명이다.

이에 따르면 송조는 국초부터 거란사를 그 숙소인 都亭驛[54]에 맞아들일 경우는 보통 '學士'(正3品)를 館伴使에 임명하였고 또 그 사절에 대해서는 '國信使'라 칭하였다. 그리고 이에 비해 고려에 대해서는 元豊初 경에 '中書舍人'(원풍관제 전 正5品上, 후에 正4品)을 통해 그 사절을 同文館에 맞이하였으나 그 迎接使의 지위는 거란보다 '一等 아래'에 해당하며 '國信使'라고도 칭하지 않았기 때문에, 모든 '恩數'(대우)와 儀制를 거란보다 줄였다는 것이다.

이를 포함해 앞에서 살펴본 상황과 종합하면, 송에 입국한 고려사절은 희령 후기에서 원풍 초기 무렵의 上京 도중의 영접례에서 거란을 넘어서거나 또는 그와 동등한 취급을 받는 등 상당히 높은 대우를 받았으나, 入京 이후에는 다시 거란보다 한 등급 아래로 떨어져 대우의 수준이 일률적이지 않은 것이 사실이지만, 대체적으로 거란에 근접한 예우와 송의 관심을 받았음은 틀림없는 사실이다.

하지만 북송의 말기인 徽宗의 大觀연간(1107~1110) 중에 고려사에게 또 한 차례의 파격적인 대우가 찾아왔다. 즉 계속해서 위의 인용문에 따르면, 이 무렵에 고려사를 위한 館伴使를 기존의 사례에 따라 正4品의 '中書舍人'으로 충당하려 했으나, 결국 휘종의 뜻이 반영되어 보다 높은 관품인 '學士'의 位階로 섭몽득이 관반사에 임명되었다는 사실이 확인된다. 고려사에 대한 호칭도 거란처럼 '國信使'를 칭하게 했고, 그 예우 또한 거란 수준과 일치시킨 것이다. 고려사는 명실공히 이 때 송조에게 최고의 '外賓'이 되었다고 할 수 있다.

이 부분은 『송사』에,

> 政和 연간(1111~1118년)에, 高麗使를 國信으로 올려 그 예우를 夏國보다 위가 되게 하였고, (그 업무를)遼人과 더불어 樞密院에 예속시켰다. 引伴·押伴官을 接送·館伴으로 고쳤다.(政和中, 升其使爲國信, 禮在夏國上, 與遼人皆隸樞密院, 改引伴·押伴官爲接送館伴.(『송사』 권487, 外國3 高麗)).

라는 내용과도 정확히 대응한다. 고려가 '國信'을 칭함으로써 종래의 '引伴'과 '押伴'이라는 용어가 '接送'과 '館伴'이라는 정중한 표현으로 대체되었고, 이에 기초해서 그 사절도

54) 김성규, 「宋代迎賓機關의 性格을 중심으로 본 唐宋變革의 一面」(『中國學報』 41, 2000).

遼使와 함께 樞密院이 직접 관리[55]하게 되었다. 禮的 대우에서 서하를 추월한 것도 명백했다.[56]

위의 『石林燕語』는 이러한 파격적인 고려에의 優遇가 다름 아닌 송조의 "朔方經營"과 관련해 그 원조를 받기 위해서였다고 설명한다. 삭방경영은 송조가 국초 서하에게 빼앗긴 지금의 내몽고지역(오르도스 일대)을 탈환하려는 것을 말한다. 고려 우대책이 이와 정반대 방면에서 행해지고 있던 삭방경영과 직접 관계가 있던 것은 아니지만, 송조는 고려와의 관계를 확고히 만들어 당시 추진되고 있는 서방 경영을 위한 말하자면 '後顧의 憂'를 없애려 했다고 볼 수 있다.[57]

종래 송 신종조의 적극적인 고려 유화책이 거란에 대항하기 위한 것이었다는 점은 잘 알려져 있지만, 그러한 정책은 신종조 이후도 송조가 계속해서 대립 내지 공세를 취하고 있던 북방(거란)과 서북방(서하 및 西蕃)의 문제와 깊이 연동하고 있음을 알 수 있다. 이 점은 고려의 국제 관계가 동방을 주된 범위로 하면서도, 서하 또는 베트남 문제에까지 관련을 갖고 있던 것을 의미한다.

또한 이 문제는 송조 측에서 볼 때는, 종래 제2의 대우를 받고 있던 서하가, 송조와의 대립·항쟁을 배경으로 고려보다 禮的으로 하위로 전락한 것을 의미하기도 한다. 당연하게도 빈례는 송이 취한 입장과 긴밀한 상관관계를 갖고 변화하고 있었다.

55) 『송사』 권119, 禮22 高麗進奉使見辭儀에 "政和元年, 詔高麗在西北二國之間, 自今可依熙寧十年指揮隷樞密院. 明年入貢, 詔復用熙寧例, 以文臣充接伴使副, 仍往還許上殿"고 있는 것을 보면, 송조에서는 희령10년에 이미 高麗를 추밀원에서 관리하고 있었던 것으로 보인다. 송의 추밀원은 물론 軍事를 전담하는 부서로, 이것은 송조의 고려에 대한 군사적 관심을 보이는 부분으로도 생각되지만, 물론 이 때 고려 사절을 직접 영접하고 對하던 곳은 同文館이었다(후술).

56) '國信'은 奥村, 앞 논문, 「使節迎接禮より見た高麗の外交姿勢」, p.42(주25)에 "거란과의 修和關係(대등한 관계)와 불가분의 것이었다"고 하는 것처럼, 처음은 송과 대등한 지위에 있던 거란 사절을 의미한 것이고, 이것이 이후 고려에 대해서도 사용된 것이지만, 고려의 경우는 결코 대등한 의미로서는 아니고, 송조가 다른 보통의 進奉使와 구별하기 위해서 쓰인 것으로 보아야 할 것이다. 아울러 이때는 고려사절을 接送하는 송의 관리를 '館伴使'라 칭했는데, 이것도 보통은 '引伴' 또는 '押伴'으로 부르던 것을 존중의 의미로 격상한 것이었다.

57) 金成奎, 『宋代の西北問題と異民族政策』, 「머리말」(汲古書院, 2000) 참조.

3. 開封 체류 중의 여러 문제

1) 고려사절과 朝貢儀禮

개봉에 도착한 고려사절이 마지막으로 여장을 푼 곳은 同文館이었다. 송대에는 외국사절이 留宿하는 장소가 국가별로 분리되어 고려사절에게는 동문관이 배정되었다. 동문관은 특히 神宗朝 이후에 본격화된 고려와의 친선관계를 반영해 1074년(文宗28년, 熙寧7년) 전후 설치되었다.

개봉 체류 중에 각종의 使命을 수행했을 고려사에게 가장 중요한 일정은 역시 송 황제에 대한 알현이었다. 송조를 찾는 모든 외국사절들은 황제 알현을 통해 使行의 목적이 최종적으로 결정되기 때문에, 그들의 일정도 이를 중심으로 맞추어졌다. 송 측 또한 외국사의 방문에 대비해 그들에 합당한 格式=賓禮를 마련하였다. 일찍부터 '조공국'에 대한 정보를 수집해 각종 '圖書'를 편찬하거나 入朝(朝貢) 의례를 연속해 제정한 것은[58] 그 일환이었다.

송의 고려에 대한 그 같은 첫 번째 움직임은 1016년(顯宗7년, 大中祥符9년) 무렵[59] 고려사신을 맞이하면서부터였다. 이는 당시까지 송조에서 고려사를 맞이하는 데에 일정한 定式이 없었기 때문이었다고 한다.[60] 본 장에서 이미 지적한대로 1016년은 고려가 거란의 책봉을 받은 상태에서 송의 연호를 일시 사용한 해인데, 이러한 고려의 적극적인 접근이 송조의 儀禮 제정에 영향을 주었을 것이다. 이어지는 天禧 연간(1017~1021)무렵에는 구양수 등

---

58) 『장편』 권85, 상부8년 9월 庚申에 "權判鴻臚寺…上言, 請纂集大中祥符八年已前朝貢諸國, 績畫其冠服, 采錄其風俗, 爲大宋四裔述職圖, 上以表聖主之懷柔, 下以備史臣之廣記. 從之. 及復(인명)以圖來上, 上曰, 四裔朝貢無虛歲, 何但此也. 乃詔禮儀院增修焉.(原注; 增修乃明年四月己亥, 今幷書)"라고 있고, 同書권256, 희령7년 9월 丁未에 "史館修撰宋敏求等上蕃夷朝貢錄, 凡二十一卷, 卽李評所請也"라고 보인다.

59) 『宋會要』 職官25-7, 禮賓院 大中祥符9년 정월에 "集賢校理張(缺字 二字)言, 近奉詔館伴高麗使, 所差俾宴及當勾, 皆近上臣僚未有定式, 欲乞起今外國人使到闕, 先令有司詳酌儀式. 從之"고 있다. 단 후술하는 『太常因革禮』 권84, 新禮17 高麗國使副見辭에는 "禮閣新編, 大中祥符元年, 高麗國使副入貢, 逐詔有司裁定儀注"고 있어, 송조가 大中祥符원년(1008)에 고려사절의 入貢에 대해서 "儀注"를 만들었다고 하지만, 이 해에는 공식적으로 고려사절의 왕래가 없던 기간이므로, 아마도 이것은 동9년의 잘못일 가능성이 있다.

60) 동상.

이 『太常因革禮』(이하 『因革禮』)[61]를 편찬하였는데, 그 가운데에 고려사절에 대한 입조의례로 '高麗國使副見辭'가 함께 보인다. 이 역시 일시 끊어졌던 고려의 入朝와 관련된 송의 대응으로 보인다. 하지만 양국은 머지않아 다시 40여 년 간이나 외교 중단 상태에 돌입함으로 위의 儀禮가 실제로 기능했다고는 생각되지 않는다.

그러나 고려 文宗 후반기에 양국의 통교가 종래 어느 때보다 활발히 재개되면서, 송조에서는 고려사에 대한 의례가 다시 필요하게 되었을 것이다. 실제로 송조는 1078년(文宗32년, 元豊원년)에 소위 '高麗入貢儀'의 편찬을 관련 기관에 명해 익년 6월에는 완성을 보았다.[62] 또 1085년(宣宗2년, 宋 원풍8년)에도 종래의 '入貢儀式'을 재조정하고 있으므로[63] 이로부터 얼마 후에는 새로운 입공의식이 생겨났을 것이며, 드디어 政和연간(1111~1117)에는 잘 알려진 『政和五禮新儀』(이하 『新儀』)가 제정되는 것이다. 전술한대로 송조에서 고려의 지위는 文宗 후반부터 점차 상승하는 추세였으므로, 송조는 그러한 고려의 지위를 의례 속에 반영시켰을 것이다.

이상의 여러 고려사 대상의 입조 의례 중, 현재 그 내용을 볼 수 있는 것은 『인혁례』 권84, 新禮17 高麗國使副見辭와 『신의』 권155, 賓禮 高麗國進奉使見辭儀, 그리고 이들을 節略한 『송사』 권119, 禮22 賓禮4 高麗進奉使見辭儀 등이다. 다만 이들 중에서 입조의례의 전 과정을 구체적으로 설명한 것은 하나도 없고, 모두가 그 의례의 일부만을 기재하고 있다. 따라서 이것들이 때로는 수개월에 이르는 사절의 전체 일정 중에서 어느 부분에 위치하는지를 먼저 파악해 둘 필요가 있다.

이를 위해서는 다음의 두 가지가 참고가 된다. 하나는 『금사』 권38, 禮11 新定夏使儀注의 기사로, 여기에는 고려 중기에 女眞(金)이 중원을 석권한 후 주변 국가의 入朝가 실현됐을 때, 그 조공국이 되어버린 서하 사자가 금을 방문해 다음과 같은 순서로 일정을 보낸 것을 적고 있다.

---

61) 小島毅는 『因革禮』가 治平2(1065)에 上呈된 것으로 설명하지만(「宋代の國家祭祀」(池田溫編, 『中國禮法と日本律令制』, 東方書店, 1992), 同書는 이미 嘉祐년간부터 존재하고 있었다고 생각된다.

62) 『송사』 권98, 禮1 吉禮1에 "元豊元年, …未幾, 又命龍圖直學士宋敏求同御史臺·閤門·禮院詳定朝會儀注, 總四十六卷, 曰閤門儀, …高麗入貢儀"고 있고, 다시 『장편』 권298, 元豊2년 6월 己未에 "賜樞密直學士·工部郎中錢藻, 樞密副都承旨·四方館使·舒州團練使張誠一銀絹各五十. 以編修高麗入貢儀式成故也"고 있다.

63) 『장편』 권361, 元豊8년 11월 壬寅에 "詔中書舍人錢勰再看詳高麗入貢儀式"고 있다.

① (도착)당일: 영빈관(즉 恩華館)도착과 황제의 遣使撫問

② 제2日: 入見에 대한 習儀, ③제3일: 入見,

④ 제4일: 賜宴, ⑤제5일: 稱賀,

⑥ 제6일: 賜分食, 幷賜酒果禮, ⑦제7일: 曲宴禮,

⑧ 제8일: 奉辭之儀, ⑨제9일: 聚廳, 送至恩華館, 更衣而行.

즉 서하사절은 영빈관인 '恩華館' 도착 이후 대체로, 「"皇帝遣使撫問"(금 황제가 사자를 보내 입국의 노고를 위문하는 예), → "入見을 위한 習儀"(황제 알현(=入見=奉見)을 위한 예행연습), → "入見之儀"(황제알현 의례), →"賜宴等"(연회), → "奉辭之儀"(황제에 대한 귀국인사 의례), → "귀국"」의 과정을 거친 것을 알 수 있다.

물론 서하 사자가 항상 이대로 일정을 소화했고, 또 이것이 일정의 모두인지도 단언할 수 없다. 하지만 서하사의 중요한 일정이 금 황제의 알현을 중심으로 잡혀 있음을 쉽게 볼 수 있다. 소위 '정복왕조'의 하나인 금은 중국을 압도한 뒤에 요가 그랬던 것처럼 중국식 빈례를 적극 채용하였고,[64] 이점은 고려사의 송조에서의 일정을 추정하는 데에 충분히 참고할 만하다.

고려사의 일정을 생각하는 데에 또 하나 참고가 되는 것은 『大唐開元禮』(이하 『開元禮』) 권79~80에 보이는 빈례 규정이다. 開元연간(713~741) 당조의 국가의례를 집대성한 同書[65]에는 빈례에 관한 항목이 6篇 존재하며,[66] 그에 의하면 당의 외국사절, 예를 들어 신라와 같은 한반도 '諸國'이 황제알현과 관련해 대체로 다음과 같은 儀禮를 차례로 거쳤을 것이다.[67]

64) 秦蕙田編, 『五禮通考』 권227-22에 "遼志所載宋使入見曲宴朝辭之儀, 大約依仿宋儀而爲之."라고 있다.

65) 본서의 성격에 대해서는 池田溫, 「大唐開元禮解說」(古典研究會, 『大唐開元禮』, 汲古書院, 1972 所收) 참조.

66) 『개원례』 所收 빈례의 내용과 성격은 石見清裕의 연구에 의해서 거의 그 전모가 밝혀져 있다. 동, 「唐代外國使の皇帝謁見儀式復元」(『史滴』 12, 1991): 「唐代朝貢使節の宴會儀禮について」(『小田義久博士還曆記念東洋史論集』, 眞陽社, 1995, 이상은 모두 뒤에 동, 『唐の北方問題と國際秩序』(汲古書院, 1998)에 재수록: 「唐の國書授與儀禮について」(『東洋史研究』) 57-2, 1998) 등을 참조.

67) 이상에 대해서는 앞의 石見清裕의 연구를 참조. 다만 ⓜ은 외국사절이 귀국하기 직전에 행해지는 최후의 의례이지만, 『개원례』에는 '奉辭'를 별도로 설명하지 않고, ⓒ 즉 奉見 항의 注에 "奉辭禮同"이라고 되어 있다. 이것으로 奉見과 奉辭의 의식이 동일한 방식으로 치러진 것을 알 수 있지만, 의례의 진행 면에서 볼 때 奉辭는 당연히 사절이 귀국하기 직전에 행해지는 의례이므로 가장 늦게 위치해야 할 것이다.

㉠ 迎賓館到着·蕃主(또는 蕃使)來朝遣使迎勞,

㉡ 皇帝遣使戒蕃主(또는 蕃使)見日,

㉢ 蕃主(또는 蕃使)奉見,

㉣ 皇帝宴蕃國主(또는 蕃國使),

㉤ 蕃主(또는 蕃使)奉辭 (→歸國).

이것은 서하사절의 金 입조 때와 비교해 거의 대동소이하며, 전술한대로 唐의 빈례가 '정복왕조'에게도 계승되었다는 일면을 확인시켜준다. 따라서 송조 또한 당 빈례의 영향을 받은 것은 분명해 보인다.

실제로『개원례』의 빈례와 닮은 의례가 송대의 사료에서도 거의 같은 내용으로 발견된다. 즉 앞에서 본『인혁례』(권84, 新禮17 高麗國使副見辭),『신의』(권155, 賓禮 高麗國進奉使見辭儀),『송사』(권119, 禮22 賓禮) 등이 그것으로, 여기에는『개원례』 빈례 중에서 ㉣에 상당하는 부분을 뺀 ㉠, ㉡, ㉢, ㉤과 유사한 의례가 보인다. 이들 3書를 구체적으로 비교할 경우, 우선『인혁례』에는 ㉢과 ㉤만의 의례가 보이고 ㉠과 ㉡에 대해서는 보이지 않지만,『신의』에는 ㉠, ㉡, ㉢, ㉤의 전부가 기재되어 있다. 또『송사』에는 ㉢과 ㉤을 중심으로 하되 ㉠, ㉡에 대해서는 간단히 기술한다. 즉 ㉠과 ㉡은『신의』를 통해 가장 상세히 알 수 있고, ㉢과 ㉤은 3書 모두에서 볼 수 있으며 그 내용도 거의 동일하다.

현존하는 송대의 자료에는 ㉣에 관한 의례만이 보이지 않을 뿐이지만, 송대에도 이 부분은 당연히 존재했을 것이다. 결국 고려사절의 송조에서의 입조의례도『개원례』의 그것과 거의 동일한 절차를 거쳤을 것으로 추정된다.

朴漢男은 신라 말·고려 초의 崔瀣『東人之文四六』에 실려 있는 宋 관련 문서를 통해 1116년(睿宗11년, 政和6년)에 入宋한 金富軾 등 고려사절 일행의 일정을 추적하여, 그들이 宋帝 알현을 중심으로 각종 행사에 참여한 것을 밝혔다.[68] 이 분석에 의하더라도 고려사절이 황제알현(入見)이외에 '御宴' 즉 ㉣과 관계된 의식을 받았음을 알 수 있지만, 이것은 上記한 일련의 활동의 한 부분을 형성하는 것이다. 따라서 박한남의 분석에는 보이지 않지만, 김부식 일행 역시 동문관에 도착해서 먼저 ㉠, ㉡ 등의 의식을 거친 후에 비로소 宋帝를 알현했을 것이다. 그리고 김부식 등의 入宋 무렵에는 송조에서 전술한『신의』가 제정되고 있었기 때문에, 그들은 그에 입각한 의례를 통과하였을 것이다.

68) 朴漢南,「14세기 崔瀣의「東人之文四六」편찬과 그 의미」(『大東文化研究』32, 1997).

다만 이러한 당·송간 입조의례의 酷似에도 불구하고 의식의 구체적인 집행 과정에서는 차이점이 있을 수밖에 없었다. 앞서 들은 금조에 입조한 서하사자의 경우 ②의 단계에서 그 다음 단계에 이루어지는 '入見(=奉見)'을 위한 '習儀'를 하고 있지만, 이것은 『개원례』에는 보이지 않는다. 이는 오히려 송조에서 나타난 관행으로 보인다.[69] 당·송 간에 매우 유사해 보이는 ㉠과 ㉡도 양자를 구체적으로 비교하면 후자는 기본적으로 전자에 입각하면서도 세부적인 점에서 차이를 보인다. 이밖에 ㉢과 ㉤의 내용에 대해서도 『개원례』는 그렇지 않지만 송의 儀禮書에 '奉見'과 '奉辭'를 국가별로 나누어 설명한 점도 큰 차이에 해당한다.

2) 宮中宴會에서 보는 고려의 지위

고려사절은 송 황제에 대한 入見을 전후해 송조가 주최하는 각종 연회에 참석하였다.[70] 거기에는 타국의 외국사가 동석하는 경우가 많았다. 이럴 경우, 송조로서는 '班列' 즉 외국사가 속한 국가의 지위를 토대로 연회의 자리를 정하는 宴席의 배치가 중요한 문제로 되지 않을 수 없었다. 이는 송조가 생각하는 상대국의 중요도를 그대로 보여주는 척도이며, 그 결과 참여국 간의 서열이 결정되는 것이므로 좌석을 부여받는 입장에서도 당연히 신경이 쓰이는 부분이다. 이 문제를 놓고서 중국에서는 이미 송 이전부터 중국과 '외국' 또는 좌석을 받은 외국 상호간에 분쟁이 있었고, 이를 '爭長'이라 했는데,[71] 이것이 문제의 성격상 송조가 되어도 여전히 외국을 자극한 것은 마찬가지이다.

고려의 사례는 보이지 않지만, 송대에서는 西蕃(당시의 靑唐지역)같은 경우에 그 인근의 서하와 오랫동안 대립하고 있었기 때문에 두 나라가 송조의 궁정 연회에서 좌석 배치에 민감하게 반응한 실례가 전한다. 『장편』 권190, 嘉祐4년 12월 戊辰에,

> 閤門에 詔하여, 지금부터 唃厮囉 進奉首領이 殿에서 燕會를 할 때는, 그 자리를 북쪽으로 1間 가깝게 하였다. 처음에, 秦鳳路經略司가 말하기를, 唃厮囉의 首領은 매번 闕

---

69) 『송사』 권119, 빈례4 '契丹國使入聘見辭儀'에는 거란사절의 송 황제 入見日 하루 전에, "前一日, 習儀于驛"고 있다. 여기에 보이는 "驛"은 거란사절이 체류한 都亭驛이다.

70) 박한남, 앞 논문; 『東京夢華錄』 권6, 元旦朝會 등을 참조.

71) 卞麟錫, 「唐代 外國使 爭長의 硏究」(『亞細亞硏究』 10-4, 1967)가 대표적이다.

에 올 때마다 연회에서 廊下에 앉는데, 夏國의 使人은 朶殿에 앉는 것을 보고 자못 불평을 합니다, 고 하였기 때문에 특별히 그 자리를 올려 주었다(詔閤門, 自今唃厮囉進奉首領赴殿燕, 升其坐近北一間. 初, 秦鳳路經略司言, 唃厮囉首領每到闕, 遇燕坐廊下, 而見夏國使人坐朶殿上, 意頗不平, 故特升之.).

고 보이는 것이 그것이다. 唃厮囉 정권=西蕃의 사자는 송의 연회에서 서하가 늘 자기보다 상석에 앉은 것을 불만으로 여기고 있던 것을 알 수 있고, 그 결과 송이 西蕃의 석차를 조정해 주었다. 비슷한 사례는 交趾(현재의 베트남북부)와 占城國(현재의 베트남 남부) 사이에서도 일어났다. 두 나라 역시 지리적으로 이웃하지만 사이가 좋지 않아 늘 분쟁이 있었고, 이 때문에 송조는 아예 양국의 사절을 동일한 장소에 초대하지 않고 장소를 달리해 상대하는 방법을 강구하기도 했다.[72]

그러면 고려에 대한 연회석상에서의 대우는 어떤 것이었을까? 일반적으로 송조에게 시종일관 우선된 국가는 거란이고, 그 다음이 서하 또는 고려의 順인 것은 이미 앞에서 본 대로이다. 그렇기 때문에 고려가 최소한 이 두 나라를 제외한 다른 나라보다 우위에 있던 것은 후술하는 좌석 배치 문제를 포함한 여러 점에서 증명된다.[73] 따라서 고려에게 중요한 것은 서하와 비교할 때 어떠했는지의 문제이다.

고려와 서하의 관계를 궁중 의례 면에서 나타내는 예로서 『장편』에,

閤門이 말하기를, 高麗使의 入見은 夏國의 例에 의거해 紫宸殿에 立班하고, 燕會는 東朶殿에 앉게 하고자 합니다, 고 하였다. 이에 따라 계속 西立하게 하고, 연회의 坐次는 이에 따르게 했다(閤門言, 高麗使入見, 欲依夏國例, 立班紫宸殿, 燕坐東朶殿. 從之, 仍令在西立, 其燕坐次依此.(『장편』 권226, 熙寧4년 8월 丙寅)).

고 보인다. 고려는 이 직전인 文宗 후반기에 송과의 통교 재개로 오랜만에 다수의 사절

72) 『장편』권292, 元豊원년 9월 丁亥에 "詔, 占城與交阯爲仇國, 其起居及內燕聽回避, 如願赴燕, 亦聽. 交人與占城使遇朔日並赴文德殿, 分東西立, 望日交州使·副入垂拱, 而占城赴紫宸起居, 大燕交人坐東朶殿上, 占城坐西廡. 時占城使·副乞避交人, 客省以聞故也"고 있다.

73) 한 예로 『송사』 권119, 禮22 諸國朝貢에는 거란·서하·고려·金國의 入貢儀式 내용을 소개한 뒤에 "其交州·宜州·黎州諸國見辭, 並如上儀. 惟迓勞燕賚之數, 則有殺焉"고 있어, 고려 등이 交州·宜州·黎州의 諸國보다 우대받고 있음을 알 수 있다.

을 보냈고, 송조에 의해 "(熙寧)三年, …詔하여 이(=고려)를 待하기를 夏國使와 같게 했다" (『송사』 권487, 外國3 高麗)는 대우를 받았는데, 이러한 송의 입장이 궁중의례와 관련해 지금 인용한 『장편』의 내용으로 나타난 것이다. 즉 송조는 통교재개 시점에서 멀지 않은 희령 4년(1071)에, 궁중의례를 주관하는 閤門의 건의를 계기로 고려사의 황제 입견의례와 연석에서의 '座次' 등을 다시 정할 필요가 있었고, 그 결과 그것을 대체로 '夏國의 例'에 준하는 것으로 결정하였다.

여기서 주의할 것은 고려사가 "夏國의 例에 依"하게는 됐지만, 그것이 고려에게 서하와 완전히 동일한 궁중의례를 적용시켰다는 의미는 아닌 것처럼 보이는 점이다. 즉 『장편』의 기사에 따르면 종래 西夏使는 황제알현을 위해 紫宸殿[74]에 立班하는 한편 자신전 연회에도 참가하였는데, 이 연회에서는 그 東側堂으로 생각되는 '東朵殿'에 자리를 잡고 있었다. 따라서 고려에 서하와 똑같은 禮가 적용되었다면, 고려사도 연회에서 '東朵殿'에 위치해야 하지만, 송조의 결정은 "서쪽에 서게 하고, 그 燕의 座次도 여기(西側)에 의하게 했다"는 것이었다. 여기서 의미하는 前者의 "서쪽"은 紫宸殿에서의 立班 위치를 말하고, 후자의 "여기" 즉 '西側'은 '東朵殿'의 반대편인 '西朵殿'을 의미하는 것으로 생각된다. 그러므로 희령4년경에 高麗使가 "夏國의 例에 依"하게 되었다는 것은, 紫宸殿에서의 立班과 연회 참여가 서하처럼 허락되었다는 것을 말하며, 양국이 완전히 똑같이 취급된 것을 의미하지는 않는다.

그런데 紫宸殿에의 立班 문제는 차치하고, 이렇게 고려와 西夏使가 紫宸殿 연회에서 각각 '西朵殿'과 '東朵殿'에 자리하게 되었다면, 여기에는 어떠한 관계가 있는 것일까? 앞서 奧村周司는 고려의 빈례를 검토하는 연구에서 이 부분을 인용해, 宋의 고려에 대한 "그 예우는 서측에 위치하여 "東面"하는 賓客의 禮인 것을 알 수 있다"[75]고 설명하였다. 중국에서는 전통적으로 「君臣南北, 賓主東西」의 방위 관념, 즉 군주와 신하 간에는 각각 "南面"과 "北面", 賓客과 主人간에는 각각 "東面"과 "西面"의 관계가 기본이므로, 서측에 위치하여 "東面"하는 고려는 송조로부터 賓客의 禮를 받고 있었다는 것이다. 그렇다면 앞에서 필자는 송조에서의 고려의 지위를 漢代의 客臣 정도에 상당하는 것으로 보았는데, 이러한 입장과 송의 궁중의례상에서의 고려의 위치는 상통하는 점이 있는 것이다.

---

74) 송대의 紫宸殿은 『송사』 권85, 地理1 京城조에 "視朝之前殿"이라 있지만, 이곳은 해마다 遼使 등의 入朝가 치러지는 등 入朝儀禮의 중심을 이루는 장소이기도 했다.

75) 奧村, 앞 논문, p.36.

또한 고려의 西朵殿 배치가 이와 같은 의미를 갖는 것이라면, 거기에 특별히 고려를 서하보다 우위에 두려는 송조의 생각이 있었다고 보기는 어려운 면이 있다. 더욱이 당시는 고려가 아직 모든 점에서 서하보다 우월한 대우를 받고 있었다고 볼 수 없는 시기이므로, 송의 고려에 대한 西朵殿 위치 배정이 그대로 고려 우위를 의미하는 것으로도 볼 수 없다.

그런데 다시 주의를 요하는 점은 이러한 연회상의 배치 구도가 政和연간이 되어도 기본적으로 바뀌지 않고 있다는 것이다. 즉 이미 인용한 바 있는 "政和中에 그(=고려)使를 올려 國信으로 삼고, 禮는 夏國의 위에 있게 했다"는 유명한 사실처럼, 북송말기에 고려에 대한 禮는 서하를 능가한 상황에 있었는데, 이 무렵의 정황으로『송사』권119, 禮22 契丹國使入聘見辭儀에는,

> 政和 시기(1111~1117)에 五禮를 詳定하였다, …紫宸殿의 赴宴에서 遼使副는 御座의 서쪽, 諸衛上將軍의 남쪽에 자리 한다. 夏使副는 東朵殿에서 모두 西向하여 北을 上으로 삼고, 高麗·交阯使副는 西朵殿에서 모두 東向하여 北을 上으로 삼는다. 遼使의 舍利·從人은 각각 그 남쪽에, 夏使의 從人은 東廊에서 舍利의 남쪽에, 諸蕃使副의 首領·高麗·交阯의 從人·溪峒의 衙內指揮使는 西廊에서 舍利의 남쪽에 자리 한다…(政和詳定五禮, …其紫宸殿赴宴, 遼使副位御座西, 諸衛上將軍之南. 夏使副在東朵殿, 並西向北上, 高麗·交阯使副在西朵殿, 並東向北上. 遼使舍利·從人各在其南. 夏使從人在東廊舍利之南, 諸蕃使副首領·高麗·交阯從人·溪峒衙內指揮使在西廊舍利之南…).

이라고 보인다.

이에 따르면 紫宸殿 연회에 초대된 외국사절은 宋帝의 어좌를 중심으로 거란이 그와 동렬의 서측, 그리고 西夏使가 '東朵殿', 고려와 交阯 使·副는 '西朵殿'에 자리가 배정되어, 고려와 서하의 경우 희령4년 단계의 그것과 동일한 것으로 되어 있다. 그리고 이 관계는 인용문의 冒頭에 있는 대로 "政和詳定五禮" 즉『政和五禮新儀』에 규정되어 있는 것으로 생각된다.

이러한 구도로부터 외국사 특히 고려와 서하 사자 간에 상·하위의 관계가 인정될 수 있을지가 문제이다. 거란의 우위가 타의 추종을 불허하는 것은 분명하지만, 연회석상에서 송 황제를 기준으로 서쪽(고려)과 동쪽(고려)의 사자 중 어느 쪽이 상위일지는 필자의 판단으로 단언하기 어렵다.[76]

76) 본문 말미 〈그림 2〉 참조. 다만 여기서는 명확치 않은 부분이 있지만, "朵殿"은 "大殿(紫宸殿)의 東西側

시대(政和 연간) 상황에 초점을 맞출 때 고려의 우위가 거란에 필적했기 때문에 서하보다 예우에서 고려가 앞섰다고 생각하는 것이 매우 자연스러우며, 따라서 "政和詳定五禮"의 배치에도 사실은 그러한 관계가 이미 반영된 것일 지 모른다. 그리고 그렇다면 이 배치는 희령4년부터 보이는 것이므로, 연회석상에서 고려의 우위가 일찍부터 인정되고 있던 것이 된다.

하지만 반대 상황에 있었을 가능성도 크다. 무엇보다 상술한 연회배치에 관한 설명은 거란, 서하, 고려, 交阯, 溪峒 등으로 나열되고 있어, 이 순서와 연회석상의 등차 간에 상관관계가 있는 듯한 인상을 지우기 어렵다. 사실 송조의 역사 전체에서 볼 때, 서하가 고려보다 현실적으로 더 '비중'을 가진 상대였음은 부정하기 어렵다. 『송사』 권119, 禮22 夏國進奉使見辭儀의 말미에,

> 무릇 蕃使의 見辭에 날이 같은 경우는 夏國을 먼저, 高麗가 그 다음, 交阯가 그 다음, 海外蕃客이 그 다음, 그리고 諸蠻을 그 다음으로 한다(凡蕃使見辭, 同日者, 先夏國, 次高麗, 次交阯, 次海外蕃客, 次諸蠻.).

는 규정도 그러한 차원에서 보아야 할지 모른다.

이상의 검토에 기초할 때, 고려사가 받은 송조로부터의 예우는 다른 방면에서는 계속 상승 일로에 있었으나, 紫宸殿의 궁정 연회에서의 자리 배정만큼은 政和연간이 되어도 서하보다 우월한 입장에 있었다고 단언하기는 어렵다. 政和연간의, 더 거슬러 올라가 熙寧4년에 이미 나타난 의례 규정(자신전 연회 석차)이 고려에게 '賓客'의 예우를 준 것인지, 아니면 고려의 서하에 대한 우위를 의미한 것인지, 혹은 고려의 우위를 인정하기는 하지만 본래 예민한 문제였기 때문에 연회 석차에서만큼은 송조가 희령4년의 원칙을 고수한 것인지, 여기서는 모두 확정하기 어렵다.

송조의 빈례정책과 관련해 끝으로 환기하고 싶은 점은, 그것이 항상 송의 이해타산과 직결되는 범위에서 운용되고 있으며, 따라서 빈례의 운용도 반드시 일관적이어야 할 필요는 없다는 것이다. 즉 원래 중국왕조가 생각하는 국제질서, 그리고 그 질서의 하나로 표현된

堂", "舍利"는 "契丹管軍의 頭目", "廊"은 "側堂에 붙은 복도(?)"로 생각하였다. 또한 〈그림 2〉의 "東朵殿"에 배치된 "夏使從人" 및 "西朵殿"의 "諸蕃使副首領"이하의 좌석은 "廊"의 위치가 불확실한 관계로 변동될 가능성을 배제할 수 없다.

빈례는, "중국왕조의 입장에서 본 전략적 타산과 願望을 포함한 것이며, 중국의 當該王朝로부터 본 諸國·諸民族의 상대적·지리적 위치 및 세력관계를 기반으로 해서 중국왕조가 그들에게 기대한 전략적·정책적 평가를 보이고"[77] 있다는 점이 분명히 존재한다.

원래 고려 文宗 후반기부터 강화된 송의 고려우위책은 그들의 현실적 필요(거란대책)에서 생긴 것이었고, 또 그 결과 고려의 지위가 서하보다 높아진 것도 그러한 추세 속의 결과이지, 거기에 송조의 순수한 의도가 있었던 것이 아니라는 것은 말할 것도 없다.

맺음말

고려가 존속하던 시기 동아시아에서는 정복왕조로 칭해지는 요, 금, 원 등의 국가가 차례로 두각을 나타내었고, 이들 사이에서는 중원을 제패한 위세 속에서 자기중심의 천하관(華夷觀)이 강하게 형성되어, 거기에 부합된 질서와 논리가 모색되었다. 그리고 이들에게도 중국식의 빈례가 자기중심적으로 개조되어 수용되기 시작했다. 따라서 이윽고 이들과도 교류를 갖게 된 고려는 송조와 그랬던 것처럼 외교관계에서 빈례라는 틀의 정형화된 질서가 요구되었다.

이 점에서 고려에 대한 송, 요, 금, 원 왕조의 빈례정책의 양태를 분석하는 것은 흥미롭고 의미 있는 과제가 될 것이다. 동시에 이러한 빈례는 그 원류가 중국에 있기는 하지만, 상술한 것처럼 주변민족에 의해 자기 식으로 수정되고 발전했을 뿐 아니라, 다시 고려 등 인근 국가에도 수용되었다. 따라서 이러한 각 민족·각 국가에 존재하는 빈례의 중국으로부터의 繼受 관계 내지 상관관계를 분석하는 것은 당시의 동아시아 관계를 해명하는 데에 중요한 과제가 될 것이다.

77) 菊地, 앞 논문, p.33.

〈그림 2〉 송대 紫宸殿 연회에서 외국사의 좌석 배치
(『송사』 권119, 禮22 契丹國使入聘見辭儀에 의한 김성규 案)

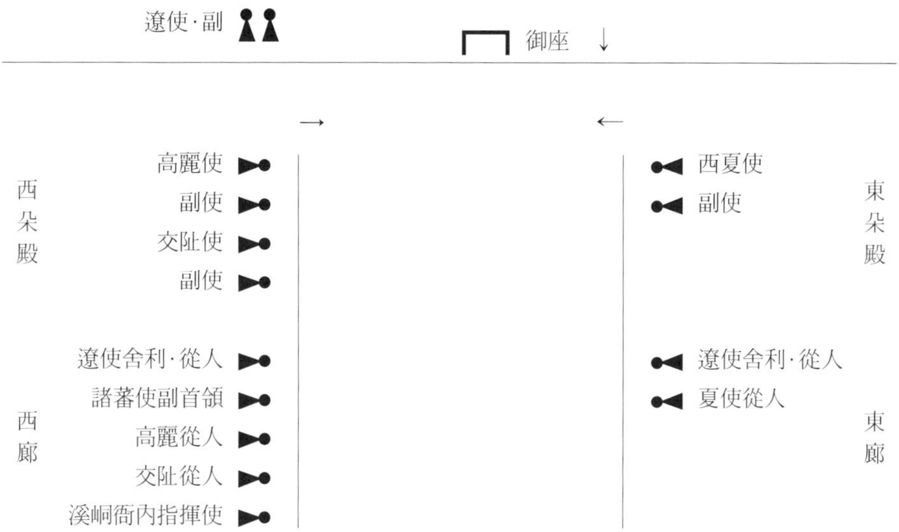

※ 그림 설명:

* 紫宸殿의 東朶殿과 西朶殿에는 東廊과 西廊이 각기 부속된 것을 알 수 있으나, 그것이 구체적으로 어떠한 방식으로 연결되어 있는 것인지는 알기 어려워 여기서는 그 관계를 편의상 그림처럼 나타냈다.

** 이때 東·西 두 朶殿에 자리 잡은 正·副使와 달리 그들을 따라온 각국의 '從人'이 東廊과 西郎에 앉은 것은 분명하며, 이 경우 그들의 자리 배치에 대한 기준이 되는 것이 '東廊舍利'와 '西廊舍利'일 것이다. 사료의 '遼使舍利'는 遼使와 함께 온 요 측의 귀족 신분으로 보이며(孫昊, 「说"舍利－兼论契丹、靺鞨、突厥的政治文化互动」, 『中國邊疆史地研究』 2014年4期), '東廊舍利'와 '西廊舍利'는 각기 東廊과 西廊에 위치를 잡은 이들 '舍利'를 가리키는 것으로 여겨진다.

*** 다만 기사(『송사』契丹國使入聘見辭儀)에는 西朶殿도 그렇지만 특히 廊下에서 西廊 쪽이 東廊보다 훨씬 많은 외국 사절이 앉아 있는 것으로 되어 있다. 이러한 비대칭 관계가 건물 구조상의 특성을 반영한 것인지, 또는 어떠한 이유가 있어서인지는 분명치 않다. 東廊이 특별히 좁은 것이 아니라고 한다면, 이러한 규정에도 불구하고 실제의 연회에서는 좌석 배치가 대칭이 되도록 조정되었을 가능성이 있다. 또한 실제의 경우 기사에서 거론된 국가들이 모두 함께 동석한 연회는 많지 않았다고 생각되므로 좌석의 배치는 다소 차이가 있었다고 여겨진다.

2 高麗 외교에서 儀禮와 국왕의 자세 : 『高麗史』「迎北朝詔使儀」의 성립과 성격

머리말

고려는 500년 가까운 긴 역사를 통해 중국의 五代에서부터 송·요·금·원을 거쳐 명조에 이르기까지 여러 왕조와 부단한 교섭을 이어갔다. 그 과정에서 다양한 명목으로 중국에 사신을 파견하고, 반대로 상당수의 중국 사절을 맞아들이는 데에 분주했다. 고려의 외교에서 비중과 의미가 가장 컸던 중국 사절을 어떠한 태도와 예법으로 받아들일지의 문제는 중대한 사항이 아닐 수 없었다.

이러한 현실적 요청으로 고려는 관련 의례를 정비해갔다. 『고금상정예문』 등에 그러한 내용이 일찍부터 수록되어 있었을 것이지만, 현재 우리가 그 면모를 접할 수 있는 것은 『고려사』의 禮志가 거의 유일하다. 즉 동서에는 중국의 전통적 분류법에 입각해 禮를 吉·凶·軍·嘉의 5禮로 나누고(권59, 志13～권69 志23) 그 중의 하나인 빈례 항목(권65, 志19 禮7)에 다음과 같은 다섯 종류의 의례를 싣는다. 본 장이 검토의 대상으로 삼은 것은 그 전반에 해당하는 '北朝' 관련의 빈례들이다.

> 「迎北朝詔使儀」, 「迎北朝起復告勅使儀」
> 「迎大明詔使儀」, 「迎大明賜勞使儀」, 「迎大明無詔勅使儀」

이범직은 이 『고려사』의 빈례에 대해, "五代에서부터 송·거란·금·원에 이르는 수많은 국제 관계를 단 두 항목인 北朝詔使와 北朝起復[1]告勅使를 맞이하는 의식만으로 처리

1) 원문은 '微'이나 '復'의 誤記로 보여 바로잡았다.

하였다"고 한 다음, 이들을 "송·요·금 등을 구분하지 않고 북조라고 묶어 儀典 내용을" 다루었다고 비판적으로 서술한 적이 있다.[2] 비단 빈례만이 아니라 군례와 흉례 등 예지의 내용이 소략한 것은 『고려사』 전반의 특징이지만, 빈례 항목에서 『고려사』가 명 이전의 왕조에 대해서는 특히 '북조'에만 초점을 맞춘 것은 왜일까? 여기에는 오히려 간단하면서도 당연한 이유가 있다고 필자는 생각한다. 고려는 단명한 五代 왕조와는 아직 외교 관계 자체를 일정 기간 이상 지속한 적이 없었고, 후속하는 宋朝와는 외교를 유지하려는 강한 바램에도 불구하고 요·금의 견제로 통상적인 사절 교환이 실현되지 못해 그를 위한 외교 의례의 정비에까지 필요를 느끼지 못했을 것이며,[3] 이에 반해 元 관련의 의례를 『고려사』가 싣지 않은 이유는 알 수 없으나 적어도 '부마국'의 입장에 있던 고려에게 원에 대해서는 기존의 중국 왕조에 적용한 것과 다른 차원의 예가 필요했을 것이다.

이렇게 본다면 『고려사』 빈례 항목의 '북조'는 요와 금을 의미하며, 또 실제로 그들을 중심으로 외교 의례가 운영된 당시의 현실을 감안할 때 『고려사』의 편집 방식은 오히려 당연한 것으로 보인다. 『고려사』가 송조도 北朝의 범위로 묶어서 본 이범직의 설명은 오해이다.[4] 북송이 요를 '北使'라 칭하고, 남송도 금을 '북사'라 부른 것처럼, 고려에서도 '북조'라고 하면 통상 요와 금을 말하며,[5] 『고려사』 도 이에 준하는 의미에서 '북조'를 사용했을 것이다.

일본의 오쿠무라 슈지(奧村周司)에게도 「영북조조사의」(이하 「조사의」로 약칭)와 「영북조기복고칙사의」(이하 「기복사의」로 약칭)를 분석한 연구가 있다.[6] 오쿠무라는 특히 「조사의」속에 나타난 고려 국왕의 의식 전개상에서의 '面位' 문제에 주목해, "고려왕이 동쪽에 서서 서쪽을 바라보는 자세를 취한 것은 다름 아닌 고려의 주체성을 반영하는 것이다"고 이해했다. 내용에 대한 정교한 분석과 다면적 측면으로부터의 조명으로 오쿠무라의 주장은 설득력이 강하지만, 사실 '고려의 주체성' 이라는 취지는 오쿠무라보다 한 해 앞서 발표

2) 李範稷, 「高麗史 禮志」「軍禮·賓禮」의 검토」(『明知史論』 창간호, 1983).

3) 본서 제I부 제2장 참조.

4) 이범직은 같은 논문의 다른 곳에서 다시 한 번 "北朝(宋·遼·金)의 사신으로 황제의 詔勅을 휴대하고 왔을 때…….''라고 하였다.

5) 金禹彤, 「高麗禮制研究」(『東岳論叢』 31-8, 2010)은 '北朝'에 元을 포함시키는 인식을 보인다. 고려는 이에 반해 宋朝를 '南朝'라 불러 구별했다. 예를 들어 『고려사』 권95, 列傳8 諸臣에 "肅宗元年, 以右僕射·叅知政事卒, 謚文烈. 寅亮, 文詞雅麗, 南·北朝告奏·表狀, 皆出其手. ……"라고 보인다.

6) 奧村周司, 「使節迎接禮より見た高麗の外交姿勢」(『史觀』 110, 1984).

한 이범직의 논문에서 지적된 상태이다.[7]

이러한 기존의 연구에도 불구하고 본고가 「조사의」와 「기복사의」를 재검토하려는 것은 다음과 같은 이유에서이다. 하나는 오쿠무라의 검토를 통해 「조사의」라는 의식의 성격과 내용의 개략이 확인된 것은 분명하지만, 그의 주안이 '북조'에 대한 고려의 외교 자세에 중점이 놓여있기 때문에 그로부터 「조사의」라는 의식 본래의 모습이 아직 충분히 파악되지 않은 점이다. 본래 중국 왕조의 입장에서 시작해 고려의 빈례에도 관심을 갖게 된 필자의 관점에서, 고려의 「조사의」를 중국의 그것과 관련지어 볼 때 그 성격이 어떠하며, 또 그로부터 어떠한 설명이 가능한지의 문제가 추구될 필요가 있는 것이다. 「조사의」와 「기복사의」의 두 의례가 서로 어떻게 같고 다른지에 대한 문제 역시 남아있다. 이러한 재검토를 통하면 종래 일방향적으로 이해되어온 오쿠무라설은 다시 한 번 생각해볼 여지가 있어 보이고, 이것이 본 장이 「조사의」 등을 재검토하는 또 하나의 이유이다.

1. 「조사의」와 「기복사의」의 성격과 내용

1) 「조사의」와 「기복사의」의 성립

'북조' 사절을 위한 고려 측의 영접의례(빈례)는 시간적으로 보아 거란(요)과의 관계 속에서 먼저 형성되어, 이후 금과의 관계에도 계승·적용된 것으로 보아야 할 것이다. 그러한 거란이 고려에 사자를 파견한 회수는 대략 160회(994~1123년), 반대로 고려가 사자를 거란에 보낸 회수는 220회(986~1120년)에 이른다.[8] 이 중 거란의 사절이 고려에 올 때 조서 등을 지참한 것은 51회였다고 한다.[9] 따라서 이것은 거란사가 고려에 올 때마다 국서(詔書)를 대동한 것은 아니며, 오히려 그렇지 않았을 때가 더 많았음을 말해준다. 거란사 중 적어도 2/3는 국서가 없던 것이다.

이에 대해 『고려사』 빈례에 따르면 고려가 명에 대해서는 '詔使'와 '無詔勅使'의 경우

7) 이범직, 앞 논문 참조. 이범직은 그러나 고려의 이 같은 주체적 자세는 元에 대해서는 물론, 對明 의례에서도 격하되었다고 설명한다.

8) 楊渭生, 『宋麗關係史研究』(杭州大學出版社, 1997), pp.170~171.

9) 주8)과 같음.

를 각각 상정한 의례를 준비해둔(「머리말」참조) 반면, '북조'에 대해서는 '조사의'만이 있고, 방문 횟수가 더 많았던 조서 없는 사자에 대한 의식은 갖고 있지 않음을 알 수 있다. 이것은 『고려사』가 아마도 거란 사절 중에서 「조사」를 더 중시해 그 의례를 특별히 수록한 것으로 생각할 수는 있지만, 고려는 그 밖의 사절에 대해서도 형식은 다를지언정 그들을 맞이할 일정한 의례를 갖고 있었을 것이다. 다만 『고려사』는 '북조'에 대해서 明使에 없는 「기복사의」라는 특별한 의식을 싣고 있는 점이 색다르다. 이것은 고려의 국왕이 상을 당하였을 때, 그에게 복상을 중지하고 관직에 복귀할 것을 명하는 소위 '起復'을 위해 고려에 온 사자에 대한 것이었다.

거란사에 대한 이러한 의례가 출현한 시점에 대해, 오쿠무라는 본 의식이 거행된 무대의 이름인 '乾德殿'이 처음 사용된 1014~1138년, 또는 고려왕이 거란에게 책봉을 처음 받은 현종13년(1022)에서 그 관계가 끝나는 예종11년(1116)까지의 사이에 제정·운영된 것으로 보았다.[10]

이 설명이 틀리지는 않지만 추정의 폭이 너무 넓기 때문에 이를 좀 더 압축시킨다면 다음의 『요사』 기사가 중시될 만하다.

> 露臺에 올라 拜跪하고, 附奏起居가 끝나면 拜하고 起立한다. 閤門이 王詢의 安否를 傳宣하면 使·副는 모두 跪하고, 大使가 "臣等이 올 때 詢은 安하였습니다"고 奏한다(引上露臺拜跪, 附奏起居訖, 拜, 起立. 閤門傳宣王詢安否, 使副皆跪, 大使奏臣等來時詢安.(권51, 志20 禮志4 「高麗使入見儀」)).

이것은 거란을 방문한 고려 사절단이 황제를 알현한 자리에서 행해진 의식의 한 과정으로, 고려 국왕의 안부를 거란 황제에게 전하는 대목이다. 그런데 여기에는 매우 흥미로우면서도 중요한 단서로서 '왕순' 즉 고려 제8대 현종(재위 1010~1031년)의 이름이 그대로 노출되어 있다. 만일 이것이 거란이 송조와 같은 '대등국'을 위해 만든 의례라면 상대국 군주의 실명을 드러내는 일은 결코 있을 수 없지만, 여기서 그것이 거명된 것은 양국이 '상-하 관계'에 있음을 여실히 반영한 것이다.

또한 이것은 「高麗使入見儀」가 다름 아닌 고려의 현종 시기에 제정된 것임을 말해주기도 한다. 현종 대, 특히 그 후반은 거란과의 화의가 모색되는 시기였고, 양국은 전후 질

10) 奥村, 앞 논문, p.28.

서의 하나로서 정기적으로 입조할 고려사의「入見儀」를 제정하는 데에 합의했을 것이다. 현종 13년(1022)에 현종이 거란으로부터 책봉과 '車服儀物'을 받고 또 연호를 재사용한 것은[11]「입현의」의 제정과 궤를 같이하는 움직임이었다고 보아야 할 것이다.

이 점에서 필자는 고려 측에서 '북조사'를 맞아들이는「조사의」와「기복사의」도 거란 측에서 제정된「고려사입현의」와 비슷한 시점에 등장한 것으로 본다. 고려와 거란이 양국을 왕래하는 사자를 위한 의례를 각각 일방적으로 제정했다고는 생각되지 않으며, 그것이 합의 내지 양해 하에 만들어진 것이라면「고려사입현의」와「조사의」등은 비슷한 시기에 완성됐을 것이 자연스러운 일이다. 다만 기록을 통해 볼 때, 거란 사자의 고려 방문에 대해『고려사』는 이들을 한 동안 '來', '來聘', '來賀生辰' 정도로 간단히 표현하고 있으며, 조서 전달이 처음으로 확인되는 것은 현종 21년(1030)[12]이 되어서이다. 이미 밝힌 것처럼 거란의 고려에 대한 사신의 1/3은 조서가 없는 경우이고, 따라서 관련 의식의 제정은 그 만큼 시기가 늦어졌을 수도 있지만, 현종 시기 중, 혹은 다음 대인 정종(1034~46) 재위 중에는 성립했다고 생각된다.[13]

이에 비해「기복사의」는「조사의」보다 훨씬 늦게 만들어진 것으로 보인다. 그것은『고려사』에 보이는 다음의 '기복사' 관련 자료(〈표 1〉)를 통해 파악된다.

〈표 1〉 요와 금이 고려에 파견한 起復使 사례

파견국	시기	관련 기사	출전(『고려사』)
요	선종2년(1085) 11월 16일	丙午, 遣**落起復使**高州管內觀察使 耶律盛來.	권10, 세가10
요	선종10년(1093) 4월 9일	乙卯, 遣高州管內觀察使馮行宗, 來命王**起復**.	권10, 세가10
요	현종즉위년(1094)	十二月 遼勅祭使蕭遵烈, 副使 梁祖述, 慰問使 蕭褫, **起復使**郭人文等來	권10, 세가10
요	예종3년(1108) 2월 20일	辛丑, 遣崇祿卿張掞來, 命王**落起復**.	권12, 세가12
요	예종8년(1113) 1월 25일	戊寅, 遣崇祿卿楊擧直, 來命王**起復**, 詔曰, "嗣豐祖構, 恭守王封	권13, 세가13
요	예종9년(1114) 12월28일	己巳 遼遣王儆, 來命王**落起復**	권13, 세가13

11)『고려사』권4, 顯宗13년 4월조에 "契丹遣御史大夫 上將軍 蕭懷禮等來, 冊王開府儀同三司守尙書令上柱國高麗國王, 食邑一萬戶, 食實封一千戶. 仍賜車服·儀物. 自是, 復行契丹年號."고 있다.

12)『고려사』권5, 현종21년 9월 乙亥 참조.

13)『고려사』권6, 靖宗9년(1043) 11월 丁亥에는 정종의 책봉과 관련해 "王設壇受命. 詔曰……"이라 보여, 거란 측의 詔書가 동반된 일정한 의례가 있음이 확인된다.

금	의종즉위년(1146) 10월 6일	壬寅, 簽書會寧府事 曹㚑來, 命王**起復**.	권17, 세가17
금	의종2년(1148) 5월 7일	甲子, 遣完顔愼之來, 命王**落起復**.	권17, 세가17
금	명종14년(1184) 5월 11일	戊戌 **起復使**完顔三勝來.	권20, 세가20
금	명종16년(1186) 2월 12일	庚申, 遣大府監 耶律圭來**落起復**.	권20, 세가20
금	희종즉위년(1204) 6월 8일	己亥, 遣祭奠使小府監 張偁, 大理少卿梅瓊, 慰問使工部侍郎 石磬, **起復使**吏部侍郎朮甲晦等來.三使閒一日入京, 分處仁恩·迎恩·宣恩三館.	권21, 세가21

거란이 고려에 파견한 최초의 기복사는 1085년이며, 따라서 제도로서의「起復使儀」도 이 무렵을 전후해 출현했다고 생각된다. 왜 이것이 양국 관계의 초기부터 있지 않았는지는 알 수 없지만, 거란 국내에서 '기복'에 대한 제도가 이미 일찍부터 있었음을 감안하면[14] 거란은 적어도 자신의 책봉국인 고려에 대해서는 그보다 훨씬 늦게 적용한 것이 된다. 이와 관련해『東史綱目』7下, 乙丑2년 11월조(遼 道宗 大安원년, 1085년)에,

> 요가 사신을 보내와 책봉을 하고 또 낙기복사를 보내왔다. …… 이후에 새로운 왕이 즉위할 때 반드시 낙기복사가 있었고, 또 사신을 보내어 사례하니 항례가 되었다(遼遣使冊王. 且遣落起復使. 此後新王立, 必有落起復使. 又遣使謝之, 以爲例.).

고 보인다. 여기서도 고려에 파견된 최초의 기복사가 1085년의 일이라는 사실이 확인되고, 한 발 더 나아가 그 이후 고려에서 거란으로부터의 기복사 파견이 제도화되었다는 안정복의 견해도 확인된다. 다만『동사강목』설명처럼 과연 고려에서 왕이 바뀔 때마다 기복사가 파견되었는지는 적어도 〈표 1〉에는 나타나지 않으며, 안정복의 지적이 틀리지 않다면『고려사』에서는 이후 반복되는 유사한 사례를 생략시킨 것이 된다.[15]

14)『요사』권13, 본기13 聖宗 統和13년조에 "夏四月己卯, 參知政事邢抱朴以母憂去官, 起復."것처럼 요에서는 비교적 일찍부터 '起復'에 대한 제도가 있었다.

15) 아울러 이상에서 논한 '기복'과 '낙기복'에 대해서는 민족문화추진회 편,『국역 동사강목』에, "기복이란 除服하고 出仕하여 喪中에 國事를 보는 것을 말하는데, 낙기복사는 기복이 끝났음을 전하는 사신이다. 즉 고려 임금이 상주가 되면 요에서 사신을 보내어 기복하기를 명하고, 삼년상이 끝나면 다시 사신을 보내어 기복을 파하게 하는 것을 말한다."고 설명한다(同書 주)56, 한국학술정보, 2006).

2) 「조사의」와 「기복사의」의 상호 관계와 기본 내용

여기서는 의식의 전개에 초점을 맞추어 「조사의」의 주요 특징을 〈표 2〉를 통해 「기복사의」와 비교하면서 짚어보기로 한다. 서로 목적이 다르기 때문에 양자 간에 상위점이 있는 것은 당연하지만, 다만 어느 한쪽에 보이지 않는 내용이 다른 곳에 보이는 등, 그 사이에는 상호 보족할 만한 요소가 있다.

〈표 2〉의 ①은 의식이 시작되기 전의 식장 정렬을 나타낸다. 즉 본 의식이 전개되는 건덕전[16]에 고려의 국왕이 착석하면, 閤門副使[17] 등의 의전 집행관이 입장해 肅拜하고, 이어 宰臣·侍臣·閤門·南班이 숙배한다. 이 '숙배'가 '舍人'의 喝에 따라 이루어지는 것은 「기복사의」를 통해서만 알 수 있다. 이어서 殿庭에 屈使·館伴과 執事가 들어와 숙배함으로써 ①의 단계는 끝난다. '굴사'는 용례가 많지 않아 의미가 불분명하지만, 관반이 북조 사신이 묶는 객관에서 伴侶의 역할을 하는 점에서, 고려 측의 관원으로 생각되며,[18] 집사도 객관의 관련 업무를 집행하는 자로 볼 수 있다. 「기복사의」에는 이들이 '屈使監館事'로 보이며, 숙배한 뒤에 전정을 나가는 것으로 되어 있다.

②에서는 사신이 전문 앞에 도착하고 국왕이 그를 영접하여 전정으로 들어온다. 먼저 의식에 참여할 송 측 관리의 입장과 정렬이 모두 끝난 후, 閤門舍人이 "북조의 사신이 閤門에 도착해 삼가 성지를 기다리고 있습니다"라고 상주하면, 閤門使가 '굴'[19]이라고 傳宣

16) 『宣和奉使高麗圖經』 권5, 宮殿1 乾德殿에는 이와 관련해, "…視會京差小, 故事人使至, 彼第三會, 王禮加勤, 特出姬侍, 則燕於其中, 彼使者至, 楷以拘衣制不講, 惟同會慶, 酬酌而止."라고 있다. 고려에서는 宋使를 會慶殿에서 영접한 것과 달리 거란사는 건덕전에서 영접하는 것이 보통이었다. 김창현, 『고려 개경의 구조와 그 이념』(신서원, 2002), pp.246~250 참조.

17) 閤門은 궁중 朝會에서 그 의례를 관장하는 관서였다. 『고려사』 권76, 백관지1 通禮門 참조. 아울러 고려에서는 '閤門'과 '閣門'의 두 호칭이 병용되었으며, 관련 설명으로 박용운, 『「고려사」백관지 역주』, pp.261~266 참조.

18) 김한규, 『使朝鮮錄 譯註1: 宣和奉使高麗圖經』(소명출판, 2012), 권24, p.229에는 "屈使는 두 번 보이지만 그것이 무엇인지는 알 수 없다"고 설명한 반면, 조동원 등 역주, 『譯註宣和奉使高麗圖經』(황소자리, 2005), 권21에는 "고려에서 사절을 접대하기 위해 설치한 관원"으로 보면서, 本文의 「詔使儀」를 인용하였다.

19) 이 '屈' 부분에 대해, 북한사회과학원(허성도 등 역주, 1998) 편, 『고려사』에는 "합문사가 왕의 분부를 듣고 '들이랍니다(屈)'라고 전달하면 합문원이 조서함을 든 사람을 앞세우고…."고 하여 '들이랍니다'라고 풀이하나 그 근거를 알기 어렵다.

하고 그 소속 관원은 합문으로 가서 북조 사신을 전문으로 인도해 온다.

〈표 2〉「詔使儀」와 「起復使儀」의 의식 전개

順	「詔使儀」	「起復使儀」
①	王出坐乾德殿, 閤門副使以上先入殿庭肅拜. 次宰臣侍臣 閤門 南班肅拜, 敍立. 後, 屈使館伴 執事, 俱入殿庭, 肅拜	王出坐乾德殿, 閤門副使以上先入***庭***, ***敍立***. 次***宰臣以下及侍臣南班***, 入殿庭***拜位***, ***舍人喝***, ***“宰臣以下肅拜.” 訖***, ***就位***, 屈使監館事入殿庭, 肅拜***而出***.
②	訖, 閤門舍人就聞辭位, 奏, “北朝使臣已到閤門, 伏候聖旨” 閤門使傳宣曰 “屈”, 閤門員引使臣 ***持詔函者***, ***前導入中門***. 使臣就殿門西. 王出殿門東, 相揖, 入殿庭.	舍人就聞辭位, 奏 “北朝***某使***已到閤門, 伏候***宣旨***” ***閤使***宣傳 “屈” ***閤使出到閤門***, ***引使臣***. 王出殿門外, ***使臣就門外***, 相揖, 入殿庭, ***詔書 官告先行***
③	使臣就傳命位, 向南立定, 王西向再拜, 問皇帝體. 使臣答傳, 王拜舞拜. 舍人喝, “宰臣以下侍臣拜舞拜.” 訖, 使臣稱有命, 王再拜. 使臣傳詔於王, 王授宰臣. 宰臣跪授於持函員, 王拜舞拜. 舍人喝, “宰臣及侍臣拜舞拜.” 訖, ***國信 物色過庭***, 王再拜	各就殿庭本位. 王再拜, 向使臣, 問聖體. 傳皇帝安, 王拜舞拜. 起居舍人喝, “宰臣以下拜舞拜.” 使臣傳有勑, 王再拜, 使臣宣傳, 王拜舞拜. 使臣取詔傳王, 接授宰臣. 使臣取官告, 傳王, 接授宰臣, 王拜舞拜.
④	訖, 閤門員引使臣, 出殿門. 王出殿門外, 揖送.	使臣揖出, 王相揖出, 送門外.
⑤	閤門引使臣, 接翰林廳幕次. 王權御殿門內, 看詔書. 次, 閤門使呈使臣精儀物狀, 王答傳. 訖, 物色過庭, 閤門使呈使臣綵狀, 王復狀.	閤使引使臣, 接翰林廳, 王***上殿***, 看詔書 官告. 訖, 使臣以閤使上綵狀, 王回送起居狀.
⑥	閤門員引到殿門外, 王出殿門, 相揖, 入殿上.	出殿門, 迎接依前, 揖入上殿.
⑦	使臣再拜, 奏聖體, 又再拜. 進步致辭, 又再拜. 訖, 就座後, 舍人呈上中節綵狀, 舍人引就拜位. 王起立, 舍人喝, “再拜”, 奏聖體. 舍人喝, “再拜”, 進步致辭, 舍人喝, “再拜”, 閤使傳 “有教賜客省茶酒食” 舍人喝. “再拜.” 引出殿門, 王就座 後閤門員引下節, 入殿庭, 再拜, 奏聖體, 再拜, 閤使傳 “有教賜所司酒食” 喝. 再拜, 出門.	行私禮. 使臣先行致辭, 王答拜. 王東邊, 使臣西邊, 坐定. 閤使進使下人綵狀. 訖, 舍人引使下人, 就拜位. 舍人喝, “再拜”, 時暄. 舍人喝, “再拜”, 進步致辭. 舍人喝, “再拜”. 閤使宣傳 “有教使臣茶酒” 舍人喝, “再拜”. 引出.
⑧	訖, 進茶, 初盞親勸. 使臣還酬, 再拜, 就座飮. 訖, 相揖, 還就座, 賜中下節酒食. 畢, 使臣再拜, 進步致辭, 再拜. 閤門員引降出殿門. 王出殿門, 揖送, 歸館.	使臣. 茶酒禮畢, 致謝, 王答拜. 訖, 引使臣下殿, 王相揖, 出殿門外, 揖送. ***服色並用玄冠素服***, ***除綵棚樂部揷花***.

※ 비고 : 고딕 이탤릭 글자는 반대 측(의례)의 본문에 없거나 다른 부분을 나타낸다.

이 과정이 「조사의」에는 “조서함을 든 자가 앞에서 인도하여 中門으로 들어간다”고 되어 있다. 또 여기서는 사신이 中門 바깥 서쪽에 서고, 왕은 동쪽에 서는 것으로 되어 있다. 이는 주인(고려 국왕)과 손님(북조 사신) 사이에서 통용되는 ‘主東客西’라는 동아시아의 일반적 면위에 해당하며, 이 상태로 양자는 殿의 문 안으로 들어간다. 이 때 「기복사의」

에는 "조서·官告가 先行한다"고 되어 있어, 국왕과 사신보다 조서가 먼저 진입하는 것을 알 수 있고, 또 「기복사의」에서만 '官告', 즉 기복을 고하는 명령이 동시에 수반된 것으로 보인다.

전정에 들어선 ③의 단계에서 국왕과 사신 사이에서는 문안과 조서·예물의 전달을 주 내용으로 하는 의식이 전개된다. 먼저 사신이 傳命位에서 남향해 서면 동쪽에 자리 잡은 국왕이 서쪽을 바라보고 재배한 뒤 황제의 안부를 물으며, 이에 대해 사신이 황제의 안부 여부를 '答傳하면' 국왕과 '재신 이하' 신하가 '배-무(舞)-배'한다. 이어 사신이 국왕에게 詔를 전하고, 이 詔는 국왕으로부터 재신을 거쳐 조서함을 든 자[持函員]에게 전해진다. 이에 비해 「기복사의」에서는 약간 달리 조서가 '사신-왕-재신'으로 전달된 후 지함원으로 전달되지 않고, 또 하나의 문서(起復 관련 문서)인 관고가 '사신-왕-재신'으로 전달되는 것으로 되어 있다. 아마 재신은 여기서도 持函員에게 조서와 관고를 넘겨주었을 것이다.

한편 '國信物色'은 「기복사의」에는 없고 「조사의」에만 보인다. 이것은 북조의 황제가 고려 국왕에 제공하는 예물이며, 따라서 국왕은 "국신물색이 庭을 지나갈 때 재배"하는 예를 취하는 것이며,[20] 「기복사의」에 국신물색이 보이지 않는 것은 아마 '喪中'이라는 의식의 성격과 관련이 있어 보인다.

북조 사신이 고려 국왕과 '문안' 및 조서·예물을 주고받고 건덕전을 물러나면 왕이 殿門 밖까지 나가 사신을 '揖送'한다(④). 이때의 전문은 ②에서 사신과 국왕이 처음 만났던 곳이다.

⑤는 ④에서 잠시 헤어진 국왕과 사신이 ⑥에서 재회할 때까지 사이에 있던 양자의 동향을 보여주는 것으로 주의할만하다. 즉 막간에 해당하는 이 사이에 먼저 사신은 합문의 인도를 받아 翰林廳 幕次(임시 휴게소)로 들어간다.[21] 이곳에서 사신은 접대를 받으면서 잠

20) 북한 고려사는 이 부분에 대해 "사신이 가져온 조서와 예물이 뜰을 지나갈 때 왕은 재배한다."고 하여, '國信物色'을 조서와 예물 두 가지로 생각하지만, 필자는 조서가 이미 전달되었기 때문에 예물로만 생각하였다.

21) 翰林廳에 대해서는 "고려 시대 임금의 명을 받들어 각종 문서를 작성하는 일을 관장하던 관서인 翰林院의 청사"(인터넷 판, 『한국고전용어사전』, 세종대왕기념사업회, 2001)라는 설명이 있는 것처럼 한림원의 청사처럼 볼 수 있다. 다만 중국 측 왕조의 禮制를 참고하면 '翰林廳'에 대응하는 기관으로는 '客省'이 일반적이고, 이것은 사신을 접대하는 기관이므로 자연스럽게 보인다. 따라서 고려에서 '한림청'을 '한림원의 청사'로 본다면 석연치 않은 점이 남는 것이 사실이고, 이 점에서 필자는 현재 적합한 증거를 제시하

시 쉰다. 한편 고려 국왕은 전문 안으로 돌아가는 것으로 되어 있고, 또 「기복사의」에 의하면 上殿하는 것을 알 수 있다. 여기서 국왕은 앞에서 받은 북조 황제의 조서를 읽어보고, 또 사신이 가져온 精儀物狀(예물 목록)에 대한 회신과, 역시 사신이 제출한 參狀[22]에 대한 답장[起居狀][23]을 보낸다. 「기복사의」에서는 조서 이외에 관고를 함께 보되 정의물장에 대한 회답이 보이지 않는 것은 ③에서도 지적한 것처럼 아마 '상중'이라 정의물상 자체가 없었기 때문일지 모른다.

⑥에서 사신은 다시 전문 밖에 도착하고 국왕이 영접하게 된다. 영접 방식은 자세하지 않으나 ②와 같았음은 "영접은 전과 같이 한다"(「기복사의」)는 설명으로 알 수 있다. "상전한다"는 설명이 있기 때문에 이때는 국왕과 사신이 殿庭이 아니라 전의 위로 올라가 자리를 잡게 된다.

⑦은 전상에서 북조 사신과 고려 국왕 간에 이루어진 謝禮가 주요한 내용으로 사절단 전원이 동참한다. 먼저 전상에 오른 사신이 국왕을 향해 '재배－奏聖體－재배－致辭－재배'로 이어지는 감사 표시를 행한 다음, 자신의 자리 뒤(座後)로 나아가 선다. 여기서는 축하의 말을 아뢰는 치사와 3회 거듭되는 재배 이외에, 국왕의 안부를 묻는 '주성체'가 처음 보인다. ③에서 있던 '주성체'는 고려 국왕이 사신에게 북조 황제의 안부를 묻는 일방향적인 것으로 반대로 고려 국왕의 안부를 묻는 절차는 없었으나, 여기서 비로소 사신이 국왕에 대해 안부를 묻고 있다. 한편 「기복사의」에서는 사신의 사례 표현으로 '치사'만이 보이고, 이에 대해 왕은 답배하며, 전상에서 왕은 동쪽에, 使臣은 서쪽에 坐定하는 것이 확인된다. 또한 '주성체'가 보이지 않는 것도 「기복사의」의 특성과 관련이 있는 것으로 생각된다.

사신의 謝禮가 끝나면 사신 이외 사절단의 국왕에 대한 사례가 뒤따른다. 먼저 (합문)사인이 사절단 중에서 상절과 중절의 참장을 바친 후 그들을 拜位로 인도하고 나면, 왕이 자리에서 일어나 있는 상태로 上·中節의 사례가 시작된다. 이 행례는 殿 위에서 고려 국왕과 북조 사신이 내려 보는 가운데 전정에서 치러지며, 상·중절은 전문 밖에서 대기하고 있다가 이 때 처음 전정에 입장한 것이다. 이들의 사례 방식은 전 위에서 행해진 사신

지는 못하지만 '한림청'이 한림원과 무관한 접대 기관이 아닌지 생각한다.

22) '參狀'은 분명치 않으나 문안을 묻는 간단한 편지 정도로 생각되며, 이 용어는 外國使 관련 儀禮 중에서는 『금사』 권38, 禮11 新定夏使儀注에 유일하게 일부가 보인다.

23) 문안을 묻는 내용의 간단한 글로 생각된다.

의 그것과 똑같이 '재배－주성체－재배－치사－재배'로 구성된다. 상·중절의 사례가 끝나면 합문사를 통해 객성에서 차, 酒, 食이 사여된다는 국왕의 교지가 전달되며, 이에 따라 그들은 재배한 뒤 전문을 나서게 되고 왕은 착석한다.

그런 후에 합문의 관리가 이번에는 사절단의 하절을 인도해 전정으로 들어온다. 이들도 전문 밖에 있다가 상·중절이 예를 마치고 물러나자 전정에 입장한 것이며, '재배－주성체－재배'의 행례를 한다. 행례에 치사와 재배가 보이지 않는 것은 이들의 상대적으로 낮은 신분과 관련이 있어 보인다.[24] 행례 후에 이들에게도 주와 식을 내린다는 교지가 전해지며, 그에 따라 出門한다. 이들도 상·중절처럼 객성으로 이동하여 접대를 받았을 것으로 보인다.

이에 비해 「기복사의」에서는 사절단의 입장과 관련해 상·중·하 3절을 구별하지 않고 포괄적으로 '使下人', 즉 '사신의 하인'으로 표현한다. 즉 여기서는 합문 관리가 참상을 바친 후 '사하인'을 拜位로 인도해 들어와 '재배－치사－재배'의 행례를 하고, 茶酒를 하사한다는 교지를 들은 다음에 문을 나간다. 3절이 특별히 구별되지 않은 것은 단지 설명을 축약하기 위한 것으로 생각되며, 여기서도 '주성체'의 행례는 보이지 않는다.

이로써 상·중·하 3절이 모두 전정에서 물러나면, ⑧에서는 전 위에 남은 사신[25]이 고려국왕과 다례를 나눈다. 첫잔은 왕이 직접 권하고 사신도 왕에게 차를 권하며, 자리에 앉아 차를 마신 후에는 서로 읍하고 자리로 돌아간다.

그 다음에 중·하절이 하사받은 주식을 다 먹고 나면 사신이 '재배－치사－재배'하는 것으로 되어 있다. 그런데 여기서 문제는 ⑦에서 본 것처럼 중·하절이 전문을 나가 객성에 있는 상태였다고 한다면 그들이 "주식을 다 먹고 나면"이라는 설명이 다소 어색해지는 점이다. 객성이 전정을 벗어난 곳에 있다면 그곳에서 벌어지는 일이 전 위에서의 다례의 진행과 관련이 있다는 것이 부자연스럽기 때문이다.

따라서 객성은 식장인 건덕전에서 멀지 않은 곳, 혹은 殿에서 바라보이는 곳 정도의 거리에 위치하여, 그들의 동향 파악이 가능한 상태에 있었을지 모른다. 혹은 3절의 전부 또는 일부는 실은 건덕전에 남아있었을 가능성도 크다. ⑦에서는 사실 '중·하절' 이외에

24) 중국의 송, 요, 금 등 왕조의 예를 참고해볼 때, 외교 사절단의 三節 중 下節은 주로 짐꾼 등의 역할을 하였다.

25) 여기에는 使臣 중의 正使 단 1인이라기보다 최소한 副使 등의 일부 사절단이 함께 포함된 것으로 생각된다. 혹은 ⑧의 기술 등으로 볼 때, 상절은 본래부터 殿上에 남아 있었던 것으로도 생각된다.

'상절'에 대한 언급이 없으며, 이것은 그들이 원래부터 객성으로 이동하지 않고 사신과 함께 전 위에 남아 있었을 추론을 하게 한다. 또한 당시 송이나 거란에서 행해진 외국사의 연회에서는 3절(從人)이 정사·부사와 합석하는 사례가 있을 뿐 아니라,[26] 고려의 경우도 회경전에서 열린 연회에서 외국사의 3節이 동석하는 예가 확인된다.[27]

「기복사의」에서는 이상의 과정을 극히 간단히 언급한 뒤에, "服色은 모두 玄冠素服을 사용하고, 綵棚樂部揷花는 除한다"고 설명한다. 이것은 「기복사의」의 성격을 잘 드러내는 부분으로, 의식의 성격상 그 참여자의 복식은 검은색 冠과 흰색 복장을 착용하며, 또 의식에서는 식장 주변의 綵棚, 음악(樂部), 그리고 꽃 장식(揷花) 등은 제외시킨다는 의미이다. 이것은 또한 「조사의」의 경우라면 그와 반대의 정황에 있음을 암시하고 있으며, 앞에서 이미 검토한 「기복사의」의 간소한 내용과도 전반적으로 어울린다.

이상의 다례가 모두 끝나면 합문의 관리가 사신을 인도해 전문 밖으로 나가고 왕이 이를 읍송하면, 사신은 숙소로 돌아간다.

2. 고려 의례에서 모방성과 고유성 : 중국 왕조의 경우와 비교해서

고려 말의 문인관료 이곡이 '法唐體宋'[28]이라 요약한 것처럼, 고려가 "정치·재정·병제·의례 등의 여러 제도에서 당·오대·송의 제도, 특히 송의 제도를 대폭 수용하였다"[29]는 점은 주지의 사실이다. 이 점은 본고가 거론하는 외교 의례에서도 크게 달라 보이지 않는다.[30] 다만 외교 의례의 경우 중국의 송조가 영접한 대상은 적어도 대등국(거란) 또는 '열등'한 '蕃夷'였기 때문에, 자신보다 '우월한' '북조'의 사신을 맞이한 고려의 「조사의」

26) 본서 제III부 제3장과 제4장 참조.

27) 會慶殿은 고려의 正殿으로 徐兢의 『宣和奉使高麗圖經』 권5, 宮殿1에 의하면 "…受詔拜表於庭下, 燕會則設, 使副之席於殿之西楹東向, 上節位於東序, 中節位於西序, 下節位於門之兩厦而北向…."이라고 있어, 특히 宋의 사절단에 대한 연회에서 3절 중 上節과 中節이 會慶殿에 함께 자리를 잡고 있는 것이 보이고, 이들보다 신분이 낮은 下節은 殿門의 양쪽 행랑에서 북쪽을 향해 위치한 것을 알 수 있다.

28) 『稼亭集』 권9, '賀崔寺丞登第詩序'.

29) 周藤吉之, 『高麗朝官僚制の研究』(法政大學出版局, 1980), p.1.

30) 최근에 고려의 의례와 송의 그것을 비교한 연구의 하나로, 豊島悠果, 「高麗の宴會儀礼と宋の大宴」(『「宋代中國」の相對化』, 宋代史研究會研究報告第9集, 汲古書院, 2009)이 있다.

와는 격이 맞지 않는다. 하지만 그럼에도 불구하고 양자 간에 유사점은 도처에서 발견되며, 이 점에서 본 절에서는 「조사의」를 송조가 거란사를 맞이한 의례와 비교해 볼 때 어느 점이 같고 다른지를 몇 개의 특징적인 부분을 중심으로 밝혀 고려 의례의 특성을 생각할 것이다. 고려는 또한 宋만이 아니라 제도적으로 거란 및 금의 영향도 직·간접으로 받았는데, 그것이 예제 면에서는 어떠했는지도 함께 볼 것이다.

1) 의식의 전개에서 보이는 여러 특징과 상호 관계

지금까지 검토한 「조사의」의 흐름을 단순화하면 대략 다음과 같다.

> ① 국왕과 신하들의 정렬 – ② 사신 도착과 국왕의 출영(出迎) – ③ 사신의 입장과 문안 및 조서의 전달 – ④ 사신의 퇴장과 국왕의 읍송 – ⑤ 막간(사신의 휴식 동안 국왕의 조서 열람과 物色의 입장) – ⑥ 사신의 도착과 국왕의 영입 – ⑦ 전 위에서 사절단의 국왕에 대한 사례 – ⑧ 전 위의 차주례(茶酒禮)와 퇴장

이 의식은 다시 사신(또는 사절단)의 입장과 퇴장을 기준으로 볼 때, 막간의 ⑤를 사이에 두고, ①, ②, ③, ④의 제I부와 ⑥, ⑦, ⑧의 제II부로 크게 구분될 수 있다. 이 구분의 특징과 의의는 이웃한 중국 왕조의 경우와 비교함으로써 이해될 수 있다. 즉 이즈음 송조에서는 자국을 찾아온 거란의 국신사에게, 그리고 거란에서는 송의 국신사에게 각기 다음과 같은 방식으로 알현례(이하 전자를 「契丹使見儀」, 후자를 「宋使見儀」라 함)를 거행하는 규정이 있음을 필자는 별도로 밝혔다.[31]

> 「거란사현의」
> ㉠ 입장과 정렬(황제의 升殿, 신료의 정렬) – ㉡ 使·副의 입장과 '공식 의례'(국서의 進呈과 문안 교환) – ㉢ '사절단 의례'와 퇴장 – ㉣ 송 측 관료와 황제의 퇴장
>
> 「송사현의」
> ⓐ 입장과 정렬(황제의 승전, 신료의 정렬) – ⓑ 사·부의 입장과 '공식 의례'(국서 진정,· 문안 교환) – ⓒ '사절단 의례'와 퇴장 – ⓓ 재입장 – ⓔ 연회 – ⓕ 퇴장

---

31) 본서 제III부 제3장과 제4장 참조.

이들과 비교해봄으로써 고려의 의례가 송은 물론 요와도 상당히 닮은 관계에 있음이 파악된다. 먼저 3자 모두에서 본 의식은 의식 참가자가 '입장과 정렬'(①, ㉠, ⓐ)을 하고나면, 외국사가 식장에 들어와 국서(조서)를 진정하고 또 문안을 교환하는(③, ㉡, ⓑ) 순서로 진행된다. 이 점에서 「거란사현의」와 「송사현의」는 완전히 일치하는 반면, 「조사의」에서 ②의 과정이 개재한 것은 '하국'의 군주가 '상국'의 사자를 맞이하는 입장이 반영된 특징으로 보아야 할 것이다.

또한 '국서 진정과 문안 교환'에서 「거란사현의」와 「송사현의」는 형식과 내용이 서로 일치하지만, 「조사의」에서는 그 순서가 '문안과 조서의 전달'로 바뀌어 있고, '문안'은 고려 국왕이 북조 사신에게 그 황제의 안부를 물을 뿐 사신이 국왕의 안부는 묻지 않는 불균형적인 것이 되어, 외국사를 매개로 황제 간의 안부 교환이 이루어지는 송·거란의 두 의례와는 다르다. 이 점에서도 고려는 '하국'의 입장에 서 있음이 확인된다.

필자는 송과 거란 측의 의례에 보이는 이 같은 '국서 전달과 안부 교환'을 '국가(황제)의례'라고 불렀는데,[32] 이것은 「조사의」에서도 그대로 적용될 수 있을 것이다. 즉 해당 의식의 '하이라이트'에 해당하는 이 부분이야말로 상대국에 파견된 사자가 자신의 나라와 황제를 대신해 국서(조서)를 전달하고 또 안부의 교환을 대행하는 것으로, 해당 의식의 다른 부분과 성격이 구별되기 때문이다.

'국가(황제) 의례'를 마친 북조의 사신이 국왕의 읍송을 받아 퇴장함으로써(④) 「조사의」의 제I부는 종료한다. 이와 달리 「거란사현의」와 「송사현의」에서는 외국사의 퇴장 없이 '개인(사절단) 의례'(㉢, ⓒ)가 바로 이어진다. 「조사의」에서도 ⑤의 幕間이 지나면 일단 퇴장한 사신이 재입장함으로써(⑥) 제II부가 시작되고, 이어서 '개인(사절단) 의례'(⑦)가 행해진다(후술). ⑤는 제I부와 II부 사이의 막간에 고려 국왕이 북조의 조서를 읽는 등, 중국측 의례에서 보통은 잘 드러나지 않는 생생한 설명을 가미해 흥미로우며, 이것이 「거란사현의」와 「송사현의」에서도 황제의 동향을 생각하는 데에 시사점을 준다.

'개인(사절단) 의례'라는 용어도 필자가 앞의 글에서 사용한 것으로, 그 내용은 국가(황제) 간의 행례를 먼저 치른 사신(사절단)이 그것이 끝난 후 致辭와 재배 등을 중심으로 자신의 인사를 상대국 군주에게 올리는 것을 말한다. 이는 「조사의」에서도 마찬가지로 보이며, 특히 「기복사의」의 상응 부분에는 "사례(私禮)를 행한다"는 표현이 보여, '개인(사절

32) 본서 제III부 제3장과 제4장 참조.

단) 의례'의 성격이 公的인 '국가(황제) 의례'와 달랐다는 것을 잘 묘사한다. 여기서 북조 사신은 처음으로 고려 국왕에게 안부를 묻는 것이지만, 이는 어디까지나 사신의 개인적 차원의 행례이다.

'개인(사절단) 의례'의 또 하나의 특징은 그 행례가 사절단 전원에 의해 동시에 치러진 것이 아니라, 그들의 신분에 따라 몇 개의 집단으로 나누어 실시된다는 점이다. 즉 「거란사현의」의 경우는 "정사-부사-'舍利 이하'-'差來通事 이하의 從人"의 순으로 식장에 들어오며, 예컨대 정사가 자신의 '개인(사절단) 의례'를 끝내고 퇴장하면 그 다음에 부사가 들어와 똑같은 의례를 치르고 나가고, 다시 '사리 이하'가 다음을 잇는 방식이다. 「송사현의」는 "정사·부사-'勾從人"으로 압축적으로 표현되어 있지만 「거란사현의」와 대략 같은 형식이며, 「조사의」에서는 "사신-상·중절-하절" 순으로 '개인(사절단) 의례'가 진행되어, 결과적으로 3자 모두에서 공통됨이 확인된다.

그런데 '개인(사절단) 의례'까지 끝나면 「거란사현의」에서는 사절단을 포함해 송 측 황제와 관료 모두가 퇴장해 의식이 완전히 종료되는데 비해, 「송사현의」에서는 사절단과 그 밖의 의식 참여자가 일단 퇴장하지만 얼마 후 다시 식장에 들어옴으로써 제Ⅱ부의 의식으로서 연회가 열리게 된다(ⓓ, ⓔ). 이에 대해 이미 제Ⅱ부 상태에 있던 「조사의」에서는 상·중·하 3절이 모두 퇴장하고 사신만이 그대로 남아 전 위에서 '차주례'를 갖는다(⑧).

이상과 같이 볼 때 고려의 「조사의」는 송조가 운영한 「거란사현의」보다 거란 측에서 운영된 「송사현의」와 더 닮은꼴의 관계를 볼 수 있다. 즉 참여자들이 퇴장과 재입장을 되풀이함으로써 의식이 제Ⅰ부와 제Ⅱ부로 구별되는 점, 그리고 그 의식에 연회가 포함되어 있다는 점은 양자의 공통점으로 「거란사현의」에는 보이지 않는다. 이를 뺀 나머지 부분에서는 의식의 전개가 3자 모두에서 대략 일치한다.

2) 고려 국왕의 '西面' 이유를 둘러싸고

건덕전의 북조 외교의례(「조사의」와 「기복사의」)에서 가장 큰 특색의 하나는 사신이 남면한 상태에 있고, 이에 대해 고려 국왕은 동쪽에 서서 서쪽을 향하는 구도를 유지한다는 점이다. 이미 지적한 것처럼 ③('문안과 조서의 전달')에서,

> 사신은 傳命位에 나아가 南을 향해 立定하고 왕은 西向 再拜한다.

는 것이 이에 해당하며, 특히 일본의 오쿠무라는 이를 단서로 고려 국왕의 주체성을 강조하였다. 즉 당시 중국을 비롯한 동아시아에서 君臣 간에 있던 일반적인 對面 위치인 '君主南面'을 전제로, 북조 황제의 '傳命'을 南面 상태로 집행하는 사신에 대해, 오쿠무라는 "고려왕이 西面하게 된 것은 고려의 북조=거란에 대한 臣禮 기피 자세를 보여주는 것이며, 그 배경에 거란에 대한 멸시관이 작용한다"는 내용을 중심으로 하는 결론을 도출하였다. 거란의 책봉을 받고 있던 고려 국왕이 신례를 취하지 않고 서면함으로써 客禮를 취했다는 것은 역시 일반적인 사항이 아님은 분명하다. 중국은 물론 고려에서도 당시 통용되지 않던 고려 국왕의 이러한 자세로부터 오쿠무라의 지적은, 고려가 '황제국'을 지향했다고 일컬어지는 그 밖의 다른 요소들[33]과 더불어 그 자존적 측면을 드러내는 것으로 이해될 수 있으며, 이와 관련해서는 학계의 지지가 비교적 폭 넓은 것으로 보인다.

현재까지 오래 동안 거의 정설로 굳혀진 이상의 해석에 대해 좀 더 생각해 볼 여지는 없는 것인지, 하는 것이 필자의 입장이다. 결론적으로 말해 '군주남면', 그리고 이에 대해 신하가 북면하는 중국 왕조의 통념이 당시 고려에서 제정된 북조 외교 의례 속에서는 특별한 의미를 갖지 않았을지 모른다는 것, 즉 통용되지 않았을 가능성이 있다는 것이 필자의 생각이다. 즉 당시 고려 국왕이 서면한 것은 오쿠무라의 지적처럼 신례를 회피한 것이 아니라, 오히려 거란 측 예법에 따라 신하로서의 面位를 유지하려 한 것으로 볼 수는 없는지, 필자는 상상해본다. 그렇다면 이것은 거란 황제의 면위가 '신하' 입장에 있는 고려 국왕이 「조사의」에서 취한 서면과 對面하는 방향 즉 東面이 되는 것을 전제로 하며, 그 점은 필자가 별도로 검토한 바 있는 거란 측의 외교 의례[34]를 통해서도 방증될 수 있다.

그 대표적인 일례로 거란 측 사료에,

> 요의 습속에는 동향하여 左를 上으로 여겨, 御帳이 동향, 遙輦九帳이 남향, 皇族三父長이 북향한다. 동서를 經으로 삼고, 남북을 緯로 삼아, 그런 고로 御營을 일러 橫帳이라 한다(遼俗, 東向而尙左, 御帳東向, 遙輦九帳南向, 皇族三父長北向, 東西爲經, 南北爲緯, 故謂御宮爲橫帳云.(『遼史』 권45, 百官志1 北面諸帳官·遙輦九帳大常袞司)).

33) 노명호, 「고려시대의 다원적 천하관과 해동천자」(『한국사연구』 105집, 1999); 森平雅彦, 「朝鮮における王朝の自尊意識と國際關係·高麗の事例を中心に 」(『九州大學21世紀CEOプログラム報告書』, 2007) 등 참조.

34) 본서 제III부 제4장 참조.

고 보인다. 이것은 거란에서 '동－서'의 축을 더 근본적으로 여기고, '남－북'을 부차적으로 취급한다는 의미이며, 따라서 황제는 동향한다는 말이다.

〈표 3〉『송사』 의례 중의 황제와 태후의 면위

의례 명	면위
「현태후의(見太后儀)」(I)	남면
「현의(見儀)」(II)	동면
「연의(宴儀)」(III)	남면
「사태후의(辭太后儀)」(IV)	동면
「사의(辭儀)」(V)	동면

거란의 동방 선호가 그 국가 의례에 그대로 반영되어 나타난 것을 정리한 것이〈표 3〉[35]이다. 이는 황제·황태후의 생일이나 正旦을 축하하러온 송 측 사자에 대해 거란 측이 제정한 의례 속에 보이는 황제·황태후의 면위를 정리한 것으로, 거기에는 중원 왕조의 정통적 면위=남면이 함께 보이지만, 황제가 신하를 접견할 때(〈표 6〉의 II와 V)에는 보통 동면하는 것으로 되어 있다. 이것은 외국사에 대해서 뿐 아니라 평시에 거란 황제가 국내의 신하에 대해서도 동일한 대면 관계를 유지한 것을 의미한다.[36]

이처럼 거란 내부의 朝會에서 '군주 동면'이 보통이었다고 하면, 그것이 고려에서도 특히 북조(거란)의 사신을 영접하는 의례에 영향을 주었을 것은 추정의 근거가 될 수 있다. 물론 이것은 고려 자신이 거란에 대해 피책봉국임을 인정할 것과, 또 그러한 입장에서 거란 측이 제정한 의례를 수용했다는 것을 전제로 한다.[37] 이러한 점에 대해 고려의 주체성을 강조하는 입장에서는 반대론이 있을 수 있겠지만, 11세기 초반에 양국에 상하 관계가 형성된 것은 문헌 사료 등에서 확인되는 부동의 사실이다.

35) 본서 제III부 제4장에서 轉載.

36) 예를 들어『요사』권53, 禮志6 嘉儀下 進士賜章服儀에, "皇帝御殿, 臣僚公服引進士入, 東方面西, 再拜, 揖就丹墀位, 面殿鞠躬. 閤使稱有敕, 再拜, 鞠躬. 舍人宣敕各依等甲賜卿敕牒一道, 兼賜章服, 想宜知悉, 揖再拜. 跪受敕訖, 再拜. 退, 引至章服所, 更衣訖, 揖復丹墀位, 鞠躬. 贊謝恩, 舞蹈, 五拜. 各祗候, 殿東亭內序立. 聲喏, 坐. 賜宴, 簪花. 宣閤使一員, 閤門三人或二人勸飲終日. 禮畢."고 보인다.

37) 고려 개경의 궁전과 관련한 연구(김창현, 앞 책, p.266의 〔개경궁성도〕)에 의하면 北朝의 사신을 맞이하는 공간으로 이용된 乾德殿은 일반적인 경우와 달리 남북보다 동서로 긴 장방형을 이루고 있고, 따라서 그 殿門도 本殿의 남측이 아닌 동쪽에 있는 것으로 되어 있다. 그렇다면 건덕전에서는 통상 국왕이 서쪽에서 동쪽을 보고 앉아서 일에 임했다고 보여진다. 만일 이와 같다면「詔使儀」에서 "國王이 西向再拜"(③)한다는 것은 건덕전의 배치와 정합적으로 합치하여 국왕은 자세를 바꾸지 않고 곧바로 거란의 황제에게 신례를 취하는 자세를 취하게 되는 것이다. 건덕전의 배치가 처음부터 이 점까지 고려해 계획되었다고 보기 어렵지만, 당시 동아시아의 도성 건축에서 궁전 배치와 의례의 관계 자체는 염두의 범위 안에 있던 것 또한 사실이다.

이상의 면위 문제와 별개로 당시의 국제 관계 속에서 고려 국왕이 거란에 대해 신례를 기피하는 것이 현실적으로 어디까지 용인될 수 있었을까, 하는 문제가 제기될 수 있다. 오쿠무라는 「조사의」와 『고려사』의 같은 곳에 실려 있는 「영대명조사의」를 서로 비교하여, 고려의 명에 대한 태도와 달리 "고려왕은 요 황제의 책봉을 받는 外臣이기는 해도 적어도 조사영접례의 場에서는 신례의 면위를 피하는 특수한 예를 취하는 것이 용인되었다"고 보았다.

이 문제를 고려를 떠나 거란 그리고 금의 두 '북조' 측의 입장에서 바라볼 때, 이들 왕조가 고려국왕의 신례 기피 자세를 간단히 용인했을지 속단하기 쉽지 않다. 예를 들어 거란이 송조에게 "고려는 우리의 奴일 뿐인데 남조는 어찌 이를 후대하는가?"라고 한 것은 비록 외교적 언사일지 몰라도 어느 정도는 고려에 대한 '종주권'을 과시한 것이라 보지 않을 수 없고, 앞에서 검토한 고려 현종대(1010~1031년)에 제정된 것으로 보이는 거란의 「고려사입현의」에서는 의식상에서 고려 국왕의 이름(王詢)이 그대로 稱名되었다. 또 이미 북면과 서면 등 면위의 의미를 잘 알고 있던 거란이 외국사를 초치할 경우와 달리 자국의 사신이 고려를 방문할 때는 신례 기피를 인정한다는 비대칭적인 정황도 이해하기 부자연스럽다.

게다가 북조 사신을 위한 의례로서의 「조사의」는 거란과 똑같이 금에 대해서도 통용되는 것이었다. 당시 고려의 중국 왕조에 대한 입장을 '臣屬의 정도'라는 면에서 바라볼 때 요와 금 사이에 "요 < 금"의 관계가 있다는 분석은 분명한 사실이다. 그렇다면 만일 「조사의」의 규정이 고려국왕의 '서면'을 용인한 전제에 있는 것이라고 한다면, 이 규정은 또 하나의 북조인 금에게도 그대로 이어져갔다는 것이 되는데, 금이 과연 그러한 일종의 '관용'을 보였을지, 필자는 그러한 상정을 금에 대해서는 거란보다 하기 훨씬 어렵다고 생각한다.

금이 많은 점에서 거란의 제도를 계승한 것은 잘 알려져 있지만, 그럼에도 불구하고 외교 관계에서는 요보다 더 엄격한 자세를 일관했고, 따라서 고려에 대해 의례상에서 상징성 깊은 '서면'을 쉽게 인정했다고는 생각하기 어려운 일이다. 하물며 금조가 당시 자신을 중심에 둔 동아시아의 질서를 '禮的인 패권주의' 차원에서 재설정하려는 의욕을 강하게 갖고 있었고,[38] 나아가 그러한 면모를 고려에게도 강하게 설득한 것은 모두 금의 비타

38) 본서 제III부 제5장 참조.

협적인 면모를 증명한다.[39]

그러나 금의 입장에서 볼 때 「조사의」의 규정은 사실 모순되는 면을 갖기도 한다. 금에서는 거란과 달리 '군주남면'이 정식의 면위이기 때문에 신하는 북면해야 하지만 금이 「조사의」를 그대로 인정했다면 이것은 고려의 신례 기피를 인정하는 꼴이 되어 자신의 의도와 배치되기 때문이다. 그렇다면 금은 「조사의」를 인정하지 않았을 것이고 따라서 「조사의」는 거란만을 위한 의례였다는 추론도 나올 수 있겠지만, 과연 어떠한 것이 사실에 더 가까운 것이고, 또 그렇다면 금에 대한 의례는 왜 『고려사』에 보이지 않는지 등은, 모두 현재로서는 풀기 어려운 문제로 남을 수밖에 없다.

맺음말

고려는 이상과 같은 외교 의례를 통해 당면한 국가 외교에서 가장 중요한 상대였던 '북조'의 사자를 영접하였다. 그런데 그 의례를 수록한 『고려사』의 빈례는 이미 지적한 것처럼 '북조'와 '大明'의 사자를 맞이하는 5개의 의례만을 취급할 뿐, 여타 국가에 대한 것은 다루지 않는다. 당시 고려와 이웃하는 송과 거란 내지 금조의 禮書에서는 자신에게 찾아오는 소위 '조공국'에 관한 의례를 국가별로 나누어 기재하는 것이 보통이지만, 『고려사』에 그것이 보이지 않는 것은 고려가 처해진 국제적 처지가 그들과 같지 않았기 때문이었다.

그럼에도 불구하고 고려는 잘 알려진 것처럼 자신의 국제 지위를 팔관회를 통해 고양시키려 했다. 즉 팔관회는 북조에 대해 '피책봉국'의 입장에 있던 고려가 한편으로는 "국내의 태자 이하 경관·외관 뿐 만이 아니라 '조공국'의 分子까지 포함하려고 한 고려의 자립적인 국가 구조의 축도"[40]로서, 결과적으로 고려 외교의 또 다른 자세를 보이는 부분이다. 고려는 중국의 천자가 통치하는 천하를 부정하지 않는 범위에서 자신을 중심으로 하는 별도의 천하를 거느리고 있었으며, 이러한 복수의 천하는 고려인의 '다원적 천하관'을 반영한다고도 볼 수 있다.[41]

---

39) 본서 제IV부 제4장 참조.

40) 奥村周司, 「高麗における八關會的秩序と國際環境」(『朝鮮史研究會論文集』 16, 1979).

41) 노명호, 앞 논문, 1999.

다만 고려가 이러한 천하관을 예제 상에 반영시키는 데에까지 적극적이지 않았던 것은 『고려사』 빈례 체계의 불충분함을 통해 나타나는 것 같다. 빈례는 기본적으로 '하국'의 입장에 선 조공국이 '상국'에 표하는 의례이기 때문에 고려의 빈례에 그러한 관계를 나타낸 것이 없는 것은 자신이 '조공국'을 거느리지 않음을 보여주는 것일 수 있다. 하지만 동시에, 이미 지적한 바처럼, 고려는 대제전인 팔관회 등의 국가 의례를 통해 宋商과 동번 및 서번 등 蕃人을 '조공분자'에 擬制시킴으로써 고려식의 천하 질서를 구축하려 했다. 이 같은 소위 '內帝外王'적 자세가 비단 고려에만 국한되지 않은 것도 사실이지만,[42] 본고에서는 그것이 의례적 관점으로도 엿볼 수 있다는 점을 강조해 둔다.

아울러 『고려사』(권67, 지21 예9 가례)에는 중국왕조와 관계 깊은 또 하나의 의례인 「進大明表箋儀」와 「元正冬至上國聖壽節望闕賀儀」가 보인다. 중국에 대한 '종속도'가 한층 강해진 고려 말기에 제정된 이 두 의례는 '가례'에 수록되어 있으며, 중국의 예서와 비교하면 가까이는 『明集禮』, 또는 그 이전의 『大唐開元禮』의 체제와 상통한다. 이 두 예서는 상대국에 보내는 외교 문서의 授受와 관련된 의식을 빈례가 아닌 가례에 수록하고 있는데, 『고려사』 도 「진대명표전의」를 역시 가례에 싣고 있다. 또한 「원정동지상국성수절망궐하의」도 외교 관련 의례이기는 하지만, 그 사신(또는 '조서')을 영접하는 것이 아니라 고려에게 강요되어 성립된 국가 의례라는 차별성 때문에 가례에 편입되었다고 볼 수 있다.

42) '內帝外王'적 질서가 고려만의 특징이 아닌 점은 森平雅彦, 앞 논문 참조.

3 誓書: 10~13세기 동아시아의 안전보장책

머리말

12세기 초, 고려는 흥기하는 金의 기세에 눌려 稱臣하였다. 고려가 비교적 신속히 금의 종주권을 인정한 것은 급변하는 당시의 국제정세를 냉정히 판단해 가능한 군사 충돌을 피하려 한 배려였다. 이때 한 가지 걸림돌이 된 것이 '誓書' 문제였다. 금이 신하로서의 도리를 다짐할 맹서의 표문, 즉 誓表를 요구한 것에 대해 고려가 당초 이의를 제기하였기 때문이다. 하지만 결국 고려는 금의 요구를 수용하지 않을 수 없었고, 이 때 처음으로 서서가 대외 교섭에서 차지하는 의미를 알게 되었다. 이후 麗-金 간에 특별한 위기는 없었기 때문에 서서 문제는 여-금 관계사의 최대 쟁점이라 할 수 있고, 따라서 한국사학계에서도 중요한 문제로 인식되어 왔다.[1]

그런데 서서는 여-금만의 고유한 현상이 아니라 당시의 동아시아에서 보편적인 외교 관행이었다는 인식이 중요하다. 필자는 이미 이 문제가 송조와 요, 서하 등과의 사이에 존재한 사실을 확인하면서 이들 국가가 상호 전쟁 등을 거친 후 和議를 모색할 때는 그 전제로 서서를 거의 예외 없이 교환하는 현상이 있었음을 지적한 적이 있다.[2] 하지만 그 후 필자를 포함해 이 문제에 대해 체계적인 정리와 분석을 시도한 연구는 보이지 않는다. 高麗史 연구자 사이에서도 특히 금의 대외 문제에서 서서는 피할 수 없는 문제이지만,[3]

---

1) 노계현, 『高麗領土史』(甲寅出版社, 1993); 박윤미, 「12세기 전반기의 국제정세와 고려-금 관계 정립」(『史學硏究第』 104, 2011) 등.

2) 김성규, 『宋代の西北問題と異民族政策』, (汲古書院, 2000), pp.16~18.

3) 주1) 논문 참조. 아울러 일본의 古松崇志도 「契丹·宋間の澶淵體制における國境」(『史林』 90-1, 2007)에서 서서 문제에 대해 언급하고 있지만, 송·거란 간의 문제에 대한 것으로 전면적인 분석에는 이르지 못한다.

당면한 문제 이상의 본격적인 追究는 없어 이 문제의 기원은 물론 고려 외교사의 중요한 장면에 대한 충분한 파악에 아쉬움을 남겼다고 하지 않을 수 없다. 여기에 당시 동아시아 각국의 서서를 둘러싼 사정을 정리해볼 필요가 제기된다.

이를 위해서는 송대 이전부터 있던 중국의 전통을 함께 고려해야 한다. 즉 많은 중국의 제도와 관행이 그런 것처럼 송대의 서서는 계통상으로는 특히 춘추시대에 광범위하게 이용된 '盟誓'의 전통을 계승한 것이며, 이 전통은 이후 중국의 여러 왕조에 영향을 주어 송대에 이르게 되었다고 할 수 있다.[4] 하지만 송대의 서서가 곧 '맹서'와 동일한 것은 아니며 이 양자의 관계와 특징에 주목한 연구는 보이지 않는다. 본고에서는 송대 서서에 대한 원점의 파악이라는 면에서, 춘추시대 맹서의 특징을 기존 연구의 도움을 통해 정리해보고, 또 그 이후 唐代까지에 걸친 맹서 문제의 특징을 개관하여, 송 이후의 서서 문제를 비교적으로 검토할 것이다.

唐朝 붕괴 후 10~13세기의 중국을 중심으로 하는 동아시아에서는 미국의 로사비(Morris Rossabi)가 표현한 것처럼 '대등한 국가들 사이의 중국(China among Equals)'의 상태가 연출되고 있었다.[5] 그리고 중심 세력이 사라진 상황 아래 각국은 서로 충돌을 피하기 위한 목적으로 이전에 없던 다양한 외교 관행을 만들어갔다. '和議' 또는 '和約'은 그 대표적인 산물이며, 특히 분쟁이 잦았던 각국이 주변국과 그러한 관계를 갖지 않는 예는 드물 정도이고, 필자는 이 점에서 송대 동아시아의 국제 관계를 '和議體制'라고 불렀다.[6] 이 화의에는 쌍방 간에 安保를 보장할 수단으로 국경의 획정, 도망자의 인도, 인질의 제공 등 다양한 요소를 의제에 포함시키고 있지만, 본 장의 검토 주제인 서서는 그러한 화의 논의의 핵심을 이루는 안전보장책이었다 할 수 있다.

---

4) 윤영인, 「거란과 여진」(노기식 등 편, 『만주』, 소명출판, 2008), p.37은 Michael C. Rogers, "The Chinese World Order ln Its Transmural Extension: The Case of Chin and Koryo", Korean Studies Forum 4, 1978을 인용해, "한족왕조를 천하의 중심으로 설정한 전통사상과 조공체제에서 '誓'의 개념이 존재하지 않는데, ……"라고 지적하였는데, 이는 이하 본 장에서 증명되는 것처럼 명백한 오류라고 하지 않을 수 없다. 다만 윤영인은 같은 곳에서 계속해서 "송대 誓表와 誓詔 등의 '혼성적 외교양식(hybrid diplomatic genre)'은 당시의 다원적 국제 관계와 맹약체제의 특성을 잘 보여 준다"고 지적하고 있다.

5) 본서 제Ⅴ부 제1장 「미국 및 일본에서 '전통중국의 세계질서'에 관한 연구사와 그 특징 비교」 참조.

6) 본서 제Ⅴ부 제1장. 김성규, 앞 책, 「머리말」 참조. 古松은 최근 송－요의 관계를 '澶淵體制'라고 규정하고 있는데(古松, 앞 논문), 이것은 필자가 이미 제기한 '和議體制'라는 송대 동아시아 국제 '질서'의 대표적인 일부로서 비정될 수 있다고 생각한다.

아울러 페어뱅크는 19세기 이후의 근대적 국제 관계를 '조약시스템'(Treaty System)으로 파악하면서 여기에 포섭되지 않았던 종전의 동아시아의 전통적 국제 관계를 '조공시스템'으로 일반화한 적이 있다.[7] 이 '조약시스템'이야말로 필자가 강조하는 '和議體制'와 다를 바 없는 것이라 할 수 있다. 본 장에서는 송대 동아시아 각국에서 교환된 여러 형태의 和約文을 거론하면서 논의의 중심을 서서 쪽에 맞추어 그 내용과 의의를 생각할 것이다.

1. 중국에서 서서의 기원과 유행

1) 先秦시대의 盟誓

인간이 여러 필요에 의해 타자와 약속을 맺는 행위는 극히 자연스러운 사회관계이며 태고부터 있던 현상이다. 중국 문헌에는 여기에 상당하는 것으로 '盟誓'라는 단어가 일찍부터 빈출한다. 송대의 서서는 이 같은 고대의 전통이 발전한 것이었다.

맹서에 관해서는 자료가 풍부하고 기존의 연구도 적지 않아 그 특징을 파악하기 어렵지 않다. 먼저 그것은 東周, 특히 춘추시대 제후국 사이에서 아주 흔히 사용되었다. 『춘추』와 『춘추좌씨전』에는 魯 隱公1년에서 哀公27년(전722~전468) 사이에 제후국 간에 200회 가까운 맹서가 거행된 사실이 확인된다.[8] 또 '盟'자는 『춘추좌씨전』에 640회, 『춘추공양전』에 162회, 『춘추곡양전』에 172회나 나오며, 이에 비해 '誓'는 『춘추좌씨전』에 22회, 『춘추곡양전』에 1회, 그리고 『춘추공양전』에는 검출되지 않는다.[9]

맹이 서보다 압도적으로 많은 이유는 그것이 사실상 서의 내용을 포함하기 때문이라 할 수 있다.[10] 즉 이것은 맹과 서가 원래 분명히 달랐다는 것을 말하는데, 그 관계는 『文心雕龍』 祝盟 제10편에 보이는 다음의 설명에 분명하다.

盟이란 밝힌다는 뜻이다. 적색의 소와 백색의 말을 珠玉으로 장식한 祭器에 올려 놓

7) 본서 제Ⅴ부 제1장 참조.

8) 李力, 「東周盟書與春秋戰國法制的變化」(『法學硏究』 1995-4).

9) 吳承學, 「先秦盟誓及其文化意蘊」(『文學評論』 2001-1).

10) 吳承學, 앞 논문.

고 神明에 告하는 것이다. 옛날 하, 은, 주 3대의 제왕 때에는 詛盟이 없었고 때때로 誓가 필요할 때는 말로써 약속을 하고 헤어졌다. 周가 쇠퇴하자 盟이 자주 행해졌다(盟者, 明也. 騂毛白馬, 珠盤玉敦, 陳辭乎方明之下, 祝告於神明者也. 在昔三王, 詛盟不及, 時有要誓, 結言而退. 周衰屢盟, …….).

서가 말로 하는 간단한 약속 정도의 행위인 것에 비해 맹은 희생을 차려놓고 신에게 고하는 격식 있는 행위인 것을 알 수 있다. 이 차이는 『禮記』 曲禮下에 "約信을 誓라 하고 牲口로 임하는(莅) 것을 盟이라 한다"는 설명으로도 확인된다. 그런데 이 盟은 위의 『文心雕龍』에 '詛盟'으로 되어 있고, '詛'는 "신에게 재앙을 내리기를 청하는 것"을 말하기 때문에,[11] 맹은 신에 대한 단순한 고함이 아니라 약속을 어긴 자에 대한 징벌을 칭하는 것이었다. 맹은 그 토대가 모든 인간에 공통하는 神에 대한 경외심과 그로부터 오는 심리적 압박 위에 놓여있으며, 그 신을 증인과 감독자로 삼아, 信을 지키지 않는 자에 대하여 신이 장차 징벌할 것임을 공동으로 약정하는 것이라 할 수 있다.

또한 맹은 이처럼 정중한 격식을 갖추기는 하지만 이 역시 그 본질은 약속, 즉 서를 의미하는 것이므로, 춘추시대 문헌의 용례에 맹이 서보다 압도적으로 많다고 한 이유를 "맹에 사실상 서의 내용이 포함되기 때문"이라고 한 앞의 설명이 이해될 것이다. 따라서 이 점에서 맹은 盟誓라고 할 수 있는 것이다.[12] 또한 나아가 맹은 포괄적으로 보아 誓와 같은 의미로도 볼 수 있지만, 거꾸로 서를 맹이라고 볼 수는 없는 것이 된다. 하지만 이후 후대로 갈수록 맹과 서는 혼동되어 같은 의미로 사용되는 경향이 강해진다.

한편 앞의 『문심조룡』 인용문으로부터는 맹이 周가 쇠퇴하는 시점, 즉 대략 춘추시대 이후부터 자주 사용되었다는 사실을 알 수 있다. 춘추시대에 맹이 성행한 것은 이 시대가 바야흐로 난세에 진입한 시점임을 생각할 때 충분히 짐작된다. 제후 간에 약육강식과 배신행위가 반복되는 속에서 단순히 말로써 하는 서는 구속력이 없기 때문에 신 앞에 이를 告하는 맹이 한층 절실해졌다고 할 수 있다. 제의 환공이 주재한 葵丘會盟(전655년)을 비롯한 제후 간의 것에서부터 侯馬盟誓(전497~전489)처럼 제후국 내부에서 맺어진 것에 이

11) 『尙書』 無逸의 공영달 疏에 "以言告神, 謂之祝 請神加殃, 謂之詛"고 있다.

12) 胡康林, 「先秦時期盟誓檔案概說」(『雲南檔案檔案』, 2012)는 맹과 서의 관계에 대해 "先秦時期에는 구별이 분명치 않고 고로 사람들은 '盟誓'를 連用하기도 했다."고 하지만, '盟誓'는 지금 필자가 지적한대로 기본적으로는 맹을 의미하는 것으로 사용된 것이지, 맹과 서 간에 구별이 분명치 않아 혼용된 것이라고는 보이지 않는다.

르기까지 춘추시대에 빈번했던 회맹의 유행은 이러한 사실을 배경으로 한다. 아울러 『周禮』 秋官에는 맹을 주관하는 전문기관으로 '司盟'이 있음이 보인다.[13] 앞의 『문심조룡』에는 춘추 이전에 맹이 성행하지 않았다고 하므로 周代의 '司盟'의 존재가 다소 어색하지만, 『주례』 자체가 전국시대에서 漢代에 걸쳐 만들어진 것이므로 이것이 춘추시대의 사정을 반영한 것이거나, 아니면 주대에도 실존한 맹과 관련된 설명으로 볼 수 있다.[14]

춘추시대와 전국시대에 걸친 맹서의 일반화에 따라 관련 의식의 절차도 정형화되었다. 그 주요 과정을 기존의 연구를 빌려 필자 방식대로 정리하면 대략 다음과 같다.[15]

〈표 1〉 先秦시대 盟誓 의식의 주요 절차

순서	대분류	소분류	관련 설명 등
I	사전 준비		소집 통지, 참가국과 인원의 지위에 따른 자리 배정
II	盟書(盟辭)의 확정		副本을 작성
III	희생의 준비와 取血	희생을 죽여 구덩이에 넣음	
		牛耳를 잡고 피를 받음	"卑者執之, 尊者涖之"
		歃血	
IV	盟書의 낭독과 처리	盟書 낭독	神明에게 보고
		盟書 埋立	희생 위에 얹어 함께 묻음
V	사후 처리	拜盟	結盟에 대한 인사
		人質의 교환	背盟 방지를 위함
		盟書의 副本을 盟府에 보관	對照와 향후 대비

여기서 맹서의 의식 자체와는 직접 관련이 적은 I과 V를 제외하면, 맹서의 내용 즉 그것을 확정 짓는 작업(II), 이어 희생에서 피를 받아 마시는 과정(III)이 있음을 알 수 있고, 맹서는 신 앞에서 읽은 다음 희생과 함께 땅에 묻는다는 것도 확인된다. 이 의식이 끝난

13) 『周禮』 秋官6, 司盟에 "司盟掌盟載之法. 凡邦國有疑會同, 則掌其盟約之載及其禮儀. 北面詔明神, 既盟則貳之."라 있고, 鄭玄의 주에 "載, 盟辭也. 盟者, 書其辭于策, 殺牲取血, 坎其牲, 加書于上, 而埋之謂之載書"라고 있다.

14) 董芬芬, 「春秋會盟文化與盟書的文体結構」(『西北師大學報』 45-2, 2008)은 서주시대의 회맹에 대해 언급한다.

15) 陳夢家. 「東周盟誓與出土載書」(『考古』 1966-5); 李模, 「先秦盟誓的种類及儀程」(『學習與探索』 2000-4, 총129기); 徐令杰, 「春秋會盟禮考」(『求是學刊』 2004-2).

뒤에는 인질의 교환도 있지만, 이는 전국시대에 들어 맹서를 한층 보증하기 위해 나타난 수단으로 맹서 제도의 타락이라 볼 수 있다.[16] 또한 희생과 관련해 "牛耳를 잡는" 자는 일반에 회맹의 대표자 격인 盟主로 알려져 있고, 이로부터 그것이 "자기 마음대로 일을 좌지우지한다"는 숙어로 사용되고 있으나, 실제로 牛耳를 잡는 것은 맹주보다 신분이 더 낮은 자의 역할이었다고 한다.[17]

맹서 의식에서 가장 중요한 부분은 盟書(盟辭)의 작성이며, 이것은 그 내용 자체가 각자의 이익에 직결되므로 때로는 격렬한 논쟁을 수반한다. 맹서의 내용은 때와 상황에 따라서 바뀌는 것이 당연하지만, 그러나 그 형식은 그러한 맹서의 의식이 계속적으로 반복되는 과정에서 일정한 틀을 갖게 되었다. 이와 관련해 吳承學은 『춘추좌씨전』 등의 실례를 분석해, 先秦의 맹서가 대체로 다음과 같은 3부분으로 이루어졌다는 결론을 도출하였다.

① 盟誓의 緣起 : 맹서를 하게 된 원인·배경
② 遵誓要求 : 맹서를 통해 준수해야 할 구체적 사항·내용을 열거하는 것
③ 違盟惡果 : 만일 盟誓者 중에 약정을 준수하지 않는 자가 있다면, 그 장본인과 집안 사람들, 나아가 국가도 귀신의 嚴懲을 받을 것이라는 것

한편 董芬芬도 盟書의 文体를 검토한 뒤, "完整한 맹서에는 회맹의 기일, 참여 成員, 회맹의 緣起, 盟首, 詛辭 등 5개 부분이 불가결한 요소"라고 하였는데,[18] 이것은 오승학과 비교해 두 가지 요소(회맹의 기일과 참여 成員)가 추가되었을 뿐, 나머지 세 가지(회맹의 緣起, 盟首, 詛辭)는 내용상 그의 ①, ②, ③과 일치한다.[19] 동분분은 오승학의 ②에 盟首를, ③에는 詛辭라는 용어를 각각 부여했을 뿐이다. 본고에서는 편의상 이들과 관련된 내용을 언급할 때는 '盟首'와 '詛辭'의 표현을 사용하기로 한다. 참고로 盟首는 "盟書의 首章[20]"이라는 의미로 춘추의 맹서에는 특히 해서는 안 되는 금지 사항, 즉 다짐의 말이 많이 보

16) 李模, 앞 논문.

17) 『春秋左氏傳』 魯定公8년(전501)조에, "衛人請執牛耳."에 대한 공열달의 正義에 "盟用牛耳, 卑者執之, 尊者涖之."이라 있다. 李模, 앞 논문 참조.

18) 董芬芬, 「春秋會盟文化與盟書的文体結構」(『西北師大學報』 45-2, 2008).

19) ①, ②, ③이 함께 등장하는 盟書의 사례로서는 예를 들어 주24)를 참조.

20) 『춘추좌씨전』 襄公23년 조의 杜豫注에 "盟首, 盟書之首章"고 보인다.

이며,[21] 詛辭는 '詛' 즉 이미 앞에서 본 것처럼 背盟者에 대한 신의 저주 또는 징벌의 말을 적은 부분이다.

이들 맹서문을 구성하는 여러 요소 중에서 다른 것들이 모두 가변적인 것에 비해 詛辭만큼은 그렇지 않고 대체로 고정된 문구가 사용되었다. 실례로서 『춘추좌씨전』 僖公28년(632) 5월 癸亥에 晉의 文公이 주관한 유명한 踐土會盟에 관한 내용이 다음과 같이 보인다.

> 王子虎가 諸侯와 王庭에서 맹서하였다. 그 要言으로서 모두 주 왕실을 도와 제후들이 서로 침해하는 일이 없어야 한다. 만일 이 맹서와 다름이 있으면 신이 이를 죽이고 그 군사를 약하게 만들고 그 나라에는 상서로움이 없으며 그 자자손손에까지 노소를 불문하고 모두 재앙을 받을 것이다(王子虎盟諸侯於王庭. 要言曰, 皆獎王室, 無相害也. 有渝此盟, 明神殛之, 俾隊其師, 無克祚國, 及而玄孫, 無有老幼.).

주 왕이 王子虎(周의 大臣으로 惠王의 庶弟)를 보내 천토의 왕궁에서 제후들과 結盟한 뒤에 만들어진 맹서의 일부인 이 문장에서, 간단하지만 "皆獎王室, 無相害也"는 '盟首'이고, 그에 이어지는 後文이 '詛辭'에 해당한다. 맹을 어길 경우 해당자는 물론 그 자손에까지 재앙이 미치고 그 나라의 군대와 국운이 쇠할 것이라고 한 이것은, 당시의 왕조로서는 최대의 저주라고 할 수 있다. 이 중 "有渝此盟, 明神殛之"는 당시 가장 많이 이용되는 詛辭로 보이며, 그 밖의 필요에 따른 다양한 변형이 있었다.[22]

2) 秦 이후의 경우

秦에 의해 전국이 통일되고 봉건 제후가 소멸되면 그들 사이에 유행하던 맹서도 쇠락한다. 본절에서는 先秦시대에 비해 현저히 줄어들기는 하지만 일부나마 그 명맥을 잇고

21) 董芬芬, 앞 논문.

22) 또 하나의 예로서 『춘추좌씨전』 희공28년 6월조에는 衛나라 사람들 간의 분쟁 끝에 맺은 맹약이 다음과 같이 있다. "晉人復衛侯, 甯武子與衛人盟于宛濮曰, (A)天禍衛國, 君臣不協, 以及此憂也. 今天誘其衷, 使皆降心以相從也. 不有居者, 誰守社稷, 不有行者, 誰扞牧圉, 不協之故, 用昭乞盟于爾大神, 以誘天衷. (B)自今日以往既盟之後, 行者無保其力, 居者無懼其罪. (C)有渝此盟, 以相及也, 明神先君, 是糾是殛."여기서는 (A)가 緣起, (B)가 盟首, (C)가 詛辭에 해당한다. 詛辭가 약간 바뀌어 "만일 이 맹서와 다름이 있으면 그에게 재앙이 미치고 신과 先君도 이를 규탄해 죽일 것이다"로 되어 있고, 또 재앙을 내리는 주체가 神 이외에 조상(先君)도 포함되어 있다.

있는 것으로 생각되는 秦·唐시대의 史料에 산견하는 事例를 통해 先秦의 盟誓 전통이 宋代 직전까지 어떻게 계승되었는지를 일별해 두고자 한다.[23]

秦 이후의 맹서는 당연하지만 주로 분쟁이나 혼란 시기에 보인다. 『후한서』 권58, 列傳 48 臧洪에는 후한 말기 동탁의 폭거에 대해 臧洪 등 뜻 있는 刺史와 太守들이 한 왕실의 부흥을 위해 맹서를 하는 장면이 다음처럼 보인다.

> (가)壇場을 설치하고, 장차 盟을 하려하였다, ……. 모두가 洪을 추대하니 洪이 攝衣해서 升壇한 후 操血하고 盟하여 말하기를, (나)"漢室이 不幸해, 皇綱을 잃었다. 兗州刺史 岱, ……等이 義兵을 糾合해 國難에 달려간다. (다)대저 우리 同盟은 마음과 힘을 모아臣節을 다하고 몸과 생명을 바쳐 반드시 두 마음이 없을 것이다. (라)만일 이 맹서와 다름이 있으면 그 자는 목숨을 잃고 후손을 남기지 못할 것이다. 천지의 신령과 조상의 영혼이 이를 모두 굽어보신다."((가)設壇場, 將盟, ……. 咸共推洪. 洪乃攝衣升壇, 操血而盟曰, (나)漢室不幸, 皇綱失. ……. 兗州刺史岱, ……等, 糾合義兵, 並赴國難. (다)凡我同盟, 齊心一力, 以致臣節, 隕首喪元, 必無二志. (라)有渝此盟, 俾墜其命, 無克遺育. 皇天后土, 祖宗明靈, 實皆鑒之.).

맹서의 본문에 해당하는 (나)~(라)의 내용을 앞에서 이용한 춘추시대의 용어로 구별하면 (나)가 義兵 糾合의 배경을 적은 緣起, (다)가 일치단결을 다짐하는 盟首, 그리고 (라)는 맹서를 어길 경우에 대한 詛辭가 되며 이러한 구조는 춘추시대와 기본적으로 다르지 않다. 특히 詛辭가 '有渝此盟'으로 시작하는 점과 그 속에 자손, 신, 祖宗 등의 어구를 동원한 것은 춘추시대의 방식을 그대로 이은 것이다. 그런데 이에 대해 (가)는 맹서 의식의 외형을 설명한 것으로, 그에 따르면 '壇場'을 설치하고 그 위에 올라 '操血'하여 盟을 한다는 것을 알 수 있다. 壇場은 제사 등을 위한 설비를 마련해 놓은 장소이며, 조혈은 歃血을 뜻한다. 이로써 희생 자체에 대한 언급은 보이지 않지만 삽혈이 맹서의 중요한 과정으로 여전히 계승되고 있음을 볼 수 있다. 다만 춘추시대의 會盟場에 일반적으로 마련된 '坎'은 보이지 않는다. 그렇다면 이 무렵에는 회맹장의 중요 시설로 壇場이 출현하여, 아마도 이것이 '坎'의 기능 내지 상징성을 대신했다고 보인다. 별도로 坎이 있어서 이곳

23) 『古今圖書集成』 明倫匯編 交誼典 盟誓部에는 역대 맹서류가 모아져 있으나, 춘추시대의 것들이 집중되어 있다.

에 춘추시대처럼 희생과 맹서한 文을 묻었을 수도 있지만, 맹서를 위해 壇 위로 올라가는 등의 행위는 이전에는 없었기 때문이다. 漢 말기의 맹서 관행이 춘추시대의 전통을 대체로 계승하면서도 변형을 동반하고 있었다고 할 수 있다.

이러한 형식에 준하는 맹서의 의식과 盟書 형식은 이후에도 유지되어갔다. 남아 있는 사례는 많지 않지만 그러한 유형으로 구별 가능한 삼국, 동진, 그리고 唐代의 예가 각기 발견된다.[24] 관련 기사를 모두 자세히 검토할 수는 없지만, 앞 책 『후한서』 臧洪傳에 보이거나 추정되는 壇의 설치, 희생의 사용, '有渝此盟'으로 시작하는 詛辭의 닮은 점 등이 지속된 것이 분명하다.

이러한 경향이 당 후기(821년)에 이르러 토번과 맺은 유명한 '唐蕃會盟碑'(혹은 '長慶會盟碑')의 碑文 속에서 보이는 사실은 주목할 만하다. 안사 난 이후 국세의 저락 일로에 있던 당은 강적 토번에 계속 밀리다가 강화하게 되었다. 국호를 '大唐'과 '大蕃'이라 하고, 양국의 연호도 병기하는 등 완전히 대등한 입장에서 체결된 이 조약문은 석비에 새겨져 양국의 수도인 장안과 라사 등 3곳에 건립되었으나 지금은 라사의 것만이 현존한다. 그런데 이 비문의 西面에는 조약문의 주요 내용으로 한문과 티베트어로 국경의 확정, 사절왕래 때의 영접 절차, 범죄자의 인도 등을 기록한 후, 그 말미에 다음과 같이 쌍방이 공동으로 맹약한 것을 적었다.

이와 같이 盟約하여 각자 契陳하고 희생을 죽여 盟을 삼아 여기에 大約을 設한다. 만

24) 삼국시대의 사례로 黃龍元年(229) 6월에, 촉한이 孫權의 황제 즉위식에 衛尉 陳震을 보내 漢·吳 간에 對魏同盟을 협정하는 일과 관련해, "……. 造爲盟曰, ……. 且古建大事, 必先盟誓, 故周禮有司盟之官, 尙書有告誓之文, 漢之與吳, 雖信由中, 然分土裂境, 宜有盟約. ……. 故立壇殺牲, 昭告神明, 再歃加書, 副之天府. …….有渝此盟, 創禍先亂, 違貳不協, 慆慢天命, 明神上帝是討是督, 山川百神是糾是殛, 俾墜其師, 無克祚國. 于爾大神, 其明鑒之」(『삼국지』 吳書2, 吳主 孫權傳2)고 있고, 東晉에서는 咸和 연간(326~334년)에 명장 郗鑒이 蕭峻의 난을 진압하기에 앞서 치른 맹서 의식에서 "設壇場, 刑白馬", "有渝此盟, 明神殛之"(『晉書』 열전제37, 郗鑒)라는 장면이 보인다. 또한 당의 사례로는 德宗建中4년(783)에 韋皐가 번진 난의 하나로 일어난 涇原兵變(783~784)의 진압에 앞서, "乃築壇血牲與士盟曰, 協力一心, 以誅元惡, 有渝此盟, 神其殛之."는 내용이 보이고(『신당서』 권158, 열전83 韋皐), 다시 天寶十二載년(753)에는 韋陟이 안사난 진압과 관련해 행한 맹서 의식에서 "陟曰, 今中原未平, 江淮騷離, 若不齋盟質信, 以示四方, 知吾等協心戮力, 則無以成功. 乃推瑱爲地主, 爲載書, 登壇曰, 淮西節度使瑱, 江東節度使陟, 淮南節度使適, 銜國威命, 糾合三垂, 翦除兇慝, 好惡同之, 毋有異志. 有渝此盟, 墜命亡族, 罔克生育, 皇天后土, 祖宗明神, 實鑒斯言."(『신당서』 권122, 열전제47 韋安石 韋陟)고 보인다.

일 이 誓에 依하지 않는다면 蕃漢의 君臣은 어느 한쪽이 먼저 화를 당하고, 음모를 한 자는 破盟 이상의 罪科를 받을 것이다. 蕃漢의 君臣은 모두 稽告立誓해 두루 자세히 강화문을 만들고, 양국의 군주됨은 官印으로 증거를 삼고 登壇之臣이 성명을 親署하며, 이 誓文은 玉府에 보관한다(如此盟約, 各自契陳, 刑牲爲盟, 設此大約. 倘不依此誓, 蕃漢君臣任何一方先爲禍也, 仍須仇報, 及爲陰謀者, 不在破盟之限, 蕃漢君臣並稽告立誓, 周細爲文, 二君之驗, 證以官印, 登壇之臣親署姓名, 如斯誓文藏於玉府焉. 이상은 王堯, 「唐蕃會盟碑疏釋」(『歷史研究』 1980-4)에 실린 티베트어 원문의 한문 번역본임).

특히 "희생을 죽여 盟을 삼아 大約을 設한다"는 내용과 '登壇'이라는 용어를 통해서 볼 때 이때의 회맹이 춘추시대 이래의 전통과 상통하며, 한편으로 후한 말부터 새로운 형식으로 나타난 중국의 '登壇' 방식이 계승되고 있음을 알 수 있다. 무엇보다 중국 왕조로서의 당이 처음으로 '외국'으로서의 토번을 상대로 중국적 전통에 입각한 방식으로 회맹을 가진 점은 주목할 만하다. 중국의 맹약은 그 동안 중국 내부에서만 경쟁자나 이해 관계자 사이에서 이루어져 왔지만, 당대에 이르러 외국으로 그 상대의 범위를 넓히게 된 것은 그 의미가 한층 확대된 것을 말한다. 하지만 외국과의 회맹은 당에서는 이것이 거의 유일한 예로 보이고, 외국이 주된 대상자로서 등장하는 것은 宋代를 기다려야 한다.

또한 당이 토번과 함께 회맹이라는 형식을 빌려 화약을 자연스럽게 맺을 수 있던 배경에는 토번에서도 '맹서'의 관행이 오히려 중국 이상으로 중시되고 유행했다는 사실을 고려해 둘 필요가 있다.[25]

2. 송대 동아시아에서 誓書의 유행

1) 송조를 중심으로 한 요 및 서하 간의 서서 교섭

'당번회맹비'의 성립은 당 후기에 이르러 중국 중심의 국제질서가 붕괴한 것을 상징적으로 보여주며, 그 후 이 경향은 오대를 거쳐 통일 왕조가 다시 등장하는 宋朝에도 계속

25) 토번에서의 회맹 문제는 예를 들어 祿金環·馬正云, 「吐蕃盟誓制度研究綜述」(『絲綢之路』 2012年 第24期) 참조.

되었다. 송은 그 역사 내내 요(거란) 및 금(여진)과 경쟁해야 했고, 오히려 자신을 넘어서는 그들의 위압을 '和議'라는 수단을 동원해 가까스로 방어한 감이 있다. 화의는 '당번회맹비'처럼 비문은 아니지만 문서로 상대와 불가침 조약을 맺은 점에서 그것과 성격이 같다. 게다가 송은 요와 금은 물론 서하 등 주변 세력과도 이 관계를 유지하였고, 다시 이것이 이들 근린 왕조에 학습 효과를 주어 그러한 관계가 요와 서하, 금과 서하, 금과 고려 등 諸國 사이에 유행하였다. '머리말'에서 언급한 대로 필자는 이를 국제 관계의 중요한 포인트로 인식해 '화의체제'라 명명하였다.

화의가 조약인 이상 거기에는 국가 간의 약속이 따랐는데 그 약속의 형식에는 다름 아닌 춘추시대 이래의 맹서 전통이 엿보인다. 본 장에서는 이 점에 주의해 송대 동아시아에서 존재한 화약문(和議文)의 특성을 검토할 것이다. 다만 그 수가 적지 않은 이 시기의 사례를 본 장에서 모두 거론하기에는 지면의 제약이 있어 여기서는 그 전형적인 사례를 중심으로 분석할 것이다. 또한 화약문에는 당사국 간에 존재한 외교 현안이 모두 집약적으로 나타나기 마련이지만, 이 또한 본 장의 취지가 '맹서'의 검토에 있으므로 이에 직결되지 않는 문제는 할애하기로 한다.

송조가 타국과 맺은 최초이자 가장 대표적인 조약은 요와의 사이에 있던 '澶淵의 盟'(1004)이었다. 이 맹약의 배경과 조약문에 대해서는 종래 많은 관심이 있었지만,[26] 본 장과 같은 관점에서의 분석은 없었다. 『契丹國志』 권20, 澶淵誓書에는 다음과 같이 보인다.

> 「宋眞宗誓書」(A)
>
> (가)維景德元年, 歲次甲辰, 十二月庚辰朔, 七日丙戌, 大宋皇帝가 삼가 契丹皇帝闕下에 誓書를 致합니다. …….(나)風土之宜에 따라 軍旅之費로써 每歲 絹二十萬匹, 銀一十萬兩을 돕고, …….誓書之外에는 각기 求하는 바가 없습니다. 반드시 協同에 힘써 悠久히 지켜가길 바랍니다. (다)이로부터 保安의 黎獻은 封陲를 謹守하여, 天地神祇에 맹세하고, 宗廟社稷에 고하고, 子孫이 共守해 이를 傳해 無窮하며, 만일 此盟을 어기면 享國할 수 없고, 昭昭天鑒하여 마땅히 이를 모두 파멸할 것입니다. ……(全文은 다음과 같다. 維景德元年, 歲次甲辰, 十二月庚辰朔, 七日丙戌, 大宋皇帝謹致誓書於契丹皇帝闕下, 共遵誠信,虔守歡盟, 以風土之宜, 助軍旅之費, 每歲以絹二十萬匹, 銀一十萬兩,

26) 예를 들어 '전연의 맹' 1000주년을 기념한 연구로 張希淸 등, 『澶淵之盟新論』(上海人民出版社, 2007) 이 있다.

更不差使臣專往北朝, 只令三司差人搬送至雄州交割. 沿邊州軍, 各守疆界, 兩地人户, 不得交侵. 或有盜賊逋逃, 彼此無令停匿. 至於壠畝稼穡, 南北勿縱搔擾. 所有兩地城池, 並可依舊存守, 淘濠完葺, 一切如常, 即不得創築城隍, 開掘河道. 誓書之外, 各無所求. 必務協同, 庶存悠久. 自此保安黎獻, 謹守封陲,質于天地神祇, 告于宗廟社稷, 子孫共守, 傳之無窮, 有渝此盟, 不克享國. 昭昭天鑒, 當其殛之, 遠具披陳, 專俟報復, 不宣.).

「契丹聖宗誓書」(B)

(가)維統和二十二年, 歲次甲辰, 十二月庚辰朔, 十二日辛卯, 大契丹皇帝가 삼가 大宋皇帝 闕下에 致書합니다. ……. (나)風土之宜에 따라 軍旅之費로써 每歲 絹二十萬匹, 銀一十萬兩을 돕고, ……. 誓書之外에는 각기 求하는 바가 없습니다. 반드시 協同에 힘써 悠久히 지켜 가길 바랍니다. 이로부터 保安의 黎獻은 封陲를 謹守하여, 天地神祇에 맹세하고, 宗廟社稷에 고하고, 子孫이 共守해 이를 傳해 無窮하며, 만일 此盟을 어기면 享國할 수 없고, 昭昭天鑒하여 마땅히 이를 모두 파멸할 것입니다. (다)某는 비록 不才하나, 敢히 此約에 따라 삼가 天地에 고하고, 이를 子孫에게 맹서하여, 만일 此盟을 어기면 神明이 이를 무찌를 것입니다. 專具諮述, 不宣(全文은 다음과 같다. "維統和二十二年, 歲次甲辰, 十二月庚辰朔, 十二日辛卯, 大契丹皇帝謹致書於大宋皇帝闕下, 共議戢兵, 復論通好, 兼承惠顧, 特示誓書, 以風土之宜, 助軍旅之費, 每歲以絹二十萬匹銀一十萬兩, 更不差使臣專往北朝, 只令三司差人搬送雄州交割. 沿邊州軍, 各守疆界, 兩地人户, 不得交侵. 或有盜賊逋逃, 彼此無令停匿. 至於壠畝稼穡, 南北勿縱搔擾. 所有兩地城池, 並可依舊存守,淘濠完葺, 一切如常, 即不得創築城隍, 開掘河道, 誓書之外, 各無所求, 必務協同, 庶存悠久. 自此保安黎獻, 謹守封陲, 質于天地神祇, 告于宗廟社稷, 子孫共守, 傳之無窮, 有渝此盟, 不克享國. 昭昭天鑒, 當其殛之. 某雖不才, 敢遵此約, 謹告於天地, 誓之子孫, 苟渝此盟, 神明是殛. 專具諮述, 不宣.).

조약문 (A)는 송이 요에게, (B)는 요가 송에 제출한 것이다. 이를 본 장에서 검토한 춘추시대 이래의 맹서와 비교할 때 몇 가지 큰 차이를 지적할 수 있다. 하나는 화의의 약속, 즉 화약 체결을 위해 당사국이 상대에게 이를 보증하는 誓書라는 것을 제출하고 있다는 점이다. 물론 송·요 양국도 실무자가 사전의 협상을 거쳐 약정에 동의했겠지만, 그에 대한 보증서를 당사국이 하나의 協定文 속에 盟書와 誓約(盟誓)을 공동으로 기입한 춘추시대 이래의 방식과 달리, 각자가 별도로 작성해 상대방에 제출, 즉 교환한 것은 전혀 새로운 형식이다. 또한 이 보증서를 '맹서'라 하지 않고 '誓書'라 칭한 점도 중요하다. 이것은 문자 그대로 송 이후의 서약에서 '盟'이라는 내용이 사라진 것을 반영한 것이라고 볼 수 밖에 없다. 즉 (A)와 (B)에는 춘추시대 이래 당대까지 盟誓 의식에서 반드시 동반되던 희생 또는 '삽혈'에 관한 말이 전혀 보이지 않아, 그러한 의식이 양국 사이에 처음부터 존재하지 않은 것으로 생각된다. 국가 간의 공식적 약속에서 미신적인 요소가 배제된 것으로 생각할 수 있지만, 같은 예에 해당하는 당대의 당번회맹비에서 발견되는 '刑牲爲盟'했다는 점과는 대조된다. 다만 그럼에도 불구하고 이상의 화약을 일반적으로 '전연의 맹'[27]이라 부르는 것은 이미 이전부터 진행되어온 '맹'과 '서'에 대한 혼동 내지 혼용이지, '맹'의 본래의 실체를 동반한 것은 아니었다.

한편 구조면에서 볼 때 서서 (A)는 景德元年(1004) 12월 7일에 송의 眞宗이 요 聖宗에게 글을 보낸다는 (가)의 도입문, 그에 이어지는 요에 대한 송의 세폐 제공 등의 약정을 확인한 (나) 부분, 그리고 (다)는 그것에 대한 다짐을 적은 것으로 '有渝此盟'과 천지신명, 조상, 자손 등의 이름을 건 송 이전에 유행한 詛辭의 전통이 보인다. 한편 이에 대해 서서 (B)는 12월 12일 자로 되어 있어 요가 송의 서서를 받고난 5일 뒤에 제출된 것이다.[28] 이 때문에 (B)는 (A)와 다소 다른 구조를 갖게 된다. 즉 (B)-(가)는 (A)-(가)와 같은 식으로 12월 12일에 요 聖宗이 송 진종에게 회신한다는 도입문이지만, (B)-(나)는 구성상 (A)의 (나)와 (다)를 합친 내용을 그대로 옮겨놓은 방식으로써 자신(요)도 화약의 내용과 송조의 다짐을 확인했다는 의미이다. 상호 협정한 화약의 내용은 한 자도 틀림없이 같아야 하지만, 요는 송 측의 서서를 그대로 인정하는 형식을 취함으로써 교섭에서 다소 우위에 있는 느낌을 주고 있다. 그런 후에 요도 서서의 말미((B)-(다))에서 별도의 詛辭를 첨부한다.

힘의 拮抗 상태에서 빚어진 '澶淵의 盟'과 그 결과로 이어진 誓書의 作成과 交換은 송-서하 사이에서도 적용되었다.[29] '전연의 맹'에서 불과 2년 뒤에 체결된 景德和約(경덕3년, 1006)은 그 중의 하나이다. 李繼遷(太祖) 이래로 계속되어 오던 서하의 독립운동, 즉 송에 대한 저항에 종지부를 찍은 이 화약에서도 '전연의 맹'에 준하는 약정과 형식이 있었음이

27) 이러한 명칭의 용례로는 예를 들어 『송사』 권313, 열전72 富弼; 동서 권331, 列傳90 沈遘전 등 참조.

28) 이 무렵의 사신 파견 및 시기 등과 관련한 문제로는 賈玉英, 「宋遼交聘制度論略」(『中州學刊』 6, 2005) 참조.

29) 서하 건국의 주체인 黨項族 사이에 있던 고유한 盟誓 전통에 대해서는 尙世東, 「黨項盟誓制度探析」(『寧夏大學學報』 23(총94기), 2001) 참조. 아울러 '전연의 맹' 이후 송-요 외교사에서는 분쟁 등의 시점에서 '서서'를 확인하거나, 수정하는 일(예컨대 慶曆연간)이 발생하지만, 큰 틀에서의 서서는 유지되었다.

추정되지만,[30] 그 내용을 확인할 충분한 기록은 보이지 않는다.[31] 또한 이때는 서하가 먼저 '誓表'를 제출하고 송조가 그 답으로 '誓詔'를 주고 있는데, 이러한 명칭의 차이는 대등 관계를 반영시킨 송－요 간의 '誓書'와 달리, 두 나라의 관계가 '君臣之間'에 있음을 나타낸다.

송－서하 간의 서서의 성격은 慶曆 연간(1041~48)에 발생한 군사 충돌과 그 전후처리로 맺어진 화약을 통해 비로소 볼 수 있다. 경덕화약으로 송과의 대립을 피해 여유를 얻은 서하는 서방으로의 발전을 통해 국력을 확충한 후 그 아들 李元昊(景宗)에 이르러 정식으로 건국하여 송과 전쟁에 돌입했다가 결국 화해하고 '慶曆和約'을 맺었다. 여기서 교환된 서표와 서조에서 본 장이 주의하는 부분을 摘錄하면 다음과 같다.

「西夏誓表」(C)

그 詞에 말하길, (가)양국이 和好를 잃은 지 7년이 되었습니다. 立誓하여 지금부터 盟府에 보관하기를 바랍니다. (나)……. 중앙을 畫해서 界(국경)로 삼고, 界內에는 城堡의 축조를 허락한다. 朝廷은 해마다 絹13만匹, 銀5만兩, 茶2만斤을 사여한다, ……. (다)지금 本國이 홀로 誓文을 바치니 곧바로 誓詔를 頒하기를 바라며 世世遵承하여 영원히 和好로 삼겠습니다. 만일 君親之義가 없어지거나 臣子之心에 다른 생각이 생긴다면 宗祀가 길게 가지 못하고 자손이 재앙을 입을 것입니다, 고 했다(其詞曰, (가)兩失和好, 遂歷七年, 立誓自今, 願藏盟府. (나)……. 乞畫中央爲界, 於界內聽築城堡. 朝廷歲賜絹十三萬匹, 銀五萬兩, 茶二萬斤, ……. (다)今本國自獨進誓文, 而輒乞俯頒誓詔, 蓋欲世世遵承, 永以爲好. 倘君親之義不存, 或臣子之心渝變, 使宗祀不永, 子孫罹殃.(『續資治通鑑長編』(이하 『장편』) 152, 慶曆4년 10월 己丑朔)).

「宋誓詔」(D)

誓詔에 말하기를, ……. (가)지금 納忠과 悔咎를 信誓에 나타 내, 이를 日月에 묻고, 이

30) 김성규, 앞 책, p.17 참조.

31) 『송사』 권485, 外國1 夏國上을 통해 다음과 같은 일부의 내용이 확인된다. "(大中祥符)九年, 因表邊臣違約招納逃亡, 云, 自景德中進誓表, 朝廷亦降詔書, 應兩地逃民, 緣邊雜戶不令停舍, 皆俾交還. 自茲謹守翰垣, 頗有倫理. 自向敏中歸闕, 張崇貴云亡, 後來邊臣, 罕守舊制, 各務邀功, 不虞生事, 遂致綏, 延等界, 涇, 原以來, 擅舉兵甲, 入臣境土；其有叛亡部族, 劫掠主財, 去者百無十回. 臣之邊吏, 亦務蔽藏, 俱失奏論, 漸乖盟約. 詔答已令鄜延, 涇原, 環慶, 麟府等路約束邊部, 毋相攻劫, 其有隱蔽逃亡, 畫時勘送. 本國亦宜戒部下, 毋有藏匿, 各遵紀律, 以守封疆." 『宋大詔令集』 권233, 答趙德明誓表詔도 참조.

를 귀신에 요구하며, 諸子孫에 이르기까지 渝變이 없겠다, 하니 申復이 懇至해 朕은 이를 甚嘉한다. (나)來誓를 俯閱해 하나같이 모두 約과 같이 한다. 마땅히 國人에 明諭하고, 祖廟에 藏書할 것이다, 고 했다(誓詔曰, ……. (가)今乃納忠悔咎表於信誓, 質之日月, 要之鬼神, 及諸子孫, 無有渝變. 申復懇至, 朕甚嘉之. (나)俯閱來誓, 一皆如約. 所宜明諭國人, 藏書祖廟.(같은 책, 동년 동월 庚寅)).

서하가 송에 전한 서표 (C)의 자세한 시기는 확인되지 않지만 경력4년(1044) 10월 1일보다는 이전이고,[32] (D)는 그에 대해 송이 경력4년 10월 2일(庚寅)에 서하에게 준 서조이다. 상대에게 서약을 먼저 하는 입장에 선 서하는 앞서 검토한 (A)의 경우처럼 약정한 내용을 일일이 확인하고((C)-(나)), 이어 그것을 이행하지 않을 때는 서하건 송이건 '宗祀'가 이어지지 못하고 자손에 재앙이 미칠 것이라는 詛辭(다)를 달았다. 또한 (C)에서는 "지금 本國이 홀로 誓文을 바치니 곧 바로 서조를 頒하기를 바랍니다"고 한 부분이 (A)에는 보이지 않는 점에서도 비교가 된다. 이것은 서서의 속성이 '상호 교환'이라는 점에 있다고 볼 때, 송조가 그것을 내놓지 않을 것이라는 우려에서라기보다, 송 측도 마땅히 제출해야 할 것을 재촉한 것으로 생각하는 것이 합당할 것이다.

한편 송조는 서조(D)에서 서하의 '信誓'(C)를 검토한 후 이를 嘉納한다((D)-(가))고 한 다음, 서하가 열거한 내용((C)-(나))을 약속대로 준수하며 그 서약을 祖廟에 보관할 것이라고 확인하였다((D)-(나)). 하지만 여기서는 천지신명이나 자손의 이름을 걸고 약정의 이행을 다짐한 詛辭가 빠져 있는 것이 주의된다. 이 또한 다른 많은 例들이 詛辭를 포함시키고 있다는 점을 생각할 때 특별히 빠진 것이라기보다 생략된 것으로 보는 것이 무방할 것이다.

'전연의 맹'으로 송은 요와 안정된 관계를 유지한 반면, 서하와는 전쟁과 화해를 반복하는 불안한 관계가 이어졌고 그 만큼 화약의 체결이 거듭되었다.[33] 그 화약문의 실태는 지금 검토한 '경력화약'의 서표(C)와 서조(D)에서 가장 구체적으로 나타나며, 기타의 사례에서는 내용의 전모를 전하는 사료가 거의 없다.

그러한 속에서 熙寧연간(1068~1077)에 추진된 화약과 관련해 송조에서 있었던 한 가지 논의는 당시 중국인들의 서서에 대한 생각을 엿보게 하는 점에서 중요하다. 본래 '희령화

32) (C)의 冒頭에 "初元昊以誓表來上, 其詞曰, ……."이라고 있다.

33) 김성규, 앞 책, pp.13~46,「宋代國境問題の基本性格と國境の樣相」.

약'은 서하의 추장 嵬名山이 자신이 관할지인 요충 綏州와 함께 송에 투항했다가 이것이 발단이 되어 양국 간의 대립을 거쳐 맺어진 것인데,[34] 『장편』에는 이 때 서하가 송에 보낸 表에 대해 "단지 謝恩만 하고 誓를 하지 않았다(但謝恩而不設誓)"고 한 송 측 추밀원의 지적이 보이고, 그에 이어 神宗이 이 문제에 대해 자문한 王安石의 견해로서,

> 중국과 이적이 宗祀殄滅로써 誓를 삼는 것은 부득이한 일입니다. 지금 서하가 이렇게 나온다면 단지 答詔를 내리면 그것으로 좋을 것입니다(中國與夷狄要以宗祀殄滅為誓非得已, 今彼如此, 但降答詔甚善.(권237, 희령5년 8월 壬午)).

라고 보이며, 다시 그에 대한 신종의 반응으로,

> 誓表를 받는다고 어찌 저들이 변하지 않는다고 보증하겠는가?(便得誓表, 如何便保彼不為變.(동상)).

고 보인다. 이것은 왕안석과 신종이 서서에 대해 현실적이지 못하다는 데에 생각을 같이 한 진보적인 입장을 보여준다. 이들은 화약이 거듭되는 당시의 실정에 비추어 아무리 '宗祀殄滅'이라는 詛辭를 동원해 다짐을 받는다 해도 현실적인 억지력이 없다고 판단한 것이다. 또한 왕안석의 말에서는 송조에서 '이적' 즉 외국과 화약을 맺을 때는 '誓'를 교환하는 것이 거의 당연한 것이라는 인식이 있었음이 간취된다.

그렇다고는 해도 화약문에서 서서를 제외시키는 것은 그동안의 관행에 반하는 파격적인 일임이 분명하고, 이 점에서 文彦博 같은 중신은 "맹서는 예로부터 있는 것입니다. 이를 천지신명에 빈다 해도 변할까 걱정이 되는데 서표가 없다면 어떻게 (신뢰를) 지킬 수 있겠습니까?"[35]라는 우려를 나타냈고, 다시 "盟誓가 있다면 그들이 맹서를 어길 때 우리에게 명분이 생깁니다."[36]고 하여, 盟誓(즉 誓書)가 여전히 유효하다고 보았다.

하지만 이에 대해 왕안석은 입장을 바꾸지 않고 "맹서가 신뢰할만한 것이라면 서하가 앞에서 제출한 誓로 足합니다, 臣은 誓와 不誓 모두가 보증할 수 없음을 걱정합니다."고

---

34) 김성규, 앞 책, pp.97~126, 「綏州事件と王安石の對西夏國境策定策」.

35) 앞 본문 인용의 『장편』과 同所.

36) 앞 주)와 같음.

하였다. 서하가 '경력화의'에서 誓를 제출했음에도 불구하고 그 후 약정을 어겼기 때문에 誓는 의미가 없다고 본 것이다. 결국 그의 입장은 "힘으로 서하를 제압할 수 있다면 어찌 명분이 없음을 걱정하겠습니까"라고 한 말 속에서 찾을 수 있을 것이다.[37] 서서를 놓고 오간 문언박과 왕안석 두 사람의 짧은 대화이지만, 전통을 이어가려는 보수파와 효용이 없다면 그것을 개혁하려는 진보파의 입장이 잘 드러나 있다. 그런데 이 이후 자세한 경위는 보이지 않지만, 결국 같은 달(8월)에 서하와 송은 서표와 서조를 교환한 것으로 되어 있다.[38] 송은 신종과 왕안석의 입장에도 불구하고 결국 외교의 관행을 바꾸지 않은 것이다.

사실 왕안석처럼 誓約의 효용을 믿지 않는 태도는 일찍부터 중국인들 사이에 존재하여, 본 장에서 이미 소개한 『문심조룡』(祝盟 제10편)의 인용문에 이어서는,

> 하지만 (어떠한 盟誓라 해도) 道義가 있으면 끝까지 유지가 될 것이고, 道義가 없으면 본래의 맹서는 改變될 것이니, 왕조의 흥망성쇠가 사람에게 있는 것이지 어찌 詛呪하는 말 속에 있겠는가(然義存則克終, 道廢則渝始, 崇替在人, 咒何預焉.).

라고 보인다. 맹서가 유행한 춘추시대에 이미 背盟이 비일비재한 사실을 반영한 인식이지만, 그럼에도 불구하고 맹서는 계속되고 있었던 것이다.

이상과 같이 북송 왕조를 중심으로 분쟁 관계에 있는 요나 서하 등과의 사이에 서서를 교환하는 외교가 일반화되면[39] 이것이 주변국에도 영향을 주어 이러한 방식의 외연이 한

---

37) 이상은 본 장에서 인용한 『장편』의 同所를 참조.

38) 『장편』 권237, 희령5년 8월 己丑에 "詔陝西諸路經略使, 夏國已差人進誓表, 可相度減將卒等及州軍城寨屯泊東兵."이라 있고, 이에 대해 李燾는 注에 "初六日進表不依式, 王安石云云. 可考."라고 해 그 역시 서하가 결국 서표를 제출한 경위가 어떻게 된 것인지 의문을 남긴 것으로 보인다. 또한 同書 희령5년 8월 辛卯에는 "詔, 陝西, 河東諸路經略司, 夏國進誓表, 朝廷已降詔依慶元五年正月壬午誓詔施行, 自令約束當職官吏等各守疆場, 無令侵掠, 及不得收接逃來人口."라고 보이는데, 여기서 송조가 이전의 예에 의거했다는 "慶元五年正月壬午"는 명백한 오류이다. 이것은 내용의 상호 관계상 '慶曆和議'의 시점을 가리키는 것으로 보인다. 韓蔭晟 編, 『黨項與西夏資料匯編』 中卷 제4冊(寧夏人民出版社), pp.3796~3797에도 이를 慶曆4년 10월 庚寅으로 비정한다.

39) 송조는 南蠻과도 분쟁을 겪는 일이 많았고, 그들로부터도 誓表를 받은 예가 보인다. 『송사』 493, 列傳 252 蠻夷1 西南溪峒諸蠻上에 "自是, 仕義歲奉職貢. 然黠驁, 數盜邊, 卽辰州界白馬崖下喏溪聚衆據守, 朝廷數招諭, 令歸侵地, 不聽. 熙寧三年, 爲其子師綵所弑. 師綵專爲暴虐, 其兄師晏攻殺之, 幷誅其黨, 納誓表于朝, 幷上仕義平生鞍馬, 器服, 仍歸喏溪地, 乃命師晏襲州事."가 그것이다.

층 확장된다. 요가 11세기 중반 서하와 전쟁을 겪은 뒤 서표를 확보한 것은 그 예이다.[40] 다만 이 때 요는 서하에게 서표를 받기만 하고 서조를 주었다는 기록이 보이지 않으며,[41] 이것을 유일한 예외로 돌리면 서하를 포함해 고려 등 다른 상대와 서서를 교환한 사례는 보이지 않는다.

2) 금조를 중심으로 한 송 및 서하 간의 서서 교섭

북송시대에 일반화된 국가 간 교섭에서의 서서 교환 방식은 여진의 金朝에 의해 가장 충실히 계승되고 또 한층 폭넓게 이용되었다. 12세기 초 건국과 거의 동시에 요와 북송을 차례로 멸망시키고, 서하와 고려마저 압박해 종주권을 확보한 금은 향후 12세기 중에는 자신의 패권을 동아시아에서 유지하였다. 이 때 금이 주변의 남송, 서하, 고려 등 3국 모두에게 서표를 요구하였을 뿐 아니라, 특히 서표에 보인 강한 집착은 같은 북방민족인 요보다 한층 강했다. 금은 이 서서를 통해 자신의 패권을 보증 받으려 한 것이다. 본 절에서는 12세기, 금을 중심으로 돌아가는 국제 질서 속에서 금, 송, 서하 등과의 사이에서 벌어진 서서 교환의 정황과 의의를 검토할 것이다. 다만 고려에서 발생한 서서 문제는 別稿를 통해 상론할 필요가 있어 본고에서의 더 이상의 고찰은 할애한다. 특히 1120년대 말에 불거진 고려의 금과의 문제는 그 직전에 막 마무리된 금과 남송, 그리고 금과 서하 간의 서서 문제에 영향을 받은 점이 있기 때문에 이들에 대한 검토는 後考를 위해서도 필요하다.

시기적으로 금이 가장 먼저 서서를 접수한 상대는 송이었다. 금이 송과 체결한 화약으로는 후술하는 남송 紹興12년(1142)의 것이 가장 잘 알려져 있고 또 이것이 최초로 생각되기 쉽지만, 그에 앞선 북송 멸망의 前夜에도 협약이 있었다. 요에 대한 협공과 요 멸망 후의 송－금의 관계를 약속한 소위 '海上의 盟'이 그것이다. 그런데 '해상의 맹' 자체는

---

40) 『요사』 권20, 본기20 興宗 重熙23년(1054) 10월 丙辰조에 "李諒祚(즉 서하의 毅宗(필자))遣使進誓表." 라고 있다.

41) 필자는 이를 기록의 생략이라기보다 요가 본래부터 서조를 서하에게 주지 않았던 것으로 보고 싶다. 앞서 본 '경력화약'에서의 서하의 송에 대한 칭신과 臣屬은 사실상 송의 체면을 지키고 그 대가로 歲賜를 얻는 것이었기 때문에 다분히 형식적인 면이 있지만, 이에 비해 요－서하의 관계는 비록 충돌도 있었지만 서하의 요에 대한 臣屬의 도가 훨씬 강했고, 이것이 요로 하여금 '신하' 취급하는 서하에 誓書를 생략시키는 입장에 있게 했다고 생각한다. 서하의 요에 대한 관계와 송을 포함한 3자의 관계는 본서 제Ⅰ부 제2장을 참조.

1120년에 일단 체결되었지만, 이 직후 두 나라의 복잡한 관계로 우여곡절을 거친 3년 뒤에 맹약이 다시 수정·체결되었고, 이 때 양국 황제의 명의로 교환된 '서서'가 그 형식을 알 수 있게끔 사료에 그대로 남아 있다. 이 맹약문은 『大金弔伐錄』 제23~제25篇에 의하면 송 휘종 宣和5년=금 태조 天輔7년(1123) 3월 4일에 송이 금에 먼저 제출하였고, 반대로 금이 송에 제출한 것은 동년 4월 8일로 되어 있는데, 다음은 그들의 중요 부분이다.

「南宋誓書」(E)

(가)宣和5년 3월 4일, 大宋皇帝가 大金大聖皇帝闕下에게 誓書를 드립니다. …….

(나)大金大聖皇帝가 創興해 遼國을 병합하고 宋이 遣使하여 五代 이래로 契丹에 陷入된 燕地를 計議하니, 다행히 好意로 燕京, 涿, 易, 檀, 順, 景, 薊 및 그 屬縣 그리고 所管民戶를 주었습니다. 요의 영역은 거의가 금의 소유입니다. 이전부터 거란에 주던 銀 20만량, 絹 30만필, 그리고 燕京에서 매년 나오는 稅利, －五六分 中의 一分－計錢 100만貫文에 이르는 物色은 매년 南京의 界首에 搬送하여 交割하고, 그 종류와 수량에 대해서는 사전에 여러 번 왕복하면서 정한 國書에 밝혀져 있습니다. 매년 합쳐 綠礬 200栲栳(그릇)을 교부합니다. ……. (다)중요한 것은 오래동안 懽好하는 것이며 萬世 동안 그렇게 되기를 희망합니다. 만일 이 약속을 어긴다면 天地가 鑒察하고, 神明이 신속히 재앙을 입힐 것이며, 子孫이 이어가지 못하고, 社稷이 傾危할 것입니다. ……(維宣和五年歲次, 三月甲寅朔, 四日丁巳, 大宋皇帝致誓書於大金大聖皇帝闕下. 天之所助者順, 人之所助者信, 履信思乎順, 則自天祐之, 吉無不利. 昨以大金大聖皇帝創興, 幷有遼國, 遣使計議五代以後陷入契丹燕地, 幸感好意, 特與燕京, 涿, 易, 檀, 順, 景, 薊幷屬縣, 及所管民戶. 緣爲遼國尙爲大金所有, 以自來交與契丹銀二十萬兩, 絹三十萬疋, 幷燕京每年所出稅利 － 五六分中只算一分 － 計錢一百萬貫文合値物色, 常年搬送南京界首交割. 色數已載前後往復議定國書. 每年幷交綠礬二千栲栳. 兩界側近人戶不得交侵, 盜賊逃人彼此無令停止, 亦不得密切間諜, 誘擾邊人. 若盜賊幷贓捉敗, 各依本朝法令科罪訖, 贓罰. 雖盜賊不獲, 蹤跡到處, 便勒留償. 若有暴盜或因別故, 合擧兵衆, 須得關報沿邊官司. 兩國疆界各令防守. 兩朝界內地各如舊, 不得遮堵道路. 至如將來殊方異域使人往還, 無得禁. 所貴久通懽好, 庶保萬世. 苟違此約, 天地鑒察, 神明速殃, 子孫不紹, 社稷傾危. 專具披述(陳述), 不宣. 謹白.(『大金弔伐錄』 제23篇)).

「回賜誓書」(F)

(가)天輔7년 4월 8일, 大金皇帝가 大宋皇帝闕下에게 書를 드립니다. …….

(나)이전에 契丹國主가 失道하여 백성이 塗炭에 빠지고, 함부로 군사를 일으키니, 죄를 토벌하고 그 백성을 구해냈습니다. 貴國이 遣使해 航海計議하니, 만일 장래에 遼國을 倂合하면, 幽燕 등의 故地를 반환할 것을 희망합니다, ……. 처음으로 敦好를 바라는 뜻에서 특별히 燕京, 涿, 易, 檀, 順, 景, 薊 및 그 屬縣 그리고 所管民戶를 약속과 같이 供與합니다. 지금 온 글을 받아보니, "요의 영역은 거의가 금의 소유입니다. 이전부터 거란에 주던 銀 20만량, 絹 30만필, ……. 만일 이 약속을 어긴다면 天地가 鑒察하고, 神明이 신속히 재앙을 입힐 것이며, 子孫이 이어가지 못하고, 社稷이 傾危할 것입니다." (다) 本朝의 뜻은 萬邦과 協和해 誠信을 크게 나타내는 데에 있으며, 故로 燕地를 반환하는 것을 誓約과 같이 합니다. 만일 이를 어긴다면, 天地가 鑒察하고, 神明이 신속히 재앙을 입힐 것이며, 子孫이 이어가지 못하고, 社稷이 傾危할 것입니다. 만일 상대 쪽이 이를 어긴다면 일체 誓約에 준하여 함께 정한 것을 지키지 않을 것입니다. 專具披述, 不宣. 謹白(維宣天輔七年, 歲次癸卯, 四月甲申朔, 八日辛卯, 大金皇帝致書於大宋皇帝闕下. 惟信與義, 取天下之大器也. 以通神明之心, 以除天地之害. 昨以契丹國主失道, 民墜塗炭, 肆用興師, 事在誅弔. 貴國遣使航海計議, 若將來倂有遼國, 願還幽燕故地, 當時曾有依允. 迺者親領兵馬, 已至全燕, 一方城池, 不功自下. 尙念始欲敦好, 特以燕京, 涿, 易, 檀, 順, 景, 薊幷屬縣, 及所管民戶, 與之如約. 今承來書, 緣爲遼國尙爲大金所有, 以自來交與契丹銀二十萬兩, 絹三十萬疋, 幷燕京每年所出稅利 − 五六分中只算一分 − 計錢一百萬貫文合値物色, 常年搬送南京界首交割. 色數已載前後往復議定國書. 每年幷交綠礬二千栲栳. 兩界側近人戶不得交侵, 盜賊逃人彼此無令停止, 亦不得密切間諜, 誘擾邊人. 若盜賊幷贓捉敗, 各依本朝法令科罪訖, 贓罰. 雖盜賊不獲, 蹤跡到處, 便勒留償. 若有暴盜或因別故, 合擧兵衆, 須得關報沿邊官司. 兩國疆界各令防守. 兩朝界內地各如舊, 不得遮堵道路. 至如將來殊方異域使人往還, 無得禁저.所貴久通懽好, 庶保萬世. 苟違此約, 天地鑒察, 神明速殃, 子孫不紹, 社稷傾危. 本朝志欲協和萬邦, 大示誠信, 故與燕地, 兼同誓約. 苟或違之, , 天地鑒察, 神明速殃, 子孫不紹, 社稷傾危. 如變渝在彼, 一准誓約, 不以所與爲定. 專具披述, 不宣. 謹白.(『大金弔伐錄』 제25편)).

(E)와 (F)는 형식과 내용에서 약 120년 전에 송−요 사이에 주고받은 것(즉 (A)와 (B))과 닮아 있다. 물론 '전연의 맹'과 '해상의 맹'을 비교하면 그 경위는 다르지만 송은 협약에 이르는 과정에서 요와 금에게 모두 저자세였고 이 점이 상대에게 두 차례 모두 서서를 먼저 제출하는 결과를 낳게 만들었다고 보인다.[42] 그리고 이에 대해 요가 (B)의 방식으로,

42) '전연의 맹'에서 송과 요 중 어느 쪽이 먼저 맹약을 신청했는지에 대해서는 확인해줄 사료가 없어 논란이

또 금은 (F)의 방식으로 그에 상응하는 서서를 각각 제출함으로써 결국 송의 (A)와 (E)를 비준하는 듯한 자세와 효과를 만들었다고도 할 수 있다. 또한 송이 요와 금에게 각기 '交與'하게 된 歲幣의 존재도 같은 작용을 했을 것이다.

(E)와 (F)의 형식을 보면 도입문에 해당하는 (가)는 국호와 군주호로 '大宋皇帝'와 '大金皇帝'를 사용해 대등함을 나타냈고, 또 각기 상대에게 보내는 글을 '致書'라고 표현하여 역시 균형을 지켰다. 여기서는 (E)-(a)의 '致誓書'가 (F)-(a)에서 '致書'로 되어 있는 것을 지적해야겠지만, 이것이 당시의 사정 등에서 볼 때 金의 優位를 반영한 것이라고 보기는 어렵다.

이어지는 (E)의 (나)는 앞의 여러 사례에서 이미 정형화된 것처럼 약정에 이르는 경위를 간단히 적은 다음 두 나라가 지켜야 할 내용을 일일이 확인한 부분이다. 본 장에도 보이는 것처럼 이를 위해 양국이 "사전에 여러 번 왕복하면서" 협상을 거쳤음은 물론이다. 이 협정에서 가장 중요한 것은 양국의 동맹군이 요를 멸망시킨 후에 금이 송에게 "燕京, 涿, 易, 檀, 順, 景, 薊 및 그 屬縣 그리고 所管民戶를" 供與하고, 그에 대해 송은 금에게 과거 요에게 주었던 歲幣로서 은 20만량, 絹 30만필 그리고 燕京에서 매년 거둬들이는 稅收 100만貫文 상당의 재화를 제공하는 점이다. 송의 입장에서는 금의 힘을 빌려 국초 이래의 염원인 '연운16주'의 중심을 회복한다면 종래 요에게 주던 세폐는 물론 100만관을 추가로 금에 제공하는 것을 아끼지 않은 것이다. 이때 금에게 주는 세폐의 양이 '전연의 맹' 때의 그것(서서(A)와 서서(B))보다 많아 일치하지 않는 것은 그 사이에 발생한 소위 '慶曆增幣'(또는 '重熙增幣', 1042년)라는 사건에 의해 요에 대한 세폐의 양이 늘어났기 때문이다.[43]

(E)는 끝으로 (다)에서 관례에 따라 약정을 지키지 않을 때에는 천지와 신명에게서 재앙을 받고, 자손과 사직이 파탄된다는 詛辭를 달았다.

한편 (F)의 (나)는 이미 검토한 「契丹聖宗誓書」(B)와 같은 방식으로, (E)-(b)의 주요 내용에 (E)-(c)를 그대로 합친 것을 토대로 그 위에 송이 피력한 약정을 인지하고 자신도 그것을 준수할 것을 약속한 부분이다. 그런 후에 (F)는 (다)에서 별도로 자신의 보증서를 첨

있지만 필자는 송조 측으로 생각한다. 관련 연구로는 賈玉英, 앞 논문 참조.

43) 즉 慶曆 연간(1041~48)에 요는 송이 서하와 교전하는 틈을 타 송을 압박해 銀과 絹을 10만씩 추가로 받아내는 성과를 얻었다. 또 역시 '전연의 맹'에서는 보이지 않는 내용으로, 송이 '稅收의 錢額 100만貫文'을 금에게 별도로 제공하는 것은 송이 금에 대한 약속을 이행하지 않은 일 때문에 추가로 규정된 부분이었다.

부하였는데, 그것은 "天地鑒察, 神明速殃, 子孫不紹, 社稷傾危"라는 것으로 (E)-(다)와 완전히 일치한다. 詛辭의 문체 역시 형식화되고 또 고정화된 것을 알 수 있다.

그러나 쌍방의 관계가 악화된다면 어떠한 詛辭를 동원한 盟書라 해도 의미가 없고, '해상의 맹'도 다르지 않았다. 특히 송-금 관계 파탄의 중요한 요인이 송의 배신행위에 있다고 볼 때, 송이 결국 금에 순식간에 150년의 사직을 잃고 또 황위를 이어오던 태종 계통의 후손이 모두 絶滅한 것은 공교롭게도 그 결과가 (E)에서 송이 내세운 맹서의 詛辭처럼 되어버려 매우 흥미롭다.

이로써 송이 완전히 망한 것은 아니고 중국 중남부를 중심으로 남송이 재건되었다(1127년). 하지만 송-금의 본격적인 공방은 오히려 이제부터가 시작으로 양국은 향후 15년간에 걸친 군사 대립 끝에 겨우 화해하였다(1142년). '紹興(또는 皇統)和議'라고 불리는 이 조약 역시 양국이 사전 협상을 거친 다음 서서를 교환하는 것으로 정식 체결되었다.[44] 이 화의가 高宗과 秦檜에 의해 악비 등 반대파를 누르고 강행됨으로써 송의 금에 대한 지위를 낮추게 만든 사건이었음은 말할 필요가 없다. 이 '국치'의 사건이 『송사』 등 송 측 기록에 잘 남아있지 않는 것은 오히려 당연하지만, 『금사』에는 宋이 金에 보낸 서표가 다음처럼 전한다(본 장에서는 이를 「紹興誓表」라 칭한다). 이에 반해 『금사』에도 금이 송에게 준 서조의 내용은 보이지 않는다.

「紹興誓表」(G)

宋主가 端明殿學士 何鑄等을 보내 誓表를 바쳤다. 그 表에서 다음과 같이 말했다. (가)臣 構는 말씀드립니다. (나)지금, 국경은 淮水의 中流로 界를 삼고, 西 측의 唐, 鄧州는 上國에 속하며, 鄧州로부터 西쪽 40里 및 남쪽 40리를 界로 삼아 鄧州에 속하게 합니다. 그 40里 밖 및 西南은 모두 光化軍에 속해 弊邑의 沿邊州城이 됩니다. 이미 恩造를 입어 藩方이 되었으니 世世子孫이 臣節을 謹守하겠습니다. 매년 皇帝의 生辰 및 正旦에 遣使해 稱賀하기를 이어가겠습니다. 歲貢하는 銀, 絹 25萬兩匹은 壬戌年부터 시작해 봄에 사람을 보내 운반시켜 泗州에서 交納하겠습니다. (다)만일 이 맹서와 다름이 있으면 신이 이를 죽여 목숨을 잃고 일족이 망하며 그 국가 또한 멸망할 것입니다. 臣이

44) 『송사』 권29, 본기29 高宗6 紹興11년 11월조에는 "壬子, 蕭毅等入見, 始定議和盟誓. 乙卯, 以何鑄簽書樞密院事, 充金國報謝進誓表使. 庚申, 命宰執及議誓撰文官告祭天地, 宗廟, 社稷. ……. 是月, 與金國和議成. 立盟書, ……."라는 과정이 보이며, 그 하나로서 송조는 誓表를 天地, 宗廟, 社稷에 고하는 것을 볼 수 있다. 이와 관련해서는 본서 제Ⅲ부 제5장 참조.

이제 誓表를 올리니 바라옵건대 上國도 서둘러 誓詔를 내려 주시면 弊邑은 영원히 이에 의지할 것입니다(宋主遣端明殿學士何鑄等進誓表, 其表曰, 臣構言, 今來畫疆, 合以淮水中流爲界, 西有唐, 鄧州割屬上國. 自鄧州西四十里幷南四十里爲界, 屬鄧州. 其四十里外並西南盡屬光化軍, 爲弊邑沿邊州城. 既蒙恩造, 許備藩方, 世世子孫, 謹守臣節. 每年皇帝生辰幷正旦, 遣使稱賀不絶. 歲貢銀, 絹二十五萬兩匹, 自壬戌年爲首, 每春季差人般送至泗州交納. 有渝此盟, 明神是殛, 墜命亡氏, 踣其國家. 臣今既進誓表, 伏望上國蚤降誓詔, 庶使弊邑永有憑焉.(『금사』 권77, 列傳第15 宗弼)).

신하국으로 전락한 송의 저자세는 文中 곳곳에 보이는 '臣 構(고종의 實名)', '上國', '弊邑', '恩造', '藩方', '歲貢' 등의 용어에서 극명히 드러난다. 그렇기 때문에 송이 먼저 2월에 보낸 서서를 서표라 했고, 이에 대해 금은 동년 3월에 '宋帝'에 대한 책봉을 거친 두 달 뒤에 서조를 비로소 전달하였다.[45]

「紹興誓表」(G)는 정식의 서표 全文을 기록한 것은 아니지만, 그 구조는 (가)와 같은 도입문을 상투적으로 적은 다음, (나)에서 역시 議定된 사항을 확인하는 차원에서 국경의 확정, 신하국 송의 의무로서 金帝의 생신 및 正旦에 遣使·칭하할 것, 그리고 해마다 銀, 絹 25萬兩匹의 '공납' 등을 밝히고,[46] 마지막 (다)에서 춘추시대 무렵부터 보이는 판에 박힌 문구로서의 詛辭를 삽입하는, 통례적인 것이라고 볼 수 있다. 또 (다)에서 "上國도 서둘러 서조를 내려 주시면 弊邑은 영원히 이에 의지할 것입니다"고 한 것은 앞의 「西夏誓表」(C)에서 "지금 本國이 홀로 誓文을 바치니 곧바로 서조를 頒하기를 바랍니다, 世世遵承하여 영원히 和好로 삼겠습니다"에 상당하는 부분으로, 이제 남송이 과거에 서하가 처해 있던 것과 똑같은 입장과 심정이 되어버린 것을 보여준다. 이후 송과 금은 전쟁을 반복하면서 화의를 갱신해 乾道和議(1165년)와 嘉定和議(1208년)를 맺어가지만 그 형식과 기본 내용은 이상에 준하는 것이었다.[47]

---

45) 『금사』 60, 表第2 交聘表上 皇統2년(1142)조에 "二月辛卯, 宋端明殿學士何鑄, 容州觀察使曹勛來進誓表, 三月丙辰, 遣光祿大夫左宣徽使劉筈冊宋康王爲宋帝, 以故天水郡王等三喪及宋帝母韋氏歸于宋.五月乙卯, 遣使賜宋誓詔."라는 과정이 보인다.

46) 본 장에서 제시한 「紹興誓表」(G)는 화약의 약정문 중 주요 내용만을 담은 것으로 보이며, 그 밖의 내용이 단편적으로 사료에 보이는데, 『金史』 권79, 列傳17 宇文虛中에 「皇統二年, 宋人請和, 其誓表曰, 自來流移在南之人, 經官陳說, 願自歸者, 更不禁止. 上國之於弊邑, 亦乞並用此約.」고 있는 것은 그 예이다.

47) 이들 화약의 전문을 보여주는 자료는 남아 있지 않아 상세함은 확인되지 않는다.

한편 금은 송과 서서 교환을 마친 바로 다음 해(天會2년(1124))에 연이어 서하와도 그것을 교환하게 되었다. 파죽지세로 동북아 전역에 패권을 확장해 간 금은 요를 존망의 위기에 몰아넣은 다음, 오래 동안 요의 영향 하에 있던 서하에 대한 종주권을 탈취하였다. 『금사』(권134, 열전72 外國上 西夏)에는 그러한 관계를 인정한 서하의 서표가 동년 3월자로, 그리고 금의 서하에 대한 서조는 윤3월자에 제출된 것이 함께 자세히 보인다.

「西夏誓表」(H)

서표에서 다음처럼 말했다. (가)臣 乾順은 말씀드립니다, ……. 臣은 遼國에 대대로 혼인 관계를 맺어 그 藩臣이었습니다, ……, (하지만 금조의)德音을 입어 前罪를 너그럽게 용서받았습니다. ……. (나)이제부터 歲時의 朝賀, 貢進하는 表章, 使人의 往復等事는 모두 영원히 遼國을 臣事하던 舊例에 따르겠습니다. ……. (다)이상에서 서술한 일들에 대해 臣은 이와 같이 굳게 서약해 후손도 변함이 없으며, 만일 다름이 있으면 天地가 鑒察하고 神明이 이를 죽이며 禍가 자손에 미치고 나라가 오래가지 못할 것입니다(誓表曰, 臣乾順言, 今月十五日, 西南. 西北兩路都統遣左諫議大夫王介儒等齎牒奉宣, 若夏國追悔前非, 捕送遼主, 立盟上表, 仍依遼國舊制及賜誓詔, 將來或有不虞, 交相救援者. 臣與遼國世通姻契, 名係藩臣, 輒爲援以啓端, 曾犯威而結釁. 旣速違天之咎, 果罹敗績之憂. 蒙降德音以寬前罪, 仍賜土地用廣藩籬, 載惟含垢之恩, 常切戴天之望. 自今已後, 凡於歲時朝賀, 貢進表章, 使人往復等事, 一切永依臣事遼國舊例. 其契丹昏主今不在臣境, 至如奔竄到此, 不復存泊, 卽當執獻. 若大朝知其所在, 以兵追捕, 無敢爲地及依前援助. 其或徵兵, 卽當依應. 至如殊方異域朝覲天闕, 合經當國道路, 亦不阻節. 以上所敍數事, 臣誓固此誠, 傳嗣不變, 苟或有渝, 天地鑒察, 神明殛之, 禍及子孫, 不克享國.).

「金誓詔」(I)

誓詔에서 다음과 같이 말했다. (가)天會2년 윤3월 戊寅朔에 皇帝가 夏國王 乾順에게 誓詔를 賜한다. (나)……. 卿은 깊이 前非를 깨닫고 樂從內附하니 ……. 割賜하는 地土, 使聘의 禮節, 서로 援助를 하는 등의 일은 모두 삼가 先朝의 制詔에 따를 것이다. ……. (다)朕이 어찌 食言하겠는가, 만일 變渝가 있으면 卿의 誓와 같을 것이다. 대대로 戒諭하여 그 진실함이 바뀌지 않게 하라(太宗使王阿海, 楊天吉往賜誓詔曰, 維天會二年歲次甲辰, 閏三月戊寅朔, 皇帝賜誓詔於夏國王乾順, 先皇帝誕膺駿命, 肇啓鴻圖, 而卿國據夏臺, 境連遼右, 以効力於昏主, 致結釁於王師. 先皇帝以謂忠於所事, 務施恩而釋過. 迨眇躬之纂紹, 仰遺訓以遵行, 卿乃深念前非, 樂從內附, 飭使軺而奉貢, 効臣節以稱藩.

載錫寵光, 用彰復好, 所有割賜地土, 使聘禮節, 相爲援助等事, 一切恭依先朝制詔. 其依應徵兵, 所請宜允. 三辰在上, 朕豈食言, 苟或變渝, 亦如卿誓. 遠垂戒諭, 毋替厥誠.).

(H)와 (I)는 이미 앞서 검토한 여러 서서와 크게 다를 바 없다. 다만 기존의 것들이 (나)에서 협정한 내용을 사항별로 자세히 적는 것이 보통이었음에 비해, (H)-(나)는 그러한 방식을 피해 "遼國을 臣事하던 舊例에" 따라서 라고 하였고, (I)-(나)도 "先朝의 制詔에 따를 것"이라고 하여, 큰 원칙만을 나타내었다. 금은 과거에 요가 서하에 요구하던 신례를 그대로 계승하는 방식으로 서하에 대한 외교 원칙을 세운 것인데, 사실 금은 이러한 '遼의 舊例'를 고려에게도 적용하는 등 주변 국가를 상대하는 하나의 표준으로 삼았다고 보인다.[48] 다만 (I)-(나)에서 금이 인정한 '先朝의 制詔'의 '先朝'가 前朝인 遼를 의미하는 것인지, 혹은 1년 전에 사망한 先帝 즉 太祖의 시대를 뜻하는지는 분명치 않다. 전자라면 말할 것도 없지만, '制詔'라는 점에서 후자의 가능성도 있고 그렇다면 이것은 태조 단계에서 금-서하 사이에 이미 '遼의 舊例'에 준하는 관계 회복의 협상이 있었음을 말한다. 아울러 (H)-(다)에 보이는 詛辭의 문체는 시기적으로 거의 같은 무렵에 교환된 바 있는 (E)와 (F)의 그것과 유사해 앞에서 지적한 詛辭의 형식화, 고정화 경향이 諸國 간에 진전되고 있음이 다시 확인된다.

맺음말

본고에서는 10~13세기 중국 宋代를 중심으로 한 동아시아의 安全保障策이라는 관점에서 제국 간에 교환된 '서서'를 대상으로 그 기원과 전통, 형식과 특성 및 의의 등에 대해 분석하였다.

기원 면에서 송대 동아시아의 서서는 춘추시대 제후국 사이에서 유행한 맹서제도를 이은 것이다. 본래 盟과 誓는 서로 다른 것으로 東周 이전에는 단순한 구두 약속으로서의 誓가 더 일반적이었지만, 춘추 이후 상호의 경쟁이 치열해지면서 '會盟'이나 '盟誓'처럼 맹의 행위를 포함시킨 서약이 중시·유행하게 되었다. 맹은 신에 대해 약속을 어긴 자에게

48) 이러한 모습은 금이 고려를 상대하는 데에도 보인다고 필자는 생각하지만 자세한 例示는 생략한다.

재앙을 내리기를 요청하는 행위를 말하지만, 춘추시대에는 그 엄숙함을 한층 드러내기 위해 歃血이 중요한 의식으로 연출되었고, 배신자에 대한 신의 저주를 예고하는 문구, 즉 詛辭가 盟誓文 말미에 상용구로 고정화되었다.

秦 이후 봉건 제후가 소멸하면서 맹서 제도가 함께 쇠락하였다. 하지만 그 관행이 한편에서 맹맥을 잇고 있었다. 그 수는 급감했지만 漢末에서 唐代에 걸쳐 일부의 사례가 산견되며, 그에 따르면 이 시기에는 맹서가 동일한 집단의 성원들 사이에서 공동의 적을 타도하거나 내부 결속을 다짐할 때 종종 행해졌다. 형식면에서 희생과 삽혈은 계승되었지만, 희생과 관련한 坎이 보이지 않는 대신 '壇' 또는 '昇壇'이라는 용어가 거의 모든 사례에서 나타난다. 특히 당에서는 이러한 형식에 입각한 맹약이 토번과의 사이에서도 맺어져 '낭번회맹비'를 남기게 되었다. 중국 왕조로서의 당이 처음으로 '외국'으로서의 토번을 상대로 중국적 전통에 입각하여 회맹을 한 것은 주목할 만하다. 중국의 맹약은 그 동안 중국 내부에서만 경쟁자 사이에서 이루어져 왔지만, 당대에 이르러 외국으로 그 상대를 확대시켰다고 할 수 있다.

하지만 당에서 외국과의 회맹은 이것이 유일한 예이고, 외국이 오히려 맹약의 주된 대상자로 등장하는 것은 송대부터였다. 이 시기에 이르러 요, 금, 서하 등 왕조가 차례로 나타나 제국간의 경쟁이 치열해졌지만, 상대를 완전히 제압할 수 없던 이들 사이에 안전을 보장하려는 맹약이 이용된 것이다. 이 시기의 맹약은 춘추시대의 '맹'에서 반드시 동반되었던 희생과 삽혈이 사라지고 서로가 약속의 이행을 다짐하는 誓書(誓表와 誓詔)를 교환하는 것으로 그 모습을 바꾸었다. 서서의 말미에는 춘추시대의 전통에 입각해 배신자에 대한 신의 저주를 적은 詛辭가 반드시 동원되었다. 하지만 송조에서 왕안석 등이 주도한 논의를 통해 볼 때, 당시의 사람들에게 서서가 형식에 불과하고 현실적인 억지력이 없다는 인식이 한편에 있었음을 볼 수 있다.

그럼에도 불구하고 송대 동아시아에서 서서의 교환이 중요한 외교 관행으로 정착된 사실은 〈표 2〉를 통해 잘 알 수 있다. 본 장에서는 고려의 경우를 분석에서 제외했지만, 이를 포함해 생각할 때 송, 요, 서하, 금, 고려 5국 중 서서를 가장

〈표 2〉 10~13세기 동아시아 각국 간의 誓書 교환의 실태

('○'는 교환, '×'는 교환사실이 없음을 나타냄)

	송	요	서하	금	고려
송	\	○	○	○	×
요	○	\	○	×	×
서하	○	○	\	○	×
고려	×	×	×	○	\
금	○	×	○	\	○

많이 이용한 왕조는 일단 송, 서하, 금이며 이들은 모두 각각 주변의 3개국과 서서를 교환한 것을 알 수 있다. 그러나 좀 더 자세히 볼 때 같은 3개국이라 해도 사실상은 금이 서서를 가장 많이, 따라서 가장 적극적으로 이용했다고 보아야 할 것이다. 즉 금의 경우는 요가 이미 멸망 내지 멸망 직전의 상태였기 때문에 사실상 허수로 취급해서 뺀다면 결국 동북아의 주요국 모두를 상대로 서서를 교환한 것이 된다. 즉 金만이 각국과 모두 誓書를 교환한 것이며 그 밖의 국가들 사이에서는 그러한 관계가 금만큼 형성되지 않은 것이다. 또한 송, 요, 서하 3국은 모두 서서를 서로 교환하고 있지만, 이들은 모두 고려와는 그것을 교환하지 않고 있음도 볼 수 있다. 고려 측의 입장을 반영한 문제에 대해서는 본고의 결과를 토대로 다음 장에서 다룰 것이다.

4 여·금의 국교 수립과 '誓表' 문제

머리말

한국은 전통시대의 동아시아 국가 가운데에서도 특히 중국과 유사한 정치 제도와 문화 전통을 장기간 공유해 왔다. 또한 한국과 중국은 상호간의 교류 내용을 기록으로 남기는 전통을 공유한 관계로 때때로 一方의 기록에 보이지 않는 중요한 사정이 他方의 기록을 통해 복원되기도 한다. 예를 들어 금과 고려 사이에 서로 君主의 생일을 축하하는 관례가 있었음에도 유독 폭군으로 악명 높은 海陵王의 생일명('龍興節')이 중국 측 기록에 소멸되어 알 수 없던 것이 『고려사』를 통해 쉽게 확인된다. 또한 고려 仁宗의 경우는 10월이 생일이었음에도 불구하고 금의 축하사가 20년간 모두 정월에만 고려를 찾아오고 있었는데 언뜻 이해하기 힘든 이 현상은 당시 동아시아에서 유행하던 이른바 '改期受賀'라는 외교 관행을 따른 것이었다.[1] 이러한 예들은 모두 동아시아의 과거 역사가 국가 단위의 短絡的 이해만으로는 불충분한 것을 보여준다.

고려가 금과의 초기 관계에서 봉착한 이른바 '誓書'의 문제도 마찬가지다. 금이 고려를 압박해 신속시키는 과정에서 서서를 요구하였고, 고려가 당초 이를 거부하면서 고려사상 처음으로 서서가 외교 분쟁의 중심에 서게 되었는데, 이 문제는 당시 동아시아 제국 간에 널리 퍼져 있던 관행이었다. 따라서 여-금의 서서 문제는 동시기 동아시아의 관행에 대한 이해가 전제될 필요가 있다.

고려-금의 외교사는 초기를 제외하면 상대적으로 쟁점이 적기 때문에 서서 문제는 여-금 관계사에서 중요한 문제였다. 한국에서는 박한남,[2] 박윤미[3]가 비교적 상세히 이 문

---

1) 이상의 동아시아 군주의 생일문제와 관련해서는 제II부 제2장 참조.

2) 朴漢男, 「고려 仁宗代 對金政策의 性格 -保州讓與와 投入戶口推刷 문제를 중심으로-」(『韓國中世

제에 접근하였고, 중국에서는 趙永春·玄花[3][4]의 연구가 있으며, 또 이보다 앞서 일본의 三上次男[5]이 이미 이 문제를 언급한 적이 있다. 다만 이들의 관점은 한국사를 중심으로 하는 입장이라는 점도 있어 필자가 지적한 동아시아 차원에서의 조망이 충분하지 않고, 또 여-금 관계사 속에서 부수적으로 취급된 감이 있어 서서에 대해서는 설명이 보강되거나 재해석이 요구되는 부분이 있다고 하겠다.

필자는 일찍이 학위논문[6]을 통해 송대 동아시아의 국가 간에서 서서의 교환이 중요한 외교 문제가 되고 있었음을 지적하였지만, 당시는 여-금 간에서도 그것이 외교의 쟁점이었음은 숙지하지 못하였다. 이에 필자는 이 문제의 선행 작업으로서 동아시아의 서서 문제를 '安全保障策'이라는 관점에서 정리해 두었기 때문에,[7] 본고에서는 여-금 간의 문제를 대상으로 專論하고자 한다.

1. 금조 발흥에 대한 여·송·서하 3국의 대응

12세기 초반 평온했던 동아시아 세계에 금이 등장해 패권을 수립하는 과정은 그 속도 면에서 매우 경이로운 사건이었다. 건국(1115년)에서 불과 10년 남짓으로 서하, 요, 북송 그리고 고려까지를 차례로 복속시키거나 멸망시켜 동아시아에서 패자의 지위를 확립한 것은 앞의 요나 뒤의 몽골과 비교해도 거침없는 것이었다. 남송의 臣屬까지를 생각하면 16년이 더 필요하기는 했으나 이미 북송의 멸망으로(1127년) 금의 위세가 동아시아를 압도한 것은 이론의 여지가 없다.

급작스러운 금의 팽창에 놀란 주변 각국의 대응이 일관적이지 못한 것은 오히려 당연한 면이 있다. 당초 그 실력을 충분히 파악하고 있지 못하던 송, 고려, 서하 등의 태도는 강경한 것이었지만, 나날이 확장하는 금의 위력에 현실을 직시하지 않을 수 없었다. 이

史研究』 3, 1996).

3) 朴潤美, 「12세기 전반기의 국제정세와 고려-금 관계 정립」(『史學研究』 104, 2011).

4) 趙永春·玄花, 「遼金与高麗的"保州"交涉」(『中國邊疆史地研究』 18-1, 2008).

5) 三上次男, 「金初における麗金關係·保州問題を中心として」(『歷史學研究』 9-4, 1939).

6) 김성규, 『宋代の西北問題と異民族政策』(汲古書院, 2000).

7) 본서 제IV부 제3장 「서서: 10~13세기 동아시아의 안전 보장책」 참조.

과정에서 저마다 대금 정책에 오판과 수정이 되풀이됐으나 결과적으로 금을 상대로 항전하다 멸망하는 자가 있는가 하면 타협하여 왕조를 保持하는 등 각자의 선택은 달랐고 따라서 결과도 상이했다. 본 장에서는 이 같은 금에 대한 각국의 입장과 대응을 정리해, 그들이 처한 상황의 같고 다름을 개관하는 것으로 誓書 문제의 배경으로 삼고자 한다.

금의 부상이 명백해지는 속에서 정반대로 나날이 쇠퇴의 도를 더해가던 요와의 관계를 여전히 유지하려 한 것은 서하였다. 아직 금의 저력을 충분히 파악 못한 서하가 당초 압박감을 더 강하게 느낀 것은 장년에 걸쳐 자신을 향해 추진해 오던 송의 서북 진출이었고, 이것이 서하로 하여금 요와의 전통적 관계를 유지시키는 배경이 되고 있었다. 서하가 패전을 반복하는 요에게 군대와 군량을 보내 응원하고 나아가 금의 추격을 피해 도망하는 천조제를 迎接하기까지 한 것은 그러한 계산에 따른 것이었다. 그러나 이것이 금의 직접적인 공격을 촉발시켰고, 그 결과 서하는 주변국에서 가장 빨리 자신의 거취를 결정짓는 결과를 맞이하게 된다.

天輔6년(1122) 금의 공격에 3만으로 응전하던 군대가 대패한 뒤에도 요와의 관계를 끊지 않았던 서하는, 그 다음 해(金 天會元年)에는 드디어 요의 책봉을 거부하여 결별을 명확히 했다. 그리고 다시 익년(1124) 정월에는 다음과 같은 내용의 和議를 추진하기에 이른다.

> 지금 已後로 모든 歲時朝賀에서 貢進의 表章, 使人의 往復等事는 一切 영원히 遼國에 臣事하던 舊例에 依한다(自今已後, 凡於歲時朝賀, 貢進表章, 使人往復等事, 一切永依臣事遼國舊例.(『금사』 권134, 열전72 외국 상, 서하)).

서하로부터 이후 "一切 영원히 遼國에 臣事하던 舊例[8]에 依해" 금을 섬긴다는 다짐을 받아 낸 것은 요 정권의 계승자를 표방한[9] 금의 입장에서는 요가 그동안 서하에게 행사하던 종주권을 자신에게로 수평 이동시키는 데에 성공한 것을 의미한다. 이때는 또한 서하가 칭신의 대가로 과거에 요에게 '侵取'당한 바 있던 '下寨以北, 陰山以南, 乙室耶剌

8) 『西夏書事』 권33, 宣和6년, 遼保大4년, 金天會2년, 夏元德6년의 기사에 의하면, 처음에 서하는 요와 甥舅 관계를 갖고 있어 요의 使臣이 서하를 방문해도 '臣禮'를 취했기 때문에, 金에 稱臣한 이후도 金측 使者가 서하를 방문해 오면 그에게 '舊禮'에 입각한 '臣禮'를 주장하였지만, 결국 '起立해 (國書를) 받았다'는 설명이 보인다. 금에 대한 서하의 교묘한 외교술로 흥미롭지만 끝까지 관철되지는 못한 것을 말한다.

9) 조영춘·玄花, 앞 논문, p.90.

部吐祿濼西之地'를 금에게서 돌려받았다는 사실이 『금사』 등에 보인다.[10] 그렇다면 이 지역이 언제 '침취' 당한 것인지는 알 수 없지만, 서하가 아마도 요에 대해 그 반환을 이전부터 주장했다가 성사되지 못하던 것을 今番 기회에 금에 호소해 되찾은 결과로 볼 수 있을 것이다.

이렇게 양국 간의 기본 관계가 해결되자 서하는 같은 해 3월 금에게 '誓表'를 제출하였고, 이에 대해 금도 윤3월에는 지체 없이 서하에 '誓詔'를 주어[11] 양국의 국교는 성립되었다. 본고의 주제인 '誓表'와 '誓詔'는 금-서하 간에서도 교환되고 있는 것이지만 그 구체적인 내용에 대해서는 후술한다. 이상과 같은 교섭의 총결로서 금은 天眷3년(1140)에 서하의 仁宗(李仁孝)을 '夏國王'에 책봉하게 된다.[12] 책봉 자체는 비교적 늦은 것이며 이에 대해서도 뒤에 재론할 것이다.

한편 서하가 요의 멸망(1125년) 직전에 화의를 추진한 것에 비하면, 송과 고려가 금의 흥기에 보인 반응은 매우 빨랐다. 이들 역시 금의 저력을 충분히 알지 못한 상태였지만 처음에는 금을 통해 자국의 이익을 도모하려했다. 흥미로운 것은 이들도 서하처럼 과거에 요에게 영토를 상실한 前史가 있으며 이 기회에 그것을 되찾으려 한 움직임을 보인 점이다. 송의 경우 그것이 五代 시기에 할양된 '연운16주'임은 중국사상 유명한 사실로 말할 나위 없지만, 고려에서도 요에게 압록강 하류에 위치한 保州(義州)를 강점당한(1014년) 이후 그 회복이 외교상 오래 동안 현안으로 있다가 비로소 실현될 기회를 맞은 것이다.

이를 위해 송이 택한 방법은 금과의 동맹을 통해 요를 협격하는 것으로, 이 방법을 생각한 것은 금의 성립(1115년)과 거의 시점을 같이 하며, 이후 趙良嗣 등이 곡절 많은 교섭을 거쳐 체결한 소위 '海上同盟'은 그 산물이었다(1120년 3월). 이에 비해 고려는 직접적인 出兵을 꺼리는 입장에서 금의 태조에게 요에 대한 '賀捷'을 명분으로 사자를 보내 保州가 원래 고려의 고유 영토였음을 직접 설명하는 방식을 택하였다. 이 또한 금조 성립에서 머지않은 발 빠른 대응이었고(1116년 정월), 아울러 요가 금에게 계속 패하는 것을 지켜본

---

10) 『금사』 권3, 본기3 太宗 天會2년 춘정월 甲戌에 "夏國奉表稱藩, 以下寨以北, 陰山以南, 乙室耶剌部吐祿濼西之地與之."고 보인다. 또 『西夏書事』 권33, 宣和6년, 遼保大4년, 金天會2년, 夏元德6년에 "乾順旣與遼異, 遣御使中丞芭里公亮奉表金主, 請以事遼之禮事金, 因受賜地. 金都統粘沒喝承制, 割下塞以北, 陰山以南, 乙室耶剌部吐祿濼西之地與之. 濼西, 本拓跋地, 向爲遼侵取者也."라고 보인다.

11) 『금사』 권3, 본기3, 太宗 天會2년 3월 辛未에 "夏國王李乾順遣使上誓表."고 보이고, 同書 同所 同年 閏3月 戊寅朔에 "賜夏國誓詔."고 보인다. 더 자세한 誓詔의 내용은 『金史』 권134, 外國上 西夏 참조.

12) 『금사』 권4, 본기4, 太宗 天眷3년 5월 己卯 "詔冊李仁孝(仁宗)爲夏國王."고 있다.

고려는 '聯合抗金'하자는 요의 요구를 거절하고 단교하게 된다.

그런데 이러한 요구에 대해 금이 고려와 송에 보인 반응은 다음과 같이 비슷하였다.

> 高麗가 사자를 보내와 賀捷하고 또 保州를 구했다. 詔하여 스스로 이를 取할 것을 허락한다고 했다(高麗遣使來賀捷, 且求保州. 詔許自取之.(『금사』 권2, 본기2 收國2年 閏正月)).

> 請하는 바의 地는 이제 마땅히 宋과 夾攻하여 얻는 자가 이를 갖는다(所請之地, 今當與宋夾攻, 得者有之.(『금사』 권2, 본기2 天輔2年 正月 庚寅)).

금이 다소 의외로 받아들였을 수도 있는 고려와 금의 이 같은 제안에 대해 각각 "스스로 이(保州=필자)를 取할 것을 허락한다"와 "얻는 자가 이(燕雲16州)[13]를 갖는다"는 방침을 세운 저의는 분명치 않지만, 아직 요는 물론 그에 협력하는 서하까지 엄존하는 상황에서 금이 고려와 송을 협력 관계로 확보하면서 장래에 대처할 수 있는 최선의 선택이었다고도 볼 수 있다. 또한 이 유사한 두 원칙은 시간적으로 고려에 먼저 적용된 것(收國2年, 1116)이 2년 뒤에 송에도 원용된 것(天輔2년, 1118)이었다.

그러나 송과 고려가 금을 상대로 시도한 협력관계는 결코 단순하지 아니하며, 이후 전개될 당사자 간의 복잡한 이해관계와 대응방식 여하에 따라 상황을 파국으로 몰고 갈 위험이 있었고, 결과적으로 송과 고려는 전혀 다른 운명을 맞이하게 된다.

먼저 고려의 경우 금의 제안에도 불구하고 보주를 독력으로 얻는 것은 어려운 일이었다. 이 때문에 고려가 보주에 대해 사실상 방관하고 있던 사이 금은 군대의 일부를 보주로 보내 공략을 시도하였으나 역시 함락시키지 못하는 상태가 당분간 계속되었다. 그러나 보주를 지키는 요의 군대 또한 지구력에 한계를 느꼈기 때문에 투항을 결심하였고, 거기에 고려와의 이면공작 등이 작용해 투항을 금이 아닌 고려에 신청하게 된 것이 문제를 한층 복잡하게 만들었다(天輔元년, 睿宗12년, 1117년 3월). 고려에게는 행운이었던 데에 반해 금측이 이를 납득하지 못하고 요행으로 규정함으로써 보주의 고려 지배는 인정되지 않았

13) '海上同盟'에서 장래 동맹이 성공할 때 금이 송에게 넘겨주어야 할 대상 토지에 대해서는 당초 양 측 사이에 오해가 있었고, 송이 이를 '연운16주'로 이해한 것에 대해 금은 애초부터 '燕京7州'(즉 燕 등의 7주)만을 허락한 것이었다는 데에 대해서는 趙永春·厲永平, 「宋金海上聯盟期間的領土交涉」(『北華大學學報』 6-6, 2005) 참조.

고 금이 계속 영유하는 상태에 있었다고 보인다.[14]

하지만 금에게 보주는 단순한 영토로서보다 고려에 대한 외교적 수단으로서의 가치가 더 컸던 것으로 보인다.[15] 금이 얼마 후 고려에게 자신에 대한 종주권을 승인하고 '表請'을 통해 교섭해온다면 보주 협상에 응할 여지가 있음을 알려온 것은 그 때문이다. 그러나 고려 역시 金에게 칭신한다는 것은 당시의 정서로 쉽지 않은 일이었다. 고려가 여진의 '발상지'이자 '父母之邦'이라는 인식은 금측에서도 인정하는 사실이며, 또 고려에서는 여진을 문화적으로 '미개'한 존재로 여겨 상대적 우월감을 강하게 갖고 있었기 때문이다. 그것은 금이 요에 대승을 거둔 사실을 앞세워(1119년 2월) 칭신을 재차 요청해 와도 따르지 않을 정도로 강한 것이었다. 하지만 금 역시 고려가 長城을 증축하는 등 邊備를 강화해도 더 이상 특별한 대응을 보이지 않아 상황의 변화는 없었다. 금의 주된 관심은 아직 요에 있었고, 이러한 금의 미온적 태도는 요의 천조제가 생포되는 무렵(1125년 2월)까지 기본적으로 이어졌다.

상황의 轉變은 송-금의 관계 속에서 급속히 전개되고 있었다. 어렵게 '해상동맹'에까지 다다른 두 나라였지만, 잘 알려진 것처럼 이 이후 송조에서는 국내에서 발생한 돌발사태와 미숙한 사후 처리 등으로 '해상동맹'의 약조를 원활히 이행하지 못하게 되었고, 이것이 금에게 불신감을 준 것은 물론 군사적 무능마저 노출시켜 금의 對宋 태도를 강경하게 만들었다. 그럼에도 불구하고 송조는 사태를 수습하기보다 요의 잔당과 내통하려다 음모가 적발되는 등 외교적 악수를 되풀이한 끝에 금의 남침을 불러 멸망을 맞이하게 된다. 그 이전까지 특별한 멸망의 징조를 찾기 어렵던 송조가 '해상동맹' 이후 불과 6년 남짓으로 멸망의 나락으로 떨어진 것은 그 미숙한 외교술이 역대 중국왕조에서도 최악으로 평가받게 만든 이유이다.

대국 요와 송의 연이은 멸망이 고려에 미친 영향은 결정적이었다. 고려가 언제 요의 멸망(1125년) 소식을 접했는지 분명치 않지만,[16] 고려는 요의 멸망 소식을 접하고도 당분간 금에 대한 신례를 여전히 거부하고 있었다.[17] 하지만 해가 바뀌어 송의 멸망이 임박해지자

14) 이상의 保州에 대한 금과 고려의 동향 및 요와의 관계 등은 사료 부족 등으로 분명치 않은 점이 있어 논자에 따라 견해가 다소 다르며, 본 장의 설명은 그에 대한 필자의 理解임을 밝혀둔다. 박한남, 박윤미, 趙永春·玄花 등의 앞 논문 참조.

15) 후술하는 보주와 관련한 금조의 議論 중의 하나로 완안勖의 주장의 일부 중에 『금사』 권66, 열전4 始祖以下諸子 下, 穆宗子 勖에 "國家民物繁夥, 幅員萬里, 不知得此果何益耶"라고 보인다.

16) 『고려사』 권15, 세가15 인종3년 12월조에 "是歲金滅遼."고 보일 뿐으로 정확한 시점이 제시되어 있지 않다.

17) 『고려사』 권15, 세가15 인종3년 5월조에 "壬申朔 遣司宰少卿陳淑, 尙衣奉御崔學鸞如金, 金以國書非

고려는 거취 결정을 더 이상 미룰 수 없어 칭신을 朝議에서 가결한다(1126년 3월).

> 百官을 불러 事金의 가부를 議하니 모두 불가함을 말했다. 홀로 李資謙과 拓俊京이 말하기를, 金은 옛날에 소국으로 遼와 우리를 섬겼으나 이제 이미 暴興하여 遼와 宋을 멸하고, 政修兵强하여 날로 强大해졌다. 또 우리와 境壤을 相接하니 勢는 섬기지 않을 수 없고, 게다가 以小事大는 先王之道로 마땅히 먼저 遣使聘問해야 한다고 하니, 이를 따랐다(召百官, 議事金可否 皆言不可. 獨李資謙·拓俊京曰, 金昔爲小國, 事遼及我. 今旣暴興, 滅遼與宋, 政修兵强, 日以强大. 又與我境壤相接, 勢不得不事. 且以小事大先王之道, 宜先遣使聘問. 從之.(『고려사』 권15, 세가15 인종4년 3월 辛卯)).

최고 권신 이자겸의 주장을 따른 이 결정은 당시의 정세에 비추어 반론의 여지는 있을 수 없고, 이에 따라 곧바로 다음 달에 금에 鄭應文 등을 보내 칭신하게 된 것이다.[18] 여기서 "以小事大를 先王之道"로 규정한 이자겸의 주장은 고려의 외교 정책의 배경을 설명하는 것으로 흥미롭다. 또한 이자겸 등은 금이 "暴興하여 遼와 宋을 滅했다"고 하지만 정확히는 송이 아직 망하지 않은 상태에 있었다. 이것이 고려의 단순한 정세 誤認인지 아니면 이미 송에 대해 절망한 고려의 판단인지는 결정할 수 없다.

이와 같이 고려는 요가 멸망하고 송조에게도 가망이 없어 보이는 것으로 판단한 마지막 단계에서 자존심을 버리고 금에 굴복하였다. 이때는 송이 금의 1차 침입(1125년 10월)으로 타격을 받고난 직후로 2차 침입(1126년 8월)의 악몽을 다시 겪기 전에 해당하며, 금의 괴멸적 파괴력을 충분히 실감하고도 남은 상황이었다. 그럼에도 불구하고 송이 끝내 금과 외교적으로 타협하지 못하고 다시 남침을 불러 '2帝(徽宗과 欽宗)'가 포로로 되는 수모는 물론 종래 없던 참화를 통해 사직을 보존하지 못한 것은 고려의 경우와 대비된다.

表又不稱臣不納."

18) 금에 칭신을 표한 사실에 대해서는 『고려사』 권15, 세가15 인종4년 4월 丁未(11일)에 "遣鄭應文·李侯如金, 稱臣上表曰 "大人垂統, 震耀四方, 異國入朝, 梯航萬里, 況接境之伊邇, 諒馳誠之特勤. 伏惟, 天縱英明, 日新德業, 渙號一發, 群黎無不悅隨, 威聲所加, 隣敵莫能枝梧. 實帝王之高致, 宜天地之冥扶. 伏念, 臣埆土小邦, 眇躬涼德, 聞非常之功烈, 久已極於傾虔, 惟不腆之苞苴, 可以伸於忠信. 雖愧蘋蘩之薦, 切期山藪之藏."라고 보인다. 또한 고려가 朝議에서 '事金'을 결정한 4일 뒤에 해당하는 『고려사』 권15, 세가15 인종4년 3월 乙未(29일)에는 "遣李之美, 告太廟, 筮事金可否. 其文曰 "惟彼女眞自稱尊號, 南侵皇宋, 北滅大遼, 取人旣多, 拓境亦廣. 顧惟小國與彼連疆, 或將遣使講和, 或欲養兵待變, 稽疑大筮, 神其決之."라고 보여, 太廟에 그 사실을 고하고 "事金의 可否를 筮했다"는 내용이 다시 보인다.

고려는 자존심은 지킬 수 없었지만 '칭신'을 통해 전면전을 피해서 송과 같은 참화를 벗어나 사직을 보존할 수 있었다. 이 점은 고려의 선택이 너무나도 미숙한 송에 비해 상대적으로 빛을 발했다 할 수 있을지 모른다. 고려가 택한 '以小事大, 先王之道'는 고려를 넘어서는 한국사의 전통적인 생존 방식이라고도 볼 수 있지만, 이점은 漢族의 중원 국가에게는 익숙하지 않은 듯이 보인다.[19]

2. 여·금 간 서표 문제의 대두

이것으로 고려와 금의 문제가 모두 해결된 것은 아니었다. 고려의 '칭신'으로 양국 간에는 '군신'의 관계는 확인되었지만, 보주를 비롯한 여러 현안은 그대로였다. 이 문제에 대한 종래의 설명에는 충분치 않은 점이 있다고 생각하므로 여기서 필자 나름의 이해를 밝혀두기로 한다.

금은 고려의 사절이 다녀간지 6개월 후(1126년 9월)에 宣諭使로 高伯淑 등을 고려에 보내 다음과 같은 입장을 전해왔다.

> 고려에서 보내는 모든 사신의 왕래는 마땅히 모두 遼舊에 따라하고, 保州路와 邊地의 백성으로 고려에 있는 자는 모두 發還해야 한다. 만일 하나하나를 모두 聽從한다면 보주의 地를 넘겨준다(高麗凡遣使往來, 當盡循遼舊, 仍取保州路及邊地人口在彼界者, 須盡數發還. 若一一聽從, 卽以保州地賜之.(『고려사』 권15, 세가15 인종4년 9월 辛未)).

이에 따르면 고려는 아직 금으로부터 보주를 돌려받지 못한 상태에 있던 것이 된다. 하지만 금은 고려에게 몇 가지 조건을 달아 보주를 돌려줄 용의가 있음을 보였다. 그 조건이란 ① '遼舊'에 따른 遣使往來, ② 保州路와 邊地 人口의 송환, 즉 금 측에서 고려로 도망한 인구를 모두 돌려보낼 것, 이었다. 이 중 ②에 대해서는 이후도 양국 간에 당분간

---

19) 고려의 칭신 결정에 대한 금의 반응으로는, 『고려사』 권15, 세가15 인종4년 4월 미상에 "金回詔曰, 省所上表, 稱臣幷進奉土宜匹物等事具悉. 朕以推亡固存 寔帝王之造, 以小事大, 乃社稷之圖. 緊魁偉之渠材, 蘊變通之遠業. 卿家傳王爵, 世享胙封. 抗章竭尊獎之誠, 任土盡委輸之節. 仍稱卑號, 足見全能. 加非兵革之威, 誘不玉帛之惠, 自然來者, 不曰良哉. 且君父之心, 予已堅篤, 而臣子之義, 汝毋易忘. 卜世卜年, 是彝是訓. 外有合行條件事等, 卽次發使前去宣諭."라고 보인다.

문제로 남게 되지만, ①은 고백숙 등이 귀국할 때 고려가 그 이행을 분명히 약속한 附表를 제출하는 것으로[20] 일단락되었다고 보인다.

고백숙이 돌아가고 다시 얼마 후 고려는 금에 '謝宣諭'의 명목으로 金子鏐 등을 파견하였는데(1126년 12월), 『고려사』는 그가 금에 가져가고 또 귀국할 때(1127년 3월) 가져온 表文과 詔書의 내용을 다음과 같이 함께 싣는다.

> 表에 말하기를, 高伯淑이 와서 비밀리에 聖旨를 전한 바에 의하면 保州城地를 고려에 허락하고 다시는 찾지 않겠다고 했다. ……. 만일 은혜를 갚으려 한다면 마땅히 춘추의 고사에 따라 藝極之常을 지켜 온 나라가 정성껏 조공을 바치고 자손에까지 전해 영원히 약속할 것이다. 하늘이 지켜보시니 至誠만이 있을 것이다(表曰, 高伯淑至, 密傳聖旨, 保州城地許屬高麗, 更不收復. ……. 若爲報效, 惟當備春秋之事, 守藝極之常, 擧邦國而樂輸 傳子孫而永誓. 高明在上, 悃愊無他.(『고려사』 권15, 세가15 인종4년 12월 癸酉)).

> 보내온 표에 의해 宣諭使 파견을 감사히 여기고 물품을 進奉한 것을 잘 알았다. …….이 글월을 읽고 감탄하는 마음은 비록 간절하였으나 아직도 戶口에 말을 의탁해 말하면서도 책봉에 관해서는 따로 언급하지 않았다. 다만 매사가 이룸이 있고 대대로 忠됨은 믿을 수 있다고 하겠으나 성의가 변치 않을 것은 믿을 수 있으나 나의 말이 정해지지 않는다면 당신이 얻는 땅은 장차 무엇으로 증거를 삼겠는가(詔曰, 省所上表, 謝宣諭, 幷進奉物事具悉. ……. 頃陳貢篚, 止上謝章. 頷閱之餘, 獎嘆雖切, 尙托言於戶口, 未別奏於誓封. 但其事事以訖成, 忠于世世而可信, 所論之言, 其或不定, 所得之地, 將何以憑.(『고려사』 권15, 세가15 인종5년 3월 癸巳)).

表文은 금측이 얼마 전 고려에 보낸 고백숙을 통해 보주의 城地를 허락하고 다시는 되찾지 않겠다는 밀지를 전한 일이 있음을 확인시켜준다. 결국 금은 고려가 칭신하고 나서 6개월 뒤에 보주를 반환한 것이다. 하지만 다른 한편의 詔書에 의하면 금은 고려 측이 戶口에 대해서는 이런저런 입장을 표명하되[21] '誓封' 즉 책봉에 관해서는 아무런 말을 하고 있지 않음에 불만이 있었음을 알 수 있다. 즉 금은 ② 保州路와 邊地 人口의 송환과 더

20) 『고려사』 권15, 세가15 인종4년 10월 戊戌(6일)에 "王餞金使于大明宮. 附回表謝, 一依事遼舊制."라고 보인다.

21) 이와 관련된 내용은 '表文'에서도 확인되지만, 위의 인용문에서는 생략하였다.

불어 고려가 금에 보인 ③서표에 대한 소극적인 태도를 추궁한 것이다.

현안이 해결되지 않자 금은 고백숙이 다녀간 지 2년여 뒤에(즉 1128년 12월) 또다시 報諭使로 司古德과 韓昉을 파견하여 고려와 담판하였다. 그리고 이때는 자신들이 보존하고 있던 '語錄'을 고려에 제시하며 추궁하였는데, 이 역시 『고려사』로부터 필요한 부분만을 발췌하면 다음과 같다.

> 司古德等이 語錄을 올려 말하기를, ……. 보주를 처음에 詔諭하여 다시 찾지 않겠다고 한 것은 귀국이 반드시 舊章에 따라 금 왕실을 遵奉하리라 생각했기 때문이다. 그래서 조정은 그 땅을 아끼지 않고 특별히 割賜한 것인데, 그 후 수년이 지나도 귀국은 誓表을 進納하지 않았다. 그래서 謝宣諭에 회답하는 조서에서 아직도 戶口에 말을 의탁해 말하면서도 책봉에 관해서는 따로 언급하지 않았다, 고 한 것이다. ……. 전에 조정이 고백숙을 보내 宣諭할 때에 어록의 말뜻은 다만 조칙을 전하여 보주를 하사할 뿐 一城의 境內라는 어구는 없으며 아직 界至도 畫定되지 않았다. ……. 이상 여러 일을 귀국이 과연 성의로 받들고 즉시 誓表를 보내어 태도를 명백히 한다면 조정도 마땅히 誓詔를 回賜하고, 아울러 별도로 지휘를 내려 封疆을 申畫할 것이며, 일체를 관대히 노력해 長久之計를 이룰 것이다(司古德等上語錄云, ……. 保州之地, 初有詔諭, 更不收復, 意謂貴國必能祗率舊章, 遵奉王室. 故朝廷不愛其地, 特行割賜. 爾後數歲, 貴國尙未進納誓表. 故於回謝宣諭詔內云尙托言於戶口, 未別奏於誓封. ……. 昨來朝廷差降高伯淑宣諭時, 言議語錄, 但傳勑旨, 賜保州, 並無一城境內語句, 兼未畫定界至. ……. 右上數事, 貴國果能推誠享上. 卽納誓表, 皎然自明, 朝廷亦當回賜誓詔, 兼別降指揮, 申畫封疆, 一切務從寬大, 成長久之計.(『고려사』 권15, 세가15 인종4년 12월 甲戌)).

여기서는 무엇보다 금의 보주 '割賜'가 '舊章'에 따른 고려의 臣禮 이행을 전제로 한 것이었으나 고려가 그렇게 하지 못하고 있고, 특히 보주가 '할사'된지 2년이 넘도록 '誓表' 進納을 하지 않았다는 점이 다시 지적되고 있다. '구장'의 내용은 분명치 않지만 앞서 고려가 고백숙에게 약속한 적이 있던 '遼舊' 즉 고려가 과거 요에게 표시한 '臣禮'에 준하는 것으로 볼 수 있고, 금은 '誓表의 進納'을 그의 하나로 이해하고 있는 것으로 보인다. 또한 그렇다면 이것은 과거에 고려가 요에게 '서표'를 제출했다는 것을 암시하지만 이에 대해서는 후술하기로 한다.

이상의 과정을 금의 입장에서 보면 금은 고려에게 ①, ②, ③의 3가지 사항 이행을 요구하였지만 ①을 제외한 나머지 부분이 대부분 해결되지 않은 상태라 불만을 갖고 있던 것이 된다. 특히 위의 인용문을 통해 보아도 금은 '서표'의 進納을 가장 강조하고 있고, 이것이 이행되면 자신도 '서조'를 내릴 것이고, 또 (보주의) '界至' 문제도 자연히 해결될 뿐 아니라, 양국 간의 '長久之計'가 이루어질 것이라고 해, 서표 문제가 매우 중요하다는 인식을 보였다. 아울러 금은 고려에 보주를 허락할 때, 보주만을 준다고 하였지 '온 城의 境內' 즉 보주에 부속된 영토 전체를 준다고 한 적이 없다고 하여 보주의 '界至' 문제가 아직 결착되지 않는 등 고려 측과 논란 중에 있던 것을 알게 한다.

하지만 고려가 금에게 전적으로 서표의 제출을 거부한 것은 아니었다. 이 사실은 사고덕등이 제출한 다음의 '어록' 내용과 그에 대한 고려 측의 응답을 통해 알 수 있다.

> 또 어록을 올려 말하기를, 보주에 감사하는 表안에서의 "온 나라가 정성껏 조공을 바치고 자손에까지 전해 영원히 약속할 것이다. 하늘이 지켜보시니 至誠만이 있을 것이다."의 言辭는 뜻이 輕汎하다. 近代의 宋人·夏國, 그리고 舊遼 및 朝廷(金)이 세운 바의 誓書 및 表와 같은 것들에는 모두, '만일 이 맹약을 위배하면 社稷이 위태롭고 子孫이 끊어질 것이다', 혹은 '神明이 이를 멸망시키고 나라를 이어가지 못할 것이다'라는 말이 있다. ……(又上語錄云, 於謝保州表內云, 擧邦國以樂輸, 傳子孫而永誓. 高明在上, 悃愊無他之言辭意輕汎. 具如近代宋人夏國, 與舊遼洎朝廷所立誓書及表, 皆有'若渝此盟, 社稷傾危, 子孫不紹. 或'神明殛之, 無克胙國之語. …….(『고려사』 권15, 세가15 인종4년 12월 甲戌)).

> 왕이 말하기를, 최근에 보내준 劄錄을 받고서 사건들을 하나하나 論報하면 다음과 같다. ……. 또 簽院 고백숙이 사신으로 와서 다시는 보주를 收復하지 않겠다고 宣諭하였다. 이에 小國은 기쁨을 이기지 못하고 표문을 보내 감사의 말로, '온 나라가 정성껏 조공을 바치고 자손에까지 전해 영원히 약속할 것이다. 하늘이 지켜보시니 至誠만이 있을 것이다."고 하여, 이것으로 誓心으로 삼고 다른 章表는 없었던 것이다(王答曰, 昨蒙親授劄錄, 今逐所有事件, 一一論報, 謹具如後. ……. 又簽院高伯淑奉使日, 宣諭更不收復保州. 小國不勝慶幸, 奉表陳謝曰, 擧邦國以樂輸 傳子孫而永誓, 高明在上, 悃愊 無他. 以此誓心, 更無章表.(『고려사』 권15, 세가15 인종4년 12월 甲戌)).

고려 측에서는 고백숙의 고려 방문 후 김자류를 금에 보낼 때(1126년 12월), 表文의 문장 중에 '擧邦國以樂輸 傳子孫而永誓, 高明在上, 悃愊無他.'라는 내용을 삽입시켜 이를

'誓心'으로 삼아 별도의 특별한 誓約의 '章表'는 보내지 않은 것이었는데, 금이 이를 "言辭가 輕汎", 즉 맹서의 정도가 약하다고 판단해 정식 '서표'로 인정하지 않은 것을 알 수 있다. 그리고 이렇게 만족하지 못한 금은 "近代의 宋人·夏國, 그리고 舊遼 및 朝廷(金)이 세운 바의 誓書 및 表와 같은 것들에는 모두, '若渝此盟, 社稷傾危, 子孫不紹.' 혹은 '神明殛之, 無克胙國'之語가 있다."고 하여, 아예 '近代' 주변 국가에서 실제한 사례를 明示해 그에 따른 서표 작성을 요구한 것이다.

이러한 과정을 거쳐 결국 고려는 약 1년 뒤에 盧令琚 등을 금에 보내 서표를 보냄으로써 ④('誓表'의 進納)의 문제가 해결을 보게 이르렀다(1129년 11월 丙辰(12일)). 이 때 고려는 서표 중에,

> 盧令琚와 洪若伊를 金에 보내 誓表를 進上해 말했다. ……. 屬國에 감히 異心이 있겠는가, 그리고 嚴命이 연이어 이르니 감히 거절할 수 없어 삼가 마땅히 君臣之義와 대대로 藩屛之職을 닦을 것을 맹서한다. 이 忠信之心은 밝은 해와 같아, 만일 어기고 변하는 일이 있으면 신명이 이를 무찌를 것이다(遣盧令琚·洪若伊如金, 進誓表曰, ……. 屬國敢有於異心, 而嚴命荐至, 敢不祗承, 謹當誓以君臣之義, 世修藩屛之職, 忠信之心, 有如皦日. 苟或渝變, 神其殛之.(『고려사』권16, 세가16 인종7년(1129) 11월 丙辰)).

라는 誓文을 넣음으로써 금이 앞에서 제시한 두 개의 유형 중 특히 후자를 반영시킨 것을 알 수 있다.

그런데 고려의 서표 제출에 대해 금측은 서조를 고려에게 제출하지 않은 것으로 보인다. 보통 한쪽이 서표를 제출하고 나면 큰 지체 없이 서조가 상대측에 제출되는 것이 보통이지만, 『고려사』에는 그러한 동향이 보이지 않을 뿐더러 그로부터 약 1년 뒤(즉 1130년 12월)에 고려가 다른 문제로 金端을 금에 보냈을 때 가져간 표문에 고려 인종의 다음과 같은 말이 보인다.

> 나는 이 言書가 분명함을 접하여 德意가 특별하고 남다름에 감격해 하늘을 두고 맹세하는 마음으로 표문을 拜獻한 뒤, 인자하신 誓詔가 오리라 생각했으나, 연이은 문서의 내용이 엄중함을 보태 두렵고 어수선하여 어찌할 바를 모르겠다(臣受言書之明白, 感德意之殊尤, 指天誓心, 拜獻章表. 竊意, 宸慈俯賜誓詔, 而璽書荐至, 訓勑加嚴, 彷徨憂懼, 不知所圖.(『고려사』권16, 세가16 인종8년 12월 乙酉)).

자신이 서표를 제출했음에도 불구하고 금측이 기대와 달리 서조를 보내기는커녕 다른 요구를 하고 있어 당황스럽다는 의견을 밝힌 것이다. 이로써 금은 앞서 약 4년 전 쯤에 고백숙을 통해 "조정도 또한 마땅히 서조를 回賜하겠다"고 고려에 밝혔던 公言을 이행하지 않은 것을 알 수 있다. 이후도 금의 서조 제출은 보이지 않고, 따라서 금이 고려에 그것을 끝내 주지 않은 것이라고 하면 이것이 매우 이례적인 사태인 것은 분명하다(후술).

다만 이와 달리 현안으로 남아 있던 ② 保州路와 邊地 人口의 송환 문제는 해결을 보았다. 즉 이 무렵에 고려가 상기한 김단을 파견한 이유는 금이 계속해서 요구해온 도망호의 '追索을 請免'하기 위한 것이었는데, 김단이 귀국 때에 지참하고 온 回詔에는 "所告奏事續當報諭."라고 하여 도망호를 추색하는 태도를 한발 뒤로 뺐고, 이후 양국의 논란이 더 이상 보이지 않기 때문이다. 『금사』 권135, 열전73 外國下 天會8년 조에,

> 이윽고 勗은 상표하여 보주의 高麗로 亡入한 戶口를 색출하지 말 것을 청하니 태종이 이에 따랐고, 이에 보주의 封域이 비로소 정해졌다(旣而勗上表請不索保州亡入高麗戶口, 太宗從之, 自是保州封域始定.).

고 한 것은 ② 保州路와 邊地 人口의 송환 문제가 일단락된 것을 말하며, 금의 이 결정이 특히 完顔勗의 건의에 의한 것임도 알 수 있다. 종실인 完顔勗의 열전 등을 참조하면 금은 송과의 문제가 급박해진 상황 아래서 고려와의 교섭을 더 이상 끌지 않고 수습하는 것을 득책으로 판단한 것을 알 수 있다.[22]

상당히 늦은 감이 있지만 1142년 5월 庚戌(18일)에 금의 책봉사가 고려를 직접 방문해 인종을 책봉한 것은 이상의 총결산이었다고 할 수 있다.[23] 이와 같이 책봉이 늦어진 이유

---

22) 『금사』권66, 열전4에 "勗, 字勉道, 本名烏野, 穆宗第五子. 好學問, ……. 自太祖與高麗議和, 凡女直入高麗者皆索之, 至十餘年, 索之不已. 勗上書諫曰, 臣聞德莫大於樂天, 仁莫先於惠下. 所索戶口, 皆前世姦宄叛亡, 烏蠢、訛謨罕、阿海、阿合束 之緒裔. 先世綏懷四境, 尚未賓服, 自先君與高麗通, 聞我將大, 因謂本自同出, 稍稍款附. 高麗既不聽許, 遂生邊釁, 因致交兵, 久方連和, 蓋三十年. 當時壯者今皆物故, 子孫安於土俗, 婚姻膠固, 徵索不已, 彼固不敢稽留, 骨肉乖離, 誠非衆願. 人情怨甚可愍者, 而必欲求為己有, 特彼我之蔽, 非一視同仁之大也. 國家民物繁夥, 幅員萬里, 不知得此果何益耶.今索之不還, 我以強兵勁卒取之無難. 然兵凶器, 戰危事, 不得已而後用. 高麗稱藩, 職貢不闕, 國且臣屬, 民亦非外. 聖人行義, 不責小過, 理之所在, 不俟終日. 臣愚以為宜施惠下之仁, 弘樂天之德, 聽免徵索, 則彼不謂己有, 如自我得之矣. 從之."고 보인다.

23) 『고려사』 권16, 세가16 인종7년(1129) 11월 丙辰.

는 분명치 않지만, 당시는 금이 남송에 대해서도 군신의 관계를 성립시킨 직후로(후술), 금은 이때에 맞추기 위해 고려에 대한 책봉을 보류하고 있었을지 모른다.

3. 동아시아 외교 관행에서 본 서표 문제와 여·금의 입장

1) 동아시아에서 서표의 전통

그러면 금은 왜 고려에게 서서를 그토록 요구하였고, 또 이에 대한 고려의 생각은 어떤 것이었을까? 또한 금측이 말한 "近代의 宋人·夏國, 그리고 舊遼 및 朝廷(金)이 세운 바의 誓書 및 表와 같은 것들"이란 무엇을 말하는가?

금-고려 간의 논의 속에서 이미 나타난 것처럼 서서 문제는 양국을 포함한 당시 여러 왕조가 공유한 공통의 경험이라는 관점에서 바라보는 것이 중요하다. 앞 장에서 동아시아의 외교 관행으로 정착한 서서 문제를 安全保障策이라는 관점에서 검토하였기 때문에 여기서는 이를 토대로 약간의 부언을 보태는 방식으로 재론하고자 한다.[24]

송대 동아시아에서 유행한 서서는 기원 면에서 춘추시대 제후국 사이에서 유행한 맹서제도를 이은 것이었다. 본래 盟과 誓는 서로 다른 것으로 東周 이전에는 단순한 구두 약속으로서의 誓가 더 일반적이었지만, 춘추 이후 경쟁 관계가 치열해지면서 '會盟'이나 '盟誓'처럼 맹의 행위를 포함시킨 약속이 더 중시되었다. 맹은 神에 대해 약속을 어긴 자에게 재앙을 내리기를 요청하는 행위를 말하지만, 춘추시대에는 歃血이 중요한 의식으로 연출되었고, 배신자에 대한 신의 저주를 예고하는 문구, 즉 詛辭가 盟誓文 말미에 상용구로 고정화되었다.

秦 이후 봉건 제후가 소멸하면서 盟誓 제도가 함께 쇠락하였다. 하지만 그 관행이 완전히 사라진 것은 아니고 漢末에서 唐代에 걸쳐 여전히 사례가 보이지만, 그 수는 급감하고 형식에서도 많은 변화가 있었다. 특히 당조는 吐蕃과의 사이에 '唐蕃會盟碑'를 남기었는데, 이것은 중국 왕조에서 처음으로 '외국'으로서의 토번을 상대로 중국적 전통에 입각한 방식으로 회맹을 맺은 것으로 이해할 수 있다.

24) 『고려사』 권16, 세가16 인종8년 12월 乙酉(17일).

당에서 외국과의 회맹은 이것이 유일한 예이고, 외국이 맹약의 주 대상자로 등장하는 것은 宋代부터이다. 송대에 이르러 동아시아에 요, 서하, 금 그리고 고려 등 왕조가 차례로 나타나 제국 간의 경쟁이 치열해졌지만, 상대를 완전히 제압할 수 없던 이들 사이에 안전을 보장하려는 맹약이 이용된 것이다. 이때의 맹약에서는 춘추시대에 유행한 희생과 삽혈은 사라지고 서로가 약속의 이행을 다짐하는 誓書(誓表와 誓詔 포함)를 교환하는 것으로 그 모습을 바꾸게 되었다.

〈표 1〉 10~12세기 동아시아 각국 간의 誓書 교환 실태

('○'는 교환 사실이 있음을, '×'는 그 사실이 없음을 나타냄)

	宋	遼	西夏	金	高麗
宋	\	○「宋眞宗誓書」(A:1004年)↔「契丹聖宗誓書」(B)	○「西夏誓表」(C:1044年)↔「宋誓詔」(D)	○「宋誓書」[37](E:1123年)↔「回賜誓書」(F)	×
遼	○	\	○(△)	×	?
西夏	○	○(△)	\	○「西夏誓表」(G:1124年)↔「金誓詔」(H)	×
金	○	×	○	\	○(△)「高麗誓表」(I:1129年)↔「金誓詔」(J)
高麗	×	?	×	○(△)	\

* 여기서는 국가 간에 있던 대표적 사례를 初出을 중심으로 정리하였다. 따라서 예를 들어 송-서하 간에서는 본 〈표 1〉의 사례 이외에도 여러 차례의 서서 교환이 있었지만, 이는 할애되었다. 송-금 간에도 남송-금의 사례가 있지만 여기서는 初出의 예로서 '海上의 맹약'의 사례만을 표시하였다.

〈표 1〉은 송대 동아시아 제국 간에 교환된 서서의 실태를 정리한 것이다. 송, 요, 서하, 금, 고려 5개 왕조가 모두 서서를 타국과 교환하고 있음을 볼 수 있다. 물론 상대에 따라 이를 교환하지 않은 왕조가 있으며, 이는 〈표〉 중에 '×'가 표시된 국가들, 즉 송과 고려, 서하와 고려, 그리고 금과 요 사이에서처럼 상호간에 공식적인 외교관계가 존재하지 않은 경우로, 오히려 당연한 현상이었다.

25) 원문은 '南宋'이지만 엄밀하게는 '北宋'이며 본 장에서는 혼동을 피하기 위해 '宋'으로 적었다.

2) 서서를 요구하는 입장과 거부하는 입장

(1) 금의 입장

당시의 제국 중 서서를 타국과 가장 많이 교환한 나라는 금이라는 사실에 주의하고 싶다. 〈표 1〉에 포함된 5개국 중 서서의 교환 사실을 나타낸 표시('○')가 가장 많은 것은 송, 서하, 금으로 이들은 모두 3회를 헤아리는 점에서 같다. 다만 좀 더 자세히 볼 때 금의 경우는 자신을 제외한 4개국 중 요가 이미 멸망 내지 그 직전 상태에 있었기 때문에 이를 사실상의 虛數로 돌리면 대상국이 3개국으로 줄고 이들과 모두 서서를 주고받은 것이 된다. 이에 비해 송과 서하는 각기 고려와 정치·지리적 사정 등으로 전쟁 등의 분쟁을 거치지 않았기 때문에 '서서'를 교환할 기회 자체가 없었고, 요와 금 간에서는 이들이 병존했다기보다 서로 先後한 왕조였기 때문에 서서를 교환한 상대국은 그 만큼 줄어드는 것이다. 이들과 달리 요, 특히 고려는 서서를 교환한 대상국이 적은 것을 알 수 있으며 이에 대해서는 후술한다.

이로써 주변국과의 관계에서 서서를 가장 적극적으로 이용한 것이 금이었음을 알 수 있다. 금이 고려에게 서표를 강하게 요구한 배경에도 먼저 이러한 점이 있었다고 보인다. 즉 금은 고려에게 보주를 '割賜'하면서 서표를 요구한 시점(1126년 9월)에서 이미 서하는 물론 송과도 그것을 주거나 받은 경험이 있었고(〈표 1〉), 이 경험이 고려에게도 똑같은 태도로 임하게 만든 것이다. 금이 당시 서하와 송마저 굴종시켜 자신의 패권을 구축하는 과정에서 고려만을 예외로 둘 수는 없는 일이다. 이미 앞에서 검토한 서하와 비교해도 고려의 서표 제출이 상당히 늦은 점을 감안할 때 금은 그 제출을 주저하는 고려에 압박을 가하기 충분한 것이었다.

여기서 금의 패권이 동아시아 차원에서 구축되어 가는 과정을 『금사』(권4, 본기4 熙宗)로부터 天眷3년(송 紹興10년, 고려 仁宗18년, 서기 1140년)에서 皇統3년(1143) 초 사이에 발생한 주요 사건을 중심으로 구성해보면 다음과 같다.

〈표 2〉 금 초에 있던 주요 대외 관계

연월일	大　事
天眷3년 정월	丁丑朔, 高麗, 夏遣使來賀. 癸巳, 萬壽節, 高麗, 夏遣使來賀.
5월	己卯, 詔冊李仁孝爲夏國王.
皇統원년 정월	辛丑朔, 高麗, 夏遣使來賀. 丁巳, 萬壽節, 高麗、夏遣使來賀.
皇統2년 정월	乙未朔, 高麗, 夏遣使來賀. 乙巳, 命封高麗. 辛亥, 萬壽節, 高麗、夏遣使來賀.
2월	辛卯, 宋使曹勳來許歲幣銀, 絹二十五萬兩, 匹, 畫淮爲界, 世世子孫, 永守誓言.
3월	丙辰, 遣左宣徽使劉筈以袞冕圭册册宋康王爲帝.
4월	丙寅, 以臣宋告中外.
5월	乙卯, 賜宋誓詔.
12월	乙丑, 高麗王遣使謝封册.
皇統3년 정월	己丑朔, 宋, 高丽, 夏使詣皇极殿遥賀. 乙巳, 萬壽節, 如正旦儀

1140년에 금은 이미 굴복시킨 고려와 서하에게 복속의 표시로 正旦과 황제 생일(熙宗의 생일은 萬壽節)에 사절을 입조시킬 것을 강요했고, 이윽고 송에 대해서도 誓表를 확보한 위에 그 황제를 책봉하고 또 誓詔를 주었다. 그 결과 皇統3년(1143) 이후부터는 고려와 서하는 물론 남송을 참여시킨 3국이 모두 신하의 입장에서 정단과 萬壽節 축하를 위해 금을 방문함으로써 금의 국제적 위신은 최고조에 달했다고 할 수 있다.[26]

아울러 금이 이미 臣從은 시켰음에도 불구하고 서하와 고려의 국왕 책봉을 이 시점까지 행하지 않은 사정은 분명하지 않지만, 결국 그것이 '서하(1140년 5월)－송(1142년 3월)－고려(1142년 5월)'의 순으로 연이어 단행된 것 또한 의도된 것인지는 몰라도 동아시아 세계가 금의 권위를 중심으로 회전하게 된 것을 상징적으로 보여준다.

금이 패권 수립 이후 주변국에 대한 관계의 기준을 요의 '舊制'에 맞추려 했다는 점도 중요하다. 송은 예외지만, 서하와 고려가 과거에 요와 주종관계를 갖고 있었기 때문에 금은 이를 그대로 이어받는 의미에서 이미 앞에서 확인했듯이 서하에게 "一切 영원히 遼國을 臣事한 舊例에 依하도록" 했고(天會2년, 1124년), 고려에게도 "하나같이 遼를 섬기던 舊制에 依

26) 황제의 정단과 생일에 賀慶使가 정기적으로 교환된 것은 송과 요에서 시작된 관행으로, 이때는 송과 요의 하경사가 각각 단독으로 상대국의 황제에 하례를 표시하는 것이었지만, 금에서는 송의 사절이 더 이상 단독으로서가 아니라 고려와 서하 사절을 포함한 사절단을 형성해 금 황제 앞에서 동시에 하례하는 방식이 성립되었다. 본서 제III부 제5장 참조.

하도록” 한 것이다(고려 인종4년, 1126년). 금의 이러한 태도는 그들이 평소에 동아시아의 정세를 면밀히 관찰하고 있었음을 말하며, 이러한 학습효과가 서표에 대해 강한 관심을 갖게 만들어 특히 고려에 대해 국제관례를 참조한 규격화된 서식을 요구한 것이었다.

(2) 고려의 입장

고려 측이 당시 서표 문제를 어떻게 생각하고 있었는지를 참조할 만한 가장 큰 단서는 이미 본 장에서 인용한 금측의 '語錄'과 그에 대한 고려 측의 응답을 통해서이다. 이를 필요한 부분을 중심으로 다시 인용하면 다음과 같다.

> 생각하건대 이미 길이 두텁게 誓好하였으니 과연 食言은 없을 것이다. 다만 맹서의 뜻이 비록 무겁더라도 도리상 피할 수 없는 것이 있다. 옛날의 盟載之辭와 같은 곳에서도 그러한 사례는 비일비재하고, 아울러 귀국이 요에 보낸 誓表에서도 반드시 故事가 있는 것은 조정에서 거둔 요의 도서에서도 考據할 수 있다. 이번 일은 결코 갑자기 요구하는 것이 아니며 조정은 단지 영원히 歡好를 通하고 美意를 灼然히 하고자 할 뿐이다(【又上語錄云 ……. 具如近代宋人夏國, 與舊遼洎朝廷所立誓書及表, 皆有'若渝此盟, 社稷傾危, 子孫不紹.' 或'神明殛之, 無克胙國'之語.】相度既永敦誓好, 果無食言. 辭意雖重, 於理無可避者. 至如自古盟載之辭, 如此類者非一, 兼貴國與遼時誓表, 必自有故事, 朝廷所收圖書亦可考據. 此事誠非創行要索, 朝廷秖欲永通歡好, 美意灼然.(『고려사』 권15, 세가15 인종4년 12월 甲戌)).[27]

> 생각하건대 맹서란 대부분 敵國 간에 서로 의심하고 시기하여 부득이하게 만드는 것으로, 春秋에 기록된 衰周의 列國之事와 같다. 지금 聖人이 受命하여 廓然하게 一統하니, 오직 下藩은 中心悅服하여 職貢을 恭修할 것이다(王答曰 ……. 意謂盟誓多是敵國交相疑忌, 故不得已而爲之. 如春秋所記衰周列國之事. 今則聖人受命, 廓然一統, 惟是下藩中心悅服, 恭修職貢.(『고려사』 권15, 세가15 인종4년 12월 甲戌)).

여기서는 특히 금측이 보인 두 가지의 문제 제기와 그에 대한 고려의 반응에 주의할 필

27) 【 】 부분은 본 장에서 이미 다룬 부분으로 중복을 피하기 위해 번역은 생략하지만, 참고하기 위해 함께 제시해 두었다.

요가 있다. 하나는 맹서의 효용에 관한 것으로, 금은 어쩔 수 없는 경우가 있다고 하면서도 "이미 길이 두텁게 誓好하였으니 과연 食言이 없을 것이다"고 하여, 誓에 대해 신뢰하는 모습을 보였다. 금이 실제로 서표의 효용을 어디까지 믿고 있었는지는 알기 어렵지만 최소한 약속의 증거인 誓를 통해 명분을 확보하려 한 것은 분명해 보인다. 금에게 誓는 고려에 대한 구속력을 강하게 기대할 장치였다.

이에 대해 고려는 정반대의 생각을 갖고 있었다. 고려는 맹약 無用論을 견지하며 "맹서란 대부분 敵國 간에 서로 의심하고 시기하여 부득이하게 만드는 것으로, 春秋에 기록된 衰周의 列國之事와 같다"고 한 위에서, 새롭게 '受命'한 금의 황제는 '下蕃'(즉 고려)에 대해 불신이 아닌 신뢰에 기초한 관계를 만들어야 한다고 호소한 것으로 해석된다. 형식과 관행을 중시했다고 할 수 있는 금에 대해 고려는 춘추전국시대의 역사적 경험을 바탕으로 실질에 치중했다고 할 수 있다.

그런데 여-금의 이러한 상반된 주장은 실은 약 반세기 정도 전에 이미 송조에서 벌어진 논쟁을 그대로 옮겨 놓은듯하여 흥미롭고, 또 誓에 대한 동아시아 각국의 인식을 비교할 수 있게 한다. 즉 송에서는 熙寧연간(1068~1077)에 서하의 嵬名山이 자신이 관할하는 綏州와 함께 투항해온 것을 받아들인 일로 서하와 분쟁을 겪은 후 화약을 추진한 일이 있는데,[28] 이 때 추밀원이 서하가 제출한 表에 대해 "단지 謝恩만 하고 誓를 하지 않았다"고 한 문제 제기에 대한 神宗과 신료 간의 논의가 다음처럼 보인다.

> 上이 어찌할까를 묻자 왕안석이 말하기를, 中國이 夷狄과 宗祀殄滅로써 誓를 삼는 것은 부득이해서 이니, 지금 그가 이와 같다면 단지 答詔하는 것으로 좋을 것입니다, 고 했다. 文彦博이 말하기를, '이와 같이 한다면 今年의 防秋는 어떻게 합니까'라고 했다. 上이 말하기를, 설령 誓表를 얻는다 해도 어찌 그가 변하지 않는다는 것을 보증할 수 있겠는가, 고 하였다. 안석이 진실로 이와 같습니다, 고 하였다. 언박이 말하기를, 盟誓는 自古로 있는 바이며, 이를 天地의 神祇에 要해도 변함이 있을까를 걱정하는데, 만일 없다면 어찌 보증하겠습니까, 고 했다. 安石이 말하기를, '……臣은 誓와 不誓 모두가 보증할 수 없음을 걱정합니다'라고 했다. ……. 彦博이 또 말하길 '盟誓가 있다면 저들이 맹서를 어길 때 우리에게는 명분을 갖게 합니다'라고 하였다(上問如何, 王安石曰, 中國與夷狄要以宗祀殄滅爲誓非得已, 今彼如此, 但降答詔甚善. 文彦博曰, 如此, 卽今年防

28) 김성규, 앞 책, pp.97~126, 「綏州事件と王安石の對西夏國境策定策」.

秋如何. 上曰, 便得誓表, 如何便保彼不爲變. 安石曰, 誠如此. 彦博曰, 盟誓自古所有, 要之天地神祇尙恐有變, 若更無此, 如何可保. 安石曰, ……. 臣恐誓與不誓皆不可保. …….彦博又言有盟誓, 則彼違盟誓我有辭.(『長編』 권237, 희령5년(1072) 8월 壬午)).

신종과 특히 왕안석은 당시의 실정에서 誓書 속에 아무리 '宗祀殄滅'라는 어구를 동원해 다짐을 받는다 해도 현실적 억지력이 없다는 데에 생각을 같이 하여, 화약 추진 과정에서 誓書가 반드시 필요한 것이 아니라는 당시로서는 관행에 반하는 파격적 입장을 보인 것이다. 하지만 이에 대해 文彦博 같은 관리가 "맹서는 예로부터 있는 것입니다. 이를 천지신명에 바래도 변할까 걱정이 되는데 서표가 없다면 어떻게 신뢰를 지킬 수 있겠습니까?"라고 한 뒤, "盟誓가 있다면 그들이 맹서를 어길 때 우리에게 명분이 생깁니다."고 한 것은 誓書에 일정한 효용이 존재하는 인식을 보인 것이라 할 수 있다.

이와 비교해 볼 때, 여-금의 논쟁에서 금은 문언박의 주장과 서로 통하고, 왕안석의 입장은 고려와 통하는 것이라고 볼 수 있다. 다만 왕안석의 논리는 송조가 서하에게 서표를 요구하는 입장에서 제시된 견해인 반면, 고려의 논리는 금으로부터 그 제출을 강요받는 입장에서의 것이기 때문에 서로 다른 바가 있는 것이며, 고려의 이러한 입장은 다시 후술하기로 한다.

한편 금이 제기한 또 하나의 문제는 고려가 과거에 요와 서표를 교환한 선례가 있고, 더구나 금이 그와 관련된 '圖書'를 자신이 (요로부터?) 입수했다고 주장한 부분이다. 그러나 이 점은 사료에 비추어 볼 때 관련 사항이 포착되지 않기 때문에 과연 사실인지 의문이 든다. 앞의 〈표 1〉에서 요와 고려 간의 관계를 '?'로 표시해 놓은 것은 이러한 사정 때문이다. 뿐만 아니라 고려는 이 문제를 상의하기 위해 고려에 와 있던 금의 사신 司古德과 韓昉에게 전혀 다른 주장을 펼치고 있음이 다른 사료에 보인다. 즉 『금사』의 韓昉傳에는 고려가 결국은 금에 서표를 제출하게 된 이면의 사정을 다음처럼 매우 흥미롭게 전한다.

> 고려는 비록 오래 通好하여 天會四年에 奉表稱藩은 했지만 誓表를 제출하려 하지 않았다. 使者가 여러 번 노력해도 모두 효과가 없어서 韓昉이 다시 고려에 가서 재삼 독촉하였다. 고려는 國中의 讀書를 많이 하고 古今에 밝은 자를 徵求하여 辭旨를 商榷하여 酬答專對하게 했다. 10여일이 지나 비로소 자리가 마련되자 그들은 한방에게 말하기를, 小國이 요, 송을 200년간 섬기는 데에 서표가 없어도 일찍이 藩臣의 禮를 잃은 적

이 없었다. 지금 上國을 섬기는 것도 마땅히 遼, 宋을 섬기는 禮와 같다. 잦은 盟이 어지러움을 일으켜 聖人도 찬동하지 않는 바이기 때문에 감히 서표를 사용할 수 없다, 고 했다. 한방이 말하기를, 귀국이 반드시 古禮를 사용하려 한다면, 舜은 5년에 한번 巡狩하고, 羣后는 4번 朝拜한다. 周에서는 6년에 五服은 1朝하고, 또 6년에 王은 時巡하고, 諸侯는 각기 方岳에서 朝한다. 지금 天子가 바야흐로 西狩하니 즉 貴國은 마땅히 朝會에 따라야 한다. 고려인이 응대하지 못하고 이에 천천히 이를 의론하겠다고 하자, 한방은 誓表는 朝會에서 一言으로 결정될 뿐이다, 라고 했다. 이에 고려가 서표를 약속대로 제출하고, 한방은 돌아왔다(高麗雖舊通好, 天會四年, 奉表稱藩而不肯進誓表, 累使要約, 皆不得要領.而昉復至高麗, 移督再三. 高麗徵國中讀書知古今者, 商榷辭旨, 使酬答專對. 凡涉旬乃始置對, 謂昉曰, 小國事遼·宋二百年無誓表, 未嘗失藩臣禮. 今事上國當與事遼, 宋同禮. 而屢盟長亂聖人所不與, 必不敢用誓表. 昉曰, 貴國必欲用古禮, 舜五載一巡狩, 羣后四朝.周六年五服一朝, 又六年王乃時巡, 諸侯各朝于方岳. 今天子方事西狩, 則貴國當從朝會矣. 高麗人無以對, 乃曰, 徐議之. 昉曰, 誓表朝會, 一言決耳. 於是高麗乃進誓表如約, 昉乃還.(권125, 列傳63 文藝上 韓昉)).

전국에서 才士를 동원해서까지 금을 상대한 점은 서표 제출을 최대한 피하려는 고려의 의도가 엿보이는 부분이지만, 여기서는 "잦은 盟이 어지러움을 일으켜 聖人도 찬동하지 않는 바이기 때문에 감히 서표를 사용할 수 없다"는 '古禮'를 원용해 방패로 삼으려 한 고려의 대응 방식이 도리어 금의 역공을 불러 결국 서표를 제출하지 않을 수 없게 된 사정을 설명한다. 특히 이 때 고려는 "小國이 요, 송을 200년간 섬기는 데에 서표가 없어도 일찍이 藩臣의 禮를 잃은 적이 없었다"는 점도 아울러 강조하였다.

고려의 대외관계에서 볼 때 송에게 서표를 줄 정황은 존재하지 않으므로 이 부분의 설명은 무리가 없지만, 그러나 고려가 요에 대해 서표를 제출한 적이 없다는 것은 앞의 '語錄'에서 밝힌 금의 설명과 정반대가 된다. 그러면 이상의 관계를 종합해서 금이 그 증거(즉 '圖書')까지 확보하고 있다고 한 사실을 중시하여 결국 고려가 거짓을 말한 것으로 보아야 할지, 아니면 고려의 설명이 실제의 사료 정황에 부합하기 때문에 이를 중시하여 금이 거짓을 말하는 것으로 보아야 할지, 판단은 용이하지 않다. 단지 앞에서 확인한 바와 같이 금이 고려로부터 서표를 받은 뒤에 자신의 약속과 달리 '서조'를 끝까지 고려에 내놓지 않았던 점을 고려하면 금의 주장에 대한 신빙성이 떨어지는 감은 남는다.

아무튼 韓昉傳은 서표를 둘러싸고 금이 거짓말이라도 할 정도로 고려를 압박하려 했고, 반대로 고려는 가능한 모든 수단을 다해 그 제출을 피하려 하여 쌍방 간에 외교적 총력전이 전개된 것을 역력히 전한다. 논전에서 궁색해진 고려가 여전히"천천히 이를 議論하겠다"고 하고, 이를 금이 "誓表는 朝會에서 一言으로 결정될 뿐이다"고 재촉한 것은 그러한 양자의 상이한 입장을 더욱 부각시킨다.

그러면 고려가 이토록 금에 서표 제출을 최대한 회피하고 또는 호도하려고까지 한 이유는 어디에서 찾을 수 있을까? 서하가 금에게 서표를 화의 성립 직후 단시일에 내놓은 것과 비교해도 고려의 경우는 매우 지체되고 또 마지못한 것이었다. 박윤미는 이 같은 고려의 미온적 태도와 관련해 당시 송이 일방적으로 요청하고 나선 '援兵假道'[29]에 고려가 부담을 느꼈다고 하면서, "고려는 금과 송 사이에서 적절한 균형을 유지해야 할 필요가 있었고, 이로 말미암아 금에 대한 서표 제출이 늦어질 수밖에 없었던 것으로 생각된다."[30] 고 하였다. 이는 고려의 송에 대한 입장까지를 시야에 넣은 견해로 함께 고려될만한 여지가 있을 것이다.

이 부분에 대해 필자는 당시 고려가 금에 대해 갖고 있던 '특별한 정서'야 말로 가장 적극적으로 고려될 요소라고 본다. 즉 그것은 앞서 언급한 것처럼 고려가 금을 건국하기 전부터 여진에게 스스로를 '부모지방' 또는 '근원'이라 생각하고 여진도 이를 인정한 데에서 기인하는 것이라 할 수 있다.[31] 이 우월감 넘치는 '사실'이 금의 급성장에 따라 '형제의 나라'가 되고, 다시 '신하의 나라'로 격추됨에 따라 고려의 자존심에 타격을 입힌 것은 말할 필요가 없다. 고려가 급기야 요가 망하고 송조 또한 금에게서 재기불능의 타격을 입은 단계까지 '칭신'을 피했던 것도 이러한 '자존심'과 관련이 있을 것이다. 그 끝에 맹서까지 강요받은 고려는 한층 수치감을 느껴 이를 가능한 피하려 했을 것이다. 금의 요구가 집

29) 이것은 당시 송조가 금에 포로로 잡혀간 휘종과 흠종을 고려라는 통로를 통해 되찾아오려는 작전 요청이었지만 고려가 이를 들을 리는 만무했다.

30) 박윤미, 앞 논문, p.21.

31) 금의 出自에 대해 자주 언급되는 설명으로 『금사』 권1, 본기1의 "金之始祖諱函普, 初從高麗來, 年已六十餘矣.兄阿古乃好佛, 留高麗不肯從, 曰後世子孫必有能相聚者, 吾不能去也. 獨與弟保活里俱. ……"는 기사가 있다. 또한 이를 두고 『고려사』 권14, 世家14 睿宗12年 3월 癸丑에는, "金主阿骨打遣阿只等五人, 寄書曰, "兄大女眞金國皇帝, 致書于弟高麗國王. 自我祖考, 介在一方, 謂契丹爲大國, 高麗爲父母之邦, 小心事之. 契丹無道, 陵轢我疆域, 奴隷我人民, 屢加無名之師. 我不得已拒之, 蒙天之祐, 獲殄滅之. 惟王許我和親, 結爲兄弟, 以成世世無窮之好." 仍遺良馬一匹."이라고 있다. 아울러 고려의 금에 대한 인식에 대해서는 김순자, 「고려전기의 거란[遼], 여진[金]에 대한 인식」(『한국중세사연구』 26호, 2009) 참조.

요해지자 최소한으로 맹서의 강도를 낮추는 表를 보내고 또 그 후는 제출을 늦추기 위해 지연작전 등이 동원된 것은 모두 그러한 이유 때문으로 보인다.

박윤미도 지적하듯이 "고려는 애초부터 송의 원병가도에 응할 생각이 없었던 것"[32]으로 보이기 때문에, 고려가 '망해가는' 송의 눈치를 보고 있었다고는 생각되지 않는다. 송에 의지해 대금 관계를 개선시킬 전망을 더 이상 기대하기 어려운 상황에서, 고려는 순전히 자기 본위에서 對金 정책을 궁리할 이상의 여유는 없었다고 보인다. 또한 이를 위해 고려는 중국의 역사와 도리를 배경으로 나름대로의 논리를 개발해 금을 설득하려 했지만, 이것이 당시의 관행을 고집하며 서하와 송으로부터 이미 서표를 받아낸 금을 설득시킬 수는 없는 것이었다.

그럼에도 불구하고 고려가 금에게 誓詔를 강하게 요구하지 않은 것은 의문으로 남는다. 고려의 그동안의 주장을 그대로 믿는다면 거기에는 그들의 실리적인 태도와 결부시켜 이해할 수 있는 부분이 있을지 모른다. 자신이 최대한 서표 제출을 거부하려한 고려였지만 그것을 일단 제출한 이상, 어차피 그 효용이 크지 않다고 생각한 고려는 금처럼 그것을 애원하지 않았을 수 있다고 생각되는 것이다. 그렇지만 양국 간에 서서가 균등히 교환되지 않는 이 사례는 역시 이례적인 일이고, 사실은 이러한 사례가 요와 서하 사이에도 보인다. 앞의 〈표 1〉가운데에 '△' 표시를 해놓은 부분은 이러한 관계를 뜻한다. 여기에 어떤 새로운 원칙이 있었는지 현재로서는 알 수 없다.[33]

맺음말

중국의 제후국 사이에서 유행한 맹서를 교환하는 관행은, 송대에 이르러 그 이용의 외연을 동아시아로 확대시켜 제국 간에 빈번했던 갈등과 대립이 국교 정상화의 단계에 들어가면 반드시 서서의 교환 문제가 수반되었다. 이를 배경으로 여-금의 관계 정립 교섭에서도 서표 문제가 중요 현안으로 등장하였다. 특히 금은, 송과 요를 이어 몽골이 출현하기 직전까지 동아시의 최강자로 등장해, 그 패권을 구축하는 과정에서 타국을 제압하

32) 박윤미, 앞 논문, p.22.

33) 다만 여-금 간에서는 금이 약속을 파기한 것으로 보이지만, 요-서하 사이에서는 요의 서하에 대한 서조 제공의 약속은 사료에서 보이지 않는다.

는 방식의 기준점을 선행 왕조인 송과 요로부터 배우는 바가 많았고, 서표 요구도 그 하나로서 그에 대한 집착을 누구보다도 강하게 드러냈다.

이에 비해 고려는 그때까지 타국과 서서를 교환한 사실이 거의 없고, 더구나 금에게는 그것을 주고 싶지 않은 특별한 정서를 안고 있어 그 제출을 한층 기피하는 경향을 보였지만 결국은 제출하지 않을 수 없었다. 이러한 양자의 입장이 충돌하는 속에서 서서를 놓고 벌어진 교섭은 다른 국가들의 사례와 비교해도 원활할 수 없었고 시간이 훨씬 소요되었다.

이 과정에서 또한 고려는 '서표 무용론'의 논리를 개발해 금에 대항했다. 그것은 맹서가 이를테면 난세의 부득이함 속에서 나오는 것이고 이제는 금조에 의해 새 시대가 열렸기 때문에 더 이상 필요하지 않다는 내용이다.[34] 난세에 맹약이 유행한다는 것은 중국의 고전에서 이미 지적되는 바이지만, 고려는 이로써 금을 고취시키면서 그 포기를 종용한 것이었다. 하지만 고려의 이 같은 발언과 태도는 금이 건국되는 불과 6년 전(1109년)에 있었던 다음과 같은 사건을 함께 고려해 볼 때 그 진정성이 의심된다.

> 行營兵馬別監承宣 崔弘正과 兵馬使吏部尙書 文冠이 여진 추장 居尉伊 등에게, "너희들이 만일 9城을 돌려달라고 청한다면 이전의 약속과 같이 하늘에 맹세를 고하라"고 했다. 추장들이 咸州 성문 밖에 단을 설치하고 하늘에 맹세하기를 "지금부터 이후로 대대손손에 이르기까지 악한 마음을 갖지 않고 끊임없이 조공을 하며, 이 맹을 위반하면 우리는 멸망할 것입니다"라고 하고, 맹이 끝나자 물러났다(行營兵馬別監承宣崔弘正, 兵馬使吏部尙書文冠諭女眞酋長居尉伊等曰, "汝若請還九城, 宜如前約, 誓告于天." 酋長等設壇咸州門外, 告天誓曰, "而今已後, 至于九父之世, 無有惡心, 連連朝貢, 有渝此盟, 蕃土滅亡." 盟訖而退.(『고려사』 13, 睿宗4년 7월 辛酉)).

이것은 본 장에서 이미 검토한 내용인 고려가 금에게 보주를 요청한 것과 똑같이 그 이전에 女眞이 고려에게 빼앗긴 바 있는 9城을 요청하는 상황에서, 결국 9성 자체는 반환되었지만 고려가 그 전제 조건으로 誓를 요구해 관철시키고 있어, 본 장에서 검토한 여-금의 교섭과 비교해 정반대의 경우가 벌어지고 있었음을 말한다. 무엇보다 여기서 고려가 誓를 요구하고 나선 것은 수년 뒤의 보주 교섭에서 다름 아닌 여진 자신이 세운 금조

34) 『고려사』 권15, 인종4년 12월 甲戌의 고려 국왕의 回答.

에게 그 필요성을 부정한 입장과 모순된다. 여기서는 비록 문서 형태의 誓는 아니며 古代의 盟의 형식을 따른 것으로 보이지만, 쌍방 간에 저주의 문구를 동반한 약속이 이루어진 것은 틀림없다. 이 사건에 대한 금의 생각을 엿볼 단서는 없지만, 서조를 약속했다가 저버린 금이 그랬던 것처럼 고려 또한 국익을 눈앞에 놓고 필요와 상황에 맞게 자신의 논리를 바꿔가는 기민한 외교의 일단을 보인 것으로 이해된다.

5 '선화봉사고려사절단'의 일정과 활동에 대하여

머리말

동북아에서 女眞의 金이 발흥하던 1123년, 북송 왕조는 고려에 사상 최대 규모의 사절단, 즉 '宣和奉使高麗使節團'(이하 '사절단'으로 약칭)을 파견하였다. 이 사절단의 핵심 멤버로 참여해 '提轄人船禮物官'을 맡았던 徐兢(1091~1153)[1]이 같은 해에 송에 귀국하고 나서 약 1년 만에 復命 보고서의 형식으로 당시의 황제 휘종에게『선화봉사고려도경』[2]을 올렸다. 이 귀중한 기록의 사료적 가치는 새삼 재론할 필요가 없으며, 일찍부터 역사학은 물론 정치학, 지리학, 해양사, 민속사, 복식사, 음식 문화사 등 다양한 학문 분야로부터 관심을 모았고 그 만큼 다양한 연구를 축적시켜왔다.[3]

하지만 다른 분야에서도 마찬가지겠지만 역사 분야에서 연구의 여지는 여전히 남아있다고 보인다. 특히 필자가 생각하는 하나는 사절단의 고려 체류 중의 일정과 활동에 관한 부분이다. 이에 대한 종래의 설명은 부족하거나 개략적인 수준에 머물러 좀 더 구체적으로 어떠했는지에 대해 밝힐 필요와 가치가 있다. 현재 남아있는 사료의 제약으로 그 동향을 시간적으로 추적하는 것은 어려움이 많지만, 필자는 몇 가지 단서를 통해 이 문제에 좀 더 다가설 수 있다고 생각한다.

---

1) 서긍에 대해서는 孫希國,「〈宣和奉使高麗圖經〉作者徐兢生平考」(『遼東學院學報』 14-3, 2012) 참조.

2) 본 장에서는『고려도경』으로 약칭하며, 특히 脚註에서 이하 이 책을 인용할 때는 서명을 생략하고 바로 '卷數'부터 표시하기로 한다.

3)『고려도경』에 대한 사료적 가치 및 그에 대한 선행 연구 등에 대해서는 朴尙得 역,『宣和奉使高麗圖經』(國書刊行會, 1995); 조동원 외 4인 역,『고려도경』(황소자리, 2005); 김한규,「宣和奉使高麗圖經」(『使朝鮮錄 역주1』, 소명출판, 2012); 김수연,「『고려도경』 연구의 동향과 활용 가능성」(『한국문화연구』 16, 2009) 등을 참조.

또한 사절단에게는 고려의 국도 개경에 체류하는 동안 국왕의 알현을 비롯해 고려 측이 마련한 궁중 행사에 참가하는 것이 가장 중요하고 중심적인 활동이었다. 김한규도 사절단의 "일련의 과정은 모두 매우 엄격한 의례의 절차에 따라 이루어졌다"고 지적하였다.[4] 하지만 이 문제 또한 종래의 『고려도경』 연구에서 공백에 가까운 부분에 해당한다. 현재까지의 역주들에서 이 부분은 단순한 '번역' 이상으로는 다루지 않은 것이 보통이다. 이것은 언뜻 비현실적으로 보이는 추상성, 그리고 내용의 번잡함과 애매함 등으로 '의례' 자체에 대한 관심이 많지 않았던 종래의 경향을 그대로 반영한 것으로 보인다.

본 장에서는 당시의 사절단의 파견과 관련한 송조와 그것을 받아들이는 고려의 입장을 다시 정리해보고, 그 위에서 사절단의 구성과 특징, 그리고 그들의 고려 특히 개경 체류 중의 일정을 가능한 시간적으로 추적하려고 한다. 다만 앞에서 지적한 문제 제기에도 불구하고 사절단과 관련한 '의례' 자체에 대한 구체적 분석은 본 장에서는 지면 등의 사정으로 할애하고 후일의 專稿로 돌리지 않을 수 없음을 밝혀둔다.

1. 사절단 파견의 국제적 계기

중국의 북송시대에 해당하는 10~12세기 동아시아에서의 국제 구도는 송과 요 두 세력의 길항 관계를 배경으로, 이전의 唐代와 같은 일원적 질서는 사라지고 여러 세력이 개재함으로써 더 복잡한 다원적 관계가 연출되었다. 동아시아 전체를 관망할 때, 각 지역에서는 〈그림 1〉[5]의 개념도처럼 이웃하는 3나라 간에 정치적 관계로서 '삼각관계'가 형성되는 경우가 많았고, 그러한 관계는 고려가 개재한 B의 지역에서도 두드러졌다.

B에서는 10세기 말엽부터 고려가 자신의 의도와는 달리 송과의 관계를 발전시키지 못한 채 반대로 요 측으로 경사하는 현상이 뚜렷해졌다. 여기서 '聯麗制遼策'을 생각한 송은 고려에게 요에 대한 협격을 제안하나 거절당하였고(985년), 얼마 후에는 요의 침공을 받은 고려가 그 보복을 위해 對遼 작전을 제안하지만 이번에는 송이 이를 거절하였다(993년). 이로써 여-송의 관계는 사실상 중단되고, 국제 관계의 역동성도 B에서보다 서하를 개재시킨 A지역에서 훨씬 커지게 되었다.

4) 김한규, 앞 책, p.44.

5) 본서 제I부 제2장에서 인용.

하지만 북송 후기 신법의 일환으로 대외 적극책을 추진한 송의 神宗이 '聯麗制遼策'을 부활시킴으로써 B에서의 역동성이 다시 활발해졌다. 元豊원년(1078)에 송이 대규모 사절단[6]을 고려에 파견한 것은 그 결과이며, 이후 양국의 관계는 점차 긴밀해져 송에서 고려의 중요성과 국제 지위도 상승한다.

徽宗朝는 이 같은 고려 중시가 송조에서 최고조에 달한 시기였다. 신종 정치의 계승을 표방한 휘종은 한발 더 나아가 고려를 요에 필적하는 지위로 대접하였고, 송조도 한편으로 신종조에 필적하는 사절단을 파견하는 전례 없는 적극책을 추진하였다.[7] 본고가 주목하는 선화사절단은 宣和5년(1123)에 이러한 맥락에서 파견된 송조 최대 규모이자 최후의 사절단이었다.

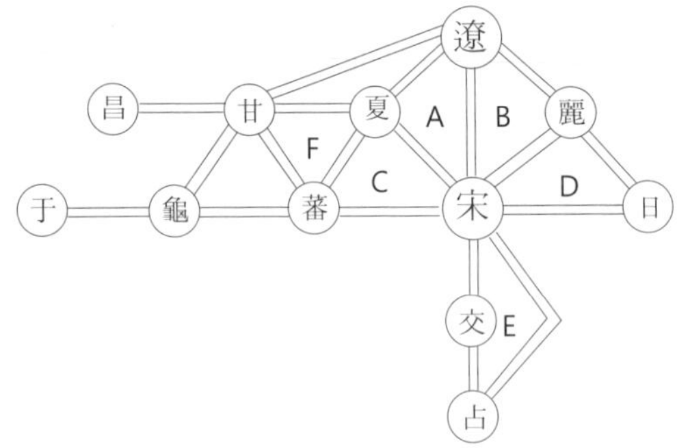

〈그림 1〉 북송시대 동~북~중앙아시아 각국 간에 보이는 다양한 삼각관계들(김성규 案)

송조가 이때 사절단을 파견한 배경에 대해 종래 설명이 이미 적지 않지만 좀 더 보강할 부분이 있다고 보인다. 예를 들어 김한규는 그 파견 목적과 관련해 다음과 같이 설명한다.

> 선화 사절단의 사명은 복합적이었다. ……. ①현지 상황을 파악하고 ②고려인에게 책봉을 청원하도록 권유하며 ③奠慰의 儀典을 실행하는 등, 선화 사절단의 세 가지 사명은 서로 유기적으로 관련성을 갖고서 북송의 세계 전략에 기여하도록 기획되었다(*밑줄은 인용자. 김한규, 앞 책, p.43).

김한규가 꼽은 세 가지 목적 중 ①과 ③은 명목적인 것이라 할 수 있다. ①은 사절단이 여행 보고서를 작성하기 위한 사전 작업으로 선화사절단에 국한된 활동이라고는 볼 수 없고,[8] 또 ③은 본래의 목적은 아니었지만 고려의 예종이 갑자기 사망함으로써(1122년) 추후에

---

6) 사절단의 정확한 규모는 파악하기 힘들지만 이 때 송조가 거대한 '神舟'라는 호화 大船을 두 척 건조한 것은 잘 알려진 사실이며, 이를 통해 사절단의 규모가 상당히 컸음은 충분히 유추할 수 있다. 『장편』 권288, 元豊원년 3월 丁亥 참조.

7) 북송 후기 고려와의 관계를 다룬 논문은 다수이지만 이상과 같은 취지의 설명으로는 본서 제IV부 제1장 참조.

8) 楊渭生, 「徐兢〈宣和奉使高麗圖經〉研究」(『宋麗關係史研究』 1997, 杭州大學出版社), pp.373~375.

부가된 목적이었다.[9] 송조가 내건 선화사절단 파견의 공식 명목은 '報聘'이며 여기에 '奠慰'가 추가된 것이었다.[10]

이들 외형적 목적 이외에 ②는 송조의 본래 의도를 지목한 것으로 중요하다. 이것은 요의 세력이 급속히 쇠퇴함에 따라 한반도에서 영향력이 사라진 그 자리를 송이 대신할 생각을 나타낸 것으로 송은 그 일환으로 고려를 '책봉'하고자 한 것이었다. 그러나 이것은 결과적으로 고려에 의해 사실상 거부됨으로써 송은 끝내 고려에 대해 책봉국의 지위를 얻지는 못했다.[11] 다만 이것이 고려가 송을 외교적으로 거리를 두려한 것은 결코 아니며, 당시의 고려는 오히려 송보다 더 적극적으로 관계를 긴밀히 유지하려 한 것으로 보인다(후술).

송의 고려 접근이 좀 더 구체적으로 어떠한 의도에 의한 것인지는 분명치 않다. 김한규는 ②가 송의 '세계 전략의 일환'이었다고 평가하지만 구체성이 떨어진다. 이 문제는 당시 송조가 처해 있던 대외 환경, 특히 금과의 관계 속에서 찾아야 할 것이다.

송의 휘종은 당초 신흥의 금을 통해 숙적 거란을 타도하려는 '聯金制遼'책을 구상하고 있었다, 하지만 童貫과 趙良師가 추진해 금과의 사이에 체결된 '海上의 맹약'(1120년)은 송 측의 미숙한 외교 대응과 휘종의 우유부단 등으로 금의 불신을 사게 되고, 송에서도 금을 경계하는 국면이 조성되기 시작했다.[12] 송조가 사절단 파견을 결정한 시점(宣和 4년=1122년 3월)에서 이미 1년 전에 휘종은 요를 협격하기로 한 금과의 약속을, 요가 이를 알게 되었다고 생각해 파기하려 한 적이 있었다.[13]

결국 맹약은 파기는 되지 않았지만 금이 요를 단독으로 공격해 中京, 西京 등 그 요지를 대부분 공취하였다(1122년 4월). 또한 사절단이 파견된 직후의 일이기는 하지만, 휘종은

---

9) 권34, 海道 招寶山에 "宣和四年壬寅春三月, 詔遣給事中路允迪, 中書舍人傅墨卿充國信使副往高麗, 秋九月以國王俁薨, 被旨兼祭奠弔慰而行, 遵元豊故事也."라고 보인다. 선화4년(1122) 3월에 국신사의 파견이 결정되고, 또 실제로 국신사가 개봉을 출발한 것은 다음해인 선화5년(1123) 3월 14일의 일이지만, 고려에서 국왕 예종(王俁)이 선화4년 9월에 병몰했기 때문에 그 소식을 알게 된 송조에서는 다음 해에 보낼 사절단에 祭奠과 弔慰의 목적을 추가시킨 것이 된다.

10) 송조의 국신사 파견과 관련한 공식 입장에 대해서는 『고려도경』 卷末, 宋故尙書刑部員外郞徐公行狀에 "宣和六年, 高麗入貢請于上, 願得能書者至國中, 繼遣給事中路允迪, 報聘, 卽以公爲國信所提轄人船禮物官, 因撰高麗圖經四十卷…, "고 보인다.

11) 양국 간에 오간 책봉의 권유와 그에 대한 거절의 내용은 『고려사』 권15, 仁宗元年 6월 甲午 참조.

12) '해상의 맹약'에 대해서는 任崇岳, 「宋金"海上之盟」(『中州學刊』 1987-4); 趙永春, 『金宋關係史』(人民出版社, 2005) 등 참조.

13) 『三朝北盟會編』 권5, 宣和3년 5월 13일조에 인용된 『北征記實』, p.32. 趙永春, 앞 책, p.26.

금측에 투항해 있던 요의 舊臣 張覺을 부추키어 송에 투항시킨 다음에 그에게 "吾當與汝滅女眞"이라는 내용의 手詔를 준 것이 금에게 발각되는 일이 벌어졌다.[14] 이 무렵의 휘종에게 정말로 '滅女眞'의 의도가 있었는지 알 수 없지만, 적어도 당시까지 추진해오던 그의 '연금책'이 크게 흔들리고 있었음은 분명했다.

따라서 이를 전후해 파견된 사절단에는 장래 금을 공동으로 제압하기 위한 송의 '연려제금책'의 바램이 실려 있었을지 모른다. 이 점에서는 박상득이 "휘종으로서는 당시의 정세가 여진과의 사이에 막연한 불안을 만들어냈다는 점에서 고려를 확실하게 자기의 세력 안으로 포섭하려고 생각했을지도 모른다"[15]는 설명이 적절해 보인다.

그렇지만 우유부단하고 즉흥적으로 보이는 휘종에게 '연금책'은 간단히 방기되지 않았다. 그것은 고려가 기회 있을 때마다 송에게 금에 대한 접근을 경계시킨 점에서 알 수 있다. 1116년에 송을 찾아온 고려의 李資諒은 금에 호의를 보이는 휘종에게 "여진인은 인면수심이다"고 비판한 것은 그 최초의 예이다.[16] 또 선화사절단이 파견되기 직전 이번에는 고려를 찾아온 송 측의 御醫에게 고려의 예종 역시 다음과 같이 평가했다.

> 宣和四年, …… 俁의 아들인 楷가 즉위했다. 사자가 와서 告哀하니 給事中路允迪, 中書舍人傅墨卿에게 奠慰하게 했다. 俁가 在位할 때, 조정에 의사를 求한 이유로 두 명의 의사를 보내 2년간 있다가 돌아왔다. 楷가 이들 의사에게 말하기를 「듣자니 조정은 장차 군대로 요나라를 토벌한다고 합니다. 요는 형제의 나라이며 이를 보전해 변경을 지키게 할 만합니다. 여진은 狼虎로서 서로 교제할 수 없습니다. 사정이 이러하니 두 분의 의사는 돌아가면 천자에게 신속히 대비하도록 보고하길 바랍니다.」고 했다. 돌아와서 그 말을 奏했지만 이미 때는 늦었다(宣和四年, ……, 立俁子楷. 來告哀, 詔給事中路允迪中書舍人傅墨卿奠慰. 俁之在位也, 求醫於朝, 詔使二醫往, 留二年而歸, 楷語之曰, 聞朝廷將用兵伐遼. 遼兄弟之國, 存之足為邊扞. 女真狼虎耳, 不可交也. 業已然, 願二醫歸報天子. 宜早為備. 歸奏其言, 已無及矣.(『송사』 권487, 외국3 고려)).

14) 『삼조북맹회편』 권24, 宣和7년 12월 10일 조 인용의 『陷燕記』 제176항.

15) 박상득, 앞 책, p.326.

16) 『고려사』 권95, 열전 권8, 諸臣 李子淵 附 李資諒에 "徽宗大加稱賞. 將還密諭曰, 聞汝國與女眞接壤. 後歲來朝, 可招諭數人偕來. 資諒奏曰, 女眞人面獸心, 夷獠中最貪醜, 不可通上國. 宋幸臣聞之曰, ……."이라고 있다. 『송사』 권487, 외국3 고려전도 참조.

이것은 당시 고려에서도 윤관이 축성한 9성을 금에게 반환한 이래로 점차 강하게 느껴지는 금의 압박에 대해 나타난 고려의 북벌 심리를 반영한 것으로 주목된다. 또 이를 위해 고려는 금과 연결해 요를 제거하려는 송의 입장과 정반대로 요를 그대로 존속시키는 대신 금을 제거해야 한다는 전략을 제기한 점도 크게 눈을 끈다. 따라서 고려는 금을 타도해야 한다는, 말하자면 '存遼制金'을 주장한 것이며, 이를 위해 송과의 연합을 생각하고 있었다.

조금 더 구체적인 기록이 『朱子語類』 권133, 本朝7 夷狄에 다음처럼 보인다.

> 御史臺의 한 老吏에게서 얻었다는 儒用이라는 자의 기록을 인용해 조금 다른 취지의 내용을 소개하고 있다; "휘종이 여진과 통호하여 遼를 멸할 약속을 고려가 듣고 충성을 하려고 뜻을 이루지 못하자 병을 핑계로 本朝에 의사를 구하였고, 또 上이 親信하는 지를 원했다. 이에 2명의 國醫를 택해 보내자, ……, 고려국왕은 '과인은 병이 아니다. 上國을 위해 보답하려 하니 비밀리에 이를 奏聞해주면 좋겠다.'고 하고, 다시 '……소국이 一, 二의 陣法을 갖고 있어 여진과 掎角之勢를 이룰 수 있다.'고 하였다. … 두 國醫 가 돌아가 이를 보고하자 휘종은 그 누설을 염려했고 얼마 후 승상 童蔡가 그들을 불러 식사하니 식 후에 모두 죽었다."

고려가 금에 대해 대결 자세를 분명히 갖고 있고, 그를 위해 가능하면 송과 연합할 것을 희망하는 것이 분명히 읽혀진다. 고려는 말하자면 '聯宋存遼制金'책의 실행을 송에게 요구하고 있었다고 할 수 있다. 하지만 송의 휘종은 줄곧 고려에 가까이 접근하고 있음에도 불구하고, 자신의 '연금제요' 책도 유지하는 속에서 동요를 하고 있어 고려의 제안에 선뜻 응하지 못한 것으로 보인다. "휘종이 그 누설을 염려"했다는 것은 금에 그 사실이 발각될 것을 걱정한 것이며, 또 '國醫'가 살해된 것은 그러한 휘종의 나약함 내지 정책적 방황을 암시하는 것 같이 보인다. 선화사절단은 이와 같이 송의 판단이 확실히 서지 못한 속에서 파견된 것이었다.

이렇게 보면 고려가 '聯宋存遼制金'이라는 명확한 입장을 갖고 있던 데 비해, 송은 종래의 '연금제요'책을 생각하면서 고려와도 연결하는 '聯麗'책도 도모하고 있었다고 할 수 있다. 이 점에서 종래 서긍의 고려 出使 목적을 송의'聯麗制遼'정책에 대한 응답으로 이해하던가, 송의 휘종이 고려와의 연계를 끊고 '연금제요'책을 택했다는 설명은 오인의 소지가 있거나 단면적이라고 평하지 않을 수 없다.[17]

17) 梁 利, 「論徐兢及其宣和奉使高麗圖經」(『河南大學學報』 38-2, 1998): 「從'聯麗制遼'到'聯金滅遼' - 論

하지만 송에게는 더 이상 시간이 없었다. 선화사절단이 귀국한 이후 송의 금과의 관계는 한층 악화되었고, 이윽고 3년 뒤에 휘종은 금의 압박 속에서 자신의 아들 흠종에게 양위하고 도망하였다.[18] 그리고 다급해진 흠종은 고려에 원군을 청하게 되는 것이다. 하지만 고려도 이제 송의 요청을 받아들일 수 없었다. 그동안 금에 대해 칭신을 거부하던 고려에서는 이자겸 등이 금의 실력을 직시함으로써 이미 칭신의 길을 택했기 때문에 고려는 자신이 더 적극적이었던 여-송의 對金 동맹을 실행할 수 없던 것이다. 이에 국초에 요에 대한 동맹을 불발로 그쳤던 송과 고려는 그로부터 약 120년이 지난 후에 금이라는 새로운 공동의 적을 두고서 또 다시 동맹에 실패한 것이다.

북송이 국가를 멸망으로 이끈 가장 큰 이유의 하나로 외교의 미숙이 손꼽힌다. 여기에는 휘종의 우유부단으로 돌릴 수 있는 소지가 적지 않다. 그러한 우유부단 중에서 고려의 적극적인 접근에 반해 이를 망설인 휘종의 입장이 송을 결국 멸망으로 이끄는 데에 어느 정도 기여했는지 알 수 없다. 이를 두고 고려 측 사료에서는,

> 마침내 (송이 금과) 통교하여 靖康之禍를 가져왔다(竟交通致靖康之禍.(『고려사』 권95, 列傳 제8 李資諒)).

고 하여, 송이 고려의 말을 듣지 않아 끝내 멸망했다고 보는 관점이 있어 흥미롭다.

2. 사절단의 규모와 구성

송 측 사절의 고려 방문은 30회가 넘지만[19] 『고려사』에는 사절단 자체에 대한 정보가 매우 제한적이다. 대부분의 경우 정사와 부사의 이름 정도를 전할 뿐, 그 규모와 조직에 대해서까지 언급한 기사는 거의 보이지 않는다. 이 점에서 『고려도경』의 기사는 매우 귀중하며 중요한 기준을 제공한다. 같은 책 권24, '節仗'에는 예성항에 닻을 내린 선화사절

10- 12世紀東北亞的戰略格局及宋朝的戰略對策」(『河南大學學報』 45-2. 2005).

18) 이 무렵의 휘종의 복잡한 심리와 동향에 대해서는 藤本 猛, 「北宋末の宣和殿: 皇帝徽宗と學士蔡攸」(『東方學報』 81, 2007) 참조.

19) 논자에 따라 다소의 차이가 있지만 예를 들어 양위성은 36회로 헤아린다. 동, 『宋麗關係史硏究』(杭州大學出版社, 1997), p.150.

단이 개경으로 행진하는 행렬을 묘사하면서 그에 함께 참여한 단원을 일일이 열거하였는데 그것을 정리한 것이 〈표 1〉이다.

〈표 1〉『고려도경』에 보이는 '선화사절단'의 조직과 규모

대구분(인원수)	소구분(인원수)	비 고
使副(2)	正使(1), 副使(1)	
上節(25)	都轄(1), 提轄(1), 法籙道官(2), 書狀官(2), 隨船都巡檢(1), 指使兼巡檢(4), 管句舟船(5), 語錄指使(3), 醫官(2), 書狀使臣(2), 引接(2)	
中節(23)	管句禮物官(8), 占候風雲官(2), 書符禁呪(1), 技術(2), 使副親隨(4), 親從官(2), 宣武十將充代(1), 正名(1), 都轄親隨人吏(2)	
充代下節(58)	成忠郎(1), 承信郎(1), 登仕郎(2), 文學(3), 翰林醫學(1), 進士(15), 副尉(7), 胥吏(28)	胥吏(28)는 省, 府, 寺, 監에 소속된 자
宣武下節(50)		明州의 土兵

이에 관한 종래의 분석으로 먼저 사절단의 규모에 대해 조동원은 "사절단은 정사와 부사, 도제할관, 그리고 뱃사람까지 총 200명이 넘는 대규모로 구성되었다"[20]고 하였다. 〈표 1〉에서 보는 것처럼 선화사절단의 전체 인원은 158명이지만, 조동원은 여기에 '뱃사람'까지를 포함한 인원을 200 이상으로 본 것이므로 '뱃사람'은 40명 이상이 되는 셈이다. 다만 그는 이 '40 이상'이 어디에서 온 수치인지는 밝히지 않았다.

이에 비해 박상득의 설명은 더 구체적이다. 그는 "나는 … 총수를 800인 이상으로 추측했다. 본서(즉『고려도경』: 필자)의 '客舟'에 의하면 배마다 船頭와 水夫의 합계가 60인이며, 2척의 神船은 각 3배이다. 이들 수의 합계에다가 사절단을 구성하는 관리집단의 인수를 가산하여 총수로 삼았다. …"[21]고 설명한다. 사절단이 이용한 배는 모두 8척으로,[22] 이 중 6척의 小船은 각각 60명씩의 수부가, 그리고 2척의 신선은 각각 소선의 3배인 180명씩의 수부가, 그리고 사절단원은 158명이 존재하므로 선화사절단과 관련한 총 인원은 (6×60)+(2×180)+158=878이 되는 셈이다.[23] 이로써 사절단이 이용한 선단의 규모가 대략 짐

20) 조동원, 앞 책, p.17.

21) 박상득, 앞 책, p.330.

22) 사절단이 8척의 배를 이용한 것에 대해서는 권34, '招寶山' 참조.

23) 권34, '招寶山'에 "宣和四年, ……. 夏五月三日乙卯, 舟次四明, 先是, 得旨以二神舟六客舟兼行. 十三日乙丑, 奉禮物入八舟, ……"고 있으므로, 사절단이 고려로 타고 간 배는 모두 8척의 배임을 알 수 있다. 또한 이 중 2척은 神舟이고 6척은 客舟로 서로 구별되는 것을 알 수 있는데, 먼저 神舟에 대해서는

작되지만, 이 가운데에 보통은 '수부'를 사절단에 포함시키지 않기 때문에 이때의 사절단 수는 일단 '158명'으로 보아야 할 것이다.

선화사절단은 그때까지 규모가 가장 컸던 神宗代(1067~1085)를 넘어선 점에서 송대 최대를 자랑하지만,[24] 동아시아 차원에서도 마찬가지였다고 보인다. 당시 사절 교환에 가장 활발했던 송과 거란 사이에서 대략 100명을 넘기지 않는 것이 보통이었고,[25] 남송 시대에도 금에 파견된 사절단원은 100명을 초과하지 않았다.[26] 또 거란이 고려에 파견한 인원은 60명 정도가 기준이었고,[27] 서하가 금에 파견한 사절 수는 50명을 넘지 않는 것이 일반적이었다.[28] 선화사절단의 규모는 역시 이례적이라 할 수 있다. 다만 지금 비교로 들은 것은 모두가 사절을 정기적으로 교환하는 국가 간의 사례이고, 선화사절단은 그러한 관계가 없는 임시적 파견이었다는 점에 차이가 있는 것이다.

한편 선화사절단의 내역에 대해서는 김한규가 "선화 사절단은 정·부사, 上節, 中節, 下節 등 네 종류의 그룹으로 구성되었다. … 정사와 부사는 황제의 측근이자 명망 높은 文學之士 가운데서 신중하게 선발되었는데, … 都轄과 提轄, 서장관 등으로 짜여진 상절도 대

同書 同卷, '神舟'에 "臣則聞, 神宗皇帝, 遣使高麗, 嘗詔有司, 造巨艦二, 一曰凌虛致遠安濟神舟, 二曰靈飛順濟神舟, 規模甚雄. ……. 爰自崇寧, 以迄于金, 荐使綏撫, 恩隆禮厚, 仍詔有司, 更造二舟, 大其制而增其名, 一曰鼎新利涉懷遠康濟神舟, 二曰循流安逸通濟神舟, 巍如山嶽, ……."와 같이 송조가 직접 건조한 대규모의 선박으로 말하자면 官船임을 알 수 있다. 이에 대해 객주는 同書 同卷, '客舟'에 "舊例, 每因朝廷遣使, 先期, 委福建兩浙監司, 顧募客舟, 復令明州裝飾, 略如神舟, 具體而微, 其長十餘丈, 深三丈, 闊二丈五尺, 可載二千斛粟, ……. 每舟, 篙師水手, 可六十人, ……. 若夫神舟之長闊高大什物器用人數, 皆三倍於客舟也."고 보여, 민간에 '顧募'한 선박으로 그 규모는 官船보다 작아 대략 1/3이며, '뱃사람'은 대략 60명에 이르는 것을 알 수 있다.

24) 권34, '神舟'에 "神宗皇帝, 遣使高麗, 嘗詔有司, 造巨艦二, ……. 仍詔有司, 更造二舟, 大其制而增其名, ……."고 보인다.

25) 『宋會要輯稿』 職官36-33, 景德 3년 11월조에 "詔入契丹使從人不得過百人. 帝以使臣奉命外境, 慮其事體不一, 令有司每奉使以近年體例, 諭之, 令其遵行, 無輒改易."고 보인다.

26) 『송회요집고』 職官51-39, 慶元 元年 12월 26일 조에는 송에 찾아온 金 使節에 언급하면서 "使副二人, …, 書狀官二人, …, 上節七人, 中節一十四人, 下節三十九人, …."의 64명을 헤아린다.

27) 『契丹國志』 권21, '契丹每次回賜物件'에는 "并命刺史已上官充使, 一行六十人, 直送入本國"이라는 설명이 보이는데, 필자는 이 '一行60人'이 거란에서 주위 국가에 파견된 거란 사절단의 수와 관련이 있는 설명으로 보았다.

28) 『금사』 권38, 禮11 「新定夏使儀注」에, "夏國使, 副及參議各一, 謂之使. 都官三. 上節, 中節各五, 下節二十四, 謂之三節人從."이라 보인다.

부분 뛰어난 문학지사로 구성된 것으로 보인다. 중절은 실무책임자들이었고, 하절은 실무를 담당한 하급 관리나 서리, 혹은 士兵 등으로 구성되었다. 선화사절단을 형성한 네 종류의 그룹은 엄격한 禮的 계급을 이루고 있었다"[29]고 한 것이 기존 설명의 대부분이다.

당시의 동아시아 제국에서 상호 교환된 사절단이 그 대표자 격인 正使·副使를 비롯해 상절, 중절, 하절의 3절로 이루어진 것은 보편적인 현상이며,[30] 선화사절단도 그에 따른 것이다. 다만 3절의 각 절을 구성하는 관원의 명목과 인원수는 특별히 정해진 것이 없으며 서로 出入하는 경우가 많다.[31] 또 3절간에는 역할의 차이가 분명하며, 그 사이에 존재하는 신분의 차이는 상대국으로부터 받는 대우 및 하사품 등에도 반영되었다. 특히 주로 화물 등을 운반하는 역할의 하절과 상·중절 사이에는 비교적 큰 구별이 있으며, 하절은 방문국에서 진행되는 궁중 의례의 참여에도 제한을 받았다.[32] 김한규가 "선화 사절단을 형성한 네 종류의 그룹은 엄격한 禮的 계급을 이루고 있었다"고 한 것은 이 점과 통한다고 할 수 있다.

사절단에 보이는 가장 큰 구성의 특징은 '充代下節'의 존재이다. 김한규는 사절단을 '정·부사, 상절, 중절, 하절 등 네 종류의 그룹'으로 나누었지만, 『고려도경』은 하절을 〈표1〉에서 보는 것처럼 '充代下節'과 '宣武下節'로 구별하고 있어 전체적으로는 5종류의 나누는 것이 가능하다. 이것은 같은 '하절'이라 해도 양자 간에 성격이 서로 다르기 때문이다. 즉 『고려도경』에 의하면 '宣武下節'은 "明州의 士兵으로 모두 50人이며 복식은 充代와 다르지 않다"[33]고 하여, 그들은 모두 兵士로서 宋의 明州에서 선발된 자들이다. 그 지역으로 보아 이들은 다른 일반의 상·중·하절과는 달리 송의 수도 開封에서 원거리를 이동해온 것이 아니라 사절단이 출항하기 얼마 전에 明州에서 모인 집단이었음을 알 수 있다.

이에 비해 '充代下節'은 『고려도경』의 다음 설명으로 그 성격을 유추할 수 있다.

> 송의 故事에는 고려에 사절로 가는 下節은 모두 군졸이었다. 근자에는 士人을 관리로

29) 김한규, 앞 책, p.43.

30) 이에 관한 선행 연구로는 金毓黻, 「宋代國信之三節人」(『文史雜誌』 1-12, 1941)이 있으나, 이는 남송과 금을 중심으로 분석한 것이다.

31) 예를 들어 본 논문 주 28)에 의하면 '使'의 범주에는 正使와 副使 이외에 參議가 포함되어 있으며, '都官'도 3절과 별도로 취급된 것을 알 수 있다.

32) 예를 들어 본서 제Ⅲ부 제3장과 제4장 참조.

33) 권24, 次宣武下節.

임명하거나 예술이나 工技에 종사하는 자도 하절에 선발될 수 있게 하였다. 이번의 使行에는 사람들 모두가 聖上의 '懷徠之意'를 헤아려 원하는 자는 여행을 떠나 고려의 풍속을 헤아릴 수 있게 하였다(國朝故事, 奉使高麗下節皆卒伍, 比歲, 稍許命官士人, 藝術工技, 以代其選, 今使者之行也, 人人仰體聖上懷徠之意, 願爲執鞭, 以觀異域之俗.(권 24, 次充代下節)).

송조에서는 그동안 사절단의 하절이 병사로 충당되는 것이 보통이었지만, 선화사절단에서는 널리 일반인에게도 고려에 여행할 수 있도록 하절이 될 기회를 개방한 것을 알 수 있다.[34] 따라서 여기서 특별히 선발된 자들은 사절단을 구성하는 보통의 상·중·하절에 들어가는 것이 아니고, '하절에 임시로 충당'한다는 의미 그대로 '充代下節'의 범주를 별도로 만들어 배치시킨 자들이라고 생각할 수 있다.

즉 그들은 成忠郎[35] 등의 관위를 가진 자들을 비롯해 각급 관청에 소속한 胥吏, 進士, 文學,[36] 翰林醫學[37] 등으로 다양하며, 성격상 전국적으로 응모된 자들로 보인다. 따라서 그 위상은 통상의 하절인 '宣武下節'과 다르며, 『고려도경』이 '充代下節'의 실명을 일일이 밝힌 것도 이와 관련이 있어 보인다. 이들은 인원 면에서도 58명으로 가장 많은 사절단 전체의 1/3 이상을 차지하며, 이들을 제외한다면 사절단의 수는 100명 정도로 줄어들어 송조가 가장 자주 파견했던 거란에 대한 사절단의 규모와 크게 다르지 않게 된다.

그 밖에 지적할 수 있는 선화사절단의 조직적 특색으로는 '해로의 여행'이라는 점에서 선박과 기상 그리고 미신과 관련한 자들이 포함된 것이 눈에 띈다. 상절에 포함된 '水船都巡檢'[38]과 '管句舟船'은 선박의 관리와 치안을 맡은 자이고, '法籙道官'[39]은 도교 종교자로서 바다의 기상변화에 대응한 종교적 위안을 맡은 자이다. 중절의 '占候風雲官'과

34) 민간에서 사절단원을 충원한 사례는 남송 초기에 금에 사절단을 파견할 때에도 보이지만, 이 경우는 생명의 위협이 상존하는 당시의 특별한 사정을 반영한 것으로 고려의 사례와는 달랐다. 이에 대해서는 李輝, 『宋金交聘制度硏究』(復旦大學博士學位論文, 2005) 참조.

35) 송대 小使臣에 속하는 武官位의 하나로 成忠郎은 정9품, 承信郎은 종9품, 登仕郎은 미상. 龔延明, 『宋代官制辭典』(中華書局, 1997), p.36.

36) 종9품으로 정식명은 '文學參軍'으로 責降官이나 恩授官으로 사용되었다. 공연명, 앞 책, p.549 참조.

37) 翰林醫官院에서 의학을 맡는 從9品(政和後) 관. 공연명, 앞 책, p.74.

38) 김한규, 앞 책, p.229은 "배를 타고 다니며 순시하는 순검사"라 한다.

39) 김한규, 앞 책, p.229은 "'법록'은 귀신을 쫓고 사악한 기운을 억누르는 주술이나 부적을 말하고, '도관'은 도관을 관장하는 벼슬"이라 설명한다.

'書符禁呪'도 성격이 비슷하다. 또 상절 가운데 보이는 '語錄指使'는 송대에서 외국에 出使한 사절이 귀국 후 반드시 조정에 보고하게 되는 '國信語錄' 약해서 '어록'의 작성과 관련된 관리이다. 선화사절단의 경우 그 어록은 다름 아닌 『고려도경』이었으며 귀국 후 그것을 편찬한 것은 서긍이었기 때문에 '語錄指使'는 그러한 '어록'의 기초 자료를 수집하는 관리였다고 할 수 있다.

서긍이 원래 맡은 '提轄人船禮物官'에 대해서 김한규는 아무런 설명을 하지 않고 있으나, 고려에 입국한 후 "제할관 서긍이 황제가 내려준 祭奠 예물을 살펴보고 앞에 진열하였다"(권25)고 하기 때문에 특히 예물과 관련이 있는 직책으로 보인다. 역시 상절에 속한 '都轄'도 원래는 '都轄禮物官'이 정식 호칭으로 예물과 관련이 있는 것으로 보인다.[40] 아울러 상절의 '引接'은 "외교예절의 규범을 관장"하는 자이며,[41] '書狀官'은 "通問使 혹은 國信使·副使의 親吏로서 使·副의 私信을 掌管"[42]하는 중책이다.

3. 사절단 일정의 복원 시론

선화사절단은 宣和5년(1123) 3월 송의 수도 개봉을 출발한 지 2개월 뒤인 5월에 드디어 고려를 향해 도항하였다가 그 임무를 모두 마치고 동년 8월말에 중국으로 귀환하였다. 송조가 애초에 이 사절단의 정사 路允迪과 부사 傅墨卿를 임명한 것은 전년(1122) 3월이었으나,[43] 아직 출발하지 않은 상태에서 동년 9월에 고려 睿宗의 사망(실제 사망은 동년 4월) 소식을 접하게 되어 노윤적 등은 祭奠弔慰를 겸하게 되었다.[44] 하지만 이렇게 해서 가을

40) 奉使所 소속으로 金國에 饋贈하는 예물의 押運 을 담당하였다. 공연명, 앞 책, p.67.

41) "奉使所에 소속되어 外交禮節의 규범을 장악하고 國格의 훼손을 방지하는 역할"을 하였다. 공연명, 앞 책, p.67.

42) 공연명, 앞 책, p.76.

43) 권34에 "宣和四年壬寅春三月, 詔遣給事中路允迪中書舍人傅墨卿, 充國信使副, 往高麗. 秋九月以國王俁薨, 被旨兼祭奠弔慰而行, 遵元豊故事也"라 있다. 다만 권25에는 "壬寅(宣和 4년=1122년)春二月, 使副被旨, 以國信使事行, 夏四月聞俁薨, 兼以祭奠弔慰, 遵元豊制也."라고 있어, 2월에 파견 명령을 받은 것으로 되어 있다.

44) 주 43)의 인용문에 의하면 송의 祭奠弔慰는 '元豊故事'에 따른 것으로, '元豊故事'란 元豊6년7월에 사망한 고려 文宗에 대해 송조가 동년9월 祭奠使와 弔慰使를 파견한 것을 말한다. 『장편』 권339, 元豊 6년 9월 丙辰 참조.

이 지나가 버려 최적의 도항 시기를 놓친 사절단은 명년(1123) 2월까지 기다려 '促裝治舟' 하여 5월에 비로소 명주를 출항하게 되었다.[45]

이렇게 시작된 선화사절단의 향후 일정에 대해서는 『고려도경』에 관련 설명이 보이고, 이를 조동원, 김한규, 이옥곤[46] 등이 정리한 바가 있다. 다만 기존의 분석에서는 특히 사절단의 고려 체류 동안의 일정과 관련된 설명이 부족하다고 보는 것이 필자의 생각이므로 본 절에서는 이 문제를 중심으로 검토할 것이다.

먼저 사절단이 송과 고려를 왕복한 여정은 조동원,[47] 김한규, 이옥곤의 정리를 토대로 필자가 가감해 만든 〈표 2〉[48]에 입각해 개관해 볼 수 있다.

〈표 2〉 '선화사절단'의 송-고려 왕복 여정

구 분	월 일	활 동
준비	宣和4년(1122) 3월	휘종이 사절단 파견을 명함
	9월	고려국왕 王俁(예종)의 사망 소식 접함
	宣和5년(1123) 2월 18일	서둘러 배를 장식하고 수리
	2월 24일	황제가 叡謨殿으로 가 예물을 보게 함
	3월 11일	同文館으로 가 경계하고 타이르는 말
	3월 13일	崇政殿에서 전송하면서 訓諭
개봉출발~出航	3월 14일	(永寧寺에서 연회 후) 개봉 출발
	5월 3일	四明(寧波市 서남쪽)에 머묾
	5월 13일	동행한 두 척 神舟에 예물을 넣음
	5월 14일	關弼을 보내 황제 뜻 전하고 연회제공
	5월 16일	명주 출발
	5월 19일	定海縣(今浙江鎭海) 招寶山에 도달

45) 아울러 사료 중에 선화사절단의 奉使 시기를 잘못 적고 있는 것이 적지 않은데 이와 관련해서는 祁慶富, 「關于宋乾道本宣和奉使高麗圖經的几个問題」(『中國文化研究』 1994-가을); 劉婷, 「徐兢及宣和奉使高麗圖經關聯問題考辨」(『德州學院學報』 26-3, 2010) 등 참조. 또한 선화사절단의 出使 시점 즉 명주 출발에 대해서는 5월 28일 설도 있으나, 5월 16일이 가장 타당해 보이며 많은 사람들이 이를 채택하고 있다. 孫希國, 앞 논문 참조.

46) 李玉昆, 「〈宣和奉使高麗圖經〉與宋代的海外交通」(『中國航海』 1997-1(총40기)).

47) 조동원, 앞 책, pp.402~403.

48) 이 〈표〉는 『고려도경』 및 徐兢의 『使高麗錄』를 기본으로 한 것이다.

도항	5월 24일	8척의 배가 쇠북 울리며 차례로 출발
	5월 25일	沈家門(浙江 舟山 普陀 沈家門) 도달해 정박
	5월 26일	定海縣 沈家門 출발해 梅岑(普陀山)에 들어가 候風
	5월 28일	梅岑을 출발. 海驢礁、蓬萊山(大衢山), 半洋礁(黃龍山의 半洋礁)를 지남.
	5월 29일	白水洋. 黃水洋. 黑水洋을 지남
고려의 沿岸을 항해	6월 2일	夾界山(소흑산도 지남)에 도달
	6월 3일	五嶼(대흑산도 서남 五小島), 排島, 白山(蕎麥島), 黑山(흑산도), 月嶼(全北 興德里 서쪽 海中), 闌山島. 白衣島, 跪苫를 지남
	6월 4일	竹島(비금도) 정박
	6월 5일(丙戌)	苦苫苫(임자도) 도착해 정박
	6월 6일(丁亥)	群山島(고군산도)에 도달해 정박 ← 全州牧使 방문
	6월 7일	橫嶼에 도달해 정박
	6월 8일	馬島(안면도) 정박 ←淸州牧使 방문
	6월 9일	紫燕島(대부도) 정박 ← 廣州牧使 방문
	6월 10일	蛤窟(영종도) 정박
	6월 11일	龍骨(석모도) 정박
예성항 입항	6월 12일	禮成江 입항
개경 체류	6월 13일~7월 12일	조서 授受 의례(宣命禮)-燕禮-拂塵會-祭奠과 弔慰-拜表와 拜表宴-門餞(전별식)
回程	7월 13일(甲子)	西郊送行
	7월 15일	"復登大舟"(예성강 출발)
	7월 16일	합굴 정박
	7월 17일	자연도 6일 정박
	7월 22일	마도 정박
	7월 24일	군산도 14일 정박
	8월 8일	고점점 정박
	8월 10일	군산도 6일 정박
	8월 16일	죽도 3일 정박
	8월 20일	협계산 지남
	8월 27일	정해현 도착

1) 출항에서 예성항까지

선화사절단이 고려에 공식적으로 파견된 시점은 1123년 3월 14일, 즉 개봉을 출발한 날로 보아야 할 것이다. 사실 중국의 역대 왕조에서는 자국 사절의 해외 파견이나, 반대로 외국 측 사절의 자국 도착을 '遣使'와 '來朝' 등으로 표현하고 있는데, 이때의 '遣'과

'來'의 기준은 그 '수도'를 벗어나거나 入京한 시점으로 여겨지는 것이 일반적이다. 『고려도경』에 "三月甲寅十四日, 황제가 遣使했다"(권25, 祭奠)고 있어 '견사'와 사절단의 개봉 출발 시점이 일치하며, 고려 측에서도 『고려사』에 "송의 국신사 禮部侍郞 노윤적, 中書舍人 부묵경이 來했다"(세가 권15, 仁宗 원년 6월 甲午)는 시점을 선화사절단이 개경에 도착하는 동년 6월 갑오일(13)에 적고 있는 것은 그러한 예이다.

따라서 선화사절단이 8척의 배를 앞세우고 고려로 출항하는 시점을 5월24일로 볼 경우, 개봉 출발에서 출항까지는 16일(3월 중의 일 수)+29일(4월 간의 일 수)+24일(5월 중의 일 수) = 69일이 소요된 셈이다. 또 송의 휘종이 사절단의 파견을 결정한 것이 앞에서 확인한 것처럼 그로부터 꼭 1년 전의 일임을 생각할 때, 사절단은 그 인선에서 준비 및 출항지인 明州 定海縣까지의 이동을 포함해 모두 1년 3개월의 시간을 보낸 것이 된다.

아울러 〈표 2〉의 '준비' 부분을 통해 알 수 있는 송 측의 각별한 준비 정황은 『고려도경』에는 보이지 않고 서긍의 다른 기록인 『使高麗錄』에서만 보일 뿐이다.[49]

한편 이들의 往路 도항은 순조로운 편으로 7일 만인 6월 2일 경에 고려의 영내인 夾界山(소흑산도)으로 진입하였다.[50] 여기서부터 다시 사절단을 실은 神舟[51]는 한반도 연안을 계속 북상하여 종착역인 예성항에 6월 12일에 도달하였다. 고려의 연안 항해는 열흘 정도가 걸린 셈이며, 중국 출발 이후의 전체 항해 일수는 만 17일 정도가 소요된 것이다.[52]

이 열흘 동안 사절단은 고려 본토에 상륙하지는 않았지만, 도중 여러 섬에 들러 정박하였다. 〈표 2〉에 따르면 8차례 정박한 것으로 확인된다.[53] 다만 해당 부분의 기사를 모두

49) 김한규는 이를 인용하고 있고, 〈표 2〉의 '준비'는 이에 의거한 것이나 필자는 이 사료의 來源에 대해서 잘 알지 못함을 밝혀둔다.

50) 권35, 해도2 夾界山에 "二日癸未, …卽夾界山也, 華夷以此爲界限."고 보인다. 아울러 윤일영, 「고대 선박의 항해속도 연구-〈고려도경〉을 중심으로-」(『군사학연구』 7, 2009)는 선화사절단이 승선한 배의 속도 등을 분석한 논문으로, 예를 들어 5월 28일 梅岑(今普陀山)에서 6월 2일 夾界山(소흑산도 지남)을 지날 때까지의 평균 속도를 시속 6.29km라고 본다.

51) 송조에서는 神宗시기에 고려로 파견하는 사절단을 위해 두 척의 '神舟'를 이미 건설한 적이 있었는데(1078년), 휘종은 다시 선화사절단을 위해 두 척의 거대한 배, 즉 '鼎新利涉懷遠康濟神舟'과 '循流安逸通濟神舟'를 건조하였다. 연구에 의하면 송대의 '神舟'는 船長이 38m, 적재량이 280톤이었다고 한다. 권34, '神舟'; 袁曉春, 「中國宋朝神舟考略」(『中國航海博物館, 科技成果』 2010) 등 참조.

52) 이에 대해 김한규, 앞 책, p.58은 "갈 때는 3월 24일에 정해를 출발해서 순풍을 타고 19일 만인 4월 12일에 예성강에 도착"하였다고 계산해, 본 장과 약간의 차이를 보인다.

53) 권35, 해도2 黑山에는 "昔海程, 亦是使舟頓宿之地, 館舍猶存, 今取道更不抛泊, 上有民居聚落, …."고

살펴볼 때 사절단은 정박 후 섬에 올라 고려 측이 제공한 연회 등에 참가하고, 또 식수 등 편의를 제공받기는 하더라도[54] 숙박 자체는 고려 측이 제공한 별도의 館舍를 이용하지 않고 자신들의 배로 돌아가 묵은 것으로 보이고, 이것이 하나의 원칙이었다고 생각된다.[55]

예성항에 이르는 연안 항해 동안 고려 측과 있던 접촉으로 가장 중요한 것은 6월 6일의 全州(즉 고군산도), 8일의 淸州(즉 馬島=안면도[56]), 그리고 9일의 廣州(즉 紫燕島=대부도[57])영내에 정박할 때였다. 이때는 모두 관할 지역의 牧使(知州)가 직접 영접을 나오고 있기 때문이다. 『고려도경』은 이 중에서 全州의 것이 최초의 예라는 점도 있어 이를 가장 상술하였고, 그 후의 청주와 광주의 사항에 대해서는 "知淸州 洪若伊가 介紹와 譯語 陳懿를 함께 보내왔는데 全州의 禮와 같았다. … 相見도 群山亭의 禮와 같았고 다만 酒禮는 받지 않았다"[58]고 하거나, "知廣州 陳淑이 介紹와 譯官 卓安을 보내 서신을 가지고 와 영접했다. …그 먹고 마심과 相見은 全州의 禮와 같다"[59]고만 적어 할애하였다.

사절단의 배가 전주 경내인 고군산도에 이르자 고려 측에서는 同接伴인 김부식[60]과 譯語官인 沈起를 보내 마중하게 된다.[61] 또한 知全州(吳俊和)는 아직 出迎하지 않고서 사람을 보내 사절단에게 遠迎狀(환영의 글)을 보내었다. 송대 동아시아 각국에서 외국사가 국경 부근에 다다르면 상대국에서는 접반사와 접반부사(同接伴)를 국경으로 보내 동행시키는 것이 통례이나, 여기서는 그것이 전주 경내에 이르러 이루어지게 된 것이다.

이때는 접반의 이름은 보이지 않고 동접반 김부식의 이름만이 보이지만 후술하는 바에 의하면 당시의 접반은 尹彦植이고 그는 동접반 김부식과 함께 있었음이 틀림없다. 다

보여, 宋의 사절은 이전에는 이곳에서 묵기도 한 모양이나 今回는 그렇지 않았음을 알 수 있다.

54) 권36, 海道3 苦苫苫에 "是日, 抛泊此笘, 麗人挐舟載水來獻, 以米賜之. 東風大作, 不能前進, 遂宿焉." 고 보인다.

55) 권35, 海道2 ~ 권39, 海道6의 관련 기사 참조.

56) 사절단이 거친 서해안의 여러 섬들에 대한 지명과 위치에 대해서는 다양한 설이 존재한다.

57) 자연도는 대부도 이외에 영종도라는 설이 병존한다. 문경호, 「1123년 徐兢의 고려 항로와 慶源亭」(『한국중세사연구』 28, 2010) 참조.

58) 권37, 海道4 馬島.

59) 권39, 海道6 紫燕島.

60) 서긍은 권8, 人物에 김부식에 대해 특별히 설명하였다.

61) 김한규와 박상득은 이 부분에 대해서 역어관인 심기만이 영접에 나온 것으로 해석하였으나, 필자는 同接伴 김부식이 함께 역어관과 영접을 나온 것으로 이해했다.

만 이들이 육로에서 있었던 것인지 아니면 배를 이용해 해로에서 선화사절단과 함께 북상하는 상태였는지는 분명치 않으나, 해로라는 특수 상황에서 볼 때 후자일 가능성이 있다. 아울러 선화사절단은 귀로에도 고려 측이 준비한 送伴使·副와 동행하게 되는데, 개경에서부터 수행해온 送伴使·副가 사절단과 마지막으로 작별하는 지점도 전주(고군산도)이다.[62] 즉 전주는 宋使를 맞이하는 접반의 시작점이며 동시에 그들을 보내는 送伴의 마지막 지점이었던 셈이다.

배가 섬(고군산도)으로 들어가고 나면 사절단의 정·부사가 고려 국왕에게 자신들의 도착을 알리는 '國王先狀'을 보내고, 또 고려 측에서는 접반이 비로소 채색 장식한 배(采舫)를 보내와 群山亭[63]에서 만나기를 청한다. 이때의 접반인 윤언식과 그 부관인 동접반 김부식에 대해서 서긍은 『고려도경』에 그 인물됨을 특기하였다.[64]

당일(6월 6일) 오후 군산정에서 송 측의 사절단 전원과 고려 측의 접반 및 '郡守'(즉 知州)가 상견하였다. 이때는 '望闕拜舞'와 '恭問聖體'－'상호간의 인사 교환'－'酒宴'으로 이어지는 교제가 이루어지고, '주연'에는 송 측의 '뱃사람(舟人)'이 동참하였으며 이것이 끝나면 사절단은 자신들의 '大舟'로 다시 돌아갔다.[65]

아울러 고려 측 접반의 동향과 관련해 볼 때, 사절단이 8일의 청주 체류를 지나 9일에 광주의 자연도에 이르렀을 때, 접반 윤언식이 지광주 陳淑과 함께 통역관 등을 보내어 편지를 가지고 와서 맞이하였다고 하므로, 접반은 이때도 선화사절단과 떨어져 있었다고 보이며, 따라서 고려 측의 접반과 동접반은 아마도 전주에서 사절단과 처음 인사한 후 배로 동행했다기보다 사절단과 보조를 맞추면서 육로를 따라 상경했다고 여겨진다.

이렇게 해서 사절단은 엿새 뒤인 6월 12일에 예성강 하구의 예성항에 입항하였다. 입항

---

62) 권26, 西郊送에 "及回程, 於此復與之相陪, 以迄群山島放洋也"고 있어, 送伴使가 군산도까지 동행해서 여기서 큰 바다로 나아간 뒤에 헤어지는 것으로 보인다.

63) 필자는 선화고려봉사사절단과 고군산도의 관계에 대해서 별고를 준비 중이지만, 기존의 연구로 김종수, 「군산도와 고군산진의 역사」(『전북사학』 37, 2010); 곽장근, 「새만금해역의 해양문화와 문물교류」(『도서문화』 39, 2012); 森平雅彦, 「高麗群山亭考」(『年報朝鮮學』 11, 2008): 「高麗における宋使船の寄港地馬島の位置をめぐって」(『朝鮮學報』 207, 2008): 「黑山島海域における宋使船の航路 : 『高麗図経』 所載の事例から」(『朝鮮學報』 212, 2009) 등을 참조.

64) 권8, 人物에 의하면 '接伴 正奉大夫 刑部尙書 柱國 賜紫金魚袋 尹彦植'과 '同接伴 通奉大夫 尙書 禮部侍郎 上護軍 賜紫金魚袋 金富軾'으로 보인다.

65) 권36, 群山島 참조.

하루 전에는 고려 仁宗이 보내온 '先書'를 받은 것이 확인된다.[66] 『고려도경』의 해당 부분에는[67] 예성항에 상륙한 사절단이 벽란정으로 들어가 조서를 봉안한 후 잠시 쉬었다는 기사만이 있을 뿐이나, 다른 곳의 기사에 의하면 사절단이 '左碧瀾亭'에서 묵었을 뿐 아니라 귀로에도 마찬가지로 하루를 머문 내용이 보인다.[68] 사절단은 이곳에서 고려 측이 제공한 館舍에서 처음으로 하룻밤을 보냈을 것이다. 다음날 사절단이 도성(개경)으로 들어가면 '舟人'(뱃사람들)의 일부는 예성항에 남아 배를 지키게 된다.[69]

한편 〈표 2〉에서 선화사절단이 모든 임무를 마치고 귀국할 때의 여정을 볼 때, 그것은 왕로와 거의 같은 코스를 역순으로 진행하고 있다. 다만 7월 15일 벽란도에서 귀항을 시작한 사절단이 8월 27일이나 되어 출발지였던 정해현에 귀환한 것은 왕로와 상당한 차이를 보인다. 총 42일이 소요되어 왕로의 두 배가 훨씬 넘은 것이다. 도중에 군산도로 회항하거나 여러 곳에서 수일 간 머무는 경우도 많았다.

2) 개경 체류 중의 일정에 대해서

조동원과 김한규의 개경 체류 중 선화사절단에 대한 묘사는 매우 소략하다. 즉 그것은 〈표 2〉의 '개경 체류'에 보이는 6월 13일~7월 12일의 참여 행사의 이름 정도를 소개한 것일 뿐, 그것들의 시간적 선후 관계에 대해서는 언급이 거의 없고, 관련 설명도 『고려도경』의 원문을 제시하는 수준을 벗어나지 않는다. 이는 관련 기록이 부족하기 때문이지만, 본절에서는 필자가 생각하는 몇 가지 단서를 통해 이 문제를 좀 더 생각해보려 한다.

6월 13일 새벽, 사절단은 드디어 고려의 왕도를 향해 출발하였다. 송의 조서를 영접·호

---

66) 권39, 海道6 分水嶺에 "十一日壬辰, 早雨作, …. 國王遣劉文志持先書, 使者以禮受之."고 보인다.

67) 권39, 海道6.

68) 권27, 館舍 碧瀾亭에 "……. 亭有二位, 西曰右碧瀾亭, 以奉詔書, 東曰左碧瀾亭, 以待使副, 兩序有室, 以處二節人, 往來各一宿而去, ……."고 있고, 또 권24, 節丈에도 "使者奉詔書, 登岸, 三節步從入碧瀾亭, 奉安詔書訖, 退休于所舍, ……"고 있다.

69) 권27, 館舍 碧瀾亭에 "蓋使節既入城, 衆舟皆泊于港中, 舟人分番, 以守視於此耳."고 있다. 그런데 권27, 館舍 順天館에는 館舍의 일부에 "亦有廊屋甚廣, 中下節以舟人居之, 以北爲上."고 보여, '舟人'도 개경의 숙소 順天館에 머문다고 하므로, 송의 '舟人'이 모두 예성항에 남은 것이 아님을 알 수 있다. 아마도 그들 중에서 上級 舟人은 사절단을 동행해 上京한 것으로 생각된다.

위하는 고려 측의 의장대와 3절로 구성된 사절단이 30里 길[70]을 행진하는 장엄한 행렬의 진행 방식은 『고려도경』(권24, 節仗)에 자세히 보인다. 같은 날 중에 드디어 入京한 사절단은 곧바로 숙소인 順天館으로 들어가서 조서를 봉안하고 여장을 풀었다. 원래 이곳은 고려 文宗이 별궁으로 사용하던 곳이었으나, 송과의 사신 교환이 빈번해지게 된 元豊 연간(宋 神宗의 연호, 1078~1085)에 송의 사절을 위해 관사로 삼고 이름도 '順天'이라 고친 내력이 있다.[71] 아울러 『고려도경』에는 고려가 종전부터 외국사절을 국가와 신분에 따라 장소를 달리해 맞이하고 있었던 사정을 알게 해주지만,[72] 특히 금회의 사절단에 대해 각별했던 점이 도처에 강하게 느껴진다. 외국사를 국가별로 나누어 영접한 것은 송과 금 등 당시 동아시아 여러 나라에서 확인되는 공통점이다.[73]

사절단은 순천관 안에서 신분에 따라 거처하는 장소를 서로 달리하고 있었고, 그 중에는 館伴官의 처소도 확인된다. 『고려도경』에는 이미 앞에서 검토한 것처럼 접반(윤언식)·동접반(김부식)이 영접에 나온 모습은 확인할 수 있지만, 사절단이 관반을 만났다는 정황에 대한 설명은 특별히 밝히지 않고 있다. 단지 같은 책 권8 인물 조에 관반이 金紫光祿大夫 守司空 同知樞密院事 上柱國 金仁揆였고, 同館伴은 正義大夫 守尙書 兵部侍郎 上護軍 賜紫金魚袋 李之美였다고 하여 그들의 인물됨을 설명할 뿐이다.[74]

당시 동아시아의 통례에 비추어 고려 측의 관반인 김인규 등이 나와 사절단을 처음 영접한 것은 그들이 상대국 수도의 공식 숙소인 순천관에 도착했을 무렵이라고 보아야 한다.[75] 그리고 그쯤에서 그동안 사절단과 함께 상경 길을 동행해준 접반과 동접반은 소임을 다하고 일단 물러나게 되는 것이다. 아울러 향후 사절단이 귀국길에 오르게 될 때는

70) 권27, 館舍 碧瀾亭에 "碧瀾亭在禮成港岸次, 距王城三十里."고 있다.

71) 권27, 館舍 順天館에 "先是, 王徽建此, 以爲別宮, 自元豊朝貢之後, 無以待中朝人使, 故改爲館, 而以順天名之."고 있다. 또 『高麗史』 권21, 世家 권21 熙宗 즉위년 6월 己亥에 "遣祭奠使小府監 張偁, 大理少卿梅瓊, 慰問使工部侍郎 石懿, 起復使吏部侍郎朮甲晦等來. 三使閒一日入京, 分處仁恩·迎恩·宣恩三館."라고 있고, 『大東韻府群玉』 권15, 去聲翰에도 "高麗置別接宋使, 標曰, 順天館, 言尊順中國如天然, 仁宗改順天館爲大明宮, 常餞金使"고 있다.

72) 권27, 館舍 客館 참조.

73) 본서 제II부 제4장; 김성규, 「宋代迎賓機關의 성격을 중심으로 본 唐宋變革의 一面」(『中國學報』 41, 2000) 참조.

74) 권8, 人物 참조.

75) 본서 제III부 제6장 참조.

역시 귀도의 안내역으로 고려 측에서 送伴이 동행하게 되며, 『고려도경』에도 그 사실은 보이지만 담당 관리의 이름은 확인되지 않는다.[76]

선화사절단은 순천관에 여장을 풀었다가(6월 13일) 이곳을 떠나는 날(7월 13일:후술)까지 정확히 30일간 머물며 다양한 사명을 수행한다. 그들의 주요 활동으로 확인되는 대부분은 〈표 2〉에서 보이는 것같이 궁중을 무대로 하는 행사이다. 특히 가장 중요한 것은 '受詔', 즉 사절단이 가지고온 송 휘종의 조서를 고려의 인종에게 건네주는 의식이다. 이를 『고려도경』에는 '宣命禮'라고도 칭했다.[77] 『고려도경』에는 이 날짜가 언제인지를 명시하지 않는다. 그러나 이것은 『고려사』 권15를 보면 간단히 확인되는 것으로, 거기에는,

> 詔를 會慶殿에서 맞이했다(迎詔于會慶殿.).

는 것처럼 인종원년 6월 庚子, 즉 19일 조에 싣고 있다. 즉 사절단은 입경 7일차가 되는 날에 고려에서 가장 대표적인 정전인 會慶殿에서 受詔 한 것이다. 이로써 우리는 『고려도경』 권25, 受詔에,

> 使·副가 詔를 받들고 順天館으로 들어가면 十日内에 吉(日)을 점쳐 왕이 受詔한다. 期日(즉 受詔日) 하루 전에는 먼저 說儀官을 보내 使·副와 상견한다(使副奉詔, 入順天館, 十日内卜吉, 王乃受詔. 前期一日, 先遣說儀官, 與使副相見.).

고 보이는 설명의 선후 시간 관계를 정합적으로 이해할 수 있다.

먼저 고려에서는 그동안 수조하는 날을 점을 쳐서 택했다는 사실과, 또 그 점은 사절이 숙소에 여장을 풀고 나서 대체로 10일 안에 친다는 것이다. 사절단이 입경 7일째에 수조한 것은 이와 관련이 있어 보인다. 하지만 이보다 훨씬 이전의 일로서 『고려사』(권65, 志19 禮7 빈례)에는 성종9년(990) 6월에, 송에서 책봉사가 왔을 때,

> 國俗이 음양에 구애받아 조정의 使者가 이를 때마다 반드시 월일을 택해 受詔하니, (柴)成務가 在館한지 달을 넘기게 되어 이를 詰責하였다. 그러자 익일에 왕이 나와 拜命

76) 권26, 西郊送行.

77) 권26, 拜表.

하였고, 이로부터 택일을 하지 않고 조서를 맞이했다(宋遣光祿卿 柴成務·太常少卿 趙化成等來, 冊王. 國俗, 拘忌陰陽, 每朝廷使至, 必擇月日受詔. 成務在館, 踰月, 詰責之, 翌日, 王乃出拜命. 自是, 止擇日迎之.).

고 하는 일화가 있다. 이에 따르면 고려는 본래 송 측에서 온 조서를 수령하는 데에 吉日을 택하려 한 관계로 한 달을 넘기는 일이 번번이 있었는데 송의 사신의 항의가 있고나서부터 시간을 길게 끌지 않게 되었다는 것이다. 『고려도경』의 "10일 내에 길(일)을 점쳐 왕이 수조"한다는 것은 아마 이 사건 이후 정해진 택일 시간의 단축과 관련이 있는 부분으로 생각되며, 선화사절단도 아마 그러한 전통에 따른 것으로 보인다. 다만 "이로부터 택일을 하지 않고 조서를 맞이했다"고 한 부분은 『고려도경』의 "길(일)을 점쳐"와 여전히 부합하지 않는다. 그렇다면 이것은 고려에서 일단 없어졌던 택일 관례가 부활한 것을 말하는 것일 가능성이 있지만 정확히는 알 수 없다. 아무튼 고려는 서긍 일행이 지참해온 송의 조서를 '수조'하는 날을 사절이 도착한 7일째를 길일로 택해 이를 맞이한 것이었다.

선화사절단의 첫 공식 활동인 '수조'(6월 19일)에 앞선 6일 동안의 활동은 파악하기 어렵다. 다만 '수조' 하루 전, 즉 6월 18일에는 說儀官이 순천관을 찾아와 사·부를 만난 사실은 지금 인용한 『고려도경』의 기사를 통해 확인되며 귀중한 내용이다. 당시 동아시아 여러 나라에서는 사절단이 방문국의 군주를 알현하기 전날 그 나라의 관리들을 만나 입조의례와 관련한 예법을 논하거나 예행연습을 행하기도 하는데, '설의관'이라는 점에서 이러한 관행은 고려에서도 있었다는 것이 확인된다.[78]

'수조'가 끝나면 고려 국왕과 사절단의 사적인 만남[79]과 주연[80]이 뒤따랐다. 『고려도경』은 그 내용에 대해 卷을 달리해 별도로 설명하고 있어 '수조'와 다른 날에 있던 행사처럼도 보이지만, 양자는 사실은 同日의 행사였다.[81]

'수조'에 이어 선화사절단의 또 하나의 중요한 임무인 사망한 고려 예종에 대한 祭奠과 弔慰의 행사가 따랐다. 즉 『고려도경』 권25, 제전 및 조위 조에,

78) 본서 제Ⅲ부 제6장 참조.

79) 권26, 燕禮에는 이를 '私覿'이라 하였다. 송대의 '私覿'에 대해서는 吳曉萍, 「宋代私覿問題硏究」(『安徽師范大學學報』 2004년 6기) 참조.

80) 권26, 燕禮 燕儀.

81) 권26, 燕禮 私覿 참조

왕이 受詔하고나서 이틀이 지나, 먼저 사람을 보내 都轄 吳德休에게 佛事를 치를 준비가 되었음을 告했다. 다음 날, 提轄官 徐兢이 하사할 祭奠禮物을 가지고 가서 앞에 진열했다. … 이날 祭奠禮가 끝나고 나서 잠시 있다가 弔慰의 禮를 행했다(王既受詔, 越二日, 王先遣人告辦都轄吳德休, 往啓建佛事. 次日, 提轄官徐兢, 押所賜祭奠禮物, 陳列于前. ……是日, 祭奠禮畢. 少退, 乃行弔慰禮.).

고 있다. 이것은 受詔日에서 이틀 뒤인 6월 21일에 고려 측이 제전과 조위에 대한 불교 행사 준비를 완료한 사실과 그것이 사절단에게 통지된 사실, 그리고 그 다음날(6월22일)에 곧바로 제전과 조위의 예가 연이어 치른 것을 알려주는 것으로, 사절단의 활동을 시간적으로 파악할 때 귀중한 정보가 된다.[82]

이로써 사절단은 고려 국도 개경에 들어온 지 9일 만에 자신들의 사명 중에서 가장 중요한 책무인 고려국왕(=인종)에게로의 조서 전달과 그 先王(=예종)을 위한 제전 및 조위의 예를 무사히 마친 셈이 된다.

이로부터 이후 사절단의 일정을 구체적으로 쫓을 수 있는 단서는 특별히 없다. 이어지는 기사는 그들의 귀국과 관련한 내용이다. 먼저 『고려도경』 권26, 拜表에,

使者가 ……書로 떠날 것을 告하니, ……王이 사람을 보내 글로 간곡히 만류해도 사자는 固辭했다. 왕이 卜日하여 書를 통해 表章을 拜附할 것을 告한다. 당일이 되면 使副는 三節人을 이끌고 王府에 이르러, …….(使者, ……乃以書告行, 欲赴天寧節上壽之意. 王遣介致書懇留, 使者固辭, 王卜日持書, 告以拜附表章. 至日, 使副率三節人, 至王府, …….).

고 있다. 사자가 귀국 의사를 밝히자 고려 국왕은 여기서도 점을 쳐서 날을 택한 다음 그들에게 表를 전할 것을 알리는 것이다. 이 표를 전한 날이 언제였는지 『고려도경』에 보이지 않지만, 다행이 『고려사』에는 이를 7월 신유 즉 10일의 기사로 적고 있다.[83] 이 날은 표를 전한 후에 拜表宴이 있고, 다시 門餞이 별도로 이어졌다. 문전은 환송연으로 국왕이 정·부사는 물론 상절 등에게도 친히 술을 권한다.[84]

---

82) 『고려사』 권15, 仁宗 元年 6월 癸卯(22일)에도 고려 仁宗이 송의 사절로부터 祭奠 및 弔慰의 詔를 받고 있는 것이 보인다.

83) 『고려사』 권15, 仁宗 元年 7월 辛酉(10일)에 "宋使路允迪等還. 王附表以謝."고 있다.

84) 拜表宴이 있었던 사실과 그에 이어지는 門餞의 모습에 대해서는 권26, 燕禮 門餞 참조.

선화사절단이 드디어 귀국길에 나서는 것은 그로부터 3일 뒤인 7월 13일의 일이다.[85] 그 과정에 대해 『고려도경』 권26, 西郊送行에는 다음처럼 보인다.

> 사·부가 순천관을 아침 일찍 출발하여 얼마 안가 西郊亭에 다다랐다. 왕이 國相을 보내 술과 안주를 준비했다. … (연회가) 끝나자, 사·부와 館伴은 문 밖에 말을 세우고 작별 인사를 나눈다. 館伴이 말에 올라 친히 술을 따르고 사자가 이를 다 마시면 헤어진다. 이보다 앞서 接·送伴官과는 館에 도착한 후 서로 헤어졌었는데, 回程이 되자 이곳에서 다시 동반하게 되었다. 동행은 군산도에서 큰 바다로 나갈 때까지 함께 하였다(使副回程, 早發順天館, 未間, 抵西郊亭, 王遣國相, 具酒饌于其中. ……. 乃罷, 使副與館伴, 立馬于門外敍別. 館伴就馬上, 親酌以勸, 使者飮畢, 各分袂. 先是, 與接送伴官, 到館卽相別, 及回程, 於此復與之相陪, 以迄群山島放洋也.).

이로써 사·부는, ① 순천관을 떠난 지 얼마 안가 서교정에서 국왕이 하사한 주연을 받은 점, ② 여기까지 동행해 온 관반과 작별한 점, ③ 순천관 도착 후에 헤어졌던 접반 및 송반관이 다시 찾아와 回程 길을 함께해 군산도 큰 바다까지 갔다는 점, 등을 알 수 있다. 다만 ③에 대해서 사·부의 回程 길에 송반관 이외에 접반관이 함께 했다는 것은 '접반'이라는 말과도 성격이 맞지 않기 때문에 송반관만이 동행한 것으로 보아야 하겠고, 이들이 재회한 것은 서교정보다 순천관이었을 가능성이 생각된다.

이후 서교정을 벗어난 사절단은 7월 병오, 즉 15일에 배에 올랐다고 하므로, 13일에 순천관을 떠난 사절단은 고려의 육지에서 13일과 14일 이틀을 묵은 것이 되는데, 그 장소는 아마도 예성강의 벽란정이었을 것으로 추정된다.[86] 往路에서는 예성항에서 하루만을 머물렀지만, 그렇다면 귀로에는 하루를 더 묵은셈이 된다.

이상의 검토로써 선화사절단의 6월 13일~22일, 그리고 7월 10일 이후의 일정 내지 동향에 대해서는 비교적 자세한 파악이 가능했다. 하지만 이에 비해 그 가운데 위치하는 6월 23일에서 7월 9일까지에 이르는 17일 정도의 일정, 또는 그 밖의 시간을 사절단이 어떻게 보냈는지에 대해서는 많은 점이 공백 상태이다.

다만 시간을 특정하기 힘들지만 두 가지 점을 통해 이를 보충한다면, 하나는 이들의 잦은 연회 활동이다. 즉 권26, '館會'조에

---

85) 권39, 海道6 禮成港에 "及回程, 以七月十三日甲子發順天館."고 있다.

86) 권39, 海道6 禮成港에 "及回程, 以七月十三日甲子發順天館. 十五日丙午, 復登大舟."고 있다.

> 使者가 館舍에 들어가면 왕은 관리를 보내 연회를 여는데 이를 拂塵會라 한다. 이후 5일에 한번 연회를 여는데 節期와 겹치게 되면 禮가 조금 더 보태진다. ……. 며칠 후 정사와 부사는 館伴官을 그들이 묵고 있는 樂賓亭으로 초대한다(使者旣入館, 王遣官辦燕, 謂之拂塵會, 自是之後, 五日一會, 遇節序稍加禮焉, ……. 其後數日, 使副延館伴官於所館之樂賓亭.).

고려 측에서는 선화사절단이 入館한 이후 당일에 갖는 拂塵會를 시작으로 이후 5일에 한 번씩 연회를 열어주며, 이에 대해 사절단의 정사와 부사도 회답 차원에서 고려의 館伴官 등을 연회에 초청하는 양상이므로, 이미 검토한 다른 성격의 연회까지 고려하면 사절단은 빈번하게 연회를 갖는 기회에 노출되고 있었다.

또 한 가지는 『고려도경』 서문의 말미에 보이는 다음과 같은 서긍의 述懷이다.

> 臣은 재주가 미천한데다가 고려에 머문 기간이 겨우 한 달 남짓으로 入館한 이후는 병사가 지키는 관계로 객관을 나선 것이 5~6회에 불과하였습니다. 하지만 달리는 수레 속에서나 연회 도중에 耳目이 미치는 부분에서는 … 대강이나마 알 수 있어서 그림과 목차의 배열에서 빠지지 않도록 하였습니다(臣愚雖才不逮前人, 然在高麗纔及月餘, 授館之後, 則守以兵衛, 凡出館不過五六, 而驅馳車馬之間, 獻酬尊俎之上, 耳目所及, ……使不逃乎, 繪畫紀次之列.).

이것은 서긍 등 선화사절단 일행이 고려 측의 여러 가지 이유로 인해 생각보다 客館 출입이 자유롭지 못하여 체재 중 5~6회 밖에 되지 않았다는 것을 말하지만, 이들이 궁궐과 객관에서의 활동 이외에 틈을 내어 고려의 개경 거리에도 출입할 기회가 더러 있었음을 확인시켜준다. 서긍은 그러한 忙中閑 내지 제약 속에서 고려에 관한 정보를 모은 것이다.

맺음말

이상 본 장의 분석을 통해 종래 설명이 충분치 않았던 선화사절단의 파견 목적을 보족하였고, 또 설명의 공백으로 남아 있던 사절단의 개경 체류 중의 일정을 일부라도 채울 수 있었다. 그러한 개경에서의 주요 활동을 다시 정리하면 다음과 같은 〈표〉를 얻을 수 있다.

〈표 3〉 '선화사절단'의 고려 개경에서의 주요 일정과 활동

월일(入京 日次)	주요 활동
6월 13일(제1일)	入京 - 拂塵會
18일(제6일)	說儀官이 順天官에 파견됨
19일(제7일)	受詔(宣命禮)(私覿과 酒宴이 이어짐)
21일(제9일)	고려가 예종의 祭奠과 弔慰 행사가 준비되었음을 통지함
22일(제10일)	祭奠과 弔慰의 禮가 거행
7월 10일(제28일)	拜表 - 拜表宴-門餞
13일(제30일)	歸途에 오름

선화사절단의 특징에 대해서는 당시 존재한 다른 사절단의 움직임과의 비교를 통해 엿볼 수 있는 방법이 있을 수 있다. 이를 위한 비교의 재료로는 이 무렵 고려를 찾아온 송 내지 기타 외국 사절이 가장 적절하겠지만, 그 일정을 당장 재구성하기 어려운 여기서는 편의상 최근 필자가 분석한 다음의 자료를 통해 간단한 비교를 시도해 보자. 즉 〈표 4〉는 『금사』 권38, 禮11 「新定夏使儀注」에 보이는 내용을 통해 금조 말기에 자국을 찾아온 서하 사절단의 체류 일정을 본 장과의 비교를 위해 간략히 다시 정리한 것이다.[87]

〈표 4〉 서하 사절단의 금 체류 중의 일정

西夏使의 金 國都(汴京) 도착 이후의 日次	주요 활동	대응하는 '선화사절단'의 활동
1	(聚廳 후에) '撫問之儀'	拂塵會
2	習儀	說儀官 파견
3	入見儀(이어서 賜宴)	受詔
4	御宴	
5	稱賀	
6	賜分食, 幷賜酒果禮	
7	曲宴禮	
8	奉辭之禮	拜表
9	歸途에 오름	歸途

전체적으로 볼 때 방문국 수도에서의 체류가 30일이 걸린 선화사절단의 일정에 비해 서하사절단이 9일 밖에 머무르지 않은 체류 기간의 차이는 후자가 '국교 성립' 상태에서

87) 본서 제Ⅲ부 제6장 참조.

이루어진 정기적 왕래였음에 비해 전자는 그렇지 않은 임시적 방문이었다는 점에서 기인한 것으로 볼 수 있다. 사절단의 규모가 컸던 것도 같은 사정에 의한 것이며, 이러한 규모도 그들의 체류 일정을 길게 만든 한 요인이 되었을 수 있다.

하지만 양자의 전체 일정은 방문국의 군주에 대한 입국 인사에 해당하는 '入見儀'와 '受詔', 그 전일의 알현 의식의 준비와 관련한 習儀(즉 說儀官과의 만남을 통한 예행연습), 귀국에 임박할 즈음의 귀국 인사와 관련한 '奉辭之禮'와 '拜表' 등을 기본 축으로 하는 데에 대략 일치하며, 그 사이에는 다양한 종류의 연회가 개재되는 것을 알 수 있다. 다만 선화 사절단은 특별한 책무로서 제전과 조위의 예가 부가된 것이다.

6 '선화봉사고려사절단'의 群山島 入島와 동아시아 해역의 五龍廟 신앙

머리말

필자는 앞서 동북아의 전환기인 12세기 초엽 송조가 고려에 파견한 '宣和奉使高麗使節團'(이하 '사절단'으로 약칭)을 주제로 종래 학계에서 분석이 미진했던 약간의 문제에 대해 사견을 개진하였다.[1] 거기서는 사절단의 파견 목적과 일정, 그리고 개경에서의 활동 등을 중심으로 개관한 관계로 다른 문제에 대해서는 충분히 논술하지 못하였다.

그 한 가지가 사절단의 개경 이외 지역, 특히 群山島에서의 활동이며, 본고의 주목적은 이 문제를 사절단이 귀국 후 남기게 된 『고려도경』을 중심으로 조명하는 데에 있다. 『고려도경』은 고려 시대의 생활과 풍속 등을 동시대인의 눈으로 생생히 묘사한 점에서 사료적 가치가 매우 크지만, 고려 지역 사회 자체에 대한 관찰은 매우 제한적인 기조를 유지한 채 군산도의 서술은 다른 지역에 비해 '비교적' 할애하여 개경 다음의 분량을 차지한다. 이것은 군산도가 사절단이 고려 영해로 진입한 후 사실상 처음으로 고려인과 접촉한 지역에 해당할 뿐더러, 이후 그들이 개경에 도착할 때까지 여타 지역에서의 활동은 그 내용이 유사한 점이 있어 설명을 생략하는 방식을 취했기 때문으로 보인다. 이 점에서 군산도는 사절단의 개경을 제외한 고려 지역 사회에서의 동향을 파악할 수 있는 중요한 무대가 되며, 나아가 송 사절단은 물론 당시 고려를 찾아온 외국사절의 입국 당초의 사정을 이해하는 데에 도움을 주는 거의 유일한 사료로서 그 분석의 필요성이 매우 높다.

---

1) 본서 제IV부 제5장 참조.

『고려도경』은 이와 같은 사정을 권36, 해도3에서 '群山島'라는 항목을 설정해 기록하고 있으며, 이에 대해서는 송화섭, 김종수, 곽장근 등에 의한 선행 연구가 존재한다.[2] 이들에 의해 고려시대의 군산도가 한반도 서해안의 교통과 국제 무역의 대표적인 거점이며 또 군사적 요충으로서의 의의가 이미 설명되었지만, 다만 부분적으로 볼 때 설명 중에는 다소 오해를 부를 만한 소지가 있고, 또 사료를 그대로 소개하는 정도에 머물러 좀 더 세부적인 분석이 필요한 곳이 남아있다. 또한 일본에서는 모리히라 마사히코(森平雅彦)가 이상의 연구보다 한발 앞서『고려도경』을 통한 일련의 논고 속에서 군산도에 대해 상세한 분석을 가해[3] 참조할 내용이 적지 않으며 그 결과는 일부 본고에서도 수용되었다.

본 장은 기존의 연구와 일부 중복이 불가피한 점이 있지만,『고려도경』'군산도'의 기사를 재검토하면서 특히 1)사절단의 군산도로의 入島 절차, 2)그들이 들른 군산도 지역의 群山亭 등 주요 시설의 위치 등을 둘러싼 기존 연구의 소개와 정리, 그리고 3) 五龍廟를 중심으로 본 약간의 사견 등을 특히 '동아시아의 해역'이라는 시점과 결합하여『고려도경』속에 비추어진 군산도의 모습을 소묘해보고 싶다.

다만『고려도경』이 군산도에 대해 기술을 할애했다고는 해도 그것은 어디까지나 '비교적'인 수준이고 일반적으로는 여전히 소략하다는 점에서 특히 2)와 3)의 문제를 분석하기에는 여러 가지 한계가 있다. 이를 보강하는 방법의 하나로『고려도경』의 군산도 이외 지역에 보이는 유사한 사례, 또는 사절단의 본국인 중국 宋代의 상황을 함께 제시하고 비교하여 이해의 폭을 넓혀보려 했다. 이 점에서 본론은 시론적인 측면을 함께 지닌다. 또한 본 장은 고려시대 군산도의 연구가 다소 한계에 달한 듯이 보이는 현재, 입국 절차, 군산정과 오룡묘 등의 몇 가지 소재를 가지고 이를 돌파해보려는 새로운 문제제기이기도 하다.

---

2) 송화섭,「전북지역의 해양문화와 새만금」(『전북의 역사와 문화유산』, 전라북도 전주대학교산학협력단, 2009); 김종수,「군산도와 고군산진의 역사」(『전북사학』 37, 2010); 곽장근,「새만금해역의 해양문화와 문물교류」(『도서문화』 39, 2012).

3) 森平雅彦,「高麗群山亭考」(『年報朝鮮學』 11, 2008):「高麗における宋使船の寄港地馬島の位置をめぐって」(『朝鮮學報』 207, 2008):「黑山島海域における宋使船の航路 : 『高麗図経』所載の事例から」(『朝鮮學報』 212, 2009) 등.

1. 사절단의 群山島 入島 절차

국제정세가 급박히 돌아가던 1123년(송 徽宗 宣和5, 고려 仁宗 원년) 3월 14일 고려를 향해 수도 개봉을 출발한 '宣和奉使高麗使節團'은 5월 24일 드디어 明州(定海縣)를 출발했다. 특별히 제조된 2척의 거대한 神舟를 포함한 8척의 배에 정식 사절 인원만 158명, 여기에 뱃사람(舟人)까지 보태면 800명에 달하는 사절단의 거대한 규모는 당시 발흥하던 金과 숙적 遼에 대해 고려와의 연계를 통해 대처하려는 송조의 절실함을 보여준다.[4]

사절단의 왕로는 비교적 순조로워 7일 정도가 지난 6월 2일 경에 고려의 夾界山(소흑산도)에 진입하였고, 여기서부터 한반도 연안을 북상해 6월 12일에 종착역인 禮成港에 도달하였다. 고려의 연안 항해는 열흘 정도가 소요된 셈이며 그 사이 사절단은 모두 8차례 정도 정박하였지만, 그 중 군산도는 이미 지적한 것처럼 고려 측과 접촉한 가장 본격적이고 대표적인 지역이었다.

〈표 1〉 사절단의 고려 연안 항해 일정

월 일	주요 일정
6월 2일	夾界山(소흑산도)에 도달
6월 3일	五嶼(대흑산도 서남 五小島), 排島, 白山(蕎麥島), 黑山(흑산도), 月嶼(全北 興德里 서쪽 海中), 闌山島. 白衣島, 跪苫를 지남
6월 4일	竹島(비금도) 정박
6월 5일	苦苫苫(임자도) 도착해 정박
6월 6일	群山島(고군산도)에 도달해 정박 ← 全州牧使 방문
6월 7일	橫嶼에 도달해 정박
6월 8일	馬島(안면도?) 정박 ←淸州牧使 방문
6월 9일	紫燕島(대부도) 정박 ← 廣州牧使 방문
6월 10일	蛤窟(영종도) 정박
6월 11일	龍骨(석모도) 정박
6월 12일	禮成江 입항

* 본서 수록, 「'선화봉사고려사절단'의 일정과 활동에 대하여」를 일부 수정하여 작성함.)

사절단의 군산도 입도 과정은 『고려도경』(권36, 해도3) '群山島'의 전반부 설명을 통해 그 대략을 파악할 수 있다. 한문 원문과 국문 번역문을 편의상 몇 개의 단락으로 구별해

4) 본서 제IV부 제5장 참조.

서 제시하면 다음과 같다.

(가) 6일 정해일, 아침 밀물을 타고 항행하여 辰刻(7~8시)에 군산도에 이르러 정박하였다. 그 산은 열 두 봉우리가 서로 이어져 둘러친 것이 성과 같았다. 여섯 척의 배가 마중을 나왔는데 배에 탄 무장한 병사들은 징을 울리고 고동나팔을 불며 호위하였다. 별도로 작은 배에는 녹색 도포를 입은 관리가 탔는데, 배 안에서 홀을 바로잡고 읍을 하되 성명은 밝히지 않고 물러났으니 이 자는 군산도의 注事(?: 필자)라고 한다(六日丁亥, 乘早潮行. 辰刻, 至群山島拋泊. 其山十二峰相連, 環遶如城. 六舟來迓, 載戈甲, 鳴鐃歙角爲衛. 別有小舟, 載綠袍吏, 端笏揖於舟中, 不通姓字而退, 云群山島注事也.).

(나) 이어 譯語官 閤門通事舍人 沈起가 와서 同接伴 金富軾과 합류(參謁)하였다. 또 知全州 吳俊和가 사자를 보내와 遠迎狀을 내놓자 정사와 부사가 禮로써 이를 받되 읍만 하고 절(拜)은 하지 않고 掌儀官을 보내 접촉시켰을 따름이다. 이어 答書를 보냈다(繼有譯語官閤門通事舍人沈起來, 參同接伴金富軾. 知全州吳俊和, 遣使來投遠迎狀. 使副以禮受之, 揖而不拜, 遣掌儀官, 相接而已. 繼遣答書.).

(다) 배가 섬으로 들어가자 연안에서 기치를 잡고 늘어서 있는 자가 백여 명이나 되었다. 동접반이 서신과 함께 정사, 부사 및 三節에게 아침 식사를 보내왔다. 使·副가 접반에게 牒을 보내 國王에게 先狀을 보냈고, 접반은 采舫을 보내어 사·부에게 群山亭으로 올라와 서로 만날 것을 청했다. 그 亭은 바다에서 가깝고 뒤로는 두 봉우리가 서로 의지하고 있는데 모두 매우 높아 절벽이 수백 길이나 된다. (群山亭) 문밖에는 관청·건물이 10여 칸 있고, 가까운 서쪽 작은 산 위에는 五龍廟와 資福寺가 있다. 또 서쪽에 崧山行宮이 있고, 그 좌우 전후에 민가 10여 채가 있다(舟既入島, 沿岸秉旗幟列植者百餘人. 同接伴以書送使副及三節早食. 使副牒接伴, 送國王先狀. 接伴遣采舫, 請使副上群山亭相見. 其亭瀕海, 後倚兩峰, 相並特高, 壁立數百仞. 門外有公廨十餘間. 近西小山上, 有五龍廟, 資福寺. 又西有崧山行宮, 左右前後, 居民十數家.).

(라) 오시(낮 12시)가 지나 사·부는 松舫을 타고 해안에 이르렀고, 삼절의 導從(즉 前導와 後隨)이 館으로 들어가자, 접반과 군수(知州)가 뜰로 서둘러 들어갔다(午後, 使副乘松舫至岸, 三節導從入館, 接伴郡守趨廷.).

서술의 대부분은 '入島'를 앞둔 사절단이 고려 측과 여러 형태로 사전 연락을 취하면서

群山亭으로 入館하기까지의 과정에 대해 묘사한다. 고려의 응대는 주도하고 정중한 것이었다. 먼저 고려 측은 사절단이 군산도 근해에 도달하자 병사를 태운 6척의 배를 보내 호위하였다(가). 그런데 『고려도경』은 같은 내용이라 해도 한곳에 모두 적지 않고 필요에 따라 항목을 달리해서 가필할 때가 있는데, 이때도 다른 곳(권33, 舟楫 巡船)에서 추가적인 정보가 다음처럼 보인다.

> 사자가 군산으로 들어가면 門에는 이들 巡船이 10여 척 있는데, 모두 旌旗를 꽂았고 뱃사공과 邏卒들은 靑衣를 착용하고 호각을 울리고 징을 치면서 온다. 각각 돛대 끝에 작 은 깃발 하나씩을 세웠고 거기에 각각 洪州都巡, 永新都巡, 公州巡檢, 保寧, 懷仁, 安興, 暨川, 陽城, 慶源이라고 썼다. 모두 尉司라는 글자가 있는데 실은 捕盜官吏이다. 入境해서 回程까지 영접과 전송을 군산도에서 하고, 神舟가 큰 바다로 들어가는 것을 보고서야 자기 나라로 돌아간다(使者入群山, 門有此等巡船十餘隻, 皆挿旌旗, 舟人邏卒, 皆著靑衣, 鳴角擊鐃而來. 各於檣之杪, 建一小旆, 書曰洪州都巡, 曰永新都巡, 曰公州巡檢, 曰保寧, 曰懷仁, 曰安興, 曰暨川, 曰陽城, 曰慶源, 皆有尉司字, 實捕盜官吏也. 自入境以迄回程, 迎至餞行於群山島, 望神舟入洋, 乃還其國.).

사절단이 군산(도 근해)에 들어가자 '10여 척'의 배가 마중을 나왔다고 하므로, 이것과 (가) '6舟'와의 관계가 밝혀질 필요가 있지만, 양자가 완전히 별개의 것인지, '6舟'가 10여 척 배의 일부인지, 아니면 '6'과 '10'이 단순한 혼동인지 알기 어렵다. 다만 배에 탄 羅卒 등의 복장과 응대 모습이 (가)文과 닮은 점에서 양자가 별개가 아닐 가능성이 있고, 또 '6'과 '10'이 혼동이라고 하면 깃발에 적힌 지명이 구체적이라는 점에서 '10' 쪽이 더 사실적으로 보인다. 이들 10여 척의 배에는 깃발의 지명에서 볼 때 군산 단독이 아니라 인근 여러 지역에서 소집된 '捕盜'를 임무로 하는 나졸들이 타고 있음을 알 수 있다.

이 속에서 고려 관리가 宋使船 앞으로 나아가 揖하며 맞이하였다. 송 사절단 앞에 처음으로 나타난 이 관리는 '注事'라는 비교적 낮은 신분으로 군산도가 속한 全州 지역의 官府에서 나온 관리로 보인다. 그렇다면 본래 사절단을 영접하고 또 동행해야 할 임무가 있는 接伴과 同接伴, 즉 당시 이 역할을 맡은 고려의 尹彦植[5]과 김부식은 언제 처음으로

5) 윤언식은 윤관의 아들로 이후 금의 국상을 조문하기 위해 파견된 경력이 있는 등 고려의 외교 전면에서 활약하였다. 『고려사』 권64, 志19 禮6 凶禮 인종14년(1136) 2월 丁卯에 "遣殿中監尹彦植·左司諫崔允儀, 如金, 弔祭."라고 있다.

사절단과 접촉했는지가 문제가 된다. 外國使가 입경하면 곧바로 接伴使가 이를 맞이하는 것이 당시 동아시아의 일반적 외교 관례이지만, 여기서는 '바다'라는 특수한 사정 때문에 고려의 접반사가 어디까지 마중을 나갔는지가 문제로 된다. 일단 위의 기사에서 볼 때 10여척 배에 나누어 탄 나졸들은, "入境해서 回程까지 영접과 전송을 군산도에서 하고 神舟가 큰 바다(洋)로 들어가는 것을 보고서야 자기 나라로 돌아간다."고 했기 때문에, 이들은 어디까지나 군산도 앞바다에서 영접과 전송을 할 뿐 '큰 바다(洋)'로는 나가지는 않은 것을 알 수 있다.

이에 비해 접반사에 관해서는『고려도경』의 또 다른 곳(권33, 舟楫 官船)에 다음 같은 움직임이 보인다.

> 使者가 入境하자 동쪽에서 찾아왔는데, (그들이 탄) 接伴, 先排, 管勾, 公廚 등으로 칭해 진 10여 척의 배는 크기가 대략 같고, 다만 접반의 배에만 시설과 장막이 있을 뿐이다(使者入境, 自東而來, 曰接伴, 曰先排, 曰管句, 曰公廚. 凡十餘舟, 大小相若, 惟接伴船有陳設幄幕焉.).

여기서 처음으로 보이는 '接伴'은 사자가 '入境'할 때에 동쪽에서 10여 척의 배를 거느리고 나타났다고 한다. 사절단의 '入境' 지점은 소흑산도로 보는 것이 일반적이고[6] 이곳에는 군산도보다 4일 전인 6월 2일에 들어왔기 때문에, 고려는 이에 맞추어 '接伴船'을 '큰 바다'로까지 보낸 것이 된다. 여기서 10여 척의 접반선을 거느린 윤언식과 김부식이 처음으로 사절단과 직접 대면해 인사를 나누었을 가능성이 있지만, 혹은 아직 인사는 나누지 않은 채 호위만하면서 동행했을 수도 있을 것이다.

어느 쪽이건 이때부터 사절단은 고려의 접반사와 동행하게 되었고, 개경까지 항행하는 도중 군산도 등 주요 지방에 들러 해당 지역 관리의 영접을 받은 것으로 보인다. 아울러 사절단이 入境할 때 고려 측이 보낸 10여 척 배 가운데 '先排'라 칭한 선박은 본래 국왕의 法駕를 호위하는 군대로 毅宗代(1127~1173)의 규정에 따르면 병사의 수가 100명이었다.[7] 이 점은 접반사의 영접 규모를 가늠하게 해준다. 또 '公廚'는 그 명칭으로부터 음식

---

6) 森平雅彦, 앞 논문 참조.

7)『고려사』 권72, 志26 輿服1 凡法駕衛仗에, "毅宗朝 詳定, 先排隊, 領將軍一〈錦衣, 束帶, 佩長刀, 執旗騎】, 將校六人〈放角, 紫衣, 束帶, 佩刀, 執旗】, 軍士一百人, 分左右〈紫衣, 執長刀】, 淸遊隊, 領都將二

을 만들어 제공하는 전용선으로 보인다.

이렇게 보면 송 측의 사절단이 나누어 탄 8척의 대형 선박은 먼저 '먼 바다(원양)'에서 고려 측의 접반선을 중심으로 한 10여 척의 배로 영접을 받았고, 이렇게 해서 도합 20척 가까이 늘어난 양국의 배는 4일 간의 항해를 함께 하다가 군산도 근해에 도달하였고, 여기서 다시 군산 및 주변 지역에서 공동으로 파견된 10여 척 배의 영접을 받은 것으로 이해된다.

이후 사절단이 탄 배에는 곧바로 통역관(譯語官)과 함께 동접반(김부식)이 찾아가게 된다(나). 앞에서 밝힌 대로 동접반이 接伴과 함께 사절단을 이미 대면했는지의 여부는 분명치 않지만, 이때 동접반이 별도의 배(接伴船)에 있다가 사·부를 찾아간 것으로 보인다. 아마 양측은 사절단의 '入島' 절차와 그 후의 일에 대해 논의했을 것이다. 군산도가 속한 지역 즉 全州의 책임자인 牧使 吳俊和가 사·부에게 遠迎狀[8]을 보내어 인사를 표한 것도 이때였다(나). 사절단이 통과하는 주요 길목에 위치한 전주를 비롯한 清州, 廣州 등에서 牧使가 접대에 응한 것은 최소한 肅宗朝(1095~1105) 이래의 관례였다.[9] 또 이 원영장에 대해 사·부가 '揖'으로만 인사를 표한 것은 얼마 후면 쌍방이 직접 상견할 것이므로 그 예를 간소화한 것으로 보인다. 사·부는 그 대신 원영장에 대한 답신을 知全州(즉 全州牧)에게 보내는 한편 掌儀官을 별도로 보내 고려 측과 접촉시켰다. 이 掌儀官은 사절단의 구성원 중 上節에 속한 '引接' 2인에 해당하고, "외교예절의 규범을 관장"하는 이들을 보낸 것은 아마 入島 후 군산정에서 거행될 의식 등에 대한 사전 논의를 위함이었다고 생각된다.[10]

드디어 배가 군산도에 들어가면 곧 사절단 전원(즉 사·부와 3節)에게 동접반으로부터 아침 식사가 제공된다(다). 下船했다는 기사가 달리 없고, 또 『고려도경』의 다른 곳에 의하면 식사가 배로 전달되었다는 내용이 보이므로 사절단은 배안에서 식사를 받은 것이 된다.[11] 식사는 국수 등 10여 品이고 관례로서 3일간 제공되지만 바람에 막혀 배가 떠나지 않

人……."

8) 遠迎狀은 문자 그대로 멀리서 도착을 환영한다는 의미의 인사 편지일 것이다.

9) 『고려사』 권96, 吳延寵傳에 "時王欲擇人授全·淸·廣三州, 令迎候宋使."고 보인다.

10) 당시의 동아시아 통례로서 사절단이 특정국을 방문하면 군주 등을 알현하기 전에 예법을 논의하기 위한 사전 상의가 있었다. 이것이 고려에서도 보이는 것은 본서 제IV부 제5장에서도 확인되며, 군산정에서의 만남의 경우도 그러한 관행이 있었던 셈이다.

11) 『고려도경』 권33, 舟楫 饋食에 "使者入境, 而群山島紫燕洲三州, 皆遣人饋食. 持書之吏, 紫衣幞頭, 又其次則烏帽. 食味十餘品, 而麵食爲先, 海錯尤爲珍異. 器皿多用金銀, 而雜以靑陶, 盤櫝皆木爲之而黑

는다 해도 그 이상 지급되지 않았다고 한다.[12] 군산도 入島 직후 방문인사((나)文 참조)를 맡았던 동접반은 식사 전달의 역할까지 맡고 있어 그 직책의 범위를 볼 수 있다.

송 측 使·副의 입국 소식은 이미 고려 관리를 통해 중앙에 전달되었겠지만, 사·부가 직접 書狀으로 자신의 입국 사실을 고려 국왕에 알린 것은 아침 식사 후의 일이었다(다).

이렇게 해서 入島를 마친 송의 사·부는 접반이 보내온 采舫을 타고 群山亭에서 상견할 것을 요청 받았고(다), 낮 12시를 지나 그곳으로 이동하게 되는 것이다.

〈표 2〉 入島 직전까지 군산도 근해에 있던 사절단과 고려 측 사이의 접촉과 소통 방식

단락 소재	사절단	방향	고려
(가)		←	환영 인사(綠袍입은 注事)
(나)		←	譯語官(심기)과 同接伴(김부식)의 參謁
(나)	使·副의 "以禮受之"와 "繼遣答書"	↔	知全州의 "遣使來投遠迎狀"
(나)	"遣掌儀官相接"	→	
(다)		←	同接伴의 書翰
(다)	"送國王先狀"(接伴 경유)	→	
(다)		←	群山亭에 올라와 相見할 것을 제안(采舫 파견)

2. 群山亭과 그 주변

그러면 송의 사절단이 고려 측의 제안으로 향하게 된 군산정, 그리고 그것이 있는 군산도의 당시 정황은 어떠한 것이었을까? 현재의 선유도에 해당하는 군산도 내부의 사정을 자세히 언급한 것의 하나로 다음과 같은 곽장근의 설명은 큰 틀의 방향성을 제시한 점에서 유익하다.

> 현재 망주봉 동쪽 산봉우리 동쪽 기슭 중단부에 오룡묘가 있는데, 그 북쪽에는 자복사와 샛터마을 일대에는 관아인 객관, 망주봉 서쪽 산봉우리 남쪽 기슭에는 군산정과 숭산행궁이 있었을 것으로 짐작된다. ……. 고려시대 때 유행했던 풍수사상에 의거, 망주봉

漆. 神舟泊不近島, 必遣介乘舟饋獻於使者. 故事, 送三日, 若過期, 風阻未行, 則饋食不復至也."고 있다. 여기서 구체적으로는 밝히지 않은 '3州'란 全州, 淸州, 廣州이다.

12) 앞 주11) 참조.

남쪽에는 崧山行宮과 群山亭, 동쪽에는 資福寺와 五龍廟, 객관인 관아는 항구와 인접된 샛터 마을에 있었던 것이 아닌가 싶다.[13]

여기서 언급된 여러 시설의 위치에 대해서는 이설이 적지 않아 확정하기 어려운 것이 사실이다. 본 장에서는 까다로운 이 문제 자체에 대한 해결에 주안을 두기보다, 사절단과 군산도의 관계 속에서 존재는 몇 가지 쟁점을 지적하면서 필자의 생각을 함께 밝히고자 한다.

첫 번째로 사절단의 입항 장소와 군산정으로의 이동에 관한 문제이다. 곽장근은 〈그림 1〉에서 비정된 바와 같이 사절단이 "선유도 전월마을로 입항하였다"[14]고 본 다음에, 다시 이들이 "송나라 사신단 배가 정박했던 전월마을 동쪽 항구에서 망주봉 남쪽 기슭 군산정까지"[15] 이동하였다고 하였다. 단지 이 설명이 어디에 근거를 둔 것인지 출전은 나타나 있

〈그림 1〉 군산도 주요 시설의 위치 관계(곽장근, 앞 논문)

13) 곽장근, 앞 논문, p.16.

14) 곽장근, 앞 논문, p.14.

15) 곽장근, 앞 논문, p.16.

지 않다. 군산정이 선유도 북도의 망주봉 남록에 있다는 것은 학계에 이견이 없으므로,[16] 곽장근의 설명대로라면 사절단은 선유도 북도의 北岸에 입항했다가 반대쪽인 북도 南岸의 군산정까지 이동한 것이 된다(〈그림 1〉 참조).

이때의 이동 방법에 대해서 곽장근은 별도의 언급이 없지만, 앞의 (라)文에 송의 사·부가 '松舫'을 이용하였다고 보이기 때문에 최소한 배로 이동한 것은 분명하다. 사실 사·부 이외의 사절단 전원이 배로 이동했다는 설명이 『고려도경』의 다른 곳에서 보이며, 그에 따르면 신분이 비교적 높은 上節이 사·부를 쫓아 松舫을 탔고, 중절과 하절은 幕船이라는 배를 이용하였다.[17] 뱃사람에 대한 설명은 따로 보이지 않지만, 후술하는 군산정에서의 모임에 이들의 모습이 함께 보이므로 이들 또한 배로 이동했을 것이다. 또한 『고려도경』(권33, 舟楫 饌食)에 "使者가 (群山島에)入境하였으나, ……神舟는 섬으로부터 가깝지 않은 곳에 정박하였다"고 하므로, 宋使船은 아마도 선체가 컸던 관계로 섬에 접안하지 않은 상태로 사절단원이 松舫으로 환승했다고 보인다.

따라서 이상의 사실을 보강하여 곽장근의 설을 부연한다면 사절단은 선유도 北島에 일단 입항한 다음 松舫으로 환승하여 섬을 右回 내지 左回하는 방법으로 이동한 것이 된다.

한편 이러한 '北島北岸' 입항설에 대해, 일본의 모리히라는 이미 수 년 전에 이와 다른 의견을 내놓은 적이 있다. 여러 해 동안 『고려도경』의 해로를 연구해온 모리히라는 그 연구 결과의 하나로 송사선이 정박한 장소에 대해, "선유도와 무녀도 및 그들 屬島가 水域을 環狀으로 에워싼 地勢"[18]라 하여 다소 애매하게 明言은 피하였지만, 대략 선유도 南島의 北岸, 이를 테면 鎭里를 그 하나로 비정한 것으로 이해된다. 즉 그렇다면 이 경우는 사절단이 南島 해안에 정박해 있다가 고려의 배(松舫)로 갈아탄 후 약간 北行하여 北島 南岸에 도착한 것이 된다.

이와 같이 볼 때 송사선의 입항 장소를 놓고서는 곽장근의 '북도북안설'과 모리히라의 '남도북안설'이 병존하는 셈이지만, 이 중 어느 설이 옳은지에 대해서 필자는 판단할 능력을 갖고 있지 못하다.

한편 客館과 군산정의 관계도 다소 문제가 된다. 곽장근은 앞의 인용문과 〈그림 1〉에

16) 김종수, 앞 논문, p.143은 이를 현재의 양당리로 비정하였다.

17) 『고려도경』 권33, 舟楫 松舫 및 幕船 참조.

18) 森平雅彦, 앞 논문.

서 함께 보이듯 '객관'을 동쪽 끝자락에 비정하고 또 객관 = '관아'라고 설명하였다. 이 설명이 어떠한 근거에 의한 것인지 알 수 없으나, 그러나 『고려도경』을 비롯한 여러 사료에는 군산정이 다름 아닌 객관이라는 설명이 보인다. 예를 들어 『萬機要覽』에,

> 고려 때에 宋使로 온 자는 이곳에 이르러 휴식을 취했다. 옛날에는 羣山亭이라는 客館이 있었다(高麗時, 宋使東來者至此歇息. 舊有客館曰羣山亭.(軍政編4 海防 西海之南)).

고 한 것이 그것이다.[19] 그렇다면 넓지 않은 당시의 군산도에 군산정 이외에 객관이 별도로 있었다고는 생각되지 않으므로 〈그림 1〉의 '객관'이라는 이름은 잘못된 것으로 보지 않을 수 없다. 다만 이를 과장근의 설명처럼 '관아'로 본다면 문제는 달라지지만 이 경우도 근거가 분명치 않아 판단은 현재로서는 불가능하다.

군산도와 관련한 가장 큰 문제는 그 주변에 있던 五龍廟와 資福寺 및 崧山行宮 등의 위치에 관한 견해 차이가 논자에 따라 크다는 점이다. 특히 오룡묘를 둘러싼 문제가 그러한데, 먼저 이에 대한 곽장근의 비정, 즉 〈그림 1〉에서의 오룡묘의 위치에 대해서는 별다른 추가 설명이 없기 때문에 현재의 군산도에 존재하는 오룡묘, 즉 "망주봉 동쪽 산봉우리 동쪽 기슭 중단부"의 것을 그대로 인정한 것으로 보인다. 문제는 이것이 『고려도경』의 설명과 상응하지 않기 때문에 혼란을 주는 점이다. 즉 앞에서 게재한 (다)문이 그것인데, 관련 부분을 다시 인용하면,

> 그 亭은 바다에서 가깝고 뒤로는 두 봉우리가 서로 의지하고 있는데 모두 매우 높아 절벽이 수백 길이나 된다. (群山亭) 문 밖에는 관청 건물이 10여 칸 있고, 가까운 서쪽 작은 산 위에는 五龍廟와 資福寺가 있다. 또 서쪽에 崧山行宮이 있다(其亭瀕海, 後倚兩峰, 相並特高, 壁立數百仞, 門外有公廨十餘間. 近西小山上, 有五龍廟, 資福寺. 又西有崧山行宮.).

이다. 오룡묘와 자복사의 위치가 "서쪽 작은 산 위"라고 되어 있고, 이때의 서쪽은 문장

---

19) 『고려도경』 권37, 해도4 馬島 및 권39, 海島6 紫燕島에도 군산도의 군산정과 유사한 기능을 지닌 淸州의 安興亭과 廣州의 慶源亭이 모두 客館으로 칭해진 것을 볼 수 있다.

구조상 '그 亭' 즉 군산정을 기준으로 보아야 하므로 오룡묘와 자복사는 오히려 현재 위치의 반대편인 군산정 서쪽에 있어야 되는 것이다.

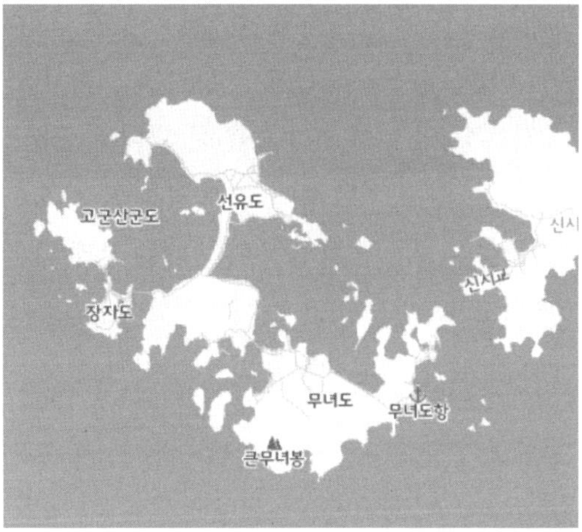

〈그림 2〉 현재 '고군산도'의 지리 형세
(www.ngii.go.kr/)

이 모순에 대해 모리히라는 상상력을 동원해 군산정의 '西'라는 방위 표시를 반드시 '眞西'(즉 正西)로서만이 아니라 남쪽을 포함한 지대 즉 南西 내지 南南西로 범주를 확대시켜 볼 필요를 상정한 위에서, 선유도 南島의 鎭里 일대가 『고려도경』의 설명과 유사한 자연 경관을 갖고 있다고 판단하고, 결론적으로 오룡묘와 자복사를 현재와 같은 망주봉의 東麓일 가능성을 여전히 남기면서도 선유도 남도에 이들 시설이 있고 또 그 서남지역에 숭산행궁이 있었을 가능성에 더 큰 무게를 두었다.[20]

또한 이와 다른 차원에서 모리히라는 현재의 오룡묘가 선유도 북도에 실재하고 있는 모순에 대해서는 선화봉사단이 다녀간 이후 나타났을 島內의 변화, 예를 들면 왜구의 침입이나 고군산진의 改設 등과 같은 사건을 통해 오룡묘가 그 위치를 남도에서 지금의 북도의 현장소로 바꾸었을 가능성을 생각하였다.[21] 흥미롭고 상상력 풍부한 추정임에는 틀림없으나, 현재로서는 아직 이를 긍정하거나 부정할 수 있는 근거는 존재하지 않는다.

이러한 주장까지를 포함해서 볼 때, 현재 오룡묘의 위치에 대해서는 『고려도경』의 설명과 관계없이 현재의 오룡묘가 고려시대 이래로 계속되어 왔다고 볼 수 있는 말하자면 '오룡묘 不遷說'(곽장근)과, 『고려도경』의 설명을 기본적으로 인정한 위에서 기사의 모순을 해결하려 한 노력의 결과로서 제기된 선유도 남도에서 북도로의 '五龍廟移轉說'(모리히라)이 양존한다고 볼 수 있다.

이 난제에 대해 필자는 해결 능력을 갖고 있지 못하다. 『고려도경』의 설명을 그대로 전

20) 앞 森平雅彦, 「高麗群山亭考」 참조.

21) 森平雅彦, 「高麗群山亭考」 참조. 또한 모리히라는 현재의 오룡묘가 위치한 지역의 이름이 '샛터 마을'이라는 점에서도 오룡묘의 신축 가능성을 생각한다.

제한 위에서 이 문제를 대한다면 그것은 모리히라의 노고처럼 퍼즐 맞추기와 같은 어려움이 따를 것이다. 오룡묘의 위치를 고려시대 이래로 현재의 위치에 있었다고 보고, 또 『고려도경』의 위치 관계를 원문 그대로 군산정을 기준으로 삼는다면, "近西小山上"의 '西'는 '東'의 誤字로 볼 수밖에 없게 된다. 오자가 아니라면 현재의 오룡묘는 모리히라의 추리처럼 서긍 일행이 방문했을 때는 본래 다른 곳에 있다가 그 후 특정한 이유로 이전된 것이라고 볼 수밖에 없다. 다만 『고려도경』에는 또 다른 곳에서 오룡묘를 여전히 "群山島 客館 서쪽 一峰 위에 있다"[22]고 하므로 오자의 가능성은 낮아 보인다.

3. 동아시아 해역에서의 五龍廟 시론

1) 오룡묘의 출현

군산도에는 오룡묘, 자복사, 숭산행궁 등 여러 종교 관련 시설이 존재하며 이들에 대한 종래의 연구는 그 존재를 언급할 정도의 수준 이상은 아니었다. 여기서는 사료가 부족한 오룡묘에 대한 이해를 돕기 위해 동아시아 해역으로 시야를 넓혀 타지역의 오룡묘 신앙을 소개하면서 필자의 생각도 시론적으로 가미해보고자 한다. 『고려도경』은 오룡묘에 대해 별도의 항목(권17, 祠宇 五龍廟)을 설정해 다음과 같이 묘사하고 있어 그 신앙의 일면을 엿볼 수 있다.

> 오룡묘는 ……. 이전에는 작은 집이 있었다. 그 뒤 몇 걸음이 되는 곳에 지금은 홀로 두 기둥이 있는 한 채의 집이 새로 만들어졌다. 정면에 벽이 있고 五神像이 그려져 있는데 뱃사람들은 그것을 퍽이나 엄숙하게 제사한다(五龍廟, …. 舊有小室. 在其後數步. 今新制, 獨有兩楹一室而止. 正面立壁, 繪五神像. 舟人祠之甚嚴.).

오룡묘는 '舟人' 즉 뱃사람들이 경배하는 '五神像'이 그려진 祠廟였음을 알 수 있다. 항해 기술의 제약으로 항시 안전에 위협을 받던 당시의 뱃사람들에게 오룡묘는 자신의 안녕을 의탁하는 수호신의 하나였던 것이다. 이 설명은 서긍이 오룡묘를 직접 實見한 위

22) 권17, 祠宇 五龍廟.

에 적은 것으로 여겨지며, 그렇다면 서긍 역시 뱃사람들을 따라 이곳에서 똑같은 심정으로 항해의 안전을 빌었을 것이다.

사절단과 寺廟의 관계는 군산도 이외의 지역에서도 찾아보기 어렵지 않다. 예를 들어 군산도를 떠나 紫燕島[23]에 도착(6월 9일 오후)한 사절단은 이곳에서 全州와 相似한 접대를 받은 후 배로 돌아가 하루를 묵었는데, 다음날에는 풍향이 나빠 곧바로 떠나지 못한 이유도 있어서 아침에 근처의 濟物寺[24]를 찾아 간 적이 있었다. 이때는 사절단의 上節 등 상위 부류만이 참배해 뱃사람들은 동행하지 않은 듯하고 참배 목적도 '元豊연간(1078~1085)'에 자연도에서 사망한 宋密이라는 송의 관리를 飯僧하기 위함이어서[25] 직접적으로 항해의 안녕을 비는 행위는 없었다고 보인다. 하지만 제물사 경내에는 송밀의 墓가 있고 따라서 당사자의 명복은 물론 필요에 따라 송 사절단의 복을 빌어주는 종교 행사가 벌어졌을 것이다.[26] 이를 뒷받침하는 것으로 『고려도경』(권17, 祠宇 王城內外諸寺)에는 다음과 같은 고려 측의 사절단을 위한 움직임이 보인다.

> 順天館 북쪽에 작은 집 수십 칸이 있는데 順天寺라는 방이 붙어 있다. 사절이 館에 와서 이후 한 달 동안 승도들이 주야로 범패를 불러 그칠 줄 몰랐고, 방에는 "國信使副 일행 이 내내 평안하기를 기원합니다"라고 적혀 있다. 대저 충심에서 우러난 것이지 일시적인 꾸밈이 아니다(順天館之北, 有小屋數十間, 榜曰順天寺. 自人使至館一月, 僧徒晝夜歌唄不絶, 榜云以祈國信使副一行平善. 蓋由衷之信, 非一時矯僞也.).

사절단이 최종적으로 도착한 개경의 숙소 順天館 근처에 존재하는 順天寺에서는 그들이 체류하는 한 달 내내 승려들이 사절단의 무사 안녕을 위해 종교 활동을 이어갔다는 것이다. 여러 차원으로 송의 사절단을 극진히 대한 고려 측의 자세가 엿보인다.

사절단이 통과하는 고려의 여러 지역에 있던 종교시설 중에서도 오룡묘는 특히 중국인

23) 사절단이 통과한 서해안의 여러 섬들에 대한 지명과 위치에 대해서는 다양한 설이 존재하지만, 자연도는 영종도와 대부도라는 설이 존재한다.

24) 제물사에 대해서는 문경호, 「1123년 徐兢의 고려 항로와 慶源亭」(『한국중세사연구』 제28호, 2010) 참조.

25) 사절단의 자연도 도착과 관련해서는 『고려도경』 권39, 海島6 紫燕島 참조. 또한 宋密에 대해서는 동서 권18, 釋氏에 "先是元豐間, 上節使臣宋密歿於紫燕島. 自後使至, 必於濟物寺, 飯僧致祭. 上節以次羅拜墓下. 比者銜命至彼, 亦襲前例."고 있다.

26) 주24) 참조.

들과 관계가 깊은 시설이었다. 송화섭은 이 부분에 주목하여,

> 중국 영파에 있었던 資福寺와 五龍廟가 군산도에 있었다는 사실 하나만으로도 중국 상인들이 군산도를 중간기항지로 활용하였음을 알 수 있다. 자복사는 해상들에게 복을 빌어주는 기도도량이었다고 하면, 오룡묘는 해상안전을 기원하는 묘당이었다.

고 설명하였다.[27] 오룡묘와 자복사가 중국 상인들의 복을 빌고 해상 안전을 위해 특히 寧波 즉 당시의 明州 상인들에 의해 건립되었을 것이라는 지적은 매우 흥미롭다. 다만 이 지적은 단도직입적으로 명쾌하기는 하나 근거가 제시되어 있지 않아 아쉬움을 남긴다. 필자는 오룡묘 등에 중국 상인의 관여가 있었을 것이라는 입장에 대해서는 기본적으로 동감을 하면서도 좀 더 구체적인 부분에서는 정정이 필요하거나 더 보강할 여지가 있다고 생각한다.

먼저 군산도의 자복사와 오룡묘가 명주(영파)의 사례에 따라 중국 상인들에 의해 군산도에 건설되었는다는 점이다. 송화섭이 근거를 제시하지 않아 분명치 않지만 필자의 조사로는 자복사와 오룡묘의 명칭은 당시의 명주 지역에서는 오히려 찾기 힘들고 중국의 내륙부 등 기타 지역에서 발견되므로 그 건립자를 명주 상인들에 한정시킬 필연성은 없어 보인다.

그 대신 필자는 당시 고려를 왕래한 중국의 상인들 다수가 복건 출신이었다는 점에서 오히려 이들과 오룡묘 등의 관계가 더 깊었을 가능성을 추정한다. 麗·宋 간의 통교에 대해서는 이미 적지 않은 연구가 있고, 최근의 분석에 의하면 중국의 宋代(960~1279년)에 고려를 찾은 宋商은 총 132회의 왕래를 통해 연인원 약 5000명에 달하며, 이 중 출신지를 알 수 있는 자들의 반이 복건의 泉州상인이었다.[28] 따라서 사절단을 태우고 항해한 송의 '舟人'은 복건 출신이 중심을 이룬 위에 기타 지역의 선원들이 동참했다고 이해하는 것이 더 바람직해 보인다. 『고려도경』(권34, 海道1 客舟)에는 이를 좀 더 구체적으로 전하는 기사가 보인다.

---

27) 송화섭, 앞 논문 참조.

28) 藘敏, 「宋麗兩國的民間貿易」(『宋麗海上貿易硏究』 第四章, 厦門大學博士學位論文, 2008)에 의하면 그 貫籍을 알 수 있는 26인 중 가장 많은 것은 절반(13명)에 해당하는 泉州 상인이고, 廣南과 台州商客이 各 3人, 福州, 江南商客이 각 2人, 그리고 明州와 兩浙 商客은 각 1인에 불과하였다. 宋晞, 「宋商在宋麗貿易中的貢獻」(『史學彙刊』 제8기, 1977)은 이와 다소 다르게 복건로의 泉州와 양절로의 明州가 제일 많고, 이어 台州(양절), 福州(복건), 廣州(광동)으로 이어진다 고 지적한다.

이전부터 조정이 사신을 파견할 때면 출발 기일에 앞서 福建과 兩浙의 監司에게 맡겨 客舟를 顧募하고, 또 明州에 명하여 장식시키기를 대략 신주와 같이 한다. . ……. 배마다 篙師(능숙한 뱃사공)과 수부가 60인 정도 있는데, 수령에 의지하는 바가 크고, 수령은 海道를 熟知하고 天時와 人事를 잘 헤아려서 여러 사람의 마음을 얻는다. 그래서 갑작스러운 어려움이 생겨도 수미상응해서 혼연일체로 이겨낼 수 있다(舊例, 每因朝廷遣使, 先期委福建兩浙監司, 顧募客舟, 復令明州, 裝飾略如神舟. ……. 每舟篙師水手可六十人, 惟恃首領, 熟識海道, 善料天時人事, 而得衆情, 故一有倉卒之虞, 首尾相應, 如一人則能濟矣.).

모두 8척으로 구성된 선화봉사고려사절단의 船隊는 특별히 건조된 대형급의 神舟 2척을 빼면 나머지 6척은 일반 해양업자에게 고용한 소위 客舟인데, 이 설명에 의하면 객주는 복건과 兩浙[29] 지방 등 각지에서 고용되었고, 따라서 선원들 역시 명주(영파) 만이 아닌 여러 지방 출신이었을 것이고, 그 가운데 고려에의 왕래가 가장 많던 복건성 사람들이 그 중심에 있었다고 생각된다.

이러한 점에서 필자는 앞에서 인용한 오룡묘에 관한 설명 중에, "正面立壁, 繪五神像. 舟人祠之甚嚴.(정면에 벽이 있고 五神像이 그려져 있는데 뱃사람들은 그것을 퍽이나 엄숙하게 제사한다.)"고 한 '舟人'에는 송의 뱃사람들, 특히 복건지역 출신자들이 적지 않으며, 오룡묘 신앙도 이들과의 관련성을 생각하는 것이다. 다만 오룡묘가 어디까지나 고려의 영내에 있던 시설이므로 '舟人' 중에 고려인이 포함되어 있었을 가능성이 높고, 그렇다면 이 시설을 고려 현지인들은 물론 중국의 선원이 함께 이용했을 것이다.

고려에서도 당시 '용신앙'이 성행한 것이 알려져 있지만 이것이 군산도의 오룡묘 출현에 배경이 되었는지는 분명치 않다. 아울러 지금 인용한 『고려도경』(권34, 海道1 客舟)에 따르면 客舟의 선원은 각각 60명이 정원이고 따라서 총 인원은 360명이었고, 이들은 각기 '수령'을 중심으로 혼연일체로 어려운 항행을 극복하였다고 설명하는데, 그렇다면 이들 중에 또한 고려인이 존재했을 가능성이 있다. 선원들이 海道를 숙지하고 天時와 人事를 잘 헤아린 수령을 중심으로 단결하고 있다고 하지만 특히 외국의 海道를 잘 파악하기 위해서는 현지 사정에 밝은 고려인의 도움이 요구될 수 있기 때문이다. 元代가 되어 중국

---

29) '兩浙' 지방은 북송시대에 설치된 광역 행정기구인 '路'의 하나로 현재 중국의 절강성 전역, 강소성의 鎭江市, 蘇錫常 지구 및 上海市, 복건성 閩東지구 등을 포함하며 14개 주가 속하였다. 『宋史』 志41, 地理4 참조.

의 慶元府(明州, 寧波)를 출발했다가 고려의 서남 해안에서 침몰한 新安船에 중국인 이외에 고려인 선원이 승선한 후대의 사례와 유사한 정황이 사절단의 客舟에도 있었을지 모른다. 이러한 관례가 동아시아 해역을 오가는 선원들 사이에 이전부터 있었고, 또 오룡묘 신앙이 고려에 아직 없었던 상황이었다고 한다면, 그것이 고려인 선원들에 의해 고려에 전파되었을 가능성이 있다.

물론 군산도의 요룡묘 출현에서 중국인의 직접적인 역할도 배제할 수 없다. 또한 그렇다면 거기서는 宋商의 역할이 적극적이었을 것이다. 부정기적이고 방문 횟수가 훨씬 미치지 못했던 송의 공식 사절보다 비교적 빈번하고 많은 인원으로 구성된 송상들이 자신들의 안전을 위해 그러한 행동에 나섰을 것을 상상하기 어렵지 않다.

2) 오룡묘 신앙

그러면 오룡묘는 어떠한 신앙을 위한 시설이었는가, 즉 군산도 오룡묘 벽 정면에 그려져 있던 '五神像'이 무엇을 뜻하는 것인지 생각할 필요가 있다. 송화섭은 앞에서 인용했듯이 "자복사는 해상들에게 복을 빌어 주는 기도도량이었다고 하면, 오룡묘는 해상안전을 기원하는 묘당이었다"고 하였다. 근거가 함께 제시된 설명은 아니지만, 오룡묘가 뱃사람들에 의해 숭배되었다는 사실에서 그것이 무엇보다 그들의 해상 안전과 관계가 깊었음은 의심의 여지가 없다.

중국에서는 일찍부터 용신앙이 발전하여 각지에 적지 않은 龍王廟(혹은 龍神廟)가 존재하였다. 갑골문에 이미 그 기록이 보이는 용은 주로 비를 주관하는 水神으로 여겨져, 춘추시대 이래로 정기적인 기우제가 거행되어 청대까지 이어졌다. 그 속에서 漢代에는 다양한 형태로 형상화된 용을 숭배하는 방식이 나타나, 흙으로 빚은 土龍, 그림을 이용한 畵龍 특히 계절에 따라 색깔을 달리하여 용을 그리는 방식도 나타났다.[30]

하지만 龍神廟의 출현은 비교적 늦은 것으로 그것이 송대가 되어 오룡묘의 이름으로 처음 등장하게 되는 것은 주목할 만한 현상이다. 즉 『宋會要輯稿』 禮4, 五龍祠에 다음과 같이 보인다.

30) 이상의 연혁에 대해서는 吉成名, 「龍王廟由來考」(『文史雜談』 2003-11) 참조.

京城의 동쪽 春明坊의 五龍祠는 태조 建隆3년에 玄武門에서 이곳으로 옮겨진 것이다. 國朝는 唐이 오룡을 제사하는 制를 따라 春秋에 그 제사를 常行하며 中祀의 禮를 이용 한다. …. 熙寧2년8월, 信州에 있는 오룡묘가 禱雨에 효험이 있어 賜額하여 會應이라 했고, 이때부터 오룡묘는 모두 이 이름으로 額의 이름을 삼았다고 한다. 徽宗大觀2년 10월, 詔하여 천하의 五龍神에게 모두 王爵을 봉해, 青龍神은 廣仁王에 봉하고, 赤龍神은 嘉澤王에 봉하고, 黃龍神은 孚應王에 봉하고, 白龍神은 義濟王에 봉하고, 黑龍神은 靈澤王에 봉하였다(京城東春明坊五龍祠, 太祖建隆三年自玄武門徙於此. 國朝緣唐祭五龍之制, 春秋常行其祀, 用中祀禮. …. 熙寧二年八月, 信州有五龍廟, 禱雨有應, 賜額曰會應, 自是五龍廟皆以此名額云. 徽宗大觀二年十月, 詔天下五龍神皆封王爵, 青龍神封廣仁王, 赤龍神封嘉澤王, 黃龍神封孚應王, 白龍神封義濟王, 黑龍神封靈澤王.).

송대에는 국초부터 용을 숭배하는 五龍祠=오룡묘가 수도뿐만 아니라 전국 도처에 존재했다는 것이 확인된다. 또한 이때의 오룡은 청색, 적색, 황색, 백색, 흑색으로 서로 다른 5가지 색깔의 용이며, 국초부터 왕조 차원에서 봄과 가을 2회 주기적으로 '中祀의 禮'[31]로 제사를 거행하는 한편 후기가 되면 오룡묘에 대한 賜額과 함께 오룡의 각 용에게 왕작을 봉한 사실도 있었다. 오룡에 대한 제사는 이미 唐代에 시작되었지만 오룡묘 자체는 그 존재가 당대에는 불확실하나 송대가 되면 분명히 확인되는 것이다.

선화봉사고려사절단이 파견된 중국의 송대에 이미 오룡묘 신앙이 성행하고 있었기 때문에, 서긍이 고려의 군산도에서 본 똑같은 이름의 祠廟 속 벽에 그려진 '五神像'도 다름 아닌 청, 적, 황, 백, 흑색으로 그려진 5종류의 龍神 그림이었을 것이라는 추정이 충분하다. 또한 군산도의 오룡묘 출현 시기에 관해서는, 그 설치에 중국의 영향이 있었다고 가정할 때, 중국의 오룡묘가 처음 등장하는 것이 송대였으므로 빠르면 송조가 건국되는 10세기, 즉 고려의 국초까지도 거슬러 올라가게 된다.

그런데 이상에서 소개한 중국의 오룡묘는 모두 '祈雨'와 관련한 것으로 뱃사람의 안전을 위한 내용은 보이지 않는 것이 문제로 남는다. 고려에서도 용신앙이 유행한 것은 『고

---

31) 『宋會要輯稿』 禮14, 群祀2에, "國朝凡大中小祠歲一百七, 大祠十七, 昊天上帝, 感生帝, 五方上帝, 九宮貴神, 五福太一宮, 皇地祇, 神州地祇, 太廟, 皇后廟, 景靈宮, 朝日, 高禖, 夕月, 社稷, ㅅ떠ㄹㅇ祭百神, 五嶽. 中祠十一, 風師, 雨師, 海瀆, 五鎮, 先農, 先蠶, 五龍, 周六廟, 先代帝王, 至(神)〔聖〕文宣王, 昭烈武成王. 小祠十四. 司中, 司命, 司民, 司祿, 靈星, 壽星, 馬祖, 先牧, 馬社, 馬步, 司寒, 山林, 川澤, 中霤" 라고 있다.

려사』(권54, 五行志)에 그 사례가 다수 보이는 데에서 알 수 있지만, 이들도 궁정에 '畵龍'과 '造土龍' 등의 방법을 통한 기우가 기본적인 목적이었다.[32]

뱃사람들이 "퍽이나 엄숙하게 제사한" 군산도의 오룡묘가 기우보다 항해 안전을 비는 신앙 관련의 시설이었을 것이라는 점에서, 중국의 내지에 존재하는 통상적인 오룡묘들, 그리고 고려의 일반적인 용왕 숭배와는 성격이 다른 것으로 보인다. 이 점은 군산도의 오룡묘가 오히려 중국 연해 지방에서 발달한 海神 신앙의 영향을 받았을 가능성을 생각하게 한다. 즉 넓은 해역을 가진 중국의 연해 지방에서는 해신을 숭배하는 풍습이 일찍부터 발달하였고 해상 진출이 본격화된 송대에 그것이 한층 성행하였다. 예를 들어 북송시대에는 초기부터 萊州(현재의 산동성)에 東海神을 모시는 '東海神廟'가 존재하였지만, 요(거란)의 위협으로 東海로의 출항 중심지가 북송 후기에 明州로 이동하면 이 근처 즉 明州 定海縣 東北 5里 지역으로 '東海神廟'도 이전되었다.[33] 따라서 사절단도 도항에 앞서 당연히 이곳에서 항해의 안전을 기원했을 것이 추측되는데, 아니나 다를까 그 모습이 『고려도경』(권34, 海道1 招寶山)에 다음처럼 흥미롭게 묘사되어 있다.

> 19일 辛未에 定海縣에 도달하였다. 기일에 앞서 中使인 武功大夫 容彭年을 보내어 摠持院에서 7주야 동안 道場을 설치했다. 아울러 御香을 내려 顯仁助順淵聖廣德王祠에 宣祝하니 神物이 나타났다. 그 형상이 도마뱀 같으나 실은 동해의 龍君이다(十九日辛未, 達定海縣. 先期遣中使武功大夫容彭年, 建道場於摠持院七晝夜. 仍降御香, 宣祝于顯仁助順淵聖廣德王祠, 神物出現, 狀如蜥蜴, 實東海龍君也.).

사절단은 정해현에 도착한 5월 19일보다 며칠인가 앞서 사람을 보내 摠持院이라는 곳에 道場을 열고 7일 동안이나 무사 항해를 비는 기도를 시작한 것이다. 御香까지 하사되는 국가적 관심이 모아진 행사였다. 이 기도는 특히 고려 측 해역으로 이어지는 東海의 용왕에 대한 것인데, 이 용왕의 호칭인 '廣德王'이 앞에서 인용한 『송회요집고』에 보이는 송 휘종 大觀2년(1108), 즉 사절단의 고려 출발 15년 전에 오룡 중의 하나인 靑龍神을 봉한 '廣仁王'의 호칭과 유사한 점이 눈을 끈다. 靑龍神('廣仁王')의 '靑'은 東方과 관련한 오행을 나타내는 색이므로 이것이 이름이 정확히 일치 하지는 않으나 유사

32) 王小盾, 「龍信仰在朝鮮半島的流傳」(『中國俗文化研究』 4, 2007).

33) 古林森廣, 「宋代の海神廟に關する一考察」(『中國宋代の社會と經濟』, 國書刊行會, 1995).

한 점이 있고, 따라서 서긍 일행이 기도한 東海王('廣仁王')과 동일한 존재일 가능성을 배제하기 어렵다.

하지만 양자가 일치하건 안 하건 사절단은 동해의 용왕에게 해상의 안전을 구하기 위해 간절히 가호를 빌었고, 그들이 드디어 출항해서 고려의 군산도에 기항하였을 때도 오룡묘 속의 오신상 즉 용왕에게 똑같이 기도했다는 것은, 중국의 동해안과 한국의 서해안으로 연결되는 동아시아 해역을 왕래하는 뱃사람들에게 공통으로 받들어지는 용궁 신앙이 존재했다는 것을 말한다. 다만 군산도의 '오룡묘'라는 이름에 주목할 때 그것이 중국 국내에서는 기우를 위한 祠廟가 더 일반적이었기 때문에, 군산도의 오룡묘는 그 입지에 따라 기우보다 해상 안전을 더 강조한 변형된 사례라고 볼 수 있다.

출발지 명주에서는 물론 기항지 군산에서도 행해진 해신(용왕)에 대한 간절한 기도 덕분에 사절단은 고려에서의 사행을 끝내고 무사히 귀도에 올랐다. 하지만 명주 귀항을 며칠 앞둔 시점에서 큰 난항에 부딪혔다. 왕로와 달리 역풍 등을 만나 고려를 떠난 지 무려 42일 만에 천신만고 끝에 귀환한 이 항해에 대해서 서긍은 사절단이 처한 위험과 관련한 장면의 일부를 다음과 같이 묘사한다.

> 근자에 사신의 행차에 둘째 배가 黃水洋 가운데에 이르러 3개의 키가 다 부러졌을 때 내가 마침 그 가운데 있었는데, 같은 배의 사람들과 머리를 깎고 슬프게 간구하였더니 상서로운 빛이 나타났다. 그런데 福州의 演嶼神 역시 기일에 앞서 顯異하여 이날 배가 비록 위태로웠으나 다른 키로 바꿀 수 있었다(比者使事之行, 第二舟至黃水洋中, 三柂併折, 而臣適在其中, 與同舟之人, 斷髮哀懇, 祥光示現. 然福州演嶼神, 亦前期顯異, 故是日舟雖危, 猶能易他柂.(『고려도경』 권39, 海道6 禮成港)).

망망대해 속에서 3개의 키가 바람에 부러지는 등 큰 위기에 빠졌던 사절단이 "머리를 깎고 슬프게 간구하였더니" 상황이 호전되었다는 것이다. 뱃사람들 사이에서 '斷髮'로 격랑을 잠재우려한 대처 방식은 아주 흥미롭게 보이는데, 사실 이 방식은 여기서만 보이는 현상이 아니라 동시기의 한국과 에도시대의 일본 등에서도 보이는 현상으로 이 또한 동아시아 해역에서 공유·전승된 습속의 하나였다고 한다.[34] 사절단보다 불과 27년 뒤에 송에 사신으로 간 적이 있었던 고려의 고관 尹彦頤도 귀도에 위기를 당했다가 똑같이

34) 山内晉次, 「航海と祈りの諸相」(『古代文化』 50, 1998).

'除髮焚香'하여 무사할 수 있었다는 이야기가 전하는 것은 그 전형이다.[35]

媽祖 출현 전후의 상황: 맺음말에 대신하여

한편 서긍은 자신들이 겪었던 위기가 斷髮만이 아니라 福州의 演嶼神이 '顯異'를 나타내어 주었기 때문에 극복될 수 있었다고 이야기한다. 그것이 어떠한 顯異인지는 설명하고 있지 않지만, 연서신은 복주 지역의 신이기 때문에 이 점에서도 앞서 언급한대로 사절단을 태운 배의 선원들 중에 복건 출신자가 많았을 가능성이 재차 확인된다. 긴급한 위난을 만난 그들은 자신들이 고향에서 평소 믿던 기도의 대상에게 保佑를 빌었던 것이다. 이 연서신은 福州 連江縣 演嶼에 위치한 昭利廟에 모셔진 지방 海神으로, 『淳熙三山志』 권8, 祠廟에는 그 설치 연혁에 대해 다음과 같은 설명이 보인다.

> 故唐福建觀察使陳巖의 長子이다. 乾符中에 黃巢가 閩지방을 함락하자, 公은 唐의 쇠 미함을 보고서 자신의 힘이 약해 부흥할 수 없음을 분하게 여긴 끝에 탄식하며 사람들에 게 말하기를, …고 했다. 그가 죽자 과연 連江의 演嶼에서 제사를 받게 되었고, 本朝(宋)의 宣和2년에는 비로소 처음으로 州에 내려와 민가에서 마침내 지금의 장소에 祠를 만들었다. 宣和5년에는 路允迪이 三韓(고려)에 가서 바다를 건너가 풍랑을 만났으나 기도하여 무사할 수 있었고, 이에 돌아와 조정에 알리니 昭利라는 廟額이 하사되었다(故唐福建觀察使陳巖之長子. 乾符中, 黃巢陷閩. 公觀唐衰微, 憤己力弱, 莫能興復. 慨然爲人曰, …. 既歿, 果獲祀連江演嶼. 本朝宣和二年始降于州, 民遂置祠今所. 五年, 路允迪使三韓, 涉海遇風, 禱而獲濟. 歸以聞, 詔賜廟額昭利.).

연서신은 본래 당의 黃巢 난(875~884) 때 순국한 陳巖[36]의 아들로 민간에서 그 충신됨을 기리기 위해 演嶼 지방에 모신 인격신이었는데, 여기서는 宣和5년(1123)에 사절단의 단장

35) 李蘭暎편, 『韓國金石文追補』 32, 1968. 그런데 『고려사』 권16, 世家16 仁宗11년 2월 乙巳에 의하면 "遣韓惟忠·尹彦頤如宋謝恩, 行至洪州海上, 遇風幾覆, 貢篚霑濕, 不達而還."고 있어 使行 도중 돌아온 것으로 되어 있다.

36) 『신당서』 권190, 열전150 王潮傳에 "初, 黃巢將竊有福州, 王師不能下, 建人陳巖率衆拔之, 又逐觀察使鄭鎰, 自領州, 詔卽 授刺史. 久之, 巖卒, 其婿范暉擁兵自稱留後. 巖舊將多歸潮, …."라고 있다.

격인 노윤적이 고려 使行에서 돌아와 자신들의 무사 귀환이 연서신의 保佑때문이라고 고 하여 송조가 그의 묘에 '昭利'라고 賜額했다는 내력을 설명한다. 당 말 이후 복건 지방에서 시작된 연서신 신앙이 점차 확산되는 가운데, 북송 말엽에 선원들은 물론 사절단에 참여한 관원들까지 출항하기 전에 그 가호를 빈 사정이 파악된다. 이미 용왕에게 안전을 빌고 있던 사절단은 또 하나의 지역 해신이던 연서신에게도 기도하고 있던 것이다.

그런데 연서신이 있던 송대의 복주라고 하면 또 하나의 유명한 해양신인 媽祖(즉 天妃)가 연상되며, 실은 선화봉사고려사절단이 이 마조에게도 복을 구했다는 기록이 있다. 예를 들어 남송시대의 李俊甫이 만든 『莆陽比』 권7, "神女護使" 조의 注文이 그 하나이다.

> 宣和5년, 路允迪이 고려에 갔다가 도중에 震風을 만나 8척의 배 중 일곱이 조난을 당했 으나, 홀로 노윤적이 탄 배만이 神이 桔[37]에 내려와 무사히 건널 수 있었다. 使行에서 돌아와 奏聞하자 順濟의 廟號가 特賜되었다(宣和五年, 路允迪使高麗, 中流震風. 八舟溺七, 獨路所乘, 神降于桔, 安流以濟. 使還奏聞, 特賜廟號順濟.).

위기에 빠진 사절단의 배가 '神'='神女' 즉 마조의 도움으로 무사할 수 있었으므로 노윤적이 귀국해서 조정에 알려 '順濟'라는 묘호가 사여되었다는 것이다. 마조 신앙도 북송 초에 시작하여 북송 말기에는 확산되었을 수 있고, 이 기록대로라면 사절단은 용왕, 연서신, 그리고 마조에 이르기까지 다양한 海神에게 求福한 것이 된다.

다만 중국의 송대에 마조 신앙이 실제로 이처럼 유행했는지에 대해서는 그것을 의심하는 설과 지지하는 설이 양존하고 있어 주의할 필요가 있다. 전자의 입장에서는 마조를 노윤적의 사절단과 연결시키는 기록을 후일의 附會라고 본다. 이들은 사절단이 출항할 단계에서 마조 신앙의 보급 정도는 분명치 않고 그것의 폭넓은 유행은 남송말 이후로 보는 것이다.[38]

하지만 이와 달리 마조와 사절단의 관계를 그대로 받아들이려는 입장에서는 발해만에 있는 沙門島(廟島)[39]에 마조 관련 유적이 이미 북송 말기에 존재한다는 설 등을 앞세워 마

---

37) '桔'은 본래 '도라지'를 뜻하나 여기서의 의미는 미상이다.

38) 이러한 입장을 비교적 일찍이 제출한 것으로는 古林森廣, 앞 논문 참조.

39) 지금의 烟台市에 속한 長島. 원래의 이름인 沙門島는 마조 신앙의 성행으로 인해 이름이 廟島로 바뀌었다고 한다.

조 신앙이 북송말기에는 유행했다고 본다.[40] 특히 朴現圭는 선화봉사사절단의 마조와의 관련성을 적극 상정하면서 이들이 고려에 체재하는 동안 마조 신앙을 고려인에게 소개했을 것이라고 추측하였다.[41]

그러나 『고려도경』에는 마조에 대한 언급이 일체 없고, 고려 측의 기록에도 그것이 국내에서 신앙의 대상이 되었다는 기록은 보이지 않는다. 고려 말기에 이르러 明을 使行한 고려의 정몽주, 李崇仁, 權近 등의 문인이 沙門島에 들렀다가 현지의 마조 신앙을 접한 사실이 확인될 정도이다. 고려시대의 마조는 국내보다 그것을 밖에서 접했다는 기록만이 있을 뿐이다. 다만 이들 사신이 마조를 직접 신봉했다고는 생각되지 않지만, 그들을 태우고 중국 해역을 왕래하던 선원들이 마조를 신봉했을 가능성은 크다고 보인다.

이상과 같은 동아시아 해상의 사정에 비추어 고려시대 군산도에 위치한 오룡묘는 그 위상을 어떻게 평가할 수 있을까? 중국과 달리 한반도에서는 일반인들이 오룡묘나 마조를 신앙의 대상으로 적극적으로 수용한 흔적은 찾아보기 어렵다. 그 가운데 한-중의 교류가 이어지면서 중국의 해양민에 의해 전래된 그들의 문화, 특히 해신에 대한 신앙이 한국의 해안지대에서 바다를 중심으로 활동하는 선원들에게 영향을 미쳤을 가능성은 아주 크다고 할 수 있다. 그리고 중국의 해신 신앙의 발달 과정에 대응해서 한국의 해안 등지에서는 먼저 오룡묘 신앙이 들어왔을 것이고, 군산도의 오룡묘야말로 그 자취를 지금까지 전해주는 희귀한 사례라고 할 수 있다. 하지만 이윽고 중국을 풍미하게 된 마조 신앙의 위력으로 중국 선원의 신앙 대상이 바뀌자, 한반도에서도 그 영향을 받아 오룡묘 신앙은 쇠퇴하게 되었을 것이다. 한반도에서 마조 신앙이 확산된 모습은 분명치 않고 그 이유 또한 분명치 않지만, 일부 연구자에 의하면 소위 '環渤海지구'에 널리 분포하는 媽祖廟의 분포가 한반도의 평안도 해안 지구에까지 달했다는 견해가 있다.[42]

---

40) '順濟'라는 廟號가 북송시대에 주어졌다는 설을 지지하는 것으로는 劉福鑄, 「媽祖褒封史實綜考」(『湛江海洋大學學報』 25-5, 2005)를 소개해둔다.

41) 朴現圭, 「高麗時代媽祖接觸考」(『魯東大學學報』 26-3, 2009).

42) 王苧萱, 「媽祖文化在環渤海地區的歷史傳播與地理分布」(中國海洋大學 석사논문, 2008).

V

해외의
동아시아 연구

1 미국 및 일본에서 '傳統中國의 世界秩序'에 관한 연구사와 그 특징 비교

서론 : 연구의 의의와 방법

전통시대의 중국 왕조에서는 독특한 세계관으로서 '중화 세계관'이 자리 잡고 있었다. 이 사상은 동아시아에서 중국문명만이 가장 일찍 발생했다는 자부심을 배경으로, 중국의 통일이 진전되고 주변 타민족이 그에 복종함에 따라 무한히 확대되어 무릇 비문명국인 '夷狄'은 중국 천자의 '德'(=문명)을 사모해 조공과 복종을 표해야 하고, 중국의 천자도 이들을 敎化해야 한다는 책무가 있다는 인식으로 발전했다. 중국의 天子(황제)는 이념적으로 漢族만이 아닌 다수의 민족을 포용한 세계의 지배자가 돼야했고, 또 현실적으로 그 영역은 군현제를 통한 직접 지배가 미치는 중국 내부(inner China)와 이민족 君長을 매개로 한 간접지배의 영역(Outer China)으로 이루어지게 됐다. 원래 '宗藩 관계'로 칭한 이 관계는 일본과 미국에서 각기 '冊封體制'와 '朝貢시스템'으로 이론화되었고, 이 질서가 漢代에 성립한 이후 2000년간 중국의 천하질서로 지속되었다고 설명한다.[1]

이같이 독특한 질서의 관계 범위가 중국에만 그치지 않고 인접한 한국, 일본, 베트남 등을 포함하기 때문에, 이것을 그대로 하나의 동아시아의 질서로 볼 수 있다는 견해도 나왔다. 하지만 이 문제가 동아시아 각국의 역사 이해와 교차하기 때문에, '중국적 세계질서'가 전근대 동아시아를 아우르는 질서로 양해되기 위해서는 그 역사적 타당성에 공통된 인식이 선행돼야 하지만, 현재로서 그러한 도달점은 요원해 보인다. 그것이 너무 중국 중심주의적이고 허구적이며, 그 필연적 결과로 타국의 입장을 구체적으로 반영하지 못한

1) 이 같은 설명은 이후에 소개하는 일본의 니시지마 사다오와 미국의 존 페어뱅크를 비롯한 많은 논자들의 기본 입장을 이루고 있다.

다는 비판이 일찍부터 제기되었다. '책봉체제'와 '조공시스템'은 '전통적 중화 세계질서'의 파악으로서는 어떨지 몰라도, '전통적 동아시아 세계질서'의 파악으로서는 한계가 있다는 것이다.

그럼에도 불구하고 현재의 중국 정부가 '책봉'과 '조공'을 지나간 역사의 논리로 묶어두지 않고, 간혹 그 망령을 현대사 속에 투영시켜 근린국과 '역사문제'를 야기하고 있는 것은, 소위 '동북공정'이라는 정치 목적을 넘어 '책봉체제'와 '조공제도'의 역사적 실체보다 그 외형적 허상에 수천 년 동안 사로잡혀온 중국인의 '환상'이 얼마나 강한 것인지를 생각하게 한다.

이러한 상황은 '책봉체제', '조공시스템', 그리고 '동아시아론' 등이 교과서에만 머물지 않는 현실적인 문제로서, 그 실체에 대한 이해의 필요를 어느 시기보다도 우리에게 요구하고 있다. 즉 여기서 문제가 되는 것은 '책봉'이나 '조공' 등의 역사 제도와 내용적 측면이 아니라, 그러한 역사 용어를 중심으로 하는 '중화세계질서'가 실재했다고 보는 談論 그 자체가 연구자들 간에 언제부터 어떻게 만들어지고 발전하여 지금에 이르렀는지를 회고해볼 필요이다.

'동아시아'를 화제로 한 논의가 최근 다방면으로 활발하지만, 이 문제는 특히 미국과 일본의 동양사학계에서 본격화했다고 보인다. 동아시아를 하나의 단위로 파악하여[2] 논의를 시작한 미국과 일본의 입장과 의도는 저마다 다르지만, 대략 1960년대 전후부터 이 문제를 전개시킨 점에서 일치한다. 따라서 우리는 책봉과 조공을 중심으로 하는 '전통중국의 세계질서' 내지 '전통 동아시아론'에 대한 타당성의 검증도 필요하지만, 그러한 논의가 어떻게 이루어져왔는지에 대한 이해도 필요하다.

본 논문은 국내에서 아직 정리된 적이 없어 보이는 이상의 문제를 그 발원지이면서 아직도 선도적 위치에 있는 미국과 일본의 학계를 중심으로 검토하려는 데에 있다. 미국과 일본은 현재 역사문제로 대립하고 있는 한국과 중국의 이해관계로부터 한발 물러나 자기 식으로 '전통중국의 세계질서'를 이해한 연구 축적을 가지고 있기 때문에 그 자체를

2) 미국의 역사학계에서 '동아시아(East Asia)'가 하나의 지역학의 연구 대상으로 자리 잡기 시작한 것은 2차대전 이후였다. 이와 관련해서는 Ronald Suleski 저(김성규 역), 『하버드대학의 동아시아연구』(*The Fairbank Center for East Asian Research - At Harvard·University: A Fifty Year History, 1955-2005,* 현학사, 2008), pp.33~34 참조. 한편 일본의 '동아시아' 용어 사용과 관련해서는 子安 宣邦, 「昭和日本と'東亞'の槪念」(『동아시아학의 모색과 지향』 성균관대학교 동아시아학술원 개원기념 동아시아학 국제학술회의 발표집, 2000년 11월)을 참조.

공유할 필요가 있다. 또한 美日 양국 간에는 역사와 문화적 배경의 차이로 당연히 역사해석에도 차이를 보이지만, 그 같은 상황은 주로 초반에 해당하며, 이후 양자 간의 정보 교류와 지적 자극을 통해 점차 상이점이 지양되면서 유사한 해석과 '동아시아질서론'의 새로운 모색이 공통적으로 나타나기도 한다. 이러한 측면에 대한 주목도 그동안 없었기 때문에 분석 자체로 의미가 있을 것이다.

본론은 1960년대에 등장한 니시지마의 '책봉체제론'과 페어뱅크의 '조공시스템론'에서 출발해, 70년대 이후 이들에 대해 제기된 비판과 새로운 대안, 그리고 80년대에 들어 나타난 미국의 로사비와 맨콜을 중심으로 하는 새로운 연구 경향 및 일본에서의 그와 유사한 경향 등을 시간적으로 쫓아가는 방법으로 전개될 것이다. 각각의 시기는 각각의 시대적 특징을 가진 중국연구를 만들어냈지만, 동시에 거기에는 일본과 미국의 중국연구에 시대를 넘어 흐르고 있는 공통적인 경향도 읽혀지므로 그러한 동향에 대해서도 살펴볼 것이다. 또한 편의상 본론에서는 미국과 일본을 나누어 고찰하지만, 이것은 양자 간에 서로 입장과 시각이 무관계한 것을 의미하는 것이 결코 아니다. 오히려 양자 사이에는 처음부터 상호 영향을 주고받았던 것이 사실이다.

본론에서는 국내에 그다지 알려져 있지 않은 연구의 소개와 그 이론상의 가능성에 대해서도 주의할 것이다. 니시지마나 페어뱅크의 이름은 국내에서도 익숙하지만, 미국의 맨콜의 연구 등은 아직 자세히 소개되지 않았다. 또한 페어뱅크나 로사비가 편집한 책 속의 논문들도 그다지 분석되지 않아 소개할만한 가치가 있다.

필자는 本題와 관련한 연구 동향을 모두 파악하고 있지 못하며, 본 장에서는 따라서 함께 검토해야 할 논저가 누락되어 있을 수 있다.[3] 1960대 이후 일본과 미국에서 전통중국의 세계질서와 관련해 다양한 연구가 진행되어 왔다. 미국에서도 그러하지만 특히 일본의 경우 현재까지 축적된 연구량은 상당하다. 이들을 일일이 소개하기는 쉽지 않고 또 모두가 필요한 것도 아니기 때문에, 소론에서는 중요하고 영향력 있는 논저를 중심으로 그 흐름을 파악할 것이다.

3) 국내에서의 '동아시아'에 대한 연구는 주로 현재적 시점에서의 '동아시아론'의 의미와 가능성을 둘러싼 논의가 대부분이고, 본론과 같은 관점에서의 논의 내지 정리를 필자는 아직 접하지 못하고 있다.

1. 1960년대의 '중국적 세계질서론'

1) 니시지마 사다오(西島定生) '冊封體制論'의 등장: 일본의 경우

1960년대의 일본 역사학계에서는 이시모다 쇼(石母田正)가 "과연 동아시아에 유기적이고 통일적으로 결합된 역사세계가 존재했는가"[4]라는 문제를 제기한 이후 일본사 연구자들 사이에 '동아시아'라는 시점이 폭넓게 도입되었고, 또 그러한 방향의 연구가 많은 성과를 만들어냈다. 니시지마의 '동아시아세계론'(1962년)은 이 같은 배경에서 출발한 것이었지만, 적지 않은 비판을 수반하면서도 그 체계적이고 장대하며 다이나믹한 측면 때문에 이후 일본 '동아시아세계론'의 대표적인 지위를 점하게 됐다. 일본에서 1970년도 이후 전근대의 '동아시아'와 관련된 역사연구는 의식적이건 무의식적이건 니시지마의 '동아시아세계론'을 전제로 하고 있다고 보아 지나치지 않을 것이다.[5]

한국에도 이미 잘 알려져 있는 그의 동아시아세계론은 먼저 (1) 중국, 한국, 베트남, 일본은 중국문화를 중심으로 하는 문화권, 구체적으로 漢字, 유교, 漢譯佛教, 율령과 같은 중국 기원의 문화를 공통요소로 하는 '동아시아 문화권'－이 표현도 니시지마에 의해 시작되었다－이지만, (2) 이 문화권은 문화가 문화로서 독자적으로 확대되어 성립된 것이 아니라 그 배경에 동아시아의 독자적인 정치구조로서 존재한 '책봉체제'를 매개로 한 것이다, 라는 생각을 출발점으로 한다. 즉 이것은 '문화'보다 '정치' 관계를 중시한 것이며, 그 핵심을 이루는 '책봉체제'란 漢代 이후 중국황제가 주변제국 또는 제민족의 首長에게 중국의 작위를 내려 君臣關係를 맺게 됨으로써 중국 내부의 신하들이 '內臣'이라 불린 것에 비해 주변민족 또는 국가의 수장은 '外臣'이라는 지위에 놓이게 된 것을 말한다.

그리고 (3) 여기서 문화권과 정치권이 일체화된 자기완결적인 '동아시아세계'가 성립되어, 古代～淸代까지 역사적 근거를 갖는 지역세계가 형성된 것을 추적할 수 있다는 것이

4) 石母田正, 「日本古代における國際意識について」(『思想』 454, 1962).

5) 니시지마 사다오의 '동아시아세계론'에 대해서는 그 동안 수많은 학자들의 논급이 존재하며, 이는 그의 연구가 많은 학자들이 자신의 '동아시아론'을 전개할 때 출발점이 되고 있음을 반증한다. 그 중에서도 니시지마 '동아시아세계론'의 내용, 의의, 비판 등을 가장 체계적으로 서술한 것으로는 唐代史硏究會編, 『隋唐帝國と東アジア世界』(汲古書院, 1979)에 실린 菊池 英夫의 「總論」일 것이다. 본 장에서도 이를 참조한 바가 많다.

다. 요컨대 니시지마는 '책봉체제'가 중국왕조를 중심으로 하는 동아시아의 국제질서를 움직이게 하는 형식이며, 동아시아의 국제 관계는 이 체제를 매개로 실현되어, 그것이 일단 실현되면 그 논리에 따라 자기운동을 시작해 문물제도(문화)의 파급도 그에 따르게 되었다는 것이다.[6]

니시지마의 독특한 가설에는 이를 낳게 한 몇 가지 배경이 있다. 먼저 이론적으로는 그보다 한발 앞서 "漢의 국제적 질서는 황제의 德·禮·法·王化로 구성되는 중국 국내질서가 외부로 연장된 것이다"라고 한 구리하라(栗原朋信)의 주장이 존재한다.[7] 니시지마의 설은 구리하라의 연구보다 한층 본격적이고 장대하지만, 구리하라의 印章 연구를 토대로 한 독특하고 흥미로운 연구를 계승했다는 일면을 부정하기 어렵다. 압축적으로 비교한다면 구리하라의 연구가 '미시적'인 성격이 강하다고 본 다면, 니시지마의 그것은 '거시적'인 측면에서 다루어졌다고 할 수 있다.

이와 함께 니시지마 '동아시아세계론'의 현실적인 측면과 관련해서는, 당시의 일본이 처해진 상황에 대한 그의 지식인으로서의 입장을 이해할 필요가 있다는 지적이 있다. 즉 李成市에 따르면 니시지마는 당시 세계사교과서 작성에 가담하고 있었는데, 또 한명의 공동 집필자였던 우에하라 센로쿠(上原專祿)의 영향을 받아, 그의 인식 속에 있는 '동아시아세계의 설정'은 당시의 일본을 비롯한 동아시아 4국이 단순히 한자문화권으로서 만이 아니라 미국의 베트남전쟁 등 제국주의적인 진출에 대한 동아시아의 위기, 그리고 歐美的 가치의 일원성이 강조되는 세계사의 논리에 직면한 '동아시아의 위기' 등에 상응하는 의미가 있었다는 것이다.[8]

그러나 여기서 말하고 있는 '동아시아'가 일본을 가리키는 것은 자명하며, 이것은 그가 '동아시아'라는 가치를 수단으로 삼아 구미의 논리에 대응하려 한 것으로 보지 않을 수 없다. 다시 말해 니시지마로 대표되는 戰後에 성립된 일본학계의 '동아시아 세계론'의 배

6) 이상의 논리는 西嶋 定生, 『中國古代國家と東アジア世界』(東京大學出版會, 1983)에 집대성되어 있고, 그 논리를 압축한 것으로 볼 수 있는 필자 자신의 연구로는 동, 『日本歷史の國際環境』(東京大學出版會, 1985)가 있다.

7) 구리하라의 연구로는 栗原 朋信, 『秦漢史の硏究』(吉川弘文館, 1960): 『上代日本對外關係の硏究』(吉川弘文館, 1978): 「漢帝國と周邊諸民族」(岩波講座 『世界歷史』 古代4, 岩波書店, 1970): 「中華世界の成立」(『中國前近代史硏究』, 雄山閣, 1980) 등을 참조.

8) 李 成市, 『東アジア文化圈の形成』(山川出版社, 2000) 및 여기에 대한 김 성규 서평(『歷史學報』 166, 2000); 西嶋定生 저(李 成市 편), 『古代東アジア世界と日本』(岩波, 現代文庫, 2000) 등을 참조.

경에는 동아시아로 회귀하여 거기서 자기 역사와의 관련성을 찾아내려는 의식과, 나아가 구미제국의 동아시아로의 진출에 대한 대응이라는 실천적인 면이 흐르고 있음을 간과해서는 안 될 것이다. 동시에 이성시가 역시 지적하는 것처럼 한국학계에서 '동아시아 세계론'이 일본에 비해 거의 일반화되지 않거나 공감될 수 없는 이유는, 이상에서 나타난 것처럼 그 논리 안에 일본이라는 요소가 너무 강조된 점에 대한 경계심이 작용한 것으로 볼 수 있을 것이다.[9]

2) 존 페어뱅크(John. K. Fairbank) 모델의 탄생 : 미국의 경우

미국에서는 니시지마의 연구보다 조금 앞서 일본과 다른 입장에서 '전통중국의 국제질서'에 관한 연구가 진행되고 있었다. 처음에 미국에서는 자신이 중국과의 외교 교섭 과정에서 부딪힌 문제의 역사적 근원을 이해하기 위해 중국의 전통질서에 접근했고, 또 초기에는 그러한 질서가 전개된 무대를 '동아시아(East Asia)'보다 '극동(Far east)'이라는 용어를 즐겨 사용한 것처럼 일본과 같은 특별한 가치개념은 없었다.

따라서 미국의 경우는 '동아시아 세계론'보다 '전통 중국의 국제질서'의 특징에 먼저 주목하게 되었는데, 이 또한 당시의 현재적 관점, 즉 중국의 19세기의 서구세계와의 관계를 이해하기 위한 미국의 시도였다. 여기서 등장한 것이 '조공시스템'의 용어였다. 당시 미국 중국사학계의 개척자이자 代父격인 페어뱅크는 1941년에 鄧嗣禹와 함께 「청대의 조공제도(On the Ching Tributary System)」라는 논문에서 "19세기 중국의 외교정책은 오로지 중국의 전통적인 배경, 즉 조공시스템을 배경으로 해서만 이해될 수 있다"고 하여, 처음으로 '조공시스템'(Tributary System)이라는 용어를 사용했다.[10]

그는 19세기 이후의 근대적 국제 관계를 '조약시스템'(Treaty System)으로 파악하고 여기에 포섭되지 않고 있던 종전의 동아시아의 전통적 국제 관계를 '조공시스템'으로 일반화했다. 따라서 19세기 이후 영국으로 대표되는 소위 '서세동점' 하에서 '조공시스템'이 '조약시스템'으로 강제로 전환될 수밖에 없던 상황을 이해하기 위해서는 기존의 중국적 세계질서였던 '조공제도'를 이해해야 한다는 것이다.

---

9) 주8)의 연구서 참조.

10) John. K. Fairbank and Ssu-yu Teng, On the Ching Tributary System, *Ching Administration : Three Studies*, Harvard University Press, 1961(원재 = *Harvard Journal of Asiastic Studies,* 6-2, 1941), p.107.

페어뱅크는 조공제도의 특징을 후대의 많은 학자들과 크게 다르지 않게 "(1) 조공시스템은 초기 중국인들의 문화 우월감에서 자연적으로 성장한 것이다, (2) 그것을 중국의 천자(황제)들은 자기 방어를 위한 정치적 목적으로 이용했다, (3) 그것은 실제 면에서는 경제적인 측면이 본질적이고 중요했다, (4) 그것은 중국의 국제 관계와 외교의 수단으로 활용됐다"[11]라는 특징을 갖는 것으로 파악했다. 그리고 조공시스템의 직접적인 연원을 明代로 보아 명대에서 청 말기에 이르는 조공제도를 분석하면서 또 한편으로는 조공 儀禮와 관련된 부분에 많은 서술을 할애했다.

그 결과 그는 교역과 조공은 동일한 시스템의 양면으로, 중국은 조공의 정신적 가치를, 주변의 여러 민족, 즉 '夷狄'은 교역의 물질적 가치를 중시하여, 양자 사이에 균형이 잡히면 조공시스템은 지속됐다는 인식을 보였다. 1950년대 이후 미국에서 나온 19세기 중국외교사의 여러 연구는 이 같은 성격을 갖는 중국의 특이한 세계 질서 = '조공시스템에서', '근대적인 조약시스템으로' 전환되었다는 틀을 사용하고 있는 경우가 많은 것처럼 보인다.

'조공시스템'에 대한 페어뱅크의 이론적 틀은 그보다 훨씬 뒤에 그가 편집한 『중국적 세계 질서』(*The Chinese World Order*, 1968)[12]의 序章('A preliminary framework')에서 다시 정리되었다. 주로 명과 청 시기의 대외관계를 다룬 13명의 연구자가 기고한 이 논문집 - 여기서는 각 논문의 제목은 생략하기로 한다 - 의 서장에서 그는 '조공시스템'을 보다 포괄적인 것으로 만들 것을 의도한 試論을 제시했다.

그의 작업으로서 특히 눈을 끄는 것은 중국과 그를 둘러싼 외부세계와의 관계를 분석적으로 설명한 대목이다. 먼저 그는 중국의 외교관계, 즉 '중국적 세계질서'와 관계를 갖는 공간을, 1) 중국 내부의 정치질서와 문화가 외부로 연장되어 나타난 '중국문화지대(The Sinic Zone)', 2) 중국문화권 밖에 있으나 중국에 위협을 주는 '내륙아시아지대(The Inner Asian Zone)', 3) 먼 곳에 있어 교역할 때에 조공해 오는 '外廓地帶(The Outer Zone)'와 같이 셋으로 나누어, 그 차별적 관계에 주의하였다. 중국과 접촉한 대상이 다양하고 세계가 이질적인 만큼 그 차이를 충분히 고려할 필요가 있다는 이 지적은 지금도 연구자들이 주의해야 할 자세이다.

그는 또한 중국왕조가 자기중심적 세계질서를 유지하기 위해 諸國에 대한 정책 목표

---

11) John. K. Fairbank ed., 앞 책, p.109.

12) John. K. Fairbank ed., *The Chinese World Order : Traditional China's Foreign Relations*, Cambridge, Harvard University Press, 1968.

와 그를 실현하기 위한 수단으로 다음과 같은 것을 이용했다고 구별하였다. 즉 목표가 지배(Control)일 경우=A는 군사적 수단인 '武'=A1과 행정적 수단으로서의 禮와 法=A2, 목표가 向化(attraction)일 경우=B는 문화(文)적이고 이데올로기(德)적 수단인 B1과 불교적 수단인 B2, 그리고 목표가 조종(manipulation)일 경우=C는 물질적 이익(利)을 수단으로 하는 C1과 외교적 방법을 수단으로 하는 C2가 그것이다.

이러한 분류 가설 위에서 페어뱅크는 각각에 해당하는 나라들을 들고 있는데, 예를 들어 한국에는 오직 B1만이 적용된 반면 티베트의 경우는 B2와 C2 그리고 A1도 일시 적용되었다고 보았다.[13] 이전보다 좀 더 체계화하려는 그의 노력이 보이지만, 이 같은 구분의 타당성에 대해서는 후술하는 페어뱅크 비판론자들의 지적으로 대신하고자 한다.

이상을 통해 페어뱅크의 '중국적 세계질서'를 일본의 그것과 비교해 볼 때 몇 가지 특징이 있음을 지적할 수 있다. 첫째, 책봉체제론이 漢代에 기점을 잡아, 그 이후 수·당시대에서 동일성을 발견하고, 나아가 송대 이후를 변형기로 파악하는 전망을 가진 입장에 비해, '조공시스템론'에서는 근대의 외교문제를 이해하기 위한 필요에서 근대 내지 명청시대로부터 거꾸로 중세와 고대로 통하는 전근대를 바라본다는 점이다.[14] 이 같은 對照는 이미 밝힌 것처럼 책봉체제론이 동아시아의 가치를 동아시아의 전통에서 찾으려는 것과는 다른 입장에 서 있던 미국과의 입장 차이에서 오는 것이다. 또한 이 점에서 '책봉체제론'은 연구의 대상을 漢代 ~ 隋·唐시대에, 그리고 '조공시스템론'은 근대에 직접적인 뿌리를 갖는 明·淸시대에 중점을 둘 수밖에 없는 방향성을 강하게 갖게 했다고 볼 수 있다.

둘째로 주의되는 점은 '조공시스템론'에 보이는 일본학계의 영향이다. 페어뱅크의 1941년도의 논문("On the Ching Tributary System")에서는 일본의 연구는 전혀 인용되지 않았지만, 후자의 연구(The Chinese World Order, 1968)에서는 그 무렵 학계에 선을 보인지 오래되지 않은 일본 연구서를 인용하고 있고, 특히 그 속에 구리하라의 논문이 보인다. 페어뱅크의 이론에는 漢의 국제적 질서를 설명하는데 사용된 구리하라의 '황제의 德·禮·法' 등의 개념이 그대로 사용되고 있고, 니시지마의 영향도 사실상 인정된다. 1968년 페어뱅크의 '조공시스템론'이 완성될 무렵까지 일본에서는 '책봉체제론' 등이 이미 등장해 상당한 반향을 불러일으켰는데, 이 단계에서는 이미 미국에도 소개되어 영향을 준 것이다.[15]

---

13) John. K. Fairbank ed., 앞 책, pp.11~14.

14) 後揭하는 주 16)의 佐佐木揚, 논문, pp.19~20 참조.

15) 이 무렵 페어뱅크는 일본 학계의 연구에 주목하고 있었다고 보인다. 이와 관련해서는 앞 주2)에서 인용

셋째로 '조공시스템'과 '책봉체제론'사이에서는 요컨대 내륙아시아가 점하는 비중의 차이가 돋보인다. 즉 페어뱅크는 중국의 대외관계를 전술한대로 '중국문화지대', '내륙아시아지대', '외곽지대'로 구별하여 분석하고 있지만, '책봉체제론'에서는 이 중에서 '중국문화지대'라고 할 동아시아문화권에만 초점을 맞추고 나머지 부분은 논외로 하고 있다. 페어뱅크는 중국사의 전개 속에서 반복된 한민족과 내륙아시아 제민족과의 관계에 주목해, 그 속에서 나타난 각축이 중화지배체제를 지탱하는 요소로 보았기 때문이다.

이상과 같이 일본에 비해 중국학의 역사가 짧은 상황에서 미국의 페어뱅크는 일찍부터 '중국적 세계질서'와 관련해 '조공시스템'이라는 중요한 개념을 만들어 냈고, 나아가 그가 시도한 지역적 구분, 중국왕조의 주변제국에 대한 '정책적 목적과 수단'의 구별 방식 등은 그의 중국근현대사 연구가 그러한 것처럼 이후 '페어뱅크 모델', '페어뱅크 패러다임'의 하나로 後學에게 영향을 미치게 된다.

2. 니시지마와 페어뱅크 이론에 대한 비판과 대안의 모색 : 1960~70년대의 동향

1) 일본에서의 다양한 '중국적 세계질서론'

니시지마가 '동아시아문화권', '동아시아세계'의 개념과 함께 학계에 정착시킨 '책봉체제론'은 발표 직후부터 큰 반향을 불러 일으켰다. 그 과정에서 다양한 비판과 대안도 수반되었지만, 그럼에도 불구하고 이후에 일본 역사학계에서 그 개념이 널리 공유되었을 뿐 아니라 그것이 비판적이라 할지라도 일본의 '동아시아세계론'이 일본사, 동양사를 불문하고 '책봉체제론'에 대한 논의를 축으로 전개된 것은 니시지마의 영향력을 반증한다.

'책봉체제론'에 대해 제일 먼저 즉각적인 반응을 나타낸 것이 한국사를 비롯한 주변 諸民族史 연구자들이었다.[16] 그도 그럴 것이 '책봉체제론'의 시각에는 중국 중심의 편향성

한 로널드 슐레스키 저서(김 성규 역), pp.59~60에 보인다.

16) 니시지마 '책봉체제론'에 대한 비판과 대안이 오랜 기간 동안에 무수히 제출되었기 때문에, 자신의 '중국적 세계질서'를 전개하려는 각각의 연구 논문들 가운데에는 그러한 비판들, 즉 연구사를 정리한 것들도 적지 않다. 대표적인 것으로는 菊池 英夫의 「總論」이외에, 山本 達郎, 「歷史上から見た東アジアの國

이 강하고, 동아시아의 역사가 중국왕조의 발전사 내지 흥망사 속에 함몰되어 각 지역의 자율적인 역사전개를 시야 속에서 잃어버릴 수 있다는 우려가 있기 때문이다. 이 같은 우려를 처음으로 표명한 사람은 한국사 연구자인 하타다(旗田巍)이며, 그는 '책봉체제론'이 발표된 동시기인 1962년에 이미 "동아시아를 하나의 '圈' 혹은 '世界'로 보기 위해서는 諸國의 변동이 서로 내면적인 관련을 갖고 있었음이 확인되지 않으면 안 되며, 단순한 동시성에 의한 다소의 영향과 같은 것은 거의 무의미하다"[17] 고 지적했다. 이 점은 지극히 타당하며, 이후 거의 모든 논자들이 당연한 전제로 삼는 부분이다.

한편 '책봉체제론'에 대한 비판과 함께 '동아시아세계론'에 대한 새로운 대안도 제기됐다. 1963년에 제기된 호리(堀敏一)의 견해는 대체로 니시지마와 하타다의 논점을 계승하여 한층 심화시킨 것으로, 중국의 對이민족 관계에는 책봉관계 이외에 羈縻州와 단순한 조공·會盟 등 양자 간의 힘의 관계에 의해 다양한 變異가 존재하며, 이러한 다양성의 의의를 밝히려 했다.[18]

동아시아 세계의 다양한 국제 관계의 형태에 유의할 필요가 있다는 호리와 같은 지적은, 거의 동시에 나카무라(中村榮孝)에 의해서도 제출되었다. 그는 역대 중국왕조에 보이는 華夷간의 統屬 관계를 권력의 규모와 세력균형에 따라, ① 화이관계의 전형적인 것으로서 관작을 매개로 군신관계를 맺는 책봉체제, ② 同姓의 血盟 혹은 異姓의 통혼에 의해 형성된 同盟 내지 修交 관계인 會盟體制, ③ 외교관계가 성립되어 있지만 정기 및 임시의 조공은 하되 臣屬의 의무는 없는 修貢體制, ④ 외교관계의 성립 없이 단지 私的通商이 공인된 私的通商체제, 의 네 가지 유형으로 구분했다.[19]

이 같은 '동아시아세계론'은 1970년대에 들어서도 계속해서 학자들 사이에 왕성하게 논의되었으나, 논의의 큰 틀은 기본적으로 유지되었다고 볼 수 있다. 그 논자들로는 다나

際關係の形態」(『國際基督教大學學報3-A』 8, 1975); 田中 健夫, 「十四世紀以前における東アジアとの關係」(『中世對外關係史』, 東京大學出版會, 1975); 鬼頭 淸明, 『日本古代國家の形成と東アジア』(校倉書房, 1976); 佐佐木揚, 「淸代の朝貢システンと近現代中國の世界觀」(一)(『佐賀大學教育學部硏究論文集』 34-2 (I), 1987) 등이 있고, 본 장도 이들의 정리를 이용한 부분이 적지 않음을 밝혀둔다.

17) 旗田 巍, 「九~十二世紀の東アジアと日本」(『岩波講座 日本歷史』 古代4, 1962) 및 앞 菊池 英夫 「總論」 참조.

18) 堀 敏一, 「東アジアの歷史をどう構成するか」(『歷史學硏究』 276, 1963): 「近代以前の東アジア世界」(『歷史學硏究』 281, 1963).

19) 이 정리는 주16)의 佐佐木揚 논문에 의한 것이다.

카(田中健夫, 1975), 야마모토(山本達郎, 1975), 오니가시라(鬼頭淸明, 1976), 키쿠치(菊池英夫, 1979) 등 다수에 이르고 전공도 중국사, 한국사, 일본사, 베트남사로 다양하지만, 그 내용은 요컨대 중국 중심주의로부터의 탈각을 통한 진정한 동아시아론의 구축이라는 입장에서 니시지마의 논점을 비판하거나 대안을 모색한 것이었다.[20]

니시지마의 '책봉체제론'은 이상과 같이 어느 한정된 시대와 지역의 분석에서 추출된 정치구조이며 재검토될 문제가 없는 것이 아니다. 그러나 니시지마 스스로가 "그러면 동아시아사의 국제정치에 내재하는 특수성은 이해할 수 없는 것이 되는 것이 아닐까?"[21]하고 반론한 것처럼, 동아시아 국제 관계의 고유한 질서에 착목하여 그것을 다른 시각에서 이 정도의 일관된 틀을 유지하며 설명해낸 것은 아직 존재하지 않으며, 이 점에서 '책봉체제론'은 여전히 진근대의 아시아를 이해하는 데에 고려될 중요한 이론의 하나라고 할 수 있다.

2) 페어뱅크 이론의 비판

페어뱅크의 '조공시스템론'에 대해서도 비판적인 입장에서의 평가가 적지 않다. 페어뱅크에 대해서는 그의 중국사 연구시각 자체에 대한 포괄적인 비판이 존재하지만,[22] 논점을 조공문제에 한정할 때 먼저 제기되는 것은 그가 편집한 『중국적 세계 질서』의 서문에서 자신이 주창한 '조공시스템론'이 책의 본문 속에 담긴 다양한 필자들의 논문의 내용들과 충분히 어울리지 않는다는 점이다. 이미 제출된 여러 비평들 중에, "시간적으로 공간적으로 특수한 사례에 초점을 맞춘 각 논문을 이론적으로 통합하려고 한 페어뱅크의 序章은 그다지 성공적이지 못하다"[23]고 하거나, "(페어뱅크의) 명쾌한 이론은 (본서의 본문에서 제기된) 대외관계의 다양한 데이터와 관련이 적으며, 그것들은 비교적이며 체계적인 방법으로 재분석되어야 할 것이다"[24]는 비평이 그것이다.

20) 이상의 연구에 대해서는 주16)에 인용한 논문을 참조.

21) 西嶋 定生, 『日本歷史の國際環境』(東京大學出版會, 1985), p.238.

22) 渡邊 俊彦, 「J. K. フェアバンクの中國論」(『中國硏究』 76, 1976) ; Paul A. Cohen 저, 이남희 역, 『학문의 제국주의』(*Discovering History in China : American Historical Writing on the Recent Chinese Past*, 산해, 2003).

23) 猪口 孝, 「傳統的東アジア世界秩序試論」(『國際法外交雜誌』, 1974).

24) John W. Lewis, A Review of John K. Fairbank, ed., *The Chinese World Order*, *American Political Science*

본서의 기고자들 중에는 중국적 세계질서가 결코 중국 중심으로 일관되지 않았다고 설명하고 있음에도 페어뱅크가 그것을 중국 중심의, 게다가 일관된 질서로 설명할 경우 무리가 발생하는 것은 당연할 것이다. 그 기고자의 한 사람인 왕궁우(Wang Gungwu)가 "중국의 정치는 공간과 시간 안에서 이해되어야 하며, 중국의 정치행동에 관련한 모든 이론은 다양성을 선입견적인 세계질서로부터의 일탈로 생각하기보다 정상적인 것으로 받아들여야한다"[25]고 한 것은 그러한 입장을 나타내며, 다시 루이스(John W. Lewis)도 페어뱅크의 『중국적 세계 질서』 전체에 대한 거의 유일한 서평 속에서 "중국적 세계질서라는 거대한 주제에 매달림으로써, 이 책의 일반적인 경향은 정치적 분석을 필요로 하는 중요한 특징이 사라지게끔 증거들을 균질하게 만드는 것이다"[26]고 비판했다.

내륙아시아사가인 스즈키(鈴木中正)도 역시 本書의 기고자의 한사람임에도 페어뱅크의 입장과 다른 견해를 강조했다. 그는 문화권이 다른 몽고와 티베트의 경우 중국과의 관계를 결정하는 것은 '유교군주의 덕'이 아니라 오로지 군사력의 우월성이라고 진단한 후 우리가 빠지기 쉬운 華夷觀念의 논리적 모순과 인식의 오류에 대해 다음과 같은 경청할 만한 의견을 제시했다.

> 티베트와의 관계에서도 실력상의 우열이 분명하게 나타난 것은 元이나 淸같은 특수한 왕조의, 더구나 특수한 시기에 있어서이다. 그러나 이 같은 특수한 시점에서의 경험이 유교의 華·夷관념에 따라 조공관계로 제도화되면, 聯想 혹은 思惟의 연쇄반응에 의해 시점의 특수성은 타파되고 그것이 모든 시대에 타당한 보편적인 관계인양 오해되어버린다. 마찬가지로 공간적으로도 특수한 나라 또는 민족 간의 관계가 어느 민족에도 타당한 일반성을 갖는 것처럼 이해되어, 중국의 君主가 萬國의 主이며 혹은 그래야 한다는 관념이 생긴다.[27]

페어뱅크의 '조공시스템론'에 대해서 가장 강한 논조로 비판한 평자는 일본의 정치학자인 이노구치(猪口孝)일 것이다. 이노구치는 페어뱅크의 '조공시스템' 모델에 대해 특히

Review, 63, 1969.

25) Wang Gungwu, Early Ming Relations with Southeast Asia, John K. Fairbank, ed., *The Chinese World Order*, Cambridge, . Harvard University Press, 1968.

26) 주24) 참조.

27) 鈴木 中正,『チベットをめぐる中印關係史』(東京, 1974), p.57.

그것의 (1) 중국 중심주의, (2) 儀式的 요소의 과대평가, (3) 中外關係에서 동남아시아 및 西洋諸國의 과대평가, 라는 3가지 면에 과도하게 치우쳐 있다고 보고, 이 모델은 전통적 중화세계질서의 중화사상적인 파악으로서는 적절할지 몰라도, 전통적 중화세계질서 나아가 전통적 동아시아세계질서의 파악으로서는 부적절하다고 혹평했다.

그리고 전통적 동아시아세계질서를 정확하고 적절히 파악하기 위해서는 (1) 중국 중심적 모델을 안이하게 다른 주변 나라들에게 상정할 것이 아니라, 중국 이외 동아시아 제국의 대외관계에 대한 생각과 방식을 고려·검토해야 한다, (2) 역학관계 특히 군사적인 역학관계는 매우 중요했으며, 중국과 주변제국 개개에 대해 권력기반과 중외관계에서의 역학관계를 깊이 검토해야 한다, (3) 중국의 문화적 우월성에 대한 고집, 특히 군사적 대결로 우월성을 保持할 수 없는 경우에 보이는 儀式的 우월성에 대한 병적인 고집 내지 중국과의 대외관계에서 중국적인 사고방식의 영향을 받은 주변제국과의 사이의 문화충돌이 고려되어야 한다, 는 입장을 보였다.[28]

이상과 같이 볼 때, 페어뱅크의 '조공시스템론'에 대한 비판의 내용은 이미 앞에서 보아온 니시지마의 '책봉체제론'에 대한 그것과 거의 맥을 같이 하는 것임을 확인할 수 있다. '책봉'과 '조공'은 결국 표리를 같이 하는 것이며, 양자가 각기 다른 측면에서 중국적 세계질서에 접근하고 있는 것이지만, 결국 중국 중심이라는 본질을 공유할 수밖에 없는 결과가 되었다. 이 점에서 양자는 중국적 입장에서 자기 만족적으로 본 일방적인 세계질서이며, 그것을 넘어선 동아시아적인 질서로서는 많은 문제를 안고 있다고 하지 않을 수 없다. 하지만 동시에 1970년대까지의 이 방면의 논의가 '책봉체제론'과 '조공시스템'을 중심으로 전개된 것은 사실이며, 그것은 현재까지도 가장 큰 틀로서 고려될 수 있는 유효성을 지니고 있음도 부정할 수 없다.

28) 猪口 孝, 앞 논문.

3. '중국적 세계질서론'의 轉換期: 1980 ~ 90년대의 동향

1) 미국의 경향

80년대는 '동아시아세계론'에 새롭고 다양한 접근법이 보이는 시기이다. 그 일부는 니시지마와 페어뱅크의 이론을 비판하는 과정에서 이미 제기되기도 했지만, 특히 미국학계에서 적지 않은 연구가 새로운 관점에서 등장하기 시작했고, 이것이 다시 일본학계와도 영향을 주고받음으로써 '중국적 세계질서론'은 70년대까지의 그것과 비교해 전환기를 맞이했다고 평가된다.

80년대의 미국 중국사학계에 나타난 새로운 분위기를 대변하는 것의 하나는 코헨(Paul A. Cohen)의 '知의 제국주의'[29]였다. 이것은 종래의 미국의 중국사연구가 주로 중국보다 서양 위주의 시각, 즉 '충격과 반응', '전통과 근대'에 입각한 결과 중국의 실체를 왜곡해왔다고 하여, 중국사연구를 위한 새로운 접근방법으로 '내적 요인에 의한 변화의 중시', '지역이나 지방의 중시', '기층사회의 중시' 등을 강조한 것이었다. 코헨의 비판은 주로 중국의 근현대사 연구를 대상으로 한 것이지만, 이 같은 주장은 전근대사 연구에 대해서도 유효했을 것으로 보인다. 특히 미국에서 다른 분야보다 오랜 전통을 유지해오던 '중국적 세계질서론'에도 영향을 미쳤을 것으로 생각하며, 다음에 드는 두 가지 연구서는 바로 그러한 분위기와 무관하지 않은 것으로 보인다.

(1) 『대등한 존재들 가운데의 중국』(China among Equals)[30]

미국의 로사비(Morris Rossabi)가 17명의 학자가 참가한 국제회의의 결과를 편집한 이 책은 그 副題에서 보는 것처럼 송·원시대의 국제 관계에 나타난 중국의 세계질서를 분석한 것이다. 본서는 페어뱅크의 시도 이후 얻어진 전통중국의 세계질서에 대한 또 하나의 결과물이지만, 여러 면에서 차이를 보이며 그동안의 미국이 이 방면에 대한 학문의 정도가 한층 성숙된 것을 엿보이게 한다.

---

29) 앞 주22) 참조.

30) Morris Rossabi ed. *China among Equals*; *The Middles Kingdom and Its Neighbors, 10th~14th Centuries,* Berkeley and LosAngeles: University of California Press, 1983.

논문을 기고한 11명 중 왕궁우를 제외한 모두가 페어뱅크의 『중국적 세계 질서』와는 다른 연구자로 구성된 본서는 다음과 같은 세부 주제에 대해 1~2편의 논문들을 배열하여, 송·원 시대 특히 송대의 국제질서를 다각적으로 조명했다.

Morris Rossabi, Introduction

제1부 : China in Disarray

제2부 : The Sung dynasty in a multy-state system

제3부 : Institutions for foreign relations in the multy-state system

제4부 : Foreign lands and the Sung

제5부 : The Mongol hegemony

제6부 : China's Foreign relations in historical context

본서의 내용상의 가장 큰 특징은 페어뱅크의 시도가 명·청 시대를 대상으로 한 것임에 비해, 송·원시대(주로 송대)에 초점을 둔 데에서 필연적으로 도출된 중국적 세계질서에 대한 새로운 인식이라고 할 수 있다. 즉 이 책의 논문들은 10~13세기의 중국왕조들이 달라진 국제환경으로 인해 외국에 대해서 현실적인 정책을 취할 수밖에 없었고, 또 따라서 그들 자신의 전통적인 외교방식을 상대에게 부과하지 않았다고 보는 전제에 서 있다. '외교적인 同格'이야말로 이 3세기 동안의 중국과 다른 국가들 간의 관계를 정의하는 가장 핵심적인 포인트로 보았고, 그 결과 중국은 그 긴 역사를 통해 외교정책을 획일적으로 고집한 것이 아니라 그 과정에서 입장을 종종 바꾸었다고 하는 공통된 인식을 보인다.

이 점에서 *The Chinese World Order*와 대비되는 *China among Equals*라는 본서의 書名은 그 같은 전통중국의 세계질서의 새로운 면모를 매우 상징적으로 잘 표현하고 있다. 아울러 본서에서는 동아시아의 질서와 관계를 중국 중심만이 아니라 그 내부의 동참자의 시각에서 보려는 태도도 돋보인다.[31]

로사비가 도입부에서 밝힌 이상과 같은 설명은 본 장에 수록된 개별 논문들의 입장과 크게 다르지 않은 것이다. 이 점에서는 페어뱅크의 조공체제 모델이 다양한 결과를 체계적인 관점에서 이론적으로 통합한 것이 아니라는 비판과 비교할 때, 성공한 것이라고 할 수 있다. 이 점은 아마도 페어뱅크의 실패를 의식한 면도 작용했을 것이고, 또 한편으로

31) Morris Rossabi, 앞 책, Introduction.

는 명·청시대보다 宋代의 국제 관계에서 생성되는 이미지가 집필자들로 하여금 보다 통일적인 인식을 주기 쉬웠기 때문으로 생각된다. 하지만 그와는 반대로 로사비의 '서문'은 페어뱅크와 같은 이론화 작업 내지 역동적인 부분이 거의 없이 전체 논문을 소개하는 정도에 그치고 있는데, 아마도 이 점이 본서가 페어뱅크의 그것만큼 주목을 끌지 못하는 이유가 아닐까 생각한다.

로사비는 페어뱅크의 이론에 대해 직접적인 언급은 하고 있지 않지만, 몇 가지 점에서 그를 계승하거나 또는 대비되는 입장을 보이는 듯하다. 먼저 대비되는 가장 큰 점은 "소위 중국적 세계 질서 = 조공질서가 漢代인 기원전 2세기부터 아편전쟁 시기까지의 전 기간 동안에 걸쳐 존속하지는 않았다는 것"으로, 로사비는 페어뱅크의 종전의 假定이 자신이 편집한 책에 의해 도전받을 것이라고 자평했다.[32] 또 이미 강한 비판을 받은 바 있는 페어뱅크의 과도한 '의례'와 '중국중심주의'가 로사비에게 경계된 것은 당연하며, 그러한 어조에 입각한 조공시스템의 설명이 간략하게 보일 뿐이다. 로사비는 송대의 국제 관계를 통해서 페어뱅크에 의해 강조된 종래의 이미지를 약화시키려 한 것으로 보인다.

반면에 로사비는 그의 '도입' 부분을 통해서 볼 때 페어뱅크가 제시한 또 하나의 중요한 논점, 즉 "중국은 조공의 정신적 가치를, '이적'은 교역의 물질적 가치를 중시하여 양자의 균형이 잡히면 조공시스템은 지속됐다"는 인식을 거의 그대로 계승하고 있는 것으로 보인다. "중국의 목적은 영리가 아니었다"거나, "황제에게 받는 후한 선물과 중국 상인들과의 거래에서 얻는 필수품은 그들이 중국과의 관계에서 점하게 된 덜 높은 지위를 보상했다"는 설명 등은 그러한 입장을 반영한다.[33]

마지막으로 본서에서 묘사된 송대의 국제 관계는 주로 북방민족과의 관계 속에서 파악된 것이고, 동남아시아 등의 지역은 배제된 점에도 주의할 필요가 있다. 로사비는 "중국의 그러한 (동남아시아 등)지역과의 접촉에서도 (북방민족과) 같은 패턴이 우세했는지의 여부는 다른 책의 과제가 되어야 할 것이다"[34]고 자신의 말을 맺었다. 필자에게는 바로 이 점이 송조가 이전시대까지 존속했던 중국의 전통적 세계질서를 과연 완전하게 방기했는지 또는 계승한 측면이 있는지를 가늠할 수 있는 부분이라고 생각된다.

---

32) Morris Rossabi, 앞 책, Introduction.

33) Morris Rossabi, 앞 책, Introduction.

34) Morris Rossabi, 앞 책, Introduction.

(2) 『중심에 있는 중국』(China at the Center)[35]

로사비의 책과 거의 같은 무렵 미국에서는 맨콜(Mark Mancall)이 의미 깊은 또 하나의 연구서를 출간했다. 이미 소개한 페어뱅크나 로사비의 책이 공동 연구의 결과물인데 반해 본서는 淸代의 외교문제를 취급한 본격적인 개인 연구의 결과물이었다. 청은 강력한 중심성을 지닌 까닭으로 저자는 '중심에 있는 중국'이라는 제명을 본서에 부쳤는데, 이것은 로사비의 '대등한 존재들 가운데의 중국'과 대조를 이루는 매력 있는 이름이다. 양자를 비교하면 로사비가 대상으로 한 송대가 이념상 "항상 중심에 있어야 할" '中國'의 위치에서 벗어난 시기라면, 청대는 다시 그 중심성을 회복했다는 의미가 될 것이다.

이 같은 맥락에서라면 청대에는 해체 기미에 있던 송대의 조공시스템이 다시 강한 구심성을 회복했다고 볼 수 있는데, 맨콜은 청의 외교를 논하는 전제로서 이 시기의 그 같은 조공시스템의 의의를 소상하게 밝히고 있다. 본서는 560페이지에 육박하는 대저로, 그 중 약 1/10 분량을 차지하는 제2장과 3장에서 청대 조공시스템의 성격을 분석하고 있으며, 나머지 부분에서는 청 초기부터 1980년대에 이르는 현대중국의 역사적 특징까지를 다루고 있다.

그러나 맨콜의 50페이지 정도에 걸친 분석은 페어뱅크 이후 오랜만에 선보인 미국 학계의 본격적인 '조공시스템론'이며, 적지 않은 점에서 주목할 만한 지적이 보인다. 아울러 맨콜은 페어뱅크에게 직접 지도받은 대학원 학생이라는 관계로 스승의 논점을 계승하거나 극복하려는 양면이 보이는 것 같아, 전체적으로 미국의 '조공시스템'의 발전과정을 이해하는 데 도움을 받을 수 있다. 이하 지면의 제약으로 특징적인 몇 가지 점에 대해서만 정리해 보기로 하자.[36]

먼저 맨콜은 조공시스템을 논할 때의 전제로, ① 조공시스템은 근대 서양의 용어로는 설명할 수 없고, 전통적인 중국의 어휘·제도에 비추어서 이해해야 한다, ② 조공시스템은 서양인이 만들어낸 개념으로, 그 자체로 완결적이거나 중국사회의 다른 여러 제도들과 구별된 제도적 복합체로서의 조공시스템이라는 것은 없다. 조공시스템은 때와 장소를 달

35) Mark Mancall, *China at the Center: 300 Years of Foreign Policy,* New York : The Free Press, 1984.

36) 맨콜의 저서와 그의 '조공론'에 대한 논평으로는 佐佐木揚, 「淸代の朝貢システンと近現代中國の世界觀」(一, 二)(『佐賀大學敎育學部硏究論文集』 34-2 (I), 35-2(I) 1987, 1988)이 매우 소상하며, 이하 본 장의 내용은 이 논문에 의거한 바가 많음을 밝혀둔다.

리해 나타난 別個이기는 하지만 구조적·기능적으로는 상호 관련된 다수의 정치·사회과정을 역사가가 동시적으로 개념화한 것이다, ③ 형태와 기능을 구별해 분석해야 한다, 고 유의했다.

이것은 코헨 등이 강조한 중국의 역사를 외부의 시각이 아닌 중국 내부의 시각으로 보아야 한다는 미국의 당시의 연구 분위기와 무관하지 않을 것이고, 또 ③은 앞에서 살펴본 페어뱅크 비판론자들의 언급과 맥을 같이 하는 것으로 이해된다.

다음에 맨콜의 연구에서 느껴지는 가장 큰 점은 페어뱅크에게서 강하게 드러나던 조공시스템의 정치적 측면, 즉 국제 관계에서의 상하관계와 그것을 상징화한 조공의례에 대한 의미를 약화시킨 대신, 조공시스템의 실제적 기능을 탐구하려 한 부분이다. 가장 좋은 예로 맨콜은 조공시스템의 다른 기능들('境界機構', boundary mechanism과 '緩衝體'로서의 기능)과 함께 특히 중국과 주변 여러 사회의 '(톱니바퀴와 같은 상호) 맞물림(intermesh)' 기능이 있음을 강조했다.

즉 그는 "조공시스템이 중앙아시아, 동아시아, 동남아시아 사회를 통합하기보다 맞물리게 하는 기능을 했다"고 하여, "이를 통해 물자·정책·사상이 분리된 사회 상호간에 전달되며", 따라서 그것은 "사회 상호간에서 정해진 最適의 거리를 유지하는 움직임(통제된 분리)"이고, 또 "고도로 제도화되어 경제· 정치· 문화와 같은 여러 차원의 문제가 동시에 生起하기 때문에 단순한 접촉 이상의 것이다." "어떤 의미에서 조공시스템은 어떤 공통성을 지닌 별개의 사회현상이 인식 가능하고 안정되게 반복되는 것이었다"고 했다.[37] 맨콜은 이러한 관점에서 조공시스템에서 차지하는 儀禮와 禮物의 교환 행위도 문화인류학의 방법으로 그 의미를 보충하고 있다.

여기서는 정치성을 희석시킨 방식으로 동아시아를 묶으려는 장치로서 '조공시스템'의 의미가 부각되고 있고, 이 같은 설명방식은 이전에 없는 매우 탁월한 것이라고 평가하고 싶다. 니시지마도 동아시아에서 문명 전파의 과정을 설명했지만, 그것은 '책봉'이 반드시 전제되어야한다는 논리였다. 맨콜의 자세는 완전히 단순화시킬 수는 없지만 적어도 '책봉체제론'이나 페어뱅크의 '조공시스템론'과 같은 '중국 중심주의적 발상'으로 보기보다, 중국과 다양한 주변의 여러 사회와의 관계를 중국 측 관점에서 통일적으로 파악하려는 시도로 인정할 수 있을 것이다.

---

37) 이상의 인용 부분에 대한 표현은 주36)에 인용한 佐佐木揚의 논문에 의한 것이다.

그런데 맨콜은 나아가 본서의 제3장, "전통적 교역(Traditional Trade)"에서 명·청대의 중국 경제를 중앙기구에 의해 경제활동이 통제되는 '再分配經濟'로 파악한 뒤, 조공시스템에서 행해진 교역을 중국내부의 재분배원리가 대외통상에 반영된 '管理交易'이었다는 새로운 해석도 보였다. 그 결과 이 점은 페어뱅크 조공시스템 모델, 즉 "중국 측의 정신적 가치와 夷狄 측의 경제적 가치의 균형 위에 조공시스템이 성립한다"고 하는 입장과 정면으로 배치하게 되지만, 이에 대한 평가는 여기서는 보류하기로 한다.

끝으로 맨콜은 청대의 특수성에 입각해서 이 왕조의 세계관을 다음과 같은 二元的인 것으로 나누고, 그 위에서 조공문제도 생각하고 있다. 즉 그것은 자연조건과 사회경제적 조건이 만주와 닮은 북부 지역과 서부 내륙에 위치하는 몽골·티베트·신강 방면의 소위 '西北의 弦月'(the northwestern crescent) 지대, 그리고 중국 본토에 유사한 한국에서 동남아시아에 이르는 '東南의 弦月'(the southeastern crescent) 지대이며, 한편 조공국은 明朝 이래의 直轄省과 그 연장선에 있는 조공국(=東南의 弦月)과 理藩院에 의해 통치되는 내륙의 藩部 및 그에 연속하는 조공국(西北의 弦月)으로 분류하여 다룬 점이다. 이와 같은 구분은 청대사 연구자들에게 이미 공유되고 있는 부분이며,[38] 청조의 조공관계를 생각할 때는 함께 고려되어야 할 것으로 보인다.

이상, 맨콜의 조공시스템론 중에서 특징적인 부분을 주로 소개했지만, 그에게도 난점이 없어 보이지는 않는다. 특히 맨콜이 그의 저서 후반에서 피력한 현대 중국의 국제적 위상을 전통 시대의 조공시스템과 관련지어 특징을 도출해 내려는 논법에는 위화감을 느끼게 하는 대목이 적지 않아 보이지만, 이 점에 대해서는 필자에게 논급할 역량이 부족해 할애하기로 한다. 아울러 맨콜은 그의 저서에 소개된 '참고서'에 의하는 한 漢文 등의 1차 사료는 물론, 중국어와 일본어로 된 동아시아 국가들의 연구서를 거의 인용하고 있지 않은 문제점도 지적될 수 있다.

2) 일본의 경향

'전통 중국의 세계질서'에 대한 일본의 연구 경향은 80년대에 들어서도 당분간은 '책봉체제론'의 범위에서 크게 벗어나지 않은 것으로 보인다. 니시지마가 제창한 '동아시아문

38) 예를 들면 片岡一忠,『清朝新疆統治研究』(雄山閣, 1991)과 茂木敏夫,『變容する近代東アジアの國際秩序』(山川出版社, 1997) 등.

화권', '책봉체제', '동아시아세계'라는 틀은 1970년대 이후 일본 역사학계에서 널리 공유되어, 80년대에도 그 議論을 부연한 많은 變奏曲을 만들어 냈기 때문이다.[39]

그러나 90년대에 들면 일본에서도 변화가 보이는데, 먼저 거기에는 당시에 주목되기 시작한 이른 바 '신흥공업경제국(NIES)'이라는 동아시아 여러 나라의 경제 성장과 그에 수반된 동아시아 지역의 새로운 경제 질서에 대한 고유한 질서 창출이라는 관점이 반영된 것으로 보인다.

이 무렵에 기획된 아라노(荒野泰典) 등 3인이 편집한 『아시아 속의 일본사』[40]와 미조구찌(溝口雄三)를 대표 편집자로 하는 『아시아로부터 생각한다』[41]는 그런 의식을 드러낸 대표적인 예이다. 예를 들어 전자에서는 중국 중심의 조공과 책봉관계를 한편으로 염두에 두면서도, '各國史'와 '時代史'의 틀에서 벗어나 '민족의 시점', '지역의 시점', '비교의 시점'을 적극적으로 도입한 다양한 주제들을 설정하여 일본사를 포함한 아시아 전역에 걸친 視座를 확보하려한 시도였다. 이 같은 일본 학계의 동향에는 '오리엔탈리즘(Orientalism)'에 대한 비판과 폴 코헨의 중국연구에서 강조된 '脫서양중심주의 시각' 등 서양으로부터의 영향도 분명히 존재하며, 그 결과 아시아에서도 '아시아의 가치'가 더욱 강조되기 시작했다고 볼 수 있다.

아시아의 입장에서 동아시아의 고유한 전통적 질서를 '조공체제'로부터 재확인하려 한 사람이 하마시타(濱下武志)이다. 즉 하마시타는 먼저 "아시아의 내적인 紐帶는 중국을 축으로 아시아 전역에 걸쳐 존재한 조공관계=조공무역관계를, 그것이 아시아를 아시아답게 만든 하나의 역사적 체제였다고 하는 시각에서 재음미하는 과정에서 도출된다고 생각한다"[42]고 했다. 아시아에 대한 새로운 인식의 필요성이 주장된 것은 이미 오래되었지만, 하마시타는 '조공관계'를 통한 아시아적 가치의 발견과 이론적 가능성을 전면적으로 제기한 것이다. 나아가 그는 "아시아의 近代는 이제까지 국가형성과 근대화정책이라는 틀 아래서 주로 생각되어 왔기 때문에 조공체제 속에 보이는 지역질서 혹은 지역의 역동적인 역사적 연속성에 대한 인식은 뒤로 밀려 있다"[43]고 하여, 서양 중심의 근대론도 '조공

39) 李成市, 앞 책, 『東アジア文化圈の形成』, p.26.

40) 『アジアのなかの日本史』(東京大學出版會, 1992).

41) 『アジアから考える』(東京大學出版會, 1994).

42) 濱下武志, 『近代中國の國際的契機』(東京大學出版會, 1990), p.26.

43) 濱下武志, 『朝貢システムと近代アジア』(岩波書店, 1997), p.229.

체제'를 통해 극복하고 대체하려 했다.

하마시타의 이 같은 입장에는 미국 학계와의 관련성 내지 그 영향이 있어 보인다. 그가 命名한 '조공시스템' 이름 자체도 페어뱅크의 '조공시스템론'에 출발점을 두고 있는 것이다. 물론 그의 시각은 '아시아적 가치'를 찾기 위한 동아시아를 주체로 하는 것이지만, 앞에서 소개한 것처럼 '조공'을 매개로 한 중국 내지 동아시아 세계의 전통질서 파악이 미국에서 먼저 시도된 점에서 그의 논점에는 페어뱅크 이후에 출현한 맨콜 등의 '조공시스템론'의 영향이 있어 보인다.

맨콜의 '반월이론'은 이미 일본에서 坂野正高, 片岡一忠 등에 의해 평가 받은 바 있다. 하마시타도 맨콜의 이론을 본격적으로 소개하지는 않았지만, 다음과 같은 그의 논점은 맨콜이 지적한 '조공'의 여러 가지 기능 중에서 '맞물림(intermesh)' 기능과 유사하다고 생각된다.

> 중국을 중심으로 하는 조공관계가 포섭하고 기능한 범위는 동아시아에 한정되어 있지는 않는다. 實體는 오히려 중국 주변의 말하자면 위성적인 小中華圈이 배치되어 있어, 상호가 다각적으로 중계지를 끼고서 연결되는 복합적 지역관계를 갖고 있다.[44]

한편 일본에서 발달해온 전통적인 '동아시아 세계질서론'과 연결해 생각할 경우, 하마시타의 '조공시스템론'은 니시지마와의 책봉체제론과도 단절된 것은 아니라고 할 수 있다. 하마시타는 책봉을 통한 종속관계에 기초를 둔 '조공체제가 통치관계라기보다는 본래적으로는 교역관계'라고 이해한 점에서, '동아시아 권역'의 고유한 질서를 '정치'보다 '경제'적 입장에서 본 것이지만, 그가 발견하려 노력한 '아시아적 가치'는 니시지마의 노력[45]과 맥을 같이 하고 있기 때문이다.

양자간의 학문적 영향이 인정된다면, 미국에서 시작된 조공시스템론은 일본으로 還流되어 하마시타에 의해 다시 정리되어 새로운 차원의 '조공시스템론'으로 부활했다고 볼 수 있다.

---

44) 濱下武志, 앞 책, 『朝貢システムと近代アジア』, p.8.

45) 주21)의 본문에 대응하는 부분에서 인용한 니시지마의 입장 참조.

'중국적 세계질서론'과 관련된 몇 가지 시도들: 맺음말에 대신해서

본문과 관련을 가지면서도 소개하지 못한 두 가지 정도의 연구를 소개하여 맺음말로 대신하고 싶다. 먼저 이미 제출된 지 오래되었음에도 사람들의 주목을 받지 않은 것의 하나가 이노구치 다카시(猪口孝)의 것이다. 이노구치는 앞에서 소개한 것처럼 페어뱅크의 이론을 가장 통렬히 비판한 사람의 하나이지만, 그러한 비판을 넘어 중국의 국제 관계와 국제질서를 이해하기 위한 한 가지 분석 방법을 선보였다.

그의 主眼은 단순하기는 하지만 중국의 국제 관계에서 큰 변화가 일어난 시기를 있는 그대로 관찰하여 거기에서 무엇이 결정적인 요소로 작용했고, 또 중국 측의 대응은 어떠했는지를 분석하는 것이었다. 즉 구체적으로 이노구치는 명·청시대를 대상으로 중국을 둘러싼 아시아 제국은 물론, 동남아, 서남부의 소수민족, 유럽 등 중국과 외교관계가 있는 모든 국가와의 관계를, 각 방면의 역사가들의 연구에 입각해서 '군사적'·'경제적'·'문화적' 그리고 '행정적' 범주로 나누어 종합적으로 분석하는 방법을 사용했다. 이와 함께 또 하나의 분석 방법으로 대상을 베트남에 한정시켜 979년에서 1802년까지의 사이에 중국 왕조가 그에 대해 간섭하거나 침략한 16개의 사례를 집중적으로 검토하여 중국 외교의 허상과 실태를 종합적으로 분석하려했다.

이렇게 하여 이노구치는 전자를 통해서는 중국의 국제질서가 매우 다양하며 그 관계를 형성하는 요소로서 문화적 요소보다 군사적·경제적 요소가 많았다고 하고, 후자를 통해서는 중국은 자신이 약체이거나 북방에 중요한 문제를 안고 있을 때에는 베트남에 왕조 교체 등 혼란한 내분이 존재하더라도 개입하지 않았고, 또 전쟁에서 패배하거나 침공을 중지했을 때에는 체면을 지키기 위한 조치를 충분히 취했다, 는 등의 경향이 중국에 존재했음을 증명했다.[46]

이노구치의 방법론이 역사 현상 중에서 복잡하고 미묘한 측면을 불가피하게 희생시킬 수 있는 측면을 부정하기 어려운 것은 사실이다. 그러나 이것이 중국이 역사적으로 경험한 수많은 국제 관계에 대한 계통적 정리를 가능케 만들어 중국 왕조가 상대에게 보인 실제적인 태도와 경향을 명쾌하게 분석할 수 있다는 점도 사실이다. 필자는 이 같은 이노구치의 모델을 좀 더 세분화하고 또 계통적으로 정리하여 그것을 중국의 각 시대와 왕조

46) 猪口 孝, 「傳統的東アジア世界秩序試論」(『國際法外交雜誌』, 1974).

에 적용시킨 다음, 다시 각각의 사례들을 종합화하면 '중국적 세계질서'의 실태에 다가설 수 있는 계기를 얻을 수 있다고 생각한다.

또 하나의 모델은 로사비가 편집한 『대등한 존재들 가운데의 중국』에 실려 있는 게리어드(Gari ledyard)의 논문인 「중국－만주－한국 삼각지대에서 陰과 陽'(Yin and Yang in the China-Manchuria-Korea triangle)」이다. 한국사가 전공인 그는 중국은 동아시아에서 매우 중요한 부분이나 그 세계의 일부 이상은 아니고, 따라서 그의 역사를 바르게 이해하기 위해서는 그 밖의 동아시아 국가들과의 관계에 대한 이해가 중요하며, 여기서 동아시아사가 학문적 분야로 확립될 시점이 되었다고 강조했다.

여기서 그는 하나의 시론으로서 중국사를 秦 통일(B.C. 221) ~ 隋 통일(589년)의 제I기, 수의 통일 ~ 明의 개창(1368년)의 제II기, 明 개창(1368년) ~ 현재(20세기)의 제III기로 나눈 뒤, 그 국제 관계의 측면에서 각각의 시기에 陽과 陰의 국면이 존재하는데 이들 양과 음의 리듬을 현저하게 조절한 것이 만주 및 한국이었다고 본다. 그리고 陽의 국면 동안에 중국인은 그들의 외교관계 시스템을 강요할 만큼 힘이 강해 팽창하였고 또 외국인이 중국의 우월성을 인정할 것을 요구했으나, 陰의 국면에서는 더 강한 이웃에 둘러싸여 중국왕조는 외국의 국가들을 대등하게 받아들일 것을 강요받았다고 설명한다.

게리어드의 설명에는 추론적이고 개론적이며 또 재검토가 필요한 부분도 적지 않게 보이나, 동시에 동아시아의 역사를 새롭고 크게 분석할 수 있는 한 가지 방법을 선보인 것으로도 보인다. 중국사를 3개의 사이클로 나누고 다시 각각 음과 양으로, 즉 모두 6개로 나누어 그 경향을 일반화하는 것은 역사의 고유성을 捨象시킨다는 문제점이 당연히 지적될 수 있으나, 이 시도가 종래의 '왕조사이클'보다는 역사를 분석하는 도구로서 더 참신하고 유용한 측면도 있어 보인다.

2 하버드대학의 동아시아 연구소들: 연혁과 특징

머리말

소론은 필자의 최근 견문과 그로부터 얻은 약간의 자료를 바탕으로 미국의 동아시아 연구의 특징을 하버드대학의 연구소들을 중심으로 개관해 본 것이다.

현재 많은 분야에서 학문의 중심이 미국으로 몰리고 동아시아에 대한 연구도 미국의 비중이 갈수록 커지는 것이 사실이다. 그런데 미국의 다른 대학과 다른 분야도 크게 다르지 않겠지만, 하버드대학 동아시아 연구의 특징으로 필자가 생각하는 것은 관련 연구소들이 다양하게 존재할 뿐 아니라 그들의 역할이 매우 두드러진다는 사실이다. 이들 연구소들은 언제나 해당 학문의 중심에서 관련 학과와 밀접한 관련을 통해, 연구자의 연구와 학생들의 활동을 후원하거나 그 방향을 이끌어가는 업무를 비롯해, 특히 외부로부터 연구비를 확보해 각종 세미나와 워크숍을 빈번히 개최하고, 수업의 지원과 출판 활동 등 매우 다양한 차원의 역할을 수행한다. 따라서 미국의 학문은 "연구소 중심"이라고 할 수 있고, 이 점은 연구자의 비중이 크고 반대로 연구소의 역할이 오히려 학과에 종속되는 감마저 있는 우리의 실정과 대비된다.

같은 맥락에서 우리는 최근 역량 있는 미국 학자들의 연구 성과를 과거보다 잘 알게 되었지만, 그들의 연구 환경이 구체적으로 어떤지에 대해서는 아는 바가 많지 않다. 이는 소비자가 개별 상품에 대해서는 잘 알고 있지만 그것을 제조하는 공장에 대한 지식이 없는 것과 같은데 미국의 학문은 이 같은 배후의 공장과 같은 연구소를 빼고서 이해하기 어려운 면이 있다. 소론은 "미국인들은 동아시아를 어떻게 연구하는가"하는 필자의 미국 체류 중에 갖게 된 개인적 호기심에서 출발한 것이다.

1. 다양한 연구 기관 : 연혁과 상호 관계

복잡한 조직을 갖는 하버드대학에서 현재 동아시아와 직결된 대표적 연구소로는 아시아쎈터(Asia Center, 이하 AC), 페어뱅크쎈터(Fairbank Center, 이하 FC), 일본연구소(Reischaur Institute, 이하 RI), 한국학연구소(Korea Institute, 이하 KI) 등이 있고, 이들은 "문리대학"인 FAS(Faculty of Arts and Science)의 산하에 있다. 또 이들 4개의 연구소 이외에 하버드에는 성격을 다소 달리하는 하버드옌칭연구소(Harvard-Yenching Institute, 이하 HYI)가 존재한다. HYI는 하버드의 영내에 있기는 하지만 다른 동아시아 연구소와 달리 하버드와는 독립된 회계구조로 운영된다. 따라서 하버드의 대학 차원에서의 동아시아 연구소는 FAS 계열의 4개 연구소가 중심이고, 본 장의 주된 분석도 이들을 대상으로 한다. 하지만 HYI는 다양한 형태로 하버드의 동아시아연구를 지원하는 사실상의 일부이므로 이를 논외로는 이해될 수 없는 부분이 있다. 따라서 여기서는 HYI를 포함한 동아시아연구소들의 연혁을 전체적으로 소개하여 그 상호관계의 이해를 도모하기로 한다.

1) 하버드옌칭연구소

HYI는 원래 알루미늄 정제법을 개발해 회사(Alco)를 설립한 찰스 홀(Chalres Hall, 1863~1914)의 기부금을 토대로 만들어졌다. 하버드와는 아무런 관계도 없던 홀은 대학을 졸업한지 8개월 만에 획기적 기술을 발명했고 51세 독신으로 사망할 때 당시로는 드물게 '아시아의 인문학' 진흥을 위해 자기 돈의 1/3을 유언으로 남겼다. 이 돈을 놓고 여러 움직임이 있었지만 결국 거액이 하버드로 들어갔다. 하버드는 1928년에 대학 구내에 홀의 유지를 받들 기관을 설립함과 동시에 중국에도 협력대학으로 "연경대학(燕京大學, 중국어 발음으로 옌칭)"을 지정함으로써 "하버드-옌칭연구소(哈佛燕京學社)"의 본부가 하버드에, 그 지부가 중국에 각각 생겨났다.[1]

---

1) HYI의 역사에 대해서는 Ronald Suleski, "A Brief History of the Harvard-Yenching institute: The First Seventy-Five Years(1928~2003)"(미발표)가 가장 상세하다(張鳳,「哈佛燕京學社七十五年星霜」(『漢學研究通訊』22-4, 漢學研究資料及服務中心, 2003년 11월)); 陳觀勝 저(熊大絳 역, 1990, 3월),「哈佛燕京學社與燕京大學之關係」(燕大文史資料第三輯』燕大文史資料編委員會編, 北京大學出版社)도 참조. 특히 초기의 역사에 대해서는 Philip West, *Yenching University and Sino-Western Relations, 1916~1952*(Harvard Univ. Press, 1976)을 참조.

당시의 하버드는 다른 미국의 대학들 대부분처럼 동아시아연구의 불모지였지만, HYI의 출현은 그 무한한 가능성을 가져다주었다. 연구소의 성공적 유치로 이후 동아시아 분야에서도 급속한 발전을 이루어 FC 등과 더불어 이 대학의 동아시아연구 수준을 세계적인 것으로 끌어올렸다. 즉 후술하는 것처럼 "연구소의 성공"을 좌우하는 미국적 특징은 자금력에 있지만, HYI는 1억2천만불+α(필자 추정치)이라는 거대한 기금[2]으로 하버드의 동아시아연구를 후원하고 있다.

이 풍부한 자본금은 초기에 서적구입, 유명 중국학자의 초빙 등에 활용됐다. 특히 HYI와 거의 동시에 설립된 하버드옌칭도서관(Harvard-Yenching Library, 이하 HYL)의 장서는 연경대학을 통해 똑같은 책을 두 권씩 구입해 한권은 연경대학에, 한권은 HYL에 두는 방식을 통해 늘어났다. 현재 약 100만권의 장서를 갖는 HYL은 서양 최대 아시아전문도서관으로 하버드 도서관 중 중앙도서관과 로스쿨에 이은 세 번째 규모이고, 1951년부터 모으기 시작한 한국어 장서도 13만권정도로 미국국회도서관에 이은 규모이다.[3]

현재 동아시아를 전공하는 학생들이 속한 동아시아 언어 및 문명학과(Department of East Asian Languages and Civilizations, 이하 EALC)의 전신인 "극동언어학과"(1937년)도 HYI가 설치한 것이라고 하면 놀라운 일이다. 즉 동아시아를 전담하는 하버드의 학과 그 자체는 HYI를 기다려 비로소 출현한 것이다. 이 과의 운영자금은 1960년대에 이르러 그 조직이 정식으로 하버드로 넘어갈 때까지 20년 이상을 HYI가 부담했다. 이어서 HYI는 HYL도 하버드로 넘겨주었지만 양자에 대한 후원은 지금도 계속 되고 있다.[4]

HYI의 성격은 1949년 이후에 중공(中共)이 성립되면서 크게 바뀌었다. 중국과의 단교는 물론이고 연경대학 자체가 북경대학으로 흡수(1951)됨으로써 HYI의 이름은 무색해졌지만, HYI는 그 이름을 지금도 그대로 쓰고 있다. 하지만 중국으로부터 학자초빙이 불가능해짐으로써 1954년부터 그 대상국을 대만, 홍콩, 한국, 일본 등으로 바꾸었고 중국이 다시 포함된 것은 1980년 이후가 되어서이다.

2) 슐레스키 앞 논문에 의함.

3) HYL에 대해서는 A. Kaiming Chiu, "Reminiscences of a Librarian"(*Harvard Journal of Asiatic Studies, v. 25*, 1965, Harvard-Yenching Institute); "The Making of a Research Collection: A Brief History of the Harvard-Yenching Library of the Harvard College Library"(Harvard-Yenching Library, Sep. 2004); 윤충남, 『하바드옌칭한국관자료연구』(경인문화사, 2004); 吳文津, 「哈佛燕京圖書館簡史」(『哈佛人』第10期, 哈佛校友會訊, 1997); 張麗華, 「ハーバード燕京圖書館」(『日本語學』22, 2003) 등을 참조.

4) 슐레스키 앞 논문.

지금까지 1000명 가까운 동아시아의 학자들을 일정기간 지원해 준 이 사업은 HYI의 여러 사업 중 최대 핵심을 이룬다. 현재는 이 사업을 더욱 확장해 베트남, 태국, 나아가 인도 등도 포함시켜 매년 약 30명 가까운 학자를 초빙하고 있는데, 이들에게 1년간의 급여를 지급하고 있는 점 자체가 풍부한 자금력을 토대로 한 것으로, 후술하는 다른 기관에서는 생각도 하기 힘든 부분이다. 그 밖에 박사논문 작성을 지원하는 외국학생 프로그램, 출판 보조, 강연 개최 등의 사업도 실시하고 있다.

HYI의 최대 핵심 사업은 상기한 학자 초빙에 있고, 따라서 이곳은 정식의 전속 연구원이 있거나 혹은 연구결과를 직접적으로 창출하는 식의 연구소라기보다, 학자들을 불러모아 연구를 지원해주고 교류시켜주는 말하자면 "학술자선단체" 같은 곳이라고 해야 정확할 것이다.[5]

중국은 미국과의 국교를 정상화하기 전까지 HYI가 돈으로 지식인을 매수하거나 중국의 문화유산을 절도하는 제국주의기관이라고 평가한 적이 있다. 또 한 때 이 기관은 중국이 1900년에 발생한 '의화단 난'의 대가로 서양에게 치른 배상금으로 만들어진 것이라는 오해도 있었다. 실제로 미국은 '의화단 난'을 진압한 다른 서양 연합세력과는 달리 그 배상금을 토대로 관비유학생을 받아들이는 제도를 만들어 북경에 청화대학을 설립한 다음 희망자에게 예비교육을 시킨 후 미국으로 파견하는 제도를 만들었다. 1911년부터 1929년까지 이 제도를 통해 미국대학에서 배운 중국학생은 약 1300명에 이르고, 그 중에는 5.4 신문화운동의 지도자이자 문학혁명가였던 호적(胡適), 중국언어학의 아버지라 불린 조원임(趙元任), 현대중국의 대표적 사상사가 풍우란(馮友蘭) 등이 있었다.[6]

2) FAS 계열 연구소들의 연혁 – AC, FC, RI, KI –

(1) 존 페어뱅크의 역할

미국의 태평양전쟁 참전, 대중국 정책의 실패와 공산주의 중국의 출현, 한국전쟁의 발발 등, 동아시아의 비중이 점차 커짐에 따라 하버드에서도 대학의 정식 조직으로 동아시

5) HYI 내에서 벌어지는 학자의 움직임에 대해서는 中島隆博, 「ハーバードイエンチン硏究所 –沿革と現狀–」(『東方學』 100, 2005)에 자세하다.

6) 河田悌一, 「アメリカの中國學 –イエルの場合–」(同, 『中國近代思想と現代』 所收, 硏文出版, 1987).

아 연구소가 출현하게 됐다.

그 최초의 것은 존 페어뱅크(John Fairbank)가 초대 소장을 맡게 된 FC이며, 처음에 이것은 동아시아학쎈터(Center for East Asian Studies, CEAS)라고 불렸다. 미국의 동시대 동아시아에 대한 실질적 관심에 페어뱅크의 개인적 연구경향이 더해져 CEAS는 처음부터 중국의 현대사를 연구하는 성격이 강했다. 또 FC의 분위기는 인문학보다 사회과학적인 성향이 강하고 이점은 FAS 산하 연구소들과 유사한 점이 있는 반면, 인문학적 관점이 비교적 강한 HYI나 EALC와는 달랐다.

하버드의 동아시아 연구기지로 출발한 CEAS는 HYI보다 출발이 30년 가까이 늦었고, 미국 전체에서도 워싱턴대학(시애틀, 1945년)이나 컬럼비아대학(1947년)의 움직임보다 늦었다.[7] 그 만큼 페어뱅크의 어려움은 여러 모로 컸다. 그러나 그는 결과적으로 CEAS를 준비하던 1955년부터 소장을 물러나는 1973년까지 약 20년간 FC의 기초를 확립했고, 그 결과 하버드는 물론 미국의 현대 중국연구 분야를 개척한 "미국 중국학의 대부"로 평가된다.[8]

먼저 그는 하버드에서 '동아시아'를 연구하고 교육시켜야 할 하나의 분명한 영역으로 인식시킴으로써 정식의 커리큐럼 속에 포함시키는 성과를 거두었다. 그 때까지만 해도 '동아시아'에 대한 개념은 아직도 부족한 것이지만, 그는 지역학 쎈터를 조직하여 대학의 교과과정에 흡수되지 않은 지역 분야를 가르치는 학자들을 통합해 그 역량을 모음으로써 문제에 대처하려 했다.

이 경우 CEAS의 모델을 제공한 것은 하버드에서 먼저 생겨난 러시아연구쎈터(Russian Research Center, 1948년)와 중동연구쎈터(Center for Middle Eastern Studies, 1954)였다. 페어뱅크의 지역학에 대한 구상, 그 조직과 자원에 대한 생각은 많은 부분이 이들 지역학 쎈터에서 선행되던 관례에서 영향을 받은 것이고, 사실 CEAS를 포함한 이 세 지역학쎈터의 1960년대까지의 초기 역사는 그 구상과 운영에 공통점이 많았다.

---

7) 하버드를 포함한 초기 미국의 동아시아연구에 대해서는 일본학자들의 정리가 눈에 띄고 그 가운데에 植田捷雄, 「アメリカにおけるアジア研究」(『アメリカーナ』 2-2, 1956); 石川忠雄, 「アメリカの中國硏究」(『アジア硏究』 4-4, 1958); 蒲地典子, 「アメリカの中國硏究五十年」(『中國』 11, 1996) 등이 있다.

8) 페어뱅크의 개인적 학문에 대해 평가한 것으로는 Paul Cohen, *Discovering History in China : American Historical Writing on the Recent Chinese Past*(Columbia Univ. Press, 1997)가 유명하나, 그에 앞선 渡邊俊彦, 「J.K. フェアバンクの中國論」(『中國硏究』 76, 1976)도 주목할 만하다. 朱政惠, 『美國中國學史硏究』(上海古籍出版社, 2004)도 참조.

페어뱅크는 우수한 연구자를 길러 그들을 대학에 가능하면 많이 교편을 잡게 하는 것이 중국학의 보급에 효과적이라고 강하게 믿었다. 유망해 보이는 학생들이 발견되면 그들에게 중국연구 분야에 들어가 박사학위 과정에까지 계속 공부할 것을 설득했다. 그리고 그는 학생들이 학업을 마칠 수 있도록 일정한 연구비나 재정지원을 후원했다. 그는 또 학생들이 대학에 빨리 자리를 잡기 위해 우수한 논문과 무엇보다 연구서의 출판이 필요하다고 생각했다. 그는 대학원학생들이 세미나에서 발표한 우수한 글을 발행하는 방식으로 1947년에 이미 『하버드대학 중국논문집』(*Harvard Papers on China*) 시리즈를 만들었다. 출판은 중국 분야에 관한 지식을 확산시켜 줄 뿐 아니라, 동시에 하버드의 위신과 학생들의 평판을 올려주었다. 학생들에게 "저서가 없으면 도태된다(publish or perish)"는 관념을 강하게 심어준 것은 결국 이 분야의 학생들과 학자들에게 큰 혜택을 준 것임을 부정할 수 없다.

EARC에 18년간 소장으로 있으면서 페어뱅크에는 단점도 있지만 많은 젊은이들을 길러내 중국학 개척의 활로를 텄다는 평가를 받는다. 전후에 배출된 첫 번째 세대, 즉 1970년대, 80년대의 중국역사가들은 다수가 페어뱅크의 학생들이며 그들은 미국의 대부분의 주요대학에서 교편을 잡게 된다.[9]

그러나 페어뱅크는 FC가 교육기관 쪽보다 적어도 박사과정 수료자 이상의 연구자들을 지원해 주는 순수한 연구쎈터와 전문학술서의 출판 계획만을 세우는 기능을 갖기를 원했다. 그리고 이 희망은 외부의 도움으로 1961년에 이루어질 수 있었다. 즉 쎈터는 이 이후부터 그동안 맡아오던 동아시아 지역연구(RSEA) 석사과정 프로그램을 더 이상 맡지 않게 되었고, 또 결국 "역사와 동아시아언어"(History and East Asian Language; HEAL)로 알려진 박사과정 프로그램과 연결되어 있는 예산 관리의 책임도 EALC로 넘겨주게 되었다. CEAS가 그 이름을 동아시아연구쎈터(East Asian Research Center, EARC)로 새로 바꾼 것도 이 무렵이었다.

그러나 페어뱅크의 이 같은 생각, 즉 순수한 연구기관으로 거듭나려고 하면 할수록 거기에는 결국 외부의 자금 지원이 계속 필요했다. 사실 이 문제는 처음부터 끝까지 페어뱅크에게 최대의 고민이었고, 그를 이은 FC의 다른 소장들, 그리고 다른 동아시아 관련 연구소들도 똑같이 당면한 문제였다(후술).

9) 이상과 관련해서는 다음과 같은 페어뱅크 자신의 지서전 또는 타인의 자서전의 관련 부분을 참조. John King Fairbank, *Chinabound*(Harper & Row, 1982); Paul M. Evans, *John Fairbank and the American Understanding of Modern China*(New York: Basil Blackwell, 1988).

(2) 동아시아연구위원회의 설치와 일본연구소의 독립

FC는 1970년대에 들어 일련의 큰 변화를 겪게 된다. 1972년에 FAS가 FC보다 상위에 동아시아연구위원회(Council on East Asian Studies)를 설립하기로 결정했고, 그 다음 해에는 일본연구소(Reischauer institute of Japanese Studies, 이하 RI)가 FC로부터 독립해 나가는 사건이 생겨나, FC의 운영 형태에 큰 변화가 일어났기 때문이다.

먼저 이 무렵이 되면 FC를 포함한 아시아 관련 분야의 연구 환경이 나날이 악화되었고, 그 속에서 FAS는 대학 차원에서 동아시아연구위원회를 설치해 동아시아와 관련된 연구분야 전체를 조정하는 한편, 무엇보다 기부금 확보에 매진하는 역할(후술)을 하게 된다. 그리고 페어뱅크가 그 초대 위원장을, 부위원장은 라이샤워가 각각 맡게 됨으로써 FC의 소장도 에즈라 보젤로 바뀌었다. FC는 초기의 특수성도 있어서 페어뱅크가 17년간이나 그 자리에 있었지만 이후부터 그 소장의 임기는 3~5년 정도가 보통이었다.

이 이후부터 FC가 맡아온 종전의 사무들 중 일부가 동아시아연구위원회로 이관되었다. 즉 이 위원회는 기금 조성과 아시아분야의 프로그램을 조정하는 역할 이외에도, 연구과제에 대한 연구비 집행, 대학원생 훈련, 학부생 교육 등도 맡았고, 또 1977년부터는 역시 FC가 맡고 있던 출판업무도 계승해 동아시아 연구서의 발행을 후원했다. 여기에는 1950년대 후반부터 시작되어 하버드의 간판 연구서 시리즈가 된 『하버드대학동아시아학술연구서』(Harvar East Asian Monograph, HEAM)도 포함되어 있었다.[10]

한편 동아시아연구위원회가 생겨난 직후에 일본학 연구자들이 자기 위상의 확립과 자원의 독자적 확보를 위해 FC로부터 독립을 선언하게 되었다. 사실 그동안 FC는 그 이름에 간직해 온 "동아시아연구소"라는 이름이 무색할 정도로 초기에는 중국에만 비중을 두어왔다. 1960년대 후반에 겨우 일본의 비중이 강화되었지만, 한국과 베트남의 비중은 극히 미미한 것이었다.

이에 당시 하버드에서 일본연구의 리더이자 주일대사를 마치고 돌아온 에드윈 라이샤워가 일본학의 독립을 선언한 것이다.[11] 이로써 하버드에는 1973년에 일본연구소가 정식

10) 동아시아연구위원회의 설치에 대해서는 Ronald Suleski, *The Fairbank Center for East Asian Research - At Harvard University: A Fifty Year History, 1955~2005*(Harvard University, 2005), pp.72~74 참조.

11) 일본연구소의 독립과 관련해서는 Nancy M. Deptula, Michael M. Hess, *The Edwin O. Reischauer Institute of Japanese Studies: A Twenty-Year Chronicle,* Reischauer Institute(Harvard University, 1996)와 라이샤워의

으로 설립되어 FC와 대등한 자격으로 동아시아연구위원회에 속하는 모습을 갖게 되었다. 일본연구소는 특히 후술하는 기부금 획득 면에서 경이적 성공을 거두게 되면서 순탄한 출발을 하게 된다.

1977년과 1981년에 페어뱅크와 라이샤워가 각각 하버드를 70세로 떠나게 되었다. 그러자 FC를 중심으로 유지되어 온 동아시아 연구 체제는 페어뱅크와 라이샤워가 없는 속에서 중국을 중심으로 한국과 베트남도 연구 대상에 포함한 기존의 FC와 신생의 RI가 동아시아연구위원회 산하에 놓인 형태로 바뀌었다. 페어뱅크쎈터는 그의 퇴임에 맞추어 존경의 표시와 미국 중국학에 대한 공헌을 기리기 위해 종래의 EARC라는 이름을 페어뱅크동아시아연구쎈터(Fairbank Center for East Asian Research, FCEAR)로 바꾸었고, 일본연구소도 1985년에는 라이샤워의 업적을 기념해 이름을 라이샤워일본연구소(The Reischauer Institute of Japanese Studies)로 바꾸었다.

(3) 한국학연구소의 독립과 아시아쎈터의 출현

페어뱅크를 이은 새로운 소장들이 연구소의 역량 강화에 부심하고 있던 1980년 초에는 FC에서 다시 한국학 분야가 갈라져 나가게 되었다. 한국학연구소(Korea Institute, 1981년, 이하 KI)의 탄생이다. 페어뱅크 이후 FC 안에서 이 같은 다른 지역의 연구가 독립하는 것에 대해 페어뱅크가 일본학의 독립에 대해 가졌던 주저감만큼 반대하는 입장은 없었던 모양이다. 그러나 일본연구소와는 달리 독립 준비가 충분하지 못했던 한국연구소는 당분간 계속 FC의 관리를 받았고, 사무실도 RI와는 달리 FC안에 있었다. 한국전쟁의 발발로 한국학에 관심을 가지기 시작한 페어뱅크와 한국에서 일시 체류한 경험이 있는 라이샤워도 FC 안에서 한국학의 육성에 관심이 있었지만, 한국연구가 공식적인 분야로 포함된 것은 1965년의 일이다.

이 때 에드워드 와그너(Edward Wagner)가 EARC의 집행위원회에 가담했고 한국에 관한 연구위원회 계획을 주재했다. 이 와그너가 초대 소장으로 한국연구소를 연 것이지만, 그가 소장에서 물러나는 1993년까지 KI는 기본적으로 FC의 그늘 아래 있었다고 할 수 있다. 이 기간에 기억할 만한 일은 와그너의 조선사연구에 일정한 성과가 있었던 것과 뉴잉

자서전인 Edwin O. Reischauer, *My Life Between Japan and America*(Harper & Row, 1986)를 참조.

글랜드 한국콜로키움(New England Korea Colloquium)이 실행되고 있던 정도이다.[12]

KI가 한 단계 더 발전하게 된 것은 두 번째 소장으로 카터 에커트(Carter Eckert, 한국현대사 전공)가 취임하고 나서부터이다(1993년). 그가 취임한 이 해에 KI는 비로소 FC에서 자유롭게 되는, 즉 FAS의 학장에게 직접 보고를 하는 하버드대학의 독립 조직으로 지정된 것이다. 또 이때부터 한국학연구소는 옹색했던 사무실도 독립해 FC와 같은 건물에 별도로 자리 잡게 되었다.

하지만 독립 회계를 유지하기 시작한 신생 KI는 프로그램의 규모가 현재 하버드의 지역학 연구쎈터 중 가장 작고 아직도 어려움이 많을 수밖에 없는 상황이다. 에커트 소장 때부터 이웃하는 FC나 RI의 경험 및 노하우를 배워 역량 강화에 매진하고 있는 KI는 2004년부터는 한국 현대문학을 전공한 데이빗 맥캔(David McCann)을 세 번째 소장으로 맞아들여 한층 발전된 모습을 보이고 있다.[13]

다시 이렇게 됨으로써 하버드에는 동아시아연구위원회 아래에 FC, RI, KI가 나란히 존재하여 명실공히 동아시아 3국(중국, 일본, 한국)을 전담하는 연구소가 갖추어지게 되었다. 이 문제를 FC의 입장에서 본다면 처음에 이 쎈터는 그 이름대로 일본과 한국, 그리고 베트남이라는 동아시아 전체를 포괄하는 연구소를 지향점으로 출발했지만, 결국 일본과 한국 분야를 충분히 수용하지 못하고 분가(分家)시키지 않을 수 없게 되었다고 볼 수 있다. 한 관계자는 이 같은 FC의 역할을 더 적극적으로 평가하여, "FC는 하버드의 아시아학 분야를 만드는 과정에서 중국의 건국신화에 등장하는 반고가 죽으면서 자신의 신체 일부를 새로운 생명체로 변하게 한 것과 같은 역할을 했다"[14]고 주장했다. 그 결과 FC는 올 해 자신의 이름을 다시 수정하여 페어뱅크중국연구쎈터(Fairbank Center for Chinese Studies)라는 4번째의 이름을 갖게 됐다.

FC의 "반고"적인 역할은 하버드대학에 또 하나의 기관으로 신설된 AC(Harvard University Asia Center, 이하 AC)와의 관련 속에서 생각할 때 더욱 더 그러함을 느낀다. 하버드대학은 1997년 7월(정식 개원은 1998년 3월)에 그동안 존재해온 동아시아위원회를 발전적으로 해체하여 AC를 설치하는 또 하나의 시도를 했다. AC의 역할은 기존의 동아시아는 물론 하버

12) KI의 성립과정에 대해서는 슐레스키의 앞 책, pp.64~67 참조. 또 KI의 홈페이지 http://www.fas.harvard.edu/~korea도 참조.

13) 위와 같음.

14) 슐레스키의 앞 책 서문.

드에 있는 모든 아시아 관련 학문들을 결집하는 포괄적 조직체(Umbrella Organization)로서, 특히 FAS에서 남아시아와 동남아시아 연구 지반의 확대를 도모하는 것으로 집약될 수 있다.

AC는 동아시아연구위원회가 갖던 종전의 여러 책임을 계승했고, 그만큼 예산 규모는 컸고 직원도 많았다. FC, RI, KI의 집행위원들은 동시에 AC의 집행위원으로 참여했고, 그동안 FC에 기부하던 사람들은 이제 AC의 기부자로 변한 사람들도 있다. 또 아시아 지역 전체에 걸친 기금 조성과 하버드의 아시아분야 연구에 대한 프로그램들을 조정, 나아가 출판 프로그램도 맡았다. AC는 미국 교육성이 제공하는 국가자원센터(National Resource Center, NRC) 프로그램도 맡았다.[15]

AC는 또한 남아시아와 동남아시아에 관련된 FAS 프로그램을 넓혀갈 책임을 띠고 있었다. 아시아에는 그동안 하버드가 충분히 다루지 못한 주요한 여러 문명, 즉 남아시아와 동남아시아에 속하는 지역들이 있고, 이들을 포함한 아시아 전체의 문제를 다루고 또 그 프로그램을 넓혀가야 하는 책임도 맡았다. 이 같은 생각은 이미 FC에서 추진되고 있었고, 1980년대 중반에는 하버드의 커리큐럼에 남아시아 관련 과목들을 포함시키는 노력이 결실을 보기도 했다. 이상과 같은 하버드대학 내의 동아시아 관련 연구소의 위치와 관계를 정리해보면 대략 다음과 같다.

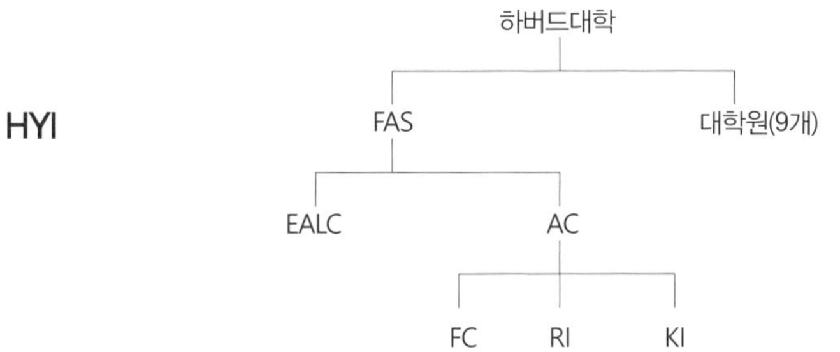

〈그림 1〉 하버드대학 동아시아연구소 개념도

15) 슐레스키의 앞 책, pp.107~111과 AC의 홈페이지 http://www.fas.harvard.edu/~asiactr를 참조.

2. 재정문제로 보는 연구소의 성격

1) 초기의 양상

하버드의 경우, 모든 연구소는 기본적으로 독립채산제를 유지한다. 대학 측이 제공하는 것은 사무실 공간 정도이다. 따라서 그 성패는 자금 확보 여부에 달려 있고, 소장을 비롯한 연구소 직원들은 언제나 이 문제에 매달려야 했다.

1955년에 FC가 문을 열 수 있던 것도 외부의 지원 없이는 불가능했다. 이 무렵 포드와 카네기재단은 전후 미국의 학문세계에 큰 영향을 미쳤고, 특히 1950년대 중반부터 1970년대 중반까지 20년간 포드재단의 보조금은 미국, 특히 하버드의 아시아연구를 지원하는 데 중대한 역할을 했다. 1955년에서 1972년까지 FC는 포드재단에게서 12개의 보조금을 받아 전체 총액은 430만 달러 이상이었다.[16] 이는 주요한 비정부조직(NGO)이 전체 학계에 막대한 영향을 미칠 수 있다는 예를 보여준다. 1960대에는 미국 국방부와 미 공군에게서도 큰 보조금을 받았다. 이 보조금의 목적은 연구자들에게 미국의 전략방어책으로 이용될 수 있는 중국의 인물들과 사건에 관한 정보를 제공하게 하는 것이었다. 또 FC는 거의 초기부터 교육성에서 현재 NRC(National Resource Center for East Asian Studies)로 알려진 자금과 학생들의 여행과 연구지원을 위한 FLAS(Foreign Language and Area Studies)도 받고 있었다.[17]

FC에게 포드재단이 제공한 지원금의 상당부분은 현대 공산주의 중국을 연구하도록 되어 있었기 때문에 FC는 더욱 중국으로 기울어질 수밖에 없었다. 이 때문에 1967년에 제공된 포드재단의 지원금에는 일본, 한국, 베트남에 대한 부분이 명시되었으나, 중국 150만불, 일본 80만불, 한국 10만불로 중국과 일본 중심의 구도는 변하지 않았다. 포드의 지원금은 대략 중국이 2/3, 일본이 1/3의 비율로 사용되었고, 상기한 NRC의 보조금도 비슷한 비율로 지출되었다. 이들 자금은 1955~1975년 사이에 200명이 넘는 연구자들의 여행, 연구, 장학금, 급여 등으로 사용됐고, 출판(총 151권 중 124권이 중국, 23권이 일본, 한국은 4권)에

16) 이상의 문제, 특히 미국에서 초기 동아시아연구를 위한 외부기업의 지원 문제에 대해서는 John M. H. Lindbeck, *Understanding China – An Assessment of American Scholarly Resources(* Praeger Publishers, 1971)에 아주 자세하다. 여기에 의하면 1952년에서 1969년까지 포드재단은 중국학에 대해서만 미국의 연구기관에 2700만불 정도를 제공했고, 국외에도 280만불을 썼다.

17) 이상과 같은 초기 FC의 정황에 대해서는 슐레스키의 앞 책, pp.11~45 참조.

도 쓰였다.[18]

1970년대가 되면 포드재단과 미국정부의 지역학에 대한 관심은 대폭 줄어들었다. 미국 전역에 있는 120개의 지역학쎈터를 지원하던 정부의 지원금은 1974년에는 50개의 쎈터만을 부분적으로 지원하게 됐다. 이렇게 되자 쎈터는 1970년대를 아주 어렵게 지내야 했다. FC는 각종 프로그램의 규모를 줄였고, 1947년에 페어뱅크가 시작한 『하버드대학 중국논문집』의 발행도 중지했다.

연구소의 미래가 약속되는 장기적이고 안정적인 유일한 길은 자신이 스스로 기금을 확보하는 것이었다. 일정한 규모의 금액을 모아 은행에 유치하거나 증권 등에 투자하면, 그로부터 매년 생기는 이자를 가지고 쎈터를 운영할 수 있고 원금은 계속 남아 투자와 이자 발생에 이용될 수 있는 것이다. 이러한 배경으로 1972년에 생긴 것이 페어뱅크를 위원장으로 하는 동아시아연구위원회였다.

위원회의 목표는 하버드개발사무실(Harvard development office)과 연계해 FC를 위한 기부금을 확보하는 것이었다. 이번 모금운동에서는 일본연구 분야, 한국학연구프로그램, 베트남연구, 나아가 하버드옌칭도서관 등을 위한 지정기금 마련 등이 공동의 목적을 가지고 진행됐기 때문에, 이 위원회의 위원에는 하버드와 관계를 가진 아시아 전문가들 이외에 사업계, 금융계, 언론계에 있는 인사들이 올랐다. 이들은 미국은 물론 동아시아 대부분 지역을 돌면서 모임을 열었다. 그러나 운동 결과 1975년 중반 무렵에 적지 않은 돈이 들어 왔지만 결국 여러 프로그램에 배당금을 지정하고 난 뒤 FC에 돌아온 몫은 불과 55,000불이었다.

이렇게 되자 FC는 한 해의 예산까지 걱정해야 했고, 여기서 포드재단이 한 번 더 도움의 손길을 주었다. 하지만 포드재단은 더 이상 아시아연구에 대한 주요한 지원자는 되지 않을 것이라고 밝혔기 때문에 다른 재원을 찾아야 했다. 1976년에 포드재단은 동아시아연구위원회에 450,000불을 약속했는데, 거기에는 위원회가 3년 안에 3 : 1의 매칭 펀드를 만들어야 한다는 조건, 즉 위원회는 포드재단이 지원하는 1불 당 3불을 기금으로 확보해야 했다.[19] 위원회는 쎈터가 당장 사용할 돈을 얻어야 했고, 또 하버드와 동아시아 프로그램을 통해서 기부금도 늘려야 했다.

---

18) 주11)에서 든 뎁투라(Deptula)와 헤스(Hess)의 공저, p.42.

19) 초기 FC의 기금 확보 노력에 대해서는 슐레스키, 앞 책, pp.70~76 참조.

2) 자립을 위한 두 가지 방법: RI vs FC

일본연구소가 독자 노선을 택한 것은 이 같은 상황에서였다. 이미 지적한대로 FC는 그 이름에도 불구하고 중국 중심의 연구기관이었고, 따라서 그 속에 갇혀 있는 일본연구는 연구자 수에 비해 재정여건은 상당히 곤궁했다. 그래서 라이샤워는 1973년에는 자생의 길을 선언했고, 이 무렵에 시작된 동아시아연구위원회의 기금운동에서는 자기 몫을 획득하려는 역할을 했다. 라이샤워에게는 모험적인 면이 있었을 것이나 그 성과는 놀라웠다.

그는 FAS 학장이 임명하는 특별위원회의 지원 속에서 같은 해 여름 직접 일본으로 날아가 각계의 인사들에게 기부금 조성의 필요성을 호소했다. 때마침 일본의 경기가 호황이던 점과 불과 7년 전까지 일본에서 미국대사를 지냈던 그에게 호감을 가진 사람들이 많았던 점이 그의 성공을 이끈 가장 큰 요인이었다. 라이샤워는 그의 회고록에서 "당신이니까 기부한다"는 말을 들었다고 한다.

라이샤워는 이미 그 해가 끝나기 전에 하버드가 일본 정부에 의해 일본학 진흥을 위해 미국에 지원하는 10대 대학의 하나로 뽑혀 100만불을 받게 되었다는 소식을 들었고, 또 니싼 자동차와 토요타 자동차로부터 각각 100만불도 받게 되었다는 사실을 들었다. 그리고 그 다음 해에는 자신이 직접 발로 뛴 결과 앞의 300만불을 포함한 총 1천5백만불의 서약을 일본 산업계를 대표하는 하나무라 니하치로와 체결하게 되었다. 즉 이것은 일본기업이 1000만 불을 약속하고 500만 불은 미국에서 소위 매칭 펀드(Matching fund)로 조성한다는 것으로 실로 놀라운 결과였다.[20]

결국 라이샤워는 미국 국내에서 얻어내야 할 매칭 펀드분의 확보에는 실패한 것으로 보이지만 일본의 약속 금액은 상당액이 들어왔다. 이 약속에 참여한 일본 기업은 철강(14), 전력(9), 증권(11), 은행(16) 등 모두 50개 기업이며, 1978년까지 실제로 들어온 기부금 총액은 약 7백만불이었다. 이들 자금은 "하버드－저팬 펀드(Harvard-Japan Fund)"에 예치되어 그 수익이 최고의 이익을 내는 부문에 자동적으로 재투자되었다.

RI는 이후 이 돈의 일정액을 용도에 맞추어 연구소가 지정하는 새로운 계좌로 옮기고 나머지는 하버드－저팬 펀드에 그대로 두는 방식을 유지한 것으로 보인다. 1978년에 일본연구소는 종래의 자금까지 합쳐 이미 700만불을 훨씬 상회하는 기금이 있었을 것이

20) 이상의 움직임에 대해서는 Edwin O. Reischauer의 자서전, *My Life Between Japan and America(*Harper & Row, 1986), pp.332~333 참조.

지만, 그 중 3,630,000불이 RI측으로 이전되었다. 그리고 이후 하버드-저팬 펀드에서의 추가 전입금과 성공적인 투자, 높은 이율, 수입의 재투자, 연구소 운영비의 절약 등으로 1996년경에 RI가 관리하는 전체 기부금은 13,716,558불에 이르렀다.[21]

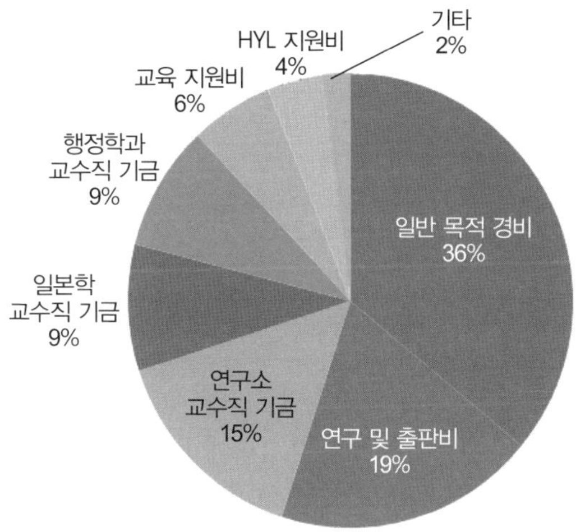

〈그림 2〉 RI가 관리하는 전체 기금의 내역

(1996년경. M. Deptula, Michael M. Hess, *The Edwin O. Reischauer Institute of Japanese Studies: A Twenty-Year* Chronicle, Reischauer Institute에 의함)

RI의 이 같은 대성공이 FC에게 부러움을 주었을 것은 분명하다. 하지만 동아시아연구위원회의 모금운동 결과는 기대에 미치지 못했고, 포드재단의 지원도 거의 끊긴 상태에서 FC는 70년대를 아주 힘들게 지내야 했다. 이 무렵이 최대의 위기였다.[22] RI처럼 외국에서 단번에 자금을 끌어들일 곳도 없던 FC는 활로를 국내에서 찾아야 했다. 즉 FC가 할 수 있는 일은 독자적으로 위원회를 만들어 지인과 동창, 그리고 미국 사회에 뿌리를 내린 부유한 중국인에 접근하는 것이었다. 80년대와 90년에 FC는 이 점에 매진한 결과 일정한 성공을 거두어 자립의 기틀을 확보하기에 이른다. 상대적으로 손쉬웠던 RI에 비해 FC의

21) 뎁투라·헤스 공저 앞 책, pp.53~55 참조.

22) 모든 기록들이 1970년대는 지역학에 어려움이 많았다고 설명한다. 또 앞의 라이샤워 회고록에 의하면 이 무렵은 인플레이션이 있었고 하버드의 동아시아연구소들의 규모가 이미 커졌기 때문에 그만큼 유지비가 컸다고 하고 있다.

경험은 더 어렵고 시간이 걸리는 것이었다.

FC의 재정에 서광이 비치기 시작한 것은 제4대 소장인 필립 큔 때(1980~1986)였고, 그 최대 성공은 하버드 총장이 직접 나서 100만불을 중국계 사업가에게 받아낸 일이다. 안왕이라는 이 중국인은 컴퓨터의 전단계인 워드프로세서를 만들어 사업에 성공한 하버드 졸업생으로, 이후 FC의 최대 후원자 중의 한 사람이 되었다.[23] 안왕이 안겨준 이 "선물"은 그때까지의 것들 중에서 가장 큰 것이었고, FC는 1986년에 필립 큔이 소장에서 물러날 무렵 2백만불을 확보해 연구소 존폐의 위기감까지 느끼던 70년대의 궁지에서 벗어날 수 있었다.

여기서 박차를 가해 FC를 확고한 반석 위에 놓은 것은 이어지는 제5대 소장 맥파커(1986~1992)의 공이 컸다. 기부금 운동에 적극적이던 그는 운동의 추진기관으로 1987년에 페어뱅크쎈터위원회를 만들었다. 이 위원회는 FAS의 학장, 하버드의 법인 임원, 재계의 기업가 등이 참가했고, 그들은 주로 뉴욕에 거주하는 부유한 하버드 졸업생과 하버드의 중국학에 관심이 있는 그 밖의 사람들을 공략했다. 1년에 1~2회 정도의 모임이 뉴욕에서 열리는데, 여기서는 보통 유명한 전문가나 초대를 받은 하버드교수가 중국에 관한 주제를 발표한다. 이 모임을 통해 쎈터에 대한 기부도 요청하는 것이다.

1987년 말까지 위원회는 1백만 불 이상을 모으게 됐고, 1989년에는 목표를 초과하여 2백49만불이 걷혀, 그의 임기 마지막 해인 1992년의 모금 운동 결과 총 합계는 3백25만불에 달했다. 여기서 걷힌 돈의 일부는 인류학과와 행정학과의 교수직을 설치하는 데에 사용됐다. 이 위원회는 엘리자베스 페리가 소장을 맡은 2000년에는 페어뱅크쎈터친우회(Friends of the Fairbank Center)로 재편되었다. 2004년 현재 페어뱅크쎈터 친우회의 멤버는 개인이 29명, 법인이 7개로, 이들은 매년 쎈터에 기부금을 제공하고 있다.[24]

3) 현재의 상황: 기금과 예산

현재 동아시아 연구소들이 보유한 기금, 그리고 그것을 주요 재원으로 하는 한 해 예산은 어느 정도나 될까? 다음 장에서 살펴 볼 연구소들이 벌이는 각종 활동의 규모와 내

---

23) 안왕에게는 자서전으로 *Lessons: An Autobiography*(Reading, MA: Addison-Wesley, 1986)가 있다.

24) 이 부분에 대해서는 술래스키의 앞 책, pp.78~81, pp.115 참조.

용이 이 부분과 직결된다. 다만 이 점과 관련해서는 연구소들이 정보 공개에 입장 차이가 있고, 또 필자의 부족한 정보수집 능력으로 전모를 정확히 파악하기는 어려운 점이 있다.

먼저 기금에 대해서 필자는 최근에 KI의 명숙 찬드라씨와 가진 인터뷰에서 05~06년 기준으로 각각 FC=29,020,583 불, RI=90,841,428 불, 그리고 KI=8,458,126불이라는 귀중한 정보를 얻었다.[25] 찬드라씨는 이를 대내용 자료라 했지만, 특히 RI의 규모는 예상을 넘는 큰 액수이다.

그런데 이 수치를 생각할 때에는 주의할 부분이 있다. RI가 정보 공개를 꺼려 직접 확인하기 어려웠지만, 비교적 정보 공개에 개방적인 FC의 경우 한 자료에는 2005년도의 보유 기금 시장가치가 1천7백만 불[26]이라 하여 찬드라씨의 액수와 1천2백만 불의 차이가 나기 때문이다. 이 차이는 총 기금 안에 교수직(the chair)을 위한 기금을 포함시켰는지의 여부에 따른 것으로 보인다. 즉 찬드라씨가 언급한 수치는 FC를 포함해 RI와 KI가 이미 연구소와 관련이 있는 교수들의 급여를 위해 따로 남겨둔 기금까지를 포함시킨 반면, FC의 공식 수치에는 이것이 빠진 것으로 보인다. 하지만 그럼에도 불구하고 1억불에 육박하는 RI의 기금은 놀라운 수준의 것이 틀림없다.

앞에서 1996년경에 RI가 갖고 있던 1천4백만불+α의 규모가 불과 10년 만에 이 정도로 팽창한 데에는 계속되는 기금마련 운동 이외에 2000년대에 들어 거품경제의 덕으로 기금을 활용한 수익이 계속 늘어났다는 점을 간과할 수 없다. FC 측의 경우에도 1997년에 센터 운영비의 일부인 405,593불이 기금 자산에서 발생한 이득이지만, 2001년도에는 그것이 3배 이상인 1,537,006불에까지 달했다고 한다.[27] KI도 다른 연구소에 비해 규모는 작지만 처음에 수백불에서 시작하였다.[28]

동아시아 연구소들의 1년 예산은 상당 부분이 이 같은 연구소의 기금에서 발생하는 것이다. 정보에 비교적 개방적인 FC는 매년 연례보고서를 작성하고 있고 최근부터 그 속에 예산 현황을 밝히고 있다. 그에 따르면 05-06년도의 사용 가능 예산은 1,889,000불이었으나 실제로 지출한 액수는 1,442,000불이었다. 이 돈은 상당 부분이 기금에서 발생한 이자 및 투자 등에서 생긴 수입이나, 〈그림 3〉에서 보는 것처럼 그 밖에도 여러 출처를 갖는다.

25) 2007년 7월말에 전화를 통해 들은 명숙 찬드라씨의 이야기에 의함.

26) 슐레스키, 앞 책, p.81.

27) 슐레스키, 앞 책, p.115.

28) *Harvard University Korean Institute, Biennial Report 2002~2004*, Harvard University.

이 부분은 기금과는 달리 기본적으로는 해마다 외부에서 확보되는 소모성 자금이라고 할 수 있다. 이 같은 FC의 수입구조는 하버드대학의 예산 구조 그 자체와 닮은 점이 있다.[29] 〈그림 4〉는 FC의 예산 지출 내역을 보인 것인데 가장 높은 비율을 차지하는 것은 역시 행정경비와 연구비, 그리고 학술회의와 도서관 지원 순인데, 이들에 관한 구체적인 내용은 후술할 것이다.

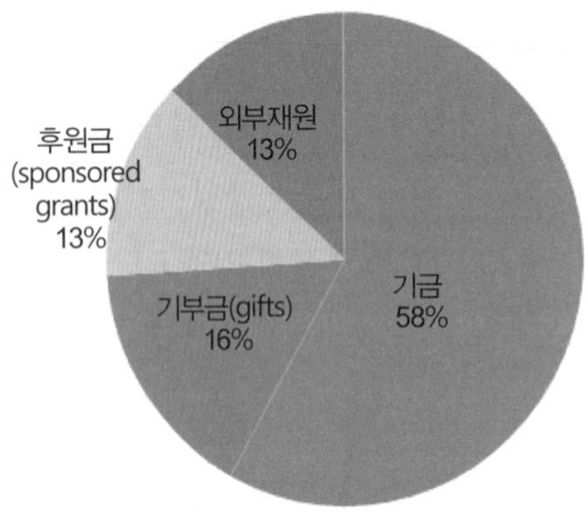

〈그림 3〉 FC의 1년 예산 來源(05~06년도)

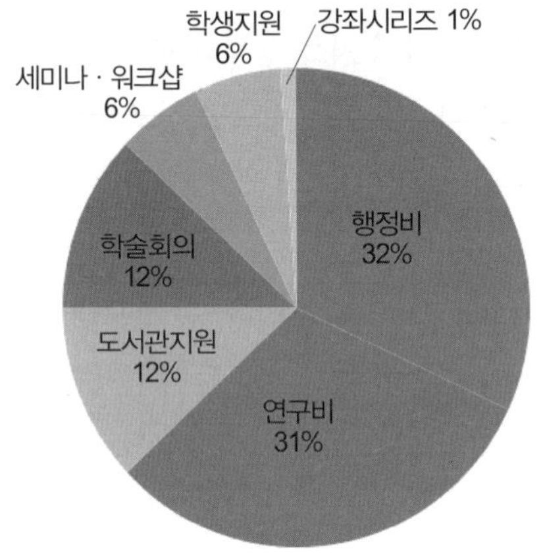

〈그림 4〉 FC의 1년 예산 지출(05~06년도)

RI나 KI의 수입 구조도 FC와 크게 다르지 않다. 즉 RI는 예산을 공개하지 않아 자세한 내역은 알 수 없지만,[30] 그 수입의 적어도 반 이상은 FC처럼 기금에서 발생하는 것으로 보인다. 따라서 최대의 기금을 보유한 RI는 그 만큼 예산이 크고, 또 이 점은 다음 장에서 보는 여러 활동을 통해서도 충분히 짐작된다. 필자는 FC의 사무국장인 슐레스키씨로에게 RI의 1년 예산이 500만불 정도는 될 것이라는 이야기를 들었다.[31]

KI의 1년 예산은 찬드라씨에 의하면 2005년에 45만5천불 정도, 2006년에는 53만불 정도이다.[32] 또 2년마다 발행되는 KI의 최근 보고서(2002~2004년)에는 2003년도의 회계와 관련해 지출이 415,000불이고 수입은 가장 큰 부분을 차지하는 기금 이외에 부모나 동창의

---

29) *Harvard University Fact Book*, Office of Budgets, Harvard University, 2007을 참조.

30) RI의 부소장(Theodore J. Gilman)은 2007년도 초에 가진 필자와의 인터뷰에서 예산은 공개하지 않는 것이 원칙이라 한다.

31) 2007년 초의 인터뷰에 의함.

32) 앞 주25)와 같음.

기부, 방문연구원(Visiting Associate)의 납부금, 그리고 한국재단과 미국교육성의 보조금에서도 나왔다고 밝혔다. 해마다 KI를 찾아오는 방문연구원에게 돈을 받는 것은 다른 기관과 비교되는 것으로 KI의 고충이 엿보인다. KI의 지출 내역은 FC만큼 자세하지 않으나 같은 보고서에는 "포스트닥터, 각종의 세미나, 워크샵, 학술회의, 학생회의, 학생 여름여행과 박사논문지원, 행정실비용, 기금모금운동 활동비, 책 출판, 소식지 발행, 모임과 리셉션" 등을 주요한 것으로 들고 있어 규모의 차이는 있지만 다른 연구소들과 대동소이하다.

AC도 연례보고서를 발행하고 있으므로 그 활동의 규모를 알 수 있다. 2006연도의 총 예산은 2,400,000불로 이 예산의 출처는 〈그림 5〉와 같이 되어 있고 역시 다른 연구소들과 비슷한 구조이다. AC는 설립 당시에 FC의 역할을 대신하면서 그 기금도 일정 부분을 가져갔는데, 필자는 그 기금의 총액을 정확히 알지 못한다. 다만 여러 정황에 비추어 FC의 2배 정도, 즉 적어도 3000만불 이상은 될 것으로 추정된다.[33] 이 예산들은 직원 및 사무실 운영 경비, 아시아와의 학술교류, 출판, 세미나와 워크숍 등의 개최, 교수직 설치, 유급 연구원이나 학자 초빙, 도서관과 박물관 협조, 어학연수, 인턴쉽, 직업교육 프로그램 등에 다양하게 사용된다.[34]

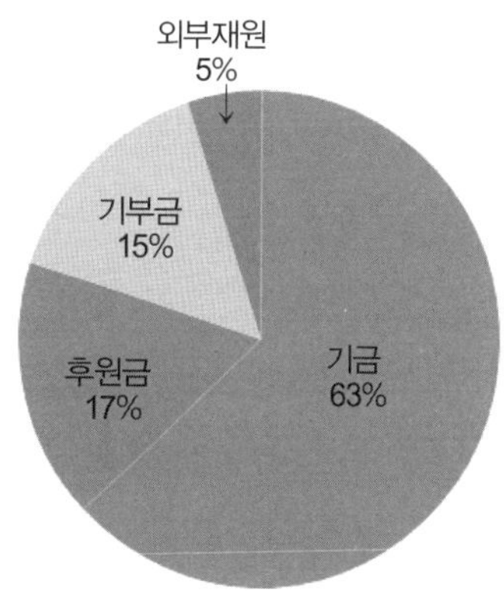

〈그림 5〉 AC의 1년 예산 來源(05~06년도)

3. 다채로운 활동

1) 조직[35]

이상의 재원을 바탕으로 연구소들은 실로 다양한 활동을 펼친다. 〈표 1〉은 그 활동을 집행하는 주체들을 정리해 본 것이다.

33) 앞 주31)과 같음.

34) *Harvard University Asia Center, Annual Report 2005~2006*, Harvard University.

35) AC의 12명은 전임과 비전임의 구별을 확인할 수 없었다.

〈표 1〉 직원 수로 보는 동아시아연구소들
(각 연구소의 최근 보고서에 의함)

	FC	RI	KI	AC
소장	1	1	1	1
부소장	1	1		1
사무국장	1			
기타 전임직원	4	4	1	12(?)[36]
집행위원	29	13	5	46
연구소위원		31		
자문위원				54

연구소의 성원은 행정 계통의 사무원과 행정의 내용을 입안하고 집행하는 위원회의 위원으로 대별된다. 사업의 규모를 엿보게 해주는 행정 전담 직원의 수는 소장과 부소장을 빼면 FC와 RI가 4~5명으로 대략 같고, 그들의 업무는 기획, 프로젝트, 소장 비서, 재정과 출판 등의 사무로 분담되어 있다.[36] 다만 FC에서 재정과 출판을 맡고 있는 직원이 AC와 KI의 일까지도 겸임하고 있는 것은 주의를 끈다. 현재 KI에는 행정을 담당하는 전임 직원이 한 명밖에 없고 나머지는 파트타임 직원들이다. 또 AC의 직원 수가 특히 많은 것은 이미 밝힌 것처럼 이 기관이 아시아연구소들을 총괄할 뿐 아니라 남아시아 관련 프로그램(South Asia Initiative)에 대한 전담 직원을 별도로 두었고(별도의 전담 소장 1명, 부소장 1명, 직원 1명), 또 세계 형평프로그램(Global Equity Initiative)을 추진하고 있으며 여기에도 전담 소장을 포함해 3명의 직원을 두고 있기 때문이다.[37]

연구소들은 또한 최고기관이자 핵심체로서 집행위원회(Executive Committee)를 각각 두고 있다. 이 경우 FC와 RI는 상호간에 약간의 차이가 있는데, 먼저 FC의 집행위원회 위원은 중국을 전공하는 학자들 중에서도 주로 "Senior China Specialist" 즉 종신직(tenure)을 인정받은 사람들로 구성되어 있다. 명예교수도 들어있는 위원들의 대부분은 하버드대학 교수들이지만 근처의 대학에 재직하는 사람도 있다. 이들은 가을과 봄 학기에 정기적으로 만나며 연구소의 운영과 관련된 제반의 문제를 토의한다. 또 필요에 따라 그 아래에 분과위원회(Sub-Committee)를 두어 객원학자, 일반 연구원, 박사 후 연수생 등을 선발한다. 05~06 학년도에는 6번의 모임이 있었다.

이에 비해 RI의 집행위원회는 보다 소수의 위원으로 전문화되어 있는 것이 특색이다. 즉 RI는 연구소위원회(Committees of the Institute)를 두고 있으며 여기에는 31명의 종신 및 비종신직 교수, 연구 및 명예교수 등이 포함되어 있는데, 이 중에서 13명을 별도로 선정해

36) 상기한 연구소들의 보고서와 뒤에 소개하는 연구소들의 보고서를 참조.

37) 앞 주34)와 같음.

집행위원회를 구성한다. 이 점에서 RI의 연구소위원회는 FC의 집행위원회에, 그리고 집행위원회는 분과위원회에 각각 상당하며, 이것은 RI가 비교적 활동력이 떨어지는 명예교수나 비종신직을 배제한 핵심 교수들만으로 집행위원회를 구성한 것으로 볼 수 있다. RI의 집행위원회는 1년에 4~6회의 모임이 있고 새로운 사업의 기획, 예산 승인, 인사 임명, 연구비 지급 등을 논의한다.

이밖에 KI의 집행위원회는 5명으로 규모가 제일 작고, AC는 46명으로 대규모이다. KI의 5인은 하버드대학의 동아시아언어 및 문명학과(EALC)에 속해 있는 3인의 교수가 중심으로 되어있고 이는 하버드는 물론 주변에 전임급 한국학 전공자 수가 부족한 것을 의미한다. 또 AC의 집행위원 수 46은 FC, RI, KI의 집행위원 수를 모두 합친 것과 거의 같으며, 이것은 이들 세 연구소의 집행위원이 그대로 AC의 집행위원을 겸한 것을 말한다. AC에는 그 밖에 집행위원과는 다른 54명의 자문위원이 있다.[38]

2) 학술 모임의 개최와 지원

동아시아연구소들은 전임 교수나 연구원을 두고 있는 것이 아니고, 따라서 특별한 프로젝트를 수행하는 기관도 아니다. 그 사명은 오로지 연구자들이 연구를 완수할 수 있도록 배후에서 지원하는 것이라 할 수 있다. 즉 그들에게 연구비나 장학금을 지원하고 또 관련 학술모임을 개최하는 두 가지 기능으로 요약된다.

전체적으로 볼 때 하버드 캠퍼스 내에서 열리는 동아시아 관련 모임은 매년 300회는 족히 될 것으로 필자는 추산한다. 다만 이들 모임의 비용은 연구소 자신이 모두 부담하기도 하지만 적지 않은 경우에 AC의 보조금을 받고 있고, 또 주제에 따라 RI와 KI, 나아가서는 외부 단체의 지원도 받는다. 이것은 RI나 KI에서도 마찬가지이다.

학술모임의 전통이 가장 오래되었고 또 다양하게 이루어지는 곳은 FC이다. 현재 이곳에서 해마다 열리는 워크숍이나 세미나는 11종이며, 이것들은 한 해 동안에 각각 적게는 2~3회, 많게는 21회까지 개최된다. 1971년에 "뉴잉글랜드 차이나 세미나"를 처음으로 시작된 이들 연속 세미나는 이후 점차 늘어나 2006년에는 11번째의 세미나가 신설되었다. 이들만으로 05~06년에 열린 것이 모두 79회이고, 그 종류는 표에서 보는 것처럼 소장과 점심을 먹으

38) 이상의 집행위원회에 대한 내용은 각 연구소별로 발행되는 보고서를 참조.

며 진행되는 것에서부터 그 대상 시기도 현대를 중심으로 전근대까지 포함된다.

〈표 2〉 FC에서 연중 열리는 연속 세미나들(FC의 최근 보고서에 의해 작성함)

세미나 이름	개시시기	개최 회수 (05-06)	비고
China Current Events Workshop	1989년	7	
China Business Seminar	2005년	6	Business School의 Regina Abrami가 시작
China Gender Studies Workshop	1993년	6	
China Humanities Seminar	1986년	10	China pre-modern seminars로 시작 EALC와 공동 운영
China Lunchtime Seminars	1972년	21	1967년에 Ezra Vogel이 비공식으로 시작
Fairbank Center Seminar	1985년	7	Postdoctoral과 Visiting Scholar
Governance and the Chinese Communist Party	2006년	2	FC의 11번째 세미나로 시작
New England China Seminar	1971년	6	가장 오랜 역사
New England East Asian Art History Seminar	1991년	3	주로 전근대 시기를 주제로
Seminar on Chinese Religions	2002년	7	
Taiwan Studies Workshop	1992년	4	

해마다 열리는 정기적인 것으로 라이샤워 강좌 시리즈(Reischauer Lecture Series)와 노이하우저 강좌 시리즈(Neuhauser Lecture Series)라는 것도 있다. 이는 두 사람의 학문적 공로를 표창하기 위해 FC가 독자적으로 마련한 기금을 재원으로 외부에서 해마다 연사를 초청해 이루어지며, 비중 있는 학술회의로 취급된다.[39]

이 같은 정기적인 것 이외에 FC는 그 때 그때의 필요에 따라서도 각종의 모임을 주최한다. 예를 들어 05~06년의 행사로 가장 컸던 것은 FC의 창설 50주년을 기념한 학술회의였다. 3일에 걸친 이 회의에는 국내외에서 저명 학자들이 다수 참가했다. 그 밖에 특별한 주제를 다룬 학술회의가 3회, 특별 콜로키아가 3회, 특별 세미나가 2회 열렸다. 특히 콜로키아와 세미나는 대부분이 수회에서 십 수회에 걸치는 것이었다.[40]

FC만큼은 아니지만 RI에서도 다양한 모임이 열린다. 이곳의 대표적 모임은 연구소 발족직후인 1974년부터 지금까지 30년 넘게 줄기차게 이어져온 저팬 포럼(Japan Forum)일 것

39) 이 두 시리즈에 대해서는 슐레스키, 앞 책, pp.150~154과 *Fairbank Center for East Asian Research Harvard University, Annual Report~2005~2006*, Harvard University를 참조.

40) 위 주39)에서 인용한 FC 보고서 참조.

이다. 일본연구와 관련이 있는 하버드의 교수가 자율적으로 연사를 초청해 매주 금요일 오후에 연구발표를 진행하고, 그 후 연회도 갖는 이 방식은 지금까지 500회 이상의 관록을 갖는다. 2005~2006년에는 20회 개최되었다. 그 밖에 05~06년도에 마련된 세미나와 강연은 모두 17회, 워크숍, 학술회의, 심포지엄이 6회였다. 아울러 이색적인 학술회의로 매년 10월에 "Annual Edwin O. Reischauer/Kodansha Event"라는 것이 열린다. 이는 RI와 일본의 유명 출판사인 코단샤(講談社)가 공동으로 라이샤워의 古宅에서 심포지엄을 열고, 또 (1996년부터)이 자리에서 코단샤의 창업자와 라이샤워를 기념한 학술상이 학부학생과 대학원생에게 각각 수여된다.[41]

KI에서 가장 전통 있는 학술모임은 연구소가 아직 생겨나기 전인 1973년에 FC의 주도로 시작된 한국 콜로키엄(Korea Colloquium)이다. 이 연속토론회는 부근지역은 물론 다른 지역의 한국연구자들과 한국에 관심이 있는 사람들을 결집시키는 데 도움이 되었다. 이것은 이후 KI로 인계되었고 현재까지 가장 중요한 모임의 하나이다. 여기에 또 하나의 중요한 모임으로 2005년 10월에 시작된 것이 "김구 포럼"이다. 정식 명칭이 "Kim Koo Forum on U.S.-Korea Relations"으로 되어 있는 것처럼 이는 한국과 미국의 관계를 주로 토론한다. 이 모임은 한국의 기업 (주)빙그레의 후원을 받아 생긴 것으로 한국 콜로키움과 같이 학기 중에 평균 1회 정도 열린다.

한편 KI에서도 2002년부터 정기적으로 외부에서 유명 연사를 초빙해 강의를 듣는 정기 강좌 시리즈가 생겨났다. 그 정식 명칭은 "annual SBS Distinguished Lecture"로 SBS의 지원을 받고 있으며 주로 사회과학에 초점이 맞추어져 있다. 이 밖에 KI에서도 포스트닥터들에 의한 워크숍, 외부 인사들의 방문으로 인한 강연, 시사에 맞춘 특별주제로 열리는 회의 등 각종 비정기적 모임이 열린다.

끝으로 AC의 경우는 이상과 같은 각종의 학술모임을 공동으로 주최하거나 후원하는 경우가 많지만 자체적인 모임도 주관한다. 현대아시아 시리즈(Modern Asia Series. 평균 월 2회 열리며 05~06년에는 10회)와 하버드 불교연구 포럼(Harvard Buddhist Studies Forum. 보통 월 2회, 05~06년에는 8회)은 아시아 전체에 걸치는 대표적 모임이며, 그 밖에 AC가 역점을 두고 있는 남아시아 관련 세미나로 남아시아 인문세미나(South Asia Humanities Seminars. 월 1회 꼴, 05~06년에 7회), 남아시아 사회과학 세미나(South Asia Social Sciences Seminar. 05~06년에는 3회), 국

41) *Edwin O. Reischauer Institute of Japanese Studies Harvard University 2004~2006 Biennial Report*, Harvard University 참조.

경 없는 남아시아(South Asia Without Borders. 05~06년에는 5회) 등이 열리고 있다.[42]

3) 교수 및 학자 지원

연구소들의 또 하나의 역할로 인상적인 것은 연구에 대한 전폭적인 지원이다. 그리고 이 부분은 역시 재원이 풍부한 RI에서 가장 눈에 띈다. RI의 그 같은 여러 활동 중에서 가장 자랑할 수 있는 것은 자체적으로 교수직(Chair 또는 Professorship)을 마련해 이를 자신이 필요하다고 판단하는 학과에 제공하는 것이다. 즉 일본 연구의 인프라 구축을 강하게 의도한 RI는 사업의 핵심으로 하버드 문리대학(FAS) 내에 교수직을 가능한 다수 설치하려 했다. 이 같이 하나의 연구 프로그램이 독자적으로 교수직을 설치하는 것은 세계적으로도 보기 어려운 예에 속한다. 04~06년도의 RI 보고서에 의하면 현재 RI가 설치한 교수직은 다음과 같은 6개이다.

> 인류학과: Professor of Anthropology, 행정학과: Edwin O Reischauer Professor of Japanese Politics, 사회학과: Reischauer Institute Professor of Sociology, EALC: Reischauer Institute Professor of Japanese Religions, Reischauer Institute Professor of Japanese Religions and Society, Reischauer Institute Professor of Cultural History

FC나 KI의 경우도 외부에서 기금을 확보해 필요한 전공의 교수직을 마련하지만, 이들은 연구소 자체의 기금에 의한 것이 아니라는 데에 RI와 차이가 있다. 즉 FC의 경우는 1992년의 기금운동을 통해 그 일부로 인류학과의 "John King and Wilma Cannon Fairbank Professorship"과 "Governor James Albert Noe, Sr. and Linda Noe Laine and Christel Noe Laine Kelly Professorship"을 마련했고, KI도 한국의 지원을 얻어 2000년대에 들어 "한국재단 교수직(Korean Foundation)"과 SBS 방송사 사장의 이름을 넣은 "윤세영 교수직"을 만들었는데, 이들은 그 교수직에 기금 제공자의 이름이 보이는 것처럼 그 돈이 연구소 자체에서 나온 것은 아니다.

연구소들은 EALC 내에 객원교수(Visiting Professor)제도도 운영한다. 이것은 외부에서 유명한 교수나 연구자를 초빙해 보통 1년 정도 학생들에게 강의를 제공하는 장점 많은 제

42) 앞 주34)와 같음.

도인데, 정식 교수 1명에 준하는 관련 비용을 연구소가 부담하는 것이다. RI는 이 제도에 상응해서 일부의 교수에게 학교를 떠나 연구할 수 있는 기회도 주고 있다.

이 제도는 중국분야에서도 이미 시행되고 있고, 한국분야에서는 여기에 사용될 전용기금을 최근 확보함으로써 시행할 예정에 있다.[43] 이 객원교수제도는 연구소들이 한편으로 시행하고 있는 객원학자(Visiting Scholar)제도와 전혀 다른 것이지만 서로를 혼동하는 경우가 있는 것 같다.[44] 통상 후자는 일정한 선고를 거치기는 하지만 연구소는 특별한 연구비를 지원하지는 않는다.[45] 현재의 객원학자 수는 대략 RI가 10명 정도, FC가 8명 정도, KI는 1~2명 정도이다.

한편 각 연구소들은 포스트닥터의 유치와 지원도 중요한 사업으로 추진한다. RI는 해마다 4~5명을 선발하는데, 이들은 세계 각국에서 응모하는 지원자들과 치열한 경쟁 속에서 선발된다. 자격은 학위 취득 후 5년이 넘지 않아야 하고, 선발 뒤에는 양호한 경제지원을 받으면서 자신의 학위논문 또는 그 일부를 출판할 수 있는 작업을 수행하고, 또 대부분 앞에서 소개한 "저팬 포럼"에서 자신의 연구를 발표한다. FC의 제도도 RI와 유사하다.

1981년부터 운영되어 온 이 제도는 선발인원이 재정 형편에 따라 자주 바뀌어 왔지만 현재는 6명 정도이고, 최근의 경쟁률은 16: 1에 이르렀다고 한다. 코리안 파운데이션의 기금으로 시작된 KI의 선발인원은 2명 정도로 적으나 비슷한 방식으로 운영되고 있다.[46]

4) 학생 지원

연구소들이 학생들에게 주는 가장 대표적인 지원 형태는 동아시아의 현지, 즉 중국, 일본, 한국 등에의 여행 기회일 것이다. 다양하게 실시되는 이 같은 활동을 정리해 본 것이 〈표 3〉이다.

---

43) 정식 명칭은 'Kim Koo Visiting Professorship in Korean Studies'로 '(주)빙그레'가 기부한 것이다.

44) 실제로는 객원학자(Visiting Scholar)의 신분이면서 관습적으로 "방문(=객원)교수" 또는 "교환교수(exchange Professor)"라는 호칭을 혼용하는 경우가 종종 있다.

45) 이 점에서 HYI는 이례적이다. 이미 설명한 것처럼 이 기관만큼은 수십 명에 이르는 객원학자들에게 일정한 급여를 1년간 지급한다.

46) 앞에서 인용한 RI, FC, KI의 보고서들을 참조.

〈표 3〉 연구소들의 학생 해외여행 지원 주요 사례

(FC는 06-07년도, RI와 KI는 05-06년도 기준. ( )안의 수는 대학원생과 그 수)[47]

지원형태	FC	RI	KI
연구 년(Academic year)	(2)	4(8)	(1)
여행 및 조사(Summer travel, research Grants)	4(3)	4(15)	1(5)
언어 습득(summer language)		2(12)	
인턴쉽(summer internship)		14	2
학술회의(summer conference)	부정수	3	
학습 여행(study travel)		20	

RI는 하버드에서 처음으로 학부생들에게까지 여름여행 특전을 제공한 지역학 연구소이며, 이후 FC와 KI에서도 같은 지원이 시작됐다. 그 경비가 가장 많이 소요되는 대학원생의 "연구년"을 보면 RI의 경우 그 정식 명칭이 "Academic Year Dissertation Completion / Supplementary Research Grants"로, 이것은 박사학위논문의 완성을 위해 일본에 갈 필요가 있는 학생, 또는 이미 일본에 간 학생들 중에 1년 정도 더 머물 필요를 느끼는 학생들에게 제공하는 것이다. 05~06년에는 EALC, 인류학과, 정치학과 등의 학생 8명이 이 기회를 받았다. FC는 이 제도를 2005년부터 "The Desmond and Whitney Shum Fellowship"이라는 이름으로 시작했고, KI도 최근에 이와 유사한 제도가 실시되고 있다.[48]

그 밖의 것들은 거의 모두가 "Summer"라는 자가 들어 있는 것처럼 긴 여름방학을 이용해 학생들에게 언어, 현지 조사, 여행 등의 기회를 제공하는 것이다. 눈에 띄는 것은 RI가 "Harvard Japanese Language Program Summer Internship"을 이용해 학생들에게 취업의 기회를 도모한다는 점이다. 이 프로그램은 1988년부터 일본어를 2년간 배운 학생들에게 일본에서 직접 문화, 사회, 직업을 배울 기회를 제공해 현재까지 181명의 학생이 동경, 오사카 등지의 회사와 기구 등에 파견되었다. KI도 최근부터 이 제도를 시작해서 2006년

47) 이들 활동과 관련된 경비는 개별 연구소에서 지출됨에도 불구하고 AC가 이를 관리하는 경우가 있고, 따라서 각 동아시아연구소들이 발행하는 연례보고서에 보이는 연구비를 받는 학생들의 명단은 AC의 보고서에도 중복되어 보인다. 따라서 그 관계를 파악하기 어려운 점이 많아 본 표에서는 AC 측의 자료를 다루지 않았다.

48) 앞 주28)에서 인용한 KI의 보고서에 의하면 "Min Young-Chul Memorial Dissertation Finishing Grants"를 한 명의 학생이 받았다.

의 예로는 1명을 한국의 국회에, 또 1명을 조선일보에 파견했다.[49]

RI에서만 운영되는 특색 있는 것으로 "학습여행"이 있다. 이것은 수업을 받고 있는 학부학생들 전체를 담당교수가 봄 방학을 이용해 일본 현지로 데려가 그곳에서 세미나를 개최하는 방식으로 운영되며, 06년에는 한 교수가 자신의 과목을 수강하고 있는 학생 12명을 인솔한 사례가 있다.[50] 이상과 같은 여러 경로를 통해 RI는 최근 2년간(04~06) 160명 이상의 학부 및 대학원생들의 일본 여행을 지원했다.[51]

학생들의 교내 활동에 대해서도 연구소들은 지원을 아끼지 않는다. 이 경우는 학생들이 주체적으로 준비하는 학술회의 및 대학원생들의 논문 작성과 관련된 것들이 특히 주를 이룬다. 전자의 예로 FC는 05~06년에 4개의 학부학생 단체, 3명의 대학원생, 5개의 대학원생 단체를 선정해 지원한 바가 있다. 또 후자의 예로 RI는 대학원생들에게 "Professional Development"라는 명목으로 논문 집필기간 동안에 전문가와 상담할 필요가 있는 경우의 비용, 학술회의에서의 발표 비용, 구직 활동에 따르는 비용 등을 지원했고, 다시 "Support for Dissertation Production"이라는 항목으로는 심사를 위한 박사논문 가제본과 그 복사비용을 부담했다.[52] 사소한 것이나 학생들의 경비부담을 배려한 부분이다.

5) 출판과 도서관 지원

연구는 출판을 통해 의미를 갖기 때문에 연구소들은 출판에도 적극적이다. 존 페어뱅크는 학술서의 출판을 매우 중시해 이미 소개한 대로 1947년부터 『하버드대학중국논문집』을 발행했고, 또 1958년에는 하버드에서 동아시아에 관한 가장 권위 있는 시리즈인 HEAM(『하버드대학동아시아학술연구서』, 전술)이 시작됐다. FC는 하버드대학 출판사(HUP)의 협력을 받아 자신의 자금과 편집진을 이용해 HEAM시리즈를 1977년까지 발행해 왔다. FC는 이와 관련된 편집자들의 인건비를 지급했고 또 인쇄와 유통에 들어가는 경비도 직접 보조했다. 동아시아연구위원회가 만들어지자 1977년부터는 동아시아 학술서들이 대부분 이 위원회의 후원으로 발행되었고, 다시 1998년에 AC(아시아쎈터)가 발족되면 동아시

49) 이상은 해당하는 각 연구소의 최근 보고서를 참조.

50) RI의 최근 보고서.

51) 위와 같음.

52) 해당하는 각 연구소의 최근 보고서를 참조.

아 저서들은 각 권의 말미에 쓰여 있는 것처럼 "HUAC가 발행하고 HUP가 공급함"이라는 형식을 갖기에 이른다. 물론 그 비용은 연구소가 각자 부담하는 것으로 되어 있다.

2007년 2월 1일 현재 HEAM 시리즈는 모두 274권이 발행되었다. 1980년대에 HUP에서 발간된 하버드의 아시아 연구서는 1년에 4권 정도였으나 현재는 AC를 통해 보통 15권이 발행된다. 지금까지 총서의 약 반이 중국을 주제로 한 것이고 나머지 반 가까이는 일본 관련 책이며, 한국 관련 서적은 1991년부터 2004년까지 8종에 그쳐 전체의 3%를 차지했다. 05~06년도에 출판된 책은 FC가 3권, RI는 5권이다.

연구소들은 연구 도서의 충실을 유지하는 데에도 노력하고 있다. FC는 1961년에 자체적으로 도서관을 건립해 이를 꾸준히 발전시켜왔다. 중국공산당과 현대 중국에 초점을 맞춘 사회과학 방면의 중국전문도서관으로 현재는 하버드대학 도서관의 일부가 되었다. 현재 33,000권 정도의 장서 중 반 이상이 중국어 도서이고 150종의 신문과 저널을 구독한다. RI도 자체적으로 도서관을 갖고 있으며 그 정식 이름은 "Documentation Center on Contemporary Japan(DCJ)"이다. 이것은 1980년대 후반에 만들어져 2005년에는 하버드대학 도서관 사회과학프로그램(Social Sciences Program)의 일부로 됐다. 이 도서관은 특히 정치, 외교, 경제와 노동, 사회문화 등이 중심을 이룬다. 특히 RI는 하버드-옌칭도서관에 일본어 또는 일본과 관련된 도서를 구입하기 위해 특별기금을 1978~79년에 마련했다. 이로써 05년에는 130,647불, 06년에는 135,871불에 이르는 자금을 하버드-옌칭도서관에 제공했고, 그 결과 2005년 6월 현재 장서 수는 288,726권으로 이는 북아메리카에서 제3위의 규모이다.

하버드대학에서 동아시아 연구의 위상 : 맺음말을 대신해서

미국에서 아시아의 지위는 과거와 비교가 될 수 없을 정도로 향상되었다. 이 점을 가장 잘 반영하는 것 중의 하나가 대학들의 커리큐럼이다. 2차세계대전 이전만 해도 극소수에 불과하던 아시아 관련 강좌가 1990년대 중반에는 154개 조사대학 중 147개 대학에서 개설되었다는 통계가 있다.[53] 동아시아의 유학생이 차지하는 비율도 해마다 늘어나 하버드의 경우 유학생 중 약 21%를, 국가별로는 140여국 중에서 중국이 캐나다에 이어 2위(378

53) Suzanne Willson Barnett and Van Jay Symons, *ASIA in the Undergraduate Curriculum*(M. E. Sharpe, 2000).

명), 한국이 3위(244명), 일본은 7위(135)를 차지한다.

하지만 지금까지의 검토에서 나타난 것처럼 한국학의 위상은 중국이나 일본에 비해 큰 차이가 있음을 부정할 수 없다. 이 점은 EALC의 홈페이지에 올라와 있는 동아시아학의 전공별 교수 분포를 보아도 쉽게 드러난다. 총 32명의 전임 교수 중 중국과 일본이 각각 13명과 12명이고 한국은 4명으로 되어 있다. 단 이들 중 중국, 일본, 한국, 베트남에 각각 속해 있는 1명씩은 "Preceptor"로 "교수"라기보다는 언어를 담당하는 상담역이다. 여기에 중국과 일본이 이미 지적한 것처럼 EALC 이외의 인류학과나 정치학과에도 교수직을 두고 있는 점을 함께 고려하면 차이는 더 벌어진다.

〈표 4〉 EALC 홈페이지에 보이는 전공별 교수 분포

	어학	문학	역사	종교	총수
중국	1	7	5		13
일본	2	3	5	2	12
한국	1	1	2		4
베트남	1				1
기타	불교 1, 티베트 및 히말라야 1				

이 같은 비율에 준해 해당 학문의 학과 내에서는 물론, 하버드대학 전체에서의 위상, 즉 개설과목의 수가 결정된다. 이 양상의 일단을 보기 위해 05~06년도 하버드대학 커리큐럼 목록에서 동아시아와 관련된 개설 과목을 뽑아보면 다음과 같다.[54]

〈표 5〉 05~06년도의 동아시아 관련 개설 과목

	교양필수	EALC	인류학	행정학	역사학	사회학	영상 및 환경
중국	10	91	4	6	7	1	
일본	5	53	6	4	7	2	1
한국	1	24					1

54) *Courses of Instruction 2005~2006, Harvard University Faculty of Arts and Sciences,* Harvard University. 기준을 세우기 애매한 점 등으로 인해 이 표의 집계방식에는 다소 자의적인 부분이 있어 어디까지나 하나의 척도로 제공한 것임을 밝혀둔다. 또 필수(core) 과목에서 세미나과목은 제외시켰다.

〈표 6〉 05~06년도 동아시아 관련 필수(Core) 과목 명

국가	과 목
중국	1)Cultural Revolution, 2)China's Two Social Revolution, 3)Popular Culture in Modern China, 4)Authority and the Claims of the Individual in Chinese Literary Culture, 5)Chinese Film and Culture, 6)China: Traditions and Transformations, 7)The Chinese Revolutionary Tradition, 8)Contemporary China, 9)Chinese Literati, 10)Chinese Imaginary Space
일본	1)Japan Pop!, 2)Japan: Traditions and Transformations, 3) Japan's Modern Revolution, 4)Constructing the Samurai, 5)Tokyo
한국	The Two Koreas

교양 필수 과목은 소위 "영역"내에서의 선택이므로 순전한 "필수" 그 자체는 아니더라도 그 개설 수에서 3국간의 대비가 극명하게 나타난다. 또 중국과 일본은 인류학, 행정학, 역사학, 사회학에서 과목을 고르게 배치하고 있지만 한국은 EALC를 빼면 거의 없는 것이 실정이다. KI의 한 가지 시급한 과제는 EALC 이외에도 "예를 들면 한국정치학과 같은 긴요한 분야에 교수를 확보하는 것"이다.[55] "영상 및 환경"에서 과목을 개설한 것은 한국 영화의 약진을 반영하는 것으로 보인다. 아울러 이 같은 교양 과목의 개설과 관련해 주목되는 것은 RI가 "Curriculum Enrichment Grants"라는 상여를 통해 과목 개발에 노력하고 있는 점이다. 여기에 힘입어 06년의 일본학 교양 필수과목은 6개(이중 EALC가 4개, History가 2개를 개설)로 늘어났다.

〈표 7〉 주제 별로 본 학생들의 논문 경향
(2006년에 제출한 아시아 관련 논문, ( ) 안은 논문 제출자의 민족 계통과 주제로 다룬 국가가 일치하는 것으로 보이는 수자)

주제로 다룬 국가	박사	석사	학사
중국	14(8)	24(13)	7(2)
일본	5(0)	7(4)	1(0)
한국	5(5)	12(11)	2(1)
기타	6	7	10
총수	30	50	20

이 같은 환경은 학생들이 제출하는 학위논문의 주제와도 상관관계가 있는 것으로 보

55) 2007년 초에 필자와 가진 인터뷰에서 KI의 명숙 찬드라씨가 지적했다.

인다. 〈표 7〉에 의하면 앞에서 검토한 교수직 수와 개설과목 수 등에 비례해 중국을 주제로 삼은 학위논문 수가 단연 가장 많은 것을 알 수 있다. 하지만 역설적이기는 하지만 그 다음은 일본이 아니라 한국이라는 점에도 주의할 필요가 있다. 즉 중국을 이어서는 교수나 개설과목의 수와는 반대로 일본보다 한국을 주제로 한 학생의 논문이 더 많음을 볼 수 있다. 이것은 한국의 유학생 수가 일본 유학생보다 더 많은 사실과 관련이 있을 것이다.

위에서 밝혔듯이 현재 하버드에서 한국학생의 수는 일본보다 배 가까이 많다. 그럼에도 불구하고 한국을 주제로 한 논문의 거의 대부분은 한국계 학생들에 의해서만 제출되고 있다. 일본은 한국이나 중국에 비해 외국 유학에 대한 필요성 자체를 그리 강하게 느끼지 않고, 그럼에도 일본과 중국의 학생 역시 자국에 관한 논문을 쓰는 경향은 있지만, 한국의 경우는 그 정도가 아주 강하게 보인다. 한국학은 이 같은 점에서도 저변 확대가 절실한 것으로 보인다.

현재 미국인들이 생각하는 중국의 존재감은 우리가 생각하는 것 이상이며, 또 그들의 일본에 대한 관심은 이상할 정도로 높은데다가 일본 스스로 풍부한 자금으로 후원하고 있기 때문에 대학에서 관련 강좌와 교수직 수는 늘어나고 있다. 이에 비해 한국의 경우는 미국의 입장에서 볼 때 아직까지 연구의 필요성이 약하고 밖으로부터의 지원도 부족한 형편이다. 하지만 중국과 일본의 지금의 지위가 오로지 미국 측의 뜻으로만 결정됐다고 보는 것은 오해이다. 우리는 이 점을 RI의 예를 통해 잘 볼 수 있었다. 연구소의 설치를 기준으로 볼 때 하버드에서 본격적인 중국연구는 이제 50년, 일본연구는 35년 정도의 연륜이 지났고, 그 사이의 발전과정을 보면 대학 측의 지원은 생각보다 크지 않고 교포사회나 해당 정부의 지원과 관심이 상당히 컸음을 알 수 있다.

본문 학술지 게재 초출 일람(내용 순)

제I부

* 「10~12세기 동아시아의 국제환경」(『중국학보』 59, 2009)
* 「3개의 '트라이앵글' : 北宋時代 동아시아 국제 관계의 大勢와 그 특징에 관한 試論」(『역사학보』 205, 2010)
* 「송대에서 조공질서의 재편과 그 양상」(『역사학보』 185, 2005)
* 「송왕조 對안남국왕 책봉의 형식과 논리」(『동양사학연구』 115, 2011)
* 「송대 서남'만이'의 분포 제상과 조공의 추이」(『역사문화연구』 19, 2003)
* 「서남만이 대송조공의 계기와 공기」(『송요금원사연구』 8, 2003)

제II부

* 「國信使와 進奉使: 송대 외교의 추진자들」(『중국사연구』 109, 2017)
* 「宋·遼·金 및 高麗 帝王 生日考」(『역사교육』 126, 2013)
* 「거란의 '國母' 대 송의 '황태후': 賀慶使의 교환」(『사림』 50, 2014)
* 「북송의 개봉과 외교」(『중국사연구』 13, 2001)
* 「宋代における朝貢管理機關の編制とその性格」(『史觀』 146, 2002)

제III부

* 「송대 동아시아에서 빈례의 성립과 그 성격」(『동양사학연구』 72, 2000)
* 「중국왕조에서 빈례의 연혁」(『중국사연구』 23, 2003)
* 「거란의 국신사가 송의 황제를 알현하는 의례」(『역사학보』 214, 2012)
* 「송의 국신사가 거란의 황제·황태후를 알현하는 의례」(『동양사학연구』 120, 2012)
* 「금조의 예제패권주의에 대하여」(『중국사연구』 86, 2013)
* 「『금사』「新定夏使儀注」의 의의와 특징」(『대동문화연구』 84, 2013)
* 「『대당개원례』 소재 외국사 관련 여러 의례의 재검토」(『중국고중세사연구』 27, 2012)
* 「高麗, 西夏, ベトナムの國際地位に關する一側面 : '進奉使見辭儀'の比較を通じて觀た」(『국제중국학연구』 11, 2008)

제IV부

* 「고려 전기의 여·송 관계」(『국사관논총』 92, 2000)
* 「고려 외교에서 의례와 국왕의 자세」(『역사와현실』 94, 2014)

*「서서: 10~13세기 동아시아의 안전 보장책」(『중국사연구』 99, 2015)
*「고려·금의 국교 수립과 '서표' 문제'」(『한국사연구』 173, 2016)
*「'선화봉사고려사절단'의 일정과 활동에 대하여」(『한국중세사연구』 40, 2014)
*「선화봉사고려단의 群山島 入島와 동아시아 해역의 五龍廟 신앙」(『중국사연구』 118, ~2019)

제V부
*「미국 및 일본에서 '전통중국의 세계질서'에 관한 연구사와 그 특징 비교」(『역사문화연구』 32, 2009)
*「하버드대학의 동아시아 연구소들」(『역사문화연구』 29, 2008)

김성규

전북대학교 사학과 교수(2001~)
송대사 전공
성균관대학교 사학과 졸업, 일본 와세다대학 박사(1997)
하버드 옌칭연구소(HYI) 연구원, 전북대학교 박물관장 역임

대표 저작:
『宋代の西北問題と異民族政策』(汲古書院, 2000)
『동양과 서양의 위대한 만남(역서)』(D. E. Mungello 원저, 휴머니스트, 2009)
「공자의 관을 덮고 나서: 중국왕조의 공자 평가 2000년 약사」(『역사교육』, 2016)
「사마천에서 볼테르까지: '조씨고아' 이야기의 진화」(『역사교육』, 2017)

송대 동아시아의 국제관계와 외교의례
宋代東亞國際關係與外交儀禮

초판 1쇄 발행 _ 2020년 2월 10일

저　자 • 김 성 규
발 행 인 • 정 현 걸
발　행 • 신 아 사
인　쇄 • 토탈프로세서
출판등록 • 1956년 1월 5일 (제9-52호)
주　소 • 서울특별시 은평구 통일로 59길 4 (2층)
전　화 • 02)382-6411 · 팩스 02)382-6401
홈페이지 • www.shinasa.co.kr
E-MAIL • shinasa@daum.net

ISBN 978-89-8396-354-3 (93340)

정가 *30,000*원